▶ Internet Network 속도

PC	
Mobile	UP & DOWN 50Mbps

– UP/DOWN의 속도 확인은 speedtest.net에서 확인 가능합니다.
– wifi를 이용하는 경우 wifi signal이 차있는 상태를 📶 확인합니다.

● AT 비대면시험 응시환경 준비

▶ 웹캠(카메라) 설정 방법

– 웹캠을 사용하는 시험의 경우 주위 밝기를 조절하여 응시자 얼굴의 인식이 가능하도록 조정합니다.
– 웹캠은 응시자의 얼굴 전체가 나와야 하며, 얼굴의 일부분이 가려지지 않도록 조정합니다.

▶ 스마트폰 예시 화면

– 스마트폰은 응시자 왼쪽 또는 오른쪽에 1m거리, 높이는 약 0.8m정도로 설치합니다. (아래 그림 참조)
– 스마트폰은 가로로 거치하며, 그림과 같이 응시자의 얼굴(측면)과 손, PC 화면, 책상 위가 모두 보여져야 합니다.

응시자는 화면 공유 시,
모니터 전체 화면을
공유해야 합니다.
스마트폰 카메라는 응시자의
왼쪽 또는 오른쪽에 거치하며
시험 환경이 보여져야 합니다.

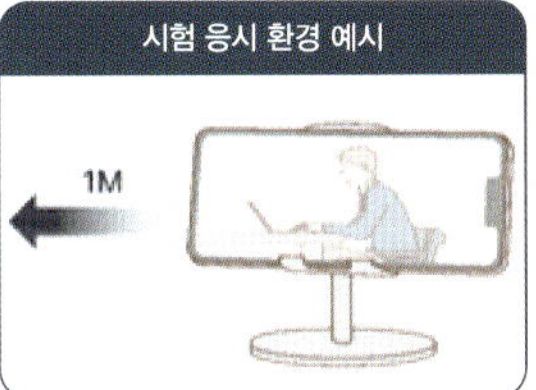

● AT 비대면 시험 부정행위 기준

– 다음은 시험 기준 안내 사항으로 시험 전 반드시 숙지해야 합니다.
– 시험 종료 후 녹화 영상 판독 시에도 해당 사항이 발견될 경우 부정행위로 처리될 수 있습니다.

시험 응시 주변환경 (부정행위 간주 항목)	– 시험 응시 현장에 응시자 본인 외 금지(2인 이상 응시 금지 – 공공장소, 카페, PC방 등) – 모자 및 마스크 착용 금지 – 이어폰, 헤드셋, 스마트워치, 디지털카메라, 전자사전, 통신(블루투스) 기능 있는 전자기기 소지 및 착용 금지 – TV스크린, 듀얼모니터, 공학용 또는 윈도우 계산기, 태블릿PC 사용 금지 – 시험 감독관으로부터 확인받은 A4백지 1장, 필기구 1개, 사칙연산용 계산기만 허용 – 책상 위에 허용된 물품 외 다른 물품 비치 금지(테스트 접속 전 깨끗이 정리 필수) – 휴대폰 카메라는 수험자의 양손, 얼굴 측면, 책상 위, 모니터가 보이도록 각도 설정 필수
시험 중 부정행위	– 시험 중 자리 이탈 및 화장실 이용 불가 / 음료, 간식, 껌 등의 음식물 섭취 불가 – 타 사이트 접속 및 외부 프로그램 사용 금지(인터넷 검색, 엑셀, 카카오톡, 줌, 공학용 계산기 등) – 의심행동 금지(손을 화면 밖으로 이탈, 시선을 모니터와 필기종이 외에 다른 곳을 보는 움직임 등) – 휴대폰 통화, 타인과 대화 또는 주변 대화 소리가 들리는 경우 – 응시화면(모니터, 웹캠, 스마트폰)이 모두 끊길 경우 – 감독관의 메시지와 지시에 응하지 않을 경우 – 컨닝행위(손바닥 필기, 참고자료, 컨닝페이퍼, 듀얼모니터 사용 등 모든 부정한 행위) – 문제 및 답안지를 복사/캡처/녹화/촬영하여 문제 및 답안을 유출하는 행위

※ 부정행위자에 대하여는 당해 시험일 이후 2년간 AT 자격검정 응시자격을 정지합니다.

　AT(Accounting Technician)는 우리나라 최고의 회계·세무 전문가 단체인 한국공인회계사회에서 주관하는 국가공인 '회계·세무 실무자격'으로 기업에서 사용하는 회계·세무 실무프로그램의 회계 및 세무 처리 능력을 인증하는 회계·세무 실무자격이다.

　투명한 회계정보를 생성하기 위한 회계실무 능력과 그 회계실무를 바탕으로 한 세무실무 능력을 충분히 발휘할 수 있는 실무자를 양성하는 것을 목표로 하며 나아가 기업의 인재 제공에 도움을 줄 수 있도록 설계된 실무중심 자격증이다.

　특히 2022년 8월부터는 AT자격시험이 전면 비대면 시험으로 전환됨에 따라 이러한 AT자격시험의 출제경향을 철저히 분석하고 한국공인회계사회의 의도를 충실히 반영하여 기업 실무에 적합한 회계·세무 실무 교재를 집필하였다.

본 교재의 특징은

첫　째, AT 자격시험의 정신인 실무중심 수험서!
　　　　수험목적의 교재이기는 하지만 AT 자격시험의 정신인 실무중심의 회계교육에 걸맞게 실무적인 회계처리에 대해서도 설명하고 있다.

둘　째, 전면 비대면 시험을 준비하는 수험생들의 빠른 합격을 위한 수험서!
　　　　중요한 내용에 대해서는 이해하기 쉽도록 보충설명을 하였으며, 비대면 시험의 완벽한 대비를 위해 한국공인회계사회의 출제방향에 최적화된 문제 및 풀이로 철저한 시험 대비가 가능하다.
　　　　• 수년간의 기출문제를 분석한 유형별 연습문제 풀이로 빠른 합격
　　　　• 전면 비대면 시험 출제방향으로 개편하여 완벽 대비

셋　째, 실제 시험과 기업 실무에 일치하는 컬러 증빙으로 제작!
　　　　각종 증빙 및 세무신고자료 등을 실제 시험문제와 기업 실무와 동일하게 모든 증빙을 컬러로 제작하여 효과적인 학습을 할 수 있도록 배려하였다.

넷　째, 국가직무능력표준(NCS, National Competency Standards) 교재로 취업경쟁력 상승!
　　　　NCS를 정확히 반영한 목차와 본문 내용(필요 지식, 수행과제, 수행과제 풀이, 수행Tip)으로 산업현장에서 필요한 직무능력을 갖추어 취업성공까지 이룰 수 있도록 하였다.

　본 교재를 출간하게 해주신 삼일피더블유씨솔루션 이희태 대표이사님과 기타 관계자분들께 감사드리며, 아무쪼록 AT 자격시험을 준비하는 분들에게 일조를 하여 이론과 실무를 겸비한 회계실무전문가로 성장하는데 동행하는 친구가 될 수 있다면 그 이상 기쁨은 없을 것이다. 꾸준히 노력하여 보다 충실한 교재로 거듭날 것을 약속하며 독자들의 충고와 질책을 바라는 바이다.

시험일정 및 시험안내

1. 시험일정

구분	제79회	제80회	제81회	제82회	제83회	제84회	제85회	제86회	제87회
원서접수	2.6~2.12	3.6~3.12	4.3~4.9	6.5~6.11	7.3~7.9	8.7~8.13	10.10~10.16	11.6~11.12	12.4~12.10
사전테스트	2.18~2.21	3.18~3.21	4.15~4.18	6.17~6.20	7.15~7.18	8.19~8.22	10.21~10.24	11.18~11.21	12.16~12.19
시험일자	2.22(토)	3.22(토)	4.19(토)	6.21(토)	7.19(토)	8.23(토)	10.25(토)	11.22(토)	12.20(토)
합격자발표	2.28(금)	3.28(금)	4.25(금)	6.27(금)	7.25(금)	8.29(금)	10.31(금)	11.28(금)	12.27(금)
시험등급	FAT 1,2급 TAT 1,2급	FAT 1,2급 TAT 1,2급	FAT 1,2급 TAT 1,2급	FAT 1,2급 TAT 1,2급	FAT 1,2급 TAT 1,2급	FAT 1,2급 TAT 1,2급	FAT 1,2급 TAT 1,2급	FAT 1,2급 TAT 1,2급	FAT 1,2급 TAT 1,2급

구분		신분확인 및 환경점검	시험시간
1교시	FAT 2급	09:00~10:00	10:00~11:00
	TAT 2급	09:00~10:00	10:00~11:30
2교시	FAT 1급	13:00~14:00	14:00~15:00
	TAT 1급	13:00~14:00	14:00~15:30

■ 비대면 시험 수험자 필수확인사항

① 시험전일(오후6시)까지 사전테스트 필수이수(미이수시 응시불가)

② 시험시간 20분전까지 온라인고사실 필수입실(미입실시 응시불가)

③ 시험전 더존교육프로그램(최신버전)과 등급별 수험데이터파일 필수 설치(미설치시 추가시간부여 불가)

④ 권장사양보다 낮은 PC로 응시 중 발생하는 문제는 수험자 귀책사유

※ 시험방식: 모든 회차 모두 비대면 시험

2. 시험안내

> **검정기준**

재무회계와 부가가치세 수정신고 등 수행능력과 소득세 원천징수의 전자신고를 통한 세무정보 분석능력을 평가

> **검정방법**

- 실무이론시험과 실무수행시험 동시 진행
- 실무수행프로그램(회계·세무 S/W프로그램): 더존 SmartA(iPLUS) 실무교육프로그램

> **합격결정기준**

- 이론시험 30점 + 실기시험 70점
- 100점 만점, 70점 이상 합격

> **응시자격**

- 응시자격: 제한없음

> **자격의 형태**

- 국가공인 자격
- 국가평생교육진흥원 학점은행제 자격학점 인정 자격
  - FAT1급 4학점, TAT2급 10학점, TAT1급 16학점
  - 표준교육과정 해당 전공: 전문학사 '경영', 학사 '경영학, 회계학, 세무학'

> **출제범위 및 시험(소요)시간**

등급	검정방법		시험과목	시험시간
TAT 1급	실무이론 (30%)	재무회계	계정과목별 회계처리, 매출원가 계산	90분
		세무회계	• 부가가치세법 • 소득세원천징수 • 법인세법	
	실무수행 (70%)	회계정보관리	• 제조기업의 특수 상황별 회계처리, 결산 • 적격증빙관리 및 관련서류 작성 • 어음관리	
		부가가치세관리	• 업종별 부가가치세신고(제조업, 무역업, 음식점업, 부동산임대업, 건설업) • 전자세금계산서 관리 및 부가가치세 신고(수정신고 포함)	
		원천징수관리	• 근로 · 퇴직 · 사업 · 기타 · 이자 · 배당소득의 원천징수신고(수정신고 포함) • 퇴직금과 퇴직급여추계액계산	
		법인세관리	업종별 법인세무조정(제조업, 부동산임대업, 건설업)	

시험일정 및 시험안내

구분	과목	시험과목	세부 출제범위	
			주요항목	세부항목
실무이론	재무회계	재무회계	재무회계	• 세무조정대상 계정과목별 회계처리 • 매출원가 계산 • 당좌자산, 재고자산, 유형자산, 무형자산, 유가증권과 투자유가증권, 자본, 수익과비용 • 회계변경과 오류수정 • 외화환산회계
	세무회계	부가가치세	부가가치세	• 부가가치세의 기본개념 • 과세거래 • 영세율과 면세 • 과세표준과 세액 • 신고와 납부 • 간이과세자
		소득세 (원천징수)	소득세 (원천징수)	• 소득세총설 • 종합소득공제
		법인세 기초이론	법인세 기초이론	• 법인세총설 • 내국법인의 각 사업연도 소득계산 • 세액의 계산
실무수행	회계정보관리	거래자료입력	일반전표입력 및 매입매출 전표	• 자산, 부채, 자본의 특수회계처리 → 정부보조금, 리스회계, 잉여금처분 및 중간배당, 퇴직연금, 사채 등
		결산	수동결산	• 손익의 예상과 이연 • 유가증권 및 외화평가 • 가계정 및 유동성대체 • 재고자산감모 및 평가손실 등
			자동결산	• 결산자료입력에 의한 자동결산 → 상품매출원가, 제품매출원가, 감가상각비, 대손상각비, 퇴직금추계액, 법인세등

구분	과목	시험과목	세부 출제범위	
			주요항목	세부항목
실무수행	부가가치세관리	부가가치세	전자세금계산서의 발행	• 수정전자세금계산서의 발행 →수정사유별 전표입력 및 전자세금계산서 발행
			부가가치세 수정신고 및 가산세	• 예정신고누락분의 확정신고 반영 →전표입력 및 부가가치세 신고서 반영(가산세 계산) • 확정신고누락분의 수정신고서 작성 →전표입력 및 부가가치세신고서 반영(가산세 계산) • 기한후 신고 →전표입력 및 부가가치세신고서 반영(가산세 계산)
	원천징수관리	근로소득	사원등록 및 급여자료입력	• 주민등록등본 및 가족관계증명원에 의한 사원등록 및 급여자료입력 →사원등록(보수총액), 부양가족등록 • 급여내역에 의한 수당공제등록 및 급여입력 →원천징수이행상황신고서 반영
		연말정산	연말정산자료 입력	• 국세청간소화서비스자료 및 이외의 자료를 기준으로 연말정산 →소득명세: 종(전)근무자료 입력 →정산명세
		퇴직소득	퇴직소득자료 입력	• 퇴직소득의 원천징수 →사원등록: 퇴사일자입력 →퇴직소득자료입력

시험일정 및 시험안내

구분	과목	시험과목	세부 출제범위	
			주요항목	세부항목
실무수행	원천징수 관리	사업소득	사업소득자료 입력	• 사업소득의 원천징수 → 사업소득자등록 → 사업소득자료입력 → 사업소득연말정산
		기타소득	기타소득자료 입력	• 기타소득의 원천징수 → 기타소득자등록 → 기타소득자료입력
		이자/배당 소득	이자/배당 소득 자료입력	• 이자/배당소득의 원천징수 → 이자/배당소득자등록 → 이자/배당소득자료입력
		원천세 신고	원천징수이행 상황신고서	• 중도퇴사자의 원천징수 → 사원등록: 퇴사일자입력 → 급여자료입력 → 연말정산자료입력 → 원천징수이행상황신고서 반영 • 원천징수이행상황신고서의 수정신고 → 원천징수 수정자료입력 → 원천징수이행상황신고서 수정작성
	법인세 관리	법인세무조정	과목별 세무조정 Ⅰ	• 수입금액조정명세서, 조정후수입금액명세서, 감가상각비조정, 퇴직급여충당금조정, 대손충당금 및 대손금조정명세서, 접대비조정명세서, 가지급금등의 인정이자조정명세서, 외화평가차손익조정명세서, 세금과공과금조정명세서, 선급비용명세서, 퇴직연금부담금조정명세서, 업무무관지급이자조정명세서, 건설자금이자조정명세서, 기부금조정명세서
			과목별 세무조정 Ⅱ	• 소득금액조정합계표, 공제감면세액계산서(2), 세액공제조정명세서(3), 연구및인력개발비발생명세서, 최저한세조정명세서, 가산세액계산서, 자본금과적립금조정명세서(갑, 을), 임대보증금간주익금조정명세서, 소득구분계산서, 법인세중간예납신고서, 주식등변동상황명세서, 중소기업기준검토표 등
			법인세과세 표준 및 세액조정 계산서	• 법인세과세표준 및 세액조정계산서

3. 합격률

(단위 : %)

시험년도	회차	FAT		TAT		합계
		2급	1급	2급	1급	
2024년	78회	62.01	70.15	51.01	22.22	58.73
	77회	-	49.55	42.86	-	46.60
	76회	70.99	70.18	45.14	26.14	57.88
	75회	65.76	58.02	46.04	34.27	52.85
	74회	-	60.37	42.42	-	53.79
	73회	63.51	68.92	44.47	20.24	56.35
	72회	-	56.57	34.59	-	47.40
	71회	78.05	77.18	63.72	30.86	69.32
	70회	-	70.08	46.32	-	60.95
	69회	61.20	61.00	50.33	30.45	54.94
2023년	68회	70.93	61.28	56.13	29.84	58.28
	67회	-	55.72	52.66	-	54.51
	66회	69.39	71.81	67.60	46.75	68.14
	65회	66.86	60.77	48.15	30.09	54.98
	64회	-	54.03	22.78	-	40.83
	63회	68.38	61.24	22.93	31.76	48.95
	62회	-	54.23	21.39	-	41.27
	61회	74.16	65.95	39.69	35.86	55.74
	60회	-	53.15	54.71	-	53.76
	59회	67.12	57.54	46.74	33.33	53.57
2022년	58회	46.72	60.03	40.85	30.86	49.84
	57회	49.18	60.40	31.67	34.87	48.28
	56회	55.48	49.97	44.58	16.19	46.45
	55회	51.07	44.81	45.23	37.82	45.26
	54회	39.52	45.79	49.22	49.00	46.51
	53회	62.88	67.33	43.95	32.39	57.01
	52회	66.48	50.75	41.76	26.45	47.36
	51회	63.57	66.11	26.81	29.42	49.72
2021년	50회	47.64	55.13	31.72	29.34	44.24
	49회	56.80	61.88	31.44	26.07	48.11
	48회	59.63	59.48	41.66	29.48	53.21
	47회	60.13	63.00	47.37	28.03	56.15
	46회	58.64	48.71	44.70	31.20	47.62
	45회	76.28	46.79	41.62	40.08	49.79
2020년	44회	55.97	68.67	20.89	14.13	47.74
	43회	54.71	65.70	39.79	31.05	53.62
	42회	60.49	62.97	42.48	27.78	54.00
	41회	75.61	58.60	44.07	19.84	54.09
	39회	51.81	64.92	31.83	20.54	50.77
	33회	58.78	70.15	22.31	28.51	52.86

차례

제 **2** 부   더존 SmartA(iPLUS) 내 것으로 만들기

제1장   더존 SmartA(iPlus) 재무회계실무 제대로 알기 / 197

> **NCS** 능력단위(수준)
> 회계정보시스템 운용(0203020105_20v4)
> 전표처리(0203020201_20v5)
> 자금관리(0203020102_20v4)
> 결산관리(0203020202_20v5)

제2장   더존 SmartA(iPlus) 부가가치세실무 제대로 알기 / 237

> **NCS** 능력단위(분류번호)
> 부가가치세 신고(0203020205_23v6)

차례

정답 및 해설

제 **1** 부

이론 내 것으로 만들기

재무회계 이론 제대로 알기

제1절 재무회계의 기초이론

01 회계(accounting)의 정의 및 목적

- 회계: 회계정보(재무정보)이용자가 합리적인 판단이나 의사결정을 할 수 있도록 기업실체에 관한 유용한 경제적 정보를 식별, 인식, 측정, 기록 및 전달하는 과정
- 회계의 목적: 정보이용자의 경제적 의사결정에 유용한 기업의 재무상태, 경영성과 및 재무상태변동에 관한 정보를 제공하고, 위탁받은 자원에 대한 경영진의 수탁책임이나 회계책임의 결과를 보고하는 것

02 회계의 기본가정(전제조건)

구분	주요 내용
기업실체의 가정	• 기업을 소유주와는 독립적으로 존재하는 회계단위로 간주 • 하나의 기업을 하나의 회계단위의 관점에서 그 경제활동에 대한 재무정부를 측정, 보고하는 것
계속기업의 가정	• 일반적으로 기업이 예상가능한 기간 동안 영업을 계속할 것이라고 가정 • 기업은 그 경영활동을 청산하거나 중요하게 축소할 의도나 필요성을 갖고 있지 않다고 적용함
기간별 보고(보고기간)의 가정	• 기업실체의 존속기간을 일정한 기간 단위로 분할하여 각 기간별로 재무제표를 작성하는 것 • 기업의 경영활동을 인위적으로 6개월 또는 1년 등으로 구분하여 재무제표를 작성하는데 그 기간을 회계연도 또는 회계기간이고 함

03 발생주의(발생기준)

발생주의는 현금의 수수에 관계없이 거래가 발생된 시점에 인식하는 기준으로 현금거래 이외의 비현금거래에 대하여도 거래로 인식하여 회계처리하게 된다.

04 회계정보(재무정보)의 질적특성

회계정보의 질적특성(qualitative characteristics)이란 정보이용자의 의사결정에 유용하기 위하여 회계정보(재무정보)가 갖추어야 할 주요 속성을 말한다. 회계정보(재무정보)가 갖추어야 할 가장 중요한 질적특성은 목적적합성(relevance)과 신뢰성(reliability)이다.

특정 거래를 회계처리할 때 대체적인 회계처리방법이 허용되는 경우, 목적적합성과 신뢰성이 더 높은 회계처리방법을 선택할 때에 회계정보의 유용성이 증대된다. 목적적합성과 신뢰성 중 어느 하나가 완전히 상실된 경우 그 정보는 유용한 정보가 될 수 없다.

질적특성	하위질적특성	주요 내용
목적적합성	예측가치	• 정보이용자가 기업의 미래 재무상태, 경영성과, 순현금흐름 등을 예측하는 데에 그 정보가 활용될 수 있는 능력
	피드백가치	• 제공되는 회계정보(재무정보)가 기업의 재무상태, 경영성과, 순현금흐름, 자본변동 등에 대한 정보이용자의 당초 기대치(예측치)를 확인 또는 수정되게 함으로써 의사결정에 영향을 미칠 수 있는 능력
	적시성	• 의사결정시점에서 필요한 정보가 제공되지 않는다면 동 정보는 의사결정에 이용될 수 없고 따라서 목적적합성을 상실함. 그러나 적시성 있는 정보를 제공하기 위해서는 신뢰성을 희생해야 하는 경우가 있음.
신뢰성	표현의 충실성	• 회계정보(재무정보)가 신뢰성을 갖기 위해서는 그 정보가 기업의 경제적 자원과 의무, 그리고 이들의 변동을 초래하는 거래나 사건을 충실하게 표현하여야 함. • 재무제표상의 회계수치가 기업이 보유하는 자산과 부채의 크기 및 자본의 변동을 충실히 나타내어야 함.
	검증가능성	• 동일한 경제적 사건이나 거래에 대하여 동일한 측정방법을 적용할 경우 다수의 독립적인 측정자가 유사한 결론에 도달할 수 있어야 함.
	중립성	• 회계정보가 신뢰성을 갖기 위해서는 편의 없이 중립적이어야 함. 의도된 결과를 유도할 목적으로 재무제표에 특정 정보를 표시함으로써 정보이용자의 의사결정이나 판단에 영향을 미친다면 그러한 회계정보는 중립적이라 할 수 없음.
비교가능성		• 기업실체의 재무상태, 경영성과, 현금흐름 및 자본변동의 추세 분석과 기업실체간의 상대적 평가를 위하여 회계정보는 기간별 비교가 가능해야 하고 기업실체 간의 비교가능성도 있어야 함.

 **회계정보(재무정보)의 제약요인**

(1) 비용과 효익 대비(balance between benefits and costs)

질적특성을 갖춘 정보라 하더라도 정보 제공 및 이용에 소요될 사회적 비용이 정보 제공 및 이용에 따른 사회적 효익을 초과한다면 그러한 정보의 제공은 정당화될 수 없다.

(2) 중요성(materiality)

특정 정보가 생략되거나 잘못 표시된 재무제표가 정보이용자의 판단이나 의사결정에 영향을 미칠 수 있다면 그러한 정보는 중요한 정보이다. 중요성은 회계항목이 정보로 제공되기 위한 최소한의 요건이다.

 **재무제표 요소의 측정기준**

구분	주요 내용
취득원가(또는 역사적원가)와 역사적 현금수취액	• 자산의 취득원가는 자산을 취득하였을 때 그 대가로 지급한 현금, 현금등가액 또는 기타 지급수단의 공정가치를 말하며 역사적 원가와 동일한 의미이다. • 부채의 역사적 현금수취액은 그 부채를 부담하는 대가로 수취한 현금 또는 현금등가액이다.
공정가치	• 공정가치는 독립된 당사자 간의 현행 거래에서 자산이 매각 또는 구입되거나 부채가 결제 또는 이전될 수 있는 교환가치이다. • 기업실체가 보유하고 있는 자산에 대해 시장가격이 존재하면 이 시장가격은 당해 자산에 대한 공정가치의 측정치가 된다.
기업특유가치	• 자산의 기업특유가치는 기업실체가 자산을 사용함에 따라 당해 기업실체의 입장에서 인식되는 현재의 가치를 말하며, 사용가치라고도 한다. • 부채의 기업특유가치는 기업실체가 그 의무를 이행하는 데 예상되는 자원 유출의 현재가치를 의미한다. • 공정가치가 시장거래에서의 교환가치인 데 비해, 기업특유가치는 당해 기업실체의 입장에서 인식되는 가치이다.
상각후가액	• 금융자산 취득 또는 금융부채 발생 시점의 그 유입가격과 당해 자산 또는 부채로부터 발생하는 미래 명목현금흐름의 현재가치가 일치되게 하는 할인율인 유효이자율을 측정하고, 이 유효이자율을 이용하여 당해 자산 또는 부채에 대한 현재의 가액으로 측정한 것을 상각후가액이라 한다. • 상각후가액의 측정에 사용되는 이자율은 현재의 시장이자율이 아닌 역사적 이자율이다.

구분	주요 내용
순실현가능가치와 이행가액	• 자산의 순실현가능가치는 정상적 기업활동과정에서 미래에 당해 자산이 현금 또는 현금등가액으로 전환될 때 수취할 것으로 예상되는 금액에서 그러한 전환에 직접 소요될 비용을 차감한 가액이다. • 부채의 이행가액은 미래에 그 의무의 이행으로 지급될 현금 또는 현금등가액에서 그러한 지급에 직접 소요될 비용을 가산한 가액을 말한다. • 순실현가능가치와 이행가액은 현재 시점의 가치로 환산되지 않은 금액이다.

제 2 절 재무제표

 ## 재무제표의 종류

구분	주요 내용
재무상태표	• 재무상태표는 일정시점의 기업의 재무상태를 보여주는 보고서이다. • 재무상태라는 것은 기업이 소유하고 있는 자산(현금, 상품, 건물 등)과 타인에게 갚아야 하는 부채(외상매입금, 차입금 등), 그리고 자산에서 부채를 차감한 자본으로 나누어진다.
손익계산서	• 손익계산서는 일정기간의 기업의 경영성과를 보여주는 보고서이다. • 경영성과는 일정기간 동안 벌어들인 수익(상품매출, 임대료, 이자수익 등)에서 일정기간 동안 지출한 비용(급여, 복리후생비, 임차료, 이자비용 등)을 차감하여 계산된 이익이나 손실을 말한다.
현금흐름표	• 현금흐름표는 일정기간 동안 기업의 현금유입과 현금유출에 대한 정보를 제공하는 재무제표이다. • 현금흐름표는 영업활동 현금흐름, 투자활동 현금흐름 및 재무활동 현금흐름에 대한 정보를 제공한다.
자본변동표	• 자본변동표는 기업의 자본 크기와 그 변동에 관한 정보를 제공하는 재무제표이다.
주석	• 재무제표 본문에 표시된 정보를 이해하는 데 도움이 되는 추가적 정보를 설명하는 것을 말한다. • 재무제표 본문에 관련 주석번호가 표시되는 방식으로 이루어진다.

 **재무제표 작성과 표시의 일반원칙**

구분	주요 내용
계속기업	• 경영진은 재무제표를 작성할 때 계속기업으로서의 존속가능성을 평가해야 한다. 경영진이 기업을 청산하거나 경영활동을 중단할 의도를 가지고 있지 않거나, 청산 또는 경영활동의 중단 외에 다른 현실적 대안이 없는 경우가 아니면 계속기업을 전제로 재무제표를 작성한다.
재무제표의 작성책임	• 재무제표의 작성과 표시에 대한 책임은 경영진에게 있다.
자산과 부채의 총액표시	• 자산과 부채는 원칙적으로 상계하여 표시하지 않는다. • 다만, 기업이 채권과 채무를 상계할 수 있는 법적 구속력 있는 권리를 가지고 있고, 채권과 채무를 순액기준으로 결제하거나 채권과 채무를 동시에 결제할 의도가 있다면 상계하여 표시한다. • 매출채권에 대한 대손충당금 등은 해당 자산이나 부채에서 직접 가감하여 표시할 수 있으며, 이는 상계에 해당하지 아니한다.
재무제표 항목의 구분과 통합표시	• 중요한 항목은 재무제표의 본문이나 주석에 그 내용을 가장 잘 나타낼 수 있도록 구분하여 표시하며, 중요하지 않은 항목은 성격이나 기능이 유사한 항목과 통합하여 표시할 수 있다.
비교재무제표의 작성	• 재무제표의 기간별 비교가능성을 제고하기 위하여 전기 재무제표의 모든 계량정보를 당기와 비교하는 형식으로 표시한다.
재무제표 항목의 표시와 분류의 계속성	• 재무제표의 기간별 비교가능성을 제고하기 위하여 재무제표 항목의 표시와 분류는 다음의 경우를 제외하고는 매기 동일하여야 한다. ① 일반기업회계기준에 의하여 재무제표 항목의 표시와 분류의 변경이 요구되는 경우 ② 사업결합 또는 사업중단 등에 의해 영업의 내용이 유의적으로 변경된 경우 ③ 재무제표 항목의 표시와 분류를 변경함으로써 기업의 재무정보를 더욱 적절하게 전달할 수 있는 경우 • 재무제표 항목의 표시나 분류방법이 변경되는 경우에는 당기와 비교하기 위하여 전기의 항목을 재분류하고, 재분류 항목의 내용, 금액 및 재분류가 필요한 이유를 주석으로 기재한다.

03 재무상태표

구분	주요 내용
정의	• 일정시점 현재 기업이 보유하고 있는 경제적 자원인 자산과 경제적 의무인 부채, 그리고 자본에 대한 정보를 제공하는 재무제표이다.
기본구조	• 자산은 유동자산과 비유동자산으로 구분한다. 유동자산은 당좌자산과 재고자산으로 구분하고, 비유동자산은 투자자산, 유형자산, 무형자산, 기타비유동자산으로 구분한다. • 부채는 유동부채와 비유동부채로 구분한다. • 자본은 자본금, 자본잉여금, 자본조정, 기타포괄손익누계액 및 이익잉여금(또는 결손금)으로 구분한다. • 자산과 부채는 유동성이 큰 항목부터 배열하는 것을 원칙으로 한다.

자산과 부채의
유동성과
비유동성 구분
	• 자산과 부채는 1년을 기준으로 유동과 비유동으로 분류한다.
	
	• 유동자산은 다음의 자산을 말한다.
	① 사용의 제한이 없는 현금및현금성자산
	② 기업의 정상적인 영업주기 내에 실현될 것으로 예상되거나 판매목적 또는 소비목적으로 보유하고 있는 자산*
	③ 단기매매 목적으로 보유하는 자산
	④ ① 내지 ③ 외에 보고기간종료일로부터 1년 이내에 현금화 또는 실현될 것으로 예상되는 자산**
	  * 정상적인 영업주기 내에 판매되거나 사용되는 재고자산과 회수되는 매출채권 등은 보고기간종료일로부터 1년 이내에 실현되지 않더라도 유동자산으로 분류한다.
	  ** 장기미수금이나 투자자산에 속하는 매도가능증권 또는 만기보유증권 등의 비유동자산 중 1년 이내에 실현되는 부분은 유동자산으로 분류한다.
	• 비유동자산은 유동자산 이외의 모든 자산을 말한다.
	
	• 유동부채는 다음의 부채를 말한다.
	① 기업의 정상적인 영업주기 내에 상환 등을 통하여 소멸할 것이 예상되는 매입채무와 미지급비용 등의 부채*
	② 보고기간종료일로부터 1년 이내에 상환되어야 하는 단기차입금 등의 부채**
	  * 정상적인 영업주기 내에 소멸할 것으로 예상되는 매입채무와 미지급비용 등은 보고기간종료일로부터 1년 이내에 결제되지 않더라도 유동부채로 분류한다.
	  ** 당좌차월, 단기차입금 및 유동성장기차입금 등은 보고기간종료일로부터 1년 이내에 결제되어야 하므로 영업주기와 관계없이 유동부채로 분류한다. 또한 비유동부채 중 보고기간종료일로부터 1년 이내에 자원의 유출이 예상되는 부분은 유동부채로 분류한다.
	• 비유동부채는 유동부채 이외의 모든 부채를 말한다.

구분	주요 내용
자본의 분류	① 자본금: 자본금은 법정자본금으로 한다. 법정자본금이란 일반적으로 주식의 액면금액을 의미한다. 자본금은 보통주자본금과 우선주자본금으로 구분하여 표시한다. ② 자본잉여금: 자본잉여금은 증자나 감자 등 주주와의 거래에서 발생하여 자본을 증가시키는 잉여금이다. 예를 들면, 주식발행초과금, 자기주식처분이익, 감자차익 등이 포함된다. 자본잉여금은 주식발행초과금과 기타자본잉여금으로 구분하여 표시한다. ③ 자본조정: 자본조정은 당해 항목의 성격으로 보아 자본거래에 해당하나 최종 납입된 자본으로 볼 수 없거나 자본의 가감 성격으로 자본금이나 자본잉여금으로 분류할 수 없는 항목이다. 예를 들면, 자기주식, 주식할인발행차금, 주식선택권, 출자전환채무, 감자차손 및 자기주식처분손실 등이 포함된다. 자본조정 중 자기주식은 별도 항목으로 구분하여 표시한다. ④ 기타포괄손익누계액: 기타포괄손익누계액은 당기순이익에 포함되지 않는 평가손익의 누계액이다. 예를 들어, 보고기간종료일 현재의 매도가능증권평가손익, 해외사업환산손익, 현금흐름위험회피 파생상품평가손익, 재평가잉여금 등의 잔액이다. ⑤ 이익잉여금: 이익잉여금(또는 결손금)은 손익계산서에 보고된 손익과 다른 자본항목에서 이입된 금액의 합계액에서 주주에 대한 배당, 자본금으로의 전입 및 자본조정 항목의 상각 등으로 처분된 금액을 차감한 잔액이다. 이익잉여금은 법정적립금, 임의적립금 및 미처분이익잉여금(또는 미처리결손금)으로 구분하여 표시한다.

04　손익계산서

구분	주요 내용
정의	• 손익계산서는 일정기간 동안 기업의 경영성과에 대한 정보를 제공하는 재무제표이다. 손익계산서는 당해 회계기간의 경영성과를 나타낼 뿐만 아니라 기업의 미래현금흐름과 수익창출능력 등의 예측에 유용한 정보를 제공한다.
작성기준	① 기간배분: 모든 수익과 비용은 그것이 발생한 기간에 정당하게 배분되도록 처리하여야 한다. ② 수익·비용의 대응: 수익과 비용은 그 발생원천에 따라 명확하게 분류하고 각 수익항목과 이에 관련되는 비용항목을 대응표시하여야 한다. ③ 구분표시: 손익계산서는 매출총손익, 영업손익, 법인세차감전순손익, 법인세비용, 당기순손익으로 구분표시하여야 한다. ④ 수익과 비용의 총액표시: 수익과 비용은 각각 총액으로 보고하는 것을 원칙으로 한다. 다만, 다른 일반기업회계기준에서 수익과 비용을 상계하도록 요구하거나 허용하는 경우에는 수익과 비용을 상계하여 표시할 수 있다. 동일 또는 유사한 거래나 회계사건에서 발생한 차익, 차손 등은 총액으로 표시하지만 중요하지 않은 경우에는 관련 차익과 차손 등을 상계하여 표시할 수 있다.
기본구조	• 손익계산서는 다음과 같이 구분하여 표시한다. 다만, 제조업, 판매업 및 건설업 외의 업종에 속하는 기업은 매출총손익의 구분표시를 생략할 수 있다. 　　① 매출액 －　② 매출원가 　　**매출총손익** －　③ 판매비와관리비 　　**영업손익** ＋　④ 영업외수익 －　⑤ 영업외비용 　　**법인세비용차감전순손익** －　⑥ 법인세비용 　　**당기순손익**

 05 현금흐름표

구분	주요 내용
정의	• 현금흐름표는 일정기간 동안 기업의 현금유입과 현금유출에 대한 정보를 제공하는 재무제표이다. 현금흐름표는 영업활동을 통한 현금창출에 관한 정보, 투자활동에 관한 정보 및 자본조달을 위한 재무활동에 대한 정보를 제공한다.
현금흐름의 구분	① 영업활동 현금흐름: 영업활동 현금흐름은 사업활동의 지속, 차입금상환, 배당금지급 및 신규투자 등에 필요한 현금을 외부로부터 조달하지 않고 제품의 생산과 판매활동, 상품과 용역의 구매와 판매활동 및 관리활동 등 자체적인 영업활동으로부터 얼마나 창출하였는지에 대한 정보를 제공한다. ② 투자활동 현금흐름: 투자활동 현금흐름은 미래 영업현금흐름을 창출할 자원의 확보와 처분에 관련된 현금흐름에 대한 정보를 제공한다. 투자활동은 투자자산, 유형자산 및 무형자산의 취득과 처분활동 등을 포함한다. ③ 재무활동 현금흐름: 재무활동 현금흐름은 주주, 채권자 등이 미래현금흐름에 대한 청구권을 예측하는 데 유용한 정보를 제공하며, 영업활동 및 투자활동의 결과 창출된 잉여현금흐름이 어떻게 배분되었는지를 나타내어 준다. 재무활동은 현금의 차입과 상환 및 이자비용 지급, 신주발행과 배당금의 지급 등을 포함한다.

06 자본변동표

구분	주요 내용
정의	• 자본변동표는 자본의 크기와 그 변동에 관한 정보를 제공하는 재무보고서로서, 자본을 구성하고 있는 자본금, 자본잉여금, 자본조정, 기타포괄손익누계액, 이익잉여금(또는 결손금)의 변동에 대한 포괄적인 정보를 제공한다.
자본금의 변동	• 자본금의 변동은 유상증자(감자), 무상증자(감자)와 주식배당 등에 의하여 발생하며, 자본금은 보통주자본금과 우선주자본금으로 구분하여 표시한다.
자본잉여금의 변동	• 자본잉여금의 변동은 유상증자(감자), 무상증자(감자), 결손금처리 등에 의하여 발생하며, 주식발행초과금과 기타자본잉여금으로 구분하여 표시한다.
자본조정의 변동	• 자본조정의 변동은, 자기주식은 구분하여 표시하고 기타자본조정은 통합하여 표시할 수 있다.
기타포괄손익 누계액의 변동	• 기타포괄손익누계액의 변동은, 매도가능증권평가손익, 해외사업환산손익 및 현금흐름위험회피 파생상품평가손익은 구분하여 표시하고, 그 밖의 항목은 그 금액이 중요할 경우에는 적절히 구분하여 표시할 수 있다.

구분	주요 내용
이익잉여금의 변동	이익잉여금의 변동은 다음과 같은 항목으로 구분하여 표시한다. ① 회계정책의 변경으로 인한 누적효과 ② 중대한 전기오류수정손익 ③ 연차배당(당기 중에 주주총회에서 승인된 배당금액으로 하되 현금배당과 주식배당으로 구분하여 기재)과 기타 전기말 미처분이익잉여금의 처분 ④ 중간배당(당기 중에 이사회에서 승인된 배당금액) ⑤ 당기순손익 ⑥ 기타: ① 내지 ⑤ 외의 원인으로 당기에 발생한 이익잉여금의 변동으로 하되, 그 금액이 중요한 경우에는 적절히 구분하여 표시한다.

 ## 주석

재무제표 본문에 표시된 정보를 이해하는 데 도움이 되는 추가적 정보를 설명하는 것을 말한다. 재무제표 본문에 관련 주석번호가 표시되는 방식으로 이루어진다.

제3절 자 산

자산은 유동자산과 비유동자산으로 분류한다. 유동자산은 회전력이 빠른 자산으로 현금화하는 데 1년 이내의 기간이 소요되는 자산이며, 비유동자산은 장기간 소유하고 있는 자산으로 현금화하는 데 1년 이상의 기간이 소요되는 자산을 말한다.

유동자산은 당좌자산과 재고자산으로 분류되며 비유동자산은 투자자산, 유형자산, 무형자산, 기타비유동자산으로 분류된다.

01 당좌자산

당좌자산은 유동자산 중에서 판매과정을 거치지 않고 1년 이내에 현금화가 가능한 자산을 말한다.

(1) 현금 및 현금성자산

1) 현금

현금은 재화나 용역을 구입하는 데 사용히는 가장 대표적인 수단으로 유동성이 가장 높은 자산이다. 지폐나 동전 등 화폐성통화뿐만 아니라 통화와 같은 효력으로 사용되는 통화대용증권을 포함한다.
- 통화: 지폐와 동전
- 통화대용증권: 은행발행 자기앞수표, 타인발행 당좌수표, 송금수표, 우편환증서, 배당금지급통지표, 만기도래 국공채 및 회사채이자표 등

2) 당좌예금과 당좌차월
- 당좌예금: 기업이 은행과 당좌거래의 약정을 맺고 일정한 현금을 입금한 후 당좌수표를 통해서만 인출이 되는 예금이 당좌예금이다.
- 당좌차월(2계정제): 이미 발행한 수표와 어음에 대해서 예금잔액이 부족해도 지급이 가능하도록 미리 은행과 맺는 약정이다. 당좌차월은 결산 시 단기차입금으로 대체된다.

3) 보통예금

은행예금 중에서 만기가 정해져 있지 않고 예금의 입금과 출금이 수시로 자유로운 예금을 보통예금이라 한다.

4) 현금성자산

취득당시(취득당시로부터 ○, 결산일로부터 ×) 만기가 3개월 이내인 유동성이 매우 높은 단기금융상품을 말한다.

- 큰 거래비용 없이 현금으로 전환이 용이할 것
- 가치변동의 위험이 중요하지 않을 것

주식은 투자의 목적을 가지고 있으며 만기의 개념이 없기 때문에 현금성자산에 포함되지 않는다. 현금성자산에 속하는 채무증권 및 단기금융상품의 만기는 재무상태표일(결산일) 현재 기준이 아니라 취득당시의 기준으로 하여야 한다.

(2) 단기금융상품

만기가 1년 이내에 도래하는 금융상품으로 현금성자산이 아닌 것을 말한다. 만기가 1년 이상이면 장기금융상품으로 분류한다.

1) 정기예금과 정기적금

만기가 1년 이내에 도래하는 정기예금과 정기적금을 말한다.

2) 기타단기금융상품

만기가 1년 이내에 도래하는 금융기관에서 판매하고 있는 기타의 금융상품들로 양도성예금증서(CD), 종합자산관리계좌(CMA), MMF, 환매체(RP), 기업어음(CP) 등이 있다.

종류	만기(처분일)	사용제한여부	계정과목
당좌예금 보통예금	없음	×	현금및현금성자산
		○	사용제한기간 1년 이내 – 단기금융상품(주석공시)
			사용제한기간 1년 이후 – 장기금융상품(주석공시)
정기예금 정기적금 기타 정형화된 금융상품	취득당시 3개월 이내	×	현금및현금성자산
		○	단기금융상품(주석공시)
	1년 이내	×	단기금융상품
		○	단기금융상품(주석공시)
	1년 이후	×	장기금융상품
		○	장기금융상품(주석공시)

(3) 단기매매증권

기업이 여유자금으로 단기간 내에 매매차익을 얻기 위한 목적으로 시장성 있는 유가증권(주식, 사채, 공채 등)을 구입하는 경우 단기매매증권으로 분류한다.

단기매매증권 취득 시 구입가액으로 분개하며 취득과 관련하여 지불한 매입수수료 등의 비용은 당기비용인 수수료비용으로 처리한다.

단기매매증권은 공정가치로 평가하며 결산 시 장부금액과 공정가치를 비교하여 단기매매증권평가손익으로 처리한다.

단기매매증권 장부금액과 처분금액을 비교하여 단기매매증권처분손익(단기투자자산처분손익)으로 처리한다.

(4) 매출채권(외상매출금, 받을어음)

1) 매출채권의 범위

외상매출금과 받을어음을 매출채권으로 통합한다.

2) 매출채권의 대손과 대손충당금

- 대손: 외상매출금, 받을어음 등의 채권이 채무자의 파산 등의 이유로 받지 못하게 되는 상황을 대손이 발생했다고 힌다.
- 대손충당금: 보고기간 말에 외상매출금, 받을어음 등의 채권에 대한 회수가능성을 검토하여 대손예상액을 대손충당금으로 설정한다.

❙ 대손충당금의 설정

보고기간 말 대손예상액을 대손상각비로 계상하고 매출채권(외상매출금, 받을어음)에서 직접 차감(직접상각법)하거나 대손충당금을 설정(충당금설정법)한다.

- 직접상각법: (차) 대손상각비　　×××　　(대) 외상매출금　　×××
- 충당금설정법

> 대손충당금추가설정액: 대손예상액(기말매출채권 × 설정률) − 기 설정 대손충당금

① 대손예상액 > 기 설정 대손충당금
　　(차) 대손상각비　　　×××　　(대) 대손충당금　　×××
② 대손예상액 < 기 설정 대손충당금
　　(차) 대손충당금　　　×××　　(대) 대손충당금환입　　×××

주의 대손충당금환입 ⇨ 판매비와관리비의 마이너스(−) 항목이다.

> ▌**매출채권의 대손**
>
> 매출채권(외상매출금, 받을어음)이 채무자의 파산 등의 사유로 회수불가능이 확정(대손확정)되었을 경우 대손충당금 잔액이 충분하면 대손충당금과 상계 처리하고 대손충당금 잔액이 없으면 대손상각비로 처리한다.
>
> (차) 대손충당금　　　　　×××　　　(대) 외상매출금　　　　×××
> 　　　대손상각비　　　　　×××
>
> ▌**대손처리한 매출채권의 회수**
>
> 매출채권(외상매출금, 받을어음)의 대손이 확정되어 대손 회계처리를 하였는데, 다시 회수하게 되었을 경우 대손충당금으로 처리한다.
>
> (차) 현금　　　　　　　　×××　　　(대) 대손충당금　　　　×××

3) 매출채권의 처분

유동성을 높이기 위하여 매출채권을 처분하여 현금화하는 경향이 점점 높아지고 있다. 매출채권의 처분과 관련된 회계적인 논점은 매출채권의 처분이 순수한 처분인지 아니면 매출채권을 담보로 한 담보부차입인지이다. 다음의 요건을 모두 충족하는 경우 양도자가 매출채권에 대한 통제권을 이전한 것으로 보아 매각거래로, 이외의 경우에는 금융자산을 담보로 한 차입거래로 본다.

> ① 양도인은 금융자산 양도 후 당해 양도자산에 대한 권리를 행사할 수 없어야 한다. 즉, 양도인이 파산 또는 법정관리 등에 들어갈지라도 양도인 및 양도인의 채권자는 양도한 금융자산에 대한 권리를 행사할 수 없어야 한다.
> ② 양수인은 양수한 금융자산을 처분(양도 및 담보제공 등)할 자유로운 권리를 갖고 있어야 한다.
> ③ 양도인은 금융자산 양도후에 효율적인 통제권을 행사할 수 없어야 한다.

금융자산의 이전거래가 매각거래에 해당하면 처분손익을 인식하여야 하며, 매각거래와 관련하여 신규로 취득(부담)하는 자산(부채)가 있는 경우에는 공정가치로 평가하여 장부에 계상하고 처분손익계산에 반영하여야 한다. 만약 신규로 취득(부담)하는 자산(부채)의 공정가치를 알 수 없는 경우에는 다음과 같이 평가한다.

(1) 자산을 취득하는 경우에는 '0'으로 보아 처분손익을 계산한다.

(2) 부채를 부담하는 경우에는 처분에 따른 이익을 인식하지 않는 범위 내에서 평가하여 계상한다.

(5) 단기대여금

자금을 대여하고 그 회수기간이 결산일로부터 1년 이내인 대여금을 말한다.

(6) 미수금

주요 상거래인 상품매출 이외의 외상거래(비품, 기계장치 등의 매각)에서 대금을 나중에 받기로 하면 미수금으로 기입한다.

(7) 선급금

계약금 성격으로 미리 지급한 대금을 선급금이라 한다.

02 재고자산

재고자산은 정상적인 영업과정에서 판매를 위하여 보유하거나 생산과정에 있는 자산 및 생산 또는 서비스 제공과정에 투입될 원재료나 소모품의 형태로 존재하는 자산을 말한다.

(1) 재고자산의 종류

- 상품: 완성품을 외부에서 구입하여 추가 가공 없이 재판매하는 재고자산
- 제품: 판매를 목적으로 원재료, 노무비, 경비를 투입하여 제조한 재고자산
- 반제품: 현재 상태로 판매가능한 재공품
- 재공품: 원재료를 제조하여 제품이 완성되기 전 제조과정에 있는 재고자산
- 원재료: 제품 생산과정이나 서비스를 제공하는 데 투입되는 원료 및 재료
- 미착품: 상품이나 원재료 등을 주문하였으나 아직 회사에 입고되지 않은 재고자산

(2) 매출원가

1) 매출원가의 의의

기업이 주된 영업활동을 통하여 수익을 창출하는 것을 매출이라고 한다면, 매출원가는 이러한 매출이 이루어지기 위하여 투입한 비용(원가)을 말한다.

2) 매출원가 공식

상품매매업의 매출원가를 구하는 기본공식은 다음과 같다.

기초상품재고액 + 당기상품매입액 − 기말상품재고액 = 상품매출원가

(3) 재고자산의 취득원가

1) 재고자산 매입시

재고자산 매입대금 및 이와 관련하여 지불한 운반비, 매입수수료, 하역비, 보험료, 세금 등의 구입 부대비용을 취득원가에 포함한다.

> **주의** 재고자산 구입시 운반비 ⇨ 재고자산, 재고자산 매출시 운반비 ⇨ 운반비

(차) 재고자산(원재료 등)	×××	(대) 외상매입금(또는 현금)	×××

2) 매입에누리와 환출

- 매입에누리: 매입한 상품 중 하자나 파손이 있는 상품에 대해 가격을 인하받는 것을 말한다.
- 매입환출: 매입한 상품 중 하자나 파손이 있는 상품에 대해 반품하는 것을 말한다.

(차) 외상매입금(또는 현금)	×××	(대) 매입에누리(상품 차감계정)	×××
(차) 외상매입금(또는 현금)	×××	(대) 매입환출(상품 차감계정)	×××

3) 매입할인

상품의 구매자가 판매대금을 조기에 지급하는 경우에 약정에 의해 할인받은 금액을 말한다.

(차) 외상매입금(또는 현금)	×××	(대) 매입할인(상품 차감계정)	×××

4) 상품의 순매입액

> 순매입액 = 총매입액(상품매입가액＋매입 부대비용) − 매입에누리와 환출 − 매입할인

(4) 기말재고자산의 평가

1) 수량 결정 방법

① 계속기록법	• 상품의 입고, 출고를 모두 기록하여 장부에 의하여 수량을 파악한다.
② 실지재고 조사법	• 상품의 입고만 기록하고 출고는 기록하지 않는다. • 입고란에 기록된 수량에서 직접 조사한 상품의 실제 수량을 차감하여 판매된 수량을 파악한다.
③ 혼합법	• 계속기록법과 실지재고조사법을 병행하여 파악한다.

2) 단가 결정 방법

상품을 매입할 때마다 단가가 계속하여 변동하는 경우가 대부분이므로 출고단가를 결정하기 위하여 판매되는 재고자산의 단가흐름을 어떻게 가정할 것인지를 정해야 한다.

① 개별법	• 개별 상품 각각에 단가표를 붙여서 개별적 단가를 결정
	   – 장점: 실제 물량의 흐름과 동일하여 가장 정확
	          수익비용대응의 원칙에 가장 가까운 방법
	   – 단점: 거래가 많을 경우 적용하기 어려움

② 선입선출법	• 먼저 입고된 상품을 먼저 출고한다는 가정하에 출고단가를 결정
	   – 장점: 실제 물량의 흐름과 일치
	          재고자산금액이 현재의 공정가치를 나타냄
	   – 단점: 현재 수익과 과거 원가가 대응하여 수익비용대응의 원칙에 부적합
	          물가상승 시 이익이 과대가 되어 법인세 부담이 큼

③ 후입선출법	• 나중에 입고된 상품을 먼저 출고한다는 가정하에 출고단가를 결정
	   – 장점: 현재 수익에 현재 원가가 대응되어 수익비용대응의 원칙에 부합
	   – 단점: 실제 물량의 흐름과 동일하지 않음
	          재고자산금액이 현재의 공정가치를 나타내지 못함

④ 이동평균법	• 매입할 때마다 이동평균단가를 구하여 이동평균단가로 출고 단가를 결정
	   – 장점: 변동하는 화폐가치를 단가에 반영함
	   – 단점: 매입이 자주 발생하는 경우 매번 새로운 단가를 계산해야 함

⑤ 총평균법	• 기말에 총입고금액을 총입고수량으로 나누어 총평균단가로 출고단가 결정
	   – 장점: 가장 간편하고 이익조작의 가능성이 낮음
	   – 단점: 기초재고가 기말재고의 단가에 영향을 줌

(5) 재고자산의 저가법

저가법(Lower of Cost or Market)이란 취득원가와 시가를 비교하여 낮은 가액으로 표시하는 방법이다.

1) 저가법의 발생사유

다음과 같은 사유가 발생하면 재고자산 시가가 원가 이하로 하락할 수 있다.

> (1) 손상을 입은 경우
> (2) 보고기간 말로부터 1년 또는 정상영업주기 내에 판매되지 않았거나 생산에 투입할 수 없어 장기 체화된 경우
> (3) 진부화하여 정상적인 판매시장이 사라지거나 기술 및 시장 여건 등의 변화에 의해서 판매가치가 하락한 경우
> (4) 완성하거나 판매하는 데 필요한 원가가 상승한 경우

2) 저가법 회계처리

① 재고자산 평가손실

재고자산의 시가가 장부금액 이하로 하락하여 발생한 평가손실은 매출원가에 가산하며 재고자산의 차감계정인 재고자산평가충당금으로 회계처리한다.

> (차) 재고자산평가손실(매출원가)*　　×××　(대) 재고자산평가충당금(재고자산 차감계정)　×××
> 　　* 취득원가 – 순실현가능가치

※ 재고자산을 저가법으로 평가하는 경우 재고자산의 시가는 순실현가능가치를 말한다.
　➡ 순실현가능가치: 공정가치(판매하면 받을 수 있는 금액)에서 판매에 소요되는 비용을 차감한 금액
　➡ 원재료의 순실현가능가치: 현행대체원가(다만, 원재료를 투입하여 완성할 제품의 시가가 원가보다 높을 때는 원재료에 대하여 저가법을 적용하지 아니한다)

② 재고자산 평가손실 환입

저가법의 적용에 따른 평가손실을 초래했던 상황이 해소되어 새로운 시가가 장부가액보다 상승한 경우에는 최초의 장부금액을 초과하지 않는 범위 내에서 평가손실을 환입한다. 재고자산평가손실의 환입은 매출원가에서 차감한다.

> (차) 재고자산평가충당금(재고자산 차감계정)　×××　(대) 재고자산평가손실환입(매출원가)*　×××
> 　　* 최초의 장부금액을 초과하지 않는 범위내에서 환입

3) 재고자산 감모손실

재고자산 감모손실은 재고자산의 장부상 수량과 실제 수량과의 차이에서 발생하는 손실이다. 정상적으로 발생한 감모손실은 매출원가에 가산하고 비정상적으로 발생한 감모손실은 영업외비용으로 분류한다.

> (차) 재고자산감모손실(매출원가)*　　　　×××　　(대) 재고자산　　　　　　　×××
> (차) 재고자산감모손실(영업외비용)**　　×××　　(대) 재고자산　　　　　　　×××
> 　　*　정상적으로 발생한 감모손실
> 　　** 비정상적으로 발생한 감모손실

(6) 재고자산의 인식

재고자산의 원가를 계산하기 이전에 재고자산의 소유권에 대한 인식을 먼저 고려하여야 한다. 이는 특히 재고자산을 구입하는 단계에서 **회계상으로 언제 재고자산의 소유권을 인식하여야 하는가**가 중요한 문제가 될 수 있다. 특정 수량의 재고자산을 기말 재무상태표에 포함할 것인지에 관한 구체적인 예는 다음과 같다.

1) 미착상품

운송 중에 있어 아직 도착하지 않은 미착상품은 법률적인 소유권의 유무에 따라서 재고자산 포함 여부를 결정한다. 법률적인 소유권 유무는 매매계약상의 거래조건에 따라서 다르다.

① 선적지 인도조건(F.O.B shipping point)

선적지 인도조건인 경우에는 상품이 선적된 시점에 소유권이 매입자에게 이전되기 때문에 미착상품은 매입자의 재고자산에 포함된다.

② 목적지(도착지) 인도조건(F.O.B destination)

목적지(도착지)인도조건인 경우에는 상품이 목적지에 도착하여 매입자가 인수한 시점에 소유권이 매입자에게 이전되기 때문에 매입자의 재고자산에 포함되지 않는다.

2) 시송품

시송품은 매입자로 하여금 일정기간 사용한 후에 매입 여부를 결정하라는 조건으로 판매한 상품을 말한다. 시송품은 비록 상품에 대한 점유는 이전되었으나 매입자가 매입의사표시를 하기 전까지는 판매되지 않은 것으로 보아야 하기 때문에 판매자의 재고자산에 포함한다.

3) 적송품

적송품은 위탁자가 수탁자에게 판매를 위탁하기 위하여 보낸 상품을 말한다. 적송품은 수탁자가 제3자에게 판매를 할 때까지 비록 수탁자가 점유하고 있으나 단순히 보관하고 있는 것에 불과하므로 소유권이 이전된 것이 아니다. 따라서 적송품은 수탁자가 제3자에게 판매하기 전까지는 위탁자의 재고자산에 포함한다.

03 투자자산

투자자산이란 비유동자산 중에서 기업의 판매활동 이외의 장기간에 걸쳐 투자이익을 얻을 목적으로 보유하고 있는 자산을 말한다.

계정과목	내용
장기성예금과 장기금융상품	• 만기가 1년 이후에 도래하는 예금을 장기성예금이라고 하며 금융기관에서 판매하고 있는 양도성예금증서(CD), 종합자산관리계좌(CMA), MMF, 환매채(RP), 기업어음(CP) 등 금융상품의 만기가 1년 이후에 도래하면 장기금융상품이라 한다.
특정현금과예금	• 만기가 1년 이후에 도래하는 사용이 제한되어 있는 금융상품을 말한다.
매도가능증권	• 기업이 여유자금으로 유가증권(주식, 사채, 공채 등)을 구입하는 경우 단기매매증권이나 만기보유증권으로 분류되지 아니하는 경우 매도가능증권으로 분류된다.
만기보유증권	• 기업이 여유자금으로 사채, 공채 등의 채무증권을 만기까지 보유할 적극적인 의도와 능력을 가지고 구입하는 경우 만기보유증권으로 분류한다.
장기대여금	• 자금을 대여하고 그 회수기간이 1년 이상인 대여금을 말한다.
투자부동산	• 기업의 고유의 영업활동과 직접적인 관련이 없는 부동산으로 투자를 목적으로 보유한다.

04 유형자산

비유동자산 중에서 기업의 영업활동과정에서 장기간에 걸쳐 사용되어 미래의 경제적효익이 기대되는 유형의 자산을 말한다.

계정과목	내용
토지	기업이 자신의 영업목적을 위하여 영업용으로 사용하고 있는 대지, 임야, 전답, 잡종지 등으로 장기간 사용할 목적으로 취득한 것을 말한다. 주의 토지라고 해서 모두 유형자산으로 분류하는 것은 아니다. 기업이 지가상승을 목적으로 보유하고 있는 토지는 투자자산 중 투자부동산으로 처리하고, 건설회사가 건설을 목적으로 보유하고 있는 토지는 재고자산(=용지)으로 계상해야 한다.
건물	건물과 냉온방, 조명, 통풍 및 건물의 기타 건물부속설비 등을 말한다. 건물이란 토지 위에 건설된 공작물로서 지붕이나 벽을 갖추고 있는 사무소, 점포, 공장, 사택, 기숙사 등을 말한다. 건물부속설비란 건물에 부속되어 그 건물과 일체를 이루는 전기설비, 급배수설비, 위생설비, 가스설비, 냉난방설비, 통풍설비, 보일러설비 및 승강기설비, 차고, 창고 등을 총칭한다.

계정과목	내용
구축물	기업이 경영목적을 위하여 소유·사용하고 있는 토지 위에 정착된 건물 이외의 토목설비, 공작물 및 이들의 부속설비 등을 말한다.
기계장치	기계장치와 컨베이어, 기중기 등의 운송설비 및 기타 부속설비 등을 말한다.
차량운반구	육상운송수단으로 사용되는 승용차, 화물차, 오토바이 등을 말한다.
비품	사무용 집기비품으로 냉장고, 에어컨, 책상, 컴퓨터, 복사기 등의 물품을 말한다.
건설중인 자산	유형자산의 건설을 위해 지출한 금액을 건설완료 전까지 처리하는 임시계정이다. 건설이 완료되면 본래의 계정과목으로 대체한다.

(1) 유형자산의 취득원가 결정

유형자산은 최초 취득 시 취득원가로 측정한다. 단, 유형자산을 현물출자, 증여, 기타 무상으로 취득하는 경우 그 공정가치를 취득원가로 한다. 취득원가는 구입원가 또는 제작원가 및 경영진이 의도하는 방식으로 자산을 가동하는 데 필요한 장소와 상태에 이르게 하는데 직접 관련되는 원가인 다음의 지출 등으로 구성된다.

> 유형자산의 취득원가 = 매입금액 + 구입 시 취득원가에 가산하는 지출 − 시제품의 순매각금액

① 설치장소 준비를 위한 지출
② 외부 운송 및 취급비
③ 설치비
④ 설계와 관련하여 전문가에게 지급하는 수수료
⑤ 유형자산의 취득과 관련하여 국·공채 등을 불가피하게 매입하는 경우 당해 채권의 매입금액과 일반기업회계기준에 따라 평가한 현재가치와의 차액
⑥ 자본화대상인 차입원가
⑦ 취득세, 등록세 등 유형자산의 취득과 직접 관련된 제세공과금
⑧ 해당 유형자산의 경제적 사용이 종료된 후에 원상회복을 위하여 그 자산을 제거, 해체하거나 또는 부지를 복원하는 데 소요될 것으로 추정되는 원가가 충당부채의 인식요건을 충족하는 경우 그 지출의 현재가치(이하 '복구원가'라 한다)
⑨ 유형자산이 정상적으로 작동되는지 여부를 시험하는 과정에서 발생하는 원가. 단, 시험과정에서 생산된 재화(예: 장비의 시험과정에서 생산된 시제품)의 순매각금액은 당해 원가에서 차감한다.

(2) 유형자산의 취득 후의 지출

자본적 지출	•유형자산을 취득한 후에 발생하는 지출이 내용연수의 증가, 생산능력의 증대, 원가절감, 품질향상 등의 경우로 미래의 경제적 효익을 증가시키면 해당자산으로 처리한다. **주의** 자본적 지출: 건물의 에스컬레이터 설치, 증설이나 개조, 냉·난방장치 설치 등
수익적 지출	•유형자산을 취득한 후에 발생하는 지출이 원상회복, 능률유지 등 수선유지를 위한 성격이면 당기비용(수선비) 처리한다. **주의** 수익적 지출: 건물의 도색, 유리창 교체, 소모된 부품의 교체, 현상유지 등

(3) 유형자산의 감가상각

감가상각 대상금액	(취득원가−잔존가치)
감가상각기간 (내용연수)	•자산이 사용 가능할 것으로 기대되는 기간
감가상각방법	•정액법, 체감잔액법(정률법, 연수합계법), 생산량비례법 •정액법: 감가상각비 = 감가상각대상금액(취득원가−잔존가치) × 1/내용연수 •정률법: 감가상각비 = 미상각잔액(취득원가−감가상각누계액) × 정률 •연수합계법: 감가상각비 = 감가상각대상금액(취득원가−잔존가치) × 내용연수의 역순/내용연수의 합계 •생산량비례법: 감가상각비 = 감가상각대상금액(취득원가−잔존가치) × 당기생산량/총 예상생산가능량
감가상각비 회계처리	(차) 감가상각비　　　×××　　　(대) 감가상각누계액　　　××× 　　　　　　　　　　　　　　　　(유형자산의 차감계정)

(4) 유형자산의 처분

유형자산의 처분시 금액과 장부금액(취득원가−감가상각누계액)을 비교하여 차액에 대한 금액을 유형자산처분손익으로 인식한다.

• 장부금액(취득원가−감가상각누계액) 〈 처분금액: 유형자산처분이익

(차) 현　　　　금	×××	(대) 유형자산	×××
감가상각누계액	×××	유형자산처분이익	×××

• 장부금액(취득원가−감가상각누계액) 〉 처분금액: 유형자산처분손실

(차) 현　　　　금	×××	(대) 유형자산	×××
감가상각누계액	×××		
유형자산처분손실	×××		

---

(5) 유형자산의 무상취득 및 교환

이종자산과의 교환	• 다른 종류의 자산과의 교환으로 유형자산을 취득하는 경우 유형자산의 취득원가는 교환을 위하여 제공한 자산의 공정가치로 인식하고, 제공한 자산에 대해서는 처분손익(공정가치 − 장부금액)을 인식한다.
동종자산과의 교환	• 동종자산과의 교환에서는 제공한 자산의 이익획득과정이 완료되지 않은 것으로 보아 교환으로 취득한 유형사산의 취득원가는 교환을 위하여 제공된 자산의 장부금액을 기초로 인식하고 처분손익을 인식하지 않는다.

(6) 유형자산의 재평가

유형자산은 최초 인식시점 이후에는 원가모형이나 재평가모형 중 하나를 회계정책으로 선택하여 유형자산 분류별로 동일하게 적용한다.

원가모형	• 장부금액 = 취득원가 − 감가상각누계액 − 손상차손누계액
재평가모형	• 장부금액 = 재평가일의 공정가치 − 감가상각누계액 − 손상차손누계액 • 재평가는 보고기간 말 자산의 장부금액이 공정가치와 중요하게 차이가 나지 않도록 주기적으로 수행한다. • 유형자산을 재평가할 때, 재평가 시점의 총장부금액에서 기존의 감가상각누계액을 제거하여 자산의 순장부금액이 재평가금액이 되도록 수정한다.

재평가모형 회계처리	**① 재평가로 장부금액이 증가된 경우** • 증가액은 기타포괄손익으로 인식한다. 그러나 동일한 자산에 대하여 이전에 당기손익으로 인식한 재평가감소액이 있다면 그 금액을 한도로 재평가증가액만큼 당기손익으로 인식한다. (차) 유형자산 ×××　　(대) 재평가잉여금(기타포괄손익누계액) ××× 　　　　　　　　　　　　　　재평가이익(당기손익)* ××× 　* 이전에 당기손익으로 인식한 재평가감소액이 있는 경우 **② 재평가로 장부금액이 감소된 경우** • 감소액은 당기손익으로 인식한다. 그러나 그 유형자산의 재평가로 인해 인식한 기타포괄손익의 잔액이 있다면 그 금액을 한도로 재평가감소액을 기타포괄손익에서 차감한다. (차) 재평가손실(당기손익) ×××　　(대) 유형자산 ××× 　　재평가잉여금(기타포괄손익누계액)* ××× 　* 이전에 기타포괄손익으로 인식한 재평가증가액이 있는 경우

(7) 유형자산의 손상차손

유형자산의 손상징후가 있다고 판단되고, 당해 유형자산의 사용 및 처분으로부터 기대되는 미래의 현금흐름총액의 추정액이 장부금액에 미달하는 경우에는 장부금액을 회수가능액으로 조정하고 그 차액을 손상차손으로 처리한다. 다만, 차기 이후에 감액된 자산의 회수가능액이 장부금액을 초과하는 경우에는 그 자산이 감액되기 전의 장부금액의 감가상각 후 잔액을 한도로 하여 그 초과액을 손상차손환입으로 처리한다.

(8) 정부보조금

정부보조금이란 기업의 영업활동과 관련하여 과거나 미래에 일정한 조건을 충족하였거나 충족할 경우 기업에게 자원을 이전하는 형식의 정부지원을 말한다. 정부지원은 제공되는 지원의 성격과 일반적으로 부수되는 조건에 따라 매우 다양한 형식을 취하는데, 다음과 같은 종류의 정부보조금이 있다.

> • 자산관련보조금: 정부지원의 요건을 충족하는 기업이 장기성 자산을 매입, 건설하거나 다른 방법으로 취득하여야 하는 일차적 조건이 있는 정부보조금
> • 수익관련보조금: 자산관련보조금 이외의 정부보조금

1) 자산관련보조금

- 정부보조금 수령시
  - (차) 현금　　　　　　　×××　　　　(대) 정부보조금(현금의 차감계정)　×××

- 관련자산 취득시
  - (차) 유형자산　　　　　　×××　　　　(대) 현금　　　　　　　　　　　×××
  - 　　　정부보조금(현금의 차감계정)　×××　　　정부보조금(유형자산의 차감계정)　×××

- 결산시
  - (차) 감가상각비　　　　　×××　　　　(대) 감가상각누계액　　　　　　×××
  - 　　　정부보조금(유형자산의 차감계정)　×××

2) 수익관련보조금

- 정부보조금 수령시: 특정조건을 충족하지 않아도 되는 경우
  - (차) 현금　　　　　　　×××　　　　(대) 정부보조수익　　　　　　　×××

- 정부보조금 수령시: 특정조건을 충족하여야 하는 경우
  - (차) 현금　　　　　　　×××　　　　(대) 선수수익*　　　　　　　　×××
  - * 특정조건이 충족한 경우에는 수익 인식함

05 무형자산

(1) 무형자산의 정의

무형자산은 재화의 생산이나 용역의 제공, 타인에 대한 임대 또는 관리에 사용할 목적으로 기업이 보유하고 있으며, 물리적 형체가 없지만 식별 가능하고, 기업이 통제하고 있으며, 미래 경제적 효익이 있는 비화폐성자산을 말한다.

주의 물리적 형체가 없는 판매용 자산 ⇨ 재고자산

무형자산의 정의	내용
식별가능성	무형자산이 분리가능하면 그 무형자산은 식별가능하다. 자산이 분리가능하다는 것은 그 자산과 함께 동일한 수익창출활동에 사용되는 다른 자산의 미래 경제적 효익을 희생하지 않고 그 자산을 임대, 매각, 교환 또는 분배할 수 있는 것을 말한다.

무형자산의 정의	내용
통제	무형자산의 미래 경제적 효익을 확보할 수 있고 제3자의 접근을 제한할 수 있다면 자산을 통제하고 있는 것이다. 무형자산의 미래 경제적 효익에 대한 통제는 일반적으로 법적 권리로부터 나오며, 법적 권리가 없는 경우에는 통제를 입증하기 어렵다. 그러나 권리의 법적 집행가능성이 통제의 필요조건은 아니다.
미래 경제적 효익	무형자산의 미래 경제적 효익은 재화의 매출이나 용역수익, 원가절감, 또는 자산의 사용에 따른 기타 효익의 형태로 발생한다.

> **주의** 교육훈련비, 마케팅 비용은 미래 경제적 효익은 기대되지만 통제가능성이 없으므로 발생기간의 비용으로 인식한다.

(2) 무형자산의 인식

무형자산으로 인식하기 위해서는 앞에서 설명한 무형자산의 정의만 충족해서는 아니되며 아래의 추가적인 인식조건을 충족해야 한다.

> • 자산으로부터 발생하는 미래 경제적 효익이 기업에 유입될 가능성이 매우 높아야 한다.
> • 자산의 취득원가를 신뢰성 있게 측정할 수 있어야 한다.

(3) 내부적으로 창출한 무형자산

내부적으로 창출한 무형자산이 인식기준에 부합하는지를 평가하기 위하여 무형자산의 창출과정을 연구단계와 개발단계로 구분한다. 무형자산을 창출하기 위한 내부 프로젝트를 연구단계와 개발단계로 구분할 수 없는 경우에는 그 프로젝트에서 발생한 지출은 모두 연구단계에서 발생한 것으로 본다.

1) 연구단계

프로젝트의 연구단계에서는 미래 경제적 효익을 창출할 무형자산이 존재한다는 것을 입증할 수 없기 때문에 연구단계에서 발생한 지출은 무형자산으로 인식할 수 없고, 발생한 기간의 비용으로 인식한다.

연구단계에 속하는 활동의 예는 다음과 같다.

> • 새로운 지식을 얻고자 하는 활동
> • 연구결과 또는 기타 지식을 탐색, 평가, 최종 선택 및 응용하는 활동
> • 재료, 장치, 제품, 공정, 시스템, 용역 등에 대한 여러 가지 대체안을 탐색하는 활동
> • 새롭거나 개선된 재료, 장치, 제품, 공정, 시스템, 용역 등에 대한 여러 가지 대체안을 제안, 설계, 평가 및 최종 선택하는 활동

2) 개발단계

개발단계에서 발생한 지출은 다음의 조건을 모두 충족하는 경우에만 무형자산으로 인식하고, 그 외의 경우에는 경상개발비의 과목으로 하여 발생한 기간의 비용으로 인식한다.

- 무형자산을 사용 또는 판매하기 위해 그 자산을 완성시킬 수 있는 기술적 실현가능성을 제시할 수 있다.
- 무형자산을 완성해 그것을 사용하거나 판매하려는 기업의 의도가 있다.
- 완성된 무형자산을 사용하거나 판매할 수 있는 기업의 능력을 제시할 수 있다.
- 무형자산이 어떻게 미래 경제적 효익을 창출할 것인가를 보여줄 수 있다. 예를 들면, 무형자산의 산출물, 그 무형자산에 대한 시장의 존재 또는 무형자산이 내부적으로 사용될 것이라면 그 유용성을 제시하여야 한다.
- 무형자산의 개발을 완료하고 그것을 판매 또는 사용하는 데 필요한 기술적, 금전적 자원을 충분히 확보하고 있다는 사실을 제시할 수 있다.
- 개발단계에서 발생한 무형자산 관련 지출을 신뢰성 있게 구분하여 측정할 수 있다.

개발단계에 속하는 활동의 예는 다음과 같다.

- 생산 전 또는 사용 전의 시작품과 모형을 설계, 제작 및 시험하는 활동
- 새로운 기술과 관련된 공구, 금형, 주형 등을 설계하는 활동
- 상업적 생산목적이 아닌 소규모의 시험공장을 설계, 건설 및 가동하는 활동
- 새롭거나 개선된 재료, 장치, 제품, 공정, 시스템 및 용역 등에 대하여 최종적으로 선정된 안을 설계, 제작 및 시험하는 활동

(4) 무형자산의 종류

- 영업권
- 산업재산권(특허권, 실용신안권, 의장권, 상표권, 상호권 등)
- 라이선스와 프랜차이즈
- 컴퓨터 소프트웨어
- 개발비
- 임차권리금
- 광업권, 어업권 등

(5) 무형자산의 상각방법

상각기간	• 무형자산의 상각기간은 독점적 · 배타적인 권리를 부여하고 있는 관계 법령이나 계약에 정해진 경우를 제외하고는 20년을 초과할 수 없다.
상각시작시점	• 무형자산상각은 자산이 사용가능한 때부터 시작한다.
상각방법	• 정액법, 체감잔액법(정률법, 연수합계법), 생산량비례법 등이 있다. • 다만, 합리적인 상각방법을 정할 수 없는 경우에는 정액법을 사용한다.
잔존가치	• 무형자산의 잔존가치는 없는 것을 원칙으로 한다. • 다만, 경제적 내용연수보다 짧은 상각기간을 정한 경우에 상각기간이 종료될 때 제3자가 자산을 구입하는 약정이 있거나, 그 자산에 대한 거래시장이 존재하여 상각기간이 종료되는 시점에 자산의 잔존가치가 거래시장에서 결정될 가능성이 매우 높다면 잔존가액을 인식할 수 있다.

(6) 무형자산 상각의 회계처리

보고기간 말에 당기에 해당하는 상각비금액을 무형자산상각비계정 차변에 기입하고 해당자산계정 대변에 기입한다.

(차) 무형자산상각비	×××	(대) 무형자산(개발비, 영업권 등)	×××

무형자산의 상각이 다른 자산의 제조와 관련된 경우에는 관련 자산의 제조원가로, 그 밖의 경우에는 판매비와관리비로 계상한다. 예를 들면, 제조공정에서 사용된 무형자산의 상각비는 재고자산의 원가를 구성한다.

06 기타비유동자산

비유동자산 중에서 투자자산, 유형자산, 무형자산에 속하지 아니하는 자산을 말한다.

계정과목	내용
임차보증금	임대차계약에 의하여 월세를 지급하는 조건으로 타인의 부동산 사용을 계약하고 임차인이 임대인에게 지급하는 보증금을 말한다. 임차보증금은 계약기간이 만료되면 다시 상환 받는다.
전세권	전세금을 지급하고 타인의 부동산을 일정기간 그 용도에 따라 사용한 후 그 부동산을 반환하고 전세금을 반환받을 권리로 민법상 인정된 권리를 말한다.
장기외상매출금	상품을 매출하고 1년 이상의 기간 동안 받기로 한 외상매출금을 말한다.
장기성받을어음	상품을 매출하고 받은 약속어음의 만기가 1년 이상인 것을 말한다.

주의 임대보증금 ➡ 비유동부채

제4절　부채

　부채는 유동부채와 비유동부채로 분류한다. 유동부채는 결산일로부터 상환기한이 1년 이내에 도래하는 단기채무를 말하며, 비유동부채는 결산일로부터 상환기한이 1년 이후에 도래하는 장기부채를 말한다.

01　유동부채

　결산일로부터 상환기한이 1년 이내에 도래하는 부채를 말한다.

(1) 매입채무

　매입채무는 매매거래가 성립되어 상품, 원재료의 인수, 서비스 등을 제공받았으나 대금을 일정기간 후에 결제하는 거래로 인해 발생하는 향후 현금이 유출되리라고 예상되는 부채이다. 매입채무는 매출채권의 상대적인 계정이라고 볼 수 있다.

(2) 미지급금과 미지급비용

1) 미지급금

　주요 상거래인 상품, 원재료 매입 이외의 외상거래(비품, 기계장치 등의 구입과 복리후생비 등의 지급)에서 대금을 1년 이내의 기간에 지급하기로 하면 미지급금으로 기입한다.

2) 미지급비용

미지급비용은 이미 발생된 비용으로서 아직 지급되지 않은 것을 말한다.

(3) 선수금과 선수수익

1) 선수금

　상품, 제품을 판매함에 있어서 이를 판매하기 이전에 계약금 성격으로 그 대금의 일부 또는 전부를 미리 지급받은 금액은 당해 상품이나 제품을 판매할 때까지는 선수금으로 처리한다. 즉, 그 거래에 따르는 수익(매출)이 계상될 때까지 그 거래의 대가의 일부로 받은 금액이 선수금이다. 선급금(자산)은 선수금(부채)의 상대적인 계정이라고 볼 수 있다.

2) 선수수익

선수수익이란 계약에 따라 대금을 미리 수령하였지만 결산기말 현재 수익인식이 완료되지 않은 경우 동 금액에 대하여 처리하는 계정이다.

(4) 예수금

일시적으로 잠시 보관하고 있는 성격으로 급여 지급 시 공제액인 소득세와 지방소득세, 4대 보험의 근로자부담금 등의 금액을 말한다.

> **주의** 우리기업이 원천징수의무이행을 위해 지급할 금액에서 일정액을 떼는 것 ⇨ 예수금
> 우리기업이 받을 금액에서 일정액을 원천징수 당하여 떼이는 것 ⇨ 선납세금(자산)

(5) 단기차입금

자금을 차입하고 그 상환기간이 결산일로부터 1년 이내에 도래하는 차입금을 말한다.

(6) 유동성장기부채

비유동부채 중 1년 내에 만기일이 도래하는 부분을 유동부채로 재분류한 것을 말한다.

02 비유동부채

결산일로부터 상환기한이 1년 이후에 도래하는 부채를 말한다.

(1) 사채

주식회사가 장기자금을 조달하기 위하여 발행하는 채무증권으로 계약에 따라 일정한 이자를 지급하고, 일정한 시기에 원금을 상환할 것을 약속한 증서를 말한다.

사채의 발행 및 현금흐름	• 사채는 장기자금을 조달하기 위하여(일반적으로 3년) 사채발행자(회사)가 사채임을 증명하는 사채권을 발행하여 주고, 만기까지의 기간동안 정해진 이자율(액면이자율, 표시이자율)에 따라 이자를 지급하고, 만기에 원금을 상환하는 것을 약정한 비유동부채이다.
액면금액	• 사채의 표면에 기재된 금액으로, 사채발행자는 바로 이 액면금액을 만기일에 사채권자들에게 상환하여야 한다.
액면이자율	• 사채에 적혀 있는 이자율로 표시이자율이라고도 한다. • 이자지급일에 지급할 현금지급이자 = 액면금액 × 액면(표시)이자율
시장이자율	• 자본시장에 참여하고 있는 일반 투자 대중들이 사채 구입 대신 다른 곳에 돈을 빌려 주면 받을 수 있는 이자율을 뜻한다. • 시장이자율은 표시이자율과 항상 일치하지는 않으므로, 시장이자율과 표시이자율이 다를 때 사채는 할인 또는 할증발행된다.

(2) 이자율과 사채발행금액과의 관계

이자율과 사채발행금액과의 관계를 정리하면 다음과 같다.

이자율	사채발행금액	논리
시장이자율 > 액면(표시)이자율	액면금액보다 낮게 (할인발행)	사채발행회사는 시장이자율에 비해 낮은 사채이자에 대한 보상으로 할인발행
시장이자율 = 액면(표시)이자율	액면금액 (액면발행)	시장이자율과 표시이자율이 동일
시장이자율 < 액면(표시)이자율	액면금액보다 높게 (할증발행)	사채발행회사는 시장이자율에 비해 높은 사채이자에 대한 프리미엄으로 할증발행

(3) 사채발행시 회계처리

사채발행시 발행회사는 사채계정을 만기에 상환할 액면금액으로 기록한다. 다만 할인발행 또는 할증발행인 경우에는 다음과 같이 회계처리한다.

구 분	회계처리	
	사채발행자	사채매입자
액면발행 (발행금액 = 액면금액)	(차) 현금 ××× (대) 사채 ×××	(차) 만기보유증권 ××× (대) 현금 ××× (또는 매도가능증권)

할인발행
(발행금액 <
액면금액)
	(차) 현금 ××× (대) 사채 ×××
	   사채할인발행차금 ×××
		(차) 만기보유증권 ××× (대) 현금 ×××
		   (또는 매도가능증권)

할증발행
(발행금액 >
액면금액)
	(차) 현금 ××× (대) 사채 ×××
	         사채할증발행차금 ×××
		(차) 만기보유증권 ××× (대) 현금 ×××
		   (또는 매도가능증권)

구 분	부분재무상태표	
	사채발행자	사채매입자

액면발행
(발행금액 =
액면금액)
	비유동부채
	   사채 ×××
		비유동자산
		   만기보유증권 ×××
		   (또는 매도가능증권)

할인발행
(발행금액 <
액면금액)
	비유동부채
	   사채 ×××
	   사채할인발행차금 (×××) ×××
		비유동자산
		   만기보유증권 ×××
		   (또는 매도가능증권)

할증발행
(발행금액 >
액면금액)
	비유동부채
	   사채 ×××
	   사채할증발행차금 ××× ×××
		비유동자산
		   만기보유증권 ×××
		   (또는 매도가능증권)

(4) 사채할인(할증)발행차금 상각(환입)

사채할인(할증)발행차금은 사채의 상환기간 동안에 매결산기마다 체계적인 방법으로 상각(환입)함으로써 만기일에 사채할인(할증)발행차금계정 잔액이 0원이 되어 사채의 액면금액과 장부금액(액면금액 ± 사채할인(할증)발행차금)이 일치하도록 회계처리하여야 한다.

사채할인(할증)발행차금은 유효이자율법으로 상각 또는 환입한다. 유효이자율은 '사채의 액면금액과 미래지급액(이자+액면금액)의 현재가치를 일치시켜주는 이자율'이다. 유효이자율법은 사채의 장부금액(액면금액－사채할인발행차금, 또는 액면금액+사채할증발행차금)에 사채발행시의 유효이자율을 곱하여 계산된 이자비용과 액면금액에 액면이자율을 곱하여 계산된 이자비용과의 차액을 상각(환입)시키는 방법이다.

다음은 할인발행시 사채할인발행차금 상각 절차이다.

① 사채의 기초장부금액 계산 = 사채의 액면금액 － 사채할인발행차금
② 연간 총이자비용 계산 = 사채의 기초장부금액 × 유효이자율
③ 연간 현금이자비용 계산 = 사채의 액면금액 × 액면이자율
④ 사채할인발행차금상각액 계산 = 연간 총이자비용 － 연간 현금이자비용

▍사채할인(할증)발행차금의 상각/환입▍

구분	사채기간동안의 총이자비용	매기 인식할 이자비용	사채할인(할증)발행차금 상각(환입)액
할인발행	총현금이자비용 + 사채할인발행차금	기초사채장부금액 × 유효이자율 = 연간 현금이자비용 + 사채할인발행차금상각액	사채할인발행차금 상각액 = 매기 인식할 이자비용 － 매기 현금이자비용
할증발행	총현금이자비용 － 사채할증발행차금	기초사채장부금액 × 유효이자율 = 연간 현금이자비용 － 사채할증발행차금환입액	사채할증발행차금 환입액 = 매기 현금이자비용 － 매기 인식할 이자비용

▶▶ 사례   결산일이 12월 31일인 (주)한공은 시장이자율(유효이자율과 같다고 가정)이 12%일 때 아래와 같은 조건으로 사채를 발행하였다.

- 발행회사명: (주)한공
- 발행일: 2023년 1월 1일
- 액면금액: 100,000원
- 만기일: 2025년 12월 31일
- 표시이자율: 연 10%
- 이자지급일: 연 1회, 매년 12월 31일

1. 사채발행금액

원금의 현재가치: 100,000원 × 0.7118(3년, 12% 원금현가계수) = 71,180원

이자의 현재가치: 100,000원 × 10% × 2.4018(3년, 12% 연금현가계수) = 24,018원

발행금액: 71,180원 + 24,018원 = 95,198원

2. 사채할인발행차금 상각표

	기초(①)	유효이자 (①×12%)	액면이자	사채할인발행차금상각 (유효이자 − 액면이자)	기말 (기초+사채할인발행차금상각)
2023년	95,198	11,424	10,000	1,424	96,622
2024년	96,622	11,595	10,000	1,595	98,216
2025년	98,216	11,783	10,000	1,783	100,000

3. 2023년 1월 1일, 12월 31일, 2024년 12월 31일, 2025년 12월 31일 회계처리

구분	회계처리				
2023.01.01.	(차) 현금 사채할인발행차금	95,198 4,802	(대) 사채		100,000
2023.12.31.	(차) 이자비용	11,424	(대) 현금 사채할인발행차금		10,000 1,424
2024.12.31.	(차) 이자비용	11,595	(대) 현금 사채할인발행차금		10,000 1,595
2025.12.31.	(차) 이자비용 (차) 사채	11,783 100,000	(대) 현금 사채할인발행차금 (대) 현금		10,000 1,783 100,000

▶ **사례** 결산일이 12월 31일인 (주)한공은 시장이자율(유효이자율과 같다고 가정)이 8%일 때 아래와 같은 조건으로 사채를 발행하였다.

· 발행회사명: (주)한공

· 발행일: 2023년 1월 1일

· 액면금액: 100,000원

· 만기일: 2025년 12월 31일

· 표시이자율: 연 10%

· 이자지급일: 연 1회, 매년 12월 31일

1. 사채발행금액

원금의 현재가치: 100,000원 × 0.7938(3년, 8% 원금현가계수) = 79,380원

이자의 현재가치: 100,000원 × 10% × 2.5771(3년, 8% 연금현가계수) = 25,771원

발행금액: 79,380원 + 25,771원 = 105,151원

2. 사채할증발행차금 상각표

	기초(①)	유효이자 (①×8%)	액면이자	사채할인발행차금상각 (액면이자−유효이자)	기말 (기초−사채할증발행차금상각)
2023년	105,151	8,412	10,000	1,588	103,563
2024년	103,563	8,285	10,000	1,715	101,848
2025년	101,848	8,152	10,000	1,848	100,000

3. 2023년 1월 1일, 12월 31일, 2024년 12월 31일, 2025년 12월 31일 회계처리

구분	회계처리			
2023.01.01.	(차) 현금	105,151	(대) 사채	100,000
			사채할증발행차금	5,151
2023.12.31.	(차) 이자비용	8,412	(대) 현금	10,000
	사채할증발행차금	1,588		
2024.12.31.	(차) 이자비용	8,285	(대) 현금	10,000
	사채할증발행차금	1,715		
2025.12.31.	(차) 이자비용	8,152	(대) 현금	10,000
	사채할증발행차금	1,848		
	(차) 사채	100,000	(대) 현금	100,000

(5) 장기차입금

자금을 차입하고 그 상환기간이 1년 이후에 도래하는 차입금을 말한다.

장기차입금 발생시			
(차) 현금	×××	(대) 장기차입금	×××
장기차입금 상환시			
(차) 장기차입금	×××	(대) 현금	×××

(6) 임대보증금

임대차계약에 의하여 월세를 지급받는 조건으로 타인에게 부동산 사용을 계약하고 임대인이 임차인에게 지급받는 보증금을 말한다. 임대보증금은 계약기간이 만료되면 다시 상환한다.

(7) 퇴직급여충당부채

1) 퇴직금제도

퇴직금제도의 경우 회계연도 말 현재 모든 종업원이 일시에 퇴직한다면 지급해야 할 퇴직일시금에 상당하는 금액을 퇴직급여충당부채로 인식한다.

퇴직급여충당부채 설정시			
(차) 퇴직급여	×××	(대) 퇴직급여충당부채	×××
종업원 퇴직시: 퇴직급여충당부채 지급			
(차) 퇴직급여충당부채	×××	(대) 현금	×××

▶ **사례** A사는 2025년 1월 1일에 개업하였으며 2025년 12월 31일에 모든 종업원이 퇴직한다면 지급해야 할 퇴직일시금이 1,000,000원이다.

회계 처리				
(차) 퇴직급여	1,000,000	(대) 퇴직급여충당부채	1,000,000

2) 확정기여형 퇴직연금제도(DC형)

확정기여형 퇴지연금제도를 설정한 경우에는 당해 회계기간에 대하여 기업이 납부하여야 할 부담금(기여금)을 퇴직급여(비용)로 인식하고, 회계연도 말 현재 아직 납부하지 않은 기여금은 미지급비용으로 인식한다.

▶ **사례** C사는 2025년 1월 1일에 개업하였으며 모든 종업원은 확정기여형퇴직연금제도에 가입하였다. C사는 2025년에 보험회사에 10,000원을 납부하여야 하며, 이 중 아직 납부하지 않은 기여금은 3,000원이다.

회계 처리				
(차) 퇴직급여	10,000	(대) 현금	7,000
		미지급비용	3,000

3) 확정급여형 퇴직연금제도(DB형)

① 종업원이 퇴직하기 전의 경우

보고기간 말 현재 종업원이 퇴직할 경우 지급하여야 할 퇴직일시금에 상당하는 금액을 측정하여 퇴직급여충당부채로 인식한다.

② 종업원이 퇴직연금에 대한 수급요건 중 가입기간 요건을 갖추고 퇴사하였으며 퇴직연금의 수령을 선택한 경우

보고기간 말 이후 퇴직 종업원에게 지급하여야 할 예상퇴직연금합계액의 현재가치를 측정하여 '퇴직연금미지급금'으로 인식한다.

확정급여형퇴직연금제도에서 운용되는 자산은 하나로 통합하여 퇴직연금운용자산으로 표시한다.

확정급여형퇴직연금제도에서 퇴직급여와 관련된 자산과 부채를 재무상태표에 표시할 때에는 퇴직급여와 관련된 부채(퇴직급여충당부채와 퇴직연금미지급금)에서 퇴직급여와 관련된 자산(퇴직연금운용자산)을 차감하는 형식으로 표시한다. 퇴직연금운용자산이 퇴직급여충당부채와 퇴직연금미지급금의 합계액을 초과하는 경우에는 그 초과액을 투자자산의 과목으로 표시한다.

▶ **사례** | B사는 2025년 1월 1일에 개업하였으며 모든 종업원은 확정급여형퇴직연금제도에 가입하였다. 2024년에 보험회사에 10,000원을 납부하였다. 2025년 12월 31일에 모든 종업원이 퇴직한다면 지급해야 할 퇴직일시금이 11,000원이다.

회계 처리				
(차) 퇴직급여	11,000	(대)	퇴직급여충당부채	11,000
퇴직연금운용자산	10,000		현금	10,000

〈재무상태표 표시〉

비유동부채	
퇴직급여충당부채	11,000
퇴직연금운용자산	(10,000)

(8) 장기미지급금

주요 상거래인 상품, 원재료 매입 이외의 외상거래(비품, 기계장치 등의 구입과 복리후생비 등의 지급)에서 대금을 1년 이후의 기간에 지급하기로 하면 장기미지급금으로 기입한다.

주의 상품, 원재료를 외상으로 매입하고 1년 이후의 기간에 지급하기로 하면 ⇨ 장기외상매입금

(9) 기타 충당부채

충당부채는 과거사건이나 거래의 결과에 의한 현재의무로서, 지출의 시기 또는 금액이 불확실하지만 그 의무를 이행하기 위하여 자원이 유출될 가능성이 매우 높고 또한 당해 금액을 신뢰성 있게 추정할 수 있는 의무를 말한다.

충당부채로 인식하는 금액은 현재의무를 보고기간 말에 이행하기 위하여 소요되는 지출에 대한 보고기간 말 현재 최선의 추정치이어야 한다.

제5절   자본

자본은 기업이 소유하고 있는 자산에서 갚아야 하는 부채를 차감한 것을 말하며, 개인기업의 자본은 자본금을 말한다.

01 자본금

주식회사의 자본금은 법정자본금으로서 주당 액면금액에 발행주식수를 곱한 금액이다.

> 자본금(법정자본금) = 주당 액면금액 × 발행주식수

주식발행시(주식회사의 경우)

(차) 현금 　　　　　　　　　×××　　　(대) 자본금(주식의 액면금액)　　　×××

---

02 자본잉여금

(1) 주식발행초과금

주식발행초과금은 주식발행금액이 액면금액을 초과하는 경우 그 초과금액을 말한다.

> **주의** 주식을 액면 이상으로 발행하는 경우 신주발행비는 주식발행초과금에서 차감하며, 주식을 액면 이하로 발행하는 경우 주식발행가액에서 신주발행비를 차감한 금액과 액면금액 차이는 주식할인발행차금으로 자본조정항목으로 계상한다.

> **주의** 주식발행초과금은 유상증자시 발생하는 것으로 주금납입절차가 이루어지지 않는 무상증자나 주식배당의 경우는 발생하지 아니한다.

주식을 액면금액 이상으로 발행하는 경우: 현금출자

(차) 현금 　　　　　　　　　×××　　　(대) 자본금(주식의 액면금액)　　　×××
　　　　　　　　　　　　　　　　　　　　　　주식발행초과금(자본잉여금)　　×××

---

(2) 감자차익

자본금 감소시 그 감소액이 주식의 소각, 주금의 반환에 의한 금액 또는 결손 보전에 충당한 금액을 초과하는 경우 그 초과액을 말한다.

```
유상감자시: 액면금액 〉 유상으로 재취득한 금액(취득원가)
(차)  자본금(액면금액)              ×××        (대) 현금                ×××
                                              감자차익(자본잉여금)     ×××


유상감자시: 액면금액 〈 유상으로 재취득한 금액(취득원가)
(차)  자본금(액면금액)              ×××        (대) 현금                ×××
      감자차익(자본잉여금)*         ×××
      감자차손(자본조정)            ×××
      * 기존 감자차익을 의미함.
```

03 자본조정

자본조정은 당해 항목의 성격상 자본거래에 해당하나 최종 납입된 자본으로 볼 수 없거나 자본의 차감 성격으로 자본금이나 자본잉여금으로 분류할 수 없는 항목이다.

(1) 주식할인발행차금

주식할인발행차금은 주식을 액면금액 이하로 발행한 경우 발행금액과 액면금액의 차이를 말하며 자본조정에 해당한다.

```
주식을 액면금액 이하로 발행하는 경우
(차)  현금                        ×××        (대)  자본금(주식의 액면금액)   ×××
      주식할인발행차금(자본조정)    ×××
```

(2) 감자차손

자본금 감소시 나타나는 것으로 주식을 매입하여 소각하는 경우 취득금액이 액면금액보다 큰 경우에 그 차이를 말한다.

```
유상감자시: 액면금액 〈 유상으로 재취득한 금액(취득원가)
(차)  자본금(주식의 액면금액)       ×××        (대)  현금                ×××
      감자차손(자본조정)            ×××
```

 기타포괄손익누계액

기타포괄손익누계액은 재무상태표일 현재의 기타포괄손익 잔액으로 당기순이익에 포함되지 않는 평가손익의 누계액이다.

매도가능증권평가이익	매도가능증권의 공정가치 평가 시 발생하는 미실현손익
해외사업장환산손익	해외지점, 해외사업소 또는 해외소재 관계 및 종속 기업의 자산과 부채를 외화 환산할 때 발생하는 환산손익
현금흐름위험회피 파생상품평가손익	가격변동에 따른 손익을 회피하기 위하여 선도, 선물, 스왑, 옵션 등 파생상품 거래를 한 경우, 파생상품을 공정가치로 평가해야 한다. 공정가치로 평가시 발생하는 평가손익 중 효과적인 부분만 기타포괄손익으로 인식한다. 비효과적인 부분은 당기손익으로 인식한다.
재평가잉여금	유형자산을 재평가모형에 따라 공정가치로 평가할 경우 공정가치가 상승하여 발생하는 재평가이익. 공정가치가 하락하여 발생하는 재평가손실은 당기손익으로 인식한다.

 이익잉여금

이익잉여금은 영업활동의 결과 손익거래에서 매기에 얻어진 이익이 사내에 유보되어 생기는 잉여금이다.

이익준비금	상법의 규정에 의하여 자본금의 1/2에 달할 때까지 매 결산기 금전 이익배당액의 1/10 이상을 적립
기타법정적립금	기타 법령에 따라 적립된 금액
임의적립금	채권자와의 계약, 기업의 특정목적을 달성하기 위해 정관의 규정이나 주주총회의 결의로 배당 가능한 이익잉여금의 일부를 유보한 금액
처분전 이익잉여금	전기말 미처분이익잉여금 + 당기순이익 − 주주에 대한 배당 − 자본금으로의 전입 − 자본조정항목의 상각

(1) 배당

배당이란 이익을 주주들에게 보상차원에서 지급하는 것을 말한다. 배당의 종류는 현금배당과 주식배당 및 현물배당으로 구분된다.

1) 현금배당

현금배당은 배당기준일(회계연도말)을 기준으로 현금으로 배당하는 것이다. 예를 들어, 매년 12월 31일이 회계연도 말인 회사에서 2024년도분 현금배당은 2025년도 초에 이사회 의결을 거쳐 주주총회에서 확정된다. 이와 같이 2024년도 말 후에 배당을 선언한 경우 2024년도 말에는 어떠한 의무도 존재하지 않으므로 2024년도 말에 부채로 인식하지 않는다. 그러므로 2024년도 재무상태표에는 배당액 차감전 이익잉여금이 표시된다. 대신 2025년도에 이익잉여금에서 차감한다.

한편, 매년말에 배당을 하는 것 이외에 중간배당이라고 하여 기중에 배당을 할 수 있도록 하였다.

2) 주식배당

주식배당이란 영업활동의 결과로 발생한 이익을 현금으로 배분하지 않고, 새로이 발행하는 주식으로 주주에게 그 지분비율에 따라 무상으로 배분하는 것을 말한다. 이익 없이 하는 배당은 곧 회사의 부실화를 초래하므로 상법은 이익배당에 관하여 엄격한 규제를 하고 있다.

주식배당을 실시하는 기업 입장에서는 무상증자와 다름이 없으므로 회사의 자본구성 내용에 변동을 가져올 뿐 자본 자체의 변동은 없다. 또한 주식배당을 수령한 자 입장에서는 자산의 증가로 보지 아니하고 주식수만 조정하면 된다.

주식배당액도 주주총회에서 결정될 때(일반적으로 다음회계연도 초에 결정되므로 기말에는 별도의 회계처리가 필요하지 않음) 발행주식의 액면금액을 배당액으로 하여 자본금의 증가와 이익잉여금의 감소로 회계처리한다.

제6절 수익과 비용

01 수익

(1) 수익의 정의

수익은 기업의 경영활동에서 재화의 판매 또는 용역의 제공 과정으로 획득된 경제적 가치로서 자산의 증가 또는 부채의 감소에 따라 자본의 증가를 초래하는 경제적 효익의 총유입을 의미한다.

수익은 경영활동의 결과로 발생하였거나 발생할 현금유입액을 나타내며, 경영활동의 종류와 당해 수익이 인식되는 방법에 따라 매출액, 이자수익, 배당금수익 및 임대수익 등과 같이 다양하게 구분될 수 있다.

수익은 기업이 받을 경제적 효익의 총유입만을 포함하므로 부가가치세와 같이 제3자를 대신하여 받는 금액은 수익에서 제외한다. 이와 마찬가지로 대리관계에서 본인을 대신하여 대리인인 기업이 받는 금액은 수익이 아니며 이 경우 수익은 수수료 금액이다.

(2) 수익의 측정

1) 원칙

수익은 재화의 판매·용역의 제공에 대하여 받을 대가(판매대가)의 공정가치로 측정한다. 매출에누리와 환입 및 매출할인은 수익에서 차감한다.

2) 판매대가가 장기간에 걸쳐 유입되는 경우

판매대가가 재화의 판매·용역의 제공 이후 장기간에 걸쳐 유입되는 경우에는 공정가치는 명목금액을 할인율로 할인하여 현재가치로 측정하며, 공정가치와 명목금액과의 차액은 현금회수기간에 걸쳐 이자수익으로 인식한다.

(3) 유형별 수익인식기준

1) 재화의 판매

재화의 판매로 인한 수익은 다음 조건이 모두 충족될 때 인식한다.

① 재화의 소유에 따른 유의적인 위험과 보상이 구매자에게 이전된다.

② 판매자는 판매한 재화에 대하여 소유권이 있을 때 통상적으로 행사하는 정도의 관리나 효과적인 통제를 할 수 없다.

③ 수익금액을 신뢰성 있게 측정할 수 있다.

④ 경제적 효익의 유입 가능성이 매우 높다.

⑤ 거래와 관련하여 발생했거나 발생할 원가를 신뢰성 있게 측정할 수 있다.

2) 용역의 제공

용역의 제공으로 인한 수익은 용역제공거래의 성과를 신뢰성 있게 추정할 수 있을 때 진행기준에 따라 인식한다. 다음 조건이 모두 충족되는 경우에는 용역제공거래의 성과를 신뢰성 있게 추정할 수 있다고 본다.

① 거래 전체의 수익금액을 신뢰성 있게 측정할 수 있다.

② 경제적 효익의 유입 가능성이 매우 높다.

③ 진행률을 신뢰성 있게 측정할 수 있다.

④ 이미 발생한 원가 및 거래의 완료를 위하여 투입하여야 할 원가를 신뢰성 있게 측정할 수 있다.

용역제공거래의 진행률은 다음 가. 내지 나.를 이용하여 계산할 수 있다.

가. 총예상작업량(또는 작업시간) 대비 실제작업량(또는 작업시간)의 비율

나. 총예상용역량 대비 현재까지 제공한 누적 용역량의 비율

다. 총추정원가 대비 현재까지 발생한 누적원가의 비율. 현재까지 발생한 누적원가는 현재까지 수행한 용역에 대한 원가만을 포함하며, 총추정원가는 현재까지의 누적원가와 향후 수행하여야 할 용역의 원가를 합계한 금액이다.

그러나 고객으로부터 받은 중도금 또는 선수금에 기초하여 계산한 진행률은 작업진행정도를 반영하지 않을 수 있으므로 적절한 진행률로 보지 아니한다.

3) 이자수익, 로열티수익, 배당금수익

자산을 타인에게 사용하게 함으로써 발생하는 이자, 배당금, 로열티 등의 수익은 일단 다음 기본조건을 모두 충족하여야 한다.

① 수익금액을 신뢰성 있게 측정할 수 있다.

② 경제적 효익의 유입 가능성이 매우 높다.

상기 기본조건을 충족한 이자수익, 배당금수익, 로열티수익은 다음 기준에 따라 인식한다.

가. 이자수익은 원칙적으로 유효이자율을 적용하여 발생기준에 따라 인식한다.

나. 배당금수익은 배당금을 받을 권리와 금액이 확정되는 시점에 인식한다.

다. 로열티수익은 관련된 계약의 경제적 실질을 반영하여 발생기준에 따라 인식한다.

주의 제조업의 경우 이자수익, 로열티수익, 배당금수익은 영업외수익에 해당한다.

4) 기타

① 판매자가 부담하는 소유에 따른 위험이 중요한 경우

거래 이후에도 판매자가 관련 재화의 소유에 따른 유의적인 위험을 부담하는 경우에는
그 거래를 아직 판매로 보지 아니하며 따라서 수익을 인식하지 않는다. 이러한 예는 다음과
같다.

가. 인도된 재화의 결함에 대하여 정상적인 품질보증범위를 초과하여 책임을 지는 경우
나. 판매대금의 회수가 구매자의 재판매에 의해 결정되는 경우
다. 설치조건부 판매에서 계약의 유의적인 부분을 차지하는 설치가 아직 완료되지 않은
경우
라. 구매자가 판매계약에 따라 구매를 취소할 권리가 있고, 해당 재화의 반품 가능성을
예측하기 어려운 경우

② 대금이 청구되었으나 재화의 인도가 지연되는 경우(미인도 청구판매)

재화의 인도가 구매자의 요청에 따라 지연되고 있으나, 구매자가 소유권을 가지며 대금
청구를 수락하는 판매는 다음을 충족하면 구매자가 소유권을 가지는 시점에 수익을 인식
한다.

가. 재화가 인도될 가능성이 거의 확실하다.
나. 판매를 인식하는 시점에 판매자가 해당 재화를 보유하고 있고, 재화가 식별되며, 구
매자에게 인도될 준비가 되어 있다.
다. 재화의 인도 연기에 대하여 구매자의 구체적인 확인이 있다.
라. 통상적인 대금지급 조건을 적용한다.

③ 설치 및 검사 조건부 판매

보통 구매자에게 재화가 인도되어 설치와 검사가 완료된 때 수익을 인식한다. 그러나 다
음의 경우에는 구매자가 재화를 인수한 시점에 즉시 수익을 인식한다.

가. 설치과정이 성격상 단순한 경우: 예를 들면, 공장에서 이미 검사가 완료된 텔레비전
수상기의 설치와 같이 포장의 개봉과 전원 및 안테나의 연결만이 필요한 경우
나. 이미 결정된 계약금액을 최종적으로 확인하기 위한 목적만으로 검사가 수행되는 경우:
예를 들면, 무연탄이나 곡물 등을 인도하는 경우

④ 구매자에게 제한적인 반품권이 부여된 거래

반품 가능성이 불확실하여 추정이 어려운 경우에는 구매자가 재화의 인수를 공식적으로
수락한 시점 또는 재화가 인도된 후 반품기간이 종료된 시점에 수익을 인식한다.

⑤ 위탁판매

위탁자는 수탁자가 해당 재화를 제3자에게 판매한 시점에 수익을 인식한다.

⑥ 출판물 및 이와 유사한 품목의 구독

해당 품목의 금액이 매기 비슷한 경우에는 발송기간에 걸쳐 정액기준으로 수익을 인식한다. 그러나 품목의 금액이 기간별로 다른 경우에는 발송된 품목의 판매금액이 구독신청을 받은 모든 품목의 추정 총판매금액에서 차지하는 비율에 따라 수익을 인식한다.

⑦ 대가가 분할되어 수취되는 할부판매

이자부분을 제외한 판매가격에 해당하는 수익을 판매시점에 인식한다. 판매가격은 대가의 현재가치로서 수취할 할부금액을 내재이자율로 할인한 금액이다. 이자부분은 유효이자율법을 사용하여 가득하는 시점에 수익으로 인식한다.

⑧ 설치수수료

설치수수료는 재화가 판매되는 시점에 수익을 인식하는 재화의 판매에 부수되는 설치의 경우를 제외하고는 설치의 진행률에 따라 수익으로 인식한다.

⑨ 제품판매가격에 포함된 용역수수료

제품판매가격에 판매 후 제공할 용역(소프트웨어 판매의 경우 판매 후 지원 및 제품개선용역)에 대한 식별 가능한 금액이 포함되어 있는 경우에는 그 금액을 이연하여 용역수행기간에 걸쳐 수익으로 인식한다. 이연되는 금액은 약정에 따라 제공될 용역의 예상원가에 이러한 용역에 대한 합리적인 이윤을 가산한 금액이다.

⑩ 광고수수료

광고매체수수료는 광고 또는 상업방송이 대중에게 전달될 때 인식하고, 광고제작수수료는 광고 제작의 진행률에 따라 인식한다.

⑪ 상품권

매출수익은 물품 등을 제공 또는 판매하여 상품권을 회수한 때에 인식하며 상품권 판매시에는 선수금으로 처리한다. 상품권을 판매시 액면금액을 전액을 선수금으로 인식하고 할인액은 상품권할인계정으로 선수금의 차감계정으로 표시하여, 할인액은 추후 물품 등을 제공 또는 판매한 때에 매출에누리로 대체한다.

 ## 비용

(1) 비용의 정의

비용이란 기업실체의 경영활동과 관련된 재화의 판매 또는 용역의 제공 등에 따라 발생하는 자산의 유출이나 사용 또는 부채의 증가이다. 예를 들면, 재화의 생산 및 판매 과정에서의 비용 발생은 재고자산의 유출, 유형자산의 사용 또는 미지급비용과 같은 부채의 증가로 나타난다.

비용은 기업의 경영활동의 결과로서 발생하였거나 발생할 현금유출액을 나타내며, 경영활동의 종류와 당해 비용이 인식되는 방법에 따라 매출원가, 급여, 감가상각비, 이자비용, 임차비용 등과 같이 다양하게 구분될 수 있다.

손익계산서의 정보유용성을 높이기 위해 포괄이익을 감소시키는 요소인 비용 중에서 차손을 분리하여 표시할 수도 있다. 여기서 차손(손실)이란 기업의 주요 경영활동을 제외한 부수적인 거래나 사건으로서 소유주에 대한 분배가 아닌 거래나 사건의 결과로 발생하는 순자산의 감소로 정의된다.

(2) 비용의 인식

비용은 경제적 효익이 사용 또는 유출됨으로써 자산이 감소하거나 부채가 증가하고 그 금액을 신뢰성 있게 측정할 수 있을 때 인식한다. 보다 구체적인 비용 인식기준은 다음과 같다.

① 수익과 직접 관련하여 발생한 비용은 동일한 거래나 사건에서 발생하는 수익을 인식할 때 대응하여 인식한다. 이와 같은 예로는 매출수익에 대응하여 인식하는 매출원가를 들 수 있다.

② 수익과 직접 대응할 수 없는 비용은 재화 및 용역의 사용으로 현금이 지출되거나 부채가 발생하는 회계기간에 인식한다. 이와 같은 예로는 판매비와관리비를 들 수 있다.

③ 자산으로부터의 효익이 여러 회계기간에 걸쳐 기대되는 경우, 이와 관련하여 발생한 특정 성격의 비용은 체계적이고 합리적인 배분절차에 따라 각 회계기간에 배분하는 과정을 거쳐 인식한다. 이와 같은 예로는 유형자산의 감가상각비와 무형자산의 상각비를 들 수 있다.

03 수익·비용의 구분

기업의 주요 영업활동인 매출활동과 관련된 수익을 영업수익이라 하고, 그 외의 수익을 영업외수익이라고 한다. 영업수익인 매출액에 대응하는 비용을 매출원가라고 하고 판매와 관리활동에 관련된 비용을 판매비와관리비라고 하며, 그 외의 비용을 영업외비용이라 한다.

제 **7** 절 회계변경과 오류수정

01 회계변경의 정의

회계정보의 유용성을 제고시키기 위해서는 계속성과 통일성이 유지될 필요가 있다. 이는 회계정보의 비교 가능성을 확보한다는 의미이기도 하다. 비교 가능성은 다음과 같이 구분될 수 있다.

기간별 비교가능성	• 기업의 재무상태, 재무성과 및 재무상태 변동의 기간별 추세 비교 가능(회계기준의 계속적 적용)
기업간 비교가능성	• 기업 간의 상대적 평가 가능(재무·투자·영업활동 등의 특성을 훼손시키지 않는 범위 내에서 기업 간에 통일된 회계기준 적용)

02 회계변경의 유형

회계정책의 변경	• 회계정책: 기업이 재무보고의 목적으로 선택한 기업회계기준과 그 적용방법 • 회계정책의 변경: 재무제표의 작성과 보고에 적용하던 회계정책을 다른 회계정책으로 바꾸는 것을 말한다. • 회계정책의 변경이 가능한 경우 ① 일반기업회계기준에서 회계정책의 변경을 요구하는 경우 ② 회계정책의 변경을 반영한 재무제표가 거래, 기타 사건 또는 상황이 재무상태, 재무성과 또는 현금흐름에 미치는 영향에 대하여 신뢰성 있고 더 목적적합한 정보를 제공하는 경우 • 회계정책의 변경 사례: 재고자산 평가방법의 변경, 유가증권의 취득단가산정방법 변경 등

회계정책의 변경	• 회계처리: 변경된 새로운 회계정책은 소급하여 적용한다. 전기 또는 그 이전의 재무제표를 비교목적으로 공시할 경우에는 소급적용에 따른 수정사항을 반영하여 재작성한다. 비교재무제표상의 최초회계기간 전의 회계기간에 대한 수정사항은 비교재무제표상 최초회계기간의 자산, 부채 및 자본의 기초금액에 반영한다. 또한 전기 또는 그 이전기간과 관련된 기타재무정보도 재작성한다.
회계추정의 변경	• 회계추정: 일부 재무제표 항목은 기업환경의 불확실성으로 인하여 그 인식과 측정을 추정에 의존한다. • 합리적인 추정은 재무제표작성에 필수적인 과정이며 재무제표의 신뢰성을 떨어뜨리지 않는다. • 회계추정 사례: 대손의 추정, 재고자산의 진부화 여부에 대한 판단과 평가, 우발부채의 추정, 감가상각자산의 내용연수 또는 감가상각방법의 변경 및 잔존가액의 추정 등 • 회계처리: 회계추정의 변경은 전진적으로 처리하여 그 효과를 당기와 당기이후의 기간에 반영한다. 회계변경의 속성상 그 효과를 회계정책의 변경효과와 회계추정의 변경효과로 구분하기가 불가능한 경우에는 이를 회계추정의 변경으로 본다.

03 회계오류

(1) 회계오류의 의의

전기 또는 그 이전기간의 재무제표를 작성할 때 발생하였던 오류가 당기에 발견되는 경우가 있다. 회계오류는 계산상의 실수, 회계기준의 잘못된 적용, 사실판단의 잘못, 부정, 과실 또는 사실의 누락 등으로 인해 발생한다.

오류수정은 전기 또는 그 이전의 재무제표에 포함된 회계적 오류를 당기에 발견하여 이를 수정하는 것을 말한다. 중대한 오류는 재무제표의 신뢰성을 심각하게 손상할 수 있는 매우 중요한 오류를 말한다.

오류수정은 회계추정의 변경과 구별된다. 회계추정의 변경은 추가적인 정보를 입수함에 따라 기존의 추정치를 수정하는 것을 말한다. 예를 들면, 우발부채로 인식했던 금액을 새로운 정보에 따라 보다 합리적으로 추정한 금액으로 수정하는 것은 오류수정이 아니라 회계추정의 변경이다.

(2) 회계오류의 유형

회계오류의 유형은 크게 당기순이익에 영향을 미치지 않는 오류와 당기순이익에 영향을 미치는 오류로 구분된다.

1) 당기순이익에 영향을 미치지 않는 오류

당기순이익에 영향을 미치지 않는 오류를 일명 계정분류 오류라고 한다. 즉, 재무상태표 계정과목 상호간의 오류 또는 손익계산서 계정과목 상호간의 오류를 말한다. 예를 들어, 자동차를 구입하면서 차량운반구로 계상하지 않고 기계장치로 계상하였다. 수정분개는 다음과 같은 계정재분류 분개만 하면 된다.

(차)	차량운반구	×××	(대) 기계장치	×××
	감가상각누계액(기계장치)	×××	감가상각누계액(차량운반구)	×××

2) 당기순이익에 영향을 미치는 오류

중대한 회계오류와 중대하지 않은 회계오류에 대하여 오류수정의 회계처리 방법은 각각 다르다.

① 중대하지 않은 회계오류

당기에 발견한 전기 또는 그 이전기간의 오류는 당기 손익계산서에 영업외손익 중 전기오류수정손익으로 보고한다.

▶▶ **사례** A사는 1차년도 초에 3년의 내용연수를 가지는 유형자산 900원(잔존가치 0)을 구입하고 이를 전액 수선비로 처리하였다. 이것은 중대하지 않은 오류라고 가정한다.

구분	회계 처리				
	회사 분개		올바른 분개		
〈1차년도〉	(차) 수선비 900 (대) 현금 900		(차) 유형자산 900 (대) 현금 900		
			감가상각비 300 감가상각누계액 300		
〈2차년도〉	분개 없음		(차) 감가상각비 300 (대) 감가상각누계액 300		

수정 분개				
(차)	유형자산	900	(대) 감가상각누계액	300
			전기오류수정이익(영업외수익)	600
(차)	감가상각비	300	(대) 감가상각누계액	300

② 중대한 오류

중대한 오류는 일반적인 회계에서의 중요성에 대한 판단기준보다 더 엄격한 기준을 적용하여 재무제표의 신뢰성을 심각하게 손상시킬 수 있는 매우 중요한 오류를 의미한다. 중대한 오류에 대해서는 소급법을 적용한다. 소급법의 적용을 중대한 오류의 경우로 한정한 이유는 모든 오류수정의 회계처리에 소급법을 적용한다면 재무제표를 빈번하게 재작성하게 됨에 따라 재무제표의 신뢰성을 훼손시킬 수 있기 때문이다.

전기 또는 그 이전기간에 발생한 중대한 오류의 수정을 위해 전기 또는 그 이전기간의 재무제표를 재작성하는 경우 각각의 회계기간에 발생한 중대한 오류의 수정금액을 해당기간의 재무제표에 반영한다. 비교재무제표에 보고된 최초회계기간 이전에 발생한 중대한 오류의 수정에 대하여는 당해 최초회계기간의 자산, 부채 및 자본의 기초금액에 반영한다. 또한 전기 또는 그 이전기간과 관련된 기타재무정보도 재작성한다.

> **사례** A사는 1차년도 초에 3년의 내용연수를 가지는 유형자산 900원(잔존가치 0)을 구입하고 이를 전액 수선비로 처리하였다. 이것은 중대한 오류라고 가정한다.

구분	회계 처리					
	회사 분개			올바른 분개		
〈1차년도〉	(치) 수선비	900	(대) 현금 900	(치) 유형지산 900	(대) 현금	900
				감가상각비 300	감가상각누계액	300
〈2차년도〉	분개 없음			(차) 감가상각비 300	(대) 감가상각누계액	300

수정 분개				
(차) 유형자산	900	(대)	감가상각누계액	300
			이익잉여금(전기오류수정이익)	600
(차) 감가상각비	300	(대)	감가상각누계액	300

제 **8** 절 외화환산

01 기능통화와 외화의 정의

기능통화는 영업활동이 이루어지는 주된 경제 환경의 통화를 말한다. 우리나라 기업의 경우 대부분 원화가 기능통화이지만 경우에 따라서는 기능통화가 원화가 아닌 외화가 될 수도 있다. 기능통화는 그와 관련된 실제 거래, 사건 및 상황을 반영하므로 일단 기능통화가 결정되면 변경하지 아니한다. 외화는 기능통화 이외의 다른 통화를 말한다.

02 외화거래의 최초 인식

기능통화로 외화거래를 최초로 인식하는 경우에 거래일의 외화와 기능통화 사이의 현물환율을 외화금액에 적용하여 기록한다. 다만, 환율이 유의적으로 변동하지 않은 경우에는 일정기간의 평균환율을 사용할 수 있다.

03 후속 보고기간 말의 보고

매 보고기간 말의 외화환산방법은 다음과 같다.
① 화폐성 외화항목은 마감환율로 환산한다.
② 역사적원가로 측정하는 비화폐성 외화항목은 거래일의 환율로 환산한다.
③ 공정가치로 측정하는 비화폐성 외화항목은 공정가치가 결정된 날의 환율로 환산한다.

04 외환차이의 인식

화폐성항목의 결제시점에 발생하는 외환차손익 또는 화폐성항목의 환산에 사용한 환율이 회계기간 중 최초로 인식한 시점이나 전기의 재무제표 환산시점의 환율과 다르기 때문에 발생하는 외화환산손익은 그 외환차이가 발생하는 회계기간의 손익으로 인식한다. 단, 외화표시 매도가능채무증권의 경우 동 금액을 기타포괄손익에 인식한다.

제9절　내부통제제도와 내부회계관리제도

01　내부통제제도

(1) 내부통제제도의 정의

내부통제제도는 다음의 세 가지 목적을 달성하기 위하여 회사의 이사회, 경영진 및 기타 구성원에 의해 지속적으로 실행되는 일련의 과정을 말한다.

목적	내용
기업운영의 효율성 및 효과성 확보 (운영목적)	• 회사가 업무를 수행함에 있어 자원을 효과적으로 효율적으로 사용하고 있음을 확인
재무정보의 신뢰성 확보 (재무보고목적)	• 회사가 정확하고 신뢰할 수 있는 재무정보의 작성 및 보고체계를 유지하고 있음을 확인
관련 법규의 정책의 준수 (법규준수목적)	• 회사의 모든 활동은 관련법규, 감독규정, 내부정책 및 절차를 준수하고 있음을 확인

(2) 내부통제제도의 구성요소

내부통제제도의 구성요소는 통제환경, 위험평가, 통제활동, 정보 및 의사소통, 모니터링의 다섯 가지로 나누어 볼 수 있다.

구성요소	내용
통제환경	• 내부통제제도 전체의 기초를 이루는 개념 • 조직체계·구조, 내부통제와 관련된 상벌 체계, 인력운용 정책, 교육정책, 경영자의 철학, 윤리, 리더십 등을 포함
위험평가	• 회사의 내·외부의 위험을 식별하고 평가·분석하는 활동 • 전사적 수준 및 하위 업무프로세스 수준의 위험식별, 위험의 분석·대응방안 수립, 위험의 지속적 관리 등 포함
통제활동	• 조직 구성원이 경영방침이나 지침에 따라 업무를 수행할 수 있도록 마련된 정책 및 절차와 이러한 정책 및 절차가 준수되도록 하기 위한 제반 활동 • 업무의 분장, 문서화, 승인·결재체계, 감독체계, 자산의 보호체계 등을 포함
정보 및 의사소통	• 조직 구성원이 책임을 적절하게 수행할 수 있도록 정보를 확인·수집할 수 있도록 지원하는 절차와 체계 • 정보의 생성·집계·보고체계, 의사소통의 체계 및 방법 등이 포함
모니터링	• 내부통제의 효과성을 지속적으로 평가하는 과정 • 상시적인 모니터링과 독립적인 평가 또는 이 두 가지의 결합에 의해서 수행

(3) 내부통제제도의 효과와 한계

효과적인 내부통제제도는 경영진이 업무성과를 측정하고, 경영의사결정을 수행하며, 업무프로세스를 평가하고, 위험을 관리하는 데 기여함으로써 회사의 목표를 효율적으로 달성하고 위험을 회피 또는 관리할 수 있도록 한다.

그리고 직원의 위법 및 부당행위(횡령, 배임 등) 또는 내부정책 및 절차의 고의적인 위반행위 뿐만 아니라 개인적인 부주의, 태만, 판단상의 착오 또는 불분명한 지시에 의해 야기된 문제점들을 신속하게 포착함으로써 회사가 시의적절한 대응조치를 취할 수 있게 해 준다.

그러나 아무리 잘 설계된 내부통제제도라고 할지라도 제도를 운영하는 과정에서 발생하는 집행위험은 피할 수 없다. 즉, 최상의 자질과 경험을 지닌 사람도 부주의, 피로, 판단착오 등에 노출될 수 있으며, 내부통제제도도 이러한 사람들에 의해 운영되므로 내부통제제도가 모든 위험을 완벽하게 통제할 수는 없다.

02 내부회계관리제도

내부회계관리제도는 회사의 재무제표가 일반적으로 인정되는 회계처리기준에 따라 작성·공시되었는지에 대한 합리적 확신을 제공하기 위해 설계·운영되는 내부통제제도의 일부분으로서 회사의 이사회와 경영진을 포함한 모든 구성원들에 의해 지속적으로 실행되는 과정을 의미한다.

내부회계관리제도는 내부통제제도의 세 가지 목적 중 재무정보의 신뢰성 확보목적, 특히 외부에 공시되는 재무제표의 신뢰성 확보를 목적으로 하며, 여기에는 자산의 보호 및 부정방지 프로그램이 포함된다. 또한, 운영목적이나 법규준수목적과 관련된 통제절차가 재무제표의 신뢰성 확보와 관련된 경우 해당 통제절차는 내부회계관리제도의 범위에 포함된다.

(1) 자산보호와 관련된 통제

보호와 관련된 통제라 함은 재무제표에 중요한 영향을 미칠 수 있는, 승인되지 않은 자산의 취득·사용·처분을 예방하고 적시에 적발할 수 있는 체계를 의미한다.

▶ **사례** **(재고자산)** 재고자산이 보관되어 있는 창고에 대한 물리적인 접근을 통제하고 주기적으로 재고실사 수행 ➡ 자산의 도난이 분실을 완전히 막을 수는 없지만 실물자산과 장부자산의 수량 차이를 적시에 발견하여 재무제표의 중요한 왜곡표시 방지 가능

(2) 부정방지 프로그램

부정방지 프로그램은 재무제표의 신뢰성을 훼손할 수 있는 부정을 예방·적발하는 한편, 확인된 특정 부정위험을 감소시킬 수 있도록 고안된 체제 및 통제로서 이는 회사 내 효과적인 통제문화를 조성함에 있어서 필수적인 요소이다. 예를 들어, 경영진의 권한남용 및 통제회피위험 등에 대한 적절한 부정방지 프로그램이 존재하지 않는 경우 이는 통제상 중요한 취약점으로 분류될 수 있다.

▶ **사례** (부정방지 프로그램에 포함되는 내용)

- 윤리강령
- 내부고발제도 및 내부고발자 보호 프로그램
- 채용기준 및 인사규정
- 부정 적발 또는 혐의 발견시 처리 절차
- 이사회 및 감사(위원회)의 감독
- 부정 위험 평가 및 이를 관리하기 위한 통제활동

03 내부회계관리제도의 설계 및 운영

내부회계관리제도는 내부통제의 일반적인 다섯 가지 구성요소(통제환경, 위험평가, 통제활동, 정보 및 의사소통, 모니터링)를 모두 고려하여 설계하고, 이사회, 경영진, 감사(위원회) 및 중간관리자와 일반직원 등 조직 내 모든 구성원들에 의해 운영된다.

구성요소	구분	내용
통제환경	이사회	• 경영진이 설계·운영하는 내부회계관리제도 전반에 대한 감독책임
	감사(위원회)	• 경영진과는 독립적으로 내부회계관리제도에 대한 평가기능을 수행함으로써 내부회계관리제도의 적정한 운영 및 개선을 지원
	경영진	• 대표이사는 효과적인 내부회계관리제도의 설계 및 운영에 대한 최종 책임을 지며, 내부회계관리제도 운영을 담당할 내부회계관리자를 지정 • 경영진은 내부회계관리제도를 문서화·공식화하여 회사의 각 계층 및 기능별로 내부회계관리제도상의 역할과 통제를 명확히 이해하고 수행할 수 있도록 한다.
	통제문화	• 이사회와 경영진은 내부회계관리제도의 중요성을 강조하는 직업윤리 및 청렴도의 기준을 윤리강령 등을 통해 제시하고 솔선수범하고 회사의 모든 구성원들이 내부회계관리제도에 있어서 자신의 역할을 이해하고 그 절차를 충실히 따르도록 하는 통제문화를 조성 • 경영진은 회사의 윤리강령, 부정방지 프로그램 등에 재무제표 관련 부정행위를 사전에 방지하고 적시에 적발·시정할 수 있는 절차를 포함하는 한

구성요소	구분	내용
		편, 모든 구성원들이 직무 수행 중 내부회계관리제도 운영상의 문제점이나 윤리강령·정책의 위반사례, 위법·부정행위를 발견한 경우 담당 책임자에게 이를 보고할 수 있도록 하는 공식적인 체계를 마련한다.
위험평가	경영진	• 경영진은 재무제표의 신뢰성 확보에 부정적인 영향을 미치는 위험을 식별하고 지속적으로 평가하는 공식적인 체계를 구축한다. 특히 내부회계관리제도와 관련하여 수행하는 경영진의 위험 식별 및 평가는 재무제표상의 유의한 계정과목 각각에 대한 경영자 주장을 대상으로 이루어진다. • 재무제표의 신뢰성과 관련된 위험은 재무제표에 대한 경영자 주장과 관련이 있으며 경영진은 재무제표를 적절히 작성 및 공시하였다는 사실을 다음과 같은 형태로 주장한다. ⑴ 실재성: 자산이나 부채는 보고기간 종료일 등 주어진 특정일자 현재에 존재한다. ⑵ 권리와 의무: 보고기간 종료일 등 주어진 특정일자 현재 자산이나 부채는 회사에 귀속된다. ⑶ 발생사실: 거래나 사건은 회계기간 동안 회사에 실제로 발생하였다. ⑷ 완전성: 재무제표에 기록되지 않은 자산, 부채, 거래나 사건 혹은 공시되지 않은 항목은 없다. ⑸ 평가: 자산이나 부채는 적절한 가치로 계상되었다. ⑹ 측정: 거래나 사건은 적절한 금액으로 기록되었으며 수익이나 비용은 적절한 기간에 배분되었다. ⑺ 재무제표 표시와 공시: 재무제표의 구성항목은 일반적으로 인정된 회계처리기준에 따라 공시, 분류 및 기술되어 있다.
통제활동	경영진	• 경영진은 효과적인 내부회계관리제도를 구축하기 위해 다음과 같은 사항을 고려하여 각 업무프로세스 수준에서의 통제활동을 명확히 설정한다. ⑴ 통제활동을 통해 얻고자 하는 확신 또는 목표 ⑵ 통제활동의 수행자 및 이에 대한 승인·검토자 ⑶ 통제활동의 수행과 관련한 기록 또는 보고서 ⑷ 통제활동을 지원하는 시스템 ⑸ 통제활동의 수행주기 ⑹ 통제활동의 수행장소(지역, 부서 등) ⑺ 통제활동의 수행 후 오류 또는 예외적인 상황이 발견되었을 경우의 사후관리 절차 등 • 통제활동은 회사 일상 업무의 일부가 되어야 하며, 개별 통제목표에 따라 그 형태 및 세부 운영수준은 다를 수 있지만 가장 일반적인 형태의 통제활동의 예는 다음과 같다. ⑴ 경영진의 검토 ⑵ 중간관리자의 검토 ⑶ 정보처리과정의 통제 ⑷ 물리적 통제 ⑸ 성과지표의 분석 ⑹ 업무의 분장

구성요소	구분	내용
정보 및 의사소통	정보	• 경영진은 재무제표의 신뢰성을 확보하기 위하여 재무정보뿐만 아니라 재무제표에 영향을 미칠 수 있는 비재무정보(운영활동정보, 법규준수활동정보, 외부환경정보 등)도 적절하게 수집·유지·관리한다. • 경영진은 내부회계관리제도의 효과적 운영과 이와 관련된 효율적 의사결정을 위해 신뢰할 수 있는 회계정보를 제공할 수 있는 정보시스템을 구축한다. • 정보시스템으로부터 산출되는 정보가 효과적으로 내부회계관리제도를 지원하기 위해서는 다음과 같은 요건을 필요로 한다. (1) 정보가 관련 의사결정목적에 부합하여야 한다(목적적합성). (2) 정보가 적시에 사용 가능하여야 한다(적시성). (3) 정보가 최신의 것이어야 한다(최신성). (4) 정보가 정확하여야 한다(정확성). (5) 관련 정보에 대한 접근이 용이하여야 한다(접근가능성).
	의사소통	• 경영진은 회사의 구성원들이 내부회계관리제도상 책임 또는 임무와 관련된 정책 및 절차를 충분히 이해하고 준수할 수 있도록 하고, 관련된 정보가 해당 구성원에게 효과적으로 전달될 수 있는 의사소통 경로를 마련한다. • 경영진은 하향의 의사소통경로뿐만 아니라 중요한 정보에 대한 상향의 의사소통경로도 마련하여야 한다. 특히, 재무제표에 영향을 미치는 관련 법규나 윤리강령의 위반행위 등에 대한 내부 고발자를 보호하고, 아울러 검증되지 않은 주장에 근거한 악의적인 내부고발을 방지하기 위한 적절한 장치도 균형있게 마련한다. • 경영진과 이사회 간의 원활한 의사소통을 위해 경영진은 재무제표에 영향을 미칠 수 있는 중요한 사업의 내용 및 위험, 경영성과 등에 관한 최신 정보를 이사회에 충분히 제공하며, 이사회는 필요한 정보를 경영진에게 요구하고 제공받은 정보에 대한 검토결과를 경영진에게 제공한다. • 경영진은 내부 의사소통 이외에도 외부 이해관계자(외부감사인, 감독당국, 거래처, 고객 등)로부터 회사의 재무제표에 중요한 영향을 미치는 정보를 효과적으로 획득할 수 있는 경로와 절차를 마련하고, 이러한 과정을 통해 획득한 중요한 정보를 조직 전체에 전달한다.
모니터링	경영진	• 경영진은 내부회계관리제도의 운영에 대한 상시적인 모니터링과 독립적인 평가를 수행함과 동시에 내부회계관리제도의 전반적 효과성에 대한 평가결과를 이사회 및 감사(위원회)에 보고한다. • 감사(위원회)는 경영진이 실시한 평가절차와 운영실태 평가결과의 적정성을 감독자의 관점에서 독립적으로 평가하여 이사회에 보고한다. • 경영진은 자체평가 또는 감사(위원회)의 평가결과 나타난 통제상의 미비점이 적시에 시정될 수 있도록 하는 체계를 마련한다.

제**2**장

부가가치세 이론 제대로 알기

이론 익히기

제1절 부가가치세의 기본이론

 01 부가가치세(Valued Added Tax)의 개념 및 특징

구분	내용
부가가치세의 정의	부가가치는 재화 또는 용역이 생산·유통되는 모든 단계에서 기업이 새로이 창출하는 가치의 증가분을 말하며, 부가가치에 대해 부과하는 조세를 부가가치세라 한다.
우리나라 부가가치세의 특징	① 일반소비세 법률상 면세대상으로 열거된 것을 제외하고 모든 재화나 용역의 소비행위에 대해서 과세한다. ② 전단계세액공제법 매출세액(매출액 × 세율)에서 매입세액을 차감하여 부가가치세를 계산한다. 매출액 × 세율 − 세금계산서 등으로 입증된 매입세액 ③ 간접세 납세의무자는 재화 또는 용역을 공급하는 사업자이지만, 담세자(세금을 실질적으로 부담하는 자)는 최종소비자가 된다. ④ 소비형 부가가치세 • 총매출액에서 중간재구입액과 자본재구입액을 차감하여 부가가치를 산출한다. • 중간재와 자본재 구입비용을 차감하므로 부가가치는 총 소비액과 일치한다. ⑤ 소비지국 과세원칙 우리나라는 생산지국에서 수출할 때 부가가치세를 과세하지 않고, 소비지국에서 과세할 수 있도록 하는 소비지국과세원칙을 채택하고 있다. → 수출재화: 0% 세율을 적용하여 부가가치세를 전액 공제 또는 환급 → 수입재화: 국내생산 재화와 동일하게 부가가치세를 부과

02 납세의무자

구분	내용	
부가가치세의 납세의무자	구분	납세의무자
	재화의 공급 및 용역의 공급	사업자
	재화의 수입	재화를 수입하는 자

주의 재화를 수입하는 경우 사업자 여부 관계없이 부가가치세 납세의무를 부담하며, 세관장이 관세법에 따라 징수한다.

사업자의 요건

다음의 요건을 충족하면 부가가치세 납세의무가 있다.

① 재화 또는 용역의 공급
  부가가치세법상 과세대상이 되는 재화 또는 용역을 공급해야 한다.

② 영리목적 여부는 불문
  • 부가가치세법상 납세의무자는 개인사업자나 영리법인으로 한정되어 있지 않다.
  • 비영리법인과 국가·지방자치단체도 사업자 요건을 충족하면 부가가치세 납세의무가 발생한다.

③ 사업상 독립성
  부가가치를 창출해 낼 수 있는 정도의 사업형태를 가지고 계속적, 반복적 의사로 재화 또는 용역을 독립적으로 공급해야 한다.

주의 사업자 분류

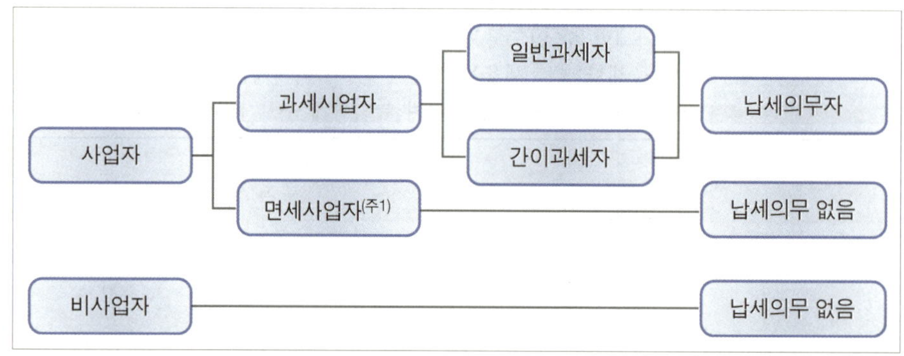

(주1) 면세사업자는 부가가치세가 면세되는 재화 또는 용역을 공급하는 사업자이므로 부가가치세 납세의무가 있는 사업자가 아니다.

 03　과세기간

구분	내용
부가가치세의 과세기간	<table><tr><td>구분</td><td>과세기간</td></tr><tr><td>일반과세자</td><td>제 1기: 1월 1일 ～ 6월 30일 제 2기: 7월 1일 ～ 12월 31일</td></tr><tr><td>간이과세자</td><td>1월 1일 ～ 12월 31일</td></tr><tr><td>신규로 사업을 시작하는 자</td><td>사업개시일 ～ 사업개시일이 속하는 과세기간의 종료일</td></tr><tr><td>폐업하는 경우</td><td>과세기간 개시일 ～ 폐업일</td></tr><tr><td>간이과세를 포기하는 경우</td><td>• 간이과세자의 과세기간 　해당 과세기간의 개시일 ～ 포기신고일이 속하는 달의 마지막 날 • 일반과세자의 과세기간 　포기신고일이 속하는 달의 다음 달 1일 ～ 당해 과세기간의 종료일</td></tr></table>
부가가치세의 예정신고기간	<table><tr><td>구분</td><td>예정신고기간</td></tr><tr><td>일반적인 경우</td><td>제 1기: 1월 1일 ～ 3월 31일 제 2기: 7월 1일 ～ 9월 30일</td></tr><tr><td>신규로 사업을 시작하는 자</td><td>사업개시일 ～ 예정신고기간 종료일</td></tr></table>

주의 법인사업자의 과세기간은 1년을 1기와 2기로 나누어지나, 부가가치세 신고·납부는 예정신고기간으로 인하여 3개월마다 해야 한다.(단, 개인사업자와 직전 과세기간 공급가액 합계액이 1억 5천만원 미만인 법인사업자는 예정신고기간에 고지세액을 납부한다.)

 **04 납세지**

구분	내용
납세지의 정의	부가가치세의 납세지는 각 사업장 소재지로 한다. 따라서 사업자가 여러 사업장을 가지고 있다면 부가가치세 납세의무자는 사업자등록, 부가가치세 신고·납부와 같은 부가가치세법상 제반 의무를 사업장별로 이행해야 한다.
사업장	① 업종별 사업장의 범위

① 업종별 사업장의 범위

사업	사업장의 범위	
광업	광업사무소 소재지	
제조업	최종제품을 완성하는 장소	
건설업·운수업과 부동산매매업	가. 법인	법인의 등기부상 소재지
	나. 개인	사업에 관한 업무를 총괄하는 장소
무인자동판매기를 통하여 재화·용역을 공급하는 사업	사업에 관한 업무를 총괄하는 장소	
다단계판매원	다단계판매원이 등록한 다단계판매업자의 주된 사업장	
부동산임대업	부동산의 등기부상 소재지	

② 직매장, 하치장 및 임시사업장

구분	내용	사업장 여부
직매장	사업자가 자기의 사업과 관련하여 생산하거나 취득한 재화를 직접 판매하기 위하여 특별히 판매시설을 갖춘 장소	O
하치장	재화를 보관하고 관리할 수 있는 시설만 갖춘 장소	×
임시사업장	각종 경기대회나 박람회 등 행사가 개최되는 장소	×

구분	주사업장 총괄납부	사업자단위과세
주사업장 총괄납부와 사업자단위과세 — 개념	사업장이 둘 이상인 사업자가 납부할 세액을 주된 사업장에서 총괄하여 납부할 수 있는 제도	사업장이 둘 이상인 사업자가 사업자의 본점(주사무소)에서 총괄하여 사업자등록, 세금계산서 발급, 신고·납부할 수 있게 하는 제도
총괄 사업장	법인: 본점 또는 지점 개인: 주사무소	법인: 본점 개인: 주사무소

 **주의** • 부가가치세 납세자의무자는 원칙적으로 부가가치세법상 제반 의무를 사업장별로 이행해야 한다. 다만, 관할 세무서장에게 신청을 한 경우에만 주사업장 총괄납부 또는 사업자단위과세를 적용받을 수 있다.

- 주사업장 총괄납부는 각 사업장의 납부(환급)세액을 합산하여 주된 사업장에서 납부(환급)하는 제도이다. 세액만 합산하여 납부(환급)하므로 사업자등록, 세금계산서 발급 및 수취, 과세표준 및 세액계산, 신고·결정·경정은 사업장별로 이루어져야 한다. 사업자단위과세는 사업자단위과세적용사업장(본점 또는 주사무소)에서 납부(환급)뿐만 아니라 신고·납부도 총괄하여 할 수 있다.

[주의] 주사업장 총괄납부와 사업자단위과세의 비교

구분	주사업장 총괄납부	사업자단위과세
사업자등록	사업장별 적용	사업자단위과세 적용 사업장에서 적용
세금계산서 발급 및 수취	사업장별 적용	사업자단위과세 적용 사업장에서 적용
과세표준 및 세액계산	사업장별 적용	사업자단위과세 적용 사업장에서 적용
신고	사업장별 적용	사업자단위과세 적용 사업장에서 적용
결정, 경정 및 징수	사업장별 적용	사업자단위과세 적용 사업장에서 적용
납부 및 환급	주사업장에서 납부 및 환급	
주사업장 또는 총괄사업장	법인: 본점 또는 지점 개인: 주된 사무소	법인: 본점 개인: 주된 사무소
신청	과세기간 개시 20일 전까지(주1)	과세기간 개시 20일 전까지
포기	과세기간 개시 20일 진까지	과세기간 개시 20일 전까지

(주1) 신규로 사업을 시작하는 자가 주된 사업장에서 총괄하여 납부하려는 경우에는 주된 사업장의 사업자등록증을 받은 날부터 20일 이내에 신청서를 주된 사업장의 관할 세무서장에게 제출하여야 한다.

05 사업자등록

구분	내용
사업자등록의 신청	• 사업자는 사업장마다 사업 개시일부터 20일 이내에 사업장 관할 세무서장에게 사업자등록을 신청하여야 한다. • 다만, 신규로 사업을 시작하려는 자는 사업 개시일 이전이라도 사업자등록을 신청할 수 있다.
사업등록증의 발급	• 사업자등록 신청을 받은 사업장 관할 세무서장은 사업자의 인적사항과 그밖에 필요한 사항을 적은 사업자등록증을 신청일부터 2일 이내에 신청자에게 발급하여야 한다. • 다만, 사업장시설이나 사업현황을 확인하기 위하여 국세청장이 필요하다고 인정하는 경우에는 발급기한을 5일 이내에서 연장하고 조사한 사실에 따라 사업자등록증을 발급할 수 있다.
사업자등록의 사후관리	① 사업자등록 사항의 변경 다음과 같은 사유에 해당하는 경우 사업자의 인적사항, 사업자등록의 변경 사항 및 그 밖의 필요한 사항을 적은 사업자등록 정정신고서를 세무서장에게 제출해야 하고, 세무서장은 기한 내에 변경 내용을 확인하고 사업자등록증의 기재사항을 정정하여 재발급하여야 한다. **변경 사유 / 재발급 기한** ② 사업자등록 말소 사업자가 폐업한 경우 또는 사실상 사업을 시작하지 아니하게 되는 경우 지체 없이 사업자등록을 말소하여야 한다. 이 경우 세무서장은 지체 없이 등록증을 회수하여야 하며, 등록증을 회수할 수 없는 경우에는 등록말소 사실을 공시하여야 한다.

변경 사유에 대한 재발급 기한은 다음과 같다.

변경 사유	재발급 기한
• 상호를 변경하는 경우 • 통신판매업자가 사이버몰의 명칭 또는 인터넷 도메인이름을 변경하는 경우	신청일 당일
• 대표자를 변경하는 경우 • 사업의 종류에 변동이 있는 경우 • 사업장을 이전하는 경우 • 상속으로 사업자의 명의가 변경되는 경우 • 공동사업자의 구성원 또는 출자지분이 변경되는 경우 • 임대인, 임대차 목적물 및 그 면적, 보증금, 임차료 또는 임대차기간이 변경되거나 새로 상가건물을 임차한 경우	신청일부터 2일 이내

제 2 절 과세대상 거래

 **재화의 공급**

구분	내용
기초개념	① 재화의 정의 • 물건(유체물): 상품, 제품, 원료, 기계, 건물 등 • 물건(무체물): 전기, 가스, 열 등 관리할 수 있는 자연력 • 권리: 광업권, 특허권, 저작권 등 물건 외에 재산적 가치가 있는 모든 것 ② 공급의 정의 계약상 또는 법률상의 모든 원인에 따라 재화를 인도하거나 양도
일반적인 재화공급	① 매매거래 현금판매, 외상판매, 할부판매, 장기할부판매, 조건부 및 기한부 판매, 위탁판매와 그 밖의 매매계약에 따라 재화를 인도하거나 양도 ② 가공거래 자기가 주요자재의 전부 또는 일부를 부담하고 상대방으로부터 인도받은 재화를 가공하여 새로운 재화를 만드는 가공계약에 따라 재화를 인도 ③ 교환거래 재화의 인도 대가로서 다른 재화를 인도받거나 용역을 제공받는 교환계약에 따라 재화를 인도하거나 양도 ④ 기타 경매, 수용, 현물출자와 그 밖의 계약상 또는 법률상의 원인에 따라 재화를 인도하거나 양도
특수한 재화공급	① 자가공급 • 면세사업 전용 → 자기의 과세사업과 관련하여 생산·취득한 재화를 자기의 면세사업 및 부가가치세가 과세되지 아니하는 재화 또는 용역을 공급하는 사업을 위하여 직접 사용·소비하는 것은 재화의 공급으로 본다. • 비영업용 소형승용차와 그 유지비용 → 과세사업을 위하여 생산·취득한 재화를 비영업용 소형승용차와 그 자동차 유지를 위하여 사용하면 재화의 공급으로 본다. • 타사업장 반출 → 사업장이 둘 이상인 사업자가 자기의 사업과 관련하여 생산 또는 취득한 재화를 판매할 목적으로 자기의 다른 사업장에 반출하는 것은 재화의 공급으로 본다.

구분	내용
	② 개인적 공급 사업자가 자기생산·취득재화를 사업과 직접적인 관계없이 자기의 개인적인 목적이나 그 밖의 다른 목적을 위하여 사용·소비하거나 그 사용인 또는 그 밖의 자가 사용·소비하는 것으로서 사업자가 그 대가를 받지 아니하거나 시가보다 낮은 대가를 받는 경우는 재화의 공급으로 본다. ③ 사업상 증여 사업자가 자기생산·취득재화를 자기의 고객이나 불특정 다수에게 증여하는 경우 재화의 공급으로 본다. ④ 폐업시 잔존재화 사업자가 폐업할 때 자기생산·취득재화 중 남아 있는 재화는 자기에게 공급하는 것으로 본다.
재화의 공급으로 보지 않는 경우	① 질권, 저당권 또는 양도담보의 목적으로 동산, 부동산 및 부동산상의 권리를 제공하는 것 ② 사업에 관한 모든 권리와 의무를 포괄적으로 승계시키는 사업양도(단, 사업양도에 대하여 대리납부 제도에 따라 그 사업을 양수받은 자가 대가를 지급하는 때에 부가가치세를 징수하여 납부한 경우는 제외한다.) ③ 조세물납

주의 다음의 것은 개인적 공급으로 보지 않는다.
- 자기의 다른 사업장에서 원료 자재 등으로 사용하거나 소비하기 위하여 반출하는 경우
- 자기사업상의 기술개발을 위하여 시험용으로 사용하거나 소비하는 경우
- 수선비 등에 대체하여 사용하거나 소비하는 경우
- 사후무료 서비스제공을 위하여 사용하거나 소비하는 경우
- 불량품교환 또는 광고선전을 위한 상품진열 등의 목적으로 자기의 다른 사업장으로 반출하는 경우
- 실비변상적이거나 복리후생적인 목적으로 그 사용인에게 대가를 받지 아니하거나 시가보다 낮은 대가를 받고 제공하는 것(예 : 작업복, 작업모, 작업화, 직장 연예 및 직장 문화와 관련된 재화, 사용인 1명당 연간 10만원 이내의 경조사, 설날·추석, 창립기념일 및 생일 등과 관련된 재화)

주의 다음의 것은 사업상 증여로 보지 않는다.
- 무상으로 제공하는 견본품
- 주된 거래인 재화의 공급대가에 포함되는 것
- 자기적립마일리지등으로만 전부를 결제받고 공급하는 재화
- 특별재난지역에 공급하는 물품

 ## 용역의 공급 및 재화의 수입

구분	내용
용역의 공급	① 용역의 공급 용역의 공급은 계약상 또는 법률상의 모든 원인에 따라 역무를 제공하거나, 시설물·권리 등 재화를 사용하게 하는 것을 말한다. ② 용역의 간주공급 부가가치세법상 사업자가 자신의 용역을 자기의 사업을 위하여 대가를 받지 아니하고 공급함으로써 다른 사업자와의 과세형평이 침해되는 경우에는 자기에게 용역을 공급하는 것으로 보고 있으나, 구체적인 범위를 규정하고 있지 아니하여 현실에서는 과세를 하지 않는다. ③ 용역의 무상공급 • 일반적인 경우: 사업자가 대가를 받지 아니하고 타인에게 용역을 공급하는 것은 용역의 공급으로 보지 않는다. • 예외: 특수관계인에게 사업용 부동산의 임대용역을 무상으로 공급하는 것은 용역의 공급으로 본다.
재화·용역의 공급의 사례	<table><tr><th>거래</th><th>구분</th></tr><tr><td>건설업의 경우 건설업자가 건설자재의 전부 또는 일부를 부담하는 것</td><td>용역의 공급</td></tr><tr><td>자기가 주요자재를 전혀 부담하지 아니하고 상대방으로부터 인도받은 재화를 단순히 가공만 해 주는 것</td><td>용역의 공급</td></tr><tr><td>자기가 주요자재의 전부 또는 일부를 부담하고 상대방으로부터 인도받은 재화를 가공하여 새로운 재화를 만드는 가공계약에 따라 재화를 인도하는 것</td><td>재화의 공급</td></tr><tr><td>산업재산권(특허권, 상표권 등)의 대여</td><td>용역의 공급</td></tr><tr><td>산업재산권(특허권, 상표권 등)의 양도</td><td>재화의 공급</td></tr></table>
재화의 수입	재화의 수입은 다음에 해당하는 물품을 국내에 반입하는 것(보세구역을 거치는 것은 보세구역에서 반입하는 것을 말한다)으로 한다. • 외국으로부터 국내에 도착한 물품(외국 선박에 의하여 공해(公海)에서 채집되거나 잡힌 수산물을 포함한다) • 수출신고가 수리된 물품

주의 고용관계에 따라 근로를 제공하는 것은 용역의 공급으로 보지 아니한다.

03 부수 재화 및 부수 용역의 공급

주된 재화 또는 용역의 공급에 부수되어 공급되는 재화·용역	주된 사업에 부수되는 재화 또는 용역의 공급
부수되는 재화 또는 용역이 다음에 해당하면 주된 재화 또는 용역의 공급에 포함되는 것으로 본다. ① 해당 대가가 주된 재화 또는 용역의 공급에 대한 대가에 통상적으로 포함되어 공급되는 재화 또는 용역 ② 거래의 관행으로 보아 통상적으로 주된 재화 또는 용역의 공급에 부수하여 공급되는 것으로 인정되는 재화 또는 용역	부수되는 재화 또는 용역이 다음에 해당하면 별도의 공급으로 보되, 과세 및 면세 여부 등은 주된 사업의 과세 및 면세 여부 등을 따른다. ① 주된 사업과 관련하여 우연히 또는 일시적으로 공급되는 재화 또는 용역 ② 주된 사업과 관련하여 주된 재화의 생산 과정이나 용역의 제공 과정에서 필연적으로 생기는 재화

주의 주된 사업에 부수되는 재화 또는 용역이 면세이면 주된 사업에 관계없이 면세이다. 그러나 주된 사업에 부수되는 재화 또는 용역이 과세이면 주된 사업의 과세여부에 따라 부수되는 재화 또는 용역의 과세 여부를 판단한다.

부수되는 재화·용역	주된 사업	부수되는 재화·용역의 과세 여부
면세(토지 공급)	과세(제조업)	면세
	면세(금융업)	면세
과세(건물 공급)	과세(제조업)	과세
	면세(금융업)	면세

 **재화의 공급시기**

구분	내용
재화의 공급시기	<table><tr><td>구분</td><td>공급시기</td></tr><tr><td>① 재화의 이동이 필요한 경우</td><td>재화가 인도되는 때</td></tr><tr><td>② 재화의 이동이 필요하지 아니한 경우</td><td>재화가 이용가능하게 되는 때</td></tr><tr><td>①과 ②를 적용할 수 없는 경우</td><td>재화의 공급이 확정되는 때</td></tr></table>
거래 형태에 따른 재화의 공급시기	<table><tr><td>구분</td><td>공급시기</td></tr><tr><td>현금판매, 외상판매 또는 할부판매</td><td>재화가 인도되거나 이용가능하게 되는 때</td></tr><tr><td>상품권 등을 현금 또는 외상으로 판매하고 그 후 그 상품권 등이 현물과 교환되는 경우</td><td>재화가 실제로 인도되는 때</td></tr><tr><td>재화의 공급으로 보는 가공의 경우</td><td>가공된 재화를 인도하는 때</td></tr><tr><td>반환조건부 판매, 동의조건부 판매, 그 밖의 조건부 판매 및 기한부 판매</td><td>그 조건이 성취되거나 기한이 지나 판매가 확정되는 때</td></tr><tr><td>장기할부판매, 완성도기준지급조건부 공급, 중간지급조건부 공급, 전력이나 그밖에 공급단위를 구획할 수 없는 재화를 공급하는 경우</td><td>대가의 각 부분을 받기로 한 때</td></tr><tr><td>무인판매기를 이용하여 재화를 공급하는 경우</td><td>사업자가 무인판매기에서 현금을 꺼내는 때</td></tr><tr><td>위탁판매 또는 대리인에 의한 매매의 경우</td><td>수탁자 또는 대리인의 공급을 기준으로 판단</td></tr><tr><td>간주공급</td><td>재화가 사용·소비되는 때</td></tr><tr><td>폐업시 잔존재화</td><td>폐업하는 때</td></tr><tr><td>내국물품을 외국으로 반출하거나 중계무역방식의 수출</td><td>수출재화의 선(기)적일</td></tr><tr><td>원양어업 및 위탁판매수출</td><td>수출재화의 공급가액이 확정되는 때</td></tr><tr><td>외국인도수출 및 위탁가공무역 방식의 수출</td><td>외국에서 해당 재화가 인도되는 때</td></tr></table>

주의 ① 장기할부판매는 다음 요건을 충족해야 한다.
    ㄱ. 2회 이상으로 분할하여 대가를 받는 것
    ㄴ. 해당 재화의 인도일의 다음 날부터 최종 할부금 지급기일까지의 기간이 1년 이상인 것
② 중간지급조건부 재화의 공급은 다음 요건을 충족해야 한다.
    ㄱ. 계약금을 받기로 한 날의 다음 날부터 재화를 인도하는 날 또는 재화를 이용 가능하게 하는 날까지의 기간이 6개월 이상
    ㄴ. 계약금 외의 대가를 분할하여 받는 경우(3회 이상 분할하여 대가를 받는 것)

05 용역의 공급시기

구분	내용	
용역의 공급시기	**구분**	**공급시기**
	① 통상적인 용역의 경우	역무의 제공이 완료되는 때
	② 기타	시설물, 권리 등 재화가 사용되는 때
거래 형태에 따른 용역의 공급시기	**구분**	**공급시기**
	장기할부판매, 완성도기준지급조건부 공급, 중간지급조건부 공급, 전력이나 그밖에 공급단위를 구획할 수 없는 용역을 공급하는 경우	대가의 각 부분을 받기로 한 때
	전세금 또는 임대보증금의 간주임대료	예정신고기간 또는 과세기간의 종료일
	2 이상의 과세기간에 걸쳐 일정한 용역을 계속적으로 제공하고 그 대가를 선불로 받는 경우	예정신고기간 또는 과세기간의 종료일
	2 이상의 과세기간에 걸쳐 부동산 임대용역을 공급하고 그 대가를 선불 또는 후불로 받는 경우 월수로 안분계산한 임대료	예정신고기간 또는 과세기간의 종료일
	폐업 전에 공급한 용역의 공급시기가 폐업일 이후에 도래하는 경우	폐업일
	위 이외의 경우	역무의 제공이 완료되고 그 공급가액이 확정되는 때

06 거래장소

구분	내용	
재화의 공급장소	**구분**	**거래장소**
	재화의 이동이 필요한 경우	재화의 이동이 시작되는 장소
	재화의 이동이 필요하지 아니한 경우	재화가 공급되는 시기에 재화가 있는 장소
용역의 공급장소	**구분**	**거래장소**
	일반적인 경우	역무가 제공되거나 시설물, 권리 등 재화가 사용되는 장소
	국내 및 국외에 걸쳐 용역이 제공되는 국제운송의 경우	사업자가 비거주자 또는 외국법인이면 여객이 탑승하거나 화물이 적재되는 장소

제3절　영세율과 면세

 영세율

구분	내용
영세율 개념	• 영세율이란 재화 또는 용역을 공급할 때 영(0%)의 세율을 적용하는 것을 말한다. • 영세율을 적용하게 되면 전단계세액공제법 하에서 매출세액은 없고 매입세액만 발생하게 된다. 따라서 재화 또는 용역을 공급받을 때 부담한 매입세액을 환급받음으로써 부가가치세가 완전면세가 된다. • 영세율은 소비지국과세원칙을 구현하기 위해 외국에 공급하는 거래에 적용하는 제도이나, 외화획득의 장려를 위해 국내거래에도 일부 적용된다.
영세율 적용대상자	• 영세율은 부가가치세법상 과세사업자에게 적용한다. • 비거주자나 또는 외국법인의 경우 해당 국가에서 대한민국의 거주자 또는 내국법인에 대하여 동일하게 면세하는 경우에만 영세율을 적용한다.(상호주의에 따라 판단)
영세율 적용대상 거래	① 재화의 수출 　• 내국물품(대한민국 선박에 의하여 채집되거나 잡힌 수산물을 포함)을 외국으로 반출하는 것 　• 중계무역 방식의 수출 　• 위탁판매수출 　• 외국인도수출 　• 위탁가공무역 방식의 수출 　• 원료를 대가 없이 국외의 수탁가공 사업자에게 반출하여 가공한 재화를 양도하는 경우에 그 원료의 반출 　• 관세법상 수입의 신고가 수리되기 전의 물품으로서 보세구역에 보관하는 물품을 외국으로 반출하는 것 　• 사업자가 내국신용장 또는 구매확인서에 의하여 공급하는 재화 ② 용역의 국외공급 　국외에서 공급하는 용역(예: 해외에서 진행중인 건설공사)에 대하여는 영세율을 적용한다. ③ 외국항행용역의 공급 　외국항행용역은 선박 또는 항공기에 의하여 여객이나 화물을 국내에서 국외로, 국외에서 국내로 또는 국외에서 국외로 수송하는 것을 말한다. 선박 또는 항공기에 의한 외국항행용역의 공급에 대하여는 영세율을 적용한다.

구분	내용
	④ 외화 획득 재화 또는 용역의 공급 • 우리나라에 상주하는 외교공관, 영사기관, 국제연합과 이에 준하는 국제기구 등에 재화 또는 용역을 공급하는 경우 • 외교공관 등의 소속 직원으로서 해당 국가로부터 공무원 신분을 부여받은 자 또는는 외교부장관으로부터 이에 준하는 신분임을 확인받은 자 중 내국인이 아닌 자에게 재화 또는 용역을 공급하는 경우 • 수출업자와 직접 도급계약에 의하여 수출재화를 임가공하는 수출재화임가공용역 • 내국신용장 또는 구매확인서에 의하여 공급하는 수출재화임가공용역 • 외국을 항행하는 선박 및 항공기 또는 원양어선에 공급하는 재화 또는 용역 • 국내에서 국내사업장이 없는 비거주자 또는 외국법인에 공급되는 일정한 재화 또는 일정한 사업에 해당하는 용역

주의 영세율제도는 영(0%)의 세율을 적용한 결과 부가가치세 부담이 면제되는 것이다. 따라서 부가가치세법상 과세사업자만이 영세율을 적용할 수 있으며, 면세사업자는 면세를 포기하지 않는 한 영세율을 적용받을 수 없다(간이과세자도 부가가치세법상 과세사업자이므로 영세율을 적용받을 수 있다).

 면세

구분	내용
면세의 개념	면세란 일정한 재화 또는 용역의 공급에 대하여 부가가치세를 면제하는 것을 말한다. 면세사업자는 부가가치세 납세의무가 없으므로 매출세액을 납부하지 않으며 매입세액도 공제·환급되지 않는다. 따라서 매입세액은 공급가격에 포함되어 최종소비자에게 전가되므로 부가가치세 부담이 완전히 제거되지 않는다.(부분면세 제도)
면세대상 재화 또는 용역	① 기초생활필수품 및 관련 용역 • 미가공 식료품(농·축·수·임산물): 국내산 외국산 불문 • 미가공 비식용(농·축·수·임산물): 국내산만 면세 • 수돗물 • 연탄과 무연탄 • 여성용 생리 처리 위생용품, 영유아용 기저귀와 분유(액상형 분유 포함) • 여객운송 용역. 다만, 다음에 해당하는 여객운송용역은 과세 　－항공기, 시외우등고속버스, 시외고급고속버스, 전세버스, 택시, 특수자동차, 특종선박, 고속철도에 의한 여객운송 용역 　－삭도, 유람선 등 관광 또는 유흥 목적의 운송수단에 의한 여객운송 용역 ② 국민후생 및 문화관련 재화 또는 용역 • 의료보건 용역(수의사의 용역을 포함)과 혈액(동물의 혈액 포함) • 교육용역

구분	내용
	• 우표(수집용 우표는 과세), 인지, 증지, 복권 및 공중전화 • 도서(도서대여 및 실내 도서열람 용역 포함), 신문(인터넷신문 포함), 잡지, 관보, 뉴스통신(광고는 과세) • 법 소정 담배 • 예술창작품, 예술행사, 문화행사 또는 아마추어 운동경기 • 도서관, 과학관, 박물관, 미술관, 동물원, 식물원 등 입장 ③ 부가가치 구성요소 • 토지의 공급 • 금융·보험 용역 • 저술가·작곡가나 그 밖의 자가 직업상 제공하는 인적용역 ④ 기타 • 국가, 지방자치단체, 지방자치단체조합이 공급하는 재화 또는 용역 • 국가, 지방자치단체, 지방자치단체조합 및 공익단체에 무상으로 공급하는 재화 또는 용역 • 종교, 자선, 학술, 구호, 그 밖의 공익을 목적으로 하는 단체가 공급하는 재화 또는 용역 • 주택과 이에 부수되는 토지의 임대용역 • 국민주택 및 국민주택건설용역(리모델링용역 포함)

구분		내용
면세포기	면세포기 대상	① 영세율의 적용 대상이 되는 것 ② 학술연구단체와 기술연구단체가 학술·기술연구와 관련하여 실비 또는 무상으로 공급하는 재화 또는 용역
	면세포기 절차	① 면세포기신고서를 관할 세무서장에게 제출 ② 사업자등록(부가가치세법상 과세사업자로 전환)
	면세포기 효력	① 면세의 포기를 신고한 사업자는 신고한 날부터 3년간 부가가치세를 면제받지 못한다. ② 면세의 포기를 신고한 사업자가 면세포기신고를 한 날로부터 3년이 지난 후 면세를 적용받고자 하는 때에는 면세적용신고를 하여야 한다. 면세적용신고서를 제출하지 아니하면 계속하여 면세를 포기한 것으로 본다.

주의 국가, 지방자치단체, 지방자치단체조합이 공급하는 재화 또는 용역 중 다음의 재화 또는 용역은 과세된다.

① 우정사업조직이 소포 우편물을 방문접수하여 배달하는 용역과 우편주문판매를 대행하는 용역

② 고속철도에 의한 여객운송용역

③ 부동산임대업, 도매 및 소매업, 음식점·숙박업, 골프장 및 스키장 운영업, 기타 스포츠시설 운영업에서 공급하는 재화 또는 용역

④ 부가가치세 과세대상인 진료용역과 동물의 진료용역

제 4 절 과세표준과 매출세액

01 과세표준 기초개념

구분	내용
과세표준의 정의	세법에 따라 직접적으로 세액산출의 기초가 되는 과세대상의 수량 또는 가액을 말한다. 부가가치세에서 과세표준은 해당 과세기간에 공급한 재화 또는 용역의 공급가액을 합한 금액이다. • 공급가액: 부가가치세를 포함하지 않은 매출액 등을 말한다. • 공급대가: 부가가치세를 포함한 금액이다.

과세표준 결정

구분		과세표준 금액
일반원칙	금전으로 대가를 받는 경우	그 대가
	금전 외의 대가를 받는 경우	공급한 재화 또는 용역의 시가
	폐업하는 경우	폐업 시 남아 있는 재화의 시가
	간주공급	공급한 재화 또는 용역의 시가
부당행위 계산 부인	특수관계인에게 공급하는 재화 또는 용역의 공급가액이 조세의 부담을 부당하게 감소시킬 것으로 인정되는 경우 공급한 재화 또는 용역의 시가를 공급가액으로 본다.	

거래유형별 과세표준

구분	과세표준 금액
외상판매 및 할부판매	공급한 재화의 총가액
• 장기할부판매 • 완성도기준지급조건부 또는 중간지급조건부로 재화나 용역을 공급 • 계속적으로 재화나 용역을 공급	계약에 따라 받기로 한 대가의 각 부분
둘 이상의 과세기간에 걸쳐 용역을 제공하고 그 대가를 선불로 받는 경우	선불로 받은 금액 $\times \dfrac{\text{과세대상기간의 개월 수}}{\text{계약기간의 개월 수}}$

 **항목별 과세표준 포함여부**

과세표준에 포함하는 금액	과세표준에 포함하지 않는 금액
장기할부판매 또는 할부판매 경우의 이자상당액	매출에누리 · 매출환입 · 매출할인
대가의 일부로 받는 운송보험료 · 산재보험료 등	공급받는 자에게 도달하기 전에 파손되거나 훼손되거나 멸실한 재화의 가액
대가의 일부로 받는 운송비 · 포장비 · 하역비 등	재화 또는 용역의 공급과 직접 관련되지 아니하는 국고보조금과 공공보조금
개별소비세와 교통 · 에너지 · 환경세 및 주세가 과세되는 재화 또는 용역에 대하여는 해당 개별소비세와 교통 · 에너지 · 환경세 및 주세와 그 교육세 및 농어촌특별세상당액	공급에 대한 대가의 지급이 지체되었음을 이유로 받는 연체이자
대가의 전부 또는 일부를 받은 마일리지등 상당액 중 다음의 금액 ① 마일리지 등 외의 수단으로 결제받은 금액 ② 자기적립 마일리지 등 외의 마일리지 등으로 결제받은 부분에 대해 재화 또는 용역을 공급하는 자 외의 자로부터 보전받은 금액	통상적으로 용기 또는 포장을 해당 사업자에게 반환할 것을 조건으로 그 용기대금과 포장비용을 공제한 금액으로 공급하는 경우에 그 용기대금과 포장비용
	음식 · 숙박 용역이니 개인서비스 용역을 공급히고 그 대가와 함께 받는 종업원의 봉사료를 세금계산서, 영수증, 신용카드매출전표 등에 그 대가와 구분하여 적은 경우로서 봉사료를 해당 종업원에게 지급한 사실이 확인되는 경우 그 봉사료
	임차인이 부담하여야 할 보험료, 수도료 및 공공요금 등을 별도로 구분징수하여 납입을 대행하는 경우 해당 금액

주의 과세표준에서 공제하지 않는 금액은 다음과 같다.
　① 재화 또는 용역을 공급받는 자에게 지급하는 장려금이나 이와 유사한 금액
　② 대손금
　③ 하자보증금

03 재화의 수입

구분	내용
재화의 수입	재화의 수입에 대한 부가가치세의 과세표준은 그 재화에 대한 관세의 과세가격과 관세, 개별소비세, 주세, 교육세, 농어촌특별세 및 교통·에너지·환경세를 합한 금액으로 한다.

<table>
<tr><td rowspan="2">외국통화 대가를
받는 경우</td><td>구분</td><td>과세표준금액</td></tr>
<tr><td></td><td></td></tr>
</table>

구분	과세표준금액
공급시기 도래 전에 원화로 환가한 경우	환가한 금액
공급시기 이후에 외국통화나 그 밖의 외국환 상태로 보유하거나 지급받는 경우	공급시기의 기준환율 또는 재정환율에 따라 계산한 금액

04 매출세액

 **매출세액 구조**

	과세표준	× 세율
+	예정신고누락분 과세표준	× 세율
±	대손세액 가감	
=	매출세액	

구분	내용
매출세액의 결정	① 매출세액의 계산 $$매출세액 = 과세표준 × 세율(10\%, 0\%)$$ ② 예정신고누락분 예정신고시 누락된 매출세액을 확정신고시 신고하는 금액을 말한다. ③ 대손세액공제 • 외상매출금이나 그 밖의 매출채권(부가가치세 포함)이 공급받은자의 파산·강제집행이나 그 밖의 사유로 대손되어 회수할 수 없는 경우 매출세액에서 차감한다. • 공급일로부터 10년이 경과한 날이 속하는 과세기간에 대한 확정신고기한까지 대손세액공제요건이 확정되어야 한다. $$대손세액 = 대손금액 × 10/110$$ → 확정신고시에만 대손세액공제가 가능하다(예정신고 때는 불가능)

제 5 절　매입세액

 **01　매입세액**

▌매입세액 구조▐

	세금계산서 수취분 매입세액
+	예정신고누락분
+	매입자발행세금계산서에 의한 매입세액
+	그 밖의 공제매입세액
	신용카드매출전표 등 수취분
	의제매입세액
	재활용폐자원 등 매입세액
	과세사업전환매입세액
	재고매입세액
	변제대손세액
−	공제받지 못할 매입세액
	불공제 매입세액
	공통매입세액 면세사업분
	대손처분받은 세액
=	매입세액

구분	내용	
	구분	**내용**
공제하는 매입세액	세금계산서 수취분 매입세액	사업자가 사업을 위하여 사용하였거나 사용할 목적으로 세금계산서와 함께 공급받은 재화 또는 용역에 대한 부가가치세액은 매출세액에서 공제한다. 재화의 수입의 경우에도 마찬가지이다.
	그 밖의 공제 매입세액	① 신용카드매출전표 수취분 등 　사업자가 일반과세자로부터 재화 또는 용역을 공급받고 부가가치세액이 별도로 구분되는 신용카드매출전표 등을 발급받은 경우 그 부가가치세액은 공제할 수 있는 매입세액으로 본다. ② 의제매입세액 　사업자가 면세농산물을 원재료로 하여 제조·가공한 재화 또는 창출한 용역의 공급에 대하여 부가가치세가 과세되는 경우에는 면세농산물의 매입가액에 소정의 율을 곱한 금액을 매입세액으로 보아 매출세액에서 공제할 수 있다.

구분	내용		
공제받지 못할 매입세액	구분		내용
	세법상 의무 불이행		매입처별 세금계산서합계표 미제출·부실기재
			세금계산서 미수취·부실기재
	면세관련 매입		면세사업 관련 매입세액
			토지에 관련된 매입세액(주1)
	업무무관		사업과 직접 관련이 없는 지출에 대한 매입세액
	기타		비영업용 소형승용차의 구입과 임차 및 유지에 관한 매입세액
			기업업무추진비관련 매입세액
			사업자등록을 신청하기 전의 매입세액(주2)

(주1) 토지에 관련된 매입세액의 구체적인 예는 다음과 같다.
　① 토지의 취득 및 형질변경, 공장부지 및 택지의 조성 등에 관련된 매입세액
　② 건축물이 있는 토지를 취득하여 그 건축물을 철거하고 토지만 사용하는 경우에는 철거한 건축물의 취득 및 철거 비용과 관련된 매입세액
　③ 토지의 가치를 현실적으로 증가시켜 토지의 취득원가를 구성하는 비용에 관련된 매입세액
　(주2) 공급시기가 속하는 과세기간이 끝난 후 20일 이내에 사업자 등록을 신청한 경우 등록신청일부터 공급시기가 속하는 과세기간 기산일(1월 1일 또는 7월 1일을 말한다)까지 역산한 기간 내의 것은 매입세액 공제가 가능하다.

02 면세농산물 등 의제매입세액 공제특례

구분	내용
공제요건	① 과세사업자가 매입한 면세농산물 등을 원재료로 하여 제조·가공한 재화 또는 창출한 용역의 공급에 대하여 부가가치세가 과세되는 경우 ② 면세농산물 등을 공급받은 사실을 증명하는 서류(주1)를 예정신고 또는 확정신고 시 납세지 관할 세무서장에게 제출
공제액	• 공제대상액: 면세농산물 등의 매입가액 × 공제율(주2) • 한도: 면세농산물 등과 관련하여 공급한 과세표준 × 한도율(주3) × 공제율
공제시기	면세농산물 등을 매입한 날이 속하는 예정신고기간 또는 확정신고기간에 공제한다.

(주1) 제출서류: 의제매입세액공제신고서, 매입처별 계산서합계표, 신용카드매출전표등 수령명세서
(주2) 의제매입세액의 공제율은 다음과 같다.

구분		공제율
㉮ 음식점업	ⓐ: 과세유흥장소의 경영자	2/102
	ⓑ: ⓐ 외의 음식점을 경영하는 개인사업자	8/108(9/109)
	ⓒ: ⓐ와 ⓑ 외의 음식점을 경영하는 사업자	6/106

구분		공제율
④ 제조업	ⓐ: 과자점업, 도정업, 제분업 및 떡류 제조업 중 떡방앗간을 경영하는 개인사업자	6/106
	ⓑ: ⓐ 외의 제조업 경영하는 중소기업 및 개인사업자	4/104
	ⓒ: ⓐ와 ⓑ 외의 사업자	2/102
④ ②와 ④ 외의 사업자		2/102

> **주의** 다만, 2026년 12월 31일까지는 과세표준이 2억원 이하인 음식점을 경영하는 개인사업자에 대해서 9/109의 공제율을 적용한다.

(주3) 의제매입세액 한도율은 다음과 같다.

구분		한도율
개인사업자	과세표준 2억원 이하	50%
	과세표준 2억원 초과	40%
법인사업자		30%

> **주의** 다만, 2025년 12월 31일까지는 음식점업을 영위하는 개인사업자와 법인사업자에 대해서는 아래와 같이 공제한도를 적용한다.

구분		한도율
음식점업을 경영하는 개인사업자	과세표준 1억원 이하	75%
	과세표준 1억원 초과 ~ 2억원 이하	70%
	과세표준 2억원 초과	60%
음식점업 외의 사업을 경영하는 개인사업자	과세표준 2억원 이하	65%
	과세표준 2억원 초과	55%
법인사업자		50%

03 재활용폐자원 등에 대한 부가가치세 매입세액 공제특례

구분	내용
공제요건	재활용폐자원 및 중고자동차를 수집하는 사업자가 세금계산서를 발급할 수 없는 자(부가가치세과세사업을 영위하지 아니하는 자 또는 간이과세자)로부터 재활용폐자원 및 중고자동차를 매입하여 제조 또는 가공하거나 이를 공급하는 경우
공제액	• 공제대상액: 재활용폐자원 등의 매입가액 × 공제율[주1] • 한도[주2]: (과세표준 × 80% − 세금계산서 수취한 매입가액)
공제시기	재활용폐자원 등을 매입한 날이 속하는 예정신고기간 또는 확정신고기간에 공제한다.

(주1) 공제율은 다음과 같다.

구분	공제율
재활용폐자원	3/103
중고자동차	10/110

(주2) 중고자동차에 대하여는 한도를 적용하지 않는다.

 ## 공통매입세액의 안분계산

구분	내용
기초개념	사업자가 과세사업과 면세사업 등을 겸영하는 경우에 과세사업과 면세사업 등에 관련된 매입세액의 계산은 실지귀속에 따라 구분한다. 그러나 실지귀속을 구분할 수 없는 매입세액(공통매입세액)은 총 공급가액에 대한 면세공급가액의 비율 등을 적용하여 안분하여 계산한다.
안분계산 방법	면세사업 관련 매입세액 = 공통매입세액 × 해당 과세기간의 $\dfrac{\text{면세공급가액}}{\text{총 공급가액}}$
안분계산의 배제	다음 어느 하나에 해당하는 경우에는 해당 재화 또는 용역의 공통매입세액은 공제되는 매입세액으로 한다. ① 해당 과세기간의 총 공급가액 중 면세공급가액이 5퍼센트 미만인 경우의 공통매입세액. 다만, 공통매입세액이 5백만원 이상인 경우는 제외한다. ② 해당 과세기간 중의 공통매입세액이 5만원 미만인 경우의 매입세액 ③ 해당 과세기간에 신규로 사업을 개시한 사업자가 해당 과세기간에 공급한 공통사용재화에 대한 매입세액
공통매입세액의 재계산	감가상각자산에 대하여 공통매입세액의 안분계산에 따라 매입세액이 공제된 후 공통매입세액 안분기준에 따른 비율과 감가상각자산의 취득일이 속하는 과세기간(그 후의 과세기간에 재계산한 때는 그 재계산한 과세기간)에 적용되었던 공통매입세액 안분기준에 따른 비율이 5% 이상 차이가 나면 납부세액 또는 환급세액을 다시 계산하여 해당 과세기간의 확정신고와 함께 관할 세무서장에게 신고·납부하여야 한다.

 05 면세사업 감가상각자산의 과세사업 전환시 매입세액공제

구분	내용
과세사업에 전부 전용	공제되는 매입세액 = 취득시 매입세액 불공제액 × (1−상각률[주1]×경과된 과세기간 수[주2])
과세사업에 일부 전용	1) 일반적인 계산방법 $$\text{공제되는 매입세액} = \text{취득시 매입세액 불공제액} \times (1-\text{상각률}^{[주1]}) \times \text{경과된 과세기간 수}^{[주2]} \times \frac{\text{해당 과세기간의 과세공급가액}^{[주3]}}{\text{해당 과세기간의 총공급가액}}$$ 2) 예외적인 안분계산방법[주4] 과세기간 중 과세사업과 면세사업 등의 공급가액이 없거나 그 어느 한 사업의 공급가액이 없는 경우에 그 과세기간에 대한 안분 계산은 다음 순서에 따른다. ① 총 매입가액에 대한 과세사업에 관련된 매입가액의 비율 ② 총 예정공급가액에 대한 과세사업에 관련된 예정공급가액의 비율 ③ 총 예정사용면적에 대한 과세사업에 관련된 예정사용면적의 비율 다만, 취득시 면세사업 등과 관련하여 매입세액이 공제되지 아니한 건물에 대하여 과세사업과 면세사업 등에 제공할 예정면적을 구분할 수 있는 경우에는 ③을 ① 및 ②에 우선하여 적용한다.

(주1) 상각률: 건물·구축물은 5%, 기타의 감가상각자산은 25%

(주2) 건물 또는 구축물의 경과된 과세기간의 수가 20을 초과할 때에는 20으로, 그 밖의 감가상각자산의 경과된 과세기간의 수가 4를 초과할 때에는 4로 한다.

(주3) 과세공급가액이 총공급가액 중 5% 미만일 때에는 공제되는 매입세액이 없는 것으로 본다.

(주4) 공제세액의 정산

예외적인 안분계산방법에 따라 매입세액을 공제한 경우에는 과세사업과 면세사업의 공급가액(사용면적)이 확정되는 과세기간에 대한 납부세액을 확정신고할 때에 다음 계산식에 따라 정산한다.

– 공급가액 비율로 안분계산하는 경우

$$\text{가산되거나 공제되는 세액} = \text{과세사업에 전용시 매입세액} \times \frac{\text{공급가액이 확정되는 과세기간의 과세공급가액}}{\text{공급가액이 확정되는 과세기간의 총 공급가액}} - \text{이미 공제한 매입세액}$$

– 면적비율로 안분계산하는 경우

$$\text{가산되거나 공제되는 세액} = \text{과세사업에 전용시 매입세액} \times \dfrac{\text{사용면적이 확정되는 과세기간의 과세사용면적}}{\text{사용면적이 확정되는 과세기간의 총 사용면적}} - \text{이미 공제한 매입세액}$$

 ## 세금계산서

구분	내용
거래징수	거래징수란 사업자가 재화 또는 용역을 공급하는 경우에 공급가액에 부가가치세율을 적용하여 계산한 부가가치세를 재화 또는 용역을 공급받는 자로부터 징수하는 것을 말한다. 거래징수를 통해 부가가치세는 최종소비자에게 전가된다.
세금계산서의 정의	사업자가 재화 또는 용역을 공급하는 때에 부가가치세를 거래징수하고 이를 증명하기 위하여 공급받는 자에게 교부하는 세금영수증이다.

세금계산서의 종류	구분	내용
	종이세금계산서	세금계산서는 2매을 작성하여 1매를 공급받는자에게 발급하고 1매를 보관한다. 공급자는 발급한 세금계산서를 토대로 매출처별세금계산서합계표를 작성·제출하며, 공급받는자는 매입처별세금계산서합계표를 작성·제출한다.
	전자세금계산서	작성자의 신원 및 계산서의 변경 여부 등을 확인할 수 있는 공인인증시스템을 거쳐 정보통신망으로 발급하는 세금계산서를 말한다. 전자세금계산서 발급 및 수취는 전산설비 및 시스템에서 확인 가능하다.

전자세금계산서	구분	내용
	전자세금계산서 의무발급 대상자	• 법인사업자 • 직전연도의 사업장별 재화 및 용역의 과세공급가액과 면세공급가액 합계액이 8,000만원 이상인 개인사업자
	전자세금계산서 발급명세 전송	전자세금계산서를 발급하였을 때에는 전자세금계산서 발급일의 다음 날까지 전자세금계산서 발급명세를 국세청장에게 전송하여야 한다.

구분	내용
세금계산서의 발급	① 세금계산서 기재사항 | 필요적 기재사항	임의적 기재사항
공급하는 사업자의 등록번호와 성명 또는 명칭	공급하는 자의 주소
공급받는 자의 등록번호	공급받는 자의 상호 · 성명 · 주소
공급가액과 부가가치세액	공급품목, 단가와 수량
작성 연월일	공급 연월일 | ② 세금계산서의 발급시기 　재화 또는 용역의 공급시기에 재화 또는 용역을 공급받는 자에게 발급하여야 한다.

07 영수증

구분	내용
영수증 정의	영수증은 공급받는 자의 등록번호와 부가가치세액을 별도로 구분하여 기재하지 않은 거래증빙이다.
영수증 발급대상	① 일반과세자 　• 소매업, 음식점업(다과점업을 포함) 　• 숙박업, 미용, 욕탕 및 유사 서비스업 　• 여객운송업 　• 입장권을 발행하여 경영하는 사업 　• 변호사 · 회계사 등 전문직사업자와 행정사업 　• 우정사업조직이 소포우편물을 방문접수하여 배달하는 용역 　• 주로 사업자가 아닌 소비자에게 재화 또는 용역을 공급하는 사업(부동산중개업 등) ② 간이과세자(주1) 　• 간이과세자 중 신규사업자 및 직전연도 공급대가 합계액이 4,800만원 미만인 사업자 　• 주로 사업자가 아닌 자에게 재화 또는 용역을 공급하는 사업자
세금계산서발급의무 면제	• 택시운송 사업자, 노점 또는 행상을 하는 사람이 공급하는 재화 또는 용역 • 소매업 또는 미용, 욕탕 및 유사 서비스업을 경영하는 자가 공급하는 재화 또는 용역. 다만, 소매업의 경우에는 공급받는 자가 세금계산서 발급을 요구하지 아니하는 경우로 한정한다. • 재화의 간주공급(판매목적 타사업장 반출의 경우 제외) • 간주임대료 • 영세율이 적용대상이 되는 일정한 재화(주2)

구분	내용
거래상대방이 세금계산서 발급을 요구하는 경우	공급을 받는 사업자가 사업자등록증을 제시하고 세금계산서 발급을 요구할 때 세금계산서를 발급할 수 있다. 다만, 목욕·이발·미용, 여객운송업(전세버스운송업 제외), 입장권을 발행하여 영위하는 사업은 세금계산서를 발급할 수 없다.

(주1) 직전연도 공급대가 합계액이 4,800만원 이상인 간이과세자는 세금계산서를 발급해야 한다.
(주2) 영세율 적용대상거래 중 세금계산서 발급해야 하는 거래는 다음과 같다.
    –내국신용장 등에 의하여 공급하는 재화
    –한국국제협력단, 한국국제보건의료재단에 공급하는 재화
    –수출재화임가공용역

제6절 신고와 납부 등

01 신고와 납부

구분	내용
예정신고와 납부	1) 직전 과세기간 공급가액이 1.5억원 이상인 법인사업자 　법인사업자는 예정신고기간이 끝난 후 25일 이내에 예정신고기간에 대한 과세표준과 납부세액 또는 환급세액을 납세지 관할 세무서장에게 신고하고, 해당 예정신고기간의 납부세액을 납부하여야 한다. 2) 개인사업자와 직전 과세기간 공급가액이 1.5억원 미만인 법인사업자 　① 원칙(고지납부) 　　관할 세무서장이 각 예정신고기간마다 직전 과세기간에 대한 납부세액의 1/2에 상당하는 금액을 결정하여 해당 예정신고기간이 끝난 후 25일까지 징수한다. 　② 예외(신고납부) 　　다음 사유가 있는 개인사업자는 예정신고·납부를 할 수 있다. 　　－ 휴업 또는 사업 부진 등으로 인하여 각 예정신고기간의 공급가액 또는 납부세액이 직전 과세기간의 공급가액 또는 납부세액의 1/3에 미달하는 자 　　－ 각 예정신고기간분에 대하여 조기환급을 받으려는 자
확정신고와 납부	사업자는 각 과세기간에 대한 과세표준과 납부세액 또는 환급세액을 그 과세기간이 끝난 후 25일 이내에 납세지 관할 세무서장에게 신고하고, 해당 과세기간에 대한 납부세액을 납부하여야 한다. 다만, 예정신고를 한 사업자 또는 조기에 환급을 받기 위하여 신고한 사업자는 이미 신고한 과세표준과 납부한 납부세액 또는 환급받은 환급세액은 신고하지 아니한다.

주의 폐업하는 경우 폐업일이 속한 달의 다음 달 25일 이내에 신고·납부하여야 한다.

02 환급

구분	내용
일반환급	각 과세기간별로 그 과세기간에 대한 환급세액을 확정신고한 사업자에게 그 확정신고기한이 지난 후 30일 이내 환급한다. 예정신고기간의 환급세액은 환급하지 아니하고 확정신고 시 납부세액에서 차감한다.
조기환급	① 조기환급대상: ⓐ 영세율을 적용받는 경우, ⓑ 사업설비를 신설·취득·확장 또는 증축하는 경우, ⓒ 사업자가 재무구조 개선 계획을 이행 중인 경우 ② 조기환급기간: 예정신고기간 중 또는 과세기간 최종 3개월 중 매월 또는 매 2월 ③ 조기환급방법: 조기환급기간이 끝난 날부터 25일 이내(조기환급신고기한)에 조기환급기간에 대한 환급세액을 관할세무서장에게 신고한다. ④ 조기환급: 관할 세무서장은 조기환급기간에 대한 환급세액을 각 조기환급기간별로 해당 조기환급신고기한이 지난 후 15일 이내에 환급하여야 한다. ⑤ 조기환급신고를 한 부분은 예정신고 및 확정신고의 대상에서 제외한다.

03 가산세

(1) 미등록·허위등록 가산세

구분	내용	가산세
미등록	사업개시일로부터 20일 이내에 사업자등록을 신청하지 않은 경우	공급가액[주1]×1%
허위등록	타인의 명의로 사업자등록을 하거나 그 타인 명의의 사업자등록을 이용하여 사업을 하는 것으로 확인되는 경우	공급가액[주2]×1%

(주1) 사업 개시일부터 등록을 신청한 날의 직전일까지의 공급가액
(주2) 타인 명의의 사업 개시일부터 실제 사업을 하는 것으로 확인되는 날의 직전일까지의 공급가액

(2) 세금계산서 관련 가산세

구분	내용	가산세
세금계산서 지연발급	세금계산서의 발급시기가 지난 후 해당 재화 또는 용역의 공급시기가 속하는 과세기간에 대한 확정신고 기한까지 세금계산서를 발급하는 경우	공급가액×1%
세금계산서 미발급	세금계산서의 발급시기가 지난 후 해당 재화 또는 용역의 공급시기가 속하는 과세기간에 대한 확정신고기한까지 세금계산서를 발급하지 아니한 경우 ※ 둘 이상의 사업장을 가진 사업자가 자신의 다른 사업장 명의로 세금계산서를 발급한 경우 부과하는 경우 → 공급가액×1%	공급가액×2%
세금계산서 부실기재	세금계산서의 필요적 기재사항의 전부 또는 일부가 착오 또는 과실로 적혀 있지 아니하거나 사실과 다른 경우	공급가액×1%
가공세금계산서 발급	재화 또는 용역을 공급하지 아니하고 세금계산서 등을 발급한 경우	공급가액×3%
가공세금계산서 수취	재화 또는 용역을 공급받지 아니하고 세금계산서 등을 발급받은 경우	공급가액×3%
타인명의 세금계산서 발급	재화 또는 용역을 공급하고 실제로 재화 또는 용역을 공급하는 자가 아닌 자의 명의로 세금계산서 등을 발급한 경우	공급가액×2%
타인명의 세금계산서 수취	재화 또는 용역을 공급받고 실제로 재화 또는 용역을 공급하는 자가 아닌 자의 명의로 세금계산서 등을 발급받은 경우	공급가액×2%
과다기재 세금계산서 발급	재화 또는 용역을 공급하고 세금계산서 등의 공급가액을 과다하게 기재한 경우	과다하게 기재한 부분에 대한 공급가액×2%
과다기재 세금계산서 수취	재화 또는 용역을 받고 세금계산서 등의 공급가액을 과다하게 기재한 경우	과다하게 기재한 부분에 대한 공급가액×2%

(3) 매출처별 세금계산서합계표 관련 가산세

구분	내용	가산세
합계표 미제출	매출처별 세금계산서합계표를 제출하지 아니한 경우	공급가액×0.5%
합계표 부실기재	매출처별 세금계산서합계표의 기재사항 중 거래처별 등록번호 또는 공급가액의 전부 또는 일부가 적혀 있지 아니하거나 사실과 다르게 적혀 있는 경우	공급가액×0.5%
합계표 지연제출	예정신고를 할 때 제출하지 못하여 해당 예정신고기간이 속하는 과세기간에 확정신고를 할 때 매출처별 세금계산서합계표를 제출하는 경우	공급가액×0.3%

(4) 매입처별 세금계산서합계표 관련 가산세

구분	내용	가산세
합계표 불성실	재화 또는 용역의 공급시기 이후에 발급받은 세금계산서로서 그 공급시기가 속하는 과세기간에 대한 확정신고기한까지 발급받아 매입처별 세금계산서 합계표에 따르지 아니하고 세금계산서 또는 수정세금계산서에 따라 공제받는 경우	공급가액×0.5%
	경정시 경정기관의 확인을 거쳐 제출한 경우	공급가액×0.5%
	매입처별 세금계산서합계표의 기재사항 중 공급가액을 사실과 다르게 과다하게 적어 신고한 경우	공급가액×0.5%

(5) 전자세금계산서

구분	내용	가산세
전자세금계산서 발급명세 전송 불성실	전자세금계산서 발급명세 전송기한이 경과한 후 재화 또는 용역의 공급시기가 속하는 과세기간에 대한 확정신고기한까지 국세청장에게 세금계산서 발급명세를 전송하는 경우	공급가액×0.3%
	전자세금계산서 발급명세 전송기한이 경과한 후 재화 또는 용역의 공급시기가 속하는 과세기간에 대한 확정신고기한까지 국세청장에게 세금계산서 발급명세를 전송하지 아니한 경우	공급가액×0.5%
전자세금계산서 발급의무자의 종이세금계산서 발급	전자세금계산서를 발급하여야 할 의무가 있는 자가 종이세금계산서를 발급한 경우	공급가액×1%

(6) 신고관련 가산세

구분	내용	가산세
무신고	일반 무신고	납부세액×20% +영세율과세표준×0.5%
	부당 무신고	납부세액×40% +영세율과세표준×0.5%
과소신고·초과환급신고	일반 과소신고·초과환급신고	과소신고납부세액 등×10% +과소신고된 영세율과세표준 ×0.5%
	부당 과소신고·초과환급신고	과소신고납부세액 등×40% +과소신고된 영세율과세표준 ×0.5%

(7) 납부지연 가산세

미납부·미달납부세액(초과환급세액) × 기간 × 2.2/10,000

(8) 기타 가산세

구분	내용	가산세
신용카드매출전표 등 가산세	① 신용카드매출전표 등을 발급받아 예정 신고 또는 확정신고를 할 때에 제출하여 매입세액을 공제받지 않고 경정기관 확 인을 거쳐 매입세액을 공제받는 경우 ② 매입세액을 공제받기 위하여 제출한 신 용카드매출전표등 수령명세서에 공급가 액을 과다하게 적은 경우	공급가액×0.5%
현금매출명세서 등	현금매출명세서 또는 부동산임대공급가액 명세서를 제출하지 아니하거나 제출한 수 입금액이 사실과 다른 경우	수입금액(주1)×1%

(주1) 미제출 수입금액 또는 부실기재 수입금액을 말한다.

제7절 간이과세자

 01 적용범위

구분	내용
적용대상	직전 연도의 재화와 용역의 공급대가(부가가치세 포함)의 합계액이 1억 4백만원에 미달하는 개인사업자
적용배제	① 간이과세가 적용되지 아니하는 다른 사업장을 보유하고 있는 사업자 ② 다음 업종을 영위하는 사업자 • 광업 • 제조업(주로 최종소비자에게 직접 재화를 공급하는 사업으로서 기획재정부령으로 정하는 것은 제외한다) • 도매업(소매업을 겸영하는 경우를 포함하되, 재생용 재료수집 및 판매업은 제외한다) 및 상품중개업 • 부동산매매업 • 개별소비세법에 따른 과세유흥장소를 경영하는 사업으로서 기획재정부령으로 정하는 것 • 부동산임대업으로서 기획재정부령으로 정하는 것 • 전문서비스업 • 부동산임대업 또는 과세유흥장소를 경영하는 사업자로서 해당 업종의 직전 연도의 공급대가의 합계액이 4,800만원 이상인 사업자 • 둘 이상의 사업장이 있는 사업자로서 그 둘 이상의 사업장의 직전 연도의 공급대가의 합계액이 1억 4백만원 이상인 사업자(둘 이상의 사업이 동산임대업 또는 과세유흥장소인 경우는 공급대가의 합계액이 4,800만원 이상인 사업자) • 전기·가스·증기 및 수도 사업 • 건설업(주로 최종소비자에게 직접 재화 또는 용역을 공급하는 사업으로서 기획재정부령으로 정하는 사업은 제외한다)
신규사업개시자	신규로 사업을 시작하는 개인사업자는 사업을 시작한 날이 속하는 연도의 공급대가가 1억 4백만원(주1)에 미달될 것으로 예상되면 납세지 관할 세무서장에게 간이과세 적용신고를 하고 간이과세를 적용받을 수 있다.

(주1) 부동산임대업 또는 과세유흥장소를 경영하는 사업자는 공급대가가 4,800만원에 미달될 것으로 예상된다면 간이과세를 적용받을 수 있다.

 02 납부세액

구분	내용
납부세액의계산	• 납부세액 = 과세표준 × 업종별 부가가치율 × 10% • 최종납부세액 = 납부세액 + 재고납부세액 − 세액공제 − 예정부과세액 + 가산세

구분	내용
과세표준	간이과세자의 과세표준은 해당 과세기간의 공급대가(부가가치세 포함)이다.

구분	부가가치율
소매업, 재생용 재료수집 및 판매업, 음식점업	15%
제조업, 농업·임업 및 어업, 소화물 전문 운송업	20%
숙박업	25%
건설업, 운수 및 창고업(소화물 전문 운송업은 제외), 정보통신업	30%
금융 및 보험 관련 서비스업, 전문·과학 및 기술서비스업(인물사진 및 행사용 영상 촬영업은 제외), 사업시설관리·사업지원 및 임대서비스업, 부동산 관련 서비스업, 부동산 임대업	40%
그 밖의 서비스업	30%

위 표의 구분 행은 "업종별 부가가치율" 항목에 해당한다.

구분	내용
세액공제	① 매입세금계산서 등 수취세액공제 ② 신용카드매출전표 등 발행세액공제 ③ 전자신고세액공제

 03 신고 및 납부

구분	내용
예정부과와 납부	① 원칙: 고지납부 　사업장 관할세무서장은 간이과세자에 대하여 직전 과세기간에 대한 납부세액의 2분의 1에 해당하는 금액을 예정부과기간(1월 1일부터 6월 30일까지)의 납부세액으로 결정하여 예정부과기한(예정부과기간이 끝난 후 25일 이내)까지 징수한다. ② 예외: 신고납부 • 휴업 또는 사업 부진 등으로 인하여 예정부과기간의 공급대가의 합계액 또는 납부세액이 직전 과세기간의 공급대가의 합계액 또는 납부세액의 3분의 1에 미달하는 경우에는 예정부과기간의 과세표준과 납부세액을 예정부과기한까지 사업장 관할 세무서장에게 신고할 수 있다. • 예정부과기간에 세금계산서를 발급한 간이과세자는 예정부과기간의 과세표준과 납부세액을 예정부과기한까지 사업장 관할 세무서장에게 신고하여야 한다.
확정신고와 납부	간이과세자는 과세기간의 과세표준과 납부세액을 그 과세기간이 끝난 후 25일(폐업하는 경우 폐업일이 속한 달의 다음 달 25일) 이내에 납세지 관할 세무서장에게 확정신고를 하고 납세지 관할 세무서장 등에 납부하여야 한다.

04 간이과세자와 일반과세자의 비교

구분	간이과세자	일반과세자
적용대상	직전연도 공급대가가 1억 400만원 미만인 개인사업자	간이과세자 이외의 과세사업자
과세기간	1월 1일~12월 31일	1기: 1월 1일 ~ 6월 30일 2기: 7월 1일 ~ 12월 31일
과세표준	공급대가(부가가치세 포함)	공급가액(부가가치세 제외)
납부세액구조	공급대가 × 부가가치율 × 세율	공급가액 × 10% − 매입세액
세금계산서 발급	영수증 또는 세금계산서 교부 가능	영수증 또는 세금계산서 교부 가능
세금계산서 수취	(공급대가 × 0.5%)을 납부세액에서 공제	매입세액으로 공제
대손세액공제	적용받을 수 없음	적용 가능
의제매입세액공제	적용받을 수 없음	적용 가능
납부의무면제	당해 과세기간의 공급대가가 4,800만원 미만인 경우에 납부의무 면제	없음
포기제도	간이과세를 포기하고 일반과세자가 될 수 있음	없음

제 **3** 장

소득세 이론 제대로 알기

제 1 절　소득세법 총설

01　소득세의 개념

구분	내용
소득세의 정의	소득세는 개인이 얻은 소득에 대하여 부과하는 조세이다.
소득세의 특징	① 소득원천설에 따른 과세소득의 범위 법령에서 제한적으로 열거된 소득에 대해서만 과세하고 법령에서 열거되지 않은 소득은 과세하지 않는다. 다만 예외적으로 이자소득과 배당소득은 법령에 열거되지 않은 것이라도 유사한 소득에 대하여 과세하는 유형별 포괄주의를 채택하고 있다. ② 소득종류에 따른 과세(주1) ③ 개인단위과세제도 소득세법은 개인을 단위로 하여 소득세를 과세한다. 다만 예외적으로 동거하는 가족과 함께 공동사업을 하는 경우 손익분배비율을 허위로 정하는 사유가 있는 경우에는 가족의 소득을 합산하여 과세한다. ④ 원천징수(주2) 원천징수란 소득을 지급하는 자가 그 지급받는 자의 조세를 징수하여 국가 및 지방자치단체에 납부하는 제도이다. ⑤ 인적공제 및 누진과세 소득세는 개인소득에 대하여 부과되기 때문에 부양가족에 따른 개인별 부담능력이 다르다. 소득세법은 이를 고려하여 소득에 대한 인적공제제도를 채택하고 있다. 이와 더불어 소득세의 소득재분배기능을 위해 누진세율도 채택하고 있다. ⑥ 신고납세주의 소득세는 신고납세주의를 채택하고 있다. 따라서 납세의무자가 과세표준확정신고를 함으로써 소득세의 납세의무가 확정된다.

(주1) 소득세법에서는 아래와 같이 소득의 종류별로 과세방법을 정하고 있다.

소득	과세방법
이자소득, 배당소득, 사업소득, 근로소득, 연금소득, 기타소득	• 종합과세: 6가지 소득을 합산하여 과세한다.(원칙) • 분리과세: 특정소득에 대하여 원천징수로 과세를 종결한다.(예외)
퇴직소득	분류과세: 장기간에 걸쳐 발생하는 퇴직소득 또는 양도소득은 다른 소득과 합산하지 않고 별도로 과세한다.
양도소득	

(주2) 원천징수제도의 유형은 다음과 같다.

유형	내용
예납적 원천징수	소득을 지급할 때 일단 원천징수하고, 확정신고할 때 원천징수된 세액은 기납부세액으로 공제한다.
완납적 원천징수	원천징수로 과세가 종결되는 경우의 원천징수를 말한다.

02 납세의무자

(1) 납세의무자의 구분

납세의무자는 소득을 얻은 개인이며 다음과 같이 구분된다.

구분	개념	납세의무의 범위
거주자	국내에 주소를 두거나 183일 이상의 거소[주1]를 둔 개인을 말한다.	국내·외 원천소득
비거주자	거주자가 아닌 개인을 말한다.	국내원천소득

(주1) 거소는 주소지 외의 장소 중 상당기간에 걸쳐 거주하는 장소로서 주소와 같이 밀접한 일반적 생활관계가 형성되지 아니한 장소를 말한다.

(2) 주소의 판정

구분	내용
판정기준	주소는 국내에서 생계를 같이 하는 가족 및 국내에 소재하는 자산의 유무 등 생활관계의 객관적 사실에 따라 판정
국내에 주소가 있는 것으로 보는 경우	① 계속하여 183일 이상 국내에 거주할 것을 통상 필요로 하는 직업을 가진 자 ② 국내에 생계를 같이하는 가족이 있고, 그 직업 및 자산상태에 비추어 계속하여 183일 이상 국내에 거주할 것으로 인정되는 자 ③ 외국을 항행하는 선박 또는 항공기의 승무원의 경우 그 승무원과 생계를 같이하는 가족이 거주하는 장소 또는 그 승무원이 근무기간 외의 기간 중 통상 체재하는 장소가 국내에 있는 자 ④ 거주자나 내국법인의 국외사업장 또는 해외현지법인(내국법인이 발행주식총수 또는 출자지분의 100%를 직접 또는 간접 출자한 경우에 한정한다) 등에 파견된 임원 또는 직원이나 국외에서 근무하는 공무원

(3) 법인이 아닌 단체

국세기본법에 따른 법인 아닌 단체 중 법인으로 보는 단체 외의 단체는 국내에 주사무소 또는 사업의 실질적 관리장소를 둔 경우에는 1거주자로, 그 밖의 경우에는 1비거주자로 보아 소득세법을 적용한다. 법인이 아닌 단체의 구체적인 과세방법은 다음과 같다.

구분	과세방법
구성원 간 이익의 분배방법이나 분배비율이 정하여져 있거나 사실상 이익이 분배되는 것으로 확인되는 경우	구성원이 공동으로 사업을 영위하는 것으로 보아 구성원별로 과세
구성원 간 이익의 분배방법이나 분배비율이 정하여져 있지 않거나 확인되지 않는 경우	단체를 1 거주자 또는 1 비거주자로 보아 과세

 **과세기간 및 납세지**

(1) 소득세의 과세기간

구분		과세기간
원칙		1월 1일 ~ 12월 31일
예외	거주자가 사망한 경우	1월 1일 ~ 사망일
	거주자가 출국하여 비거주자가 되는 경우	1월 1일 ~ 출국일

(2) 납세지

납세지란 납세자와 국가·지방자치단체간의 법률관계의 이행장소를 결정하는 장소적 기준을 말한다. 납세지는 납세자의 신고, 신청, 청구 및 납부 등의 행위의 상대방이 되는 과세관청을 결정할 때의 기준이 된다.

구분	납세지
거주자	주소지(주소지가 없는 경우에는 그 거소지)
비거주자	국내사업장의 소재지(국내사업장이 둘 이상 있는 경우에는 주된 국내사업장의 소재지로 하고, 국내사업장이 없는 경우에는 국내원천소득이 발생하는 장소)

 04 이자소득과 배당소득

(1) 이자소득

1) 이자소득의 범위 및 비과세 이자소득

구분	내용
이자소득의 범위	① 국가나 지방자치단체, 내국법인, 외국법인의 국내지점 또는 국내영업소, 외국법인이 발행한 채권 또는 증권의 이자와 할인액 ② 국내·외에서 받는 예금(적금·부금·예탁금 및 우편대체를 포함)의 이자 ③ 상호저축은행법에 따른 신용계 또는 신용부금으로 인한 이익 ④ 채권 또는 증권의 환매조건부 매매차익 ⑤ 저축성보험의 보험차익 ⑥ 직장공제회 초과 반환금 ⑦ 비영업대금의 이익 ⑧ 위의 소득과 유사한 소득으로서 금전 사용에 따른 대가로서의 성격이 있는 것 ⑨ 위의 이자소득을 발생시키는 거래 또는 행위와 파생상품이 결합된 경우 해당 파생상품의 거래 또는 행위로부터의 이익
비과세 이자소득	① 공익신탁법에 따른 공익신탁의 이익 ② 농어가목돈마련저축에서 발생하는 이자소득(2025년 12월 31일까지 가입분에 한함) ③ 노인·장애인 등에 해당하는 거주자의 비과세 종합저축(1인당 5천만원 이하에 한함)에서 발생하는 이자소득(2025년 12월 31일까지 가입분에 한함)

2) 이자소득의 수입시기

구분	수입시기
채권 또는 증권의 이자와 할인액	• 기명 채권 등: 약정에 의한 지급일 • 무기명 채권 등: 그 지급을 받은 날
보통예금·정기예금·적금 또는 부금의 이자	• 실제로 이자를 지급 받는 날 • 원본에 전입하는 뜻의 특약이 있는 이자는 그 특약에 의하여 원본에 전입된 날 • 해약으로 인하여 지급되는 이자는 그 해약일 • 계약기간을 연장하는 경우에는 그 연장하는 날 • 정기예금연결정기적금의 경우 정기예금의 이자는 정기예금 또는 정기적금이 해약되거나 정기적금의 저축기간이 만료되는 날
통지예금의 이자	인출일

구분	수입시기
채권 또는 증권의 환매조건부 매매차익	약정에 의한 당해 채권 또는 증권의 환매수일 또는 환매도일. 다만, 기일 전에 환매수 또는 환매도하는 경우에는 그 환매수일 또는 환매도일
저축성보험의 보험차익	보험금 또는 환급금의 지급일. 다만, 기일 전에 해지하는 경우에는 그 해지일
직장공제회 초과 반환금	약정에 의한 공제회반환금의 지급일
비영업대금의 이익	• 약정에 의한 이자지급일 • 이자지급일의 약정이 없거나 약정에 의한 이자지급일전에 이자를 지급 받는 경우 또는 총수입금액 계산에서 제외하였던 이자를 지급받는 경우에는 그 이자지급일
채권 등의 보유기간이자등 상당액	매도일 또는 이자 등의 지급일
이자소득이 발생하는 상속재산이 상속되거나 증여	상속개시일 또는 증여일
유사 이자소득 및 결합파생상품의 이익	약정에 따른 상환일. 다만, 기일 전에 상환하는 때에는 그 상환일

(2) 배당소득

1) 배당소득의 범위 및 비과세 배당소득

구분	내용
배당소득의 범위	① 내국법인으로부터 받는 이익이나 잉여금의 배당 또는 분배금 ② 법인으로 보는 단체로부터 받는 배당금 또는 분배금 ③ 의제배당 ④ 법인세법에 따라 배당으로 처분된 금액 ⑤ 국내 또는 국외에서 받는 집합투자기구로부터의 이익 ⑥ 외국법인으로부터 받는 이익이나 잉여금의 배당 또는 분배금 ⑦ 국제조세조정에 관한 법률에 따라 배당받은 것으로 간주된 금액 ⑧ 공동사업에서 발생한 소득금액 중 출자공동사업자의 손익분배비율에 해당하는 금액 ⑨ 위의 소득과 유사한 소득으로서 수익분배의 성격이 있는 것 ⑩ 위의 배당소득을 발생시키는 거래 또는 행위와 파생상품이 결합된 경우 해당 파생상품의 거래 또는 행위로부터의 이익 ⑪ 동업기업과세특례에 따른 동업자의 배당소득
비과세 배당소득	① 신탁법에 따른 공익신탁의 이익 ② 노인·장애인 등에 해당하는 거주자의 비과세종합저축(1인당 5천만원 이하에 한함)에서 발생하는 배당소득(2025년 12월 31일까지 가입분에 한함) ③ 장기보유 우리사주의 배당소득

2) 배당소득의 수입시기

구분	수입시기
무기명주식의 이익이나 배당	그 지급을 받은 날
잉여금의 처분에 의한 배당	당해 법인의 잉여금 처분결의일
출자공동사업자의 배당	과세기간 종료일
법인세법에 의하여 처분된 배당	당해 법인의 당해 사업연도의 결산확정일
의제배당	• 무상주 의제배당: 자본전입 결의일 • 감자(퇴사 · 탈퇴) 시 의제배당: 감자(퇴사탈퇴) 결의일 • 해산 시 의제배당: 잔여재산가액 확정일 합병 · 분할시 의제배당: 합병 · 분할등기일
집합투자기구로부터의 이익	집합투자기구로부터의 이익을 지급받은 날. 다만, 원본에 전입하는 뜻의 특약이 있는 분배금은 그 특약에 따라 원본에 전입되는 날
유사 배당소득 및 결합파생상품의 이익	지급받은 날

(3) 이자소득금액과 배당소득금액의 계산

> 이자(배당)소득금액 = 이자(배당)소득 총수입금액(비과세, 분리과세 소득은 제외)

(4) 이자소득과 배당소득의 과세방법

1) 원천징수

국내에서 거주자나 비거주자에게 이자소득 · 배당소득을 지급하는 자는 그 거주자나 비거주자에 대한 소득세를 원천징수하여야 한다. 원천징수해야 할 소득세는 지급금액에 원천징수세율을 적용하여 계산한다. 원천징수세율은 다음과 같다.

구분	내역	세율
이자소득	비영업대금의 이익	25%
	직장공제회 초과 반환금	기본세율
	조세특례제한법상 분리과세 되는 이자소득	5% ~ 14%
	비실명 이자소득	45%(90%)
	일반적인 이자소득	14%

구분	내역	세율
배당소득	비실명 배당소득	45%(90%)
	조세특례제한법상 분리과세 되는 배당소득	5% ~ 14%
	출자공동사업자의 배당소득	25%
	일반적인 배당소득	14%

2) 이자소득 등에 대한 종합과세

이자소득과 배당소득 중 비과세 및 무조건 분리과세대상을 제외한 금융소득(무조건 종합과세 + 조건부 종합과세)을 합산하여 2천만원을 초과하면 종합과세하고 2천만원 이하이면 분리과세[주1]된다.

(주1) 조건부 종합과세 금융소득만 분리과세 된다는 의미이다. 조건부 종합과세 금융소득은 종합과세 여부를 판정할 때만 합산되는 것이며, 무조건 종합과세 금융소득은 항상 종합과세한다.

구분	범위	원천징수세율
무조건 분리과세	비실명 이자소득과 배당소득	45%(90%)
	직장공제회 초과반환금	기본세율
	법원보관금의 이자소득	14%
	조세특례제한법상 분리과세 되는 이자소득, 배당소득	5% ~ 14%
무조건 종합과세	원천징수 되지 않은 이자소득과 배당소득	–
	출자공동기업의 배당소득	25%
조건부 종합과세	일반적인 이자소득 배당소득	14%
	비영업대금의 이익	25%

05 사업소득

(1) 사업소득의 정의

사업소득이란 개인이 계속적으로 행하는 사업에서 생기는 소득을 말한다. 사업이란 영리를 목적으로 독립적인 지위에서 계속·반복적으로 행하는 사회적 활동을 의미하며, 이러한 사업에서 발생하는 소득이 사업소득이다.

(2) 사업소득의 범위 및 비과세 사업소득

구분	내용
사업소득의 범위	① 농업(작물재배업 중 곡물 및 기타 식량작물 재배업은 제외)·임업 및 어업에서 발생하는 소득 ② 광업에서 발생하는 소득 ③ 제조업에서 발생하는 소득 ④ 전기, 가스, 증기 및 공기조절공급업에서 발생하는 소득 ⑤ 수도, 하수 및 폐기물 처리, 원료 재생업에서 발생하는 소득 ⑥ 건설업에서 발생하는 소득 ⑦ 도매 및 소매업에서 발생하는 소득 ⑧ 운수 및 창고업에서 발생하는 소득 ⑨ 숙박 및 음식점업에서 발생하는 소득 ⑩ 정보통신업에서 발생하는 소득 ⑪ 금융 및 보험업에서 발생하는 소득 ⑫ 부동산업에서 발생하는 소득. 다만, 공익사업과 관련하여 지역권·지상권(지하 또는 공중에 설정된 권리를 포함한다)을 설정하거나 대여함으로써 발생하는 소득은 제외한다. ⑬ 전문, 과학 및 기술서비스업(연구개발업은 제외한다)에서 발생하는 소득 ⑭ 사업시설관리, 사업 지원 및 임대 서비스업에서 발생하는 소득 ⑮ 교육서비스업에서 발생하는 소득 ⑯ 보건업 및 사회복지서비스업에서 발생하는 소득 ⑰ 예술, 스포츠 및 여가 관련 서비스업에서 발생하는 소득 ⑱ 협회 및 단체, 수리 및 기타 개인서비스업에서 발생하는 소득 ⑲ 가구내 고용활동에서 발생하는 소득 ⑳ 복식부기의무자가 차량 및 운반구 등 유형고정자산을 양도함으로써 발생하는 소득. 다만, 토지 및 건물의 양도에 따른 소득은 제외한다. ㉑ 위의 소득과 유사한 소득으로서 영리를 목적으로 자기의 계산과 책임 하에 계속적·반복적으로 행하는 활동을 통하여 얻는 소득

구분	내용
비과세 사업소득	① 논·밭을 작물 생산에 이용하게 함으로써 발생하는 소득 ② 1개의 주택을 소유하는 자의 주택임대소득(기준시가가 12억원을 초과하는 주택 및 국외에 소재하는 주택의 임대소득은 제외) ③ 농어가부업소득 ④ 전통주의 제조에서 발생하는 소득 ⑤ 조림기간 5년 이상인 임지의 임목의 벌채 또는 양도로 발생하는 소득으로서 연 600만원 이하의 금액 ⑥ 어로어업 또는 양식어업에서 발생하는 소득

(3) 사업소득금액의 계산

사업소득금액 = 총수입금액 − 필요경비

(4) 사업소득의 과세방법

1) 원천징수

원천징수가 적용되는 사업소득의 범위 및 원천징수세율은 다음과 같다.

구분	원천징수세율
의료보건용역	3%
부가가치세 면세대상 인적용역	3%
외국인 직업운동가의 사업소득	20%
봉사료수입금액	5%
농축수산물 판매업자 및 노점상인의 소득	납세조합을 조직하여 조합원의 사업소득에 대한 소득세에서 납세조합공제(세액의 5%)를 차감한 금액을 매월 징수하여 다음달 10일까지 납부

2) 종합과세

소규모 주택임대소득은 분리과세하나, 그 외 사업소득은 원천징수를 하더라도 종합과세한다.

06 근로소득

(1) 근로소득의 정의

근로소득은 고용계약 또는 이와 유사한 계약에 의하여 비독립적으로 근로용역을 제공하고 받는 급여를 말한다.

(2) 근로소득의 범위

구분	내용
근로소득의 범위	① 기밀비(판공비를 포함)·교제비 기타 이와 유사한 명목으로 받는 것으로서 업무를 위하여 사용된 것이 분명하지 아니한 급여 ② 종업원이 받는 공로금·위로금·개업축하금·학자금·장학금(종업원의 수학중인 자녀가 사용자로부터 받는 학자금·장학금을 포함) 기타 이와 유사한 성질의 급여 ③ 근로수당·가족수당·전시수당·물가수당·출납수당·직무수당 기타 이와 유사한 성질의 급여 ④ 급식수당·주택수당·피복수당 기타 이와 유사한 성질의 급여 ⑤ 주택을 제공받음으로써 얻는 이익. 다만, 다음 어느 하나에 해당하는 사람이 사택을 제공받는 경우는 제외한다. 　가. 주주 또는 출자자가 아닌 임원 　나. 소액주주인 임원 　다. 임원이 아닌 종업원(비영리법인 또는 개인의 종업원을 포함한다) 　라. 국가 또는 지방자치단체로부터 근로소득을 지급받는 사람 ⑥ 종업원이 주택(주택에 부수된 토지를 포함)의 구입·임차에 소요되는 자금을 저리 또는 무상으로 대여 받음으로써 얻는 이익(중소기업 종업원의 주택 구입·임차자금 대여 이익은 제외) ⑦ 기술수당·보건수당 및 연구수당, 그밖에 이와 유사한 성질의 급여 ⑧ 시간외근무수당·통근수당·개근수당·특별공로금 기타 이와 유사한 성질의 급여 ⑨ 여비의 명목으로 받는 연액 또는 월액의 급여 ⑩ 벽지수당·해외근무수당 기타 이와 유사한 성질의 급여 ⑪ 법인의 임원 또는 종업원이 당해 법인 또는 당해 법인과 특수관계에 있는 법인으로부터 부여받은 주식매수선택권을 근무하는 기간 중 행사함으로써 얻은 이익 ⑫ 종업원등 또는 대학의 교직원이 지급받는 직무발명보상금(다만, 연 700만원 이하 금액은 비과세) ⑬ 법인의 주주총회·사원총회 또는 이에 준하는 의결기관의 결의에 따라 상여로 받는 소득 ⑭ 법인세법에 따라 상여로 처분된 금액 ⑮ 퇴직함으로써 받는 소득으로서 퇴직소득에 속하지 아니하는 소득 ⑯ 사업자나 법인이 생산·공급하는 재화 또는 용역을 그 사업자나 법인의 사업장에 종사하는 임원등에게 시가보다 낮은 가격으로 제공하거나 구입할 수 있도록 지원함으로써 해당 임원등이 얻는 이익(비과세 요건을 충족하는 일정금액은 제외)

(3) 비과세 근로소득

구분	내용
일·숙직비	회사 지급규정에 의해 지급하는 실비변상정도의 금액
식대	월 20만원 이내의 식대(단, 현물급식은 전액 비과세)
4대 보험 회사부담금	국민건강보험, 고용보험, 국민연금, 공무원연금, 노인장기요양보험료 등 법령에 의해 회사가 부담하는 금액
자가운전 보조금	본인의 차량, 또는 본인 명의로 임차한 차량을 회사 업무에 이용하고 실제 여비를 받는 대신에 지급받는 월 20만원 이내의 자가운전보조금
여비	회사 지급규정에 의해 지급하는 실비변상정도의 금액
자녀보육수당	• 근로자 또는 그 배우자의 출산과 관련하여 자녀의 출생일 이후 2년 이내에 사용자로부터 최대 두 차례에 걸쳐 지급받는 급여 전액 • 근로자 또는 배우자의 자녀출산, 6세 이하(과세기간 개시일 기준으로 판단) 자녀보육과 관련하여 받는 급여로서 월 20만원 이내의 금액
육아휴직수당	고용보험공단에서 지급하는 육아휴직급여, 산전후 휴가 급여, 공무원의 육아휴직수당, 육아기 근로시간 단축 급여
실업급여	고용보험법에 따라 받는 실업급여
비과세 학자금	자녀학자금을 회사에서 지원한 금액은 근로소득 과세 대상이며 근로자 본인의 학자금 지원액은 요건을 충족하는 경우 비과세
근로장학금	대학생이 근로의 대가로 지급받는 장학금
연구활동비	교원 및 연구 활동 종사자가 받는 월 20만원 이내의 금액
생산직근로자 야간근무수당	공장, 광산 등 생산직에 종사하며 월정액급여 210만원 이하로서 직전 과세기간 총급여액이 3천만원 이하인 근로자가 받는 야간근무수당 등(240만원 또는 전액)
직무발명보상금	종업원 등이 직무발명으로 사용자등으로부터 받는 700만원 이하의 금액
국외근로소득	국외에 주재하며 근로를 제공하고 받는 보수 한도: 월 100만원(외항 선박·국외 건설현장 월 500만원)
처우개선비	국가 또는 지방자치단체가 지급하는 다음의 금액 • 보육교사의 처우개선을 위하여 지급하는 근무환경개선비 • 사립유치원 교사의 인건비 • 전공의에게 지급하는 수련보조수당
취재수당	기자의 취재수당 중 월 20만원 이내 금액
벽지수당	월 20만원 이내의 벽지수당
이주수당	수도권 외의 지역으로 국가균형발전특별법에 따라 이전하는 공무원이나 공공기관의 직원에게 지급하는 월 20만원 이내의 이주수당
주택 구입·임차 지원비	중소기업 종업원이 주택의 구입·임차에 소요되는 자금을 저리 또는 무상으로 대여받음으로써 얻는 이익
사택사용이익	주주 또는 출자자가 아닌 임원, 소액주주임원, 임원이 아닌 종업원 등이 사택을 제공받음으로써 얻는 이익
보험료·신탁부금 또는 공제부금	종업원이 계약자이거나 종업원 또는 그 배우자 및 그 밖의 가족을 수익자로 하는 보험·신탁 또는 공제와 관련하여 사용자가 부담하는 보험료·신탁부금 또는 공제부금

구분	내용
종업원등에 대한 할인금액	• 비과세요건 – 종업원등이 직접 소비목적으로 구매 – 일정기간* 동안 재판매 금지 – 자동차·대형가전·고가재화 등 2년, 그 외 재화 1년 – 공통 지급기준에 따라 할인금액 적용 • 비과세대상 금액 Max(시가의 20%, 240만원)

(4) 근로소득으로 보지 않는 것

사업자가 그 종업원에게 지급한 경조금 중 사회통념상 타당하다고 인정되는 범위 내의 금액은 이를 지급받은 자의 근로소득으로 보지 아니한다.

(5) 근로소득금액의 계산

근로소득금액 = 총급여액 – 근로소득공제

1) 총급여액

총급여액이란 비과세소득 금액을 제외한 해당 과세기간에 발생한 근로소득의 합계액을 말한다.

2) 근로소득공제

① 일반근로자

총급여액	공제액
500만원 이하	총급여액 × 70%
500만원 초과 1,500만원 이하	350만원 + (총급여액 – 500만원) × 40%
1,500만원 초과 4,500만원 이하	750만원 + (총급여액 – 1,500만원) × 15%
4,500만원 초과 1억원 이하	1,200만원 + (총급여액 – 4,500만원) × 5%
1억원 초과	1,475만원 + (총급여액 – 1억원) × 2%

※ 공제액이 2천만원을 초과하는 경우에는 2천만원을 공제한다.

② 일용근로자

총급여액에서 1일 15만원을 공제한다.

(6) 근로소득의 수입시기

구분	근로소득의 수입시기
급여	근로를 제공한 날
잉여금처분에 의한 상여	당해 법인의 잉여금처분결의일
인정상여	해당 사업연도 중의 근로를 제공한 날
주식매수선택권	주식매수선택권을 행사한 날

(7) 근로소득의 과세방법

1) 일반근로자의 원천징수 및 연말정산

국내에서 거주자나 비거주자에게 근로소득을 지급하는 자는 근로소득세를 원천징수하여야 한다. 일반근로자에 급여지급시 간이세액표에 따른 소득세를 원천징수하고 다음 연도 2월분 급여지급 시 연말정산을 한다.

주의 연말정산이란 매월 급여지급 시 원천징수한 근로소득세 합계액과 과세기간(1월 1일~12월 31일)동안의 근로소득을 종합해서 산출한 근로소득세를 대조하여 과부족을 정산하는 절차이다.

2) 일용근로자의 원천징수

일용근로자는 급여지급 시 원천징수로써 납세의무가 종결된다.(분리과세)

일용근로자의 과세 방법은 다음과 같다.

	1 일 급 여 액	
−	근 로 소 득 공 제	········ 1일 15만원
=	과 세 표 준	
×	세 율	········ 6%
=	산 출 세 액	
−	근 로 소 득 세 액 공 제	········ 산출세액의 55%
=	원 천 징 수 할 세 액	

3) 종합과세

일반근로자의 근로소득은 종합과세대상이므로 다른 종합소득금액에 합산하여 과세표준확정신고를 해야 한다. 다만, 근로소득 외 다른 종합소득이 없으면 과세표준확정신고를 하지 않아도 된다.

 연금소득

(1) 연금소득의 범위 및 비과세 연금소득

구분	내용
연금소득의 범위	① 공적연금 소득: 공적연금 관련법에 따라 받는 각종 연금 (국민연금 및 연계노령 연금, 공무원 연금, 사학연금 등) ② 사적연금 소득: 소득세가 이연된 소득으로서 그 소득의 성격에도 불구하고 연금계좌에서 연금형태로 인출하는 경우의 연금 (퇴직보험연금, 퇴직연금, 연금저축 등)
비과세 연금소득	① 공적연금 관련법에 따라 받는 유족연금, 장애연금, 장해연금, 상이연금(傷痍年金), 연계노령유족연금 또는 연계퇴직유족연금 ② 산업재해보상보험법에 따라 받는 각종 연금 ③ 국군포로의 송환 및 대우 등에 관한 법률에 따른 국군포로가 받는 연금

(2) 연금소득금액의 계산

$$연금소득금액 = 총연금액 - 연금소득공제$$

1) 총연금액

총연금액이란 비과세소득과 분리과세소득을 제외한 해당 과세기간에 발생한 연금소득의 합계액을 말한다.

주의 사적연금소득이 연간 1,500만원 이하인 경우 분리과세를 선택할 수 있다.

2) 연금소득공제

연금소득은 실제로 지출된 필요경비를 확인하기 어렵기 때문에 실제 필요경비를 공제하지 아니하고 연금소득공제를 통해 획일적으로 일정한 금액을 공제한다. 다만, 연 900만원을 한도로 한다.

총급여액	공제액
350만원 이하	총연금액
350만원 초과 700만원 이하	350만원 + (총연금액 − 350만원) × 40%
700만원 초과 1,400만원 이하	490만원 + (총연금액 − 700만원) × 20%
1,400만원 초과	630만원 + (총연금액 − 1,400만원) × 10%

(3) 연금소득의 수입시기

연금소득의 수입시기는 다음과 같다.

구분	연금소득의 수입시기
공적연금	연금을 지급받기로 한 날
사적연금	연금수령한 날

08 기타소득

(1) 기타소득의 범위 및 필요경비

내용	필요경비
승마투표권 등의 환급금	적중된 투표권의 단위투표금액
슬롯머신 등의 당첨금품	당첨 당시에 슬롯머신등에 투입한 금액
• 공익법인이 주무관청의 승인을 받아 시상하는 상금 및 부상과 다수가 순위 경쟁하는 대회에서 입상자가 받는 상금 및 부상 • 주택입주 지체상금	Max [총수입금액 × 80%, 실제 필요경비]
• 무형자산(광업권, 어업권 등)을 양도하거나 대여하고 그 대가로 받는 금품 • 공익사업과 관련하여 지역권 · 지상권(지하 또는 공중에 설정된 권리를 포함한다)을 설정하거나 대여함으로써 발생하는 소득 • 원작자의 원고료, 인세, 미술 · 음악 또는 사진에 속하는 창작품에 대하여 받는 대가 • 통신판매중개를 하는 자를 통하여 물품 또는 장소를 대여하고 500만원 이하의 사용료로서 받은 금품 • 인적용역을 일시적으로 제공하고 받는 대가 − 고용관계 없이 다수인에게 강연을 하고 강연료 등 대가를 받는 용역 − 라디오 · 텔레비전방송 등을 통하여 해설 · 계몽 또는 연기의 심사 등을 하고 보수 또는 이와 유사한 성질의 대가를 받는 용역 − 변호사 등이 그 지식 또는 기능을 활용하여 보수 또는 그 밖의 대가를 받고 제공하는 용역 − 고용관계 없이 수당 또는 이와 유사한 성질의 대가를 받고 제공하는 용역	Max [총수입금액 × 60%, 실제 필요경비]
서화 · 골동품의 양도로 발생하는 소득(*)	Max [총수입금액 × 필요경비율[*], 실제 필요경비]

내용	필요경비
(*) 양도가액이 6천만원 이상인 것으로 양도일 현재 생존해 있는 국내 원작자의 작품은 제외한다.	(*) 필요경비율 | 양도가액	필요경비율
1억원 이하	90%
1억원 초과	0~1억원까지: 90% 1억원 초과분: 80% | 단, 보유기간이 10년 이상인 경우는 90%
• 상금, 현상금, 포상금, 보로금 또는 이에 준하는 금품 (공익법인이 주무관청의 승인을 받아 시상하는 상금 및 부상과 다수가 순위 경쟁하는 대회에서 입상자가 받는 상금 및 부상은 제외) • 복권, 경품권, 그 밖의 추첨권에 당첨되어 받는 금품 • 사행행위 등 규제 및 처벌특례법에서 규정하는 행위에 참가하여 얻은 재산상의 이익 • 저작자 또는 실연자 · 음반제작자 · 방송사업자 외의 자가 저작권 또는 저작인접권의 양도 또는 사용의 대가로 받는 금품 • 물품(유가증권을 포함한다) 또는 장소를 일시적으로 대여하고 사용료로서 받는 금품 • 재산권에 관한 알선 수수료 및 사례금 • 유실물의 습득 또는 매장물의 발견으로 인하여 보상금을 받거나 새로 소유권을 취득하는 경우 그 보상금 또는 자산 • 소유자가 없는 물건의 점유로 소유권을 취득하는 자산 • 거주자 · 비거주자 또는 법인의 특수관계인이 그 특수관계로 인하여 그 거주자 · 비거주자 또는 법인으로부터 받는 경제적 이익으로서 급여 · 배당 또는 증여로 보지 아니하는 금품 • 영화 · 필름, 라디오 · 텔레비전 방송용 테이프 · 필름 그밖에 이와 유사한 자산 또는 권리의 양도 · 대여 또는 사용의 대가로 받은 금품 • 계약의 위약 또는 해약으로 인하여 받는 소득으로서 위약금, 배상금, 부당이득 반환 시 지급받은 이자(주택입주 지체상금 제외) • 사례금 • 소기업 · 소상공인 공제부금의 해지 일시금 • 종업원 등 또는 대학의 교직원이 퇴직한 후에 지급받는 직무발명보상금(700만원 이하의 금액은 비과세) • 퇴직 전에 부여받은 주식매수선택권을 퇴직 후에 행사하거나 고용관계 없이 주식매수선택권을 부여받아 이를 행사함으로써 얻는 이익	실제 필요경비

내용	필요경비
• 뇌물 및 알선수재 및 배임수재에 의하여 받는 금품 • 연금계좌 가입자가 납입한 연금보험료로서 연금계좌 세액공제를 받은 금액과 연금계좌의 운용실적에 따라 증가된 금액을 그 소득의 성격에도 불구하고 연금 외 수령한 소득	

(2) 기타소득금액의 계산

$$기타소득금액 = 총수입금액 - 필요경비$$

(3) 기타소득금액의 과세방법

구분	대상	원천징수세율
무조건분리과세	연금계좌에서 연금외 수령한 자기불입분 및 운용수익	15%
	복권당첨소득, 슬롯머신 등의 당첨금품 등	20% (3억원 초과분 30%)
	서화·골동품의 양도로 발생하는 소득	20%
무조건종합과세	• 뇌물 • 알선수재 및 배임수재에 의하여 받는 금품	–
조건부분리과세[*]	계약의 위약 등으로 받은 위약금과 배상금(계약금이 위약금·배상금으로 대체되는 경우에 한함)	–
	소기업·소상공인 공제부금의 해지일시금	15%
	그 밖의 기타소득	20%

(*) 계약의 위약 등으로 계약금이 위약금·배상금으로 대체되는 금액과 그 외의 기타소득(원천징수되는 소득에 한함)의 소득금액이 연간 300만원 이하이면서 원천징수가 된 때에는 분리과세와 종합과세 중 선택할 수 있다.

제2절 종합소득공제 및 세액공제

01 과세표준 및 세액의 계산구조

종합소득의 과세표준과 세액은 다음과 같이 계산한다.

	종합소득금액	
−	종합소득공제 ············	인적공제, 특별소득공제, 기타공제, 조세특례제한법 소득공제
=	종합소득과세표준	
×	기본세율	
=	산출세액	
	세액감면	
−	세액공제 ·················	소득세법 세액공제, 조세특례제한법 세액공제
=	결정세액	

02 종합소득공제

(1) 인적공제

구분		공제금액	공제요건
기본공제[주3]		1명당 150만원	<table><tr><td>구분</td><td>소득요건[주1]</td><td>나이요건[주2]</td></tr><tr><td>본인</td><td>×</td><td>×</td></tr><tr><td>배우자</td><td>○</td><td>×</td></tr><tr><td>직계존속</td><td>○</td><td>만 60세 이상</td></tr><tr><td>형제자매</td><td>○</td><td>만 20세 이하 만 60세 이상</td></tr><tr><td>직계비속[주4] (입양자 포함)</td><td>○</td><td>만 20세 이하</td></tr><tr><td>위탁아동[주5]</td><td>○</td><td>만 18세 미만</td></tr><tr><td>수급자 등</td><td>○</td><td>×</td></tr></table>
추가공제	경로우대	1명당 100만원	기본공제대상자 중 만 70세 이상
	장애인[주6]	1명당 200만원	기본공제대상자 중 장애인
	부녀자	50만원	종합소득금액이 3천만원 이하자인 거주자가 다음 어느 하나에 해당하는 경우 • 배우자가 있는 여성 • 배우자가 없는 여성으로서 부양가족이 있는 세대주
	한부모	100만원	배우자가 없는 자로서 기본공제대상인 직계비속 또는 입양자가 있는 경우(부녀자 공제와 중복적용 배제)

(주1) 연간 소득금액 합계액이 100만원(근로소득만 있는 자는 총급여액 500만원)이하여야 한다.
 - 연간 소득금액 합계액은 종합소득, 퇴직소득, 양도소득의 소득금액을 합하여 계산한다.
 - 퇴직금의 경우 그 자체가 퇴직소득금액이 되므로, 부양가족의 퇴직금이 100만원을 초과하면 당해 부양가족은 공제대상에 해당하지 않는다.
(주2) 장애인의 경우 나이요건은 적용하지 않으나, 소득 요건은 충족해야 한다.
(주3) 기본공제를 받기위해서는 해당 거주자와 생계를 같이해야 하며 구체적인 내용은 다음과 같다.
 - 주민등록표의 동거가족으로서 해당 근로자의 주소 또는 거소에서 현실적으로 생계를 같이하는 사람으로 한다.
 - 직계비속입양자는 주소(거소)에 관계없이 생계를 같이하는 것으로 본다.
 - 거주자 또는 동거가족(직계비속·입양자 제외)이 취학, 질병의 요양, 근무상 또는 사업상의 형편으로 본래의 주소 또는 거소를 일시 퇴거한 경우에도 생계를 같이하는 것으로 본다.
 - 근로자의 부양가족 중 근로자(그 배우자 포함)의 직계존속이 주거의 형편에 따라 별거하고 있는 경우 생계를 같이하는 것으로 본다.
(주4) 며느리나 사위는 기본공제 대상에 해당하지 아니하나, 기본공제 대상 직계비속과 그 직계비속의 배우자가 모두 장애인이면 그 직계비속의 배우자도 기본공제가 가능하다.
(주5) 아동복지법에 따른 가정위탁을 받아 양육하는 아동으로서 해당 과세기간에 6개월 이상 직접 양육한 위탁아동(보호기간이 연장된 경우로서 20세 이하인 위탁아동 포함)을 말한다. 다만, 직전 과세기간에 소득공제를 받지 아니한 경우에는 해당 위탁아동에 대한 직전 과세기간의 위탁기간을 포함하여 계산한다.
(주6) 장애인의 범위는 다음과 같다.
 • 장애인복지법에 의한 장애인(장애인등록증으로 확인) 및 장애아동 복지지원법에 따른 장애아동
 • 국가유공자 등 예우 및 지원에 관한 법률에 의한 상이자
 • 상이자와 유사한 사람으로서 근로능력이 없는 자
 - 국가유공자 등 예우 및 지원에 관한 법률 시행령 별표 3에 규정된 상이등급 구분표에 게기하는 상이자와 같은 정도의 신체장애가 있는 자(보훈청에서 발급한 장애인증명서 제출)
 • 항시 치료를 요하는 중증환자
 - 지병에 의해 평상시 치료를 요하고 취학·취업이 곤란한 상태에 있는 자(소득세법에서 정하는 장애인증명서 제출)

(2) 연금보험료 공제

구분	공제금액	공제요건
연금보험료 공제	보험료 전액	종합소득이 있는 거주자 본인의 국민연금보험료, 공무원연금법 등 (공적연금관련법)에 따라 부담한 부담금·기여금

(3) 신용카드 등 사용금액에 대한 소득공제

구분	내용
공제대상	• 근로소득자 본인·배우자·직계존비속의 사용액 • 기본공제대상자로서 나이제한 없으며, 형제자매 및 장애인 직계비속의 장애인 배우자 사용액은 제외
공제대상금액	공제금액계산 = (① + ② + ③ + ④ + ⑤ − ⑥) ① 전통시장 사용분(ⓐ) × 40% ② 대중교통 사용분(ⓑ) × 40%

구분	내용
	③ 문화체육사용분(ⓒ) × 30%[*1]
	④ 직불카드등 사용분(ⓓ) × 30%
	⑤ 신용카드 사용분(ⓔ) × 15%
	⑥ 다음의 어느 하나에 해당하는 금액
	㉠ 최저사용금액[*2] ≦ ⓔ
	→ 최저사용금액 × 15%
	㉡ ⓔ 〈 최저사용금액 ≦ (ⓒ[*1] + ⓓ + ⓔ)
	→ ⓔ × 15% + (최저사용금액 − ⓔ) × 30%
	㉢ 최저사용금액 〉(ⓒ[*1] + ⓓ + ⓔ)
	→ ⓔ × 15% + (ⓒ[*1] + ⓓ) × 30% + (최저사용금액 − ⓒ[*1] − ⓓ − ⓔ) × 40%
	(*1) 문화체육사용분은 총급여액이 7천만원이 초과하는 경우 공제금액 계산 시 포함하지 않는다.
	(*2) 최저사용금액 = 총급여액 × 25%

공제한도

• 기본한도

총급여액	한도
7천만원 이하	연간 300만원
7천만원 초과	연간 250만원

• 추가한도

추가한도액 계산 = Min(①, ②)

① 기본한도 초과액

② Min[(전통시장 사용분 × 40% + 대중교통사용분 × 40% + 문화체육사용분 × 30%[*1]), 300만원[*2]]

　　(*1) 문화체육사용분은 총급여액이 7천만원을 초과하는 경우 포함하지 않는다.

　　(*2) 총급여액이 7천만원을 초과하는 경우 200만원으로 한다.

사용금액에서 제외되는 항목

• 사업관련 비용지출액
• 비정상적인 사용행위에 해당하는 경우
• 자동차 구입비용[*]
• 국민건강보험료, 고용보험료, 연금보험료, 보장성 보험료 지불액
• 해외에서의 신용카드 사용액
• 학교 및 보육시설에 납부한 수업료, 보육비 등
• 국세·지방세, 전기료·수도료·가스료·전화료(정보사용료·인터넷이용료 등 포함) ·아파트관리비·텔레비전시청료(종합유선방송 이용료 포함) 및 도로통행료
• 상품권 등 유가증권 구입비
• 리스료(자동차대여사업의 자동차대여료 포함)
• 취득세 또는 등록면허세가 부과되는 재산의 구입비용[*]
• 금융·보험용역과 관련된 지급액, 수수료, 보증료 등
• 신용카드 등으로 결제하여 기부하는 정치자금 중 세액공제를 적용받는 금액
• 소득세법에 따라 소득공제를 적용받는 월세액
• 국가·지방자치단체, 지방자치단체조합에 지급하는 사용료·수수료 등의 대가
　(*) 다만, 중고자동차 구입비용의 10%는 신용카드 사용금액에 포함한다.

(4) 기타 소득공제

구분		공제금액(한도)	공제요건
주택담보노후연금 이자비용공제		이자비용 (연 200만원 한도)	주택담보노후연금에 대해서 해당 과세기간에 발생한 이자비용
건강보험료 등 소득공제		보험료 전액	근로소득자 본인의 건강보험료, 노인장기요양보험료, 고용보험료
주택자금소득공제	주택임차 차입금 원리금 상환액 등	원리금 상환액의 40% (연 400만원 한도)[주1]	무주택 세대의 세대주(세대주가 주택 관련 공제를 받지 않은 경우 세대원도 가능)인 근로소득자가 국민주택규모의 주택(오피스텔 포함)을 임차하기 위하여 금융회사, 국가보훈처 등으로부터 차입한 차입금의 원리금상환액
			무주택 세대의 세대주(세대주가 주택 관련 공제를 받지 않은 경우 세대원도 가능)로서 총 급여 5천만원 이하인 근로소득자가 국민주택규모의 주택(오피스텔 포함)을 임차하기 위하여 대부업을 경영하지 아니하는 개인으로부터 연 1,000분의 35보다 낮은 이자율로 차입한 자금이 아닌 차입금의 원리금상환액
	장기주택 저당차입금 이자상환액 공제	공제금액 이자상환액 (연 600만원 ~ 2,000만원 한도)[주1]	무주택 세대 또는 1주택 보유 세대의 세대주(세대주가 주택 관련 공제를 받지 않은 경우 세대원도 가능)로서 근로소득자가 주택(취득당시 기준시가 6억원 이하)을 취득하기 위하여 당해 주택에 저당권을 설정하고 금융기관 등으로부터 차입한 장기주택저당차입금의 이자상환액
	주택마련 저축공제	주택마련저축 불입액의 40% (연 300만원 한도)[주1]	무주택 세대의 세대주 또는 세대주의 배우자로서 총급여 7천만원 이하인 근로소득자가 주택청약종합저축에 납입한 금액
고용유지중소기업 근로자 소득공제		임금삭감액의 50% (연1천만원 한도)	고용유지 중소기업에 근로를 제공하는 상시 근로소득자에 대해 근로소득금액에서 공제
소기업ㆍ소상공인 공제부금 소득공제		공제부금 납부액 (연 200만원~ 600만원 한도)[주2]	거주자가 소기업ㆍ소상공인 공제에 가입하여 납부하는 공제부금을 사업소득금액(법인의 대표자로서 해당 과세기간의 총급여액이 8천만원 이하인 거주자의 경우에는 근로소득금액)에서 공제함.
우리사주조합 출연금소득공제		출자금액 (연 400만원 한도)[주3]	우리사주조합원이 자사주를 취득하기 위하여 우리사주조합에 출연한 금액

(주1) 주택자금 소득공제 관련 한도는 다음과 같다.

공제항목	개별한도	통합한도	
주택임차차입금 원리금 상환액공제	연 400만원	연 400만원	연 600만원~2,000만원[*]
주택마련저축공제	연 300만원		
장기주택저당차입금 이자상환액공제	(*) 다음의 금액을 공제한도로 한다. 15년 이상 상환, 비거치식 and 고정금리: 2,000만원 15년 이상 상환, 비거치식 or 고정금리: 1,800만원 15년 이상 상환, 기타: 800만원 10년 이상 상환, 비거치식 or 고정금리: 600만원		

(주2) 소기업 · 소상공인 공제부금 소득공제 관련 한도는 다음과 같다.

사업소득금액	공제한도
4천만원 이하	600만원
4천만원 초과 6천만원 이하	500만원
6천만원 초과 1억원 이하	400만원
1억원 초과	200만원

(주3) 벤처기업 등의 우리사주조합원의 경우에는 공제한도가 1천500만원이다.

(5) 기타사항

구분	내용
공제대상자 판정시기	• 원칙: 과세기간 종료일(12월 31일)의 상황에 의함. • 과세기간 종료일 전에 사망 또는 장애가 치유된 경우에는 사망일 전일 또는 치유일 전일의 상황에 의함. • 부양가족의 공제대상 여부를 판단할 때, 적용대상 나이가 정해진 경우에는 해당과세기간의 과세기간 중에 해당 나이에 해당되는 날이 있는 경우에는 공제대상자로 본다.
2명 이상의 공제대상 가족에 해당하는 경우	거주자의 공제대상가족이 동시에 다른 거주자의 공제대상가족에 해당되는 경우에는 해당 과세기간의 과세표준확정신고서(근로소득자 소득 · 세액 공제신고서, 연금소득자 소득 · 세액 공제신고서)에 기재된 바에 따라 그 중 1인의 공제대상가족으로 한다.
소득공제 종합한도	• 한도: 2,500만원 • 종합한도 대상 소득공제금액 합계액이 2,500만원을 초과하는 경우에는 그 초과하는 금액은 없는 것으로 한다. • 종합한도 적용대상 소득공제: 주택자금소득공제, 청약저축 등에 대한 소득공제, 우리사주조합 출자에 대한 소득공제, 신용카드 등 사용금액에 대한 소득공제, 소기업 · 소상공인 공제부금 소득공제 등

 ## 산출세액

종합소득산출세액은 종합소득과세표준에 다음의 세율을 적용하여 계산한다.

종합소득과세표준	기본세율
1,400만원 이하	과세표준 × 6%
1,400만원 초과 5,000만원 이하	84만원 + (과세표준 − 1,400만원) × 15%
5,000만원 초과 8,800만원 이하	624만원 + (과세표준 − 5,000만원) × 24%
8,800만원 초과 1억5천만원 이하	1,536만원 + (과세표준 − 8,800만원) × 35%
1억5천만원 초과 3억원 이하	3,706만원 + (과세표준 − 1억5천만원) × 38%
3억원 초과 5억원 이하	9,406만원 + (과세표준 − 3억원) × 40%
5억원 초과 10억원 이하	1억 7,406만원 + (과세표준 − 5억원) × 42%
10억원 초과	3억 8,406만원 + (과세표준 − 10억원) × 45%

 ## 세액공제

구분	내용
근로소득 세액공제	• 공제대상: 근로소득이 있는 거주자 • 세액공제액 〈산출세액 / 세액공제액〉 130만원 이하 : 근로소득산출세액×55% 130만원 초과 : 715,000원+(근로소득산출세액−130만원) × 30% • 공제한도 〈총급여 / 한도〉 3,300만원 이하 : 74만원 3,300만원 초과~7,000만원 이하 : Max(①, ②) ① 74만원−(총급여액−3,300만원)×0.8% ② 66만원 7,000만원 초과~1억2천만원 이하 : Max(①, ②) ① 66만원−(총급여액−7,000만원)×50% ② 50만원 1억2천만원 초과 : Max(①, ②) ① 50만원−(총급여액−1억2천만원)×50% ② 20만원

구분	내용
자녀세액공제	• 공제대상: 종합소득이 있는 거주자의 기본공제대상자에 해당하는 자녀(입양자 및 위탁아동 포함) 및 손자녀가 있는 경우 8세 이상의 사람에 대해서는 다음에 따른 금액을 종합소득산출세액에서 공제한다. • 기본 세액공제액 | 자녀수	세액공제액
1명인 경우	25만원
2명인 경우	55만원
3명 이상인 경우	55만원 + (자녀수−2명)×40만원 | • 추가 세액공제액 | 구분	세액공제액
출생·입양	• 자녀가 첫째인 경우: 30만원 • 자녀가 둘째인 경우: 50만원 • 자녀가 셋째 이상인 경우: 70만원	
연금계좌 세액공제	• 공제대상: 종합소득이 있는 거주자가 연금계좌에 납입한 금액 • 세액공제: Min(①, ②) × 12%[*1] 　① Min(연금저축계좌 납입액, 연 600만원) + 퇴직연금계좌 납입액 + ISA만기계좌 전환금액 　② 한도: 연금저축계좌에 납입한 금액 중 600만원 이내의 금액 및 퇴직연금계좌 납입액: 900만원 　　ISA만기계좌 전환금액: Min(전환금액×10%, 연 300만원) 　(*1) 종합소득금액 4천5백만원 또는 총급여액 55백만원 이하인 거주자는 15%를 적용
보험료 세액공제	• 공제대상 | 구분	공제대상
일반 보장성보험료	근로소득자가 기본공제대상자(소득요건, 나이요건 제한 있음)를 피보험자로 지출한 보장성보험의 보험료
장애인전용 보장성보험료	근로소득자가 기본공제대상자인 장애인을 피보험자로 지출한 장애인 전용 보장성보험의 보험료 | • 세액공제액: (①+②) | 구분	세액공제액
① 일반 보장성보험료	보험료 납입액[*1]× 12%
② 장애인전용보장성보험료	보험료 납입액[*1]× 15% | (*1) 일반보장성 보험료 납입액과 장애인전용보장성보험료 납입액 한도는 각각 100만원이다.
의료비 세액공제	• 공제대상: 근로소득이 있는 거주자가 기본공제대상자(나이요건, 소득요건 제한 없음)를 위하여 의료비를 지급한 경우 • 세액공제액: (①+②+③)

구분	내용

구분	세액공제액
① 일반의료비	세액공제 대상 의료비[*2] × 15%
② 본인 등 의료비[*1]	세액공제 대상 의료비[*3] × 15%
③ 난임시술비	세액공제 대상 의료비[*4] × 20%

(*1) 해당 거주자, 중증질환자, 과세기간 종료일 현재 65세 이상인 사람, 과세기간 개시일 현재 6세 이하인 사람 및 장애인을 위하여 지급한 의료비를 말한다.

(*2) Min(일반의료비 − 총급여×3%, 700만원)

(*3) 본인 등 의료비

　(다만, 일반의료비가 총급여액의 3%에 미달하는 경우에는 그 미달하는 금액을 뺀다)

(*4) 난임시술비

　(다만, 일반의료비와 본인 등 의료비 합계액이 총급여액의 3%에 미달하는 경우에는 그 미달하는 금액을 뺀다.)

• 공제 가능 의료비[*1]

 − 진찰, 치료 등을 위한 의료기관 지출 비용(미용·성형수술비용 제외)

 − 치료요양을 위한 의약품(한약 포함) 구입비용(건강증진 의약품 제외)

 − 장애인 보장구 및 의사 등의 처방에 따라 의료기기 구입·임차비용

 − 시력교정용안경(콘택트렌즈) 구입비용(기본공제대상자 1인당 연 50만원 이내 금액)

 − 보청기 구입비용

 − 장기요양급여비 본인 일부 부담금

 − 산후조리원에 산후조리 및 요양의 대가로 지급하는 비용으로서 출산 1회당 200만원 이내의 금액

　(*1) 실손의료보험금을 지급받은 경우 그 실손의료보험금은 제외한다.

• 공제대상: 근로소득이 있는 거주자가 그 거주자와 기본공제대상자(나이요건 제한 없음, 직계존속은 공제대상이 아님)를 위하여 해당 과세기간에 대통령령으로 정하는 교육비를 지급한 경우

• 세액공제액: 교육비 공제대상금액[*1] × 15%

(*1) 세액공제 대상 교육비한도

구분	교육비한도
취학전아동, 초·중·고생	1명 연 300만원
대학생	1명 연 900만원
본인, 장애인	한도없음

• 공제대상금액

구분	공제대상금액
취학전 아동	보육료, 학원비·체육시설 수강료, 유치원비, 방과후수업료(특별활동비·도서구입비 포함, 재료비 제외), 급식비
초등학생 중고생	교육비, 학교급식비, 교과서대금, 방과후학교 수강료(도서구입비 포함, 재료비 제외), 국외교육비, 교복구입비(중고등학교 학생 1명당 연 50만원 이내), 현장체험학습비(학생 1명당 연 30만원 이내)

구분 (왼쪽 세로): 특별세액공제(주1) / 교육비 세액공제

구분	내용

<table>
<tr><td colspan="2">

구분	공제대상금액
대학생	교육비, 국외교육비
근로자 본인	교육기관 교육비, 대학·대학원 1학기 이상의 교육과정과 시간제 과정 교육비, 직업능력개발훈련 수강료, 학자금 대출의 원리금 상환에 지출한 교육비
장애인특수 교육비	사회복지시설 등에 기본공제대상자인 장애인^(*)의 재활교육을 위해 지급하는 비용 (*) 이 경우 소득금액 제한 없으며, 직계존속도 공제 가능

</td></tr>
</table>

특별세액공제[주1] / **기부금 세액공제**

- 공제대상: 거주자[*1](사업소득만 있는 자는 제외하되, 연말정산 대상 사업소득만 있는 자는 포함)가 지급한 기부금이 있는 경우
  (*1)기본공제대상자(나이요건 제한없음)가 지급한 기부금도 공제대상이다.

- 기부금 종류

구분	내용
정치자금기부금	정당 등에 기부한 금액(근로자 본인의 기부금만 공제 가능)
고향사랑기부금	고향사랑 기부금에 관한 법률에 따라 지방자치단체에 기부한 금액
특례기부금	국가 등에 지출한 기부금과 특별재난지역을 복구하기 위하여 자원봉사를 한 경우 그 용역의 가액
우리사주조합기부금	우리사주조합원이 아닌 근로자가 우리사주조합에 기부하는 기부금
일반기부금(종교단체 외)	지정기부금 단체 중 비종교단체에 지출한 기부금
일반기부금(종교단체)	주무관청에 등록된 종교단체에 지출한 기부금

- 세액공제액

구분	세액공제 한도	세액공제율
① 정치자금 기부금	근로소득금액×100%	10만원 이하: 100/110 10만원 초과: 15% (3천만원 초과분 25%)
② 고향사랑기부금	(근로소득금액－①)×100% (연간 한도 500만원)	10만원 이하: 100/110 10만원 초과: 15/100
③ 특례기부금	(근로소득금액－①－②)×100%	
④ 우리사주조합기부금	(근로소득금액－①－②－③)×30%	
⑤ 일반기부금 종교단체 기부금이 있는 경우	[근로소득금액－①－②－③－④]×10% + Min[(근로소득금액－①－②－③－④)×20% , 종교단체 외 기부금]	1천만원 이하: 15% 1천만원 초과: 30%
⑥ 일반기부금 종교단체 기부금이 없는 경우	(근로소득금액－①－②－③－④)×30%	

구분	내용
납세조합공제	• 세액공제액: 납세조합원천징수세액 × 5% • 원천징수 제외대상 근로소득자가 납세조합에 가입하여 매월분의 급여를 원천징수하는 경우 원천징수세액의 5% 세액공제
외국납부 세액공제	• 공제대상: 거주자의 종합소득금액에 국외원천소득이 합산되어 있는 경우 국외원천소득에 대해 외국에서 납부한 세액이 있을 때 • 세액공제액: 외국납부세액 • 세액공제한도 $$\text{종합소득 산출세액} \times \frac{\text{국외소득금액}}{\text{종합소득금액}}$$ • 한도 초과시 이월하여 세액공제 가능
월세 세액공제	• 세액공제액 <table><tr><th>총급여액</th><th>세액공제액</th></tr><tr><td>5천500만원 이하 (종합소득금액 4천500만원 초과자 제외)</td><td>월세 지급액 × 17%</td></tr><tr><td>5천500만원 초과 ~ 8천만원 이하 (종합소득금액 7천만원 초과자 제외)</td><td>월세 지급액 × 15%</td></tr></table> • 월세지급액 한도: 연 1,000만원 • 공제요건: 무주택 세대의 세대주(세대주가 주택 관련 공제를 받지 않은 경우 세대원노 가능)로서 총급여액이 8천만원 이하인 근로소득사가 국민주택규모의 주택 또는 기준시가 4억원 이하 주택(주거용 오피스텔, 고시원 포함)을 임차하기 위하여 지급하는 월세액
혼인에 대한 세액공제	거주자가 2026년 12월 31일 이전에 혼인신고를 한 경우에는 1회에 한정하여 혼인신고를 한 날이 속하는 과세기간의 종합소득산출세액에서 50만원을 공제한다.

(주1) 특별세액공제의 적용

구분	소득공제 및 세액공제
근로소득이 있는 자	다음 ①과 ② 중 선택 ① 특별세액공제 중 항목별 세액공제[*1], 특별소득공제[*2], 월세 세액공제 ② 표준세액공제[*3](13만원) 　(*1) 보험료 세액공체, 의료비 세액공제, 교육비 세액공제, 기부금 세액공제 　(*2) 건강보험료 등 소득공제, 주택자금 소득공제 　(*3) 표준세액공제를 선택한 경우에도 정치자금기부금 세액공제와 우리사주조합기부금 세액공제는 적용 가능
근로소득이 없는 자 (성실사업자제외)	기부금세액공제 + 표준세액공제(7만원)

법인세 이론 제대로 알기

제1절　법인세법 총설

 법인세의 개념

구분	내용
법인세의 정의	법인세는 법인이 얻은 소득에 대하여 부과하는 조세이다. **주의** 소득세는 이론상 개인소득세와 법인소득세로 나눌 수 있는데, 우리나라에서는 법인소득세는 법인세라는 명칭을 사용하며, 소득세는 개인소득세만을 의미한다.

	구분	내용
법인세의 특징	순자산 증가설	법인세법은 순자산을 증가시키는 거래로 인하여 발생하는 수익의 금액은 익금으로 하고, 순자산을 감소시키는 거래로 인하여 발생하는 손비의 금액은 손금으로 하여 익금에서 손금을 차감한 잔액을 법인의 과세대상 소득으로 보고 있다.
	권리의무 확정주의	법인세법은 익금과 손금의 귀속사업연도를 그 익금과 손금이 확정된 날이 속하는 사업연도로 하고 있어 권리의무확정주의를 채택하고 있다.

	구분	내용
과세대상소득	각 사업연도 소득	사업연도에 속하는 익금의 총액에서 손금의 총액을 공제하여 계산한 금액
	청산소득	내국법인이 해산한 경우 법인의 해산에 의한 잔여재산의 가액에서 해산등기일 현재의 자기자본을 공제한 금액
	토지 등 양도소득	법인이 보유한 비사업용 토지 또는 법령에서 정하는 주택(부수토지 포함) 등을 양도하는 경우에는 해당 부동산 등의 양도소득에 대하여 각 사업연도 소득에 대한 법인세 외에 추가로 법인세를 과세

 02 법인세의 납세의무

구분	내용
법인세의 납세의무자	① 본점이나 주사무소에 따른 분류 **구분 / 내용** · 내국법인 : 국내에 본점이나 주사무소 또는 사업의 실질적 관리장소를 둔 법인 · 외국법인 : 외국에 본점 또는 주사무소를 둔 법인 ② 영리성 유·무에 따른 분류 **구분 / 내용** · 영리법인 : 영리를 목적으로 설립된 법인 · 비영리법인 : 학술·종교·자선 등 영리가 아닌 사업을 목적으로 하는 법인 **주의** 영리란 이윤 추구를 목적으로 사업활동을 하는 것뿐만 아니라, 사업활동에 발생한 이윤을 구성원에게 분배하는 행위까지 포함하는 개념이다. 따라서 비영리법인도 수익사업을 할 수 있으나, 그 수익사업에서 발생한 이윤을 구성원에게 분배할 수는 없다.

위 ①, ② 표는 아래 표로 정리할 수 있다.

구분		각 사업연도 소득	토지 등 양도소득	청산소득
내국 법인	영리법인	국내·외 모든 소득	○	○
	비영리법인	국내·외 수익사업에서 발생한 소득	○	×
외국 법인	영리법인	국내원천소득	○	×
	비영리법인(주1)	국내원천소득 중 열거된 수익사업에서 발생한 소득	○	×
국가·지방자치단체(주2)		납세의무 없음		

(주1) 국세기본법 제13조 제4항에서 규정하는 "법인으로 보는 단체"의 납세의무는 비영리내국법인의 납세의무와 같다.

(주2) 외국정부나 지방자치단체는 비과세법인이 아니며, 비영리외국법인으로서 법인세납세의무가 있다.

 03 사업연도와 납세지

(1) 사업연도

구분	내용
원칙	① 사업연도는 법령이나 법인의 정관 등에서 정하는 1회계기간으로 한다. 다만, 그 기간은 1년을 초과하지 못한다. ② 법령이나 정관 등에 사업연도에 관한 규정이 없는 내국법인은 따로 사업연도를 정하여 법인 설립신고 또는 사업자등록과 함께 납세지 관할 세무서장에게 사업연도를 신고하여야 한다. 사업연도를 신고하지 아니하는 경우에는 매년 1월 1일부터 12월 31일까지를 법인의 사업연도로 한다.
최초 사업연도 개시일	① 내국법인: 설립등기일 ② 외국법인: 국내사업장을 가지게 된 날
사업연도의 변경	① 사업연도를 변경하려는 법인은 직전 사업연도 종료일부터 3개월 이내에 납세지 관할 세무서장에게 이를 신고하여야 한다. 사업연도 변경신고를 기한까지 하지 아니한 경우에는 법인의 사업연도는 변경되지 아니한 것으로 본다. ② 사업연도가 변경된 경우에는 종전의 사업연도 개시일부터 변경된 사업연도 개시일 전날까지의 기간을 1사업연도로 한다. 다만, 그 기간이 1개월 미만인 경우에는 변경된 사업연도에 그 기간을 포함한다.
사업연도의 의제	① 해산한 경우(합병·분할 또는 분할합병에 따른 해산은 제외): 사업연도 개시일부터 해산등기일까지의 기간과 해산등기일 다음 날부터 그 사업연도 종료일까지의 기간을 각각 1사업연도로 본다. ② 합병이나 분할(분할합병을 포함)에 따라 해산한 경우: 사업연도 개시일부터 합병등기일 또는 분할등기일까지의 기간을 그 해산한 법인의 1사업연도로 본다. ③ 청산 중에 있는 내국법인이 사업을 계속하는 경우: 사업연도 개시일부터 계속등기일까지의 기간과 계속등기일 다음 날부터 그 사업연도 종료일까지의 기간을 각각 1사업연도로 본다. ④ 청산 중에 있는 내국법인의 잔여재산의 가액이 사업연도 중에 확정된 경우: 그 사업연도 개시일부터 잔여재산의 가액이 확정된 날까지의 기간을 1사업연도로 본다.

(2) 납세지

구분	내용	
법인유형별 납세지		

	구분	내용
	내국법인	법인의 등기부에 따른 본점이나 주사무소의 소재지(국내에 본점 또는 주사무소가 있지 아니하는 경우에는 사업을 실질적으로 관리하는 장소의 소재지)로 한다.
	외국법인	• 국내사업장이 있는 경우: 국내사업장의 소재지 • 국내사업장이 없는 경우로서 부동산소득, 양도소득이 있는 경우: 각 자산의 소재지

납세지 지정 및 변경		

	구분	내용
	납세지 지정	① 관할지방국세청장이나 국세청장은 납세지가 법인의 납세지로 적당하지 아니하다고 인정되는 경우에는 위 규정에도 불구하고 납세지를 지정할 수 있다. ② 관할지방국세청장이나 국세청장은 ①에 따라 납세지를 지정한 경우에는 사업연도 종료일부터 45일 이내에 해당 법인에게 이를 알려야 한다.
	납세지 변경	① 법인은 납세지가 변경된 경우에는 그 변경된 날부터 15일 이내에 변경 후의 납세지 관할 세무서장에게 이를 신고하여야 한다. 이 경우 납세지가 변경된 법인이 부가가치세법에 따라 그 변경된 사실을 신고한 경우에는 납세지 변경신고를 한 것으로 본다. ② 납세지 변경신고를 하지 아니한 경우에는 종전의 납세지를 그 법인의 납세지로 한다.

제 **2** 절 · 법인세 계산구조

01 법인세 계산

법인세 과세표준과 세액은 다음과 같이 계산한다.

	결산서상 당기순이익	
+	익금산입 및 손금불산입	
−	손금산입 및 익금불산입	
=	차가감소득금액	
+	기부금한도초과액	
−	기부금한도초과이월액 손금산입	
=	각 사업연도 소득금액	
−	이월결손금	15년 이내에 발생한 세무상 결손금
−	비과세소득	
−	소득공제	
=	과세표준	
×	세율	2억원 이하 9%, 2억원 초과 19%, 200억원 초과 21%, 3천억원 초과 24%
=	산출세액	
−	세액감면	
−	세액공제	
+	가산세	
+	감면분추가납부세액	
=	총부담세액	
−	기납부세액	중간예납세액, 수시부과세액, 원천납부세액
=	차감납부할 세액	

02 세무조정

(1) 세무조정의 정의

각 사업연도 소득은 사업연도에 속하는 익금의 총액에서 그 사업연도에 속하는 손금의 총액을 공제한 금액이다. 각 사업연도 소득을 구하기 위하여 기업회계기준에 의하여 작성

한 재무제표상의 당기순손익을 기초로 하여 세법규정에 따라 익금과 손금을 조정함으로써 과세소득을 계산하기 위한 일련의 절차를 세무조정이라 한다.

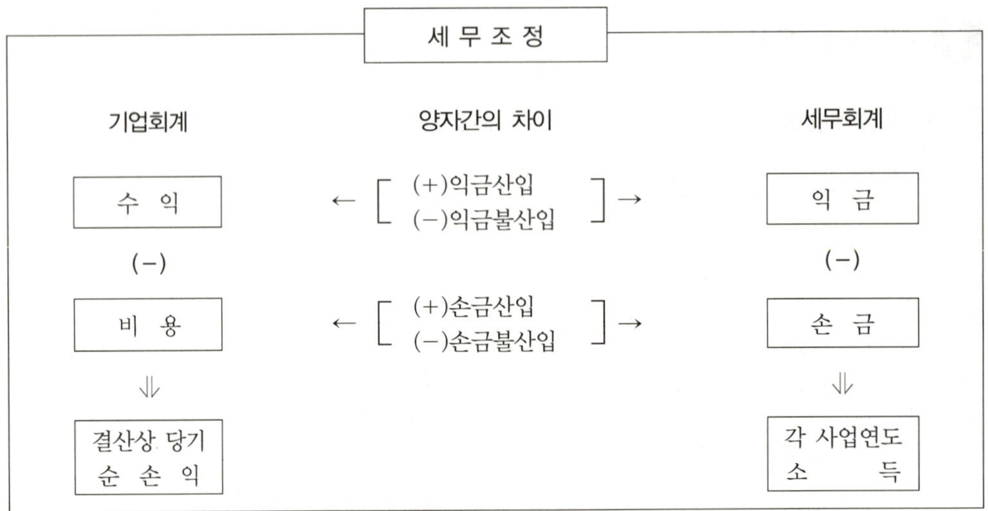

(2) 세무조정 방법

기업회계기준에 따른 당기순손익과 세법에 따른 각 사업연도의 차이를 조정하는 방법은 다음과 같다.

① 익금산입: 기업회계상 수익이 아니나 세무회계상 익금으로 인정하는 것
② 익금불산입: 기업회계상 수익이나 세무회계상 익금으로 보지 않는 것
③ 손금산입: 기업회계상 비용이 아니나 세무회계상 손금으로 인정하는 것
④ 손금불산입: 기업회계상 비용이나 세무회계상 손금으로 보지 않는 것

03 결산조정과 신고조정

(1) 개념

결산조정이란 특정한 손실 또는 비용을 결산서에 계상하여야만 법인세법상 손금으로 인정하는 항목을 말하며, 신고조정이란 결산서에 손비계상 여부와 관계없이 세무조정계산서에서 익금과 손금을 가감조정하여 과세표준을 계산할 수 있는 항목을 말한다.

(2) 결산조정항목

구분	내용
감가상각비(즉시상각액 포함)	국제회계기준을 적용하는 법인은 신고조정 허용
고유목적사업준비금	외부감사를 받는 비영리법인의 경우 신고조정이 가능
퇴직급여충당금	퇴직보험료·퇴직연금 부담금의 손금산입은 신고조정이 가능
대손충당금	
일시상각충당금(압축기장충당금)	원칙은 결산조정사항이나, 신고조정 허용
구상채권상각충당금	
대손금	소멸시효 완성분 등 일정한 대손금은 신고조정사항
자산의 평가손	• 파손·부패 등의 사유로 인하여 정상가격으로 판매할 수 없는 재고자산의 평가손 • 천재·지변 등에 의한 고정자산평가손 • 상장법인 또는 특수관계 없는 비상장법인이 발행한 주식으로서 부도발생, 회생계획인가결정 또는 부실 징후기업이 된 경우 당해 주식 등의 평가손 • 주식을 발행한 법인이 파산한 경우의 그 주식평가손
생산설비의 폐기손	

(3) 신고조정항목

구분	내용
임의조정항목	① 임의조정항목이란 결산 시 비용으로 회계처리를 하지 아니한 경우에도 법인의 사에 따라 세무상 한도까지 손금산입의 세무조정을 할 수 있는 항목을 말한다. ② 임의조정항목의 세부내역은 다음과 같다. 　• 국제회계기준을 적용하는 법인의 감가상각비 　• 일시상각충당금 및 압축기장충당금 　• 외부감사를 받는 비영리법인의 고유목적사업준비금
강제조정항목	강제조정항목이란 결산 시 비용으로 회계처리를 하지 아니한 경우 법인의 의사에 관계없이 반드시 세무조정을 해야 하는 항목을 말한다. 결산조정항목과 신고조정 중 임의조정항목이 아닌 항목은 모두 강제조정항목이다.

(4) 결산조정항목과 신고조정항목의 비교

구분	결산조정항목	신고조정항목
개념	결산 시 비용으로 회계처리한 경우에만 손금으로 인정되는 항목	결산 시 비용으로 회계처리 여부와 관계없이 손금으로 인정되는 항목
대상	외부와의 거래없이 결산 시 비용으로 인식하는 항목(감가상각비, 충당금, 준비금 등)	결산조정항목 이외의 모든 항목
손금산입방법	결산 시 비용으로 회계처리하는 방법만 인정	결산 시 비용으로 회계처리하는 방법과 세무조정으로 손금산입하는 방법 모두 인정
결산 시 누락한 경우	세무조정으로 손금산입할 수 없음.	반드시 세무조정으로 손금산입해야 함.
손금의 귀속시기	결산 시 비용으로 회계처리하는 사업연도	세법에서 규정하고 있는 귀속시기(손금의 귀속시기 선택 불가)
경정청구	경정청구 대상이 아님.	경정청구 대상임.

04 소득처분

(1) 소득처분의 정의

소득처분이란 세무조정사항으로 발생한 소득이 법인 내부에 남아 있으면 이를 기업회계상 순자산에 가산하여 세무상 순자산을 계산하고, 법인 외부로 유출되었으면 소득귀속자를 파악하여 소득세를 징수하는 제도를 말한다.

(2) 익금산입 또는 손금불산입액의 소득처분

1) 익금산입(손금불산입)의 소득처분 구조

세무조정	사외유출 여부	소득처분
익금산입 및 손금불산입	사내유보	유보
		기타
	사외유출	상여
		배당
		기타소득
		기타사외유출

2) 유보

① 익금산입 또는 손금불산입한 세무조정의 효과가 사외로 유출되지 않고 회사 내에 남아 있는 것으로 세무상 자산을 증가시키거나, 세무상 부채를 감소시키는 경우에 하는 소득처분이다.

② 유보는 회계상 자산·부채와 세무상 자산·부채의 차이로 인하여 발생한 소득처분이다. 따라서 유보는 해당 자산·부채가 해소될 때 △유보 처분으로 소멸되며, "자본금과 적립금조정명세서(을)"에서 사후관리를 해야 한다.

3) 기타

익금산입 또는 손금불산입한 세무조정의 효과가 사외유출되지 않고 사내에 남아 있으면서도, 회계상 자산·부채와 세무상 자산·부채의 차이를 유발하지 않는 경우에 하는 소득처분이다. 예를 들어 세무상 익금을 회계상으로 수익으로 처리하지 않고 자본항목(자본잉여금, 자본조정, 기타포괄손익누계액, 이익잉여금)의 증가로 처리한 경우에 하는 소득처분이다.

4) 사외유출로 인한 소득처분

익금산입 또는 손금불산입한 세무조정의 효과가 사외로 유출되어 특정인의 소득을 구성하는 경우에 하는 소득처분이며, 동 소득처분의 귀속자는 이익을 분여받은 것으로 보고 소득세 또는 법인세의 납세의무가 있다. 소득의 귀속에 따른 사외유출 유형은 다음과 같다.

귀속자	소득처분	해당 법인의 원천징수	귀속자에 대한 과세
주주[주1]	배당	O	배당소득에 대한 소득세 과세
임원[주2]	상여	O	근로소득에 대한 소득세 과세
법인 또는 개인사업자[주3]	기타사외유출	×	추가적인 과세는 없음.
위 외의 경우	기타소득	O	기타소득에 대한 소득세 과세

(주1) 사용인과 임원인 주주 등은 제외한다.

(주2) 사용인과 임원인 주주 등을 포함한다.

(주3) 소득처분한 금액이 내국법인(또는 외국법인의 국내사업장)의 각 사업연도 소득이나 거주자(또는 비거주자의 국내사업장)의 사업소득을 구성하는 경우에 한한다.

(3) 손금산입 또는 익금불산입액의 소득처분

1) △유보

① 손금산입 또는 익금불산입한 세무조정의 효과가 사외로 유출되지 않고 회사 내에 남아 있는 것으로 세무상 자산을 감소시키거나, 세무상 부채를 증가시키는 경우에 하는 소득처분이다.

② △유보는 회계상 자산·부채와 세무상 자산·부채의 차이로 인하여 발생한 소득처분이다. 따라서 △유보는 해당 자산·부채가 해소될 때 유보처분으로 소멸되며, "자본금과 적립금조정명세서(을)"에서 사후관리를 해야 한다.

2) 기타

손금산입 또는 익금불산입한 세무조정의 효과가 사외유출되지 않고 사내에 남아 있으면서도, 회계상 자산·부채와 세무상 자산·부채의 차이를 유발하지 않는 경우에 하는 소득처분이다. 예를 들어 세무상 손금을 회계상으로 비용 또는 손실로 처리하지 않고 자본항목(자본잉여금, 자본조정, 기타포괄손익누계액, 이익잉여금)의 감소로 처리한 경우에 하는 소득처분이다.

(4) 특수한 소득처분

1) 부당하게 사외유출된 금액을 회수하고 수정신고하는 경우

내국법인이 국세기본법의 수정신고기한 내에 매출누락, 가공경비 등 부당하게 사외유출된 금액을 회수하고 세무조정으로 익금에 산입하여 신고하는 경우의 소득처분은 사내유보로 한다.

> **주의** 다음에 해당되는 경우로서 경정이 있을 것을 미리 알고 사외유출된 금액을 익금산입하는 경우에는 제외한다.
> - 세무조사의 통지를 받은 경우
> - 세무조사가 착수된 것을 알게 된 경우
> - 세무공무원이 과세자료의 수집 또는 민원 등을 처리하기 위하여 현지출장이나 확인업무에 착수한 경우
> - 납세지 관할 세무서장으로부터 과세자료 해명 통지를 받은 경우
> - 수사기관의 수사 또는 재판 과정에서 사외유출 사실이 확인된 경우
> - 그밖에 제1호부터 제5호까지의 규정에 따른 사항과 유사한 경우로서 경정이 있을 것을 미리 안 것으로 인정되는 경우

2) 무조건 기타사외유출로 처분해야 하는 경우

① 임대보증금의 간주임대료

② 접대비 한도초과액의 손금불산입액 및 건당 3만원(경조금 20만원)을 초과하는 접대비 중 법정증빙 미수취분

③ 기부금 한도초과액과 비지정기부금

④ 채권자 불분명 사채이자, 비실명 채권·증권 이자의 원천징수세액

⑤ 업무무관자산 등에 대한 지급이자 손금불산입액

⑥ 귀속자가 불분명하여 익금에 산입한 금액을 대표자에 대한 상여로 처분한 경우 및 추계결정, 경정에 따라 대표자에 대한 상여로 처분한 경우 당해 법인이 그 처분에 따른 소득세 등을 대납하고 이를 손비로 계상하거나 그 대표자와의 특수관계가 소멸될 때까지 회수하지 아니함에 따라 익금에 산입한 금액

⑦ 불공정자본거래로 인한 부당행위계산의 부인규정에 따라 익금에 산입한 금액으로서 귀속자에게 상속세 및 증여세법에 따라 증여세가 과세되는 금액

⑧ 외국법인의 국내사업장의 각 사업연도의 소득에 대한 법인세의 과세표준을 신고하거나 결정 또는 경정함에 있어서 익금에 산입한 금액이 그 외국법인 등에 귀속되는 소득

3) 소득의 귀속자가 불분명한 경우

익금에 산입한 금액이 사외로 유출된 것이 분명하지만 그 귀속이 분명하지 아니한 경우에는 대표자에 대한 상여로 처분한다.

4) 추계조사 결정의 경우

추계결정된 과세표준과 법인의 대차대조표상의 당기순이익과의 차액(법인세상당액을 공제하지 아니한 금액을 말한다)은 대표자에 대한 상여로 처분한다. 천재지변 기타 불가항력으로 추계결정한 경우에는 기타 사외유출로 처분한다.

제 **3** 절   익금

01   익금의 일반사항

구분	내용
익금의 정의	익금이란 자본 또는 출자의 납입 및 법인세법에서 익금불산입항목으로 규정하는 것을 제외하고 해당 법인의 순자산을 증가시키는 거래로 인하여 발생하는 수익의 금액으로 한다.

익금의 항목	① 사업에서 생기는 수입금액(기업회계기준에 의한 매출에누리금액 및 매출할인금액은 차감)
	② 자산의 양도금액
	③ 자기주식의 양도금액(자기주식소각이익은 익금불산입항목이다)
	④ 자산의 임대료
	⑤ 법률에 따른 자산의 평가차익
	  • 보험업법이나 그 밖의 법률에 따른 고정자산 평가이익
	  • 자본시장과 금융투자업에 관한 법률에 따른 투자회사 등이 보유한 유가증권 등의 평가이익
	  • 화폐성외화자산·부채의 환율변동으로 인한 평가이익
	⑥ 무상으로 받은 자산의 가액(자산수증이익)
	⑦ 채무의 면제 또는 소멸로 인하여 생기는 부채의 감소액(채무면제이익)
	⑧ 손금에 산입한 금액 중 환입된 금액
	⑨ 이익처분에 의하지 아니하고 손금으로 계상된 적립금액
	⑩ 불공정자본거래로 인하여 특수관계인으로부터 분여받은 이익
	⑪ 특수관계가 소멸되는 날까지 회수되지 아니한 가지급금과 이와 관련된 이자 및 이자발생일이 속하는 사업연도 종료일부터 1년이 되는 날까지 회수하지 아니한 가지급금 이자
	⑫ 기타 법인의 수익으로서 그 법인에 귀속되었거나 귀속될 금액

익금불산입 항목	① 자본거래로 인한 수익의 익금불산입
	  • 주식발행초과금
	  • 주식의 포괄적 교환·이전차익, 감자차익
	  • 합병·분할차익
	  • 자본준비금을 감액하여 받은 이익배당
	② 평가차익 등의 익금불산입
	  • 자산의 평가차익(법률에 따른 자산의 평가차익은 제외)
	  • 이월익금
	  • 법인세 또는 법인지방소득세를 환급받았거나 환급받을 금액을 다른 세액에 충당한 금액
	  • 국세 또는 지방세의 과오납금의 환급금에 대한 이자

구분	내용
익금불산입 항목	• 부가가치세 매출세액 • 이월결손금의 보전에 충당한 자산수증익 및 채무면제익 ③ 지주회사가 자회사로부터 받은 배당소득금액 중 일정금액 ④ 법인이 내국법인으로부터 받는 수입배당금 중 일정금액

02 특수한 익금항목

구분	내용
특수관계에 있는 개인으로부터 유가증권 저가매입에 따른 이익	① 적용대상: 특수관계인인 개인으로부터 유가증권을 시가보다 낮은 가액으로 매입하는 경우 시가와 그 매입가액의 차액을 익금으로 본다. ② 세무조정: 저가매입차액은 익금산입 유보처분하여 해당 유가증권의 세무계산상의 취득가액에 가산한 후, 동 유가증권 양도 시 손금산입한다.
외국법인세액에 상당하는 금액	내국법인이 외국자회사로부터 수입배당금을 받는 경우 외국자회사가 납부한 법인세 중 배당금에 상당하는 금액(세액공제된 경우만 해당한다)을 익금으로 본다.
임대보증금에 대한 간주임대료	
배당금 또는 분배금의제(의제배당)	

03 임대보증금에 대한 간주임대료

(1) 추계결정의 경우

구분	내용
적용요건	회계장부나 기타 증빙서류가 없어서 추계로 소득금액을 계산하는 경우 부동산임대에 의한 전세금 또는 임대보증금에 대한 수입금액(정기예금이자 상당액)을 계산하여 각 사업연도 소득금액에 포함시켜야 한다.
계상방법	간주임대료 = 전세금 또는 임대보증금의 적수[주1] × 1/365 × 정기예금이자율[주2]

(주1) 적수란 일정기간 매일의 잔액을 합산한 금액을 말한다.
(주2) 금융회사 등의 정기예금이자율을 참작하여 기획재정부령이 정하는 이자율을 말한다.

(2) 추계결정 외의 경우

구분	내용
적용요건	① 부동산임대업을 주업으로 하는 법인(비영리법인 제외)일 것 ⇒ 법인의 사업연도 종료일 현재 자산총액 중 임대사업에 사용된 자산가액이 50% 이상인 법인 ② 차입금이 자기자본의 2배(적수기준)를 초과하는 법인일 것
계상방법	간주임대료= $$\left[\text{해당 사업연도의 보증금 등의 적수}^{(주1)} - \text{임대용부동산의 건설비상당액의 적수}^{(주2)}\right] \times 1/365 \times \text{정기예금 이자율} - \text{금융수익}^{(주3)}$$

(주1) 주택 및 주택에 부수되는 토지에 대한 임대보증금은 적수계산에서 제외한다.
(주2) 해당 건축물의 취득가액(자본적 지출액을 포함하고, 재평가차액을 제외한다)으로 하고 토지의 취득가액은 포함하지 않는다.
(주3) 금융수익이란 임대사업부분에서 발생한 수입이자와 할인료 · 배당금 · 신주인수권처분익 및 유가증권처분익의 합계액을 말한다.

(3) 추계결정 여부에 따른 간주임대료 비교

구분	추계결정의 경우	추계결정 외의 경우
적용대상 법인	소득금액을 추계로 결정하는 모든 법인	차입금과다법인으로서 부동산임대업을 주업으로 하는 영리내국법인
적용대상자산	제한없음	주택 및 부속토지 제외
건설비 차감 여부	차감하지 않음	차감함
금융수익 차감 여부	차감하지 않음	차감함

04 배당금 또는 분배금의제(의제배당)

상법상 이익배당에는 해당하지 아니하지만 법인이 감자, 잉여금의 자본 전입, 해산 또는 합병·분할한 경우에 법인의 이익이나 잉여금을 실질적으로 배당하는 것과 같은 경제적 이익의 효과가 주주(법인인 경우)에게 귀속되는 경우 주주(법인인 경우)의 각 사업연도 소득금액 계산상 익금에 산입한다.

(1) 감자 등의 경우

구분	내용
적용요건	감자, 해산, 합병, 분할로 인하여 주주 등이 취득한 금전과 그 밖의 재산가액이 주식 등을 취득하기 위하여 사용한 금액을 초과하는 경우 의제배당으로 본다.
계상방법	의제배당금액 = 감자 등으로 받은 재산가액 − 소멸주식의 취득가액

(2) 잉여금의 자본전입

구분	내용
개념	법인이 잉여금의 일부 또는 전부를 자본에 전입함으로써 주주 또는 출자자인 법인이 취득하는 자산의 가액은 의제배당에 해당한다.
자본전입 시 의제배당에 해당되는 잉여금	① 이익잉여금 ② 적격 합병·분할으로서 합병차익 중 자산조정계정, 피합병법인에 과세된 자본잉여금, 피합병법인의 이익잉여금 ③ 재평가적립금(재평가세 1% 과세된 토지분) ④ 자기주식처분이익 ⑤ 주식소각일부터 2년 이내에 자본에 전입하는 자기주식소각이익(주식소각 당시 주식의 시가가 취득가액을 초과하는지 여부는 관계 없음) ⑥ 주식소각일부터 2년이 경과한 후 자본에 전입하는 자기주식소각이익(주식소각 당시 주식의 시가가 취득가액을 초과하는 경우에 한함)

05 수입배당금의 익금불산입

구분	내용
적용요건	내국법인(비영리내국법인은 제외)이 해당 법인이 출자한 다른 내국법인으로부터 받은 수입배당금액(의제배당금액 포함)에 적용한다.
계상방법	익금불산입액 = 수입배당금액 × 익금불산입률[주1] − 지급이자 차감액[주2]
세무조정	위 산식에서 계산된 금액을 익금불산입으로 세무조정하고 기타로 소득처분한다.

(주1) 익금불산입률

지분율	익금불산입률
20% 미만	30%
20% 이상 ~ 50% 미만	80%
50%	100%

(주2) 지급이자 차감액

$$\text{지급이자 차감액} = \text{차입금이자} \times \text{익금불산입률} \times \frac{\text{피투자회사 주식의 적수}}{\text{자산총액의 적수}}$$

제 4 절　손금

 **손금의 일반사항**

구분	내용
손금의 정의	손금은 자본 또는 출자의 환급, 잉여금의 처분 및 법인세법에서 손금불산입항목으로 규정하는 것을 제외하고 해당 법인의 순자산을 감소시키는 거래로 인하여 발생하는 손비의 금액으로 한다.
손금의 항목	① 판매한 상품 또는 제품에 대한 원료의 매입가액(기업회계기준에 의한 매입에누리금액 및 매입할인금액 제외)과 그 부대비용 ② 판매한 상품 또는 제품의 보관료, 포장비, 운반비, 판매장려금 및 판매수당 등 판매와 관련된 부대비용(판매장려금 및 판매수당은 사전약정 없는 경우 포함) ③ 양도한 자산의 양도 당시의 장부가액 ④ 인건비 ⑤ 고정자산의 수선비 ⑥ 고정자산에 대한 감가상각비 ⑦ 자산의 임차료 ⑧ 차입금이자 ⑨ 회수할 수 없는 부가가치세매출세액 미수금(부가가치세법상 대손세액공제를 받지 아니한 것에 한정함) ⑩ 법률에 따른 자산의 평가차손 　• 재고자산, 유가증권 등, 화폐성외화자산·부채 등을 법인세법에 따라 평가함으로써 발생하는 평가손실 ⑪ 제세공과금 ⑫ 영업자가 조직한 단체로서 법인이거나 주무관청에 등록된 조합 또는 협회에 지급한 회비 ⑬ 업무와 관련 있는 해외시찰·훈련비 ⑭ 임원 또는 사용인을 위하여 지출한 복리후생비 　• 직장체육비, 직장문화비 　• 우리사주조합의 운영비 　• 국민건강보험법 및 노인장기요양보험법에 의하여 사용자로서 부담하는 보험료, 기타 부담금 　• 영유아보육법에 의하여 설치된 직장어린이집의 운영비 　• 고용보험법에 의하여 사용자로서 부담하는 보험료 　• 임원 또는 사용인에게 지급한 경조사비 등 기타 이와 유사한 비용으로서 사회통념상 타당하다고 인정되는 금액 ⑮ 우리사주조합에 출연하는 자사주의 장부가액 또는 금품 ⑯ 장식·환경미화 등의 목적으로 사무실·복도 등 여러 사람이 볼 수 있는 공간에 상시 비치하는 미술품의 취득가액으로서 거래단위별 1천만원 이하의 금액

구분	내용
	⑰ 불특정다수에게 광고선전용 목적으로 기증한 물품 구입비용 ⑱ 특정인에게 기증한 물품구입비용의 경우에 연간 5만원 이내 금액(개당 3만원 이하의 물품은 제외) ⑲ 임직원이 주식매수선택권 또는 주식기준보상을 행사하거나 지급받는 경우 해당 주식매수선택권 등을 부여하거나 지급한 법인에 그 행사 또는 지급비용으로서 보전하는 금액 ⑳ 동업기업 소득금액 등의 계산 및 배분규정에 따라 배분받은 결손금 ㉑ 위 이외의 손비로서 그 법인에 귀속되었거나 귀속될 금액

손금불산입
항목
	① 자본거래 등으로 인한 손비의 손금불산입
	  • 잉여금의 처분을 손비로 계상한 금액
	  • 주식할인발행차금 및 감자차손
	② 제세공과금의 손금불산입
	  • 각 사업연도에 납부하였거나 납부할 법인세(외국법인세액 포함) 또는 지방소득세 소득분과 각 세법에 규정된 의무 불이행으로 납부하였거나 납부할 세액(가산세 포함) 및 부가가치세의 매입세액
	  • 판매하지 아니한 제품에 대한 반출필의 개별소비세, 주세 미납액(제품가격에 세액상당액을 가산한 경우는 예외)
	  • 벌금, 과료(통고처분에 의한 벌금 또는 과료 상당액 포함), 과태료, 가산금과 체납처분비
	  • 법령에 의하여 의무적으로 납부하는 것이 아닌 공과금
	  • 법령에 의한 의무의 불이행, 금지, 제한의 위반에 대한 제재로 부과되는 공과금
	③ 자산의 임의 평가차손
	④ 상각범위액을 초과하는 감가상각비
	⑤ 기부금의 손금불산입
	⑥ 접대비의 손금불산입
	⑦ 과다경비 등의 손금불산입: 다음 손비 중 과다하거나 부당하다고 인정하는 금액은 손금에 산입하지 않는다.
	  • 상여금, 퇴직금 및 퇴직보험료 등
	  • 복리후생비
	  • 여비ㆍ교육훈련비
	  • 분담금액을 초과하는 공동경비
	⑧ 업무와 관련없는 비용의 손금불산입
	  • 업무와 관련이 없는 자산을 취득ㆍ관리함으로써 발생하는 비용, 유지비, 수선비 및 이와 관련되는 비용
	  • 법인이 직접 사용하지 아니하고 다른 사람(주주 등이 아닌 임원과 소액주주인 임원 및 사용인 제외)이 주로 사용하고 있는 장소, 건축물, 물건 등의 유지비, 관리비, 사용료와 이와 관련된 지출금
	  • 주주(소액주주 제외) 또는 출연자인 임원 또는 그 친족이 사용하고 있는 사택의 유지비, 관리비, 사용료와 이와 관련된 지출금

구분	내용
	• 형법상 뇌물(외국공무원에 대한 뇌물을 포함)에 해당하는 금전 및 금전 이외의 자산과 경제적 이익의 합계액 ⑨ 지급이자의 손금불산입 • 채권자 불분명 사채이자 및 수령자가 불분명한 채권·증권의 이자와 할인액 • 건설자금에 충당한 차입금의 이자 • 업무무관자산 및 가지급금 등에 대한 지급이자 ⑩ 부당행위계산의 유형 등에 해당하는 금액

02 업무용승용차 관련비용

구분	내용
업무용승용차의 범위	「개별소비세법」 제1조 제2항 제3호에 해당하는 승용자동차로서 운수업, 자동차판매업 등에서 사업에 직접 사용하는 승용자동차는 제외한다.
업무용승용차 관련비용	업무용승용차 관련비용이란 감가상각비, 임차료, 유류비, 보험료, 수선비, 자동차세, 통행료 및 금융리스부채에 대한 이자비용 등 업무용승용차의 취득·유지를 위하여 지출한 비용을 말한다.

업무사용금액

① 업무전용자동차보험을 가입하고 운행기록을 작성한 경우

$$\text{업무용승용차 관련비용} \times \text{업무사용비율}\left(\frac{\text{업무용 사용거리}}{\text{총주행거리}}\right)$$

② 업무전용자동차보험을 가입하고 운행기록을 작성하지 아니한 경우

구분	사용금액
㉠ 업무용승용차 관련비용이 1천5백만원 이하	100%
㉡ 업무용승용차 관련비용이 1천5백만원 초과	1천5백만원 ÷ 업무용승용차 관련비용

③ 업무전용자동차보험을 가입하지 아니한 경우: 전액 손금불인정

업무용승용차 감가상각비 계산방법

① 감가상각 방법: 5년 정액법으로 균등 강제 상각
② 계산방법: 감가상각비(상당액)* × 운행기록상 업무사용비율
③ 한도액: 800만원(사업연도가 1년인 경우)
  * 리스차량은 리스료 중 보험료·자동차세·수선유지비를 차감한 잔액을 감가상각비 상당액으로 함
  * 렌트차량은 렌트료의 70%를 감가상각비 상당액으로 함.
④ 한도초과액 이월액 손금추인: 해당 사업연도의 다음 사업연도부터 해당 업무용승용차의 업무사용금액 중 감가상각비(상당액)이 800만원에 미달하는 경우 그 미달하는 금액을 한도로 하여 손금으로 추인한다.
⑤ 업무용승용차를 처분하여 발생하는 손실로서 업무용승용차별로 800만원을 초과하는 금액은 해당 사업연도의 다음 사업연도부터 800만원을 균등하게 손금에 산입하되, 남은 금액이 800만원 미만인 사업연도에 모두 손금에 산입한다.

일반차량과 업무용승용차의 비교

	일반차량	업무용승용차
상각방법	정액법, 정률법	정액법
내용연수	4~6년	5년
손금산입방법	임의상각	강제상각
손금산입 한도	상각범위액	800만원
상각부인액	시인부족액 발생시 추인	800만원에 미달하게 되는 경우 그 미달하는 금액을 한도로 추인

제5절 손익의 귀속사업연도

 01 기본원칙

구분	내용
권리의무 확정주의	내국법인의 각 사업연도의 익금과 손금의 귀속사업연도는 그 익금과 손금이 확정된 날이 속하는 사업연도로 한다.
기업회계기준과 관행의 적용	내국법인의 각 사업연도의 소득금액을 계산할 때 그 법인이 익금과 손금의 귀속사업연도와 자산·부채의 취득 및 평가에 관하여 일반적으로 공정·타당하다고 인정되는 기업회계기준을 적용하거나 관행을 계속 적용하여 온 경우에는 법인세법 및 조세특례제한법에서 달리 규정하고 있는 경우를 제외하고는 그 기업회계의 기준 또는 관행에 따른다.

02 자산의 판매손익 등의 귀속사업연도

구분	법인세법
상품 등(부동산은 제외)의 판매	상품 등을 인도한 날
상품 등의 시용판매	상대방이 그 상품 등에 대한 구입의 의사를 표시한 날
상품 등 외의 자산의 양도	대금을 청산한 날, 소유권 등의 이전등기(등록)일, 인도일, 사용수익일 중 빠른 날
자산의 위탁매매	수탁자가 그 위탁자산을 매매한 날
증권시장에서 보통거래방식으로 유가증권 매매	매매계약을 체결한 날
단기할부판매	자산을 인도한 날(명목가액)
장기할부판매[주1]	원칙: 자산을 인도한 날(명목가액) 특례: • 장기할부조건에 따라 회수하였거나 회수할 금액을 결산상 수익으로 계상한 경우에는 당해 회수하였거나 회수할 날을 손익의 귀속시기로 본다.[주2] • 장기할부조건 등으로 자산을 판매하거나 양도함으로써 발생한 채권에 대해 기업회계기준에 의한 현재가치할인차금을 계상한 경우 해당 현재가치할인차금상당액은 해당 채권의 회수기간 동안 기업회계기준이 정하는 바에 따라 환입하였거나 환입할 금액을 각 사업연도의 익금에 산입한다.

(주1) 장기할부 조건은 다음과 같다.
- 자산의 판매 또는 양도로서 판매금액 또는 수입금액을 월부·연부 기타의 지불방법에 따라 2회 이상으로 분할하여 수입하는 것
- 목적물의 인도일의 다음 날부터 최종의 할부금의 지급기일까지의 기간이 1년 이상인 것

(주2) 중소기업은 장기할부조건에 따라 회수하였거나 회수할 날로 신고조정 선택 가능

03 용역제공 등에 의한 손익의 귀속사업연도

구분	법인세법
원칙	진행기준(장단기 불문)
특례	다음의 경우 그 목적물의 인도일이 속하는 사업연도의 익금과 손금에 산입할 수 있다. (인도기준) • 중소기업인 법인이 수행하는 계약기간이 1년 미만인 건설 등의 경우 • 기업회계기준에 따라 그 목적물의 인도일이 속하는 사업연도의 수익과 비용으로 계상한 경우

주의 용역제공이란 건설, 제조, 기타 용역(도급공사 및 예약매출을 포함)을 의미한다.

04 이자소득 등의 귀속사업연도

구분	법인세법
이자수익	원칙: 소득세법에 따른 수입시기에 해당하는 날 　　　(실제로 받은 날 또는 받기로 한 날) 특례: 기간경과에 대응하는 이자수익을 계상한 경우 이를 허용 　　　(법인세가 원천징수되지 않는 이자수익에 한함)
이자비용	원칙: 소득세법에 따른 수입시기에 해당하는 날 　　　(실제로 지급한 날 또는 지급하기로 한 날) 특례: 기간경과에 대응하는 이자비용을 계상한 경우 이를 허용

 **임대료 등 기타 손익의 귀속사업연도**

구분	법인세법
임대료	원칙: 계약에 의하여 지급기일이 정해진 경우에는 그 지급일 (지급기일이 정하여지지 아니한 경우에는 그 지급받은 날) 특례: • 결산시 이미 경과한 기간에 대응하는 임대료상당액을 수익으로 계상한 경우 이를 인정한다. • 임대료 지급기간이 1년을 초과하는 경우 이미 경과한 기간에 대응하는 임대료상당액과 비용은 각각 당해 사업연도의 익금과 손금에 산입한다.(발생주의)
금전등록기를 설치, 사용하는 경우의 수입금액	실제로 수입된 사업연도로 할 수 있다.
사채할인발행차금	기업회계기준에 의한 사채할인발행차금의 상각방법에 따라 이를 손금에 산입한다.

 과세표준과 세액의 계산

01 과세표준

(1) 과세표준의 계산

> 과세표준 = 각 사업연도 소득금액 − 이월결손금 − 비과세소득 − 소득공제

(2) 이월결손금의 공제

구분	내용
결손금의 정의	각 사업연도의 손금총액이 익금총액을 초과하는 금액을 각 사업연도의 결손금이라 한다.
공제대상 이월결손금의 범위	당해 사업연도 개시일 전 15년(2020년 1월 1일 전에 개시한 사업연도에서 발생한 결손금은 10년) 이내에 개시한 사업연도에서 발생한 세무상 결손금으로서 그 후 사업연도의 과세표준계산에 있어서 공제되지 아니한 금액(자산수증이익 및 채무면제이익으로 충당된 이월결손금은 제외)
이월결손금의 공제방법	15년 이내 2개 이상의 사업연도에서 결손금이 발생한 경우에는 먼저 발생한 사업연도의 결손금부터 순차로 공제한다.
공제한도	<table><tr><td>구분</td><td>공제한도</td></tr><tr><td>조세특례제한법상 중소기업 등</td><td>각 사업연도 소득 × 100%</td></tr><tr><td>일반기업</td><td>각 사업연도 소득 × 80%</td></tr></table>

(3) 결손금 소급공제

구분	내용
적용요건	① 조세특례제한법에 의한 중소기업만 적용할 수 있다. ② 결손금이 발생한 사업연도와 그 직전사업연도의 법인세 과세표준과 세액을 법정 신고기한 내에 각각 신고해야 한다.
소급공제 대상기간	결손금이 발생한 사업연도의 직전 사업연도

(4) 비과세소득

구분	내용
법인세법상 비과세소득	공익신탁의 신탁재산에서 생기는 소득
조세특례제한법상 비과세소득	① 중소기업창업투자회사 등의 주식의 양도차익 ② 중소기업창업투자회사 등이 창업자 등으로부터 받는 배당소득 등

(5) 소득공제

구분	내용
법인세법상 소득공제	유동화전문회사 등에 대한 소득공제
조세특례제한법상 소득공제	① 고용유지중소기업소득공제 ② 자기관리부동산투자회사 등에 대한 소득공제

02 산출세액

(1) 산출세액의 계산

$$산출세액 = 과세표준 \times 세율$$

(2) 법인세의 세율

과세표준	세율
2억원 이하	과세표준 × 9%
2억원 초과 ~ 200억원 이하	1천800만원 + (과세표준 − 2억원) × 19%
200억원 초과 ~ 3천억원 이하	37억 8천만원 + (과세표준 − 200억원) × 21%
3천억원 초과	625억 8천만원 + (과세표준 − 3천억원) × 24%

(3) 사업연도가 1년 미만인 경우

$$산출세액 = \left(과세표준 \times \frac{12}{사업연도 \, 월수} \times 세율 \right) \times \frac{사업연도 \, 월수}{12}$$

주의 사업연도 월수는 역에 따라 계산하되, 1월 미만의 일수는 1월로 한다.

03 세액감면 및 세액공제

(1) 세액감면

세액감면이란 특정한 소득에 대하여 사후적으로 세금을 완전히 면제해 주거나 또는 일정한 비율만큼 경감해 주는 것을 말한다. 현행 법인세법에는 세액감면이 없고, 조세특례제한법에는 여러 세액감면 규정을 두고 있다.

(2) 세액공제

세액공제란 산출세액에서 일정액을 공제하는 것을 말한다. 세액공제는 근거 법률에 따라 다음과 같이 분류된다.

법률	종류	비고
법인세법	외국납부세액공제	10년간 이월공제
	재해손실세액공제	–
	사실과 다른 회계처리로 인한 경정에 따른 세액공제	과다 납부한 세액의 100분의 20을 한도로 공제하며, 이월공제 가능
조세특례제한법	연구·인력개발비에 대한 세액공제	10년간 이월공제
	각종 투자세액공제	10년간 이월공제
	그 밖의 세액공제	이월공제 가능

04 최저한세

정책목적상 조세특례제도를 이용하여 세금을 감면하여 주는 경우에도 세부담의 형평성·세제의 중립성·국민개납·재정확보 측면에서 소득이 있으면 최소한의 세금을 내도록 하기 위한 것이 최저한세제도이다.

제**7**절 신고와 납부

 01 중간예납

구분	내용
중간예납 대상	각 사업연도의 기간이 6개월을 초과하는 법인
대상기간	당해 사업연도 개시일부터 6개월간
대상제외	• 신설법인의 최초사업연도 • 직전사업연도 중소기업으로서 중간예납세액이 50만원 미만인 내국법인
신고 · 납부 기한	중간예납기간이 지난 날부터 2개월 이내
수정신고 및 경정청구	중간예납은 국세기본법상 수정신고와 경정청구의 대상이 될 수 없다.
분납	중간예납세액이 1,000만원을 초과하는 경우 분납할 수 있다.

02 과세표준신고와 자진납부

(1) 법인세 과세표준 신고

구분	내용
신고기한	납세의무가 있는 내국법인은 각 사업연도의 종료일이 속하는 달의 말일부터 3개월 이내에 그 사업연도의 소득에 대한 법인세의 과세표준과 세액을 납세지 관할 세무서장에게 신고하여야 한다.
제출서류	① 필수 첨부서류 • 기업회계기준을 준용하여 작성한 개별 내국법인의 재무상태표, 포괄손익계산서 및 이익잉여금처분계산서(또는 결손금처리계산서) • 세무조정계산서(법인세과세표준 및 세액조정계산서) **주의** 필수 첨부서류를 제출하지 아니한 경우 무신고로 본다. ② 기타 첨부서류 • 세무조정계산서 부속서류 • 현금흐름표

(2) 법인세의 자진납부

구분	내용
납부기한	내국법인은 각 사업연도의 소득에 대한 법인세 산출세액에서 다음의 법인세액(가산세는 제외)을 공제한 금액을 각 사업연도의 소득에 대한 법인세로서 과세표준신고기한까지 납세지 관할 세무서 등에 납부하여야 한다. ① 해당 사업연도의 감면세액 ② 해당 사업연도의 중간예납세액 ③ 해당 사업연도의 수시부과세액 ④ 해당 사업연도에 원천징수된 세액
분납	자진납부할 세액이 1천만원을 초과하는 경우에는 다음의 금액을 납부기한이 지난날부터 1개월(중소기업의 경우에는 2개월) 이내에 분납할 수 있다. | 구분	분납할 수 있는 세액
납부할 세액이 2천만원 이하인 경우	1천만원을 초과하는 금액
납부할 세액이 2천만원을 초과하는 경우	납부할 세액의 50% 이하의 금액	

제 5 장

원가회계 이론 제대로 알기

> * 원가계산은 TAT2급 시험에 출제되지 않으나, NCS회계·감사 직무분야의 4수준 중간관리자까지의
> 능력을 갖출 수 있도록 교재에 수록하게 되었다.

제 1 절　원가관리회계의 기초

01　원가관리회계의 의의

원가회계(cost accounting)란 재화나 용역의 원가정보를 산출하는 과정이며, 관리회계
(managerial accounting)란 원가정보를 바탕으로 기업의 내부정보이용자인 경영자에게
의사결정, 계획 및 통제에 유용한 정보를 제공하는 것을 말한다.

02　원가회계·재무회계·관리회계의 구분

(1) 원가회계의 특징

원가회계는 재무회계와 관리회계에서 필요한 원가정보를 제공하는 것을 목적으로 한
다. 즉 원가회계는 재화나 용역의 원가를 측정하고 계산하여 재무제표 작성에 필요한 정
보(재무회계)[*]를 제공하며, 경영계획·통제·성과평가에 필요한 원가정보(관리회계)도 제
공한다.

　* 손익계산서상 매출원가와 재무상태표상 재고자산 금액결정을 위한 원가정보를 말한다.

┃ 원가·재무·관리회계의 관계 ┃

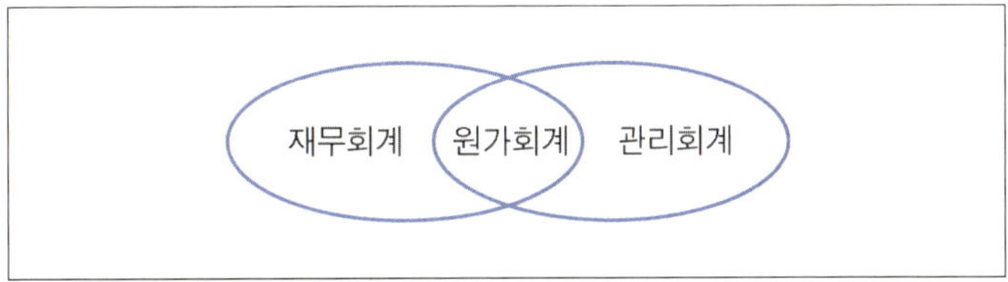

(2) 재무회계와 관리회계의 비교

구분	재무회계	관리회계
목적	외부정보이용자의 경제적 의사결정에 유용한 정보 제공	경영자의 경제적 의사결정에 유용한 정보 제공
정보이용자	주주, 채권자(은행, 거래처) 등	경영자, 근로자 등
준거기준	일반적으로 인정된 회계원칙에 따라 작성	특별한 기준이나 일정한 원칙없이 작성
보고서	재무제표	일정한 형식이 없음.
보고시기	정기	정기 또는 수시
정보 특성	−과거 정보 −화폐 정보	−과거 및 미래 정보 −화폐 및 비화폐 정보

03 원가의 개념

(1) 원가의 정의과 특징

구분	내용
원가의 정의	재화나 용역을 생산하기 위하여 희생된 자원을 화폐단위로 측정한 것을 말한다.

원가의 특징	•경제적 가치의 소비: 재화나 용역의 생산과정에서 소비된 경제적 가치만 포함한다.
	  → 자연력(태양열, 공기)의 사용은 경제적 가치가 없으므로 원가가 될 수 없다.
	•제품생산과 관련된 소비: 기업의 주된 경영(생산)활동에서 소비되는 가치만 포함한다.
	  → 주된 생산활동과 관련없는 이자비용 등은 제외한다.
	•정상적인 경제자원의 소비: 정상적인 경영활동에서 소비된 가치만을 포함한다.
	  → 화재나 재해 등으로 인한 비경상적인 손실은 원가로 보지 않는다.

(2) 원가 · 자산 · 비용 · 손실

원가는 소멸원가와 미소멸원가로 구분할 수 있다. 미소멸원가란 투입된 원가가 미래에 경제적 효익을 창출될 것으로 기대되는 자원을 말하며 자산으로 기록한다. 소멸원가는 투입된 원가의 용역 잠재력이 소멸되어 더 이상 경제적 효익을 창출할 수 없는 원가를 말한다. 소멸원가는 비용와 손실로 구분되며 수익창출에 기여한 원가는 비용으로 기록하고, 수익창출에 기여하지 못한 원가를 손실로 기록한다.

04 원가의 분류

(1) 추적가능성 여부에 따른 분류

구분	내용
직접원가	특정제품 또는 특정부문과 관련해서 실질적으로 명확하게 추적할 수 있는 원가로 해당 제품 또는 부문에 직접 부과
간접원가	특정제품 또는 특정부문과 관련은 있지만 실질적으로 추적이 불가능한 원가로 합리적인 배부기준에 의하여 각각의 제품 또는 부문에 배부

(2) 제조활동 관련성에 따른 분류

구분	내용
제조원가	제품을 생산하는 과정에서 발생하는 모든 원가[주1]
비제조원가	제조활동과 직접관련이 없는 판매 및 관리활동에서 발생하는 원가 → 판매관리비

(주1) 제조원가는 재료원가, 노무원가, 제조원가로 분류하고 추적가능성에 따라 직접원가와 제조간접원가로 구분한다.

(3) 자산화 여부에 따른 분류

구분	내용
제품원가	제품을 제조할 때 소비되는 원가로 소비되는 시점에는 재고자산의 원가를 구성하였다가 판매시점에 매출원가라는 비용으로 처리한다.
기간원가	제품 제조와 관련없이 발생하는 원가로 발생한 기간에 비용으로 처리한다.

(4) 원가행태에 따른 분류

구분	내용
변동원가	조업도의 변동에 따라 총원가가 비례적으로 변동하는 원가 → 단위당 변동원가는 조업도 증감에 관계없이 일정하다.
고정원가	조업도의 변동에 관계없이 일정한 범위의 조업도내에서 총원가가 일정하게 발생하는 원가 → 단위당 고정원가는 조업도 증가에 따라 감소한다.
준변동원가 (혼합원가)	조업도가 0이어도 일정 고정비가 발생하고 조업도가 증가하면 비례적으로 증가(변동원가)하는 원가 → 고정원가와 변동원가 요소가 혼합된 원가성격을 갖는다.
준고정원가	일정한 조업도 범위 내에서는 총원가가 일정(고정원가)하나, 조업도가 일정 수준 이상 증가하면 원가총액이 증가하는 원가

주의 원가행태: 조업도 변화에 따라 나타나는 원가의 반응
조업도: 기업의 제조설비의 이용수준

(5) 통제가능성에 따른 분류

구분	내용
통제가능원가	경영자가 원가 발생액에 영향을 미칠 수 있는 원가
통제불능원가	경영자가 원가 발생액에 영향을 미칠 수 없는 원가

(6) 의사결정 관련성에 따른 분류

구분	내용
관련원가	특정 의사결정과 직접 관련 있는 원가로 의사결정의 여러 대안 간에 차이가 있는 미래의 원가
비관련원가	특정 의사결정과 관련이 없는 이미 발생한 원가로 의사결정의 여러 대안 간에 원가의 차이가 없는 원가
매몰원가	과거 의사결정의 결과 이미 발생한 원가로 현재 또는 미래의 의사결정에 아무런 영향을 미치지 못하는 원가
기회원가	의사결정의 여러 대안 중 하나를 선택하면 다른 대안은 포기할 수밖에 없는데 이때 포기한 대안에서 얻을 수 있는 효익 중 가장 큰 것

제 2 절 원가계산과 원가의 흐름

01 원가계산의 단계

원가요소별 계산 ▶ 부문별 원가계산 ▶ 제품별 원가계산

02 원가계산의 종류

분류기준		내용
원가계산 시기	• 사전원가계산	제품의 생산을 위하여 원가 요소를 소비하는 시점에 사전적으로 예정가격, 표준가격 등을 사용 ① 정상원가계산: 직접재료원가와 직접노무원가 → 실제원가로 측정 　　　　　　　　제조간접원가 → 예정배부율에 의해 원가 결정 ② 표준원가계산: 사전에 설정된 표준가격, 표준사용량을 이용
	• 실제원가계산 (사후원가계산)	제품의 생산이 완료된 후 원가요소의 실제 소비량과 실제 금액을 적용하여 실제발생액을 이용
생산형태	• 개별원가계산	성능, 규격 등이 서로 다른 여러 가지의 제품을 개별적으로 생산하는 경우 예 건설업, 조선업, 기계제조업 등 주문제작
	• 종합원가계산	성능, 규격 등이 동일한 종류의 제품을 대량으로 연속하여 생산 예 정유업, 제지업, 제분업
원가계산 범위 (고정비 포함 여부)	• 전부원가계산	직접재료비, 직접노무비, 변동제조간접비(전력비 등)의 변동비뿐만 아니라 고정비에 속하는 고정제조간접비(공장 임차료, 보험료 등)도 포함하여 모든 원가를 제품의 원가계산 범위에 포함
	• 직접(변동) 원가계산	직접재료비, 직접노무비, 변동제조간접비 등의 변동비만원가계산 대상에 포함시키고 고정비는 제품의 원가에 구성하지 않고 기간비용(판매비와관리비)으로 처리

03 원가흐름

(1) 제조원가의 구성

제조원가는 발생형태별로 재료원가, 노무원가, 제조경비로 분류되며, 특정 제품이나 부문에의 추적가능성에 따라 직접재료원가, 직접노무원가, 제조간접원가로 분류된다.

① 직접재료원가

제품 제조를 위한 재료의 소비금액으로 특정 제품에 추적할 수 있는 원가를 말한다.

② 직접노무원가

제품 제조를 위해 투입된 노동력의 대가로 지급되는 임금으로 특정 제품에 추적할 수 있는 원가를 말한다.

③ 제조간접원가

직접재료원가와 직접노무원가를 제외한 모든 제조원가를 말한다.

발생형태 추적가능성	재료원가	노무원가	제조경비
직접원가	직접재료원가	직접노무원가	직접제조경비
간접원가	간접재료원가	간접노무원가	간접제조경비

주의 직접원가(기본 또는 기초원가) = 직접재료원가 + 직접노무원가
가공원가 = 직접노무원가 + 제조간접원가

▎원가의 구성▎

			이익	
		판매비와관리비		판매가격
	제조간접원가		판매원가	
직접재료원가		제조원가		
직접노무원가	직접원가			

(2) 제조원가의 흐름

▌제조원가의 흐름▐

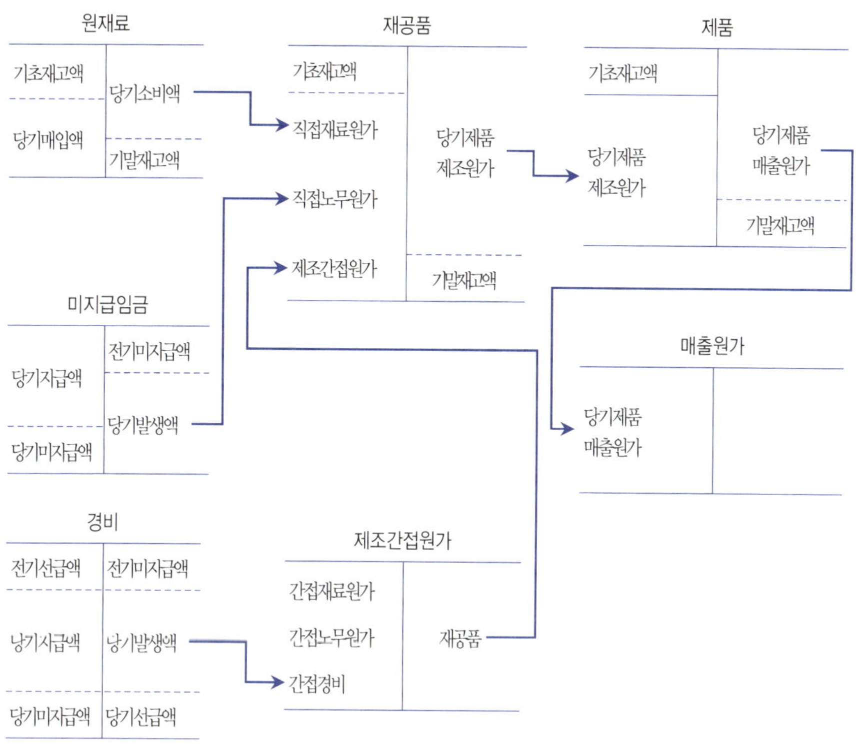

① 직접재료원가

원재료가 제품의 제조를 위하여 공정에 투입되면 직접재료원가는 원재료 계정에서 재공품 계정으로 대체되며, 공정에 투입되지 않고 남은 원재료는 기말재고가 된다.

> 직접재료원가＝ 기초원재료재고액 + 당기원재료매입액 − 기말원재료재고액

② 직접노무원가

노무비는 발생과 동시에 소비되며, 직접노무원가는 바로 재공품 계정에 대체된다.

> 직접노무원가＝ 당기지급액 + 당기 미지급액 − 전기미지급액

③ 제조간접원가

제조간접원가는 간접재료원가, 간접노무원가 및 제조경비(예 감가상각비, 보험료, 동력비, 수선비 등)로 구성되며 제조간접원가 계정으로 대체되어 집계된 후 다시 재공품 계정으로 대체된다.

> 제조간접원가=당기지급액 + 당기 미지급액 + 전기선급액 − 전기 미지급액 − 당기선급액

④ 당기총제조원가

당기총제조원가는 한 회계기간 동안 투입된 모든 제조원가를 의미하며, 생산의 완료 여부와 무관하다.

> 당기총제조원가 = 직접재료원가 + 직접노무원가 + 제조간접원가

⑤ 당기제품제조원가

당기제품제조원가는 당기에 제품으로 완성되어 재공품에서 제품으로 대체된 완성품의 제조원가를 의미한다.

> 당기제품제조원가 = 기초재공품재고액 + 당기총제조원가 − 기말재공품재고액

⑥ 매출원가

기초제품재고액과 당기제품제조원가를 합한 금액에서 기말제품재고액을 차감하여 계산한다.

> 매출원가 = 기초제품재고액 + 당기제품제조원가 − 기말제품재고액

 **제조원가명세서**

제조원가명세서는 당기에 제품제조를 위하여 소비된 원가를 집계해 놓은 표로 재공품계정을 펼쳐놓은 서식이다. 제조원가명세서에서 산출되는 '당기제품제조원가'는 손익계산서의 '제품매출원가'의 '당기제품제조원가'에 반영된다.

▌제조원가명세서 ▌

2025년 1월 1일부터 2025년 12월 31일까지

(주)삼일전자   (단위: 원)

과 목	금 액		
Ⅰ. 재료비			
1. 기초재료재고액	×××		
2. 당기재료매입액	×××		
계	×××		
3. 기말재료재고액	(×××)	×××	
Ⅱ. 노무비			
1. 임 금	×××		
2. 급 여	×××		
3. 퇴직급여	×××	×××	
Ⅲ. 경비			
1. 전기료	×××		
2. 가스료	×××		
3. 세금과공과	×××		
4. 감가상각	×××		
5. 보험료	×××	×××	
Ⅳ. 당기총제조원가		×××	
Ⅴ. 기초재공품재고액		×××	
Ⅵ. 합 계		×××	
Ⅶ. 기말재공품재고액		(×××)	
Ⅷ. 당기제품제조원가		×××	

제 3 절 개별원가계산

01 개별원가계산의 개념 및 절차

구분	내용
개별원가계산의 정의	• 제품별 또는 작업별로 원가를 집계하고 배부하여 원가계산을 하는 방법이다. • 다품종 소량생산을 하는 기업에 적합한 원가계산방법이다. (**예** 건설업, 조선업, 항공기 제조업 등)
개별원가계산의 계산 절차	• 단계: 발생한 직접원가(직접재료원가 + 간접노무원가)를 집계하고 할당한다. • 단계: 발생한 제조간접원가를 집계하고 배부기준에 따라 배부한다.

❙ 개별원가계산의 절차 ❙

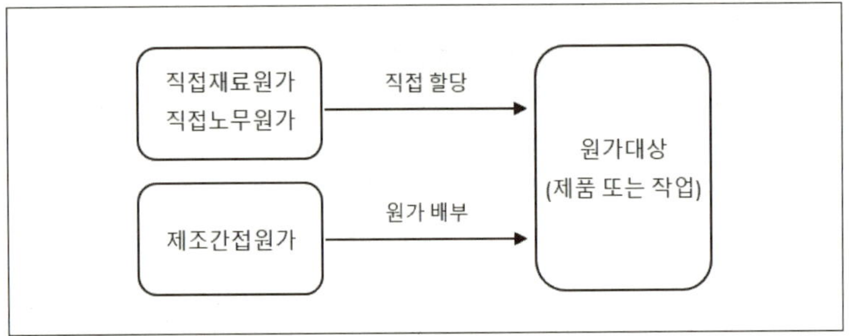

02 제조간접원가의 배부

구분	내용
제조간접원가 배부의 목적	직접노무원가와 직접재료원가는 특정 제품 또는 작업에 직접 추적할 수 있으나, 제조간접원가는 다양한 항목들로 구성되어 있어 배부기준에 따라 각 제품 또는 작업에 배부하여야 한다.
제조간접원가 배부기준	① 금액기준: 직접재료원가나 직접노무원가 등을 배부기준으로 하는 방법 ② 시간기준: 직접노무시간이나 기계작업시간 등을 배부기준으로 하는 방법 ③ 생산량기준: 제품생산량을 배부기준으로 하는 방법
제조간접원가 배부율	① 공장전체 배부율 = $\dfrac{\text{공장전체 제조간접원가}}{\text{공장전체 배부기준}}$ ② 부문별 배부율 = $\dfrac{\text{부문별 제조간접원가}}{\text{부문별 배부기준}}$

구분	내용
실제배부와 예정배부	① 실제 배부율 = $\dfrac{\text{실제 제조간접원가 총액}}{\text{실제배부기준}}$ → 실제원가계산 ② 예정 배부율 = $\dfrac{\text{예정 제조간접원가 총액}}{\text{예정 배부기준}}$ → 정상원가계산

▍실제원가계산과 정상원가계산의 비교 ▍

실제원가계산	정상원가계산
• 제조간접원가 실제배부율	• 제조간접원가 예정배부율
• 제조간접원가 실제배부액 　= 실제배부율 × 실제제품별 배부기준	• 제조간접원가 실제배부액 　= 예정배부율 × 실제제품별 배부기준
• 단점 　직접원가는 대응관계가 있어 발생시점에 바로 계산이 가능하나 제조간접비는 개별작업과 직접적인 대응관계를 찾기 어렵기에 회계기말에 당기 발생한 제조간접원가를 집계하여 배부 　→ 원가계산의 지연	• 제조간접원가 배부차이의 처리 　① 과대배부: 실제배부액 < 예정배부액 　　→ 유리한 차이 　② 과소배부: 실제배부액 > 예정배부액 　　→ 불리한 차이 　③ 처리방법: 매출원가처리법, 비례배분법, 　　　　　　　 매출원가조정법

03 부문별 원가계산

(1) 부문별 원가계산의 의의 및 절차

구분	내용
부문별 원가계산 의의	기업은 여러 원가부문을 가지고 있고, 각 부문의 원가는 상이한 원가동인에 따라 발생한다. 따라서 정확한 제품원가계산을 하기 위해 부문별 원가계산을 실시하며, 각 부문에 집계된 부문원가는 관리 및 통제에 필요한 정보를 제공한다.
원가부문의 종류	제조부문: 제품의 제조활동을 직접 담당하는 부문 보조부문: 직접 제품생산을 담당하지는 않고 제조활동을 보조하는 활동을 수행하는 부문
부문별 원가계산의 절차	1단계: 부문개별비를 각 부문에 부과 2단계: 부문공통비를 각 부문에 부과 3단계: 보조부문비를 제조부문에 부과(직접배부법, 단계배부법, 상호배부법) 4단계: 제조부문비를 각 제품에 부과

(2) 보조부문원가의 배부(복수의 보조부문이 있는 경우)

보조부문이 두 개 이상인 경우 보조부문은 상호간에 용역을 주고 받을 수 있다. 따라서 보조부문이 복수인 경우 보조부문 상호간의 서비스수수관계를 고려해야 한다.

보조부문 상호간 서비스수수관계를 반영하는 방법에 따라 '직접배부법', '단계배부법', '상호배부법'이 있다.

구분	직접배부법	단계배부법	상호배부법
보조부문 상호간의 용역수수	완전히 무시	부분적으로 인식	완전히 인식
보조부문비 배부하는 방법	제조부문에만 배부	보조부문의 배부순서를 정하여 배부	제조부문과 보조부문 상호간 배부
배부방법별 특징	배부절차 매우간편	직접배부법과 상호배부법을 절충	이론적으로 가장 타당, 가장 정확
배부의 정확성 정도	직접배부법 < 단계배부법 < 상호배부법		

주의 단계배부법 적용시 보조부문의 배부순서 결정 방법
① 다른 보조부문에 용역을 제공하는 수가 많은 것부터
② 다른 보조부문에 대한 용역제공비율이 큰 보조부문부터
③ 발생원가(총원가)가 큰 보조부문부터

(3) 단일배부율법과 이중배부율법

구분	내용
단일 배부율법	• 보조부문원가를 제조부문에 배분할 때 변동비와 고정비로 구분하지 않고 하나의 배분율을 사용하는 방법
이중 배부율법	• 보조부문원가를 제조부문에 배분할 때 변동비와 고정비로 구분하고 이들을 각각 별개의 배부기준을 사용하여 제조부문에 배분하는 방법 • 이중배부율법을 사용하는 이유는 특정제조부문의 필요에 따라 잠재적 용역을 제공하기 위해 많은 설비를 보유하여 고정원가가 많이 발생하면 해당 제조부문에는 실제사용량 기준이 아니라 장기적 관점에서 최대사용량을 기준으로 배분해야 하기 때문이다.

주의 단일배부율법과 이중배부율법의 배부기준

	고정원가	변동원가
단일배부율법	실제 사용량	실제 사용량
이중배부율법	최대사용가능량	실제 사용량

제4절 종합원가계산

 01 종합원가계산의 개념 및 특징

구분	내용
종합원가계산의 개념	• 동일한 제품을 연속적으로 대량생산하는 업종에서 사용하는 원가계산방법이며, 공정별원가계산이라고도 한다. (예 정유업, 식품가공업, 철강업, 방직업 등) • 일정기간 발생한 제조원가를 총생산량으로 나누어 제품의 단위당 원가를 계산한다.
종합원가계산의 특징	• 원가요소를 직접재료원가와 가공원가(직접노무원가, 제조간접원가)로 단순하게 구분한다. • 동일한 평균원가가 제품 1단위에 할당된다. • 공정별로 원가가 집계되어 제조원가보고서가 작성된다.

❚ 종합원가계산과 개별원가계산의 비교 ❚

	개별원가계산	종합원가계산
생산형태	다품종 소량 제품을 개별적으로 주문생산	단일종류의 제품을 연속적으로 대량생산
원가계산	제품원가를 작업별로 집계	공정별로 원가를 집계한 후 일정 생산량에 대하여 평균화
원가구분	직접원가와 간접원가로 구분	재료원가와 가공원가로 구분
기말재공품 평가	미완성된 제조지시서의 원가집계	제조원가를 완성품과 재공품에 분배 → 기말재공품환산량 × 단위당원가
원가계산의 정확성	제품별로 정확한 원가계산이 가능한다.	개별원가계산보다 원가계산의 정확성이 떨어진다.
운용비용	상세한 회계기록이 필요하므로 운용 및 관리 비용이 많이 소요된다.	운용 및 관리 비용이 적게 소요된다.

02 완성품환산량

구분	내용
개념	특정 공정에 투입된 모든 노력을 그 기간 동안의 제품을 완성하는 데에만 투입하였더라면 완성하였을 완성품 수량으로 환산한 것을 말한다. 완성품환산량 = 수량 × 완성도[주1]
완성품환산량 계산	• 재료원가: 일반적으로 공정의 착수시점에 재료가 100% 투입된다고 가정한다. • 가공원가: 공정이 진행됨에 따라 가공원가 비례적으로 발생된다 가정한다.

(주1) 완성도: 원가투입 관점에서 완성품을 100%로 볼 때 재공품의 완성정도를 비율로 표시한 것을 말한다.

03 종합원가계산의 절차

구분	내용
1단계	물량의 흐름을 파악한다.
2단계	원가요소별로 완성품환산량을 계산한다.
3단계	원가요소별로 배분대상이 되는 원가를 집계한다.
4단계	원가요소별로 배부대상원가를 완성품환산량으로 나누어 단위당 원가를 산출한다.
5단계	완상품제조원가와 기말재공품원가를 계산한다.

04 원가흐름에 따른 종합원가계산

기초재공품이 있는 경우 배분대상 제조원가는 '기초재공품+당기총제조원가'로 구성되며, 이 금액을 완성품원가와 기말재공품원가로 배분하기 위해서는 원가흐름에 대한 가정이 필요하다. 원가흐름에 대한 가정으로 평균법과 선입선출법이 있다.

주의 기초재공품이 없다면 원가흐름의 가정에 관계없이 완성품원가와 기말재공품원가로 배분되는 금액이 동일하다.

(1) 평균법

평균법은 기초재공품도 당기에 투입한 것으로 가정하에 기초재공품원가와 당기투입원가를 구분하지 않고 평균화하여 완성품과 기말재공품에 배분하는 방법이다.

구분	내용
1단계 물량흐름 파악	완성품수량, 기말수량과 완성도 파악
2단계 완성품환산량	완성품환산량 = 완성품수량 + 기말재공품환산량[주1]
3단계 원가집계	총원가 = 기초재공품원가 + 당기투입원가
4단계 완성품환산량 단위당원가 계산	완성품환산량단위당원가 = 총원가 ÷ 완성품환산량
5단계 원가계산	• 완성품원가 = 완성품수량 × 완성품 환산량단위당원가 • 기말재공품원가 = 기말재공품환산량[주1] × 완성품 환산량단위당원가

(주1) 기말수량 × 완성도

(2) 선입선출법

선입선출법은 기초재공품이 먼저 완성된다는 가정하에 완성품원가와 기말재공품원가를 계산한다. 따라서 기초재공품원가는 완성품원가가 되며 당기투입원가는 완성품원가와 기말재공품원가로 배분된다.

구분	내용
1단계 물량흐름 파악	완성품수량, 기말수량과 완성도, 기초수량과 완성도 파악
2단계 완성품환산량	완성품환산량 = 완성품수량 + 기말재공품환산량 − 기초재공품환산량 = 기초재공품수량 × (1 − 완성도) + 당기투입완성품수량 　 + 기말재공품환산량[주1]
3단계 원가집계	당기투입원가
4단계 완성품환산량 단위당원가 계산	완성품환산량단위당원가 = 당기투입원가 ÷ 완성품환산량
5단계 원가계산	• 완성품원가 = 기초재공품원가 + 당기투입원가 − 기말재공품원가 • 기말재공품원가 = 기말재공품환산량[주1] × 완성품 환산량단위당원가

(주1) 기말수량 × 완성도

▌평균법과 선입선출법의 비교 ▌

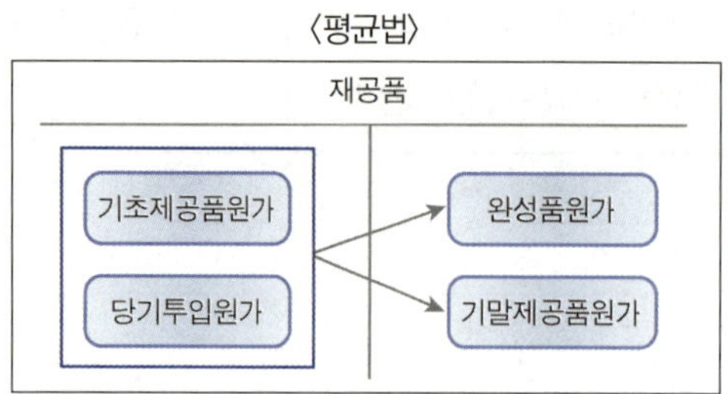

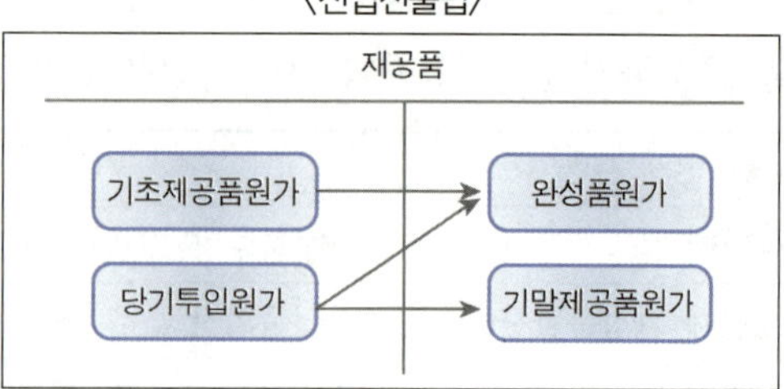

05 공손과 감손

구 분	내 용
개념	• 공손: 제품을 제조하는 과정에서 부주의, 결함, 작업관리 부실 등의 이유로 표준 및 규격에 미달하는 불합격품을 말한다. • 감손: 제품의 제조과정에서 증발 등의 이유로 원재료가 감소되거나 제품으로 완성되지 않은 부분을 말한다.
처리방법	• 정상공손원가: 제조원가에 가산한다. → 기말재공품이 검사시점을 통과하지 못한 경우: 완성품에 배분 → 기말재공품이 검사시점을 통과한 경우: 완성품과 기말재공품에 안분 • 비정상공손원가: 영업외비용으로 처리한다.

제 5 절 표준원가계산

01 표준원가계산의 개념 및 유용성

구분	내용
표준원가계산의 개념	• 직접재료원가, 직접노무원가, 제조간접원가 등 모든 원가요소에 대하여 사전에 정해 놓은 표준원가를 이용하여 원가를 계산하는 방법이다. • 표준원가 = 가격표준 × 수량표준
표준원가계산의 유용성	• **제품원가계산:** 생산량에 표준원가를 곱해서 원가계산이 이루어지므로 원가계산이 신속하고 간편해진다. • **계획:** 예산을 설정하는 데 있어 기초자료로 활용할 수 있다. • **원가통제:** 실제원가와 표준원가를 비교해서 그 차이를 분석함으로써 효율적으로 원가를 통제할 수 있다.

02 표준원가의 설정

구분	내용
표준직접재료원가	제품단위당 표준직접재료원가＝제품단위당 표준직접재료수량×재료단위당 표준가격 　　　　　(표준원가)　　　　　　　　(표준수량 SQ)　　　　　(표준가격 SP)
표준직접노무원가	제품단위당 표준직접노무원가＝제품단위당 표준직접노동시간×직접노동시간당 표준가격 　　　　　(표준원가)　　　　　　　　(표준수량 SQ)　　　　　(표준가격 SP)
표준변동제조간접원가	제품단위당 표준변동제조간접원가 = 제품단위당 표준조업도 × 조업도 단위당 표준배부율 　　　　　(표준원가)　　　　　　　　(표준수량 SQ)　　　　　(표준가격 SP)
표준고정제조간접원가	제품단위당 표준고정제조간접원가 = 제품단위당 표준조업도 × 조업도 단위당 표준배부율 　　　　　(표준원가)　　　　　　　　(표준수량 SQ)　　　　　(표준가격 SP) *고정제조간접원가의 조업도 단위당 표준배부율 = 고정제조간접비예산 ÷ 기준조업도

03 원가차이 분석

구분		내용
차이분석		• 유리한차이: 실제원가 < 표준원가 ➡ 순이익을 증가시키는 차이 • 불리한차이: 실제원가 > 표준원가 ➡ 순이익을 감소시키는 차이
원가차이의 종류	가격차이	실제가격과 표준가격이 달라서 발생하는 차이
	능률차이	실제투입량과 표준투입량이 달라서 발생하는 차이
	조업도차이	고정제조간접원가 예산액과 표준원가계산 배부액의 차이

① 변동제조원가 차이분석

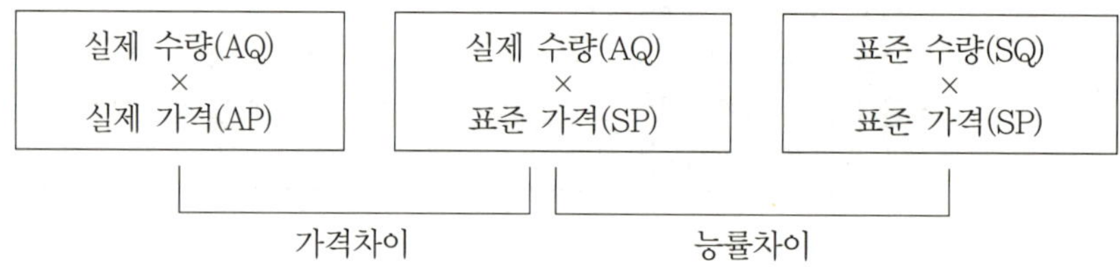

② 고정제조간접원가 차이분석

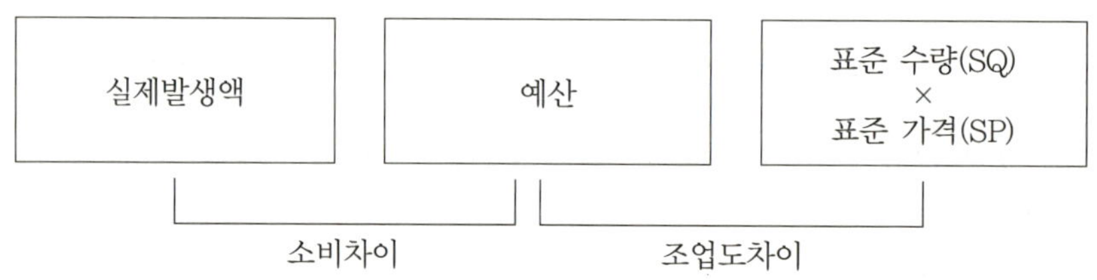

04 원가계산의 비교

원가요소	실제원가계산	정상(예정)원가계산	표준원가계산
직접재료비	실제원가	실제원가	표준원가
직접노무비	실제원가	실제원가	표준원가
제조간접비	실제원가	정상원가(예정배부액)	표준원가(표준배부액)

제 6 절 전부원가계산과 변동원가계산 및 초변동원가계산

 01 정의

구분	내용
전부원가계산	• 직접재료원가, 직접노무원가, 변동제조간접원가, 고정제조간접원가를 모두 제품의 원가에 포함시키는 방법
변동원가계산	• 직접재료원가, 직접노무원가, 변동제조간접원가인 변동제조원가만 제품원가에 포함시키고, 고정제조간접원가는 기간비용으로 처리하는 방법
초변동원가계산	• 직접재료원가만 제품원가에 포함시키고 나머지는 기간비용으로 처리하는 방법

02 원가계산방법의 비교

원가구성	전부원가계산	변동원가계산	초변동원가계산
직접재료원가	제품원가	제품원가	제품원가
직접노무원가			기간비용
변동제조간접원가			
고정제조간접원가		기간비용	
변동판매비와관리비	기간비용		
고정판매비와관리비			

❙ 손익계산서의 형태 ❙

전부원가계산		변동원가계산		초변동원가계산	
매출액	×× ×	매출액	×× ×	매출액	×× ×
매출원가	(×××)	변동원가	(×××)	• **직접재료원가**	(×××)
• **직접재료원가**	(×××)	• **직접재료원가**	(×××)	재료처리량공헌이익	×× ×
• **직접노무원가**	(×××)	• **직접노무원가**	(×××)	운영비용	
• **변동제조간접원가**	(×××)	• **변동제조간접원가**	(×××)	• **직접노무원가**	(×××)
• **고정제조간접원가**	(×××)	• **변동판매관리비**	(×××)	• **변동제조간접원가**	(×××)
매출총이익	×× ×	공헌이익	×× ×	• **고정제조간접원가**	(×××)
판매비와관리비		고정원가		• **변동판매관리비**	(×××)
• **변동판매관리비**	(×××)	• **고정제조간접원가**	(×××)	• **고정판매관리비**	(×××)
• **고정판매관리비**	(×××)	• **고정판매관리비**	(×××)		
영업이익	×× ×	영업이익	×× ×	영업이익	×× ×

 **원가계산방법의 장점과 단점**

구분	전부원가계산	변동원가계산	초변동원가계산
장점	• 외부보고목적에 이용 • 장기적 의사결정에 적합 • 혼합비의 구분 불필요	• 판매량에 따라 이익변동 • 단기적 의사결정에 적합 • 제품단위당 제조원가 일정	• 원가행태별 분류 용이 • 불필요한 재고 최소화
단점	• 생산량이 변동하면 제품단위 당 제조원가 변동 • 불필요한 재고의 보유	• 외부보고목적에 부적합 • 원가행태별 분류 어려움	• 외부보고목적에 부적합 • 장기적 의사결정에 부적합

제 7 절 활동기준원가계산

 01 정의

구분	내용
정의	활동기준원가계산(Activity Based Costing: ABC)은 보다 정확한 원가계산을 위하여 기업의 기능을 여러 가지 활동으로 구분한 후 활동을 기본적인 원가대상으로 삼아 활동별로 원가를 집계하고 이를 통해 활동별로 집계된 원가를 다시 이들 활동별로 적절한 배부기준(원가동인[주1])을 적용하여 제품에 배부하는 원가계산방법이다.

(주1) 원가동인: 활동을 유발시키는 원인

▌ 활동기준원가계산의 흐름 ▌

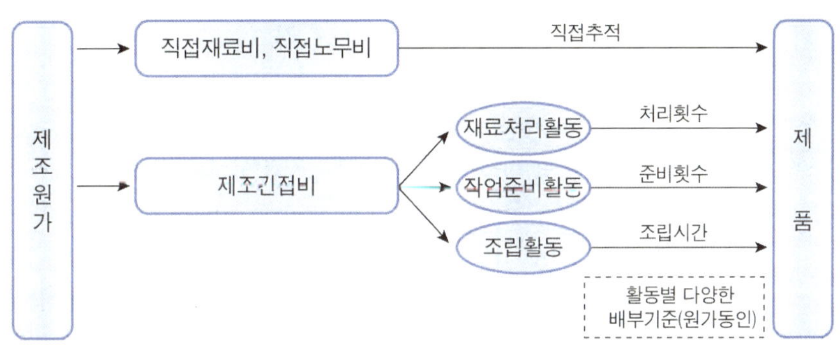

02 활동기준원가계산의 기본개념

구분	내용
도입배경	• 공장자동화로 제조간접비의 비중이 증가하고 생산활동도 복잡하고 다양화됨 • 소비자의 다양한 욕구 충족을 위해 다품종소량생산체제로 전환하는 기업들의 보다 정확한 원가계산 필요 • 활동분석, 자원에 대한 활동원가동인, 활동원가 등에 대한 방대한 정보수집을 발달된 정보처리기술을 이용하여 적은 비용으로 수행 가능

구분	내용
활동의 구분	활동이란 자원을 사용하여 가치를 창출하는 작업으로서 원가를 발생시키는 기본적인 분석단위이며, 그 수준에 따라 4가지로 구분 • **단위수준활동**: 제품 한 단위가 생산될 때마다 수행되는 활동 예 기계작업활동, 직접노동활동, 품질검사활동 • **묶음수준활동**: 한 묶음의 제품을 처리하거나 생산할 때마다 수행하는 활동 예 구매주문활동, 품질검사활동, 작업준비활동 • **제품수준활동**: 제품라인을 유지하기 위해 수행하는 활동으로 제품유지활동 예 제품개발활동, 설계변경활동, 제품광고활동 • **설비수준활동**: 제조공정을 유지관리 하기 위하여 수행하는 활동으로 설비유지활동 예 안전강화활동, 공장환경미화활동, 냉난방활동
계산절차	활동분석 → 활동중심점의 설정 및 활동원가집계 → 활동중심점별 원가동인의 선택 → 활동중심점별 원가배부율계산 → 활동원가의 제품별 배부
장점	• 제조간접비를 활동별로 구분하므로 전통적 원가계산보다 더 정확하다. • 활동을 기준으로 하므로 제품구성이 변하여도 신축적인 원가계산이 가능하다. • 활동을 부가가치 및 비부가가치활동으로 분석하여 비부가가치활동을 제거하거나 감소하여 원가를 절감할 수 있다.
단점	• 활동을 분석하고 측정하는 과정에서 시간과 비용이 많이 소요된다. • 공장 냉난방비, 공장 감가상각비 등의 설비수준 원가동인을 파악하기 힘들어 기계시간이나 노동시간 등을 자의적으로 배분할 가능성이 있다. • 활동에 대한 정확한 구분기준이 불분명하다.

제2부

더존 SmartA(iPlus) 내 것으로 만들기

더존 SmartA(iPLUS)실무교육용프로그램 설치방법

1. 더존 SmartA(iPLUS)프로그램을 다운받기 위해 한국공인회계사회 AT자격시험 홈페이지 'http://at.kicpa.or.kr'에 접속한다.
2. 홈페이지 왼쪽 하단에 '교육용프로그램 다운로드'를 클릭한다. 소속 등 간단한 개인정보를 입력하고 교육용프로그램을 다운로드한다.
3. '파일을 다운로드 하시겠습니까?'라는 대화상자가 나타나면 '확인'을 클릭한다.
4. 파일 다운로드 대화상자에서 '저장'을 클릭하여 바탕화면 등에 저장한다.
5. 다운로드한 압축 파일의 압축을 풀고 더블클릭하여 실행한다.
6. 사용권 계약 등에 동의하고 '다음'을 클릭하여 설치를 진행한다. 설치가 완료되면 '완료'를 클릭한다.
7. 바탕화면의 'AT자격시험 더존 SmartA(iPLUS)' 아이콘을 더블클릭하면 프로그램이 실행된다.
8. 화면 오른쪽 하단의 '최신버전확인'을 클릭하여 업데이트를 진행한다.

더존 SmartA(iPlus) 재무회계실무 제대로 알기

회계정보시스템운용(0203020105_20v4)
전표처리(0203020201_20v5)
자금관리(0203020102_20v4)
결산관리(0203020202_20v5)

제 1 절 기초정보관리

필요 지식

01 프로그램의 시작

(1) 최초 로그인

더존 SmartA(iplus) 교육용프로그램을 더블클릭하여 아래의 순서대로 로그인한다.

❶ 사용자가 작업하려는 사용급수를 'TAT 1급'으로 선택한다.

❷ 회사등록이 이루어진 상태면 검색(F2)을 클릭하여 회사를 선택한다.(예: 1000)

❸ 회사코드에서 작업할 회사코드를 선택하면 자동으로 회사명이 표시된다.

❹ 로그인을 클릭하여 프로그램을 시작한다.

(2) 급수별 프로그램 구성

구 분	FAT 2급	FAT 1급	TAT 2급	TAT 1급
기업형태	개인기업, 도 · 소매업	법인기업, 도 · 소매업	법인기업, 제조업	법인기업, 제조업
회계범위	회계원리	재무회계	중급회계	고급회계
부가가치세		부가가치세기초	부가가치세실무	부가세신고
소득세			근로소득원천징수	원천징수 전체
법인세				법인세무조정

02 회사등록

재무회계	➡	기초정보관리	➡	회사등록

　실무교육프로그램을 운용하여 작업할 기본회사를 등록하는 메뉴로 프로그램 운영상 가장 먼저 등록되어야 한다. 【회사등록】에 등록된 사항은 프로그램 운용 전반에 영향을 미치므로 정확히 입력해야 한다.

▌사업자등록번호 구분코드 구성▐

□□□ - □□ - □□□□□

세무서코드	개인과 법인의 구분		앞 4자리 일련번호 뒤 1자리 검증번호
일련번호	개인	01~79　• 과세사업자 80　• 아파트관리사무소 등 89　• 법인이 아닌 종교단체 90~99　• 면세사업자	—
	법인	81, 86, 87　• 영리법인의 본점 85　• 영리법인의 지점 82　• 비영리법인의 본·지점 84　• 외국법인의 본·지점	

03 환경설정

재무회계	➡	기초정보관리	➡	환경설정

　실무교육 프로그램을 운용하여 작업할 기본회사의 시스템환경을 설정하기 위한 메뉴로 회사등록 후 바로 설정한다. 환경설정 수정 시 다른 메뉴들을 종료하고 수정해야 한다.

▌신용카드관련 환경설정▐

① **신용카드 입력방식**
- '1.공급대가(부가세포함)'로 설정된 경우 매입매출전표에서 유형 17.카과, 57.카과 입력 시 공급가액란에 부가가치세를 포함한 금액을 입력하면 그 입력한 금액에서 부가가치세를 제외한 금액(100/110)이 자동 산출된다.
- '2.공급가액(부가세제외)'으로 설정된 경우 매입매출전표에서 유형 17.카과, 57.카과 입력 시 공급가액란에 부가가치세를 제외한 금액을 입력한다.

② **신용카드채권·채무**: 자동분개되는 카드매출채권, 카드매입채무 계정을 설정할 수 있다.

 업무용승용차등록

업무용승용차는 법인 소유이거나 법인이 리스 또는 임차하여 업무에 사용하는 승용차를 말한다. 따라서 종업원 소유의 차량을 업무에 사용하고 차량유지비 등을 지급 받는 경우에는 업무용승용차가 아니다.

업무용승용차의 취득과 유지를 위하여 지출한 비용(유류비, 보험료, 수선비, 자동차세, 통행료 등)등을 관리항목으로 관리하기 위하여 업무용승용차를 등록한다.

구분	내용
대상	일반적인 승용차(개별소비세법 제1조 제2항 제3호에 해당하는 승용자동차), 리스나 렌트 차량도 포함 -제외: 배기량 1,000cc 이하, 운수업, 자동차판매업, 자동차임대업(렌트회사), 시설대여업(리스회사), 운전학원업 등에서 사용하는 자동차
감가상각 방법	2016년 1월 1일 이후 취득분부터 정액법으로 5년 동안 감가상각
승용차관련비용	임차료, 유류비, 자동차세, 보험료, 수리비, 감가상각비 등
감가상각비 인정	연간 최대 8백만원(초과되는 부분은 다음해로 이월됨)
보험가입	2016년 4월 1일 이후 보험료부터는 임직원전용자동차보험 가입하여야 함.

주의 고정자산코드, 고정자산명, 취득일자는 [고정자산등록]메뉴에 등록된 내용을 **?** 를 선택하여 반영하면 된다.

I Can! 업무용승용차등록!

① 계정과목 및 적요등록: 관리항목에서 32.업무용승용차 항목을 사용으로 설정
   (관련 계정과목: 보험료, 차량유지비, 임차료, 감가상각비 등)
② 업무용승용차등록: 업무용승용차 차량을 등록한다.
③ 일반전표 및 매입매출전표 입력에서 업무용 승용차 관련 비용 입력 시 금액입력 후 F3을 누르고 하단에 차량별로 관리할 수 있도록 업무용승용차 관리항목을 입력한다.

 업무용승용차등록

(주)세무전자의 업무용승용차를 등록하기 위하여 다음을 수행하시오.

수행 1 다음의 고정자산을 [고정자산등록]메뉴에 등록하시오.

계정과목	코드	자산명	취득일	상각방법	기초가액	전기말 상각누계액	내용연수	경비구분
차량운반구	301	차량1	2022.12.31.	정액법	45,000,000원	18,000,000원	5	800번대

수행 2 [고정자산등록]에 등록한 업무용승용차를 [업무용승용차등록]메뉴에 등록하시오.

코드	차량번호	차종	명의구분	사용	기초주행거리	보험가입여부	보험기간
101	25오7466	그랜저	회사	○	31,000km	업무전용 자동차보험(법인)	2024.12.31. ~ 2025.12.31.

 업무용승용차등록

수행 1 ① 고정자산계정과목을 **?** 를 이용하여 '208.차량운반구'를 선택한다.
② 고정자산등록 메뉴에 해당자산의 내용을 입력한다.

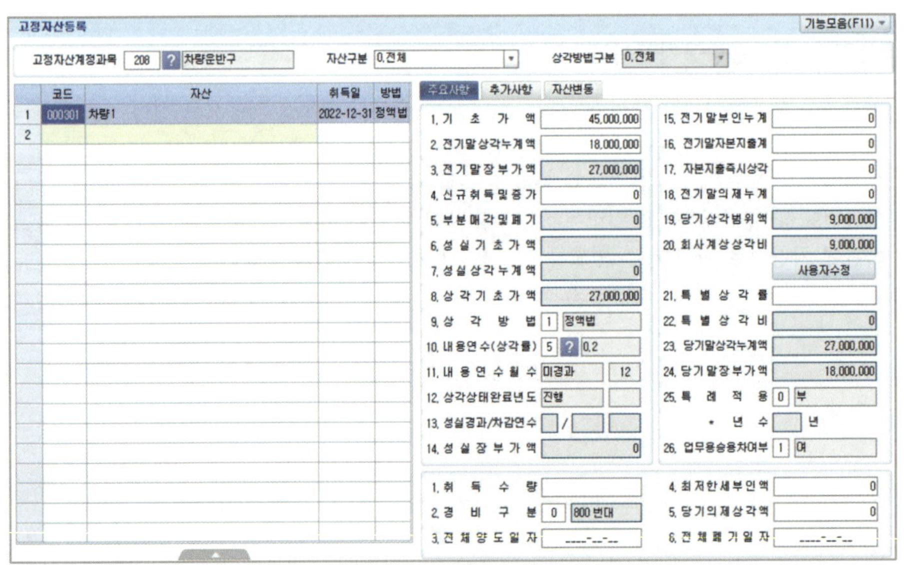

수행 2 ① 업무용승용차등록 각 란의 내용을 입력한다.

② 고정자산코드에서 **?** 를 클릭하여 **수행 1** 에서 등록한 고정자산을 선택하면
고정자산명, 취득일자, 경비구분은 자동으로 반영된다.

재무회계 ➡ 기초정보관리 ➡ 업무용승용차등록

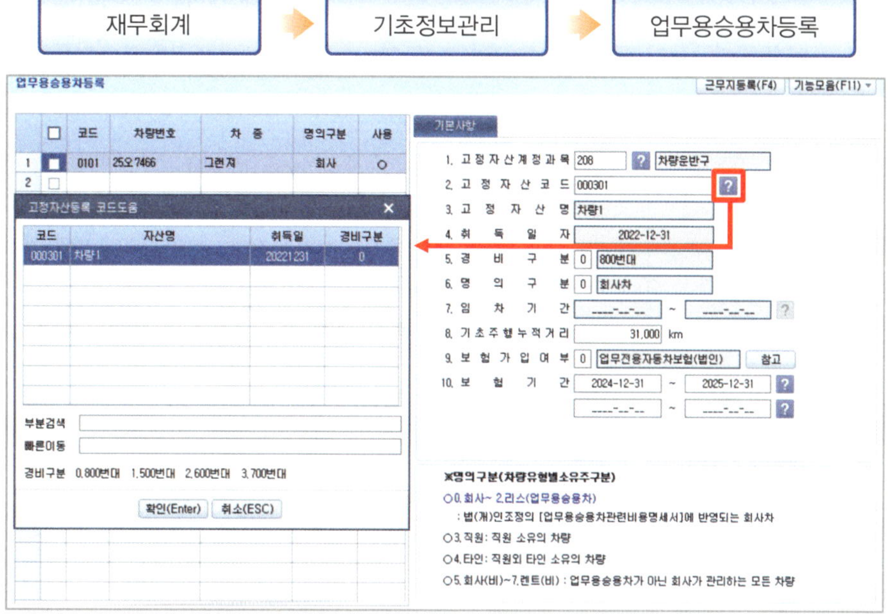

수행 tip

- 고정자산등록에 등록된 업무용승용차를 불러와 공통적인 부분은
  자동 반영 받는다.
- 업무용승용차의 취득과 유지를 위하여 지출한 내용과 관련된 계정
  과목은 관리항목을 32.업무용승용차로 설정해야 한다.

05 계정과목 및 적요등록

재무회계 ➡ 기초정보관리 ➡ 계정과목및적요등록

계정과목은 시스템 전반에 영향을 미치므로 프로그램을 처음 사용하는 시점에서 정확하게
설정하여야 한다. 일반회계기준에 따라 가장 일반적인 계정과목은 이미 등록되어 있는 상태
이므로 회사의 특성에 따라 계정과목을 계정과목 코드체계에 의하여 수정하거나 추가하여
사용할 수 있다.

❙ 계정과목 코드체계 ❙

재무상태표 계정과목	손익계산서 계정과목	참고
자산 ▲ • 유동자산 ⌃ ‒ 당 좌 자 산(10100~14599) ‒ 재 고 자 산(14600~17599) • 비유동자산 ⌃ ‒ 투 자 자 산(17600~20099) ‒ 유 형 자 산(20100~23099) ‒ 무 형 자 산(23100~25099) ‒ 기타비유동자산(96100~98099) **부채** ▲ • 유 동 부 채(25100~29099) • 비 유 동 부 채(29100~33099) **자본** ▲ • 자 본 금(33100~34099) • 자 본 잉 여 금(34100~35099) • 이 익 잉 여 금(35100~38099) • 자 본 조 정(38100~40099) • 기 타 포 괄손익(98100~99099)	**매출** ▲ • 매 출(40100~42099) **매출원가** ▲ • 매 출 원 가(45100~47099) **판관비** ▲ • 판 매 / 관 리 비(80100~90099) **기타** ▲ • 영 업 외 수 익(90100~93099) • 영 업 외 비 용(93100~96099) • 중 단 사 업손익(99100~99799) • 법 인 (개 인)(99800~99999) **제조** ▲ • 제 조 원 가(50100~60099) **도급** ▲ • 도 급 원 가(60100~70099) **분양** ▲ • 분 양 원 가(70100~80099)	• 500번대 경비 제조원가명세서를 구성하는 코드 • 600번대 경비 건설업의 도급원가명세서를 구성하는 코드 • 700번대 경비 건설업의 분양원가명세서를 구성하는 코드 • 800번대 경비 판매비와관리비를 구성하는 코드 **주의** 빨간색 계정과목의 수정은 'Ctrl+F1'을 동시에 누른 후 계정과목을 덧씌워 입력한다.

수행과제 계정과목 및 적요등록

(주)세무전자는 다음의 계정과목에 관리항목을 추가로 등록하고자 한다.

수행 업무용승용차와 관련된 다음의 계정과목에 관리항목의 추가설정을 수행하시오.

코드	계정과목	관리항목	코드	계정과목	관리항목
821	보험료	32.업무용승용차	822	차량유지비	32.업무용승용차

수행과제 풀이 계정과목 및 적요등록

① 코드 란에 커서를 두고 821을 입력하면 821.보험료로 이동한다.
② 관리항목 란에서 F2를 선택하여 [관리항목]보조 창이 나타나면 32.업무용승용차관리를 선택한 후 사용에서 'O'를 클릭한다.

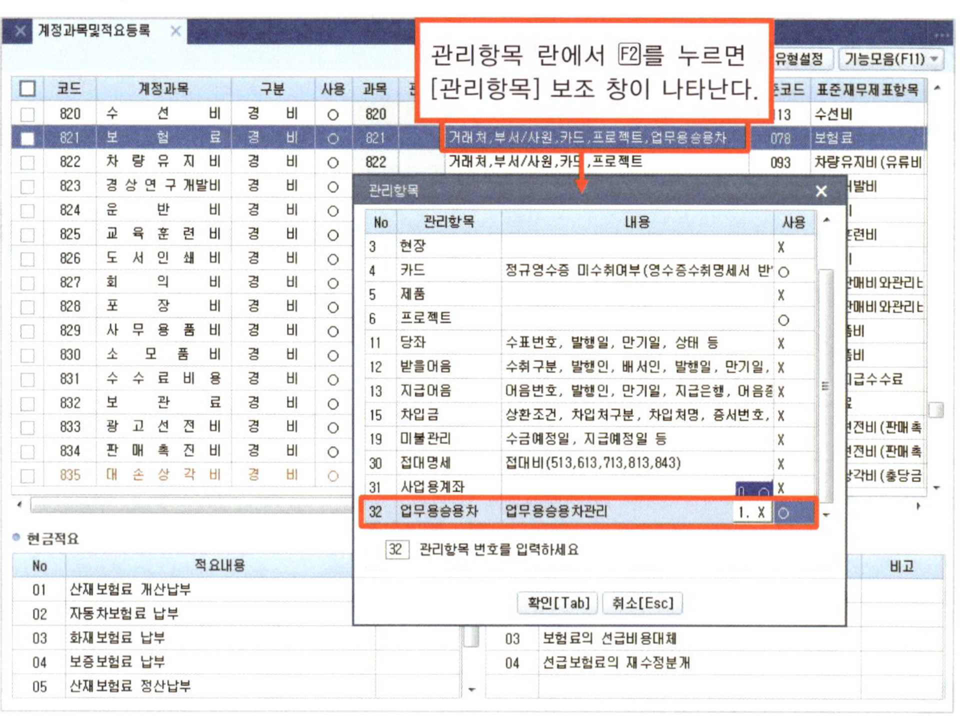

③ 코드 란에 커서를 두고 822를 입력하면 822.차량유지비로 이동한다.

④ 관리항목 란에서 F2를 선택하여 [관리항목]보조 창이 나타나면 32.업무용승용차관리를 선택한 후 사용에서 'O'를 클릭한다.

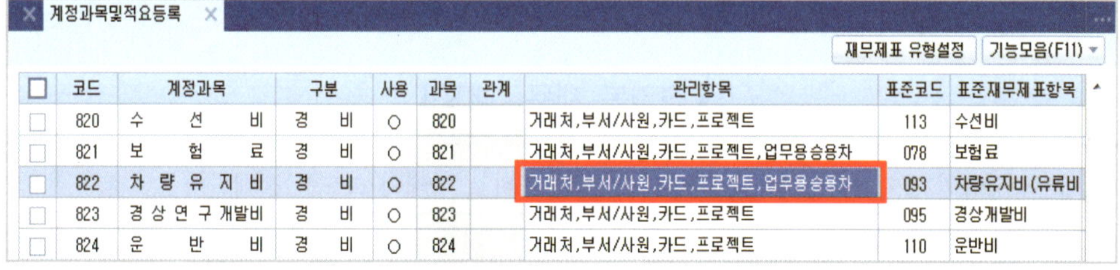

수행 tip

- 실무에서는 사용하고자하는 계정과목과 적요를 등록 · 수정할 수 있어야 한다. 빨간색 계정과목은 Ctrl+F1을 누른 후 수정한다.
- 계정과목의 관리항목에 32.업무용승용차관리를 추가하면 전표 입력 시 관리항목을 추가로 입력할 수 있다.

06 거래처등록

재무회계 ➡ 기초정보관리 ➡ 거래처등록

거래처등록은 등록된 거래처코드별로 거래처원장 관리를 하거나 매출 시 세금계산서발급 등을 위해 매출처의 사업자등록증을 받아 등록하며, 매입 시는 세금계산서나 일반 영수증에 표시된 거래상대방의 인적사항을 보고 입력할 수 있다.

▌전표입력 시 거래처코드를 입력해야 하는 계정과목▌

> 예금계정(보통예금, 당좌예금 등), 외상매출금, 받을어음, 외상매입금, 지급어음, 미지급금, 미수금, 선급금, 선수금, 가지급금, 단기차입금, 장기차입금, 유동성장기부채, 단기대여금, 장기대여금 등의 채권 · 채무

07 전기분 재무상태표

재무회계 ➡ 기초정보관리 ➡ 전기분 재무상태표

전기분 재무상태표를 입력하는 곳으로, 입력된 자료는 다른 자료에 자동으로 영향을 미치므로 가장 먼저 작업을 해야 한다.

▌전기분 재무상태표▌

① 대손충당금과 감가상각누계액은 자신의 코드번호 바로 아래의 코드를 선택한다.

108.외상매출금	110.받을어음	202.건 물	206.기 계 장 치
109.대손충당금	111.대손충당금	203.감가상각누계액	207.감가상각누계액

② 충당금, 결손금의 경우 −(음수)로 입력하지 않는다.
③ 법인의 잉여금 계정입력
　이월이익잉여금은 375, 이월결손금은 376으로 입력하고, 당기순이익 379, 당기순손실 380으로 입력하지 않도록 주의한다.

08 전기분 손익계산서

전기분 손익계산서를 입력하는 곳으로, 전기분 손익계산서는 계속기업의 비교식 손익계산서 작성 자료를 제공함과 동시에 기업의 당기순이익을 산출하는 메뉴이다.

▌전기분 손익계산서 ▌

① 455.제품매출원가: 보조 입력창에 자료를 입력하면 자동으로 금액이 산출된다.
  • 제품매출원가 = 기초제품재고액 + 당기제품제조원가 − 기말제품재고액
② 기말제품재고액: 전기분 재무상태표에서 자동 반영된다.
③ 모든 내용을 입력하고 나면 당기순이익이 일치해야 한다.

09 전기분 원가명세서

제조원가명세서는 제조업을 영위하는 기업에서 작성하는 것으로 재료비, 노무비, 제조경비 등을 집계하여 당기제품제조원가를 산출하는 보고서이며, 비교식 원가명세서를 작성하기 위하여 전년도 원가명세서를 입력해야 한다.

▌전기분 원가명세서 ▌

① 매출원가 선택 및 이에 따른 경비를 연결하기 위한 작업으로 제조원가명세서, 공사원가명세서 등을 작성할 때 매우 중요하다.
  • 455.제 품 매 출 원 가 ········· 500번대 경비
  • 452.도급공사매출원가 ········ 600번대 경비
  • 453.분양공사매출원가 ········ 700번대 경비
② 계정과목코드와 금액을 입력하면 원재료비의 경우 재료비 보조화면이 나타나며, 기말재고액은 재무상태표 초기이월에 입력된 재고계정(원재료)금액이 자동 반영된다.
③ 기초재공품재고액, 타계정에서 대체액, 타계정으로 대체액 등은 별도의 계정과목이 존재하지 않으므로 직접 커서를 두고 입력한다.

⑩ 전기분 이익잉여금처분계산서

재무회계 ➡ 기초정보관리 ➡ 전기분 이익잉여금처분계산서

전기분 이익잉여금처분계산서는 전년도 법인기업의 당기순이익과 이월된 이익잉여금을 보여주며 주주총회를 통해 처분한 잉여금에 대한 내역들이 작성된다.

❚ 전기분 이익잉여금처분계산서 ❚

① 전년도 이익잉여금처분계산서상의 당기순손익이 결손일 경우 (−)금액으로 입력한다.
② 처분액 등의 항목을 처분계산서상에 삽입하길 원하면 당기순이익이나 차기이월이익잉여금에 커서를 두고 F7을 누르면 추가가 가능하다.

⑪ 거래처별 초기이월

재무회계 ➡ 기초정보관리 ➡ 거래처별 초기이월

채권·채무 등 거래처별로 관리가 필요한 계정과목에 대해 각 거래처별 전기이월 자료를 제공하기 위해 입력하는 것으로, 입력 후 거래처원장을 조회하면 전기이월로 표시된다. 전기분 재무상태표의 작업이 선행되어야 거래처별 초기이월을 입력할 수 있으며, 거래처코드 등록이 된 상태에서 입력이 가능하다.

실무 익히기

제 2 절 일반거래자료의 입력

필요 지식

자산·부채·자본의 증감변동이 발생하면 증빙서류를 보고 회계 프로그램이 요구하는 형식에 맞추어 입력하는 메뉴이다. 일반전표입력에서 입력된 자료는 전표, 분개장 및 총계정원장 등 관련 장부와 메뉴에 자동으로 반영되어 필요한 내용을 조회, 출력할 수 있다. 프로그램으로 회계처리함에 있어 전표입력은 가장 핵심적이고 중요한 작업이다.

일반전표입력은 부가가치세신고와 관련이 없는 거래를 입력하며 부가가치세신고와 관련된 거래는 매입매출전표에 입력한다.

▌주요항목별 입력내용 및 방법 ▌

항목	입력내용 및 방법
일	① 일자를 직접 입력하여 일일거래를 입력한다. ② 해당 월만 입력 후 일자별 거래를 연속적으로 입력한다. * 일자를 입력하지 않고 [Enter↵]를 누르면 된다.
거래처코드	① 거래처코드를 모를 경우 입력방법 ㉠ 코드란에 커서 위치시 [F2] 도움 받아 원하는 거래처를 부분 검색하고 [Enter↵] (사업자등록번호로도 검색이 가능함) ㉡ 코드란에 커서 위치시 '[+]'키를 누르고 원하는 거래처를 입력하고 [Enter↵] ② 신규거래처일 경우 입력방법 코드란에 커서 위치시 '[+]'키를 누르고 거래처명을 입력하여 [Enter↵] → 세부항목을 눌러 기본사항을 입력 → 확인 → 등록 * 입력된 자료는 각종 원장에 반영된다.
구 분	전표의 유형을 입력하는 란이다. [1: 출금, 2: 입금, 3: 차변, 4: 대변, 5: 결산차변, 6: 결산대변] ① 현금전표 - 출금전표: 1, 입금전표: 2 ② 대체전표 - 차변: 3, 대변: 4 ③ 결산전표 - 결산차변: 5, 결산대변: 6(결산대체분개시만 사용함)

항목	입력내용 및 방법
코드와 계정과목	① 계정코드를 모를 경우 입력방법 　　㉠ 코드란에 커서 위치시 F2 도움 받아 원하는 계정을 부분 검색하고 Enter↵ 　　㉡ 코드란에 커서 위치시 계정과목명 앞 두 글자를 입력하고 Enter↵ ② 계정코드를 아는 경우 직접 계정코드를 입력하는 방법 　*입력된 자료는 각종 원장 및 재무제표에 자동 반영된다.
적 요	적요는 숫자 0, 1~8, F3 중 해당 번호를 선택, 입력한다. ① 0: 임의의 적요를 직접 입력하고자 할 때 선택한다. ② 1~8: 화면 하단에 보여지는 내장적요로, 해당번호를 선택 입력한다. 　기 내장적요 외에 빈번하게 사용하는 적요의 경우에는 적요 코드도움 창에서 　편집(F3)키를 눌러 기 등록된 적요를 수정 또는 추가할 수 있다. ③ F3: 받을어음, 지급어음, 차입금 등의 자금관리를 하고자 할 경우 선택하며, 받을어음 　현황, 지급어음현황, 차입금현황, 당좌수표현황 등에 반영되어 자금관리 자료로 활용된다.

수행과제 　일반거래자료의 입력

다음의 거래 자료를 입력하시오.

1. 2월 27일　이익잉여금처분계산서를 참고하여 처분확정일에 대한 회계처리를 하고, 전기분
　　　　　　이익잉여금처분계산서를 작성하시오. 단, 이익준비금 적립액은 상법규정에
　　　　　　의한 최소금액을 적립하며 기초이익잉여금을 고려하지 않는다.

이익잉여금처분계산서

2024년 1월 1일부터 2024년 12월 31일까지

처분확정일 2025년 2월 27일

(단위: 원)

과목		금액
Ⅰ. 미처분 이익잉여금		*******
～～～～～～～～～～～～～～～～		
Ⅱ. 임의적립금등의 이입액		
합　　　계		
Ⅲ. 이익잉여금 처분액		******
1. 이익준비금	（　?　）	
2. 배당금	5,000,000	
가. 현금배당	4,000,000	
나. 주식배당	1,000,000	
3. 사업확장적립금	1,000,000	
Ⅳ. 차기이월 미처분이익잉여금		******

2. 3월 2일 이사회 결의로 해외시장 개척을 위한 유상증자를 실시하고 주식발행대금은 전액 한국은행 보통예금으로 입금하였으며, 신주발행비는 현금으로 지급하였다. (관련계정을 조회하여 회계처리할 것)

주당액면금액	주당발행금액	주식수	신주발행비
5,000원	7,000원	1,000주	500,000원

3. 3월 6일 2월 21일 구입했던 자기주식 100주 중 50주를 주당 100,000원에 매각하고 대금은 한국은행 보통예금계좌에 입금되었다.

■ 보통예금(한국은행) 거래내역

번호	거래일자	내용	찾으신금액	맡기신금액	잔액	거래점
		계좌번호 123-456-789 (주)세무전자				
1	2025-03-06	(주)삼일물산		5,000,000	********	용산

4. 3월 9일 전기에 장기투자목적으로 구입하였던 (주)대한의 주식 100주 중 50주를 주당 20,000원에 매각하고 대금은 전액 한국은행 보통예금계좌에 입금되었다.

■ 유가증권 취득 현황

유가증권 종류	보유 목적	주식수	단위당 액면금액	단위당 구입금액	전기말 평가금액
(주)대한의 주식	장기 투자목적	100주	5,000원	10,000원	15,000원

5. 3월 16일 당사는 하나금융에 확정급여형(DB) 퇴직연금에 가입되어 있고 퇴직금추계액의 100%를 납입하고 있다. 3월 16일 퇴사하는 김수현의 퇴직금은 전액 개인형 퇴직연금인 IRP로 이연한다.

사원명	퇴사사유	퇴직금	퇴직금산정 근거	비고
김수현	자발적퇴사	8,000,000원	근로자퇴직급여 보장법	당사는 퇴직금추계액의 100%를 퇴직급여충당부채로 설정

6. 3월 18일 신규사업인 신재생에너지사업과 관련된 설비투자를 위해 장기자금조달을 결정
하고 다음과 같이 회사채 발행을 하였다. 사채의 발행금액은 한국은행 보통예
금계좌에 입금되었다.

사 채 발 행 사 항

회사가 장기자금을 조달할 목적으로 회사채 발행을 결정하고
다음과 같이 회사채 발행에 대한 사항을 결정함.

– 다   음 –

1. 사채의 액면금액 20,000,000원, 발행금액 19,039,600원
2. 사채의 만기와 액면이자율: 만기 3년, 액면이자율 10%

■ 사채발행 시 액면이자율은 10%, 시장이자율은 12%이며, 현가계수는 다음과 같다.

이자율	3년 단일금액 1원의 현가계수	3년 정상연금 1원의 연금현가계수
10%	0.7513	2.4869
12%	0.7118	2.4018

7. 3월 24일 전기에 (주)두리온스의 외상매출금 2,640,000원이 회수가 불가능하게 되어
대손처리하고 부가가치세에 대한 대손세액공제를 받았던 대손금액이 3월 24
일에 한국은행 보통예금계좌에 입금되었다.(단, 부가가치세신고서작성은 생
략하고 대손세액에 대한 회계처리는 포함한다.)

■ 보통예금(한국은행) 거래내역

번호	거래일자	내용	찾으신금액	맡기신금액	잔액	거래점
		계좌번호 123-456-789 (주)세무전자				
1	2025-03-24	(주)두리온스		2,640,000	********	용산

8. 4월 9일 3월 18일 발행한 사채 중 일부를 국민은행 당좌수표를 발행하여 조기에 상환하
였다.(단, 상환일까지의 사채할인발행차금 상각은 생략하기로 한다.)

액면금액	상환금액	당좌수표 발행금액
20,000,000원	15,000,000원	16,000,000원

9. 4월 14일   녹색성장사업에 대한 사업확장이 확정되어 신재생에너지 기계구입 관련 정부
　　　　　　　지원금 10,000,000원이 한국은행 보통예금 계좌에 입금되었다. 126.회사설
　　　　　　　정계정과목을 정부보조금(구분: 차감, 관계코드: 103.보통예금)으로 수정하여
　　　　　　　회계처리하시오.

■ 보통예금(한국은행) 거래내역

		내용	찾으신금액	맡기신금액	잔액	거래점
번호	거래일자	계좌번호 123-456-789 　(주)세무전자				
1	2025-04-14	중소기업청		10,000,000	*********	용산

10. 4월 17일   단기시세차익을 위해 보관중인 (주)마곡의 주식과 관련된 배당금 지급통지서
　　　　　　　이며, 현금배당금은 한국은행 보통예금계좌에 입금되었다.

배당금 지급 통지서

　주소변경, 배당금수령 등 주식 관련 문의는 거래하시는(동양종합금융증권) 영업점 또는 콜센터
(1588-2600)에 문의하시기 바랍니다.

・배당금 지급 내역
주식회사 마곡의 배당금 지급내역을 아래와 같이 통보합니다.　　　　　　　　　(단위: 원, 주)

종 류	소유주식수(액면금액)	현금배당률(%)	주식배당률(%)
보통주	10,000(5,000원/주)	10%	5%

수행과제 풀이 **일반거래자료의 입력**

1. 2월 27일

(차) 375.이월이익잉여금	6,400,000원	(대) 351.이익준비금	*400,000원
		265.미지급배당금	4,000,000원
		387.미교부주식배당금	1,000,000원
		356.사업확장적립금	1,000,000원

주의 *이익준비금: 현금배당액 4,000,000원 × 10% = 400,000원

□	일	번호	구분	코드	계정과목	코드	거래처	적요	차변	대변
□	27	00001	차변	375	이월이익잉여금			03 이익잉여금 당기처분액	6,400,000	
□	27	00001	대변	351	이익준비금			04 이익준비금 당기적립액		400,000
□	27	00001	대변	265	미지급배당금			현금배당액		4,000,000
□	27	00001	대변	387	미교부주식배당금			주식배당액		1,000,000
□	27	00001	대변	356	사업확장적립금			사업 확장적립금 적립액		1,000,000

■ 전기분이익잉여금처분계산서 입력

III. 이익잉여금처분액				6,400,000
1. 이익준비금	351	이 익 준 비 금	400,000	
2. 기업합리화적립금	352	기 업 합 리 화 적 립 금		
3. 배당금			5,000,000	
가. 현금배당	265	미 지 급 배 당 금	4,000,000	
나. 주식배당	387	미 교 부 주 식 배 당 금	1,000,000	
4. 사업확장적립금	356	사 업 확 장 적 립 금	1,000,000	
5. 감채 적립금	357	감 채 적 립 금		
6. 배당평균적립금	358	배 당 평 균 적 립 금		

주의 상단부의 처분 확정일자를 입력한다.(처분확정일자 2025-02-27))

2. 3월 2일

(차) 103.보통예금	7,000,000원	(대) 331.자본금	5,000,000원
(98000.한국은행(보통))		381.주식할인발행차금	1,000,000원
		341.주식발행초과금	*500,000원
		101.현금	500,000원

주의 * 발행금액 7,000,000원 - 액면금액 5,000,000원 - 신주발행비 500,000원 - <u>주식할인발행차금 1,000,000원</u>
= 500,000원   ↳ 계정잔액을 조회

□	일	번호	구분	코드	계정과목	코드	거래처	적요	차변	대변
□	02	00001	차변	103	보통예금	98000	한국은행(보통)	주식발행대금 입금	7,000,000	
□	02	00001	대변	331	자본금			05 자본증자액의 보통예입		5,000,000
□	02	00001	대변	381	주식할인발행차금			주식발행초과금과 상계		1,000,000
□	02	00001	대변	341	주식발행초과금			04 할증발행시 보통예입		500,000
□	02	00001	대변	101	현금			신주발행비		500,000

3. 3월 6일

| (차) 103.보통예금 | 5,000,000원 | (대) 383.자기주식 | *4,000,000원 |
| (98000.한국은행(보통)) | | 343.자기주식처분이익 | 1,000,000원 |

주의 * 8,000,000원 × 50주/100주 = 4,000,000원

	일	번호	구분	코드	계정과목	코드	거래처	적요	차변	대변
☐	06	00001	차변	103	보통예금	98000	한국은행(보통)	자기주식 처분	5,000,000	
☐	06	00001	대변	383	자기주식			자기주식 처분		4,000,000
☐	06	00001	대변	343	자기주식처분이익			자기주식 처분		1,000,000

4. 3월 9일

(차) 103.보통예금	1,000,000원	(대) 178.매도가능증권	750,000원
(98000.한국은행)		922.매도가능증권처분이익	500,000원
981.매도가능증권평가익	250,000원		

	일	번호	구분	코드	계정과목	코드	거래처	적요	차변	대변
☐	9	00001	차변	103	보통예금	98000	한국은행(보통)	매도가능증권 처분	1,000,000	
☐	9	00001	차변	981	매도가능증권평가익			매도가능증권 50%처분	250,000	
☐	9	00001	대변	178	매도가능증권			매도가능증권 50%처분		750,000
☐	9	00001	대변	922	매도가능증권처분이익			매도가능증권 50%처분		500,000

5. 3월 16일

| (차) 295.퇴직급여충당부채 | 8,000,000원 | (대) 198.퇴직연금운용자산 | 8,000,000원 |
| | | (98004.하나금융(퇴직연금)) | |

	일	번호	구분	코드	계정과목	코드	거래처	적요	차변	대변
☐	16	00001	차변	295	퇴직급여충당부채			01 퇴직시 퇴직충당부채 상계	8,000,000	
☐	16	00001	대변	198	퇴직연금운용자산	98004	하나금융(퇴직연금)	김수현의 퇴직		8,000,000

주의 확정급여형(DB) 퇴직연금은 회사가 적립금 운용수익자이며 결산 시 퇴직급여충당부채를 설정한다. 납부 시에는 차변에 '퇴직연금운용자산'으로 회계 처리한다.

6. 3월 18일

(차) 103.보통예금	*19,039,600원	(대) 291.사채	20,000,000원
(98000.한국은행(보통))			
292.사채할인발행차금	960,400원		

주의 * 사채의 발행금액 = (20,000,000원 × 0.7118) + (2,000,000원 × 2.4018) = 19,039,600원

	일	번호	구분	코드	계정과목	코드	거래처	적요	차변	대변
☐	18	00001	차변	103	보통예금	98000	한국은행(보통)	사채 발행	19,039,600	
☐	18	00001	차변	292	사채할인발행차금			사채 발행	960,400	
☐	18	00001	대변	291	사채			사채 발행		20,000,000

7. 3월 24일

(차) 103.보통예금	2,640,000원	(대) 109.대손충당금	2,400,000원
(98000.한국은행(보통))		255.부가세예수금	240,000원

□	일	번호	구분	코드	계정과목	코드	거래처	적요	차변	대변
□	24	00001	차변	103	보통예금	98000	한국은행(보통)	대손금 회수	2,640,000	
□	24	00001	대변	109	대손충당금			대손금 회수		2,400,000
□	24	00001	대변	255	부가세예수금			대손금 회수		240,000

8. 4월 9일

(차) 291.사채	15,000,000원	(대) 102.당좌예금	16,000,000원
948.사채상환손실	1,720,300원	(98001.국민은행(당좌))	
		292.사채할인발행차금	*720,300원

주의 * 사채할인발행차금 960,400원 × $\dfrac{15,000,000원}{20,000,000원}$ = 720,300원

□	일	번호	구분	코드	계정과목	코드	거래처	적요	차변	대변
□	09	00001	차변	291	사채			01 사채 상환	15,000,000	
□	09	00001	차변	948	사채상환손실			사채 일부 상환	1,720,300	
□	09	00001	대변	102	당좌예금	98001	국민은행(당좌)	사채 일부 상환		16,000,000
□	09	00001	대변	292	사채할인발행차금			사채 일부 상환		720,300

9. 4월 14일

(차) 103.보통예금	10,000,000원	(대) 126.정부보조금*	10,000,000원
(98000.한국은행(보통))			

주의 * 계정과목 수정: 126.정부보조금, 구분: 4.차감, 관계코드: 103.보통예금

□	코드	계정과목	구분	사용	과목	관계	관리항목	표준코드	표준재무제표항목	출력용명칭	영문명
□	123	매 도 가 능 증 권	유가증권	○	123		거래처,부서/사원	007	유동성매도가능증권	매도가능증권	Available for sale secu
□	124	만 기 보 유 증 권	유가증권	○	124		거래처,부서/사원	008	유동성만기보유증권	만기보유증권	Held-to-maturity securi
□	125	기 타 제 예 금	예 금	○	125		거래처,부서/사원			기타제예금	User setup accounts
□	126	정 부 보 조 금	차 감	○	126	103	거래처,부서/사원			정부보조금	User setup accounts
□	127	회 사 설정계정과목		○	127		거래처,부서/사원			회사설정계정과목	User setup accounts

□	일	번호	구분	코드	계정과목	코드	거래처	적요	차변	대변
□	14	00001	차변	103	보통예금	98000	한국은행(보통)	정부보조금 입금	10,000,000	
□	14	00001	대변	126	정부보조금			정부보조금 입금		10,000,000

10. 4월 17일

(차) 103.보통예금	5,000,000원	(대) 903.배당금수익	5,000,000원
(98000.한국은행(보통))			

주의 주식배당은 회계처리 없음

□	일	번호	구분	코드	계정과목	코드	거래처	적요	차변	대변
□	17	00001	차변	103	보통예금	98000	한국은행(보통)	중간배당금 입금	5,000,000	
□	17	00001	대변	903	배당금수익			중간배당금 입금		5,000,000

제 3 절 고정자산 및 감가상각

필요 지식

01 고정자산등록

고정자산등록은 기업이 경영활동에 사용하기 위해 취득한 유형자산과 무형자산의 세부내용을 등록하고 관리하기 위한 메뉴이다. 고정자산의 세부내용을 등록하면 당기의 감가상각비가 계산되며 그 금액을 결산자료입력(자동결산)에 반영할 수 있다.

┃주요항목별 입력내용 및 방법┃

항목	입력내용 및 방법
계 정 과 목	① 계정과목 3자리 또는 5자리를 입력하거나 F2 또는 ? 클릭하여 등록할 계정과목을 선택한다. ② 과목을 입력하지 않고 Enter↵로 이동하면 전체과목으로 입력이 가능하다.
코 드	원하는 숫자 6자리까지 입력 가능하다.(오른쪽 버튼 클릭시 코드 정렬 변경 가능)
자 산 명	한글 31자, 영문 50자 내외로 입력한다.
취 득 일	해당자산의 취득년월일을 입력한다.
기 초 가 액	유형자산은 취득금액, 무형자산은 장부금액을 입력한다.
전기말상각누계액	위 입력된 기초가액과 전기말상각누계액을 반영한다.(자동계산된 금액을 표시) 직접 입력 시 유형자산은 전기말 현재의 감가상각누계액을 입력하고, 무형자산은 전년도까지 상각액을 입력한다.
신규취득및증가	당기 취득자산의 취득가액 또는 기 등록된 자산의 자본적지출액을 입력한다.
상 각 방 법	0.정률법과 1.정액법 중 해당 번호를 선택한다.
내 용 연 수	해당자산의 내용연수를 F2 또는 ? 클릭하여 확인 후 입력 → 상각률이 자동계산되어 표시되며 당기상각범위액도 자동계산된다.
내 용 연 수 월 수	취득, 양도에 따른 월수가 자동 계산된다.
상각상태완료년도	상각상태에 따라 0.진행, 1.완료가 자동으로 뜬다.
자본지출즉시상각	자본적지출액을 수익적지출(비용)로 비용처리한 경우의 금액을 기재한다. 당기상각액 범위액이 변경되다.
회 사 계 상 상 각 비	자동계산되며 사용자 수정을 누르면 수정이 가능하다.

수행과제 고정자산 등록과 감가상각비

다음 자료를 등록하여 결산에 반영할 감가상각비를 계산하시오.

계정과목	코드 번호	자산명	취득일자	취득금액	감가상각 누 계 액	상각 방법	내용 연수	경비 구분
건　　물	101	공장건물	2021.02.28.	89,000,000	22,000,000	정액법	20년	500
기 계 장 치	201	기계1	2022.02.01.	98,000,000	32,000,000	정률법	10년	500
차량운반구	301	차량1	2022.12.31.	45,000,000	18,000,000	정액법	5년	800
개 발 비	501	개발비	2024.01.06.	3,000,000	600,000	정액법	5년	800

주의 차량운반구의 차량1은 기초정보관리 부분의 수행내용에서 미리 등록하였다.

수행과제 풀이 고정자산 등록과 감가상각비

[고정자산등록]메뉴에 해당자산별로 내용을 입력하여 감가상각비를 확인한다.

❶ 건물 감가상각비 ▷ 4,450,000원

고정자산계정과목	202	?	건물

주요등록사항　추가등록사항　자산변동사항

1. 기 초 가 액	89,000,000	15. 전기말부인누계	0
2. 전기말상각누계액	22,000,000	16. 전기말자본지출계	0
3. 전기말장부가액	67,000,000	17. 자본지출즉시상각	0
4. 신규취득및증가	0	18. 전기말의제누계	0
5. 부분매각및폐기	0	19. 당기상각범위액	4,450,000
6. 성실기초가액		20. 회사계상상각비	4,450,000
7. 성실상각누계액			사용자수정
8. 상각기초가액	67,000,000	21. 특별상각률	
9. 상각방법 1 정액법		22. 특별상각비	0
10. 내용연수(상각률) 20 ? 0.050		23. 당기말상각누계액	26,450,000
11. 내용연수월수 미경과 12		24. 당기말장부가액	62,550,000
12. 상각상태완료년도 진행		25. 특례적용 0 부	
13. 성실경과/차감연수 /		· 년 수 년	
14. 성실장부가액			

1. 취 득 수 량		4. 최저한세부인액	0
2. 경 비 구 분 1 500번대		5. 당기의제상각액	0
3. 전체양도일자 ____-__-__		6. 전체폐기일자 ____-__-__	

❷ 기계장치 감가상각비 ▷ 17,094,000원

고정자산계정과목	206	?	기계장치

주요등록사항　추가등록사항　자산변동사항

1. 기 초 가 액	98,000,000	15. 전기말부인누계	
2. 전기말상각누계액	32,000,000	16. 전기말자본지출계	
3. 전기말장부가액	66,000,000	17. 자본지출즉시상각	
4. 신규취득및증가		18. 전기말의제누계	
5. 부분매각및폐기	0	19. 당기상각범위액	17,094,000
6. 성실기초가액		20. 회사계상상각비	17,094,000
7. 성실상각누계액			사용자수정
8. 상각기초가액	66,000,000	21. 특별상각률	
9. 상각방법 0 정률법		22. 특별상각비	0
10. 내용연수(상각률) 10 ? 0.259		23. 당기말상각누계액	49,094,000
11. 내용연수월수 미경과 12		24. 당기말장부가액	48,906,000
12. 상각상태완료년도 진행		25. 특례적용 0 부	
13. 성실경과/차감연수 /		· 년 수 년	
14. 성실장부가액			

1. 취 득 수 량		4. 최저한세부인액	
2. 경 비 구 분 1 500번대		5. 당기의제상각액	
3. 전체양도일자 ____-__-__		6. 전체폐기일자 ____-__-__	

❸ 차량운반구의 감가상각비 ⇨ 9,000,000원

고정자산계정과목	208	?	차량운반구

주요등록사항　추가등록사항　자산변동사항　[업무용승용차 : 0101]

1. 기 초 가 액	45,000,000	15. 전기말부인누계	0
2. 전기말상각누계액	18,000,000	16. 전기말자본지출계	0
3. 전 기 말 장 부 가 액	27,000,000	17. 자본지출즉시상각	0
4. 신규취득및증가	0	18. 전기말의제누계	0
5. 부분매각및폐기	0	19. 당기상각범위액	9,000,000
6. 성 실 기 초 가 액		20. 회사계상상각비	9,000,000
7. 성실상각누계액	0		사용자수정
8. 상 각 기 초 가 액	27,000,000	21. 특 별 상 각 률	
9. 상 각 방 법	1 정액법	22. 특 별 상 각 비	0
10. 내용연수(상각률)	5 ? 0.2	23. 당기말상각누계액	27,000,000
11. 내 용 연 수 월 수	미경과 12	24. 당기말장부가액	18,000,000
12. 상각상태완료년도	진행	25. 특 례 적 용	0 부
13. 성실경과/차감연수	/	• 년 수	년
14. 성 실 장 부 가 액	0	26. 업무용승용차여부	1 여
1. 취 득 수 량		4. 최저한세부인액	0
2. 경 비 구 분	0 800번대	5. 당기의제상각액	0
3. 전 체 양 도 일 자	----.--.--	6. 전 체 폐 기 일 자	----.--.--

❹ 개발비의 상각비 ⇨ 600,000원

고정자산계정과목	239	?	개발비

주요등록사항　추가등록사항　자산변동사항

1. 기 초 가 액	2,400,000	15. 전기말부인누계	
2. 전기말상각누계액	600,000	16. 전기말자본지출계	
3. 전 기 말 장 부 가 액	2,400,000	17. 자본지출즉시상각	
4. 신규취득및증가		18. 전기말의제누계	
5. 부분매각및폐기	0	19. 당기상각범위액	600,000
6. 성 실 기 초 가 액		20. 회사계상상각비	600,000
7. 성실상각누계액			사용자수정
8. 상 각 기 초 가 액	2,400,000	21. 특 별 상 각 률	
9. 상 각 방 법	1 정액법	22. 특 별 상 각 비	0
10. 내용연수(상각률)	5 ? 0.200	23. 당기말상각누계액	600,000
11. 내 용 연 수 월 수	미경과 12	24. 당기말장부가액	1,800,000
12. 상각상태완료년도	진행	25. 특 례 적 용	0 부
13. 성실경과/차감연수	/	• 년 수	년
14. 성 실 장 부 가 액			
1. 취 득 수 량		4. 최저한세부인액	
2. 경 비 구 분	0 800번대	5. 당기의제상각액	
3. 전 체 양 도 일 자	----.--.--	6. 전 체 폐 기 일 자	----.--.--

주의 무형자산은 직접법으로 상각하므로 '1. 기초
가액' 란은 상각 후 금액이 된다.

02 고정자산 구입과 처분

고정자산 구입 시 [고정자산등록]메뉴에 등록을 하고 감가상각비를 계산한다. 또한 고정
자산 처분 시에도 [고정자산등록]메뉴에 양도일자를 등록하고 처분시점의 감가상각비를 계
산한 후 유형자산처분손익을 반영한다.

수행과제   고정자산 구입과 처분

1. 5월 2일   4월 14일 정부로부터 기계장치 구입과 관련된 정부보조금을 수령하였고 5월 2일 정부보조금을 포함하여 기계장치를 구입하였다. 대금은 한국은행 보통예금 계좌에서 이체하였다.

- 유형자산 구입과 관련된 내역은 매입매출전표에 입력하시오.(전자세금계산서는 '전자입력' 할 것)
- 정부보조금 관련 내역은 일반전표에 입력하시오.
- [고정자산등록]메뉴에 기계장치를 등록하여 감가상각비를 계산하시오.

계정과목	코드 번호	자산명	취득일자	취득금액	감가상각 누 계 액	상각 방법	내용 연수	경비 구분
기 계 장 치	601	오토에너지장치	2025.05.02.	30,000,000	−	정률법	10년	500

(청 색)

전자세금계산서   (공급받는자 보관용)   승인번호

공급자					공급받는자				
등록번호	121-81-21539				등록번호	113-81-21111			
상호	(주)광명기계	성명 (대표자)	김광명		상호	(주)세무전자	성명 (대표자)	송상근	
사업장 주소	인천광역시 남동구 경인로 530				사업장 주소	서울 구로구 디지털로33길 27			
업태	제조업		종사업장번호		업태	제조업외		종사업장번호	
종목	기계제작				종목	컴퓨터외			
E-Mail	sun@bill36524.com				E-Mail	green1234@bill36524.com			

작성일자	2025.05.02.	공급가액	30,000,000	세액	3,000,000

월	일	품목명	규격	수량	단가	공급가액	세액	비고
5	2	오토에너지장치				30,000,000	3,000,000	

합계금액	현금	수표	어음	외상미수금	이 금액을	
33,000,000					● 영수 / ○ 청구	함

2. 5월 31일 우리자동차(주)에 업무에 이용하고 있는 차량1(코드번호: 301)을 매각하고 전자세금계산서를 발급하였다. 대금은 전액 외상으로 하였다.(전자세금계산서는 '전자입력'으로 할 것)

> • [고정자산등록]메뉴에서 당기분 감가상각비를 계산하여 회계처리에 반영하시오.
>
> | 계정과목 | 코드번호 | 자산명 | 취득일자 | 취득금액 | 감가상각누계액 | 상각방법 | 내용연수 | 경비구분 |
> |---|---|---|---|---|---|---|---|---|
> | 차량운반구 | 301 | 차량1 | 2022.12.31. | 45,000,000 | 18,000,000 | 정액법 | 5년 | 800 |
>
> • 유형자산 매각과 관련된 내역은 매입매출전표에 입력하시오.(전자세금계산서는 '전자입력'할 것)

<table>
<tr><td colspan="6" align="right">(적 색)</td></tr>
<tr><td colspan="6">전자세금계산서 (공급자 보관용)   승인번호</td></tr>
<tr>
<td rowspan="7">공급자</td>
<td colspan="2">등록번호</td>
<td colspan="3">113 – 81 – 21111</td>
</tr>
</table>

	등록번호	113 – 81 – 21111		등록번호	108 – 81 – 21220
공급자	상호	(주)세무전자 / 성명(대표자) 송상근	공급받는자	상호	우리자동차(주) / 성명(대표자) 손수창
	사업장주소	서울 구로구 디지털로33길 27		사업장주소	서울 동작구 동작대로 207 – 33
	업태	제조업외 / 종사업장번호		업태	도·소매 / 종사업장번호
	종목	컴퓨터외		종목	자동차
	E – Mail	green1234@bill36524.com		E – Mail	car7878@naver.com

작성일자	2025.05.31.	공급가액	25,000,000	세액	2,500,000

월	일	품목명	규격	수량	단가	공급가액	세액	비고
5	31	승용차매각				25,000,000	2,500,000	

합계금액	현금	수표	어음	외상미수금	이 금액을	
27,500,000				27,500,000	○ 영수 ● 청구	함

수행과제 풀이

고정자산 구입과 처분

1. 5월 2일

❶ 매입매출전표입력

거래유형	품명	공급가액	부가세	거래처	전자세금
51.과세	오토에너지장치	30,000,000원	3,000,000원	(주)광명기계	전자입력
분개유형	(차) 206.기계장치　30,000,000원		(대) 103.보통예금　33,000,000원		
3.혼합	135.부가세대급금　3,000,000원		(98000.한국은행)		

□	일	유형	품명	수량	단가	공급가액	부가세	합계	코드	거래처명	사업.주민번호	전자세금	분개
□	02	과세	오토에너지장치			30,000,000	3,000,000	33,000,000	02011	(주)광명기계	121-81-21539	전자입력	혼합
						30,000,000	3,000,000	33,000,000					

구분	코드	계정과목	차변	대변	코드	거래처	적요	관리
차변	135	부가세대급금	3,000,000		02011	(주)광명기계	오토에너지장치	
차변	206	기계장치	30,000,000		02011	(주)광명기계	오토에너지장치	
대변	103	보통예금		33,000,000	98000	한국은행(보통)	오토에너지장치	
		전표건별 소계	33,000,000	33,000,000				

❷ 일반전표입력

(차) 126.정부보조금　10,000,000원	(대) 219.정부보조금　10,000,000원
(103.보통예금 차감계정)	(206.기계장치 차감계정)

□	일	번호	구분	코드	계정과목	코드	거래처	적요	차변	대변
□	2	00001	차변	126	정부보조금			정부보조금 기계구입	10,000,000	
□	2	00001	대변	219	정부보조금			정부보조금 기계구입		10,000,000

❸ 기계장치 등록 : 감가상각비 ⇨ 5,180,000원

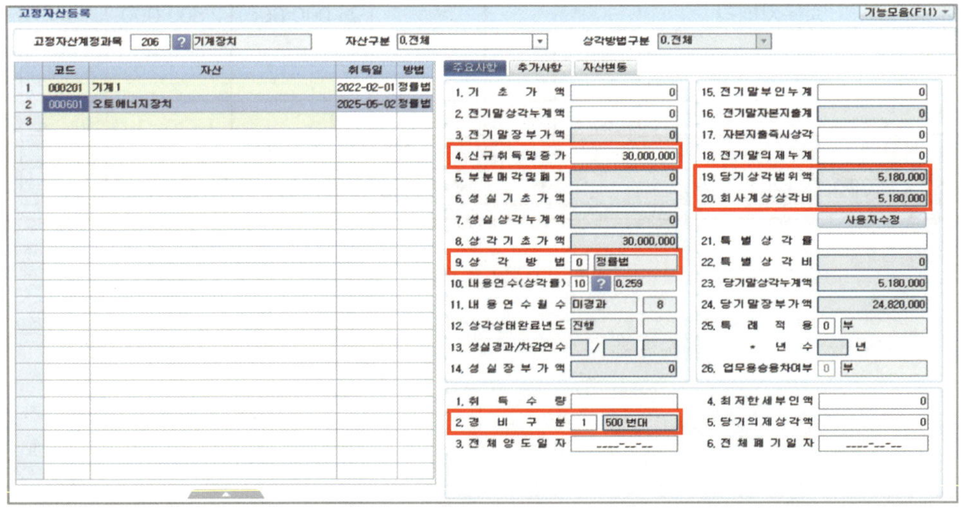

주의 2025년에 신규로 취득하였으므로 '4.신규취득및증가'란에 입력한다.

2. 5월 31일

❶ 고정자산등록: [3.전체양도일자]를 입력하고 양도일까지의 감가상각비가 계산된다.

차량운반구의 감가상각비 ⇨ 9,000,000원 × 5/12 = 3,750,000원

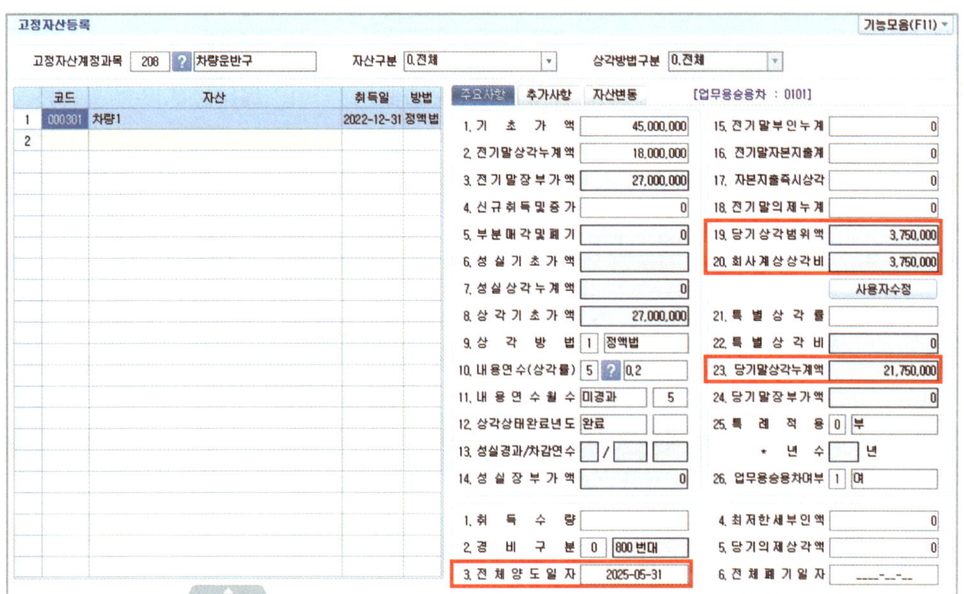

❷ 일반전표입력

(차) 818.감가상각비	3,750,000원	(대) 209.감가상각누계액	3,750,000원
		(208.차량운반구 차감계정)	

	일	번호	구분	코드	계정과목	코드	거래처	적요	차변	대변
☐	31	00001	차변	818	감가상각비			03 처분자산 감가상각비계상	3,750,000	
☐	31	00001	대변	209	감가상각누계액			처분자산 감가상각비계상		3,750,000

❸ 매입매출전표입력

거래유형	품명	공급가액	부가세	거래처	전자세금
11.과세	승용차매각	25,000,000원	2,500,000원	우리자동차(주)	전자입력
분개유형	(차) 209.감가상각누계액 21,750,000원		(대) 208.차량운반구		45,000,000원
	120.미수금 27,500,000원		255.부가세예수금		2,500,000원
3.혼합			914.유형자산처분이익		1,750,000원

□	일	유형	품명	수량	단가	공급가액	부가세	합계	코드	거래처명	사업.주민번호	전자세금	분개
□	31	과세	승용차매각			25,000,000	2,500,000	27,500,000	03008	우리자동차(주)	108-81-21220	전자입력	혼합
□	31												
		업체별 소계				25,000,000	2,500,000	27,500,000					

구분	코드	계정과목	차변	대변	코드	거래처	적요	관리
대변	255	부가세예수금		2,500,000	03008	우리자동차(주)	승용차매각	
대변	208	차량운반구		45,000,000	03008	우리자동차(주)	승용차매각	
차변	209	감가상각누계액	21,750,000		03008	우리자동차(주)	승용차매각	
차변	120	미수금	27,500,000		03008	우리자동차(주)	승용차매각	
대변	914	유형자산처분이익		1,750,000	03008	우리자동차(주)	승용차매각	
		전표건별 소계	49,250,000	49,250,000				

03 고정자산 관련 기타 내용

(1) 고정자산관리대장

[고정자산등록]에 입력한 데이터를 반영하여 회사내부의 고정자산에 대한 관리내용을 일괄적으로 보여주며, 고정자산별로 양도/폐기/사용부서이동 등 당해 연도 중에 변동된 상황을 ‘전체’와 ‘부분양도(폐기)’로 조회할 수 있다.

(2) 미상각분감가상각계산

[고정자산등록]에서 입력된 데이터를 반영하여 미상각된 감가상각대상 자산의 감가상각계산 명세를 조회 및 출력한다.

(3) 양도자산감가상각계산

[고정자산등록]에서 입력된 데이터를 반영하여 ‘양도자산’에 대하여 작성된 감가상각계산명세를 조회한다.

(4) 원가경비별 감가상각명세서

[고정자산등록]에서 입력된 데이터를 반영하여 ‘경비구분’에서 선택한 경비별로 감가상각내용을 조회한다.

■ 유형자산

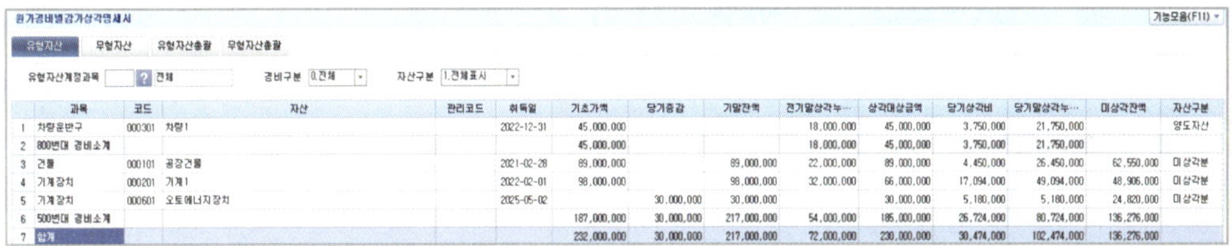

원가경비별감가상각명세서   기능모음(F11) ▾

유형자산 무형자산 유형자산총괄 무형자산총괄

유형자산계정과목 [ ] 전체   경비구분 0.전체 ▾   자산구분 1.전체표시 ▾

	과목	코드	자산	관리코드	취득일	기초가액	당기증감	기말잔액	전기말상각누…	상각대상금액	당기상각비	당기말상각누…	미상각잔액	자산구분
1	차량운반구	000301	차량1		2022-12-31	45,000,000			18,000,000	45,000,000	3,750,000	21,750,000		양도자산
2	800번대 경비소계					45,000,000			18,000,000	45,000,000	3,750,000	21,750,000		
3	건물	000101	공장건물		2021-02-28	89,000,000		89,000,000	22,000,000	89,000,000	4,450,000	26,450,000	62,550,000	미상각분
4	기계장치	000201	기계1		2022-02-01	98,000,000		98,000,000	32,000,000	66,000,000	17,094,000	49,094,000	48,906,000	미상각분
5	기계장치	000601	오토에너지장치		2025-05-02		30,000,000	30,000,000		30,000,000	5,180,000	5,180,000	24,820,000	미상각분
6	500번대 경비소계					187,000,000	30,000,000	217,000,000	54,000,000	185,000,000	26,724,000	80,724,000	136,276,000	
7	합계					232,000,000	30,000,000	217,000,000	72,000,000	230,000,000	30,474,000	102,474,000	136,276,000	

■ 무형자산

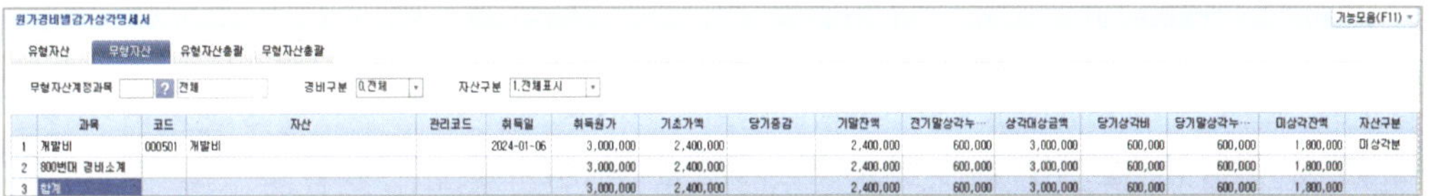

원가경비별감가상각명세서   기능모음(F11) ▾

유형자산 무형자산 유형자산총괄 무형자산총괄

무형자산계정과목 [ ] 전체   경비구분 0.전체 ▾   자산구분 1.전체표시 ▾

	과목	코드	자산	관리코드	취득일	취득원가	기초가액	당기증감	기말잔액	전기말상각누…	상각대상금액	당기상각비	당기말상각누…	미상각잔액	자산구분
1	개발비	000501	개발비		2024-01-06	3,000,000	2,400,000		2,400,000	600,000	3,000,000	600,000	600,000	1,800,000	미상각분
2	800번대 경비소계					3,000,000	2,400,000		2,400,000	600,000	3,000,000	600,000	600,000	1,800,000	
3	합계					3,000,000	2,400,000		2,400,000	600,000	3,000,000	600,000	600,000	1,800,000	

(5) 월별감가상각비계상

[고정자산등록]에서 입력된 데이터를 반영하여 '결산시점별'로 감가상각비 계산명세를 조회한다. [결산기준감가상각계상]에서 결산월별로 조회한 다음 반드시 '저장'하여야 하며 '저장'된 데이터가 [월별감가상각비명세] [월별감가상각비자산별총괄표]에서 조회된다. [결산자료입력]메뉴에서 자동으로 불러오기하면 결산에 반영할 수 있다.

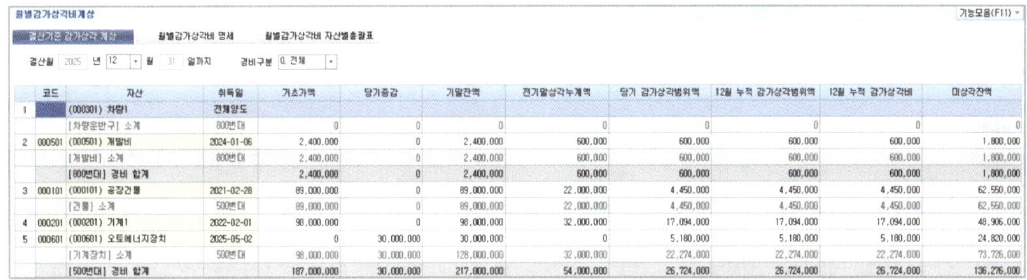

월별감가상각비계상   기능모음(F11) ▾

결산기준 감가상각 계상   월별감가상각비 명세   월별감가상각비 자산별총괄표

결산월 2025 년 12 월 31 일까지   경비구분 0. 전체 ▾

	코드	자산	취득일	기초가액	당기증감	기말잔액	전기말상각누계액	당기 감가상각범위액	12월 누적 감가상각범위액	12월 누적 감가상각비	미상각잔액
1		(000301) 차량1	전체양도								
		[차량운반구] 소계	800번대	0	0	0	0	0	0	0	0
2	000501	(000501) 개발비	2024-01-06	2,400,000	0	2,400,000	600,000	600,000	600,000	600,000	1,800,000
		[개발비] 소계	800번대	2,400,000	0	2,400,000	600,000	600,000	600,000	600,000	1,800,000
		[800번대] 경비 합계		2,400,000	0	2,400,000	600,000	600,000	600,000	600,000	1,800,000
3	000101	(000101) 공장건물	2021-02-28	89,000,000	0	89,000,000	22,000,000	4,450,000	4,450,000	4,450,000	62,550,000
		[건물] 소계	500번대	89,000,000	0	89,000,000	22,000,000	4,450,000	4,450,000	4,450,000	62,550,000
4	000201	(000201) 기계1	2022-02-01	98,000,000	0	98,000,000	32,000,000	17,094,000	17,094,000	17,094,000	48,906,000
5	000601	(000601) 오토에너지장치	2025-05-02	0	30,000,000	30,000,000	0	5,180,000	5,180,000	5,180,000	24,820,000
		[기계장치] 소계	500번대	98,000,000	30,000,000	128,000,000	32,000,000	22,274,000	22,274,000	22,274,000	73,726,000
		[500번대] 경비 합계		187,000,000	30,000,000	217,000,000	54,000,000	26,724,000	26,724,000	26,724,000	136,276,000

주의 저장된 자료에 의해 [결산자료입력]메뉴에서 자동으로 결산에 반영할 수 있다.

제**4**절   결산작업 및 재무제표의 확정

필요 지식

01 결산프로세스

기업은 경영활동에서 발생한 거래를 분개장에 분개하고 총계정원장에 전기하며 기중의
거래를 기록한다. 이렇게 기록한 각종 장부를 회계기간 말에 정리하고 마감하여 기업의 재
무상태와 경영성과를 정확하게 파악하는 절차를 결산(Closing)이라고 한다.

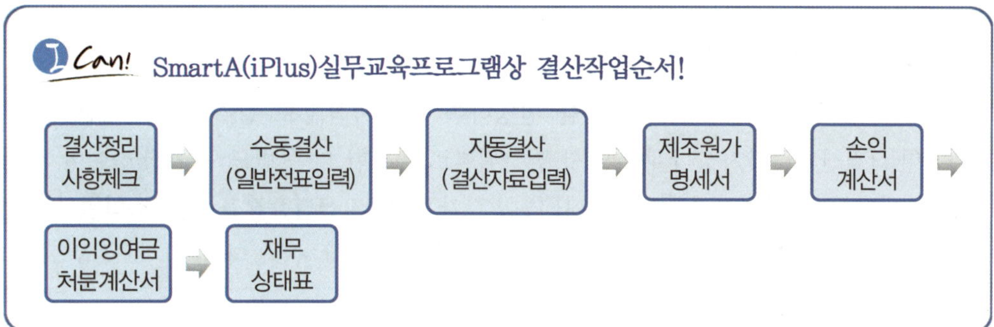

02 수동결산

수동결산정리사항에 해당하는 내용을 요약하여 [전표입력/장부] ⇨ [일반전표입력]에
12월 31일자로 입력을 한다.

I Can! 수동결산정리사항!

(1) 손익의 결산정리(수익·비용의 발생과 이연)
(2) 소모품과 소모품비의 정리
(3) 단기매매증권, 매도가능증권의 평가
(4) 현금과부족의 정리
(5) 부가세예수금과 부가세대급금의 정리
(6) 선납세금의 정리
(7) 비유동부채의 유동성대체
(8) 외화자산과 외화부채의 환율평가
(9) 대손충당금의 환입

▌수동결산정리사항 주요 분개▐

구분	결산정리사항	차변		대변	
비용의 이연	보험료 선급분 계상	선급비용	×××	보험료	×××
수익의 이연	이자수익 선수분 계상	이자수익	×××	선수수익	×××
비용의 발생	임차료 미지급분 계상	임차료	×××	미지급비용	×××
수익의 발생	임대료 미수분 계상	미수수익	×××	임대료	×××
소모품의 정리	구입시 자산처리법	소모품비	×××	소모품	×××
	구입시 비용처리법	소모품	×××	소모품비	×××
단기매매증권의 평가	장부금액 〈 공정가치	단기매매증권	×××	단기매매증권평가이익	×××
	장부금액 〉 공정가치	단기매매증권평가손실	×××	단기매매증권	×××
매도가능증권의 평가	장부금액 〈 공정가치	매도가능증권	×××	매도가능증권평가이익	×××
	장부금액 〉 공정가치	매도가능증권평가손실	×××	매도가능증권	×××
재고자산감모	비정상적인 감모	재고자산감모손실	×××	재고자산 (적요8.타계정으로 대체액)	×××
부가가치세정리	매출세액 〉 매입세액	부가세예수금	×××	부가세대급금 미지급세금	××× ×××
	매출세액 〈 매입세액	부가세예수금 미수금	××× ×××	부가세대급금	×××
선납세금정리	선납세금 법인세대체	법인세등	×××	선납세금	×××
외화자산평가	장부금액 〉 기말평가액	외화환산손실	×××	외화예금	×××
	장부금액 〈 기말평가액	외화예금	×××	외화환산이익	×××
외화부채평가	장부금액 〉 기말평가액	외화차입금	×××	외화환산이익	×××
	장부금액 〈 기말평가액	외화환산손실	×××	외화차입금	×××
대손충당금환입	대손충당금잔액 〉 설정액	대손충당금	×××	대손충당금환입	×××

03 자동결산

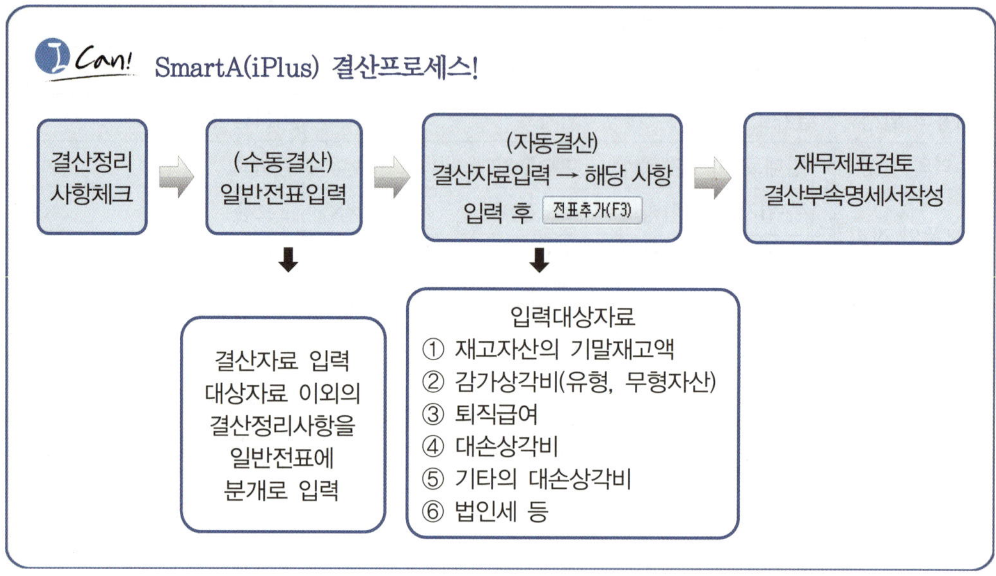

┃ 주요항목별 입력내용 및 방법 ┃

구분	내용
결산월	결산 대상기간을 입력한다.
각 재고자산의 기말재고액 입력	기말제품재고액, 기말원재료액 등 각 해당란에 입력한다.
유형자산의 감가상각비 입력	당기 감가상각비를 판매비와관리비, 제조경비로 구분하여 해당액을 입력한다.
퇴직급여 입력	퇴직급여충당부채 추가 설정액을 입력한다.
대손상각비 입력	매출채권에 대한 대손충당금 추가 설정액을 입력한다.
기타의 대손상각비 입력	기타채권(미수금, 대여금 등)에 대한 대손충당금 추가 설정액을 입력한다.
무형자산의 상각비 입력	무형고정자산의 과목별 당기 상각비를 입력한다.
법인세등 입력	법인세등의 '법인세 계상'란에 기납부한 법인세(선납세금)을 차감하고 추가 계상할 법인세액을 입력한다.

주의 결산자료 해당사항을 모두 입력한 후 상단 툴바의 전표추가(F3) 클릭 시 [일반전표입력]메뉴에 결산분개를 추가할 것인지 메시지가 나온다. 여기에서 '예' 버튼을 선택하면 해당 분개가 [일반전표입력]메뉴에 추가되며, 또한 결산이 완료된다. 자료저장만 하고 '전표추가'를 하지 않으면, 결산분개가 생성되지 않아 결산을 완료할 수 없다.

수행과제 **결산**

다음 자료를 입력하여 결산을 완료하고, 재무제표를 완성하시오.

1. 2월 1일 하나기업(주)에 대여한 자금에 대한 이자는 1년이 경과하는 시점에 받기로 하였다.
   기간경과분에 대한 정리분개를 하시오.(원이하 버림)

대여기간	2025년 2월 1일 ~ 2026년 1월 31일
대여자금	25,000,000원(이자율 6%)
계산방식	일할 계산(연일수 365일)

2. 장기차입금내역을 보고 결산정리분개를 하시오.

차입처	최초관련 차입금액	차입시기	상환내용
올림푸스(주)	100,000,000원	2023.11.01.	2026.10.30. 일시상환
미래은행	50,000,000원	2020.09.01.	2027.08.31.부터 2회 분할상환
신한은행	50,000,000원	2020.05.19.	2026.05.20. 일시상환

3. 재고자산 평가 후 재고자산명세를 활용하여 매출원가를 결산에 반영하고 있으며 재고자산
   명세는 다음과 같다.

구분	장부금액	시가	
		현행원가	순실현가능금액
원 재 료	6,200,000원	6,300,000원	6,100,000원
제 　 품	12,350,000원	11,000,000원	11,600,000원

4. 감가상각비는 [고정자산등록]에 등록된 자료에 의해 기말결산에 반영하시오. 단, 5월 2일
   구입한 기계장치(오토에너지장치)는 정부보조금 금액을 반영한 감가상각비 회계처리를
   수행하시오.(원이하 버림)

5. 법인세차감전이익에 대한 법인세등 25,000,000원을 계상하시오.(법인세 중간예납세액
   및 원천징수세액이 선납세금계정에 계상되어 있다.)

수행과제 풀이 결산

[1순위] 수동결산에 해당하는 내용을 [전표입력/장부] ⇨ [일반전표입력]에 입력한다.

1. 12월 31일

(차) 116.미수수익	1,372,600원	(대) 901.이자수익	1,372,600원

> **주의** 미수수익 25,000,000원 × 연이자 6% × (경과일수/총일수 = 334/365) = 1,372,600원

2. 12월 31일

(차) 293.장기차입금	100,000,000원	(대) 264.유동성장기부채	100,000,000원
(01004.올림푸스(주))		(01004.올림푸스(주))	
293.장기차입금	50,000,000원	264.유동성장기부채	50,000,000원
(98200.신한은행)		(98200.신한은행)	

> **주의** 2025.12.31. 재무상태표일로부터 1년 이내로 도래하는 장기차입금을 유동성장기부채로 대체한다.

3. 12월 31일

(차) 219.정부보조금	1,726,660원	(대) 518.감가상각비	1,726,660원
(206.기계장치 차감계정)			

> **주의** 정부보조금 상계액 = 감가상각비 × (정부보조금 / 기계장치 취득금액)
> = 5,180,000원 × (10,000,000원 / 30,000,000원)
> ≒ 1,726,660

4. 12월 31일

(차) 998.법인세등	70,000원	(대) 136.선납세금	70,000원

> **주의** 법인세등 25,000,000원에서 선납세금 70,000원을 차감한 잔액 24,930,000원은 [결산자료입력]메뉴를 통해 입력하여 자동분개로 회계처리한다.
> 또는 다음과 같이 처리할 수도 있다.

(차) 998.법인세등	25,000,000원	(대) 136.선납세금	70,000원
		261.미지급세금	24,930,000원

▌수동결산-일반전표에 입력된 화면-▌

	일	번호	구분	코드	계정과목	코드	거래처	적요	차변	대변
☐	31	00001	대변	901	이자수익			05 대여금이자 미수액		1,372,600
☐	31	00001	차변	116	미수수익			대여금이자 미수액	1,372,600	
☐	31	00002	차변	293	장기차입금	01004	올림푸스(주)	01 장기차입금의 유동성대체	100,000,000	
☐	31	00002	차변	293	장기차입금	98200	신한은행(차입금)	01 장기차입금의 유동성대체	50,000,000	
☐	31	00002	대변	264	유동성장기부채	01004	올림푸스(주)	04 장기차입금의 유동성대체		100,000,000
☐	31	00002	대변	264	유동성장기부채	98200	신한은행(차입금)	04 장기차입금의 유동성대체		50,000,000
☐	31	00003	차변	219	정부보조금			감가상각비 정부보조금과 상계	1,726,660	
☐	31	00003	대변	518	감가상각비			감가상각비 정부보조금과 상계		1,726,660
☐	31	00004	대변	136	선납세금			04 당기법인세등 대체		70,000
☐	31	00004	차변	998	법인세등			당기법인세등 대체	70,000	

[2순위] 자동결산에 해당하는 내용을 [결산/재무제표] ⇨ [결산자료입력]을 클릭하여 입력한다.
(결산일자: 2025년 01월부터 2025년 12월)

1. 기말원재료 6,200,000원, 제품평가손실 750,000원, 기말제품 12,350,000원을 입력한다. ····❶

> **주의** 원재료는 현행대체원가를 제품은 순실현가능금액을 적용하여 저가법으로 평가한다.
> 재품평가손실에 대한 회계처리는 다음과 같이 수동으로 처리할 수도 있다.

(차) 940.재고자산평가손실　　　750,000원　　(대) 173.제품평가충당금　　　750,000원

※ 재고자산평가손실은 매출원가에 가산된다.

제 품 매 출 원 가		1,486,494,000
기 초 제 품 재 고 액	32,000,000	
당 기 제 품 제 조 원 가	1,466,094,000	
재 고 자 산 평 가 손 실	750,000	
기 말 제 품 재 고 액	12,350,000	

※ 제품평가충당금은 제품계정에서 차감된다.

제 　 품	12,350,000	
제 품 평 가 충 당 금	750,000	11,600,000

2. 감가상각비란에 감가상각비 설정액을 자동입력한다. ···❷

> **주의** [월별감가상각비명세]를 조회하여 저장하였으므로 상단부 기능모음(F11)▼을 클릭한 후 반영
> 감가상각반영　　　　　　F7 을 클릭한다.

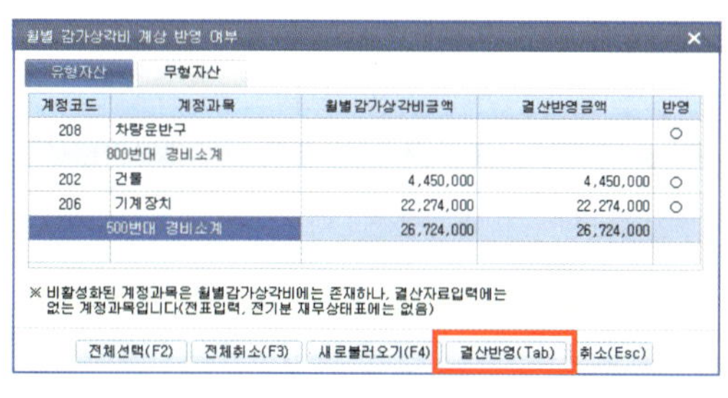

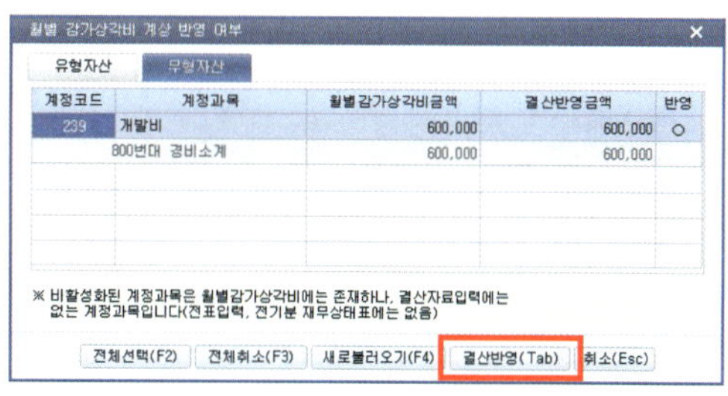

3. 법인세등란에 추가설정액을 24,930,000원을 입력한다. ································❸

> **주의** 법인세추가설정액 = 법인세계상액 − 선납세금(기납부세액)
> = 25,000,000원 − 70,000원 = 24,930,000원

4. 상단부 전표추가(F3) 를 클릭하면 일반전표입력에 자동분개가 생성된다. ·····················❹

결산자료입력　　　　　　　　　　　　　　❹ [전표추가(F3)]　[기능모음(F11)]

결산일자 2025 년 01 ▼ 월 부터 2025 년 12 ▼ 월 까지

과　　　　　　　　목	결산분개금액	결산입력사항금액	결산금액(합계)
1. 매출액			2,400,000,000
제품매출		2,400,000,000	
2. 매출원가			1,484,767,340
제품매출원가		1,484,767,340	1,484,767,340
1)원재료비			1,249,800,000
원재료비		1,249,800,000	1,249,800,000
(1). 기초 원재료 재고액		28,000,000	
(2). 당기 원재료 매입액		1,228,000,000	
(10).기말 원재료 재고액		6,200,000	❶
3)노 무 비			175,000,000
(1). 임금		175,000,000	
(2). 퇴직급여(전입액)			
(3). 퇴직연금충당금전입액			
7)경 비			39,567,340
(1). 복리후생비 외		14,570,000	14,570,000
복리후생비		1,540,000	
여비교통비		450,000	
통신비		560,000	
전력비		7,200,000	
세금과공과금		180,000	
보험료		1,200,000	
차량유지비		1,200,000	
소모품비		2,240,000	
(2). 일반감가상각비	-1,726,660	26,724,000	24,997,340
건물		4,450,000	❷
기계장치		22,274,000	
차량운반구			
비품			
8)당기 총제조비용			1,464,367,340
(4). 기말 재공품 재고액			
9)당기완성품제조원가		1,464,367,340	1,464,367,340
(1). 기초 제품 재고액		32,000,000	
(5). 제품평가손실		750,000	❶
(7). 기말 제품 재고액		12,350,000	
3. 매출총이익			915,232,660
4. 판매비와 일반관리비			142,290,000
1). 급여 외		137,940,000	
급여		105,000,000	
복리후생비		3,220,000	
여비교통비		910,000	
접대비(기업업무추진비)		6,860,000	
통신비		1,470,000	
수도광열비		1,200,000	
세금과공과금		320,000	
임차료		12,000,000	
보험료		890,000	
차량유지비		320,000	
운반비		630,000	
도서인쇄비		120,000	
소모품비		2,000,000	
광고선전비		3,000,000	
2). 퇴직급여(전입액)			
3). 퇴직연금충당금전입액			
4). 감가상각비	3,750,000		3,750,000
건물			
기계장치			
차량운반구			
비품			
5). 대손상각			
외상매출금			
받을어음			
미수수익			
6). 무형고정자산상각		600,000	600,000
개발비		600,000	❷
5. 영업이익			772,942,660
6. 영업외 수익			9,122,600
1). 이자수익외			9,122,600
이자수익		1,872,600	
배당금수익		5,000,000	
유형자산처분이익		1,750,000	
매도가능증권처분이익		500,000	
3). 충당금등환입액			
7. 영업외 비용			7,840,300
1). 이자비용외			7,840,300
이자비용		6,120,000	
사채상환손실		1,720,300	
2). 기타의 대손상각비			
단기대여금			
미수금			
4). 조감법상 특별상각			
건물			
기계장치			
차량운반구			
비품			
8. 법인세차감전이익			774,224,960
9. 법인세등			25,000,000
1). 법인세등		70,000	
2). 법인세 계상		24,930,000	❸

매출액:[2,400,000,000] 당기순이익:[749,224,960] 소득평율:31.21%

▌자동결산 – 전표추가(F3) 로 자동입력된 전표화면 – ▌

일반전표입력   어음등록 복사(F4) 이동(Ctrl+F4) 기간입력(Ctrl+8) 기능모음(F11)

일자 2025 년 12 ▼ 월 31 일 현금잔액 11,690,000원   결산분개

□	일	번호	구분	코드	계정과목	코드	거래처	적요	차변	대변
■	31	00005	결차	501	원재료비			01 원재료사용분 재료비대체	1,249,800,000	
□	31	00005	결대	153	원재료			04 원재료사용분 재료비대체		1,249,800,000
□	31	00006	결차	169	재공품				1,249,800,000	
□	31	00006	결대	501	원재료비			02 재료비 제조로 대체		1,249,800,000
□	31	00007	결차	169	재공품				175,000,000	
□	31	00007	결대	504	임금			08 제조로 대체		175,000,000
□	31	00008	결차	169	재공품				14,570,000	
□	31	00008	결대	511	복리후생비			08 제조로 대체		1,540,000
□	31	00008	결대	512	여비교통비			08 제조로 대체		450,000
□	31	00008	결대	514	통신비			08 제조로 대체		560,000
□	31	00008	결대	516	전력비			08 제조로 대체		7,200,000
□	31	00008	결대	517	세금과공과금			08 제조로 대체		180,000
□	31	00008	결대	521	보험료			08 제조로 대체		1,200,000
□	31	00008	결대	522	차량유지비			08 제조로 대체		1,200,000
□	31	00008	결대	530	소모품비			08 제조로 대체		2,240,000
□	31	00009	결차	518	감가상각비			01 당기말 감가상각비 계상	26,724,000	
□	31	00009	결대	203	감가상각누계액			04 당기감가출당금 설정		4,450,000
□	31	00009	결대	207	감가상각누계액			04 당기감가출당금 설정		22,274,000
□	31	00010	결차	169	재공품				24,997,340	
□	31	00010	결대	518	감가상각비			08 제조로 대체		24,997,340
□	31	00011	결차	150	제품			01 완성품 제조원가 제품대체	1,464,367,340	
□	31	00011	결대	169	재공품					1,464,367,340
□	31	00012	결차	940	재고자산평가손실			01 상품 평가손실	750,000	
□	31	00012	결대	173	제품평가출당금					750,000
□	31	00013	결차	455	제품매출원가			01 제품매출원가 대체	1,484,017,340	
□	31	00013	결대	150	제품			04 제품 매출원가 대체		1,484,017,340
□	31	00014	결차	840	무형고정자산상각비			01 무형고정자산 당기상각액	600,000	
□	31	00014	결대	239	개발비					600,000
□	31	00015	결차	998	법인세등			01 당기 미지급분 계상	24,930,000	
□	31	00015	결대	261	미지급세금			04 선납법인세의 미지급대체		24,930,000
			선택 전표 소계						1,249,800,000	1,249,800,000
			합 계						5,868,725,280	5,868,725,280

수행 tip

・ 자동분개 일괄 삭제하기

[일반전표입력]의 12월 31일 화면에서 Shift 를 누른 상태에서 F5를 누르면(Shift + F5) 일괄자동분개 삭제 화면이 나타나며, 삭제(F5) 를 누르면 자동분개가 일괄 삭제된다.

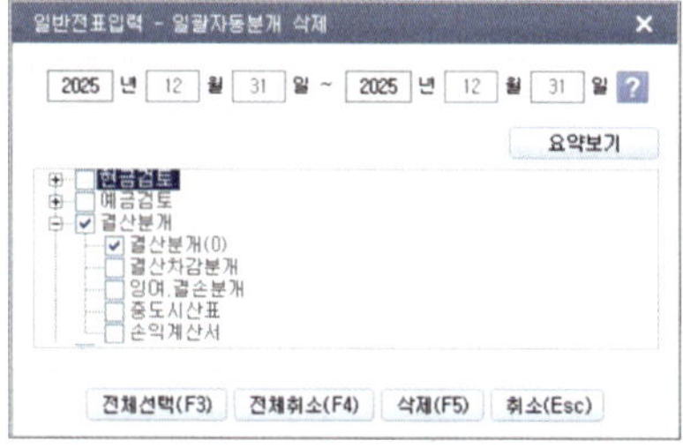

・ 결산전표 작성하기

수동결산은 [일반전표입력]에서 12월 31일로 입력한다.
자동결산은 [결산자료입력]에서 전표추가(F3) 를 클릭하여 반영한다.

04 재무제표 작성

제조(공사)원가명세서	원가확정
손익계산서	당기순손익 확정
이익잉여금(결손금) 처분(처리) 계산서	처분전 이익잉여금(결손금)확정 당기분 처분(처리)내역 확정
합계잔액시산표, 재무상태표	당기분 이익잉여금(결손금) 처분(처리)내역 반영

(1) 합계잔액시산표

합계잔액시산표의 차변합계액과 대변합계액은 대차평균의 원리에 의하여 반드시 일치하여야 한다. 차변합계와 대변합계가 일치하지 않는다면 입력오류가 발생한 것이므로 오류를 조사하여 이를 수정해야 한다. 즉 [합계잔액시산표]는 입력된 전표가 대차차액 없이 적정하게 처리되었는지 정확성 여부를 검증하는 것이다.

(2) 제조원가명세서

제조원가명세서는 일정기간 동안 원가의 구성내역을 나타내는 보고서이다.

(3) 손익계산서

손익계산서는 일정기간 동안 기업의 경영성과를 나타내는 결산보고서이다.

(4) 이익잉여금처분계산서

전기의 이월이익잉여금 내역을 이월 받아 당기에 전기 처분내역을 입력한 후 당기 결산을 통해서 얻어진 당기순이익(또는 당기순손실)을 반영받은 다음 화면 상단의 [추가]키를 이용하여 [손익대체]분개를 자동으로 발생한다.

수행과제 이익잉여금처분계산서

당기 이익잉여금 처분내역이 다음과 같을 경우 이익잉여금처분계산서를 작성하시오.

배당내용	현금배당 50,000,000원, 주식배당 20,000,000원 ※ 상법에 의해 이익준비금의 최소금액을 적립한다.
처분확정일(예정일)	2026년 2월 27일(전기 2025년 2월 27일)

수행과제 풀이 이익잉여금처분계산서

이익잉여금처분계산서   참 고   전표추가(F3)   기능모음(F11) ▼

제 5(당)기 처분 예정일 2026-02-27 ?   제 4(전)기 처분 확정일 2025-02-27 ?

과목	계정과목및 과목명		제 5(당)기 [2025/01/01 ~ 2025/12/31]		제 4(전)기 [2024/01/01 ~ 2024/12/31]	
			금액	합계	금액	합계
I. 미처분이익잉여금				754,699,160		11,874,200
1. 전기이월미처분이익잉여금			5,474,200		1,874,200	
2. 회계변경의 누적효과	369	회 계 변 경의누적효과	0		0	
3. 전기오류수정이익	370	전 기 오 류 수정이익	0		0	
4. 전기오류수정손실	371	전 기 오 류 수정손실	0		0	
5. 중간배당금	372	중 간 배 당 금	0		0	
6. 당기순이익			749,224,960		10,000,000	
II. 임의적립금 등의 이입액				0		0
1.			0		0	
2.			0		0	
합 계				754,699,160		11,874,200
III. 이익잉여금처분액				75,000,000		6,400,000
1. 이익준비금	351	이 익 준 비 금	5,000,000		400,000	
2. 기업합리화적립금	352	기 업 합 리 화적립금	0		0	
3. 배당금			70,000,000		5,000,000	
가. 현금배당	265	미 지 급 배 당 금	50,000,000		4,000,000	
나. 주식배당	387	미 교 부 주 식배당금	20,000,000		1,000,000	
4. 사업확장적립금	356	사 업 확 장 적 립 금	0		1,000,000	
5. 감채 적립금	357	감 채 적 립 금	0		0	
6. 배당평균적립금	358	배 당 평 균 적 립 금	0		0	
IV. 차기이월미처분이익잉여금				679,699,160		5,474,200

주의 상단부의 [전표추가]를 클릭하면 일반전표에 '손익대체분개'가 자동으로 생성된다.

(5) 재무상태표

재무상태표는 일정시점의 기업의 재무상태를 나타내는 결산보고서이다.

[결산/재무제표]의 [재무상태표]를 12월로 조회하여 자산, 부채, 자본의 상태를 확인하고 자본금의 당기순이익을 확인한다.

출제예상 평가문제

(비대면 시험대비)

* 조회 회사: 1000.(주)세무전자

01 [재무상태표 조회] 3월 말 자본의 자본잉여금 금액은 얼마인가?

02 [재무상태표 조회] 3월 말 자본의 기타포괄손익누계액 금액은 얼마인가?

03 [재무상태표 조회] 3월 말 자본의 이익잉여금 금액은 얼마인가?

04 [재무상태표 조회] 4월 말 사채의 순장부금액 얼마인가?

05 [예적금현황 조회] 4월 말 한국은행(보통)의 보통예금 잔액은 얼마인가?

06 [고정자산관리대장 조회] 유형자산과 무형자산 중 당기 회사계상상각비 금액이 가장 큰 계정과목 코드를 기록하시오.

07 [제조원가명세서 조회] 당기 제조원가명세서의 당기제품제조원가는 얼마인가?

08 [손익계산서 조회] 당기에 발생한 영업외수익은 얼마인가?

09 [재무상태표 조회] 12월말 장기차입금 금액은 얼마인가?

10 [재무상태표 조회] 12월말 이월이익잉여금(미처분이익잉여금) 잔액은 얼마인가?

더존 SmartA(iPlus) 부가가치세실무 제대로 알기

N!CS 능력단위(분류번호)

부가가치세 신고(0203020205_23v6)

제 1 절 전자세금계산서 발급 및 전송

필요 지식

01 전자세금계산서 발급 및 전송

(1) 전자세금계산서 발급

법인사업자와 직전연도 사업장별 과세공급가액과 면세공급가액 합계액이 8,000만원 이상인 개인사업자는 재화 또는 용역의 공급시기가 속하는 달의 다음달 10일까지 다음의 방법 중 하나로 전자세금계산서를 발급하여야 한다.

1. 전자세금계산서 발급하는 방법!

국세청(홈텍스)시스템을 통한 발급방법	시스템사업자를 통한 발급방법
① 대상: ERP, ASP를 이용하지 않는 사업자 ② 방식: 공급자가 국세청에 접속, 실시간으로 세금계산서 발급	정보통신산업진흥원으로부터 표준인증을 받은 자체 발급시스템 구축사업자(ERP) 또는 세금계산서 중개사업자(ASP)

2. 전자세금계산서 발급 및 입력방법!

방법 1	더존 Bill36524로 전자세금계산서를 발행한 후 국세청에 전송한 전자세금계산서
	매입매출전표입력 ⇨ 전자세금계산서 발행 및 내역관리 ⇨ 매입매출전표조회
	(전표입력, 전자세금 란 : 빈칸) (전자발행 → 전자세금계산서 전송) (전자세금 란 : 전자발행)
방법 2	더존 Bill36524가 아닌 타기관에서 이미 발행된 전자세금계산서
	이미 발행된 전자세금계산서를 근거로 매입매출전표에 입력 (전자세금 란 : 전자입력)

(2) 전자세금계산서 관련 매입매출전표입력

전자세금계산서를 발급하려면 먼저 [매입매출전표입력]메뉴에 11.과세매출 또는 12.영세매출을 선택하여 [전자세금]란을 빈칸으로 하고 해당내역을 입력한 다음 [전자세금계산서발행 및 내역관리]메뉴에서 '발행' 및 '전송'을 하면 [매입매출전표입력]메뉴의 [전자세금]란에 '전자발행'으로 자동표기 된다.

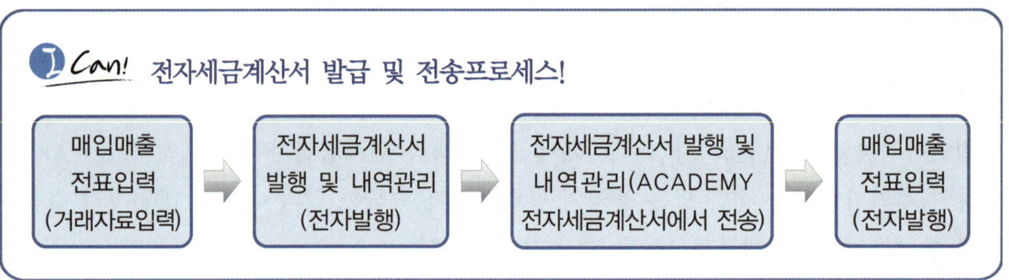

수행과제 　전자세금계산서 발급 및 전송

제품을 외상으로 판매하고 전자세금계산서를 금일 bill36524에서 발급·전송하였다. 대금은 해당월의 다음달 10일 입금받기로 하였다. 거래명세서에 의해 전표를 입력하고 [전자세금계산서 발행 및 내역관리]를 통하여 발급 및 전송을 수행하시오.

거래명세서 (공급자 보관용)

공급자					공급받는자			
등록번호	113-81-21111				등록번호	134-81-21118		
상호	(주)삼일전자	성명	김현철		상호	(주)베스트원	성명	김문식
사업장주소	서울 구로구 디지털로33길 27				사업장주소	경기도 안산시 단원구 별망로 159번길 26		
업태	제조업외	종사업장번호			업태	도매·무역	종사업장번호	
종목	컴퓨터외				종목	전자제품		

거래일자	미수금액	공급가액	세액	총 합계금액
2025.5.10.		20,000,000	2,000,000	22,000,000

NO	월	일	품목명	규격	수량	단가	공급가액	세액	합계
1	5	10	컴퓨터		50	400,000	20,000,000	2,000,000	22,000,000

  전자세금계산서 발급 및 전송

1. 매입매출전표입력(5월 10일)

거래유형	품명	공급가액	부가세	거래처	전자세금
11.과세	컴퓨터	20,000,000원	2,000,000원	(주)베스트원	
분개유형	(차) 외상매출금	22,000,000원	(대) 제품매출		20,000,000원
2.외상			부가세예수금		2,000,000원

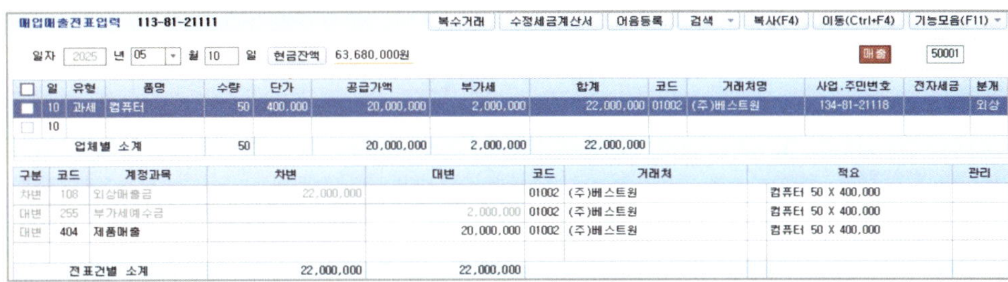

2. 전자세금계산서발행 및 내역관리

① [매출] Tab에서 기간을 입력하여 발행대상자료를 조회한 후 상단부 [전자발행]을 클릭한 후 로그인 하면에서 확인을 한다.

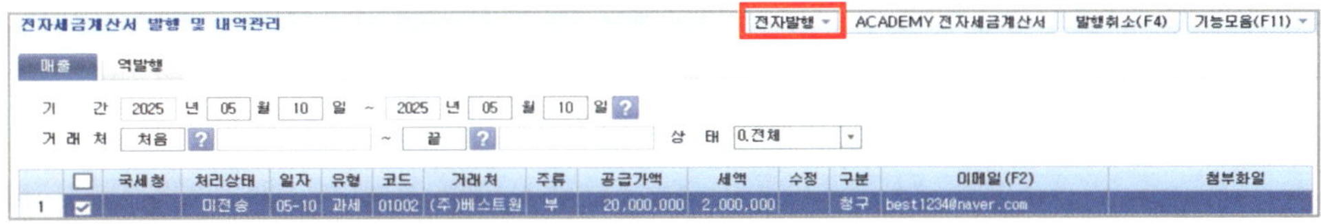

② 전자세금계산서 하단의 [발행]을 클릭하면 발행이 완료된다.

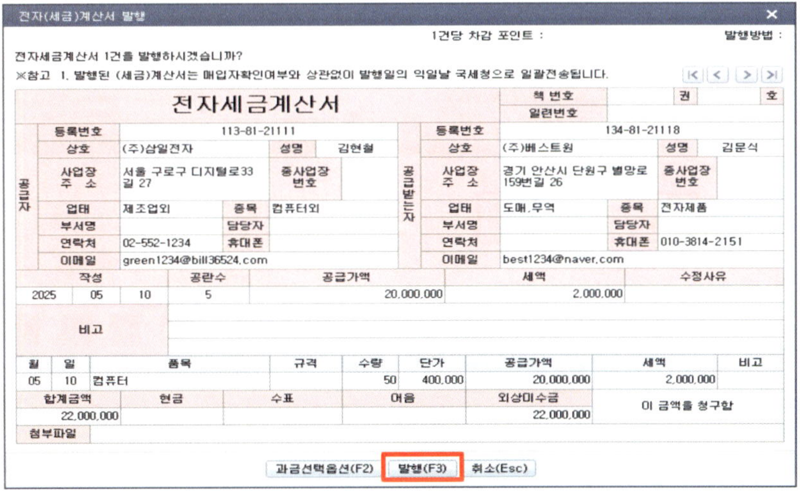

③ [전자세금계산서발행 및 내역관리]화면의 해당 자료가 '국세청'란에 '발행대상'으로 표기된다.

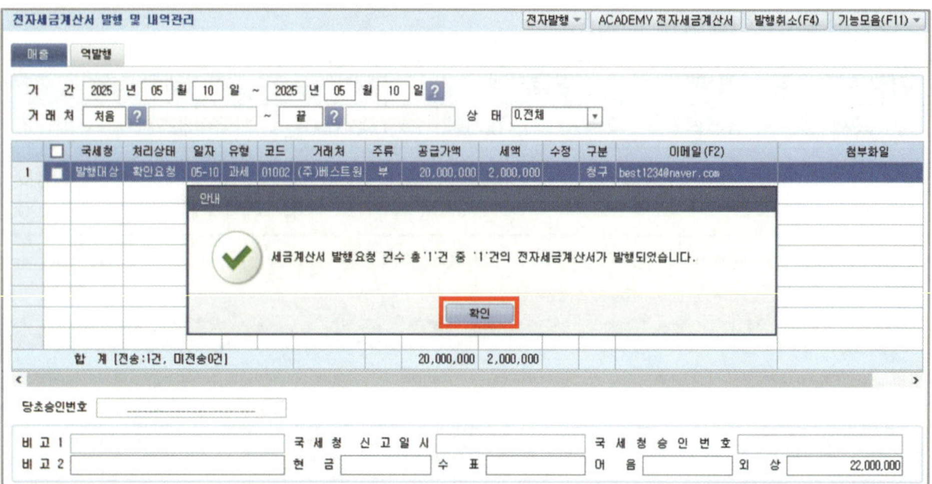

3. 국세청 전송

① [전자세금계산서발행 및 내역관리]메뉴에서 [국세청]란에 '발행대상'으로 표기된 자료를 클릭하여 선택한 다음 [ACADEMY전자세금계산서] 아이콘을 클릭한다.

② 국세청 e-세로 사이트에 발급된 전자세금계산서를 전송하기 위하여 교육용으로 만든 가상서버인 Bill36524사이트로 로그인하며, 이때 아이디와 비밀번호는 [회사등록]시 등록한 사업자등록번호도 자동 부여된다.

③ [로그인]을 클릭하면 조회되는 전송화면에서 작성일자와 [매출조회Tab]을 클릭하면 전송대상자료가 조회된다. 전송 전에는 [신고]란이 '미전송'으로 표시되고, [관리번호]란이 빈칸으로 되어 있다.

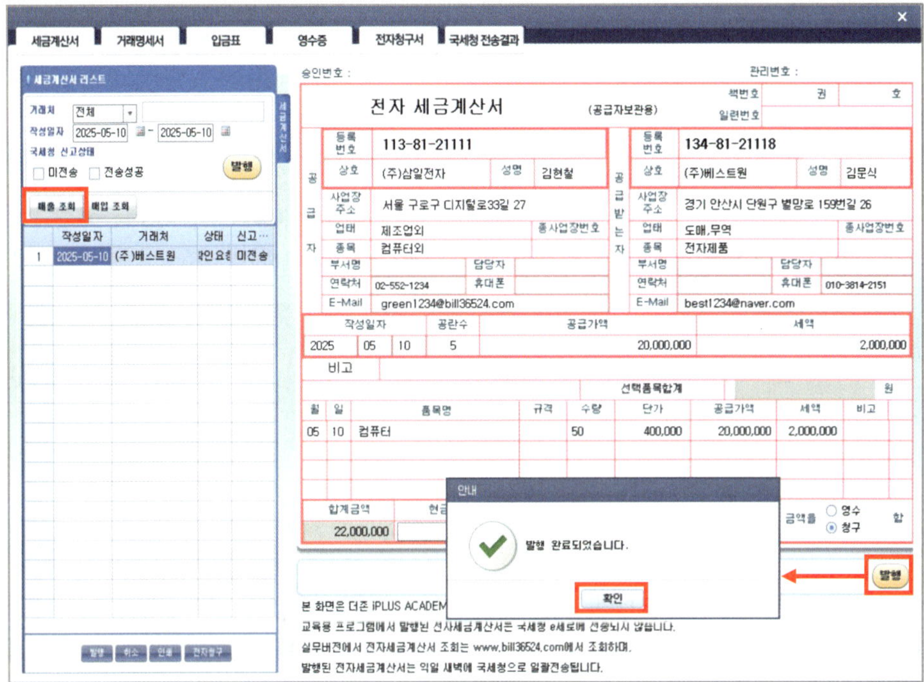

④ 화면하단의 [발행]키를 클릭하면 [신고]란이 '전송성공'으로 표기되고 [관리번호]란에 발행번호가 자동으로 표기되면서 전송이 완료되었음을 확인할 수 있다.

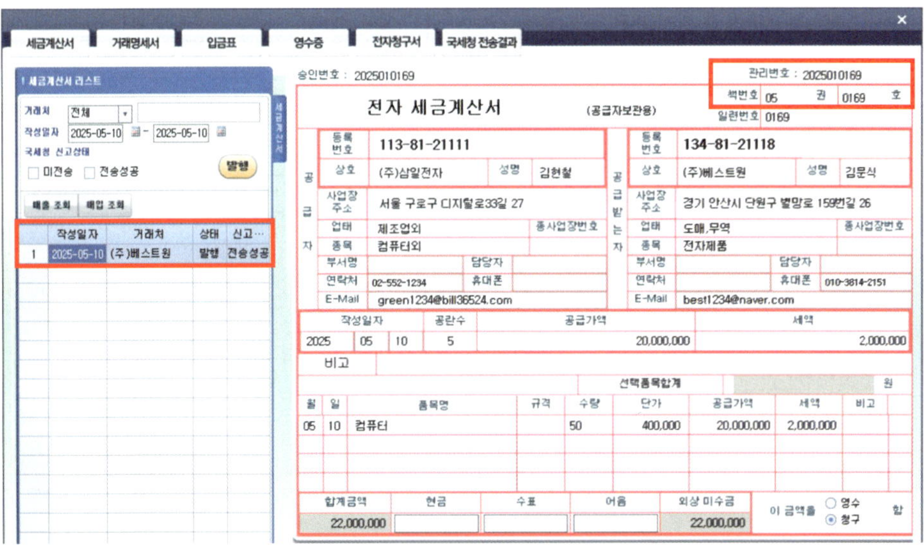

4. 전자세금계산서 발행결과 확인

① [전자세금계산서발행 및 내역관리]메뉴에서 결과 조회: [국세청]란에 '전송성공'으로 표기되어 전송이 완료되었음을 확인할 수 있다.

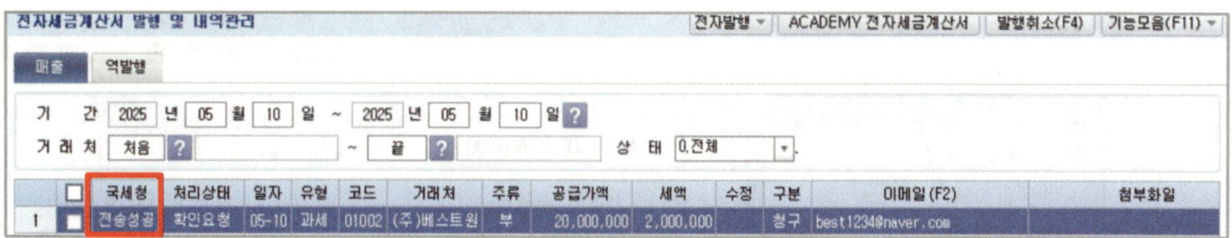

② [매입매출전표입력]메뉴에서 전송결과 확인: [매입매출전표입력]메뉴에서 [전자세금] 란에 '전자발행'으로 자동으로 표기되어 있음을 확인할 수 있다.

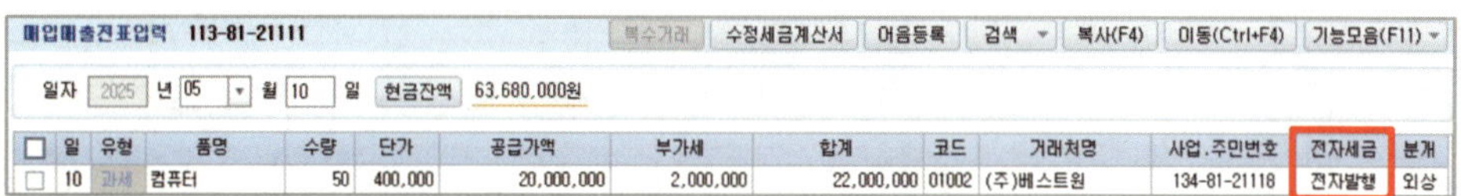

전자세금계산서(월합계) 발급 및 전송

제품을 외상으로 판매하고 전자세금계산서를 금일 bill36524에서 발급 · 전송하였다. 전자세금계산서는 **매월말일 월합계로 발급**하고 대금은 해당월의 다음달 10일 입금받기로 하였다. 거래명세서에 의해 전표를 입력하고 [전자세금계산서 발행 및 내역관리]를 통하여 발급 및 전송하시오.

거래명세서 (공급자 보관용)

		공급자					공급받는자		
등록번호	113-81-21111				등록번호	417-81-21110			
상호	(주)삼일전자	성명	김현철		상호	하나기업(주)	성명	이창희	
사업장주소	서울 구로구 디지털로33길 27				사업장주소	전남 여수시 신월로 699			
업태	제조업외	종사업장번호			업태	도 · 소매	종사업장번호		
종목	컴퓨터외				종목	전자제품			

거래일자	미수금액	공급가액	세액	총 합계금액
		28,000,000	2,800,000	30,800,000

NO	월	일	품목명	규격	수량	단가	공급가액	세액	합계
1	5	15	컴퓨터		30	400,000	12,000,000	1,200,000	13,200,000
2	5	20	노트북		20	800,000	16,000,000	1,600,000	17,600,000

 전자세금계산서(월합계) 발급 및 전송

1. 매입매출전표입력(5월 31일)

거래유형	품명	공급가액	부가세	거래처	전자세금
11.과세	컴퓨터외	28,000,000원	2,800,000원	하나기업(주)	
분개유형	(차) 외상매출금	30,800,000원	(대) 제품매출		28,000,000원
2.외상			부가세예수금		2,800,000원

주의 복수거래로 입력, 월합계로 세금계산서를 발급하여야 하므로 작성일자는 5월 31일이 된다.

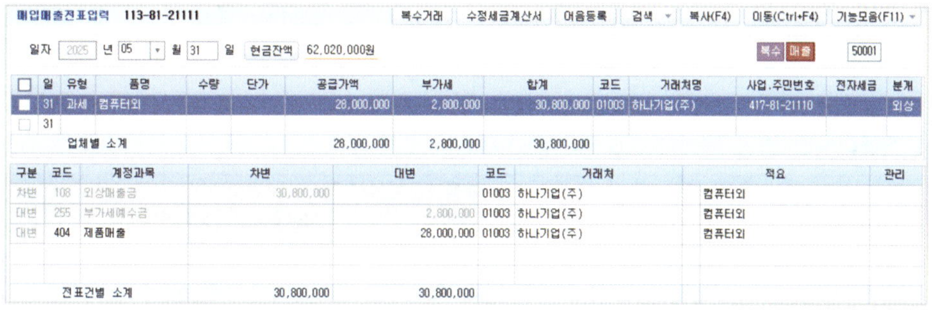

2. 전자세금계산서 발행 및 내역관리

① '전자세금계산서 발행' 화면에서 발행(F3) 을 클릭한 다음 확인 클릭한다.

② 국세청란에 '발행대상'으로 표시되면 ACADEMY 전자세금계산서 를 클릭한다.

좌측화면 : [세금계산서 리스트]에서 [미전송]으로 체크 후 [매출조회]를 클릭한다.

우측화면 : [전자세금계산서]에서 [발행]을 클릭한다.

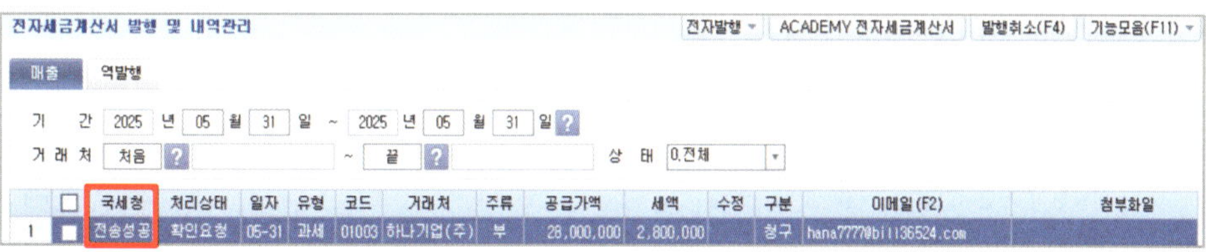

02 수정전자세금계산서의 발급

전자세금계산서를 발급한 후 수정해야 할 사유가 발생한 경우, 반드시 적법한 수정 사유에 따른 수정세금계산서로만 발급하여야 한다. 수정전자세금계산서와 관련된 수정분개를 매입매출전표에 입력하고, 수정사유에 따른 수정전자세금계산서를 발급한다.

① [매입매출전표입력]에서 수정세금계산서를 입력한다.
② [전자세금계산서발행 및 내역관리]메뉴에서 데이터를 조회하여 발급 및 전송하며, 수정세금계산서 데이터의 경우에는 [수정] 항목에 수정사유가 표시된다.
③ 수정세금계산서를 발급 후 전송결과를 통해 처리상태를 확인한다.

I Can! 수정전자세금계산서 발급순서!

매입매출 전표입력 (수정계산서) ▶ 전자세금계산서 발행 및 내역관리 (전자발행) ▶ 전자세금계산서 발행 및 내역관리(ACADEMY 전자세금계산서에서 전송) ▶ 매입매출 전표입력 (전자발행)

I Can! 수정 전자세금계산서 발급사유!

구분		수정세금계산서 작성 및 발급방법			발급기한
		방법	작성일자	비고란	
작성일자 소급 안됨	**환입** 당초 공급한 재화가 환입(반품)된 경우	**1장 발급** 환입금액분에 대하의 음(−)의 세금계산서 1장 발급	환입된 날	처음 세금계산서 작성일자	환입된 날 다음달 10일
	계약의 해제 계약의 해제로 재화 또는 용역이 공급되지 않는 경우	**1장 발급** 음(−)의 세금계산서 1장 발급	계약해제일	처음 세금계산서 작성일자	계약해제일 다음달 10일
	공급가액 변동 판매실적에 따라 단가가 변동되거나, 잠정가액으로 공급 후 추후 공급가액이 확정되는 경우, 공급계약 후 당사자 간의 합의에 의하여 가격의 증감이 발생되는 경우	**1장 발급** 증감되는 분에 대하의 정(+) 또는 음(−)의 세금계산서 1장 발급	변동사유 발생일	처음 세금계산서 작성일자	변동사유발생일 다음달 10일
작성일자 소급	**내국신용장 사후개설** 재화 또는 용역을 공급한 후 공급시기가 속하는 과세기간 종료 후 25일 이내에 내국신용장이 개설되었거나 구매확인서가 발급된 경우	**2장 발급** 음(−)의 세금계산서 1장과 영세율세금계산서 1장 발급	처음 세금계산서 작성일 (단, 작성월일이 잘못 기재된 경우 실제 작성일)	내국신용장 개설일자	내국신용장 개설일 다음달 10일 (과세기간 종료 후 25일 이내에 개설된 경우 25일까지 발급)
	기재사항 착오정정 등 − 필요적 기재사항(공급자의 사업자등록번호·성명·상호, 공급받는자 사업자등록번호, 작성연월일, 공급가액과 부가가치세액)등을 착오 또는 착오외의 사유로 잘못 작성하여 발급한 경우 − 세율을 잘못 적용하여 발급한 경우	**2장 발급** 음(−)의 세금계산서 1장과 정확한 세금계산서 1장 발급		−	착오: 착오 사실을 인식한 날 착오 외: 확정신고 기한까지 발급
	착오에 의한 이중발급 등 − 착오로 이중 발급한 경우 − 면세 등 발급대상이 아닌 거래 등에 대하여 발급한 경우	**1장 발급** 음(−)의 세금계산서 1장 발급		−	착오 사실을 인식한 날

 수정전자세금계산서 발급(수정사유: 기재사항 착오정정)

[6월 1일] (주)한림사에 발급된 전자세금계산서의 작성일자는 계약조건에 의하여 6월 10일로 발급되어야 하는 건으로서 거래처의 요청에 의하여 수정전자세금계산서를 발급하기로 하였다.

 수정전자세금계산서 발급(수정사유: 기재사항 착오정정)

1. [매입매출전표입력] ➡ [6월 1일] 전표 선택 ➡ [수정세금계산서] Tab 클릭

2. [수정사유] 화면에서 다음 사항을 입력 ➡ [확인(Tab)] 클릭
   - 수정사유: 1. 기재사항 착오·정정
   - 비   고: 기재사항착오항목 2. 작성년월일 선택

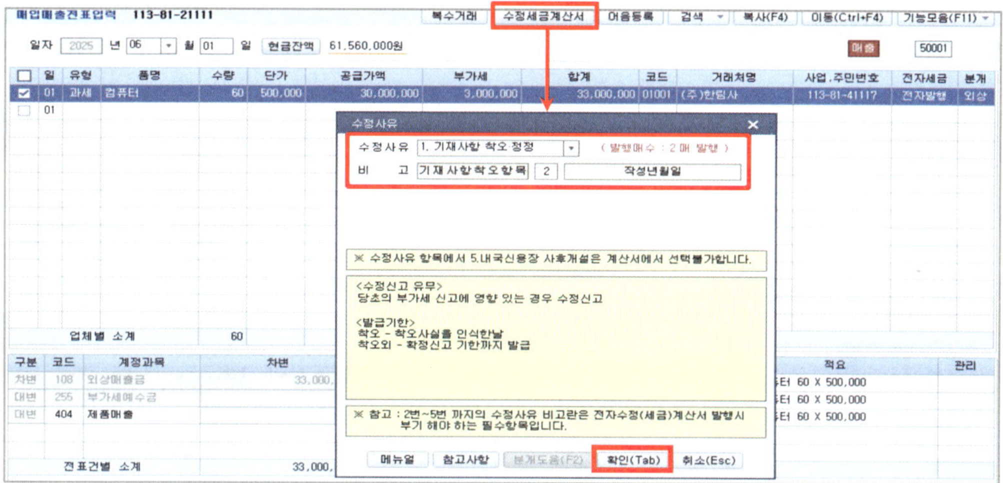

3. [수정세금계산서(매출)] 화면이 나타난다.

4. 수정 분 [공급가액 ▲30,000,000원], [세액 ▲3,000,000원] 자동반영
   수정 분 [작성일자 6월 10일], [수량 60], [단가 500,000원], [공급가액 30,000,000원], [세액 3,000,000원] 입력 ➡ [확인(Tab)] 클릭

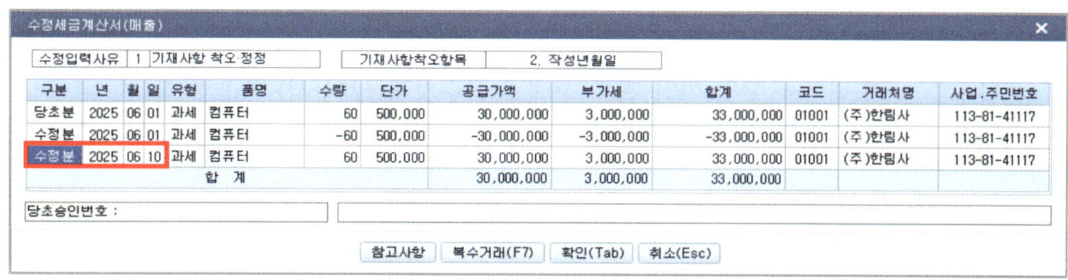

5. [매입매출전표입력] 화면에 수정분이 입력된다.

매입매출전표입력 113-81-21111												

일자 2025 년 06 ▼ 월 일 현금잔액 65,350,000원   매출 50001

□	일	유형	품명	수량	단가	공급가액	부가세	합계	코드	거래처명	사업.주민번호	전자세금	분개
□	01	과세	컴퓨터	60	500,000	30,000,000	3,000,000	33,000,000	01001	(주)한림사	113-81-41117	전자발행	외상
□	01	과세	컴퓨터	-60	500,000	-30,000,000	-3,000,000	-33,000,000	01001	(주)한림사	113-81-41117		외상
□	02	과세	노트북	100	800,000	80,000,000	8,000,000	88,000,000	01003	하나기업(주)	417-81-21110	전자발행	외상
□	03	과세	컴퓨터	80	500,000	40,000,000	4,000,000	44,000,000	01001	(주)한림사	113-81-41117	전자발행	외상
□	04	과세	계약금			7,000,000	700,000	7,700,000	01004	올림푸스(주)	301-81-21488	전자발행	현금
□	05	과세	프린트기	100	200,000	20,000,000	2,000,000	22,000,000	01002	(주)베스트원	134-81-21118	전자발행	외상
□	06	과세	컴퓨터	10	500,000	5,000,000	500,000	5,500,000	01005	두리온스(주)	108-81-21517	전자발행	외상
□	06	과세	컴퓨터	10	500,000	5,000,000	500,000	5,500,000	01005	두리온스(주)	108-81-21517	전자발행	외상
■	10	과세	컴퓨터	60	500,000	30,000,000	3,000,000	33,000,000	01001	(주)한림사	113-81-41117		외상
□													
	업체별 소계			140		70,000,000	7,000,000	77,000,000		수정세금, 당초분:2025/06/01, 전표번호:50001			

구분	코드	계정과목	차변	대변	코드	거래처	적요	관리
차변	108	외상매출금	33,000,000		01001	(주)한림사	컴퓨터 60 X 500,000	
대변	255	부가세예수금		3,000,000	01001	(주)한림사	컴퓨터 60 X 500,000	
대변	404	제품매출		30,000,000	01001	(주)한림사	컴퓨터 60 X 500,000	
		전표건별 소계	33,000,000	33,000,000				

수행 tip

🍀[기재사항 착오정정] 수정전자세금계산서 발급방법!
- 2장 발급
- 수정전자세금계산서 작성일자
  - 작성년월일 정정: 실제 작성년월일
  - 공급가액 및 세액, 사업자등록번호 정정: 당초세금계산서작성일
- 당초 발급된 세금계산서 내용대로 부(−)의 세금계산서를 발급하고, 수정하여 발급하는 세금계산서는 정(+)의 세금계산서 발급

수행과제 **수정전자세금계산서 발급(수정사유: 공급가액 변동)**

[6월 2일] 하나기업(주)에 공급한 제품의 결제대금이 당초의 결제조건에 의하여 6월 11일 5% 할인된 금액만큼 차감하고 한국은행 보통예금통장에 전액 입금되었다.

➡ 매출할인액 = 80,000,000원(공급가액) × 5% = 4,000,000원

(수정세금계산서에 대한 회계처리만 하기로 한다.)

수행과제 풀이 **수정전자세금계산서 발급(수정사유: 공급가액 변동)**

1. [매입매출전표입력] ➡ [6월 2일] 전표 선택 ➡ [수정세금계산서] Tab 클릭

2. [수정사유] 화면에서 다음 사항을 입력 ➡ [확인(Tab)] 클릭
   - 수정사유: 2. 공급가액 변동

- 비　　고: 당초세금계산서 작성일 2025.06.02. 자동반영

3. [수정세금계산서(매출)] 화면이 나타난다.

4. 수정분 [작성일자 6월 11일], [공급가액 ▲4,000,000원], [세액 ▲400,000원] 입력
　➡ [확인(Tab)] 클릭

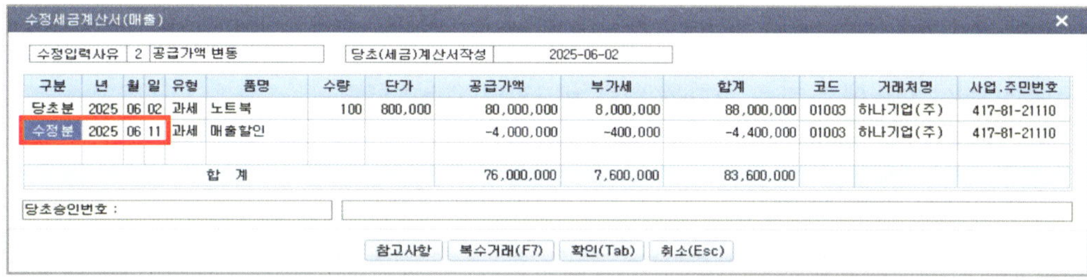

5. [매입매출전표입력] 화면에 수정분이 입력된다.

<hr>

수행 tip

🍀 [공급가액 변동] 수정전자세금계산서 발급방법!

- 1장 발급
- 수정전자세금계산서 작성일자: 증감사유가 발생한 일자
- 추가되는 금액은 정(+)의 세금계산서를 발급하고,
  차감되는 금액은 부(-)로 발급

수행과제　수정전자세금계산서 발급(수정사유: 환입)

[6월 3일] (주)한림사에 납품한 제품(전자세금계산서 발급 건) 중 일부 하자가 발생하여 10
대를 반입하기로 결정하였다. ➡ 환입일자: 2025.06.12.

수행과제 풀이　수정전자세금계산서 발급(수정사유: 환입)

1. [매입매출전표입력] ➡ [6월 3일] 전표 선택 ➡ [수정세금계산서] Tab 클릭

2. [수정사유] 화면에서 다음 사항을 입력 ➡ [확인(Tab)] 클릭
   - 수정사유: 3. 환입
   - 비　　고: 당초세금계산서 작성일 2025.06.03. 자동반영

3. [수정세금계산서(매출)] 화면이 나타난다.

4. 수정분 [작성일자 6월 12일], [수량 ▲10], [단가 500,000원] [공급가액 ▲5,000,000원],
   [세액 ▲500,000원] 입력 ➡ [확인(Tab)] 클릭

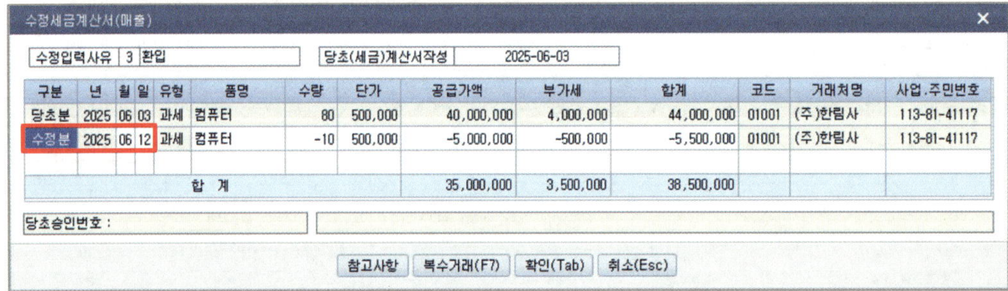

수정세금계산서(매출)

| 수정입력사유 | 3 환입 | | | | | 당초(세금)계산서작성 | | 2025-06-03 | | | | |

구분	년	월	일	유형	품명	수량	단가	공급가액	부가세	합계	코드	거래처명	사업.주민번호
당초분	2025	06	03	과세	컴퓨터	80	500,000	40,000,000	4,000,000	44,000,000	01001	(주)한림사	113-81-41117
수정분	2025	06	12	과세	컴퓨터	-10	500,000	-5,000,000	-500,000	-5,500,000	01001	(주)한림사	113-81-41117
합 계								35,000,000	3,500,000	38,500,000			

당초승인번호 :

참고사항　복수거래(F7)　확인(Tab)　취소(Esc)

5. [매입매출전표입력] 화면에 수정분이 입력된다.

□	일	유형	품명	수량	단가	공급가액	부가세	합계	코드	거래처명	사업.주민번호	전자세금	분개
□	01	과세	컴퓨터	60	500,000	30,000,000	3,000,000	33,000,000	01001	(주)한림사	113-81-41117	전자발행	외상
□	01	과세	컴퓨터	-60	500,000	-30,000,000	-3,000,000	-33,000,000	01001	(주)한림사	113-81-41117		외상
□	02	과세	노트북	100	800,000	80,000,000	8,000,000	88,000,000	01003	하나기업(주)	417-81-21110	전자발행	외상
□	03	과세	컴퓨터	80	500,000	40,000,000	4,000,000	44,000,000	01001	(주)한림사	113-81-41117	전자발행	외상
□	04	과세	계약금			7,000,000	700,000	7,700,000	01004	올림푸스(주)	301-81-21488	전자발행	현금
□	05	과세	프린트기	100	200,000	20,000,000	2,000,000	22,000,000	01002	(주)베스트원	134-81-21118	전자발행	외상
□	06	과세	컴퓨터	10	500,000	5,000,000	500,000	5,500,000	01005	두리온스(주)	108-81-21517	전자발행	외상
□	06	과세	컴퓨터	10	500,000	5,000,000	500,000	5,500,000	01005	두리온스(주)	108-81-21517	전자발행	외상
□	10	과세	컴퓨터	60	500,000	30,000,000	3,000,000	33,000,000	01001	(주)한림사	113-81-41117		외상
□	11	과세	매출할인			-4,000,000	-400,000	-4,400,000	01003	하나기업(주)	417-81-21110		외상
☑	12	과세	컴퓨터	-10	500,000	-5,000,000	-500,000	-5,500,000	01001	(주)한림사	113-81-41117		외상
□													
		업체별 소계		130		65,000,000	6,500,000	71,500,000		수정세금, 당초분:2025/06/03, 전표번호:50001			

수행 tip

🍀 **[환입] 수정전자세금계산서 발급방법!**
- 1장 발급
- 수정전자세금계산서 작성일자: 환입된 일자
- 비고란에 당초 세금계산서 작성일자를 부기한 후 반품된 금액만큼만 부의 표시(−)를 하여 발급

수행과제　**수정전자세금계산서 발급(수정사유: 계약의 해제)**

[6월 4일] 올림푸스(주)에 계약금 수령 후 발급된 전자세금계산서는 납품일정 지연이 불가피하여, 거래처와 협의 후 계약을 해제하기로 합의하였으며 계약금은 전액 현금으로 지급하였다. ➡ 계약의 해제일: 2025.06.13.

수행과제 풀이　**수정전자세금계산서 발급(수정사유: 계약의 해제)**

1. [매입매출전표입력] ➡ [6월 4일] 전표 선택 ➡ [수정세금계산서] Tab 클릭

2. [수정사유] 화면에서 다음 사항을 입력 ➡ [확인(Tab)] 클릭
   - 수정사유: 4. 계약의 해제
   - 비　　고: 당초세금계산서작성일 2025.06.04. 자동반영

3. [수정세금계산서(매출)] 화면이 나타난다.

4. 수정분 [작성일자 6월 13일], [공급가액 ▲7,000,000원], [세액 ▲700,000원] 자동반영
   ➡ [확인(Tab)] 클릭

수정세금계산서(매출)

수정입력사유	4 계약의 해제				당초(세금)계산서작성	2025-06-04				

구분	년	월	일	유형	품명	수량	단가	공급가액	부가세	합계	코드	거래처명	사업.주민번호
당초분	2025	06	04	과세	계약금			7,000,000	700,000	7,700,000	01004	올림푸스(주)	301-81-21488
수정분	2025	06	13	과세	계약금			-7,000,000	-700,000	-7,700,000	01004	올림푸스(주)	301-81-21488
				합 계									

당초승인번호 :

참고사항 복수거래(F7) 확인(Tab) 취소(Esc)

5. [매입매출전표입력] 화면에 수정분이 입력된다.

매입매출전표입력 113-81-21111   복수거래 수정세금계산서 어음등록 검색 ▼ 복사(F4) 이동(Ctrl+F4) 기능모음(F11) ▼

일자 2025 년 06 ▼ 월   일 현금잔액 57,650,000원   매출 50001

	일	유형	품명	수량	단가	공급가액	부가세	합계	코드	거래처명	사업.주민번호	전자세금	분개
☐	01	과세	컴퓨터	60	500,000	30,000,000	3,000,000	33,000,000	01001	(주)한림사	113-81-41117	전자발행	외상
☐	01	과세	컴퓨터	-60	500,000	-30,000,000	-3,000,000	-33,000,000	01001	(주)한림사	113-81-41117		외상
☐	02	과세	노트북	100	800,000	80,000,000	8,000,000	88,000,000	01003	하나기업(주)	417-81-21110	전자발행	외상
☐	03	과세	컴퓨터	80	500,000	40,000,000	4,000,000	44,000,000	01001	(주)한림사	113-81-41117	전자발행	외상
☐	04	과세	계약금			7,000,000	700,000	7,700,000	01004	올림푸스(주)	301-81-21488	전자발행	현금
☐	05	과세	프린트기	100	200,000	20,000,000	2,000,000	22,000,000	01002	(주)베스트원	134-81-21118	전자발행	외상
☐	06	과세	컴퓨터	10	500,000	5,000,000	500,000	5,500,000	01005	두리온스(주)	108-81-21517	전자발행	외상
☐	06	과세	컴퓨터	10	500,000	5,000,000	500,000	5,500,000	01005	두리온스(주)	108-81-21517	전자발행	외상
☐	10	과세	컴퓨터	60	500,000	30,000,000	3,000,000	33,000,000	01001	(주)한림사	113-81-41117		외상
☐	11	과세	매출할인			-4,000,000	-400,000	-4,400,000	01003	하나기업(주)	417-81-21110		외상
☐	12	과세	컴퓨터	-10	500,000	-5,000,000	-500,000	-5,500,000	01001	(주)한림사	113-81-41117		외상
☑	13	과세	계약금			-7,000,000	-700,000	-7,700,000	01004	올림푸스(주)	301-81-21488		현금
☐													

업체별 소계   수정세금, 당초분:2025/06/04, 전표번호:50001

구분	코드	계정과목	차변	대변	코드	거래처	적요	관리
입금	255	부가세예수금	현금	-700,000	01004	올림푸스(주)	계약금	
입금	259	선수금	현금	-7,000,000	01004	올림푸스(주)	계약금	
		전표건별 소계	-7,700,000	-7,700,000				

주의 선수금으로 계정과목을 수정한다.

수행 tip

❀ [계약의 해제] 수정전자세금계산서 발급방법!
- 1장 발급
- 수정전자세금계산서 작성일자: 계약해제일
- 당초에 발급한 세금계산서를 부(−)의 표시를 하여 발급

수행과제

수정전자세금계산서 발급(수정사유: 내국신용장 사후개설)

[6월 5일] 발급한 전자세금계산서는 (주)베스트원이 내국신용장을 사후 개설하고 영세율을 적용하기로 하였다. ➡ 내국신용장 개설일자: 2025.06.20.

수행과제 풀이

수정전자세금계산서 발급(수정사유: 내국신용장 사후개설)

1. [매입매출전표입력] ➡ [6월 5일] 전표 선택 ➡ [수정세금계산서] Tab 클릭

2. [수정사유] 화면에서 다음 사항을 입력 ➡ [확인(Tab)] 클릭
   - 수정사유: 5. 내국신용장 사후 개설
   - 비   고: 내국신용장개설일 2025.06.20. 입력

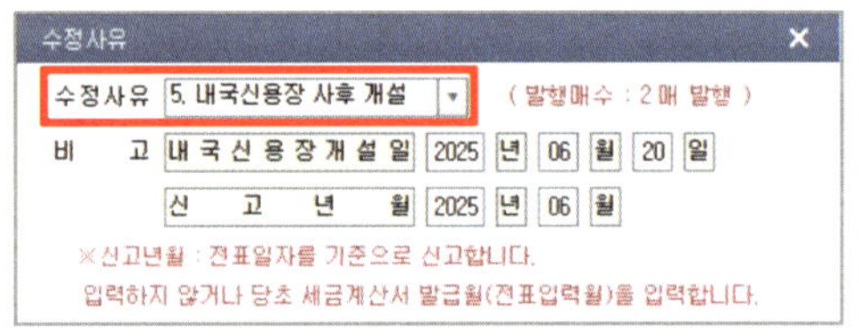

3. [수성세금계산서(매출)] 화년이 나타난다.

4. 수정분 [공급가액 ▲20,000,000원], [세액 ▲2,000,000원] 자동반영
   수정분 [공급가액 20,000,000원], [세액 0원] 입력 ➡ [확인(Tab)] 클릭

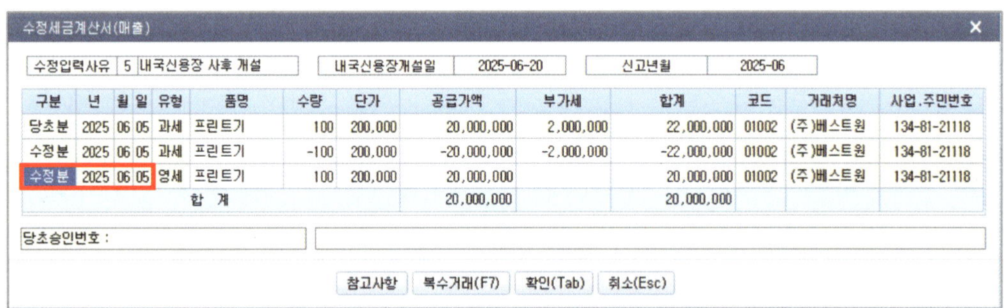

구분	년	월	일	유형	품명	수량	단가	공급가액	부가세	합계	코드	거래처명	사업.주민번호
당초분	2025	06	05	과세	프린트기	100	200,000	20,000,000	2,000,000	22,000,000	01002	(주)베스트원	134-81-21118
수정분	2025	06	05	과세	프린트기	-100	200,000	-20,000,000	-2,000,000	-22,000,000	01002	(주)베스트원	134-81-21118
수정분	2025	06	05	영세	프린트기	100	200,000	20,000,000		20,000,000	01002	(주)베스트원	134-81-21118
	합 계							20,000,000		20,000,000			

당초승인번호 :

참고사항   복수거래(F7)   확인(Tab)   취소(Esc)

5. [매입매출전표입력] 화면에 수정분이 입력된다.

□	일	유형	품명	수량	단가	공급가액	부가세	합계	코드	거래처명	사업.주민번호	전자세금	분개
□	01	과세	컴퓨터	-60	500,000	-30,000,000	-3,000,000	-33,000,000	01001	(주)한림사	113-81-41117		외상
□	02	과세	노트북	100	800,000	80,000,000	8,000,000	88,000,000	01003	하나기업(주)	417-81-21110	전자발행	외상
□	03	과세	컴퓨터	80	500,000	40,000,000	4,000,000	44,000,000	01001	(주)한림사	113-81-41117	전자발행	외상
□	04	과세	계약금			7,000,000	700,000	7,700,000	01004	올림푸스(주)	301-81-21488	전자발행	현금
□	05	과세	프린트기	100	200,000	20,000,000	2,000,000	22,000,000	01002	(주)베스트원	134-81-21118	전자발행	외상
□	05	과세	프린트기	-100	200,000	-20,000,000	-2,000,000	-22,000,000	01002	(주)베스트원	134-81-21118		외상
■	05	영세	프린트기	100	200,000	20,000,000		20,000,000	01002	(주)베스트원	134-81-21118		외상
□	06	과세	컴퓨터	10	500,000	5,000,000	500,000	5,500,000	01005	두리온스(주)	108-81-21517	전자발행	외상
□	06	과세	컴퓨터	10	500,000	5,000,000	500,000	5,500,000	01005	두리온스(주)	108-81-21517	전자발행	외상
□	10	과세	컴퓨터	60	500,000	30,000,000	3,000,000	33,000,000	01001	(주)한림사	113-81-41117		외상
□	11	과세	매출할인			-4,000,000	-400,000	-4,400,000	01003	하나기업(주)	417-81-21110		외상
□	12	과세	컴퓨터	-10	500,000	-5,000,000	-500,000	-5,500,000	01001	(주)한림사	113-81-41117		외상
□	13	과세	계약금			-7,000,000	-700,000	-7,700,000	01004	올림푸스(주)	301-81-21488		현금
□	13												
		업체별 소계		100		20,000,000		20,000,000		수정세금, 당초분:2025/06/05, 전표번호:50001			

수행 tip

🍀 [내국신용장 사후개설] 수정전자세금계산서 발급방법!

- 2장 발급
- 수정전자세금계산서 작성일자: 당초세금계산서 작성일
- 비고란에 내국신용장 개설일 등을 부기하고, 당초에 발급한 세금계산서는 부의 표시(-)를 하여 발급하고, 추가하여 영세율 세금계산서 발급

수행과제   수정전자세금계산서 발급(수정사유: 착오에 의한 이중발급)

[6월 6일] 두리온스(주)에 발급한 전자세금계산서를 거래명세표와 비교 대조 결과, 동일 건을 이중 발급한 사실로 확인되어 전자수정세금계산서를 발급하였다.

수행과제 풀이   수정전자세금계산서 발급(수정사유: 착오에 의한 이중발급)

1. [매입매출전표입력] ➡ [6월 6일] 전표 선택 ➡ [수정세금계산서] Tab 클릭

2. [수정사유] 화면에서 다음 사항을 입력 ➡ [확인(Tab)] 클릭
   - 수정사유: 6. 착오에 의한 이중발급
   - 비   고: 당초세금계산서 작성일 2025.06.06. 자동반영

3. [수정세금계산서(매출)] 화면이 나타난다.

4. 수정분 [작성일자 6월 6일], [공급가액 ▲5,000,000원], [세액 ▲500,000원] 입력
    ➡ [확인(Tab)] 클릭

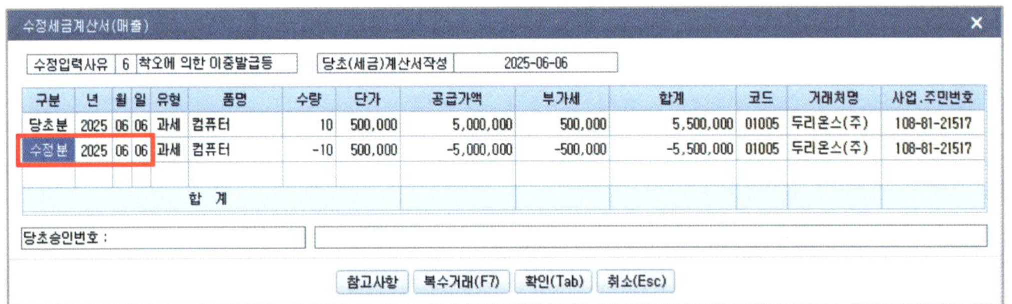

5. [매입매출전표입력] 화면에 수정분이 입력된다.

수행 tip

🍀 [착오에 의한 이중발급] 수정전자세금계산서 발급방법!

• 1장 발급
• 수정전자세금계산서 작성일자: 당초세금계산서 작성일
• 당초에 발급한 세금계산서의 내용대로 부(−)의 표시를 하여 발급

03 수정전자세금계산서의 전송

[매입매출전표입력]메뉴에 입력된 자료를 [전자세금계산서발행 및 내역관리]메뉴에서 발행 및 전송한다.

수행과제 수정전자세금계산서 발급 및 전송

수정 전자세금계산서 발급내역에 대하여 전자세금계산서를 발급 및 전송하시오.

수행과제 풀이 수정전자세금계산서 발급 및 전송

1. [전자세금계산서 발행 및 내역관리]메뉴 [매출] TAB에서 미전송된 내역 8건을 조회하여 전자세금계산서를 발행하고 국세청에 전송한다.(8건을 모두 발행 전송한다)

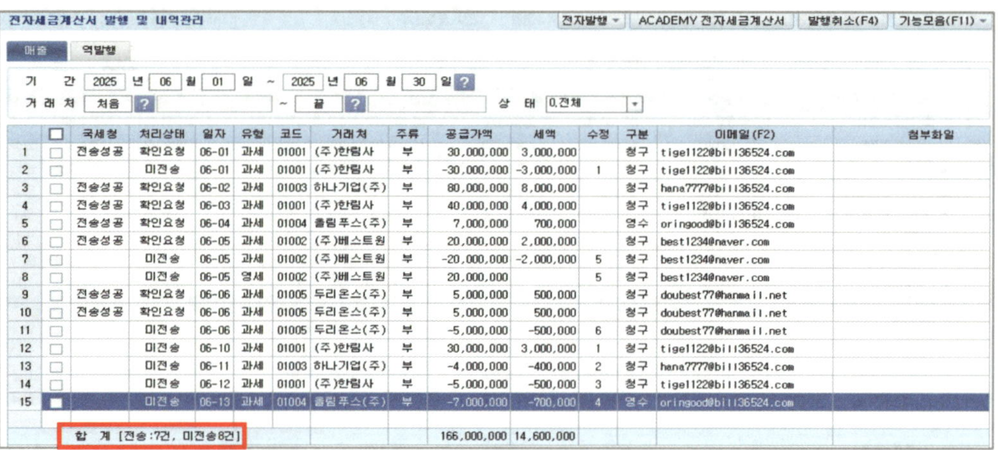

전자세금계산서 발행 및 내역관리 　전자발행 ▼　ACADEMY 전자세금계산서　발행취소(F4)　기능모음(F11) ▼

매출 / 역발행

기 간 2025 년 06 월 01 일 ~ 2025 년 06 월 30 일 ?
거 래 처 처음 ? ~ 끝 ? 상 태 0.전체 ▼

		국세청	처리상태	일자	유형	코드	거래처	주류	공급가액	세액	수정	구분	이메일 (F2)	첨부화일
1	□	전송성공	확인요청	06-01	과세	01001	(주)한림사	부	30,000,000	3,000,000		청구	tige1122@bill36524.com	
2	□		미전송	06-01	과세	01001	(주)한림사	부	-30,000,000	-3,000,000	1	청구	tige1122@bill36524.com	
3	□	전송성공	확인요청	06-02	과세	01003	하나기업(주)	부	80,000,000	8,000,000		청구	hana7777@bill36524.com	
4	□	전송성공	확인요청	06-03	과세	01001	(주)한림사	부	40,000,000	4,000,000		청구	tige1122@bill36524.com	
5	□	전송성공	확인요청	06-04	과세	01004	올림푸스(주)	부	7,000,000	700,000		영수	oringood@bill36524.com	
6	□	전송성공	확인요청	06-05	과세	01002	(주)베스트원	부	20,000,000	2,000,000		청구	best1234@naver.com	
7	□		미전송	06-05	과세	01002	(주)베스트원	부	-20,000,000	-2,000,000	5	청구	best1234@naver.com	
8	□		미전송	06-05	영세	01002	(주)베스트원	부	20,000,000		5	청구	best1234@naver.com	
9	□	전송성공	확인요청	06-06	과세	01005	두리온스(주)	부	5,000,000	500,000		청구	doubest77@hanmail.net	
10	□	전송성공	확인요청	06-06	과세	01005	두리온스(주)	부	5,000,000	500,000		청구	doubest77@hanmail.net	
11	□		미전송	06-06	과세	01005	두리온스(주)	부	-5,000,000	-500,000	6	청구	doubest77@hanmail.net	
12	□		미전송	06-10	과세	01001	(주)한림사	부	30,000,000	3,000,000	1	청구	tige1122@bill36524.com	
13	□		미전송	06-11	과세	01003	하나기업(주)	부	-4,000,000	-400,000	2	청구	hana7777@bill36524.com	
14	□		미전송	06-12	과세	01001	(주)한림사	부	-5,000,000	-500,000	3	청구	tige1122@bill36524.com	
15	■		미전송	06-13	과세	01004	올림푸스(주)	부	-7,000,000	-700,000	4	영수	oringood@bill36524.com	
		합 계 [전송:7건, 미전송8건]							166,000,000	14,600,000				

2. [매입매출전표입력]메뉴에서 전송결과를 확인한다.

매입매출전표입력　113-81-21111　　복수거래　수정세금계산서　어음등록　검색 ▼　복사(F4)　이동(Ctrl+F4)　기능모음(F11) ▼

일자 2025 년 06 월 　 일 현금잔액 57,650,000원

	일	유형	품명	수량	단가	공급가액	부가세	합계	코드	거래처명	사업.주민번호	전자세금	분개
□	01	과세	컴퓨터	60	500,000	30,000,000	3,000,000	33,000,000	01001	(주)한림사	113-81-41117	전자발행	외상
□	01	과세	컴퓨터	-60	500,000	-30,000,000	-3,000,000	-33,000,000	01001	(주)한림사	113-81-41117	전자발행	외상
□	02	과세	노트북	100	800,000	80,000,000	8,000,000	88,000,000	01003	하나기업(주)	417-81-21110	전자발행	외상
□	03	과세	컴퓨터	80	500,000	40,000,000	4,000,000	44,000,000	01001	(주)한림사	113-81-41117	전자발행	외상
□	04	과세	계약금			7,000,000	700,000	7,700,000	01004	올림푸스(주)	301-81-21488	전자발행	현금
□	05	과세	프린트기	100	200,000	20,000,000	2,000,000	22,000,000	01002	(주)베스트원	134-81-21118	전자발행	외상
□	05	과세	프린트기	-100	200,000	-20,000,000	-2,000,000	-22,000,000	01002	(주)베스트원	134-81-21118	전자발행	외상
□	05	영세	프린트기	100	200,000	20,000,000		20,000,000	01002	(주)베스트원	134-81-21118	전자발행	외상
□	06	과세	컴퓨터	10	500,000	5,000,000	500,000	5,500,000	01005	두리온스(주)	108-81-21517	전자발행	외상
□	06	과세	컴퓨터	10	500,000	5,000,000	500,000	5,500,000	01005	두리온스(주)	108-81-21517	전자발행	외상
□	06	과세	컴퓨터	-10	500,000	-5,000,000	-500,000	-5,500,000	01005	두리온스(주)	108-81-21517	전자발행	외상
□	10	과세	컴퓨터	60	500,000	30,000,000	3,000,000	33,000,000	01001	(주)한림사	113-81-41117	전자발행	외상
□	11	과세	매출할인			-4,000,000	-400,000	-4,400,000	01003	하나기업(주)	417-81-21110	전자발행	외상
□	12	과세	컴퓨터	-10	500,000	-5,000,000	-500,000	-5,500,000	01001	(주)한림사	113-81-41117	전자발행	외상
□	13	과세	계약금			-7,000,000	-700,000	-7,700,000	01004	올림푸스(주)	301-81-21488	전자발행	현금
■													
			업체별 소계										

제2절 부가가치세신고 실무

필요 지식

부가가치세 신고와 관련된 매입·매출자료를 입력하며, 입력된 자료는 매입매출장과 부가가치세신고서 및 해당 부속서류메뉴에 자동으로 반영된다.

화면구성은 매입매출 거래내용을 입력하는 상단부와 분개를 입력하는 하단부로 구분된다. 상단부는 부가가치세 관련 각 신고자료(부가가치세신고서, 세금계산서합계표, 매입매출장 등)로 활용되며, 하단부는 재무회계자료(계정별원장, 재무제표 등)에 반영된다.

❙ 매입매출전표 입력 주요항목별 입력내용 및 방법 ❙

항목	입력내용 및 방법
유형	입력되는 매입매출자료의 유형코드 2자리를 입력한다. 유형은 크게 매출과 매입으로 구분되어 있으며, 유형코드에 따라 부가가치세신고서 등의 각 부가가치세 관련 해당자료에 자동 반영되므로 정확한 입력을 요한다.
복수거래	품명, 수량, 단가 등이 2개 이상인 경우 클릭하거나 F7을 눌러 보조화면에서 입력한다.
전자세금	0. 입력안함: 전자세금계산서가 아닌 경우, 더존 Bill36524에서 발급한 경우 1. 전자입력: Bill36524외 타기관에서 발급한 경우
분개유형	0. 분개없음: 매입매출전표 상단부(부가가치세신고서에 반영할 내용)만 입력하고 하단부의 분개가 필요없는 경우에 사용한다. 1. 현금: 전액 현금입금이나 현금출금 분개일 경우 2. 외상: 전액 외상매출금이나 외상매입금 분개일 경우 3. 혼합: '1.현금, 2.외상, 4.카드' 이외의 분개일 경우 4. 카드: 카드매출과 카드매입의 분개일 경우 사용 자동으로 분개되는 부분은 [환경설정] → [회계] → '4.매입매출전표입력 자동설정관리'의 '② 신용카드 기본계정설정'에 설정된 계정과목에 의해 입력된다.
기능모음 (자금관리)	받을어음, 지급어음에 대한 추가자료 입력 시 선택하며, 받을어음, 지급어음 등에 반영되어 '자금관리' 자료로 활용된다.

❚ 매출 유형별 입력 자료와 특성 ❚

코드	유형	입력 자료	자동작성되는 자료
11	과세매출	부가가치세가 10%인 매출세금계산서	매출처별세금계산서합계표, 매입매출장, 부가가치세신고서
12	영세매출	부가가치세가 0%인 영세율세금계산서(간접수출)	매출처별세금계산서합계표, 매입매출장, 부가가치세신고서
13	면세매출	면세분 매출계산서	매출처별계산서합계표, 매입매출장, 부가가치세신고서 과세표준의 면세수입금액란과 계산서발급금액란
14	건별매출	• 세금계산서가 발급되지 않는 과세매출(영수증) • 간주공급	매입매출장, 부가가치세신고서 과세매출의 기타란과 과세표준명세서
15	종합매출	간이과세자의 매출	부가가치세신고서
16	수출매출	직수출	매입매출장, 부가가치세신고서
17	카과매출	과세대상거래의 신용카드매출전표발급분	매입매출장, 신용카드매출전표발행집계표, 부가가치세신고서 과세 신용카드 · 현금영수증란
18	카면매출	면세대상거래의 신용카드매출전표발급분	매입매출장, 신용카드매출전표발행집계표, 부가가치세신고서 과세표준의 면세수입금액란
19	카영매출	영세율대상거래의 신용카드매출전표발급분	매입매출장, 신용카드매출전표발행집계표, 부가가치세신고서 영세 기타란
20	면건매출	계산서가 발급되지 않은 면세 매출분	매입매출장, 부가가치세신고서의 과세표준의 면세수입금액란
21	전자매출	전자결제수단으로서 과세매출분	
22	현과매출	현금영수증에 의한 과세매출분	매입매출장, 신용카드매출전표발행집계표, 부가가치세신고서 과세 신용카드 · 현금영수증란
23	현면매출	현금영수증에 의한 면세매출분	매입매출장, 신용카드매출전표발행집계표, 부가가치세신고서 과세표준의 면세수입금액란
24	현영매출	현금영수증에 의한 영세매출분	매입매출장, 신용카드매출전표발행집계표, 부가가치세신고서 영세 기타란

▌매입 유형별 입력 자료와 특성 ▌

코드	유형	입력 자료	자동작성되는 자료
51	과세매입	부가가치세가 10%인 매입세금계산서	매입처별세금계산서합계표, 매입매출장, 부가가치세신고서
52	영세매입	부가가치세가 0%인 영세율세금계산서	매입처별세금계산서합계표, 매입매출장, 부가가치세신고서
53	면세매입	면세분 매입계산서	매입처별계산서합계표, 매입매출장, 부가가치세신고서
54	불공매입	부가가치세가 10%인 매입세금계산서 중 매입세액불공제분	매입처별세금계산서합계표, 매입매출장, 부가가치세신고서
55	수입매입	세관장이 발급한 수입세금계산서	매입처별세금계산서합계표, 매입매출장, 부가가치세신고서
56	금전매입	1999년 이후 사용안함	
57	카과매입	매입세액공제가 가능한 신용카드매출발행전표(구분기재분) 과세매입분	매입매출장, 신용카드매출전표등수령금액합계표(갑), 부가가치세신고서의 그 밖의 공제매입세액란
58	카면매입	신용카드에 의한 면세매입분	매입매출장
59	카영매입	신용카드에 의한 영세매입분	매입매출상
60	면건매입	계산서가 발급되지 않은 면세 매입분	매입매출장
61	현과매입	현금영수증에 의한 과세 매입분	매입매출장, 신용카드매출전표등수령금액합계표(갑), 부가가치세신고서(그 밖의 공제매입세액 란)
62	현면매입	현금영수증에 의한 면세 매입분	매입매출장

01 부가가치세신고서 작성

부가가치세신고서는 각 신고기간에 대한 부가가치세 과세표준과 납부세액 또는 환급세액 등을 기재하여 관할세무서에 신고하는 서류로 부가가치세법에 규정된 서식이다.

부가가치세신고는 예정신고, 확정신고, 영세율등조기환급신고, 수정신고가 있으며, 신고시 부가가치세신고서의 상단에 해당신고를 표시하고 신고내용을 증명하는 부속서류를 같이 제출해야 한다.

 부가가치세 신고서 작성!

① 사업장명세(사업장현황 명세서)

사업장명세(사업장현황명세서)는 사업장의 기본현황 및 월 기본경비를 기재하는 항목이다. 사업장명세는 음식·숙박업 및 기타서비스업을 영위하는 사업자가 확정신고시 또는 폐업신고시에만 작성하여 신고하며, 예정신고시에는 작성하지 않는다. 본 내용은 사업의 규모를 판단하는 자료로 활용된다.

② 신고내용

1장

구분				금액	세율	세액
과세 표준 및 매출 세액	과세	세금계산서 발급분	(1)	11.과세	10 / 100	
		매입자발행 세금계산서	(2)		10 / 100	
		신용카드·현금영수증 발행분	(3)	17.카과, 22.현과	10 / 100	
		기타(정규영수증 외 매출분)	(4)	14.건별(간주공급, 간주임대료)		
	영세율	세금계산서 발급분	(5)	12.영세	0 / 100	
		기타	(6)	16.수출, 19.카영, 24.현영	0 / 100	
	예정신고 누락분		(7)	예정신고누락분명세 반영		
	대손세액 가감		(8)			대손세액공제신고서에서 반영
	합 계		(9)		㉮	
매입 세액	세금 계산서 수취분	일반매입	(10)	51.과세, 52.영세, 54.불공, 55.수입중 고정자산으로 분개되지 않은 것		
		수출기업수입분납부유예	(10-1)			
		고정자산 매입	(11)	51.과세, 52.영세, 54.불공, 55.수입 중 고정자산으로 분개된 것		
	예정신고 누락분		(12)	예정신고누락분명세 반영		
	매입자발행 세금계산서		(13)			
	그 밖의 공제매입세액		(14)	그밖의공제매입세액명세 반영		

합계(10)+(11)+(12)+(13)+(14)	(15)			
공제받지 못할 매입세액	(16)	공제받지못할매입명세 반영		
차 감 계 (15)−(16)	(17)		㉯	

2장

(14) 그 밖의 공제 매입 세액 명세	구분			금액	세율	세액
	신용카드매출전표등 수령명세서 제출분	일 반 매 입	(41)	57.카과, 61.현과 중 고정자산으로 분개되지 않은 것		
		고정자산매입	(42)	57.카과, 61.현과 중 고정자산으로 분개된 것		
	의제매입세액		(43)	의제매입세액공제신고서에서 반영		
	재활용폐자원 등 매입세액		(44)	재활용폐자원세액공제신고서에서 반영		
	과세사업전환 매입세액		(45)			
	재고매입세액		(46)			
	변제대손세액		(47)			대손세액변제신고 서에서 반영
	외국인 관광객에 대한 환급세액		(48)			
	합 계		(49)			
(16) 공제 받지 못할 매입 세액 명세	구분			금액	세율	세액
	공제받지 못할 매입세액		(50)	54.불공		
	공통매입세액 면세사업등분		(51)	매입세액불공제내역(공통매입세액)에서 반영		
	대손처분받은 세액		(52)			
	합 계		(53)			

과세표준명세			
업태	종목	코드	금액
28			
29			
30			
31 수입금액제외			
32 합계			

면세수입금액			
업태	종목	코드	금액
81			
82			
83 수입금액제외			
84 합계			
계산서발급 및 수취내역	85.계산서발급금액		13.면세매출
	86.계산서수취금액		53.면세매입

> **주의** 과세표준명세는 과세표준을 업종별로 나누어 작성하는 것으로 28란 ~ 30란은 401.상품매출로 입력 시 도·소매로, 404.제품매출로 입력 시 제조로, 이외의 계정으로 입력 시 기타로 자동 반영되며, 31.수입금액제외 란은 고정자산매각, 간주공급 등 이 입력될 경우 자동 반영된다.

③ 부가가치세 관련 계정의 정리분개

분기별로 부가가치세신고서상의 매출부가가치세(부가세예수금 계정)와 매입부가가치세(부가세대급금 계정)를 서로 상계하여 정리하여야 한다.

구분		분개				
납부세액인 경우	정리분개	(차) 부가세예수금	×××	(대) 부가세대급금 　　　미지급세금	××× ×××	
	납 부 시	(차) 미지급세금	×××	(대) 현금	×××	
환급세액인 경우	정리분개	(차) 부가세예수금 　　　미수금	××× ×××	(대) 부가세대급금	×××	
	환 급 시	(차) 보통예금	×××	(대) 미수금	×××	

> **주의** 전자신고세액공제분은 잡이익으로 처리한다.

02 수정신고와 가산세

(1) 예정신고누락과 확정신고의 누락

예정신고누락분 매입매출전표를 해당일자에 입력하고 상단부의 `기능모음(F11) ▼` 를 클릭하고 `예정누락(Ctrl+2)` 을 누른다. '예정신고누락분신고대상월'이 나오면 예정누락분을 반영하고자 하는 확정신고기간의 시작월을 입력하고 확인한다.

확정신고누락은 누락한 매입매출전표의 해당일자로 전표입력을 입력하고 부가가치세신고서를 '수정신고' 한다.

(2) 가산세

구분	유형	가산세
미등록·허위등록 가산세	사업자등록을 하지 아니한 경우, 타인의 명의로 사업을 한 경우	공급가액의 1%
세금계산서	−세금계산서 미발급 　(공급시기가 속하는 과세기간의 확정신고기한까지 　발급하지 아니한 경우)	공급가액의 2%
	−재화·용역의 공급없이 가공세금계산서를 발급하거나 받은 경우	공급가액의 3%

구분		유형	가산세
세금계산서		−실제 공급자 또는 공급받는자가 아닌 명의의 위장 세금계산서를 발급하거나 받은 경우	공급가액의 2%
		전자세금계산서 의무발급자가 종이로 발급한 경우	공급가액의 1%
		세금계산서 지연발급, 부실기재 (공급시기가 속하는 과세기간의 확정신고기한까지 발급한 경우)	공급가액의 1%
		매입세금계산서 지연수취	공급가액의 0.5%
전자세금계산서	미전송	전자세금계산서를 공급시기가 속하는 과세기간의 확정신고기한(25일)까지 전송하지 아니한 경우	공급가액의 0.5%
	지연 전송	전자세금계산서를 발급일의 다음 날이 지난 후 공급시기가 속하는 과세기간 확정신고기한(25일)까지 전송한 경우	공급가액의 0.3%
세금계산서합계표	미제출	매출처별세금계산서합계표를 예정신고 또는 확정신고시에 제출하지 아니한 경우(수정신고·경정청구시 제출은 미제출에 해당)	공급가액의 0.5% 1개월내 제출 50% 감면
	지연 제출	매출처별세금계산서합계표를 예정신고시에 제출하지 않고 확정신고시 제출한 경우	공급가액의 0.3%
	부실 기재	매출처별세금계산서합계표와 기재사항이 기재되지 아니하거나 사실과 다르게 기재된 경우(다만, 거래사실이 확인되는 때에는 제외)	공급가액의 0.5%
	매입처별세금계산서합계표 불성실가산세	−경정시 매입세액을 공제받는 경우 −매입처별세금계산서합계표의 기재사항 중 공급가액을 사실과 다르게 과다하게 적어 신고한 경우(허위기재)	공급가액의 0.5%
신고불성실 가산세		신고를 하지 않거나, 신고한 납부세액이 신고할 납부세액에 미달한 경우 또는 신고한 환급세액이 신고할 환급세액에 초과하는 경우	부정무신고·과소신고 40% 일반무신고 20% 일반과소신고 10%
영세율과세표준 신고불성실가산세		영세율이 적용되는 사업자가 과세표준금액을 신고하지 않거나 적게 신고한 경우	과세표준의 0.5%
납부지연가산세		납부하지 아니하거나, 납부할 세액에 미달하게 납부한 경우	납부기한의 다음날부터 자진납부일 또는 고지일까지의 기간에 1일 0.022%의 율을 적용한 금액

[세금계산서 발급 예시]

공급시기	발급기한	지연발급(1%)	미발급(2%)
3.26	4.10	4.11 ~ 7.25	7.26 ~

발급시기	전송기한	지연전송(0.3%)	미전송(0.5%)
5.09	5.10	5.11 ~ 7.25	7.26 ~

주의 중복적용배제

우선 적용되는 가산세	적용배제 가산세
1. 미등록 등(1%)	세금계산서불성실(지연발급, 부실기재) 전자세금계산서 지연전송, 미전송가산세 매출 세금계산서합계표 불성실
2. 세금계산서 미발급(2%)	미등록가산세 등 전자세금계산서 지연전송, 미전송가산세 세금계산서 불성실 가산세(부실기재) 매출처별 세금계산서합계표 불성실가산세
3. 세금계산서 지연발급(1%)	전자세금계산서 지연전송, 미전송가산세 세금계산서 불성실 가산세(부실기재) 매출처별 세금계산서합계표 불성실가산세
4. 세금계산서 지연(0.3%), 미전송(0.5%)	매출처별 세금계산서합계표 불성실가산세
5. 세금계산서 부실기재(1%)	전자세금계산서 지연전송, 미전송가산세 매출처별 세금계산서합계표 불성실가산세
6. 세금계산서 불성실외 (2%) – 가공발급, 허위발급 등	미등록 가산세 등 매출(입)처별 세금계산서합계표 불성실가산세

주의 가산세 감면대상 범위(신고불성실가산세, 영세율과세표준 신고불성실가산세)

수정신고		기한후신고	
법정신고기한 경과 후	가산세 감면 비율	법정신고기한 경과 후	가산세 감면 비율
1개월 이내	90%	1개월 이내	50%
1개월 초과~3개월 이내	75%	1개월 초과~3월 이내	30%
3개월 초과~6개월 이내	50%	3개월 초과~6개월 이내	20%
6개월 초과~1년 이내	30%		
1년 초과~1년 6개월 이내	20%		
1년 6개월 초과~2년 이내	10%		

 ## 예정신고누락분 확정신고

부가가치세 제1기 예정신고 시 제품매출 및 원재료매입 자료가 누락되었다. 누락된 자료는 모두 외상거래이며 일반과소신고에 해당한다. 누락된 자료를 반영하고 가산세를 적용하여 제1기 부가가치세 확정신고서를 작성하시오.(신고 · 납부일은 2025년 7월 25일이다. 전자세금계산서 발급거래는 '전자입력'으로 할 것, 제1기 예정신고납부는 2025년 4월 25일 하였다고 가정한다.)

■ 매출(제품)전자세금계산서 발급 목록

매출전자(수정)세금계산서 목록								
번호	작성일자	승인번호	발급일자	전송일자	상호	공급가액	세액	전자세금계산서 종류
1	20250331	생략	20250602	20250603	한라(주)	12,000,000	1,200,000	일반

■ 매입(원재료)전자세금계산서 수취 목록

매입전자(수정)세금계산서 목록								
번호	작성일자	승인번호	발급일자	전송일자	상호	공급가액	세액	전자세금계산서 종류
1	20250331	생략	20250531	20250601	(주)한성	6,000,000	600,000	일반

 ## 예정신고누락분 확정신고

❶ 매출전표입력: 3월 31일

거래유형	품명	공급가액	부가세	거래처	전자세금
11.과세	제품	12,000,000원	1,200,000원	한라(주)	전자입력
분개유형	(차) 108.외상매출금	13,200,000원	(대) 404.제품매출		12,000,000원
2.외상			255.부가세예수금		1,200,000원

주의 상단부 [기능모음]의 [예정누락]을 클릭하여 '2025년 4월'을 입력한다.

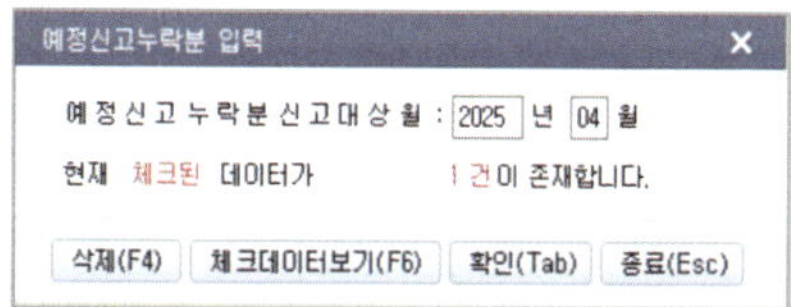

❷ 매입전표입력: 3월 31일

거래유형	품명	공급가액	부가세	거래처	전자세금
51.과세	원재료	6,000,000원	600,000원	(주)한성	전자입력
분개유형	(차) 153.원재료	6,000,000원	(대) 251.외상매입금		6,600,000원
2.외상	135.부가세대급금	600,000원			

주의 상단부 [기능모음]의 [예정누락]을 클릭하여 '2025년 4월'을 입력한다.

❸ 부가가치세신고서(4월 1일 ~ 6월 30일)

■ 예정신고누락분명세

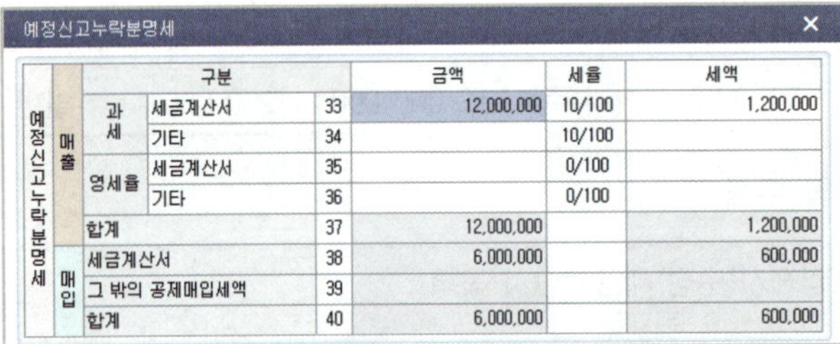

예정신고누락분명세

		구분		금액	세율	세액
예정신고누락분명세	매출	과세	세금계산서	33	12,000,000	10/100	1,200,000
			기타	34		10/100	
		영세율	세금계산서	35		0/100	
			기타	36		0/100	
		합계		37	12,000,000		1,200,000
	매입	세금계산서		38	6,000,000		600,000
		그 밖의 공제매입세액		39			
		합계		40	6,000,000		600,000

■ 가산세명세

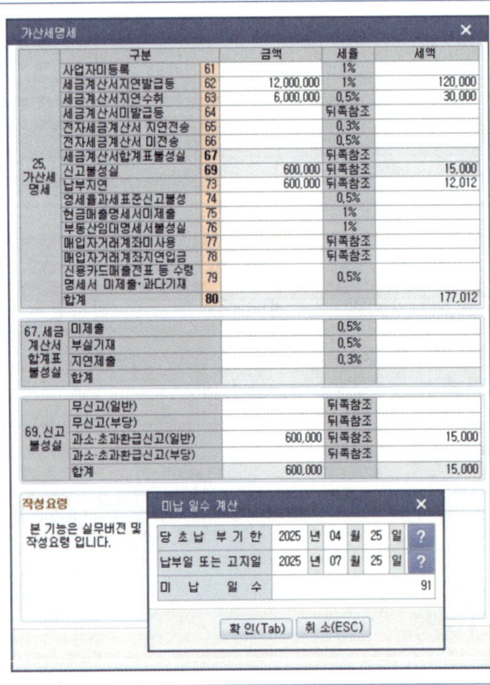

가산세명세

	구분		금액	세율	세액
25.가산세명세	사업자미등록	61		1%	
	세금계산서지연발급등	62	12,000,000	1%	120,000
	세금계산서지연수취	63	6,000,000	0.5%	30,000
	세금계산서미발급등	64		뒤쪽참조	
	전자세금계산서 지연전송	65		0.3%	
	전자세금계산서 미전송	66		0.5%	
	세금계산서합계표불성실	67		뒤쪽참조	
	신고불성실	69	600,000	뒤쪽참조	15,000
	납부지연	73	600,000	뒤쪽참조	12,012
	영세율과세표준신고불성	74		0.5%	
	현금매출명세서미제출	75		1%	
	부동산임대명세서불성실	76		1%	
	매입자거래계좌미사용	77		뒤쪽참조	
	매입자거래계좌지연입금	78		뒤쪽참조	
	신용카드매출전표 등 수령명세서 미제출·과다기재	79		0.5%	
	합계	80			177,012
67.세금계산서합계표불성실	미제출			0.5%	
	부실기재			0.5%	
	지연제출			0.3%	
	합계				
69.신고불성실	무신고(일반)			뒤쪽참조	
	무신고(부당)			뒤쪽참조	
	과소·초과환급신고(일반)		600,000	뒤쪽참조	15,000
	과소·초과환급신고(부당)			뒤쪽참조	
	합계		600,000		15,000

작성요령
본 기능은 실무버전 및 작성요령 입니다.

미납 일수 계산

당초납부기한	2025 년 04 월 25 일	?
납부일 또는 고지일	2025 년 07 월 25 일	?
미납 일수		91

확 인(Tab)   취 소(ESC)

① 세금계산서 지연발급 가산세
12,000,000원 × 1% = 120,000원

② 세금계산서 지연수취 가산세
6,000,000원 × 0.5% = 30,000원

③ 신고불성실 가산세
(1,200,000원 − 600,000원) × 10% − 45,000원
(75% 감면, 3개월 이내) = 15,000원

④ 납부지연 가산세
(1,200,000원 − 600,000원) × 2.2/10,000 × 91일
(4월 26일 ~ 7월 25일) = 12,012원

▶ 가산세 합계 177,012원

수행과제 **확정신고누락분 수정신고**

부가가치세 제2기 확정신고 시 누락된 전자세금계산서 발급목록 및 현금영수증 매출자료이다. 매입매출전표에 거래자료를 입력하고 가산세를 반영하여 제2기 부가가치세 확정 수정신고서(수정차수 1)를 작성하시오.(수정신고는 2026년 2월 10일에 신고 및 납부하고자 하며, 미납일수는 16일을 적용, 전자세금계산서는 '전자입력'으로 할 것)

■ 매출(제품)전자세금계산서 발급 목록(외상거래)

매출전자(수정)세금계산서 목록								
번호	작성일자	승인번호	발급일자	전송일자	상 호	공급가액	세액	전자세금계산서 종류
1	20251221	생략	20251230	20251231	홀스기획	28,500,000	0	영세율

■ 매입(2,999cc 영업부 승용차 수리)전자세금계산서 수취 목록(외상거래, 수익적지출)

매입전자(수정)세금계산서 목록								
번호	작성일자	승인번호	발급일자	전송일자	상 호	공급가액	세액	전자세금계산서 종류
1	20251226	생략	20251226	20251227	우리자동차(주)	3,000,000	300,000	일반

■ 현금영수증 매출자료(제품)

번호	승인년월일	건수	발행금액(공급대가)	개인
1	20251229	1	2,200,000	박지영

수행과제 풀이 **확정신고누락분 수정신고**

❶ 매출전표입력: 12월 21일

거래유형	품명	공급가액	부가세	거래처	전자세금
12.영세	제품	28,500,000원	0원	홀스기획	전자입력
분개유형	(차) 108.외상매출금	28,500,000원	(대) 404.제품매출		28,500,000원
2.외상					

❷ 매입전표입력: 12월 26일

거래유형	품명	공급가액	부가세	거래처	전자세금
54.불공	승용차수리	3,000,000원	300,000원	우리자동차(주)	전자입력
불공사유	3. 비영업용 소형승용차 구입 및 유지				
분개유형	(차) 822.차량유지비　　3,300,000원		(대) 253.미지급금		3,300,000원
3.혼합					

❸ 매출전표입력: 12월 29일

거래유형	품명	공급가액	부가세	거래처	전자세금
22.현과	제품	2,000,000원	200,000원	박지영	
분개유형	(차) 101.현금　　2,200,000원		(대) 404.제품매출		2,000,000원
1.현금			255.부가세예수금		200,000원

❹ 부가가치세신고서(10월 1일 ~ 12월 31일)

■ 수정신고서(수정차수 '1'을 입력하고 상단부 　새로불러오기　를 클릭한다.)

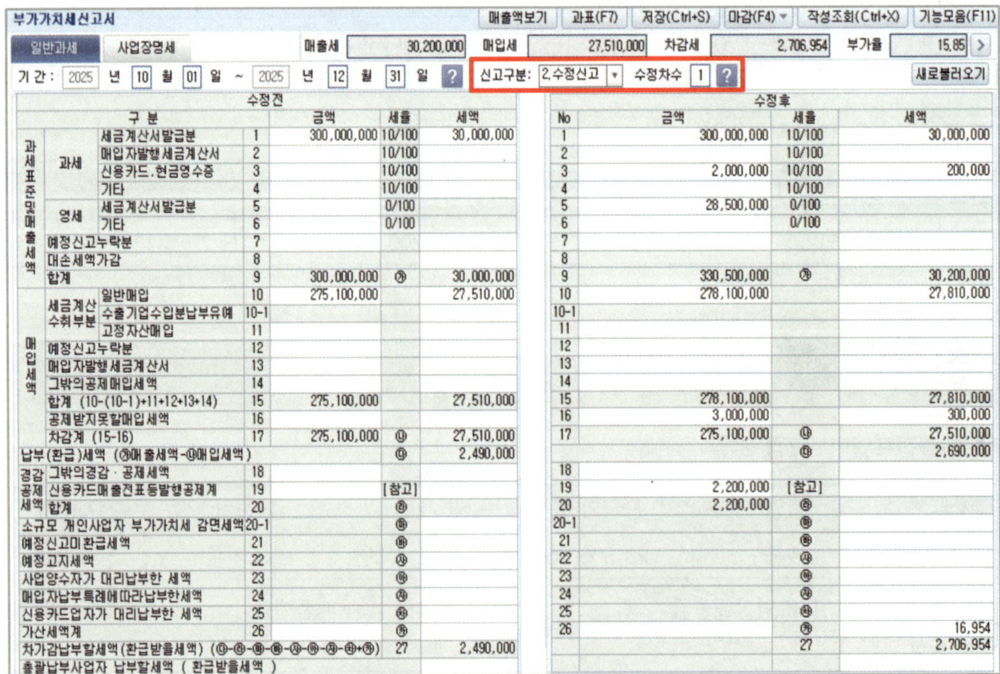

부가가치세신고서 | 매출액보기 | 과표(F7) | 저장(Ctrl+S) | 마감(F4) ▼ | 작성조회(Ctrl+X) | 기능모음(F11)

일반과세　사업장명세　매출세 30,200,000　매입세 27,510,000　차감세 2,706,954　부가율 15.85 ＞

기 간: 2025 년 10 월 01 일 ~ 2025 년 12 월 31 일 ?　신고구분: 2.수정신고 ▼ 수정차수 1 ?　새로불러오기

		구 분		수정전 금액	세율	세액	No	수정후 금액	세율	세액
과세표준및매출세액	과세	세금계산서발급분	1	300,000,000	10/100	30,000,000	1	300,000,000	10/100	30,000,000
		매입자발행세금계산서	2		10/100		2		10/100	
		신용카드.현금영수증	3		10/100		3	2,000,000	10/100	200,000
		기타	4		10/100		4		10/100	
	영세	세금계산서발급분	5		0/100		5	28,500,000	0/100	
		기타	6		0/100		6		0/100	
	예정신고누락분		7				7			
	대손세액가감		8				8			
	합계		9	300,000,000	㉮	30,000,000	9	330,500,000	㉮	30,200,000
매입세액	세금계산서수취부분	일반매입	10	275,100,000		27,510,000	10	278,100,000		27,810,000
		수출기업수입분납부유예	10-1				10-1			
		고정자산매입	11				11			
	예정신고누락분		12				12			
	매입자발행세금계산서		13				13			
	그밖의공제매입세액		14				14			
	합계 (10-(10-1)+11+12+13+14)		15	275,100,000		27,510,000	15	278,100,000		27,810,000
	공제받지못할매입세액		16				16	3,000,000		300,000
	차감계 (15-16)		17	275,100,000	㉯	27,510,000	17	275,100,000	㉯	27,510,000
납부(환급)세액 (㉮매출세액-㉯매입세액)					㉰	2,490,000			㉰	2,690,000
경감공제세액	그밖의경감·공제세액		18				18			
	신용카드매출전표등발행공제계		19		[참고]		19	2,200,000	[참고]	
	합계		20		㉱		20	2,200,000	㉱	
소규모 개인사업자 부가가치세 감면세액			20-1		㉲		20-1		㉲	
예정신고미환급세액			21		㉳		21		㉳	
예정고지세액			22		㉴		22		㉴	
사업양수자가 대리납부한 세액			23		㉵		23		㉵	
매입자납부특례에따라납부한세액			24		㉶		24		㉶	
신용카드업자가 대리납부한 세액			25		㉷		25		㉷	
가산세액계			26		㉿		26		㉿	16,954
차가감납부할세액(환급받을세액) (㉰-㉱-㉲-㉳-㉴-㉵-㉶-㉷+㉿)			27	2,490,000			27			2,706,954
총괄납부사업자 납부할세액 (환급받을세액)										

■ 가산세명세

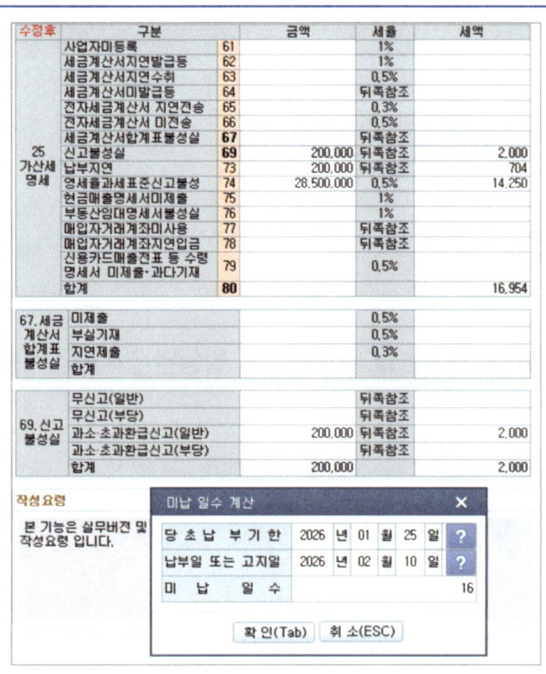

수정후	구분		금액	세율	세액
25 가산세 명세	사업자미등록	61		1%	
	세금계산서지연발급등	62		1%	
	세금계산서지연수취	63		0.5%	
	세금계산서미발급등	64		뒤쪽참조	
	전자세금계산서 지연전송	65		0.3%	
	전자세금계산서 미전송	66		0.5%	
	세금계산서합계표불성실	67		뒤쪽참조	
	신고불성실	69	200,000	뒤쪽참조	2,000
	납부지연	73	200,000	뒤쪽참조	704
	영세율과세표준신고불성	74	28,500,000	0.5%	14,250
	현금매출명세서미제출	75		1%	
	부동산임대명세서불성실	76		1%	
	매입자거래계좌미사용	77		뒤쪽참조	
	매입자거래계좌지연입금	78		뒤쪽참조	
	신용카드매출전표 등 수령 명세서 미제출·과다기재	79		0.5%	
	합계	80			16,954

67. 세금 계산서 합계표 불성실	미제출	0.5%	
	부실기재	0.5%	
	지연제출	0.3%	
	합계		

69. 신고 불성실	무신고(일반)		뒤쪽참조	
	무신고(부당)		뒤쪽참조	
	과소·초과환급신고(일반)	200,000	뒤쪽참조	2,000
	과소·초과환급신고(부당)		뒤쪽참조	
	합계	200,000		2,000

작성요령

본 기능은 실무버전 및 작성요령 입니다.

① 신고불성실 가산세
200,000원 × 10% − 18,000원
(90% 감면, 1개월 이내)
= 2,000원

② 납부지연 가산세
200,000원 × 2.2/10,000 × 16일 = 704원

③ 영세율과세표준신고불성실 가산세
28,500,000원 × 0.5% − 128,250원
(90% 감면, 1개월 이내)
= 14,250원

▶ 가산세 합계 16,954원

출제예상 평가문제

(비대면 시험대비)

* 조회 회사: 2100.(주)삼일전자

01 [월계표 조회] 5월 한달간 발생한 제품매출 금액은 얼마인가?

02 [계정별원장 조회] 6월말 선수금 잔액은 얼마인가?

03 [전자세금계산서 발행 및 내역관리 조회] 6월 5일 수정사유로 발행된 전자세금계산서의 수정입력사유 코드번호를 기록하시오.

04 [세금계산서합계표 조회] 제1기 확정 신고기간에 발행된 매출 전자세금계산서 매수는 몇 매인가?

05 [부가가치세신고서 조회] 제1기 확정 신고기간의 부가가치세신고서 과세표준 금액은 얼마인가?

06 [부가가치세신고서 조회] 제1기 확정 신고기간의 부가가치세신고서 매출세액(㉮)은 얼마인가?

07 [부가가치세신고서 조회] 제1기 확정 신고기간의 부가가치세신고서 매입세액(㉯)은 얼마인가?

08 [부가가치세신고서 조회] 제1기 확정 신고기간의 부가가치세신고서 가산세액계(26란)의 세액은 얼마인가?

09 [부가가치세신고서 조회] 제2기 확정 신고기간의 부가가치세신고서(수정신고 1차)의 납부(환급)세액(㉰)은 얼마인가?

10 [부가가치세신고서 조회] 제2기 확정 신고기간의 부가가치세신고서(수정신고 1차)의 가산세액계(26란)의 세액은 얼마인가?

더존 SmartA(iPlus) 원천징수실무 제대로 알기

NCS 능력단위(분류번호)

원천징수(0203020204_23v6)

백데이터 설치방법

① 삼일아이닷컴(http://www.samili.com) 홈페이지에 접속한다.
② 상단부 제품몰을 클릭하고 AT수험서 자료실에서 백데이터를 다운받는다.
③ 다운받은 백데이터파일을 더블클릭하여 실행한다.
④ '1100.(주)삼일전자'를 선택하여 실전문제를 수행한다.

제1절 근로소득의 원천징수

필요 지식

근로소득은 근로소득자의 세액을 계산해가는 과정으로 먼저 사원을 등록하고, 사원에 대한 급여자료를 입력하여 월별로 세액을 납부한 다음 연간소득에 대한 연말정산을 하도록 구성되어 있다.

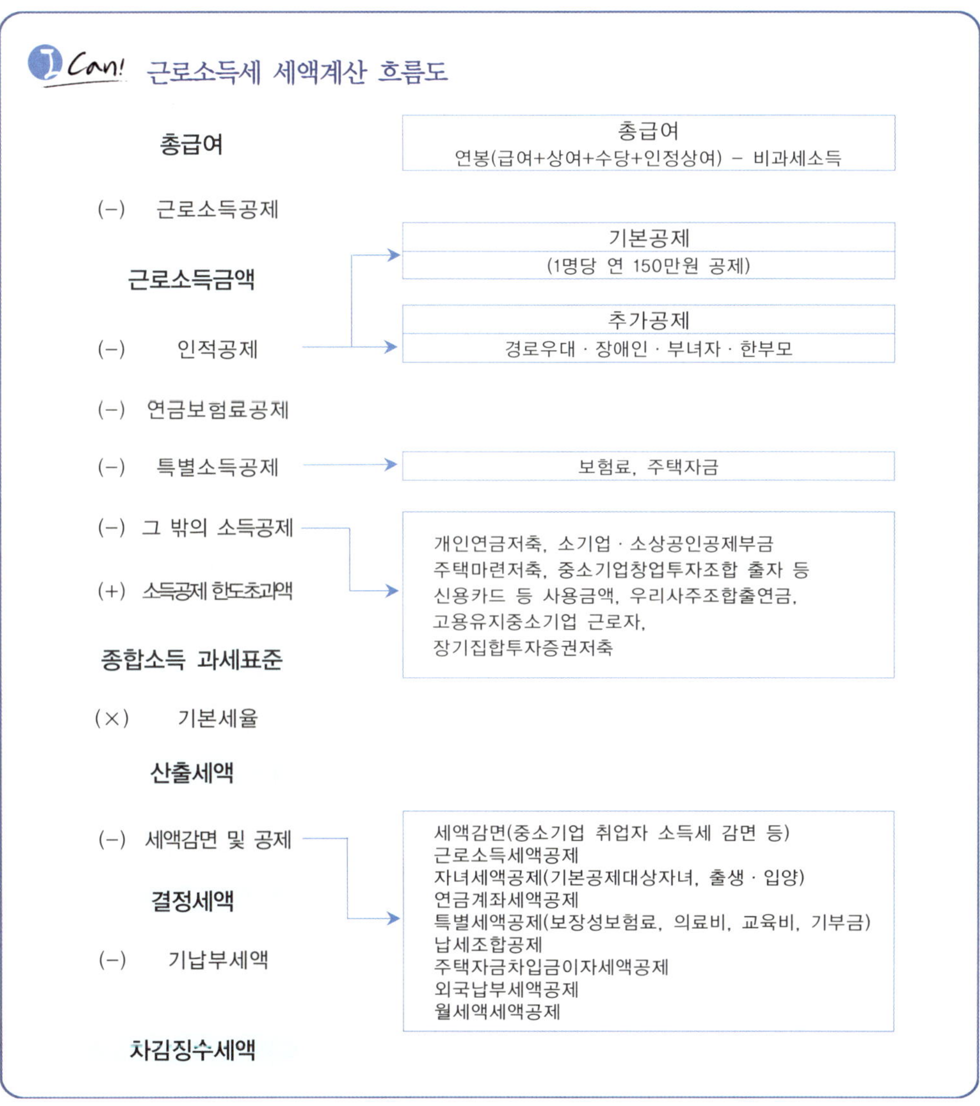

* 출처: 국세청(2024), 근로자를 위한 연말정산 신고안내

01 사원등록

필요 지식

인사급여프로그램의 가장 기초가 되는 사원에 대한 정보를 입력함으로써, 급여계산, 사원정보관리, 연말정산, 퇴직소득 등 상용직원에 대한 원천징수와 관련된 제반정보를 제공한다.

▮ 주요항목별 입력방법 ▮

항목	내용
사원코드	숫자 또는 문자를 이용하여 10자 이내로 입력한다.
사원명	사원명을 20자 이내로 입력한다. 외국인은 국세청 전자신고시 사원명을 한글로 풀어서 입력해야 한다.
주민(외국인)번호	0.내국인 1.외국인으로 내/외국인 구분을 먼저 선택한다. 0.내국인일 경우 주민등록번호를 입력하며 1.외국인일 경우 외국인등록번호를 입력한다.
입사일자	사원관리의 기준이 되는 중요한 입력항목이므로 반드시 정확하게 입력한다.
단일세율적용여부	외국인근로자의 경우 단일세율적용(0.부, 1.여)을 입력한다. 1.여를 선택하면 근로소득의 19%를 산출세액으로 계산한다.
거주구분	거주자인 경우 '0', 비거주자인 경우 '1'로 입력한다.
국민연금, 건강보험, 고용보험보수월액	보수월액을 입력하면 기초관리코드등록에 등록된 요율에 따라 자동으로 계산하여 보여준다.
고용보험적용여부	대표자인 경우 1입력, 임원인 경우 2를 입력한다. (대표자, 임원으로 설정된 경우 급여자료입력 및 조회메뉴에서 정렬 시 항상 상단에 조회된다.)
국외근로적용여부	원양어선, 해외건설근로자인 경우 '2. 500만원 비과세', 이외의 국외근로소득은 '1. 100만원 비과세'를 입력한다.
생산직여부	연장근로수당이 비과세되는 생산직사원의 경우 '1', 생산직이외의 사원은 '0'을 입력한다.
연장근로비과세적용	전년도 총급여액이 3,000만원 이하인 생산직근로자인 경우 '1.여', 광산근로자일 경우 '2'를 입력한다.
퇴사년월일/이월여부	퇴사일자를 입력하며 퇴사일 입력시 이월여부는 자동으로 1.부로 변경된다. 이월여부는 사원등록 마감후 이월시 사용되며 0.여로 되어 있는 사원을 이월한다.

항목	내용
부양가족명세	소득자 본인을 포함한 부양가족에 대한 내역을 입력하며 입력된 사항을 바탕으로 급여자료입력, 연말정산자료입력의 인적공제 내역에 반영된다.

연말정산관계	0.본인 1.소득자직계존속 2.배우자직계존속 3.배우자 4.자녀, 손자녀, 입양자 5.장애인직계비속의장애인배우자 6.형제자매 7.수급자(1−6제외) 8. 기타(위탁아동)중 선택
세대	본인이 세대주인 경우 선택
부녀	본인이 부녀자인 경우 선택
장애	본인, 부양가족 중 1.장애인복지법에 의한 장애인, 2.국가유공자 등 근로능력없는자, 3.항시 치료를 요하는 중증환자이면 선택
경로 70세	기본공제대상자가 만70세 이상인 경우 선택
출산입양	공제대상 자녀 중 출생 또는 입양 신고한 경우 선택
자녀	기본공제대상 자녀 중 만 8세 이상의 자녀인 경우 선택
한부모	배우자가 없는 자로서 기본공제대상자인 부양자녀(20세 이하)가 있는 경우 선택

I Can! 인적공제대상자 해당여부 판정 시 참고사항!

구 분	공제금액 · 한도	공 제 요 건		
		구분	소득요건*	나이요건**
기본공제	1명당 150만원	본인	×	×
		배우자	○	×
		직계존속	○	만 60세 이상
		형제자매	○	만 20세 이하 만 60세 이상
		직계비속 (입양자 포함)	○	만 20세 이하
		위탁아동	○	만 18세 미만 (보호기간이 연장된 경우로서 20세 이하인 위탁아동 포함)
		수급자 등	○	×

* 연간소득금액 합계액 100만원 이하
  (근로소득만 있는 자는 총급여액 500만원 이하)
** 장애인의 경우 나이요건 적용하지 않음

	구 분	공제금액 · 한도	공 제 요 건
추가공제	경로우대	1명당 100만원	기본공제대상자 중 만 70세 이상
	장애인	1명당 200만원	기본공제대상자 중 장애인
	부녀자	50만원	근로소득금액이 3천만원 이하자인 근로자가 다음 어느 하나에 해당하는 경우 •배우자가 있는 여성 근로자 •기본공제대상자가 있는 여성 근로자로서 세대주
	한부모	100만원	배우자가 없는 자로서 기본공제대상인 직계비속 또는 입양자가 있는 경우 (부녀자 공제와 중복적용 배제)

🅘 Can! 기본공제대상자 소득요건 판정 시 참고사항!

연간소득금액(종합 + 퇴직 + 양도소득금액) 합계액 100만원으로 판단
(소득금액 = 소득 − 필요경비)

종류	소득금액계산	기본공제대상 여부	
근로소득	근로소득−근로소득공제	총급여 500만원 이하	○
		총급여 500만원 초과	×
		일용근로자(분리과세)	○
사업소득	총수입금액−필요경비공제	소득금액 100만원 이하	○
퇴직소득	비과세를 제외한 퇴직금 전액		
양도소득	양도가액−필요경비−장기보유특별공제		
연금소득	연금소득−연금소득공제	공적연금 516만원 이하	○
		사적연금 1,500만원 이하	○
		사적연금 1,500만원 초과	△
기타소득	총수입금액−필요경비공제* * 60%(강연료, 원고료 등) ** 80%, 90% 또는 실제필요경비	100만원 이하	○
		100만원~300만원 이하(선택적 분리과세)	△
		300만원 초과	×
		복권 등(무조건 분리과세)	○
		뇌물 등(무조건 종합과세)	×
금융소득	필요경비 인정 안 됨	2,000만원 이하(분리과세)	○
		2,000만원 초과(종합과세)	×

수행과제 **사원등록**

다음 제시된 자료를 이용하여 사원등록을 하시오.

[1] 1001.신동준 인적사항

입사년월일	내/외국인	거주지국	주민번호	단일세율 적용여부	거주구분	급여구분
2021.08.01.	내국인	KR	651010−1771119	부	거주자	월급 4,350,000원
산재보험 적용여부	국민연금 보수월액	건강보험 보수월액	건강보험증권번호	고용보험 보수월액	고용보험 적용여부	장기요양보험 적 용 여 부
여	4,250,000원	4,250,000원	생략	4,250,000원	여	여
생산직여부	국외근로적용여부	주 소				퇴사년월일
부	부	서울 마포구 서소문로2길 24(아현동)				

문서확인번호				1/1

주 민 등 록 표
(등 본)

이 등본은 세대별 주민등록표의 원본내용과 틀림없음을 증명합니다.
담당자:　　　　　전화:
신청인:　　　　　(　　　　　　)
용도 및 목적:
　　　　　　　년　월　일

세대주 성명 (한자)	신동준		세 대 구 성 사유 및 일자	전입 2007 - 10 - 24

현주소: 서울 마포구 서소문로2길 24 (아현동)

번호	세대주 관 계	성　　　명 주민등록번호	전입일 / 변동일	변동사유
1	본인	신동준 651010 - 1771119		
2	처	김수정 660212 - 2111111	2007 - 10 - 24	전입
3	자	신진영 930526 - 1111116	2007 - 10 - 24	전입
4	부	신영식 390503 - 1771111	2021 - 01 - 28	전입
5	장모	박난이 430411 - 2222229	2021 - 01 - 28	전입
6	처남	김원진 670826 - 1771117	2021 - 01 - 28	전입

① 처 김수정은 근로소득 총급여액 6,000,000원이 있다.

② 부 신영식은 문예창작소득 2,000,000원이 있다.(필요경비 60%)

③ 장모 박난이는 정기예금 이자소득 1,500,000원이 있다.

④ 처남 김원진은 장애인복지법에 따른 지체장애인이며 별도의 소득은 없다.

[2] 1002.김진아 인적사항

입사년월일	내외국인	거주지국	주민번호	단일세율 적용여부	거주구분	급여구분
2025.08.01.	내국인	KR	730501 - 2775018	부	거주자	월급 2,300,000원

산재보험 적용여부	국민연금 보수월액	건강보험 보수월액	건강보험증권번호	고용보험 보수월액	고용보험 적용여부	장기요양보험 적 용 여 부
여	1,900,000원	1,900,000원	생략	1,900,000원	여	여

생산직여부	연장근로 비과세적용	국외근로 적용여부	주　　　소		퇴사년월일
여	여	부	서울시 서초구 남부순환로 2114 (방배동)		

가 족 관 계 증 명 서

등록기준지	서울시 서초구 남부순환로 2114 (방배동)

구분	성 명	출생연월일	주민등록번호	성별	본
본인	김진아	1973년 05월 01일	730501 – 2775018	여	김해

가족사항

구분	성명	출생연월일	주민등록번호	성별	본
모	강성숙	1944년 04월 03일	440403 – 2111110	여	진주

구분	성명	출생연월일	주민등록번호	성별	본
자녀	김수지	2006년 10월 01일	061001 – 4023456	여	김해
자녀	김수성	2008년 07월 01일	080701 – 3013451	남	김해

장 애 인 증 명 서

1. 증명서 발급기관

① 상　호	대한대학병원	② 사업자등록번호	1 0 1 – 9 0 – 1 0 0 4 7
③ 대표자(성 명)			박진찬
④ 소　재　지			서울 종로구 낙산1길 6(동숭동)

2. 소득자 (또는 증명서 발급 요구자)

⑤ 성　명	김진아	⑥ 주민등록번호	7 3 0 5 0 1 – 2 7 7 5 0 1 8
⑦ 주　소			서울시 서초구 남부순환로 2114 (방배동)

3. 장애인

⑧성　명	강성숙	⑨ 주민등록번호	4 4 0 4 0 3 – 2 1 1 1 1 1 0
⑩소득자와의관계	부	⑪ 장애 예상 기간	■영구 □비영구(． ． ．부터 ． ．까지)
⑫ 장애 내용	제 3 호	⑬ 용　도	소득공제 신청용

위 사람은 「소득세법」 제51조 제1항 제2호 및 동법 시행령 제107조 제1항에 따른 장애인에 해당하는 자임을 증명합니다.

① 모 강성숙은 항시 치료를 요하는 중증 암환자이며 국민연금소득 4,000,000원이 있다.

② 김수지는 인터넷 의류쇼핑몰을 운영하고 있으며 사업소득금액 1,500,000원이 있다.

③ 배우자와는 2025년 2월 20일 이혼한 상태이다.

④ 김진아는 세대주이며, 전년도 총급여액은 23,000,000원이며, 당해연도 근로소득금액은 30,000,000원 이하이다.

수행과제 풀이 사원등록

1. 1001.신동준의 등록사항
   - 김수정: 총급여액이 500만원을 초과하므로 기본공제 불가능
   - 신진영: 나이 제한으로 기본공제 불가능
   - 신영식: 기본공제, 경로우대 공제 가능
     기타소득(문예창작소득) 2,000,000원 − 필요경비(60%) 1,200,000원
     = 기타소득금액 800,000원
   - 박난이: 기본공제, 경로우대 공제 가능(금융소득 20,000,000원 이하 분리과세)
   - 김원진: 기본공제, 장애인 공제 가능

사원등록

| 증전근무지 | 사원명 잠금 | 검 색 (Ctrl+F6) | 기능모음(F11) ▼ |

중소감면업체　구 분: 0.전체 ▼　정 렬: 1.코 드 ▼

기초사항 | 관리사항

1. 입 사 년 월 일 2021 년 08 월 01 일 ?　국적 KR ? 대한민국　체류자격 ?
2. 내/외국인 구분 0　내국인　3. 거 주 지 국 KR ? 대한민국
4. 0.주민 ▼ 번호 651010-1771119　5. 단일세율 적용여부 0　부
6. 거 주 구 분 0　거주자　7. 급 여 구 분 0.월급 ▼ 임금 4,350,000 원
8. 산재보험적용여부 0　여　9. 국민연금보수월액 4,250,000 191,250
10. 건강보험보수월액 4,250,000 150,660　11. 건강보험료경감여부 0 부　경감율 0 %
12. 고용보험보수월액 4,250,000 38,250　13. 고용보험적용여부 0 여 (대표자 0 부)
14. 장기요양보험적용여부 0 여 경감율 0 %　15. 건강보험증번호
16. 국외근로적용여부 0 부　17. 선원여부 0 부　18. 생산직 등 여부 0 부 연장근로비과세 0 부
19. 주　소 04198 ? 서울특별시 마포구 서소문로2길 24
(상 세 주 소) (아현동)
20. 퇴 사 년 월 일 　년　월　일 ?　20. 이 월 여 부 0 여

● 부 양 가 족 명 세　(2025. 12. 31 기준)

	연말정산관계	기본	세대	부녀	장애	경로 70세	출산 입양	자녀	한부모	성명	주민(외국인)번호	가족관계
1	0.본인	본인	○							신동준	내 651010-1771119	
2	3.배우자	부								김수정	내 660212-2111111	02.배우자
3	1.(소)직계존속	60세이상				○				신영식	내 390503-1771111	03.부
4	2.(배)직계존속	60세이상				○				박난이	내 430411-2222229	13.장모
5	4.자녀,손자녀,1	부								신진영	내 930526-1111116	05.자녀
6	6.형제자매	장애인			1					김원진	내 670826-1771117	22.제
7												
합 계 6명		4			1	2						

재직/전체　1명 / 1명

2. 1002.김진아 등록사항
   - 김진아: 기본공제, 한부모공제 가능
   - 강성숙: 기본공제, 장애인, 경로우대 공제가능
     연금소득 4,000,000원 − (연금소득공제 3,500,000원 + (500,000원 × 40%))
     = 연금소득금액 300,000원

- 김수지: 사업소득금액 1,000,000원 초과로 기본공제 불가능
- 김수성: 기본공제, 자녀세액공제 가능

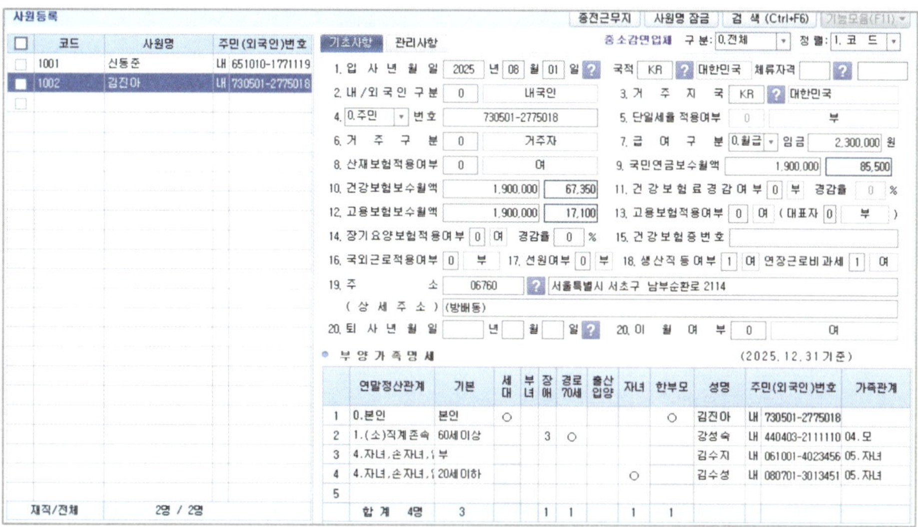

02 급여자료입력

[급여자료입력]은 상용직근로자의 각 월별 급여자료 및 상여금 입력메뉴로 이는 [급여대장]과 [원천징수이행상황신고서]와 [연말정산 근로소득원천징수영수증]에 반영된다.(단, 급여입력 전에 '수당등록'과 '공제등록' 작업이 선행되어야 한다.)

▌주요항목별 입력방법 ▌

항목		설명
지급일자		귀속월별 지급내역을 확인할 수 있으며, 정기적으로 발생하는 급여나 상여금이 동일할 때 복사를 이용하여 손쉽게 작업할 수 있다. 또한 입력실수 등으로 지급일자, 지급구분 등을 변경하고자 할 때 [지급일자]키를 이용하여 해당내역을 삭제 후 다시 설정하여 등록할 수 있다.
재 계 산		과세, 비과세금액이 변경되거나 사원의 부양가족이 변경되는 등 입력된 정보의 내용을 변경하고자 하는 경우 사용
마 감		당월 지급분에 대한 급여자료입력을 완료했다는 의미이며, 마감시 수정, 재계산, 삭제 등의 작업을 할 수 없다. 마감후 다시 [마감]키를 클릭하면 마감이 취소된다.
기능모음	연말정산	전년도 연말정산 소득세를 적용할 때 사용
	중도퇴사자정산	중도퇴사시 사원등록에서 퇴사일을 입력한 다음 해당 퇴사월의 급여자료입력시 기능모음의 [중도퇴사자정산]키를 클릭하여 자료입력 후 [확인]키를 클릭하면 중도퇴사자에 연말정산이 완료된다.

▌수당 및 공제등록 입력방법 ▌

구분	유형	내용	비고
수당등록	과세구분	과세수당이면 과세, 비과세수당이면, 비과세를 입력한다.	
	근로소득유형	과세구분을 [비과세]로 선택할 경우 비과세 유형을 입력한다.	비과세유형에 의하여 각 비과세 항목별 한도액이 자동계산된다.
	월정액 여부	과세구분이 비과세인 경우 월정액 계산시 포함 여부를 선택한다. 비과세되는 수당 중 실비변상이 아닌 수당은 월정액에 포함되어야 한다.(예 식대)	연장근로수당의 월정액급여 210만원 이하 판단 시 반영된다.
	급여 · 상여 · 추급 · 추상	해당 수당이 급여, 상여 지급 시 지급되는 수당 항목에 체크를 한다.	
공제등록	공제소득유형	소득공제유형을 선택한다.	기부금 및 사회보험정산자료 집계에 자동 반영된다.
	급여 · 상여 · 추급 · 추상	해당 항목이 급여, 상여 지급 시 공제되는 항목에 체크를 한다.	
비 과 세 감 면 설 정		월, 년별 적용할 비과세 항목을 설정한 후 구분에 따라 월 한도액 및 연 한도금액을 입력한다. 설정된 한도액 범위를 기준으로 자동으로 비과세, 과세금액이 계산된다.	지급명세서 미제출로 표시된 항목은 근로소득원천징수영수증 및 원천징수이행상황신고서에 반영되지 않는다.
사회보험		사회보험 대상 금액기준으로 4대 사회보험을 계산하는 경우에 사용한다.	
코드참고사항		비과세 및 감면소득 코드표로 지급명세서 작성여부를 보여준다.	

I Can! 수당등록 시 비과세 종류별 입력방법!

종류	비과세유형	비고
생산직근로자의 연장 · 야간근로수당	1. 연장근로	• 연 240만원까지 비과세 • 생산직에 근로하면서 월정액급여가 210만원 이하의 경우에만 비과세(직전연도 총급여가 3,000만원 이하)
식대	2. 식대	• 월 20만원까지 비과세 • 식사를 제공받을 경우 식대는 과세
자가운전보조금	3. 자가운전	• 월 20만원까지 비과세 • 종업원 본인 소유차량으로 회사 업무를 수행하고 지급기준에 의해 지급받는 것, 출장비 별도지급 시 과세
출산보육 · 육아수당	7. 육아수당	• 월 20만원까지 비과세
국외근로소득	9. 국외근로	• 월 100만원까지 비과세
국외근로소득 (원양, 해외건설)	10. 국외근로	• 월 500만원까지 비과세
육아/산전휴가	11. 육아/산전휴가	

수행과제 급여자료 입력

1월부터 12월의 급여와 상여 관련 자료를 참고하여 급여와 상여를 입력하시오.

> ① 급여와 상여 지급일: 매월 25일
>
> ② 국민연금, 건강보험료, 고용보험료 등은 프로그램에서 자동 반영되는 금액으로 한다.
>
> ③ 정규근로시간 외의 근무시간에 대하여 야간근로수당을 지급한다.
>
> ④ 별도의 음식물을 제공하지 않으며 식대를 매월 지급한다.
>
> ⑤ 신동준은 2025년 11월 25일 자발적 퇴사를 하게 되었다. 11월 [급여자료입력]메뉴에서
>   다음의 내용을 반영하여 [중도퇴사자정산]을 수행하시오.
>
>> • 본인 보장성 보험료: 1,000,000원, 본인 대학원 교육비: 5,000,000원
>>   (의료비와 교육비 자료는 국세청간소화서비스 자료가 아닌 기타자료이다.

(단위: 원)

성명	지급항목				공제항목	지급월
	기본급	식대	야간근로수당	금연수당	사회보험	
신동준	4,000,000	200,000	200,000	50,000	프로그램에 의해 자동계산됨	1월 ~ 11월
김진아	1,850,000	200,000	200,000	50,000		8월 ~ 12월

* 2025년 12월 상여금: 김진아 1,850,000원

수행과제 풀이 급여자료 입력

1. 수당 및 공제등록

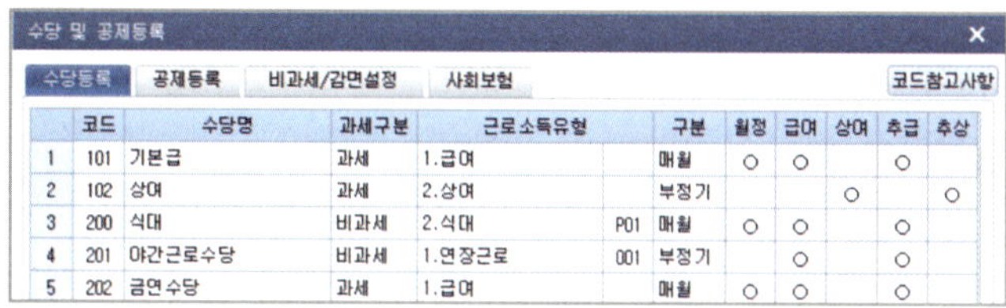

2. 급여자료 입력(1월 ~ 10월, 급여)

① 1월 ~ 10월의 급여는 구분을 '1.급여'로 선택하여 입력한다.

② 2월 급여부터는 '전월데이터를 불러올까요?'에서 '복사후 재계산'을 선택하면 전월급여가 복사되면서 세액이 재계산되어 반영된다.

❙ 신동준의 1월 급여자료입력 ❙

	코드	사원명	직급	감면율	급여항목	지급액	공제항목	공제액
	1001	신동준			기본급	4,000,000	국민연금	191,250
					식대	200,000	건강보험	150,660
					야간근로수당	200,000	고용보험	38,250
					금연수당	50,000	장기요양보험료	19,510
							소득세	120,180
							지방소득세	12,010
							농특세	
					과　　　　세	4,250,000		
					제출 비과세	200,000		
					미제출비과세			
					감면 소득		공제액 계	531,860
	인원(퇴직)		1(0)		지급액　　계	4,450,000	차인지급액	3,918,140

❙ 신동준의 2월 급여자료입력 ❙

- 2월부터 '전월 데이터를 복사하시겠습니까?'라는 화면에서 '복사후재계산'을 누른다. 동일한 방법으로 8월까지 복사를 하여 급여자료를 입력한다.

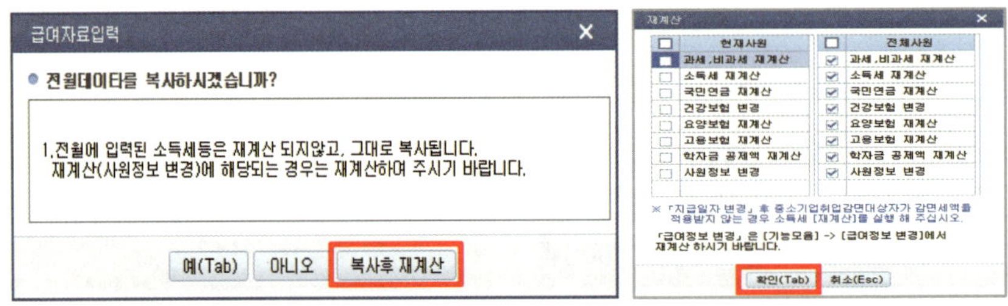

3. 중도퇴사자 급여자료 입력과 퇴사자 정산(11월)

- [사원등록]에서 '신동준'의 '20.퇴사년월일'란에 '2025년 11월 25일'을 입력한다.

20. 퇴 사 년 월 일 2025 년 11 월 25 일 ?

- [급여자료입력]을 클릭한 후 '11월, 1.급여'를 선택한 후 상단 툴바의 [중도퇴사자정산]을 클릭한 후 중도정산 자료를 입력하고 하단의 [반영]을 클릭한다.

  : 의료비를 입력하고 하단의 [정산명세이동]을 클릭하여 반영된 금액을 확인한다.

  : [소득공제]에서 보험료를 입력하고 하단의 [정산명세이동]을 클릭하여 반영된 금액을 확인한다.

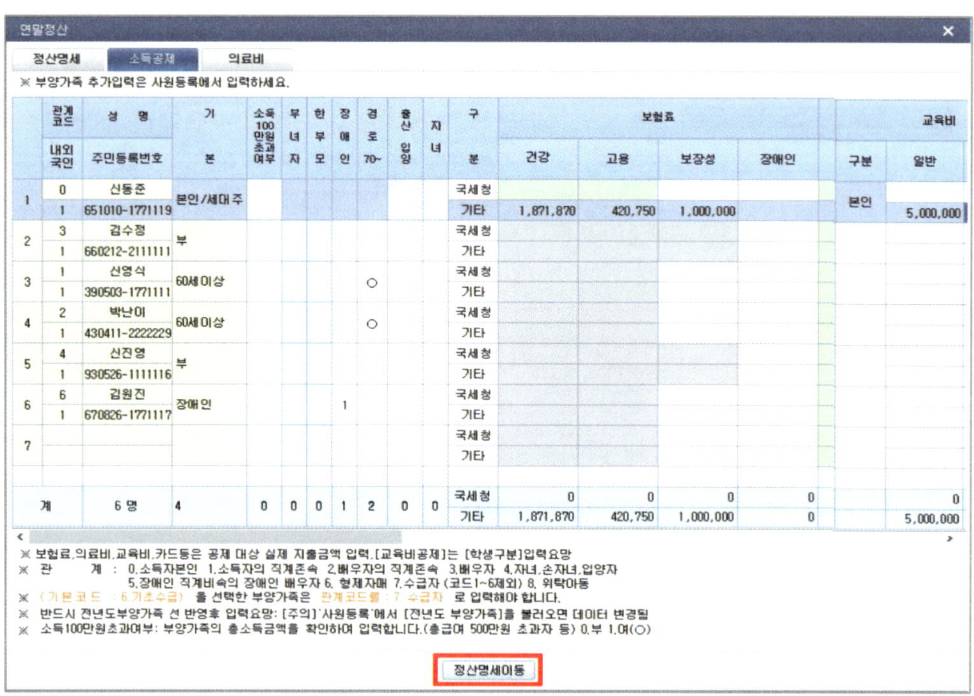

	관계코드 내외국인	성 명 / 주민등록번호	기본	소득100만원초과여부	부녀자	한부모	장애인	경로70~	출산입양	자녀	구분	보험료 건강	보험료 고용	보험료 보장성	보험료 장애인	교육비 구분	교육비 일반
1	0	신동준	본인/세대주								국세청						
	1	651010-1771119									기타	1,871,870	420,750	1,000,000		본인	5,000,000
2	3	김수정	부								국세청						
	1	660212-2111111									기타						
3	1	신영석	60세이상					○			국세청						
	1	390503-1771111									기타						
4	2	박난이	60세이상					○			국세청						
	1	430411-2222229									기타						
5	4	신진영	부								국세청						
	1	930526-1111116									기타						
6	6	김원진	장애인				1				국세청						
	1	670826-1771117									기타						
7											국세청						
											기타						
계	6 명		4	0	0	0	1	2	0	0	국세청	0	0	0	0		0
											기타	1,871,870	420,750	1,000,000	0		5,000,000

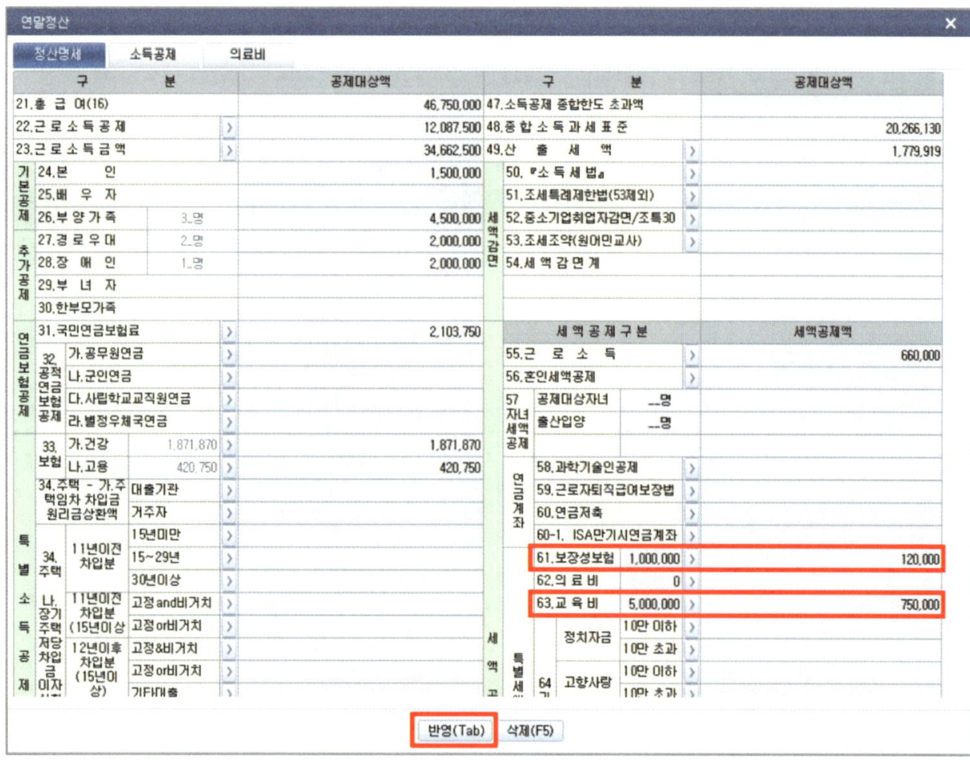

구 분		공제대상액	구 분		공제대상액
21.총 급 여(16)		46,750,000	47.소득공제 종합한도 초과액		
22.근 로 소 득 공 제	>	12,087,500	48.종 합 소 득 과 세 표 준		20,266,130
23.근 로 소 득 금 액	>	34,662,500	49.산 출 세 액	>	1,779,919
기본공제 24.본 인		1,500,000	50. 『소 득 세 법』	>	
25.배 우 자			51.조세특례제한법(53제외)	>	
26.부 양 가 족 3_명		4,500,000	세액감면 52.중소기업취업자감면/조특30	>	
추가공제 27.경 로 우 대 2_명		2,000,000	53.조세조약(원어민교사)	>	
28.장 애 인 1_명		2,000,000	54.세 액 감 면 계		
29.부 녀 자					
30.한부모가족					
연금보험공제 31.국민연금보험료	>	2,103,750	세 액 공 제 구 분		세액공제액
32.공적연금보험공제 가.공무원연금	>		55.근 로 소 득	>	660,000
나.군인연금	>		56.혼인세액공제	>	
다.사립학교교직원연금	>		57 자녀세액공제 공제대상자녀 __명		
라.별정우체국연금	>		출산입양 __명		
33.보험 가.건강 1,871,870	>	1,871,870	58.과학기술인공제	>	
나.고용 420,750	>	420,750	연금계좌 59.근로자퇴직급여보장법	>	
34.주택 - 가.주택임차 차입금 원리금상환액 대출기관	>		60.연금저축	>	
거주자	>		60-1. ISA만기시연금계좌	>	
특별소득공제 34.주택 11년이전 차입분 15년미만	>		61.보장성보험 1,000,000	>	120,000
15~29년	>		62.의 료 비 0	>	
30년이상	>		63.교 육 비 5,000,000	>	750,000
나.장기주택저당차입금이자상환 11년이전 차입분(15년이상 고정and비거치	>		특별세액공제 64 정치자금 10만 이하	>	
고정or비거치	>		10만 초과	>	
12년이후 차입분(15년이상) 고정&비거치	>		고향사랑 10만 이하	>	
고정or비거치	>		10만 초과	>	
기타대출	>				

4. 급여와 상여자료 입력(12월, 급여＋상여)

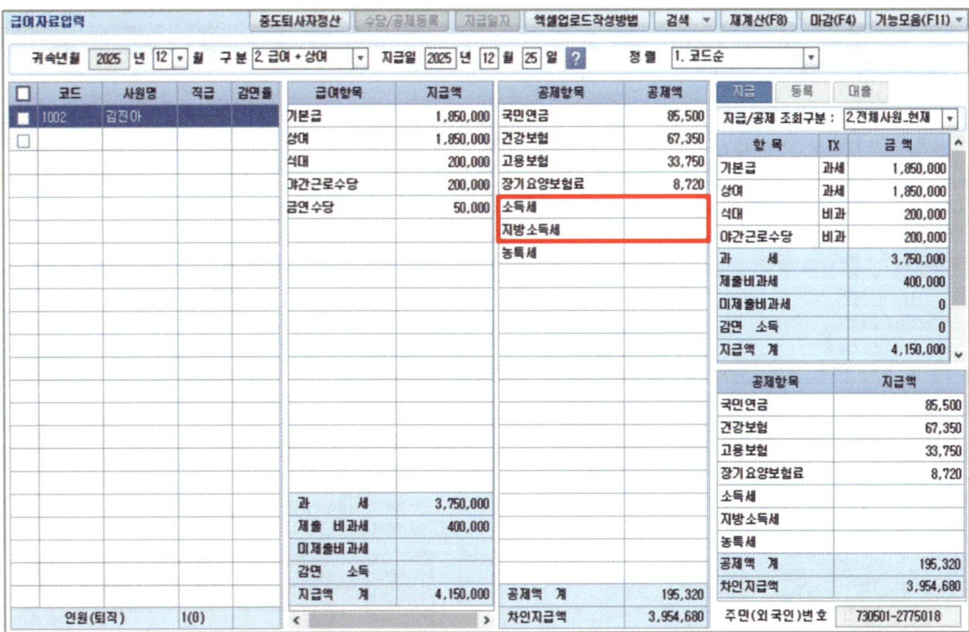

 **03 퇴직소득**

사원이 중도에 퇴사를 하면 [근로자퇴직급여보장법]에 의하여 퇴직금을 산정하여 지급하게 되며, 퇴직금이 발생하면 [퇴직소득자료입력]메뉴에 입력하고, 퇴직금 지급과 관련된 퇴직소득세를 원천징수한다.

수행과제   중도퇴사자 퇴직소득

신동준(1001)이 2025년 11월 25일 자발적 퇴사를 하게 되어 퇴직금을 산정해보니 퇴직금은 15,000,000원이다. 다음 자료를 참고하여 퇴직소득자료를 입력하시오.

연금계좌취급자	사업자등록번호	계좌번호	입금일	확정급여형 퇴직연금제도가입일
국민은행	204-85-34258	12345678	2025년 11월 30일	2023년 4월 10일

* 회사는 확정급여형 퇴직연금에 가입되어 있으며 퇴직금추계액 50%를 퇴직연금에 불입하였다.
  퇴사시 퇴직금의 50%를 개인형퇴직연금(IRP)계좌로 입금하였다.

수행과제 풀이   중도퇴사자 퇴직소득

퇴직소득자료입력

• 15.퇴직급여 란에 15,000,000원을 입력하고 연금계좌 입금내역을 등을 입력한다.

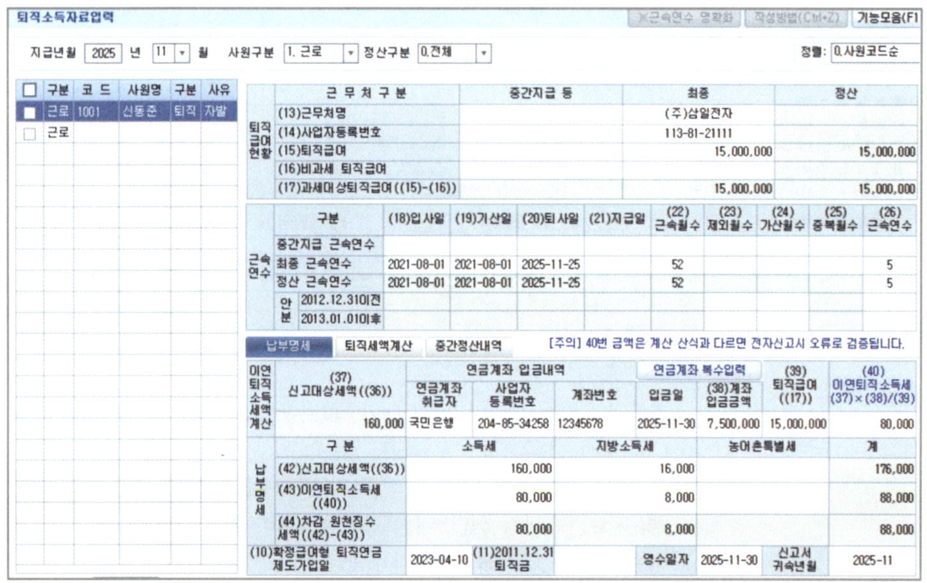

04 원천징수이행상황신고서

소득세법 제127조의 규정에 의한 원천징수대상소득을 지급하는 거주자 또는 법인세법 제73조의 규정에 의하여 법인세를 원천징수하는 법인은 원천징수납부(환급)세액유무와 관계없이 원천징수월이 속하는 달의 다음달 10일까지 원천징수이행상황신고서를 제출하여야 한다.

수행과제 원천징수이행상황신고서 작성

11월분 귀속분 [원천징수이행상황신고서]를 작성하시오.

수행과제 풀이 원천징수이행상황신고서 작성

원천징수이행상황신고서 | #메일 보내기 | 마감(F4) | 불러오기(F3) | 저장(Ctrl+S) | One-Shot(Ctrl+O) | 기능모음(F11) ▼

귀속기간 2025 년 11 월 ~ 2025 년 11 월 지급기간 2025 년 11 월 ~ 2025 년 11 월 0.정기신고

1.신고구분 ☑매월 ☐반기 ☐수정 ☐연말 ☐소득처분 ☐환급신청 2.귀속연월 202511 3.지급연월 202511 일괄납부 ○여 ◉부 사업자단위 ○여 ◉부

원천징수내역 | 부표-거주자 | 부표-비거주자 | 부표-법인원천

구분		코드	소득지급(과세미달,비과세포함)		징수세액			9.당월 조정 환급세액	10.소득세 등 (가산세 포함)	11.농어촌 특별세
			4.인원	5.총지급액	6.소득세 등	7.농어촌특별세	8.가산세			
근로소득	간 이 세 액	A01	2	6,750,000						
	중 도 퇴 사	A02	1	48,950,000	-951,880					
	일 용 근 로	A03								
	연말정산합계	A04								
	연말분납금액	A05								
	연말납부금액	A06								
	가 감 계	A10	3	55,700,000	-951,880					
퇴직소득	연 금 계 좌	A21								
	그 외	A22	1	15,000,000	80,000					
	가 감 계	A20	1	15,000,000	80,000				80,000	
사업소득	매 월 징 수	A25								
	연 말 정 산	A26								
	가 감 계	A30								
기타소득	연 금 계 좌	A41								
	종교매월징수	A43								

전월 미환급 세액의 계산			당월 발생 환급세액				18.조정대상환급 (14+15+16+17)	19.당월조정 환급액계	20.차월이월 환급액(18-19)	21.환급신청액
12.전월미환급	13.기환급신청	14.잔액12-13	15.일반환급	16.신탁재산	17.금융등	17.합병등				
			951,880				951,880	80,000	871,880	

수행 tip

- 총지급액 란은 제출비과세(식대와 육아수당 등)는 포함하며, 미제출비과세 (자가운전보조금 등)는 포함되지 않는다.
- 중도퇴사자 자료가 원천징수이행상황신고서에 반영되지 않을 경우 [연말정산자료입력]메뉴 상단부 [중도]를 클릭하여 중도퇴사자를 불러오면 원천징수이행상황신고서에 정산내역이 반영된다.

제 2 절　연말정산실무

필요 지식

1. 연말정산이란?

연말정산은 원천징수의무자가 근로자(일용근로자 제외)의 해당 과세기간 근로소득금액 또는 중도에 퇴직하는 경우에는 퇴직한 달까지의 해당 과세기간 근로소득금액에 대해 그 근로자가 제출한 소득공제신고서 등의 내용에 따라 부담하여야 할 소득세액을 확정하는 제도이다.

2. 2이상의 근무지가 있는 경우

근무처가 2이상인 이중근로자는 주된 근무지와 종된 근무지를 정하여 근무지(변동)신고서를 주된 근무지의 원천징수의무자를 통하여 관할세무서장에게 제출해야 한다. 또한 주된 근무지 원천징수의무자는 종된 근무지 원천징수의무자에게 그 사실을 통보하여야 한다.

3. 재취직자의 연말정산

해당 과세기간 중도에 퇴직하고 새로운 근무지에 취직한 근로소득자가 종전 근무지에서 해당 과세기간의 1월부터 퇴직한 날이 속하는 달까지 받은 근로소득을 포함하여 근로소득자 소득공제신고서를 제출한 때에는 현근무지 원천징수의무자는 전근무지의 근로소득과 합산하여 연말정산을 하여 소득세를 원천징수한다.

❙ 연말정산자료의 입력순서 ❙

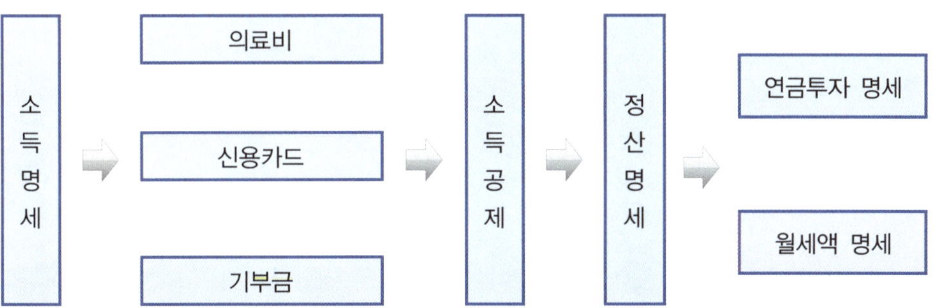

 연말정산 근로소득원천징수영수증

필요 지식

근로소득자로부터 제출받은 [근로소득공제신청서]에 의해 연말정산에 필요한 추가자료를 입력하는 메뉴이다. 계속근무자의 연말 정산일 경우 [연말], 중도퇴사자의 연말정산은 [중도], 전체사원의 연말정산내역을 조회할 때 [총괄]탭으로 조회된다.

❶ 정산년월

　연말정산을 하는 연월을 입력한다.

　※ 계속근무자의 연말정산의 경우는 2026년 2월로 관리된다.

❷ 귀속기간

　[사원등록]메뉴에서 입력한 입사년월과 퇴사년월이 자동체크되어 반영된다.

▌주요항목별 입력방법 ▌

아이콘	설명
전사원	연말정산에 해당하는 전체 사원을 불러온다.
재계산	해당 사원에 대한 정보와 소득명세를 다시 불러와 계산한다.
불러오기	소득공제 신고서와 부속명세에 작성된 사원과 내용을 불러오며, 정산명세는 재계산되며 기존 입력된 데이터는 삭제된다.
완료/해제	연말정산 자료 입력을 완료했다는 의미로 완료된 사원에 대해 재계산, 금액변경, 삭제 등을 할 수 없으며, 해제를 해야 수정 가능하다.

1) 정산명세 TAB

구분		내용
기본공제 및 추가공제		[사원등록]메뉴에서 등록된 공제대상 부양가족내용에 따라 자동으로 반영
연금보험료 공제		[급여자료입력]에서 입력된 매월 「연금보험료」 공제액이 자동 집계되어 반영
건강보험료		[급여자료입력]에서 입력된 매월 「건강·요양보험료」 공제액이 자동 집계되어 반영
고용보험료		[급여자료입력]에서 입력된 매월 「고용보험료」 공제액이 자동 집계되어 반영
특별소득공제	주택임차 차입금 원리금상환액	주택임차 차입금에 대한 원금과 이자의 연간 상환액 합계를 입력하며 대출기관의 차입금과 거주자로부터 차입한 차입금은 구분하여 입력 • 무주택 세대 또는 1주택 보유 세대의 세대주가 국민주택규모의 주택(주거용 오피스텔 포함)을 임차하기 위하여 금융회사 등으로부터 차입한 차입금의 원리금상환액 공제 • 원리금 상환액의 40%공제
	장기주택저당차입금 이자상환액	장기주택저당차입금의 이자상환액을 차입시기, 상환기간, 금리종류, 상환방법을 구분하여 입력 • 무주택 세대의 세대주가 주택(취득당시 기준시가 6억원 이하)을 취득하기 위하여 당해 주택에 저당권을 설정하고 금융기관 등으로부터 차입한 장기주택저당차입금의 이자상환액 공제 • 주택차입금이자세액공제 대상은 세액공제란에 입력
그 밖의 소득공제	개인연금저축소득공제	개인연금저축의 불입액 입력 • 본인 명의의 불입액만 공제 가능 • 불입액의 40% 공제(연 72만원 한도)
	소기업등 공제부금소득공제	소기업·소상공인 공제(노란우산공제)에 가입하여 납부한 공제부금 입력
	주택마련저축 소득공제	주택마련저축의 연간 불입액 입력 1. 청약저축, 2. 주택청약종합저축, 3. 근로자주택마련저축 중 선택 입력
	투자조합출자액	거주자 본인이 투자조합 등 출자(투자)의 범위에 해당하는 직접 출자 또는 투자액이 있는 경우에 투자액을 입력
	우리사주조합 출연금	우리사주조합원이 우리사주를 취득하기 위하여 우리사주 조합에 출자한 금액을 입력
	고용유지중소기업 소득공제	고용유지중소기업 상시근로자의 임금삭감액을 입력
	장기집합투자 증권저축	요건을 갖춘 장기집합투자증권저축 불입액을 입력

구분			내용
그 밖 의 소 득 공 제	신용카드 등 소득공제		**[신용카드 탭에서 입력한 내용이 자동반영]** • 공제금액: 총급여 25% 초과 신용카드 등 사용금액 • 공제율 　− 15%: 신용카드 사용분 　− 30%: 직불카드 등 사용분과 총급여액 7천만원 이하자의 문화체육사용분 　− 40%: 전통시장 사용분과 대중교통 사용분 • 부양가족 사용분은 소득금액 제한은 있으나 나이제한이 없음 • 형제자매의 신용카드 사용액은 공제 불가능 • 무기명 선불카드의 사용액은 공제 불가능 • 위장가맹점과 거래분은 공제 불가능 • 부양가족 중 기본공제는 다른 사람이 받고 신용카드사용액만 본인이 받을 수 없음 • 사업관련 경비로 처리된 종업원명의의 신용카드사용액은 공제 불가능
세 액 감 면	중소기업취업청년 소득세 감면		중소기업 취업 청년에 대한 소득세 감면금액을 입력
	외국인기술자에 대한 소득세 감면		외국인 기술자에 대한 근로소득세 감면금액을 입력
세 액 공 제	근로소득세액공제		[급여자료입력]에서 입력된 급여 금액에 따라 자동으로 반영
	결혼세액공제		[결혼세액공제 해당]을 클릭하여 반영 혼인신고를 한 거주자로 혼인신고를 한해(생애 1회)에 50만원 한도 연령 무관, 초혼, 재혼 여부 무관
	자녀세액공제		[사원등록]메뉴에서 등록된 공제대상 부양가족내용에 따라 자동으로 반영
	특 별 세 액 공 제	연금계좌 과학기술인	과학기술인공제회법에 따른 퇴직연금 불입액을 입력
		연금계좌 퇴직급여	퇴직연금을 지급받기 위하여 설정한 퇴직연금계좌 불입액을 입력
		연금계좌 연금저축	2001. 1. 1. 이후에 근로자 본인 명의로 가입한 연금저축불입액을 입력
		연금계좌 참고사항	• 본인 명의의 불입액만 공제 가능
		보장성보험	**[소득공제 탭에서 입력한 내용이 자동반영]**
		보장성보험 보장성보험	건강보험료와 고용보험료를 제외한 보장성 보험료 입력(납입액의 12% 공제)
		보장성보험 장애인전용 보장성보험료	장애인전용보장성보험료(납입액의 15% 공제)
		보장성보험 참고사항	• 기본공제대상자(소득금액 및 나이 제한)의 보험료만 공제 가능 • 저축성보험료, 태아보험료는 공제대상 아님 • 보장성보험료 12%, 장애인보장성보험료 15%(각 연 100만원 한도)

구분			내용
세액공제	특별세액공제	의료비	**[의료비 탭에서 입력한 내용이 자동반영]**
			본인·장애인·중증질환 등·65세 이상자 의료비 기본공제대상자 중 본인, 장애인, 중증질환자 등, 경로우대자(65세 이상), 6세 이하 자녀를 위하여 지출한 의료비
			미숙아·선천성이상아 의료비 미숙아·선천성이상의 의료비
			난임시술자 의료비 난임시술비
			그 밖의 공제대상자 의료비 기본공제대상자(연령 및 소득금액의 제한을 받지 아니함)를 위하여 당해 근로자가 직접 부담한 의료비 중 본인, 장애인, 건강보험산정특례자, 65세 이상자, 난임시술자를 제외한 의료비
			참고사항 • 공제대상의료비＝의료비지출액 － 총급여액 × 3% • 공제한도액: 전액공제대상 의료비 제외 연 700만원 　　　　　　 : 그 밖의 공제대상의료비가 총급여 3% 미달시 전액공제에서 제외 • 부양가족의 소득금액 및 나이제한 없음 • 안경, 콘텍트렌즈구입비는 1인당 50만원 한도로 입력(P/G에서 한도체크 안됨) • 산후조리원 비용은 200만원 한도내 공제가능 • 총의료비와 실손의료보험금을 별도 입력하면 순지출액을 기준으로 세액공제 금액이 계산됨 • <u>공제 불가능한 의료비</u> 　－ 국외 의료기관의 의료비 　－ 미용·성형수술비, 건강기능식품구입비용 　－ 의료기관이 아닌 특수교육원의 언어치료비·심리치료비 　－ 간병인에게 지급된 비용
		교육비	**[소득공제 탭에서 입력한 내용이 자동반영]**
			본인　본인의 교육비 지출액(대학원, 직업능력개발훈련 수강료, 학자금대출 원리금상환액 포함)
			배우자　배우자의 교육비 지출액
			자녀등 취학전 아동 초·중·고등·대학생 직계비속이나 형제자매를 위한 교육비 지출액
			장애인 기본공제 대상자인 장애인(소득금액의 제한을 받지 아니함) 재활을 위하여 사회복지시설 및 비영리법인 등에 지급하는 특수 교육비 • 소득금액 제한 없으며 직계존속도 공제 가능
			참고사항 • 공제가능액: 교육비 공제대상액×15%(본인 및 장애인교육비는 한도 없음) • 영·유치원, 초중고생: 1인당 300만원 한도, 대학생: 900만원 한도 • 부양가족의 소득금액 제한은 있으나 나이제한 없음 • 직계존속의 교육비는 공제 불가능 • 대학원교육비는 본인만 공제 가능 • 취학전 아동의 학원비는 공제 가능하나 초·중·고등학생의 학원비는 불가능 • 학교급식비, 방과후수업료, 교복구입비, 교과서구입비 공제 가능 • 학교버스이용료, 기숙사비는 공제 불가능 • 외국대학부설 어학연수과정의 수업료는 공제 불가능

구분			내용
세액공제	특별세액공제	기부금	
		정치자금 (10만원 이하)	본인이 지출한 정당, 후원회, 선거관리위원회에 기부한 금액 중 10만원 (100/110 세액공제)
		정치자금 (10만원 초과)	정치자금 중 10만원을 초과하는 금액 입력
		고향사랑 기부금 (10만원 이하)	본인의 주소지 이외의 지자체에 지출한 고향사랑기부금액 중 10만원 (100/110 세액공제)
		고향사랑 기부금 (10만원 초과)	본인이 지출한 고향사랑기부금액 중 10만원을 초과한 금액 (연간 2,000만원 한도)
		특례기부금	국가 또는 지방자치단체에 기부한 금품, 국방헌금과 위문금품, 천재·지변으로 인한 이재민구호금품, 특별재난지역의 복구를 위하여 자원 봉사한 경우 그 용역의 가액 입력
		우리사주 기부금	우리사주조합원이 아닌 근로자가 우리사주조합에 기부하는 기부금
		일반기부금 (종교단체)	종교단체 기부금 입력
		일반기부금 (종교단체외)	사회·복지·문화·예술·교육·자선 등 공익성 기부금 입력
		참고사항	• 부양가족의 소득금액 제한은 있으나 나이제한은 없음 • 정치자금 및 고향사랑기부금은 본인 지출분만 공제 가능 • 한도 초과시 이월공제 가능(고향사랑기부금 제외)
주택차입이자 상환액			무주택 세대주 또는 1주택만을 소유한 세대주인 근로자가 1995. 11. 1. ~ 1997. 12. 31. 기간 중 (구)조세감면규제법 제67조의 2의 규정에 의한 미분 양주택의 취득과 직접 관련하여 1995. 11. 1. 이후 국민주택기금 등으로부터 차입한 대출금의 이자상환액을 입력 ※ 주택차입금이자세액공제 대상만 입력하여야 함.(주택자금공제와 혼돈될 수 있음)
월세액			총급여 8천만원(종합소득금액 7천만원) 이하인 무주택 세대주가 지출한 월세 액을 입력 • 공제가능액: 월세 지급액 × 공제율(연 1,000만원 한도) • 총급여 5,500만원(종합소득금액 4,500만원 이하): 공제율 17% • 총급여 5,500만원초과 7,000만원(종합소득금액 4,500만원 초과 7,000만원 이하): 공제율 15%

1. 부양가족의 소득(세액)공제 여부 판단 시 참고사항!

구분	기본공제대상자의 요건		근로기간 지출한 비용만 공제	비고
	나이요건	소득요건		
보험료	○	○	○	
기부금	×	○	×	정치자금은 본인 지출분만 공제 가능
교육비	×	○	○	직계존속의 교육비는 공제 불가능
신용카드	×	○	○	형제자매 사용분은 공제 불가능
의료비	×	×	○	
주택자금	–	–	○	본인 명의 지출분만 공제 가능
연금저축	–	–	×	본인 명의 지출분만 공제 가능

2. 신용카드 등 소득공제와 특별세액공제 중복적용 여부!

구분		특별세액공제 항목	신용카드공제
신용카드로 결제한 의료비		의료비 세액공제 가능	○
신용카드로 결제한 보장성 보험료		보험료 세액공제 가능	×
신용카드로 결제한 학원비	취학전아동	교육비 세액공제 가능	○
	그외	교육비 세액공제 불가	
신용카드로 결제한 교복구입비		교육비 세액공제 가능	○
신용카드로 결제한 기부금		기부금 세액공제 가능	×

3. 연말정산 근로소득원천징수영수증 작성방법!

구분	내용
소득명세 TAB	• 종전근무지의 근로소득내역, 인정상여, 과세대상 추가금액 등을 입력
의료비 TAB	• 의료비 TAB에 입력 → 소득공제 TAB에 반영 → 정산명세 TAB에 반영
기부금 TAB	• 기부금 TAB에 입력 → 기부금 조정명세 TAB 오른쪽 상단부 [공제액계산 정산명세보내기] → 소득공제 TAB → 정산명세 TAB에 반영
신용카드 TAB	• 신용카드 TAB에 입력 → 소득공제 TAB에 반영 → 정산명세 TAB에 반영
소득공제 TAB	• 보험료, 교육비는 소득공제 TAB에 입력 → 정산명세 TAB에 반영
정산명세 TAB	• 소득명세와 소득공제 TAB의 내용이 정산명세 TAB에 반영
연금투자명세 TAB	• 연금/주택마련저축이 있는 경우 정산명세 TAB에 입력 → 연금투자명세 TAB 반영
월세액명세 TAB	• 월세액이 있는 경우 정산명세 TAB에 입력 → 월세액명세 TAB 반영

수행과제   근로소득 연말정산하기

다음에 제시되어 있는 김진아(1002)의 연말정산 국세청 제공 자료와 증빙 자료를 보고 소득명세, 소득공제, 기부금, 연금명세, 정산명세 작성을 수행하시오.

[종전근무지]
- 근 무 처 명: (주)혜만테크
- 사업자등록번호: 211-81-21429
- 근 무 기 간: 2025.1.1. ~ 2025.7.31.
- 급　　　　여:　　16,000,000원
- 상　　　　여:　　14,000,000원
- 국민건강보험료:　　758,750원
- 장기요양보험료:　　 64,560원
- 국민연금보험료:　　918,000원
- 고 용 보 험 료:　　181,800원
- 소　　 득　 세: 결정세액 83,110원, 기납부세액 140,100원, 차가감징수세액 △56,990원
- 지 방 소 득 세: 결정세액 8,311원, 기납부세액 14,010원, 차가감징수세액 △ 5,699원

[연말정산자료]

2025년 귀속 소득·세액공제증명서류: 기본(지출처별)내역
[보장성보험, 장애인전용보장성보험]

■ **계약자 인적사항**

성　명	주 민 등 록 번 호
김진아	730501-2******

■ **보장성보험(장애인전용보장성보험) 납입내역**　　　　　　　　(단위: 원)

종류	상　호	보험종류	주피보험자		납입금액계
	사업자번호	증권번호	종피보험자		
보장성	행복생명보험(주)	어린이홈닥터	080701-3******	김수성	400,000
	104-81-30***	C20120525***			
인별합계금액					**400,000**

- 본 증명서류는 『소득세법』 제165조 제1항에 따라 영수증 발급기관으로부터 수집한 서류로 소득·세액공제 충족 여부는 근로자가 직접 확인하여야 합니다.
- 본 증명서류에서 조회되지 않는 내역은 영수증 발급기관에서 직접 발급받으시기 바랍니다.

2025년 귀속 소득 · 세액공제증명서류: 기본(지출처별)내역[교육비]

■ 학생 인적사항

성 명	주 민 등 록 번 호
강성숙	440403-2******

■ 교육비 지출내역   (단위: 원)

교육비구분	학교명	사업자번호	구분	지출금액 계
대학교	***사이버대학	**3-83-04***	일반교육비	700,000
일반교육비 합계금액				700,000
현장학습비 합계금액				0

- 본 증명서류는 「소득세법」 제165조 제1항에 따라 영수증 발급기관으로부터 수집한 서류로 소득·세액공제 충족 여부는 근로자가 직접 확인하여야 합니다.
- 본 증명서류에서 조회되지 않는 내역은 영수증 발급기관에서 직접 발급받으시기 바랍니다.

2025년 귀속 소득 · 세액공제증명서류: 기본(지출처별)내역[교육비]

■ 학생 인적사항

성 명	주 민 등 록 번 호
김수지	061001-4******

■ 교육비 지출내역   (단위: 원)

교육비구분	학교명	사업자번호	구분	지출금액 계
고등학교	***고등학교	**3-83-04***	일반교육비	1,500,000
일반교육비 합계금액				1,500,000
현장학습비 합계금액				0

- 본 증명서류는 「소득세법」 제165조 제1항에 따라 영수증 발급기관으로부터 수집한 서류로 소득·세액공제 충족 여부는 근로자가 직접 확인하여야 합니다.
- 본 증명서류에서 조회되지 않는 내역은 영수증 발급기관에서 직접 발급받으시기 바랍니다.

2025년 귀속 소득 · 세액공제증명서류 : 기본(지출처별)내역[교복구입비]

■ 학생 인적사항

성 명	주 민 등 록 번 호
김수지	061001-4******

■ 교복구입비 지출내역　　　　　　　　　　　　　　　　　　(단위: 원)

사업자번호	상호	지출금액 계
1-83-16*	***엘리트	800,000
인별 합계금액		800,000

• 본 증명서류는 『소득세법』 제165조 제1항에 따라 영수증 발급기관으로부터 수집한 서류로 소득·세액공제 충족 여부는 근로자가 직접 확인하여야 합니다.
• 본 증명서류에서 조회되지 않는 내역은 영수증 발급기관에서 직접 발급받으시기 바랍니다.

2025년 귀속 소득 · 세액공제증명서류: 기본(취급기관별)내역 [장기주택저당차입금 이자상환액]

■ 계약자 인적사항

성 명	주 민 등 록 번 호
김진아	730501-2******

■ 장기주택저당차입금 이자상환액 부담내역　　　　　　　　(단위: 원)

취급기관	대출종류	최초차입일 최종상환 예정일	상환기간	주택 취득일	저당권 설정일	연간 합계액	소득공제 대상액
(주)국민은행 (201-81-72***)	주택구입 자금대출액	2012-08-02 2032-08-02	20년 (고정금리 or비거치식)			1,000,000	1,000,000
인별합계금액							1,000,000

• 본 증명서류는 『소득세법』 제165조 제1항에 따라 영수증 발급기관으로부터 수집한 서류로 소득·세액공제 충족 여부는 근로자가 직접 확인하여야 합니다.
• 본 증명서류에서 조회되지 않는 내역은 영수증 발급기관에서 직접 발급받으시기 바랍니다.

2025년 귀속 소득·세액공제증명서류: 기본(지출처별)내역[퇴직연금]

■ 가입자 인적사항

성 명	주 민 등 록 번 호
김진아	730501-2******

■ 퇴직연금 납입내역 (단위: 원)

상 호	통장/증권번호	당해연도 납입금액	당해연도 납입액 중 인출금액	순납입금액
계좌번호				
(주)우리은행	108-81-26***	500,000		500,000
12345204578				
순납입금액 합계				500,000

2025년 귀속 소득·세액공제증명서류: 기본(지출처별)내역[기부금]

■ 기부자 인적사항

성 명	주 민 등 록 번 호
김진아	730501-2******

■ 기부금 지출내역 (단위: 원)

사업자번호	단 체 명	기부유형	기부금액 합계	공제대상 기부금액	기부장려금 신청금액
138-83-01632	선거관리위원회	정치자금	150,000	150,000	
203-82-00639	대한적십자사	특례기부금	100,000	100,000	
인별합계금액			250,000	250,000	

<table>
<tr><td colspan="8" rowspan="2">일련번호</td><td colspan="8" style="text-align:center;font-size:2em">기 부 금 영 수 증</td></tr>
</table>

일련번호			기 부 금 영 수 증

※ 아래의 작성방법을 읽고 작성하여 주시기 바랍니다.

① 기부자

성명(법인명)	강성숙	주민등록번호 (사업자등록번호)	44403 – 2******
주소(소재지)	서울시 성북구 대사관로11가길 36		

② 기부금 단체

단 체 명	사랑교회	사업자등록번호 (고유번호)	106 – 82 – 99369
소 재 지	서울 강서구 수명로 16길 20	기부금공제대상 기부금단체 근거법령	소득세법 제34조 제1항

③ 기부금 모집처(언론기관 등)

단 체 명		사업자등록번호	
소 재 지			

④ 기부내용

유형	코드	구분	연월일	내용	기 부 금 액 합계	공제대상 기부금액	기부장려금 신청금액	기타
종교단체	41	금전	2025.12.23.	기부금	300,000	300,000		

-이 하 생 략-

수행과제 풀이 **근로소득 연말정산하기**

| 전사원 |을 클릭하면 연말정산 대상자를 자동으로 불러온다.

[김진아의 연말정산]

1) 사원등록의 부양가족 명세

● 부 양 가 족 명 세   (2025.12.31 기준)

	연말정산관계	기본	세대	부녀	장애	경로 70세	출산 입양	자녀	한부모	성명	주민(외국인)번호	가족관계
1	0.본인	본인	○						○	김진아	내 730501-2775018	
2	1.(소)직계존속	60세이상			3	○				강성숙	내 440403-2111110	04.모
3	4.자녀,손자녀,ⵯ	부								김수지	내 061001-4023456	05.자녀
4	4.자녀,손자녀,ⵯ	20세이하						○		김수성	내 080701-3013451	05.자녀
5												
	합 계 4명	3			1	1		1	1			

2) 소득명세 탭(상단부 | 종전근무지입력 |을 클릭한 후 종전근무지 내용을 입력한다.)

| 정산명세 | **소득명세** | 소득공제 | 의료비 | 기부금 | 신용카드 | 연금투자 | 월세액 | 출산지원 |

구분/항목	계	11월	12월	연말	종전1
근무처명					(주)혜만테크
사업자등록번호(숫자10자리입력)					211-81-21429
13.급여	25,500,000	1,900,000	1,900,000		16,000,000
14.상여	15,850,000		1,850,000		14,000,000
15.인정상여					
15-1.주식매수선택권행사이익					
15-2.우리사주조합인출금					
15-3.임원퇴직소득한도초과액					
15-4.직무발명보상금					
16.급여계	41,350,000	1,900,000	3,750,000		30,000,000
18-1.생산직등야간근로수당	1,000,000	200,000	200,000		
18-40.비과세 식사대(월 20만원 이	1,000,000	200,000	200,000		
20.제출비과세계	2,000,000	400,000	400,000		
미제출비과세					
건강보험료	1,095,500	67,350	67,350		758,750
장기요양보험료	108,160	8,720	8,720		64,560
국민연금보험료	1,345,500	85,500	85,500		918,000
고용보험료	283,950	17,100	33,750		181,800
소득세	83,110				83,110
지방소득세	8,311				8,311
근무기간(시작일)					2025-01-01
근무기간(종료일)					2025-07-31
감면기간(시작일)					
감면기간(종료일)					
종전근무지영수증제출여부					제출
종교인종사자여부					부

| 김진아 | 0.내국인 | 730501-******* | 단일세율 0.부 | 0.거주자 | KR | 대한민국 | **종전근무지 불러오기** |
| 생산직여부 1.여 연장근로비과세 1.여 국외근로적용 0.부 부 서
귀속년도 2025-08-01 ~ 2025-12-31 감면기간 ___ ~ ___ 영수일자 2026-02-28

3) 기부금 탭

[해당연도 기부명세]

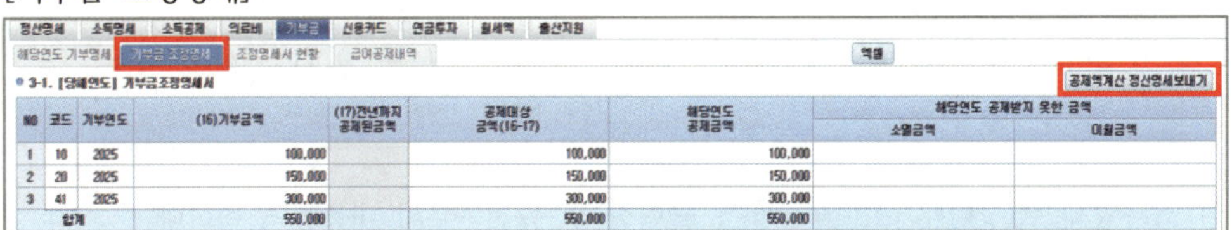

NO	기부자				기부처		유형	코드	기부명세				구분	내용	비고
	관계	성명	내.외	주민번호	사업자번호	상호			건수	합계금액	기부대상액	장려금신청			
1	1.본인	김진아	내	730501-2775018			정치	20	1	150,000	150,000		국세청	금전	
2	1.본인	김진아	내	730501-2775018	203-82-00639	대한적십자사	특례	10	1	100,000	100,000		국세청	금전	
3	4.직계존속	강성숙	내	440403-2111110	106-82-99369	사랑교회	종교	41	1	300,000	300,000		기타	금전	
	합계								3	550,000	550,000				

※ 정치자금기부금은 기부처 구분없이 대상기간의 합계액을 한줄로 기재한다.

[기부금 조정명세]

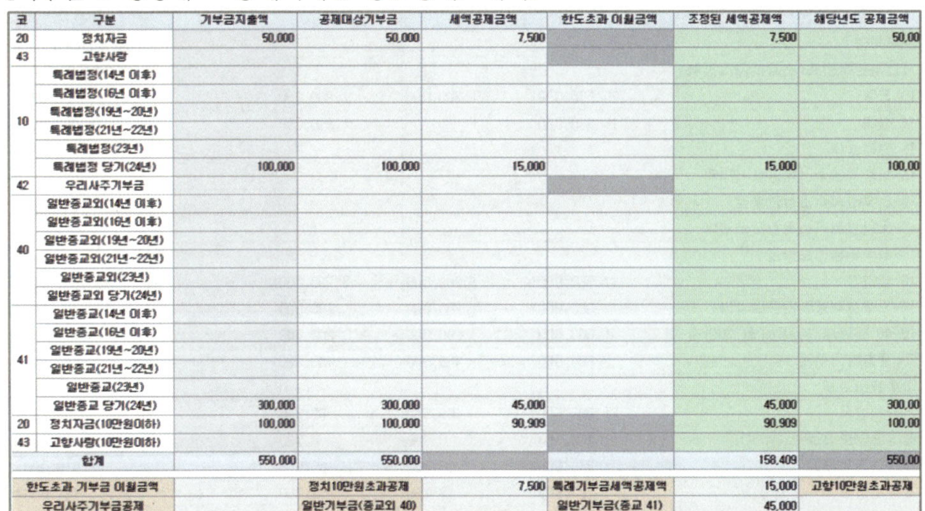

3-1. [당해연도] 기부금조정명세서

NO	코드	기부연도	(16)기부금액	(17)전년까지 공제원금액	공제대상 금액(16-17)	해당연도 공제금액	해당연도 공제받지 못한 금액 소멸금액	이월금액
1	10	2025	100,000		100,000	100,000		
2	20	2025	150,000		150,000	150,000		
3	41	2025	300,000		300,000	300,000		
	합계		550,000		550,000	550,000		

[기부금 조정명세 – 공제액계산 정산명세보내기]

코	구분	기부금지출액	공제대상기부금	세액공제금액	한도초과 이월금액	조정된 세액공제액	해당년도 공제금액
20	정치자금	50,000	50,000	7,500		7,500	50,00
43	고향사랑						
10	특례법정(14년 이후)						
	특례법정(16년 이후)						
	특례법정(19년~20년)						
	특례법정(21년~22년)						
	특례법정(23년)						
	특례법정 당기(24년)	100,000	100,000	15,000		15,000	100,00
42	우리사주기부금						
40	일반종교외(14년 이후)						
	일반종교외(16년 이후)						
	일반종교외(19년~20년)						
	일반종교외(21년~22년)						
	일반종교외(23년)						
	일반종교외 당기(24년)						
41	일반종교(14년 이후)						
	일반종교(16년 이후)						
	일반종교(19년~20년)						
	일반종교(21년~22년)						
	일반종교(23년)						
	일반종교 당기(24년)	300,000	300,000	45,000		45,000	300,00
20	정치자금(10만원이하)	100,000	100,000	90,909		90,909	100,00
43	고향사랑(10만원이하)						
	합계	550,000	550,000			158,409	550,00

한도초과 기부금 이월금액		정치10만원초과공제	7,500	특례기부금세액공제액	15,000	고향10만원초과공제
우리사주기부금공제		일반기부금(종교외 40)		일반기부금(종교 41)	45,000	

4) 소득공제 탭

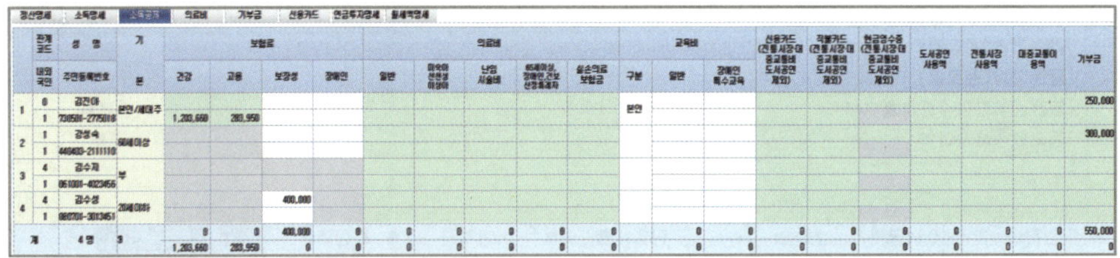

관계코드 내외국인	성명 주민등록번호	기본	보험료				의료비					교육비			신용카드 (전통시장대 중교통비 도서공연 제외)	직불카드 (전통시장대 중교통비 도서공연 제외)	현금영수증 (전통시장대 중교통비 도서공연 제외)	도서공연 사용액	전통시장 사용액	대중교통이 용액	기부금
			건강	고용	보장성	장애인	일반	미숙아 선천성 이상아	난임 시술비	65세이상, 장애인,건보 산정특례자	실손의료 보험금	구분	일반	장애인 특수교육							
1	0 김진아 730501-2775018	본인/세대주	1,203,660	283,950								본인									250,000
2	1 강성숙 440403-2111110	60세이상																			300,000
3	4 김수제 061001-4023456	부																			
4	4 김수성 060701-3013451	20세이하			400,000																
계	4명 3		0 1,203,660	0 283,950	400,000 0	0	0	0	0	0	0		0	0	0	0	0	0	0	0	550,000 550,0

5) 정산명세 탭

> • 기부금은 기부금 탭 → 기부금 조정명세 탭 오른쪽 상단부[공제액계산 정산명세보내기]
> 　→ 소득공제 탭 → 정산명세에 반영
> • 보험료는 소득공제 탭 → 정산명세에 반영
> • 교육비는 소득공제 탭 → 정산명세에 반영
> • 주택자금은 정산명세 탭에서 입력
> • 연금계좌는 정산명세 탭 → 연금투자명세 탭 반영

① 종전근무지: [소득명세] 탭 상단부 종전근무지입력 을 클릭하여 주어진 자료 입력(소득세와
　　　　　　　지방소득세는 결정세액을 입력)
② 기 부 금: 정치자금(10만원 이하) 100,000원, 정치자금(10만원 초과) 50,000원
　　　　　　특례(법정)기부금 100,000원
　　　　　　일반기부금(종교) 300,000원
③ 보 험 료: 보장성보험 400,000원
④ 교 육 비: 직계존속의 교육비는 공제 불가능
　　　　　　김수지는 소득금액 1,000,000원 초과로 교육비 공제 불가능
⑤ 주택자금: 장기주택차입이자상환액 2012년 이후 고정금리 or 비거치식 1,000,000원

장기주택 저당차입금 이자상환액	2011년 이전 차입분		상환 15년미만(한도600)		
			상환 15년~29년(한도1,000)		
			상환 30년이상(한도1,500)		
	2011년 이전(15년 이상상환)		고정and비거치 (2,000)		
			고정or비거치(1,800)		
	2012년 이후 차입분	15년 이상 상환	고정and비거치 (한도2,000)		
			고정or비거치 (한도1,800)	1,000,000	1,000,000
			기타상환 (한도800)		
		10~15 년미만	고정금리or비거치(한도600)		
34⑭.장기주택저당차입금 이자 상환액계				1,000,000	1,000,000
합 계 (40+34㉓+34⑭)				1,000,000	1,000,000

⑥ 연금계좌: 근로자퇴직급여 500,000원

구분		금융회사등	계좌번호	불입금액
1.퇴직연금	304	(주)우리은행	12345204578	500,000
퇴 직 연 금				500,000
과학기술인공제				
연 금 저 축				
ISA만기시연금전환				
합 계				500,000

6) 연금투자명세 탭

[정산명세] 탭의 연금계좌에 란에서 입력한 내용이 [연금투자명세] 탭에 반영된다.

정산명세	소득명세	소득공제	의료비	기부금	신용카드	연금투자명세	월세액명세

● 퇴직연금 공제　　　※ 정산명세 탭에서 입력한 명세를 조회합니다.　　　전체화면보기

퇴직연금	금융회사등	계좌번호(또는증권번호)	불입금액	공제금액
근로자퇴직급여	(주)우리은행	12345204578	500,000	75,000

정산명세	소득명세	소득공제	의료비	기부금	신용카드	연금투자	월세액	출산지원

정산년월 2026 년 02 월 ? 귀속기간 2025-08-01 ~ 2025-12-31 영수일자 2026-02-28 ?

구 분		공제대상액	구 분		공제대상액
21.총 급 여(16)		41,350,000	47.소득공제 종합한도 초과액		
22.근 로 소 득 공 제	>	11,452,500	48.종 합 소 득 과 세 표 준		17,564,390
23.근 로 소 득 금 액	>	29,897,500	49.산 출 세 액	>	1,374,658
기본공제	24.본 인	1,500,000	세액감면	50. 『소 득 세 법』	>	
	25.배 우 자			51.조세특례제한법(53제외)	>	
	26.부 양 가 족 2_명	3,000,000		52.중소기업취업자감면/조특30	>	
추가공제	27.경 로 우 대 1_명	1,000,000		53.조세조약(원어민교사)	>	
	28.장 애 인 1_명	2,000,000		54.세 액 감 면 계		
	29.부 녀 자					
	30.한부모가족	1,000,000				

연금보험공제	31.국민연금보험료	>	1,345,500	세액공제구분		세액공제액
32.공적연금보험공제	가.공무원연금	>		55.근 로 소 득	>	673,200
	나.군인연금	>		56.혼인세액공제	>	
	다.사립학교교직원연금	>		57 자녀세액공제 공제대상자녀 1_명		250,000
	라.별정우체국연금	>		출산입양 --명		

특별소득공제				공제대상액	연금계좌 / 특별세액공제				세액공제액
33.보험	가.건강	1,203,660	>	1,203,660	58.과학기술인공제		>		
	나.고용	283,950	>	283,950	59.근로자퇴직급여보장법		>		75,000
34.주택 - 가.주택임차 차입금 원리금상환액	대출기관		>		60.연금저축				
	거주자		>		60-1. ISA만기시연금계좌				
34.주택 나.장기주택저당차입금 이자상환액	11년이전 차입분	15년미만	>		61.보장성보험	400,000	>		48,000
		15~29년	>		62.의 료 비	0	>		
		30년이상	>		63.교 육 비	0	>		
	11년이전 차입분 (15년이상	고정 and비거치	>		64 기부금 정치자금	10만 이하	>		90,909
		고정 or비거치	>			10만 초과	>		7,500
	12년이후 차입분 (15년이상)	고정&비거치	>		고향사랑	10만 이하	>		
		고정 or비거치	>	1,000,000		10만 초과	>		
		기타대출	>		다.특례(법정)기부금		>		15,000
	12년이후 차입분 (10~15년	고정 or비거치	>		라.우리사주기부금		>		
					마.일반기부금(종교외)		>		
35.계			2,487,610	바.일반기부금(종교)		>		45,000
36.차 감 소 득 금 액			17,564,390	65.계				206,409

그 밖 의 소 득 공 제				세액공제			
37.개인연금저축		>		66.표준세액공제		>	
38.소기업·소상공인공제부금		>		67.납 세 조 합 공 제		>	
39.주택마련저축	가.청약저축	>		68.주 택 차 입 금		>	
	나.주택청약종합저축	>		69.외 국 납 부		>	
	다.근로자주택마련저축	>		70.월세액		>	
40.투자조합출자 등		>					
41.신용카드등	0	>					
42.우리사주조합 출연금		>					
43.고용유지중소기업근로자		>					
44.장기집합투자증권저축		>		71.세 액 공 제 계			1,204,609
45.청년형장기집합투자증권저축		>		72.결 정 세 액(49-54-71)			170,049
46.그 밖 의 소 득 공 제 계				82.실 효 세 율(%) (72/21)×100%			0.4%

		소득세	지방소득세	농어촌특별세	계
73.결정세액		170,049	17,004	0	187,053
기납부 세액	74.종(전) 근무지	83,110	8,311	0	91,421
	75.주(현) 근무지	0	0	0	0
76. 납부특례세액		0	0	0	0
77. 차감징수세액(73-74-75-76)		86,930	8,690	0	95,620

수행과제　원천징수이행상황신고서 작성

2025년 연말정산자료를 이용하여 [원천징수이행상황신고서]를 작성하시오.

수행과제 풀이　원천징수이행상황신고서 작성

귀속기간과 지급기간을 2026년 2월 ~ 2026년 2월로 입력하여 조회한다.

원천징수이행상황신고서　　　#메일 보내기　마감(F4)　불러오기(F3)　저장(Ctrl+S)　One-Shot(Ctrl+O)　기능모음(F

귀속기간 2026 년 02 월 ~ 2026 년 02 월 지급기간 2026 년 02 월 ~ 2026 년 02 월 0.정기신고

1.신고구분 ☑매월 ☐반기 ☐수정 ☑연말 ☐소득처분 ☐환급신청　2.귀속연월 202602　3.지급연월 202602　일괄납부 ○여 ⦿부　사업자단위 ○여 ⦿

원천징수내역　부표-거주자　부표-비거주자　부표-법인원천

| 구분 | | 코드 | 소득지급(과세미달,비과세포함) | | 징수세액 | | | 9.당월 조정 환급세액 | 10.소득세 등 (가산세 포함) | 11.농어촌 특별세 |
			4.인원	5.총지급액	6.소득세 등	7.농어촌특별세	8.가산세			
근로소득	간 이 세 액	A01								
	중 도 퇴 사	A02								
	일 용 근 로	A03								
	연말정산합계	A04	1	43,350,000	86,930					
	연말분납금액	A05								
	연말납부금액	A06			86,930					
	가 감 계	A10	1	43,350,000	86,930			86,930		

02　신용카드소득공제신청서

각 사원별 신용카드소득공제신청서를 작성하는 메뉴이다.

03　의료비지급명세서

의료비지급명세서는 근로소득자의 의료비 지급내역을 입력하는 메뉴로, 의료비가 있는 근로자에 대하여 의료비지급명세서를 작성하여 국세청 전자신고시 제출하여야 한다.

04　기부금명세서

기부금명세서는 근로소득자의 기부금 지급내역을 입력하는 메뉴로 기부금이 있는 근로자에 대하여 기부금명세서를 작성하여 국세청 전자신고시 제출하여야 한다.

제 3 절　사업/기타/이자/배당소득의 원천징수

필요 지식

 **01 사업소득의 원천징수**

사업소득을 지급하는 경우 사업소득자를 등록하고, 사업소득자에 대한 사업소득 지급내역을 입력한다. 사업소득 지급시 원천징수 세액을 산출하여 원천징수이행상황신고서를 통해 국세청에 신고 및 세액을 납부한다.

수행과제　사업소득의 원천징수

1. 다음 자료를 이용하여 사업소득자를 등록하시오.

성명	진태연(코드 1001)
거주구분(내국인/외국인)	거주자/내국인
사업자등록번호(상호)	304-96-41376(태연의원)
주민등록번호	760825-1111114
주소(사업장주소와 거주지주소 동일)	서울 노원구 공릉로 104(공릉동)

2. 근로자의 날을 맞이하여 진태연 한의사를 초빙하고 전직원을 대상으로 하는 한방진료서비스를 제공하고 의료비를 지급하였다. 사업소득자료를 입력하시오.

귀속월	지급연월일	지급금액
2025년 4월	2025년 04월 30일	5,000,000원

 사업소득의 원천징수

1. 사업소득자 등록

2. 사업소득자료 입력

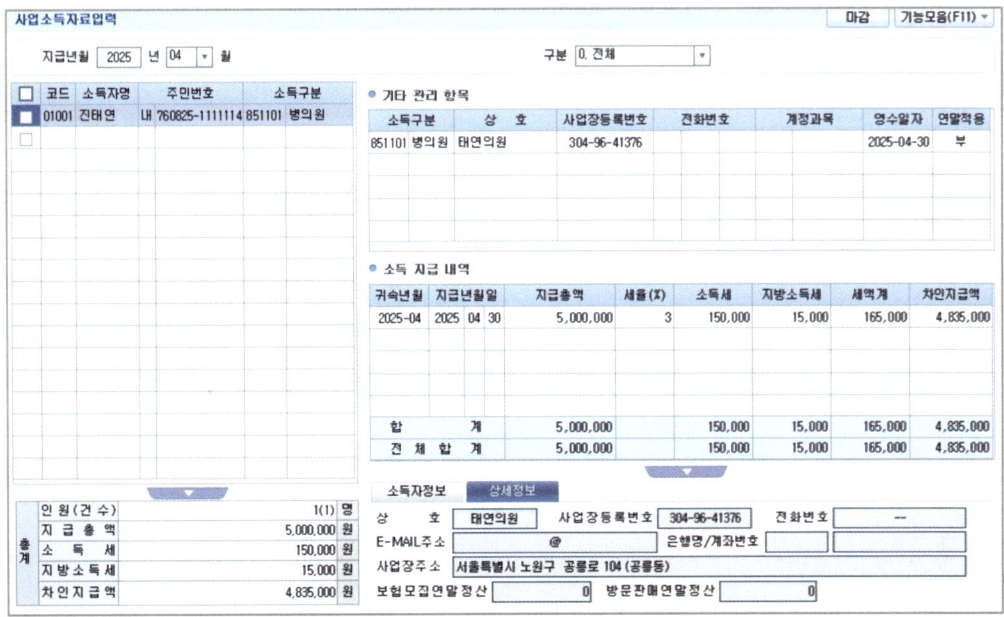

02 기타소득의 원천징수

기타소득을 지급하는 경우 기타소득자를 등록하고, 기타소득자에 대한 기타소득 지급
내역을 입력한다. 기타소득 지급시 원천징수 세액을 산출하여 원천징수이행상황신고서를
통해 국세청에 신고 및 세액을 납부한다.

수행과제　기타소득의 원천징수

1. 다음 자료를 이용하여 기타소득자를 등록하시오.

성명	추현영(코드 1002)
거주구분(내국인/외국인)	거주자/내국인
주민등록번호	670427-2235311
주　　소	서울시 종로구 혜화로 50

2. 창립기념일 행사를 맞이하여 강사 추현영을 초빙하여 전직원에게 '행복바이러스'에 대한 강좌를
   듣게 하고 강사료를 지급하였다. 기타소득 자료를 입력하시오.

귀속월	지급연월일	지급금액
2025년 4월	2025년 04월 20일	10,000,000원

수행과제 풀이　기타소득의 원천징수

1. 기타소득자 등록

2. 기타소득자료 입력

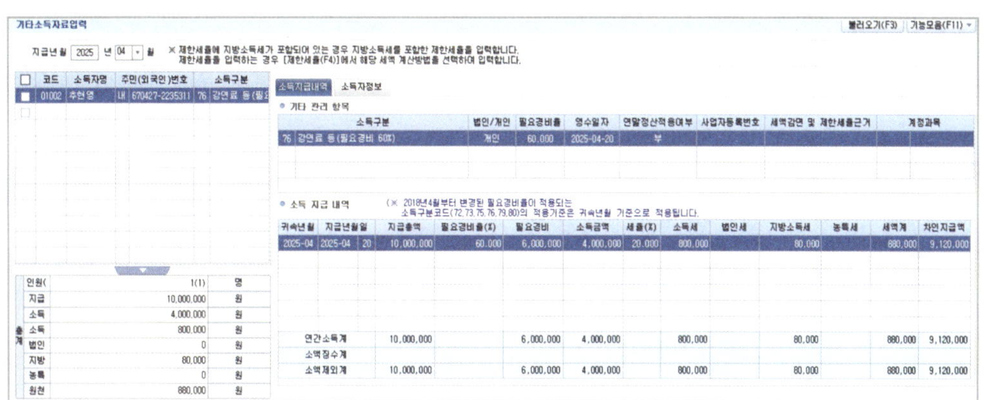

03 이자소득과 배당소득의 원천징수

　원천징수 대상이 되는 이자소득과 배당소득을 지급하는 경우 기타소득자를 등록하고, 이자·배당 소득자에 대한 이자·배당 소득 지급내역을 입력한다. 이자·배당 소득 지급시 원천징수 세액을 산출하여 원천징수이행상황신고서를 통해 국세청에 신고 및 세액을 납부한다.

수행과제　이자·배당소득의 원천징수

배당소득내역을 보고 배당소득원천징수대상자는 [기타소득자입력]메뉴에 등록하고 배당소득자료를 입력하시오.

(단위: 원)

소득자	코드	구분	주민등록번호 또는 사업자등록번호	배당소득
최정인	1003	거주자	640808-2187234	10,000,000
(주)대한민국	1004	내국법인	107-81-31220	8,000,000

* 배당소득은 현금으로 지급하며 2025년 4월 25일 지급한다.(처분일 2025년 4월 10일)

수행과제 풀이 이자 · 배당소득의 원천징수

법인의 배당소득은 원천징수대상이 아니므로 최정인만 등록하고 원천징수한다.

1. [기타소득자 등록]메뉴에 배당소득자 등록

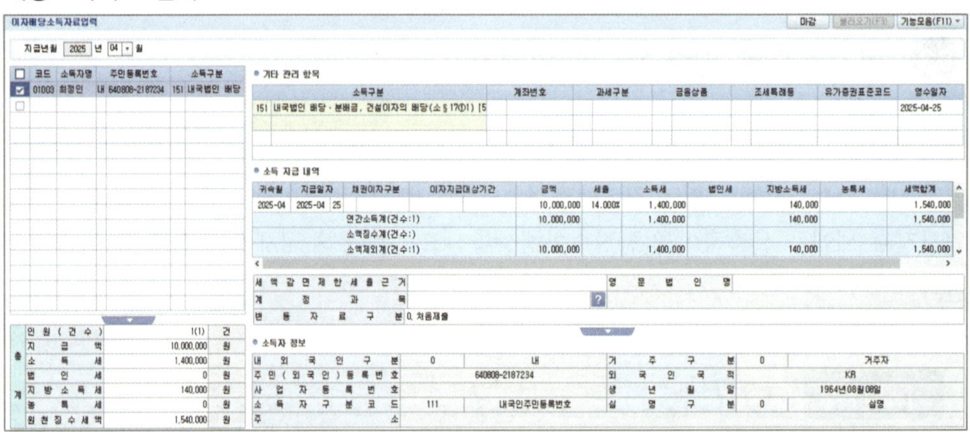

2. 배당소득자료 입력

04 원천징수이행상황신고서

원천징수 대상이 되는 소득에 대해 원천징수를 이행하면 다음달 10일까지 원천징수이행
상황신고서와 함께 소득세 등을 납부한다.

수행과제 원천징수이행상황신고서 작성

4월 귀속분 원천징수이행상황신고서를 작성하시오.

수행과제 풀이　원천징수이행상황신고서 작성

원천징수이행상황신고서　　#메일 보내기　마감(F4)　불러오기(F3)　저장(Ctrl+S)　One-Shot(Ctrl+O)　기능모음(F1

귀속기간 2025 년 04 월 ~ 2025 년 04 월　지급기간 2025 년 04 월 ~ 2025 년 04 월　0.정기신고

1.신고구분 ☑매월 □반기 □수정 □연말 □소득처분 □환급신청　2.귀속연월 202504　3.지급연월 202504　일괄납부 ○여 ◉부　사업자단위 ○여 ◉부

원천징수내역　부표-거주자　부표-비거주자　부표-법인원천　　　　부표

구분		코드	소득지급(과세미달,비과세포함)		징수세액			9.당월 조정 환급세액	10.소득세 등 (가산세 포합)	11.농어촌 특별세
			4.인원	5.총지급액	6.소득세 등	7.농어촌특별세	8.가산세			
그로소득	간 이 세 액	A01	1	4,450,000	120,180					
	중 도 퇴 사	A02								
	일 용 근 로	A03								
	연말정산합계	A04								
	연말분납금액	A05								
	연말납부금액	A06								
	가 감 계	A10	1	4,450,000	120,180				120,180	
퇴직소득	연 금 계 좌	A21								
	그 외	A22								
	가 감 계	A20								
사업소득	매 월 징 수	A25	1	5,000,000	150,000					
	연 말 정 산	A26								
	가 감 계	A30	1	5,000,000	150,000				150,000	
기타소득	연 금 계 좌	A41								
	종교매월징수	A43								
	종교연말정산	A44								
	가상자산	A49								
	인적용역	A59	1	10,000,000	800,000					
	그 외	A42								
	가 감 계	A40	1	10,000,000	800,000				800,000	
연금소득	연 금 계 좌	A48								
	공적연금(매월)	A45								
	연 말 정 산	A46								
	가 감 계	A47								
	이 자 소 득	A50								
	배 당 소 득	A60	1	10,000,000	1,400,000				1,400,000	
	금융투자소득	A71								
	저축해지 추징세액 ▶	A69								
	비거주자 양도소득	A70								
	법 인 원 천 ▶	A80								
	수정신고(세액)	A90								
	총 합 계	A99	4	29,450,000	2,470,180				2,470,180	

전월 미환급 세액의 계산			당월 발생 환급세액				18.조정대상환급 (14+15+16+17)	19.당월조정 환급액계	20.차월이월 환급액(18-19)	21.환급신청액
12.전월미환급	13.기환급신청	14.잔액12-13	15.일반환급	16.신탁재산	17.금융등	17.합병등				

원천징수이행상황신고서　　#메일 보내기　마감(F4)　불러오기(F3)　저장(Ctrl+S)　One-Shot(Ctrl+O)　기능모음(F1

귀속기간 2025 년 04 월 ~ 2025 년 04 월　지급기간 2025 년 04 월 ~ 2025 년 04 월　0.정기신고

1.신고구분 ☑매월 □반기 □수정 □연말 □소득처분 □환급신청　2.귀속연월 202504　3.지급연월 202504　일괄납부 ○여 ◉부　사업자단위 ○여 ◉부

원천징수내역　**부표-거주자**　부표-비거주자　부표-법인원천　　　　부표

구분			코드	소득지급		징수세액			당월 조정 환급 세액	소득세 등 (가산세 포합)	농어촌 특별세
				인원	총지급액	소득세 등	농어촌특별세	가산세			
이자·배당소득	일반과세	이자소득	C14								
		배당소득	C24	1	10,000,000	1,400,000					
	고배당기업	배당소득(9%)	C91								
		배당소득(25%)	C92								
	비실명	비실명이자소득	C15								
		비실명배당소득	C25								
	비영업대금이익(25%)		C16								
	출자공동사업자(25%)		C26								
	이자-배당소득 계		C30	1	10,000,000	1,400,000					1,400,000	

※ 부표는 직접 입력하여 작성한다.

출제예상 평가문제 (비대면 시험대비)

*** 조회 회사: 1100.(주)삼일전자**

01 [급여자료입력 조회] 수당항목 중 식대의 월 비과세한도 금액은 얼마인가?

02 [급여자료입력 조회] 수당항목 중 야간근로수당의 연 비과세한도 금액은 얼마인가?

03 [급여자료입력 조회] 11월분 급여자료입력 시 전체사원의 비과세 금액은 총 얼마인가?(구분: 1.급여)

04 [급여자료입력 조회] 11월분 급여자료입력 시 신동준사원의 중도퇴사자 정산을 통해 반영되는 차인지급액은 얼마인가?

05 [원천징수이행상황신고서 조회] 8월분 원천징수이행상황신고서에 확인되는 근로소득 간이세액(A01) 5.총지급액은 얼마인가?

06 [원천징수이행상황신고서 조회] 11월분 원천징수이행상황신고서에 확인되는 20.차월이월환급액 금액은 얼마인가?

07 [퇴직소득자료입력 조회] 11월분 퇴직소득자료입력의 (43)이연퇴직소득세의 소득세 금액은 얼마인가?

08 [연말정산 근로소득원천징수영수증 조회] 김진아 근로소득원천징수영수증의 기본공제 대상 인원수(본인포함)는 총 몇 명인가?

09 [연말정산 근로소득원천징수영수증 조회] 김진아 근로소득원천징수영수증의 기납부세액 74.종(전) 근무지 소득세는 얼마인가?

10 [원천징수이행상황신고서 조회] 2026년 2월분 원천징수이행상황신고서에 확인되는 연말정산합계(A04) 5.총지급액은 얼마인가?

제 4 장

더존 SmartA(iPlus) 법인세실무 제대로 알기

NCS 능력단위(분류번호)

법인세 신고(0203020214_23v6)

백데이터 설치방법

① 삼일아이닷컴(http://www.samili.com) 홈페이지에 접속한다.
② 상단부 제품몰을 클릭하고 AT수험서 자료실에서 백데이터를 다운받는다.
③ 다운받은 백데이터파일을 더블클릭하여 실행한다.
④ '5000.(주)법인조정'을 선택하여 수행내용을 수행한다.

제 1 절   법인조정 프로그램의 기초

필요 지식

01 법인조정프로그램 메뉴구성

┃ 법인조정 1 ┃

❶ 기초정보관리

재무회계의 [기초정보관리]에 있는 [회사기본사항등록], [계정과목 및 적요등록]과 동일하며, [세무서코드 및 계좌코드]는 각 사업연도마다 변경된 세무서코드와 세무서별계좌코드가 등록되어 있다.

❷ 요약재무제표

법인세무조정서류와 함께 제출되는 표준재무제표를 작성하는 메뉴로 [새로불러오기]를 클릭하면 재무회계에서 기장된 데이터를 이용하여 자동으로 작성된다.

❸ 수입금액조정

법인세법상 수입금액의 확정을 위한 메뉴로 [수입금액조정명세서], [조정후 수입금액명세서], [수입배당금액명세서], [임대보증금 간주익금 조정]으로 구성되어 있다.

❹ 감가상각비 조정

[고정자산등록] 메뉴에 입력된 자료에 의해 [미상각분 감가상각계산] 등의 메뉴에서 감가상각조정을 할 수 있으며, 감가상각결과는 [감가상각비조정명세서합계표]에 정리된다.

❺ 과목별 세무조정

기업회계와 세무회계의 차이를 조정하여 각 사업연도 소득금액을 계산하기 위한 세무조정메뉴로, [퇴직급여충당금조정명세서], [대손충당금 및 대손금조정명세서], [기업업무추진비 조정명세서], [가지급금등의 인정이자조정], [재고자산평가조정명세서], [외화자산등 평가차손익조정], [세금과공과금 명세서], [선급비용명세서], [퇴직연금부담금 조정명세서], [업무무관 지급이자조정명세서], [건설자금이자조정명세서], [기부금조정명세서]로 구성되어 있다.

❻ 소득 및 과표계산

소득금액계산을 위한 메뉴로, [소득금액조정합계표], [비과세소득명세서], [지점유보소득금액 계산서], [소득자료명세서], [소득구분계산서]로 구성되어 있다.

❼ 공제감면추납세액

과세표준이 계산되면 세율을 적용하여 산출세액을 계산한다. 세액에서 세액공제 및 감면을 위한 [공제감면세액계산서], [세액공제조정명세서], [연구 및 인력개발비 발생명세서] 등으로 구성되어 있으며, 특히 [공제감면세액 합계표(갑, 을)]는 세액공제와 감면의 전체내역을 하나의 표로 모아볼 수 있는 서식이라고 하겠다.

❽ 특별비용등조정

각종 준비금과 관련된 조정메뉴로 준비금설정과 환입에 따른 조정사항을 처리하며, 특히 특별비용조정명세서는 각종 준비금조정내역을 하나의 표로 모아볼 수 있는 서식이 된다.

▌법인조정 2 ▌

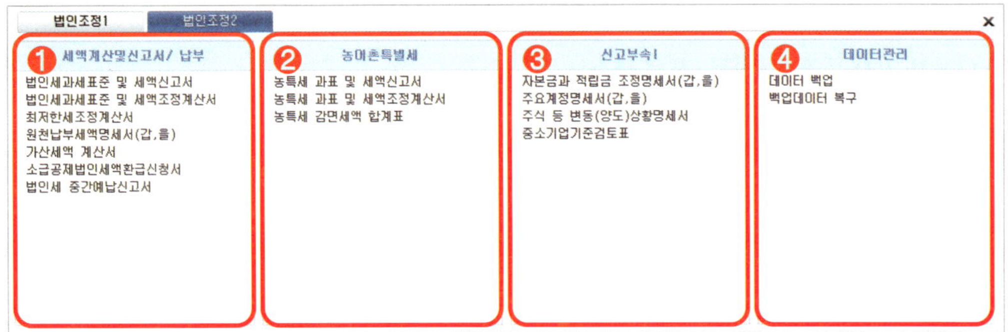

❶ 세액계산및신고서/납부

세액계산과 납부에 해당하는 [최저한세조정계산서], [원천납부세액명세서], [가산세액 계산서]로 구성되어 있으며, 이를 반영한 [법인세과세표준 및 세액조정계산서]를 작성하여 최종신고서인 [법인세과세표준 및 세액신고서]를 작성한다.

❷ 농어촌특별세

농어촌특별세 적용대상이 세액에 적용되는 [농특세 과표 및 세액신고서], [농특세 과표 및 세액조정계산서], [농특세 감면세액 합계표]로 구성되어 있다.

❸ 신고부속

법인세무조정계산서의 제출시 첨부되는 부속서류로 [자본금과 적립금 조정명세서 (갑, 을)], [주요계정명세서(갑, 을)], [주식 등 변동(양도)상황명세서], [중소기업 기준검토표]로 구성되어 있다.

❹ 데이터관리

법인조정에서 작업된 파일을 백업받을 때 [데이터 백업] 메뉴를, 백업받은 파일을 복구할 때 [백업데이터 복구] 메뉴를 이용할 수 있다.

 **02 법인조정순서**

(1) 법인세무조정 실무 프로세스

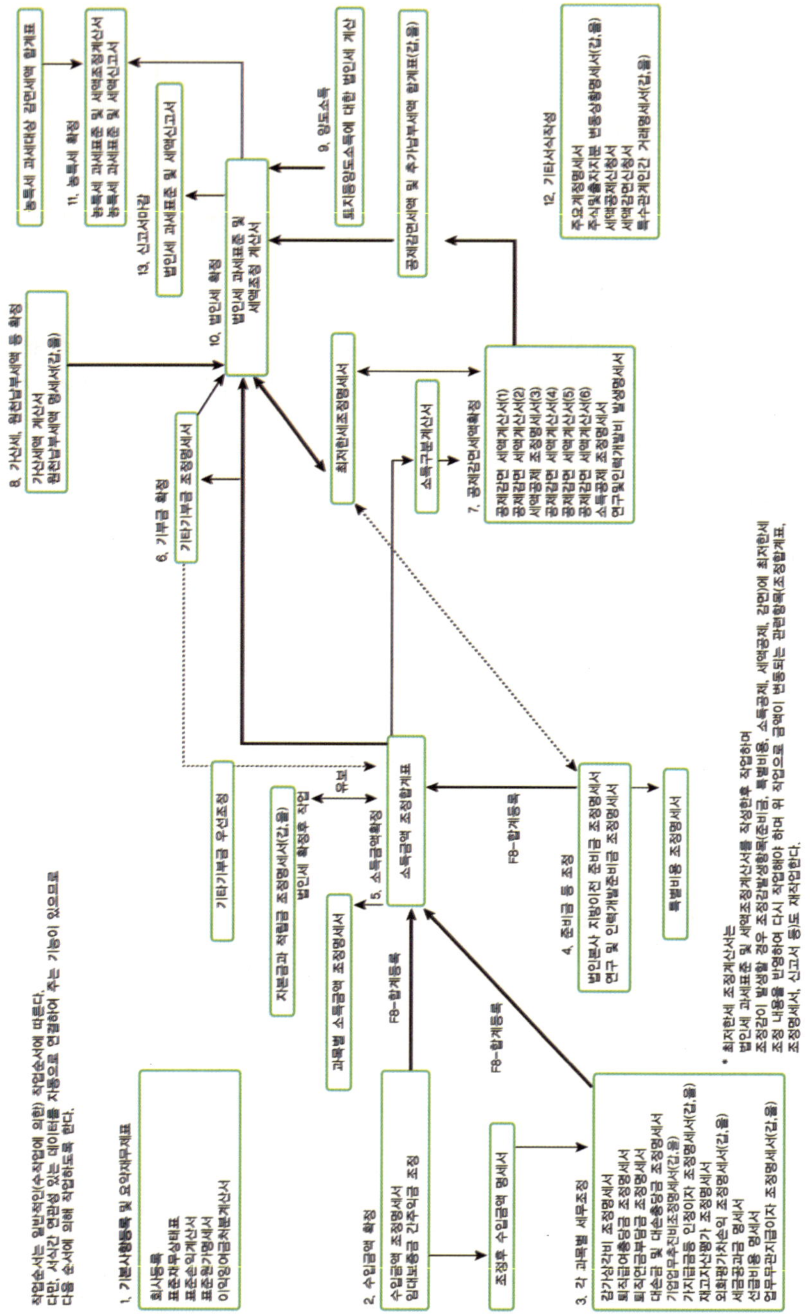

작업순서는 일반적인(수작업에 의한) 작업순서에 따른다.
다만, 서식간 연관성 있는 데이터를 자동으로 연결하여 주는 기능이 있으므로
다음 순서에 의해 작업하도록 한다.

1. 기본사항등록 및 요약재무제표
회사등록
표준재무상태표
표준손익계산서
표준원가명세서
이익잉여금처분계산서

2. 수입금액 확정
수입금액 조정명세서
임대보증금 간주익금 조정
→ 조정후 수입금액 명세서

3. 각 과목별 세무조정
감가상각비 조정명세서
퇴직급여충당금 조정명세서
퇴직연금부담금 조정명세서
대손금 및 대손충당금 조정명세서
기업업무추진비조정명세서(갑,을)
가지급금등 인정이자 조정명세서(갑,을)
재고자산평가 조정명세서
외화평가차손익 조정명세서(갑,을)
세금과공과금 명세서
선급비용 명세서
업무무관지급이자 조정명세서(갑,을)

4. 준비금 등 조정
법인본사 지방이전 준비금 조정명세서
연구 및 인력개발준비금 조정명세서
→ 특별비용 조정명세서

5. 소득금액확정
소득금액 조정합계표
과목별 소득금액 조정명세서
자본금과 적립금 조정명세서(갑,을)
법인세 확정후 작업
(F8-합계등록 / 유보)

6. 기부금 확정
기타기부금 조정명세서
기타기부금 우선조정

7. 공제감면세액확정
공제감면 세액계산서(1)
공제감면 세액계산서(2)
세액공제 조정명세서(3)
공제감면 세액계산서(4)
공제감면 세액계산서(5)
공제감면 세액계산서(6)
소득공제 조정명세서
연구및인력개발비 발생명세서
소득구분계산서
최저한세조정명세서

8. 가산세, 원천납부세액 등 확정
가산세액 계산서
원천납부세액 명세서(갑,을)

9. 양도소득
토지등양도소득에 대한 법인세 계산

10. 법인세 확정
법인세 과세표준 및 세액조정 계산서
공제감면세액 및 추가납부세액 합계표(갑,을)

11. 농특세 확정
농특세 과세표준 및 세액조정계산서
농특세 과세표준 및 세액신고서
농특세 과세대상 감면세액 합계표

12. 기타서식작성
주요계정명세서
주식및출자지분 변동상황명세서(갑,을)
세액공제신청서
세액감면신청서
특수관계인간 거래명세서(갑,을)

13. 신고서마감
법인세 과세표준 및 세액신고서

* 최저한세 조정계산서는
법인세 과세표준 및 세액조정계산서를 작성한후 작업하며
조정감이 발생할 경우 조정감발생항목(준비금, 특별비용, 소득공제, 세액공제, 감면)에 최저한세
조정 내용을 반영하여 다시 작업해야 하며 위 작업으로 금액이 변동되는 관련항목(조정합계표,
조정명세서, 신고서 등)도 재작업한다.

(2) 법인세무조정 프로그램 작업순서

작업 순서	해당 메뉴	작업 내용
기본사항 검토 ↓	회사등록	중소기업 여부 검토
	표준재무제표 작성	*법인세신고기초서식 *법인세비용 처분
	자본금과 적립금조정명세서(갑)(을)	전년도 부인액 검토
	중소기업기준검토표	중소기업해당 여부 검토
수입금액 확정 ↓	수입금액조정명세서	기업회계상 수입금액과 법인세법상 수입금액 차이 조정
	조정후 수입금액명세서	법인세법상 수입금액과 부가세법상 공급가액 차이 검토
	임대보증금 간주익금조정	부동산임대업의 익금조정
	수입배당금명세서	배당금수입의 익금조정
각 과목별 세무 조정 ↓	감가상각비조정명세서	기업회계와 법인세법의 감가상각 조정
	퇴직급여충당금조정명세서	기업회계와 법인세법의 퇴직급여충당금 조정
	퇴직연금부담금조정명세서	기업회계와 법인세법의 퇴직연금 등 조정
	대손충당금 및 대손금조정명세서	기업회계와 법인세법의 대손금과 대손충당금 조정
	기업업무추진비 조정명세서	기업회계와 법인세법의 기업업무추진비 조정
	가지급금등인정이자조정명세서	업무무관가지급금관련 인정이자 조정
	재고자산, 유가증권평가조정명세서	기업회계와 법인세법의 재고자산과 유가증권 평가 조정
	세금과공과금명세서	기업회계와 법인세법의 세금과공과금 조정
	선급비용명세서	기업회계와 법인세법의 기간비용 조정
	건설자금이자조정명세서	기업회계와 법인세법의 건설자금이자 조정
	업무무관부동산 등에 관한 차입금이자조정명세서	기업회계와 법인세법의 이자비용 조정
소득금액의 확정 ↓	소득금액조정합계표	기업회계와 법인세법의 차이조정 정리
기부금 조정 ↓	기부금조정명세서	기업회계와 법인세법의 기부금 조정
과세표준 및 세액계산 ↓	공제감면세액계산서	과세표준확정 후 세액공제감면과 가산세, 원천납부세액계산
	가산세액계산서	
	원천납부세액명세서	
법인세 확정 ↓	법인세과세표준 및 세액조정계산서	
신고서 마감 ↓	법인세과세표준 및 세액신고서	
기타서식 작성	주요계정명세서	
	주식등변동상황명세서	
	자본금과적립금조정명세서	

03 법인조정프로그램의 공통사항

(1) 화면 내에서 작업방법

① 화면 내에서 상호간의 이동은 Tab키 혹은 마우스로 클릭하여 이동할 수 있다.

② 법인조정서식의 규정서식은 한 장으로 되어 있으나, 프로그램 내에서 작업순서에 의해 커서가 우선순위로 먼저 가 있다.

③ 집계란 또는 작성요령에 의해서 자동계산이 되는 항목이나 해당란에는 커서가 이동되지 않고 자동계산된다.

④ 항목간 또는 각 란의 상호연관되는 수치는 자동반영된다.

(2) 법인조정 프로그램의 작성절차

법인조정 프로그램에 의해서 세무조정을 적절하게 수행하기 위해서는 다음의 절차를 준수하여야 한다.

① 법인세무조정 프로그램의 작업절차를 정확히 숙지하여 선행될 작업을 먼저하고 그 데이터를 연결받아 다음 메뉴를 진행할 수 있도록 한다.

② 각 메뉴 화면 상단의 코드도움, 원장조회, 잔액조회, 매출조회 등 재무회계의 자료를 조회하고 검토한 다음, 조정명세서의 적색키 1., 2., 3.의 순으로 조정한다.

③ 메뉴에 따라서는 기장된 재무회계데이터를 불러와서 작성해야 하는 경우가 있는데, [원장조회]키를 이용하여 기장데이터를 조회하여 조정한다.

④ 각 메뉴별로 세무조정 작업이 완료되면 화면 상단의 [합계등록]키를 눌러 해당 메뉴에서 작성된 세무조정사항을 [소득금액조정합계표]에 반영한다.

⑤ 작성이 완료되면 상단의 [저장]키를 이용하여 작업내용을 저장한다.

(3) 버튼의 공통사항

버튼	설명
새로불러오기	화면 우측에 있는 버튼으로써 새로불러오기를 실행(클릭)하면 관련된 서식에서 데이터를 새로 불러온다.
저장	저장 버튼을 클릭하면 작업 중이던 세무조정서식데이터를 저장해준다.
미리보기	작업 중이던 조정서식을 화면으로 출력을 하는 기능키이며, 프린터로 출력을 하는 것과 똑같이 화면에 조회된다.
합계등록(F8)	각 세무조정 항목에서 발생된 익금산입 및 손금불산입, 손금산입 및 익금불산입사항을 해당 메뉴로 이동하지 않고 해당 세무조정 항목에서 직접 소득금액조정합계표를 작성 시 사용한다.
코드도움(F2)	계정과목코드를 알고자 할 때 사용한다.
원장조회(F3)	본 프로그램의 재무회계에서 기장한 경우 각 계정과목의 계정별 원장을 조회 시 사용한다.
잔액조회(F4)	각 계정과목별 계정별원장을 기초잔액, 당기증가, 당기감소, 기말잔액으로 조회 시 사용한다.
삭제(F5)	입력 중이던 데이터나 기 입력된 데이터를 삭제하고자 할 때 사용한다.
일괄삭제(F6)	삭제와는 다르게 일괄 삭제키는 작업 중이던 서식의 데이터 또는 일정단위의 입력된 데이터를 모두 삭제 시 사용한다.
전기서식	전년도에 작성된 세무조정서식을 조회할 수 있으나, 교육용에서 제공되지 않는다.
인쇄(F9)	작업한 세무조정서식을 프린터를 이용하여 출력할 때 사용한다.
Tab	한 화면 내에서 대항목 간 이동 시 사용한다.
종료(ESC)	서식 작성을 끝내고자 할 때 종료키를 이용하여 메뉴로 복귀한다.

실무 익히기

제 2 절 중소기업의 판정과 중소기업기준검토표 작성

필요 지식

 ## 세법상 중소기업의 요건

세법상 중소기업이란 다음의 요건을 모두 갖춘 기업을 말한다.

요건	내용
사업요건	소비성서비스업, 부동산임대업을 제외한 모든 업종을 주된 사업으로 영위하는 법인
규모요건 (두 가지를 동시에 충족할 것)	매출기준: 업종별로 중소기업기본법시행령 「별표1」의 기준 이내일 것 졸업기준: 졸업기준 범위 이내에 있을 것 (자산총액이 5천억원 이상이면 중소기업에 해당하지 않음)
독립성요건	소유 및 경영의 실질적인 독립성이 중소기업기본법 시행령 제3조 제1항 제2호의 규정에 적합한 기업으로서 상호출자 제한 기업집단에 속하지 않을 것

(1) 중소기업 해당사업

소비성서비스업*, 부동산임대업을 제외한 모든 업종
*소비성서비스업 등의 범위
1. 호텔업 및 여관업(관광진흥법에 따른 관광숙박업은 제외)
2. 주점업(일반유흥주점업, 무도유흥주점업 및 단란주점 영업만 해당하되, 외국인전용유흥음식점업 및 관광유흥음식점업 제외)
3. 그밖에 오락·유흥 등을 목적으로 하는 사업으로서 기획재정부령으로 정하는 사업

(2) 매출액 기준

▌주된 업종별 평균매출액등의 <u>중기업</u> 규모 기준 ▌

해당 기업의 주된 업종	분류기호	규모 기준
1. 의복, 의복액세서리 및 모피제품 제조업	C14	평균매출액등 1,500억원 이하
2. 가죽, 가방 및 신발 제조업	C15	
3. 펄프, 종이 및 종이제품 제조업	C17	
4. 1차 금속 제조업	C24	
5. 전기장비 제조업	C28	
6. 가구 제조업	C32	
7. 농업, 임업 및 어업	A	평균매출액등 1,000억원 이하
8. 광업	B	
9. 식료품 제조업	C10	
10. 담배 제조업	C12	
11. 섬유제품 제조업(의복 제조업은 제외한다)	C13	
12. 목재 및 나무제품 제조업(가구 제조업은 제외한다)	C16	
13. 코크스, 연탄 및 서유정제품 제조업	C19	
14. 화학물질 및 화학제품 제조업(의약품 제조업은 제외한다)	C20	
15. 고무제품 및 플라스틱제품 제조업	C22	
16. 금속가공제품 제조업(기계 및 가구 제조업은 제외한다)	C25	
17. 전자부품, 컴퓨터, 영상, 음향 및 통신장비 제조업	C26	
18. 그 밖의 기계 및 장비 제조업	C29	
19. 자동차 및 트레일러 제조업	C30	
20. 그 밖의 운송장비 제조업	C31	
21. 전기, 가스, 증기 및 공기조절 공급업	D	
22. 수도업	E36	
23. 건설업	F	
24. 도매 및 소매업	G	

해당 기업의 주된 업종	분류기호	규모 기준
25. 음료 제조업	C11	평균매출액등 800억원 이하
26. 인쇄 및 기록매체 복제업	C18	
27. 의료용 물질 및 의약품 제조업	C21	
28. 비금속 광물제품 제조업	C23	
29. 의료, 정밀, 광학기기 및 시계 제조업	C27	
30. 그 밖의 제품 제조업	C33	
31. 수도, 하수 및 폐기물 처리, 원료재생업 (수도업은 제외한다)	E (E36 제외)	
32. 운수 및 창고업	H	
33. 정보통신업	J	
34. 산업용 기계 및 장비 수리업	C34	평균매출액등 600억원 이하
35. 전문, 과학 및 기술 서비스업	M	
36. 사업시설관리, 사업지원 및 임대 서비스업 (임대업은 제외한다)	N (N76 제외)	
37. 보건업 및 사회복지 서비스업	Q	
38. 예술, 스포츠 및 여가 관련 서비스업	R	
39. 수리(修理) 및 기타 개인 서비스업	S	
40. 숙박 및 음식점업	I	평균매출액등 400억원 이하
41. 금융 및 보험업	K	
42. 부동산업	L	
43. 임대업	N76	
44. 교육 서비스업	P	

▌주된 업종별 평균매출액등의 <u>소기업</u> 규모 기준 ▌

해당 기업의 주된 업종	분류기호	규모 기준
1. 식료품 제조업	C10	
2. 음료 제조업	C11	
3. 의복, 의복액세서리 및 모피제품 제조업	C14	
4. 가죽, 가방 및 신발 제조업	C15	
5. 코크스, 연탄 및 석유정제품 제조업	C19	
6. 화학물질 및 화학제품 제조업(의약품 제조업은 제외한다)	C20	
7. 의료용 물질 및 의약품 제조업	C21	
8. 비금속 광물제품 제조업	C23	
9. 1차 금속 제조업	C24	평균매출액등 120억원 이하
10. 금속가공제품 제조업(기계 및 가구 제조업은 제외한다)	C25	
11. 전자부품, 컴퓨터, 영상, 음향 및 통신장비 제조업	C26	
12. 전기장비 제조업	C28	
13. 그 밖의 기계 및 장비 제조업	C29	
14. 자동차 및 트레일러 제조업	C30	
15. 가구 제조업	C32	
16. 전기, 가스, 중기 및 공기조절 공급업	D	
17. 수도업	E36	
18. 농업, 임업 및 어업	A	
19. 광업	B	
20. 담배 제조업	C12	
21. 섬유제품 제조업(의복 제조업은 제외한다)	C13	
22. 목재 및 나무제품 제조업(가구 제조업은 제외한다)	C16	
23. 펄프, 종이 및 종이제품 제조업	C17	
24. 인쇄 및 기록매체 복제업	C18	평균매출액등 80억원 이하
25. 고무제품 및 플라스틱제품 제조업	C22	
26. 의료, 정밀, 광학기기 및 시계 제조업	C27	
27. 그 밖의 운송장비 제조업	C31	
28. 그 밖의 제품 제조업	C33	
29. 건설업	F	

해당 기업의 주된 업종	분류기호	규모 기준
30. 운수 및 창고업	H	평균매출액등 80억원 이하
31. 금융 및 보험업	K	
32. 도매 및 소매업	G	평균매출액등 50억원 이하
33. 정보통신업	J	
34. 수도, 하수 및 폐기물 처리, 원료재생업 (수도업은 제외한다)	E (E36 제외)	평균매출액등 30억원 이하
35. 부동산업	L	
36. 전문·과학 및 기술 서비스업	M	
37. 사업시설관리, 사업지원 및 임대 서비스업	N	
38. 예술, 스포츠 및 여가 관련 서비스업	R	
39. 산업용 기계 및 장비 수리업	C34	평균매출액등 10억원 이하
40. 숙박 및 음식점업	I	
41. 교육 서비스업	P	
42. 보건업 및 사회복지 서비스업	Q	
43. 수리 및 기타 개인 서비스업	S	

02 중소기업의 판정 요령

(1) 업종의 구분

조세특례제한법에 특별한 규정이 있는 것을 제외하고는 실질내용에 따라 통계청장이 고시하는 한국표준산업분류를 기준으로 구분

(2) 매출액

기업회계기준에 따라 작성한 손익계산서상의 매출액

(3) 자산총액

과세연도 종료일 현재 재무상태표상 자산총액

(4) 겸업의 경우 중소기업의 해당업종 판정

사업별 수입액이 큰 사업을 주된 사업으로 봄

03 중소기업의 유예기간 적용

(1) 유예기간 적용 대상

① 중소기업의 매출액이 업종별로 중소기업기본법 시행령 「별표1」 초과

② 졸업기준에 해당하는 경우

③ 관계기업 기준에 따라 중소기업에 해당하지 아니하게 되는 경우

④ 중소기업이 「중소기업기본법시행령」 제3조 제1항 제2호, 별표 1, 별표 2의 개정으로
　 새로이 중소기업에 해당하지 아니하게 되는 때

(2) 유예 적용 방법

① 최초 그 사유가 발생한 과세연도와 그 다음 5과세연도까지 중소기업으로 봄

② 유예기간이 경과한 후에는 과세연도별로 중소기업 해당 여부 판정

04 중소기업에 대한 세법상 지원내용

(1) 법인세법상 지원

내용	일반법인	중소기업
기업업무추진비 한도액	한도액 ① + ② ① 기본금액 1,200만원 ② 수입금액 × 수입금액 적용률	한도액 ① + ② ① 기본금액 3,600만원 ② 수입금액 × 수입금액 적용률
결손금소급공제	해당없음	선택에 의해 가능
분납기간	납부기한 경과일로부터 1월 이내	납부기한 경과일로부터 2월 이내

수행과제 **중소기업기준검토표 작성**

다음 자료에 의해서 (주)법인조정의 중소기업기준검토표를 작성하시오.

1. 당기의 업종별 표준소득률 코드 및 매출액은 다음과 같다.

업태	종목	기준경비율번호	매출액
제조업	자동차부품	343000	2,521,300,000원
도매업	자동차타이어 및 튜브	503001	50,000,000원

2. 주된 업종별 평균매출액은 120억원 이하이며, 당기말 재무상태표상의 자산총액은 3,348,106,263원이다.

3. (주)법인조정은 독립성 요건을 충족하였다.

수행과제 풀이 중소기업기준검토표 작성

1. 사업요건: 적합

2. 규모요건: 적합

　① 매출액: 1,000억원 이하로 적합

　② 자산총액: 5,000억원 미만으로 적합

3. 독립성요건: 적합

4. 중소기업의 판정: 3가지 요건을 모두 충족하므로 중소기업으로 판정한다.

중소기업기준검토표　전자　개정　　　　　　　　　　　　　　　새로불러오기

신서식

요　건	검　토　내　용	적합 여부	적정 여부
101. **사업요건** ○「조세특례제한법 시행령」제29조 제3항에 따른 소비성 서비스업에 해당하지 않는 사업 소비성 서비스업 참고	매출액, 자산총액 항목은 소숫점 둘째자리에서 반올림하여 입력합니다. ｜｜기준경비율코드｜사업수입금액｜ 제조업｜343000｜2,521,300,000 도매 및 소매업｜503001｜50,000,000 기 타 사 업｜｜ 계｜｜2,571,300,000	적 합	적
102. **규모요건** ○아래요건 ①, ②를 동시에 충족할 것 ① 매출액이 업종별로「중소기업기본법 시행령」별표 1의 규모기준(‘평균매출액등’은 매출액으로 봄)이내일 것 「중소기업기본법 시행령」[별표1] ② 졸업제도 -자산총액 5천억 미만	가. 매출액 - 당회사 (10)　　　　　　　　(　25.7 억원) -「중소기업기본법시행령」별표1의규모기준(11)　(　1,000 억원)이하 나. 자산총액(12)　　　　　　　(　33.5 억원)	적 합	
103. **독립성요건** 「조세특례제한법 시행령」 제2조제1항제3호에 적합한 기업일것	● 「독점규제 및 공정거래에 관한 법률」제14조제1항에 따른 상호출자제한기업집단등에 속하는 회사 또는 같은 법 제14조의3에 따라 상호출자제한기업집단등의 소속회사로 편입·통지된 것으로 보는 회사에 해당하지 아니할것 ● 자산총액 5천억원 이상인 법인이 주식 등의 30퍼센트 이상을 직·간접적으로 소유한 경우로서 최다출자자인 기업이 아닐 것 ● 「중소기업기본법 시행령」 제2조제3호에 따른 관계기업에 속하는 기업으로서 같은 영 제 7조의4에따라 산정한 매출액이 「조세특례제한법 시행령」 제2조제1항제1호에 따른 중소기업기준((102)의1 기준) 이내일 것	적 합	
104. **유예기간** ①중소기업이 규모의 확대 등으로(102)의 기준을 초과하는 경우 최초 그 사유가 발생한 사업연도와 그 다음 3개사업 연도까지 중소기업으로 보고 그 후에는 매년마다 판단 ② 「중소기업기본법 시행령」 제3조 제1항제2호, 별표1및 별표2의 개정으로 중소기업에 해당하지 아니하게 되는 때에는 그 사유가 발생한 날이 속하는 사업연도와 그 다음 3개 사업연도까지 중소기업으로 봄	○사유발생 연도 (13)　　　　　　(　　년)		
(105) 사업요건 및 독립성요건을 충족할 것	중소기업 업종(101)을 주된사업으로 영위하고, 독립성요건(103)을 충족시키는지 여부	적 합	
소기업 (106) 자산총액이 5천억원 미만으로서, 매출액이 업종별로 「중소기업기본법 시행령」 별표 3의 규모기준 (‘평균매출액등’은 ‘매출액’으로 본다) 이내일 것 「중소기업기본법 시행령」 [별표3]	○ 매 출 액 - 당 회사(14)　　　　　　　(　25.7 억원) - 「중소기업기본법 시행령」 별표 3의 규모기준 (15)　(　120.0 억원) 이하	적 합	적

제3절 기초정보관리

필요 지식

01 회사등록

　회사등록사항은 출력물에서의 표시 및 세무조정 시 각 계산에 영향을 미치므로 반드시 전 항목을 정확히 입력해야 하며, 재무회계를 이용하여 기장한 회사는 기장 시 등록한 회사등록 사항이 자동 반영된다. 법인조정을 위하여 검토되어야 할 사항만 설명하기로 한다.

수행과제 회사등록

(주)법인조정은 내국법인이며, 중소기업법인이다. 법인세무조정을 위한 추가사항을 회사등록메뉴에 등록하시오.

수행과제 풀이 회사등록

　1.법인구분, 2.중소기업여부, 3.종류별구분을 중소기업으로 선택한다.

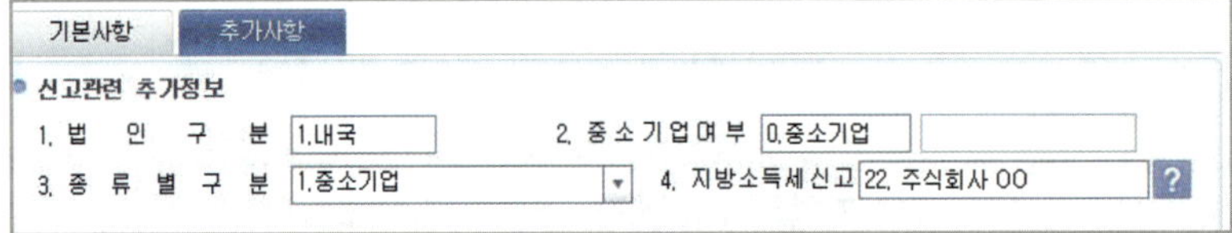

02 계정과목 및 적요등록

　계정과목 및 적요등록은 101~999번까지 자동으로 등록되어 있다.

　각 항목별 조정작업 시 기능키 코드도움(F2)에 의해 조회할 수 있으며, 조회 화면에서 계정 과목을 선택하면 자동입력된다. 빨간색으로 표시된 계정과목 명칭을 수정하고자 할 때는 계 정과목명에 커서를 위치시키고 Ctrl+F1을 누르고 수정하면 되지만, 구분은 수정할 수 없다. 재무회계에서 적용된 계정과목과 적요를 그대로 적용한다.

03 세무서코드 및 계좌코드

전국 세무서의 코드 및 계좌번호가 등록되어 있으며 수정, 삭제 또는 추가입력이 가능하다. 등록된 세무서코드에 따른 계좌코드가 법인세신고서와 납부서 등에 자동 반영된다.

제**4**절 요약재무제표

필요 지식

표준재무제표는 표준대차대조표(재무상태표), 표준손익계산서, 표준원가명세서, 이익잉여금처분계산서 4가지로 구성되어 있으며 각 해당 재무제표를 선택하여 작업한다.

재무회계에서 기장 및 결산을 한 경우에는 먼저 재무회계의 표준용 재무제표 메뉴 조회를 해야 법인조정 메뉴에 자동반영되며, 본 메뉴에서 [편집]키를 클릭하여 편집을 할 수 있다.

01 표준재무상태표

재무회계의 재무상태표에서 작성된 표준용 자료를 이용하여 [새로불러오기] 하거나 [편집] 키를 이용하여 작성할 수 있다.

수행과제 표준재무상태표

입력된 재무회계 데이터를 이용하여 표준재무상태표를 작성하시오.

수행과제 풀이   표준재무상태표

새로불러오기 를 클릭하여 재무회계의 데이터를 자동 반영한다.

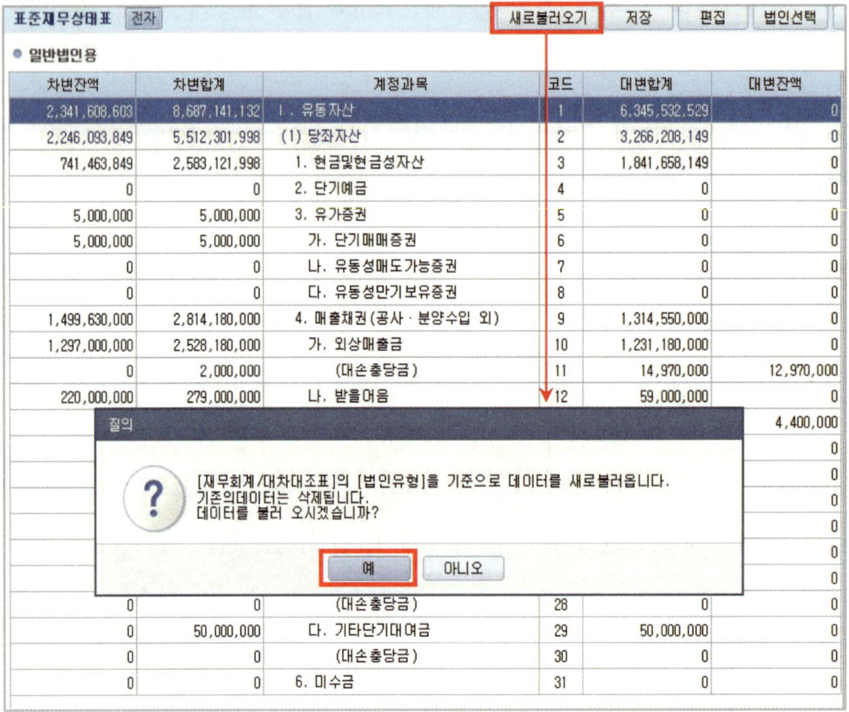

차변잔액	차변합계	계정과목	코드	대변합계	대변잔액
2,341,608,603	8,687,141,132	Ⅰ. 유동자산	1	6,345,532,529	0
2,246,093,849	5,512,301,998	(1) 당좌자산	2	3,266,208,149	0
741,463,849	2,583,121,998	1. 현금및현금성자산	3	1,841,658,149	0
0	0	2. 단기예금	4	0	0
5,000,000	5,000,000	3. 유가증권	5	0	0
5,000,000	5,000,000	가. 단기매매증권	6	0	0
0	0	나. 유동성매도가능증권	7	0	0
0	0	다. 유동성만기보유증권	8	0	0
1,499,630,000	2,814,180,000	4. 매출채권(공사·분양수입 외)	9	1,314,550,000	0
1,297,000,000	2,528,180,000	가. 외상매출금	10	1,231,180,000	0
0	2,000,000	(대손충당금)	11	14,970,000	12,970,000
220,000,000	279,000,000	나. 받을어음	12	59,000,000	0
					4,400,000
					0
					0
					0
					0
					0
					0
0	0	(대손충당금)	28	0	0
0	50,000,000	다. 기타단기대여금	29	50,000,000	0
0	0	(대손충당금)	30	0	0
0	0	6. 미수금	31	0	0

02 표준손익계산서

재무회계의 손익계산서에서 작성된 표준용 자료를 이용하여 새로불러오기 하거나 편집 키를 이용하여 작성할 수 있다.

수행과제 표준손익계산서

입력된 재무회계 데이터를 이용하여 표준손익계산서를 작성하고, 법인세 등에 대하여 세무조정 하시오.

수행과제 풀이 표준손익계산서

1. 기장데이터의 반영

새로불러오기 를 클릭하면 재무회계의 데이터를 자동 반영한다.

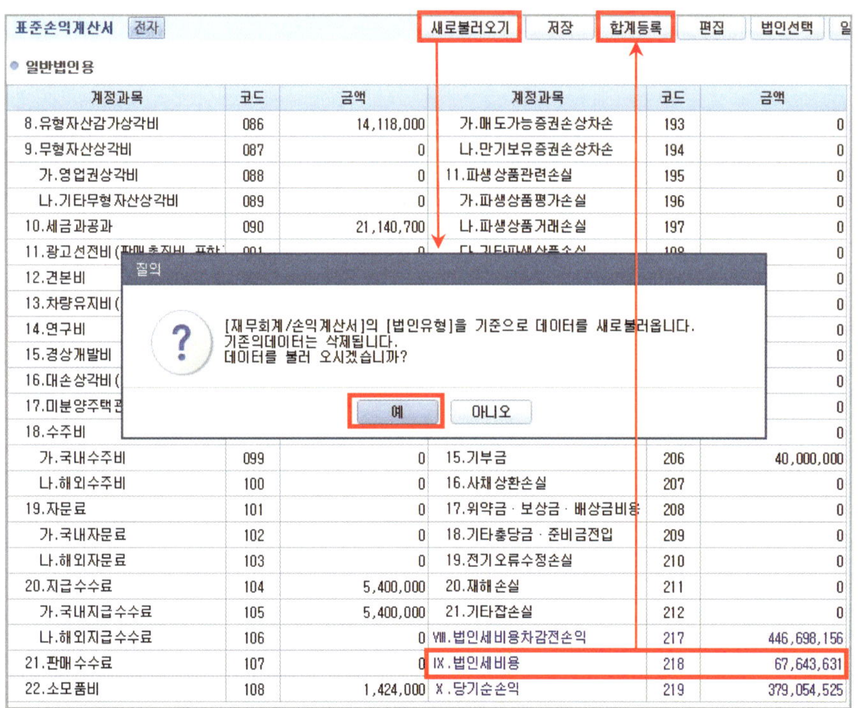

계정과목	코드	금액	계정과목	코드	금액
8.유형자산감가상각비	086	14,118,000	가.매도가능증권손상차손	193	0
9.무형자산상각비	087	0	나.만기보유증권손상차손	194	0
가.영업권상각비	088	0	11.파생상품관련손실	195	0
나.기타무형자산상각비	089	0	가.파생상품평가손실	196	0
10.세금과공과	090	21,140,700	나.파생상품거래손실	197	0
11.광고선전비 (판매 촉진비, 포함)	091	0	다.기타파생상품손실	198	0
12.견본비					0
13.차량유지비					0
14.연구비					0
15.경상개발비					0
16.대손상각비 (					0
17.미분양주택관					0
18.수주비					0
가.국내수주비	099	0	15.기부금	206	40,000,000
나.해외수주비	100	0	16.사채상환손실	207	0
19.자문료	101	0	17.위약금 · 보상금 · 배상금비용	208	0
가.국내자문료	102	0	18.기타충당금 · 준비금전입	209	0
나.해외자문료	103	0	19.전기오류수정손실	210	0
20.지급수수료	104	5,400,000	20.재해손실	211	0
가.국내지급수수료	105	5,400,000	21.기타잡손실	212	0
나.해외지급수수료	106	0	Ⅷ.법인세비용차감전손익	217	446,698,156
21.판매수수료	107	0	Ⅸ.법인세비용	218	67,643,631
22.소모품비	108	1,424,000	Ⅹ.당기순손익	219	379,054,525

2. 소득금액조정합계표 작성

　법인세등(법인세비용)에 대한 세무조정은 표준손익계산서 Ⅸ.법인세비용 란에서 　합계등록　을
클릭하면 나타나는 소득금액조정합계표 화면에서 한다. 화면 하단에 표시된 세무조정사항을
참조하여 상단 소득금액조정합계표에 입력하면 된다.

손금불산입	법인세비용	67,643,631원	기타사외유출

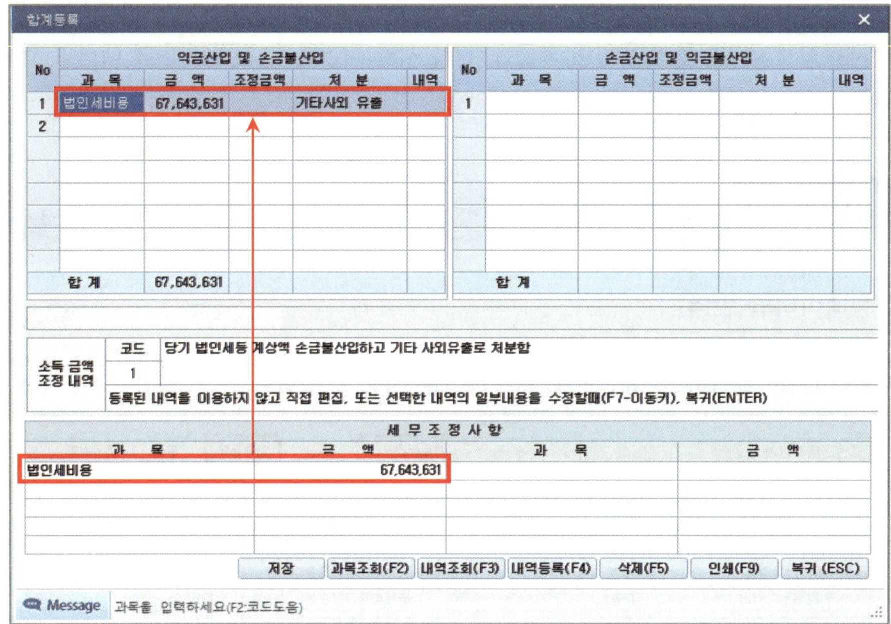

03 표준원가명세서

재무회계의 원가명세서에서 작성된 표준용 자료를 이용하여 새로불러오기 하거나 편집 키를 이용하여 작성할 수 있다. 표준원가명세서는 제조원가명세서, 공사원가명세서, 임대원가명세서, 분양원가명세서, 운송원가명세서, 기타원가명세서로 세분화되며, 원가명세서유형을 선택해서 확인하면 결산의 표준용 원가명세서를 자동으로 불러온다.

수행과제 표준원가명세서

입력된 재무회계 데이터를 이용하여 표준원가명세서를 작성하시오.

수행과제 풀이 표준원가명세서

원가선택 을 클릭하여 해당 명세서를 선택 후 새로불러오기 를 클릭하면 재무회계의 데이터를 자동 반영한다. 표준원가명세서가 제조원가명세서, 공사원가명세서, 임대원가명세서, 분양원가명세서, 운송원가명세서, 기타원가명세서로 세분화된다.

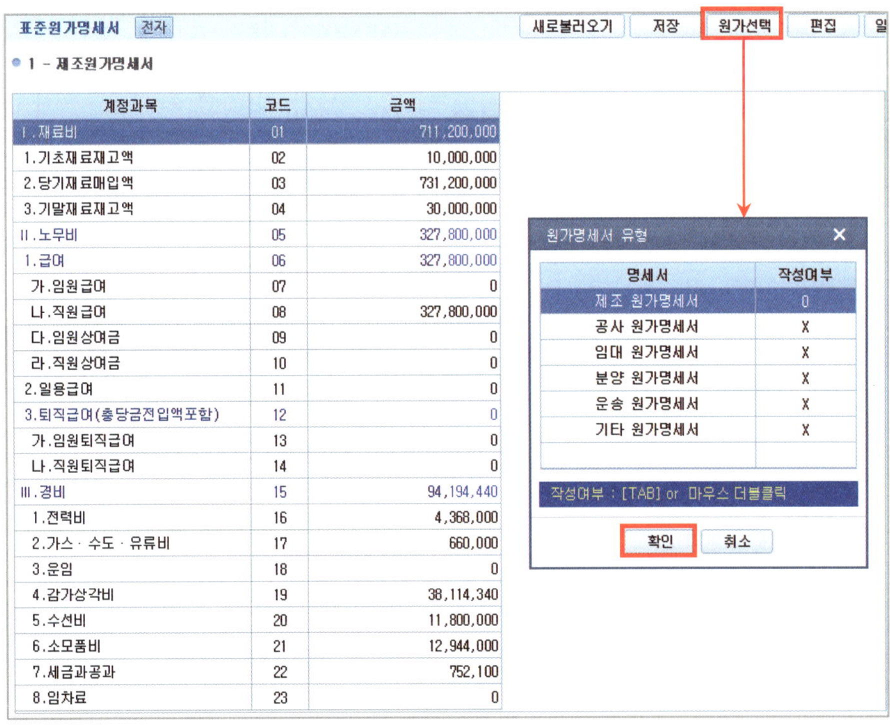

표준원가명세서 전자 | 새로불러오기 | 저장 | 원가선택 | 편집 | 일

● 1 – 제조원가명세서

계정과목	코드	금액
Ⅰ.재료비	01	711,200,000
1.기초재료재고액	02	10,000,000
2.당기재료매입액	03	731,200,000
3.기말재료재고액	04	30,000,000
Ⅱ.노무비	05	327,800,000
1.급여	06	327,800,000
가.임원급여	07	0
나.직원급여	08	327,800,000
다.임원상여금	09	0
라.직원상여금	10	0
2.일용급여	11	0
3.퇴직급여(충당금전입액포함)	12	0
가.임원퇴직급여	13	0
나.직원퇴직급여	14	0
Ⅲ.경비	15	94,194,440
1.전력비	16	4,368,000
2.가스·수도·유류비	17	660,000
3.운임	18	0
4.감가상각비	19	38,114,340
5.수선비	20	11,800,000
6.소모품비	21	12,944,000
7.세금과공과	22	752,100
8.임차료	23	0

 04 이익잉여금처분계산서

이익잉여금처분(결손금)계산서는 재무회계를 이용하여 기장한 경우 결산/재무제표의 이익 잉여금처분계산서에 입력된 금액을 ［새로불러오기］ 하여 작성한다.

수행과제   **이익잉여금처분계산서**

입력된 재무회계 데이터를 이용하여 이익잉여금처분계산서를 작성하시오.(처분확정일: 2026년 2월 28일)

수행과제 풀이   **이익잉여금처분계산서**

［새로불러오기］ 를 클릭하면 재무회계의 데이터를 자동 반영한다.

1. 이익잉여금처분계산서 계정과목	코드	금액	2. 결손금처리계산서 계정과목	코드	금액
Ⅰ.미처분이익잉여금	01	555,211,525	Ⅰ.미처리결손금	30	0
1.전기이월미처분이익잉여금	02	176,157,000	1.전기이월미처리결손금(이	31	0
2.회계정책변경의누적효과	03	0	2.회계정책변경의 누적효과	32	0
3.전기오류수정이익(손실)	04	0	3.전기오류수정손실(이익)	33	0
4.중간배당액	05	0	4.중간배당액	34	0
5.당기순이익(손손실)	06	379,054,525	5.당기순손실(이익)	35	0
Ⅱ.임의적립금 등의 이입액	08	0	Ⅱ.결손금처리액	40	0
합 계	10	555,211,525	1.임의적립금이입액	41	0
Ⅲ.이익잉여금 처분액	11	0	2.그밖의법정적립금이입액	42	0
1.이익준비금	12	0	3.이익준비금이입액	43	0
2.기타법정적립금	13	0	4.자본잉여금이입액	44	0
3.주식할인발행차금상각액	14	0	Ⅲ.차기이월미처리결손금	50	0
4.배당금	15	0			
가.현금배당	16	0			
나.주식배당	17	0			
5.이익처분에 의한 상여금	26	0			
6.사업확장적립금	18	0			
7.감채적립금	19	0			
8.그밖의적립금	20	0			
9.조세특례제한법상 준비금	27	0			
10.그밖의잉여금처분액	28	0			
Ⅳ.차기이월미처분이익잉여금	25	555,211,525			

이익잉여금처분계산서 [전자]　　　　[새로불러오기] [저장] [편집] [처분일] [일괄]

처분(처리) 확정일 입력　　✕
처분(처리)확정일 : [2026] 년 [02] 월 [28] 일
[확인(TAB)]

제 5 절 수입금액조정

법인세법상 '수입금액의 확정'을 위한 메뉴로 [수입금액조정명세서], [조정후 수입금액명세서], [수입배당금명세서], [임대보증금 간주익금 조정]으로 구성되어 있다.

 01 수입금액조정명세서

필요 지식

수입금액조정명세서는 기업회계에 의하여 결산보고서에 계상한 수입금액과 법인세법에 정하고 있는 수입금액의 인식의 차이 부분을 세무조정하며, 결산보고서에 계상이 누락된 수입금액을 세무조정을 통해 법인세신고에 반영하는 서식이다. 세무조정 후 수입금액은 법인세 과세표준 및 세액신고서, 기업업무추진비조정명세서 등에 반영된다.

(1) 재화의 판매에 따른 수익인식시기(부동산 제외)

자산의 양도 등으로 인한 익금 및 손금의 귀속 사업연도는 다음의 날이 속하는 사업연도로 한다.

| 손익귀속시기 |

구분	법인세법
상품 등 판매손익	인도기준
상품 등 시용판매	상대방이 구매의사를 표시한 날
기타자산의 양도	대금청산일 소유권이전등기일 또는 등록일 ┐ 중 빠른 날 인도일 또는 사용수익일
자산의 위탁판매	수탁자가 위탁자산을 매매한 날
단기할부판매	인도기준
장기할부판매	인도기준 결산에 반영한 경우 회수기일도래기준(중소기업의 경우 신고조정 허용) 및 현재가치평가 인정
단기·장기공사	진행기준(진행률을 계산할 수 없는 경우 인도기준 적용) ※ 중소기업의 단기건설 등의 경우 인도기준(완성기준) 신고조정 허용
상품권매출	소비자가 상품권으로 상품을 구매한 날
수출하는 재화	선적을 완료한 날

(2) 용역제공 등의 손익

① 건설·제조 기타용역(도급공사 및 예약매출을 포함) 등에 대한 익금과 손금

장·단기 구분 없이 착수일이 속하는 사업연도부터 인도일(용역제공완료일)이 속하는 사업연도 완료일까지 작업진행률을 기준으로 하여 계산한 수익과 비용을 각각 해당 사업연도의 익금과 손금에 산입한다. 중소기업은 결산상 수익인식방법에 관계없이 회수기일도래기준으로 신고조정이 가능하다.

작업진행률에 의한 수입금액 계산방법

- 익금(각 사업연도소득)=[계약금액 × 작업진행률]−직전사업연도말까지 익금에 산입한 금액
- 손금=당해 사업연도에 발생한 총비용

$$※ \ 작업진행률 = \frac{당해 \ 사업연도말까지 \ 발생한 \ 총공사비누적액}{총공사예정비}$$

- ※ 총공사예정비: 회계기준을 적용하여 계약 당시 추정한 공사원가에 해당 사업연도말까지의 변동상황을 반영하여 합리적으로 추정한 공사원가
- ※ 총공사비: 당해 공사원가의 구성요소가 되는 재료비, 노무비, 기타 공사경비
- ※ 당해사업연도말까지 발생한 총공사비누적액: 공사 시작부터 당해 사업연도 종료일까지 발생한 실제 총 공사비 누적액

---

② 부동산의 임대용역

임대료 지급기간이 1년 이하인 경우에는 계약서상의 지급일이 속하는 사업연도의 손익으로 인식한다. 단, 결산확정시 발생주의에 따라 1년을 초과하는 경우에는 발생주의를 강제로 적용하여 익금과 손금을 인식한다.

(3) 장기할부판매

장기할부판매란 대금을 2회 이상 분할하여 회수하고 목적물 인도일의 다음날부터 최종할부금 지급기일까지의 기간이 1년 이상인 경우를 말한다.

장기할부조건으로 자산을 판매하거나 양도한 경우로서 인도일이 속하는 사업연도의 결산확정시 장기할부조건에 따라 회수하였거나 회수할 금액과 이에 대응하는 비용을 각각 수익과 비용으로 계상한 경우에는 인도기준으로 세무조정할 수 없다. 다만, 중소기업은 결산상 인도기준으로 인식한 경우에도 회수기준으로 신고조정할 수 있다.

(4) 부산물매각대금

부산물매각대금은 기업회계상 잡이익으로 처리하거나 매출원가에서 차감하는 형식으로 회계처리한다. 그러나 법인세법에서는 부산물매각대금도 사업의 수입금액에 포함하는 것으로 한다.

🌸 실무수행프로세스

> ① 단계: 수입금액조정계산
> ② 단계: 수입금액조정명세-가. 작업진행률에 의한 수입금액
> ③ 단계: 수입금액조정명세-나. 중소기업 등 수입금액 인식기준 적용 특례에 의한 수입금액
> ④ 단계: 수입금액조정명세-다. 기타수입금액조정계산
> ⑤ 단계: 소득금액조정합계표 작성

1 수입금액조정계산

① 계정과목

항목란에는 1.매출 2.영업외수익 중 해당항목을 선택, 과목란에는 계정과목코드를 입력해야 하며 코드를 모를 시에는 코드도움(F2)을 이용한다. 또한 과목란에서 더블클릭이나 매출조회 아 이콘을 클릭하면 기장된 자료의 수입금액이 우측 도움 박스에 표시되므로 해당과목을 클릭하 면 된다.

② 결산서싱 수입금엑의 입력

재무회계로 기장한 경우 과목란에서 더블클릭이나 매출조회 키를 클릭하면 매출항목과 영업외 수익 항목이 우측에 보조화면으로 나타나며 해당 항목에 커서를 위치시키고, 클릭 또는 Enter↵를 누르면 자동 반영된다.

③ 조정

가산란과 차감란은 하단 2.수입금액조정명세를 참고하여 해당란에 입력한다.

2 수입금액조정명세

① 작업진행률에 의한 수입금액

수입금액조정화면의 하단에 있는 ? 를 클릭하면 작업진행률에 의한 수입금액 입력화면이 나 타난다.

② 중소기업 등 수입금액 인식기준 적용특례에 의한 수입금액

수입금액조정화면의 하단에 있는 ? 를 클릭하여 중소기업 등 수입금액 인식기준 적용특례에 의한 수입금액을 입력한다.

③ 기타수입금액

작업진행률에 의한 수입금액 이외의 영업수익으로 조정계산이 필요한 경우와 기타 수입금액이 누락된 경우에 본 화면에서 직접 입력한다.

3 소득금액조정합계표 작성

작업이 완료된 후 세무조정된 내용을 소득금액조정합계표에 직접 입력하는 작업으로, 합계등록 을 클릭하면 소득금액조정합계표 화면이 나타나며, 화면 하단에 표시된 세무조정사항을 참고하여 상단 소득금액조정합계표에 입력한다.

수행과제 수입금액조정명세서

다음 자료에 의해서 (주)법인조정의 2025년도 수입금액조정명세서를 작성하고 소득금액조정합계표에 세무조정사항을 반영하시오.

1. 결산서상 수입금액은 손익계산서의 매출계정을 조회한다.
2. 제품재고액 중 A제품 5,000,000원은 타인에게 위탁판매하기 위한 위탁품(적송품)으로서 2025. 12. 31.에 수탁자가 8,000,000원에 판매한 것이다.
3. 잡이익계정에는 부산물매각대금이 계상되어 있다.(제품 제조 과정에서 발생한 부산물을 판매한 것임.)

수행과제 풀이 수입금액조정명세서

1. 수입금액조정계산

항목란에 1.매출, 과목란에서 [매출조회]를 하여 영업상의 수입금액을 선택하여 결산서상 수입금액을 작성한다. 영업외수익 잡이익으로 회계처리된 부산물매각대금도 영업상의 수입금액에 포함하여야 하므로 결산서상수입금액에 포함하여 입력한다.

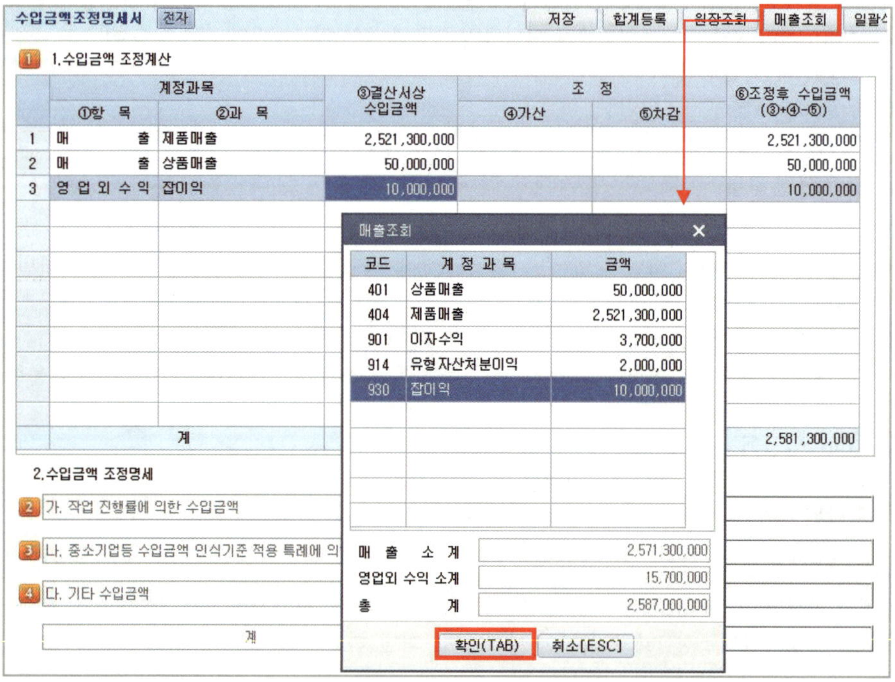
수입금액조정명세서 전자 | 저장 | 합계등록 | 원장조회 | 매출조회 | 일괄

1.수입금액 조정계산

	계정과목 ①항 목	②과 목	③결산서상 수입금액	조 정 ④가산	⑤차감	⑥조정후 수입금액 (③+④-⑤)
1	매 출	제품매출	2,521,300,000			2,521,300,000
2	매 출	상품매출	50,000,000			50,000,000
3	영 업 외 수 익	잡이익	10,000,000			10,000,000
	계					2,581,300,000

2.수입금액 조정명세

가. 작업 진행률에 의한 수입금액

나. 중소기업등 수입금액 인식기준 적용 특례에 의

다. 기타 수입금액

계

매출조회

코드	계 정 과 목	금액
401	상품매출	50,000,000
404	제품매출	2,521,300,000
901	이자수익	3,700,000
914	유형자산처분이익	2,000,000
930	잡이익	10,000,000

매 출 소 계	2,571,300,000
영업외 수익 소계	15,700,000
총 계	2,587,000,000

확인(TAB) 취소[ESC]

2. 기타수입금액

위탁판매에 대하여 누락된 수입금액과 대응원가를 기록한다.

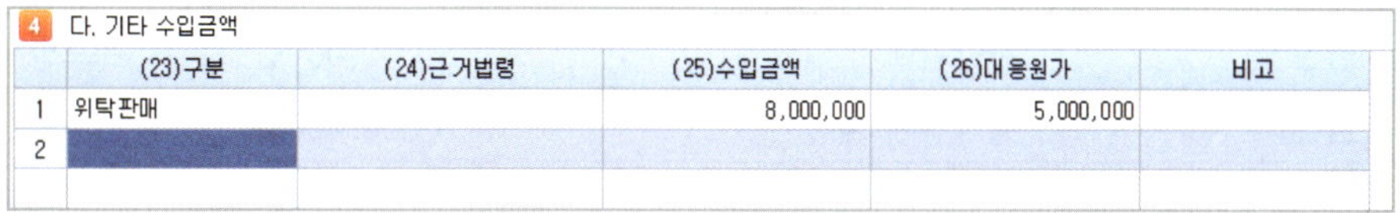

3. [1. 수입금액조정계산]에 조정사항 반영

－제품매출 ④가산란에 8,000,000원을 입력한다.

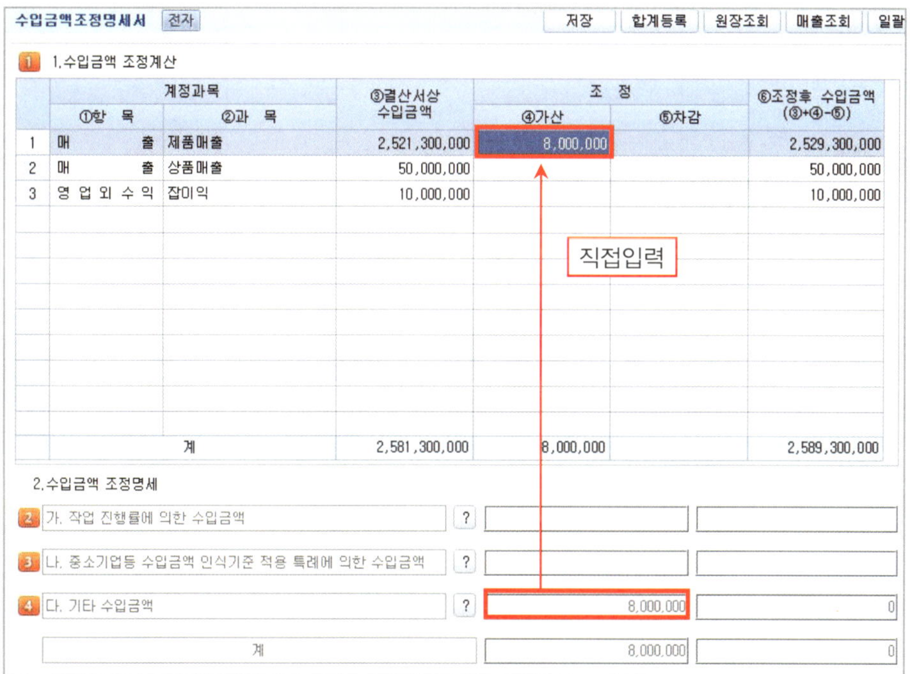

※ 1. 수입금액 조정계산에서 계산된 수입금액은 기업업무추진비한도액 계산시 기초금액이 되므로
위탁판매 대응원가 5,000,000원은 입력하지 않도록 한다.

4. 소득금액조정합계표 작성

조정대상금액을 [합계등록] 키를 이용하여 소득금액조정합계표에 반영한다.

익금산입	위탁판매 수입금액	8,000,000원	유보발생
손금산입	위탁판매 대응원가	5,000,000원	유보발생

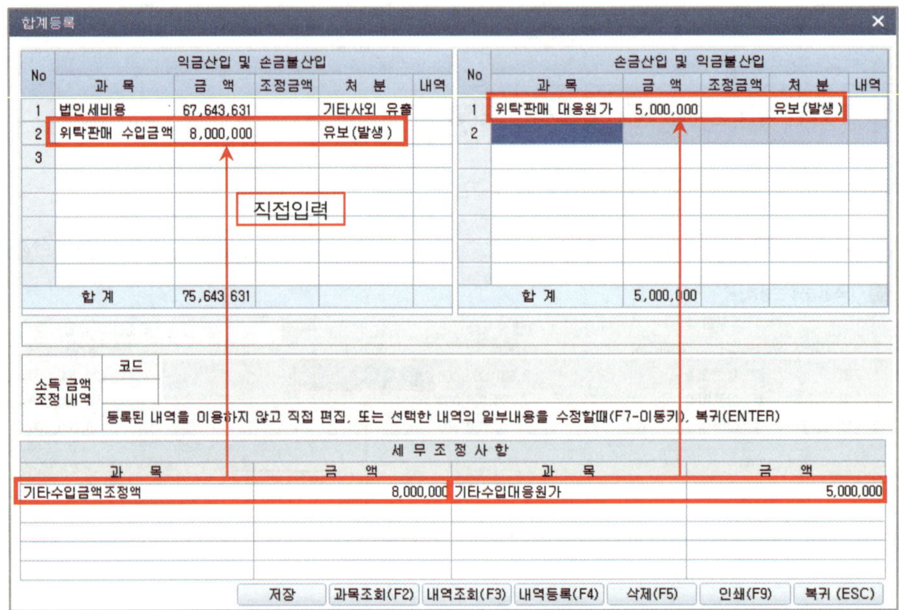

02 임대보증금 간주익금 조정

필요 지식

부동산등의 임대법인이 받는 임대보증금 등에 대한 이자상당액을 임대료로 간주하여 법인세법에서 익금항목으로 규정하고 있다. 일반적인 경우 간주임대료 적용대상법인은 ① 차입금과다법인(차입금적수가 자기자본적수의 2배를 초과하는 법인)으로, ② 부동산임대업을 주업으로 하는 ③ 내국법인에 한하며, 부동산임대업을 주업으로 하는 법인이란 해당법인의 사업연도 종료일 현재 자산총액 중 임대사업에 사용된 자산가액이 50% 이상인 법인을 말한다.

이 경우 당해 보증금에 정기예금이자율을 곱한 금액이 임대사업부문에서 발생한 수입이자 및 배당금 등의 합계액을 초과하는 경우에 그 초과하는 금액을 익금에 산입하는데, 익금에 산입할 간주익금을 계산하는 서식을 임대보증금 간주익금 조정명세서라고 한다.

$$\text{간주임대료} = \left(\begin{array}{c} \text{당해 사업연도의} \\ \text{보증금 등의 적수} \end{array} - \begin{array}{c} \text{임대용 부동산의} \\ \text{건설비상당액의} \\ \text{적수} \end{array} \right) \times \frac{1}{365(366)} \times \begin{array}{c} \text{정기예금} \\ \text{이자율} \end{array} - \begin{array}{c} \text{당해 사업연도의 임대사업부분에서} \\ \text{발생한 수입이자와} \\ \text{할인료 · 배당금 · 신주인수권처분익} \\ \text{및 유가증권처분익의 합계액} \end{array}$$

❀ 실무수행프로세스

> ① 단계: 임대보증금 등의 적수계산
> ② 단계: 건설비 상당액 적수계산
> ③ 단계: 임대보증금 등의 운용수입금액명세서
> ④ 단계: 임대보증금 등의 간주익금조정
> ⑤ 단계: 소득금액조정합계표 작성

① 임대보증금 등의 적수계산

일자별로 임대보증금의 입금과 반환금액을 입력하면 임대보증금 누계와 일수 및 적수는 자동으로 계산되며, 294.임대보증금계정으로 기장한 경우 새로불러오기 를 클릭하면 자동반영된다. 전기에서 이월된 임대보증금 등의 경우는 적용코드 1.전기이월을 선택하여 입력한다. 임대면적적수 동시계산 키를 클릭하면 임대보증금의 적수계산과 동시에 건설 임대면적에 대한 적수를 자동으로 계산할 수 있다.

② 건설비 상당액 적수계산

건설비 상당액 적수계산화면에서 건설비총액적수, 건물연면적적수, 건설임대면적적수를 입력하면 건설비 상당액 적수를 자동으로 계산한다.
① 건물임대 면적 적수: 실제로 임대에 제공된 건물면적(공유면적 포함)을 입력한다. 변동이 있는 경우 퇴실면적과 입실면적에 각각 반영하여 입력하면 임대면적 누계와 일수 및 적수는 자동계산된다.
② 건설비 총액 적수: 임대용 부동산(토지 제외) 취득에 소요된 금액을 입력하면 건설비 총액누계와 일수 및 적수는 자동계산된다.
③ 건물 연면적 적수: 건축물 관리대장상의 건물 연면적을 입력하면 건물 연면적누계와 일수 및 적수는 자동으로 계산된다.

③ 임대보증금 등의 운용수입금액명세서

임대보증금 운용수입란에는 당해 임대보증금 등으로 취득한 것이 확인되는 금융자산으로 발생한 이자 및 할인료와 배당금을 구분하여 입력한다.

4 임대보증금 등의 간주익금조정

위의 각 부분이 입력되면 자동계산되며 수정이 필요할 경우 임의 편집이 가능하다.

5 소득금액조정합계표 작성

작업이 완료된 후 세무조정된 내용을 소득금액조정합계표에 직접 입력하는 작업으로, 합계등록 을 클릭하면 소득금액조정합계표 화면이 나타나며, 화면 하단에 표시된 세무조정사항을 참고하여 상단 소득금액조정합계표에 입력한다.(소득처분은 기타사외유출로 한다)

수행과제 임대보증금 간주익금 조정

다음 자료에 의해서 (주)법인조정의 2025년도 임대보증금등의 간주익금조정명세서를 작성하고 소득금액조정합계표에 세무조정사항을 반영하시오.

1. 임대용부동산 취득일: 2023. 4. 20.

   취득금액: 토지 80,000,000, 건물 40,000,000원

   (1,000㎡ 중 임대면적 400㎡)

2. 부동산 임대현황

   임대사업 개시일: 2023. 6. 20.

   보증금: 50,000,000원(400㎡)

3. 임대보증금 운용 수입금액: 이자수익 3,700,000원 중 128,000원

4. 당해연도 적수계산시 일수는 365일로 계산한다.

수행과제 풀이 임대보증금 간주익금 조정

---

1. 임대보증금 등의 적수계산

기장된 데이터에 임대보증금으로 받은 금액을 294.임대보증금계정으로 입력한 경우에는 [새로불러오기]를 클릭하면 [임대보증금 등의 적수계산]이 자동으로 작성된다. 기장하지 않았다면 직접 임대일자와 금액을 입력하여 적수를 계산한다.

	⑧일 자	⑨적 요	임대보증금 입금	임대보증금 반환	⑩임대보증금 누계	⑪일수	⑫적수(⑩X⑪)
1	01-01	전기이월	50,000,000		50,000,000	365	18,250,000,000
2							
	계					365	18,250,000,000

2.임대보증금등의 적수계산 · 일별합산 · 임대면적적수 동시계산 · 크 게

2. 건설비 상당액 적수계산

　입력 을 클릭하여 [건설비총액적수]와 [건물 연면적적수], [건물임대 면적적수] 부분에 일자(1.1.)와 건설비금액(40,000,000원) 및 건물연면적(1,000㎡), 건물임대면적(400㎡)를 입력하면 자동으로 일수와 적수가 계산된다. 계산된 금액은 다시 [건설비상당액 적수계산] 부분에 자동으로 반영하여 건설비상당액적수 5,840,000,000원을 계산한다.

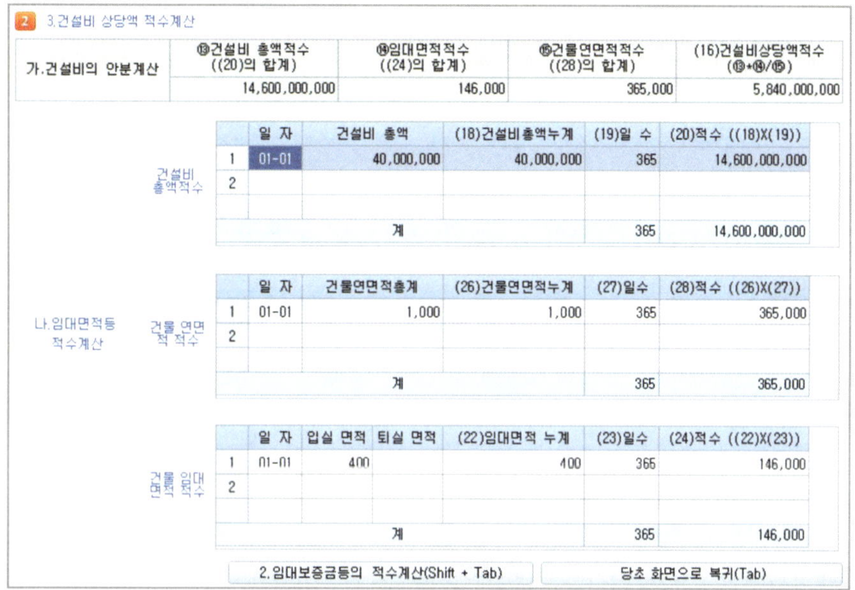

3. 임대보증금 등의 운용수입금액 명세서

　이자수익계정의 금액 3,700,000원과 보증금에 대한 운용수입 128,000원을 입력한다. 이자수익계정금액을 확인하고자 할 때 화면 상단의 F3-원장조회키를 이용할 수 있다.

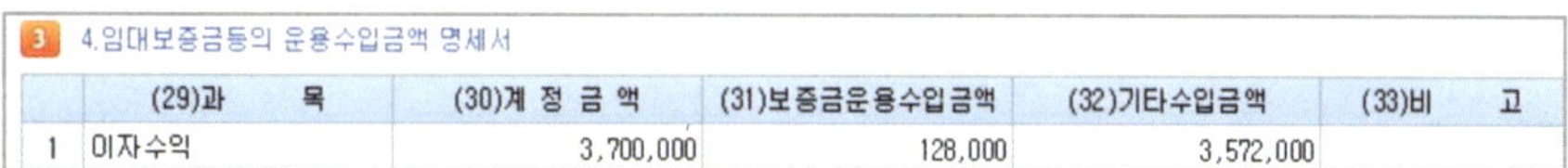

	(29)과　　　목	(30)계 정 금 액	(31)보증금운용수입금액	(32)기타수입금액	(33)비　　고
1	이자수익	3,700,000	128,000	3,572,000	

4. 임대보증금등의 간주익금 조정

상단부 [보증금적수계산 일수 수정] 키를 이용하여 해당일수를 선택할 수 있다.

5. 소득금액조정합계표 작성

조정대상금액을 [합계등록] 키를 이용하여 소득금액조정합계표에 반영한다.

익금산입	임대보증금간주익금	926,000원	기타사외유출

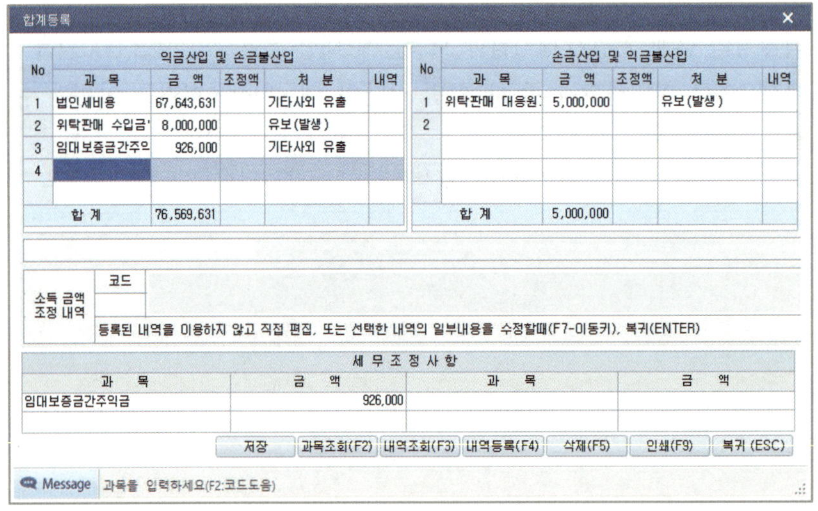

 03 조정후 수입금액명세서

조정후 수입금액명세서는 수입금액조정명세서의 법인세법상 수입금액과 신고된 부가가치세 과세표준과의 차이를 검토하는 서식으로 조정서식은 아니나 업종별 수입금액을 파악하고, 부가가치세 과세표준과의 차이를 파악하는 서식이다.

수입금액조정명세서 작성이 선행되어야 하며, 수입금액조정명세서상의 수입금액과 부가가치세 과세표준과 수입금액 차액검토란의 수입금액을 일치시켜야 한다.

🌸 실무수행프로세스

1 단계: 새로불러오기
2 단계: 업종별수입금액명세서
3 단계: 부가가치세 과세표준 수입금액 차액 검토
4 단계: 수입금액과의 차액내역
5 단계: 소득금액조정합계표 작성

1 업종별수입금액명세서

① 업태/종목은 회사등록에서 자동반영된다. 그러나 업종이 여러 개인 경우 각각 나누어 입력해야 한다. 업종은 수입금액이 가장 큰 금액 순으로 배열되어야 하며, 종료시 금액 순으로 자동정렬되어 저장된다.
② 표준소득률코드는 회사등록에서 자동반영된다.
③ 수입금액계란의 입력은 수입조회(F3)를 클릭하면 수입금액조정명세서의 내용이 조회되므로 해당금액을 클릭하면 자동입력된다. 업종이 여러 개인 경우에 위 작업을 반복한다.
④ 수입금액계란을 입력한 후 내수금액을 국내생산품과 수입상품으로 분리 입력하면 차액은 자동으로 수출금액란에 반영된다.
⑤ 수입금액합계액은 법인세 과세표준 및 세액신고서에 자동반영된다.

2 부가가치세 과세표준과 수입금액 차액 검토

부가가치세 과세표준의 각 항목은 부가가치세 신고서(수정신고서 포함)에서 저장된 금액이 자동반영된다.

3 수입금액과의 차액내역

① 부가가치세 과세표준 수입금액 차액 검토의 [상세보기]를 선택시 부가가치세신고서(수정신고서 포함)에서 최종적으로 저장된 금액을 확인할 수 있으며 선택하여 적용시킬 수 있다.
② 부가가치세 과세표준과 수입금액의 차액 발생 시 차액내역란에 그 내역과 금액을 입력한다.

코드	구분	수입금액	과세표준	조정
	▌차액발생 내역에 대한 조정 ▌			
21	자가공급	제외	포함	+
22	사업상증여	제외	포함	+
23	개인적공급	제외	포함	+
24	간주임대료	제외	포함	+
25	유형자산 및 무형자산매각액	제외	포함	+
26	그 밖의 자산매각액			
27	잔존재고재화	제외	포함	+
28	작업진행율 차이			
29	거래시기차이 가산	포함	제외	−
30	거래시기차이 감액	제외	포함	+
31	주세, 특별소비세	제외	포함	+
32	매출누락	포함	누락	−

※ 그 밖의 자산매각액은 해당 자산에 대한 매각금액이 수입금액에 포함되는지 여부와 부가가치세과세
표준에 포함되었는지 검토 후 처리한다.

※ (+)조정: 부가가치세법상 공급가액 〉 법인세법상 수입금액
   (−)조정: 부가가치세법상 공급가액 〈 법인세법상 수입금액

수행과제 **조정후수입금액명세서**

다음 자료에 의해서 (주)법인조정의 2025년도 조정 후 수입금액명세서를 작성하시오.

1. 수입금액은 국내에서 생산·판매된 것이며, 영세율적용분은 제품수출이다.

2. 당해연도에 신고한 부가가치세 과세표준 중 차량운반구 매각대금 10,000,000원과 간주
   공급(개인적인 공급) 5,000,000원이 포함되어 있다.

3. 업종별 표준소득률 코드는 다음과 같다.

구분	업태	종목	기준경비율번호	비고
제품매출	제조업	자동차부품	343000	영세율 적용분은 해외수출분임
상품매출	도매 및 소매업	자동차 신품 타이어 및 튜브 판매업	503001	

수행과제 풀이 조정후수입금액명세서

1. 부가가치세 과세표준과 수입금액차액 검토

새로불러오기 를 클릭하여 부가가치세과세표준금액을 자동반영시킨다.

2. 업종별수입금액명세서

수입조회 를 이용하여 업태·종목별로 결산서상수입금액을 업종코드와 함께 입력한다.

① 기준(단순)경비율번호를 입력하면 업태 및 종목이 자동반영된다.

② 제조업 ④계란은 수입금액조회를 이용하여 제품매출 2,529,300,000원에 제품제조과정에서 발생한 **부산물매각대금(잡이익) 10,000,000원을 가산하여 2,539,300,000원을 입력**하여야 한다.

③ 수출란에 금액은 직접 입력되지 않으므로 국내생산품의 금액을 2,309,300,000원 (2,539,000,000원 − 230,000,000원)으로 입력한 다음, 수입상품란을 0원으로 입력하면 수출란에 금액 230,000,000원이 반영된다.

3. 수입금액과의 차액내역

차액내역란에서 일괄작성 을 클릭하여 차액내역을 입력한다.

※ 부가세 과세표준과 수입금액 차액검토에서 차액이 ⊖금액이면 우측 차액내역의 금액도 ⊖금액이어야 한다.

① 개인적공급 5,000,000원을 입력한다.

② 유형자산 및 무형자산매각액(차량매각) 10,000,000원을 입력한다.

③ 매출누락(위탁판매 누락) −8,0000,000원을 입력한다.

   ※ 조정 후 수입금액명세서는 수입금액의 차이비교 서식이므로 세무조정사항은 없다.

조정후수입금액명세서 전자   새로불러오기 저장 수입조회 잔액조회 일괄

1 업종별 수입금액 명세서

	①업태	②종목	코드	③기준 (단순)경 비율번호	④계(⑤+⑥+⑦)	내 수 ⑤국내생산품	내 수 ⑥수입상품	⑦수 출
1	제조업	자동차부품	01	343000	2,539,300,000	2,309,300,000		230,000,000
2	도매 및 소매업	자동차 신품 타	02	503001	50,000,000	50,000,000		
3			03					
4			04					
5			05					
6			06					
7			07					
8			08					
9			09					
10			10					
11	기 타		11					
합 계			99		2,589,300,000	2,359,300,000		230,000,000

수입금액 조정명세서 상 수입금액계 : 2,589,300,000

2 부가가치세 과세표준 수입금액 차액검토 상세보기

부가가치세 과세 표준	일 반	2,366,300,000
	영 세 율	230,000,000
	계	2,596,300,000
면 세 수 입 금 액		
합 계		2,596,300,000
수 입 금 액		2,589,300,000
차 액		7,000,000

3 수입금액과의 차액내역 일괄작성

코드	구분(내용)	금액	비고
23	개인적공급	5,000,000	
25	유형자산 및 무형자산매각액	10,000,000	
32	매출누락	-8,000,000	
50	차액계	7,000,000	

부가가치세 과세표준 수입금액(저장기준) ×

신고서 과세표준 | 업종코드별 수입금액

☑	업종코드	구 분 기수	구 분 기간	구 분 신고구분	부가가치세 과세표준 일 반	부가가치세 과세표준 면세수입금액	합 계	수입금액제외
☑	343000	1	202501-202503	예정	611,381,818		611,381,818	
☑	343000	1	202504-202506	확정	344,390,001		344,390,001	
☑	343000	2	202507-202509	예정	628,018,182		628,018,182	
☑	343000	2	202510-202512	확정	947,509,999		947,509,999	15,000,000
☑	503001	2	202510-202512	확정	50,000,000		50,000,000	
합 계					2,581,300,000		2,581,300,000	15,000,000

• [1.업종별 수입금액 명세서] 자료로 적용됩니다.

적용(TAB) 종료[ESC]

차액내역 ×

코드	구 분(내용)	전 기 금 액	당 기 금 액
21	자가공급		
22	사업상증여		
23	개인적공급		5,000,000
24	간주임대료		
25	유형자산 및 무형자산매각액		10,000,000
26	그 밖의 자산매각액		
27	잔존재고재화		
28	작업진행률 차이		
29	거래시기차이가산		
30	거래시기차이감액		
31	주세, 특별소비세		
32	매출누락		-8,000,000
33			
34			
35			
36			
37			
합 계			7,000,000

해당하는 항목이 없는 경우 33-37번 까지의 코드의 구분란을 사용자가 직접 입력합니다.

선택(TAB) 종료[ESC]

04 수입배당금액명세서

필요 지식

법인세법상 내국법인인 지주회사가 자회사로부터 받은 이익의 배당액이나 잉여금의 분배액과 의제배당액 중 별도로 계산된 금액과 내국법인이 출자한 다른 내국법인으로 받은 수입배당금액 중 일정 비율로 계산된 금액은 각 사업연도의 소득금액계산시 익금불산입하여야 하며, 이를 계산하는 서식이 수입배당금명세서이다.

(1) 수입배당금 익금불산입액

익금불산입 대상금액	수입배당금액 × 익금불산입률(100%, 80%, 30%)
(−) 익금불산입 차감금액	지주회사의 차입금보유에 따른 차감금액(지급이자 차감액)
익금불산입액	

* 지주회사의 차입금 보유에 따른 차감금액(지급이자 차감액)

$$= \text{차입금이자} \times \frac{\text{익금불산입률 적용 주식가액}}{\text{지주회사의 자산총액적수}} \times \text{익금불산입률}$$

지분율	익금불산입 비율
50% 이상	100%
20% 이상 50% 미만	80%
20% 미만	30%

🌸 실무수행프로세스

```
1 단계: 지주회사 또는 출자법인 현황
2 단계: 자회사 또는 배당금 지급법인 현황
3 단계: 수입배당금 및 익금불산입 금액 명세
4 단계: 소득금액조정합계표 작성
```

1 지주회사 또는 출자법인 현황

법인세법 제18조의 2의 규정에 의한 지주회사의 수입배당금액 익금불산입은 지주회사의 수입배당금액 익금불산입은 지주회사를, 법인세법 제18조의 3의 규정에 의한 지주회사와의 일반법인의 수입배당금의 익금불산입은 출자법인을 기입하며, '지주회사', '일반법인'으로 구분하여 기입한다.

2 자회사 또는 배당금 지급법인 현황

지주회사가 직접 당해 내국법인의 발행주식총수 또는 출자총액의 100분의 50(주권상장법인 또는 협회등록법인의 경우에는 100분의 30) 이상을 당해 내국법인의 배당기준일 현재 3개월 이상 계속하여 보유하고 있는 자회사 또는 배당금지급법인에 대한 현황을 기입한다.

① 구분: 상장법인, 등록법인, 기타법인으로 구분하여 기재한다.

② 지분율: 자회사 또는 배당금 지급법인의 발행주식총수 중 지주회사 또는 출자법인이 보유하고 있는 주식등의 지분비율을 기입한다.

3 수입배당금 및 익금불산입금액 명세

① 15. 배당금액: 현금 배당 및 의제배당금액을 기입한다.

② 16. 익금불산입률: 구분에 의하여 기입한다.

③ 17. 익금불산입대상금액: 15.배당금액×16.익금불산입률의 금액이 자동계산된다.

④ 18. 법 제18조의 2(제18조의 3) 제1항 제3항: 다음의 산식에 의하여 익금불산입 차감금액을 기입한다.

$$지급이자 \times \frac{익금불산입률\ 적용주식의\ 세법상\ 가액의\ 적수}{지주회사의\ 자산총액의\ 적수} \times 익금불산입률$$

⑤ 19. 법 제18조의 2 제1항 제4호: 지주회사의 수입배당금액의 경우에만 다음의 산식에 의하여 익금불산입 차감금액을 기입한다.

제 **6** 절   과목별세무조정

수입금액조정에 의해서 수입금액을 확정하고 난 다음 과목별세무조정을 한다. 이때 각 과목별 조정시 메뉴별로 발생하는 조정사항은 해당 메뉴에서 [합계등록] 키로 소득금액조정합계표에 즉시 반영한다.

<table>
<tr>
<td>수입금액확정작업 후</td>
<td>1. 수입금액조정명세서
2. 조정후수입금액명세서</td>
<td></td>
</tr>
<tr>
<td rowspan="2">과목별세무조정 ➡</td>
<td>1. 감가상각비조정명세
2. 퇴직급여충당금조정명세서
3. 퇴직연금부담금조정명세서
4. 대손충당금및대손금조정명세서
5. 기업업무추진비조정명세서(갑, 을)
6. 가지급금인정이자조정(갑, 을)
7. 재고자산(유가증권)평가조정명세서
8. 외화자산 등 평가차손익조정(갑, 을)
9. 세금과공과금명세서
10. 선급비용명세서
11. 건설자금이자조정명세서
12. 업무무관지급이자조정명세서(갑, 을)
13. 기부금조정명세서</td>
<td>➡ [합계등록] 키로
소득금액조정합계표
작성</td>
</tr>
</table>

 01 감가상각비조정

법인세법상 고정자산의 감가상각비는 결산조정사항으로 법인이 결산시 비용으로 계상한 경우에 한하여 법인세법상 상각범위액을 한도로 하여 손금에 산입할 수 있다.

(1) 고정자산의 취득가액

고정자산의 취득금액은 자산의 취득가액에 대한 법인세법의 일반원칙에 의하여 계산한다.

취득형태	취득금액
매입한 고정자산	매입가액에 취득세, 등록면허세, 기타 부대비용을 가산한 금액
자가 제조(건설)한 고정자산	원재료비, 노무비, 운임, 하역비, 보험료, 수수료, 공과금(취득세포함), 설치비 기타 부대비용의 합계액
기타의 경우	취득 당시의 시가

(2) 자본적 지출과 수익적 지출

① 자본적 지출과 수익적 지출

자본적 지출	수익적 지출
㉠ 본래의 용도를 변경하기 위한 개조	㉠ 건물 또는 벽의 도장
㉡ 엘리베이터 또는 냉·난방장치의 설치	㉡ 파손된 유리나 기와의 대체
㉢ 빌딩 등에 있어서 피난시설 등의 설치	㉢ 기계의 소모된 부속품의 대체와 벨트의 대체
㉣ 재해 등으로 인하여 건물·기계·설비 등이 멸실 또는 훼손되어 당해 자산의 본래의 용도에 이용가치가 없는 것의 복구	㉣ 자동차 타이어튜브의 대체
㉤ 기타 개량·확장·증설 등 위와 유사한 성질의 것	㉤ 재해를 입은 자산에 대한 외장의 복구, 도장, 유리의 삽입
	㉥ 기타 조업 가능한 상태의 유지 등 이와 유사한 성질의 것

② 자본적 지출과 수익적 지출의 세무조정

구분	회계처리	세무조정		
자본적 지출	자산계상	세무조정 없음		
	비용계상	상각자산	원칙	감가상각시부인(즉시상각의제)
			예외	자본적지출로 보지 않는 수선비에 해당하는 경우 손비인정
		비상각자산	손금불산입(유보)	
수익적 지출	자산계상	손금산입(△유보)		
	비용계상	세무조정 없음		

(3) 잔존가액과 비망가액

법인은 감가상각이 종료되는 감가상각자산에 대하여는 취득가액의 5%와 1,000원(이하 '비망가액'이라 함) 중 적은 금액을 당해 감가상각자산의 장부가액으로 하고, 동 금액은 해당 자산을 처분하는 사업연도에 손금 산입한다.

(4) 내용연수

구분	내용
내용연수범위	기준내용연수 ± 기준내용연수 × 25%
신고내용연수	내용연수범위 내에서 법인이 선택하여 납세지 관할세무서장에게 신고한 내용연수. 다만, 기한 내에 신고를 하지 아니한 경우에는 기준내용연수에 의한다.
내용연수변경	변경사유 있는 법인은 특례내용연수의 범위(기준내용연수 ± 기준내용연수 × 50%) 내에서 납세지 관할지방국세청장의 승인을 얻어 사업장별로 내용연수범위와 다르게 내용연수를 적용하거나, 적용하던 내용연수를 변경할 수 있다.

(5) 감가상각방법의 구분

① 감가상각방법의 선택

구분	상각방법	무신고시
무형자산, 건축물	정액법	정액법
유형자산	정액법, 정률법 중 선택	정률법
광업권	정액법, 생산량비례법 중 선택	생산량비례법
광업용 유형자산	정액법, 정률법, 생산량비례법 중 선택	생산량비례법

※ 신고기한: 영업개시일(or 취득일)이 속하는 사업연도의 과세표준 신고기한 내 신고

② 상각방법이 서로 다른 법인간에 합병 또는 사업인수한 경우 등 변경사유 발생시 적용하고자 하는 사업연도 종료일 이전 3월이 되는 날까지 변경신청해야 한다.

(6) 상각범위액의 계산

구분	상각범위액
정 액 법	취득가액 × 상각률
정 률 법	미상각잔액 × 상각률
생산량비례법	취득가액 × $\dfrac{\text{당해 사업연도 채굴량}}{\text{총채굴예정량}}$
신규취득자산의 경우	신규취득자산의 상각범위액 = 위의 상각범위액 × $\dfrac{\text{월수}}{12}$

(7) 감가상각의 시부인계산

고정자산에 대한 감가상각비는 법인이 각 사업연도에 이를 손금으로 계상(결산을 확정함에 있어서 손비로 계상하는 것을 말한다)한 경우에 한하여 상각범위액 안에서 손금으로 산입하고, 그 계상한 금액 중 상각범위액을 초과하는 금액은 이를 손금에 산입하지 않는다.

```
     회사계상감가상각비
(-) 상 각 범 위 액
─────────────────
(+) 상 각 부 인 액    손금불산입(유보)
(-) 시 인 부 족 액    (원칙) 소멸시킴    (예외) 전기 상각부인액 손금산입
```

구분	내용
상각부인액	법인이 비용으로 계상한 감가상각비가 세법상의 상각범위액을 초과하는 금액을 상각부인액이라 하며, 동 상각부인액은 손금불산입(유보)한다.
시인부족액	법인이 비용으로 계상한 감가상각비가 상각범위액에 미달하는 금액을 시인부족액이라 한다. 감가상각비는 결산조정항목이므로 시인부족액은 손금산입할 수 없으며, 그 후 사업연도의 상각부인액에 충당하지 못한다. 다만, 전기에 이월된 상각부인액이 있는 경우에는 시인부족액의 범위 내에서 동 상각부인액을 손금산입(△유보)한다.

※ 만일 법인에 전기로부터 이월된 상각부인액이 있는 경우에는 당해 사업연도에 감가상각비를 계상하지 않은 경우에도 당해 사업연도의 상각범위액을 한도로 상각부인액을 손금산입(△유보)한다.

(8) 양도자산의 상각시부인

구분	내용
일반적인 경우	법인이 고정자산을 양도한 경우에는 당해 양도자산에 대한 상각부인액을 손금산입(△유보)한다.
감가상각자산의 일부를 양도한 경우	일부 양도의 경우 당해 양도자산에 대한 감가상각누계액 및 상각부인액 또는 시인부족액은 당해 감가상각자산 전체의 감가상각누계액 및 상각부인액 또는 시인부족액에 양도부분의 가액이 당해 감가상각자산의 전체가액(양도한 자산의 취득시의 장부가액을 말함)에서 차지하는 비율을 곱하여 계산한 금액으로 한다.

(9) 감가상각의 의제

각 사업연도소득에 대한 법인세가 면제 또는 감면되는 사업을 영위하는 법인으로서 법인세를 면제·감면받은 경우에는 개별자산의 상각범위액만큼 손금에 산입하여야 한다.

(10) 즉시상각 의제

고정자산의 취득가액 및 자본적지출액을 손금으로 계산한 경우에는 당해 손금계상액을 감가상각비로 계상한 것으로 보아 시부인 계산한다.

단, 다음의 경우는 손금에 산입한다.

구분	내용
소액자산	취득가액이 거래단위별로 100만원 이하인 사업용 자산 단, 다음의 자산은 제외 • 그 고유업무의 성질상 대량을 보유하는 자산 • 그 사업의 개시 또는 확장을 위하여 취득한 자산
단기사용자산	• 전화기(휴대용 전화기 포함), 개인용컴퓨터 및 그 주변기기, 영화필름, 공구(금형제외), 가구, 전기기구, 가스기기, 가정용 기구·비품, 시계, 시험기기, 측정기기 및 간판 • 대여사용업 비디오테이프 및 음악용 콤팩트 디스크(CD)로서 개발자산의 취득가액이 30만원 미만인 것 • 어업에 사용되는 어구(어선용구 포함)
자본적 지출	• 개별자산별로 수선비로 지출한 금액이 600만원 미만인 경우 • 개별자산별로 수선비로 지출한 금액이 직전 사업연도종료일 현재 재무상태표상 미상각잔액의 5%에 미달하는 경우 • 3년 미만의 기간마다 주기적인 수선을 위하여 지출하는 경우

✿ 실무수행프로세스

> ① 단계: 고정자산등록
> ② 단계: 미상각분 감가상각계산, 양도자산감가상각계산
> ③ 단계: 미상각분 감가상각조정, 양도자산감가상각조정
> ④ 단계: 감가상각비조정명세서합계표 작성
> ⑤ 단계: 소득금액조정합계표 작성

■ 고정자산등록

① 고정자산 계정과목

고정자산 계정과목별 코드로 입력을 하며, 계정과목 코드를 모를 시에는 ? 또는 툴바에 있는 '코드'를 클릭하거나 F2 코드를 이용하여 해당 계정과목을 입력한다.

② 코드, 자산명, 취득일, 상각방법

코드는 원하는 숫자 6자리까지 입력 가능하며, 오른쪽 마우스 버튼 클릭시 코드 변환 및 코드 정렬 등을 변경할 수 있다.(기중에 취득한 신규자산은 월할상각법에 의해 계산된다.)

③ 주요등록사항

기초가액, 전기말상각누계액, 상각방법, 내용연수 등을 입력하여 상각범위액을 계산하고 회사 계상액을 반영한다.

- 경비구분: 고정자산의 용도에 따른 감가상각비 해당 경비의 구분을 0:800번대(판매비와관리비), 1:500번대(제조경비), 2:500번대(도급경비), 3:700번대(분양경비) 중 선택하여 입력한다.

④ 추가등록사항

- 업종코드: 내용연수의 적정 여부 판단을 위한 업종구분이다. [?]를 클릭하여 해당 업종을 선택한다.

⑤ 자동변동사항

고정자산을 연도 중에 부분매각 또는 부분폐기한 경우나 사용부서의 이동이나 프로젝트의 이동이 있는 경우 해당내용을 입력한다.

② 미상각분 감가상각조정명세서

고정자산등록 메뉴에 있는 데이터를 자동으로 불러오기하여 작성할 수 있고, 직접 각 자산 등을 입력할 수도 있다.

※ 미상각분 감가상각조정명세서를 직접 입력할 경우 업종코드는 반드시 입력하여야 한다.

③ 감가상각비조정명세서합계표

새로불러오기 를 클릭하면 감가상각조정에서 계산된 데이터에 의해 자동으로 작성되며, '재무상태표가액'란과 '상각범위액', '회사손금계상액'란은 개별자산 감가상각비조정명세서상의 유형고정자산의 합계액을 불러오며, 조정금액란은 자산합계별로 상각부인액과 시인부족액을 총액으로 별도 반영한다.

수행과제 감가상각조정명세서

다음 자료에 의해서 (주)법인조정의 2025년도 감가상각조정명세서 및 감가상각비조정명세서합계
표를 작성하고 소득금액조정합계표에 세무조정사항을 반영하시오.(단, 제시된 자산 외에는 감가
상각을 하지 않는다고 가정함)

▌고정자산의 감가상각에 관한 자료▐

(단위: 원)

고정자산 내 역	코드	자산명	경비 구분	업종 코드	취득일	취득금액	전 기 말 상각누계액	당기 회사 감가상각비	참고사항
건물 (정액법 40년)	101	본사건물	판관	08	2025.01.02.	80,000,000	0	2,000,000	취득세 4,000,000
기계장치 (정률법 8년)	201	A기계	제조	UU	2024.01.05.	100,000,000	31,300,000	21,503,100	
기계장치 (정률법 8년)	202	B기계	제조	UU	2024.05.11.	60,000,000	12,520,000	14,861,240	
차량운반구 (정액법 5년)	301	화물차	판관	05	2024.01.31.	35,000,000	7,000,000	7,000,000	
비품 (정률법 5년)	401	에어컨	판관	05	2023.07.11.	30,000,000	12,000,000	7,118,000	

1. 본사건물에 대한 취득세 4,000,000원을 세금과공과금으로 회계처리하였다.
2. B기계에 대한 수선비 7,000,000원은 수익적지출로 처리하였으나 자본적지출의 성격이다.
3. 비품에 대한 전년도 상각부인액이 2024년도 자본금과적립금조정명세서(을)에
   2,000,000원 남아 있다.
4. 감가상각에 대한 세무조정은 개별자산별로 소득금액조정합계표에서 각각 소득처분한다.

  감가상각조정명세서

1. 고정자산등록

① 본사건물에 대한 고정자산등록

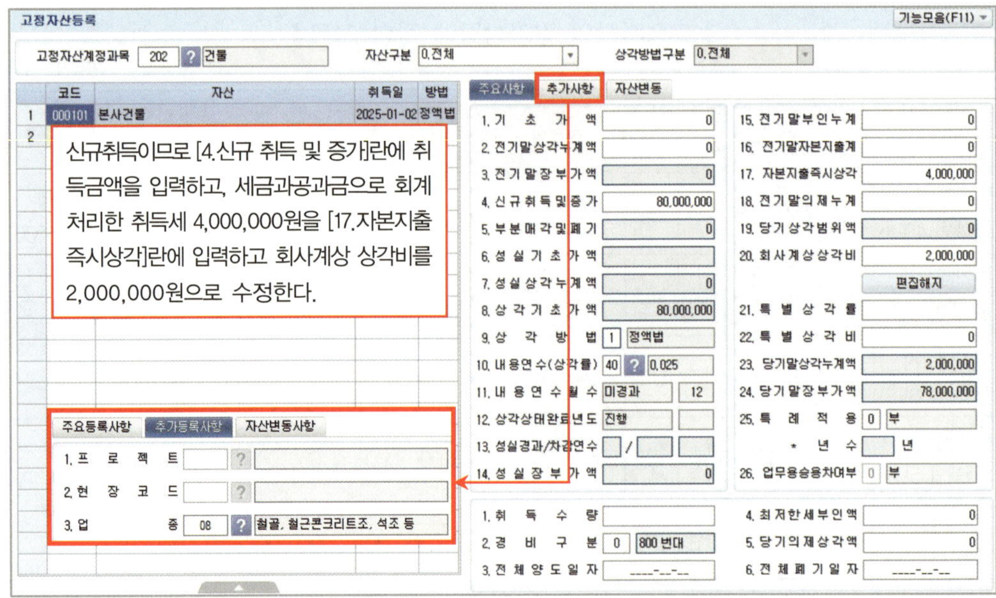

신규취득이므로 [4.신규 취득 및 증가]란에 취득금액을 입력하고, 세금과공과금으로 회계처리한 취득세 4,000,000원을 [17.자본지출즉시상각]란에 입력하고 회사계상 상각비를 2,000,000원으로 수정한다.

② A기계에 대한 고정자산등록

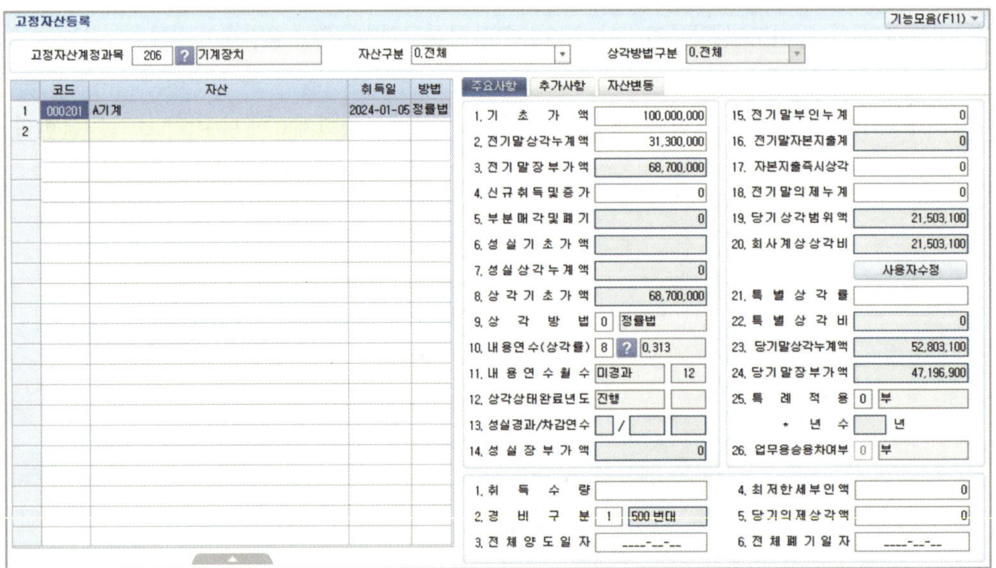

③ B기계에 대한 고정자산등록

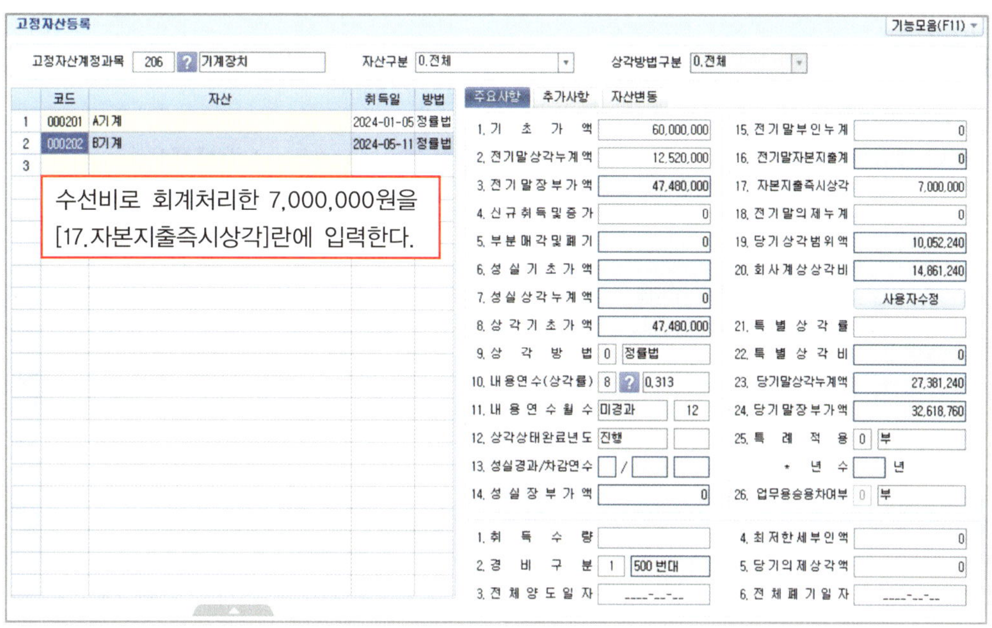

④ 화물차에 대한 고정자산등록

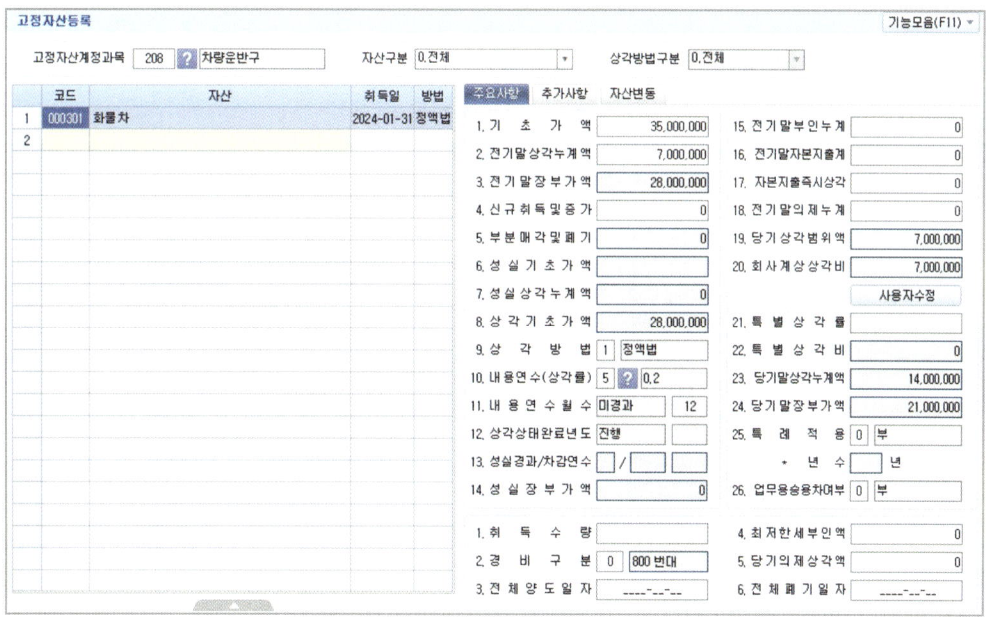

⑤ 에어컨에 대한 고정자산등록

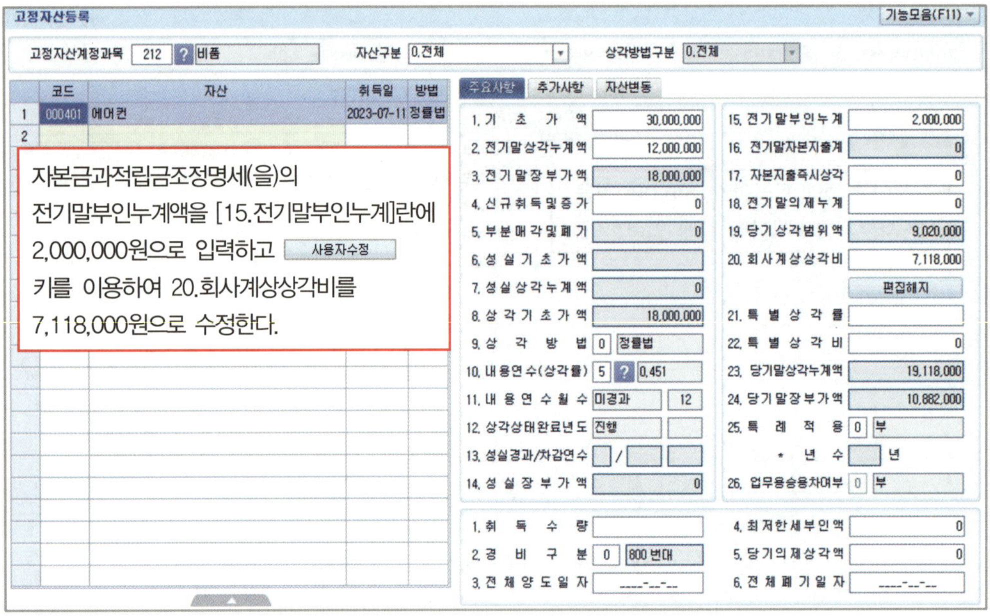

2. 미상각분 감가상각조정명세서

[불러오기]하여 [고정자산등록]메뉴에 등록된 감가상각정보와 세무조정정보를 반영한다.

① 미상각분 감가상각조정명세(2.유형고정자산(정액법))

❙본사건물❙   ❙화물차❙

합계표 자산구분			1	건	3	기
상각계산의기초가액	재무상태표 자산 가액	(5)기말현재액		80,000,000		35,000,000
		(6)감가상각누계액		2,000,000		14,000,000
		(7)미상각잔액(5-6)		78,000,000		21,000,000
	회사계산 상각비	(8)전기말누계				7,000,000
		(9)당기상각비		2,000,000		7,000,000
		(10)당기말누계액(8+9)		2,000,000		14,000,000
	자본적 지출액	(11)전기말누계				
		(12)당기지출액		4,000,000		
		(13)합계(11+12)		4,000,000		
(14)취득가액(7+10+13)				84,000,000		35,000,000
(15)일반상각률,특별상각률			0.025		0.2	
상각범위액계산	당기산출 상각액	(16)일반상각액		2,100,000		7,000,000
		(17)특별상각액				
		(18)계(16+17)		2,100,000		7,000,000
	(19)당기상각시인범위액(18,단18≤14-8-11+25-전기28)			2,100,000		7,000,000
(20)회사계산상각액(9+12)				6,000,000		7,000,000
(21)차감액(20-19)				3,900,000		
(22)최저한세적용에 따른 특별상각부인액						
조정액		(23)상각부인액(21+22)		3,900,000		
		(24)기왕부인액중당기손금추인액 (25,단 25≤∣△21∣)				
부인액누계		(25)전기말부인액누계(전기26)				
		(26)당기말부인액누계(25+23-∣24∣)		3,900,000		
당기말의제 상각액		(27)당기의제상각액(∣△21∣-∣24∣)				
		(28)의제상각액누계(전기28+27)				

② 미상각분 감가상각조정명세(1.유형고정자산(정률법))

∎A기계∎   **∎B기계∎**   **∎에어컨∎**

합계표 자산구분		A기계 (2 기)	B기계 (2 기)	에어컨 (3 기)
상각계산의기초가액	재무상태표 자산 가액 (5)기말현재액	100,000,000	60,000,000	30,000,000
	(6)감가상각누계액	52,803,100	27,381,240	19,118,000
	(7)미상각잔액(5 - 6)	47,196,900	32,618,760	10,882,000
	(8)회사계산감가상각비	21,503,100	14,861,240	7,118,000
	(9)자본적지출액		7,000,000	
	(10)전기말의제상각누계액			
	(11)전기말부인누계액			2,000,000
	(12)가감계(7 + 8 + 9 - 10 + 11)	68,700,000	54,480,000	20,000,000
(13)일반상각률, 특별상각률		0.313	0.313	0.451
상각범위액계산	당기산출상각액 (14)일반상각액	21,503,100	17,052,240	9,020,000
	(15)특별상각액			
	(16)계(14+15)	21,503,100	17,052,240	9,020,000
	취득가액 (17)전기말 현재 취득가액	100,000,000	60,000,000	30,000,000
	(18)당기회사계산증가액			
	(19)당기자본적지출액		7,000,000	
	(20) 계(17+18+19)	100,000,000	67,000,000	30,000,000
(21)잔존가액((20) × 5 / 100)		5,000,000	3,350,000	1,500,000
(22)당기상각시인범위액(16 단,(12-16)<21인경우 12)		21,503,100	17,052,240	9,020,000
(23)회사계산상각액(8+9)		21,503,100	21,861,240	7,118,000
(24)차감액 (23-22)			4,809,000	-1,902,000
(25)최저한세적용에따른특별상각부인액				
조정액	(26)상각부인액 (24+25)		4,809,000	
	(27)기왕부인액 중당기 손금추인액 (11,단11≤｜△24｜)			1,902,000
(28)당기말부인액 누계(11+26-｜27｜)			4,809,000	98,000

3. 감가상각비조정명세서합계표

감가상각비조정명세서합계표 전자	새로불러오기 ▾ 저장 합계등록 일괄

①자산구분		②합계액	유형자산			⑥무형자산
			③건축물	④기계장치	⑤기타자산	
재무상태표상액	(101)기말현재액	305,000,000	80,000,000	160,000,000	65,000,000	
	(102)감가상각누계액	115,302,340	2,000,000	80,184,340	33,118,000	
	(103)미상각잔액	189,697,660	78,000,000	79,815,660	31,882,000	
(104)상각범위액		56,675,340	2,100,000	38,555,340	16,020,000	
(105)회사손금계상액		63,482,340	6,000,000	43,364,340	14,118,000	
조정금액	(106)상각부인액 ((105) - (104))	8,709,000	3,900,000	4,809,000		
	(107)시인부족액 ((104)-(105))	1,902,000			1,902,000	
	(108)기왕부인액 중 당기손금추인액	1,902,000			1,902,000	
(109)신고조정손금계상액						

4. 소득금액조정합계표 작성

감가상각비조정명세서합계표에서 조정대상금액을 [합계등록] 키를 이용하여 소득금액조정합계표에 반영한다.

손금불산입	본사건물 상각부인액	3,900,000원	유보발생
	B기계 상각부인액	4,809,000원	유보발생
손금산입	에어컨 상각추인액	1,902,000원	유보감소

※ 유보로 소득처분되는 항목은 반드시 각 건별로 소득금액조정합계표에 등록하여야 한다.

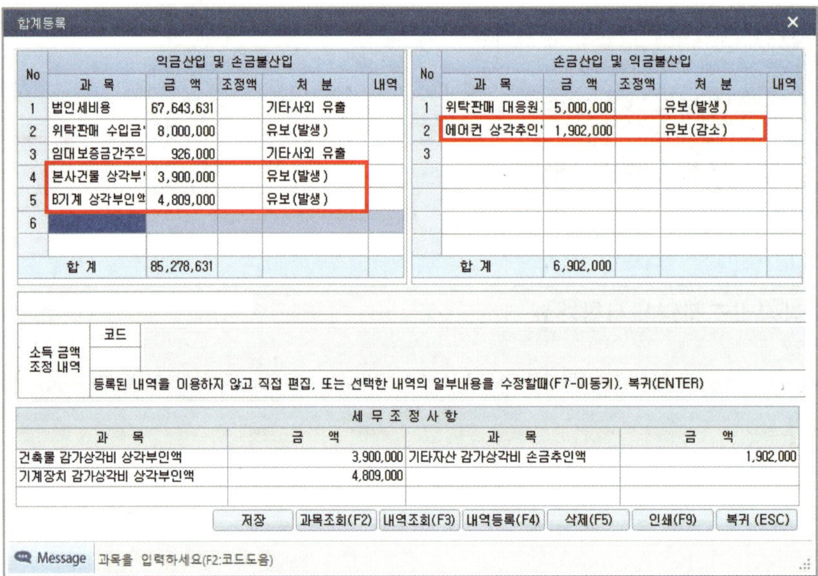

 **퇴직급여충당금조정명세서**

필요 지식

법인이 임원 또는 사용인의 퇴직급여에 충당하기 위하여 퇴직급여충당부채를 결산상 손금으로 계상한 경우에는 일정금액의 범위 안에서 손금으로 인정된다. 퇴직급여충당금조정명세서는 결산서에 계상된 퇴직급여 및 동 충당금의 손금한도액과 초과액 등을 계산하는 서식이다.

(1) 퇴직급여충당금 손금한도액

> 손금한도액 = MIN[①, ②]
> ① 총급여액 기준 = 퇴직급여 지급대상 임원 또는 사용인의 총급여액 × 5%
> ② 충당금누적액 기준 = 퇴직급여추계액 × 0% − 퇴직급여충당부채이월잔액 + 퇴직금전환금

(2) 퇴직급여충당금 세무조정

```
    회 사 계 상 액
(−) 한   도   액
─────────────────
(+) 한 도 초 과 액    손금불산입(유보)
(−) 한 도 미 달 액    세무조정 없음(∵ 결산조정항목이므로)
```

(3) 인건비의 세무처리

구분	수령인	세무처리	비고
급여	사 용 인 상 근 임 원 신용출자사원	손금산입	• 신용출자사원은 출자대상이 '신용'이므로 급여는 손금산입 • 노무출자사원은 '노무'가 출자대상이므로 급여 불인정, 급여 대신에 '잉여금처분에 의한 배당'을 받아야 타당, 급여지급시 '잉여금처분에 의한 상여'로 본다.
	노무출자사원	손금불산입(상여처분)	
	비상근임원	손금산입(과다지급등 부당행위 계산부인분은 손금불산입)	
상여금	사 용 인	손금산입	
	임 원	손금산입(정관·주주총회·이사회 등 결의에 의한 급여시급 기준 초과금액 손금불산입하고 상여처분)	

구분	수령인	세무처리	비고
퇴직금	사용인	손금산입	• 임원 퇴직금 중 소득세법상 한도를 초과하는 금액은 근로소득으로 본다. 한도: 3년평균급여 $\times \dfrac{1}{10} \times$ 근속연수 $\times$ 2 • 임원의 총급여에는 잉여금처분에 의한 상여, 정관 등 급여지급기준 초과 상여금과 인정상여 및 퇴직으로 인해 받는 소득 중 퇴직소득에 속하지 아니하는 근로소득은 포함되지 아니한다. • 근속연수는 역년에 의하고 1년 미만은 월할 계산(1월 미만은 없는 것으로 봄)
	임원	손금산입한도 －정관 또는 정관에서 위임된 퇴직급여지급규정에 규정된 금액(퇴직위로금 포함) －정관 등에 규정이 없는 경우 퇴직 전 1년간 총급여 $\times \dfrac{1}{10} \times$ 근속연수	

🍀 실무수행프로세스

> ① 단계: 퇴직급여추계액명세서 작성
> ② 단계: 2.총급여액 및 퇴직급여추계액 명세 입력
> ③ 단계: 1.퇴직급여충당금 조정
> ④ 단계: 소득금액조정합계표 작성

1 퇴직급여추계액명세서

[인사급여] 프로그램에서 사원등록사항의 입사일을 체크하여 1년 이상 근무자의 데이터를 자동으로 불러오기할 수 있다. 퇴직금추계액 계산은 두 가지 유형이 있으나 회사사규 등에 의해 등록된 유형과 계산방법을 달리할 경우는 기준급여(평균급여)등을 수정하여 퇴직급여추계액을 정정한다.
유형 1: {(최근3개월급여총액/3) + (연간상여총액/12)} × 근속월수 / 12
유형 2: {년간 급여총액(상여포함)/12} × 근속월수 / 12

2 퇴직급여충당금조정명세서

① 총급여액 및 퇴직급여추계액 명세: 총급여액을 입력하고 퇴직급여 지급대상이 아닌 임직원의 급여액을 입력하면 퇴직급여 지급대상인 임직원의 급여액은 자동 계산된다.
② 퇴직급여충당금 조정: 원장조회(F3) 및 잔액조회(F4)를 이용하여 해당 항목을 조회하여 입력한다.
③ 퇴직급여손금산입한도
　㉠ 총급여액 기준한도: 1년 미만 근속자인 경우에도 퇴직급여 지급규정에서 지급대상자로 정한 경우에는 설정 대상자에 포함한다.
　　퇴직급여 지급대상 임원 또는 사용인의 총급여액 × 5% 한도
　㉡ 퇴직금추계액 기준: 추계액의 0%(사업연도 개시일 중)

수행과제 **퇴직급여충당금조정명세서**

다음 자료에 의해서 (주)법인조정의 2025년도 퇴직급여충당금조정명세서를 작성하고 소득금액
조정합계표에 세무조정사항을 반영하시오.

1. 총급여액 및 퇴직금 지급규정에 의한 퇴직급여 추계액은 다음과 같다.

(단위: 원)

계정과목	연간 총급여액		퇴직급여 지급대상이 아닌 임직원의 급여액		퇴직급여추계액	
	인원	금액	인원	금액	인원	금액
급여(판)	5명	520,600,000			5명	309,523,608
임금(제)	7명	327,800,000	7명	327,800,000		
계	12명	848,400,000	7명	327,800,000	5명	309,523,608

※ 「근로자퇴직급여 보장법」에 따른 추계액: 308,502,686원

2. 전년도 자본금과 적립금조정명세서(을)에 한도초과부인액 38,000,000원이 있다.

3. 기타 세무조정에 필요한 사항은 기장자료에 의한다.

수행과제 풀이 **퇴직급여충당금조정명세서**

1. 퇴직급여추계액명세서 작성

메뉴 중 먼저 퇴직급여추계액 명세서 키를 클릭하고 원천징수 데이터 불러오기 를 클릭하여 원천징수
에서 정리된 1년 이상 근무자의 퇴직급여추계액명세를 불러온다. 원천징수데이터가 입력이 안
된 경우에는 직접 본 명세서에서 입력할 수도 있다.

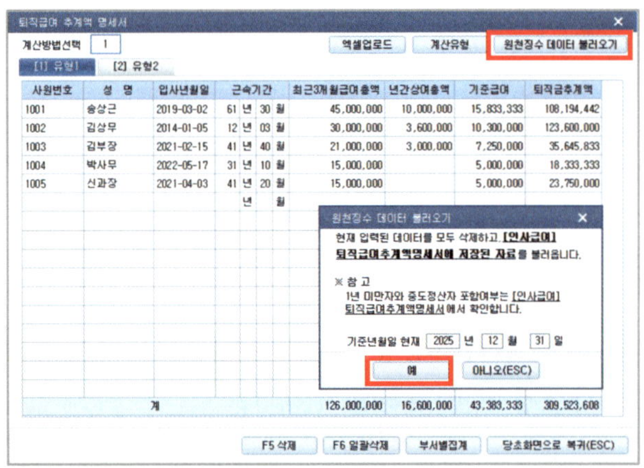

2. 총급여액 및 퇴직급여추계액 명세

① 17번: [801.급여, 504.임금] 계정과목을 조회하여 입력한다.

② 18번: 퇴직급여 지급대상이 아닌 사용인의 총급여액을 입력한다.

③ 19번: 17번과 18번란에 의해 자동으로 작성된다.

④ 20번: 퇴직급여 지급대상자의 인원수와 퇴직급여추계액을 입력한다.

⑤ 21번: [근로자퇴직급여 보장법]에 따른 추계액을 입력한다.

⑥ 22번: 세법상 추계액이 자동으로 계산된다.

구 분		17.총급여액	18.퇴직급여 지급대상이 아닌 임원 또는 사용인…		19.퇴직급여 지급대상인 임원 또는 사용인에 대…	
계정명	인원	금액	인원	금액	인원	금액
급여(판)	5	520,600,000			5	520,600,000
임금(제)	7	327,800,000	7	327,800,000		
계	12	848,400,000	7	327,800,000	5	520,600,000

2 퇴직급여추계액 명세서

20.기말현재 임원 또는 사용인 전원의…	
인원	금액
5	309,523,608

21. 「근로자퇴직급여보장법」에 따른…	
인원	금액
5	308,502,686

22.세법상 추계액 MAX(20, 21)
금액
309,523,608

3. 장부기장내역조회

295.퇴직급여충당부채계정에 대한 [원장조회] 또는 [잔액조회]를 클릭하여 장부상 기초가액과 상계액, 회사계상액을 확인한다.

계정별원장 조회

조회기간 2025 년 01 월 01 일 [?] ~ 2025 년 12 월 31 일 [?] 잔액형태 누계 [과목별]
적요유형 0.사용안함 [?] ~ [?] 유형구분 0.사용안함 [?] ~ [?]
계정코드 295 [?] ~ 295 [?] 295 : 퇴직급여충당부채

날짜	코드	적요	코드	거래처명	차변	대변	잔액
		전기이월				98,000,000	98,000,000
12/02		퇴직금 지급			48,000,000		50,000,000
12/02		퇴직금 지급			12,000,000		38,000,000
12/31		퇴직충당금 당기분전입액				271,523,608	309,523,608
		[월 계]			60,000,000	271,523,608	
		[누 계]			60,000,000	369,523,608	

4. [1.퇴직급여충당금조정] 작성

위에서 확인된 내역을 1.퇴직급여충당금조정의 해당란에 각각 입력한다. 이때 7.충당금부인누계는 전년도 조정시 조정사항에 대하여 자본금과적립금조정명세서(을)의 잔액을 확인하여 기입한다.

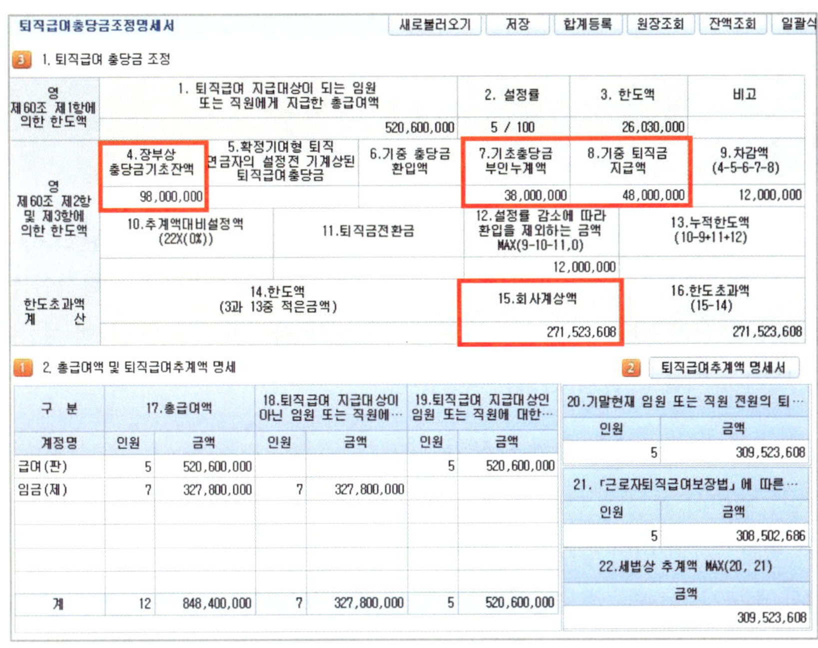

※ 퇴직연금에서 지급된 금액을 제외한 회사 지급분만을 [8.기중 퇴직급 지급액]란에 입력한다.

5. 소득금액조정합계표 작성

조정대상금액을 [합계등록] 키를 이용하여 소득금액조정합계표에 반영한다.

손금불산입	퇴직급여충당금한도초과액	271,523,608원	유보발생
손금산입	퇴직급여충당금(퇴직연금지급분)	12,000,000원	유보감소

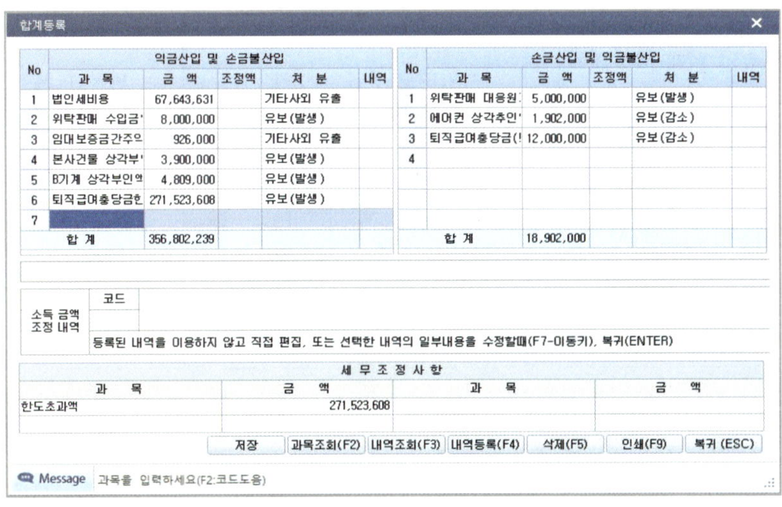

 03 퇴직연금부담금조정명세서

필요 지식

내국법인이 임원 또는 사용인의 퇴직을 퇴직급여의 지급사유로 하고 임원 또는 사용인을 수익자로 하는 연금으로서 법칙 §23 각 호에 따른 보험회사 등이 취급하는 퇴직연금(이하 '퇴직연금 등'이라 한다)의 부담금으로 지출하는 금액은 당해 사업연도의 소득금액 계산에 있어서 일정 한도 내에서 이를 손금에 산입할 수 있다.

(1) 확정기여형 퇴직연금의 손금산입

① 사용인: 법인이 부담한 금액 전액을 손금에 산입

② 임원: 퇴직시까지 법인이 부담한 금액의 합계액을 퇴직급여로 보아 법정손금산입한도* 내에서 손금산입하되, 손금산입한도 초과금액은 퇴직일이 속하는 사업연도의 부담금 중 손금산입한도 초과금액을 손금불산입하고, 손금산입한도 초과금액이 퇴직일이 속하는 사업연도의 부담금을 초과하는 경우 그 초과금액은 퇴직일이 속하는 사업연도의 익금에 산입

  * 법정손금산입한도
    ① 정관 또는 정관에서 위임된 퇴직급여지급규정에 규정된 금액(퇴직위로금 포함)
    ② 정관에 규정이 없는 경우 퇴직 전 1년간 총급여×(1/10)×근속연수

(2) 확정급여형 퇴직연금의 손금한도액

확정급여형 퇴직연금부담금은 결산조정 및 신고조정사항 모두 가능하다.

사업연도 종료일 현재 퇴직급여 추계액(1)과 보험수리기준 추계액(2) 중 큰 금액	− 사업연도 종료일 현재 퇴직급여충당금(3)	= 퇴직연금부담금 등 손금산입 누적 한도액(A)
퇴직연금부담금 등 손금산입누적 한도액(A)	− 이미 손금산입한 부담금 등(B)	= 손금산입 한도액(C)
사업연도 종료일 현재 퇴직연금예치금 등 합계액(4)	− 이미 손금산입한 부담금 등(B)(5)	= 손금산입대상 부담금 등(D)

손금산입 범위액 = (C)와 (D) 중 적은 금액

① 해당 사업연도 종료일 현재 재직하는 임원 또는 사용인(확정기여형 퇴직연금 등이 설정된 자 제외)의 전원이 퇴직할 경우에 퇴직급여로 지급되어야 할 금액의 추계액

②「근로자퇴직급여 보장법」제12조 제5호 가목에 따라 매 사업연도 말일 현재 급여에 소요되는 비용예상액의 현재가치와 부담금 수입예상액의 현재가치를 추정하여 산정된 금액

③ 사업연도 종료일 현재 퇴직급여충당금 = 장부상 기말잔액 − 확정기여형 퇴직연금자의 퇴직급여충당금 − 당기말 부인누계액

④ 사업연도 종료일 현재 퇴직연금예치금 등 합계액 = 기초 퇴직연금예치금 등 − 기중 퇴직연금예치금 등 수령 및 해약액 + 당기 퇴직연금예치금 등의 납입액

⑤ 이미 손금산입한 부담금 등 = 기초퇴직연금충당금 등 및 전기말 신고조정에 의한 손금산입액 − 퇴직연금충당금 등 손금부인누계액 − 기중 퇴직연금 등 수령 및 해약액

(3) 퇴직연금의 회계처리

❙ 확정급여형 퇴직연금제도의 회계처리 ❙

구분	결산조정		신고조정	
보험료등납부	(차) 퇴직연금운용자산 (차) 수수료비용	(대) 현금및현금성자산	(차) 퇴직연금운용자산 (차) 수수료비용	(대) 현금및현금성자산
보험료등의 비용계상시	(차) 퇴직연금급여	(대) 퇴직연금충당부채		
이자와 확정배당금 수령시	(차) 퇴직연금운용자산 (차) 퇴직연금급여	(대) 퇴직연금운용수익 (대) 퇴직연금충당부채	(차) 퇴직연금운용자산	(대) 퇴직연금운용수익 (영업외수익)
퇴직급여지급	① 퇴직연금등에서 지급되는 금액 　(차) 퇴직연금충당부채 　(대) 퇴직연금운용자산 ② 회사지급분 　(차) 퇴직급여충당부채 　(대) 현금및현금성자산 　　(또는 퇴직급여) 　(대) 예수금 　　　　　　　　　　　(대) 퇴직금전환금		① 퇴직연금사업자지급분 　(차) 퇴직연금충당부채 　(대) 퇴직연금운용자산 ② 회사지급분 　(차) 퇴직급여충당부채 　(대) 현금및현금성자산 　　　　　　　　　　　(대) 예수금 　　　　　　　　　　　(대) 퇴직금전환금	

구분	결산조정	신고조정
퇴직자발생시 (종업원이 퇴직연금을 선택한 경우)	① 회사가 연금지급의무를 부담하는 경우 ① 퇴직시 　(차) 퇴직연금충당부채　(대) 퇴직연금미지급금 　(차) 퇴직급여충당부채 　(차) 퇴직급여 ② 이후 퇴직연금 지급시 　(차) 퇴직연금미지급금　(대) 퇴직연금운용자산 ③ 이후 퇴직연금 정산시 　(차) 퇴직연금급여　　(대) 퇴직연금미지급금 ② 회사가 연금지급의무를 부담하지 않은 경우 ① 퇴직연금관리회사 지급분 　(차) 퇴직연금충당부채　(대) 퇴직연금운용자산 ② 회사해당분 　(차) 퇴직급여충당부채　(대) 현금및현금성자산 　　　　　　　　　　　　(대) 예수금 　　　　　　　　　　　　(대) 퇴직금전환금	① 회사가 연금지급의무를 부담하는 경우 ① 퇴직시 　(차) 퇴직급여충당부채　(대) 퇴직연금미지급금 　(차) 퇴직급여 ② 이후 퇴직연금 지급시 　(차) 퇴직연금미지급금　(대) 퇴직연금운용자산 ③ 이후 퇴직연금 정산시 　(차) 퇴직연금급여　　(대) 퇴직연금미지급금 ② 회사가 연금지급의무를 부담하지 않은 경우 ① 퇴직연금관리회사 지급분 　(차) 퇴직급여충당부채　(대) 퇴직연금운용자산 ② 회사해당분 　(차) 퇴직급여충당부채　(대) 현금및현금성자산 　　　　　　　　　　　　(대) 예수금 　　　　　　　　　　　　(대) 퇴직금전환금
기말퇴직급여 설정시	① 당기 퇴직연금불입액 상당액 　(차) 퇴직연금급여　　(대) 퇴직연금충당부채 ② 당기퇴직급여해당분 - 당기퇴직연금불입액 　(차) 퇴직급여　　　　(대) 퇴직급여충당부채	① 당기 퇴직연금불입액 상당액 　회계처리 없음 ② 당기퇴직급여해당분 　(차) 퇴직급여　　　　(대) 퇴직급여충당부채

🌸 실무수행프로세스

> 1 단계: 이미 손금산입한 부담금 등의 계산 – 나. 기말퇴직연금예치금 등의 계산
> 2 단계: 이미 손금산입한 부담금 등의 계산 – 가. 손금산입대상부담금 등 계산
> 3 단계: 퇴직연금 등의 부담금 조정
> 4 단계: 소득금액조정합계표 작성

■ 이미 손금산입한 보험료 등의 계산

① 19.기초퇴직연금예치금 등: 전년도까지의 납입된 퇴직연금으로 재무상태표상 전기의 퇴직연금을 입력한다.

② 20.기중퇴직연금예치금 등 수령 및 해약액: 당해 사업연도 중에 퇴직연금의 수령금이나 해약(확정기여형 퇴직연금 등으로 전환된 금액을 포함)을 입력하며 입력된 금액은 가. 손금산입대상보험료 등 계산항목의 16.기중퇴직연금 등 수령 및 해약액란에 이기한다.

③ 21.당기퇴직연금예치금 등의 납입액: 당해 사업연도에 지급한 퇴직연금예치금 등 납입액과 퇴직연금예치금 등에서 발생한 이자수익도 포함하여 입력한다.

④ 22.퇴직연금예치금 등 계: (19.기초퇴직연금예치금－20.기중퇴직연금예치금 등 수령 및 해약액＋21. 당기퇴직연금예치금 등 납입액)의 산식에 의해 자동 계산되며 가. 손금산입 대상부담금 등 계산항목의 13.퇴직연금예치금 등 계란에 자동 이기된다.

⑤ 14.충당금 및 손금산입액: 재무상태표상 기초퇴직연금 등 충당금잔액과 직전사업연도 세무조정계산서상 퇴직연금 등의 손금산입누계액을 입력한다.

⑥ 15.충당금 손금부인 누계액: 결산조정으로 인하여 부인된 전기말 자본금과 적립금조정명세서(을)상의 손금부인액을 입력한다.

⑦ 16.수령 및 해약액: 20.기중 퇴직연금예치금 수령 및 해약액 금액을 이기한다.

⑧ 17.이미 손금산입한 부담금: (14.기초퇴직연금충당금등 및 전기말신고조정에 의한 손금산입액－15.퇴직연금충당금 등 손금부인누계액－16.기중퇴직연금등 수령 및 해약액)의 산식에 의해 자동 계산되며 1.퇴직연금 등의 부담금 조정항목의 7.이미손금산입한 부담금란에 자동 이기된다.

⑨ 18.손금산입대상 부담금 등: (13.퇴직연금예치금등계－17.이미손금산입한부담금)의 산식에 의해 자동계산되며 1.퇴직연금 등의 부담금 조정항목의 9.손금산입대상부담금란에 자동 이기된다.

② 퇴직연금 등의 부담금 조정

① 1.퇴직급여추계액: 퇴직급여충당금조정명세서의 17란 기말 현재 전 사용인 퇴직시 퇴직급여추계액의 금액을 입력한다.

② 2.장부상 기말잔액: 당기말 현재 재무상태표상의 충당금잔액을 입력한다.

③ 4.부인누계액: 당기말 자본금과 적립금 조정명세서(을)상의 기말잔액란에 기재된 퇴직급여충당부채 부인누계액을 입력한다.

④ 7.이미손금산입한부담금 등: 17.이미손금산입한 부담금등 금액이 자동 이기된다.

⑤ 9.손금산입대상 부담금 등: 18.손금산입대상 부담금등 금액이 자동 이기된다.

⑥ 11.회사 손금 계상액: 회사에서 손금계상한 퇴직연금급여를 입력한다.

⑦ 12.조정금액: 조정금액＋(정수)인 경우에는 손금산입하고－(부수)인 경우에는 손금불산입하고 유보로 처분한다.

수행과제　퇴직연금부담금조정명세서

다음 자료에 의해서 (주)법인조정의 2025년도 퇴직연금부담금조정명세서를 작성하고, 소득금액 조정합계표에 세무조정사항을 반영하시오.

1. 당사는 확정급여형(DB) 퇴직연금제도를 운영하고 있다.
2. 퇴직급여충당금조정명세서와 퇴직급여충당부채 계정을 참고하여 퇴직급여추계액, 기말잔액, 당기말부인누계액을 반영한다.
3. 당사는 기중에 퇴직연금불입액에 대하여 퇴직연금운용자산 계정을 사용하고 있다.
4. 퇴직연금에 대한 전기말 신고조정에 의한 손금산입액은 20,000,000원이다.
5. 기타의 사항은 기장된 데이터에 의하여 작성한다.

수행과제 풀이　퇴직연금부담금조정명세서

1. [원장조회]를 이용한 [퇴직연금운용자산] 내역 검토

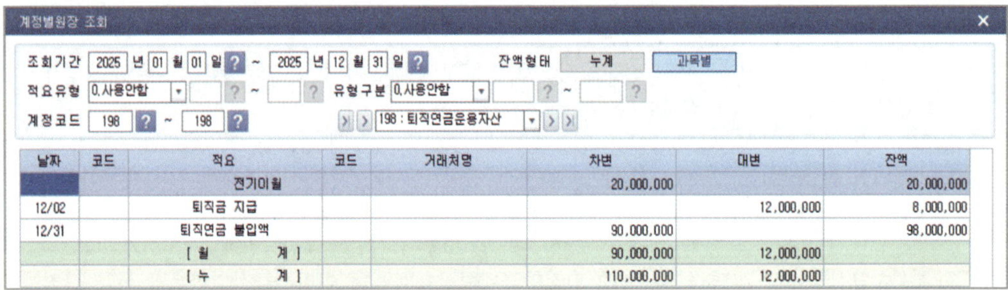

날짜	코드	적요	코드	거래처명	차변	대변	잔액
		전기이월			20,000,000		20,000,000
12/02		퇴직금 지급				12,000,000	8,000,000
12/31		퇴직연금 불입액			90,000,000		98,000,000
		[월　계]			90,000,000	12,000,000	
		[누　계]			110,000,000	12,000,000	

2. [퇴직급여충당금조정명세서]의 퇴직급여충당금조정내역 조회

3 1. 퇴직급여 충당금 조정

영 제60조 제1항에 의한 한도액	1. 퇴직급여 지급대상이 되는 임원 또는 직원에게 지급한 총급여액			2. 설정률	3. 한도액	비고
			520,600,000	5 / 100	26,030,000	
영 제60조 제2항 및 제3항에 의한 한도액	4.장부상 충당금기초잔액	5.확정기여형 퇴직 연금자의 설정전 기계상된 퇴직급여충당금	6.기중 충당금 환입액	7.기초충당금 부인누계액	8.기중 퇴직금 지급액	9.차감액 (4-5-6-7-8)
	98,000,000			38,000,000	48,000,000	12,000,000
	10.추계액대비설정액 (22X(0%))	11.퇴직금전환금		12.설정률 감소에 따라 환입을 제외하는 금액 MAX(9-10-11,0)		13.누적한도액 (10-9+11+12)
				12,000,000		
한도초과액 계 산	14.한도액 (3과 13중 적은금액)			15.회사계상액		16.한도 초과액 (15-14)
				271,523,608		271,523,608

3. 퇴직연금 등의 부담금 조정

297,523,608원(38,000,000원 − 12,000,000원 + 271,523,608원)을 입력한다.

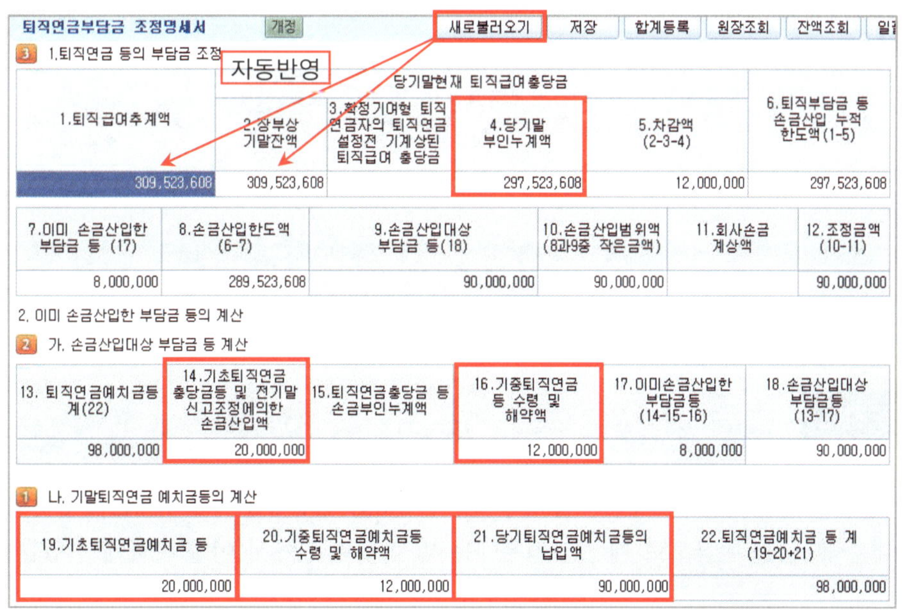

3 1.퇴직연금 등의 부담금 조정

1.퇴직급여추계액	당기말현재 퇴직급여 충당금					6.퇴직부담금 등 손금산입 누적 한도액(1-5)
	2.장부상 기말잔액	3.확정기여형 퇴직 연금자의 퇴직연금 설정전 기계상된 퇴직급여 충당금	4.당기말 부인누계액	5.차감액 (2-3-4)		
309,523,608	309,523,608		297,523,608	12,000,000		297,523,608
7.이미 손금산입한 부담금 등 (17)	8.손금산입한도액 (6-7)	9.손금산입대상 부담금 등(18)	10.손금산입범위액 (8과9중 작은금액)	11.회사손금 계상액	12.조정금액 (10-11)	
8,000,000	289,523,608	90,000,000	90,000,000		90,000,000	

2. 이미 손금산입한 부담금 등의 계산

2 가. 손금산입대상 부담금 등 계산

13. 퇴직연금예치금등 계(22)	14.기초퇴직연금 충당금등 및 전기말 신고조정에의한 손금산입액	15.퇴직연금충당금 등 손금부인누계액	16.기중퇴직연금 등 수령 및 해약액	17.이미손금산입한 부담금등 (14-15-16)	18.손금산입대상 부담금등 (13-17)
98,000,000	20,000,000		12,000,000	8,000,000	90,000,000

1 나. 기말퇴직연금 예치금등의 계산

19.기초퇴직연금예치금 등	20.기중퇴직연금예치금등 수령 및 해약액	21.당기퇴직연금예치금등의 납입액	22.퇴직연금예치금 등 계 (19-20+21)
20,000,000	12,000,000	90,000,000	98,000,000

4. 소득금액조정합계표 작성

조정대상금액을 | 합계등록 | 키를 이용하여 소득금액조정합계표에 반영한다.

손금불산입	퇴직연금 지급액	12,000,000원	유보 감소
손금산입	퇴직연금 불입액	90,000,000원	유보 발생

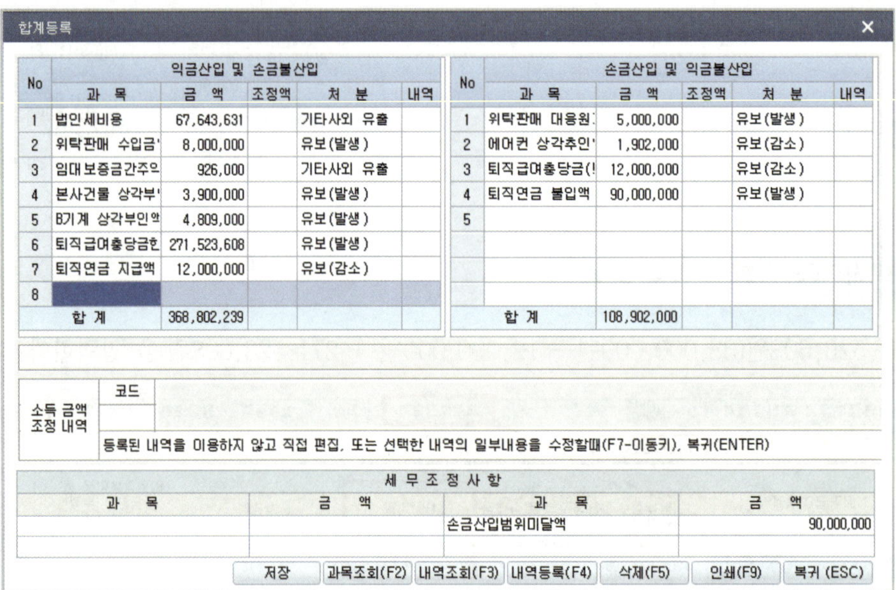

04 대손충당금 및 대손금조정명세서

필요 지식

금융기관을 제외한 내국법인이 각 사업연도에 대손충당금 설정대상 채권의 대손에 충당하기 위하여 대손충당금을 손금으로 계상한 경우에는 법정 범위 안에서 이를 손금에 산입할 수 있다.

각 사업연도에 발생한 대손금은 기설정된 대손충당금계정과 상계하며, 대손충당금잔액을 초과하는 대손금은 손금에 산입한다. 당해 사업연도에 발생하는 대손금과 상계하고 남은 대손충당금잔액은 익금에 산입하거나 당해 사업연도에 손금산입할 대손충당금계정에 보충하여야 한다.

(1) 설정대상채권의 범위와 가액계산

① 설정대상채권의 범위

구분	채권의 범위
손금산입 대상채권	• 외상매출금 • 대여금 • 기타 이에 준하는 채권: 어음상의 채권·미수금·기업회계기준 및 관행상 대손충당금 설정대상채권(융통어음 포함)
손금산입 제외채권	• 채무보증으로 인하여 발생한 구상채권 • 업무무관가지급금 • 할인어음 • 부당행위계산부인에 따른 시가초과액에 상당하는 채권

② 설정대상채권의 가액계산

설정대상채권의 금액은 당해 사업연도 종료일 현재의 세무상 장부가액으로 한다. 따라서 재무상태표상 설정대상채권의 가액에 다음 사항을 가감하여 계산한다.

구분	채권의 범위
가산항목	• 대손부인된 채권액 • 세무조정시 익금산입된 채권액(예: 외상매출누락에 대한 익금산입액)
차감항목	• 세무조정시 손금산입된 채권액(예: 소멸시효 완성한 채권의 손금산입액)

※ 법인이 동일인에 대하여 채권과 채무를 함께 가지고 있는 경우에는 당해 채무를 상계하지 아니하고 대손충당금을 계상할 수 있다. 다만, 당사자 간의 약정에 의하여 상계하기로 한 경우에는 그러하지 아니하다.

(2) 손금한도액과 손금산입방법

구분	채권의 범위
손금한도액	한도액 = 설정대상채권장부가액[주1] × MAX(1%, 대손실적률)[주2]
손금산입방법	대손충당금의 손금산입은 결산조정에 의하며, 기초의 대손충당금 중 대손금과 미상계된 잔액은 전액 익금산입하고, 당해 사업연도의 전입액은 전액 손금산입하는 총액법을 사용하도록 규정하고 있다.

주1) 설정대상채권장부가액 = F/S상 매출채권 + 세무조정 미수계상 누락 + 당기말 현재 대손금부인누계액

주2) 대손실적률 = 당해 사업연도 세무상 대손금 ÷ 직전사업연도 종료일 현재 세무상 채권잔액

$$\text{대손실적률} = \frac{\text{당해 사업연도의 '㉘'과 '㉛'의 합계액}}{\text{직전 사업연도 '①' 금액(채권잔액 '㉑'의 금액)}}$$

(3) 상계와 환입

구분	내용
상 계	대손충당금을 계상한 법인에 대손금이 발생한 경우에는 그 대손금은 이미 계상되어 있는 대손충당금과 먼저 상계하여야 한다.
환 입	당해 연도에 손금산입한 대손충당금 중 대손금과 상계한 후의 대손충당금 잔액은 다음 연도의 소득금액계산상 익금에 산입한다.

(4) 대손충당금의 세무조정

대손충당금설정액	재무상태표상 대손충당금 기말잔액($\because$ 총액법에 의하므로)
$(-)$ 한 도 액	
$(+)$ 한 도 초 과 액	손금불산입(유보) ➡ 다음연도: 손금산입($\triangle$유보)
$(\triangle)$ 한 도 미 달 액	세무조정 없음($\because$ 결산조정사항이므로)

(5) 대손금

① 대손처리할 수 있는 채권의 범위

대손으로 확정된 채권은 대손충당금과 상계하여야 하고, 대손충당금을 초과하는 금액은 당해 사업연도의 손금으로 계상한다.

❚ 대손이 인정되는 채권 ❚

영업거래에서 발행한 채권(예시)	영업외거래에서 발생한 채권(예시)
• 상품 또는 제품 판매금액의 미수금(부가가치세 포함) • 서비스, 용역제공대가의 미수금(부가가치세 포함) • 상품, 원재료 등의 매입을 위한 선급금, 전도금 등 • 기타 영업거래를 위한 예치보증금 등 • 회수책임과 대손금을 부담하는 경우의 수탁판매업자 등의 미수금	• 영업거래에 해당하지 아니하는 자산매각 대금의 미수금 • 금전대차계약 등에 의한 대여금 및 미수이자 • 사용인의 공금횡령 및 업무상 과실로 발생한 구상채권 • 법원 판결에 의한 확정된 손해배상청구권

② 대손금의 범위

대손요건을 충족한 대상채권의 전액을 대손금으로 한다. 다만, 부도발생일로부터 6월 이상 경과한 어음·수표·외상매출금의 경우에는 비망금액으로 1,000원을 제외한 금액을 대손금 으로 한다.

┃ 대손금의 범위 ┃

구분	채권의 범위
신고조정사항	① 민법·상법·어음법·수표법에 의하여 소멸시효가 완성된 채권 ② 회사정리법에 의한 정리계획인가 또는 화의법에 의한 화의인가의 결정에 따라 회수불능으로 확정된 채권 ③ 민사소송법의 규정에 의하여 채무자의 자산에 대한 경매가 취소된 압류채권
결산조정사항	① 채무자의 파산·강제집행·형의집행·사업폐지·사망·실종·행방불명으로 인하여 회수할 수 없는 채권 ② 부도발생일로부터 6월 이상 경과한 수표 또는 어음상의 채권 및 부도발생일 이전에 발생한 중소기업의 외상매출금.(다만, 당해 법인이 채무자의 재산에 대해 저당권을 설정하고 있는 경우를 제외, 비망금액으로 1,000원을 제외한 금액을 대손금으로 한다.) ※ 부도발생일이란 소지하고 있는 부도어음이나 수표의 지급기일을 말하되, 지급기일 전에 당해 어음이나 수표를 제시하여 금융기관으로부터 부도확인을 받은 경우에는 그 부도확인일을 말한다. ③ 회수기일이 6월 이상 경과한 채권 중 30만원(채무자별 채권가액의 합계액을 기준으로 함) 이하의 채권 ④ 중소기업 외상매출금으로써 회수기일부터 2년이 경과한 외상매출금 및 미수금(다만, 특수관계인과의 거래로 인하여 발생한 채권은 제외) ⑤ 금융회사가 금융감독원장으로부터 대손금으로 승인받은 것 등

③ 대손금 회수액

대손금으로 손금산입한 금액 중 회수된 금액은 회수된 날이 속하는 사업연도의 익금에 산 입한다.

🌸 실무수행프로세스

1 단계: 2.대손금조정
2 단계: 1.대손충당금 조정(채권잔액)
3 단계: 1.대손충당금 조정(손금 및 익금산입액 조정)
4 단계: 소득금액조정합계표 작성

1 대손금조정
① 계정과목: 계정과목란은 코드로 입력을 해야 한다. 계정과목을 모를 시에는 코드도움(F2)을 이용한다.
② 채권내역 및 대손 사유: 한글로 간단히 입력한다.

2 대손충당금 조정
작업순서: 매출채권등의 총액계산 ➜ 익금산입액 조정 ➜ 손금산입액 조정
① 계정과목: 계정과목란은 코드로 입력을 해야 한다.
② 매출채권 등의 장부가액: 원장조회(F3) 및 잔액조회(F4)를 이용하여 각 채권의 잔액을 조회하여 입력한다.
③ 익금산입액 조정: 장부상 충당금 기초잔액 등을 순차적으로 입력하며, 12.당기 설정보충액을 입력하면 손금산입조정 5.보충란에 자동 반영되며, 14.회사 환입액을 입력하면 과소·과다환입액이 자동으로 계산된다.
④ 손금산입액 조정: 회사계상액 중 당기 계상액만 입력한다.
⑤ 설정률 수정: 화면 상단에 있는 설정률 수정 버튼을 이용하여 설정률을 수정할 수 있다.
　-1/100과 대손실적률 중 큰 비율 선택

$$\text{대손실적률} = \frac{\text{당해 사업연도의 '㉘'과 '㉛'의 합계액}}{\text{직전 사업연도 '①' 금액(채권잔액 '㉑'의 금액)}}$$

수행과제　**대손금 및 대손충당금조정명세서**

다음 자료에 의해서 (주)법인조정의 2025년도 대손금 및 대손충당금조정명세서를 작성하고 소득금액조정합계표에 세무조정사항을 반영하시오.

1. 외상매출금 10월 1일, 받을어음 8월 31일에 대손처리한 내역이 있다.
　(10월 1일 파산은 법인세법상 대손요건을 충족하였으며, 받을어음 부도발생일은 8월 31일이다.)
2. 전기분 자본금과적립금조정명세서(을)에 대손충당금설정 한도초과부인액 2,000,000원이 있다.
3. 당사의 대손실적률은 1/100 이하라고 가정한다.
4. 대손충당금은 매출채권(외상매출금, 받을어음)에 대해서만 설정하기로 한다.
5. 기타의 사항은 기장된 데이터에 의하여 작성한다.

수행과제 풀이   **대손금 및 대손충당금조정명세서**

1. [원장조회]를 이용한 대손내역검토

① 외상매출금계정을 조회하여 10월 1일의 대손처리내역 검토

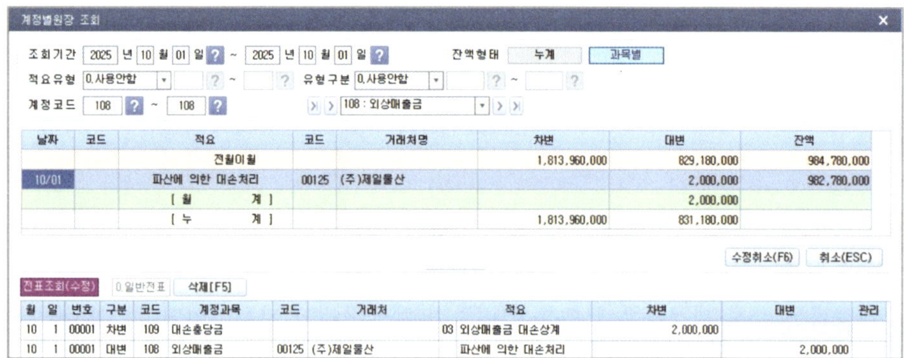

② 받을어음계정을 조회하여 8월 31일의 대손처리내역 검토

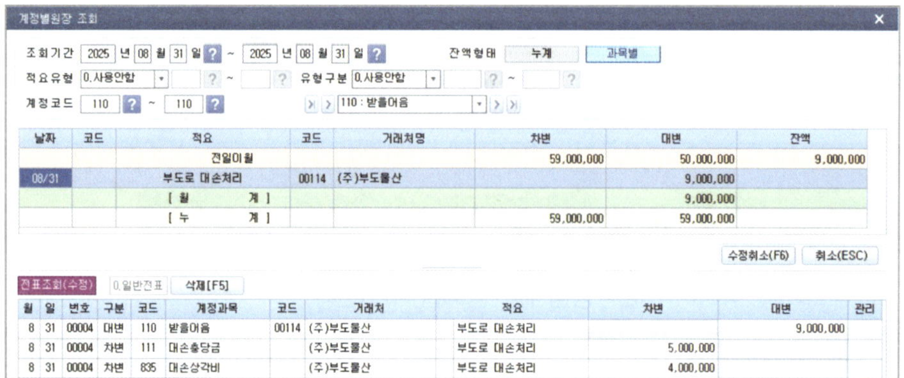

2. [2.대손금조정]의 대손처리내역

① 10월 1일 파산의 건

파산에 따른 대손요건을 갖추었으므로 시인액으로 처리한다.

② 8월 31일 부도의 건

부도(부도확정일 2025.08.31.) 발생 후 6개월이 경과하지 않았으므로 부인액으로 처리한다.

	22.일자	23.계정과목	24.채권내역	25.대손사유	26.금액	대손충당금			당기손금 계상액		
						27.계	28.시인액	29.부인액	30.계	31.시인액	32.부인액
1	10-01	외상매출금	제품매출대금	파산	2,000,000	2,000,000	2,000,000				
2	08-31	받을어음	제품매출대금	부도	9,000,000	5,000,000		5,000,000	4,000,000		4,000,000
				계	11,000,000	7,000,000	2,000,000	5,000,000	4,000,000		4,000,000

3. [1.대손충당금조정(채권잔액)]에 설정채권 입력

[16.계정과목]란에 계정과목 코드를 입력하면 채권잔액이 자동반영되며, 대손금 부인액 9,00,000원을 [18.기말현재 대손금 부인 누계액]란에 입력

	16.계정과목	17.채권잔액의 장부가액	18.기말현재 대손금 부인 누계액	19.합계 (17+18)	20.충당금 설정제외 채권	21.채권잔액 (19 - 20)
1	외상매출금	1,297,000,000		1,297,000,000		1,297,000,000
2	받을어음	220,000,000	9,000,000	229,000,000		229,000,000
	계	1,517,000,000	9,000,000	1,526,000,000		1,526,000,000

4. [1.대손충당금조정(손금및익금산입조정)]에 대손충당금 조정입력

① [잔액조회]를 통하여 대손충당금계정 금액을 확인한다.

구분	기초	당기감소(-)	당기추가설정(+)	기말잔액
대손충당금(109)	3,000,000	2,000,000	11,970,000	12,970,000
대손충당금(111)	5,000,000	5,000,000	4,400,000	4,400,000
계	8,000,000	7,000,000	16,370,000	17,370,000

② 조회된 계정금액을 각 해당란에 입력한다.

8.장부상충당금기초잔액: 8,000,000원

10.충당금부인누계액: 2,000,000원

12.당기설정충당금보충액: 8란 8,000,000원 - 11란 7,000,000원 = 1,000,000원

4.당기계상액: 16,370,000원

③ 설정률은 대손실적률이 1% 이하이므로 기본율을 선택한다.

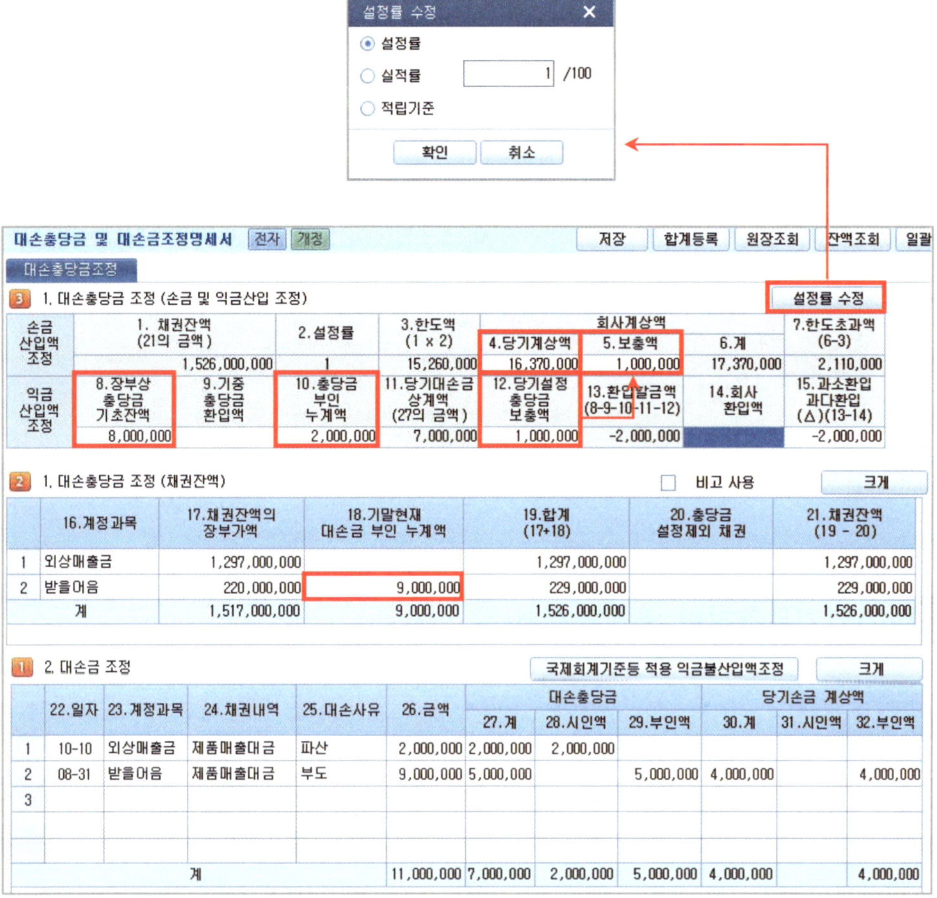

5. 소득금액조정합계표 작성

조정대상금액을 합계등록 키를 이용하여 소득금액조정합계표에 반영한다.

손금불산입	대손충당금한도초과액	2,110,000원	유보발생
손금불산입	대손금부인액	9,000,000원	유보발생
손금산입	전기대손충당금	2,000,000원	유보감소

합계등록

No	익금산입 및 손금불산입					No	손금산입 및 익금불산입				
	과 목	금 액	조정액	처 분	내역		과 목	금 액	조정액	처 분	내역
3	임대보증금간주익	926,000		기타사외 유		1	위탁판매 대응원	5,000,000		유보(발생)	
4	본사건물 상각부	3,900,000		유보(발생)		2	에어컨 상각추인	1,902,000		유보(감소)	
5	B기계 상각부인액	4,809,000		유보(발생)		3	퇴직급여충당금(	12,000,000		유보(감소)	
6	퇴직급여충당금한	271,523,608		유보(발생)		4	퇴직연금 불입액	90,000,000		유보(발생)	
7	퇴직연금 지급액	12,000,000		유보(감소)		5	전기대손충당금	2,000,000		유보(감소)	
8	대손충당금한도초	2,110,000		유보(발생)		6					
9	대손금부인액	9,000,000		유보(발생)							
10											
	합 계	379,912,239					합 계	110,902,000			

소득 금액 조정 내역 — 코드

등록된 내역을 이용하지 않고 직접 편집, 또는 선택한 내역의 일부내용을 수정할때(F7-이동키), 복귀(ENTER)

세 무 조 정 사 항

과 목	금 액	과 목	금 액
한도초과액	2,110,000	과다환입액	2,000,000
대손금부인액	9,000,000		

저장 │ 과목조회(F2) │ 내역조회(F3) │ 내역등록(F4) │ 삭제(F5) │ 인쇄(F9) │ 복귀 (ESC)

Message 과목을 입력하세요(F2:코드도움)

05 기업업무추진비 조정명세서(갑, 을)

필요 지식

　기업업무추진비조정명세서는 회사에서 계상한 기업업무추진비와 세법상 인정되는 기업업무추진비를 조정하는 서식으로, 기업업무추진비는 기업업무추진비 및 교제비·사례금 기타 명목 여하에 관계없이 이에 유사한 성질의 비용으로서 법인이 업무와 관련하여 지출한 금액을 말한다.

　서식은 (을)지를 먼저 작성하고 (갑)지를 작성한다.

(1) 기업업무추진비의 범위

① 기업업무추진·교제 등을 위한 비용 또는 사례금

종류	구분 기준		
기부금	업무와 관련 없는 지출		
기업업무추진비	업무와 관련 있는 지출	특정고객을 위한 지출	연간 5만원 초과 물품
광고선전비	업무와 관련 있는 지출	특정고객을 위한 지출	연간 5만원 이하 물품
	업무와 관련 있는 지출	불특정 다수인을 위한 지출	

② 기타 기업업무추진비

- 사용인이 조직한 단체에 지출한 복리시설비
- 금융회사 등이 적금·보험 등의 계약이나 수금에 필요하여 지출하는 경비
- 약정에 의하여 채권의 전부 또는 일부를 포기하는 경우 당해 채권포기 금액은 기업업무추진비 또는 기부금으로 봄.
- 특정 고객에게만 선별적으로 제공된 광고선전비로, 특정인에 대한 기증금품으로서 연간 5만원을 초과하는 비용
- 고정자산, 재고자산 등의 취득과 관련하여 지출한 비용으로서 자산의 취득가액으로 계상한 경우에도 기업업무추진·교제 등을 위하여 지출한 금액이 포함되어 있는 경우에는 기업업무추진비에 포함함.

③ 3만원 초과 지출 기업업무추진비의 신용카드 등 사용 의무화

법인이 1회의 기업업무추진에 지출한 기업업무추진비로서 3만원(경조금 20만원)을 초과하는 경우에는 반드시 신용카드 등[주1]을 사용하여야 한다. 만일 신용카드 등을 사용하지 아니하고 지출한 금액이 있는 경우에 동 금액은 손금불산입(기타사외유출)한다. 다만, 당해 법인이 직접 생산한 제품 등으로 제공한 것(=현물기업업무추진비)은 제외한다.

주1) 신용카드 및 현금영수증, 세금계산서, 매입자발행세금계산서, 계산서, 원천징수영수증을 포함한다.

④ 현물기업업무추진비

기업업무추진비를 금전 외의 자산(제품 등)으로 제공하는 때에는 기업업무추진했을 때의 장부가액과 시가 중 큰 금액으로 계산한다.

(2) 기업업무추진비의 시부인계산

① 시부인계산의 구조

```
      기업업무추진비 해 당 액
(-)   기업업무추진비 한 도 액
      ─────────────────
      기업업무추진비한도초과액     손금불산입(기타사외유출)
```

② 기업업무추진비한도액

기업업무추진비한도액 = 일반기업업무추진비한도액 + 문화기업업무추진비한도액 + 전통시장 한도액

① 일반기업업무추진비한도액

$$12,000,000원(중소기업 \ 36,000,000원) \times \frac{사업연도월수^{주1)}}{12} + 수입금액 \times 적용률 + (특정수입금액^{주2)} \times 적용률 \times 10\%)$$

② 문화기업업무추진비[주3] 한도액: min(문화기업업무추진비, 일반기업업무추진비한도액 × 20%)

③ 전통시장기업업무추진비[주4] 한도액: min(전통시장기업업무추진비, 일반기업업무추진비한도액 × 10%)

주1) 월수는 역에 따라 계산하되, 1월 미만의 일수는 1월로 한다.

주2) 특정수입금액이란 특수관계인과의 거래에서 발생한 수입금액을 말한다.

① 수입금액: 기업업무추진비의 한도액 계산기준이 되는 수입금액은 기업회계기준에 의하여 계산한 매출액(매출에누리와 환입·매출할인을 차감하고, 부산물매출액·작업폐물매출액은 포함)을 말한다.

② 적용률

수입 금액	일반수입금액	기타수입금액
100억원 이하	30/10,000	다음의 수입금액에 대하여는 그 수입금액에 적용률을 곱하여 산출한 금액의 10% 상당액 −특수관계인과의 거래에서 발생한 수입금액
100억원 초과 500억원 이하	3천만원 + 100억원 초과금액의 20/10,000	
500억원 초과	1억1천만원 + 500억원 초과금액의 3/10,000	

한편, 법인에 일반수입금액과 특정수입금액이 함께 있는 경우에는 일반수입금액부터 구간별 적용률을 적용한다.

주3) 문화기업업무추진비란 국내문화관련 지출로서 문화예술공연, 전시회, 박물관 등의 입장권 구입, 영상간행물 등의 구입용도로 지출한 비용을 말한다.

주4) 전통시장기업업무추진비란 2025.12.31.까지 전통시장에서 지출한 비용을 말한다.

(3) 기업업무추진비 손금불산입액의 처리

구분	내용
1단계	기업업무추진비 중 업무무관이거나 지출증명이 없는 기업업무추진비는 손금불산입(상여) 처분한다. ※ 귀속자가 분명한 때: 귀속자에 대한 상여·배당 또는 기타소득 　 귀속자가 불분명한 때: 대표자에 대한 상여
2단계	1회 지출금액이 3만원을 초과하는 기업업무추진비로서 신용카드 등을 사용하지 아니한 금액은 전액 손금불산입(기타사외유출) 처분한다.
3단계	기업업무추진비 지출액에서 1단계와 2단계에서 손금불산입된 금액을 제외한 금액으로 기업업무추진비한도액을 초과하는 금액을 손금불산입(기타사외유출) 처분한다.

✿ 실무수행프로세스

1 단계: 기업업무추진비 조정명세서(을) 1.수입금액명세
2 단계: 기업업무추진비 조정명세서(을)
3 단계: 기업업무추진비 조정명세서(갑)
4 단계: 소득금액조정합계표 작성

1 기업업무추진비 조정명세서(을)

(1) 수입금액명세
  ① 자동반영: 수입금액조정명세서의 조정 후 수입금액이 기타란과 합계란에 자동반영되며, 수입금액 중 특수관계거래에서 발생한 수입금액이 있는 경우 해당란으로 커서를 이동하여 입력하면 기타 수입금액에서 차감된다.
  ② 직접입력: 수입금액조정을 하지 않고 기업업무추진비 조정을 먼저 하고자 할 때는 합계란에 금액을 직접 입력한다.

(2) 기업업무추진비 해당금액
  ① 경조사비 설정: 계정과목코드에 경조사비 지출액 중 신용카드 미사용분과 신용카드 사용분 적요코드를 선택한다.(신용카드미사용 적요에 10번 적요가 기본 값으로 되어 있으며 변경이 가능하다) 해당 적요를 선택 후 새로불러오기 를 하면 입력된 일반전표 및 매입매출전표에서 그 적요코드를 기준으로 기준금액 초과금액과 신용카드미사용분이 자동반영된다.
  ② 문화기업업무추진비 설정: 계정과목코드에 문화기업업무추진비 지출액 중 신용카드 미사용분과 신용카드 사용분 적요코드를 선택한다.(신용카드미사용 적요에 12번 적요가 기본값으로 되어 있으며 변경이 가능하다) 해당 적요를 선택 후 새로불러오기 를 하면 입력된 일반전표 및 매입매출전표에서 그 적요코드를 기준으로 기준금액 초과금액과 신용카드미사용분이 자동반영된다.
  ③ 국외지출액 설정: 계정과목은 해외기업업무추진비(843)이며 수정할 수 있다. 계정코드 설정에서 신용카드미사용적요에는 「법인세법 시행령」 제41조 제2항에 해당하는 지역 외의 지역에서 사용한 신용카드 미사용 적요를 선택한다. 해당 적요 선택 후 새로불러오기 를 하면 분모에는 해외기업업무추진비(843) 총 금액이, 분자에는 분모금액 중 신용카드미사용으로 설정된 적요코드의 금액이 반영된다.
  ④ 기장 데이터 이용: 재무회계에서 기장한 경우 계정과목 코드 513, 535, 813, 836으로 입력된 금액이 계정과목 및 계정금액에 자동반영되며, 신용카드 사용금액란은 전표입력시 매입매출전표입력 그리고 일반전표입력에서 적요코드 1.신용카드 사용액으로 입력된 금액이 신용카드사용분으로 자동반영된다.
  ⑤ 외부조정만 하는 경우: 계정과목코드로 계정과목을 입력하며, 기타 해당금액을 순차적으로 입력한다.
  ⑥ 해당 부인액(직부인액)이 있는 경우 6.기업업무추진비계상액 중 사적사용 경비란에 입력한다.

2 기업업무추진비조정명세서(갑)

① 회사등록에서 선택된 중소기업 여부에 따라 기업업무추진비 기준금액이 자동반영되며, 회사등록의 회계기간에 따라 적용월수를 계산한다.
② 기업업무추진비 한도초과액 조정: 기업업무추진비 조정명세서(을)의 자료에 의해 자동작성된다. 이때 화면 우측의 '문화기업업무추진비지출액'란에 해당금액을 입력하면 '문화기업업무추진비 한도액'이 자동계산된다.(경조사비 등 설정 메뉴을 이용할 경우 문화기업업무추진비지출액도 자동반영이 된다)
③ 특수관계인과의 수입금액에 대한 한도액: (5−6) × 10/100
④ 당해 법인의 전체 수입금액에 대하여 일반 수입금액에 대한 한도액의 율을 적용하여 한도액을 산출
⑤ 신용카드 등 미달사용 손금불산입액
  기업업무추진비조정명세서(을) 기업업무추진비 중 기준금액 초과액 중 신용카드등 미사용으로 인한 손금불산입액이 자동으로 작성된다.

수행과제 기업업무추진비 조정명세서(갑, 을)

다음 자료에 의해서 (주)법인조정의 2025년도 기업업무추진비 조정명세서(갑, 을)를 작성하고 소득금액조정합계표에 세무조정사항을 반영하시오.

1. 접대비(기업업무추진비) 계정금액 및 접대비(기업업무추진비) 중 신용카드 등 사용금액은 기장된 자료에 의해 자동반영된다.
2. 접대비(기업업무추진비) (판) 12월 1일분 거래자료는 증빙불비분이다.
3. 접대비(기업업무추진비) (판) 중 문화기업업무추진비는 적요번호 8번(신용카드사용분), 적요번호 12번(신용카드미사용분)으로 기장되어 있다. 기업업무추진비조정명세서의 경조사비등 설정메뉴를 이용하여 자동반영되도록 한다.
4. 수입금액은 수입금액조정명세서상의 금액을 이용하도록 한다.
5. 결산서상 기업업무추진비는 모두 건당 3만원을 초과한다.

수행과제 풀이 기업업무추진비조정명세서(갑, 을)

1. 경조사비등 적요설정

[경조사비등 설정] 탭을 선택하여 [2. 문화기업업무추진비 설정]란에 적요번호를 입력 후 확인을 선택한다.

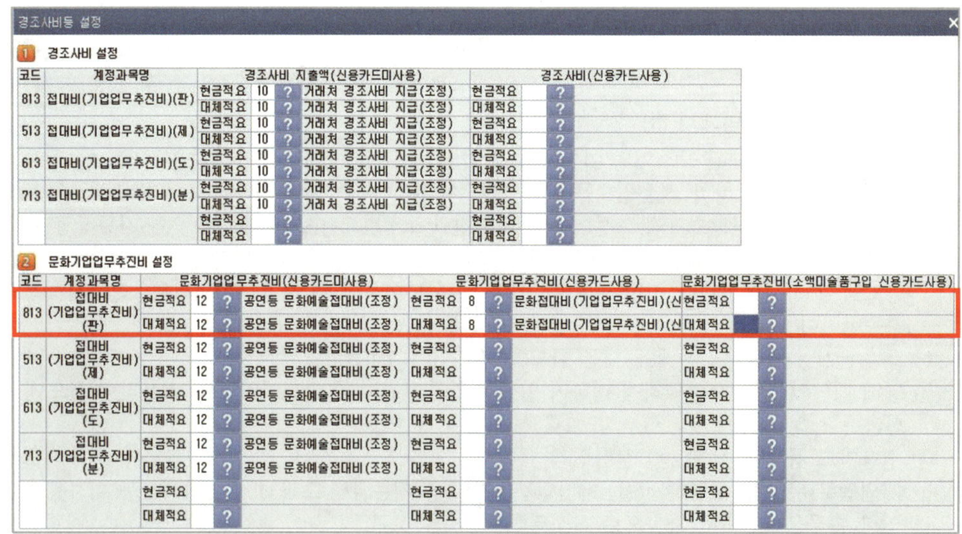

2. 기업업무추진비 조정명세서(을)

① 기업업무추진비 조정명세서(을)에서 새로불러오기 를 하여 회사등록과 수입금액, 기업업무
   추진비해당금액 등을 자동으로 반영한다. 기업회계기준에 의한 매출액을 적용하여야
   하므로 결산시 누락된 위탁판매 수입금액을 가산한 금액 2,589,300,000원
   (2,581,300,000원 + 8,000,000원)을 합계란에 수정 입력한다. 특수관계인간 거래
   금액은 없으므로 그대로 둔다.

② [6.기업업무추진비계상액중 사적사용 경비]란에 3,000,000원(원장 조회)을 입력한다.

③ [16.기업업무추진비중기준금액 총 초과금액]

   58,451,850원 − 3,000,000원 = 55,451,850원

④ [15.기업업무추진비중기준금액 신용카드등 미사용금액]

   5,782,000원 − 3,000,000원 = 2,782,000원

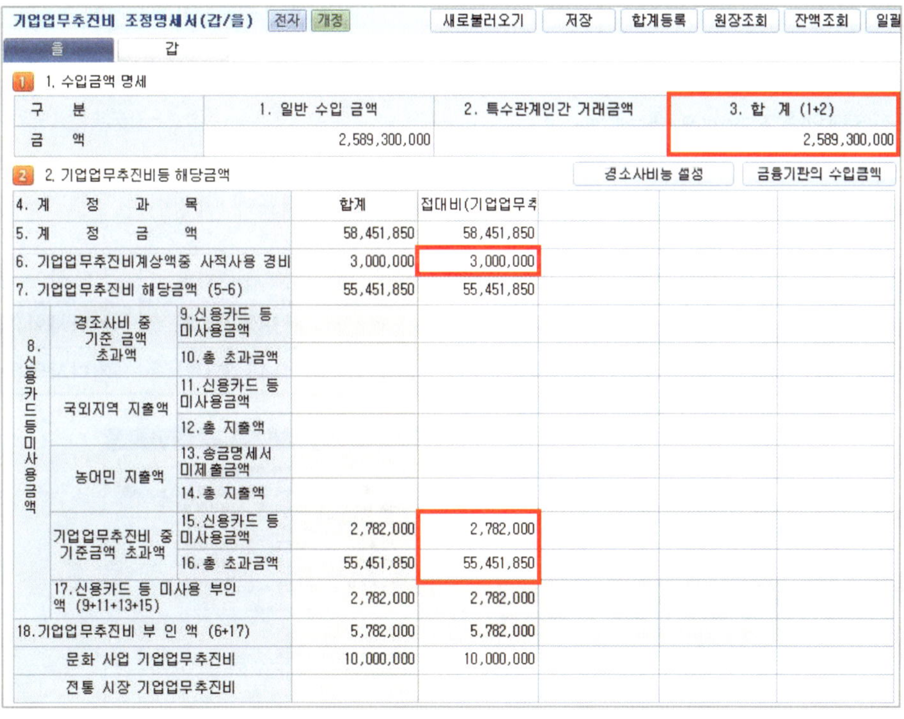

구 분	1. 일반 수입 금액	2. 특수관계인간 거래금액	3. 합 계 (1+2)
금 액	2,589,300,000		2,589,300,000

2. 기업업무추진비등 해당금액

4. 계 정 과 목		합계	접대비(기업업무추		
5. 계 정 금 액		58,451,850	58,451,850		
6. 기업업무추진비계상액중 사적사용 경비		3,000,000	3,000,000		
7. 기업업무추진비 해당액 (5-6)		55,451,850	55,451,850		
8. 신용카드등미사용금액	경조사비 중 기준 금액 초과액	9.신용카드 등 미사용금액			
		10. 총 초과금액			
	국외지역 지출액	11.신용카드 등 미사용금액			
		12. 총 지출액			
	농어민 지출액	13.송금명세서 미제출금액			
		14. 총 지출액			
	기업업무추진비 중 기준금액 초과액	15.신용카드 등 미사용금액	2,782,000	2,782,000	
		16.총 초과금액	55,451,850	55,451,850	
17.신용카드 등 미사용 부인액 (9+11+13+15)		2,782,000	2,782,000		
18.기업업무추진비 부 인 액 (6+17)		5,782,000	5,782,000		
문화 사업 기업업무추진비		10,000,000	10,000,000		
전통 시장 기업업무추진비					

3. 기업업무추진비 조정명세서(갑)

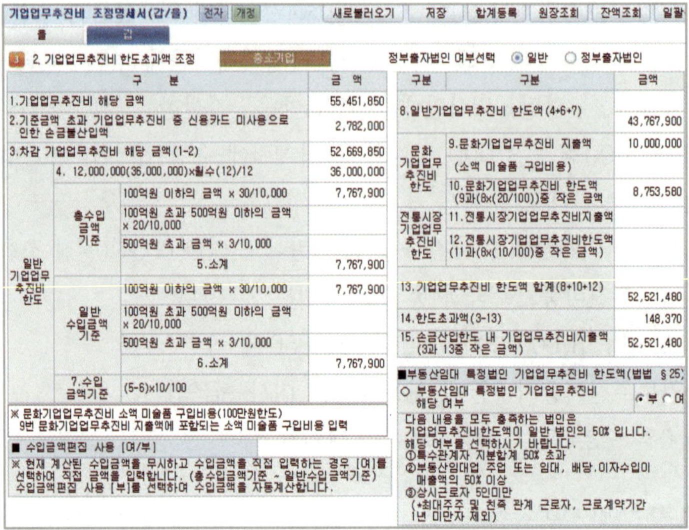

4. 소득금액조정합계표 작성

조정대상금액을 합계등록 키를 이용하여 소득금액조정합계표에 반영한다.

손금불산입	기업업무추진비 중 증빙불비분	3,000,000원	상여
손금불산입	기업업무추진비 중 신용카드등 미사용액	2,782,000원	기타사외유출
손금불산입	기업업무추진비 한도초과	148,370원	기타사외유출

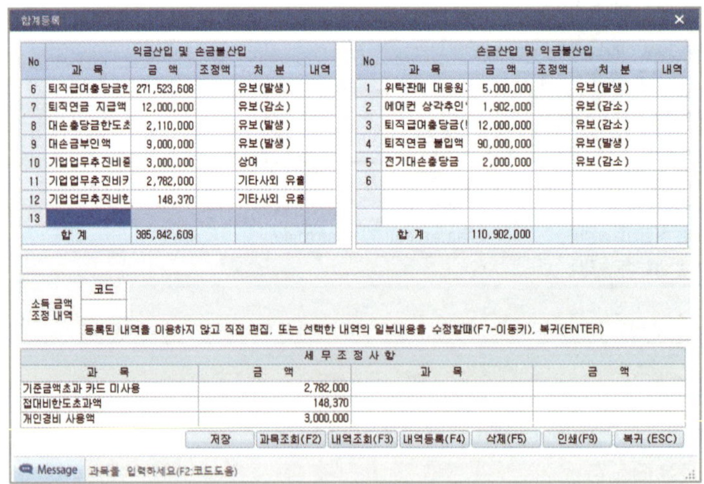

 06 가지급금등의 인정이자조정(갑, 을)

필요 지식

특수관계인에게 무상 또는 시가보다 낮은 이율로 금전을 대여한 경우에는 가중평균차입이자율(당좌대출이자율 선택 허용)로 계산한 이자 상당액을 익금으로 계상하여야 한다.

즉, 법인의 가지급금이 특수관계인과의 거래이면서, 대여이자율이 법인세법상 시가로 보는 이자율보다 저율인 금전에 대하여 인정이자를 계산하며, 이를 가지급금 인정이자 계산이라 한다.

(1) 가지급금의 범위

가지급금이란 명칭 여하에 불구하고 당해 법인의 업무와 관련 없는 자금의 대여액을 말하는 바, 이 중 부당행위계산부인규정이 적용되는 가지급금이란 거래상대방이 특수관계인인 경우에 한한다.

다음의 금전 대여액에 대하여는 인정이자를 계산하지 아니한다.

> - 미지급소득(배당소득, 상여금)에 대한 소득세 대납액
> - 국외에 자본을 투자한 내국법인이 해당 국외투자법인에 종사하거나 종사할 자에게 여비·급료·기타 비용을 대신하여 부담하고 이는 가지급금 등으로 계산한 금액
> - 우리사주조합 또는 그 조합원에게 해당 우리사주조합이 설립된 회사의 주식취득에 소요되는 자금을 가지급한 금액
> - 국민연금법에 의해 근로자가 지급받은 것으로 보는 퇴직금전환금
> - 사외로 유출된 금액의 귀속이 불분명하여 대표자에게 상여처분한 금액에 대한 소득세를 법인이 납부하고 가지급금으로 계상한 금액
> - 사용인에 대한 월정급여액 범위 안의 일시적 급료 가불금
> - 사용인에 대한 경조사비 또는 학자금(자녀포함)의 대여액
> - 중소기업의 근로자(임원·지배주주 등 제외)에 대한 주택구입·전세자금 대여액
> - 한국자산관리공사가 출자총액의 전액을 출자하여 설립한 법인에 대여한 금액

(2) 특수관계인의 범위

① 임원의 임면권 행사, 사업방침의 결정 등 당해 법인의 경영에 대하여 사실상 영향력을 행사하고 있다고 인정되는 자(상법 §401의 2 ①의 규정에 의하여 이사로 보는 자를 포함하며, 법인도 포함됨)와 그 친족
② 주주 등(소액주주 등 제외)과 그 친족
 ※ 소액주주 등: 발행주식총수 또는 출자총액의 1%에 미달하는 주식 또는 출자지분을 소유한 주주 등(국가, 지방자치단체 외의 지배주주등과 특수관계에 있는 자 제외)(영 §50 ②)
③ 법인의 임원·사용인 또는 주주등의 사용인(주주 등이 영리법인인 경우에는 그 임원을, 비영리법인인 경우에는 그 이사 및 설립자를 말한다)이나 사용인 외의 자로서 법인 또는 주주등의 금전 기타 자산에 의하여 생계를 유지하는 자와 이들과 생계를 함께 하는 친족
④ 해당 법인이 직접 또는 그와 제1호부터 제3호까지의 관계에 있는 자를 통하여 어느 법인의 경영에 대하여 지배적인 영향력을 행사하고 있는 경우 그 법인
⑤ 해당 법인이 직접 또는 그와 제1호부터 제4호까지의 관계에 있는 자를 통하여 어느 법인의 경영에 대하여 지배적인 영향력을 행사하고 있는 경우 그 법인
⑥ 당해 법인에 100분의 30 이상을 출자하고 있는 법인에 100분의 30 이상을 출자하고 있는 법인이나 개인
⑦ 당해 법인이 「독점규제 및 공정거래에 관한 법률」에 의한 기업집단에 속하는 법인인 경우 그 기업집단에 소속된 다른 계열회사 및 그 계열회사의 임원

(3) 가지급금 인정이자의 계산

$$\text{익금에 산입할 금액} = \text{가지급금 인정이자} - \text{실제 수입이자}$$

$$\text{가지급금 인정이자} = \text{가지급금 적수} \times \frac{1}{365} \left(\text{윤년인 경우에는 } \frac{1}{366} \right) \times \text{이자율}$$

구분	내용
가지급금 적수	• 가지급금의 적수계산시 초일은 산입하고 말일은 불산입한다. • 동일인에 대하여 가지급금과 가수금이 함께 있는 경우에는 상계 후 잔액에 대하여 인정이자를 계산한다. 다만, 상환기간·이자율 등의 사전약정이 있어 이를 서로 상계할 수 없는 경우에는 상계하지 아니한다.
이자율	인정이자 계산을 위한 적정이자율 적용은 '가중평균차입이자율'이 원칙이나 가중평균차입이자율의 적용이 불가능(차입금이 없거나 차입금 전액을 특수관계인으로부터 차입하여 가중평균차입율을 적용할 수 없는 경우 등)하거나 당좌이자율을 선택하였을 경우엔 '당좌대출이자율'을 적용할 수 있다.(단, 당좌대출이자율을 선택하는 경우 3년간 의무적용을 하여야 한다)

* 가중평균차입이자율: 법인의 자금대여 시점에 각각의 차입금 잔액(특수관계인으로부터의 차입금 제외)에 차입금 당시의 각각의 이자율을 곱한 금액의 합계액을 차입금 잔액의 총액으로 나눈 이자율

🌸 실무수행프로세스

1️⃣ 단계: 1.이자율별 차입금적수 계산
2️⃣ 단계: 2.이자율별 차입금잔액 계산
3️⃣ 단계: 2.가지급금·가수금적수 계산
4️⃣ 단계: 3.인정이자 계산
5️⃣ 단계: 소득금액조정합계표 작성

1 이자율별 차입금적수 계산

업무무관지급이자조정(갑)메뉴의 [2.지급이자 및 차입금 적수계산]에 사용될 이자율별 차입금적수를 계산하는 메뉴다.
① 연이율, 지급이자를 입력하면 차입금 적수가 자동계산된다.
② 반드시 [정렬(재계산)]을 클릭하여 동일한 이율의 금액이 합계되며 높은 이자율 순으로 정렬되게 한다.
③ [연일수] 키를 클릭하여 윤년인 경우 366일로 선택 체크한다.

2 이자율별 차입금잔액 계산

가중평균차입이자율을 계산하기 위한 메뉴이다.
① [계정설정]을 클릭하여 차입금관련 계정과목을 설정한다.
② 거래처명에서 F2 코드도움 키를 이용하여 거래처를 입력하고 새로불러오기 를 클릭하면 해당 차입금내역이 자동반영된다.
③ 이자율란에 해당이자율을 직접 입력한다.

3 가지급금 · 가수금적수 계산

가지급금 등의 인정이자조정명세서(을)지에 해당하는 메뉴이다.
① 재무회계 데이터를 이용할 시에는 화면 우측에 있는 '계정별원장의 데이터 불러오기'를 클릭하여 직책과 성명을 입력한 후 불러오기를 클릭하면 된다.
　기장자료를 이용할 경우는 3명까지만 자동으로 반영된다.
② 수동으로 입력을 할 경우 직책과 성명을 입력하고 오른쪽 화면에서 가지급금, 가수금을 각각 선택한 후 일자별로 입력을 한다.
③ 일자별로 입력을 하고 추가로 삽입을 할 때는 맨 하단에 입력하고 F6 [정렬자료]를 클릭하면 일자별로 정렬된다.
④ 3.가중평균차입이자율 또는 4.당좌대출이자율 Tab에서 인명별 불러오기 를 클릭하여 데이터를 조회한 다음, 화면 우측의 이자율란에 이자율을 직접 입력하거나 F2키를 이용하여 가중평균이자율을 적용하면 인정이자가 계산된다.(당좌대출이자율은 이자율을 입력하지 않아도 된다)

4 인정이자 계산

① '이자율별 차입금 적수계산'과 '가지급금, 가수금적수계산'에서 자동반영된다.
② 각 인명에 커서가 위치했을 때 인정이자 계상액이 나타나며 각 인명별로 회사가 이자로 계상한 금액(회사계상액)을 입력한 경우 인정이자 계상액에서 회사 계상한 금액을 뺀 금액이 손금부인된다.
　이때 동일인에 대하여 〈가수금 적수〉가 〈가지급금 적수〉보다 많을 경우에는 (갑)지에 표시되지 않는다.

수행과제 가지급금등의인정이자조정(갑, 을)

다음 자료에 의해서 (주)법인조정의 2025년도 가지급금등의인정이자조정(갑, 을)을 작성하고 소득금액조정합계표에 세무조정사항을 반영하시오.

1. 대표이사 송상근의 가지급금 및 가수금은 적요번호 1번, 4번으로 기장되어 있다.
2. 당해 연도부터 당좌대출이자율을 적용하기로 한다.
3. 이자수익계정에 송상근의 이자 입금 내역이 기장되어 있다.

수행과제 풀이 가지급금등의인정이자조정(갑, 을)

1. 가지급금·가수금적수계산(1.가지금금, 2.가수금)

화면 상단 좌측 직책란에 대표이사, 성명란에 송상근을 입력하고 화면 상단 우측의 계정별원장 데이터불러오기 키를 이용하여 대표이사에 대한 가지급금, 가수금 내역을 불러온다.

┃ 가지급금 적수계산 ┃

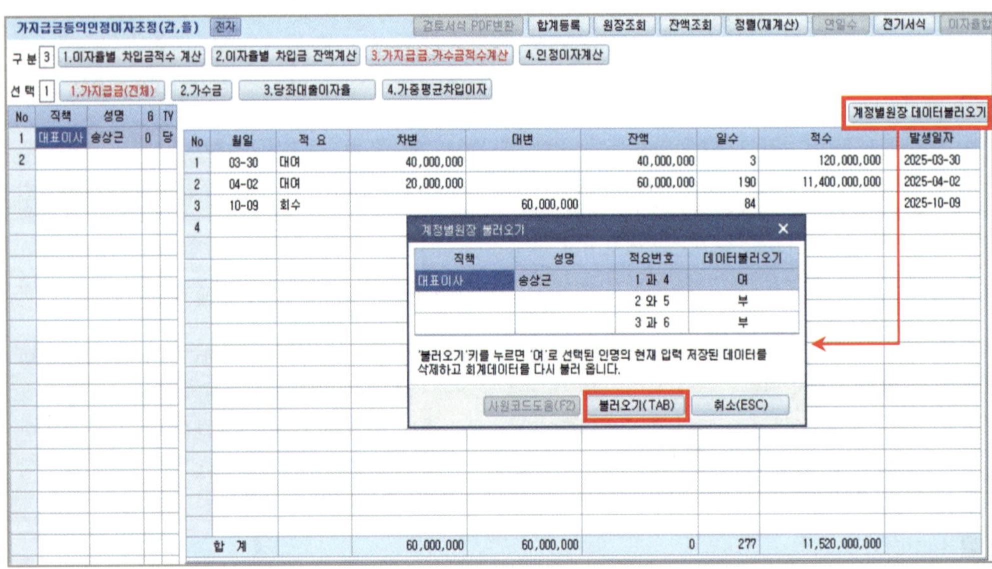

▌가수금 적수계산 ▌

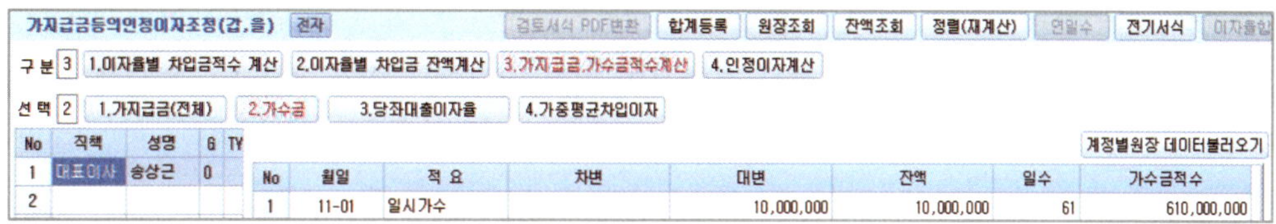

2. 가지급금 · 가수금 적수계산(3.당좌대출이자율)

당좌대출이자율 TAB에서 인명별 불러오기를 클릭하여 1.가지급금과 2.가수금 자료를 불러온다.

3. 인정이자계산

　이자수익계정에서 조회한 대표이사 송상근의 이자 입금액 1,200,000원을 회사계상액에 입력한다.

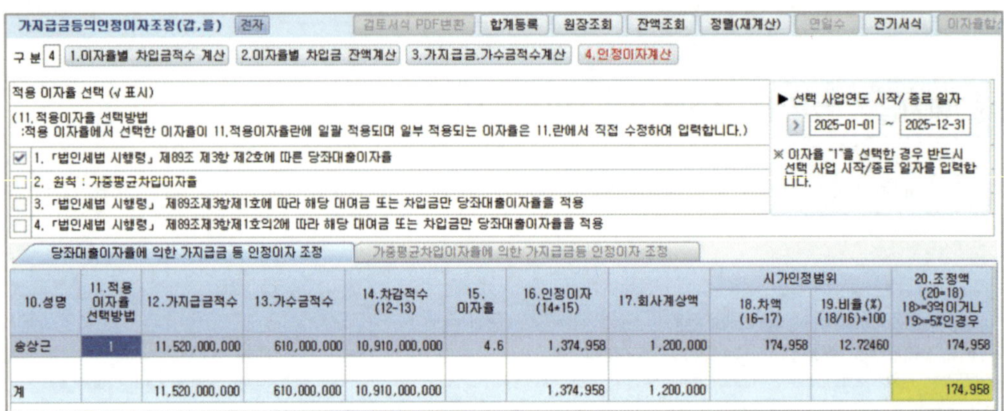

　가지급금ㆍ가수금적수내역에 따른 인정이자 1,374,958원이 계산되었으나, 회사계상액 1,200,000원을 차감한 174,958원이 조정대상이다.

4. 소득금액조정합계표 작성

　조정대상금액을 　합계등록　키를 이용하여 소득금액조정합계표에 반영한다.

익금산입	가지급금인정이자	174,958원	상여

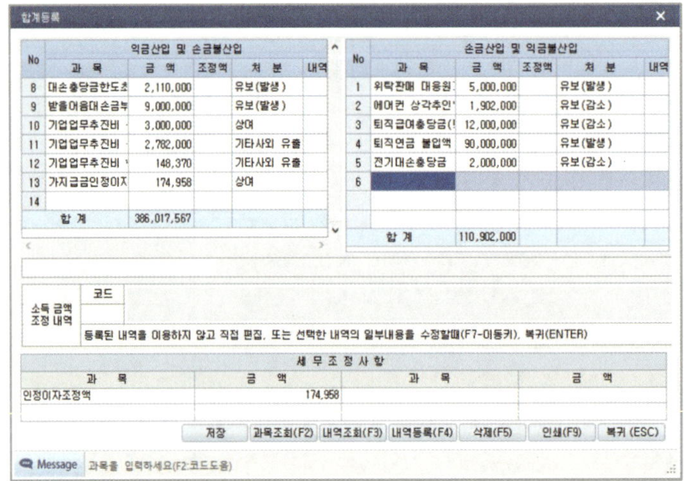

 07 재고자산(유가증권)평가조정명세서

필요 지식

재고자산과 유가증권의 평가는 법인이 납세지 관할 세무서장에게 신고한 방법에 따르며, 평가내역을 「재고자산평가조정명세서」에 기재하여 제출하여야 한다.

(1) 재고자산 및 유가증권의 평가방법

평가대상 자산	평가방법		
	신고시: 신고한 방법	법정기한 내 무신고시	신고방법 외의 방법으로 평가시, 변경신고 없이 신고방법 변경시
재고자산 • 제품 및 상품 • 반제품 및 재공품 • 원재료 • 저장품	• 원가법 개별법, 선입선출법, 후입선출법, 총평균법, 이동평균법, 매출가격 환원법 • 저가법 원가법과 기업회계기준에 따라 시가로 평가한 가액 중 낮은 가액	• 부동산: 개별법 • 기타자산: 선입선출법	• 선입선출법(매매용부동산은 개별법) · 신고한 평가방법 중 큰 금액의 평가방법
유가증권 • 일반회사 보유	• 원가법 중 - 개별법(채권의 경우에 한함) - 총평균법 - 이동평균법	• 원가법 중 총평균법	• 총평균법 · 신고한 평가방법 중 큰 금액의 평가방법
• 투자 회사 보유	• 시가법	• 시가법	• 시가법

(2) 평가방법의 변경신고

구분	내용
최초신고	신설법인과 수익사업을 개시한 비영리내국법인은 재고자산의 평가방법을 당해 법인의 설립일·수익사업 개시일이 속하는 사업연도의 과세표준 신고기한 내에 납세지 관할세무서장에게 신고하여야 한다.
변경신고	재고자산의 평가방법을 신고한 법인으로서 그 평가방법을 변경하고자 하는 법인은 변경할 평가방법을 적용하고자 하는 사업연도의 종료일 이전 3월이 되는 날까지 납세지 관할세무서장에게 신고하여야 한다.

(3) 재고자산 평가차액의 세무조정

구분	당해연도	다음연도
장부상 평가액 < 세법상 평가액	재고자산평가감: 손금불산입(유보)	반대의 세무조정으로 종결 손금산입(△유보)
장부상 평가액 > 세법상 평가액	재고자산평가증: 손금산입(△유보)	반대의 세무조정으로 종결 손금불산입(유보)

(4) 유가증권 평가

① 유가증권의 취득가액

법인세법의 일반원칙에 의하여 계산한다. 다만, 특수관계 있는 개인으로부터 유가증권을 저가로 매입한 경우에는 시가를 취득가액으로 한다.

② 유가증권의 평가방법

구분		내용
원 칙 (원가법)	주식: 원가법(총평균법, 이동평균법) 중 선택(무신고시 총평균법)	
	채권: 원가법(개별법, 총평균법, 이동평균법) 중 선택(무신고시 총평균법)	

③ 일반법인의 유가증권 평가손익 등의 세무조정(소득처분)

구분		세무조정(소득처분)
손익계산서항목	단기매매증권평가이익	익금불산입(△유보)
	단기매매증권평가손실	손금불산입(유보)
	지분법평가이익	익금불산입(△유보)
	지분법평가손실	손금불산입(유보)
	매도가능증권손상차손 만기보유증권손상차손	손금불산입(유보)
	매도가능증권손상차손환입 만기보유증권손상차손환입	익금불산입(△유보)
자 본 항 목	매도가능증권평가이익[주1]	익금불산입(△유보) 익 금 산 입(기타)
	매도가능증권평가손실[주2]	손금불산입(유보) 손 금 산 입(기타)

주1) 이익잉여금의 증가 또는 지분법적용주식평가이익 포함
주2) 이익잉여금의 감소 또는 지분법적용주식평가손실 포함

❀ 실무수행프로세스

> ① 단계: 재고자산 평가방법 검토
> ② 단계: 평가조정계산
> ③ 단계: 소득금액조정합계표 작성

■ 재고자산 평가방법 검토
 ① 해당사항을 입력한다.
 ② 평가방법을 신고하지 않은 경우 신고방법란에서 무신고를 선택한다.

■ 평가조정계산
 ① 과목: 해당 계정과목코드를 입력한다. 코드를 모를 시에는 코드도움(F2)을 이용한다.
 ② 금액 등 해당사항을 입력하면 재고자산 평가감은 (+)로, 재고자산 평가증은 (−)로 표시되어 자동계산된다.

■ 세무조정
 ① 재고평가감(회사계상액〈세무상평가액) 매출원가과대 − 당기 손금불산입(유보), 차기 손금산입 (△유보)
 ② 재고평가증(회사계상액〉세무상평가액) 매출원가과소 − 당기 손금산입(△유보), 차기 손금불산 입(유보)

수행과제 재고자산평가조정명세서

다음 자료에 의해서 (주)법인조정의 2025년도 재고자산평가조정명세서를 작성하고 소득금액조정합계표에 세무조정사항을 반영하시오.

1. 재고자산에 대한 회계상 평가액과 각각의 평가방법에 의한 금액은 다음과 같다.

(단위: 원)

자산	신고방법	신고연월일	결산서금액	총평균법	후입선출법	선입선출법
제 품	총평균법	2023.12.31.	50,000,000	51,000,000	50,000,000	52,000,000
재 공 품	무신고	–	15,000,000	14,500,000	14,000,000	15,000,000
원 재 료	총평균법	2023.12.31.	30,000,000	30,000,000	29,000,000	31,000,000

2. 제품의 경우 2025.10.31.에 평가방법을 총평균법에서 후입선출법으로 변경신고하였다.

수행과제 풀이 재고자산평가조정명세서

1. 재고자산 평가방법 검토

① 제품은 사업연도종료일 이전 3개월(2025.9.30.) 이후에 변경신고 되어 변경된 신고방법을 적용할 수 없으므로 적합하지 않다.

② 재공품은 평가방법을 신고하지 않고 선입선출법으로 평가하였으므로 적합하다.

③ 원재료는 총평균법으로 신고하고 총평균법으로 평가하였으므로 적합하다.

2. 평가조정계산

① 제품: 당초 신고방법과 선입선출법 중 큰 금액으로 평가하여야 하므로 결산서상 금액인 회사계상액과 선입선출법의 차이 2,000,000원을 조정한다.

② 재공품: 결산서상 금액인 회사계상액이 선입선출법이므로 조정사항이 없다.

③ 원재료: 결산서상 금액인 회사계상액과 신고방법이 같으므로 조정사항이 없다.

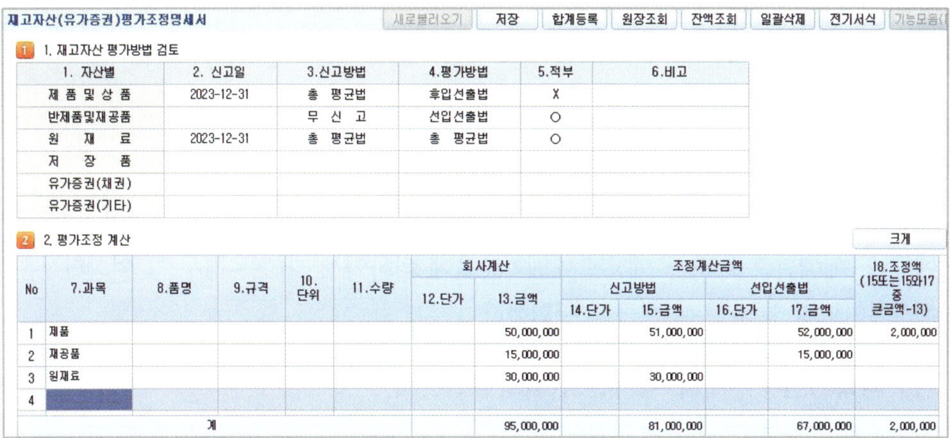

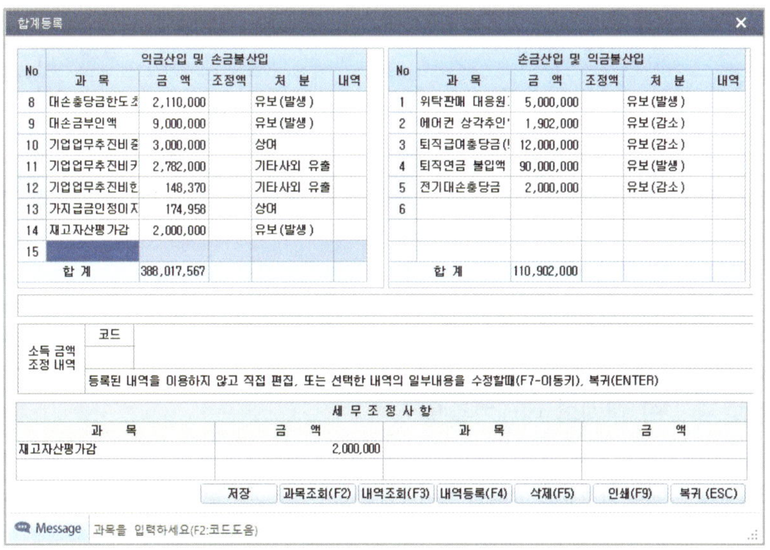

3. 소득금액조정합계표 작성

조정대상금액을 [합계등록] 키를 이용하여 소득금액조정합계표에 반영한다.

손금불산입	재고자산평가감	2,000,000원	유보발생

 외화자산 등 평가차손익조정(갑, 을)

기말 현재 보유하는 화폐성 외화자산·부채에 대하여 사업연도종료일 현재의 외국환거래법에 의한 매매기준율 또는 재정된 매매기준율에 의하여 평가하는 경우 그 외화환산손익은 당해사업연도의 익금 또는 손금에 산입한다.

(1) 외화자산·부채의 평가손익(외화환산손익)

구분	내용
평가대상 외화자산·부채	화폐성 외화자산·부채, 통화선도·통화스왑으로 한다.
적용환율	적용환율은 사업연도 종료일 현재의 매매기준율에 의한다.
평가손익의 처리	평가손익은 전액을 당해 사업연도의 손금 또는 익금에 산입한다.

(2) 외화화폐성 자산·부채의 구분

구분	자산	부채
화폐성	현금및현금성자산, 외상매출금, 받을어음, 대여금, 미수금, 보증금	당좌차월, 차입금, 외상매입금, 지급어음, 미지급금, 사채(전환사채 제외)
비화폐성	선급금, 재고자산, 고정자산, 투자유가증권	선수금, 예수금, 선수수익, 전환사채

(3) 외화자산·부채의 평가

다음의 어느 하나에 해당하는 방법 중 신고한 방법에 따라 평가한다.

1. 취득일 또는 발생일(통화선도의 경우 계약체결일)현재의 매매기준율 등
2. 사업연도 종료일 현재의 매매기준율 등

   ※ 외화자산·부채평가 시 사업연도 종료일 현재의 기준환율 또는 재정환율은 사업연도 종료일 전일의 거래실적에 의하여 사업연도 종료일에 외국환중개회사가 고시한 환율을 말한다.
   ※ 서울외국환중개주식회사(www.smbs.biz/'환율조회')에서 조회 가능
   - 기준환율: 미국 달러화의 외국환은행간 거래량으로 가중평균한 환율
   - 재정환율: 미국 달러화 이외의 통화로 미국 달러화와의 매매중간율로 산출한 환율

(4) 외화채권·채무의 상환손익

법인이 상환받거나 상환하는 외화채권·채무의 원화기장액과 실제로 상환받거나 상환하는 원화금액과의 차액인 차손익은 당해 사업연도의 손금 또는 익금에 산입한다.

🍀 실무수행프로세스

> ① 단계: 외화자산등 평가차손익조정(을)
> ② 단계: 외화자산등 평가차손익조정(갑)
> ③ 단계: 소득금액조정합계표 작성

① 외화자산등 평가차손익조정명세서(을)

① 구분: 외화자산과 외화부채 중 해당되는 구분을 클릭한다.

② 외화종류: 외화종류별로 평가손익을 계산하게 되어 있으므로 국명별 화폐단위를 입력한다.

③ 외화금액: 소수점 4자리까지 입력이 가능하며 외화종류별로 입력한다.

④ 장부가액: 결산상 평가 전에 장부상 금액에 대하여 적용된 환율을 적는다. 원화금액은 외화금액과 적용환율을 입력하면 자동계산된다.

⑤ 평가금액: 화폐단위별로 사업연도종료일 현재 외국환거래법에 의한 기준환율 또는 재정환율을 기입한다. 외화금액과 적용환율을 입력하면 원화금액은 자동계산된다.

⑥ 평가손익: 자산(평가원화금액−장부원화금액), 부채(장부원화금액−평가원화금액)로 기입해주고 총계는 (갑)지의 ②란으로 자동이기된다.
화폐성외화자산·부채에서 발생한 외화환산손익은 반드시 당기의 영업외손익으로 처리하여야 한다.

② 외화자산등 평가차손익조정명세서(갑)

① 구분: 구분란에는 외화자산·부채명을 기입하되 차익계정, 차손계정 순서에 의하여 소재를 기입한다.

② 전기이월액: 1999.1.1. 이후 개시하는 사업연도의 개시일 현재 환율조정계정의 잔액이 있는 법인의 전 사업연도 본 서식(갑)상의 차기이월액을 기입한다.

③ 당기전입액: 기업회계기준 변경으로 장·단기 외화평가차손익은 모두 당기 영업외손익으로 처리하게 되어 있고 급격한 환율변동으로 인하여 발생한 중요한 환산손익을 환율조정 차·대로 계상할 수 있도록 하던 규정이 폐지되었으므로 1999.1.1 이후 개시 사업연도부터는 기재하지 않는다.

④ 당기경과일수/잔존일수: 당해사업연도 중 경과일수와 최종상환 또는 회수기일까지의 잔존일수로 하며 당해 사업연도 중 경과일수도 잔존일수에 산입하여 기입한다.

⑤ 손익금해당액/차기이월, 당기손익금해당액: 차익과 차손을 구분하여 기입한다.

⑥ 회사손익금해당액: 계정과목 여하에 불구하고 외화자산·부채의 평가손익금계상액이 차익과 차손으로 구분되어 각각 계산되며, 외화자산·부채평가손익란 중 회사손익금 계상액란의 금액은 별도로 구분하지 아니할 수 있다.

③ 세무조정

차익조정란의 차익과소계상분은 익금산입, 차익과다계상분(−)은 익금불산입하고, 차손조정란의 차손과다계상분은 손금불산입, 차손과소계상분(−)은 손금산입한다.

환율조정계정 외의 외화자산·부채평가손익은 평가손익란의 총계금액이 음수(−)인 경우에는 손금산입하고 양수(+)인 경우에는 익금에 산입한다.

수행과제 외화자산 등 평가차손익조정(갑, 을)

외화자산 및 외화부채의 명세는 다음과 같다. 자료에 의해서 (주)법인조정의 2025년도 외화자산 등 평가차손익조정(갑, 을)을 작성하고 소득금액조정합계표에 세무조정사항을 반영하시오.

1. 외화자산 및 부채 내역

분류	계정과목	외화금액	발생시 장부금액	당기회사 적용환율	당기말 장부금액	종료일 현재 매매기준율
부채	외화장기차입금	US$50,000	50,000,000원	1,050원/US$	52,500,000원	1,100원/US$

2. 외화자산과 외화부채의 평가방법으로 사업연도 종료일 현재의 매매기준율로 평가하는 방법을 선택하여 신고하였다.

3. 결산시 임의로 환율을 적용하여 화폐성외화자산 부채를 평가하였으며, 이에 따라 외화평가차손익을 인식하였다.

4. 과거에 발생한 환율조정차(대) 계정은 없다.

수행과제 풀이 외화자산 등 평가차손익조정(갑, 을)

1. 외화자산 등 평가차손익조정(을)(2.외화부채)

외화자산 등 평가차손익조정(을)의 2.외화부채에서 해당내역(장부가액과 평가금액)을 입력하여 평가손익 −5,000,000원을 계산한다.

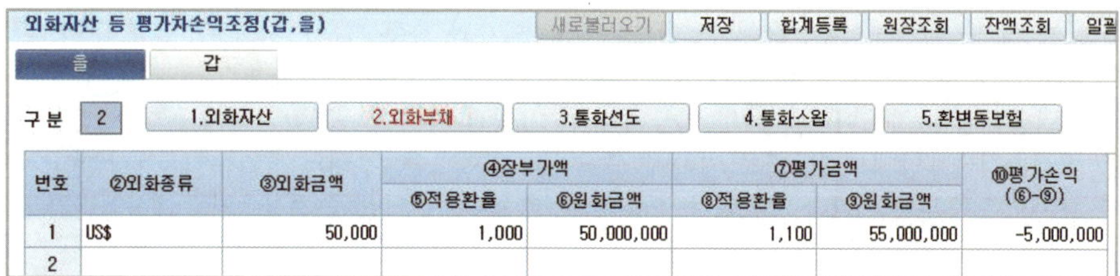

2. 외화자산 등 평가차손익조정(갑)

935.외화환산손실 계정을 조회하여 ③회사손익금계상액란에 −2,500,000원을 입력한다.

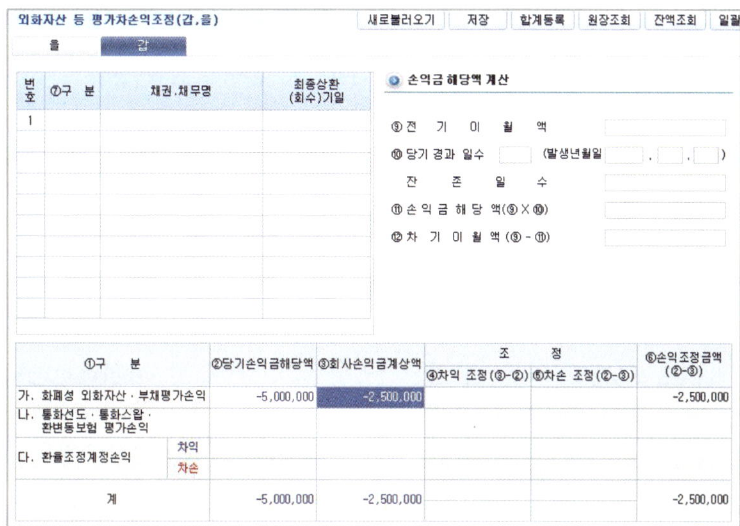

3. 소득금액조정합계표 작성

조정대상금액을 합계등록 키를 이용하여 소득금액조정합계표에 반영한다.

| 손금산입 | 외화평가손익 | 2,500,000원 | 유보발생 |

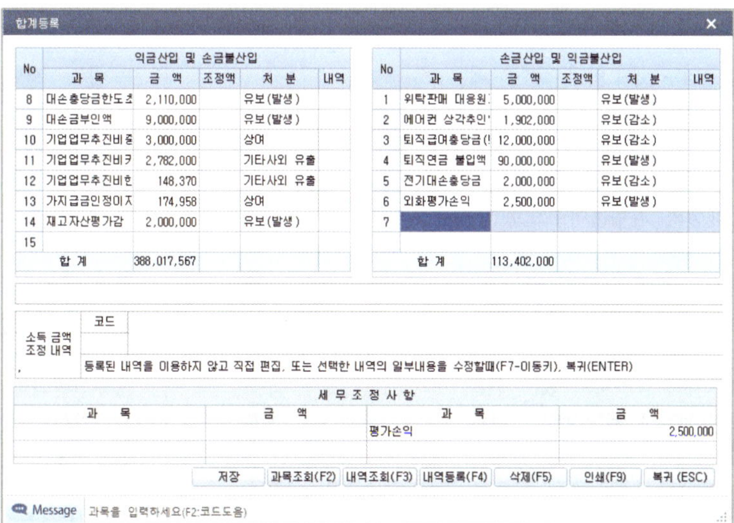

 **09** 세금과공과금명세서

세금과공과는 영업활동과 관련하여 발생한 비용으로 손금으로 인정하는 것이지만 법인세법에서는 조세제도상 이유 또는 정책적 이유 등으로 세금과공과금 중에서 일부는 손금불산입한다.

(1) 조세, 공과금, 벌금·과료 등의 손금산입 여부

구분	손금산입	자본적지출	손금불산입
조세	• 재산세 • 자동차세 • 인지세 • 주민세(사업소분, 종업원분)	• 수입물품에 대한 관세 중 환급받지 못한 부분 • 취득세(취득원가에 산입) • 자산취득관련 부가가치세 매입세액 중 세법규정에 따라 매출세액에서 공제받지 못한 부분	• 법인세 및 그에 관한 소득분 지방소득세·농어촌특별세 • 부가가치세매입세액 • 판매하지 아니한 제품에 대한 개별소비세 및 주세의 미납액 • 세법상 의무불이행으로 인한 세액과 가산세, 가산금, 체납처분비
공과금	• 법령에 의하여 의무적으로 납부하는 것 • 법령에 의한 의무불이행 또는 금지·제한 등의 위반에 대한 제재로서 부과되는 것이 아닌 것(예: 폐기물처리부담금, 교통유발부담금)	• 원인자부담금 • 수익자부담금 • 개발부담금 • 과밀부담금	• 법령에 의하여 의무적으로 납부하는 것이 아닌 것(예: 임의출연금) • 법령에 의한 의무불이행 또는 금지·제한 등의 위반에 대한 제재로서 부과되는 것(예: 폐수배출부담금)
벌금·과료	• 사계약상의 의무불이행으로 인하여 과하는 지체상금 • 국외에서 외국의 형법 또는 법률의 규정에 의하여 몰수된 재산가액 또는 추징금 • 보세구역에 장치되어 있는 수출용 원자재가 관세법상의 장치기간 경과로 국고 귀속이 확정된 자산의 가액		• 법인의 임원 또는 사용인이 관세법을 위반하여 지급한 벌과금 • 업무와 관련하여 발생한 교통사고 벌과금 • 교통위반과태료 • 산재보험료의 가산금 • 환경오염 및 수질오염 배출부과금

구분	손금산입	자본적지출	손금불산입
벌금 · 과료	• 철도화차 사용료의 미납액에 대하여 가산되는 연체이자 • 산재보험료의 연체금 • 국유지 사용료의 납부지연으로 인한 연체료 • 전기요금의 연체가산금		• 금융기관이 한국은행에 납부하는 과태금

(2) 부가가치세 매입세액

구분		법인세법상 취급
부가가치세법상 공제되는 매입세액	일반적인 매입세액	손금불산입
부가가치세법상 공제되지 않는 매입세액	본래부터 공제되지 않는 매입세액 • 영수증을 발급받은 거래분의 매입세액 • 부가가치세 면세사업 관련 매입세액 • 토지 관련 매입세액 • 개별소비세 과세대상 자동차의 구입, 유지에 관한 매입세액 • 기업업무추진비 및 유사비용의 지출에 관련한 매입세액 • 간주임대료에 대한 부가가치세	손금산입 * 자산의 취득원가나 자본적지출 해당분은 일단 자산으로 계상한 후 손금산입
	의무불이행 또는 업무무관으로 인한 불공제 매입세액 • 세금계산서의 미수취 · 부실기재분 매입세액 • 매입처별세금계산서합계표의 미제출 · 불분명 매입세액 • 사업자등록 전 매입세액 • 사업과 관련이 없는 매입세액	손금불산입

🌸 실무수행프로세스

> ① 단계: 계정별원장 데이터 불러오기
> ② 단계: 비고란에 손금불산입 표시
> ③ 단계: 소득금액조정합계표 작성

1 기장데이터 이용

　　계정별원장 불러오기　를 클릭하고 세금과공과금 해당 계정과목코드(817,517)를 입력하면 기장 내용이 화면에 자동 반영되며 내용을 검토하여 손금불산입 사항이 있을 경우 비고란에 손금불산 입 표시를 한다.

2 정렬

　　코드순 또는 날짜순으로 정렬을 원할 때 이용한다.

수행과제　세금과공과금 명세서

다음 자료에 의해서 (주)법인조정의 2025년도 세금과공과금 명세서를 작성하고 소득금액조정 합계표에 세무조정사항을 반영하시오. (세금과공과금 지급내역은 기장자료를 참고하시오.)

수행과제 풀이　세금과공과금 명세서

1. 계정별원장 불러오기

　　계정별원장 불러오기　키를 이용하여 해당계정 데이터를 기장된 내역에서 불러온다.

2. 손금불산입만 별도 표기하기

　　손금불산입만 별도 표기하기를 클릭하여 화면 우측의 비고란에서 손금불산입할 항목만 '1'을 입력하여 손금불산입을 표시한다.

적요	금액	비고
본사건물취득세	4,000,000	
인지세	50,000	
자동차세	360,000	
면허세	61,000	

적요	금액	비고
불법주차과태료	50,000	손금불산입
지방소득세(법인세분)	3,200,000	손금불산입
자동차세	752,100	
재산세(토지)	4,500,000	
자동차세	344,000	
재산세(건물)	4,600,000	
면허세	92,000	
주민세사업소분	50,000	
폐수배출부담금	3,200,000	손금불산입
산재보험료 가산금	31,500	손금불산입
산재보험료 연체료	28,200	
자동차세	344,000	
상공회의소회비	230,000	
손금불산입 합계	**6,481,500**	

세금과공과금 명세서 [합계등록] [원장조회] [잔액조회] [일괄삭제] [전기]
[계정별원장 불러오기] ☐ 손금불산입만 별도 ╥기차기

No	①과목	②일자	③적요	④지급처	⑤금액	비고
1	세금과공과금(판)	01-02	본사건물 취득세		4,000,000	
2	세금과공과금(판)	01-06	인지세	구로구청	50,000	
3	세금과공과금(판)	01-30	자동차세	구로구청	360,000	
4	세금과공과금(판)	03-10	면허세	구로구청	61,000	
5	세금과공과금(판)	03-15	불법주차과태료	구로구청	50,000	손금불산입
6	세금과공과금(판)	03-31	지방소득세(법인세분)		3,200,000	손금불산입
7	세금과공과금(제)	04-25	자동차세	구로구청	752,100	
8	세금과공과금(판)	06-30	재산세(토지)	구로구청	4,500,000	
9	세금과공과금(판)	07-21	자동차세	구로구청	344,000	
10	세금과공과금(판)	07-25	재산세(건물)	구로구청	4,600,000	
11	세금과공과금(판)	08-05	면허세	구로구청	92,000	
12	세금과공과금(판)	08-31	주민세사업소분	구로구청	50,000	
13	세금과공과금(판)	11-19	폐수배출부담금		3,200,000	손금불산입
14	세금과공과금(판)	11-20	산재보험료가산금		31,500	손금불산입
15	세금과공과금(판)	11-20	산재보험료연체료		28,200	
16	세금과공과금(판)	12-10	자동차세		344,000	
17	세금과공과금(판)	12-21	상공회의소회비	상공회의소	230,000	
18						
			손 금 불 산 입 계		6,481,500	
			계		21,892,800	

※ 자본적지출(취득세)은 건물취득분에 대한 지출로 건물감가상각시 즉시상각의제를 적용하여야 한다.
  (감가상각조정명세서에서 조정되었음)

3. 소득금액조정합계표 작성

조정대상금액을 [합계등록] 키를 이용하여 소득금액조정합계표에 반영한다.

손금불산입	세금과공과금 불산입	6,481,500원	기타사외유출

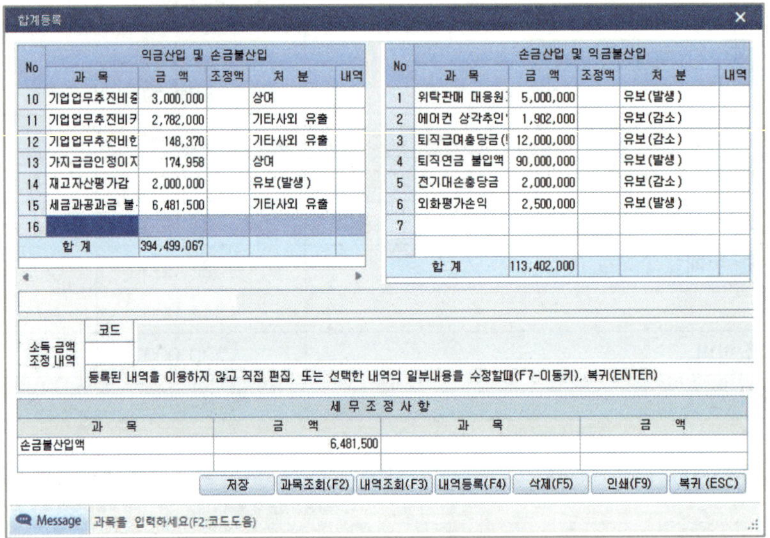

합계등록

No	익금산입 및 손금불산입				
	과 목	금 액	조정액	처 분	내역
10	기업업무추진비중	3,000,000		상여	
11	기업업무추진비카	2,782,000		기타사외 유출	
12	기업업무추진비한	148,370		기타사외 유출	
13	가지급금인정이자	174,958		상여	
14	재고자산평가감	2,000,000		유보(발생)	
15	세금과공과금 불	6,481,500		기타사외 유출	
16					
합 계		394,499,067			

No	손금산입 및 익금불산입				
	과 목	금 액	조정액	처 분	내역
1	위탁판매 대응원	5,000,000		유보(발생)	
2	에어컨 상각추인	1,902,000		유보(감소)	
3	퇴직급여충당금(	12,000,000		유보(감소)	
4	퇴직연금 불입액	90,000,000		유보(발생)	
5	전기대손충당금	2,000,000		유보(감소)	
6	외화평가손익	2,500,000		유보(발생)	
7					
합 계		113,402,000			

소득 금액 조정 내역

코드

등록된 내역을 이용하지 않고 직접 편집, 또는 선택한 내역의 일부내용을 수정할때(F7-이동키), 복귀(ENTER)

세 무 조 정 사 항			
과 목	금 액	과 목	금 액
손금불산입액	6,481,500		

저장　　과목조회(F2)　내역조회(F3)　내역등록(F4)　삭제(F5)　인쇄(F9)　복귀(ESC)

Message　과목을 입력하세요(F2:코드도움)

⑩ 선급비용명세서

필요 지식

　법인에서 발생한 비용 중 보험료 등과 같은 일부 손금항목들은 일정기간 동안 비용의 발생 효과가 지속되는 경우가 있다. 이렇게 법인이 일정한 기간을 정한 약정에 의하여 계속적으로 용역 등을 제공받을 경우 그 기간의 개시일 또는 기간 중에 지급한 용역 등의 대가 중 당해 사업연도종료일 현재까지 용역 등의 제공기간이 미경과된 부분에 상당하는 대가는 다음 사업 연도 이후의 손금에 해당하므로 이를 손금불산입한다.

(1) 선급비용의 계산

　비용의 발생효과가 2사업연도 이상에 걸쳐 발생하는 비용으로는 이자비용, 보험료, 임차 료 등이 있으며, 비용이 지출되었지만 사업연도말 현재 해당기간이 모두 경과하지 않음으로 인해 소멸되지 않은 비용을 선급비용이라 말한다.

회사가 선급비용을 과소계상하면 당기의 비용이 과대하게 계상되는 결과가 나타나기 때문에 손금불산입으로 세무조정하고 유보처분하여야 한다.

$$선급비용 = 지급금액 \times \frac{선급일수(미경과일수)}{총일수}$$

총일수 계산시에 적용되는 기간계산은 기간을 일, 주, 월 또는 연으로 정한 때에는 기간의 초일은 산입하지 아니한다. 그러나 그 기간이 오전 영시로부터 시작하는 때에는 그러하지 아니한다(민법 §157).
　① 보험료, 임차료: 초일산입 말일산입
　② 이자비용: 초일불산입 말일산입

💠 실무수행프로세스

```
① 단계: 구분등록(생략 가능)
② 단계: 선급비용 내역 입력
③ 단계: 소득금액조정합계표 작성
```

■ 구 분
도움박스에 나오는 코드를 입력하며 입력순으로 출력된다.
1. 미경과이자 2. 선급보험료 3. 선급임차료

■ 선급비용 및 조정사항 계산
커서가 금액란에 위치하면 보조화면이 나타나며 이 화면에서 기간, 지급액을 입력하면 선급비용이 계산되고 회사 계상액을 입력하면 손금불산입 해당금액이 자동 계산된다.
　① 일수계산
　　보험료는 양편넣기, 지급이자와 임차료 등은 한편넣기로 계산되므로 필요한 경우 시작일을 가감한다.
　② 이자, 보험료, 임차료 이외의 과목을 조정하고자 할 때는 　구분등록　을 클릭하여 구분을 추가할 수 있다.

수행과제 선급비용명세서

다음 자료에 의해서 (주)법인조정의 2025년도 선급비용명세서를 작성하고 소득금액조정합계표에 세무조정사항을 반영하시오.

1. 선급비용 관련 내역

지급일	내용	금액	거래처	기간
2월 6일	화재보험료(공장)	500,000원	대한화재보험	2025.02.05. ~ 2026.02.05.
6월 6일	자동차보험료(본사)	1,200,000원	삼성화재보험	2025.06.06. ~ 2026.06.06.
10월 20일	수수료(본사)	3,000,000원	한국컨설팅	2025.10.20. ~ 2026.10.19.

2. 회계상 선급비용 계상금액은 장부를 조회하기로 한다.
3. 구분등록에 수수료비용을 '선급수수료(초일불산입 말일산입)'로 등록하시오.
4. 각 건별로 소득금액조정합계표에 소득처분한다.

수행과제 풀이 선급비용명세서

1. 구분등록

수수료비용에 대한 구분을 구분등록 키를 이용하여 구분명은 '선급수수료'로, 유형은 '초일불산입 말일산입'으로 등록한다.

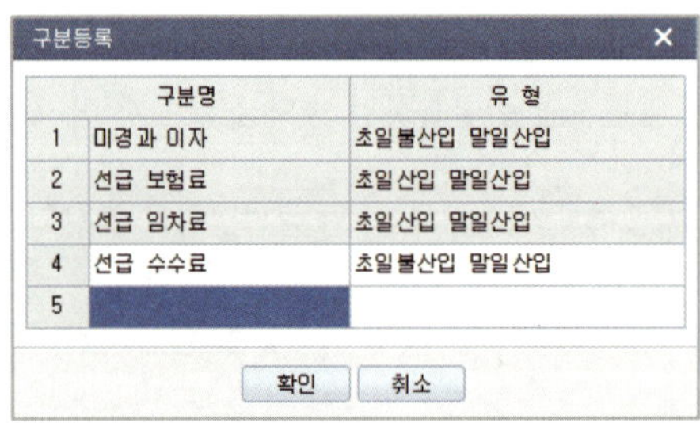

2. 선급비용 계산

 원장조회 를 클릭하여 선급비용 계상금액을 조회하면 (판)보험료에 대한 선급보험료 514,754원을 확인할 수 있다. 선급된 내용을 각각 입력하여 조정대상금액을 계산한다.

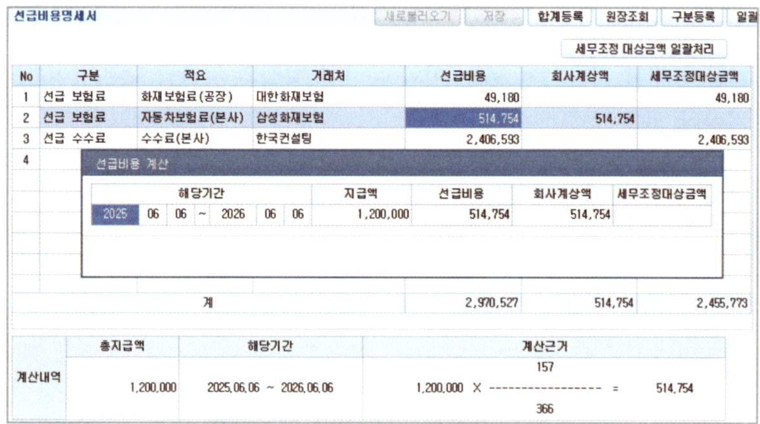

3. 소득금액조정합계표 작성

조정대상금액을 합계등록 키를 이용하여 소득금액조정합계표에 반영한다.

손금불산입	선급비용(화재보험료) 미계상	49,180원	유보발생
손금불산입	선급비용(수수료) 미계상	2,406,593원	유보발생

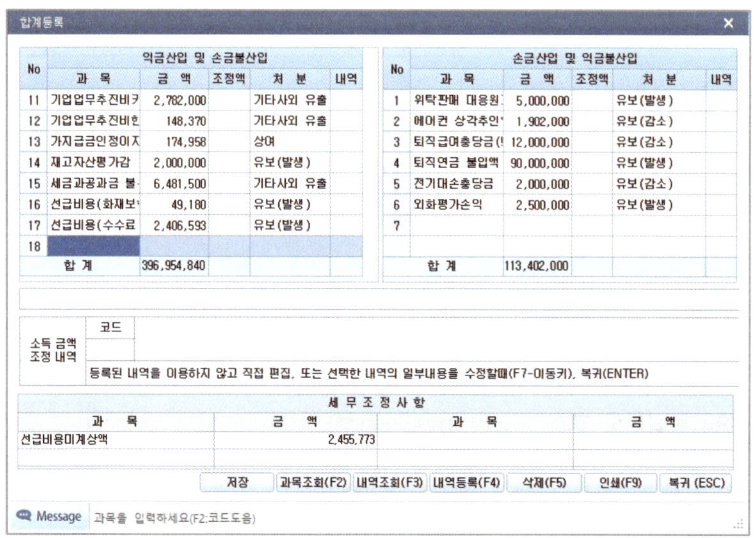

11 건설자금이자 조정명세서

필요 지식

건설자금이자란 법인이 그 명목여하에 불구하고 사업용 고정자산의 매입·제작·건설에 소요되는 차입금에 대한 지급이자 또는 이와 유사한 성질의 지출금으로서 이를 당해 자산의 원가로 계상하여야 한다.

(1) 건설자금이자의 계산대상

사업용 고정자산의 매입에 한하여 적용된다.(매매를 목적으로 하는 주택·아파트·상가 등의 재고자산에 대하여는 건설자금이자를 계산하지 않음)

(2) 건설자금이자 계산기간

건설을 개시한 날로부터 건설이 준공된 날까지만 계산한다.

❙ 건설이 준공된 날의 판정 ❙

구분	내용
건물	취득일과 건설목적에 실제로 사용되기 시작한 날(정상제품을 생산하기 위하여 실제로 가동되는 날) 중 빠른 날
토지	대금청산일 또는 당해 토지가 사업에 사용되기 시작한 날 중 빠른 날 ※ 사업에 사용되기 시작한 날: 공장 등의 건설에 착공한 날 또는 당해 사업용 토지로 업무에 직접 사용한 날
기타 사업용 고정자산	사용개시일

(3) 건설자금이자 계산대상 차입금이자 등

건설자금으로 사용된 것이 분명한 특정차입금의 '차입금이자 및 이에 유사한 성질의 지출금'은 강제적으로 자본화하여야 하며, 일반차입금에 대하여도 선택적으로 자본화할 수 있다.

> 일반차입금에 대한 자본화 대상금액 계산방법: Min[①, ②]
>
> ① 해당 사업연도 중 건설 등에 소요된 기간에 실제로 발생한 일반차입금의 지급이자 등의 합계
> ② (해당 건설 등에 대하여 해당 사업연도에 지출한 금액의 적수 − 해당 사업연도 특정차입금의 적수) / 해당 사업연도 일수 × 자본화 이자율*
>
> * 자본화 이자율 = 일반차입금에서 발생한 지급이자 등의 합계액 / (해당 사업연도 일반차입금의 적수 / 해당 사업연도 일수)

(4) 건설자금이자를 비용처리한 경우의 세무조정

건설자금 이자를 비용처리하거나 과소계상한 경우에는 다음과 같이 세무조정하여야 한다.

① 비상각자산: 손금불산입하여 유보처분하고 동 자산의 양도시 유보금액을 손금추인
한다.

② 상각자산
- 건설이 완료된 자산 해당분: 감가상각한 것으로 보아 시부인 계산
- 건설 중인 자산: 손금불산입하여 유보처분하되 건설이 완료되면 기왕의 상각부인
액으로 보며 그 이후의 시인부족액의 범위 내에서 손금으로 추인한다.

✿ 실무수행프로세스

┌───┐
1 단계: 1. 건설자금이자 계산명세
2 단계: 2. 건설자금이자조정
3 단계: 소득금액조정합계표 직접 작성
└───┘

1 건설자금이자 계산명세

① 건설자산명: 토지, 건물, 기계장치 등의 순서로 건설 중인 고정자산명을 입력한다.

② 차입금액: 차입금액란에는 건설자금에 충당하기 위하여 차입한 자금의 총액을 기입하되, 그 차입금의 일부를 운영자금에 사용한 경우에는 동 금액을 차감한 금액을 입력한다.

③ 당기지급이자: 당기 지급이자란에는 당해 차입금의 지급이자 또는 이와 유사한 성질의 지출금의 합계액을 기입하되, 동 차입금의 일시예금에서 생기는 수입이자를 차감하여 기입한다.

④ 준공일 또는 준공예정일: 준공일 또는 준공예정일란에는 법인세법 시행령 제52조 제6항 각 호의 규정에 의한 준공일을 기입한다.

⑤ 건설자금이자계상대상금액: 건설자금이자계상대상금액은 당기 중에 건설완료된 자산은 그 준공일까지, 건설이 진행 중인 자산은 당해 사업연도 종료일까지 발생한 지급이자를 각각 기입한다.

2 건설자금이자조정

① 건설자금이자: 건설자금이자란에는 ⑬ 건설자금이자계상대상금액란 중 계란의 금액을 건설완료자산과 건설 중인 자산으로 구분하여 기입한다.

② 회사계상액: 회사가 장부상 건설중인 자산 등으로 계상한 지급이자금액을 건설완료분과 건설중인 자산분으로 구분하여 기입한다.

③ 상각대상자산분: 건설완료자산의 자본적지출액으로서 세법상 감가상각비로 간주하여 세무조정한다(이를 즉시상각의제라고 한다). 회사의 상각방법이 정율법인 경우에는 감가상각비조정명세서(정율법)이 자본적지출액란에 이기하고, 정액법인 경우에는 감가상각비조정명세서(정액법)의 당기 자본적지출란에 이기한다.

④ 차감조정액: 건설완료자산분은 당기에 매입완료한 비상각자산(토지 등)에 대한 건설자금이자의 세법상금액과의 차이를 의미하며, 건설 중인 자산분은 당기에 건설이 진행 중인 자산에 대한 건설자금이자의 세법상 금액과의 차이를 의미한다. 계란의 금액이 양수(+)이면 건설자

금이자과소계상분으로 손금불산입하고 유보로 처분하며, 음수(−)이면 건설자금이자 과대계상분으로 손금산입하고 유보로 처분한다.

※ 건설자금이자의 조정은 '업무무관 부동산등의 차입금이자조정명세서'에서 건설자금이자를 부인하게 되므로 이중부인이 될 수 있다. 본 프로그램은 건설자금이자조정명세서에서는 합계등록 키를 사용 못하고 '업무무관 부동산등에 관련한 차입금이자조정명세서(갑)'의 작성시 반영하도록 하고 있다.

수행과제 건설자금이자조정명세서

다음 자료에 의해서 (주)법인조정의 2025년도 건설자금이자조정명세서를 작성하시오.

1. 공장건물 신축공사 현황
   ① 착공일: 2025. 10. 19.
   ② 준공일: 2027. 10. 18.
   ③ 총공사대금: 200,000,000원
   ④ 공사대금 차입사항
   · 대출기관명: 한국은행   · 차입일자: 2025. 10. 19.
   · 차입금액: 120,000,000원   · 당기이자지출액: 1,200,000원
   · 차입이자율: 연 5%(대상일수 73일, 연일수는 365일로 가정함)

2. 당 법인은 건설자금이자에 대하여 당기비용으로 회계처리하고 결산을 종료하였다.

수행과제 풀이 건설자금이자조정명세서

1. 건설자금이자계산명세

공장건물 신축사항과 은행 차입사항을 해당란에 입력한다.

2. 건설자금이자조정

건설중인 자산분의 ① 건설자금이자란에 1,200,000원을 입력한다.

3. 건설자금이자에 대한 세무조정

지급이자 손금불산입시 처리하였으므로 본 서식에서는 별도의 조정은 없다.

⑫ 업무무관 지급이자조정명세서(갑, 을)

필요 지식

지급이자는 차입금사용의 대가로 지급하는 것으로, 업무와 관련있는 지급이자는 원칙적으로 법인의 순자산을 감소시키는 거래로서 손비에 해당한다. 그러나 변칙적 이자지급의 제재, 기업재무구조의 개선, 취득원가와 손비구분의 명료화 등의 이유로 소요된 지급이자는 손금불산입하도록 하고 있다.

(1) 손금불산입대상 지급이자

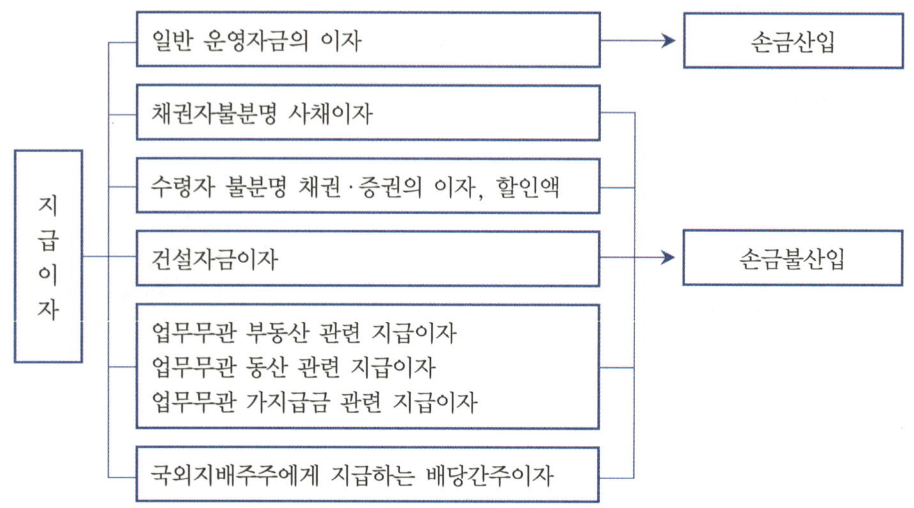

(2) 지급이자의 범위

지급이자에 포함되는 것	지급이자에 포함되지 않는 것
• 금융어음 할인료 • 미지급이자 • 금융리스료 중 이자상당액 • 사채할인발행차금상각액 • 전환사채 만기보유자에게 지급하는 상환할증금 • 회사정리계획인가결정에 의해 면제받은 미지급이자	• 상업어음 할인액 • 선급이자 • 현재가치할인차금상각액 • 연지급수입에 있어 취득가액과 구분하여 지급이자로 계상한 금액 • 지급보증료·신용보증료 등 • 금융회사 차입금 조기상환수수료

(3) 채권자가 불분명한 사채이자

① 채권자의 주소 및 성명을 확인할 수 없는 차입금

② 채권자의 능력 및 자산상태로 보아 금전을 대여한 것으로 인정할 수 없는 차입금

③ 채권자와의 금전거래 사실 및 거래내용이 불분명한 차입금

(4) 수령자가 불분명한 채권·증권의 이자 등

다음의 채권·증권을 발행한 법인이 직접 지급하는 경우로서 그 지급사실이 객관적으로 인정되지 아니하는 이자·할인액 또는 차익

① 국가 또는 지방자치단체가 발행한 채권 또는 증권의 이자와 할인액

② 내국법인이 발행한 채권 또는 증권의 이자와 할인액

③ 외국법인의 국내지점 또는 국내영업소에서 발행한 채권이나 증권의 이자와 할인액

④ 금융회사가 환매기간에 따른 사전약정이율을 적용하여 환매수 또는 환매도하는 조건으로 매매하는 채권 또는 증권의 매매차익

(5) 건설자금이자

① 해당 사업용 유형·무형자산의 매입·제작·건설 등에 소요된 것이 분명한 차입금(특정차입금이라 함)에 대한 지급이자는 건설준공일까지 계산하여 해당 사업용 유형·무형자산의 자본적지출로 취득원가에 산입한다.

② 건설자금에 충당한 차입금의 이자에서 특정차입금의 지급이자를 제외한 일반차입금의 지급이자는 손금에 산입하지 아니할 수 있다.

(6) 업무무관 부동산·동산과 업무무관 가지급금관련 지급이자

업무와 직접 관련이 없다고 인정되는 자산과 특수관계 있는 자에게 업무와 관련없이 지급한 가지급금 등을 보유하고 있는 법인에 대하여는 그 자산가액에 상당하는 차입금에 대한 지급이자와 동 업무무관 자산을 취득·관리함으로써 생기는 비용을 손금불산입한다.

① 업무무관 자산의 범위

- 부동산을 취득한 후 유예기간이 경과한 때까지 법인의 업무에 직접 사용하지 아니하는 부동산
- 유예기간 중에 법인의 업무에 직접 사용하지 아니하고 양도하는 부동산(부동산매매업을 주업으로 하는 법인 제외)
- 서화·골동품. 다만, 장식·환경미화 등의 목적으로 사무실·복도 등 여러 사람이 볼 수 있는 공간에 상시 비치하는 것은 제외
- 업무에 직접 사용되지 아니하는 자동차·선박 및 항공기
- 기타 위와 유사한 자산으로서 당해 법인의 업무에 직접 사용되지 아니하는 자산

② 손금불산입할 지급이자의 계산

$$\text{지급이자} \times \frac{\text{업무무관부동산·동산·가지급금적수}}{\text{차입금 적수}}$$

- 총차입금의 계산: 당해 사업연도에 발생한 지급이자와 할인료를 부담하는 모든 부채의 매일 잔액에 의한 적수로 계산하거나 이자율별 차입금적수로 계산할 수 있다.
- 이자율별 차입금의 적수 = 이자율별지급이자 × 365/연이자율

(7) 지급이자의 손금불산입 적용순서

손금불산입대상 지급이자	소득처분
① 채권자불분명사채이자	대표자상여(원천징수세액은 기타사외유출)
② 수령자불분명 채권·증권의 이자	대표자상여(원천징수세액은 기타사외유출)
③ 건설자금이자	유보
④ 업무무관부동산 등 관련 지급이자	기타사외유출

🍀 실무수행프로세스

1 단계: (을지) 작성(해당사항만 작성함)
2 단계: (갑지) 3.지급이자 및 차입금 적수계산
3 단계: (갑지) 2.지급이자 및 차입금 적수계산
4 단계: (갑지) 1.업무무관 부동산등에 관련한 차입금이자
5 단계: 소득금액조정합계표 작성

1 업무무관부동산 등에 관련한 차입금 이자조정명세서(을)
① 업무무관부동산의 적수: 이월된 부동산의 경우 반드시 적요 구분을 "1.전기이월"로 선택해야 하며 취득과 매각, 금액을 입력하면 적수는 자동계산된다.
② 업무무관동산의 적수: 업무무관부동산의 적수와 동일
③ 가지급금 등의 적수: 가지급금 등 인정이자조정명세서(을)에서 자동반영된다.
④ 가수금 등의 적수: 가지급금 등 인정이자조정명세서(을)에서 자동반영된다.
⑤ 그 밖의 적수: 업무무관부동산의 적수와 동일, 날짜순으로 입력하지 않았을 경우 [정렬]키를 이용하여 날짜순으로 정렬한다.
⑥ 자기자본 적수계산: 자기자본은 사업연도 종료일 현재의 표준재무상태표상의 자기자본과 납입자본금 중 큰 금액에 사업연도 일수를 곱하여 산정한다.
  • 업무무관 부동산 차입금 지급이자 조정명세서를 작업하기 전에 〈가지급금 등 인정이자조정명세서〉, 〈표준재무상태표〉를 먼저 작성해야 관련자료가 자동반영된다.

2 업무무관부동산 등에 관련한 차입금이자조정명세서(갑)
① 지급이자 및 차입금 적수계산은 〈가지급금등 인정이자 조정명세서〉의 〈이자율별 차입금적수계산〉 내용이 자동 반영된다.
② 화면이동은 Tab으로 하며, 각 항목은 (을)지에서 입력된 내용이 자동반영 계산된다.

수행과제 업무무관 지급이자조정명세서(갑, 을)

다음 자료에 의해서 (주)법인조정의 2025년도 업무무관 지급이자조정명세서(갑, 을)을 작성하고 소득금액조정합계표에 세무조정사항을 반영하시오.

1. 업무무관 자산현황

계정과목	금액	참고사항
토지	100,000,000원	2020년 3월 1일에 비업무용으로 취득하였다.

2. 이자비용 현황

이자율	이자비용	참고사항
7%	5,600,000원	채권자를 알 수 없는 이자비용이다.(원천징수를 하지 않았음)
6%	7,200,000원	
5%	2,400,000원	1,200,000원은 건설 중인 공장건물(완공예정일 2027.10.18.)에 대한 차입금 이자이다.

3. 자료 1은 당해연도 재무상태표에 반영되어 있다.
4. 자료 2는 당해연도 손익계산서에 반영되어 있다.
5. 업무무관 가지급금은 [가지급금등의 인정이자조정(갑, 을)]의 데이터를 이용하기로 한다.

수행과제 풀이 업무무관 지급이자조정명세서(갑, 을)

[을]지의 해당 적수계산을 먼저 입력하고 [갑]지를 작성한다.

1. 업무무관 부동산의 적수

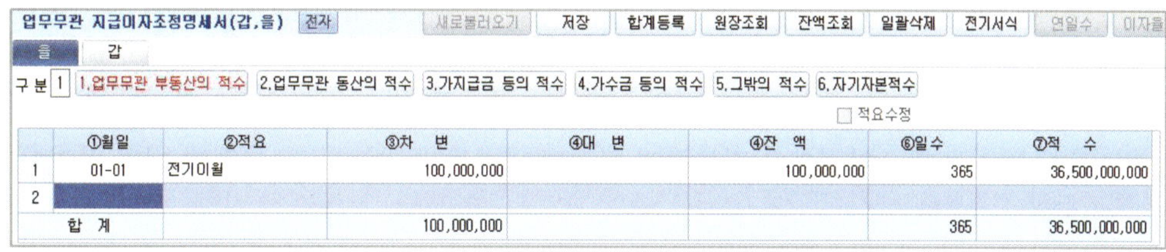

2. 가지급금 등의 적수

새로불러오기 에 의해서 가지급금인정이자 계산시 적용되었던 내용을 자동으로 반영하여 적수를 계산한다.

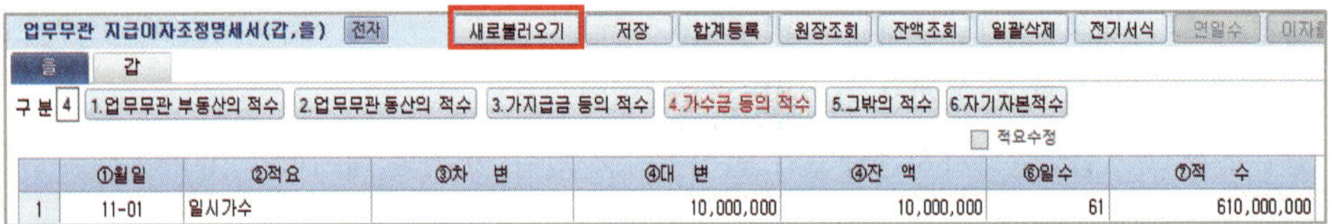

3. 가수금 등의 적수

새로불러오기 에 의해서 가지급금인정이자 계산시 적용되었던 내용을 자동으로 반영하여 적수를 계산한다.

4. [갑]지 작성

① 새로불러오기 에 의해서 업무무관 지급이자조정명세서(을)의 적수를 자동반영한다.

② 이자율별 지급이자내역을 입력한 다음 7%에 해당하는 금액 5,600,000원이 입력된 라인의 '채권자불분명사채이자' 부분에 5,600,000원을 입력하고, 5%에 해당하는 금액 2,400,000원이 입력된 라인의 우측 '건설자금이자등' 부분에 1,200,000원을 입력한다.

③ 이자율별로 입력된 지급이자 15,200,000원과 차입금적수 90,520,000원에서 출발하여 적용대상 자료를 순차적으로 적용하여 차감해 나가는데, 이는 프로그램에 이미 반영되어 있다.

④ 15,200,000원 − 채권자불분명사채이자 5,600,000원 − 건설자금이자 1,200,000원 = 8,400,000원

⑤ 지급이자 잔액 8,400,000원 중

－업무무관부동산 등에 관련한 차입금이자 부인액 7,576,940원

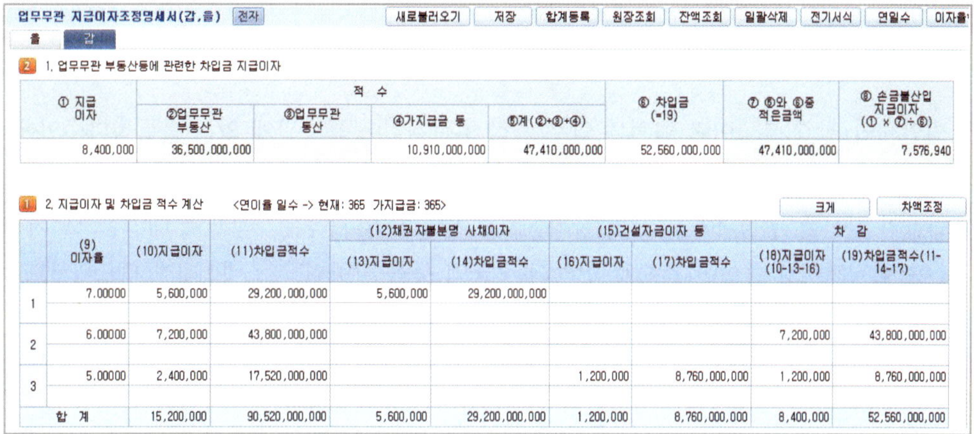

업무무관 지급이자조정명세서(갑,을) 전자 　새로불러오기　저장　합계등록　원장조회　잔액조회　일괄삭제　전기서식　연일수　이자율

을 / 갑

2. 1. 업무무관 부동산등에 관련한 차입금 지급이자

① 지급이자	적 수				⑥ 차입금 (=19)	⑦ ⑤와 ⑥중 적은금액	⑧ 손금불산입 지급이자 (① × ⑦ ÷ ⑤)
	②업무무관 부동산	③업무무관 동산	④가지급금 등	⑤계((②+③+④)			
8,400,000	36,500,000,000		10,910,000,000	47,410,000,000	52,560,000,000	47,410,000,000	7,576,940

1. 2. 지급이자 및 차입금 적수 계산　〈연이율 일수 -〉 현재: 365 가지급금: 365〉　크게　차액조정

	(9) 이자율	(10)지급이자	(11)차입금적수	(12)채권자불분명 사채이자		(15)건설자금이자 등		차 감	
				(13)지급이자	(14)차입금적수	(16)지급이자	(17)차입금적수	(18)지급이자 (10-13-16)	(19)차입금적수(11-14-17)
1	7.00000	5,600,000	29,200,000,000	5,600,000	29,200,000,000				
2	6.00000	7,200,000	43,800,000,000					7,200,000	43,800,000,000
3	5.00000	2,400,000	17,520,000,000			1,200,000	8,760,000,000	1,200,000	8,760,000,000
합 계		15,200,000	90,520,000,000	5,600,000	29,200,000,000	1,200,000	8,760,000,000	8,400,000	52,560,000,000

5. 소득금액조정합계표 작성

조정대상금액을 　합계등록　키를 이용하여 소득금액조정합계표에 반영한다.

※ [건설자금이자] 메뉴에서는 　합계등록　을 할 수 없으므로 건설자금이자의 조정사항도 본 메뉴에서 등록하여야 한다.

손금불산입	채권자불분명사채이자	5,600,000원	상여
손금불산입	건설자금이자	1,200,000원	유보발생
손금불산입	업무무관지급이자	7,576,940원	기타사외유출

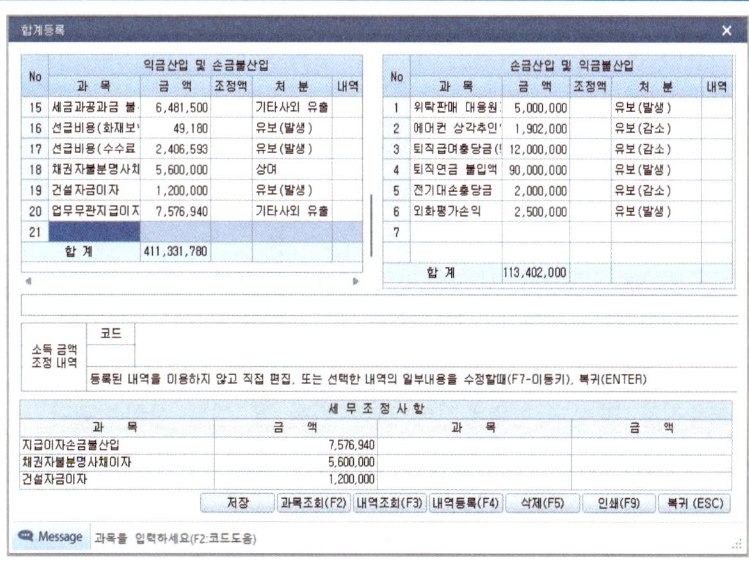

합계등록　✕

익금산입 및 손금불산입						손금산입 및 익금불산입				
No	과 목	금 액	조정액	처 분	내역	No	과 목	금 액	조정액	처 분	내역
15	세금과공과금 불	6,481,500		기타사외 유출		1	위탁판매 대응원	5,000,000		유보(발생)	
16	선급비용(화재보	49,180		유보(발생)		2	에어컨 상각추인	1,902,000		유보(감소)	
17	선급비용(수수료	2,406,593		유보(발생)		3	퇴직급여충당금(	12,000,000		유보(감소)	
18	채권자불분명사채	5,600,000		상여		4	퇴직연금 불입액	90,000,000		유보(발생)	
19	건설자금이자	1,200,000		유보(발생)		5	전기대손충당금	2,000,000		유보(감소)	
20	업무무관지급이자	7,576,940		기타사외 유출		6	외화평가손익	2,500,000		유보(발생)	
21						7					
합 계		411,331,780				합 계		113,402,000			

소득 금액 조정 내역　코드

등록된 내역을 이용하지 않고 직접 편집, 또는 선택한 내역의 일부내용을 수정할때(F7-이동키), 복귀(ENTER)

세 무 조 정 사 항

과 목	금 액	과 목	금 액
지급이자손금불산입	7,576,940		
채권자불분명사채이자	5,600,000		
건설자금이자	1,200,000		

저장　과목조회(F2)　내역조회(F3)　내역등록(F4)　삭제(F5)　인쇄(F9)　복귀(ESC)

Message　과목을 입력하세요(F2:코드도움)

⑬ 기부금조정명세서

필요 지식

「법인세법」상 기부금이란 법인의 업무와 직접 관계없이 특수관계 없는 불특정다수인에게 무상으로 제공하는 금전·물품 등 재산적 증여의 가액, 특수관계 없는 자에게 정당한 사유없이 법인의 자산을 정상가액보다 낮은 가액으로 양도하거나 높은가액으로 매입함으로써 그 차액 중 실질적으로 증여한 것으로 인정되는 금액 등을 말하며, 「조세특례제한법」에서도 기부금에 대한 규정을 두고 있다.

법인이 지출하는 기부금은 일정범위 내에서 손금에 산입하는 기부금 및 손금에 산입하지 않는 기타 기부금으로 구분되며, 손금산입 범위액을 초과하는 기부금과 기타기부금은 손금에 산입할 수 없다.

※ 기부금조정명세서가 메뉴구성상 [과목별세무조정]에 포함되어 있으나, 서식작성의 업무흐름 및 프로그램 작업은 뒤에 설명될 [소득금액조정합계표]를 반드시 먼저 작성하고 기부금조정을 하여야 한다. 본 서는 소득금액조정합계표 작성 전 기부금조정을 먼저 진행하기로 한다.

(1) 기부금의 종류

1) 특례기부금(50%한도 기부금)

① 국가·지방자치단체에 무상으로 기증하는 금품의 가액

② 국방헌금과 국군장병 위문금품의 가액

③ 천재·지변으로 생기는 이재민을 위한 구호금품의 가액

④ 다음의 기관(병원 제외)에 시설비·교육비·장학금 또는 연구비로 지출하는 기부금

　•「사립학교법」에 의한 사립학교

　• 비영리교육재단(국립·공립·사립학교의 시설비, 교육비, 장학금 또는 연구비 지급을 목적으로 설립된 비영리 교육재단)

　• 기능대학법에 의한 기능대학

　•「평생교육법」에 의한 원격대학형태의 평생교육시설

　•「경제자유구역 및 제주국제자유도시의 외국교육기관 설립·운영에 관한 특별법」에 의하여 설립된 외국교육기관

　•「산업교육진흥 및 산학협력촉진에 관한 법률」에 의한 산학협력단

　•「한국과학기술원법」에 따른 한국과학기술원, 「광주과학기술원법」에 따른 광주 과학기술원 및 「대구경북과학기술원법」에 따른 대구경북과학기술원

- •「국립대학법인 울산과학기술대학교 설립·운영에 관한 법률」에 따른 울산과학 기술대학교
- •「재외국민의 교육지원 등에 관한 법률」 제2조 제3호에 따른 한국학교
- •「한국장학재단 설립 등에 관한 법률」에 따른 한국장학재단

⑤ 법인이 다음의 병원에 시설비·교육비 또는 연구비로 지출하는 기부금
- •「사립학교법」에 의한 사립학교가 운영하는 병원
- •「국립대학병원 설치법」에 의한 국립대학병원
- •「서울대학교병원 설치법」에 의한 서울대학교병원
- •「서울대학교치과병원 설치법」에 의한 서울대학교치과병원
- •「대한적십자사 조직법」에 의하여 설립된 대한적십자사가 운영하는 병원
- •「암관리법」에 따른 국립암센터
- •「지방의료원의 설립 및 운영에 관한 법률」에 따른 지방의료원
- •「국립중앙의료원의 설립 및 운영에 관한 법률」에 따른 국립중앙의료원
- •「대한적십자사 조직법」에 따른 대한적십자사가 운영하는 병원
- •「한국보훈복지의료공단법」에 따른 한국보훈복지의료공단이 운영하는 병원
- •「방사선 및 방사성동위원소 이용진흥법」 제13조의 2에 따른 한국원자력의 학원
- •「국민건강보험법」에 따른 국민건강보험공단이 운영하는 병원
- •「산업재해보상보험법」 제43조 제1항 제1호에 따른 의료기관

⑥ 사회복지사업, 그 밖의 사회복지활동의 지원에 필요한 재원을 모집·배분하는 것을 주된 목적으로 하는 비영리법인

2) 우리사주조합기부금(30%한도 기부금)

법인이 해당 법인의 우리사주조합에 출현하는 자사주의 장부가액 또는 금품은 전액 손금인정 되므로, 여기서 우리사주조합기부금은 협력업체 등 다른 법인의 우리사주조합에 대한 기부금

3) 일반기부금(10%한도 기부금(사회적기업은 20%))

① 다음의 비영리법인(단체 및 비영리외국법인을 포함)에 대한 고유목적사업비로 지출하는 기부금
- •사회복지법인, 「영유아보육법」에 따른 어린이집, 유치원, 학교, 기능대학, 전공 대학 또는 원격대학 형태의 평생교육시설
- •종교단체, 의료법인, 「민법」에 따라 주무관청의 허가를 받아 설립된 비영리법인, 비영리외국법인, 사회적협동조합 등

② 다음의 용도로 지출하는 기부금
- 유치원, 학교, 기능대학, 평생교육시설의 장이 추천하는 개인에게 교육비, 연구비 또는 장학금으로 지출하는 기부금
- 「상속세 및 증여세법 시행령」 제14조 제1항의 요건을 갖춘 공익신탁으로 신탁하는 기부금
- 사회복지, 문화, 예술, 교육, 종교, 자선, 학술 등 공익목적으로 지출하는 기부금으로서 기획재정부장관이 지정하여 고시하는 기부금(국민체육진흥기금, 근로복지진흥기금, 발명진흥기금, 과학기술진흥기금 등)

③ 사회복지시설 또는 기관 중 무료, 실비로 이용할 수 있는 것으로서 법에 정한 시설 또는 기관(유료복지시설에 대한 것은 비지정기부금)
- 아동복지시설, 노인복지시설, 장애인복지시설, 다문화 가족지원센터, 건강가정지원센터 등으로서 요건을 갖춘 것에 대한 기부금

④ 법에 정한 요건을 갖춘 국제기구로서 기획재정부장관이 지정하여 고시하는 국제기구에 지출하는 기부금

4) 기타기부금(비지정기부금-전액 손금불산입)

상기 이외의 기부금으로 향우회, 종친회, 동창회, 신용협동조합, 새마을금고 등에 지출한 기부금

(2) 기부금의 가액

기부금을 금전 외의 자산으로 제공한 경우 당해 자산의 가액은 이를 제공한 때의 시가

1) 현물기부자산의 평가

구분	2012.7.1. 이후 지출분
특례기부금(50%한도기부금), 특수관계 없는자에 대한 일반기부금(10%(20%)한도기부금)	장부가액
특수관계인에 대한 일반기부금(10%(20%)한도기부금), 비지정기부금	시가와 장부가액 중 큰 금액

2) 미지급 기부금

① 기부금을 가지급금 등으로 이연 계상한 경우: 이를 지출한 사업연도의 기부금으로 하고, 그 후 사업연도에 있어서는 이를 기부금으로 보지 아니한다.

② 기부금을 미지급금으로 계상한 경우: 실제로 지출할 때까지는 기부금으로 보지 아니한다.

(3) 기부금의 손금산입 범위액

1) 특례기부금(50%한도기부금)

> 한도액 = (기부금을 손금산입하지 않은 세무조정 후 소득금액* − 이월결손금) × 50%

* 일반기업(비중소기업) 공제한도: 기준소득금액 × 60%

① 기부금을 손금산입하지 않은 세무조정 후 소득금액 = 차가감소득금액 + 특례기부금
+ 우리사주조합기부금 + 일반기부금
② 이월결손금: 각사업연도 개시일 전 15년(2021.1.1. 전에 개시하는 사업연도에 발생한
결손금은 종전 규정에 따라 10년) 이내 개시한 사업연도에 발생한 이월결손금
③ 손금불산입된 특례기부금은 10년간 이월하여 손금에 산입할 수 있다.
④ 한도초과: 손금불산입(기타사외유출) → 소득금액조정합계표 기재사항이 아니고 법인
세과세표준및세액조정계산서(105)란에 기재한다.

2) 우리사주조합기부금(30%한도기부금)

> 한도액 = (기부금을 손금산입하지 않은 세무조정 후 소득금액* − 이월결손금) × 30%

* 일반기업(비중소기업) 공제한도: 기준소득금액 × 60%

① 기부금을 손금산입하지 않은 세무조정 후 소득금액 = 차가감소득금액 + 특례기부금
+ 우리사주조합기부금 + 일반기부금 − 특례기부금 손금인정액
② 이월결손금: 각사업연도 개시일 전 15년(2021.1.1. 전에 개시하는 사업연도에 발생한
결손금은 종전 규정에 따라 10년) 이내 개시한 사업연도에 발생한 이월결손금
③ 손금불산입된 우리사주조합기부금은 이월되지 않는다.
④ 한도초과: 손금불산입(기타사외유출) → 소득금액조정합계표 기재사항이 아니고 법인
세과세표준및세액조정계산서(105)란에 기재한다.

3) 일반기부금(10%(사회적기업은 20%)한도기부금)

> 한도액 = (기부금을 손금산입하지 않은 세무조정 후 소득금액*−이월결손금) × 10%(20%)

* 일반기업(비중소기업) 공제한도: 기준소득금액 × 60%

① 기부금을 손금산입하지 않은 세무조정 후 소득금액 = 차가감소득금액 + 특례기부금
+ 우리사주조합기부금 + 일반기부금 − 특례기부금 손금인정액 − 우리사주조합기부금
손금인정액
② 이월결손금: 각 사업연도 개시일 전 15년 이내 개시한 사업연도에 발생한 이월결손금

③ 손금불산입된 일반기부금은 향후 10년간 이월하여 손금에 산입할 수 있다.

④ 한도초과: 손금불산입(기타사외유출) → 소득금액조정합계표 기재사항이 아니고 법인세과세표준및세액조정계산서(105)란에 기재한다.

🌸 실무수행프로세스

1 단계: 1.기부금명세서(기타기부금 우선조정)
2 단계: 기부금조정명세서(3~6 「법인세법」 제24조제2항제1호에 따른 기부금 등 손금산입액 한도액계산)
3 단계: 기부금조정명세서(7.기부금 이월액명세)
4 단계: 합계등록 없이 저장

1 기부금명세서

① 계정별 원장 데이터 불러오기 를 클릭하여 작성한다.
② 입력한 데이터의 유형란에 1.특례 2.일반 3.우리사주 4.기타 항목을 선택한다.
③ 외부조정만 하는 경우: 해당 항목을 순차적으로 입력한다.
④ 당연 손금불산입되는 기타기부금이 있는 경우 기타기부금을 먼저 소득금액조정합계표에 반영해야 한다.

2 기부금조정명세서

① 기부금명세서에서 입력된 자료가 자동반영된다.
② 소득금액은 다음과 같이 계산식에 의해 관련서식에서 자동반영되며 이월결손금은 직접 입력한다.

소득금액 = 결산서상 당기순이익 ± 세무조정금액 + 기부금합계금액

③ 기부금조정명세서는 모든 세무조정 항목의 작업이 완료된 후 마지막으로 작업한다.
④ 기부금한도초과액은 소득금액조정합계표에 반영하는 것이 아니므로 서식작성이 완료되면 반드시 [저장]하여 법인세과세표준 및 세액조정계산서에 자동반영한다.

 기부금조정명세서

다음 자료에 의해서 (주)법인조정의 2025년도 기부금명세서 및 기부금조정명세서를 작성하고 소득금액조정합계표에 세무조정사항을 반영하시오.

1. 기부금의 지출내역은 계정별원장을 참고한다.(기부처에 대한 사업자번호 입력은 생략)

일자	기부처	내용
2. 7.	서울대학교병원	국립대학병원 기부
3. 15.	사회복지공동모금회	불우이웃돕기 성금지급
4. 12.	유니세프	불우이웃돕기 성금지급
5. 6.	대학동창회	대표이사 동창회 특별회비
6. 22.	육군군수사령부	국방위문품 지급
7. 23.	MBC	수재민돕기 성금지급

※ 7월 23일자 수재민돕기 성금 지출액 중 3,000,000원은 2026년 1월 31일 만기의 약속어음으로 기부한 것이다.

2. 기부금에 대한 이월명세는 다음과 같다.

사업연도	기부금종류	한도초과액
2024	일반기부금(10%한도기부금) 「법인세법」 제24조 제3항 제1호에 따른 기부금	12,000,000원

 기부금조정명세서

1. 소득금액확정

소득금액을 확정하기 위해 기부금조정 이전까지의 모든 조정사항을 정리하여 소득금액조정합계표를 먼저 작성하고 「법인세과세표준 및 세액조정계산서」에서 소득금액을 확정하여 기부금 한도액을 계산하여야 한다.

2. 기부금명세서

원장조회 또는 재무회계의 계정별원장을 조회하여 기장된 933.기부금계정의 내역을 본 기부금명세서에 입력하거나, 계정별 원장 데이터 불러오기 키를 클릭하여 불러온 내역을 확인하여 1.유형란을 선택한다.

기부금조정명세서 전자						이월결손금	사회적기업	새로불러오기	저장	합계등록	원장조회	잔액조회	일괄
1. 기부금 명세서					계정별 원장 데이터 불러오기		구분만 별도 입력하기		구분별 정렬		월별로 전환		

	1.유형	코드	3.과 목	일자		5.적 요	6.법인명등	7.사업자번호	8.금액	비고
1	특례	10	기부금	2	7	국립대학병원 ⅔	서울대학교병원	208-82-01633	10,000,000	
2	특례	10	기부금	3	15	불우이웃돕기 ⅔	사회복지공동모금회	116-82-14426	5,000,000	
3	일반	40	기부금	4	12	불우이웃돕기 ⅔	유니세프	102-82-07606	3,000,000	
4	기타	50	기부금	5	6	대표이사 동창회	대학동창회		8,000,000	
5	특례	10	기부금	6	22	국방위문품 지급	육군군수사령부	617-83-00548	4,000,000	
6	특례	10	기부금	7	23	수재민돕기 성금	MBC	107-81-78996	7,000,000	
7	기타	50	기부금	7	23	수재민돕기 성금	MBC	107-81-78996	3,000,000	
8										
9.소계			가. 『법인세법』 제24조제2항제1호의 특례기부금(코드10)						26,000,000	
			나. 『법인세법』 제24조제3항제1호의 일반기부금(코드40)						3,000,000	
			다. 『조세특례제한법』 제88조의4제13항의 우리사주조합 기부금(코드42)						0	
			라. 그 밖의 기부금(코드50)						11,000,000	
			계						40,000,000	

1. 기부금 손금산입 한도액 계산으로 이동(TAB)

3. 기타기부금 조정

기부금명세서의 기타기부금을 합계등록 키를 이용하여 소득금액조정합계표에 반영한다.

손금불산입	동창회 특별회비	8,000,000원	상여
손금불산입	미지급기부금(어음)	3,000,000원	유보발생

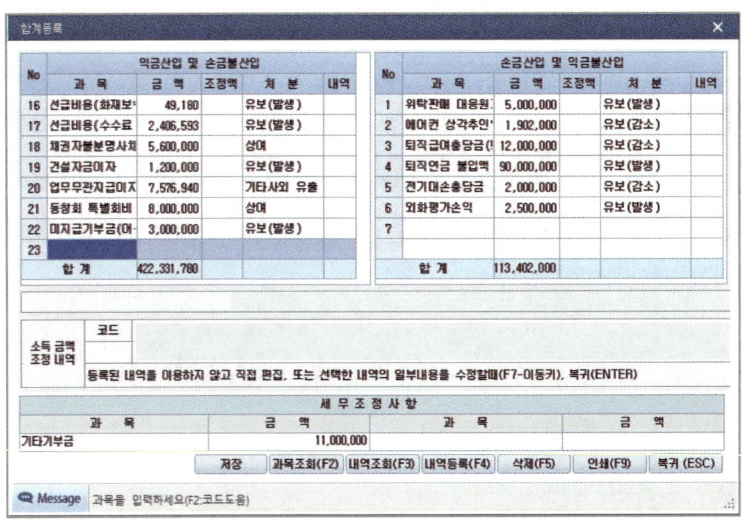

No	익금산입 및 손금불산입					No	손금산입 및 익금불산입				
	과 목	금 액	조정액	처 분	내역		과 목	금 액	조정액	처 분	내역
16	선급비용(화재보	49,180		유보(발생)		1	위탁판매 대응원	5,000,000		유보(발생)	
17	선급비용(수수료	2,406,593		유보(발생)		2	에어컨 상각추인	1,902,000		유보(감소)	
18	채권자불분명사채	5,600,000		상여		3	퇴직급여충당금(	12,000,000		유보(감소)	
19	건설자금이자	1,200,000		유보(발생)		4	퇴직연금 불입액	90,000,000		유보(발생)	
20	업무무관지급이지	7,576,940		기타사외 유출		5	전기대손충당금	2,000,000		유보(감소)	
21	동창회 특별회비	8,000,000		상여		6	외화평가손익	2,500,000		유보(발생)	
22	미지급기부금(어	3,000,000		유보(발생)		7					
23											
합 계		422,331,780				합 계		113,402,000			

소득 금액 조정 내역	코드		
	등록된 내역을 이용하지 않고 직접 편집, 또는 선택한 내역의 일부내용을 수정할때(F7-이동키), 복귀(ENTER)		

세 무 조 정 사 항			
과 목	금 액	과 목	금 액
기타기부금	11,000,000		

저장 | 과목조회(F2) | 내역조회(F3) | 내역등록(F4) | 삭제(F5) | 인쇄(F9) | 복귀 (ESC)

Message 과목을 입력하세요(F2:코드도움)

4. 소득금액조정합계표 완성

뒤에 설명되는 소득금액조정합계표를 먼저 작성하고 기부금조정을 하도록 한다.

소득금액조정합계표, 명세서 전자 개정　　유보기초잔액(F7)　저장　내역조회　내역등록　원장조회　전기서식　기능모음(F

No	익금산입 및 손금불산입					No	손금산입 및 익금불산입				
	과 목	금 액	조정액	처 분	내역		과 목	금 액	조정액	처 분	내역
1	법인세비용	67,643,631		기타사외 유출		1	위탁판매 대응원가	5,000,000		유보(발생)	
2	위탁판매 수입금액	8,000,000		유보(발생)		2	에어컨 상각추인액	1,902,000		유보(감소)	
3	임대보증금간주익금	926,000		기타사외 유출		3	퇴직급여충당금(퇴직연금	12,000,000		유보(감소)	
4	본사건물 상각부인액	3,900,000		유보(발생)		4	퇴직연금 불입액	90,000,000		유보(발생)	
5	B기계 상각부인액	4,809,000		유보(발생)		5	전기대손충당금	2,000,000		유보(감소)	
6	퇴직급여충당금한도초과역	271,523,608		유보(발생)		6	외화평가손익	2,500,000		유보(발생)	
7	퇴직연금 지급액	12,000,000		유보(감소)		7					
8	대손충당금한도초과액	2,110,000		유보(발생)							
9	대손금부인액	9,000,000		유보(발생)							
10	기업업무추진비증빙불비	3,000,000		상여							
11	기업업무추진비카드등미/	2,782,000		기타사외 유출							
12	기업업무추진비한도초과	148,370		기타사외 유출							
13	가지급금인정이자	174,958		상여							
14	재고자산평가감	2,000,000		유보(발생)							
15	세금과공과금 불산입	6,481,500		기타사외 유출							
16	선급비용(화재보험료) 미	49,180		유보(발생)							
17	선급비용(수수료) 미계상	2,406,593		유보(발생)							
18	채권자불분명사채이자	5,600,000		상여							
19	건설자금이자	1,200,000		유보(발생)							
20	업무무관지급이자	7,576,940		기타사외 유출							
21	동창회 특별회비	8,000,000		상여							
22	미지급기부금(어음)	3,000,000		유보(발생)							
23											
	합 계	422,331,780					합 계	113,402,000			

소득 금액 조정 내역　　코드

등록된 내역을 이용하지 않고 직접 편집, 또는 선택한 내역의 일부내용을 수정할때(F7-이동키), 복귀(ENTER)

5. 소득금액 확정

1. 「법인세과세표준 및 세액조정계산서」에서 새로불러오기 를 클릭하여 「소득금액조정합계표」의
   내용을 반영받고 저장한다. 소득금액을 확정기부금손금산입한도액계산으로 이동 하여 반
   드시 새로불러오기 를 하고 1. 소득금액계를 다시 반영받는다.
   화면의 [소득금액계산내역조회 및 수정] 키로 다시 계산된 소득금액 내역을 확인한다.

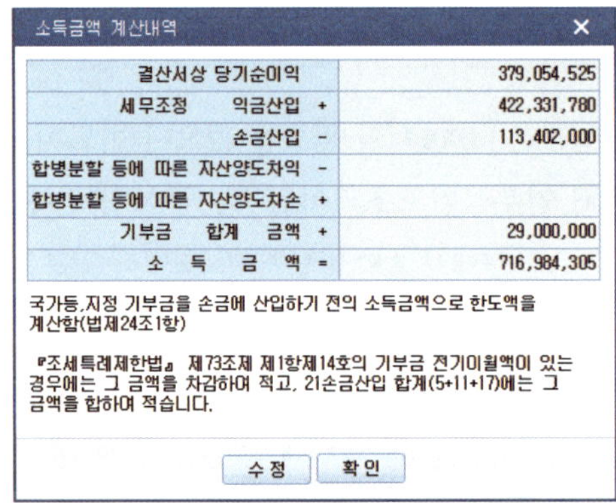

6. 기부금조정명세서 작성

일반기부금(10%기부금) 지출액이 일반기부금(10%기부금) 한도액보다 작으므로 [5.기부금 이월액 명세서]를 작성한다.

2024년 사업연도의 [법인세법 제24조 제3항 제1호에 따른 기부금] 21.한도초과 손금 불산입액 12,000,000원을 입력하여 23.공제가능잔액 12,000,000원이 계산되면 24.해당사 업연도 손금추인액란에 12,000,000원을 입력한다.

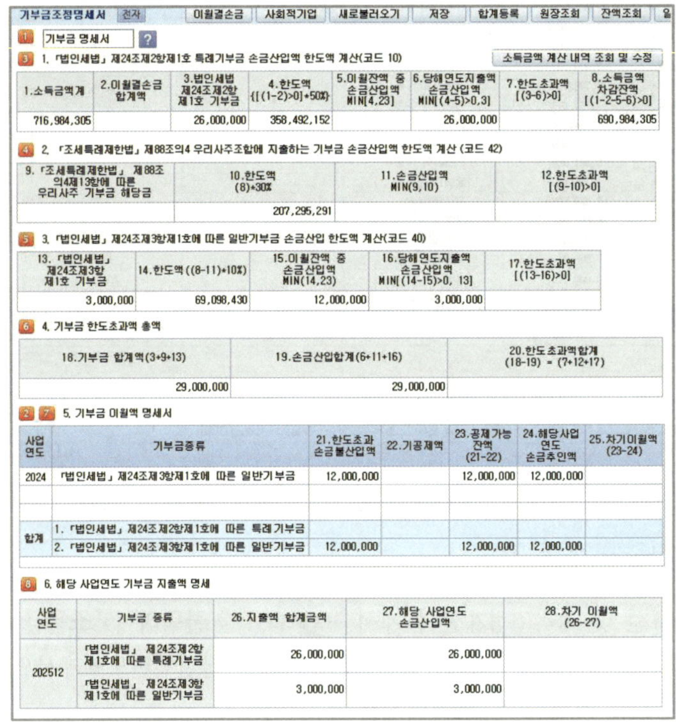

7. 기부금이월액 손금산입(법인세과세표준 및 세액조정계산서)

기부금이월액 중 손금산입분은 합계등록 할 필요는 없으나 반드시 저장 하여 '법인세과세표 준및세액조정계산서'의 [106.기부금한도초과이월액 손금산입]란에 반영시켜야한다.

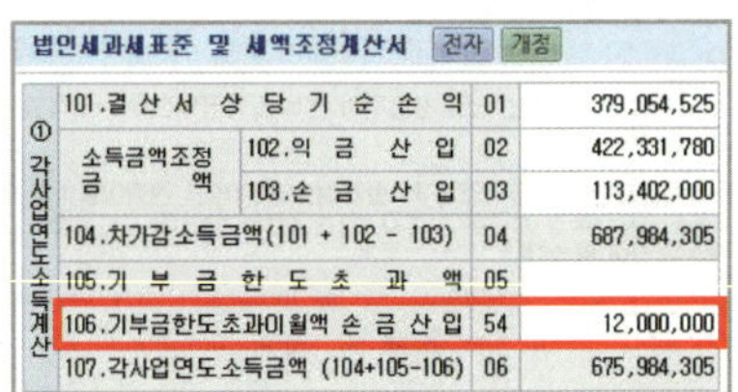

제7절 소득 및 과표계산

01 법인의 과세표준과 세액의 계산절차 요약

필요 지식

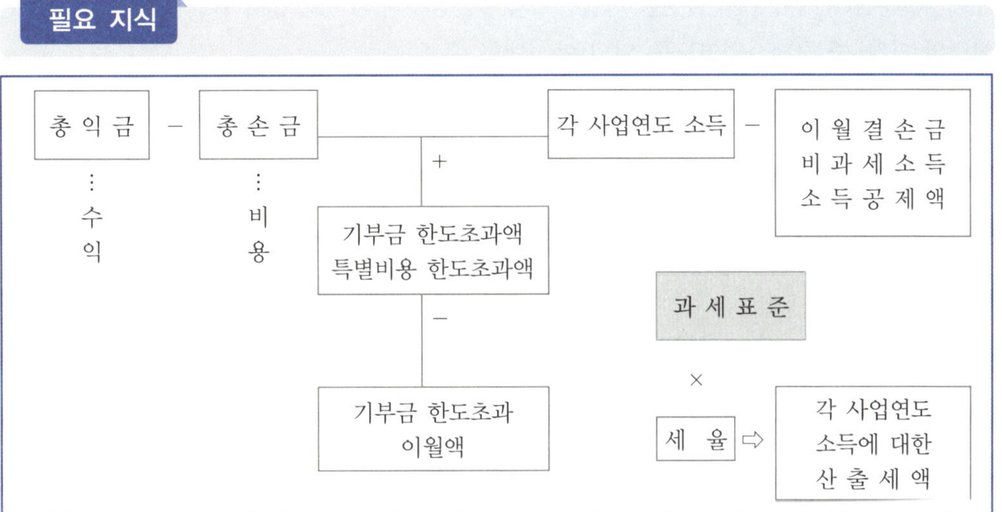

(1) 과세표준

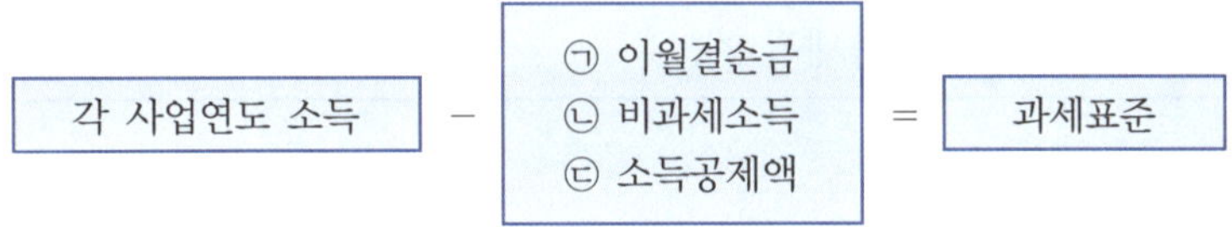

→ ㉠·㉡·㉢의 순서로 공제액을 계산한다.

(2) 이월결손금

결손금이란 손금의 총액이 익금의 총액을 초과하는 금액을 말하며, 특정 사업연도에 발생한 결손금을 다른 사업연도에 발생한 소득에서 공제할 필요가 있다. 현행 결손금공제제도는 소급공제와 이월공제의 두 가지가 있다.

① 결손금의 소급공제

결손금이 발생한 사업연도와 그 직전 사업연도의 소득에 대한 법인세 과세표준 및 세액을 법정신고기한 내에 납세지 관할세무서장에게 소급공제에 의한 법인세액의 환급신청을 할 수 있다.

$$\text{환급세액} = \text{직전사업연도의 법인세산출세액} - \left[\left(\text{직전사업연도 과세표준} - \text{소급공제 결손금액}\right) \times \text{직전 사업연도에 적용되는 법인세율}\right]$$

*** 한도: 직전 사업연도 법인세산출세액 − 공제·감면세액 = 직전 사업연도 법인세액**

② 결손금의 이월공제

이월결손금 공제시 먼저 발생한 사업연도의 결손금부터 차례로 공제하며, 공제시한인 15년 이내의 기간 중 공제사업연도를 임의로 선택할 수 없다.

(3) 산출세액

법인세 산출세액이란 법인세 과세표준금액에 세율을 적용하여 계산한 금액을 말한다.

$$\text{법인세 산출세액} = \text{과세표준} \times \text{세율}$$

① 법인세율

과세표준	세율
2억원 이하	9%
2억원 초과 200억원 이하	19%
200억원 초과 3,000억원 이하	21%
3,000억원 초과	24%

② 사업연도가 1년 미만인 경우 산출세액 계산

$$\text{법인세 산출세액} = \left(\text{과세표준} \times \frac{12}{\text{사업연도월수}}\right) \times \text{세율} \times \frac{\text{사업연도월수}}{12}$$

* 월수는 역에 따라 계산하되 1월 미만의 일수는 1월로 함.

 소득금액조정합계표, 명세서

필요 지식

소득금액조정합계표는 익금산입, 손금불산입과 손금산입, 익금불산입 사항을 요약 집계한 것으로 각 항목별 내용, 금액, 소득처분 및 코드를 명시한 표이다. 단, 기부금한도초과액 및 기부금손금추인액은 소득금액을 기준으로 계산되므로 소득금액조정합계표가 아닌 법인세과세표준 및 세액조정계산서에 표시한다.

▮ 세무조정항목별 소득처분사례 ▮

조정 항목	내용	익금가산		손금가산	
		조정구분	처분	조정구분	처분
수입금액	• 인도한 제품 등의 매출액 가산 • 동 매출원가	익금산입	유 보	손금산입	유 보
	• 전기매출가산분 당기결산상 매출 계상 • 동 매출원가	손금불산입	유 보	익금불산입	유 보
	• 작업진행률에 의한 수입금액 가산 • 전기수입금액가산분 당기결산 수입계상	익금산입	유 보	익금불산입	유 보
기업업무추진 비	• 한도초과액 • 법인명의 신용카드 미사용액 • 증빙불비 및 업무무관(귀속자)	손금불산입 손금불산입 손금불산입	기타사외유출 기타사외유출 상여 등		
지정기부금	• 한도초과액	손금불산입	기타사외유출		
	• 당기미지급기부금 • 전기미지급기부금당기지급액	손금불산입	유 보	손금산입	유 보
	• 당기가지급 계상분(한도액계산시 포함) • 전기 가지급 계상분 당기 비용처리	손금불산입	유 보	손금산입	유 보
외화환산손익	• 환산이익 과소계상 • 환산이익 과대계상 • 환산손실 과대계상 • 환산손실 과소계상	익금산입 손금불산입	유 보 유 보	익금불산입 손금산입	유 보 유 보
가지급금 등의 인정이자	• 출자자(출자임원 제외) • 사용인(임원 포함) • 법인 또는 사업영위 개인 • 전 각 호 이외의 개인	익금산입 익금산입 익금산입 익금산입	배 당 상 여 기타사외유출 기타소득		
소득세 대납액	• 귀속이 불분명하여 대표자에게 처분한 소득에 대한 소득세를 법인이 대납하고 손비로 계상하거나 특수관계 소멸시까지 회수하지 아니하여 익금산입한 금액 ※ 대표자 귀속 명백분: 상여	익금산입	기타사외유출		
건설자금 이 자	• 건설 중인 자산분 • 건설완료 자산 중 비상각 자산분	손금불산입 손금불산입	유 보 유 보		
	• 전기부인 유보분 중 당기건설이 완료되어 회사 자산계상			익금불산입	유 보
채권자가 불분명한 사채이자	• 원천세 제외 금액(대표자) • 원천세 해당금액	손금불산입 손금불산입	상 여 기타사외유출		

조정 항목	내용	익금가산		손금가산	
		조정구분	처분	조정구분	처분
수령자불분명 채권증권의 이자 할인액	• 원천세 제외 금액(대표자) • 원천세 해당금액	손금불산입 손금불산입	상 여 기타사외유출		
비업무용부동 산 등 지급이자	• 비업무용부동산 및 업무무관 가지급금에 대한 지급이자	손금불산입	기타사외유출		
각 종 준비금	• 범위초과액 • 과소환입 • 과다환입 • 전기범위초과액 중 환입액 • 세무조정에 의하여 손금산입하는 준비금	손금불산입 익금산입	유 보 유 보	익금불산입 익금불산입 손금산입	유 보 유 보 유 보
	• 세무조정에 의해 환입하는 준비금	익금산입	유 보		
퇴직급여 충 당 금	• 범위초과액 • 전기부인액 중 당기 지급 • 전기부인액 중 당기 환입액	손금불산입	유 보	손금산입 익금불산입	유 보 유 보
퇴직연금 부 담 금	• 범위초과액 • 전기부인액 중 당기 환입액 • 신고조정에 의한 손금산입시 • 신고조정에 의한 손금산입 금액으로 퇴직금 지급시	손금불산입 손금불산입	유 보 유 보	익금불산입 손금산입	유 보 유 보
대손충당금	• 범위초과액 • 전기범위초과액 중 당기 환입액	손금불산입	유 보	익금불산입	유 보
재고자산	• 당기평가감 • 전기평가감 중 당기 사용분 해당액 • 당기평가증 • 전기평가증 중 당기 사용분 해당액	손금불산입 손금불산입	유 보 유 보	손금산입 손금산입	유 보 유 보
국 고 보조금등	• 손금산입한도 초과액 • 세무조정에 의한 손금계상시	손금불산입	유 보	손금산입	유 보
감 가 상 각 비	• 당기부인액 • 기왕부인액 중 당기 용인액	손금불산입	유 보	손금산입	유 보

🍀 실무수행프로세스

> ① 단계: 소득금액조정합계표
> ② 단계: 과목별소득금액조정명세서

1 소득금액조정합계표

　① 입력방법

　　㉠ 과목별 세무조정 사항을 집계하는 서식으로 본 프로그램에서는 각 과목별 세무조정이 완료
　　　되면 각 세무조정 메뉴에서 합계등록(F8)을 통하여 본 서식에 집계하도록 구성되어 있다.
　　　또한 합계등록(F8)을 이용하지 않고 직접 본 메뉴에서 입력할 수 있다.

　　㉡ 전기 자본금과 적립금조정명세서(을)서식의 유보금액 중 당기 세무조정사항이나 세무조정
　　　명세서가 없는 항목의 세무조정사항은 본 메뉴에서 직접 입력한다.

　② 과목 및 처분의 입력

　　㉠ 과목: 해당과목을 한글로 입력하거나 과목조회(F2)를 이용하여 계정과목을 입력한다. 과목을
　　　직접 입력시 입력된 형태 그대로 인쇄되므로 글자간격을 잘 조절하여 입력한다.
　　　※ 과목란은 같은 계정과목 코드로 입력하면 이후에 작성될 자본금과 적립금 조정명세서(을) 작
　　　　성시 하나의 라인에서 증감을 비교하여 볼 수 있고, 코드가 아닌 한글과목을 직접 입력한 경
　　　　우 같은 내용이라도 유보사항별로 열거하여 정리된다.

　　㉡ 처분: 커서가 처분 란에 위치할 때 나타나는 보조 화면상의 처분사항을 선택한다.
　　　• 익금산입 및 손금불산입: 1.유보(발생) 2.유보(감소) 3.배당 4.상여 5.기타소득
　　　　　　　　　　　　　　　　6.기타사외유출 7.기타
　　　• 손금산입 및 익금불산입: 1.유보(발생) 2.유보(감소) 3.기타

2 과목별소득금액조정명세서(교육용에서 생략)
　소득금액조정합계표의 소득금액조정 세부내역을 작성하는 서식이다.

수행과제　**소득금액조정합계표**

다음 자료에 의해서 (주)법인조정의 2025년도 소득금액조정합계표를 작성하시오.

1. 당기분 법인세와 지방소득세가 결산서상의 법인세 등으로 계상되어 있다.

수행과제 풀이　**소득금액조정합계표**

1. 법인세등계상액은 [표준손익계산서] 작성시 합계등록 으로 이미 조정하였으며, 본 메뉴에서
　 원장조회 키를 이용하여 998.법인세등계정의 원장을 조회하여 금액을 확인한 다음 직접
　입력하여 조정할 수 있다.

소득금액조정합계표, 명세서 [전자] [개정]　유보기초잔액(F7) | 저장 | 내역조회 | 내역등록 | 원장조회 | 전기서식 | 기능모음(F

No	익금산입 및 손금불산입					No	손금산입 및 익금불산입				
	과 목	금 액	조정액	처 분	내역		과 목	금 액	조정액	처 분	내역
1	법인세비용	67,643,631		기타사외 유출		1	위탁판매 대응원가	5,000,000		유보(발생)	
2	위탁판매 수입금액	8,000,000		유보(발생)		2	에어컨 상각추인액	1,902,000		유보(감소)	
3	임대보증금간주익금	926,000		기타사외 유출		3	퇴직급여충당금(퇴직연금	12,000,000		유보(감소)	
4	본사건물 상각부인액	3,900,000		유보(발생)		4	퇴직연금 불입액	90,000,000		유보(발생)	
5	B기계 상각부인액	4,809,000		유보(발생)		5	전기대손충당금	2,000,000		유보(감소)	
6	퇴직급여충당금한도초과역	271,523,608		유보(발생)		6	외화평가손익	2,500,000		유보(발생)	
7	퇴직연금 지급액	12,000,000		유보(감소)		7					
8	대손충당금한도초과액	2,110,000		유보(발생)							
9	대손금부인액	9,000,000		유보(발생)							
10	기업업무추진비증빙불비	3,000,000		상여							
11	기업업무추진비카드등미사	2,782,000		기타사외 유출							
12	기업업무추진비한도초과	148,370		기타사외 유출							
13	가지급금인정이자	174,958		상여							
14	재고자산평가감	2,000,000		유보(발생)							
15	세금과공과금 불산입	6,481,500		기타사외 유출							
16	선급비용(화재보험료) 미	49,180		유보(발생)							
17	선급비용(수수료) 미계상	2,406,593		유보(발생)							
18	채권자불분명사채이자	5,600,000		상여							
19	건설자금이자	1,200,000		유보(발생)							
20	업무무관지급이자	7,576,940		기타사외 유출							
21	동창회 특별회비	8,000,000		상여							
22	미지급기부금(어음)	3,000,000		유보(발생)							
23											
	합 계	422,331,780					합 계	113,402,000			

소득 금액 조정 내역	코드	
		등록된 내역을 이용하지 않고 직접 편집, 또는 선택한 내역의 일부내용을 수정할때(F7-이동키), 복귀(ENTER)

03　비과세소득명세서

필요 지식

세법의 규정에 따라 법인세를 부과하지 아니하는 특정소득을 비과세소득이라 하며 비과세
소득은 별도의 신고나 신청절차 필요없이 당연히 과세표준에서 제외되는 소득이다. 비과세
소득은 각 사업연도 소득의 범위 안에서 공제하므로 비과세소득에 각 사업연도 소득을 초과
하는 경우에는 다음 사업연도로 이월되지 아니하고 소멸한다.

(1) 법인세법상 비과세소득

① 공익신탁의 신탁재산에서 생기는 소득(법 §51)

② 1990.12.31. 이전 발생된 국민저축조합 저축의 이자

③ 1983.1.1.전에 발행한 산업부흥채권, 징발보상채권, 전신·전화채권, 지하철공채·도로
공채 및 상수도공채, 토지개발채권, 국민주택채권(한국주택은행의 것은 1982.1.1. 전
발행분에 한함)의 이자와 할인액

(2) 조세특례제한법상 비과세소득

① 2010.12.31.까지 어업협정에 따라 어업자 등이 받는 지원금 및 실업지원금(조특법
§104의 2)

② 아래 출자방식으로 2013.12.31.까지 취득한 주식의 양도차익(조특법 §13)
- 중소기업창업투자회사가 창업자 또는 벤처기업에 출자
- 신기술사업금융업자가 신기술사업자 또는 벤처기업에 출자
- 중소기업창업투자회사 · 신기술사업금융업자 · 벤처기업출자유한회사가 창투조합 등을 통해 창업자 · 신기술사업자 · 벤처기업에 출자
- 기금운용법인 등이 창투조합 등을 통해 창업자 · 신기술사업자 · 벤처기업에 출자

③ 기관투자자가 중소기업창업투자조합 또는 한국벤처투자조합, 신기술사업투자조합, 기업구조조정조합, 부품소재전문조합을 통하여 2010.12.31.까지 창업자 · 신기술사업자 · 벤처기업 또는 구조조정 대상기업의 주식 · 출자지분을 취득한 후 당해주식을 양도함으로써 발생한 양도차익

🌸 실무수행프로세스

1 단계: 비과세이자 소득금액계산
2 단계: 최저한세 적용대상 비과세소득금액계산
3 단계: 법인세과세표준세액조정계산서 반영

1 비과세이자 소득금액
법인세법상 이자소득금액 대상액을 해당란에 기입한다.
① 일자: 이자발생일을 입력한다.
② 적요: 소득의 종류를 입력한다.
  (예: 공익신탁소득, 비과세지하철공채이자 · 도로 공채이자 등)
③ 금액(원본): 신탁, 공채등의 원본금액을 입력한다.
④ 이율: 이자의 적용이자율을 입력한다.
⑤ 기간: 당해 사업연도 중 이자계산기간을 입력한다.
⑥ 수입이자 또는 소득: 당해연도의 이자금액을 입력하며, 수입이자 또는 소득금액계는 법인세과세표준및세액조정계산서(별지 제3호 서식)에 이기한다.

2 최저한세 적용대상 비과세소득금액
조세특례제한법상의 비과세소득금액은 최저한세적용대상소득이다.
① 금액: 조세특례제한법상의 비과세소득금액을 해당란에 각각 입력한다.
② 최저한세적용비과세배제금액: 최저한세적용비과세배제금액란의 (16)합계란은 최저한세조정계산서(별지 제4호 서식)상의 (113)란 중 (4)조정감란의 금액을 기입하고, (11)(12)(13)(14)란의 최저한세적용비과세배제금액은 이에 따라 조정한다.
③ 차감비과세금액: 합계란의 금액을 법인세과세표준및세액조정계산서(별지 제3호 서식)에 이기한다.

 04 소득공제조정명세서

법인세법 및 조세특례제한법상 소득공제 대상금액을 계산하고 공제하기 위하여 작성하는 서식이다.

(1) 법인세법상 소득공제

유동화전문회사·증권투자회사·기업구조조정투자회사 및 기업구조조정부동산투자회사가 배당가능이익의 90% 이상을 배당하는 경우 동 금액을 당해 사업연도의 소득금액에서 공제한다.

(2) 조세특례제한법상 소득공제

명칭	대상법인	대상금액	공제율	공제기한	비고
고용유지중소기업 소득공제	고용유지 중소기업	상시근로자 1인당 연간임금총액 감소액	상시근로자 1인당 연간임금총액감소액 × 상시근로자수 × $\frac{50}{100}$	해당연도	* 2009.3.25.이 속하는 과세연도부터 적용
국민주택 임대소득공제	자기관리 부동산 투자회사	국민주택 임대소득	소득금액 × $\frac{50}{100}$	최초발생 연도와 그후 5년간	* 2009.12.31. 이전에 국민주택을 신축하거나 취득 당시 입주된 사실이 없는 국민주택을 매입하여 임대하는 경우 적용

🌸 실무수행프로세스

본 서식은 '법인세과세표준 및 세액조정계산서'에서 1차 산출세액을 계산하기 전에 먼저 작성되어 산출세액에 반영되어야 세액감면, 세액공제, 소득구분계산서 등 작성시 반영받을 수 있다.
1 ④ 계산기준금액: 소득공제계산기준금액을 입력한다.
2 ⑥ 소득공제대상금액: 계산기준금액에 공제율을 곱하여 자동으로 계산한다.
3 ⑦ 최저한세적용감면배제금액: 최저한세조정계산서에서 조정감으로 감면이 배제된 금액을 입력한다.
4 ⑧ 소득공제액: 소득공제대상금액에서 최저한세적용감면배제금액을 차감하여 자동계산한다.

제8절 특별비용 등 조정

필요 지식

준비금이란 상법상의 용어로 일정한 목적을 위하여 미래에 사용하기 위하여 적립하는 금액을 말한다. 세법상 준비금은 결산조정항목이며, 외부회계감사를 받은 비영리내국법인의 고유목적사업준비금과 조세특례제한법상의 준비금은 기업회계에서 인정되지 아니하므로 잉여금처분에 의한 신고조정으로 손금산입을 허용하고 있다.

(1) 준비금의 설정과 환입에 대한 회계처리와 세무조정

구분	결산조정하는 경우	신고조정하는 경우
설정시회계처리	(차) 준비금전입(영업외비용) ××× 　　(대) 준비금(부채) ×××	없음
잉여금처분	없음	(차) 이월이익잉여금 ××× 　　(대) 준비금(임의적립금) ×××
세무조정	없음	손금산입 △유보
환입시 회계처리	(차) 준비금(부채) ××× 　　(대) 준비금환입(영업외수익) ×××	없음
잉여금이입	없음	(차) 준비금(임의적립금) ××× 　　(대) 이월이익잉여금 ×××
세무조정	없음	익금산입 유보

(2) 법인세법상 준비금

1) 책임준비금(법 §30)

대상법인	손금산입 범위	환입
보험회사(농업협동조합법, 수산업협동조합법에 의한 공제사업, 수출보험법에 의한 수출보험사업, 새마을금고법에 따른 공제사업 포함)	① 당해 사업연도말 현재 모든 보험계약 해약시 지급할 환급액(해약공제액 포함)+ ② 당해 사업연도말 현재 기발생보험사고에 대한 추정보험금상당액 + ③ 영 §57 ① 3호에 따라 적립한 배당준비금	①, ②는 다음 사업연도에 익금산입 ③은 영 §57 ②에 따라 처리

① 2012.2.2. 이후 최초로 신고하는 분부터는 손해사정, 보험대위 및 구상권 행사 등에 소요될 것으로 예상되는 금액을 포함한다.

② 2011.1.1. 이후 개시하는 사업연도 분부터는 K-IFRS를 적용하는 법인의 경우 Max [현행한도, 금융위원회가 기획재정부장관과 협의하여 정한 최소적립기준]을 적용 가능하다.

2) 비상위험준비금

대상법인	손금산입 범위	처리 등
보험회사(농업협동조합법, 수산업협동조합법에 의한 공제사업, 수출보험법에 의한 수출보험사업, 새마을금고법에 따른 공제사업 포함)	• 당해 사업연도의 단기손해보험(인보험의 경우에는 해약환급금이나 만기지급금이 없는 사망보험 및 질병보험에 한함)에 의한 보유보험료의 합계액 × 금융감독위원회가 정하는 보험종목별 적립기준율 • 당해 사업연도의 단기손해보험에 의한 경과보험료의 합계액의 100분의 50%(자동차보험은 40%)	준비금의 처리 및 경과보험료의 계산 방법은 보험업법 시행령 §63 및 동 시행규칙 §29의 규정에 의하여 금융위원회가 정하는 바에 의함.(규칙 §30)

2011.1.1. 이후 개시하는 사업연도 분부터 K-IFRS를 적용하는 보험사는 비상위험준비금을 신고조정으로 손금에 산입할 수 있다.

(3) 조세특례제한법상 준비금

1) 연구 및 인력개발준비금

2018년 12월 31일 이전에 끝나는 과세연도까지 연구 및 인력개발에 필요한 비용에 충당하기 위하여 연구및인력개발준비금을 적립한 때에는 다음의 한도범위에서 손금에 산입한다. 이후 손금산입한 금액의 과세연도종료일 이후 3년이 되는 날이 속하는 과세연도종료일까지 설정목적에 맞게 사용하여야 한다.

2) 준비금조정명세서

준비금 설정목적에 따라 적립한 때에는 손금산입 후 3년이 되는 날이 속하는 과세연도 종료일까지 설정목적에 맞게 사용하여야 하며, 미사용시 전액 환입하여야 한다.

🌼 실무수행프로세스

> 1 단계: 준비금해당 서식 작성
> 2 단계: 최저한세 조정계산서
> 3 단계: 최저한세로 인한 배제금액 적용-해당 서식 다시 작성
> 4 단계: 특별비용조정명세서
> 5 단계: 법인세과세표준 및 세액조정계산서

01 중소기업투자준비금조정명세서

중소기업을 영위하는 내국법인이 중소기업에 사용되는 사업용자산 등의 신규취득이나 개체에 소요되는 금액에 충당하기 위하여 손금으로 계상하는 준비금의 설정과 환입에 대하여 작성하는 서식이다.

02 공장지방이전준비금조정명세서

중소기업이 공장을 지방으로 이전하기 위한 준비금을 설정하고 환입에 따른 조정서식이다.

03 본사지방이전준비금조정명세서

중소기업이 본사를 지방으로 이전하기 위한 준비금 설정 및 환입에 따른 조정서식이다.

04 연구및인력개발준비금조정명세서

소비성서비스업을 제외한 전업종을 영위하는 법인이 기술의 개발 및 혁신에 소요되는 비용 또는 연구시설 등의 취득을 위한 지출에 충당하기 위하여 손금으로 계상하는 준비금에 대한 조정서식이다.

05 투융자손실준비금조정명세서(구)

중소기업창업투자회사가 창업자 또는 벤처기업에게 투자하거나 신기술사업금융업자가 신기술사업자 또는 벤처기업에게 투자 또는 융자함으로 인하여 발생한 손실의 보전에 충당하기 위하여 손금으로 계상하는 준비금과 환입에 따른 조정명세서이다.

06 유통개선지원준비금조정명세서

농수협중앙회가 단위 농·수협의 [조특규칙 별표 5] 유통합리화시설(저온보관고·운반용 화물차량 등)의 취득 및 유통사업에서 발생한 손실보전을 지원하기 위한 자금에 충당하기 위하여 손금으로 계상하는 준비금이다.(조특법 §75)

07 특별수선충당금조정

특별수선을 위한 충당금의 설정에 따른 조정서식이다.

08 에너지절약시설투자준비금조정

중소기업의 에너지절약시설투자를 위한 준비금의 설정과 환입에 대한 조정서식이다.

09 특별감가상각충당금조정

특별상각이란 기계설비 등의 초과가동에 대하여 일반상각범위액의 일정률에 상당하는 감가상각비를 손금으로 인정하는 제도이며, 이러한 특별상각은 1994.12.31. 이전 취득자산만 종전규정에 따라 적용하며, 1995.1.1. 이후 자산에 대하여는 적용할 수 없다.

10 특별비용조정명세서

준비금의 설정과 환입에 따른 조정내역을 정리한 표로서 위의 해당 서식을 모두 작성 한 다음 본 서식에서 새로 불러오기를 하면 해당 준비금의 손금과 익금에 대한 내용이 자동으로 작성된다.

산출세액이 계산되면 세액의 공제·감면세액은 차감하고 가산세는 가산한 다음, 기납부세액(중간예납세액, 원천납부세액 등)을 차감한 다음 차가감납부할 세액을 계산할 수 있다.

 세액감면과 세액공제

필요 지식

(1) 일반감면

－기간제한 없이 적용되는 감면

구분	대상	감면내용
중소기업 등 특별세액감면 * 2005.1.1. 이후 최초 개시 사업연도분부터 본점기준에서 사업장기준으로 변경(본점이 수도권 안에 있는 경우 모든 사업장이 수도권 안에 있는 것으로 간주)	－제조업 등에서 발생한 소득	－소기업 • 도매업 등: 10% • 수도권 내 노매업 등외: 20% • 수도권 외 도매업 등외: 30% －중기업 • 수도권 외 도매업 등: 5% • 수도권 외 도매업 등외: 15% • 수도권 내 지식기반: 10% * 2009.2.4. 이후 개시하는 사업연도부터 매출액 100억원 이상 법인은 소기업 제외
그 밖의 세액감면	① 공공차관도입에 따른 세액감면 ② 국제금융거래에 따른 이자소득 등에 대한 세액감면 ③ 해외자원개발투자 배당소득에 대한 세액감면 ④ 영농조합법인에 대한 세액감면 ⑤ 영어조합법인에 대한 세액감면 ⑥ 산림개발소득에 대한 세액감면	

(2) 기간감면

－일정기간만 적용되는 감면

구분	대상	감면내용
창업중소기업 등에 대한 세액감면	－해당 사업에서 발생한 소득	최초로 소득이 발생한 사업연도와 그 후 4년간 50% 감면
그 밖의 세액감면	① 연구개발특구에 입주하는 첨단기술기업 등에 대한 세액감면 ② 사업전환 중소기업 및 무역조정기업에 대한 세액감면 ③ 공장 및 본사의 수도권외의 지역으로의 이전에 대한 임시특별세액감면 ④ 법인의 수도권 외 지역 신설사업장에 대한 특별세액감면 ⑤ 농공단지입주기업등에 대한 세액감면 ⑥ 농업회사법인에 대한 세액감면 ⑦ 사회적 기업에 대한 세액감면 ⑧ 제주특별자치도 입주기업에 대한 세액감면	

※ 중복적용의 배제: 동일한 사업장과 동일한 사업연도의 소득에 대하여 둘 이상의 세액감면규정이 중복하여 적용되는 경우에는 하나만 선택하여 적용받을 수 있다.
※ 법인세가 면제되는 사업과 기타의 사업을 겸영하는 경우에는 법인세법 시행령 제156조 및 동법 시행규칙 제75조 제2항의 규정에 의하여 구분경리하여야 한다.

(3) 세액공제

세액공제란 법인세산출세액에서 일정률을 직접 공제하여 주는 것을 말한다.

구분	종류	이월공제	최저한세
법인세법	① 외국납부세액공제 ② 재해손실세액공제 ③ 사실과 다른 회계처리로 인한 경정세액공제	10년 없음 상황에 따라 다름	해당없음
조세특례제한법	① 연구및인력개발비세액공제 ② 각종 투자세액공제 ③ 그 밖의 세액공제	10년	(중소기업)적용안함 적용 적용

1) 법인세법상 세액공제

① 외국납부세액공제: 내국법인의 각 사업연도의 과세표준금액에 국외원천소득이 포함되어 있는 경우 그 국외원천소득에 대하여 납부하였거나 납부할 외국법인세액이 있는 경우에는 세액공제방법과 손금산입방법 중 하나를 선택하여 적용받는다.

② 재해손실세액공제: 법인이 각 사업연도 중에 천재·지변 및 화재 등 재해로 인하여 사업용 자산총액 20% 이상을 상실하여 납세가 곤란하다고 인정되는 경우에 재해손실에 대한 세액공제를 적용받을 수 있다.

2) 조세특례제한법상의 세액공제(최저한세 적용받음)

구분	공제금 내역	
	일반법인	중소기업
연구·인력개발비 세액공제	신성장동력연구개발, 원천기술연구개발 × 20%	신성장동력연구개발, 원천기술연구개발 × 30%
	위 해당·선택하지 않은 경우 ①·② 중 많은 것 선택 ① (당기지출액−직전연도 발생액) 　× 중견기업 40%, 일반기업 30% ② 당해연도 R&D비용 　× 중견기업 8%, 이외 1~2%	위 해당·선택하지 않은 경우 ①·② 중 많은 것 선택 ① (당기지출액−직전연도 발생액) 　× 50%(중소기업) ② 당해연도 R&D비용 × 25% *** 중소기업 졸업에 따른 공제율 단계적 인하** 　**−중소기업 졸업 이후(유예기간 포함) 3년간 15%, 그 이후 2년간 10%**
연구·인력개발을 위한 설비투자세액공제	투자금액의 1%(중견기업 3%, 중소기업 6%)	
통합투자세액공제	당기분 기본공제 + 투자증가분 추가공제 　− 기본공제 　　일반투자(투자금액 × 공제율(중소 12%, 중견 3%, 대 1%)) 　　신성장기술 사업화시설(투자금액 × 공제율(중소 12%, 중견 5%, 대 1%)) 　− 추가공제 　　당해년도 투자액 − 직전 3년 평균 투자액 × 추가공제율 3%	

*** 동일한 투자금액에 대하여 중복되는 경우는 선택 적용(조특법 §127 참조)**

3) 세액공제와 세액감면의 적용순서

> ㉠ 세액감면
> ㉡ 이월공제가 인정되지 아니하는 세액공제
> ㉢ 이월공제가 인정되는 세액공제[주)]

주) 이 경우 당해 사업연도 중에 발생한 세액공제액과 이월된 미공제세액이 함께 있는 경우에는 이월된 미공제세액을 먼저 공제한다.

4) 이월공제 종류 및 공제연한

구분	법인세법상 세액공제	조세특례제한법상 세액공제
이월공제	① 외국납부세액공제: 10년 ② 재해손실세액공제: 없음 ③ 농업소득세액공제: 없음	① 연구·인력개발비세액공제: 10년 ② 각종 투자세액공제: 10년 ③ 그 밖의 세액공제: 10년

❀ 실무수행프로세스

> 1 단계: 회사에 적용 가능한 세액감면, 세액공제항목 선정(중복 가능)
> 2 단계: 법인세과세표준 및 세액공제신고서(1차) – 과세표준 및 산출세액계산
> 3 단계: 소득구분계산서 – 감면세액등 소득구분이 필요한 공제항목이 있는 경우에 한함
> 4 단계: 공제감면추납세액 – 감면세액, 세액공제 해당 서식작성(공제 또는 감면대상 세액계산)
> 5 단계: 최저한세조정계산서 – 공제 또는 감면세액이 최저한세 적용배제금액이 있는지 여부 검토
> 6 단계: 공제감면추납세액 – 감면세액, 세액공제 해당 서식작성(2차) – 최저한세 배제금액 적용 및 서식작성 완료
> 7 단계: 공제감면세액합계표(갑, 을) – 공제대상 감면세액, 세액공제 집계표
> 8 단계: 가산세액계산서 – 가산세적용항목이 있는 경우 작성
> 9 단계: 원천납부세액명세서 – 기납부세액 중 원천납부세액 작성
> 10 단계: 법인세과세표준 및 세액공제신고서(2차) – 세액공제, 감면, 가산세, 원천납부세액 자동반영 후 중간예납세액 입력, 분납할 세액계산으로 완성

02 소득구분계산서

필요 지식

구분경리란 구분하여야 할 사업 또는 재산별로 자산·부채 및 손익을 법인의 장부상 각각 독립된 계정과목에 의하여 구분하여 기장하는 것을 말한다. 법인세가 면제되는 사업과 기타의 사업을 겸영하는 경우에는 법인세법 시행령 제156조의 규정에 의하여 구분경리하여야 한다.

(1) 구분경리의 대상

1) 법인세법상 구분경리 대상

다음의 사업과 기타의 사업을 겸영하는 법인은 구분경리하여야 한다.

대상법인	구분경리 대상사업
수익사업을 영위하는 비영리법인	수익사업과 기타사업
자본시장과 금융투자업에 관한 법률의 적용을 받는 법인	신탁재산 귀속소득과 기타소득
합병법인 지산의 이월결손금 또는 피합병법인의 이월결손금을 공제받고자 하는 합병법인	승계사업과 기타사업
분할법인 등의 이월결손금을 공제받으려는 분할신설법인	승계사업과 기타사업
합병등기일 현재 연결법인이 아닌 내국법인을 합병(또는 분할합병)하는 연결모법인	승계사업과 기타사업

2) 조세특례제한법상 구분경리

감면사업소득과 기타사업소득이 함께 있는 경우에는 감면소득과 기타소득을 구분경리하여야 한다.

① 조세특례제한법상의 면제(감면)세액·소득공제 등의 적용사업과 외국인투자기업의 감면대상사업 등 법률에 의하여 법인세가 감면되는 사업
② 소비성서비스업

(2) 구분경리 및 공통손익의 안분계산

1) 익금과 손금의 구분계산

① 일반사항

구분		예시
개별익금	감면사업 또는 과세사업에서 직접 발생하는 수익	• 매출액 또는 수입금액(소득구분계산의 기준)
	감면사업 또는 과세사업에 직접 관련하여 발생하는 부수수익	• 부산물·작업폐물의 매출액 • 채무면제익 • 원가차익 • 채권추심이익 • 지출된 손금 중 환입된 금액 • 준비금 및 충당금의 환입액
	영업외수익 중 과세사업의 개별익금으로 구분하는 것	• 수입배당금 • 수입이자 • 유가증권처분이익 • 임대료 • 가지급금인정이자 • 고정자산 처분익 • 수증익
공통익금	감면사업과 과세사업에 공통으로 발생되는 수익이나 귀속이 불분명한 부수수익	• 귀속이 불분명한 부산물·작업폐물의 매출액 • 귀속이 불분명한 원가차익, 채무면제익 • 공통손금의 환입액 • 기타 개별익금으로 구분하는 것이 불합리한 수익
개별손금	감면사업 또는 과세사업에 직접 관련하여 발생한 비용	• 매출원가 • 특정사업에 전용되는 고정자산에 대한 제비용 • 특정사업에 관련하여 손금산입하는 준비금·충당금전입액 • 기타 귀속이 분명한 제비용
	영업외비용 중 과세사업의 개별손금으로 구분하는 것	• 유가증권 처분손실 • 고정자산 처분손실
공통손금	감면사업과 과세사업에 공통으로 발생되는 비용이나 귀속이 불분명한 비용	• 사채발행비 상각 • 사채할인발행차금 상각 • 기타 개별손금으로 구분하는 것이 불합리한 비용

② 지급이자

차입금에 대한 지급이자는 그 이자의 발생장소에 따라 구분하거나 그 이자전액을 공통손금으로 구분할 수 없으며, 차입한 자금의 실제사용 용도를 기준으로 사실판단하여 과세 및 감면사업의 개별 또는 공통손금으로 구분한다.

③ 외환차손익

㉠ 감면사업 또는 과세사업에 직접 관련되는 외환차손익은 당해 사업의 개별손익으로 구분한다.

㉡ 외상매출채권의 회수와 관련된 외환차손익(공사수입의 본사송금거래로 인한 외환차손익 포함)은 외국환은행에 당해 외화를 매각할 수 있는 시점까지는 당해 외상매출채권이 발생된 사업의 개별손익으로 하고, 그 이후에 발생되는 외환차손익은 과세사업의 개별손익으로 구분한다.

㉢ 외상매출채권을 제외한 기타 외화채권과 관련하여 발생하는 외환차손익은 과세사업의 개별손익으로 구분한다.

㉣ 외상매입채무의 변제와 관련된 외환차손익은 당해 외상매입채무와 관련된 사업의 개별손익으로 구분한다.

㉤ 외상매입채무를 제외한 기타 외화채무와 관련하여 발생하는 외환차손익은 외화채무의 용도에 따라 감면사업 또는 과세사업의 개별손익으로 구분하고, 용도가 불분명한 경우에는 공통손익으로 구분한다.

㉥ 외환증서, 외화표시예금, 외화표시유가증권등과 관련하여 발생하는 외환차손익은 과세사업의 개별손익으로 구분한다.

㉦ 감면사업의 손익수정에 따른 외환차손익은 감면사업의 개별손익으로 구분한다.

2) 공통손익의 구분

공통손익		구분계산방법
공통익금		수익사업과 기타사업의 수입금액 또는 매출액에 비례하여 안분계산
공통손금	수익사업과 기타사업의 업종이 동일한 경우	수익사업과 기타사업의 수입금액 또는 매출액에 비례하여 안분계산
	수익사업과 기타사업의 업종이 다른 경우	수익사업과 기타사업의 개별손금액에 비례하여 안분계산

❀ 실무수행프로세스

> ① 단계: 1.표준손익계산서 소득구분
> ② 단계: 2.세무조정반영
> ③ 단계: 3.배부기준등록
> ④ 단계: 4.소득구분계산명세조회
> ⑤ 단계: 5.소득구분계산서

1 표준손익계산서 소득구분

표준손익계산서상의 금액이 자동반영 되므로 매출액과 개별손금을 감면분 또는 합병승계사업자
해당분 등과 기타 분으로 구분하여 준다.

2 세무조정반영

소득금액조정합계표 내용이 반영되며 소득구분과 관련하여 구분사항을 각각 등록하여 준다.

3 배부기준등록

표준손익계산서 소득구분과 세무조정반영에 의해 기준금액이 자동반영된다.

4 소득구분계산명세조회

5 소득구분계산서

① 위 배부기준등록 등에 의해 계산된 내용을 수정하거나 직접 소득구분계산서를 입력하고자 할
때는 〈편집〉을 사용하여 기준금액 등을 입력한다.
  ㉠ 합계를 먼저 입력한다.
  ㉡ 개별분의 경우 감면분 또는 합병승계사업자 해당분을 입력하면 합계에서 감면분 또는 합병
    승계사업자 해당분 등을 차감, 기타 분이 자동계산된다.
  ㉢ 공통분의 경우 등록된 배부기준에 따른 비율에 의해 합계금액을 감면분 또는 합병승계사업
    자 해당분 등과 기타 분으로 자동안분한다.
  ㉣ 편집해제는 F8이며, 편집해제를 하였을 경우 데이터를 1~4에 의해 다시 불러온다.
② 개별손금이란 제조원가, 판매비와 관리비, 영업외비용의 개별분 총합계액을 말한다.
③ 매출액, 개별손금 입력시 세무조정 후 조정된 내용을 반영한 금액으로 입력한다.

 소득구분계산서

(주)법인조정의 기장된 표준손익계산서항목과 세무조정사항을 반영하여 2025년도 소득구분계산서를 작성하시오.

중소기업특별세액감면대상으로 제조업에서 발생한 소득과 원가가 감면대상이다.(제품매출액과 제품매출원가만 제조업과 관련되고 이자수익과 유형자산처분이익은 개별분(기타분)으로 하며 이하는 공통분으로 가정, 기부금 중 당해연도 손금산입대상액도 포함한다.)

┃ 익금산입 및 손금불산입 ┃

과목	금액	과목선택	구분선택	감면선택
법인세비용	67,643,631	해당없음	해당없음	해당없음
위탁판매 수입금액	8,000,000	매출액	개별분	감면1
임대보증금간주익금	926,000	매출액	개별분	기타분
본사건물 상각부인액	3,900,000	판매비와관리비	공통분	해당없음
B기계 상각부인액	4,809,000	매출원가	개별분	감면1
퇴직급여충당금한도초과액	271,523,608	판매비와관리비	공통분	해당없음
퇴직연금 지급액	12,000,000	판매비와관리비	공통분	해당없음
대손충당금한도초과액	2,110,000	판매비와관리비	공통분	해당없음
대손금부인액	9,000,000	판매비와관리비	공통분	해당없음
기업업무추진비증빙불비분	3,000,000	판매비와관리비	공통분	해당없음
기업업무추진비카드미사용	2,782,000	판매비와관리비	공통분	해당없음
기업업무추진비한도초과액	148,370	판매비와관리비	공통분	해당없음
가지급금인정이자	174,958	영업외수익	개별분	기타분
재고자산평가감	2,000,000	매출원가	개별분	감면1
세금과공과금 불산입	6,481,500	판매비와관리비	공통분	해당없음
선급비용(화재보험료) 미계상	49,180	판매비와관리비	공통분	해당없음
선급비용(수수료) 미계상	2,406,593	판매비와관리비	공통분	해당없음
채권자불분명사채이자	5,600,000	영업외비용	공통분	해당없음
건설자금이자	1,200,000	영업외비용	공통분	해당없음
업무무관지급이자	7,576,940	영업외비용	공통분	해당없음
동창회 특별회비	8,000,000	영업외비용	공통분	해당없음
미지급기부금(어음)	3,000,000	영업외비용	공통분	해당없음

▌손금산입 및 익금불산입▐

과목	금액	구분1	구분2	구분3
위탁판매 대응원가	5,000,000	매출원가	개별분	감면1
에어컨 상각추인액	1,902,000	판매비와관리비	공통분	해당없음
퇴직급여충당금(연금지급액)	12,000,000	판매비와관리비	공통분	해당없음
퇴직연금 불입액	90,000,000	판매비와관리비	공통분	해당없음
전기대손충당금	2,000,000	판매비와관리비	공통분	해당없음
외화평가손익	2,500,000	영업외비용	공통분	해당없음
기부금이월손금산입	12,000,000	영업외비용	공통분	해당없음

수행과제 풀이 소득구분계산서

1. 감면명칭등록

[감면명칭]키를 이용하여 감면명칭을 입력하고 저장을 한다.

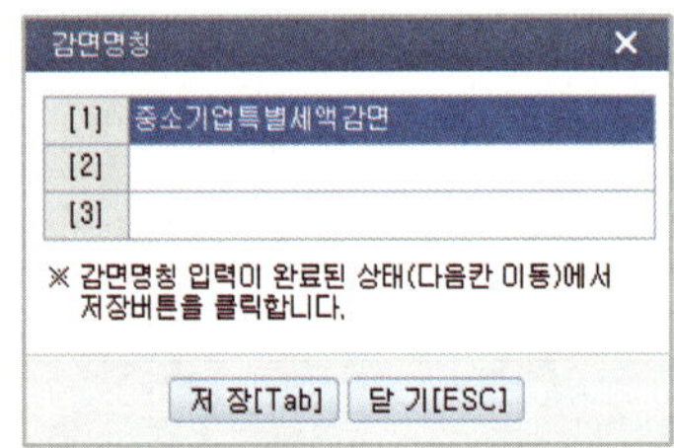

2. 표준손익계산서 소득구분

새로불러오기 를 클릭하여 표준손익계산서의 금액을 항목별로 자동반영한다.

① 매출액　2,571,300,000원: 감면분 2,521,300,000원, 기타분 50,000,000원
② 매출원가 1,112,194,440원: 감면분 1,091,194,440원, 기타분 21,000,000원
③ 영업외수익　15,700,000원: 공통분　　10,000,000원, 기타분　5,700,000원

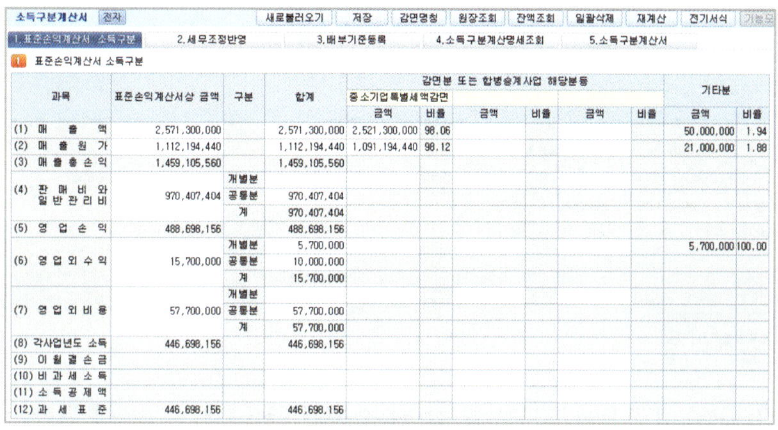

과목	표준손익계산서상 금액	구분	합계	감면분 또는 합병승계사업 해당분동 중소기업특별세액감면 금액	비율	금액	비율	금액	비율	기타분 금액	비율
(1) 매 출 액	2,571,300,000		2,571,300,000	2,521,300,000	98.06					50,000,000	1.94
(2) 매 출 원 가	1,112,194,440		1,112,194,440	1,091,194,440	98.12					21,000,000	1.88
(3) 매 출 총 손 익	1,459,105,560		1,459,105,560								
(4) 판 매 비 와 일 반 관 리 비	970,407,404	개별분									
		공통분	970,407,404								
		계	970,407,404								
(5) 영 업 손 익	488,698,156		488,698,156								
(6) 영 업 외 수 익	15,700,000	개별분	5,700,000							5,700,000	100.00
		공통분	10,000,000								
		계	15,700,000								
(7) 영 업 외 비 용	57,700,000	개별분									
		공통분	57,700,000								
		계	57,700,000								
(8) 각사업년도 소득	446,698,156		446,698,156								
(9) 이 월 결 손 금											
(10) 비 과 세 소 득											
(11) 소 득 공 제 액											
(12) 과 세 표 준	446,698,156		446,698,156								

3. 세무조정반영

새로불러오기 를 클릭하여 소득금액조정합계표의 내용을 자동반영한다.
세무조정된 내용에 구분1, 구분2, 구분3으로 나누어 선택한다.

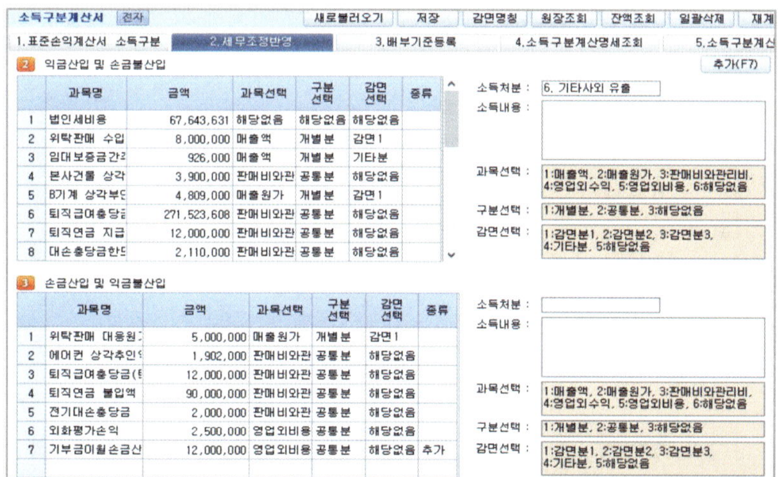

2 익금산입 및 손금불산입

	과목명	금액	과목선택	구분선택	감면선택	종류
1	법인세비용	67,643,631	해당없음	해당없음	해당없음	
2	위락판매 수입	8,000,000	매출액	개별분	감면1	
3	임대보증금간주	926,000	매출액	개별분	기타분	
4	본사건물 상각	3,900,000	판매비와관	공통분	해당없음	
5	B기계 상각부인	4,809,000	매출원가	개별분	감면1	
6	퇴직급여충당금	271,523,608	판매비와관	공통분	해당없음	
7	퇴직연금 지급	12,000,000	판매비와관	공통분	해당없음	
8	대손충당금한도	2,110,000	판매비와관	공통분	해당없음	

소득처분: 6. 기타사외 유출
소득내용:
과목선택: 1:매출액, 2:매출원가, 3:판매비와관리비, 4:영업외수익, 5:영업외비용, 6:해당없음
구분선택: 1:개별분, 2:공통분, 3:해당없음
감면선택: 1:감면분1, 2:감면분2, 3:감면분3, 4:기타분, 5:해당없음

3 손금산입 및 익금불산입

	과목명	금액	과목선택	구분선택	감면선택	종류
1	위락판매 대응원가	5,000,000	매출원가	개별분	감면1	
2	에어컨 상각추인	1,902,000	판매비와관	공통분	해당없음	
3	퇴직급여충당금(트	12,000,000	판매비와관	공통분	해당없음	
4	퇴직연금 불입액	90,000,000	판매비와관	공통분	해당없음	
5	전기대손충당금	2,000,000	판매비와관	공통분	해당없음	
6	외화평가손익	2,500,000	영업외비용	공통분	해당없음	
7	기부금이월손금산	12,000,000	영업외비용	공통분	해당없음	추가

소득처분:
소득내용:
과목선택: 1:매출액, 2:매출원가, 3:판매비와관리비, 4:영업외수익, 5:영업외비용, 6:해당없음
구분선택: 1:개별분, 2:공통분, 3:해당없음
감면선택: 1:감면분1, 2:감면분2, 3:감면분3, 4:기타분, 5:해당없음

* 기부금이월손금산입 12,000,000원은 소득금액조정합계표에 등록되지 않고 [법인세과세표준 및 세액공제신고서]에 자동 반영된 항목으로 화면 상단 추가(F7) 키를 클릭하여 직접 입력한다.

4. 배부기준등록

공통익금과 공통손금의 배부기준을 등록한다.

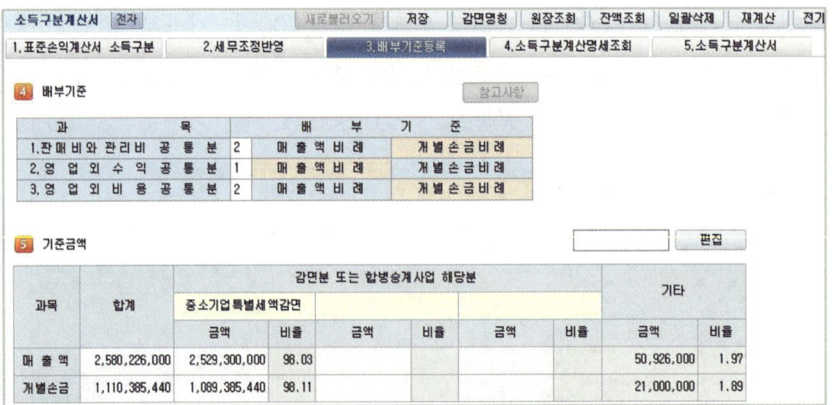

과　　　　목		배　부　기　준	
1.판 매 비 와 관 리 비 공 통 분	2	매 출 액 비 례	개 별 손 금 비 례
2.영 업 외 수 익 공 통 분	1	매 출 액 비 례	개 별 손 금 비 례
3.영 업 외 비 용 공 통 분	2	매 출 액 비 례	개 별 손 금 비 례

5 기준금액

과목	합계	감면분 또는 합병승계사업 해당분						기타	
		중소기업특별세액감면							
		금액	비율	금액	비율	금액	비율	금액	비율
매 출 액	2,580,226,000	2,529,300,000	98.03					50,926,000	1.97
개별손금	1,110,385,440	1,089,385,440	98.11					21,000,000	1.89

5. 소득구분계산서

계산된 과세표준 675,984,305원 중 감면분소득은 655,290,265원이 된다.

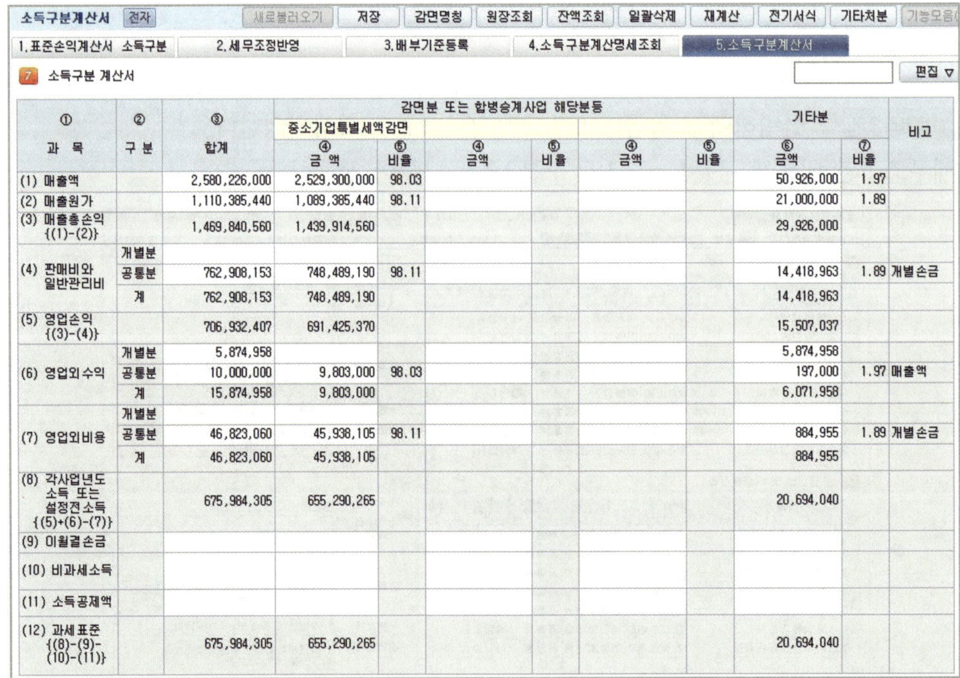

① 과　목	② 구 분	③ 합계	감면분 또는 합병승계사업 해당분등						기타분		비고
			중소기업특별세액감면								
			④ 금 액	⑤ 비율	④ 금액	⑤ 비율	④ 금액	⑤ 비율	⑥ 금액	⑦ 비율	
(1) 매출액		2,580,226,000	2,529,300,000	98.03					50,926,000	1.97	
(2) 매출원가		1,110,385,440	1,089,385,440	98.11					21,000,000	1.89	
(3) 매출총손익 {(1)-(2)}		1,469,840,560	1,439,914,560						29,926,000		
(4) 판매비와 일반관리비	개별분										
	공통분	762,908,153	748,489,190	98.11					14,418,963	1.89	개별손금
	계	762,908,153	748,489,190						14,418,963		
(5) 영업손익 {(3)-(4)}		706,932,407	691,425,370						15,507,037		
(6) 영업외수익	개별분	5,874,958							5,874,958		
	공통분	10,000,000	9,803,000	98.03					197,000	1.97	매출액
	계	15,874,958	9,803,000						6,071,958		
(7) 영업외비용	개별분										
	공통분	46,823,060	45,938,105	98.11					884,955	1.89	개별손금
	계	46,823,060	45,938,105						884,955		
(8) 각사업년도 소득 또는 설정전 소득 {(5)+(6)-(7)}		675,984,305	655,290,265						20,694,040		
(9) 이월결손금											
(10) 비과세소득											
(11) 소득공제액											
(12) 과세표준 {(8)-(9)-(10)-(11)}		675,984,305	655,290,265						20,694,040		

 03　공제감면세액계산서(1) – 공공차관도입관련법인세감면, 재해손실세액공제

필요 지식

　공제감면세액계산서(1)에서는 공공차관도입관련 외국법인의 기술용역대가 수령에 따른 감면세액과 법인세법상 재해손실 세액공제를 계산한다. 공제감면세액계산서(1)의 대상이 되는 공제감면세액은 최저한세계산의 대상에서 제외되며, 공제감면세액 및 추가납부세액합계표로 연결된다.

(1) 재해손실세액공제

　법인의 각 사업연도 중에 천재 · 지변 및 화재 등 재해로 인하여 사업용 총자산가액(토지는 제외하고 상실한 타인소유의 자산으로 그 상실로 인한 변상책임이 당해법인에게 있을 때에는 이를 포함함)의 20/100 이상을 상실하여 납세가 곤란하다고 인정되는 경우 이를 적용받을 수 있다.

(2) 재해손실세액공제액

$$\left[\text{산출세액 + 가산세액} - \frac{\text{다른 법률의 규정에 의한}}{\text{공제세액 및 감면세액}} \right] \times \frac{\text{재해로 인하여 상실된 자산의 가액}}{\text{상실 전 사업용 총자산가액}}$$

🌸 실무수행프로세스

> ① 단계: 공공차관도입에 따른 법인세감면
> ② 단계: 재해손실세액공제

■ **공공차관도입에 따른 법인세감면**
　① 산출세액: 법인세과세표준및세액조정계산서에서 산출된 법인세액을 입력한다.
　② 감면소득: 과세표준에서 차지하는 면제소득 등은 법인세과세표준금액계산에 있어서 각 사업연도 소득금액에서 공제한 이월결손금 · 비과세소득 · 소득공제 등이 있을 때는 공제액 등이 면제사업에서 발생한 경우는 공제액 전액을, 공제액 등이 면제사업에서 발생한 여부가 불분명한 경우에는 소득금액에 비례하여 안분계산한 금액을 입력한다.
　③ 과세표준금액: 법인세과세표준및세액조정계산서에서 계산된 112.과세표준금액을 입력한다.
　④ 공제세액: 산출세액, 감면소득, 과세표준금액을 입력하면 공제감면세액은 자동으로 계산되며, 계산된 공제세액은 공제감면세액 및 추가납부세액합계표(갑)에 이기한다.

② **재해손실세액공제**

① 미납부 또는 납부할세액: 재해손실세액공제 계산명세상 미납 또는 납부할 세액계산에 있어서 다른 법률의 규정에 의한 공제세액이 있는 경우 그 공제세액을 공제한 금액으로 하며 미납부 또는 납부할 세액명세란에 금액을 입력하면 자동으로 반영한다.

② 상실된 사업용자산가액: 재해로 인해 상실된 사업용자산가액을 입력한다.

③ 사업용자산총액: 사업용 총자산가액(토지 제외)을 입력한다.

④ 공제세액: 미납부 또는 납부할세액과 상실된 사업용자산가액, 사업용자산총액을 입력하면 공제감면세액이 자동으로 계산되며, 이 금액은 공제감면세액및추가납부세액합계표(갑)에 자동으로 반영된다.

 04 공제감면세액계산서(2) – 창업중소기업감면, 중소기업특별세액감면 등

필요 지식

조세특례제한법상 각종 면제·감면세액의 계산을 위해 작성되는 서식으로 창업중소기업 등 세액감면과 중소기업에 대한 특별세액감면규정 등이 있다.

(1) 창업중소기업감면

수도권 과밀억제권역 외의 지역에서 창업한 중소기업, 창업보육센터사업자, 창업 후 3년 이내에 벤처기업으로 확인받은 창업벤처중소기업, 창업 후 3년 이내에 에너지 신기술 중소기업이 된 법인은 최초로 소득이 발생한 연도와 그 후 4년간 법인세의 50%를 감면한다.

(2) 중소기업특별세액감면

중소기업 등 법소정업종을 경영하는 중소기업에 대하여 2025년 12월 31일까지 해당 사업장에서 발생한 소득에 대한 법인세에 감면율을 적용하여 계산한 세액을 감면한다.

구분		감면율
소기업	① 도매 및 소매업·의료업을 경영하는 사업장	10%
	② 수도권 안에서 ①을 제외한 업종을 경영하는 사업장	20%
	③ 수도권외의 지역에서 ①을 제외한 업종을 경영하는 사업장	30%
중기업	① 수도권 외의 지역에서 도매 및 소매업·의료업을 경영하는 사업장	5%
	② 수도권 안에서 지식기반산업을 경영하는 사업장	10%
	③ 수도권 외의 지역에서 ①을 제외한 업종을 경영하는 사업장	15%

💠 실무수행프로세스

법인세과세표준 및 세액조정계산서(산출세액과 과표계산)
1 단계: 소득구분계산서 작성(감면분과 기타분의 소득계산)
2 단계: 공제감면세액계산서(2)(세액계산)
3 단계: 최저한세조정계산서(최저한세로 인한 배제금액 확인)
4 단계: 공제감면세액계산서(2)(감면세액 확정)
5 단계: 공제감면세액합계표(갑, 을)
6 단계: 법인세과세표준및세액조정계산서(납부세액 계산완료)

① 구분 란은 직접 입력할 수 없으므로 구분조회(F2)를 클릭하여 해당되는 내용을 선택한다.
② 공제감면 받을 내용을 선택하면 감면대상세액계산자료 창이 조회된다.
③ 구분조회(F2)에서 새로불러오기(TAB)를 클릭하면 '법인세과표 및 세액조정계산서'의 산출세액, 과세표준을 자동불러오며 감면소득과 감면율을 입력하면 세액이 자동계산된다.
④ 영농, 영어조합법인감면의 경우 영농, 영어조합법인면제세액계산서 서식을 먼저 작성한 후 새로불러오기(TAB)를 클릭하면 서식의 입력사항이 자동반영된다.
⑤ 구분을 추가하고자 하는 경우 구분추가 Ctrl + F1를 클릭하여 구분을 추가한다. 이렇게 추가된 항목은 구분조회(F2)에 목록이 나타나며, 감면대상세액계산자료를 입력할 수 있다.
⑥ 감면대상세액: 해당되는 구분란을 선택하면 다시 감면대상세액을 산출할 수 있는 계산자료 입력화면이 나타나며, 하단 계산기준 및 계산내역란에 계산근거 도움박스가 같이 나타나서 계산근거를 쉽게 확인할 수 있다.
⑦ 최저한세적용 감면배제금액: 최저한세조정계산서의 조정감란의 감면세액란 금액을 이기하고 이에 따라 각 구분별로 최저한세 적용 감면배제금액을 조정하여 입력한다.
⑧ 감면세액: 공제감면대상세액에서 최저한세적용 감면배제금액을 차감한 금액이 자동표시된다.

수행과제　**공제감면세액계산서(2)**

다음 자료에 의해서 (주)법인조정의 2025년도 공제감면세액계산서(2)를 작성하시오.

1. 당사는 중소기업에 대한 특별세액감면으로서 감면(100분의 10으로 가정)받고자 세액감면 신청서를 제출하기로 한다.

2. 감면대상소득은 소득구분계산서의 구분금액에 의한다.

3. 당해연도에 이월되는 세액공제금액은 없다.

4. 사유발생일 2025. 12. 31.

5. 상시근로자 감소 인원은 없는 것으로 한다.

수행과제 풀이 공제감면세액계산서(2)

1. 법인세과세표준 및 세액조정계산서 조회

현재까지 조정이 완료된 법인세과세표준 및 세액조정계산서를 조회하여 과세표준 675,984,305원과 산출세액 108,437,017원을 확인한다.

법인세과세표준 및 세액조정계산서							
① 각사업연도소득계산	101.결산서 상 당 기 순 손 익	01	379,054,525	④ 납부할세액계산	120.산 출 세 액(120=119)		108,437,017
	소득금액조정금액 102.익 금 산 입	02	422,331,780		121.최저한세 적용대상 공제감면세액	17	10,511,741
	소득금액조정금액 103.손 금 산 입	03	113,402,000		122.차 감 세 액	18	97,925,276
	104.차가감소득금액(101 + 102 - 103)	04	687,984,305		123.최저한세 적용제외 공제감면세액	19	7,500,000
	105.기 부 금 한 도 초 과 액	05			124.가 산 세 액	20	22,000
	106.기부금한도초과이월액 손 금 산 입	54	12,000,000		125.가 감 계(122-123+124)	21	90,447,276
	107.각사업연도소득금액 (104+105-106)	06	675,984,305	기한내납부세액	126.중 간 예 납 세 액	22	40,000,000
② 과세표준계산	108.각 사 업 연 도 소득금액(108=107)		675,984,305		127.수 시 부 과 세 액	23	
	109.이 월 결 손 금	07			128.원 천 납 부 세 액	24	350,000
	110.비 과 세 소 득	08			129.간접회사등외국납부세액	25	
	111.소 득 공 제	09			130.소 계 (126+127+128+129)	26	40,350,000
	112.과 세 표 준 (108-109-110-111)	10	675,984,305		131.신 고 납 부 전 가 산 세 액	27	
	159.선 박 표 준 이 익	55			132.합 계(130+131)	28	40,350,000
③ 산출세액계산	113.과 세 표 준 (113=112+159)	56	675,984,305		133.감 면 분 추 가 납 부 세 액	29	
	114.세 율	11	19%		134.차가감납부할 세액 (125-132+133)	30	50,097,276
	115.산 출 세 액	12	108,437,017	토지등 양도소득에 대한 법인세 계산(TAB으로 이동)			
	116.지 점 유 보 소 득(법 제96조)	13		미환류소득법인세 계산(F3으로 이동)/ 중소기업제외			
	117.세 율	14		⑦ 세액계	151.차가감납부할세액계(134+150+166)	46	50,097,276
	118.산 출 세 액	15			152.사실과다른회계처리경정세액공제	57	
	119.합 계(115+118)	16	108,437,017		153.분 납 세 액 계 산 범 위 액	47	50,075,276
					154.분 납 할 세 액	48	25,037,638
					155.차 감 납 부 세 액	49	25,059,638

2. 소득구분계산서 조회

과세표준 675,984,305원 중 감면대상소득(제조업) 655,290,265원

기타소득　　　　　　　　20,694,040원 확인

3. 공제감면세액계산서(2)

구분조회 를 이용하여 [중소기업에 대한 특별세액감면]을 선택한다.

산출세액　　　108,437,017원

제조업등소득　655,290,265원

과세표준　　　675,984,305원

감면율 10/100을 입력하여 감면대상세액 10,511,741원을 계산한다.

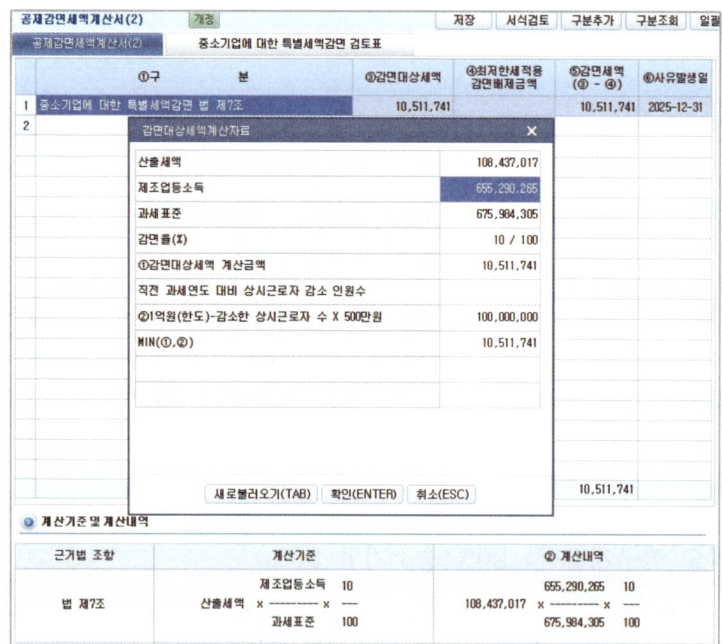

계산된 감면대상세액에 대한 최저한세를 검토하여야 하나 이후에 제시되는 세액공제를 모두
계산한 다음 최저한세를 적용하기로 한다.

05 연구 및 인력개발비 발생명세서

필요 지식

본 서식은 당해 법인이 연구 및 인력개발비에 대한 세액공제를 받고자 할 때 그 계산내역을
기재하여 세액공제 신청을 하는 서식이다.

(1) 대상법인

연구 및 인력개발비가 발생한 내국법인(소비성서비스업 제외)

(2) 일반연구개발 세액공제 방법

1) 중소기업

①, ② 중 선택한다.

  ① 증가금액기준 = (해당연도 연구개발비 발생액 − 직전 과세연도 지출액) × 50%

  ② 당기발생액기준 = 연구인력개발비 발생액 × 25%

2) 중소기업 이외의 기업

①, ② 중 선택한다.

① 증가금액기준 = (해당연도 연구개발비 발생액 − 직전 과세연도 지출액) × 40%(30%)

② 당기발생액기준 = 해당 과세연도의 연구인력개발비에 다음 산식에 따른 비율을 곱하여 계산한 금액 비율(2% 한도)

= 연구인력개발비 / 기업회계기준에 의한 매출액 × 50%

※ 단, 해당 과세연도의 개시일로부터 소급하여 4년간 일반연구·인력개발비가 발생하지 아니하거나 직전 과세연도에 발생한 일반연구·인력개발비가 해당 과세연도의 개시일로부터 소급하여 4년간 발생한 일반연구·인력개발비의 연평균 발생액보다 적은 경우에는 당기발생액에 해당하는 금액으로 공제한다.

(3) 신성장동력 연구개발비: 20%(중소기업 30%)

(4) 원천기술 연구개발비: 20%(중소기업 30%)

🍁 실무수행프로세스

> ① 단계: 1.해당연도의 연구 및 인력개발비 발생명세
> ② 단계: 2.연구 및 인력개발비의 증가발생액의 계산
> ③ 단계: 3.공제세액

1 당해연도의 연구 및 인력개발비 발생명세

① 계정과목: 연구 및 인력개발비가 계상되어 있는 해당 계정과목을 입력한다.

  예 급여, 개발비, 시험연구비, 산업재산권, 외주개발비 등

② 구분 및 비목: 연구 및 인력개발비의 구분 또는 비목을 입력한다.

  예 인건비, 재료비, 위탁개발비, 위탁훈련비, 기타 등이 입력되며 구분 및 비목을 입력한 후 각 계정 과목별로 구분 또는 비목의 해당금액을 입력한다. 금액은 당해 사업연도에 실제로 지출한 금액이어야 한다.

2 연구 및 인력개발비의 증가지출액의 계산

① 직전 4년간 발생 합계액

  −기간: 직전 4년에 해당하는 각 사업연도의 기간을 각각 입력한다.

  −금액: 각 사업연도별 연구 및 인력개발비 총액을 입력한다.

② 직전 4년간 연평균 발생

$$\text{직전 4년간 발생합계액} \times \frac{48}{\text{직전 4년간 사업연도 월수}} \times \frac{1}{4} \times \frac{\text{당해 사업연도 월수}}{12}$$

③ 증가 발생 금액

처음 화면의 '당해연도의 연구 및 인력개발비 발생명세'의 계란의 금액에서 '직전 1년간 연평균 발생액'을 차감한 금액으로 자동 계산된다.

3 공제세액

중소기업의 경우: (당해연도 연구 및 인력개발비 발생금액계) × 25/100 금액과 (증가발생금액) × 50/100 금액 중 큰 금액을 선택하여 해당란에 입력한다.

수행과제 연구 및 인력개발비 발생명세서

다음 자료에 의해서 (주)법인조정의 2025년도 연구및인력개발비 발생명세서를 작성하고 세액공제조정명세서(3)에 반영하시오.

1. 당해사업연도의 공제대상 연구 및 인력개발비는 ① 인건비와 ② 연구용재료비는 경상연구개발비(판) 계정과목으로 기장되어 있다.

2. 연구 및 인력개발비는 모두 당사의 연구소에서 지출된 것이며, 연구개발전담부서의 연구요원의 인건비와 연구전담부서에서 연구용으로 사용하는 재료비 등이며, 사업연도별 지출명세는 다음과 같다.

┃ 연구 및 인력개발비 지출액 ┃

(단위: 원)

기간＼구분 및 비목	인건비	연구용 재료비	계
2021.1.1.~2021.12.31.	10,000,000	5,000,000	15,000,000
2022.1.1.~2022.12.31.	12,000,000	15,000,000	27,000,000
2023.1.1.~2023.12.31.	10,000,000	10,000,000	20,000,000
2024.1.1.~2024.12.31.	15,000,000	10,000,000	25,000,000
2025.1.1.~2025.12.31.	10,000,000	20,000,000	30,000,000

수행과제 풀이 **연구 및 인력개발비 발생명세서**

① 당해연도의 연구 및 인력개발비발생명세의 인건비와 연구용재료비는 경상연구개발비 계정으로 30,000,000원을 입력한다.

② 연구 및 인력개발비의 증가발생액의 계산부분에 2024년도 25,000,000원, 2023년도 20,000,000원, 2022년도 27,000,000원, 2021년도 15,000,000원을 각각 입력하면 직전 4년간 연평균발생액과 증가발생금액을 자동으로 계산하여 3.공제세액에서 당해연도에 공제받을 세액 7,500,000원이 계산된다.

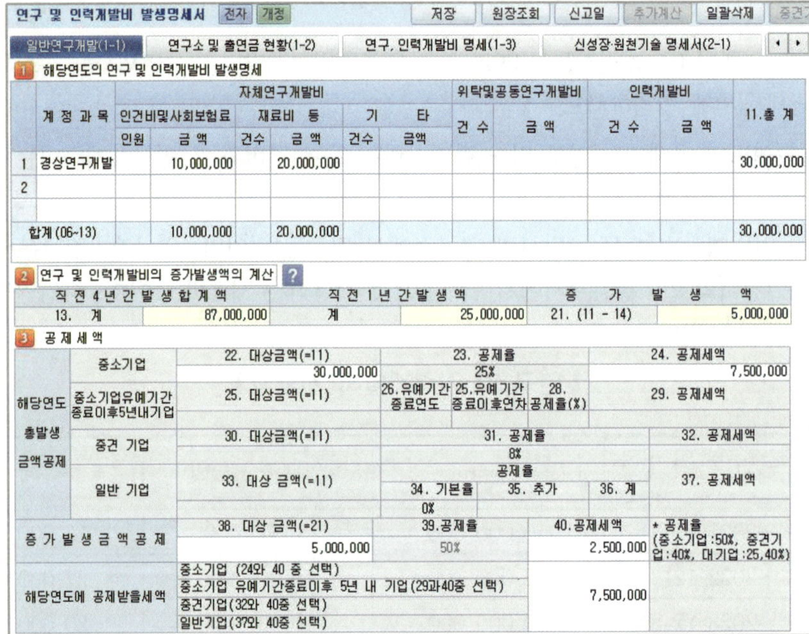

연구 및 인력개발비 발생명세서 [전자] [개정]   [저장] [원장조회] [신고일] [추가계산] [일괄삭제] [중견기]

[일반연구개발(1-1)] | 연구소 및 출연금 현황(1-2) | 연구, 인력개발비 명세(1-3) | 신성장·원천기술 명세서(2-1) | ◀ ▶

1. 해당연도의 연구 및 인력개발비 발생명세

계 정 과 목	자체연구개발비						위탁및공동연구개발비		인력개발비		11.총 계
	인건비및사회보험료		재료비 등		기 타		건 수	금 액	건 수	금 액	
	인원	금 액	건수	금 액	건수	금 액					
1 경상연구개발		10,000,000		20,000,000							30,000,000
2											
합계 (06~13)		10,000,000		20,000,000							30,000,000

2. 연구 및 인력개발비의 증가발생액의 계산 [?]

직 전 4 년 간 발 생 합 계 액		직 전 1 년 간 발 생 액		증 가 발 생 액	
13. 계	87,000,000	계	25,000,000	21. (11 - 14)	5,000,000

3. 공제세액

해당연도 총발생 금액공제	중소기업	22. 대상금액(=11) 30,000,000	23. 공제율 25%		24. 공제세액 7,500,000	
	중소기업유예기간 종료이후5년내기업	25. 대상금액(=11)	26.유예기간 종료연도	25.유예기간 종료이후연차 / 28. 공제율(%)	29. 공제세액	
	중견 기업	30. 대상금액(=11)	31. 공제율 8%		32. 공제세액	
	일반 기업	33. 대상 금액(=11)	공제율 / 34. 기본율 0% / 35. 추가 / 36. 계		37. 공제세액	

증 가 발 생 금 액 공 제	38. 대상 금액(=21) 5,000,000	39.공제율 50%	40.공제세액 2,500,000	＊ 공제율 (중소기업:50%, 중견기업:40%, 대기업:25,40%)

해당연도에 공제받을세액	중소기업 (24와 40 중 선택) 중소기업 유예기간종료이후 5년 내 기업(29과40중 선택) 중견기업(32와 40중 선택) 일반기업(37와 40중 선택)	7,500,000

연구 및 인력개발비의 증가발생액의 계산   ✕

직전 4년간 발생 합계액	해 당 기 간 ▶		2024 . 01 . 01 부터	2023 . 01 . 01 부터	2022 . 01 . 01 부터	2021 . 01 . 01 부터
	내 용	금 액(14~16) ▼	2024 . 12 . 31 까지	2023 . 12 . 31 까지	2022 . 12 . 31 까지	2021 . 12 . 31 까지
	13. 계	87,000,000	25,000,000	20,000,000	27,000,000	15,000,000
직전 1년간 발생액	14. 계	25,000,000	조세특례제한법 제 10조 및 조세특례제한법 시행령 제9조 참조 ※ 전년도 계속사업자가 당해 사업연도 중간예납기간의 증가발생액을 계산 하는 경우는 당해년도 6개월 금액을 기준으로 전년도 증가발생액을 환산하여 계산합니다. 사업연도기간 변경의 경우에는 증가발생액을 직접 입력하셔야 합니다.			
증가 발생 금액	21. (11 - 14)	5,000,000	(금액/비용발생연도수(1)) X (해당사업연도월수/12)			
직전 4년간 연평균 발생액	18. 계	21,750,000	조세특례제한법 제 10조 및 조세특례제한법 시행령 제9조 참조			

※[직전1년의계]금액이 [직전4년간연평균발생액]보다 작을 경우 [증가발생금액]은 반드시 0으로 기입해야 합니다.(전자신고 검증사항)
 -> 메뉴에서 새로 입력하면 자동계산됨

[합병법인선택(F3)] [종 료 [ESC]]

06 세액공제조정명세서(3)

필요 지식

중소기업투자세액공제, 임시투자세액공제, 연구인력개발비세액공제등 조세특례제한법상 각종 세액공제액을 계산하는 서식이다.

🍀 실무수행프로세스

> ① 단계: 세액공제조정명세서(3)(공제대상 세액계산)
>   * 연구인력개발비 세액공제액은 별도의「연구및인력개발비 발생명세서」서식에서 공제대상 세액을 계산한다.
> ② 단계: 최저한세조정계산서(최저한세로 인한 배제금액 확인)
> ③ 단계: 세액공제조정명세서(3)(세액공제액 확정 및 이월액 검토)
> ④ 단계: 공제감면세액합계표(갑, 을)
> ⑤ 단계: 법인세과세표준및세액조정계산서(납부세액 완료)

1 공제세액계산

① 세액공제받는 구분란에 투자금액 등을 입력하면 계산기준에 따라 계산내역 및 공제대상 세액이 자동으로 표시된다.

② 투자금액란에 리스트에서 세율 선택해서 입력 가능한 세액공제가 있으며, 계산내역(F4)을 실행해서 입력하여야 하는 세액공제가 있다.

③ 툴바 새로불러오기를 통해서 가져오는 세액공제 항목은 해당 서식의 데이터를 불러오거나 또는 불러오지 않고 직접 입력 가능하다.

2 당기 공제세액 및 이월액 계산

① 구분란: 직접 입력은 안 되므로 구분조회(F2)를 이용하여 선택한다.

② 각 공제세액 등을 입력한다.

수행과제 세액공제조정명세서(3)

다음 자료에 의해서 (주)법인조정의 2025년도 세액공제조정명세서(3)를 작성하시오.

1. 당해 법인은 연구인력개발비세액공제를 받을 수 있는 중소기업으로 법인세과세표준신고와
   함께 세액공제신청서를 제출한다고 가정한다.

수행과제 풀이 세액공제조정명세서(3)

1. 공제대상금액 입력

세액공제조정명세서(3)에서 일반연구·인력개발비 세액공제(최저한세 적용제외)를 선택
하여 공제대상세액 7,500,000원을 입력하거나 계산내역 을 클릭하여 조회되는 화면에서 계산
내역을 입력한다. (새로불러오기 를 클릭하면 자동반영된다)

※ 중소기업은 연구인력개발비 세액공제시 최저한세 적용이 제외된다.

코드	(101)구 분	투자금액	(104)공제대상세액
131	중소기업등투자세액공제		
14M	대·중소기업 상생협력을 위한 기금출연 세액공제		
16A	신성장·원천기술 연구개발비세액공제(최저한세 적용제외)	툴바의 [계산내역-F4]를 선택	
16B	일반연구·인력개발비 세액공제(최저한세 적용제외)	툴바의 [계산내역-F4]를 선택	7,500,000
13L	신성장·원천기술 연구개발비세액공제(최저한세 적		
13M	일반연구·인력개발비 세액공제(최저한세 적용대상		
134	연구인력 개발설비 투자 세액공제		
176	기술취득에 대한 세액공제		
135	생산성향상 시설 투자세액공제		
136	안전시설 투자세액공제		
177	에너지 절약시설 투자세액공제		
14A	환경보전시설 투자세액공제		
14B	의약품 품질관리시설투자세액공제		
14H	정규직 근로자 전환 세액공제		
			7,500,000

일반 연구·인력개발비 세액공제(중소기업) ✕

◆ 연구·인력개발비세액공제   공제율참고

1. 대상금액 :　30,000,000 원
2. 공 제 율 :　25.00 %
3. 공제세액 :　7,500,000 원

확인(Tab)　종료(Esc)

계산기준 및 계산내역

근거법 조항	(102)계산기준	(103)계산내역
법 제10조 제1항 제3호	'17.1.1. 이후: 발생액×1-3(8,10,15,20,25,30)/100 또는 직전 발생액의 초과액×30(40,50)/100 '18.1.1. 이후: 발생액×0-2(8,10,15,20,25,30)/100 또는 직전 발생액의 초과액×25(40,50)/100	30,000,000 × 25 / 100

2 2. 당기 공제 세액 및 이월액 계산 **?**　　※ 작성방법등은 참고용으로 제공되므로, 관련법조항에 맞는 계산을 확인하신 후
　　　정확한 금액을 입력하시기 바랍니다.

2. 당기 공제세액 및 이월액 계산

구분조회 키에 의해서 연구인력개발비 세액공제(최저한세 적용 제외)선택하고 2025년도의 요 공제액: 당기분 7,500,000원, 당기공제대상세액: 당기분 7,500,000원을 각각 입력 한다.

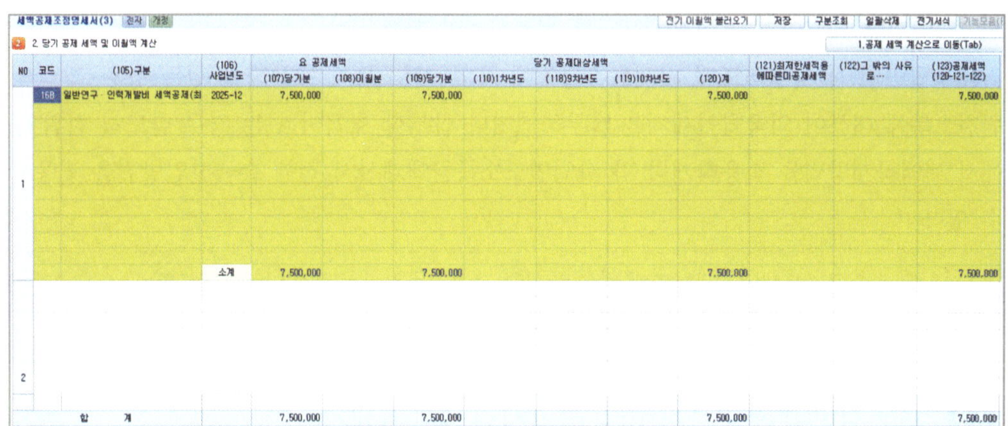

⑦ 공제감면세액계산서(4) – 외국투자기업의 감면세액계산

필요 지식

외국인투자기업의 법인세감면세액의 계산시 작성하는 서식이며, 법인세신고시 신고영업과 신고외영업에 대하여 소득구분계산서를 첨부하여야 한다.

일정한 사업을 영위하기 위한 일정한 기준에 해당하는 외국인투자를 받은 외국인투자기업에 대한 법인세는 감면대상이 되는 사업을 영위함으로써 발생한 소득에 한하여 감면하되, 당해 사업을 개시한 후 당해 사업에서 최초로 소득이 발생한 과세연도로부터 5년 이내에 종료하는 과세연도에 있어서, 당해 사업소득에 대한 법인세 또는 소득세상당액에 외국인투자비율을 곱한 금액을 그 다음 2년 이내에 종료하는 과세연도에 대하여 감면대상세액의 100분의 50에 상당하는 세액을 감면한다.

08 공제감면세액계산서(5) – 외국투자기업의 감면세액계산

필요 지식

　외국인투자기업의 법인세감면세액의 계산시 작성하는 서식이며, 법인세신고시 신고영업과 신고외영업에 대하여 소득구분계산서를 첨부하여야 한다.

　내국법인의 각 사업연도의 과세표준금액에 국외원천소득이 포함되어 있는 경우 그 국외원천소득에 대하여 외국법인세액을 납부하였거나 납부할 세액이 있는 경우 한도액 범위 내에서 세액공제방법을 적용하거나 각 사업연도소득금액계산시 전액 손금산입방법을 적용할 수 있다.

> 외국납부세액공제한도액 = 산출세액 × (국외원천소득/법인세과세표준)

09 추가납부세액계산서(6) – 이자상당가산액계산

필요 지식

　법인세법 및 조세특례제한법상 준비금 환입 및 공제·감면세액에 대한 법인세 추가납부세액(이자상당가산액 포함)의 계산시 작성한다.

　법 및 조세특례제한법상 각종 준비금제도, 세액공제제도는 조세의 경제정책적·사회정책적 목적하에 세부담의 직·간접적 경감혜택을 부여한 것이므로 그 지원효과를 제고하기 위하여 세법상 사후관리를 하고 있다. 사후관리요건에 위배되는 경우 당초의 공제세액 등과 이자상당가산액을 추가납부하거나 추징하게 된다.

> 이자상당 가산액 = 감소된 법인세상당액 × 기간 × 2.2/10000

⑩ 최저한세조정명세서

정책목적상 조세특례제도를 이용하여 세금을 감면하여 주는 경우에도 세부담의 형평성·세제의 중립성·국민개납·재정확보 측면에서 소득이 있으면 누구나 최소한의 세금을 내도록 하기 위한 것이 최저한세제도이다.

(1) 최저한세의 계산구조

1. 각종감면 후의 세액

　　조세특례제한법에 의한 준비금·특별감가상각비, 소득공제·익금불산입·비과세 금액, 세액공제, 법인세 면제 및 감면 ─ 후의 세액

2. 각종 감면 전의 과세표준 × 최저한세율

　　조세특례제한법에 의한 준비금·특별감가상각비, 소득공제·익금불산입·비과세금액 ─ 전의 과세표준 × 최저한세율

중 큰 금액

＋

3. 가산세 등
   - 가산세
   - 이자상당가산액
   - 감면세액의 추징세액

－

외국납부세액 등
   - 외국납부세액
   - 재해손실세액
   - 농업소득세액 등

* 최저한세 적용세율

구 분	과세표준(조세감면전)	2025년
중소기업	과세표준	7%
일반기업	100억원 이하	10%
	1천억원 이하	12%
	1천억원 초과	17%

(2) 최저한세 적용시 조세감면의 적용배제 순위

구분	적용배제순위
신고시	당해 법인의 선택에 의함
경정시	① 준비금 → ② 익금불산입 → ③ 세액공제 → ④ 세액감면 → ⑤ 소득공제·비과세

(3) 최저한세 적용으로 감면배제되는 세액의 처리

① 최저한세의 적용으로 공제받지 못한 부분에 상당하는 세액은 당해 사업연도의 다음 사업연도개시일로부터 5년 이내에 종료하는 각 과세연도에 이월하여 공제

② 각 사업연도의 법인세에서 공제할 세액공제액과 이월된 미공제세액이 중복되는 경우에는 먼저 발생한 것부터 순차로 공제

🌸 실무수행프로세스

① 과세표준 세액조정계산서에서 입력된 내용이 반영되어 〈② 감면 후 세액〉란과 〈③ 최저한세〉란이 자동반영된다.
② 최저한세 적용대상 특별비용 등이 있는 경우 〈③ 최저한세〉란에 입력하면 〈④ 조정감〉란의 금액과 〈⑤ 조정 후 세액〉이 자동산출된다.
③ 최저한세가 감면 후 세액보다 클 경우 조정감에서 준비금, 특별상각, 소득공제감면세액, 세액공제 순으로 자동 계산되며 최저한세 적용대상이 아닌 경우 수정할 수 있다.
④ 감면 후 세액이 최저한세보다 크면 조정감이 발생하지 않는다. 이 경우 〈⑤ 조정 후 세액〉란은 작성되지 않는다.

수행과제　　최저한세조정명세서

(주)법인조정의 위 세액공제와 감면사례를 순차적으로 반영하여 최저한세조정명세서를 작성하고 최저한세로 인한 배제금액과 적용금액을 계산하시오.

1. 중소기업특별세액감면　　　　　　　　　　10,511,741원
2. 연구인력개발비세액공제(최저한세 적용 제외)　　7,500,000원

수행과제 풀이　최저한세조정명세서

1. 법인세과세표준 및 세액조정계산서 저장

최저한세 적용 전 '법인세과세표준 및 세액조정계산서'를 작성하고 저장한다.

법인세과세표준 및 세액조정계산서　전자　개정				이월결손금　새로불러오기　저장　조합법인　합병여부　일괄				
① 각사업연도소득계산	101.결산서상당기순손익	01	379,054,525	④ 납부할세액계산	120.산출세액(120=119)		108,437,017	
	소득금액조정금액　102.익금산입	02	422,331,780		121.최저한세 적용대상 공제감면세액	17		
	소득금액조정금액　103.손금산입	03	113,402,000		122.차감세액	18	108,437,017	
	104.차가감소득금액(101 + 102 - 103)	04	687,984,305		123.최저한세 적용제외 공제감면세액	19		
	105.기부금한도초과액	05			124.가산세액	20		
	106.기부금한도초과이월액 손금산입	54	12,000,000		125.가감계(122-123+124)	21	108,437,017	
	107.각사업연도소득금액 (104+105-106)	06	675,984,305		기납부세액　기한내납부세액　126.중간예납세액	22		
② 과세표준계산	108.각 사 업 연 도 소득금액(108=107)		675,984,305		기한내납부세액　127.수시부과세액	23		
	109.이월결손금	07			기한내납부세액　128.원천납부세액	24		
	110.비과세소득	08			기한내납부세액　129.간접회사등외국납부세액	25		
	111.소득공제	09			기한내납부세액　130.소 계 (126+127+128+129)	26		
	112.과세표준 (108-109-110-111)	10	675,984,305		131.신고납부전가산세액	27		
	159.선박표준이익	55			132.합 계(130+131)	28		
③ 산출세액계산	113.과세표준 (113=112+159)	56	675,984,305		133.감면분추가납부세액	29		
	114.세율	11	19%		134.차가감납부할 세액(125-132+133)	30	108,437,017	
	115.산출세액	12	108,437,017	토지등 양도소득에 대한 법인세 계산(TAB으로 이동)				
	116.지점유보소득(법 제96조)	13		미환류소득법인세 계산(F3으로 이동)/ 중소기업제외				
	117.세율	14		⑦ 세액계	151.차가감납부할세액계(134+150+166)	46	108,437,017	
	118.산출세액	15			152.사실과다른회계처리경정세액공제	57		
	119.합 계(115+118)	16	108,437,017		153.분납세액계산범위액	47	108,437,017	
					154.분납할세액	48		
					155.차감납부세액	49	108,437,017	

2. 감면세액과 세액공제 입력

최저한세조정명세서에서 새로불러오기 를 클릭하여 '법인세과세표준 및 세액조정계산서' 상의 금액과 감면세액, 세액공제 등을 자동반영한다.

① 구　　　　　분		②감면후세액	③최저한세	④조정감	⑤조정후세액
(101) 결 산 서 상　　당 기 순 이 익		379,054,525			
소 득 조정금액	(102)익 금 　산 입	422,331,780			
	(103)손 금 　산 입	113,402,000			
(104) 조 정 후 소 득 금 액(101+102-103)		687,984,305	687,984,305		0
최 저 한 세 적 용 대 상 특 별 비 용	(105)준 비 금		0	0	0
	(106)특별 / 특례상각		0	0	0
(107)특별비용손금산입전소득금액(104+105+106)		687,984,305	687,984,305		0
(108) 기 부 금 한 도 초 과 액		0	0		0
(109) 기 부 금 한 도 초 과 이월액 손금 산입		12,000,000	12,000,000		0
(110) 각 사 업 년 도 소 득 금액(107+108-109)		675,984,305	675,984,305		0
(111) 이 　월 결 　손 금		0	0		0
(112) 비 　과 세 　소 득		0	0		0
(113) 최 저 한 세 적 용 대 상 비 과 세 소 득			0	0	0
(114) 최저한세 적용대상 익금불산입.손금산입			0	0	0
(115) 차 가 감 소 금 액(110-111-112+113+114)		675,984,305	675,984,305		0
(116) 소 　득 공 　제		0	0		0
(117) 최 저 한 세 적 용 대 상　소 득 공 제			0	0	0
(118) 과 세 표 준 금 액 (115-116+117)		675,984,305	675,984,305		0
(119) 선 박 표 준 이 익		0	0		0
(120) 과 세 표 준 금 액 (118+119)		675,984,305	675,984,305		0
(121) 세　　　　　　　　율		19%	7%		
(122) 산 　　출 세 　액		108,437,017	47,318,901		0
(123) 감 　면 세 　액		10,511,741		0	0
(124) 세 　액 공 　제		0		0	0
(125) 차 감 세 액 (122-123-124)		97,925,276			0

3. 조정감의 검토

조정감에 배제되는 금액이 없으므로 공제 및 감면내역 모두 전액 공제된다.

본 예제에서는 조정감이 발생하지 않았으나, 조정감이 발생하면 공제 또는 감면서식에 배제금액을 적용하여야 한다.

 11 공제감면세액합계표(갑, 을)

필요 지식

세액공제 및 감면금액과 추가납부세액의 집계(갑) 및 조특법상 비과세·익금불산입·손금불산입·과세이연내역을 정리한 서식으로, 공제감면추납세액 관련서식을 작성한 후 본 서식을 작성하면 전체 공제세액 등이 자동으로 반영된다.

수행과제 공제감면세액 합계표(갑, 을)

위에서 작성된 자료에 의해서 (주)법인조정의 2025년도 공제감면세액 합계표(갑, 을)를 작성하시오.

수행과제 풀이 공제감면세액 합계표(갑, 을)

화면 상단의 새로불러오기 를 클릭하면 감면세액, 세액공제 등이 이미 앞에서 작성된 내역에 따라 자동반영된다.

세액공제	① 구분	② 근거법 조항	코드	대상세액	감면세액
	(149)재해 손실세액공제	법인세법 제58조	102		
	(150)신성장·원천기술 연구개발비세액공제 (최저한세 적용제외)	조특제법 제10조 제1항제1호	16A		
	(151)국가전략기술 연구개발비세액 공제 (최저한세 적용제외)	조특제법 제10조 제1항제2호	10D		
	(152)일반 연구·인력개발비세액공제 (최저한세 적용제외)	조특제법 제10조 제1항제3호	16B	7,500,000	7,500,000
	(153)동업기업 세액공제 배분액(최저한세 적용제외)	조특제법 제100조의18제4항	120		
	(154)성실신고 확인비용에 대한 세액공제	조특제법 제126조의6	10A		
	(155)상가임대료를 인하한 임대사업자에 대한 세액공	조특법 제96조의3	10B		
	(156)용역제공자에 관한 과세자료의 제출에 대한 세액공제	조특법 제104조의32	10C		
			199		
	(157) 소 계		180	7,500,000	7,500,000
	(158) 합 계 (147 + 157)		110	7,500,000	7,500,000

2 최저한세 적용대상 공제감면세액

① 구분	② 근거법 조항	코드	③ 대상세액	④ 감면세액
(159)창업중소기업에 대한 세액감면 (최저한세 적용대상)	조특제법 제6조 제1~6항	111		
(160)창업벤처중소기업의 세액감면	조특제법 제6조 제2항	174		
(161)에너지신기술 중소기업 세액감면	조특제법 제6조 제4항	13E		
(162)중소기업에 대한 특별세액감면	조특제법 제7조	112	10,511,741	10,511,741
(163)연구개발특구 입주기업에 대한 세액감면 (최저한세 적용대상)	조특제법 제12조의2	179		
(164)국제금융거래이자소득 면제	조특제법 제21조	123		
(165)사업전환 중소기업에 대한 세액감면	조특제법 제33조의2	192		

12 가산세액계산서

세법에서는 과세자료의 수집·성실신고의 유도 등을 위하여 납세의무자에게 각종 의무를 부여하고 있는데, 이러한 의무의 성실한 이행을 위하여 가산세제도를 두고 있다.

(1) 법인세법상 가산세(법 §76)

종류	요건	내용
① 무기장 가산세	장부를 비치·기장하지 아니한 경우	• 산출세액의 20%와 수입금액의 0.07% 중 큰 금액
② 원천징수 납부지연가산세	납부기한 내에 납부하지 아니하거나 부족하게 납부하는 경우	• 다음 중 큰 금액 ① (미납세액×3%) + (미납세액 × 0.022% × 미납일수) ② 미납세액의 10%
③ 지출증명서류미수취 가산세	재화 또는 용역을 공급받고 세금계산서, 계산서 또는 신용카드 매출전표, 현금영수증 등 정규영수증을 수취하지 아니한 경우	• 수취하지 아니한 금액의 2%에 상당하는 금액 * 산출세액이 없는 경우에도 적용
④ 주식등변동상황 명세서 제출 불성실 가산세	제출하지 아니하거나 변동상황을 누락 또는 불분명하게 제출한 경우	• 미제출·누락·불분명한 주식 등의 액면금액 또는 출자가액의 1% * 제출기한 경과 후 1월 이내 제출 시에는 50% 감면 * 산출세액이 없는 경우에도 적용
⑤ 지급명세서제출 불성실가산세	• 소정기한 내 제출하지 아니하거나 제출된 지급명세서가 불분명한 경우 • 근로소득간이지급명세서를 소정기간 내 제출하지 않은 경우	• 미제출(불분명)한 금액의 1% * 제출기한 경과 후 3월 이내 제출 시에는 50% 감면 * 산출세액이 없는 경우에도 적용 • 미제출한 금액의 0.25% * 제출기한 경과 후 1월 이내 제출 시에는 50% 감면
⑥ 계산서 불성실가산세	계산서 미발급 또는 적어야 할 사항을 적지 아니하거나 사실과 다르게 적은 경우	• 미발급, 가공(위장)수수금액의 2% • 그 외의 경우 공급가액의 1% * 산출세액이 없는 경우에도 적용
⑦ 계산서합계표 제출 불성실가산세	매입·매출처별 계산서 합계표 미제출 또는 적어야 할 사항을 적지 아니하거나 사실과 다르게 적은 경우	• 공급가액의 0.5% * 제출기한 경과 후 1월 이내 제출 시에는 50% 감면 * 산출세액이 없는 경우에도 적용

종류	요건	내용
⑧ 현금영수증 허위수취	재화 또는 용역을 공급받지 아니하고 현금영수증 등을 수취한 경우	• 수취액의 2%

(2) 국세기본법상 가산세

종류	요건	내용
① 무신고 가산세 (국기법 §47의 2)	법정신고기한 내 신고하지 않은 때	• 부당 무신고 → 산출세액의 40%와 수입금액의 0.14% 중 큰 금액 • 일반 무신고 → 산출세액의 20%와 수입금액의 0.07% 중 큰 금액 ＊ 산출세액은 토지 등 양도소득에 대한 법인세 포함
② 과소신고 가산세 (국기법 §47의 3)	신고하여야 할 과세표준에 미치지 못하게 신고한 때	• 부당과소신고 → 산출세액의 40%와 수입금액의 0.14% 중 큰 금액 • 일반과소신고 → 산출세액의 10%
③ 초과환급신고 가산세 (국기법 §47의 4)	신고한 환급세액이 신고하여야 할 환급세액을 초과하는 때	• 부당 초과환급신고 → 초과환급신고세액의 40% • 일반 초과환급신고 → 초과환급신고세액의 10%
④ 납부지연 가산세 (국기법 §47의 5)	세액을 납부하지 않거나 미치지 못하게 납부한 때 또는 세액을 초과환급받은 때	• 미납부세액 또는 초과환급세액의 0.022% × 미납(초과환급)일수

🌸 실무수행프로세스

가산세액 명세 입력화면은 한 화면에 모두 조회되지 않고 상하로 스크롤되어 있으므로 작업이동줄을 이용하거나 커서를 계속 내리면서 해당 사항을 입력한다.

수행과제 가산세액 계산서

(주)법인조정의 당해사업연도 중 일반과세자로부터 재화·용역의 매입에 대한 증빙을 분석한 결과 건당 30,000원 초과 매입액 중 일반영수증을 수취한 금액은 1,100,000원(기업업무추진비 해당금액은 제외한 금액임)이었다. 가산세액 계산서를 작성하시오.

구분	금액	세부내역
복리후생비	500,000원	황금식당에서 직원회식을 하고 영수증을 수취하였다.
소모품비	600,000원	하늘상사에서 공장에 사용할 소모용 자재를 구입하고 영수증을 수취하였다.

수행과제 풀이 가산세액 계산서

지출증명서류 미수취금액 기준금액에 1,100,000원을 입력하면 가산세 22,000원이 계산된다.

가산세액 계산서 전자 개정						새로불러오기　저 장　납부기한
각 사업연도 소득에 대한 법인세분		**토지 등 양도소득에 대한 법인세분**			**미환류소득에 대한 법인세분**	
(1) 구 분		(2) 계 산 기 준	(3) 기 준 금 액	(4) 가산세율	(5)코드	(6) 가 산 세 액
과 소 신 고	부정	과소신고납부세액		40/100	22	
		과소신고납부세액		60/100	81	
		과소신고수입금액		14/10,000	23	
납부지연		(일수)		2.2/10,000	4	
		미납세액				
지출증명서류		미(허위)수취금액	1,100,000	2/100	8	22,000
지급 명세서	미(누락)제출	미(누락)제출금액		10/1,000	9	
	불분명	불분명금액		1/100	10	
	상증법 §82①⑥	미(누락)제출금액		2/1,000	61	
		불분명금액		2/10,000	62	
	상증법 §82③④	미(누락)제출금액		2/10,000	67	
		불분명금액		2/10,000	68	
	「법인세법」	미제출금액		25/10,000	96	
합 계					21	22,000

 13 원천납부세액명세서(갑, 을)

필요 지식

법인의 이자소득금액 또는 투자신탁의 이익을 지급받는 경우에 법인세를 원천징수하며, 이는 법인세신고시 기납부세액으로서 납부할세액을 차감한다.

원천납부세액명세서(갑)은 보유기간이자상당액에 대하여 원천징수되는 채권 등의 이자소득을 제외한 이자소득 및 증권투자신탁수익의 분배금에 대하여 작성하고, 원천납부세액명세서(을)은 채권 및 수익증권에서 보유기간 발생한 이자상당액에 대하여 원천징수된 내역을 작성하는 서식이다.

(1) 원천징수대상소득 및 세율

다음의 원천징수대상 소득금액을 내국법인에게 지급하는 자(원천징수의무자)는 그 금액을 지급하는 때에 원천징수를 하여야 한다.

원천징수대상소득		원천징수세율
이자소득(소법 §127 ① 1호)	• 비영업대금의 이익(=사채이자)	25%
	• 기타 이자소득	14%
배당부 투자신탁수익의 분배금(소법 §17 ① 5호)		

(2) 소액부징수

원천징수세액이 1천원 미만인 경우에는 당해 법인세를 원천징수하지 아니한다.

(3) 원천징수대상 제외소득

① 법인세가 부과되지 아니하거나 면제되는 소득

② 신고한 과세표준금액에 이미 산입된 미지급소득: 이중과세의 방지목적(단, 원천징수납부불성실가산세는 적용함)

③ 은행법에 의한 은행, 보험회사등 대통령령이 정하는 금융회사 등의 수입금액

④ 기타

🍀 실무수행프로세스

1 원천납부세액명세서(갑)

① 재무회계를 이용하여 기장을 하였을 때 [계정별 원장 데이터 불러오기]를 클릭하면 [이자금액 관련계정과목]이 나타나며 추가로 해당 계정과목을 등록할 수도 있다.

② 이자금액의 입력: 이자금액란에 커서가 위치하면 계정별 원장에서 불러온 데이터의 과세표준 계정 동일일자의 거래처와 금액이 보조화면으로 나타나므로 해당 과세표준을 선택한다.

2 원천납부세액명세서(을)

① 채권 등의 명칭: 국채, 지방채 등의 명칭을 입력한다.

② 취득일: 채권 등의 취득일을 입력한다(보유기간의 기산일).

③ 매도일: 채권 등의 매도일을 입력한다(보유기간의 말일).

④ 보유기간: 보유기간은 자동계산된다. 다만, 약정에 의해 계산한 일수가 있는 경우 〈보유기간 일수수정〉을 클릭하여 수정할 수 있다.

⑤ 이자율: 약정이자율을 입력한다.

⑥ 법인세 합계란은 〈법인세 과세표준 및 세액조정계산서〉⑫란에 자동 반영된다.

수행과제 원천납부세액명세서(갑, 을)

(주)법인조정의 2025년도 원천납부세액명세서(갑, 을)를 작성하시오.(우리은행 사업자등록번호 201-81-02819를 입력할 것)

수행과제 풀이 원천납부세액명세서(갑, 을)

갑지에서 [계정별 원장 데이터 불러오기] 키를 클릭하여 901.이자수익, 902.만기보유증권이자, 903.배당금수익의 과목을 확인 하여 기장된 데이터를 불러온다.

[Enter↵] 키를 누르면서 이자금액란에 가면 해당 일자의 이자수익 등의 금액이 조회되고, 확인하면 이자율이 자동으로 14%로 표기된다.

NO	③원천징수일	① 적 요	② 원천징수 의무자			④ 이자배당금액		⑤세율	⑥법 인 세
			구분	사업자(주민)등록번호	상호(성명)	이자 금액	배당 금액		
1	11-20	이자소득	내국인	201-81-02819	우리은행	2,500,000		14.00	350,000
2									
합 계									350,000

14 법인세과세표준 및 세액조정계산서

필요 지식

법인세법 별지 제2호 서식으로 결산서상당기순이익에서 납부세액까지의 과정이 정리된 서식이다.

▌법인세 과세표준 및 세액신고서를 작성하는 절차 ▌

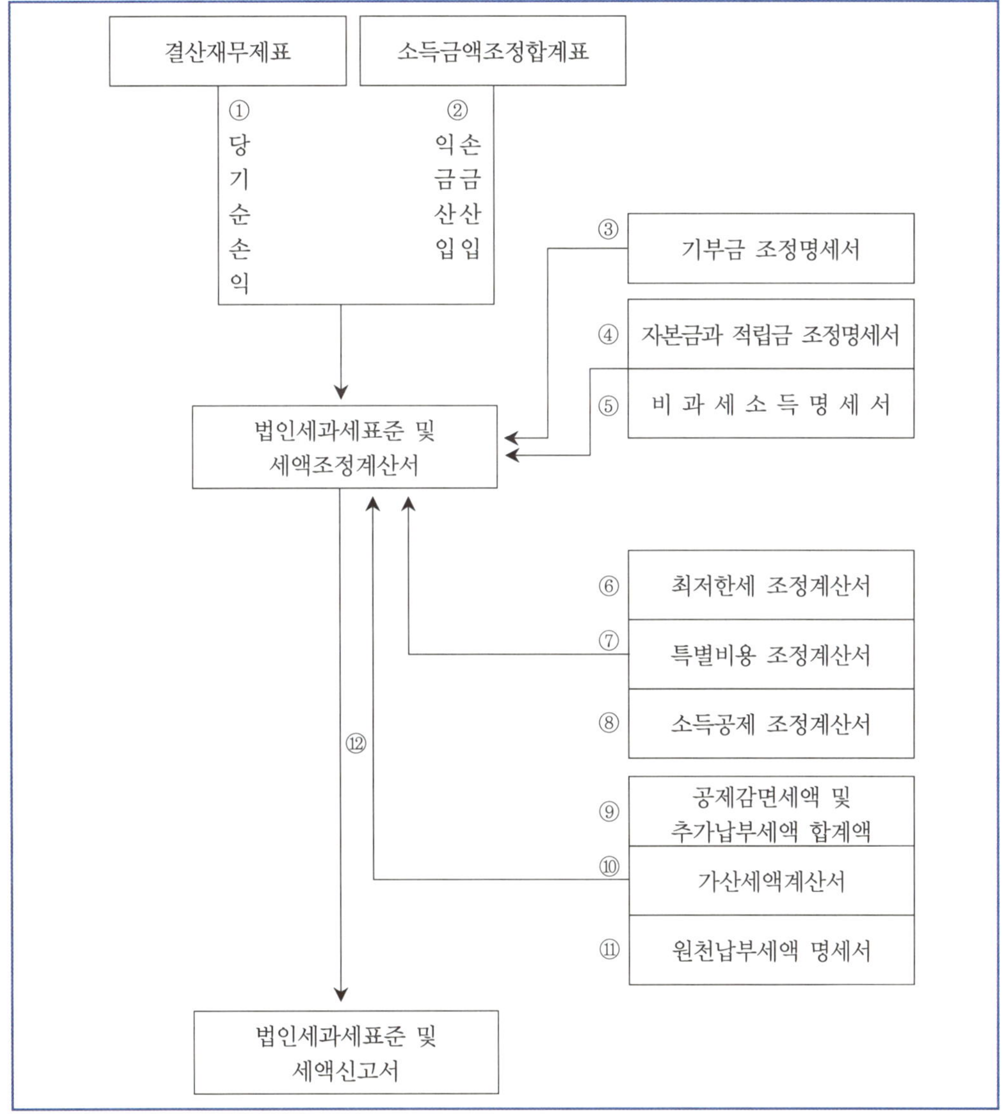

❀ 실무수행프로세스

1 작성방법
① 표준재무제표 및 각 세무조정 항목에서 연관되는 데이터가 자동반영되며, 기납부세액 등을 추가로 입력한다.
② 분납할 세액 범위액: 분납할 세액은 세액한도가 자동으로 표시되므로 동일금액이나 적은 금액을 입력하면 된다.

2 법인세과세표준 및 세액조정계산서 작성시 유의사항
본 메뉴의 작업 후 다음 메뉴를 수정한 후 본 메뉴를 다시 실행할 때는 새로불러오기 를 클릭해야 수정 및 변동된 항목이 반영된다.
101란: 표준손익계산서
102, 103란: 소득금액조정합계표
105, 106란: 기부금조정명세서
109란: 자본금과 적립금조정명세서상 이월결손금 당기공제액
110란: 비과세소득명세서
111란: 소득공제조정명세서
121, 123란: 공제감면세액 및 추가납부세액합계표(갑, 을)
124란: 가산세액계산서
128란: 원천납부세액명세서(갑, 을)

3 최저한세조정계산서와의 상관관계
법인세 과세표준 및 세액조정계산서에서 저장된 데이터가 최저한세 조정명세서에 반영되나, 최저한세 조정에서 조정감이 발생될 경우 조정감 관련 세무조정항목과 법인세 과세표준 및 세액조정계산서 수정작업이 불가피하므로 반드시 작업순서를 지켜야 한다.
① 법인세 과세표준 및 세액조정계산서가 작성된 후 일단 데이터를 저장한 후 최저한세 조정계산서 메뉴로 이동한다.
② 최저한세 조정계산서 메뉴에서
  ㉠ 조정감이 발생되지 않았을 경우
    법인세 과세표준 및 세액조정계산서에서 별도의 작업을 할 필요가 없다.
  ㉡ 조정감이 발생된 경우
    조정감 발생 각 항목의 세무조정 메뉴에서 최저한세 적용 손금부인액란에 입력작업 완료한 후 소득금액조정합계표, 자본금과 적립금조정명세서(을), 공제감면세액계산서 등을 수정한 다음 법인세 과세표준 및 세액조정계산서로 이동하여 새로불러오기 를 실행한다.

수행과제　법인세과세표준 및 세액조정계산서

(주)법인조정의 법인세과세표준 및 세액조정계산서를 작성하시오.

1. 결산시 법인세 등 계정으로 대체한 선납세금계정에는 중간예납액과 원천납부세액이 포함되어 있다.
2. 분납 가능한 최대한의 금액을 분납하도록 처리한다.

수행과제 풀이　법인세과세표준 및 세액조정계산서

① 새로불러오기 를 클릭하면 초록색란은 해당 서식에서 자동반영이 되며, 나머지 해당란은 직접 입력하여야 한다.

② 재무회계메뉴 계정별원장에서 136.선납세금계정을 조회하여 중간예납금액 40,000,000원을 확인하고 126.중간예납세액란에 직접 입력한다.

③ 153.분납세액계산범위액에 Enter↵를 하여 분납할세액 25,036,879원을 확인하고 분납할세액란에 직접 입력한다.(가산세는 분납세액범위액에 포함되지 않는다.)

법인세과세표준 및 세액조정계산서　전자　개정　　이월결손금　새로불러오기　저장　조합법인　합병여부　일괄

	구분	번호	금액		구분	번호	금액
① 각 사 업 연 도 소 득 계 산	101.결산서상당기순손익	01	379,054,525	④ 납 부 할 세 액 계 산	120.산 출 세 액(120=119)		108,437,017
	소득금액조정금액 102.익금산입	02	422,331,780		121.최저한세 적용대상 공제감면세액	17	10,511,741
	소득금액조정금액 103.손금산입	03	113,402,000		122.차 감 세 액	18	97,925,276
	104.차가감소득금액(101 + 102 - 103)	04	687,984,305		123.최저한세 적용제외 공제감면세액	19	7,500,000
	105.기부금한도초과액	05			124.가 산 세 액	20	22,000
	106.기부금한도초과이월액 손금산입	54	12,000,000		125.가 감 계(122-123+124)	21	90,447,276
	107.각사업연도소득금액 (104+105-106)	06	675,984,305		기납부세액 126.중간예납세액	22	40,000,000
② 과 세 표 준 계 산	108.각 사 업 연 도 소득금액(108=107)		675,984,305		기한내납부세액 127.수시부과세액	23	
	109.이 월 결 손 금	07			128.원천납부세액	24	350,000
	110.비 과 세 소 득	08			129.간접회사등외국납부세액	25	
	111.소 득 공 제	09			130.소 계(126+127+128+129)	26	40,350,000
	112.과 세 표 준 (108-109-110-111)	10	675,984,305		131.신고납부전가산세액	27	
	159.선 박 표 준 이 익	55			132.합 계(130+131)	28	40,350,000
③ 산 출 세 액 계 산	113.과 세 표 준 (113=112+159)	56	675,984,305		133.감면분추가납부세액	29	
	114.세 율	11	19%		134.차가감납부할 세액(125-132+133)	30	50,097,276
	115.산 출 세 액	12	108,437,017		토지등 양도소득에 대한 법인세 계산(TAB으로 이동)		
	116.지점 유보 소득(법 제96조)	13			미환류소득법인세 계산(F3으로 이동)/ 중소기업제외		
	117.세 율	14		⑦ 세 액 계	151.차가감납부할세액계(134+150+166)	46	50,097,276
	118.산 출 세 액	15			152.사실과다른회계처리경정세액공제	57	
	119.합 계(115+118)	16	108,437,017		153.분납세액계산 범위액	47	50,075,276
					154.분 납 할 세 액	48	25,037,638
					155.차 감 납 부 세 액	49	25,059,638

15 법인세과세표준 및 세액신고서

필요 지식

　　법인세과표 및 세액신고서는 법인세신고시 제출되는 서식의 가장 첫 표지에 해당하는 별지 제1호 서식으로 법인세과표 및 세액조정계산서를 먼저 작성하여 납부세액을 계산한 다음, 본 서식을 작성하면 자동으로 기본내용을 반영받고 조정구분 등을 추가로 선택하는 방법으로 작성한다.

🌸 실무수행프로세스

① 수입금액은 조정 후 수입금액명세서상 수입금액 합계액이 자동반영된다.
　 법인세 및 특별부가세는 〈법인세과세표준 및 세액조정계산서〉에서 자동반영된다.(수입금액 등은 직접 입력할 수 없다)
② '조정구분'이 외부일 경우 조정반 번호 및 조정자 관리번호를 반드시 입력한다.
③ 외부회계감사: 회계감사 여·부를 선택한다.
④ 결산 확정일: 주주총회 등에 의하여 실제로 결산이 확정된 날짜를 입력한다.
⑤ 신고일: 세무서에 신고서를 접수한 날 또는 접수할 날짜를 입력한다.
⑥ 장부전산화: 장부와 증빙서류의 전부 또는 일부를 전산화하여 작성, 보존 여부를 표시한다.
⑦ 신고구분: 신고구분을 입력한다.
⑧ 수시부과기간: 중도폐업신고의 경우 수시부과기간을 입력한다.
⑨ 주식변동 여·부: 주식변동 여·부를 선택한다.
⑩ 신고기한 연장승인: 신고기한 연장승인을 받은 경우 신청일 및 연장기한을 입력한다.
⑪ 결손금소급공제환급: 소급공제 여·부를 선택한다.
⑫ 감가상각신고서제출: 신고서 제출 여·부를 선택한다.

수행과제　법인세과세표준 및 세액신고서

(주)법인조정의 법인세과세표준 및 세액신고서를 작성하시오.

수행과제 풀이 법인세과세표준 및 세액신고서

| 법인세과세표준 및 세액신고서 [전자] | 일괄삭제 | 새로불러오기 | 저장 | 마감 ▼ | 외투비율 | 人 |

신고구분: 1.정기신고 ▼   작성조회

(15) 종 류 별 구 분	중소기업	중견기업	상호출자	그외기업	당기순이익	(14) 조 정 구 분 ⊙외부 ○자기
영리법인 상장법인	□	□	□	□		(16) 외부감사대상 ○여 ⊙부
코스닥상장법인	□	□	□	□		(17) 신 고 구 분 ⊙정기신고 ○기한후신고
기타법인	☑	□	□	□		(17) 수정신고구분
비영리법인						(17) 신 고 방 법
(18) 법인 유형별 구분 100 코드 기타법인						(17) 중도폐업여부 ○여 ⊙부
(20) 신 고 일 2026-03-31						(19) 결산 확정일 2026-02-28
(22) 신고기한연장승인 1.신청일						2. 연장기한

구 분	정기	구 분	정기
(23) 주식변동	○여 ⊙부	(24) 장부전산화	⊙여 ○부
(25) 사업연도의제	○여 ⊙부	(26) 결손금소급공제 법인세환급신청	○여 ⊙부
(27) 감가상각방법(내용연수)신고서 제출	○여 ⊙부	(28) 재고자산등평가방법신고서 제출	○여 ⊙부
(29) 기능통화 채택 재무제표 작성	○여 ⊙부	(30) 과세표준 환산시 적용환율	
(31) 동업기업의 출자자(동업자)	○여 ⊙부	(32) 국제회계기준(K-IFRS)적용	○여 ⊙부
(47) 기능통화 도입기업의 과세표준계산방법		(48) 미환류소득에 대한 법인세 신고	○여 ⊙부
(49) 성실신고확인서 제출	○여 ⊙부		

구분/법인세	법 인 세	토지등양도소득에 대한법인세	미환류소득에 대한법인세	계
(33) 수 입 금 액		2,589,300,000		
(34) 과 세 표 준	675,984,305			675,984,305
(35) 산 출 세 액	108,437,017			108,437,017
(36) 총 부 담 세 액	90,447,276			90,447,276
(37) 기 납 부 세 액	40,350,000			40,350,000
(38) 차 감 납 부 할 세액	50,097,276			50,097,276
(39) 분 납 할 세 액				25,037,638
(40) 차 감 납 부 세 액				25,059,638

⑯ 자본금과 적립금 조정명세서(갑, 을)

필요 지식

　기말재무상태표상의 자기자본과 세무상 자기자본의 차이는 세무조정상 유보금액과 법인세 등과세계상액이 된다. 세무조정으로 유보처분된 금액은 (+)유보이거나 (−)유보로서 당해사업연도에 종결되지 않고 차기 이후 사업연도의 세무조정과 직접적인 관련이 있다.

　즉, 유보(+)는 차기 이후 사업연도의 유보(−)에 의하여 처리되며, 반드시 유보(+)가 생겨 이를 정리하는 것이 아니고 유보(−)가 먼저 생기고 그 후에 유보(+)가 생기는 경우도 있다.

　자본금과적립금조정명세서는 재무회계와 세무회계상의 자기자본의 차이내역을 비교정리하는 서식이라고 볼 수 있다.

(1) 자본금과적립금조정명세서(을)

① 자본금과적립금조정명세서(을)의 기재내용

    ㉠ (+)유보의 정리

    ㉡ (−)유보의 정리

② 자본금과적립금조정명세서(을)의 내용

    ㉠ 세무조정상의 유보금액

- 자본금과적립금조정명세서(을)에는 세무상 유보금액의 증감사항이 기록되는데 유보란 세무조정에 의하여 법인이 재무상태표에 계상한 자기자본이 증가 또는 감소하는 것을 말하며, 익금산입 또는 손금불산입으로 생기는 유보(+)와 손금산입 또는 익금불산입으로 생기는 유보(△)로 구분할 수 있다.

- 유보(+)란 감가상각비 과대계상액을 손금불산입하는 경우 또는 퇴직급여충당부채 과대계상액을 손금불산입하는 경우와 같이 당해 사업연도에 익금산입 또는 손금 불산입에 따라 법인이 재무상태표에 계상하고 있는 자기자본 금액보다 세법상 당해 세무조정액만큼 잉여금이 증가(자산의 증가나 부채의 감소)하는 것

- 유보(△)란 법인이 당해 사업연도에 지출한 기부금을 가지급금으로 처리하여 이를 손금산입하는 경우 또는 잉여금처분에 의한 신고조정에 의하여 준비금을 손금산 입하는 경우와 같이 손금산입 또는 익금불산입에 따라 법인이 재무상태표에 계 상하고 있는 자기자본 가액보다 동 세무조정액만큼 잉여금이 감소(자산의 감소 나 부채의 증가)되는 것

    ㉡ 유보사항의 정리와 소득금액 계산

기말재무상태표상의 자기자본과 세무상 자기자본의 차이는 세무조정상 유보금액과 법인세 등 과소계상액이다. 이 중 세무조정상 유보처분된 금액은 유보(+)이거나 유보(△)이고, 당해 사업연도의 세무조정으로 종료되는 것이 아니며, 차기 이후 사 업연도의 세무조정과 직접적인 관련을 가진다. 즉 유보(+)는 차기 이후 사업연도의 유보(△)에 의하여 처리되며, 반드시 유보(+)가 먼저 생기고 그 후에 유보(△)가 생겨 이를 정리하는 것이 아니고, 유보(△)가 먼저 생기고 그 후에 유보(+)가 생기는 경우도 있다.

(2) 자본금과적립금조정명세서(갑)의 기재내용

① 과목 또는 사항		② 기초잔액	당기 중 증감		⑤ 기말잔액 (익기초 현재)	비고
			③ 감소	④ 증가		
1. 자본금		기초재무상태표상 금액	당기 중 감자액	당기 중 증자액	기말재무상태표상 금액	
2. 자본잉여금 3. 자본조정 4. 기타포괄손익누계		기초재무상태표상 금액	당기 중 감소액	당기 중 증가액	기말재무상태표상 금액	
5. 이월손익금		전기이익잉여금처분 계산서상 차기이월이익잉여금	전기이익잉여금 처분계산서상 차기이월이익잉여금	당기이익잉여금 처분계산서상 차기이월이익잉여금	당기이익잉여금처 분계산서상 차기이월이익잉여금	
7. 자본금과 적립금 계산서(을)계		자본금과 적립금계산 서(을)상 기초금액합 계액	자본금과 적립금 계산서(을)상당기 감소액	자본금과 적립금계 산서(을) 상당기중 가액	자본금과 적립금계 사서(을) 상기말금액 합계액	
손익 미계상 법인세 등	8. 법인세 9. 지방 소득세	전기말 법인세 · 지방 소득세 과소계상액	전기말 법인세 · 지방소득세 과소 계상액	당기 법인세 · 지방소 득세 과소계상액	당기 법인세 · 지방 소득세 과소계상액	

🌸 실무수행프로세스

> ① 단계: 자본금과적립금조정(을)
> ② 단계: 자본금과적립금조정(갑)
> ③ 단계: 이월결손금계산서

■ 자본금과적립금조정(을)

① 당기 발생분 자동반영: 당기 유보의 감소와 증가는 소득금액조정합계표의 소득처분 중 유보(발생), 유보(감소)로 처분된 내용이 자동 반영되어 기말잔액이 자동 계산된다.

② 과목 또는 사항의 입력: 전기에서 이월된 사항 이외의 사항은 한글로 입력하거나 코드도움(F2)을 이용하여 계정과목 코드로 입력한다.

■ 자본금과적립금조정(갑)

① 자본금, 자본잉여금, 이익잉여금 등 순서로 기재하되 기초잔액은 직전 사업연도의 자본금과적 립금조정명세서(갑)의 기말 잔액란의 금액을 기입한다.

② 자본잉여금, 이익영여금의 과목 또는 사항을 추가로 입력하고자 할 경우에는 입력하고자 하는 란에 번호는 제외하고 과목을 바로 입력한다.

③ 자본금과적립금계산서(을)란은 (을)지에서 자동반영된다.

❸ 이월결손금

① 이월결손금은 당해 사업연도 개시일 전 15년(2020년 1월 1일 전에 개시한 사업연도에서 발생한 결손금은 10년) 이내에 개시한 사업연도에서 발생한 결손금을 공제받을 수 있다.
② 자본금과적립금조정(이월결손금계산서)에서 이월결손금을 입력하면 법인세과세표준및세액조정계산서에 자동반영된다. 이월결손금이 반영된 후 법인세과세표준및세액조정계산서를 조회하여 손익미계상법인세 등을 산출하여야 한다.

수행과제   **자본금과적립금조정명세서(갑, 을)**

다음 자료에 의해서 (주)법인조정의 자본금과적립금조정명세서(갑, 을)을 작성하시오.

1. 전기의 자본금과 적립금조정명세서(을)의 잔액은 다음과 같다.
   - 비품(에어컨)감가상각비부인액　　2,000,000원(손금불산입)
   - 퇴직급여충당부채 한도초과　　38,000,000원(손금불산입)
   - 퇴직연금　　20,000,000원(손금산입)
   - 대손충당금　　2,000,000원(손금불산입)

2. 자본금 및 잉여금의 계산은 재무회계의 기장자료를 조회하여 작성한다. 손익미계상법인세 등의 계산에서는 전기분을 무시하고 당기증가 및 기말잔액에 대해서만 작성하며, 법인세조정으로 산출된 법인세 및 동 법인세에 대한 10% 상당의 지방소득세를 기입하는 방법으로 한다.

구분	법인세	지방소득세	계
법인세과세표준 및 세액조정계산서	90,447,276	9,044,727	99,492,003
손익계산서	61,494,210	6,149,421	67,643,631
차감액	28,953,066	2,895,306	31,848,372

※ 손익계산서상 법인세 등은 지방소득세 10%가 포함되어 있다.

수행과제 풀이 **자본금과적립금조정명세서(갑, 을)**

1. 을(세무조정 유보소득 계산)

새로불러오기 를 클릭하면 소득금액조정합계표에 유보로 처분된 내용이 당기중증감란에 자동 반영된다. 전기 잔액은 당기 기초잔액란에 직접 입력한다.

자본금과 적립금 조정명세서(갑,을) 전자   이월결손 전기유보 새로불러오기 저장 BS조회 전기

을(세무조정 유보소득 계산) 갑(자본금과 적립금 계산서) 갑(이월결손금계산서)

1 세무조정 유보소득 계산

	①과목 또는 사항	②기초잔액	당기중증감		⑤기말잔액 (익기초현재)	비고
			③감소	④증가		
1	B기계 상각부인액			4,809,000	4,809,000	
2	건설자금이자			1,200,000	1,200,000	
3	대손금부인액			9,000,000	9,000,000	
4	대손충당금한도초과액	2,000,000	2,000,000	2,110,000	2,110,000	
5	미지급기부금(어음)			3,000,000	3,000,000	
6	본사건물 상각부인액			3,900,000	3,900,000	
7	선급비용(수수료) 미계상			2,406,593	2,406,593	
8	선급비용(화재보험료) 미계상			49,180	49,180	
9	에어컨 감가상각비	2,000,000	1,902,000		98,000	
10	외화평가손익			-2,500,000	-2,500,000	
11	위탁판매 대응원가			-5,000,000	-5,000,000	
12	위탁판매 수입금액			8,000,000	8,000,000	
13	재고자산평가감			2,000,000	2,000,000	
14	퇴직급여충당금	38,000,000	12,000,000	271,523,608	297,523,608	
15	퇴직연금	-20,000,000	-12,000,000	-90,000,000	-98,000,000	
16						
	합계	22,000,000	3,902,000	210,498,381	228,596,381	

2. 갑(자본금과 적립금 계산서)

① 재무회계의 재무상태표를 조회하여 전기와 당기의 자본금내역을 조회한다.

자 본 금	전기 1,000,000,000원	당기 1,000,000,000원
자본잉여금	전기 1,000,000원	당기 1,00,0000원
이월이익잉여금	전기 185,157,000원	당기 564,211,525원

② 법인세: 90,447,276원 − 61,494,210원 = 28,953,066원

지방소득세: 9,044,727원 − 6,149,421원 = 2,895,306원을 입력한다.

구분	법인세	지방소득세	계
법인세과세표준 및 세액조정계산서	90,447,276	9,044,727	99,492,003
손익계산서	61,494,210	6,149,421	67,643,631
차감액	28,953,066	2,895,306	31,848,372

③ 자본금과적립금조정명세(갑)의 해당란에 입력한다.

기초잔액에 전기금액을 입력하고 전기와 당기의 차액을 증가란에 입력하여 기말잔액을
자동계산한다.

자본금과 적립금 조정명세서(갑,을) [전자] [개정] [새로불러오기 ▼] [이월결손] [전기유보] [저장] [BS조회] [전기서]

을(세무조정 유보소득… / 병(세무조정 출자의… / 갑(자본금과 적립금… / 갑(이월결손금계산서)

2 자본금과 적립금 조정명세서(갑)

	①과목 또는 사항	②기초잔액	당기중증감 ③감소	당기중증감 ④증가	⑤기말잔액	비고
자본금 및 잉여금등의 계산	1. 자본금	1,000,000,000			1,000,000,000	
	2. 자본잉여금	1,000,000			1,000,000	
	3. 자본조정					
	4. 기타포괄손익누계					
	5. 이익잉여금	185,157,000		379,054,525	564,211,525	
	12. 기타					
	6. 계	1,186,157,000		379,054,525	1,565,211,525	
	7. 자본금과적립금계산서	22,000,000	3,902,000	210,498,381	228,596,381	
손익미계상 법인세등	8. 법인세			28,953,066	28,953,066	
	9. 지방소득세			2,895,306	2,895,306	
	10. 계(8+9)			31,848,372	31,848,372	
	11. 차가감계(6+7-10)	1,208,157,000	3,902,000	557,704,534	1,761,959,534	

5 회계기준변경에 따른 자본금과 적립금 기초잔액수정

(28)코드	(27)과목 또는 사항	(29)전기말잔액	기초잔액 수정 (30)증가	기초잔액 수정 (31)감소	(32)수정후 기초잔액 ((29)+(30)-(31))	비고

출제예상 평가문제   (비대면 시험대비)

* 조회 회사: 5000.(주)법인조정

01 [임대보증금등의 간주익금조정명세서 조회] ⑦익금산입금액은 얼마인가?

02 [조정후수입금액명세서 조회] 제조업(343000) ⑤국내생산품 수입금액은 얼마인가?

03 [감가상각비조정명세서합계표 조회] (106)상각부인액 합계액은 얼마인가?

04 [퇴직급여충당금조정명세서 조회] 16.한도초과액은 얼마인가?

05 [퇴직연금부담금조정명세서 조회] 세무조정 대상 중 손금불산입 유보(감소)로 소득처분
할 금액은 얼마인가?

06 [대손충당금 및 대손금조정명세서 조회] 7.한도초과액은 얼마인가?

07 [기업업무추진비 조정명세서(갑) 조회] 14.한도초과액 금액은 얼마인가?

08 [가지급금인정이자조정명세서 조회] 세무조정 대상 중 익금산입 할 금액은 얼마인가?

09 [업무무관지급이자조정명세서 조회] 세무조정 대상 중 손금불산입 기타사외유출로 소득
처분할 금액은 얼마인가?

10 [법인세과세표준 및 세액조정계산서 조회] 134.차가감납부할 세액은 얼마인가?

제3부

합격 확신 문제풀이

백데이터 설치방법

합격 확신 문제풀이(AT자격시험 맛 보기, 유형별 연습문제, 모의고사, 기출문제) 백데이터를 아래의 방법으로 설치한 후 문제를 풀어보세요.

① 삼일아이닷컴(http://www.samili.com) 홈페이지에 접속한다.
② 상단부 제품몰을 클릭하고 자료실에서 백데이터를 다운받는다.
③ 다운받은 백데이터파일을 더블클릭하여 실행한다.
④ 해당회사로 로그인하고 문제를 푼다.

참고 프로그램 설치에 대한 자세한 내용은 교재 P.19를 참고하면 된다.

제 **1** 장

유형별 연습문제

유형별 연습문제

실무이론평가 

제1절　재무회계

01 다음 중 재무보고의 목적으로 옳지 않은 것은?

① 정보이용자에게 경제적 의사결정에 유용한 기업의 재무상태, 경영성과와 현금흐름 및 자본변동에 관한 정보를 제공하는 것이다.
② 경영진의 수탁책임이나 회계책임을 평가하기 위한 수단으로 사용되기도 한다.
③ 현재 및 잠재의 투자자와 채권자가 합리적인 투자의사결정과 신용의사결정을 하는데 유용한 정보를 제공한다.
④ 재무보고는 과거 사건의 재무적 영향을 표시하는 것을 목적으로 하므로 미래 현금흐름을 예측하기에는 유용하지 않다.

02 다음 중 재무보고의 정의와 목적에 대한 설명으로 옳지 않은 것은?

① 재무제표는 경영자의 수탁책임 이행 등을 평가할 수 있는 정보를 제공한다.
② 재무정보의 주된 목적은 투자 및 신용의사결정에 유용한 정보를 제공하는 것이다.
③ 재무정보를 제공하는 가장 핵심적인 수단은 재무제표이며, 주석은 포함되지 아니한다.
④ 기업가치의 평가는 미래의 기대배당과 투자위험 등에 근거하며, 재무보고는 이러한 평가에 유용한 정보를 제공하여야 한다.

03 내부회계관리제도 중 "가공의 재고자산이 재무제표에 기록되지 않았다"는 경영자의 주장과 관련된 것은?

① 실재성
② 완전성
③ 권리와 의무
④ 재무제표 표시와 공시

04 다음 중 재무제표에 관한 설명으로 옳은 것은?

① 현금흐름표상의 영업활동으로 인한 현금흐름은 간접법만 인정된다.

② 현금및현금성자산은 사용제한기간이 보고기간종료일로부터 1년을 초과하더라도 유동자산으로 분류한다.
③ 정상적인 영업주기내에 회수되는 매출채권은 보고기간종료일로부터 1년 이내에 회수되지 않더라도 유동자산으로 분류한다.
④ 재무제표는 발생기준에 따라 작성되므로 현금주의에 따라 작성되는 현금흐름표는 재무제표에 해당하지 않는다.

05 다음 중 재무제표 작성과 표시에 대한 설명으로 옳지 않은 것은?

① 합리적인 추정은 재무제표 작성에 필수적인 과정이며 재무제표의 신뢰성을 떨어뜨리지 않는다.
② 정상적인 영업주기 내에 소멸될 것으로 예상되는 매입채무와 미지급비용 등이 보고기간종료일로부터 1년 이내에 결제되지 않더라도 유동부채로 분류한다.
③ 계속기업으로서의 존속능력에 유의적인 의문이 제기될 수 있는 사건이나 상황과 관련된 중요한 불확실성을 알게 된 경우, 경영진은 그러한 불확실성을 공시하여야 한다.
④ 세법의 규정을 따르기 위한 회계변경은 정당한 회계변경으로 본다.

06 일반기업회계기준과 관련된 다음 설명 중 옳은 것은?

① 회계정책의 변경효과와 회계추정의 변경효과를 구분하기 어려운 경우에는 회계정책의 변경으로 본다.
② 자산취득에 사용될 정부보조금은 정부보조금을 받는 시점에서 자본조정의 증가항목으로 처리한다.
③ 당 회계연도와 직전 2개 회계연도 중에, 만기보유증권을 만기일 전에 매도한 경우 보유 중인 모든 채무증권은 만기보유증권으로 분류할 수 없다.
④ 공정가치로 측정하는 비화폐성 외화항목은 거래일의 환율로 환산한다.

07 다음 중 유동부채에 대한 설명으로 옳지 않은 것은?

① 보고기간종료일부터 1년 이내에 상환되어야 할 부채이다.
② 기업의 정상적인 영업주기 내에 상환 등을 통하여 소멸할 것이 예상되는 부채이다.
③ 보고기간종료일부터 1년 이내에 상환기간이 도래하더라도, 기존의 차입약정에 따라 보고기간종료일부터 1년을 초과하여 상환할 수 있고 기업이 그러한 의도가 있는 경우에도 유동부채로 분류한다.

④ 보고기간종료일부터 1년 이내에 상환되어야 하는 채무는 보고기간종료일과 재무제표가 사실상 확정된 날 사이에 보고기간종료일로부터 1년을 초과하여 상환하기로 합의하더라도 유동부채로 분류한다.

08 다음 설명과 관련된 사례로 옳지 않은 것은?

> 기업실체의 경제적 거래나 사건에 대하여 두 가지 이상의 대체적인 회계처리 방법이 있는 경우, 재무적 기초를 견고히 하는 관점에서 이익을 낮게 보고하는 방법을 선택할 수 있다.

① 저가법에 의한 재고자산의 평가
② 자본적 지출 대신 수익적 지출로 처리
③ 신규자산 취득 시 감가상각방법으로 정률법 대신 정액법 적용
④ 판매기준 대신 회수기일 도래기준에 의한 장기할부판매의 처리

09 다음 중 재무제표의 작성과 표시의 일반원칙에 대한 설명으로 옳지 않은 것은?

① 재무제표의 작성과 표시에 대한 책임은 경영진에게 있다.
② 재무제표는 이해하기 쉽도록 간단하고 명료하게 표시하여야 한다.
③ 재무제표 항목의 표시와 분류는 특별한 경우를 제외하고는 매기 동일하여야 한다.
④ 재무제표의 기간별 비교가능성을 제고하기 위한 표시는 계량정보만 해당된다.

10 발생주의와 관련된 설명 중 옳지 않은 것은?

① 현금흐름표는 발생기준에 따라 작성되지 않는다.
② 발생주의 회계는 기업실체의 경제적 거래나 사건에 대해 관련된 수익과 비용을 그 현금유출입이 있는 기간이 아니라 당해 거래나 사건이 발생한 기간에 인식하는 것을 말한다.
③ 발생주의 회계에서는 재화 및 용역을 신용으로 판매하거나 구매할 때 자산과 부채를 인식하게 되고, 현금이 지급되지 않은 이자 또는 급여 등에 대해 부채와 비용을 인식하게 된다.
④ 발생주의 회계에서는 현금 유·출입이 수반되지 않는 자산과 부채 항목은 인식될 수 없다.

11 재무제표 작성과 표시에 대한 설명 중 옳지 않은 것은?

① 재무제표는 경제적 사실과 거래의 실질을 반영하여 기업의 재무상태, 경영성과, 현금흐름 및 자본변동을 공정하게 표시하여야 하며, 일반기업회계기준에 따라 적정하게 작성된 재무제표는 공정하게 표시된 재무제표로 본다.

② 중요한 항목은 재무제표의 본문이나 주석에 그 내용을 가장 잘 나타낼 수 있도록 구분하여 표시하며, 중요하지 않은 항목은 성격이나 기능이 유사한 항목과 통합하여 표시할 수 있다.
③ 재무제표의 기간별 비교가능성을 제고하기 위하여 당해 연도와 과거 연도를 비교하는 방식으로 작성한다.
④ 재무제표 항목의 표시나 분류방법이 변경되더라도 전기 재무제표의 신뢰성 확보를 위하여 전기의 항목은 재분류하지 않는다.

12 (주)한공은 기업의 이해관계자에게 적시성 있는 정보를 제공하기 위해 사업연도(1년) 단위 재무제표 뿐 아니라 반기 및 분기재무제표를 작성하여 공시하고 있다. 이와 관련된 재무제표의 기본가정은 무엇인가?

① 계속기업　　　　　② 기업실체
③ 기간별 보고　　　　④ 발생주의 회계

13 재무제표의 구분표시에 대하여 잘못 설명한 사람은 누구인가?

> • 하영
>   유동자산은 당좌자산과 재고자산으로 구분해야 해.
> • 진수
>   부채는 유동부채와 비유동부채로 구분하지.
> • 영철
>   배당금수익은 현금흐름표에 영업활동으로 분류하는 거야.
> • 영희
>   모든 기업은 매출총이익과 영업이익을 구분해서 표시해야 해.

① 하영　　　　　　　② 진수
③ 영철　　　　　　　④ 영희

14 다음 중 회계정보의 질적특성과 관련된 설명으로 옳지 않은 것은?

① 유형자산을 역사적원가로 평가하는 경우 검증가능성이 높아지므로 신뢰성이 제고되지만 목적적합성은 낮아진다.
② 반기재무제표는 연차재무제표에 비해 목적적합성은 높아지나 신뢰성은 낮아진다.
③ 목적적합한 정보가 되기 위해서는 검증가능성이 있어야 한다.
④ 회계정보의 질적특성은 서로 상충될 수 있는 속성을 가지고 있다.

15 다음 목적적합성과 신뢰성의 상충관계에 대한 설명 중 옳지 않은 것은?

① 유형자산을 역사적원가로 평가하면 신뢰성이 제고 되나 목적적합성은 저하된다.
② 시장성 없는 유가증권을 역사적 원가로 평가하면 검증가능성은 제고되나 표현의 충실성은 저하된다.
③ 장기건설공사에 대하여 진행기준으로 수익을 인식 하면 신뢰성은 제고되나 목적적합성은 저하된다.
④ 반기재무제표는 연차재무제표에 비해 목적적합성은 향상되나 신뢰성은 저하된다.

16 다음 중 회계정보의 질적특성에 대한 설명으로 옳지 않은 것은?

① 목적적합한 정보는 적시성을 전제로 하며 의사결정 시점에서 필요한 정보가 제공되지 않으면 목적적합 성이 저하된다.
② 회계정보가 예측가치를 지니기 위해서는 반드시 미래에 대한 예측정보 그 자체일 필요는 없다.
③ 손익계산서에서 비경상적이고 비반복적인 항목을 구분표시 할 경우 손익계산서의 예측가치는 향상 될 수 있다.
④ 연차재무제표의 당기순이익은 분·반기 재무제표에 근거한 전망이나 기대를 확인시켜준다는 측면에서 예측가치를 지닌다.

17 회계부서 두 직원간의 다음 대화와 관련된 회계 정보의 질적특성은 무엇인가?

• 김대리
  부장님. 재무제표는 1년에 한번만 작성하는 건 가요?
• 이부장
  그건 회사에 따라 다르다네. **회계정보의 적시성** 을 높이기 위해 6개월 또는 3개월마다 작성하기도 한다네.

① 목적적합성   ② 표현의 충실성
③ 비교가능성   ④ 이해가능성

18 회계정보의 질적특성에 대한 다음 설명 중 옳지 않은 것은?

① 회계정보가 갖추어야 할 가장 중요한 질적 특성은 목적적합성과 신뢰성이다.
② 회계정보의 질적 특성은 일관성이 요구되므로 서로 상충될 수 없다.
③ 회계정보가 신뢰성을 갖기 위해서는 객관적으로 검증가능하여야 한다.

④ 표현의 충실성을 확보하기 위해서는 회계처리대상 이 되는 거래나 사건의 형식보다는 그 경제적 실질 에 따라 회계처리하고 보고하여야 한다.

19 다음 설명과 가장 관련된 회계정보의 질적특성 간의 상충관계로 옳은 것은?

> (주)한공은 유형자산을 역사적원가로 평가할지 아니면 공정가치로 평가할지에 대하여 논의하고 있다.

① 목적적합성과 신뢰성
② 목적적합성과 적시성
③ 비교가능성과 신뢰성
④ 신뢰성과 검증가능성

20 다음 대화에서 공통적으로 다루고 있는 회계정 보의 질적 특성은 무엇인가?

> • 영희
>   재무제표 작성시에는 당해연도와 직전연도 정보를 함께 표시하지.
> • 진희
>   회계정책은 매년 계속 적용하고, 정당한 사유 없 이 이를 변경해서는 안되지.
> • 명희
>   같은 업종의 기업들이 동일한 회계처리기준을 사용한다면 회계정보의 유용성이 증대될 수 있지.

① 목적적합성   ② 신뢰성
③ 중요성   ④ 비교가능성

21 다음은 (주)한공의 2025년도 재무보고에 관한 재무팀장과 사장의 대화내용이다. 이 중 사장의 대화내용과 관련 있는 회계정보의 질적특성으 로 알맞은 것은?

> • 박팀장
>   사장님! 2025년초에는 신제품 반응이 뜨거울 것으로 예상하여 2025년도 매출총이익은 28억 원, 영업이익은 10억원으로 예측하였는데 결산 결과 실제 매출총이익은 19억원, 영업이익은 7 억원으로 확정되었습니다.
> • 김사장
>   예상과 결과가 너무 다르지 않은가! 2026년도 의 이익 예측치는 좀 잘 추정해보도록 하게.

① 중립성   ② 이해가능성
③ 피드백가치   ④ 신뢰성

22 회계정보의 예측가치에 대한 설명으로 옳지 않은 것은?

① 재무제표에 의해 발표되는 반기 이익은 올해의 연간 이익을 예측하는 데 활용될 수 있다.
② 재무제표에 의해 제공되는 회계정보는 과거에 대한 정보이기 때문에 미래에 대한 예측의 근거로 활용될 수가 없다.
③ 회계정보가 예측가치를 가져야 하는 것은 정보이용자의 투자 및 신용의사결정이 미래에 대한 예측에 근거하여 이루어지기 때문이다.
④ 예측가치란 정보이용자가 기업실체의 미래 재무상태, 경영성과, 순현금흐름 등을 예측하는 데에 그 정보가 활용될 수 있는 능력을 의미한다.

23 회계정보의 질적 특성에 대한 설명으로 옳지 않은 것은?

① 목적적합성과 신뢰성이 더 높은 회계처리방법을 선택할 때에 회계정보의 유용성이 증대된다.
② 올해의 매출액이 내년 매출액을 예측하는데 도움이 된다면 올해의 매출액은 유용한 회계정보가 된다.
③ 매출원가 정보를 전년도 매출원가 또는 다른 회사의 매출원가와 비교할 수 있다면 매출원가에 대한 회계정보의 유용성이 증가한다.
④ 경영자와 주주의 회계정보 유용성이 상충되는 경우에는 경영자 입장에서 회계정보 유용성 여부를 최종 판단한다.

24 다음은 (주)한공의 상품재고장이다. (주)한공은 계속기록법에 의한 선입선출법을 적용하고 있다. 매출원가와 재고자산은 얼마인가?

상품재고장

일자	적요	인수		출고	잔고
		수량	단가	수량	수량
1.1	전기이월	100개	20원		100개
3.20	매입	400개	25원		500개
5.31	매출			300개	200개
7.20	매출			200개	–
8.5	매입	100개	30원		100개
12.31	차기이월				100개

① 매출원가 12,000원 재고자산 3,000원
② 매출원가 12,500원 재고자산 2,500원
③ 매출원가 12,000원 재고자산 2,500원
④ 매출원가 12,500원 재고자산 3,000원

25 다음의 자료를 이용하여 이동평균법으로 재고자산 단가를 결정할 경우에 11월말 재고단가는 얼마인가?

일 자	구분	수량	단가
11월 1일	월초재고	100개	개당 1,000원
11월 9일	매 출	50개	
11월 16일	매 입	100개	개당 1,300원

① 1,000원   ② 1,200원
③ 1,300원   ④ 1,400원

26 다음은 (주)한공의 상품과 관련된 자료이다. 기말 결산 시의 회계처리로 옳은 것은?

- 장부상 수량: 1,000개
- 실제수량: 700개
- 장부상 단가: @600원
- 단위당 판매가능금액: @560원
- 재고자산의 감모는 전액 비정상적으로 발생하였다.
- 재고자산감모손실 계정과목은 영업외비용으로 분류되는 것으로 가정한다.

㉮ (차) 재고자산감모손실	180,000원	
매출원가	28,000원	
(대) 상품		180,000원
재고자산평가충당금		28,000원
㉯ (차) 재고자산감모손실	208,000원	
(대) 상품		208,000원
㉰ (차) 재고자산감모손실	28,000원	
매출원가	180,000원	
(대) 상품		28,000원
재고자산평가충당금		180,000원
㉱ (차) 재고자산감모손실	180,000원	
매출원가	28,000원	
(대) 재고자산평가충당금		180,000원
상품		28,000원

① ㉮   ② ㉯   ③ ㉰   ④ ㉱

27 기말재고자산에 포함되지 않는 항목은?

① 수탁자의 창고에 보관 중인 적송품
② 고객이 구매의사를 표시하기 전인 시송품
③ 자금을 차입하고 담보로 제공한 상품
④ 목적지인도조건으로 주문한 운송 중인 상품

28 다음은 도매업을 영위하고 있는 (주)한공의 2025년 재고자산에 대한 자료이다. 2025년 말 재무상태표상 재고자산 금액은 얼마인가? 단, 상품은 단일품목이고 선입선출법을 적용한다.

상품재고장

날짜	적요	입고			출고	잔고
		수량(개)	단가(원)	금액(원)	수량(개)	수량(개)
기초	전기이월	200	200	40,000		200
5/10	매입	300	250	75,000		XXX
8/15	매출				200	XXX
기말	차기이월					XXX

- 기말상품의 단위당 시가는 190원이다.
- 기말 재고실사 결과 100개의 감모손실이 발생되었으며, 정상감모로 판명된다.

① 38,000원　　　　② 48,000원
③ 75,000원　　　　④ 58,000원

29 다음 중 재고자산에 대해 올바르게 설명하고 있는 사람은?

- 민수
  물가상승 시에는 선입선출법보다 후입선출법에 의한 매출원가 더 커.
- 영호
  개별법은 특정 프로젝트별로 생산되는 제품의 원가결정에 유용해.
- 상호
  저가법을 적용하는 경우에는 항목별로 적용하지 않고 모든 재고자산을 통합하여 적용하는 것이 원칙이야.
- 기영
  소매재고법은 일반기업회계기준에서 인정하고 있는 방법이 아니야.

① 민수, 영호　　　　② 민수, 상호
③ 상호, 기영　　　　④ 영호, 기영

30 다음은 (주)한공의 7월 상품매매 자료이다. 매출원가와 월말재고액은 얼마인가?(단, 계속기록법에 따른 후입선출법을 적용한다.)

일자	적요	수량	단가
7월 1일	전월이월	20개	800원
7월 5일	매 입	40개	1,000원
7월 13일	매 출	30개	–
7월 19일	매 입	50개	1,100원
7월 30일	매 출	40개	–

① 매출원가　67,000원　월말재고액　44,000원
② 매출원가　70,640원　월말재고액　40,360원
③ 매출원가　74,000원　월말재고액　37,000원
④ 매출원가　74,000원　월말재고액　44,000원

31 다음 중 재고자산에 대한 설명으로 옳은 것은?

① 정상적으로 발생한 감모손실은 영업외비용으로 분류한다.
② 파손, 부패 등의 사유로 정상가격으로 판매가 불가한 경우의 재고자산평가손실은 영업외비용으로 처리한다.
③ 재고자산의 시가가 취득원가보다 하락한 경우에는 시가를 장부금액으로 한다.
④ 일정기간 사용한 후에 매입 여부를 결정하는 조건의 시송품은 상품의 점유가 이전된 경우 판매자의 재고에서 제외시킨다.

32 재고자산의 평가에 관한 설명으로 옳지 않은 것은?

① 재고자산의 순실현가능가치는 추정판매가격에서 추정판매비용을 차감하여 계산한다.
② 재고자산의 순실현가능가치가 취득원가보다 낮은 경우 발생하는 재고자산평가손실은 매출원가에 가산한다.
③ 재고자산평가손실은 재고자산의 차감계정인 재고자산평가충당금으로 표시한다.
④ 당기 기말재고가 과소평가되면 당기의 매출원가는 과소평가되고 차기의 매출원가는 과대평가된다.

33 다음은 (주)힌공의 상품매입과 상품매출에 관한 자료이다.

11월의 상품재고장

날짜	적요	입 고			출 고
		수량(EA)	단가(원)	금액(원)	수량(EA)
11/1	전월이월	600	300	180,000	
11/8	상품매입	900	330	297,000	
11/12	매출				1,200
11/19	상품매입	300	340	102,000	

이동평균법을 적용할 경우 11월 30일 재고자산의 단위당 원가는 얼마인가?

① 315원　　　　② 318원
③ 321원　　　　④ 329원

34 다음의 대화에서 빈칸에 들어갈 내용으로 옳은 것은?

- 정과장
  재고자산 구입가격은 계속 하락하고 판매부진으로 기말 재고수량이 기초 재고수량보다 많은데, 이 경우 재고자산 원가 결정방법이 당기순이익에 영향을 주는가요?

> • 이대리
> 그러한 상황인 경우 (가)을 사용하면 (나)을 사용할 때보다 당기순이익이 크게 계상됩니다.

① (가) 선입선출법   (나) 후입선출법
② (가) 후입선출법   (나) 선입선출법
③ (가) 선입선출법   (나) 가중평균법
④ (가) 가중평균법   (나) 후입선출법

35 다음은 (주)한공의 2025년 말 보유중인 상품에 대한 자료이다. 매출원가에 포함될 재고자산감모손실과 재고자산평가손실의 합계액은 얼마인가?(단, 재고자산감모손실은 정상적으로 발생하였다.)

• 장부수량	1,000개
• 실사수량	950개
• 단위당 취득원가	1,000원
• 단위당 순실현가능가치	900원

① 45,000원   ② 50,000원
③ 145,000원   ④ 150,000원

36 다음은 도매업을 영위하고 있는 (주)한공의 2025년 상품재고장과 재고자산의 시가정보이다. 2025년 결산후 손익계산서상 매출원가와 재무상태표상 재고자산은 얼마인가?(단, 상품은 단일품목이고 선입선출법을 적용한다)

〈자료1〉 상품재고장

날짜	적요	입고			출고	잔고
		수량(개)	단가(원)	금액(원)	수량(개)	수량(개)
1/1	전기이월	200	200	40,000	–	XXX
1/10	매입	300	250	75,000	–	XXX
5/15	매출	–	–	–	300	XXX
12/31	차기이월	–	–	–	XXX	–

〈자료2〉 재고자산의 시가정보
• 기말재고자산의 단위당 시가는 220원이다.

① 매출원가 75,000원   재고자산 40,000원
② 매출원가 71,000원   재고자산 44,000원
③ 매출원가 69,000원   재고자산 46,000원
④ 매출원가 65,000원   재고자산 50,000원

37 전자제품 도매업을 영위하는 (주)한공의 2025년 기말상품과 관련된 자료는 다음과 같다. 재무상태표에 계상되어야 할 재고자산 금액은 얼마인가?

구분	장부상 수량	실제 수량	단위당		
			취득원가	추정 판매가격	판매비용 추정액
상품A	100개	90개	1,000원	1,500원	200원
상품B	200개	200개	2,000원	2,000원	500원

① 390,000원   ② 400,000원
③ 500,000원   ④ 517,000원

38 다음은 도매업을 영위하고 있는 (주)한공의 2025년 재고자산에 대한 자료와 손익계산서에 대한 자료이다. 2025년 결산 후 손익계산서상 영업손익과 재무상태표상 재고자산은 얼마인가?(단, 상품은 단일품목이고 선입선출법을 적용하고, 수량감모와 저가법은 고려하지 않는다)

자료 1. 재고자산에 대한 자료

상품재고장

날짜	적요	입고			출고	잔고
		수량 (개)	단가 (원)	금액 (원)	수량 (개)	수량 (개)
1/1	전기이월	200	200	40,000	–	XXX
3/10	매입	300	250	75,000	–	XXX
5/15	매출	–	–	–	400	XXX
9/30	차기이월	–	–	–	XXX	–

자료 2. 손익계산서에 대한 자료

• 총매출액	300,000원
• 매출할인	15,000원
• 기부금	20,000원
• 판매비와관리비	100,000원

① 영업손익 90,000원   재고자산 20,000원
② 영업손익 70,000원   재고자산 20,000원
③ 영업손익 95,000원   재고자산 25,000원
④ 영업손익 75,000원   재고자산 25,000원

39 전자제품 도매업을 영위하는 (주)한공의 기말상품과 관련된 자료는 다음과 같다. 재무상태표에 계상되어야 할 재고자산 금액은 얼마인가?

구분	장부상 수량	실제 수량	단위당		
			취득원가	추정 판매가격	추정 판매비용
상품A	100개	90개	1,000원	1,500원	200원
상품B	200개	200개	2,000원	1,800원	300원

① 390,000원 　　② 417,000원
③ 420,000원 　　④ 500,000원

40 다음 자료는 (주)한공의 2025년도 상품재고장이다. 선입선출법 및 총평균법을 적용할 경우 각각의 기말재고자산은 얼마인가?

날짜	적요	매 입		매 출	
		수량	단가	수량	단가
1. 1.	전기이월	200개	2,000원		
3.10.	매입	300개	1,500원		
4.15.	매출			400개	1,800원
5.10.	매입	100개	1,000원		
7.15.	매입	400개	1,500원		
12.10.	매출			300개	2,300원

① 선입선출법 550,000원　　총평균법 450,000원
② 선입선출법 450,000원　　총평균법 450,000원
③ 선입선출법 450,000원　　총평균법 465,000원
④ 선입선출법 550,000원　　총평균법 400,000원

41 다음은 (주)한공의 재고자산 관련 자료이다. 총평균법과 이동평균법에 의한 기말재고 금액은 각각 얼마인가?

	수 량	단가	금액
1월 1일 기초재고	200개	20원	4,000원
3월 20일 매 입	100개	26원	2,600원
4월 15일 매 출	150개		
8월 15일 매 입	300개	28원	8,400원
10월 25일 매 출	250개		
12월 31일 기말재고	200개		

① 총평균법 5,000원　　이동평균법 5,600원
② 총평균법 5,200원　　이동평균법 6,250원
③ 총평균법 5,000원　　이동평균법 5,200원
④ 총평균법 5,200원　　이동평균법 6,500원

42 다음은 (주)한공의 2025년도 재고자산 관련 자료이다. 손익계산서에 계상될 매출원가와 재고자산감모손실은 각각 얼마인가?

• 기초재고자산	300,000원
• 당기매입액	1,000,000원

• 장부상 기말재고수량:	100개
(취득원가 @5,000원/개)	
• 실제 기말재고수량: 90개(순실현가능가치 @4,000원/개, 수량차이 중 7개는 정상감모이다.)	

① 매출원가　　　　　　　800,000원
　재고자산감모손실　　　 15,000원
② 매출원가　　　　　　　800,000원
　재고자산감모손실　　　 50,000원
③ 매출원가　　　　　　　925,000원
　재고자산감모손실　　　 15,000원
④ 매출원가　　　　　　　925,000원
　재고자산감모손실　　　 50,000원

43 다음 자료를 이용하여 (주)한공의 2025년 기말 재고자산평가손실을 계산하면 얼마인가?

• 장부상 기말재고 수량:	200개
(개당 취득원가 900원)	
• 실지 재고수량:	100개
(수량차이는 모두 비정상감모분이다.)	
• 기말재고: 개당 예상판매가	800원
(개당 추가 예상 판매비용 100원)	

① 8,000원　　　　② 9,000원
③ 10,000원　　　　④ 20,000원

44 다음은 완구형 드론을 판매하는 (주)한공의 재고자산 거래내역이다. 2024년 및 2025년 기말 재고자산 평가에 대한 회계처리로 옳은 것은?

• 취득원가: 520,000원(2024년중 취득하였으며, 2025년말 현재 재고로 남아 있다.)	
• 순실현가능가치 2024년말: 350,000원 2025년말: 600,000원	

㉮ 2024년
　(차) 재고자산평가손실　　　170,000원
　　　(대) 재고자산평가충당금　　　170,000원
　2025년
　(차) 재고자산평가충당금　　　250,000원
　　　(대) 재고자산평가충당금환입　　　250,000원

㉯ 2024년
　(차) 재고자산평가손실　　　170,000원
　　　(대) 재고자산평가충당금　　　170,000원
　2025년
　(차) 재고자산평가충당금　　　170,000원
　　　(대) 재고자산평가충당금환입　　　170,000원

---

　⑤ 2024년
　　(차) 재고자산평가손실　　170,000원
　　　　(대) 재고자산　　　　　　　　170,000원
　　2025년
　　(차) 재고자산　　　　　　250,000원
　　　　(대) 재고자산평가충당금환입　250,000원

　⑥ 2024년
　　(차) 재고자산평가손실　　170,000원
　　　　(대) 재고자산　　　　　　　　170,000원
　　2025년
　　(차) 재고자산　　　　　　170,000원
　　　　(대) 재고자산평가충당금환입　170,000원

① ㉮　　　② ㉯　　　③ ㉰　　　④ ㉱

45 실지재고조사법에 의한 재고자산의 평가방법을 선입선출법 및 후입선출법으로 적용 시 계산되는 매출총이익으로 옳은 것은?

일자	구분	수량	단가
12월 1일	기초재고	1,000개	500원
12월 8일	외상매입	1,000개	700원
12월 12일	외상매입	1,000개	900원
12월 16일	상품매출	1,500개	1,500원

① 선입선출법　　850,000원
　 후입선출법　　900,000원
② 선입선출법　　850,000원
　 후입선출법　　1,000,000원
③ 선입선출법　　1,400,000원
　 후입선출법　　1,000,000원
④ 선입선출법　　1,400,000원
　 후입선출법　　900,000원

46 다음은 (주)한공의 2025년 12월 31일 현재 보유중인 재고자산 현황이다. 2025년도 손익계산서에 인식할 재고자산평가손실은 얼마인가?(단, 재고자산 평가는 종목별로 한다고 가정한다.)

종목	취득원가	예상 판매가격	예상 판매비용
A제품	120,000원	140,000원	10,000원
B제품	150,000원	140,000원	10,000원
C제품	1,200,000원	1,250,000원	100,000원

① 50,000원　　　　② 70,000원
③ 75,000원　　　　④ 85,000원

47 다음은 (주)한공의 상품재고장의 일부이다. (주)한공의 3월말 기말상품재고액과 매출원가로 옳은 것은?(단, 원가흐름은 총평균법을 가정하고, 3월말 실사결과 장부상수량과 실지재고 수량은 일치하였다.)

일자	내역	수량	단가
3/1	기초재고	10개	100원
3/12	매입	20개	130원
3/18	매출	15개	200원
3/20	매입	15개	120원
3/27	매출	20개	220원

① 기말상품재고액　1,000원　매출원가　4,400원
② 기말상품재고액　1,100원　매출원가　4,300원
③ 기말상품재고액　1,200원　매출원가　4,200원
④ 기말상품재고액　1,300원　매출원가　4,100원

48 다음은 (주)한공의 2025년 상품 거래 내역이다. 총평균법으로 재고자산 단가를 산정할 때, 2025년에 인식할 재고자산평가손실은 얼마인가?

가. 상품거래내역

일자	구분	수량	단가	금액	비고
기초		20개	500원	10,000원	평가충당금 없음
5.10.	매입	30개		15,500원	매입운임 1,000원 별도
8.13.	매입	50개		27,000원	매입운임 1,500원 별도
11.25.	판매	(60개)		31,000원	

나. 기말상품의 예상판매단가는 520원이고 개당 예상판매비용은 10원이다.

① 　　0원　　　　　② 　　800원
③ 1,200원　　　　　④ 1,600원

49 다음은 재고자산 평가를 종목별로 저가기준을 적용하고 있는 (주)한공의 2025년도 재고자산 관련 자료이다. 이를 토대로 계산한 매출원가는 얼마인가?

• 기초재고자산액:　3,000,000원
• 당기 총 매입액: 20,000,000원
• 기말 재고자산 내역

상품명	재고 수량	단위당 취득원가	단위당 추정판매가격	단위당 추정 판매비
A상품	500개	4,000원	6,000원	3,000원
B상품	200개	3,500원	7,000원	3,000원

① 20,300,000원　　　② 20,500,000원
③ 20,700,000원　　　④ 20,800,000원

50 다음 설명 중 수익인식과 관련된 설명으로 옳지 않은 것은?

① 수익은 재화의 판매, 용역의 제공이나 자산의 사용에 대하여 받았거나 받을 대가의 공정가치로 측정한다.
② 판매대가가 장기간에 걸쳐 유입되는 경우 판매대가의 공정가치는 명목가액으로 측정한다.
③ 배당금수익은 배당금을 받을 권리와 금액이 확정되는 시점에 인식한다.
④ 고객으로부터 받은 중도금 또는 선수금에 기초하여 계산한 진행률은 적절한 진행률로 보지 아니한다.

51 다음 중 수익인식에 관한 설명으로 옳은 것은?

① 장기할부매출에 대한 수익은 각 회계연도에 회수할 금액으로 인식한다.
② 용역의 제공으로 인한 수익은 용역제공거래의 성과를 신뢰성 있게 추정할 수 있을 때 진행기준으로 인식한다.
③ 위탁판매에 대한 매출은 위탁자가 수탁자에게 상품을 인도한 시점에 인식한다.
④ 상품판매로 상품권을 수령하는 경우에는 상품권 판매시점에 매출을 인식한다.

52 다음 중 수익인식에 대한 설명으로 옳지 않은 것은?

① 반품가능한 판매의 경우 판매가격이 사실상 확정되었다고 해도 수익을 인식할 수 없다.
② 성격과 가치가 유사한 재화나 용역간의 교환은 수익을 발생시키는 거래로 회계처리하지 아니한다.
③ 배당금수익은 배당금을 받을 권리와 금액이 확정되는 시점에서 인식한다.
④ 장기간에 걸쳐 판매대가가 유입되는 경우 판매대가의 공정가치는 미래에 받을 현금의 합계액의 현재가치로 측정하고, 현재가치와 명목가치의 차이는 기간에 걸쳐 매출로 인식한다.

53 다음은 일반기업회계기준의 수익 인식에 대한 대화내용이다. 설명이 옳지 않은 사람은?

> • 현진
> 배당금수익은 배당금을 지급받는 시점에 인식해.
> • 민우
> 용역제공으로 인한 수익은 그 거래의 성과를 신뢰성 있게 추정할 수 있으면 진행기준에 따라 인식해.
> • 경화
> 단기할부배출은 재화를 인도하는 시점에 수익으로 인식해.

> • 진희
> 상품권은 물품이나 용역을 제공한 시점에 수익으로 인식해.

① 현진　　　　　　② 민우
③ 경화　　　　　　④ 진희

54 다음 중 수익인식에 대한 설명으로 옳지 않은 것은?

① 위탁판매의 경우 수탁자에 의한 판매가 이루어진 때에 수익을 인식한다.
② 할부판매의 경우 재화가 인도되는 시점에 수익을 인식한다.
③ 시용판매의 경우 반품예상액을 합리적으로 추정할 수 없다면 재화가 인도되는 때에 수익을 인식한다.
④ 수강료는 강의기간에 걸쳐 수익으로 인식한다.

55 다음 중 '현금및현금성자산'에 포함되는 금액은 얼마인가?

• 현금	200,000원
• 단기대여금	500,000원
• 외상매출금	1,000,000원
• 당좌예금	700,000원
• 선일자수표	500,000원
• 우편환증서	300,000원
• 수입인지	200,000원
• 양도성예금증서(취득당시 만기 3개월)	800,000원

① 1,900,000원　　② 2,000,000원
③ 2,500,000원　　④ 2,700,000원

56 (주)한공의 2025년 12월말 현금 및 금융상품 관련 자산은 다음과 같다. (주)한공의 기말 재무상태표상 현금및현금성자산은 얼마인가?

• 자기앞수표	250,000원
• 배당금지급통지서	30,000원
• 타인발행수표	100,000원
• 우표	10,000원
• 당좌예금	50,000원
• 받을어음(만기 2026년 1월 31일)	100,000원

① 400,000원　　　② 410,000원
③ 430,000원　　　④ 500,000원

57 도매업을 영위하는 (주)한공은 단기매매목적으로 코스닥에 상장되어 있는 (주)서울의 주식을 보유하고 있다. 주식평가로 인하여 2025년 재무제표에 미치는 영향으로 옳은 것은?

주식보유현황

주식명	보유 주식수	1주당 공정가치 (2025.12.31.)	평가전 장부가액
(주)서울	2,000주	38,000원	70,000,000원

① 영업이익이 증가한다.
② 영업외비용이 증가한다.
③ 당기순이익이 증가한다.
④ 기타포괄손익누계액이 증가한다.

58 유가증권과 관련하여 발생한 다음 항목 중 손익계산서에 당기손익으로 반영할 수 없는 것은?

① 만기보유증권 취득 시 발생한 매입수수료
② 매도가능증권의 처분손익
③ 회수가능액을 추정하여 발생한 손상차손
④ 단기매매증권의 평가손익

59 다음 자료에 의하여 (주)한공의 2025년말 재무제표에 반영될 단기매매증권평가손익을 계산하면 얼마인가?

- 2025년 9월 1일 단기투자목적으로 (주)한국의 상장주식 150주 취득(1주당 30,000원, 수수료 40,000원)
- 2025년말 (주)한국의 1주당 공정가치 28,000원

① 단기매매증권평가이익 300,000원
② 단기매매증권평가이익 340,000원
③ 단기매매증권평가손실 300,000원
④ 단기매매증권평가손실 340,000원

60 다음은 (주)한공의 2025년 주식투자 내역이다. 다음 거래가 2025년 당기순이익에 미치는 영향은 얼마인가?

- 2025. 2. 1.
  단기투자목적으로 A주식 100주를 주당 2,000원에 취득하였다.(거래수수료 10,000원을 지급하다)
- 2025. 5 .1.
  장기투자목적으로 B주식 1,000주를 주당 1,000원에 취득하였다.(거래수수료 50,000원을 지급하다)

- 2025.10. 5.
  A주식 50주를 주당 2,500원에 처분하였다.
- 2025.12.31.
  A주식 주가는 주당 2,800원, B주식은 주당 1,200원이다.

① 55,000원   ② 65,000원
③ 255,000원   ④ 265,000원

61 (주)한공은 10월 15일에 장기투자목적으로 상장주식 100주를 680,000원에 매입하였다. 12월 31일 주가는 1주당 10,000원으로 상승하였다. 다음 중 결산분개로 옳은 것은?

㉮	(차) 단기매매증권	320,000원	
	(대) 단기매매증권평가이익		320,000원
	(당기손익)		

㉯	(차) 단기매매증권	320,000원	
	(대) 단기매매증권평가이익		320,000원
	(기타포괄손익누계액)		

㉰	(차) 매도가능증권	320,000원	
	(대) 매도가능증권평가이익		320,000원
	(당기손익)		

㉱	(차) 매도가능증권	320,000원	
	(대) 매도가능증권평가이익		320,000원
	(기타포괄손익누계액)		

① ㉮   ② ㉯   ③ ㉰   ④ ㉱

62 다음 자료를 토대로 (주)한공의 2025년도 주식처분이 당기순손익에 미치는 영향으로 옳은 것은?

- 2024. 8. 1.
  (주)오름의 주식을 주당 2,200원에 1,000주 매입후 매도가능증권으로 분류하고 취득시 거래수수료 60,000원 지급
- 2024.12.31.
  (주)오름 주식의 공정가치는 주당 2,500원
- 2025. 6. 1.
  (주)오름의 주식을 주당 3,200원에 모두 매각

① 1,000,000원 증가   ② 970,000원 증가
③ 940,000원 증가   ④ 640,000원 증가

63 다음은 (주)한공의 매도가능 증권 관련 자료이다. 이를 토대로 계산한 2025년도 매도가능증권처분손익으로 인식되는 금액은 얼마인가?

• 2024년 11월 1일
  매도가능증권 700주(액면단가 5,000원)를
  7,000,000원에 취득하다.
• 2024년 12월 31일
  매도가능증권 공정가치가 주당 15,000원이다.
• 2025년 4월 25일
  매도가능증권 700주를 주당 13,500원에 처분하다.

① 매도가능증권처분이익 2,450,000원
② 매도가능증권처분이익 3,500,000원
③ 매도가능증권처분이익 5,950,000원
④ 매도가능증권처분손실 1,050,000원

64 다음 자료에 의한 2025년 12월 31일 결산분개로 옳은 것은?

• 2025년 1월 1일
  내용연수 10년, 잔존가치가 0인 유형자산 A를
  10,000,000원에 취득하였다. 감가상각방법은
  정액법이다.
• 2025년 12월 31일
  유형자산 A의 손상징후가 파악되었으며 회수가
  능액은 6,400,000원으로 평가되었다.

㉮	(차) 감가상각비	1,000,000원	
	(대) 감가상각누계액		1,000,000원
㉯	(차) 감가상각비	2,600,000원	
	(대) 감가상각누계액		2,600,000원
㉰	(차) 감가상각비	1,000,000원	
	유형자산손상차손	2,600,000원	
	(대) 감가상각누계액		1,000,000원
	손상차손누계액		2,600,000원
㉱	(차) 감가상각비	1,000,000원	
	유형자산손상차손	2,600,000원	
	(대) 감가상각누계액		1,000,000원
	유형자산		2,600,000원

① ㉮   ② ㉯   ③ ㉰   ④ ㉱

65 비품의 감가상각 관련 자료가 다음과 같을 때 2025년 손익계산서와 재무상태표상 비품감가상 각비와 비품감가상각누계액을 바르게 표시한 것은?

• 취득일: 2024년 1월 1일
• 취득원가: 4,000,000원

• 내용연수: 10년
• 잔존가액: 100,000원
• 상각방법: 정률법(상각률 10%)

① 비품감가상각비   400,000원
   비품감가상각누계액   720,000원
② 비품감가상각비   360,000원
   비품감가상각누계액   760,000원
③ 비품감가상각비   354,000원
   비품감가상각누계액   760,000원
④ 비품감가상각비   400,000원
   비품감가상각누계액   800,000원

66 다음 자료에 의한 2025년 손익계산서에 계상될 유형자산손상차손은 얼마인가?

• 취득원가 10,000원(2024년 1월 1일에 취득)
• 내용연수 10년, 정액법
• 잔존가치는 없다.
• 2025년 손상징후가 발생하였으며 기말현재 회수 가능액은 6,400원이다.

① 1,000원   ② 1,600원
③ 2,600원   ④ 3,600원

67 (주)한공의 건물에 대한 자료는 다음과 같다. 2025년에 인식할 손상차손은 얼마인가?

• 취득일: 2024년 1월 1일
• 취득원가: 10,000원
• 내용연수: 10년
• 잔존가치: 0원
• 감가상각방법: 정액법
• 2025년 12월 31일 유형자산의 회수가능액: 6,400원

① 1,400원   ② 1,600원
③ 2,000원   ④ 2,600원

68 다음 자료에 의해 2025년도 말 유형자산 손상 차손을 계산하면 얼마인가?

• 취득원가: 5,000,000원
• 취득일: 2024년 1월 1일
• 내용연수: 5년, 잔존가치: 없음, 감가상각 방법: 정액법
• 2025년 말 손상징후가 발생하여 확인 검사 실시
• 2025년 기말 현재 회수가능액: 2,100,000원

①   100,000원   ②   900,000원
③ 2,100,000원   ④ 2,900,000원

69 (주)한공은 2024년 1월 1일 건물을 5,000,000 원에 취득하여 정액법(잔존가치 0원, 내용연수 5년, 월할상각)으로 감가상각하고 있다. (주)한공은 2025년 12월 31일 당기 중 예상치 못한 금융위기로 인해 부동산 가격이 폭락함에 따라 손상징후가 있다고 판단하여, 동 건물의 회수가능액을 1,600,000원으로 추정하였다. (주)한공이 2025년도 기말에 인식해야 할 건물에 대한 손상차손은 얼마인가?(단, 건물에 대해 원가모형을 적용한다)

① 1,000,000원 ② 1,400,000원
③ 2,400,000원 ④ 3,400,000원

70 (주)한공은 2025년 1월 1일 기계장치를 6,000,000 원에 취득하였다(내용연수 5년, 잔존가치 1,000,000 원, 정액법 상각). 2025년말 이 기계장치의 회수가능액을 3,000,000원으로 보아 손상차손을 인식하였다. 2025년에 인식해야 할 감가상각비와 손상차손은 각각 얼마인가?

① 감가상각비　　1,000,000원
　　손상차손　　　3,000,000원
② 감가상각비　　1,000,000원
　　손상차손　　　2,000,000원
③ 감가상각비　　1,200,000원
　　손상차손　　　3,000,000원
④ 감가상각비　　1,200,000원
　　손상차손　　　2,000,000원

71 다음 자료를 토대로 (주)한공의 2025년 12월 31일 결산 시 인식해야 할 유형자산손상차손을 계산하면 얼마인가?

- 2024년 1월 1일
  공장에서 사용할 기계장치를 10,000,000원에 취득하다.(내용연수 10년, 잔존가치 0원, 정액법)
- 2025년 12월 31일
  기계장치가 장기간 유휴화되어 손상검사를 실시하다.(2,000,000원에 매각가능하며, 3,000,000 원의 사용가치가 있다.)

① 2,000,000원 ② 3,000,000원
③ 5,000,000원 ④ 6,000,000원

72 다음은 (주)한공이 구입한 차량운반구의 감가상각방법 변경에 대한 내용이다. 2025년 기말에 인식할 감가상각비는 얼마인가?

- 2023. 1. 1.
  영업용 차량을 10,000,000원에 구입하다.(내용연수: 5년, 잔존가치: 0원, 감가상각방법: 정률법, 상각률: 0.400 가정)
- 2025. 1. 1.
  위 차량에 대한 감가상각방법을 정액법으로 변경하다.

①　　720,000원 ② 1,200,000원
③ 1,400,000원 ④ 2,000,000원

73 다음은 (주)한공의 유형자산 관련 거래 내용이다. 2025년에 인식해야 할 감가상각비와 손상차손환입은 얼마인가?

- 2024년 1월 1일에 기계장치를 현금 6,000,000원에 취득(내용연수 5년, 정액법상각, 잔존가치 1,000,000원)
- (주)한공은 2024년말에 기계장치의 회수가능액을 3,000,000원으로 보아 손상차손을 인식
- 2025년말에 기계장치의 회수가능액이 4,500,000원으로 상승함

① 감가상각비　　　1,000,000원
　　손상차손환입　1,500,000원
② 감가상각비　　　1,000,000원
　　손상차손환입　1,000,000원
③ 감가상각비　　　　500,000원
　　손상차손환입　1,000,000원
④ 감가상각비　　　　500,000원
　　손상차손환입　1,500,000원

74 다음 자료를 토대로 (주)한공의 2025년 12월 31일 결산 시 인식해야 할 유형자산 손상차손을 계산하면 얼마인가?

- 2024년 1월 1일 공장에서 사용할 기계장치를 12,000,000원에 취득하다.(내용연수 5년, 잔존가치 0원, 정액법)
- 2025년 12월 31일 기계장치가 장기간 유휴화되어 손상검사를 실시하다.(3,000,000원에 매각가능하며, 4,000,000원의 사용가치가 있다.)

① 3,000,000원 ② 3,200,000원
③ 4,200,000원 ④ 5,000,000원

75 다음 자료에 의한 기말 결산분개로 옳은 것은?

> - 1월 3일: 국가로부터 상환의무 없는 정부보조금 9,000,000원을 수령하여 15,000,000원의 기계장치를 구입하였다. 단, 정부보조금은 자산의 장부금액에서 차감하는 방법으로 표시하였다.
>
> 재무상태표
>
> | 기계장치 | 15,000,000 | |
> |---|---|---|
> | 정부보조금 | (9,000,000) | |
>
> - 12월 31일: 상기의 기계장치에 대하여 정액법으로 감가상각하였다. 잔존가치는 없으며, 내용연수는 5년이다.

㉮	(차) 감가상각비	3,000,000원	
	(대) 감가상각누계액		3,000,000원
㉯	(차) 정부보조금	1,800,000원	
	(대) 잡이익		1,800,000원
㉰	(차) 감가상각비	3,000,000원	
	정부보조금	1,800,000원	
	(대) 감가상각누계액		3,000,000원
	감가상각비		1,800,000원
㉱	(차) 감가상각비	3,000,000원	
	감가상각누계액	1,800,000원	
	(대) 감가상각누계액		3,000,000원
	정부보조금		1,800,000원

① ㉮   ② ㉯   ③ ㉰   ④ ㉱

76 (주)한공은 정부보조금을 수령하여 다음과 같이 기계장치를 취득하였다. 2025년 재무상태표와 손익계산서에 계상될 감가상각누계액과 감가상각비는 얼마인가?

> - 취득원가 200,000원
> - 정부보조금 100,000원
> - 취득일자 2024년 1월 1일
> - 정액법 상각, 내용연수 5년, 잔존가치는 없다.

①	감가상각누계액	100,000원
	감가상각비	20,000원
②	감가상각누계액	200,000원
	감가상각비	40,000원
③	감가상각누계액	80,000원
	감가상각비	20,000원
④	감가상각누계액	80,000원
	감가상각비	40,000원

77 다음은 (주)한공의 2025년 1월 1일의 기계장치 신규 취득 자료 및 결산 관련 자료이다. 결산분개의 (가), (나)에 해당하는 금액과 계정과목으로 옳은 것은?

> [기계장치 취득 자료]
> - 2025년 1월 1일 정부보조금 900,000원을 수령하여 기계장치를 2,000,000원에 취득함.
>
> [결산 관련 자료]
> - 감가상각방법: 정액법, 잔존가치: 0원, 내용연수: 5년
> - 12월 31일 결산분개
>
> | (차) 감가상각비 | 400,000원 | |
> |---|---|---|
> | 정부보조금 | (가) | |
> | (대) 감가상각누계액 | | 400,000원 |
> | (나) | | XXX |

① (가) 160,000원   (나) 감가상각비
② (가) 180,000원   (나) 감가상각비
③ (가) 220,000원   (나) 감가상각누계액
④ (가) 400,000원   (나) 감가상각누계액

78 다음은 (주)한공이 제5기(2025.1.1.~2025.12.31.) 회계연도에 정부보조금을 수령하여 취득한 기계장치와 관련된 자료이다. 기계장치의 취득 시 지원받은 정부보조금의 금액으로 옳은 것은?

> - 취득원가: 1,000,000원(취득일: 2025년 7월 1일)
> - 정부보조금: (가)
> - 내용연수 5년, 잔존가치 없음, 정액법에 의한 월할상각
> - 당기 말 손익계산서의 감가상각비: 80,000원

① 100,000원   ② 200,000원
③ 800,000원   ④ 1,000,000원

79 다음은 (주)한공의 정부보조금과 기계장치 취득에 관한 자료이다.

2025년 1월 1일	기계장치 취득을 목적으로 상환의무가 없는 정부보조금(6,000,000원)을 자기앞수표로 받았다.
2025년 2월 1일	기계장치를 12,000,000원에 구입하고 대금을 자기앞수표로 지급하였다. (지급한 금액 중 6,000,000원은 정부보조금으로 받은 자기앞수표임.)

2025년 2월 1일의 회계처리로 옳은 것은?

㉮ (차) 기계 장치   12,000,000원
     정부보조금   6,000,000원
     (기계장치차감)
     (대) 현금   12,000,000원
     정부보조금   6,000,000원
     (현금차감)

㉯ (차) 기계장치   12,000,000원
     정부보조금   6,000,000원
     (현금차감)
     (대) 현금   12,000,000원
     정부보조금   6,000,000원
     (기계장치차감)

㉰ (차) 기계장치   12,000,000원
     정부보조금   6,000,000원
     (기계장치차감)
     (대) 보통예금   12,000,000원
     정부보조금   6,000,000원
     (보통예금차감)

㉱ (차) 기계장치   12,000,000원
     정부보조금   6,000,000원
     (보통예금차감)
     (대) 보통예금   12,000,000원
     정부보조금   6,000,000원
     (기계장치차감)

① ㉮   ② ㉯   ③ ㉰   ④ ㉱

80 다음은 (주)한공의 유형자산 취득 관련 자료이다. 2025년 12월 31일의 정부보조금 잔액은 얼마인가? 단, 정부보조금에 부수되는 조건의 준수에 대한 합리적인 확신이 있다고 가정한다.

> • (주)한공은 2025년 1월 1일에 전기자동차 생산용 최신설비를 500,000,000원(내용연수 5년, 잔존가치 0원, 정액법 상각)에 취득하고 정부로부터 250,000,000원을 지원받았다.
> • 정부보조금은 자산에서 차감하는 형식으로 회계처리한다.

① 100,000,000원   ② 150,000,000원
③ 200,000,000원   ④ 250,000,000원

81 다음은 (주)한공의 2025년 기계장치 관련 자료와 재무상태표의 일부이다. (가)와 (나)에 들어갈 금액으로 옳은 것은?

〈자료1〉 재무상태표/2025년 12월 31일

(주)한공   (단위: 원)

계정과목	제5기
⋮	⋮
기계장치	500,000
정부보조금	(가)
감가상각누계액	(나)
⋮	⋮

〈자료2〉 기계장치 관련 자료

• 2025년 1월 1일에 친환경 기계장치를 500,000원에 취득하고 정부보조금 200,000원을 수령하였다.(정액법 상각, 내용연수 5년, 잔존가치는 없다.)

① (가) 160,000원   (나) 60,000원
② (가) 160,000원   (나) 100,000원
③ (가) 200,000원   (나) 60,000원
④ (가) 200,000원   (나) 100,000원

82 다음 내용을 토대로 2025년 말 현재 재무상태표상 감가상각누계액과 정부보조금 잔액을 계산하면 얼마인가?

> • 2024년 1월 1일 기계장치 취득
> (취득원가 800,000원, 정부보조금 600,000원)
> • 내용연수 5년, 월할상각, 정액법, 잔존가액은 없다.

① 감가상각누계액   160,000원
     정부보조금   240,000원
② 감가상각누계액   160,000원
     정부보조금   360,000원
③ 감가상각누계액   320,000원
     정부보조금   240,000원
④ 감가상각누계액   320,000원
     정부보조금   360,000원

83 (주)한공은 2025년 1월 1일에 기계장치를 취득하는 조건으로 상환의무가 없는 정부보조금을 수령하였다. 기계장치의 취득원가는 2,000,000원(내용연수 10년, 잔존가치 0원)이며, 감가상각방법은 정액법이다. 2025년 손익계산서에 계상될 감가상각비가 90,000원일 경우 취득 시 수령한 정부보조금은 얼마인가?

① 800,000원   ② 900,000원
③ 1,000,000원   ④ 1,100,000원

84 (주)한공은 2025년 1월 1일에 기계장치를 취득하는 조건으로 상환의무가 없는 정부보조금을 수령하였다. 기계장치의 취득원가는 3,000,000원(내용연수: 5년, 잔존가치: 0원, 정액법 상각)이다. 2025년 손익계산서에 계상될 감가상각비가 400,000원일 경우 취득시 수령한 정부보조금은 얼마인가?(단, 정부보조금은 전액 사용한 것으로 가정할 것.)

① 800,000원   ② 900,000원
③ 1,000,000원   ④ 1,100,000원

85 다음은 신규로 취득한 기계장치에 대한 회계처리가 반영된 (주)한공의 2025년 1월 1일 재무상태표 일부와 감가상각 관련 자료이다. 결산분개의 (가), (나)에 해당하는 금액과 계정과목으로 옳은 것은?

〈자료1〉 재무상태표/2025년 12월 31일

(주)한공 (단위: 원)

계정과목	제5기
⋮	⋮
기계장치	2,000,000
정부보조금	(900,000)
⋮	⋮

- 내용연수: 5년, 잔존가치: 없음,
  감가상각방법: 정액법
- 결산분개

(차) 감가상각비   400,000원
    정부보조금   (가)
(대) 감가상각누계액   400,000원
    (나)   XXX

① (가) 180,000원   (나) 감가상각누계액
② (가) 180,000원   (나) 감가상각비
③ (가) 400,000원   (나) 감가상각누계액
④ (가) 400,000원   (나) 감가상각비

86 (주)한공의 2025년 10월 1일 신규 취득한 기계장치의 2025년 12월 31일 현재 장부금액을 계산하면 얼마인가?

〈자료1〉 잔액시산표/2025년 12월 31일

(주)한공 (단위: 원)

차변	계정과목	대변
⋮	⋮	
2,000,000	기계장치	
	정부보조금	200,000
⋮	⋮	

- 감가상각 방법: 정액법, 잔존가치: 없음,
  내용연수: 5년, 월할 상각

① 1,600,000원   ② 1,710,000원
③ 1,890,000원   ④ 1,900,000원

87 다음 내용을 토대로 2025년 말 현재 재무상태표상 감가상각누계액과 정부보조금 잔액을 계산하면 얼마인가?

- 2023년 1월 1일 기계장치 취득(취득원가 1,000,000원, 정부보조금 600,000원)
- 5년, 정액법, 월할상각, 잔존가치는 없음

① 감가상각누계액   400,000원
   정부보조금잔액   240,000원
② 감가상각누계액   400,000원
   정부보조금잔액   360,000원
③ 감가상각누계액   600,000원
   정부보조금잔액   240,000원
④ 감가상각누계액   600,000원
   정부보조금잔액   360,000원

88 다음은 (주)한공의 2025년 12월 31일 수정전 잔액시산표와 결산정리사항을 나타낸 것이다.

〈자료1〉 잔액시산표(수정전)/2025년 12월 31일

(주)한공 (단위: 원)

차변	계정과목	대변
	⋮	
3,000,000	매출채권	
	대손충당금	250,000
	⋮	
0	대손상각비	
	⋮	

〈자료2〉 결산정리사항

매출채권에 대한 회수기간 경과별 대손추정률은 다음과 같다.

경과기간	매출채권금액	대손추정률
30일 이하	1,500,000원	1%
31일 ~ 60일	300,000원	10%
61일 ~ 180일	200,000원	30%
180일 이상	1,000,000원	50%

결산정리사항을 반영한 후 2025년 손익계산서상 대손상각비는 얼마인가?

① 315,000원   ② 335,000원
③ 355,000원   ④ 375,000원

89 다음은 (주)한공의 2025년 매출채권 관련 자료와 대손에 대한 일자별 거래내역이다. 2025년 손익계산서상의 대손상각비는 얼마인가?

〈자료1〉 매출채권 관련 자료

매출채권

1/1 전기이월	500,000	11/1 현금	3,500,000
10/1 매출	5,500,000	12/31 차기이월	XXX

대손충당금

	1/1 전기이월	20,000

〈자료2〉 대손에 대한 일자별 거래내역
- 3월 5일: 소멸시효가 완성된 매출채권 4,000원을 대손처리하다.
- 12월 31일: 기말 매출채권의 1%를 대손으로 추산하고 있다.

① 4,000원 ② 9,000원
③ 18,000원 ④ 25,000원

90 다음은 (주)한공의 외상매출금 계정과 대손에 관한 자료이다. 이에 대한 설명으로 옳은 것은?

외상매출금

1/1 전기이월	300,000	5/31 대손충당금	2,000
6/18 매출	700,000	9/28 당좌예금	850,000
10/23 매출	452,000	12/31 차기이월	600,000

잔액시산표(수정전)/2025년 12월 31일

(주)한공 (단위: 원)

차변	계정과목	대변
	⋮	
	대손충당금	1,000

- 외상매출금 기말잔액에 대해 1%의 대손을 추정하고 있다.

① 당기 대손발생액은 3,000원이다.
② 당기 외상매출금 회수액은 852,000원이다.
③ 전기에서 이월된 대손충당금은 1,000원이다.
④ 손익계산서에 반영되는 당기 대손상각비는 5,000원이다.

91 다음 자료를 이용하여 당기 대손상각비를 계산하면 얼마인가?

- 기초 대손충당금 잔액 5,000,000원
- 기중거래
  가. 거래처 매출채권 2,000,000원을 대손처리하였다.
  나. 전기에 대손처리한 매출채권 1,000,000원을 당기에 회수하였다.

- 기말 매출채권 100,000,000원
- 당기 대손충당금은 기말 매출채권 잔액의 5%를 설정하였다.

① 1,000,000원 ② 2,000,000원
③ 3,000,000원 ④ 4,000,000원

92 다음 자료를 이용하여 기말 매출채권 잔액을 계산하면 얼마인가?

- 기초 매출채권 잔액　150,000,000원
- 당기 대손상각비 계상액　7,000,000원
- 전기에 대손처리하고 2025.7.25. 회수된 매출채권　1,000,000원
- 2025.8.10. 대손처리된 매출채권　5,000,000원
- 전기와 당기 모두 기말 매출채권 잔액의 3%를 대손충당금을 설정하고 있다.

① 100,000,000원 ② 150,000,000원
③ 200,000,000원 ④ 250,000,000원

93 (주)한공의 2025년 1월 1일 현재 대손충당금 잔액은 50,000원이다. 그리고 2025년 중 대손 확정된 금액은 26,000원이며, 대손 확정된 채권 중 회수된 금액은 4,000원이다. (주)한공은 대손추산액을 산정하는 방법으로 연령분석법을 사용하고 있다. 2025년 말 현재 매출채권의 연령별 회수예상률은 다음와 같다. (주)한공이 2025년도 손익계산서에 인식할 대손상각비는 얼마인가?

연령	금액	회수예상률
30일 이내	300,000원	95%
31일~180일	160,000원	80%
181일~365일	90,000원	50%
365일 초과	14,000원	0%

① 58,000원 ② 68,000원
③ 78,000원 ④ 88,000원

94 다음은 (주)한공의 2024년 재무상태표 일부와 2025년 일자별 대손거래 내역이다.

〈자료1〉 재무상태표/2024년 12월 31일

(주)한공 (단위: 원)

계정과목	제5기
	⋮
매출채권	10,000,000
대손충당금	(300,000)

〈자료2〉 2025년 일자별 대손거래 내역

- 2025년 5월 3일: 매출채권 500,000원이 회수불능으로 판명되다.
- 2025년 8월 20일: 2024년 회수불능으로 처리된 매출채권 1,000,000원을 현금으로 회수하다.
- 2025년 12월 31일: 기말 매출채권 중 대손추산액은 1,500,000원이다.

2025년 손익계산서상 대손상각비는 얼마인가?

① 200,000원 ② 500,000원
③ 700,000원 ④ 1,500,000원

95 다음은 (주)한공의 2025년도 매출채권과 대손충당금 계정이다. 기중에 현금으로 회수한 매출채권이 500,000원이고, 기말 결산분개로 계상한 대손상각비가 24,000원일 때, 2025년도 외상매출액은 얼마인가?(단, (주)한공의 거래는 모두 외상으로 이루어졌다)

매출채권			
기초	500,000	현금	XXX
매출	XXX	대손충당금	XXX
		기말	550,000
	XXX		XXX

대손충당금			
매출채권	XXX	기초	25,000
기말	30,000	대손상각비	XXX
	XXX		XXX

① 500,000원 ② 519,000원
③ 569,000원 ④ 570,000원

96 다음은 (주)한공의 총계정원장 일부이다. 자료에 대한 설명으로 옳지 않은 것은?

매출채권			
1/1 전기이월	1,000,000	12/10 대손충당금	40,000
12/18 상품매출	3,000,000	대손상각비	90,000
		12/17 현금	1,300,000
		12/31 차기이월	2,570,000
	4,000,000		4,000,000

대손충당금			
12/10 매출채권	40,000	1/1 전기이월	40,000
12/31 차기이월	51,400	12/31 대손상각비	51,400
	91,400		91,400

① 결산 시 매출채권에 대한 대손추정율은 2%이다.
② 매출채권에 대한 대손 발생 금액은 130,000원이다.
③ 당기 매출채권의 현금 회수액은 1,300,000원이다.
④ 손익계산서상 대손상각비는 51,400원이다.

97 다음은 (주)한공의 매출채권 관련 자료이다. 7월 5일자 분개로 옳은 것은?

- 대손충당금 기초잔액은 35,000원이다.
- 5월 30일: 전기에 상각처리한 13,500원이 현금으로 회수되었다.
- 7월 5일: 매출채권 120,000원이 회수불능으로 밝혀졌다.

㉮	(차) 대손상각비	120,000원	
	(대) 매출채권		120,000원
㉯	(차) 대손충당금	120,000원	
	(대) 매출채권		120,000원
㉰	(차) 대손충당금	48,500원	
	대손상각비	71,500원	
	(대) 매출채권		120,000원
㉱	(차) 대손충당금	35,000원	
	대손상각비	85,000원	
	(대) 매출채권		120,000원

① ㉮ ② ㉯ ③ ㉰ ④ ㉱

98 다음은 (주)한공의 총계정원장 일부이다. 이를 통해 알 수 있는 내용으로 옳지 않은 것은?

받을어음			
1/1 전기이월	3,000,000	1/5 당좌예금	2,000,000
4/8 상품	5,000,000	3/7 대손충당금	30,000
6/10 상품	2,000,000	4/9 상품	70,000
		7/8 대손상각비	100,000
		12/31 차기이월	7,800,000
	10,000,000		10,000,000

대손충당금			
3/7 받을어음	30,000	1/1 전기이월	30,000

① 받을어음 회수액은 2,000,000원이다.
② 받을어음 대손 발생액은 130,000원이다.
③ 당기말 받을어음 미회수액은 7,800,000원이다
④ 전기말 받을어음의 대손 예상액은 받을어음 잔액의 2%이다.

99 부가가치세 일반과세자인 (주)한공에 대한 다음 설명 중 옳지 않은 것은?(단, (주)한공은 부가가치세법에 따른 회계처리를 하고 있으며, 대손세액공제는 신청하지 않는 것으로 가정한다.)

- 2025년 중 영세율 적용대상 매출액은 없으며 모든 매출은 외상거래이다.
- 2025. 1. 1. 매출채권 1,000,000원 및 대손충당금 70,000원
- 2025년 매출액: 15,000,000원(부가가치세가 포함되지 않은 금액임.)
- 2025년 중 회수불능으로 대손 처리된 매출채권: 300,000원
- 2025. 12. 31. 매출채권 1,350,000원 및 대손충당금 100,000원

① 매출채권의 합계잔액시산표 차변 합계금액은 16,000,000원이다.
② 대손충당금의 합계잔액시산표 차변 합계금액은 70,000원이다.
③ 2025년 중 매출채권으로부터 회수된 현금은 15,850,000원이다.
④ 손익계산서에 기록될 대손상각비는 330,000원이다.

100 다음은 (주)한공의 매출채권 관련 자료이다. 2025년 결산시 인식할 대손상각비는 얼마인가?

- 2025. 1. 1.: 매출채권 700,000원 및 대손충당금 35,000원
- 2025년 총 외상매출액: 2,000,000원 (현금매출은 없음)
- 2025년 현금으로 회수한 매출채권: 1,800,000원
- 2025년 중 회수가 불가능하여 대손 처리한 금액: 10,000원
- 2025. 12. 31.: 매출채권 중 회수 가능한 금액은 835,000원으로 추정됨.

① 20,000원　　② 30,000원
③ 40,000원　　④ 65,000원

101 다음 자료를 토대로 (주)한공의 2025년도 재무상태표에 보고될 대손충당금 차감 전 매출채권금액을 계산하면 얼마인가?

- 2025년도 말 매출채권의 순장부금액은 330,000원이고, 손익계산서에 계상된 대손상각비는 50,000원이다.
- 전기 말 대손충당금 잔액이 50,000원이며, 이중 2025년도 중에 확정된 대손금액은 20,000원 이다.

① 360,000원　　② 370,000원
③ 390,000원　　④ 410,000원

102 다음은 (주)한공의 매출채권 관련 자료이다. 9월 10일자 분개로 옳은 것은?

- 대손충당금 기초잔액은 35,000원이다.
- 7월 20일 전기에 상각처리한 매출채권 24,500원이 현금으로 회수되었다.
- 9월 10일 매출채권 130,000원이 회수불능으로 밝혀졌다.

㉮	(차) 대손상각비	130,000원
	(대) 매출채권	130,000원
㉯	(차) 대손충당금	130,000원
	(대) 매출채권	130,000원
㉰	(차) 대손충당금	59,500원
	대손상각비	70,500원
	(대) 매출채권	130,000원
㉱	(차) 대손충당금	35,000원
	대손상각비	95,000원
	(대) 매출채권	130,000원

① ㉮　　② ㉯　　③ ㉰　　④ ㉱

103 (주)한공은 2024년부터 재평가모형을 적용하고 있는데, 2024년 말에 토지에 대한 재평가손실 10,000원을 인식하였다. 2025년 말 현재 토지의 장부금액은 160,000원이고, 공정가치는 176,000원이다. 2025년 말 재평가로 인하여 기타포괄손익은 얼마가 변동되는가?

① 6,000원 증가　　② 10,000원 증가
③ 16,000원 증가　　④ 10,000원 감소

104 (주)한공은 유형자산으로 보유하고 있는 토지에 대하여 재평가모형을 적용하고 있다. 토지 관련 자료가 다음과 같을 때, 토지 재평가를 반영한 2025년 재무제표에 대한 설명으로 옳은 것은?

- 취득일자 2024년 5월 1일
- 취득원가 1,000,000원
- 2024년 12월 31일 공정가치 1,100,000원
- 2025년 12월 31일 공정가치 900,000원

① 재무상태표상 토지의 장부금액은 1,000,000원이다.
② 재무상태표상 토지의 재평가로 인한 기타포괄손익누계액은 100,000원이다.
③ 손익계산서상 재평가손실은 100,000원이다.
④ 토지의 재평가가 자본에 미치는 영향은 없다.

105 (주)한공은 2025년 1월 1일에 기계장치를 100,000원에 취득하였다. 이 기계장치의 공정가치가 2025년 12월 31일에 125,000원으로 증가하여 재평가모형을 적용할 경우 이에 대한 회계처리로 옳지 않은 것은?(내용연수 10년, 잔존가치 없음, 정액법 상각)

① 재평가 후 기계장치의 장부금액은 125,000원이다.
② 기계장치의 취득원가는 35,000원 증가한다.
③ 포괄손익계산서에 기타포괄손익 35,000원이 보고된다.
④ 재무상태표에 기타포괄손익누계액 35,000원이 계상된다.

106 (주)한공은 2024년 초 100,000,000원에 토지를 매입하고 재평가모형을 적용하였다. 2024년 12월 말 토지의 공정가치는 80,000,000원으로 추정되어 20,000,000원의 당기손실을 인식하였다. 2025년 기말 토지의 공정가치가 130,000,000원으로 추정 될 경우의 2025년의 회계처리로 올바른 것은?

㉮	(차) 토지	50,000,000원	
	(대) 재평가잉여금		50,000,000원
㉯	(차) 토지	20,000,000원	
	(대) 재평가이익		20,000,000원
㉰	(차) 토지	50,000,000원	
	(대) 재평가이익		50,000,000원
㉱	(차) 토지	50,000,000원	
	(대) 재평가이익		20,000,000원
	재평가잉여금		30,000,000원

① ㉮　　② ㉯　　③ ㉰　　④ ㉱

107 다음은 (주)한공의 본사건물에 대한 자료이다. 재평가모형을 적용하는 경우, 원가모형과 비교하여 재무제표에 미치는 영향을 바르게 설명하고 있는 사람은 누구인가?

- 취득원가 5,000,000원(취득일 2025년 1월 1일)
- 2025년 말 감가상각누계액 1,500,000원
- 2025년 말 공정가치 4,000,000원

- 유정
  자산이 증가하게 될거야.
- 민희
  영업외수익이 증가하게 될거야.
- 수현
  당기순이익이 증가하게 될거야.
- 은진
  자본이 증가하게 될거야.

① 유정, 수현　　② 유정, 은진
③ 민희, 수현　　④ 민희, 은진

108 2025년 12월 31일 현재 (주)한공의 설비자산 취득원가가 1,200,000원이며, 감가상각누계액이 700,000원이다. 2025년 말 설비자산의 공정가치는 400,000원이다. (주)한공이 최초로 유형자산에 대한 재평가모형을 사용할 경우 회계처리로 옳은 것은?

① 100,000원을 재평가손실로 자본의 차감항목으로 보고한다.
② 100,000원을 재평가손실로 손익계산서에 보고한다.
③ 100,000원을 감가상각누계액 계정을 차변에 기입하고 설비자산 계정을 대변에 기입한다.
④ 100,000원을 재평가잉여금 과목으로 기타포괄손익으로 인식한다.

109 다음은 (주)한공의 토지재평가와 관련된 내용이다. 2025년 12월 31일자 회계처리로 옳은 것은?

- 2024년 1월 10일: 토지를 50,000,000원에 구입하다.
- 2024년 12월 31일: 토지를 53,000,000원에 재평가하다.
- 2025년 12월 31일: 토지를 재평가한 결과 공정가치가 48,000,000원으로 하락하다.

```
㉮ (차) 재평가손실            2,000,000원
       (대) 토지                    2,000,000원

㉯ (차) 재평가손실            5,000,000원
       (대) 재평가손실                5,000,000원

㉰ (차) 재평가잉여금          3,000,000원
       (대) 토지                    3,000,000원

㉱ (차) 재평가잉여금          3,000,000원
        재평가손실            2,000,000원
       (대) 토지                    5,000,000원
```

① ㉮   ② ㉯   ③ ㉰   ④ ㉱

110 다음은 (주)한공의 2025년 퇴직급여충당부채와 관련된 거래내역이다. 이에 대한 회계처리와 관련된 설명으로 옳지 않은 것은?

> • 1월 1일: 퇴직급여충당부채(3,000,000원)
>   퇴직연금운용자산(3,000,000원)
> • 4월 1일: 퇴직금 800,000원을 퇴직연금운용자산에서 지급함.
> • 12월 1일: 퇴직연금운용자산 500,000원을 불입함.
> • 12월 31일: 퇴직연금운용자산에 대하여 이자수익 150,000원 발생함.
> • 12월 31일: (주)한공의 전체 임직원이 퇴직할 경우 지급할 퇴직금은 3,500,000원임.

① 퇴직연금운용자산은 퇴직급여충당부채에서 차감하는 형식으로 표시한다.
② 퇴직연금운용자산에 대한 이자수익은 영업외수익으로 기록한다.
③ 2025년 손익계산서에 기록할 퇴직급여는 1,150,000원이다.
④ 2025년 결산분개 후 퇴직연금운용자산은 2,850,000원이다.

111 퇴직급여와 관련된 설명 중 옳지 않은 것은?

① 퇴직급여충당부채는 보고기간말 현재 전종업원이 일시에 퇴직할 경우 지급하여야 할 퇴직금에 상당하는 금액으로 한다.
② 확정급여형퇴직연금제도에서 퇴직급여와 관련된 자산과 부채를 재무상태표에 표시할 때에는 퇴직급여와 관련된 부채(퇴직급여충당부채와 퇴직연금미지급금)에서 퇴직급여와 관련된 자산(퇴직연금운용자산)을 차감하는 형식으로 표시한다.

③ 확정기여제도를 설정한 경우에는 당해 회계기간에 대하여 기업이 납부하여야 할 부담금을 비용으로 인식하고, 퇴직연금운용자산, 퇴직급여충당부채 및 퇴직연금미지급금은 인식하지 아니한다.
④ 급여규정의 개정과 급여의 인상으로 퇴직금소요액이 증가되었을 경우에는 당기분은 당기비용으로 회계처리하고, 전기 이전분은 이익잉여금의 감소로 회계처리한다.

112 다음 중 퇴직급여에 대한 설명으로 옳지 않은 것은?

① 확정급여제도(DB)에서 퇴직급여충당부채는 보고기간말 현재 전종업원이 일시에 퇴직할 경우 지급하여야 할 퇴직금에 상당하는 금액으로 한다.
② 급여규정의 개정으로 퇴직금소요액이 증가되었을 경우 당기분은 당기비용으로 처리하고, 전기 이전분은 소급하여 이익잉여금에 반영한다.
③ 확정기여제도(DC)를 선택한 경우 퇴직급여충당부채는 인식되지 않는다.
④ 확정급여제도(DB)에서 퇴직연금운용자산은 퇴직급여충당부채에서 차감하는 형식으로 표시하되 그 초과액은 투자자산의 과목으로 표시한다.

113 다음은 (주)한공의 퇴직급여충당부채 관련 자료이다. 2025년도 결산 시 추가로 계상할 퇴직급여충당부채 금액은 얼마인가?

> • 2024년 12월 31일: 기말 현재 퇴직급여충당부채 잔액은 36,000,000원이다.
> • 2025년 4월 30일: 종업원이 퇴직하여 퇴직금 4,000,000원을 보통예금에서 이체하여 지급하다.
> • 2025년 12월 31일: 기말 현재 당기 퇴직급여충당부채 추계액은 51,000,000원이다.

① 4,000,000원   ② 19,000,000원
③ 36,000,000원   ④ 51,000,000원

114 다음은 (주)한공의 퇴직급여충당부채 관련 자료이다. (가)의 금액으로 옳은 것은?

퇴직급여충당부채		
4/5 보통예금 (가)	1/1 전기이월	6,000,000

〈결산정리사항〉
• 12월 31일
결산시 임직원 전체에 대한 퇴직금 추계액은 8,000,000원이다.

• 12월 31일
  (차) 퇴직급여   3,000,000원
    (대) 퇴직급여충당부채   3,000,000원

① 1,000,000원   ② 4,000,000원
③ 7,000,000원   ④ 9,000,000원

115 다음 중 자본에 대한 설명으로 옳지 않은 것은?

① 주식의 할인발행시 주식발행초과금 잔액이 있으면, 이를 상계처리하고 잔액은 주식할인발행차금으로 회계처리한다.
② 기업이 이미 발행한 주식을 재취득하여 소각하는 경우에 주식의 취득원가가 액면금액보다 작다면 감자차익으로 하여 자본잉여금으로 회계처리한다.
③ 자기주식은 취득원가를 자기주식의 과목으로 자본조정으로 회계처리한다.
④ 무상증자시 자본총액은 증가한다.

116 자본에 대한 설명으로 옳지 않은 것은?

① 주식의 할인발행 시 주식발행초과금 잔액이 있으면, 이를 상계처리하고 잔액은 주식할인발행차금으로 회계처리한다.
② 유상감자 시 주식의 취득원가가 액면금액보다 작다면 감자차익으로 하여 자본잉여금으로 회계처리한다.
③ 발행기업이 매입 등을 통하여 취득하는 자기주식은 취득원가를 자기주식의 과목으로 자본조정으로 회계처리한다.
④ 주식으로 배당하는 경우에는 발행주식의 시장가액(공정가치)을 배당액으로 하여 자본금의 증가와 이익잉여금의 감소로 회계처리한다.

117 다음 중 (가)의 금액에 영향을 미치는 거래를 모두 고르시오.(단, 자본거래에 따른 비용은 없으며, 그 밖의 자본관련거래와 내용은 고려하지 않는다)

〈자료1〉 재무상태표/2025년 12월 31일

(주)한공   (단위: 원)

계정과목	제5기
	⋮
자본	XXX
자본금	XXX
자본잉여금	XXX
자본조정	XXX
기타포괄손익누계액	XXX
(가)	XXX
자본총계	XXX
부채 및 자본총계	XXX

가. 보통주를 발행하고 납입금은 당좌예금하다.
나. 자기주식을 취득하다.
다. 현금배당을 실시하다.
라. 주식배당을 실시하다.

① 가, 나   ② 나, 다
③ 다, 라   ④ 가, 라

118 다음 중 자본에 대해 잘못 이해하고 있는 학생은 누구인가?

• 혜수
  자기주식은 자본조정으로 처리하지!
• 민수
  주식으로 배당을 하면 액면금액을 배당액으로 하지!
• 동민
  전환사채가 만기에 전환되면 자본으로 인식하지!
• 미혜
  유상감자시 지급한 금액이 액면금액보다 작다면 감자차손이 발생해!

① 혜수   ② 민수
③ 동민   ④ 미혜

119 (주)한공이 발행한 주식 10주(액면금액 1주당 5,000원)를 감가대가로 1주당 15,000원의 현금을 지급하고 감자한 경우의 회계처리와 관련된 설명으로 옳은 것은? 단, 소각당시 재무상태표에 감자차익이 50,000원 계상되어 있다.

① 재무상태표에 감자차손 100,000원을 계상한다.
② 감자차익 50,000원과 상계하고, 재무상태표에 감자차손 50,000원을 계상한다.
③ 손익계산서에 감자차손 100,000원을 계상한다.
④ 재무상태표에 주식할인발행차금으로 50,000원을 계상한다.

120 (주)한공은 결손금 1,000,000원을 보전하기 위하여 2025년 12월 31일 2,000주(액면금액 500원)의 무상감자를 실시할 예정이다. 무상감자 전 자본관련 재무상태표 내용이 다음과 같을 때 무상감자 후 자본(총계)은 얼마인가?

〈자료1〉 재무상태표/2025년 12월 31일

(주)한공 　　　　　　　　　　　　(단위: 원)

계정과목	제5기
	⋮
자본	
자본금	5,000,000
자본잉여금	2,000,000
결손금	(1,000,000)
자본총계	6,000,000
부채 및 자본총계	XXX

① 5,000,000원　　　　② 6,000,000원
③ 7,000,000원　　　　④ 8,000,000원

121 다음 중 자본에 대한 설명으로 옳은 것은?

① 주식배당과 무상증자는 자본을 증가시킨다.
② 자기주식은 취득원가를 자기주식의 과목으로 하여 자산에 계상한다.
③ 자기주식을 처분하는 경우 처분손익은 영업외손익으로 처리한다.
④ 현금으로 배당하는 경우에는 배당액을 이익잉여금에서 차감한다.

122 (주)한공이 2025년 5월 1일 자기주식 20주를 주당 7,000원(액면금액 5,000원)에 취득하고, 10월 1일 자기주식 10주를 주당 8,000원에 처분한 경우 자기주식의 취득과 처분이 (주)한공의 자본에 미치는 영향으로 옳은 것은?

① 60,000원 감소　　　② 70,000원 감소
③ 80,000원 증가　　　④ 140,000원 증가

123 다음 중 금융리스에 대한 설명으로 옳지 않은 것은?

① 리스기간 종료시 리스자산의 소유권이 리스이용자에게 이전되는 경우면 금융리스로 분류한다.
② 리스이용자만이 중요한 변경 없이 사용할 수 있는 특수한 용도의 리스자산은 금융리스로 분류한다.
③ 금융리스이용자는 유효이자율법을 적용하여 이자비용을 인식한다.
④ 금융리스제공자가 리스자산에 대한 감가상각비를 인식한다.

124 다음 중 (가)의 금액에 영향을 미치는 거래를 모두 고르시오(단, 자본거래에 따른 비용은 없다).

〈자료1〉 재무상태표/2025년 12월 31일

(주)한공 　　　　　　　　　　　　(단위: 원)

계정과목	제5기
	⋮
자본	
자본금	XXX
자본잉여금	XXX
자본조정	XXX
기타포괄손익누계액	XXX
(가)	XXX
자본총계	XXX
부채 및 자본총계	XXX

㉠ 보통주를 액면발행하고 납입금은 당좌예금하다.
㉡ 소각목적으로 자기주식을 취득하다.
㉢ 현금배당을 실시하다.
㉣ 주식배당을 실시하다

① ㉠, ㉢, ㉣　　　　② ㉡, ㉢, ㉣
③ ㉢, ㉣　　　　　　④ ㉠, ㉡, ㉢, ㉣

125 다음 거래에 대한 회계처리시 대변에 표시되는 계정과목이 아닌 것은?

(주)한공은 주주총회의 결의에 따라 주식배당 5,000,000원과 현금배당 3,000,000원을 확정하고 이익준비금 300,000원을 적립하였다.

① 이익준비금　　　　② 미지급배당금
③ 미교부주식배당금　④ 미처분이익잉여금

126 자본거래에 대한 설명으로 옳지 않은 것은?

① 토지(장부금액 120,000원, 공정가치 150,000원)를 현물출자 받고 1주당 액면금액 5,000원인 주식 20주를 발행하였다면 주식발행초과금 50,000원이 발생한다.
② 주식할인발행차금은 주식발행초과금 범위 내에서 상계하고 미상계된 잔액은 자본조정으로 기록하며, 이익잉여금 처분으로 상각할 수 있다.
③ 회사가 과거 5,000원에 발행했던 주식(액면금액 5,000원)을 8,000원에 자기주식으로 취득하면 자본금 5,000원을 감소시키고 자본조정 3,000원을 기록한다.
④ 주식을 이익으로 소각하는 경우에는 자본금과 발행주식의 액면총액이 다를 수 있다.

127 다음 (주)한공의 거래에 대한 회계 처리가 자본항목에 미치는 영향으로 옳지 않은 것은?

장기운용자금 조달 목적으로 신주 4,000주(1주당 액면금액 5,000원)를 16,000,000원에 발행하고 신주발행 시 발생한 비용 1,500,000원을 제외한 주식대금 잔액은 전액 보통예금으로 납입받다.(단, 신주발행시 주식발행초과금 미상각잔액이 2,500,000원이 있다.)

① 자본금 20,000,000원이 증가한다.
② 주식할인발행차금 3,000,000원이 발생한다.
③ 주식발행초과금 2,500,000원이 감소한다.
④ 이익잉여금 14,500,000원이 증가한다.

128 업무용 건물에 관한 다음 자료로 유형자산처분손익을 계산하면 얼마인가?(단, 결산은 연 1회이며, 처분 시 월할 상각한다.)

• 취득금액: 5,000,000원
• 취 득 일: 2023년 1월 1일
• 내용연수: 10년(잔존가치: 없음)
• 상각방법: 정액법
• 기장방법: 간접법
• 처 분 일: 2025년 6월 30일
• 처분금액: 4,000,000원

① 처분이익　　250,000원
② 처분이익　　500,000원
③ 처분이익　　700,000원
④ 처분손실　1,000,000원

129 기계장치를 액면금액 1,000,000원, 3년 만기, 무이자부어음을 발행하여 취득하였다. 기계장치의 공정가치와 어음의 현재가치는 751,315원으로 동일하다. 기계장치 취득시 회계처리로 옳은 것은?(단, 중소기업에 해당하지 않는다.)

㉮	(차) 기계장치	800,000원
	현재가치할인차금	200,000원
	(대) 장기미지급금	1,000,000원
㉯	(차) 기계장치	1,000,000원
	(대) 장기미지급금	1,000,000원
㉰	(차) 기계장치	751,315원
	현재가치할인차금	248,685원
	(대) 장기미지급금	1,000,000원
㉱	(차) 기계장치	751,315원
	(대) 장기미지급금	751,315원

① ㉮　　② ㉯　　③ ㉰　　④ ㉱

130 유형자산과 관련된 자료이다. 유형자산처분손익은 얼마인가?

• 2023년 1월 1일 차량운반구 취득(취득원가 100,000,000원, 잔존가치 0원, 내용연수 10년, 정액법, 월할 상각)
• 2025년 7월 1일 차량운반구 처분(현금 처분금액 73,000,000원)

① 유형자산처분이익　　2,000,000원
② 유형자산처분이익　　3,000,000원
③ 유형자산처분손실　　2,000,000원
④ 유형자산처분손실　　3,000,000원

131 다음은 (주)한공의 기계장치 취득 및 처분에 관한 자료이다. 손익계산서에 계상될 감가상각비와 유형자산처분손익은 각각 얼마인가?

• 기계장치A: 6월 1일 300,000원에 취득(내용연수 5년, 정률법 0.451, 월할상각)
• 기계장치B: 8월 31일 200,000원에 처분(취득원가 270,000원, 전기말 감가상각누계액 108,000원, 잔존가치 0원, 내용연수 5년, 정액법, 월할상각)

① 감가상각비　　　　　78,925원
　유형자산처분손실　　38,000원
② 감가상각비　　　　　78,925원
　유형자산처분이익　　38,000원
③ 감가상각비　　　　114,925원
　유형자산처분손실　　74,000원
④ 감가상각비　　　　114,925원
　유형자산처분이익　　74,000원

132 다음은 (주)한공이 취득한 연구장비와 관련된 내역이다. (주)한공이 2025년에 인식할 유형자산처분손익은 얼마인가?

• 2024년 1월 1일: 정부보조금 1,000,000원을 포함하여 총 5,000,000원에 연구장비를 취득함.
• (주)한공은 연구장비를 정률법(상각률 40%)으로 감가상각함.(월할상각)
• 2025년 9월 30일: 연구장비를 1,800,000원에 처분함.

① 0원
② 유형자산처분손실 300,000원
③ 유형자산처분이익 120,000원
④ 유형자산처분이익 360,000원

133 다음은 (주)한공의 2025년도 토지와 건물 관련 지출 내역이다. 다음 자료를 반영하여 계산한 2025년 말 토지와 건물의 장부금액은 얼마인가?(단, 감가상각비는 고려하지 않는다.)

- 토지와 건물 일괄구입: 10,000,000원(공정가치: 토지 9,000,000원, 건물 6,000,000원)
- 취득세: 300,000원(토지분), 200,000원(건물분)
- 토지정지비용: 500,000원
- 건물 외벽 도색비: 600,000원
- 재산세: 400,000(토지분), 100,000(건물분)
- 기중 파손된 유리창 수리비용: 150,000원
- 건물 구입 후 중앙집중식 냉난방기 설치비용: 300,000원

	토지	건물
㉮	6,300,000원	4,200,000원
㉯	6,500,000원	4,300,000원
㉰	6,800,000원	4,400,000원
㉱	6,800,000원	4,500,000원

① ㉮　　　② ㉯　　　③ ㉰　　　④ ㉱

134 다음은 사채 할인발행 시 나타나는 현상에 대한 설명이다. 옳은 것은?

① 사채할인발행차금의 잔액은 만기가 가까워질수록 감소한다.
② 사채를 할인발행하는 경우 사채의 발행금액이 액면금액보다 크다.
③ 사채할인발행차금은 사채 액면금액에 가산하는 형식으로 표시한다.
④ 사채를 할인발행하는 경우 발행시점에 사채할증발행차금이 발생한다.

135 다음 중 사채와 관련된 내용 중 옳은 것은?

① 사채할인발행차금 계정과목은 발행가액보다 액면가액이 적을 경우에 나타난다.
② 사채는 표시이자율이 유효이자율보다 클 경우에 할인발행 된다.
③ 사채의 현재가치는 유효이자율이 하락할수록 상승한다.
④ 사채는 장기자금을 조달하기 위한 목적으로 발행하는 지분증권이다.

136 (주)한공은 2025년 1월 1일에 액면 5,000,000원의 사채(표시이자율 10%, 만기 3년)를 4,500,000원에 발행하였다. 이 사채로 인하여 (주)한공이 3년 간 인식해야 할 이자비용 총액은 얼마인가?

① 200,000원　　② 500,000원
③ 1,500,000원　　④ 2,000,000원

137 (주)한공은 2025년 초에 사채를 할인발행하였다. 사채할인발행차금의 상각이 2025년 손익계산서의 당기순이익과 재무상태표의 사채의 장부금액에 미치는 영향은?

	당기순이익	사채의 장부금액
㉮	증가	증가
㉯	증가	감소
㉰	감소	증가
㉱	감소	감소

① ㉮　　　② ㉯　　　③ ㉰　　　④ ㉱

138 다음은 (주)한공이 2025년 1월 1일에 발행한 사채에 대한 자료이다. 사채에 대한 설명으로 옳지 않은 것은?

- 액면금액 1,000,000원
- 3년 만기
- 유효이자율 12%, 액면이자율 10%
- 이자는 매년말 지급한다.

① 사채가 할증발행 되었다.
② 2025년 손익계산서 상의 이자비용은 현금으로 지급한 이자비용보다 크다.
③ 2025년말 사채장부금액은 발행당시 보다 크다.
④ 손익계산서상의 이자비용은 2025년보다 2026년이 크다.

139 (주)한공이 회사채(액면이자율 5%, 시장이자율 7%)를 발행하고 회계기간 말에 유효이자율법에 의해 상각하는 경우 사채발행차금의 상각이 당기순이익과 사채의 장부금액에 미치는 영향으로 옳은 것은?

	당기순이익	장부금액
㉮	감소	감소
㉯	증가	감소
㉰	감소	증가
㉱	불변	감소

① ㉮　　　② ㉯　　　③ ㉰　　　④ ㉱

140 (주)한공은 2025년 1월 1일 액면가액 1,000,000원의 사채(만기 3년, 표시이자율 연 10% 후불, 유효이자율 12%)를 발행하였다. 사채 발행금액은 얼마인가?(단, 현가표는 아래의 표를 이용한다)

구분	10%		12%	
	기간말 1원의 현재가치	연금 1원의 현재가치	기간말 1원의 현재가치	연금 1원의 현재가치
1년	0.90909	0.90909	0.89286	0.89286
2년	0.82645	1.73554	0.79719	1.69005
3년	0.75131	2.48685	0.71178	2.40183

① 892,860원
② 951,963원
③ 1,000,000원
④ 1,300,000원

141 다음은 (주)한공의 사채 발행 관련 자료이다. 이를 통해 알 수 있는 내용으로 옳지 않은 것은?

> • 사채 발행일: 2025년 1월 1일
> • 사채 만기일: 2029년 12월 31일
> • 이자 지급일: 매년 12월 31일(연 1회, 현금 지급)
> • 액면 이자율: 연 8%, 유효이자율: 연 9%
> • 액면 3,000,000원 사채를 2,883,310원에 발행하고, 납입금은 당좌예입하다.

① 사채 발행 시 사채할인발행차금은 116,690원이다.
② 2025년도 손익계산서에 반영되는 이자비용 금액은 259,498원이다.
③ 2025년도 사채할인발행차금 상각액은 19,498원이다.
④ 2025년도 말 이자지급 후 사채의 장부금액은 2,863,812원이다.

142 (주)한공은 2025년초에 사채를 할인발행하였다. 사채할인발행차금 상각이 2025년 말 재무제표에 미치는 영향은?

	당기순이익	사채 장부금액
㉮	증가	감소
㉯	감소	감소
㉰	증가	증가
㉱	감소	증가

① ㉮
② ㉯
③ ㉰
④ ㉱

143 (주)한공은 2025년 1월 1일 다음의 조건으로 사채를 발행하였다. 2025년말 사채의 장부금액은 얼마인가?(사채할인발행차금은 유효이자율법으로 상각한다.)

> • 액면금액: 200,000,000원(3년 만기)
> • 발행금액: 194,800,000원
> • 액면이자율: 5%(매년 말 지급)
> • 유효이자율: 6%

① 191,688,000원
② 196,488,000원
③ 196,800,000원
④ 198,277,200원

144 다음 중 (주)한공의 사채 발행 관련 내용이다. 이에 대한 설명으로 옳지 않은 것은?

> • 2025. 1. 1.에 3년 만기 사채(액면금액 300,000원, 액면이자율 10%)를 260,000원에 발행하고 사채발행비로 20,000원을 현금 지급하였다.

① 사채는 할인발행한 것이다.
② 사채발행비 20,000원은 당기비용으로 처리한다.
③ 사채는 300,000원 액면금액으로 대변에 기록한다.
④ 사채할인발행차금 60,000원을 차변에 기록한다.

145 다음은 (주)한공의 사채발행 관련 자료이다. 이에 대한 설명으로 옳지 않은 것은?

> • 발행일: 2025년 1월 1일
> • 액면금액: 1,000,000원
> • 발행금액: 972,800원
> • 상환기간: 3년
> • 액면이자율: 4%, 유효이자율: 5%
> • 상각방법: 유효이자율법
> • 이자 지급일: 매년 12월 31일(연 1회)

① 사채 발행시점의 사채할인발행차금은 27,200원이다.
② 2025년 결산 시 계상할 이자비용은 50,000원이다.
③ 2025년 말 사채의 장부가액은 981,440원이다.
④ 2025년 결산 시 사채할인발행차금 상각액은 8,640원이다.

146 다음은 (주)한공의 사채 발행 관련 자료이다. 이를 통해 알 수 있는 내용으로 옳지 않은 것은?

> • 사채 발행일: 2025년 1월 1일
> • 사채 만기일: 2029년 12월 31일
> • 이자 지급일: 매년 12월 31일(연 1회, 현금 지급)
> • 액면 이자율: 연 8%, 유효이자율: 연 9%
> • 2,883,310원에 발행하고, 납입금은 당좌예입하다.

사 채			
12/31 차기이월	3,000,000	1/ 1 제좌	3,000,000

① 사채 발행 시 사채할인발행차금 발생액은 116,690원이다.
② 2025년 손익계산서에 반영되는 이자비용 금액은 259,498원이다.
③ 2025년 사채할인발행차금 상각액은 19,498원이다.
④ 2025년도 말 사채의 장부금액은 2,863,812원이다.

147 다음 중 무형자산에 대한 회계처리로 옳지 않은 것은?

① 교육훈련비와 마케팅비용은 미래경제적 효익이 기대되므로 무형자산으로 인식한다.
② 무형자산은 개별적으로 식별과 통제가 가능하고 미래의 경제적 효익을 기대할 수 있을 때 인식한다.
③ 무형자산의 상각방법에는 정액법, 체감잔액법, 연수합계법, 생산량비례법 등이 있으며, 합리적인 방법을 정하기 어려울 때에는 정액법을 사용한다.
④ 물리적 형태가 없는 판매용 자산은 무형자산이 아니라 재고자산으로 분류한다.

148 다음 중 무형자산에 대한 설명이 올바르지 않은 것은?

① 내부적으로 창출한 브랜드, 고객 목록 및 이와 유사한 지출은 무형자산으로 인식하지 않는다.
② 무형자산의 취득을 위한 자금에 차입금이 포함된다면 이러한 차입금에 대한 차입원가는 기간비용이 아닌 취득에 소요되는 원가로 처리해야 한다.
③ 프로젝트의 연구단계에서 발생한 지출은 발생한 기간의 비용으로 처리한다.
④ 무형자산의 상각방법은 자산의 경제적 효익이 소비되는 행태를 반영한 합리적인 방법이어야 한다.

149 다음 자료에서 (가)~(다)에 해당하는 계정과목으로 옳은 것은?

연구 · 개발 활동과 관련된 프로젝트 진행 내역			
프로젝트명 구분	A 프로젝트	B 프로젝트	C 프로젝트
진행상황	완료	완료	진행
경비	300,000원	400,000원	200,000원
경비 발생시점	개발단계	개발단계	연구단계
미래의 경제적 효익	확실	불확실	–
계정과목	(가)	(나)	(다)

	(가)	(나)	(다)
㉮	개발비	연구비	경상개발비
㉯	개발비	경상개발비	연구비
㉰	경상개발비	개발비	연구비
㉱	경상개발비	연구비	개발비

① ㉮   ② ㉯
③ ㉰   ④ ㉱

150 다음 중 내부적으로 창출한 무형자산의 취득원가에 포함될 수 있는 항목은?

① 무형자산이 계획된 성과를 달성하기 전에 발생한 비효율로 인한 손실
② 무형자산 창출에 직접 관련되지 아니한 판매관리비 및 기타 일반경비 지출
③ 무형자산 창출 후 이를 운용하는 직원의 교육훈련과 관련된 지출
④ 무형자산 창출에 직접 종사한 직원에 대한 급여

151 (주)한공은 게임 소프트웨어를 개발·판매하는 회사로서 새로운 게임 플랫폼을 개발하기 위한 프로젝트를 연초에 개시하여 6월말에 완료하였다. 관련 내역이 다음과 같을 경우, 12월 말 현재 회사의 무형자산상각비는 얼마인가? (단, 회사는 무형자산에 대해 10년간 정액법으로 월할상각한다.)

	연구단계	개발단계
연구원 인건비	400,000원	300,000원
재료비 및 용역비	300,000원	200,000원
기타 간접경비	200,000원	100,000원

① 30,000원   ② 45,000원
③ 60,000원   ④ 75,000원

152 다음은 (주)한공의 2025년 연구개발 관련 지출 거래 내역이다. (주)한공이 2025년 12월 31일 재무제표에 자산으로 표시할 금액은 얼마인가?(단, 무형자산의 내용년수는 5년, 잔존가치는 없으며 상각방법은 정액법, 월할상각을 가정한다.)

- 3월 1일: 신제품A 개발과 관련하여 새로운 지식을 탐색하기 위하여 300,000원 지출
- 4월 1일: 신제품B 개발과 관련하여 시제품 제작비로 500,000원 지출함(수익성은 인정되고 2026년부터 신제품B 생산이 예상됨.)
- 9월 30일: 신제품C 개발과 관련하여 시제품 제작비 800,000원 지출(수익성이 인정되고 2025년 10월부터 신제품C를 생산중임.)

① 1,070,000원   ② 1,260,000원
③ 1,300,000원   ④ 1,600,000원

153 다음은 (주)한공의 2025년 12월 31일 수정전 잔액시산표 중 손익계산서 관련 계정 내역과 결산정리사항을 나타낸 것이다. 결산정리사항을 반영한 후 2025년 손익계산서상 영업이익 금액은 얼마인가?

〈자료1〉 잔액시산표(수정전)/2025년 12월 31일

(주)한공 (단위: 원)

차변	계정과목	대변
	⋮	
	매출	90,000,000
48,000,000	매출원가	
12,090,000	급여	
12,000,000	여비교통비	
7,000,000	보험료	
	유형자산처분이익	113,000,000
30,000,000	이자비용	
5,000,000	법인세비용	
	⋮	

〈자료2〉 결산정리사항

당기 감가상각비 계상액은 5,000,000원이다.

① 5,910,000원   ② 10,910,000원
③ 88,910,000원   ④ 93,910,000원

154 다음은 (주)한공의 2025년 12월 31일 수정전 잔액시산표 중 재무상태표 관련 계정내역과 결산정리사항을 나타낸 것이다.

〈자료1〉 잔액시산표(수정전)/2025년 12월 31일

(주)한공 (단위: 원)

차변	계정과목	대변
	⋮	
40,000,000	당좌예금	
20,000,000	매출채권	
30,000,000	재고자산	
100,000,000	건물	
	건물감가상각누계액	5,000,000
	외상매입금	10,000,000
	퇴직급여충당부채	30,000,000
	장기차입금	20,000,000
	자본금	100,000,000
	이익잉여금	20,000,000
	⋮	

〈자료2〉 결산정리사항

가. 과거의 경험에 의해 매출채권 잔액의 10%를 대손으로 예상하고 있다.
나. 2025년 건물 감가상각비 계상액은 5,000,000원이다.

결산정리사항을 반영한 후, 2025년 12월 31일 현재 재무상태표상 자산은 얼마인가?

① 178,000,000원   ② 185,000,000원
③ 190,000,000원   ④ 197,000,000원

155 (주)한공이 2025년에 현금으로 수령한 임대료는 130,000원이고 현금으로 지급한 이자비용은 250,000원이다. 재무상태표 관련계정이 다음과 같을 때 2025년 손익계산서상의 임대료수익과 이자비용은 얼마인가?

계정과목	2024년말	2025년말
선수임대료	20,000원	30,000원
미지급이자비용	50,000원	100,000원

	임대료수익	이자비용
㉮	120,000원	200,000원
㉯	120,000원	300,000원
㉰	140,000원	200,000원
㉱	140,000원	300,000원

① ㉮   ② ㉯   ③ ㉰   ④ ㉱

156 (주)한공은 2025년 2월 1일에 2년분 화재보험료로 1,440,000원을 지급하고 전액 선급보험료로 회계처리하였다. 이 화재보험의 보험기간은 2025년 3월 1일부터 2027년 2월 28일까지이다. (주)한공의 회계담당자는 2025년도 기말에 보험료에 대한 수정분개를 누락하였다. 이러한 누락은 재무제표에 어떤 영향을 미치는가?(단, 기간은 월할 계산한다.)

① 당기순이익 600,000원 과대계상,
　자산 600,000원 과대계상
② 당기순이익 600,000원 과소계상,
　자산 600,000원 과소계상
③ 당기순이익 660,000원 과대계상,
　자산 660,000원 과대계상
④ 당기순이익 660,000원 과소계상,
　자산 660,000원 과소계상

157 다음은 (주)한공의 2025년 12월 31일 수정전 잔액시산표 중 손익계산서 계정과 결산정리 사항을 나타낸 것이다.

〈자료1〉 잔액시산표(수정전)/2025년 12월 31일

(주)한공 (단위: 원)

차변	계정과목	대변
	⋮	
	매출액	1,000,000
300,000	매출원가	
250,000	급여	
	임대수익	240,000
200,000	법인세비용	
	⋮	

〈자료2〉 결산정리사항

가. 2025년 7월 1일 1,000,000원에 취득한 본사 건물의 감가상각비가 반영되지 않았다. (정액법, 내용연수 5년 월할상각, 잔존가치 없음)

나. 임대수익은 1년분을 선수한 것으로 기간 미도래분 180,000원이 포함되어 있다.

결산정리 사항을 반영한 후 당기순이익은 얼마인가?

① 210,000원 ② 310,000원
③ 390,000원 ④ 490,000원

158 도매업을 영위하고 있는 (주)한공은 2025년 결산 마감 전 다음의 사항이 재무제표에 미반영되어 있음을 발견하였다.

• 2025년 귀속 상여금 1,000,000원을 2026년 1월에 지급하기로 결정하였다.
• 2025년 9월 보험료로 처리한 금액 300,000원 중 100,000원은 2026년에 대한 보험료 선납분이다.
• 2025년 12월 10일 선적지 인도조건으로 외상매입한 상품 400,000원이 기말현재 운송 중에 있다.

미반영사항이 재무제표에 미치는 영향으로 옳지 않은 것은?

① 당기순이익이 900,000원 감소한다.
② 매출원가가 400,000원 감소한다.
③ 자산이 500,000원 증가한다.
④ 부채 1,400,000원 증가한다.

159 (주)한공의 회계담당자는 2025년도 결산 과정에서 다음과 같이 회계처리가 누락되었음을 발견하였다. 이러한 회계처리 누락이 2025년도 재무제표에 미치는 영향으로 옳은 것은?

• 2월 1일 소모품 100,000원을 구입하고 전액 비용 처리하였으나, 기말 현재 20,000원의 소모품이 남아있다.
• 3월 1일 3년분 보험료 360,000원을 지급하면서 전액 선급보험료로 처리하였다.(월할계산)
• 12월 31일 당기 12월분 급여 500,000원을 지급하지 못함에 따라 회계처리를 하지 않았다.

① 비용 580,000원 과소계상,
  자산 80,000원 과대계상
② 자본 580,000원 과소계상,
  부채 500,000원 과소계상
③ 수익 580,000원 과대계상,
  자산 80,000원 과소계상
④ 자산 80,000원 과대계상,
  부채 500,000원 과대계상

160 다음은 이자비용과 임대료수익에 대한 총계정원장과 관련 결산조정내용이다. 재무제표와 관련된 설명으로 옳지 않은 것은?

〈자료1〉 이자비용과 임대료수익에 대한 총계정원장

이자비용

4/1 보통예금	300,000	
7/1 현금	300,000	
10/1 보통예금	300,000	

임대료수익

| | 1/1 선수임대료 | 500,000 |
| | 6/1 현금 | 1,200,000 |

〈자료2〉 결산조정내용

• 2025년 1월 1일 한국은행으로부터 10,000,000원(이자지급조건: 12%, 월할계산, 3개월마다 후급조건)을 차입하였다.
• 본사건물 중 일부를 임대하고 있으며 임대료는 매년 6월 1일에 1년분 임대료를 수령한다. (월할계산)

① 당기 이자비용은 1,200,000원이다.
② 당기 임대료수익은 1,200,000원이다.
③ 결산조정이 누락되면 당기순이익은 800,000원 과대계상된다.
④ 결산조정 후 재무상태표상 미지급이자비용은 300,000원이고 선수임대료는 700,000원이다.

161 (주)한공의 결산정리사항 반영전 법인세차감전 순이익은 2,000,000원이다. (주)한공은 기중 현금을 수령하거나 지급할 경우 전액 수익 또는 비용으로 처리한다. 다음 결산정리사항을 반영한 후 법인세차감전순이익은 얼마인가?

• 미수이자	300,000원
• 미지급이자	400,000원
• 선급비용	100,000원
• 선수수익	200,000원

① 2,100,000원   ② 2,000,000원
③ 1,900,000원   ④ 1,800,000원

162 다음 오류가 (주)한공의 당기순이익에 미치는 영향으로 옳은 것은?

• 결산시 장기차입금에 대한 기간경과분 미지급이자 1,200,000원을 아래와 같이 회계처리하였다.
  (차) 미지급비용   1,200,000원
  (대) 이자수익   1,200,000원

① 당기순이익 1,200,000원 과대계상
② 당기순이익 1,200,000원 과소계상
③ 당기순이익 2,400,000원 과대계상
④ 당기순이익 2,400,000원 과소계상

163 다음은 (주)한공의 결산 관련 대화이다. 이를 근거로 계산한 수정 후 당기순이익은 얼마인가?

• 김이사
  이과장, 당기말 재무제표는 작성하였나요?
• 이과장
  받을어음에 대한 당좌예금 만기결제 수령액 5,000,000원과 당기발생 임차료 기간 경과분 미지급금액 3,600,000원의 기장 누락 사항이 발견되어 아직 작성하지 못했습니다.
• 김이사
  그럼, 오전에 구두 보고한 당기순이익 43,000,000원은 오류 사항이 반영되기 전 금액 인가요?
• 이과장
  예. 그렇습니다.

① 34,400,000원   ② 39,400,000원
③ 46,600,000원   ④ 51,600,000원

164 다음의 회계변경 회계처리에 대한 설명 중 옳지 않은 것은?

① 소급법은 회계변경의 누적효과를 계산하고, 이를 회계변경연도의 기초이익잉여금에 가감하여 수정한다.
② 전진법은 회계변경연도 초의 장부상 잔액에 근거하여 회계변경기간과 그 이후의 회계기간에 대해서만 변경된 회계처리방법을 적용한다.
③ 회계정책변경의 효과와 회계추정변경의 효과로 구분하기 불가능한 경우에는 회계정책의 변경으로 본다.
④ 회계변경이란 새로운 기업회계기준의 제정 등으로 인해 현재 채택하고 있는 회계정책이나 회계추정이 적절하지 않게 되어 다른 회계정책이나 회계추정으로 변경하는 것을 말한다.

165 전기에 취득하여 사용 중인 기계장치의 잔존가치 추정치가 당기말 현재 100,000원 만큼 상승하였다. 이와 관련한 회계처리로 옳은 것은?

① 재무정보의 기간별 비교가능성 유지를 위해 변경된 잔존가치 추정치를 반영하지 않는다.
② 당기와 당기 이후 기간에 변경된 추정치를 반영하여 감가상각비를 인식한다.
③ 변경된 잔존가치 추정치를 기초로 전기에 인식한 감가상각비를 소급하여 계상하고 그 누적효과를 기초이익잉여금에 반영한다.
④ 변경된 잔존가치 추정치를 기초로 전기에 인식한 감가상각비를 소급하여 계상하고 그 누적효과를 당기 손익계산서에 반영한다.

166 (주)한공은 2025년 기말재고를 과대 계상하였다. 이 오류가 (주)한공의 재무제표에 미치는 영향으로 옳은 것은?

① 2026년도 기초재고자산이 과소 계상된다.
② 2026년도 매출액이 과소 계상된다.
③ 2026년도 매출원가가 과대 계상된다.
④ 2025년도 당기순이익이 과소 계상된다.

167 다음은 (주)한공이 취득한 (주)서울의 주식에 대한 거래내역과 회계처리이다.

- 2024년 5월 30일
  단기매매목적으로 100주를 주당 1,000원에 취득하였다.
  (차) 단기매매증권   100,000원
    (대) 현금   100,000원
- 2024년 12월 31일
  기말 현재 시가는 주당 1,200원이었으나, 평가손익에 대한 회계처리를 누락하였다.
- 2025년 3월 5일
  주당 1,100원에 보유주식을 전부 처분하였다.
  (차) 현금   100,000원
    (대) 단기매매증권   100,000원
       단기매매증권처분이익   10,000원

2024년분과 2025년분 당기순이익이 각각 100,000원과 200,000원일 때, 오류를 수정한 후의 당기순이익은 얼마인가?

	2024년	**2025년**
㉮	80,000원	220,000원
㉯	100,000원	200,000원
㉰	120,000원	180,000원
㉱	140,000원	160,000원

① ㉮   ② ㉯   ③ ㉰   ④ ㉱

168 도매업을 영위하는 (주)한공의 제5기 사업연도(2025.1.1.~2025.12.31.) 당기순이익은 8,000,000원이었다. 그런데 경리부장이 최종검토를 하는 과정에서 당기순이익 계산에 다음과 같은 오류가 있음을 발견하였다.

가. 2025년 4월 1일에 납입한 화재보험료 400,000원(보험기간 1년)을 전액 비용으로 회계처리하고 결산조정을 누락하였다.
나. 2025년 7월 1일에 차량운반구를 2,000,000원에 구입하고 이를 전액 수선비로 회계처리하였다. 차량운반구의 감가상각방법은 정액법, 잔존가액은 없으며 내용연수는 5년이다.

오류 수정 후의 당기순이익은 얼마인가?(단, 오류를 수정할 때 기간 계산이 필요한 경우 월할계산할 것)

① 9,900,000원   ② 10,000,000원
③ 10,100,000원   ④ 10,200,000원

169 다음 중 정당한 회계정책 및 회계추정 변경이 아닌 것은?

① 합병으로 기업 환경의 중대한 변화가 생겨서 총자산이나 매출액, 제품 구성 등이 현저히 변동됨에 따라 종전의 회계정책을 적용하면 재무제표가 왜곡되는 경우
② 동종 산업에 속한 대부분의 기업이 채택한 회계정책 또는 추정방법으로 변경함에 있어 새로운 회계정책 또는 추정방법이 종전보다 더 합리적이라고 판단되는 경우
③ 세법이 변경됨에 따라 세법의 규정을 따르기 위해 회계변경을 하는 경우
④ 일반기업회계기준의 제정·개정 및 해석에 따라 회계변경을 하는 경우

170 (주)한공은 본사 건물의 일부를 다음과 같은 조건으로 임대하였다.

부동산 임대차계약서

1. 임대인과 임차인 쌍방은 아래 표시 부동산에 관하여 다음 계약 내용과 같이 부동산 임대차 계약을 체결한다.
2. 계약내용
   제1조 (목적) 위 부동산의 임대차에 대하여 임대인과 임차인은 합의에 의하여 보증금과 임대료를 아래와 같이 지불하기로 한다.

임대기간	2025년 3월 1일~2026년 2월 28일	
보증금	일천만원 (10,000,000원)	2025년 3월 1일 계약 시에 지불하고 영수함
임대료	일백이십만원 (1,200,000원)	2025년 3월 1일 계약 시에 1년분을 선지불 한다.

⋮

(주)한공은 2025년 3월 1일 계약 시 임대보증금과 임대료를 받고 전액 수입임대료로 잘못 회계처리 하였다. 이 회계처리 오류가 결산시까지 수정되지 않았다면 당기순이익에 미치는 영향으로 옳은 것은?

① 1,200,000원 과대계상
② 10,000,000원 과대계상
③ 10,200,000원 과대계상
④ 11,200,000원 과대계상

171 다음 중 회계변경과 오류수정에 대한 설명으로 옳지 않은 것은?

① 회계변경은 회계정책의 변경과 회계추정의 변경이 있으며, 감가상각방법의 변경은 회계추정의 변경에 해당한다.
② 회계정책의 변경은 전진적으로 처리하고 회계추정의 변경은 소급적용하되, 회계정책의 변경과 회계추정의 변경으로 구분하기 어려운 경우에는 회계추정의 변경으로 본다.
③ 회계정책의 변경은 일반기업회계기준 등의 개정이나 새로운 회계정책을 적용하는 것이 회계정보의 유용성을 향상시킬 수 있는 경우에 한하여 허용한다.
④ 당기에 발견한 전기이전의 오류는 당기손익으로 반영하는 것을 원칙으로 하되, 중대한 오류인 경우에는 기초금액에 반영한다.

172 다음 중 전기오류수정손익으로 회계처리할 대상이 아닌 것은?

① 전기에 법인세를 잘못 계산하였다.
② 전기에 건물의 도색비용을 건물의 취득원가에 가산하였다.
③ 전기에 발생한 사채의 이자비용을 계상하지 않았다.
④ 전기에 대손처리한 외상매출금을 당기에 회수하였다.

173 다음의 회계변경과 회계추정의 변경에 대한 설명 중 옳지 않은 것은?

① 회계정책 변경으로 인한 누적효과는 당기손익에 반영한다.
② 동종 산업에 속한 대부분의 기업이 채택하고 있는 회계정책으로 변경함에 있어서 새로운 회계정책이 종전보다 더 합리적이라고 판단되는 경우에는 정당한 회계변경에 해당한다.
③ 회계추정의 변경은 전진적으로 처리하여 그 효과를 당기와 당기이후의 기간에 반영한다.
④ 기업환경의 중대한 변화로 종전 회계처리기준을 적용할 때 재무제표가 왜곡되는 경우는 정당한 회계변경 사유에 해당한다.

174 다음 회계오류 중 회계연도 말의 유동자산과 자본을 모두 과대계상하는 것은?

① 선급비용을 과소계상하였다.
② 미지급비용을 과소계상하였다.
③ 매출채권에 대한 대손충당금을 과소계상하였다.
④ 유형자산인 기계장치에 대한 감가상각비를 과소계상하였다.

175 (주)한공은 2024년 급여 10,000,000원에 대한 회계처리를 누락하였으나, 2024년도 결산 후인 2025년 6월 30일에 해당 급여를 지급하면서 비용으로 계상하였다. (주)한공이 2025년 11월 1일에 이러한 오류를 발견하였다면, 전기오류수정을 위한 회계처리로 옳은 것은? 단, 중대한 오류에 해당한다.

㉮ (차) 전기오류수정손실(이익잉여금) 10,000,000원	
(대) 현금	10,000,000원
㉯ (차) 전기오류수정손실(이익잉여금) 10,000,000원	
(대) 급여	10,000,000원
㉰ (차) 전기오류수정손실(영업외비용) 10,000,000원	
(대) 현금	10,000,000원
㉱ (차) 전기오류수정손실(영업외비용) 10,000,000원	
(대) 급여	10,000,000원

① ㉮ 　② ㉯ 　③ ㉰ 　④ ㉱

176 (주)한공이 외부감사인에게 제시한 2025년의 손익계산서상 당기순이익은 1,000,000원이다. 외부감사인은 (주)한공의 2024년 기말재고자산이 300,000원 과대 계상되고 2025년 기말재고자산이 200,000원 과소 계상된 것을 발견하였다. 이러한 재고자산의 오류를 반영한 후 (주)한공의 당기순이익은 얼마인가?

① 500,000원 　② 1,200,000원
③ 1,300,000원 　④ 1,500,000원

177 (주)한공은 기계장치를 연수합계법으로 상각해 왔으나, 기대소비 형태의 변경으로 2025년부터 정액법으로 변경하고자 한다. 2025년 재무상태표와 손익계산서에 계상될 감가상각누계액과 감가상각비는 얼마인가?

- 취 득 일: 2024년 1월 1일
- 취득가액: 15,000,000원
- 내용연수: 5년(월할상각)
- 잔존가액: 없음

	감가상각누계액	감가상각비
㉮	6,000,000원	3,000,000원
㉯	7,000,000원	2,000,000원
㉰	7,500,000원	2,500,000원
㉱	9,000,000원	4,000,000원

① ㉮ 　② ㉯
③ ㉰ 　④ ㉱

178 다음은 전기오류수정손익사항에 대한 (주)한공 회계부서 직원들 간의 대화내용이다. (가)와 (나)에 들어갈 내용으로 옳은 것은?

> • 이차장
> 김대리, 중대한 전기오류수정 손익사항에 대해서는 **(가)**을 적용하였나요?
> • 김대리
> 네, 차장님 **(가)**을 적용하였습니다.
> • 이차장
> 그럼 중요하지 않은 전기오류수정손익사항은 어떻게 처리하였나요?
> • 김대리
> 중요하지 않은 전기오류수정손익 사항은 **(나)**으로 회계처리하였습니다.

	(가)	(나)
㉮	전진법	당기손익
㉯	소급법	당기손익
㉰	전진법	자본조정
㉱	소급법	자본조정

① ㉮ 　② ㉯
③ ㉰ 　④ ㉱

179 (주)한공은 회계기간 말 매출채권 대손충당금 100,000원을 10,000원으로 과소계상한 오류를 발견하였다. 이러한 오류가 재무제표에 미치는 영향으로 옳지 않은 것은?

① 당기순이익의 과대계상
② 자본의 과대계상
③ 유동자산의 과대계상
④ 유동자산의 과소계상

180 다음 중 회계변경에 대해 잘못 알고 있는 사람은?

> • 철희
> 우발부채 금액을 새로운 정보에 따라 수정하는 것은 회계추정의 변경이야.
> • 선미
> 재고자산 평가방법의 변경은 회계정책의 변경이지.
> • 영석
> 회계정책의 변경은 합리적인 근거가 있어야 해.
> • 소연
> 회계추정의 변경은 소급법으로 처리해.

① 철희 　② 선미
③ 영석 　④ 소연

181 다음 중 회계오류 수정의 사례에 해당하는 것은 무엇인가?

① 유가증권의 취득단가 산정방법의 변경
② 현금주의의 회계처리에서 발생주의로의 변경
③ 유형자산의 원가모형 적용에서 재평가모형으로의 변경
④ 재고자산 평가방법의 변경

182 다음 회계변경 중 회계추정의 변경에 해당하지 않는 것은?

① 재고자산의 평가방법 변경
② 유형자산의 내용연수 변경
③ 유형자산의 감가상각방법 변경
④ 매출채권에 대한 대손상각률 변경

183 (주)한공의 수정 전 당기순이익은 7,000,000원이다. 다음 회계 오류를 수정하여 반영한 2025년의 수정 후 당기순이익은 얼마인가? (단, 월할계산을 가정한다.)

> • 자동차보험료 1년분(2025. 5. 1~2026. 4. 30.) 900,000원을 전액을 비용처리
> • 장기차입금 10,000,000원(연이자율 3%)에 대한 4개월분(2025. 9. 1.~2025. 12. 31.) 미지급이자 계상누락

① 7,000,000원 　② 7,200,000원
③ 7,300,000원 　④ 7,400,000원

184 (주)한공은 2025년 10월 1일에 미화 $10,000의 외상매출이 발생하였다. 2025년 12월 31일에 외화매출채권 회수시 회계처리로 옳은 것은? 단, 환율정보는 아래와 같다.

- 2025년 10월 1일 환율: 1,100원/$
- 2025년 12월 31일 환율: 1,000원/$

㉮ (차) 현금	10,000,000원
(대) 외화매출채권	10,000,000원
㉯ (차) 현금	10,000,000원
외화환산손실	1,000,000원
(대) 외화매출채권	11,000,000원
㉰ (차) 현금	10,000,000원
외환차손	1,000,000원
(대) 외화매출채권	11,000,000원
㉱ (차) 현금	10,000,000원
해외사업환산차손	1,000,000원
(대) 외화매출채권	11,000,000원

① ㉮   ② ㉯   ③ ㉰   ④ ㉱

185 다음 중 외화환산 시 화폐성 항목에 해당하는 것을 모두 고른 것은?

가. 매출채권	나. 선급금
다. 미수금	라. 재고자산
마. 건물	

① 가, 나   ② 가, 다
③ 나, 라   ④ 라, 마

186 (주)한공은 2024년 12월 1일 상품을 €(유로화) 10,000에 외상판매하고 2025년 2월 28일에 대금을 받아 € 1당 1,220원에 원화로 환전하였다. (주)한공의 회계연도는 1월 1일부터 12월 31일까지이고, 기능통화는 원화이다. 상기 거래와 관련하여 (주)한공이 2024년 기말과 2025년에 인식하여야 할 손익으로 옳은 것은?

[유로화 환율]
- 2024년 12월 1일: €1 = 1,190원
- 2024년 12월 31일: €1 = 1,230원

	2024년	2025년
㉮	외화환산이익 400,000원	외환차손 100,000원
㉯	외화환산손실 400,000원	외환차익 100,000원
㉰	외화환산이익 400,000원	외환차손 300,000원
㉱	외화환산손실 400,000원	외환차익 300,000원

① ㉮   ② ㉯   ③ ㉰   ④ ㉱

187 (주)한공은 2024년 11월 1일 미국소재 거래처에 1,000달러의 상품을 판매하고, 대금은 2025년 1월 31일에 회수하였다. 2025년 손익계산서에 계상될 외환차손익은 얼마인가?

일자	원/$
2024. 11. 1.	1,000원/$
2024. 12. 31.	1,100원/$
2025. 1. 31.	900원/$

① 외환차익 100,000원   ② 외환차익 200,000원
③ 외환차손 100,000원   ④ 외환차손 200,000원

188 다음은 (주)한공의 외화매출채권 관련 자료이다. 2025년 2월 1일 외화매출채권 회수시 인식되는 손익으로 옳은 것은?

- (주)한공은 2024년 9월 1일 미국 거래처에 $2,000의 상품을 판매하고, 대금은 2025년 2월 1일 회수하였다.

[환율변동표]

일자	원/$
2024. 9. 1.	1,100원/$
2024. 12.31.	1,000원/$
2025. 2. 1.	1,200원/$

① 외환차손 200,000원   ② 외환차익 200,000원
③ 외환차손 400,000원   ④ 외환차익 400,000원

189 다음은 (주)한공의 2025년말 결산분개 전 외화로 표시된 자산 및 부채 내역이다.

외화자산·부채	외화금액($)	적용환율	원화금액(원)
정기예금	130,000	1,300원/$	169,000,000
매출채권	110,000	900원/$	99,000,000
선급금	90,000	1,200원/$	108,000,000
선수금	120,000	1,200원/$	144,000,000
선수임대료	80,000	800원/$	64,000,000
단기차입금	100,000	1,100원/$	110,000,000

2025년말 환율을 1,000원/$으로 가정할 경우 손익계산서에 계상할 외화환산이익 및 외화환산손실은 각각 얼마인가?

	외화환산이익	외화환산손실
㉮	11,000,000원	39,000,000원
㉯	45,000,000원	60,000,000원
㉰	21,000,000원	39,000,000원
㉱	45,000,000원	73,000,000원

① ㉮　　② ㉯　　③ ㉰　　④ ㉱

190 다음은 (주)한공의 상품수출 관련 자료이다. 당기 영업외손익에 미치는 영향으로 옳은 것은?

- 2025년 8월 1일 상품 100개를 US$20,000에 수출(선적지인도조건)
- 2025년 10월 1일 수출대금 중 US$10,000 회수
- 2025년 12월 31일 수출대금 잔액 US$10,000
- 일자별 환율　8월　1일　1,300원/US$
　　　　　　　10월　1일　1,500원/US$
　　　　　　　12월 31일　1,200원/US$

① 외환차익　　　　2,000,000원
　외화환산손실　　1,000,000원
② 외환차손　　　　2,000,000원
　외화환산이익　　1,000,000원
③ 외환차익　　　　1,000,000원
　외화환산손실　　2,000,000원
④ 외환차손　　　　1,000,000원
　외화환산이익　　2,000,000원

191 다음은 (주)한공의 외화 차입금 내역과 환율변동표이다. 이에 대한 설명으로 옳은 것은?

- 2024년 9월 6일: 뉴욕 은행으로부터 3년 후에 상환하기로 하고 5,000달러 차입
- 2025년 3월 17일: 동 은행으로부터 차입한 금액 중 2,000달러를 조기 상환

[환율변동표]

날짜	환율
2024. 9. 6.	1달러=1,200원
2024. 12. 31.	1달러=1,100원
2025. 3. 17.	1달러=1,250원

① 2024년에 외화환산손실이 500,000원 발생하였다.
② 2024년 기말 외화장기차입금은 6,000,000원이다.
③ 2025년에 외환차손이 300,000원 발생하였다.
④ 2025년에 외화환산손실이 100,000원 발생하였다.

제**2**절　부가가치세

01 다음 중 부가가치세에 대한 설명으로 옳지 않은 것은?

① 외국으로부터 우리나라에 들어온 물품을 우리나라에 반입하는 것은 재화의 수입에 해당한다.
② 사업자가 사업자등록을 하지 않은 경우에는 과세재화를 공급해도 부가가치세 납세 의무가 없다.
③ 하치장은 부가가치세법상 사업장으로 보지 아니한다.
④ 국가나 지방자치단체의 경우에도 부가가치세법상 납세의무자에 해당한다.

02 부가가치세에 대한 설명으로 옳지 않은 것은?

① 사업목적이 영리이든 비영리이든 관계없이 사업상 독립적으로 재화와 용역을 공급하는 사업자는 납세의무를 진다.
② 부가가치세는 조세부담이 전가되어 최종소비자에게 귀착될 것으로 예정된 조세이므로 간접세에 해당한다.
③ 사업자가 부가가치세가 과세되는 재화 또는 용역을 공급하고 부가가치세를 거래징수하지 않은 경우에는 부가가치세 납세의무가 없다.
④ 소비지국 과세원칙에 따라 수출재화에는 부가가치세를 과세하지 않으며, 수입하는 재화에는 내국산과 동일하게 부가가치세를 과세하고 있다.

03 다음 중 부가가치세법상 사업장과 납세지에 대한 설명으로 옳지 않은 것은?

① 무인판매기를 통하여 재화·용역을 공급하는 사업의 경우 사업에 관한 업무를 총괄하는 장소를 사업장으로 본다.
② 직접 판매하기 위하여 특별히 판매시설을 갖춘 장소인 직매장은 사업장으로 보나, 재화의 보관·관리장소인 하치장은 사업장으로 보지 아니한다.
③ 부동산임대업은 그 업무를 총괄하는 장소를 사업장으로 한다.
④ 제조업은 최종제품을 완성하는 장소를 사업장으로 보나, 따로 제품의 포장만을 하거나 용기에 충전만을 하는 장소와 개별소비세법에 따른 저유소는 사업장으로 보지 아니한다.

04 부가가치세법상 납세지에 관한 설명으로 옳지 않은 것은?

① 부동산매매업에 있어서는 사업자가 법인인 경우에는 그 법인의 등기부상의 소재지, 개인인 경우에는 그 업무를 총괄하는 장소를 납세지로 본다.

② 광업은 광업사무소 소재지를 사업장으로 본다.
③ 각종 경기대회나 박람회 등 행사가 개최되는 장소에 개설한 임시사업장으로 신고된 장소는 사업장으로 본다.
④ 사업장을 설치하지 아니한 경우에는 사업자의 주소 또는 거소를 사업장으로 한다.

05 다음 중 부가가치세법상 과세기간과 납세지에 대해 바르게 설명하고 있는 사람은?

> - 희정
>   폐업하면 과세기간은 폐업일이 속하는 과세기간의 개시일부터 폐업일이 속하는 달의 말일까지야.
> - 성훈
>   일반과세자가 1월 15일에 신규로 사업을 개시하고 1월 20일에 사업자 등록을 신청하면 최초 과세기간은 1월 1일부터 6월 30일이야.
> - 유미
>   부동산임대업자의 사업장은 그 사업에 관한 업무를 총괄하는 장소야.
> - 영진
>   사업자가 사업장을 두지 않으면 사업자의 주소 또는 거소를 사업장으로 해.

① 희정　　　　　② 성훈
③ 유미　　　　　④ 영진

06 다음 중 부가가치세법상 사업장과 납세지에 대한 설명으로 옳지 않은 것은?

① 주사업장총괄납부의 신청을 한 경우에는 부가가치세를 주된 사업장에서 총괄하여 납부하지만, 신고는 각 사업장별로 하여야 한다.
② 사업자단위과세사업자는 부가가치세액을 본점 또는 주사무소에서 총괄하여 신고·납부를 하지만, 사업자등록은 각 사업장별로 하여야 한다.
③ 임시사업장의 설치기간이 10일 이내인 경우에는 임시사업장 개설신고를 하지 아니할 수 있다.
④ 부동산임대업의 사업장은 그 부동산의 등기부상의 소재지이다.

07 다음 중 부가가치세법상 납세지에 관한 설명으로 옳은 것은?

① 주사업장 총괄납부의 경우 지점은 총괄사업장이 될 수 없다.
② 직매장은 사업장에 해당하지 않는다.
③ 주사업장 총괄납부의 경우 세금계산서의 발급은 사업장별로 적용한다.
④ 사업자단위 과세의 경우 과세표준 및 세액의 계산을 사업장별로 적용한다.

08 다음 중 부가가치세법상 납세지에 관한 설명으로 옳지 않은 것은?

① 기존사업장이 있는 사업자가 각종 경기대회나 박람회 등 행사가 개최되는 장소에 임시사업장 개설신고를 하면 이는 독립된 사업장에 해당한다.
② 부가가치세는 사업장마다 신고·납부함을 원칙으로 한다.
③ 건설업, 운수업과 부동산매매업에 있어서는 사업자가 법인인 경우에는 그 법인의 등기부상의 소재지, 개인인 경우에는 그 업무를 총괄하는 장소가 사업장에 해당한다.
④ 무인자동판매기를 통하여 재화·용역을 공급하는 사업의 경우에는 그 사업에 관한 업무를 총괄하는 장소가 사업장에 해당한다.

09 다음 중 부가가치세법상 과세기간과 납세지에 대한 설명으로 옳지 않은 것은?

① 사업개시일 전 사업자 등록을 한 경우에는 등록일부터 그 날이 속하는 과세기간의 종료일까지를 최초 과세기간으로 한다.
② 사업개시일 전 사업자 등록을 한 자가 등록일부터 정당한 사유 없이 6개월간 재화와 용역의 공급실적이 없는 경우에는 그 6개월이 되는 날에 사업을 개시하지 않게 된 것으로 본다.
③ 건설업을 영위하는 법인사업자의 경우 법인 등기부상의 소재지를 사업장으로 한다.
④ 부동산 임대업의 경우 그 임대업무를 총괄하는 장소를 사업장으로 한다.

10 다음 중 부가가치세법상 과세기간과 납세지에 대한 설명으로 옳은 것은?

① 건설업을 영위하는 법인사업자의 경우 사업장은 건설현장 소재지로 한다.
② 폐업하는 경우의 과세기간은 폐업일이 속하는 과세기간의 개시일부터 폐업일 전일까지로 한다.
③ 부동산임대업을 영위하는 사업자의 경우 사업장은 그 사업에 관한 업무를 총괄하는 장소로 한다.
④ 사업자단위과세사업자는 각 사업장을 대신하여 그 사업자의 본점 또는 주사무소의 소재지를 부가가치세 납세지로 한다.

11 다음 중 부가가치세법상 과세기간과 납세지에 대한 설명으로 옳지 않은 것은?

① 사업자가 폐업하는 경우의 과세기간은 폐업일이 속하는 과세기간의 개시일부터 폐업일까지로 한다.
② 신규사업자가 사업개시 이진에 사업자등록을 신청한 경우 최초 과세기간은 그 사업개시일부터 그 날이 속하는 과세기간의 종료일까지로 한다.

③ 부동산임대업에 있어서는 그 부동산의 등기부상 소재지를 납세지로 한다.
④ 주사업장 총괄납부 사업자가 법인인 경우 법인의 본점 또는 지점을 주된 사업장으로 할 수 있다.

12 다음 중 부가가치세법상 재화와 용역의 공급시기로 옳지 않은 것은?

① 수출재화: 수출재화의 선적일
② 폐업시 잔존재화: 폐업하는 때
③ 단기할부판매: 대가의 각 부분을 받기로 한 때
④ 위탁판매: 수탁자의 공급일

13 부가가치세법상 재화의 공급시기로 옳지 않은 것은?

① 완성도기준지급 조건부로 재화를 공급하는 경우: 대가의 각 부분을 받기로 한 때
② 무인판매기를 이용하여 재화를 공급하는 경우: 사업자가 무인판매기에서 현금을 꺼내는 때
③ 내국물품을 외국으로 반출하는 경우: 수출재화의 공급가액이 확정되는 때
④ 재화의 공급으로 보는 가공의 경우: 가공된 재화를 인도하는 때

14 다음은 제품 타계정대체내역이다. 부가가치세 과세거래가 아닌 것은?

> 가. 제품 진열 목적으로 다른 사업장에 반출
> 나. 우수 거래처에 사은품으로 제공
> 다. 제품 홍보용으로 불특정 다수인에게 무상배포
> 라. 이재민 구호품으로 방송국에 기탁

① 가, 나　　　　② 나, 다
③ 가, 다, 라　　④ 없음

15 다음 중 부가가치세 과세거래가 아닌 것은?

① 사업자가 구입 시 매입세액을 공제받지 못한 소형 승용차를 매각하는 경우
② 사업자가 자연석(돌)을 공급한 경우
③ 공급자의 계약불이행으로 인하여 공급받는 자가 재화 또는 용역의 공급 없이 위약금을 받은 경우
④ 의류제조업자가 소비대차계약에 따라 다른 사업자에게 원료(원단)를 빌려주는 경우

16 다음 중 부가가치세법상 재화의 공급에 해당하지 않는 것은? 단, 자기의 과세사업과 관련하여 생산·취득한 재화로서 매입세액이 공제된 재화를 자기생산·취득재화라 한다.

① 자기생산·취득재화를 면세사업을 위해 사용하는 경우
② 자기생산·취득재화를 직원 선물용으로 무상 증정한 경우
③ 자기생산·취득재화를 견본품으로 제공하는 경우
④ 폐업할 때 자기생산·취득재화 중 남아 있는 재화

17 다음 중 부가가치세가 과세되는 거래가 아닌 것은?

① 의류도매업자가 사업에 사용하던 중고 컴퓨터를 고물상에 판매한 경우
② 사업자가 사무실을 면세사업자에게 임대한 경우
③ 사업자가 국가에 라면을 기부한 경우
④ 사업자 아닌 개인이 승용차를 수입한 경우

18 다음 중 부가가치세 과세거래에 대한 설명으로 옳지 않은 것은?(재화의 구입 시 부담한 매입세액을 매출세액에서 공제하였다.)

① 사업자가 과세사업을 위하여 생산한 재화를 다른 사업장에서 원료로 사용하기 위하여 반출하는 경우 재화의 공급으로 보지 않는다.
② 사업자가 제품 운반용으로 사용하던 화물차를 매각하는 경우에는 부가가치세가 과세되지 않는다.
③ 종업원의 생일선물로 과세사업을 위하여 생산한 재화를 무상으로 공급하는 경우 부가가치세 과세대상이다.
④ 판매실적에 따라 판매대리점에 지급하는 판매장려물품은 부가가치세 과세대상이다.

19 과세사업자인 (주)한공(탄산수 제조업)의 다음 거래 중 부가가치세 과세거래에 해당하는 것은? 단, 제품 제조에 사용된 원재료에 대하여는 매입세액공제를 받았다.

① 판매 대리점에 탄산수를 증정하였다.
② 사채업자로부터 자금을 차입하고 공장건물을 담보로 제공하였다.
③ 제품 홍보를 위한 시음회에서 탄산음료를 한 컵씩 제공하였다.
④ 명절 때 농협에서 사과를 면세로 구입하여 거래처에 선물하였다.

20 과세사업자인 (주)한공물산(신발 제조업)의 다음 거래 중 부가가치세 과세거래에 해당하는 것은? 단, 제품 제조에 사용된 원재료에 대하여는 매입세액공제를 받았다.

① 거래처인 판매대리점에 신발을 증여하였다.
② 사후무료 서비스 제공을 위하여 신발을 사용하였다.
③ 종업원의 작업화로 사용하기 위해 신발을 제공하였다.
④ 신제품 진열을 위해 직매장으로 신발을 반출하였다.

21 다음 중 부가가치세 과세거래에 대한 설명으로 옳지 않은 것은?

① 자기가 주요자재의 전부 또는 일부를 부담하고 상대방으로부터 인도받은 재화를 가공하여 인도하는 것은 재화의 공급이다.
② 다른 재화를 인도받는 교환계약에 따라 재화를 인도하는 것은 재화의 공급이다.
③ 건설업의 경우 건설업자가 건설자재의 전부 또는 일부를 부담하는 것은 용역의 공급이다.
④ 사업자가 사업을 위하여 다른 사업자에게 무상으로 견본품을 인도하는 것은 재화의 공급이다.

22 다음 중 부가가치세법상 과세대상 거래에 대한 설명으로 옳지 않은 것은?

① 과세대상 재화의 범위에는 유체물 뿐만 아니라 전기, 가스, 열 등의 자연력도 포함된다.
② 건설업의 경우 건설업자가 건설자재의 전부를 부담하는 것은 재화의 공급에 해당한다.
③ 고용관계에 따라 근로를 제공하는 것은 용역의 공급으로 보지 아니한다.
④ 사업자가 과세사업과 관련하여 생산한 재화를 자신의 면세사업을 위해 직접 사용하는 것은 재화의 공급에 해당한다.

23 다음 중 부가가치세법상 과세 거래에 해당하지 않는 것은?

① 조세를 납부하기 위하여 부동산을 물납하는 경우
② 과세사업과 관련하여 생산한 재화를 고객에게 접대목적으로 무상으로 공급하는 경우
③ 특허권을 타인에게 대여하는 경우
④ 과세사업과 관련하여 생산한 재화를 자신의 면세사업을 위해 직접 사용하는 경우

24 다음 중 부가가치세 과세대상으로 옳은 것은?

구분	거래내용
① 재화의 공급	「국세징수법」 상 공매로 인한 재화양도
② 재화의 수입	국내 판매를 위한 명품가방의 수입
③ 재화의 공급	귀농농부가 재배한 특용작물(버섯)판매
④ 용역의 공급	근로계약에 따른 근로제공

25 다음 중 부가가치세법상 영세율과 면세에 대한 설명으로 옳지 않은 것은?

① 내국신용장 또는 구매확인서에 의해 공급하는 재화는 영세율을 적용 받는다.
② 항공기, 우등고속버스, 전세버스, 고속철도에 의한 여객운송용역은 면세 대상이 아니다.
③ 면세는 면세단계에서 산출된 부가가치에 대해서만 과세하지 않는 부분면세제도이다.

④ 면세의 경우에는 매입세액을 부가가치세대급금 계정으로 회계처리한 후 매입세액 공제를 한다.

26 다음 중 부가가치세법상 영세율이 적용되는 것은?

> 가. 해외거래처에 견본품을 무상으로 증정한 경우
> 나. 해외에서 국내사업자에게 용역을 제공하고 그 대가를 원화로 받은 경우
> 다. 무역회사가 수출대행을 하고 수출대행수수료를 받은 경우
> 라. 국내사업장에서 계약과 대가수령이 이루어지는 중계무역방식으로 수출하는 경우

① 가, 다 ② 가, 라
③ 나, 다 ④ 나, 라

27 다음 중 부가가치세법상 영세율과 면세에 대한 설명으로 옳지 않은 것은?

① 영세율은 소비지국과세원칙을 구현하는 것을 주된 목적으로 하나, 면세는 역진성 완화를 주된 목적으로 한다.
② 영세율 적용 사업자는 매입세액을 환급받을 수 있으나, 면세사업자는 매입세액을 환급받을 수 없다.
③ 면세사업자는 매입처별세금계산서 합계표 제출과 대리납부 외에는 부가가치세법상 의무가 없다.
④ 과세재화를 수출하여 영세율이 적용되는 사업자는 영세율 포기신고를 하면 면세가 적용된다.

28 부가가치세법상 면세와 영세율에 대한 설명으로 옳지 않은 것은?

① 면세대상 재화를 수출하는 경우 영세율을 적용받기 위해서는 면세포기 신고를 하여야 한다.
② 면세사업자는 매입처별 세금계산서합계표 제출의무와 대리납부의무 외에는 부가가치세법의 의무가 없다.
③ 영세율이 적용되는 경우에는 이전 단계까지 과세된 부가가치세를 전액 환급해 준다.
④ 사업자가 비거주자인 경우 그 외국에서 우리나라의 거주자에게 동일한 면세를 적용하는 경우에도 영세율이 적용되지는 않는다.

29 다음 재화 또는 용역의 공급 중 면세가 적용되는 것을 모두 고른 것은?

> 가. 「철도건설법」에 따른 고속철도에 의한 여객운송 용역
> 나. 주무관청의 등록된 자동차운전학원에서 공급하는 교육용역
> 다. 국가 또는 지방자치단체에 유상으로 공급하는 재화 및 용역
> 라. 도서판매 및 도서대여용역

① 라
③ 가, 다

② 나, 라
④ 가, 나, 다

30 부가가치세 영세율과 면세에 대한 설명으로 옳지 않은 것은?

① 영세율은 소비지국과세원칙을 구현하는 것을 주된 목적으로 하나, 면세는 역진성 완화를 주된 목적으로 한다.
② 영세율 적용 사업자와 면세사업자는 모두 부가가치세법상 납세의무자에 해당한다.
③ 영세율은 완전면세제도, 면세는 부분면세제도에 해당한다.
④ 영세율 적용 사업자는 부가가치세를 공제·환급받을 수 있으나, 면세사업자는 부가가치세를 공제·환급받을 수 없다.

31 다음 중 부가가치세법상 영세율과 면세에 대한 설명으로 옳지 않은 것은?

① 주택임대용역과 국민주택건설용역에 대해서는 면세가 적용된다.
② 약사가 단순히 의약품을 판매하는 경우에도 면세가 적용된다.
③ 직수출과 대행위탁수출에 대해서는 영세율이 적용된다.
④ 면세사업자도 면세를 포기하면 영세율을 적용받을 수 있다.

32 다음 중 부가가치세법상 영세율과 면세에 대한 설명으로 옳은 것은?

① 영세율은 부가가치세법상 면세사업자에게 적용한다.
② 영세율을 적용하면 재화 또는 용역을 매입할 때 부담한 세액을 환급받음으로써 부가가치세가 완전면세 된다.
③ 영세율의 목적은 부가가치세의 역진성 완화에 있고, 면세의 목적은 소비지국 과세원칙의 구현에 있다.
④ 영세율 적용대상자는 부가가치세법상 납세의무자가 아니지만, 면세사업자는 부가가치세법상 납세의무자이다.

33 다음 중 부가가치세법상 영세율과 면세에 대한 설명으로 옳지 않은 것은?

① 면세는 부가가치세의 역진성 완화가 주된 목적이며, 영세율은 소비지국 과세원칙의 실현이 주된 목적이다.
② 면세사업자가 영세율을 적용받기 위해서는 면세포기신고서를 제출하여야 한다.
③ 영세율이 적용되는 경우 매출세액은 없고 매입세액은 환급되므로 부가가치세의 부담이 완전히 제거된다.
④ 영세율 적용대상자와 면세사업자는 모두 부가가치세법상 사업자에 해당한다.

34 다음 중 부가가치세법상 영세율과 면세에 대한 설명으로 옳은 것은?

① 영세율 적용 사업자는 재화 또는 용역을 공급받을 때 부담한 매입세액을 일부 환급받음으로써 부가가치세의 부분면세를 적용 받는다.
② 영세율 적용 사업자는 부가가치세법상 면세사업자에 해당한다.
③ 면세사업자는 재화 또는 용역을 공급받으면서 거래징수당한 매입세액을 공제받을 수 없다.
④ 면세사업자는 부가가치세법상 사업자에 해당한다.

35 다음 중 면세포기에 대한 설명으로 옳은 것은?

① 모든 재화나 용역의 공급에 대하여 면세를 포기할 수 있다.
② 부가가치세법상 둘 이상의 사업 또는 종목을 영위하는 면세사업자는 면세포기를 하고자 하는 재화 또는 용역의 공급만을 구분하여 면세포기를 할 수 있다.
③ 부가가치세법상 면세포기를 한 이후에도 언제든지 면세사업자로 전환할 수 있다.
④ 면세포기는 관할세무서장의 승인을 받아야 한다.

36 다음 중 부가가치세법상 전자세금계산서에 대한 설명으로 옳지 않은 것은?

① 전자세금계산서는 발급일의 다음날까지 국세청에 전송하여야 한다.
② 전자세금계산서 발급 전송에 대한 세액공제 한도는 100만원이다.
③ 비영리법인은 전자세금계산서 의무발급대상자에 해당하지 아니한다.
④ 전자세금계산서 발급의무가 있는 사업자가 아닌 경우에도 전자세금계산서를 선택하여 발급·전송할 수 있다.

37 다음 중 부가가치세법상 세금계산서에 대한 설명으로 옳지 않은 것은?

① 세금계산서의 작성연월일은 필요적 기재사항이다.
② 과세되는 재화를 수입하는 경우에는 세관장이 세금계산서를 발급한다.
③ 사업자가 내국신용장에 의해 재화를 공급하는 경우에는 세금계산서를 발급한다.
④ 신용카드매출전표를 발급한 후에도 공급받는 자가 요구하면 세금계산서를 발급할 수 있다.

38 다음 중 세금계산서(또는 전자세금계산서)에 대한 설명으로 옳지 않은 것은?

① 법인사업자는 모두 전자세금계산서 의무발급대상이나, 개인사업자는 일정한 요건에 해당하는 경우에만 전자세금계산서 의무발급대상이다.

② 전자세금계산서를 발급한 경우 발급일이 속하는 달의 다음 달 11일까지 발급명세를 국세청장에게 전송하여야 한다.
③ 작성연월일은 세금계산서의 필요적 기재사항이나, 공급연월일은 임의적 기재사항이다.
④ 전자세금계산서 발급의무자가 전자세금계산서를 발급하지 않고 종이세금계산서를 발급하는 경우에는 공급가액의 1%의 가산세를 부담하게 된다.

39 다음 중 세금계산서(또는 전자세금계산서)에 대하여 옳은 설명을 하는 사람은?

> - 최택
>   당초 공급한 재화가 환입된 경우 수정세금계산서 작성일자는 재화가 환입된 날이지.
> - 성덕선
>   공급받는 자의 성명 또는 명칭은 세금계산서의 필요적 기재사항이야!
> - 성보라
>   영세율 적용 대상거래는 모두 세금계산서의 발급의무가 면제되는 거야!
> - 김정환
>   발급일이 속하는 달의 다음 달 10일까지 전자세금계산서 발급명세를 국세청장에게 전송하여야 해!

① 최 택
② 성덕선
③ 성보라
④ 김정환

40 다음 중 부가가치세법상 세금계산서에 대한 설명으로 옳은 것은?

① 수입하는 재화에 대하여는 국세청장이 세금계산서를 수입업자에게 발급한다.
② 위탁매입의 경우에는 공급자가 수탁자를 공급받는 자로 하여 세금계산서를 발급하며, 이 경우에는 위탁자의 등록번호를 부기하여야 한다.
③ 개인사업자는 전자세금계산서를 발급할 수 없다.
④ 여객운송업(전세버스운송업 제외)을 영위하는 사업자는 해당 용역을 공급받은 거래상대방이 세금계산서 발급을 요구하는 경우에도 세금계산서를 발급할 수 없다.

41 다음은 부가가치세법상 일반과세자의 과세표준에 대한 설명이다. 옳지 않은 것은?

① 공급받는 자에게 도달하기 전에 파손된 재화의 가액은 과세표준에 포함하지 아니한다.
② 재화를 공급한 후에 그 공급가액에 대한 대손금은 과세표준에서 공제하지 아니한다.
③ 금전 외의 대가를 받은 경우 자기가 공급받은 재화 등의 시가를 과세표준으로 한다.
④ 부가가치세는 과세표준에 포함되지 않는다.

42 다음 중 부가가치세 과세표준에 포함되는 것은?

> 가. 장기할부판매의 이자상당액
> 나. 확정된 공급대가의 지급지연으로 인하여 수령하는 연체이자
> 다. 매출할인
> 라. 대가와 구분하여 기재한 종업원 봉사료

① 가
② 나
③ 가, 나
④ 다, 라

43 다음 중 부가가치세의 공급가액(또는 과세표준)에 대한 설명으로 옳지 않은 것은?

① 통상적으로 용기 또는 포장을 해당 사업자에게 반환할 것을 조건으로 그 용기대금과 포장비용을 공제한 금액으로 공급하는 경우에는 그 용기대금과 포장비용은 공급가액에 포함하지 아니한다.
② 공급에 대한 대가의 지급이 지체되었음을 이유로 받는 연체이자는 공급가액에 포함하지 아니한다.
③ 사업자가 재화 또는 용역을 공급받는 자에게 지급하는 장려금이나 이와 유사한 금액 및 대손금액은 과세표준에서 공제하지 아니한다.
④ 대가의 일부로 받은 산재보험료는 과세표준에 포함하지 않는다.

44 다음은 부가가치세법상의 과세표준과 세액에 대한 설명이다. 옳지 않은 것은?

① 부가가치세 포함여부가 불분명한 경우 110분의 100을 곱한 금액을 과세표준으로 한다.
② 대가의 지급지연으로 받는 연체이자는 과세표준에 포함된다.
③ 당해 사업자가 대손금의 전부 또는 일부를 회수한 경우에는 회수한 대손금에 관련한 대손세액을 회수한 날이 속하는 과세기간에 매출세액에 가산한다.
④ 대가를 외국환으로 받고 이를 공급시기 이전에 환가한 경우 환가한 금액을 과세표준으로 세액을 계산한다.

45 다음은 (주)한공의 제1기 예정신고기간(2025.1.1.~2025.3.31.)의 거래내역이다. 부가가치세 과세표준은 얼마인가?

> - 제품 매출(공급가액)   100,000,000원
> - 판매장려금 지급   10,000,000원
> - 공장 매각(공급가액)   300,000,000원
>   (공장 건물 및 토지 포함)
> ※ 토지, 건물의 실지거래가액 및 감정가액은 없으며 공급 계약일 현재 토지와 건물의 기준시가는 각각 90,000,000원, 60,000,000원이다.

① 90,000,000원   ② 210,000,000원
③ 220,000,000원   ④ 280,000,000원

46 마포갈비는 식당과 정육점을 겸업하는 사업자이다. 2025년 9월 10일 식당과 정육점에 공통으로 사용하던 냉장고를 1,100,000원(부가가치세 제외)에 매각한 경우 다음 중 부가가치세 공급가액으로 옳은 것은?(단, 2025년 제1기 공급가액은 과세분 70,000,000원, 면세분 30,000,000원이다.)

① 300,000원   ② 330,000원
③ 700,000원   ④ 770,000원

47 다음 자료에 의하여 주사업장 총괄납부를 적용하는 (주)한공(의류도매업)의 2025년 제2기 예정신고기간(7. 1. ~ 9. 30.)의 부가가치세 과세표준을 계산하면 얼마인가?

거래일자	거 래 내 용	공급가액(원)
7/15	직매장 반출액(세금계산서 미발급)	5,000,000
8/12	하치장 반출액	12,000,000
8/17	대가를 받지 않고 매입처에 증여한 견본품(시가 1,000,000원)	500,000
9/14	사업용 건물 매각액	10,000,000
9/26	대리점에 증정한 상품(시가)	3,000,000

① 6,000,000원   ② 13,000,000원
③ 22,000,000원   ④ 25,500,000원

48 부가가치세 과세사업을 영위하고 있는 (주)한공의 다음 자료에 의한 제1기 예정신고기간의 부가가치세 과세표준은?

> 가. 손익계산서상 국내매출액: 50,000,000원
>   (부가가치세 별도)
> 나. 하치장 반출액: 원가 20,000,000원
>   (시가 30,000,000원)
> 다. 제품 직수출액: US$ 10,000을 수령하여,
>   즉시 원화로 환가함.
>
> | 구 분 | 일자 | 환율 |
> |---|---|---|
> | 대금 수령일 및 환가일 | 3월 18일 | 1,200원/US$ |
> | 수출 신고일 | 3월 19일 | 1,100원/US$ |
> | 선적일 | 3월 20일 | 1,000원/US$ |

① 60,000,000원   ② 61,000,000원
③ 62,000,000원   ④ 92,000,000원

49 다음은 2025년 제2기 부가가치세 과세기간의 거래내역이다. 부가가치세 과세표준은 얼마인가?

> 가. 할부판매액 5,000,000원
>   (이자상당액 500,000원 포함)
> 나. 특수관계인에게 무상으로 제공한 음식용역의 시가 2,000,000원
> 다. 대가의 일부로 받은 운송비 1,000,000원
> 라. 공급받는 자에게 도달하기 전에 파손된 재화의 가액 600,000원

① 4,500,000원   ② 6,000,000원
③ 8,000,000원   ④ 8,100,000원

50 (주)한공의 2025년 제1기 부가가치세 확정신고와 관련된 다음 자료로 대손세액공제를 가감한 후의 매출세액을 구하면 얼마인가?

> 가. 상품매출액(부가가치세 포함) 55,000,000원
> 나. 매출채권의 회수지연에 따라 받은 연체이자 1,100,000원
> 다. 전기 과세표준에 포함된 매출채권 5,500,000원(부가가치세 포함)이 거래처의 파산으로 당기에 대손확정되었다.

① 5,100,000원   ② 5,000,000원
③ 4,600,000원   ④ 4,500,000원

51 부가가치세 과세사업을 영위하고 있는 (주)한공의 다음 자료에 의한 2025년 제1기 예정신고기간의 부가가치세 과세표준은?(단, 모든 금액은 부가가치세 별도임)

> 가. 손익계산서상 국내 매출액: 100,000,000원
>   (매출에누리 10,000,000원, 매출할인 20,000,000원, 판매장려금 5,000,000원을 차감한 금액임)
> 나. 재무부서에서 업무용으로 사용하던 소형승용차 매각: 10,000,000원(장부가액 4,000,000원)
> 다. 보유 중인 타법인주식 매각: 50,000,000원

① 100,000,000원   ② 110,000,000원
③ 115,000,000원   ④ 160,000,000원

52 다음은 일반과세자 (주)한공의 2025년 제1기 예정신고기간의 거래내역이다. 이 자료로 2025년 제1기 예정신고기간의 부가가치세 매출세액을 계산하면?

일 자	거 래 내 용	공급가액
1월 8일	외상매출액	20,000,000원
2월 26일	개인적 목적으로 사용한 제품(시가: 2,000,000원)	1,500,000원
3월 9일	공장건물 매각액	6,000,000원
3월 20일	주식의 양도	5,000,000원

① 2,500,000원 ② 2,750,000원
③ 2,800,000원 ④ 3,250,000원

53 다음 자료로 과세사업자인 (주)한공의 제1기 부가가치세 예정신고기간의 부가가치세 과세표준을 구하면 얼마인가?

거래 일자	내 용
1. 6.	갑에게 TV를 10,000,000원에 판매하고 3%의 마일리지(300,000원)를 적립해 주었다.
2. 20.	갑에게 냉장고를 3,000,000원에 판매하였다.
3. 31.	갑에게 그 동안의 거래에 대한 감사의 표시로 판매용 스팀청소기(장부가액 100,000원, 시가 200,000원)를 증정하였다.

① 13,200,000원 ② 13,000,000원
③ 12,900,000원 ④ 12,800,000원

54 다음은 (주)한공의 2025년 제1기 부가가치세 확정신고와 관련된 내역이다. 대손세액공제 후 매출세액을 구하면 얼마인가?

가. 제품매출액　　　　　170,000,000원
나. 사업용으로 사용하던 토지의 매각
　　　　　　　　　　　 50,000,000원
다. 매출채권 회수지연에 따른 연체이자
　　　　　　　　　　　　1,000,000원
라. 거래처 파산으로 인해 대손확정된
　　매출채권(부가가치세 포함) 77,000,000원

① 10,000,000원 ② 17,000,000원
③ 15,000,000원 ④ 14,000,000원

55 다음 자료로 과세사업자인 (주)한공의 2025년 제2기 확정신고 시 부가가치세 과세표준을 구하면 얼마인가? 단, 아래의 금액에는 부가가치세가 포함되지 아니하였다.

가. 외상판매액: 1,000,000원
　　(대금은 다음 기에 수령하였음.)
나. 장려품으로 거래처에 증정한 제품:
　　원가 1,000,000원(시가 1,500,000원)
다. 화재로 인하여 소실된 제품:
　　원가 3,000,000원(시가 4,000,000원)
라. 거래처에 자금을 대여하고 받은 이자:
　　2,200,000원

① 2,200,000원 ② 2,500,000원
③ 4,500,000원 ④ 5,500,000원

56 다음의 자료에 의하여 2025년 제1기 예정신고기간의 부가가치세 과세표준을 계산하면? 단, 주어진 자료의 금액은 부가가치세가 포함되지 아니한 금액이다.

일 자	거 래 내 용	금 액
1월 8일	현금매출액	20,000,000원
2월 16일	사업상 증여한 장려품 (매입세액 공제분으로 시가는 2,000,000원)	1,500,000원
3월 25일	비영업용 소형승용차 매각액	6,000,000원
4월 20일	외상매출액	5,000,000원

① 25,000,000원 ② 27,500,000원
③ 28,000,000원 ④ 32,500,000원

57 다음의 자료에 의하여 2025년 제1기 예정신고기간의 부가가치세 과세표준을 계산하면 얼마인가? 단, 제시된 금액에는 부가가치세가 포함되지 아니하였다.

일 자	거 래 내 용	금 액
1월 8일	국내 거래처 상품 판매액	150,000,000원
1월 26일	매출채권 조기회수에 따른 매출할인	2,000,000원
3월 16일	매출채권 회수지연에 따른 연체이자	1,000,000원
3월 25일	수출액	100,000,000원

① 148,000,000원 ② 151,000,000원
③ 248,000,000원 ④ 250,000,000원

58 구두제조업을 영위하는 (주)한공의 2025년 2기 부가가치세 예정신고기간(2025.7.1.～2025.9.30.)의 공급가액에 대한 자료이다. 과세표준은 얼마인가?

• 상품매출액	6,000,000원
• 판매장려금 지급액	500,000원
• 공급가액 지연에 따른 연체이자 수령액	300,000원
• 할부판매 이자상당액	100,000원

① 5,500,000원　　　② 6,000,000원
③ 6,100,000원　　　④ 6,400,000원

59 다음 자료를 토대로 (주)한공의 2025년 제2기 예정신고기간(7.1.~9.30.)의 부가가치세 과세표준을 구하시오.

거래일자	거　래　내　용	공급가액(원)
7.24.	상품 외상 판매액	35,000,000
8.16.	대가의 일부로 받은 운송비와 운송보험료	2,000,000
9.11.	거래처에 무상으로 제공한 견본품(시가)	4,500,000
9.19.	대가의 지급지연으로 인해 받은 연체이자	4,000,000
9.29.	업무용 중고 승용차(2,000cc) 매각액	7,500,000

① 37,000,000원　　　② 39,000,000원
③ 44,500,000원　　　④ 48,500,000원

60 다음 자료에 의하여 화장품 제조업을 영위하는 (주)한공의 2025년 제2기 예정신고기간의 부가가치세 과세표준을 계산하면 얼마인가?

거래일자	거　래　내　용	공급가액
7/20	제품 매출액	200,000,000원
7/24	하치장 반출액	50,000,000원
8/1	거래처에 무상제공한 제품(견본품이 아님)	30,000,000원
8/10	사업용 토지 매각액	60,000,000원
8/10	사업용 건물 매각액	100,000,000원

① 300,000,000원　　　② 330,000,000원
③ 380,000,000원　　　④ 390,000,000원

61 다음의 자료를 토대로 (주)한공의 2025년 제2기 확정신고기간의 부가가치세 과세표준을 계산하면 얼마인가?(단, 주어진 자료에는 부가가치세가 포함되지 아니하였다.)

• 총 현금 및 외상판매액:	9,000,000원
• 매출할인액:	500,000원
• 할부판매액:	6,000,000원
(이자상당액 1,000,000원 포함된 금액)	
• 과세사업용 부동산 처분액:	20,000,000원
(토지: 12,000,000원, 건물: 8,000,000원)	
• 비영업용 승용차의 처분액:	2,000,000원

① 22,500,000원　　　② 24,500,000원
③ 35,000,000원　　　④ 37,000,000원

62 다음 자료를 토대로 (주)한공의 2025년 제2기 확정신고기간 부가가치세 과세표준을 계산하면 얼마인가?(단, 모든 금액에는 부가가치세가 포함되어 있지 아니하다.)

• 내국신용장에 의한 재화의 공급액:	2,000,000원
• 중고승용차의 매각액:	900,000원
• 주택과 그 부수토지의 임대용역:	400,000원
• 공급받은 자에게 도달하기 전에 파손된 재화의 가액:	1,000,000원

①　 400,000원　　　② 2,400,000원
③ 2,900,000원　　　④ 3,900,000원

63 다음 자료를 토대로 (주)한공(의류제조업)의 2025년 제1기 확정신고 시 부가가치세 과세표준을 계산하면 얼마인가?(단, 주어진 자료에는 부가가치세가 포함되지 아니하였다.)

가. 하치장 반출액	12,000,000원
나. 외상판매액	10,000,000원
(외상대금을 2025년 8월에 수령할 예정임.)	
다. 영업용이 아닌 승용차 매각대금	15,000,000원
라. 의류제조 과정에서 발생한 부산물의 매각대금	6,000,000원
마. 거래처에 자금을 대여하고 받은 이자	7,000,000원

① 28,000,000원　　　② 31,000,000원
③ 37,000,000원　　　④ 43,000,000원

64 다음은 (주)한공의 2025년 제2기 부가가치세 확정신고기간(2025.10.1.~2025.12.31.)의 자료이다. 이를 토대로 부가가치세 과세표준을 계산하면 얼마인가?(단, 주어진 자료의 금액은 부가가치세가 포함되어 있지 않은 금액이며, 세금계

산서 등 필요한 증빙서류는 적법하게 발급하였
거나 수령하였다.)

가. 외상매출액(매출할인 500,000원을 차감하기 전의 금액임)	10,000,000원
나. 재화의 직수출액	7,000,000원
다. 비영업용 승용차(2,000cc 미만임)의 처분	4,000,000원
라. 과세사업용 부동산 처분액 (토지 10,000,000원, 건물 7,000,000원)	17,000,000원
마. 공급받는 자에게 도달하기 전에 파손된 재화의 가액(해당액은 위 매출액에 포함되어 있지 않음)	2,000,000원

① 27,500,000원 ② 29,500,000원
③ 31,000,000원 ④ 34,000,000원

65 다음은 부가가치세법상 과세사업자인 (주)한공
의 2025년 제2기 과세자료이다. 대손세액공제
를 반영한 후의 부가가치세 매출세액은 얼마인
가? 단, 별도의 언급이 없는 한 주어진 금액은
부가가치세가 포함되어 있지 않은 금액이며, 세
금계산서 등 필요한 증빙시류는 적법하게 발급
하였거나 수령하였다.

가. 제품의 외상판매액	15,000,000원
나. 매출채권의 조기회수 따른 매출할인액	300,000원
다. 거래처에 무상제공한 견본품	1,000,000원
라. 법인세법 시행령에 따른 회수불능으로 인한 외상매출액 대손확정분(부가가치세 포함)	2,200,000원

① 1,170,000원 ② 1,270,000원
③ 1,370,000원 ④ 1,570,000원

66 다음 중 부가가치세 매출세액에서 공제받을 수
있는 매입세액에 해당하는 것은?(단, 세금계산
서는 적법하게 수취하였고 제반신고의무는 적법
하게 이행하였다.)

① 광고선전비에 대한 매입세액
② 토지의 조성 등을 위한 자본적 지출에 관련된 매입세액
③ 간주임대료에 대하여 부담한 매입세액
④ 접대비 및 이와 유사한 비용의 지출에 관련된 매입세액

67 다음은 과세사업과 면세사업을 겸영하는 법인
사업자의 부가가치세 예정신고 자료이다. 예정
신고 시에 납부할 세액은 얼마인가?

가. 예정신고기간 공급가액 내역

(단위 : 원)

구 분	과세사업	면세사업	계
공급가액	10,000,000	10,000,000	20,000,000

나. 예정신고기간에 세금계산서를 수취한 매입세액
   내역
   • 사업과 직접 관련이 없는 지출에 대한 매입
     세액:　100,000원
   • 과세·면세사업 공통사용재화의 매입세액:
     200,000원
   • 접대비 지출에 관련된 매입세액: 300,000원

① 400,000원 ②　800,000원
③ 900,000원 ④ 1,400,000원

68 다음 중 부가가치세법상 일반과세자가 제2기
과세기간(7.1.~12.31.)의 매출세액에서 공제받을
수 있는 매입세액은 얼마인가?

가. 제1기 과세기간에 신고누락된 원재료 관련 매입세액	500,000원
나. 대주주가 거주 중인 사택의 운영비 관련 매입세액	1,000,000원
다. 사용 중이던 건물의 철거비용 관련 매입세액	200,000원
라. 택지조성 관련 매입세액	2,000,000원

①　200,000원 ②　700,000원
③ 1,200,000원 ④ 3,500,000원

69 다음 자료에 따라 의류제조업을 영위하는 일반
과세자인 (주)한공의 2025년 제1기 부가가치세
예정신고 시 매출세액에서 공제되는 매입세액은
얼마인가?

구 분	매입세액	수취한 증명서류
제품 포장지 수입	2,000,000원	수입세금계산서
승용자동차(1,500cc, 4인용) 사용 유류 매입	1,400,000원	세금계산서
공장 건물 임차료	15,000,000원	세금계산서
소모품 구입	300,000원	영수증

①　3,400,000원 ② 17,000,000원
③ 18,400,000원 ④ 18,700,000원

70 다음은 TV제조업을 영위하는 (주)한공의 2025년 제2기 부가가치세 예정신고기간(2025.7.1.~2025.9.30.)의 자료이다. 이를 토대로 부가가치세 납부세액을 계산하면 얼마인가?(단, 주어진 자료의 금액은 부가가치세가 포함되어 있지 않은 공급가액이며, 세금계산서 등 필요한 증빙서류는 적법하게 발급하였거나 수령하였다.)

가. 국내판매	60,000,000원
나. 수출판매	20,000,000원
다. TV부품 매입	30,000,000원
라. 대표이사 업무용 소형승용차(2,000cc) 매입	17,000,000원
마. 공장기계구입	5,000,000원

① 800,000원   ② 2,500,000원
③ 3,000,000원   ④ 4,500,000원

71 다음은 의류 제조업을 영위하는 (주)한공의 2025년 제1기 부가가치세 예정신고와 관련된 매입세액 자료이다. 이 중 매출세액에서 공제받지 못할 매입세액은 모두 얼마인가? 단, 필요한 세금계산서는 적법하게 수취하였다.

가. 의류 제조용 원재료 구입관련 매입세액	5,000,000원
나. 공장부지 자본적 지출 관련 매입세액	3,000,000원
다. 대표이사 업무용승용차 구입관련 매입세액(3,500cc)	10,000,000원
라. 거래처 설날선물 구입관련 매입세액	1,500,000원
마. 사무용 비품구입 관련 매입세액	2,500,000원

① 11,500,000원   ② 13,000,000원
③ 14,500,000원   ④ 17,000,000원

72 다음 중 부가가치세법상 신고와 납부절차에 대한 설명으로 옳은 것은?

① 예정신고시 대손세액공제와 신용카드매출전표 등 발행공제는 신고대상이다.
② 예정고지세액으로 징수하여야 할 금액이 30만원 미만인 경우에는 징수하지 않는다.
③ 예정신고기간에 고지납부한 경우에는 확정신고시 6개월분에 대하여 신고하고, 고지납부 세액은 확정신고시 납부세액에서 공제한다.
④ 일반과세자는 예정신고 또는 조기환급 신고시에 이미 신고한 내용을 포함하여 과세표준과 납부세액을 확정 신고하여야 한다.

73 다음 중 부가가치세법상 개인 일반사업자의 신고 · 납부에 대한 설명으로 옳은 것은?

① 휴업 등으로 인하여 각 예정신고기간의 공급가액이 직전 과세기간의 공급가액의 1/2에 미달하는 경우 예정신고 할 수 있다.
② 각 예정신고기간분에 대하여 조기환급을 받으려는 개인사업자는 예정신고 할 수 있다.
③ 예정신고를 한 사업자도 확정신고시 이미 신고한 과세표준을 포함하여 신고한다.
④ 폐업하는 경우 폐업일이 속한 달의 다음 달 말일 이내에 신고 · 납부하여야 한다.

74 다음 중 부가가치세 신고 · 납부 및 환급에 대한 설명으로 옳은 것은?

① 폐업하는 경우 폐업일이 속한 달의 다음달 25일 이내에 과세표준과 세액을 신고 · 납부하여야 한다.
② 각 예정신고기간의 환급세액은 예정신고한 경과 후 15일 이내에 환급하여야 한다.
③ 영세율을 적용받는 경우에만 조기환급을 받을 수 있다.
④ 각 과세기간이 끝난 후 30일 이내에 과세표준과 세액을 신고 · 납부하여야 한다.

75 다음 중 부가가치세 신고·납부 및 환급에 대한 설명으로 옳은 것은?

① 국내사업장이 없는 비거주자로부터 용역을 공급받은 면세사업자는 대리납부의무가 있다.
② 납세의무자가 재화의 수입에 대하여 관세를 세관장에게 신고 · 납부하는 경우에는 관련 부가가치세의 신고 · 납부 의무를 면제한다.
③ 영세율을 적용받는 경우에는 조기환급을 받을 수 없다.
④ 각 과세기간 종료 후 30일 이내에 과세표준과 세액을 신고 · 납부하여야 한다.

76 다음 중 부가가치세 신고와 납부에 관한 설명으로 옳지 않은 것은?

① 직전 과세기간 공급가액의 합계액이 1억5천만원 이상인 법인사업자는 예정신고기간이 끝난 후 25일 이내에 예정신고기간에 대한 과세표준과 납부세액 또는 환급세액을 납세지관할 세무서장에게 신고하여야 한다.
② 개인사업자는 관할 세무서장이 각 예정신고기간마다 직전 과세기간에 대한 납부세액의 1/2에 해당하

는 금액을 결정하여 해당 예정신고기간이 끝난 후 25일까지 징수한다.

③ 개인사업자는 휴업 또는 사업부진 등으로 인하여 각 예정신고기간의 공급가액 또는 납부세액이 직전 과세기간의 공급가액 또는 납부세액의 1/3에 미달하는 경우 예정신고 납부를 할 수 있다.

④ 폐업일의 경우 폐업일이 속한 달의 25일 이내에 신고·납부하여야 한다.

77 다음 중 부가가치세법상 가산세에 대한 설명으로 옳지 않은 것은?

① 사업 개시일부터 20일 이내에 등록을 신청하지 아니한 경우 미등록 가산세가 부과된다.

② 세금계산서를 그 발급시기가 지난 후 해당 재화 또는 용역의 공급시기가 속하는 과세기간에 대한 확정신고 기한까지 발급하는 경우 그 공급가액에 대하여 1%의 가산세가 부과된다.

③ 예정신고시 제출하여야 할 매입처별세금계산서합계표를 확정신고시 제출하는 경우에는 지연제출가산세가 적용된다.

④ 재화 또는 용역을 공급하지 아니하고 세금계산서 또는 신용카드매출전표 등을 발급한 경우 그 공급가액에 대하여 3%의 가산세가 부과된다.

78 다음 중 부가가치세법상 간이과세자에 대한 설명으로 가장 옳지 않은 것은?

① 간이과세자가 2025년 1월 31일에 간이과세포기신고를 하는 경우에는 2025년 2월 1일부터 일반과세자가 된다.

② 간이과세가 적용되지 아니하는 다른 사업장을 보유하고 있는 사업자는 직전 연도의 공급대가가 1억 4백만원에 미달하는 경우에도 원칙적으로 간이과세를 적용받을 수 없다.

③ 간이과세자는 의제매입세액공제를 적용받을 수 없다.

④ 직전 연도의 공급대가가 1억 4백만원에 미달한 법인사업자는 간이과세를 적용받을 수 있다.

79 다음 중 부가가치세법상 간이과세와 관련된 설명으로 옳은 것은?

① 2025년의 공급대가가 1억 4백만원에 미달하는 음식점업을 하는 경우 간이과세가 적용되는 기간은 2026년 1월 1일부터 2026년 12월 31일까지로 한다.

② 간이과세자의 경우 예정신고기간의 납부세액을 자진신고하는 것이 원칙이다.

③ 부동산매매업을 경영하는 자는 공급대가의 규모와 관계없이 간이과세자가 될 수 없다.

④ 간이과세자에게는 의제매입세액공제제도가 있다.

80 다음 중 간이과세자에 대한 설명으로 옳지 않은 것은?

① 간이과세자의 경우에도 영세율과 면세가 적용될 수 있으며, 이에 따른 환급을 적용받을 수 있다.

② 직전 1역년의 공급대가가 4,800만원에 미달하는 부동산임대업을 경영하는 개인사업자는 간이과세를 적용받을 수 있다.

③ 광업, 부동산매매업, 전문직 및 일정기준에 해당하는 과세유흥장소영위업 등은 간이과세를 적용받을 수 없다.

④ 간이과세자는 해당 과세기간의 공급대가 합계액을 과세표준으로 한다.

81 다음 중 부가가치세법상 간이과세자에 대한 설명으로 옳지 않은 것은?

① 간이과세를 포기하고 일반과세자가 될 수 있다.

② 간이사업자는 대손세액공제를 적용받을 수 없다.

③ 매입처별세금계산서 합계표를 제출하면 매입시 부담한 세액전부를 납부세액에서 공제 받을 수 있다.

④ 과세기간의 공급대가가 4,800만원 미만인 경우 해당 과세기간의 납부의무를 면제한다.

제 3 절 소득세

01 다음 중 우리나라 소득세에 대한 설명으로 옳은 것은?

① 소득세는 개인단위로 과세하는 것이 원칙이나 금융소득은 부부단위로 합산과세한다.

② 소득세는 열거주의방식에 따라 열거된 것만을 과세하나, 이자소득·배당소득·기타소득은 유형별 포괄주의에 따라 열거된 것과 유사한 것은 과세할 수 있다.

③ 종합소득·퇴직소득·양도소득이 있는 자가 법정신고기한까지 확정신고를 하면 소득세의 납세의무가 확정된다.

④ 소득세는 경상적이고 반복적으로 발생하는 소득만 과세하므로 일시적·우발적 소득은 과세하지 아니한다.

02 다음 중 소득세에 대한 설명으로 옳지 않은 것은?

① 국내에 주소를 두거나 183일 이상의 거소를 둔 개인이 거주자이고, 그 밖의 개인이 비거주자이다.

② 거주자는 국내외원천소득에 대하여 소득세의 납세의무를 지나, 비거주자는 국내원천소득에 대한 소득세의 납세의무를 진다.

③ 거주자가 사망한 경우의 과세기간은 1월 1일부터 사망 신고를 한 날까지로 한다.

④ 곡물 및 기타 식량작물재배업에서 발생하는 소득은
소득세 과세대상이 아니다.

03 다음 중 소득세법에 대한 설명으로 옳은 것은?

① 거주자는 국내원천소득에 대해서만 소득세의 납세
의무를 진다.
② 거주자가 주소 또는 거소의 국외 이전을 위하여 출
국한 경우 출국하는 날에 비거주자가 된다.
③ 거주자가 사망한 경우의 과세기간은 1월 1일부터
사망일까지로 한다.
④ 국내에 주소를 두거나 90일 이상의 거소를 둔 개인
은 거주자에 해당한다.

04 다음 중 소득세에 대하여 잘못 설명하고 있는
사람은?

> • 길동
> 우리나라 소득세는 신고납세제도를 취하고 있어.
> • 지수
> 퇴직소득과 양도소득은 종합과세하지 않고 소득
> 별로 따로 과세하는데 이를 분리과세라고 해.
> • 종민
> 거주자는 국내외 모든 소득에 대하여 과세하기
> 때문에 무제한 납세의무자라고 해.
> • 나현
> 소득을 지급하는 자가 소득자로부터 일정한
> 세액을 징수하여 국가에 납부하는 제도를 원천징
> 수라고 해.

① 길동　　　　　　② 지수
③ 종민　　　　　　④ 나현

05 다음 중 소득세법상 납세의무에 대하여 잘못 설
명하고 있는 사람은?

> • 김회계
> 거주자는 국내외 원천소득에 대하여 소득세 납
> 세의무가 있어.
> • 이원가
> 비거주자는 국내원천소득에 대해서만 소득세
> 납세의무가 있지.
> • 박재무
> 종합소득세는 신고납세제도를 채택하고 있고,
> 양도소득세는 부과과세제도를 채택하고 있어.
> • 최세무
> 분리과세 소득에 대하여는 종합소득세 확정신
> 고의무가 없어.

① 김회계　　　　　② 이원가
③ 박재무　　　　　④ 최세무

06 다음 중 금융소득에 대한 설명으로 옳지 않은
것은?

① 무기명채권의 이자는 그 지급을 받은 날을 수입시
기로 한다.
② 비영업대금의 이익은 그 금액에 상관없이 항상 종
합과세된다.
③ 직장공제회 초과반환금은 무조건 분리과세대상이다.
④ 법인세법에 의하여 처분된 배당은 해당 법인의 해
당 사업연도의 결산확정일을 수입시기로 한다.

07 다음 중 이자소득과 배당소득에 대한 설명으로
옳지 않은 것은?

① 무기명채권의 이자는 그 지급을 받은 날을 수입시
기로 한다.
② 비영업대금의 이익은 금액에 상관없이 항상 종합과
세한다.
③ 실지명의가 확인되지 아니하는 이자소득은 무조건
분리과세대상이다.
④ 잉여금의 처분에 의한 배당은 해당 법인의 잉여금
처분결의일을 수입시기로 한다.

08 다음 중 소득세법상 무조건 분리과세대상인 금
융소득은?

> 가. 비실명이자소득
> 나. 법인세법에 따라 배당으로 처분된 금액
> 다. 비영업대금의 이익
> 라. 직장공제회 초과반환금

① 가, 나　　　　　② 가, 라
③ 나, 다　　　　　④ 다, 라

09 다음은 거주자 갑의 국내소득 자료이다. 2025
년도에 귀속되는 소득을 모두 열거한 것은?

종　류	이자지급 약정일	이자 수령일
가. 정기예금이자	2024년 12월 23일	2025년 1월 11일
나. 기명식 회사채이자	2024년 12월 26일	2025년 1월 14일
다. 비영업대금의 이익	2025년 12월 27일	2026년 1월 15일

① 다　　　　　　　② 가, 나
③ 나, 다　　　　　④ 가, 다

10 다음은 국내 거주자인 성실해 씨의 금융소득 내
역이며, 소득세법에 따라 적법하게 원천징수 되
었다. 이에 대한 소득세법상 설명으로 잘못된
것은?

<table>
<tr><td>가. 정기적금이자</td><td>6,000,000원</td></tr>
<tr><td>나. 비영업대금의 이익</td><td>10,000,000원</td></tr>
<tr><td>다. 법원보관금의 이자</td><td>10,000,000원</td></tr>
<tr><td>라. 세금우대종합저축의 이자</td><td>4,000,000원</td></tr>
</table>

① 비영업대금의 이익은 25% 세율로 원천징수된다.
② 정기적금이자와 법원보관금의 이자는 14% 세율로 원천징수된다.
③ 금융소득이 2천만원을 초과하므로 금융소득 3천만원은 종합과세된다.
④ 세금우대종합저축의 이자는 9% 세율로 원천징수된다.

11 다음 자료에 의하여 종합소득에 합산하여 과세 표준 신고를 하여야 하는 금융소득을 구하면 얼마인가?

<table>
<tr><td>가. 직장공제회 초과반환금</td><td>15,000,000원</td></tr>
<tr><td>나. 법원보관금의 이자</td><td>60,000,000원</td></tr>
<tr><td>다. 비영업대금의 이익</td><td>15,000,000원</td></tr>
<tr><td>라. 비실명이자</td><td>20,000,000원</td></tr>
</table>

① 　　　　0원　　　② 15,000,000원
③ 30,000,000원　　④ 50,000,000원

12 다음 자료에 의하여 종합과세되는 금융소득금액을 계산하면 얼마인가?

<table>
<tr><td>가. 출자공동사업자의 배당소득:</td><td>4,000,000원</td></tr>
<tr><td>나. 국내에서 원천징수 되지 아니한 이자소득:</td><td>5,000,000원</td></tr>
<tr><td>다. 비실명 금융소득:</td><td>10,000,000원</td></tr>
<tr><td>라. 상장내국법인으로부터의 현금배당액:</td><td>1,500,000원</td></tr>
</table>

① 　　　　0원　　　② 　5,000,000원
③ 9,000,000원　　④ 20,500,000원

13 다음 자료를 토대로 거주자 김한공 씨의 2025년도 종합과세되는 금융소득금액을 계산하면 얼마인가?(단, 아래의 금액은 원천징수 전의 금액이며, 원천징수는 적절히 이루어졌다.)

<table>
<tr><td>가. 국내에서 받은 보통예금이자</td><td>9,000,000원</td></tr>
<tr><td>나.「자본시장과 금융투자업에 관한 법률」에 따른 집합투자기구로부터의 이익</td><td>5,000,000원</td></tr>
<tr><td>다. 타인에게 금전을 빌려주고 받은 이자</td><td>11,000,000원</td></tr>
<tr><td>라. 외국법인으로부터 받은 배당소득(국내에서 원천징수되지 아니함.)</td><td>8,000,000원</td></tr>
<tr><td>마. 신탁법에 따른 공익신탁의 이익</td><td>12,000,000원</td></tr>
</table>

① 19,000,000원　　② 28,000,000원
③ 33,000,000원　　④ 40,000,000원

14 다음은 제조업을 영위하는 개인사업자의 손익계산서에 반영되어 있는 수익항목 자료이다. 사업소득에 대한 총수입금액은 얼마인가?

<table>
<tr><td>가. 매출액</td><td>8,000,000원</td></tr>
<tr><td>나. 거래상대방으로부터 받은 판매장려금</td><td>5,000,000원</td></tr>
<tr><td>다. 공장건물 처분이익</td><td>7,000,000원</td></tr>
<tr><td>라. 공장건물의 화재로 인한 보험차익</td><td>2,000,000원</td></tr>
<tr><td>마. 배당금수익</td><td>3,000,000원</td></tr>
</table>

① 　7,000,000원　　② 15,000,000원
③ 17,000,000원　　④ 20,000,000원

15 다음 자료에 의하면 판매업을 영위하는 개인사업자 김한공 씨의 사업소득 총수입금액은 얼마인가?

<table>
<tr><td>가. 총매출액(매출할인 2,000,000원 포함)</td><td>30,000,000원</td></tr>
<tr><td>나. 사업과 무관한 채무면제이익</td><td>10,000,000원</td></tr>
<tr><td>다. 계약의 해약을 원인으로 받는 손해배상금</td><td>5,000,000원</td></tr>
<tr><td>라. 거래상대방으로부터 받은 장려금</td><td>4,000,000원</td></tr>
</table>

① 32,000,000원　　② 34,000,000원
③ 40,000,000원　　④ 47,000,000원

16 제조업을 영위하는 거주자인 사업자 김한공 씨의 제5기(2025.1.1.~2025.12.31.)의 손익계산서에 반영되어 있는 수익항목에 관한 자료이다. 제5기 사업소득의 총수입금액은 얼마인가?

<table>
<tr><td>가. 총매출액</td><td>120,000,000원</td></tr>
<tr><td>나. 거래상대방인 (주)서울로부터 받은 판매장려금</td><td>5,000,000원</td></tr>
<tr><td>다. 이자수익</td><td>4,000,000원</td></tr>
<tr><td>라. 사업과 관련 없이 기증받은 물품(시가)</td><td>3,000,000원</td></tr>
</table>

① 120,000,000원　　② 125,000,000원
③ 129,000,000원　　④ 132,000,000원

17 다음 자료는 제조업을 영위하는 개인사업자 김한공이 운영하는 한공산업의 제10기(2025. 1. 1. ~ 2025. 12. 31.)의 주요 자료이다. 사업소득 총수입금액은 얼마인가?

> 가. 총매출액 20,000,000원
> (매출에누리 2,000,000원 차감 전)
> 나. 가사(家事)용으로 소비한 재고자산
> (원가 1,000,000원)의 시가 1,500,000원
> 다. 공장(토지와 건물)의 매각대금 2,000,000원
> 라. 업무와 관련하여 기증받은 사무용 비품의 시가
> 4,000,000원

① 22,000,000원　　　　② 23,500,000원
③ 25,500,000원　　　　④ 27,500,000원

18 다음 자료에 의하여 제조업을 영위하는 개인사업자인 한공회 씨의 제10기(2025. 1. 1. ~ 2025. 12. 31.) 사업소득 총수입금액을 계산하면 얼마인가?

> 가. 총매출액 30,000,000원
> 나. 거래상대방으로부터 받은 판매장려금
> 1,000,000원
> 다. 예금이자수입 2,000,000원
> 라. 사업용 유형자산인 토지의 처분이익
> 5,000,000원

① 31,000,000원　　　　② 33,000,000원
③ 35,000,000원　　　　④ 36,000,000원

19 다음은 제조업을 영위하는 개인사업자 한공회 씨의 2025년 손익계산서에 반영된 자료이다. 소득세차감전 순이익이 50,000,000원인 경우, 한공회 씨의 2025년 사업소득금액은 얼마인가?

> 가. 대표자 급여 10,000,000원
> 나. 예금이자수익 1,000,000원
> 다. 토지처분이익 2,000,000원
> 라. 광고선전비 600,000원

① 47,000,000원　　　　② 50,000,000원
③ 57,000,000원　　　　④ 57,600,000원

20 다음은 제조업을 영위하는 개인사업자 김한공 씨의 제10기 손익계산서에 반영된 자료이다. 소득세 차감 전 순이익이 50,000,000원인 경우, 김한공 씨의 제10기 사업소득금액은 얼마인가?

> 가. 교통사고벌과금 3,000,000원
> 나. 외국법인으로부터 받은 배당금
> 10,000,000원
> 다. 토지처분이익 2,000,000원
> 라. 사업과 관련된 자산수증이익 6,000,000원
> (이월결손금 보전에 충당하지 아니함.)

① 35,000,000원　　　　② 38,000,000원
③ 41,000,000원　　　　④ 47,000,000원

21 2025년도 사업소득금액을 계산하면 얼마인가? (단, 2025년 중 부채의 합계가 자산의 합계액을 초과하지 않았고, 소득세비용은 고려하지 않는다.)

> 〈손익계산서〉
> • 매출 300,000,000원
> • 매출원가 100,000,000원
> • 급여 150,000,000원
> (김한공 씨의 급여 50,000,000원 포함)
> • 판매비 25,000,000원
> • 배당금 수익 10,000,000원
> • 이자비용 5,000,000원
> (은행으로부터 사업용자금을 대출받음)
> • 당기순이익 30,000,000원

① 20,000,000원　　　　② 25,000,000원
③ 70,000,000원　　　　④ 75,000,000원

22 다음 중 근로소득에 포함되지 않는 것은?

① 종업원의 자녀가 사업자로부터 받는 학자금
② 법인세법에 따른 임원퇴직급여 한도초과액
③ 출자임원이 사택을 제공받음으로써 얻는 이익
④ 근로자가 부여받은 주식매수선택권을 퇴직 후에 행사함으로써 얻은 이익

23 다음 중 소득세법상 근로소득의 원천징수에 대한 설명으로 옳은 것은?

① 원천징수의무자는 해당 연도의 다음 연도 1월분의 근로소득 또는 퇴직하는 달의 근로소득을 지급할 때에 연말정산을 하여야 한다.
② 일용직 근로자가 2인 이상으로부터 근로소득을 지급받는 경우 해당 근로소득을 지급받기 전에 주된 근무지의 원천징수 의무자에게 근무지신고서를 제출해야 한다.
③ 원천징수의무자는 연말정산에 의하여 원천징수한 소득세를 그 징수일이 속하는 달의 다음달 말일까지 납부해야한다.
④ 원천징수의무자가 12월분의 근로소득을 다음 연도

2월 말일까지 지급하지 아니한 경우 그 근로소득을 다음 연도 2월 말일에 지급한 것으로 보아 소득세를 원천징수한다.

24 다음 중 소득세법상 근로소득의 원천징수 및 연말정산에 관한 설명으로 옳은 것은?

① 원천징수의무자가 매월분의 근로소득을 지급할 때에는 6%의 세율로 소득세를 원천징수한다.
② 원천징수의무자는 해당 과세기간의 다음 연도 1월분의 급여 지급시 연말정산을 해야 한다.
③ 원천징수의무자가 12월분의 근로소득을 다음 연도 2월 말일까지 지급하지 아니한 경우에는 그 근로소득을 다음 연도 2월 말일에 지급한 것으로 보아 소득세를 원천징수한다.
④ 일용근로자의 근로소득은 소득 지급 시 원천징수된 후 다음 연도에 연말정산을 통하여 확정된다.

25 다음은 (주)한공의 상무이사인 유능한 씨가 2025년에 근로제공 대가로 지급받은 금액의 내역이다. 유능한 씨의 총급여액은 얼마인가? 단, 제시된 자료의 금액은 원천징수하기 전의 금액이다.

가. 매월 지급된 급여합계액:	60,000,000원
나. 연간 지급된 상여금:	30,000,000원
(급·상여지급 규정상 한도액 10,000,000원)	
다. 식사대(월 20만원):	2,400,000원
(회사에서는 식사를 제공하지 않음.)	
라. 사회통념상 타당한 범위 내의 경조금:	1,000,000원

① 90,000,000원　　② 91,200,000원
③ 92,400,000원　　④ 93,400,000원

26 다음은 (주)한공의 경리과장인 김한공 씨가 2025년에 근로제공 대가로 지급받은 내역이다. 김한공 씨의 총급여액은 얼마인가? 단, 제시된 자료의 금액은 원천징수하기 전의 금액이다.

가. 매월 지급된 급여합계액:	40,000,000원
나. 자녀학자금 수령액:	10,000,000원
다. 식사대(월 20만원):	2,400,000원
(회사에서는 식사를 별도로 제공하였음)	
라. 사회통념상 타당한 범위 내의 경조금:	1,000,000원

① 40,000,000원　　② 43,400,000원
③ 51,200,000원　　④ 52,400,000원

27 다음 중 기타소득에 대한 설명으로 옳지 않은 것은?

① 복권당첨소득은 무조건 분리과세되는 기타소득이다.
② 뇌물 및 알선수재로 받은 금품은 무조건 종합과세되는 기타소득이다.
③ 소유자가 없는 물건의 점유로 소유권을 취득한 자산은 비과세 기타소득에 해당한다.
④ 연금계좌세액공제를 받은 금액과 연금계좌의 운용실적에 따라 증가된 금액을 연금외 수령한 소득은 기타소득으로 본다.

28 다음 중 기타소득에 대한 설명으로 옳지 않은 것은?

① 뇌물로 받는 금품은 기타소득으로 과세한다.
② 상가입주 지체상금은 실제필요경비 대신에 총수입금액의 80%를 필요경비로 적용받을 수 있다.
③ 법인세법에 따라 기타소득으로 처분된 소득의 수입시기는 그 법인의 해당 사업연도의 결산확정일이다.
④ 복권에 당첨되어 받는 금품은 원천징수로 과세가 종결된다.

29 다음 중 기타소득을 지급할 때 소득세 원천징수세액을 잘못 계산한 것은?(단, 필요경비는 제시된 것 위에는 확인되지 않는다.)

	기타소득	소득세 원천징수세액
① 복권 당첨소득	400,000,000원	90,000,000원
② 주택입주지체상금	20,000,000원	4,000,000원
③ 강연료(고용관계 없음)	4,000,000원	320,000원
④ 지상권 대여료(실제 필요경비 500,000원)	2,000,000원	160,000원

30 대학교수인 김회계 씨가 2025년에 지급받은 기타소득 관련 자료이다. 주어진 자료로 기타소득금액을 계산하면 얼마인가?

구 분	기타소득 총수입금액	실제필요경비
신문원고료	10,000,000원	500,000원
재산권에 대한 알선수수료	1,000,000원	–
아마추어 바둑대회 우승상금*	4,000,000원	200,000원

*아마추어 바둑대회는 다수가 순위경쟁하는 대회이다.

① 3,000,000원　　② 3,800,000원
③ 6,000,000원　　④ 5,800,000원

31 다음 자료로 거주자 김한공 씨의 소득세 원천징수세액을 계산하면 얼마인가? 단, 필요경비는 확인되지 않는다.

> 가. 상가임대소득: 10,000,000원(사업성 있음)
> 나. 고용관계 없이 일시적으로 대학에서 특강을 하고 받은 강연료: 3,000,000원
> 다. 일간지에 글을 1회 기고하고 받은 원고료: 2,000,000원
> ※ 기타소득에 대한 원천징수세율은 20%로 가정한다.

① 200,000원 ② 208,000원
③ 400,000원 ④ 800,000원

32 다음 중 최소한 총수입금액의 60%에 상당하는 금액을 필요경비로 하는 기타소득의 합계액을 구하면 얼마인가?

> 가. 상훈법에 따른 훈장과 관련하여 받은 상금   3,000,000원
> 나. 지상권을 설정하고 받는 금품 5,000,000원
> 다. 산업재산권을 양도하고 받은 금품   20,000,000원
> 라. 사례금   7,000,000원

① 5,000,000원 ② 12,000,000원
③ 20,000,000원 ④ 25,000,000원

33 다음의 거주자 김한공 씨의 기타소득 내역 중 필요경비가 최소한 100분의 60에 해당하는 항목들의 합계액은 얼마인가?

> 가. 사례금: 5,000,000원
> 나. 「상훈법」에 따른 훈장과 관련하여 받은 상금: 1,800,000원
> 다. 지역권을 설정하고 받는 금품: 4,500,000원
> 라. 고용관계 없이 다수인에게 강연을 하고 받은 금품: 3,500,000원

① 3,500,000원 ② 5,300,000원
③ 8,000,000원 ④ 9,800,000원

34 다음은 (주)한공에 근무하는 거주자 김한공 씨의 2025년도 소득자료이다. 김한공 씨의 종합과세대상 기타소득금액은 얼마인가?

> • 주택입주 지체상금: 3,000,000원
> • 상표권 대여료: 10,000,000원
> • 복권당첨금: 2,000,000원

① 4,600,000원 ② 5,600,000원
③ 9,000,000원 ④ 11,000,000원

35 다음 자료를 토대로 거주자 김한공 씨의 2025년 종합소득에 합산될 기타소득금액을 계산하면 얼마인가?(단, 별도로 확인되는 필요경비는 없으며 세부담 최소화를 가정한다.)

> 1. (주)한공의 전산팀에 근무하는 김한공 씨의 소득자료 중 일부는 다음과 같다.
> 　가. 신입사원을 위한 사내교육의 대가로 받은 강사료   1,000,000원
> 　나. 산업재산권을 대여하고 받은 대가   2,000,000원
> 　다. 복권당첨금   3,000,000원
> 　라. 분실물의 습득 보상금   500,000원
> 　마. 신문에 특별기고하고 받은 원고료   2,500,000원
> 2. 김한공 씨의 2025년 근로소득금액은 65,000,000원이며, 종합소득공제액은 5,000,000원이다.
>
> | 종합소득과세표준 | 기본세율 |
> |---|---|
> | 1,400만원 이하 | 과세표준의 6% |
> | 1,400만원 초과 5,000만원 이하 | 84만원 + 1,400만원 초과 금액의 15% |
> | 5,000만원 초과 8,800만원 이하 | 624만원 + 5,000만원 초과 금액의 24% |

① 0원 ② 2,000,000원
③ 2,300,000원 ④ 2,700,000원

36 다음 중 소득세법상 퇴직소득의 범위에 해당하지 않는 것은?

① 사용자 부담금을 기초로 하여 현실적인 퇴직을 원인으로 지급받은 소득
② 퇴직급여지급 규정상의 퇴직급여 한도액을 초과하여 지급하는 금액
③ 건설근로자의 고용개선 등에 관한 법률에 따라 지급받는 퇴직공제금
④ 종교관련 종사자가 현실적인 퇴직을 원인으로 종교단체로부터 지급받은 소득

37 (주)한공의 세무팀은 정년퇴직을 앞둔 임원들에게 현행 소득세법상의 소득의 범위 등에 대하여 설명하고 있다. (주)한공의 세무팀 직원들 중 잘못 설명한 사람은?

> • 소정
>   퇴직소득을 연금형태로 수령한 경우에는 연금소득으로 분류합니다.
> • 윤호
>   과세이연된 퇴직금을 일시금 형태로 수령한 경우에는 기타소득으로 원천징수 합니다.

> • 지훈
> 임원퇴직금이 법 소정 한도액을 초과하는 경우
> 그 초과하는 금액은 근로소득으로 봅니다.
> • 윤서
> 퇴직소득은 종합소득과 합산하여 과세되지 않
> 습니다.

① 소정 ② 윤호
③ 지훈 ④ 윤서

38 다음 중 종합소득세에 대한 설명으로 옳지 않은 것은?

① 비영업대금의 이익에 대한 원천징수세율은 25%이다.
② 배당소득에 대해서는 필요경비를 공제하지 아니한다.
③ 원작자의 원고료에 대해서는 필요경비를 공제하지 아니한다.
④ 복권당첨금은 무조건 분리과세대상이다.

39 다음 중 소득세법상 소득구분에 대한 설명으로 옳지 않은 것은?

① 프로운동선수의 광고모델 전속계약금: 사업소득
② 계약의 위반으로 인한 손해배상금: 기타소득
③ 퇴직 후 주식매수선택권의 행사로 인한 소득: 기타소득
④ 개인사업자의 공장건물 양도로 인한 소득: 사업소득

40 거주자의 종합소득에 반드시 합산하는 소득은?

① 주권상장법인의 주주가 받은 배당소득 1,000만원
② 동일한 고용주에게 18개월간 고용된 건설현장 노무자가 지급받은 금액
③ 광산근로자가 받은 야간근로수당
④ 고용관계가 없는 자가 다수인에게 강연하고 지급받은 300만원의 강사료

41 소득세법상 소득구분에 대한 설명이다. 옳지 않은 것은?

① 종업원이 여비의 명목으로 받은 연액 또는 월액의 급여는 근로소득에 해당한다.
② 토사석의 채취허가에 따른 권리의 양도로 인하여 발생한 소득은 양도소득으로 본다.
③ 물품 또는 장소를 일시적으로 대여하고 사용료로서 받는 금품은 기타소득에 해당한다.
④ 퇴직 전에 부여 받은 주식매수선택권을 퇴직 후에 행사함으로써 얻은 이익은 기타소득에 해당한다.

42 다음 중 소득세법상 종합소득의 구분으로 옳지 않은 것은?

① 집합투자기구로부터의 이익은 배당소득에 해당한다.
② 계약의 위약으로 인한 손해배상금은 기타소득에 해당한다.
③ 근로자가 부여받은 주식매수선택권을 퇴직 후에 행사함으로써 얻는 이익은 근로소득에 해당한다.
④ 직장공제회 초과반환금은 이자소득에 해당한다.

43 다음 중 소득세법상 비과세소득으로만 이루어진 것을 고르면?

> 가. 상가에서 발생하는 임대소득
> 나. 조림기간 5년 이상인 임목의 양도로 발생하는 연간 600만원 이하의 소득
> 다. 논·밭을 작물 생산에 이용하게 함으로써 발생하는 소득
> 라. 종업원이 본인의 차량을 회사 업무에 이용하고 실제 여비를 받는 대신에 지급받는 월 30만원 이내의 자가운전보조금
> 마. 식사 등을 제공받지 아니하는 근로자가 받는 월 20만원 이하의 식사대

① 가, 나, 다 ② 나, 다, 마
③ 가, 라, 마 ④ 다, 라, 마

44 다음 중 소득세법상 소득구분에 대한 설명으로 옳지 않은 것은?

① 연예인의 광고모델 전속계약금은 기타소득에 해당한다.
② 광업권을 대여하고 그 대가로 받은 금품은 기타소득에 해당한다.
③ 개인사업자의 공장건물 양도로 인한 소득은 양도소득에 해당한다.
④ 퇴직함으로써 받는 소득으로 퇴직소득에 속하지 아니하는 소득은 근로소득에 해당한다.

45 다음 중 소득세법상 소득구분에 대한 설명을 틀리게 하고 있는 사람은?

> • 민석
> 토사석의 채취허가에 따른 권리의 양도로 인하여 발생한 소득은 기타소득이야.
> • 소현
> 장소를 일시적으로 대여하고 사용료로서 받는 금품은 사업소득에 해당해.
> • 대범
> 퇴직 전 부여받은 주식매수선택권을 퇴직 후에 행사함으로써 얻은 이익은 기타소득이야.
> • 소민
> 채권의 환매조건부 매매차익은 이자소득에 해당해.

① 민석   ② 소현
③ 대범   ④ 소민

46 다음 자료를 이용하여 거주자 김한공 씨의 2025년도 종합소득금액을 계산하면 얼마인가? 단, 모든 소득은 국내에서 발생한 것으로 세법에 따라 원천징수 되었으며 필요경비는 확인되지 않는다.

가. 은행예금이자	4,000,000원
나. 공적연금 관련법에 따라 받는 유족연금	2,000,000원
다. 유실물 습득으로 인한 보상금	6,000,000원
라. 퇴직금	10,000,000원

① 4,000,000원   ② 6,000,000원
③ 10,000,000원   ④ 12,000,000원

47 다음은 거주자 김한공씨의 2025년도 소득 내역이다. 종합소득에 합산하여 과세표준 신고를 하여야 하는 소득은 얼마인가?(다음의 소득 이외에 다른 소득은 없다)

• 사업소득금액	40,000,000원
• 일용근로소득금액	6,000,000원
• 보유 중이던 주식 처분에 따른 양도소득금액	20,000,000원
• 복권당첨소득금액	10,000,000원

① 40,000,000원   ② 46,000,000원
③ 50,000,000원   ④ 76,000,000원

48 다음은 거주자 한공회 씨의 2025년도 소득자료이다. 이 자료를 이용하여 종합소득세 확정신고 시 신고해야하는 종합소득금액은?

가. 근로소득금액	14,000,000원
나. 퇴직소득금액	15,000,000원
다. 양도소득금액	30,000,000원
라. 사업소득금액	20,000,000원
마. 기타소득금액*	3,500,000원
바. 이자소득금액(정기예금이자)	18,500,000원

   * 기타소득금액은 강사료 수입으로, 필요경비를 공제한 후의 금액임.

① 34,000,000원   ② 37,500,000원
③ 52,500,000원   ④ 56,000,000원

49 다음 자료를 토대로 거주자 김한공 씨의 2025년 귀속 종합소득금액을 계산하면 얼마인가? (단, 소득에 대하여 필요경비는 확인되지 않으며 모든 금액은 원천징수세액을 차감하기 전의 금액이다.)

가. 비실명 배당소득	10,000,000원
나. 비영업대금이익(원천징수되지 아니하였음.)	15,000,000원
다. 퇴직 전에 부여받은 주식매수선택권을 퇴직 후에 행사하여 얻은 이익	20,000,000원
라. 복권 당첨소득	40,000,000원

① 35,000,000원   ② 50,000,000원
③ 55,000,000원   ④ 70,000,000원

50 다음 자료를 토대로 거주자 김한공 씨의 2025년 귀속 종합소득금액은 계산하면 얼마인가? (단, 모든 소득은 국내에서 발생한 것으로 세법에 따라 적법하게 원천징수 되었으며 필요경비는 확인되지 않는다.)

가. 발명진흥법에 따른 직무발명보상금	7,000,000원
나. 약정에 의해 수령한 직장공제회 초과반환금	3,000,000원
다. 공적연금관련법에 따라 받는 유족연금	4,000,000원
라. 연간 총급여액	45,000,000원
마. 근로소득공제액은 다음과 같다.	

총급여액	공제액
1,500만원 초과 4,500만원 이하	750만원 + 1,500만원을 초과하는 금액의 100분의 15
4,500만원 초과 1억원 이하	1,200만원 + 4,500만원을 초과하는 금액의 100분의 5

① 33,000,000원   ② 37,750,000원
③ 40,600,000원   ④ 44,400,000원

51 다음 자료를 바탕으로 거주자 김한공 씨의 2025년도 종합소득금액을 계산하면 얼마인가? 단, 모든 소득은 국내에서 발생한 것으로 세법에서 규정된 원천징수는 적법하게 이루어졌다.

가. 일시적인 부동산 양도대금	20,000,000원
나. 제조업을 영위함에 따른 제품판매액(필요경비는 15,000,000원임)	40,000,000원
다. 국내은행 예금이자	5,000,000원

라. 신탁법에 따른 공익신탁의 이익
　　　　　　　　　　　 30,000,000원
마. 복권당첨금　　　　　12,000,000원

① 25,000,000원　　　② 37,000,000원
③ 45,000,000원　　　④ 57,000,000원

52 다음 중 소득세법상 종합소득공제와 세액공제에 대한 설명으로 옳지 않은 것은?

① 연간 500만원의 양도소득금액이 있는 배우자가 장애인인 경우 장애인공제가 가능하다.
② 총급여액만 연간 500만원인 배우자는 기본공제대상이다.
③ 정치자금과 우리사주조합 기부금은 본인 명의로 지출한 기부금만 공제한다.
④ 외국에 소재한 병원에 지출한 의료비는 의료비 공제대상이 아니다.

53 다음 중 근로소득자 김철수 씨의 종합소득공제에 대한 설명으로 옳지 않은 것은?

① 고등학생인 작은아들의 보습학원비 200만원은 교육비 공제대상이다.
② 큰아들(고등학생)이 학교에서 받은 장학금은 공제대상 교육비에서 차감한다.
③ 아내(가정주부)의 산후조리원 비용은 의료비 공제대상이다.
④ 작은아들의 학원비를 직불카드로 납부하면 신용카드 등 사용금액에 대한 소득공제 대상에 포함된다.

54 다음 중 소득세법상 종합소득공제에 대한 설명으로 옳지 않은 것은?

① 해당 거주자가 배우자가 없는 사람으로서 기본공제 대상인 직계비속 또는 입양자가 있는 경우 한부모 공제로 연 100만원을 공제한다.
② 총급여액이 5천 500만원 이하인 근로자가 국민주택규모의 주택을 임차하기 위하여 지급하는 월세액의 17%를 세액공제하되, 월세지급액 한도는 연 1천만원이다.
③ 기본공제대상자(나이의 제한을 받지 아니한다)를 위하여 지급한 유치원과 어린이집의 보육료, 방과후 수업료 및 급식비는 공제대상자 1인당 300만원을 한도로 교육비의 15%를 세액공제한다.
④ 근로소득이 있는 거주자로서 특별소득공제 및 특별세액공제, 항목별 세액공제, 월세 세액공제를 신청하지 아니한 사람은 연 12만원을 표준세액공제로 종합소득산출세액에서 공제한다.

55 다음 중 종합소득공제와 관련된 설명으로 옳은 것은?

① 과세기간 또는 부양기간이 1년 미만인 경우 종합소득공제는 월할계산한다.
② 부녀자공제와 한부모공제에 동시에 해당하는 경우에는 둘 다 적용할 수 있다.
③ 거주자의 부양가족 중 거주자(그 배우자 포함)의 직계존속이 주거 형편에 따라 별거하고 있는 경우에는 생계를 같이 하는 사람으로 본다.
④ 소득공제대상인지 여부는 과세기간 종료일 현재의 상황에 따르므로 과세기간 종료일 전에 사망한 사람은 기본공제대상이 아니다.

56 다음 대화 내용 중 2025년 소득세 연말정산을 잘못 한 사람은 누구인가?

- 철수(연금소득자)
  저는 단독세대주라서 기본공제 150만원과 표준세액공제 7만원을 공제 받았어요.
- 영자(근로소득자)
  저는 함께 살고 있는 손녀(2세, 소득없음)도 기본공제 대상자에 포함했어요.
- 민수(근로소득자)
  저는 2025년 5월에 이혼한 배우자를 기본공제 대상사에 포함했어요.
- 은서(근로소득자)
  저는 2025년 11월에 출산한 아들에 대해 부양가족공제를 적용받았어요.

① 철수　　　　　② 영자
③ 민수　　　　　④ 은서

57 다음 중 소득세법상 종합소득공제에 대한 설명으로 옳지 않은 것은?

① 부양가족이 장애인에 해당하는 경우에는 기본공제 적용 시 나이의 제한을 받지 않는다.
② 추가공제 중 부녀자공제와 한부모공제 대상에 모두 해당하는 경우는 한부모공제를 적용한다.
③ 소득자와 재혼한 배우자의 자녀도 공제대상이 될 수 있다.
④ 퇴직소득금액 200만원이 있는 배우자도 거주자의 기본공제대상이 된다.

58 다음 중 소득세법상 종합소득공제에 대한 설명으로 옳지 않은 것은?

① 기본공제대상자가 아닌 자는 추가공제대상자가 될 수 없다.
② 총급여액 500만원만 있는 배우자는 기본공제대상자이다.

③ 경로우대자공제를 받기 위한 최소한의 나이는 70
세이다.
④ 양도소득금액만 150만원이 있는 75세 부친에 대하
여는 기본공제를 적용받을 수 있다.

59 다음 중 종합소득공제에 대한 설명으로 옳은 것은?

① 기본공제대상인 형제자매의 신용카드 등 사용금
액은 소득공제대상 사용액에 포함된다.
② 소득이 없는 직계비속이 해당 과세기간 중 20세가
된 경우 해당 과세기간에는 기본공제대상자에 해
당하지 않는다.
③ 양도소득금액 150만원이 있는 배우자는 기본공제
대상자에 해당하지 않는다.
④ 사업소득만 있는 거주자도 주택자금공제를 적용 받
을 수 있다.

60 다음 중 소득세법상 인적공제에 대한 설명으로
옳은 것은?

① 부양가족이 장애인에 해당하는 경우에는 나이의 제
한을 받지 않는다.
② 기본공제대상자가 65세 이상인 경우 경로우대자공제
대상이다.
③ 거주자의 부양가족 중 거주자(그 배우자 포함)의 직
계존속이 주거 형편에 따라 별거하고 있는 경우에는
생계를 같이하는 자로 보지 않는다.
④ 인적공제의 합계액이 종합소득금액을 초과하는 경우
그 초과하는 공제액은 이월하여 차기 이후의 과세
연도에 공제한다.

61 다음 중 소득세법상 종합소득공제에 대한 설명
으로 옳은 것은?

① 경로우대자공제를 받기 위한 최소한의 나이는 65
세이다.
② 일용근로소득만 있는 배우자에 대해서는 기본공제
를 적용받을 수 없다.
③ 동거 부양가족인 장애인은 소득요건을 충족하더라
도 나이요건을 충족하지 못하면 기본공제를 적용
받을 수 없다.
④ 기본공제대상자가 아닌 자는 추가공제대상자가 될
수 없다.

62 다음 중 소득세법상 인적공제에 대한 설명으로
옳지 않은 것은?

① 한부모공제와 부녀자공제에 모두 해당되는 경우 한
부모공제만 적용한다.
② 경로우대공제를 받기 위한 최소한의 나이는 70세이다.
③ 기본공제대상 직계비속과 그 직계비속의 배우자가
모두 장애인인 경우, 그 직계비속의 배우자에 대하
여 기본공제는 적용받지만 장애인공제는 적용받을
수 없다.

④ 해당 과세기간의 소득금액이 100만원 이하인 거주
자의 자녀가 과세기간 종료일인 12월 31일 현재
20세 6개월인 경우, 기본공제대상자가 될 수 있다.

63 다음 중 근로소득자인 김한공 씨의 2025년 연
말정산에 대한 대화로 옳지 않은 것은?

• 선우
양도소득금액이 150만원이 있는 배우자는 기본
공제대상자에 해당하지 않아.
• 영미
소득이 없는 67세 모친이 2025년 9월 1일에
사망한 경우 기본공제대상자에 해당하지 않아.
• 재우
소득이 없는 자녀가 해당 과세기간 중 20세가
된 경우 기본공제대상자에 해당 해.
• 희선
근로소득 외의 다른 소득이 없는 경우 연말정산
으로 납세의무가 종결 돼.

① 선우   ② 영미
③ 재우   ④ 희선

64 다음은 거주자인 한공일 씨와 생계를 같이하는
사람들이다. 다음 중 한공일 씨가 받을 수 있는
기본공제 금액은?

성명	관계	연령	소득내역
한공일	본인	45세	총급여액 60,000,000원
이세미	배우자	41세	작물재배업 소득 5,000,000원
한영수	부	67세	정기예금이자 22,000,000원
윤숙자	모	65세	분리과세를 선택한 사적연금 12,000,000원
한은이	자녀	21세	소득없음
김소희	위탁아동	10세	5개월 직접 양육

① 3,000,000원   ② 4,500,000원
③ 6,000,000원   ④ 7,500,000원

65 다음 자료에 의하여 근로자인 한송이 씨의 2025
년의 인적공제액을 계산하면 얼마인가?

구분	나이	소득현황	비 고
본인	45세	근로소득금액 40,000,000원	
남편	47세	근로소득금액 15,000,000원	
장녀	19세	–	
차남	13세	–	
입양자	3세	–	2025.3.31.에 입양
어머니	71세	–	

① 7,500,000원　　　　② 8,000,000원
③ 8,500,000원　　　　④ 9,000,000원

66 다음은 거주자인 공한일 씨와 생계를 같이하는 가족이다. 다음 중 공한일 씨가 공제할 수 있는 인적공제액은?

성명	관계	연령	소득내역
공한일	본인	48세	총급여액 70,000,000원
한세희	아내	47세	
공병수	부	72세	
윤선자	모	68세	양도소득금액 1,500,000원
공은희	자녀	21세	소득 없음, 장애인

① 3,000,000원　　　　② 6,000,000원
③ 8,000,000원　　　　④ 9,000,000원

67 다음은 (주)한공의 영업부장인 오마주 씨(남성, 50세)의 부양가족 현황이다. 이 자료로 2025년 인적공제금액을 계산하면 얼마인가?

구분	나이	비고
배우자	42세	소득 없음
부 친	75세	2025년 4월 7일 사망하였으며, 소득 없음
모 친	69세	주거형편상 별거하고 있으며, 소득 없음
딸	21세	장애인, 이자소득 100만원 있음

① 9,000,000원　　　　② 10,000,000원
③ 10,500,000원　　　　④ 11,000,000원

68 다음 자료에 의하여 거주자 갑의 2025년의 인적공제액을 계산하면 얼마인가?

> 가. 갑(남, 50세)의 총급여액: 50,000,000원
> 나. 부양가족 현황: 처(48세), 아들(22세, 장애인), 딸(15세), 장인(71세)
> 다. 부양가족은 생계를 같이 하며 소득이 없다.

① 7,500,000원　　　　② 8,500,000원
③ 9,500,000원　　　　④ 10,500,000원

69 다음은 2025년말 현재 거주자인 김한공씨와 생계를 같이하는 사람들이다. 김한공씨가 2025년도 소득세 신고시 적용받을 수 있는 기본공제대상자는?

이름(나이)	관계	소득내역	비고
김한공(33세)	본인	총급여 45,000,000원	
정현진(31세)	배우자	총급여 4,500,000원	
김정준(65세)	아버지	퇴직금 수령액 100,000,000원	
김한성(29세)	동생	총급여 12,000,000원	장애인
김민수(3세)	자녀	소득없음	

① 김한공, 정현진
② 김한공, 김정준, 김민수
③ 김한공, 정현진, 김한성, 김민수
④ 김한공, 정현진, 김민수

70 다음 자료를 이용하여 거주자 김한공 씨(남성, 48세)의 2025년도 종합소득공제액을 계산하면 얼마인가?

(1) 가족현황

구분	나이	비고
배우자	45세	소득 없음
부 친	73세	2025년 8월 27일 사망
장 인	68세	주거형편상 별거하고 있으며, 소득 없음
장 남	22세	장애인, 사업소득금액 5,000,000원 있음
장 녀	15세	소득 없음

(2) 국민연금보험료 본인부담분 2,000,000원, 국민건강보험료 및 노인장기요양보험료 본인부담분 500,000원을 납부하였음.

① 8,500,000원　　　　② 11,000,000원
③ 12,500,000원　　　　④ 14,000,000원

71 다음 중 근로소득이 있는 자만 적용받을 수 있는 세액공제는?

① 표준세액공제　　　　② 기부금세액공제
③ 자녀세액공제　　　　④ 보험료세액공제

72 다음 중 소득세법상 세액감면 및 세액공제에 대한 설명으로 옳지 않은 것은?

① 비치·기장한 장부에 의하여 신고해야 할 소득금액의 100분의 20 이상을 누락하여 신고한 경우에는 기장세액공제를 허용하지 않는다.
② 세액감면과 세액공제가 중복될 경우 세액감면, 이월공제되지 않는 세액공제, 이월공제되는 세액공제 순서로 세액감면과 세액공제를 적용한다.

③ 사업소득에 대한 외국납부세액은 외국납부세액공제를 적용하거나 사업소득의 필요경비에 산입할 수 있다.
④ 대학원생인 자녀에게 지출한 교육비는 교육비세액공제를 적용받을 수 있다.

73 다음 중 소득세법상 세액공제에 대한 설명으로 옳은 것은?

① 기장세액공제는 모든 사업자가 적용대상자이며, 복식부기에 따라 기장하여 신고서를 제출한 경우 산출세액에서 공제한다.
② 자녀세액공제는 종합소득이 있는 자가 적용대상자이며, 기본공제대상자에 해당하는 자녀(입양자 및 위탁아동 포함)에 대해서 산출세액에서 공제한다.
③ 연금계좌세액공제는 근로소득자만 적용대상자이며, 연금저축계좌와 퇴직연금계좌에 납입한 금액이 있는 경우 산출세액에서 공제한다.
④ 특별세액공제는 근로소득자에게만 적용된다.

74 다음 중 소득세법 상 세액공제에 대한 설명으로 옳은 것은?

① 근로자가 기본공제대상자를 피보험자로 지출한 보장성보험의 보험료(연 100만원 한도)는 보험료 세액공제의 적용대상 금액이다.
② 근로자 본인의 미용목적 성형수술비용을 의료기관에 지출한 비용은 의료비세액공제 적용대상 금액이다.
③ 근로자가 기본공제대상자인 배우자를 위하여 지출한 대학원 등록금은 교육비 세액공제의 적용대상 금액이다.
④ 근로자 본인이 지출한 10만원 이하의 정치자금은 전액 정치자금기부금 세액공제가 가능하다.

75 다음 중 거주자가 기부금을 지출하고 이를 소득세법상 적용하는 방법에 대한 설명으로 옳지 않은 것은?

① 사업소득만 있는 자는 기부금 필요경비 산입방법만 적용가능하다.
② 사업소득 외 종합소득이 있는 자와 연말정산대상 사업소득만 있는 자는 기부금 세액공제방법만 적용가능하다.
③ 사업소득과 사업소득 외 종합소득이 함께 있는 자는 기부금 필요경비 산입방법과 기부금 세액공제방법 중 선택할 수 있다.
④ 양도소득만 있는 자는 기부금 필요경비 산입방법만 적용가능하다.

76 다음 중 소득세법상 세액공제를 적용받을 수 없는 경우는?

① 간편장부대상자가 복식부기장부로 기장한 경우
② 사업자가 자연재해로 자산총액의 20% 이상을 상실하여 납세가 곤란한 경우
③ 근로자의 기본공제 대상자인 배우자가 부담한 정치자금 기부금 중 10만원 이하의 금액
④ 근로자의 기본공제 대상자인 자녀의 연간 200만원에 해당하는 고등학교 수업료

77 다음 중 소득세법상 세액공제에 대한 설명으로 옳지 않은 것은?

① 종합소득세 계산시 외국납부세액공제액이 공제한도를 초과하는 경우 해당 과세기간의 다음 과세기간부터 10년 이내에 이월공제가 가능하다.
② 일용근로자의 근로소득에 대한 소득세 계산시 산출세액의 6%에 상당하는 근로소득세액공제를 적용한다.
③ 사업자가 해당 과세기간에 천재지변이나 그 밖의 재해로 자산총액의 20% 이상에 상당하는 자산을 상실한 경우 재해손실세액공제를 적용할 수 있다.
④ 건강증진을 위한 의약품 구입비용은 의료비세액공제대상금액에 해당하지 않는다.

78 다음 중 소득세법상 세액공제에 대한 설명으로 옳은 것은?

① 특별세액 공제대상 교육비에는 초·중등 교육법에 따른 학교에서 실시하는 방과후 학교 수업료 및 교재구입비가 포함된다.
② 사업자가 해당 과세기간에 천재지변 등으로 자산(토지 포함)총액의 20% 이상을 상실하여 납세가 곤란하다고 인정되는 경우에는 재해손실세액공제를 적용받을 수 있다.
③ 거주자가 공적연금에 납입한 금액은 전액 연금계좌세액공제를 적용받을 수 있다.
④ 간편장부대상자는 복식부기로 기장한 경우 기장세액공제를 받을 수 없다.

79 다음은 (주)한공에서 근무하는 한공회 씨(총급여액 60,000,000원)의 연말정산자료의 일부이다. 2025년 연말정산시 적용하여야 할 의료비 세액공제액은 얼마인가?

가. 본인의 안경구입비:	600,000원
나. 67세 아버지(동거 중)의 병원 치료비:	3,000,000원
다. 대학생인 자녀의 성형수술비:	4,000,000원

① 180,000원
② 255,000원
③ 525,000원
④ 555,000원

80 다음은 (주)서울에서 근무하는 한공회 씨(총급여액 70,000,000원)의 연말정산자료의 일부이다. 2025년 연말정산시 적용하여야 할 의료비 세액공제액은 얼마인가?

가. 본인의 콘택트렌즈 구입비	700,000원
나. 70세 어머니(기본공제 대상자임)의 병원 치료비	5,000,000원
다. 대학생인 자녀의 미용목적 성형수술비	4,000,000원

① 210,000원   ② 435,000원
③ 510,000원   ④ 540,000원

81 다음은 김공인 씨(총급여액 40,000,000원)가 직접 부담한 의료비 자료이다. 2025년 연말정산시 적용하여야 할 의료비 세액공제는 얼마인가?

가. 본인의 시력보정용 안경	600,000원
나. 배우자의 피부과치료비(미용목적)	2,000,000원
다. 70세 어머니(기본공제대상자)의 건강검진비용	1,500,000원
라. 배우자 어머니(기본공제대상자) 한약(보약임) 구입비용	1,000,000원

① 120,000원   ② 195,000원
③ 270,000원   ④ 420,000원

82 조세특례제한법상 신용카드 등 사용금액에 대한 소득공제에 대한 설명으로 옳지 않은 것은?

① 소득은 없으나 나이가 20세를 초과하여 기본공제대상이 아닌 직계비속이 사용한 신용카드 사용액은 근로자 본인이 공제받을 수 있다.
② 다른 거주자의 기본공제대상자가 사용한 신용카드 등의 사용금액은 소득공제대상이 아니다.
③ 중학생의 교복을 신용카드로 구입한 경우 교육비세액공제를 받은 금액도 신용카드공제를 받을 수 있다.
④ 신용카드로 지급한 의료비에 대하여 의료비세액공제를 받은 경우에는 신용카드 등 사용금액에 대한 소득공제를 받을 수 없다.

83 다음 중 신용카드 등 사용금액에 대한 소득공제에 대한 설명으로 옳지 않은 것은?

① 고등학생의 교복을 신용카드로 구입한 경우 신용카드 등 사용금액에 대한 소득공제는 교육비세액공제와 중복적용이 가능하다.
② 기본공제대상인 형제자매가 사용한 신용카드 사용액도 신용카드 등 사용금액에 포함한다.
③ 국외에서 사용한 금액은 신용카드 등 사용금액에 포함하지 아니한다.
④ 신용카드를 사용하여 의료비를 지출한 경우 신용카드 등 사용금액에 대한 소득공제는 의료비세액공제와 중복적용이 가능하다.

84 다음은 (주)한공에서 근무하는 근로자 김한공 씨의 2025년도 신용카드 사용내역이다. 신용카드 등 소득공제 대상 사용금액은 얼마인가?

• 해외여행경비	1,500,000원
• 이동통신장비 구입비	1,000,000원
• 자녀 대학교 등록금	3,500,000원
• 라섹수술 비용	1,300,000원
• KTX 승차권 구입비용	700,000원

① 2,000,000원   ② 3,000,000원
③ 4,800,000원   ④ 5,200,000원

85 다음 중 소득세법상 원천징수에 대한 설명으로 옳지 않은 것은?

① 원천징수란 소득 지급자가 지급받는 자의 조세를 징수하여 정부에 납부하는 제도이다.
② 근로소득자의 연말정산은 완납적 원천징수에 해당한다.
③ 무조건 분리과세대상소득의 경우 원천징수로 납세의무가 종결된다.
④ 무기명채권의 이자는 지급받은 날이 원천징수 시기가 된다.

86 다음 중 소득세법상 원천징수에 대한 설명으로 옳지 않은 것은?

① 잉여금의 자본전입에 의한 의제배당의 원천징수시기는 자본전입을 결정한 날이다.
② 직장공제회 초과반환금의 원천징수시기는 약정에 의한 반환금 지급일이다.
③ 기타소득금액이 매 건마다 10만원 이하인 때에는 과세하지 아니한다.
④ 비영업대금의 이익에 대한 원천징수세율은 25%이다.

87 (주)한공이 제10기 사업연도(2025.1.1.~2025.12.31.)의 법인세 신고를 위한 세무조정시 대표이사에게 상여로 소득처분을 한 경우, 인정상여에 대한 근로소득의 수입시기와 원천징수시기로서 옳은 것은?

	수입시기	원천징수시기
①	해당 법인의 사업연도 중 근로제공일	해당 법인의 과세표준 신고일

② 해당 법인의 결산확정일 / 해당 법인의 과세표준 신고일

③ 해당 법인의 사업연도 종료일 / 해당 법인의 과세표준 신고일

④ 해당 법인의 사업연도 중 근로제공일 / 해당 법인의 사업연도의 결산확정일

88 내국법인이 거주자에게 다음의 소득을 지급하는 경우 원천징수대상이 아닌 것은?(단, 제시된 소득은 과세최저한이나 비과세대상은 아니라고 가정한다.)

① 비영업대금의 이익
② 상표권의 양도소득
③ 강연료
④ 토지의 양도소득

89 다음 중 원천징수와 관련된 설명으로 옳지 않은 것은?

① 다수가 순위경쟁하는 대회의 입상자에게 상금 10,000,000원을 지급하는 경우 원천징수할 소득세는 400,000원이다.
② 근로소득에 대해서는 매월 원천징수 후 다음연도 1월분 근로소득 지급시 연말정산을 해야 한다.
③ 출자공동사업자의 배당소득은 원천징수로써 납세의무가 종결되지 않는다.
④ 분리과세대상소득은 별도의 확정신고 절차 없이 원천징수로써 납세의무가 종결된다.

90 다음 중 소득세법상 원천징수에 대한 설명으로 옳은 것은?

① 비영업대금의 이익은 25%의 세율로 원천징수하고 무조건 분리과세한다.
② 원작자의 원고료가 기타소득에 해당하는 경우 그 기타소득금액에 20%의 원천징수세율을 적용한다.
③ 일용근로자도 원천징수와는 별도로 종합소득 과세표준확정신고를 하여야 한다.
④ 사업소득 중에서 원천징수대상이 되는 소득은 없다.

91 다음 중 소득의 종류와 원천징수세율이 잘못 짝지어진 것은?

① 출자공동사업자의 배당소득: 20%
② 시중은행의 정기적금 이자소득: 14%
③ 서화·골동품의 양도로 발생한 기타소득: 20%
④ 의료보건용역을 제공함에 따라 발생한 사업소득: 3%

92 다음 중 소득세법상 연말정산에 대한 설명으로 옳지 않은 것은?

① 간편장부대상자인 보험모집인에게 사업소득을 지급하는 원천징수의무자는 사업소득금액에 대해 연말정산을 하여야 한다.
② 공적연금을 지급하는 원천징수의무자는 2025년 연금소득에 대하여 2026년 2월분 공적연금을 지급할 때 연말정산을 하여야 한다.
③ 중도 퇴직자에게 근로소득을 지급하는 원천징수의무자는 퇴직한 달의 급여를 지급할 때 연말정산을 하여야 한다.
④ 일용근로소득을 지급하는 원천징수의무자는 해당 소득에 대한 연말정산을 하지 않는다.

93 다음 중 원천징수에 대한 설명으로 옳지 않은 것은?

① 근로소득에 대해서는 매월 원천징수 후 다음연도 2월분 근로소득 지급 시 연말정산한다.
② 금융소득이 연간 1,000만원을 초과하는 경우에는 원천징수 후 종합소득에 합산된다.
③ 분리과세대상소득은 별도의 확정 신고 절차 없이 원천징수로써 납세의무가 종결된다.
④ 일용근로자는 급여지급 시 원천징수로써 납세의무가 종결된다.

94 다음 중 소득세법상 원천징수에 대한 설명으로 옳지 않은 것은?

① 근로소득에 대해서는 매월 원천징수 후 다음연도 2월분 근로소득 지급시 연말정산한다.
② 일시적으로 강연을 하고 받은 대가가 1,000만원(필요경비는 확인되지 아니함)인 경우 원천징수로써 납세의무가 종결된다.
③ 분리과세대상소득은 별도의 확정신고절차 없이 원천징수로써 납세의무가 종결된다.
④ 일용근로자는 급여지급 시 원천징수로써 납세의무가 종결된다.

95 다음 자료로 거주자 김한공 씨의 소득세 원천징수세액을 계산하면 얼마인가? 단, 필요경비는 확인되지 않는다.

> 가. 영리내국법인으로부터 받은 비영업대금의 이익: 10,000,000원
>
> 나. 고용관계 없이 일시적으로 대학에서 특강을 하고 받은 강연료: 1,500,000원
>
> 다. 영리내국법인으로부터 받은 현금배당금: 5,000,000원

① 2,220,000원
② 3,320,000원
③ 3,800,000원
④ 4,800,000원

96 다음은 거주자인 김한공 씨의 2025년도 금융소득 내역이다. 소득의 지급자가 김한공 씨에게 소득세법에 따라 원천징수해야할 소득세는 얼마인가?

가. 비영업대금의 이익	40,000,000원
나. 출자공동사업자로서 지급받은 배당	20,000,000원
다. 국내에서 받은 정기적금이자	10,000,000원

① 8,400,000원　　② 12,000,000원
③ 16,400,000원　　④ 17,400,000원

97 2025년 귀속 소득이 다음과 같을 때, 종합소득세 확정신고를 해야 할 의무가 있는 자는 누구인가?

① 농가부업소득이 2,000만원인 자
② 예금 이자소득이 1,000만원인 자
③ 근로소득이 5,000만원이고 부업으로 경영하는 치킨전문점 사업소득이 1,500만원인 자
④ 복권 당첨금 5,000만원인 자

98 다음 중 소득세법상 확정신고에 대한 설명으로 옳지 않은 것은?

① 거주자는 결손으로 납부세액이 없더라도 종합소득세 과세표준 확정신고를 하여야 한다.
② 근로소득과 퇴직소득만 있는 자는 과세표준 확정신고를 하지 않아도 된다.
③ 거주자가 사망한 경우 그 상속인은 상속개시일부터 6개월이 되는 날까지 과세표준 확정신고를 하여야 한다.
④ 확정신고시 거주자가 납부하여야 할 세액이 2천만원 이하인 때에는 1천만원을 초과하는 금액을 납부기한 경과 후 2개월 이내에 분납할 수 있다.

99 다음 중 소득세 신고·납부에 대한 설명으로 옳지 않은 것은?

① 근로소득만 있는 거주자가 근로소득에 대한 연말정산을 한 경우에는 과세표준 확정신고의무가 없다.
② 매출·매입처별계산서합계표의 전부 또는 일부를 제출하지 않은 경우 소득세법상 경정의 대상이 된다.
③ 거주자에게 이자소득을 지급하는 외국법인의 국내지점은 소득세를 원천징수해야 한다.
④ 확정신고시 납부할 세액이 3천만원인 경우 2천만원을 초과하는 금액은 분할납부가 가능하다.

100 다음 중 종합소득세 확정신고의무가 있는 사람은 누구인가? 다만, 분리과세를 선택할 수 있는 경우 분리과세를 선택한다고 가정한다.

① 은행이자가 연 2,000만원이고 배당소득이 없는 사람
② 사적연금소득이 연 1,200만원인 사람
③ 로또복권 당첨금이 10억원인 사람
④ 기타소득금액이 연 400만원인 사람

101 다음 중 소득세법상 과세표준확정신고를 하지 않아도 되는 거주자는?

① 원천징수되지 않는 사업소득만 있는 거주자
② 예정신고를 하지 아니한 양도소득만 있는 거주자
③ 종합과세대상 이자소득만 있는 거주자
④ 연말정산을 한 근로소득만 있는 거주자

102 다음 중 소득세의 신고와 납부에 대한 설명으로 옳지 않은 것은?

① 국내사업장이 있고 국내원천소득이 있는 비거주자는 종합소득 과세표준 확정신고의무가 있다.
② 과세표준 확정신고기한은 해당 연도의 다음 연도 5월 1일부터 5월 31일(성실신고확인대상자는 6월 30일)까지이다.
③ 연말정산한 근로소득과 퇴직소득만 있는 거주자는 확정신고를 하지 않아도 된다.
④ 신규로 사업을 개시한 자는 중간예납신고를 해야 한다.

103 다음 중 소득세법에 따라 반드시 종합소득과세표준 확정신고를 하여야 하는 것은? 단, 연말정산 대상소득은 소득세법에 따라 연말정산되었다고 가정한다.

가. 근로소득과 퇴직소득만 있는 경우
나. 근로소득과 재산권에 관한 알선수수료(필요경비 확인되지 않음) 500만원이 있는 경우
다. 근로소득과 상가임대소득만 있는 경우
라. 퇴직소득과 공적연금소득만 있는 경우

① 가, 나　　② 나, 다
③ 다, 라　　④ 가, 라

104 다음 중 소득세의 신고와 납부에 대한 설명으로 옳은 것은?

① 당해 과세기간의 종합소득과세표준이 없거나 결손금이 있는 때에는 소득세법상 신고의무가 없다.
② 비거주자의 신고와 납부에 관하여는 거주자의 신고와 납부에 관한 규정을 준용하며, 인적공제 뿐 아니라 특별소득공제·자녀세액공제 및 특별세액공제도 적용된다.

③ 중간예납세액은 중간예납기간 종료일부터 2개월
이내에 납부하여야 한다.
④ 근로소득(일용근로소득 아님)과 사업소득이 있는 거
주자는 종합소득과세표준 확정신고를 하여야 한다.

105 다음 중 소득세의 신고 및 납부에 대한 설명으로
옳은 것은?

① 종합소득과세표준이 없거나 결손금이 있는 거주자
는 신고의무를 면제한다.
② 연말정산되는 사업소득만 있는 거주자도 종합소득
세 확정신고를 하여야 한다.
③ 부동산을 양도한 거주자는 그 양도일이 속하는 달
의 말일부터 2개월 내에 양도소득과세표준 예정신
고를 하여야 한다.
④ 주식을 양도한 거주자는 그 양도일이 속하는 달의
말일부터 2개월 내에 양도소득과세표준 예정신고를
하여야 한다.

106 다음의 거주자 중 종합소득세 확정신고를 하지
않아도 되는 사람은?(단, 제시된 소득 이외의
다른 소득은 없다.)

① 로또복권에 당첨되어 원천징수된 금액을 제외하고
1억원을 수령한 김영미 씨
② 과세기간 중 다니던 회사를 퇴사하고 음식점을 개
업하여 소득이 발생한 이승훈 씨
③ 소유 중인 상가에서 임대소득이 발생한 윤성빈 씨
④ 개인사업을 영위하여 사업소득이 발생한 이상화 씨

107 다음 중 소득세의 신고 · 납부 및 원천징수에 대
한 설명으로 옳은 것은?

① 비영업대금에 대한 이자소득의 원천징수세율은
14%이다.
② 슬롯머신 등을 이용하는 행위에 참가하여 받는 당첨
금품은 무조건 종합과세되는 기타소득에 해당한다.
③ 거주자가 국외이전을 위하여 출국하는 경우 출국일
의 전날까지 확정신고를 하여야 한다.
④ 공적연금소득만 있는 자는 확정신고의 의무가 있다.

108 다음 중 소득세 신고 및 납부에 대한 설명으로
옳지 않은 것은?

① 수시부과 후 추가로 발생한 소득이 없을 경우에는
과세표준확정신고를 하지 아니할 수 있다.
② 무신고가산세와 무기장가산세가 동시에 적용되는 경
우에는 그 중 가산세액이 큰 가산세만을 적용한다.
③ 해당 과세기간에 변호사업을 개시한 사업자의 소득
금액을 추계조사결정하는 경우에는 단순경비율을
적용한다.
④ 종합소득과세표준이 없거나 결손금이 있는 거주자도
소득세 과세표준 신고의무가 있다.

109 다음 중 소득세 신고납부절차에 대한 설명으
로 옳지 않은 것은?

① 공적연금소득과 연말정산 대상 사업소득이 있는 경
우 종합소득과세표준 확정신고를 할 필요가 없다.
② 거주자가 사망한 경우 그 상속인은 상속개시일이
속하는 달의 말일부터 6개월이 되는 날까지 사망
일이 속하는 과세기간에 대한 해당 거주자의 과세
표준을 신고하여야 한다.
③ 근로소득을 지급하여야 할 원천징수의무자가 1월
부터 11월까지의 급여액을 해당연도 12월 31일까
지 지급하지 아니한 때에는 그 급여액을 해당연도
12월 31일에 지급한 것으로 본다.
④ 성실신고 확인서를 제출한 성실신고확인대상 사업
자의 종합소득 과세표준 확정신고 기한은 다음연
도 5월 1일부터 6월 30일까지이다.

제**4**절 법인세

01 다음은 (주)한공의 김사장과 세무팀장인 이부장의
법인세와 관련된 대화 내용이다.
이 중 (   )안에 해당하는 단어를 순서대로
나열한 것으로 옳은 것은?

- 김사장
  이부장. 지난 번에 우리 회사 창고 화재로 수령
  한 보험차익의 과세 문제를 좀 알아 봤나?
- 이부장
  예. 사장님. 법인세법은 원칙적으로 (㉮)에
  의하여 과세가 되기 때문에 보험차익에도 법인
  세 납세의무가 있습니다.
- 김사장
  음. 그렇다면 화재가 발생한 창고가 있는 지역
  의 관할세무서에 법인세를 납부해야겠구만.
- 이부장
  아닙니다. 법인세는 법인의 (㉯) 소재지에 납
  부하는 것이 원칙이므로 화재가 발생한 공장이
  있는 지역의 관할세무서에 납부하는 것은 아닙
  니다.
- 김사장
  그래? 그렇다면 보험금을 수령하자마자 즉시
  법인세를 납부해야 되나?
- 이부장
  아닙니다. 우리 법인의 사업연도 종료일이 속
  하는 달의 말일부터 (㉰) 이내에 신고하면
  되겠습니다.

	㉮	㉯	㉰
①	소득원천설	본점	3개월
②	순자산증가설	본점	3개월
③	순자산증가설	지점	5개월
④	소득원천설	지점	5개월

02 다음 중 법인세법상 납세의무에 대한 설명으로 옳지 않은 것은?

① 국내에 사업의 실질적 관리장소를 둔 법인은 내국법인이다.
② 비영리내국법인은 청산소득에 대해 납세의무가 있다.
③ 비영리외국법인은 국내원천소득 중 수익사업 소득에 대해 납세의무가 있다.
④ 국가나 지방자치단체에 대해서는 법인세를 부과하지 아니한다.

03 다음 중 법인세법상 지출증명서류의 수취 및 보관의무에 대한 설명으로 옳지 않은 것은?

① 사업자로부터 3만원을 초과하는 용역을 공급받고 그 대가를 지급하는 경우 적격 지출증명서류를 수취해야 한다.
② 1회 지출한 3만원(경조금의 경우 20만원) 초과 접대비는 적격 지출증명서류를 수취하지 않으면 그 거래금액의 2%를 가산세로 납부해야 한다.
③ 법인세법상 적격 지출증명서류에는 신용카드 매출전표 및 현금영수증이 포함된다.
④ 종업원에게 지급하는 경조사비는 적격 지출증명서류를 수취할 의무가 없다.

04 다음 중 법인세법에 대한 설명으로 옳지 않은 것은?

① 사업연도를 변경하려는 법인은 직전 사업연도 종료일부터 3개월 이내에 납세지 관할 세무서장에게 사업연도 변경신고를 하여야 한다.
② 외국의 정부나 지방자치단체는 비과세법인이므로 법인세의 납세의무가 없다.
③ 영리내국법인은 소득의 성격에 관계없이 모든 소득에 대하여 각 사업연도 소득에 대한 법인세의 납세의무를 진다.
④ 비영리법인은 내국법인과 외국법인에 관계없이 청산소득에 대한 법인세의 납세의무가 없다.

05 다음 중 법인세에 대한 설명으로 옳지 않은 것은?

① 외국의 국가는 비영리외국법인으로서 법인세 납세의무를 진다.
② 사업연도는 법령이나 정관에 정한 1회계기간으로 하되, 그 기간은 1년을 초과할 수 없다.

③ 내국법인은 등기상 본점·주사무소(사업의 실질적 관리장소) 소재지를 납세지로 한다.
④ 비영리법인과 외국법인은 청산소득에 대한 법인세와 토지 등 양도소득에 대한 법인세의 납세의무를 지지 아니한다.

06 다음 중 법인세에 대한 설명으로 옳지 않은 것은?

① 영리내국법인은 법령에서 열거한 소득만 과세된다.
② 법인세는 납세자와 담세자가 일치할 것으로 예정된 직접세이다.
③ 법인격 없는 단체도 법인세 납세의무를 지는 경우가 있다.
④ 비영리내국법인과 외국법인은 청산소득에 대해서 법인세 납세의무가 없다.

07 법인세의 납세의무에 관한 다음 설명 중 옳지 않은 것은?

① 내국법인은 국외원천소득에 대하여 각 사업연도의 소득에 대한 법인세 납세의무를 지지만, 외국법인은 그러하지 아니하다.
② 모든 영리내국법인은 미환류소득에 대하여 20%의 법인세 납세의무를 진다.
③ 별장과 비사업용 토지의 양도소득에는 법인세 외에 추가로 토지 등 양도소득에 대한 법인세를 과세한다.
④ 비영리내국법인과 외국법인의 청산소득에 대하여는 법인세가 과세되지 않는다.

08 다음 중 법인세법상 납세의무에 대한 설명으로 옳지 않은 것은?

① 외국정부나 지방자치단체는 비영리외국법인으로서 납세의무를 진다.
② 비영리내국법인은 수익사업소득에 대한 법인세의 납세의무가 있다.
③ 외국법인은 청산소득에 대한 법인세의 납세의무가 없다.
④ 우리나라의 지방자치단체는 비영리내국법인으로서 납세의무를 진다.

09 다음 중 법인세법상 납세의무에 대한 설명으로 옳지 않은 것은?

① 비영리내국법인은 청산소득에 대한 법인세의 납세의무가 있다.
② 내국법인 중 국가와 지방자치단체에 대하여는 법인세를 부과하지 않는다.
③ 외국정부는 비영리외국법인으로서 법인세의 납세의무를 진다.
④ 외국법인은 청산소득에 대한 법인세의 납세의무가 없다.

10 증빙불비 경비, 현금매출누락 등으로 소득이 사외로 유출되었으나, 그 귀속자가 불분명한 경우의 소득처분으로 옳은 것은?

① 배당 ② 기타사외유출
③ 기타소득 ④ 상여

11 다음 중 법인세법상 소득처분에 대한 설명으로 옳지 않은 것은?

① 국내 모회사에 대한 인정이자는 배당으로 소득처분을 한다.
② 기부금 한도초과액은 기타사외유출로 소득처분을 한다.
③ 소득귀속자가 주주인 임직원이면 상여로 소득처분을 한다.
④ 소득귀속자가 불분명한 경우에는 대표자에게 상여로 소득처분을 한다.

12 다음 중 법인세법상 세무조정과 소득처분이 잘못 연결된 것은?

① 출자임원에 대한 퇴직금 한도초과액: 손금불산입(상여)
② 지정기부금 한도초과액: 손금불산입(기타사외유출)
③ 임대보증금 등의 간주익금: 익금산입(유보)
④ 대주주에게 지급한 가지급금에 대한 인정이자: 익금산입(배당)

13 (주)한공의 제10기(2025.1.1. ~ 2025.12.31.) 다음 자료에 의해 상여로 소득처분 할 금액은 얼마인가?

가. 발행주식총수의 10%를 소유하고 있는 대표이사(갑)가 개인적으로 부담하여야 할 기부금을 법인이 지출한 금액 1,000,000원
나. 퇴직한 주주임원(을)의 퇴직금 한도초과액 2,000,000원
다. 소액주주인 사용인(병)에 대한 채무면제액 2,500,000원
라. 특수관계법인인 (주)세무와 공동행사에 사용한 비용으로서, 세법상 한도초과액 3,500,000원

① 4,500,000원 ② 5,000,000원
③ 5,500,000원 ④ 6,000,000원

14 다음 중 법인세법상 세무조정 및 소득처분으로 옳지 않은 것은?(단, 해당 항목은 손익계산서에 계상되어 있음)

① 상각범위액을 초과하는 감가상각비: 손금불산입(유보)
② 국세·지방세 과오납금에 대한 환급금 이자: 익금불산입(기타)
③ 채권자불분명사채이자 중 원천징수세액을 제외한 금액: 손금불산입(기타사외유출)
④ 임원에게 급여규정상 한도액을 초과하여 지급한 상여금: 손금불산입(상여)

15 법인세법상 세무조정과 소득처분에 대한 설명으로 옳은 것은?

① 법인의 세무상 자기자본총액은「자본금과 적립금조정명세서(갑)」을 통하여 파악할 수 있다.
② 사외유출된 금액의 귀속이 불분명한 경우 기타사외유출로 소득처분한다.
③ 결산조정사항과 달리 신고조정사항은 손금산입시기를 조절할 수 있다.
④ 접대비 한도초과액은 유보로 소득처분한다.

16 다음 중 법인세법상 소득처분에 대한 설명으로 옳지 않은 것은?

① 사외유출된 소득의 귀속자가 개인주주인 경우 배당으로 처분한다.
② 사외유출된 소득의 귀속이 불분명한 경우 기타사외유출로 처분한다.
③ 유보금액의 사후관리를 위한 서식은「자본금과 적립금 조정명세서(을)」이다.
④ 배당·상여 및 기타소득으로 소득처분하는 경우 처분하는 법인에게 원천징수의무가 있다.

17 다음 중 법인세법상 소득처분에 대한 설명으로 옳은 것은?

① 소득의 귀속자가 출자임원인 경우에는 배당으로 처분한다.
② 사외유출된 것은 분명하나 그 귀속자가 불분명한 경우에는 기타로 처분한다.
③ 임대보증금 등의 간주익금은 기타사외유출로 처분한다.
④ 업무무관자산 구입 관련 차입금이자는 상여로 처분한다.

18 다음 중 법인세법상 세무조정시 소득의 귀속자와 소득처분이 잘못 짝지어진 것은?

① 지배주주인 대표이사: 배당
② 소액주주인 직원: 상여
③ 법인인 거래처: 기타사외유출
④ 법인인 주주: 기타사외유출

19 다음 중 법인세법상 소득처분에 대한 설명으로 옳지 않은 것은?

① 배당·상여 및 기타소득으로 소득처분하는 경우 처분하는 법인에게 원천징수의무가 있다.
② 사외유출된 소득이 주주인 법인의 소득금액에 포함되어 있는 경우 배당으로 처분한다.
③ 기부금 한도초과액은 기타사외유출로 처분한다.
④ 사외유출된 소득의 귀속자가 불분명한 경우 대표자 상여로 처분한다.

20 현금매출누락, 증빙불비 경비 등으로 소득이 사외로 유출되었으나 그 귀속자가 불분명한 경우의 소득처분으로 옳은 것은?

① 배당
② 기타사외유출
③ 기타소득
④ 상여

21 다음 법인세법상 세무조정사항에 대한 소득처분 중 기타사외유출이 아닌 것은?

① 접대비 한도초과액
② 귀속자가 불분명한 증빙불비 경비
③ 비지정기부금
④ 업무무관자산 등에 대한 지급이자 손금불산입액

22 다음은 (주)한공의 제5기(2025.1.1.~2025.12.31.) 토지매입에 관련된 회계처리 자료이다. 제5기 세무조정 및 소득처분으로 옳은 것은?

> 토지 20,000,000원을 매입하면서 취득세 1,000,000원을 세금과공과로 처리함.
> (차) 토지   20,000,000원
>   세금과공과   1,000,000원
>   (대) 현금   21,000,000원

① 세무조정사항 없음
② 〈손금불산입〉세금과공과 1,000,000원(유보)
③ 〈손금불산입〉세금과공과 1,000,000원(기타)
④ 〈손금 산입〉세금과공과 1,000,000원(△유보)

23 다음 중 법인세법에 대한 소득처분의 내용으로 옳은 것은?

① 익금산입액이 내국법인인 주주에게 귀속되는 경우에는 배당으로 처분한다.
② 익금산입액이 사업을 영위하는 개인의 사업소득을 구성하는 경우에는 기타소득으로 처분한다.
③ 익금산입액이 사외유출된 것은 분명하나 그 귀속자가 불분명한 경우에는 대표자에 대한 상여로 처분한다.
④ 익금산입액이 출자임원에게 귀속되는 경우에는 배당으로 처분한다.

24 법인세법상 손익의 귀속시기에 대한 설명으로 옳은 것은?

① 부동산매매업을 영위하는 법인이 부동산을 판매한 경우 당해 판매손익의 귀속사업연도는 그 부동산을 인도하는 날이 속하는 사업연도이다.
② 계약기간이 1년 미만인 건설·제조 기타 용역을 제공하는 경우 원칙적으로 인도기준을 적용하여 손익의 귀속사업연도를 인식한다.
③ 자산의 위탁매매로 인한 익금 및 손금의 귀속사업연도는 위탁자가 수탁자에게 자산을 위탁하는 날이 속하는 사업연도로 한다.
④ 중소기업인 법인은 장기할부조건으로 자산을 판매하거나 양도한 경우 회수하였거나 회수할 금액을 해당 사업연도의 익금에 산입할 수 있다.

25 다음 중 법인세법상 손익의 귀속시기로 옳지 않은 것은?

① 자산의 위탁매매: 수탁자가 그 위탁자산을 매매한 날
② 장기용역매출: 진행기준(단, 작업진행률을 계산할 수 없는 경우에는 완성기준)
③ 재고자산인 부동산의 판매: 그 재고자산을 인도한 날
④ 단기할부조건부 판매: 그 자산을 인도한 날

26 다음은 법인세법상 거래형태에 따른 손익귀속시기에 대한 설명이다. 옳지 않은 것은?

① 자산을 위탁 판매하는 경우: 수탁자에게 자산을 위탁하는 날
② 단기할부판매의 경우: 자산을 인도한 날
③ 부동산을 판매하는 경우: 대금을 청산한 날, 소유권이전 등기일, 인도일 또는 사용수익일 중 빠른 날
④ 증권시장에서 유가증권을 매매하는 경우: 매매계약을 체결한 날

27 다음 중 법인세법상 손익의 귀속시기에 관한 설명으로 옳지 않은 것은?

① 법인세법상 손익인식기준은 권리·의무확정주의를 원칙으로 한다.
② 외상판매의 경우 그 상품 등을 인도한 날이 속하는 사업연도로 한다.
③ 부동산을 양도한 경우 잔금지급약정일이 속하는 사업연도로 한다.
④ 자산의 위탁판매의 경우 수탁자가 그 위탁자산을 매매한 날이 속하는 사업연도로 한다.

28 다음 중 법인세법상 손익의 귀속시기에 대한 설명으로 옳지 않은 것은?

① 자산을 위탁매매하는 경우 수탁자가 그 위탁자산을 매매한 날을 귀속사업연도로 한다.

② 장기할부조건에 의하여 자산을 판매함으로써 발생한 채권에 대하여 기업회계기준이 정하는 바에 따라 계상한 현재가치할인차금은 그에 따라 환입하거나 환입할 금액을 각 사업연도의 익금에 산입한다.

③ 증권시장에서 보통거래방식으로 유가증권을 매매한 경우 매매계약을 체결한 날을 귀속사업연도로 한다.

④ 부동산매매업을 영위하는 법인이 재고자산인 부동산을 판매하는 경우 그 부동산을 인도한 날을 귀속사업연도로 한다.

29 다음 중 법인세법상 손익의 귀속시기로 옳은 것은?

① 자산의 위탁매매는 위탁자가 수탁자에게 그 자산을 인도한 날이다.

② 사채할인발행차금은 기업회계기준에 따른 사채할인발행차금의 상각방법에 따라 이를 손금에 산입한 날이다.

③ 부동산의 판매는 그 부동산을 인도한 날이다.

④ 잉여금의 처분에 따른 배당은 해당 법인이 실제로 배당금을 지급한 날이다.

30 다음 중 법인세법상 손익의 귀속시기에 대한 설명으로 옳지 않은 것은?

① 제조업을 영위하는 법인이 이자지급일 이전에 기간경과분을 이자비용으로 계상하는 경우에는 해당 사업연도의 손금으로 인정된다.

② 중소기업의 단기 건설용역의 경우에는 그 목적물이 인도되는 사업연도의 익금과 손금에 산입할 수 있다.

③ 국내소재 자회사의 잉여금 처분에 따른 배당금은 실제로 지급받은 사업연도의 익금으로 한다.

④ 중소기업이 장기할부조건으로 자산을 판매하고 재무제표에 인도기준으로 계상한 경우에도 신고조정에 의해 회수기일도래기준을 적용할 수 있다.

31 다음 중 법인세법상 익금에 대한 설명으로 옳지 않은 것은?

① 자기주식소각이익은 익금에 산입한다.

② 보험업법에 따른 고정자산 평가이익은 익금에 산입한다.

③ 전기 손금으로 인정된 재산세가 환급되는 경우에는 이를 익금에 산입한다.

④ 특수관계인인 개인으로부터 유가증권을 저가매입하는 경우, 시가와 매입액의 차액은 익금으로 본다.

32 법인세법상 익금불산입항목이 아닌 것은?

① 이월익금
② 법인세 환급액
③ 국세·지방세의 과오납금 환급금 이자
④ 자산수증이익

33 다음 중 익금불산입항목이 아닌 것은?

① 이월익금
② 감자차익
③ 업무용 건물의 재산세 환급액
④ 이월결손금의 보전에 충당한 자산수증이익

34 다음 중 법인세법상 익금에 대한 설명으로 옳지 않은 것은?

① 각 사업연도 소득으로 이미 과세된 것을 다시 당해 사업연도의 소득으로 계상한 것은 익금에 산입한다.

② 지방세 과오납금의 환급금에 대한 이자는 익금에 산입하지 않는다.

③ 자기주식의 처분으로 인한 이익은 익금에 산입한다.

④ 특수관계인인 개인으로부터 유가증권을 저가로 매입한 경우, 시가와 매입가액의 차액은 익금에 산입한다.

35 다음 중 법인세법상 익금항목은 몇 개인가?

> 가. 손금에 산입된 금액 중 환입된 금액
> 나. 보험업법 등 법률에 따른 고정자산의 평가이익
> 다. 자기주식의 양도금액
> 라. 국세·지방세 과오납금의 환급금에 대한 이자

① 1개 ② 2개
③ 3개 ④ 4개

36 다음 중 법인세법상 익금불산입 항목이 아닌 것은?

① 경정청구를 통해 환급받은 법인세
② 이월결손금의 보전에 충당한 자산수증이익
③ 이월익금
④ 손금에 산입한 금액 중 환입된 금액

37 다음 중 익금에 해당하지 않는 항목들로만 짝지어진 것은?

> 가. 주식발행초과금
> 나. 부가가치세 매출세액
> 다. 부가가치세가 면세되는 재화 매출액
> 라. 관계기업 투자주식 처분이익
> 마. 보험업법에 따른 고정자산 평가이익
> 바. 이월결손금 보전에 충당한 채무면제이익

① 가, 나, 마 ② 가, 나, 바
③ 가, 다, 바 ④ 나, 라, 바

38 다음은 법인세법상 익금항목과 익금불산입항목에 관한 내용이다. 옳지 않은 것은?

① 법인이 특수관계에 있는 개인으로부터 유가증권을 시가에 미달하는 가액으로 매입하는 경우 매입가액과 시가와의 차액은 익금항목이다.
② 손금산입한 대손금 중 회수한 금액은 그 회수한 날이 속하는 사업연도의 익금항목이다.
③ 이월결손금의 보전에 충당된 채무면제이익은 익금에 산입하지 아니한다.
④ 주식의 포괄적 교환차익은 각사업연도 소득금액 계산에 있어서 익금에 산입한다.

39 다음 중 법인세법상 익금에 산입하지 않은 금액은 얼마인가?

가. 감자차익	100,000원
나. 자산의 양도금액	50,000원
다. 국세의 과오납금 환급금 이자	70,000원

① 100,000원　　　　② 120,000원
③ 150,000원　　　　④ 170,000원

40 다음은 도소매업을 영위하는 (주)한공의 제21기 사업연도(2025.1.1. ~ 2025.12.31.)의 손익계산서상 수익항목의 일부이다. 법인세법상 익금은 얼마인가?

• 현금매출액	50,000,000원
• 이자수익	5,000,000원
(국세환급금이자 1,000,000원이 포함되어 있으며, 미수이자는 없다.)	
• 지분법평가이익	3,000,000원
• 외환차익	1,500,000원

① 50,000,000원　　　② 54,500,000원
③ 55,500,000원　　　④ 56,500,000원

41 다음은 (주)한공의 손익계산서의 수익에 포함된 항목들이다. 각 사업연도 소득금액을 계산할 때 세무조정으로 익금불산입을 하여야 하는 금액은 얼마인가?(단, 과세표준 계산시 공제가능한 이월결손금은 없다)

가. 무상으로 받은 자산의 가액:	1,000,000원
나. 국세 과오납금의 환급금 이자:	2,500,000원
다. 손금불산입된 금액의 환입액:	1,200,000원
라. 자산의 임대료:	2,000,000원

① 2,500,000원　　　② 3,700,000원
③ 4,500,000원　　　④ 4,700,000원

42 다음은 제조업을 영위하는 (주)한공의 제5기 사업연도 (2025.1.1.~2025.12.31.)의 손익계산서상 수익항목의 일부이다. 법인세법상 익금은 얼마인가?

• 제품매출액	60,000,000원
• 국세환급금이자	330,000원
• 자산수증이익	1,600,000원
• 채무면제이익	1,500,000원
• 부가가치세 매출세액	6,000,000원

① 60,330,000원　　　② 61,500,000원
③ 63,100,000원　　　④ 69,100,000원

43 다음은 (주)한공의 제15기(2025.1.1.~ 2025.12.31.) 사택제공과 관련한 자료이다. (주)한공의 각사업연도 소득금액을 계산할 때 익금산입 하여야 하는 금액은 얼마인가?

가. 사택제공 대상자는 출자임원이고 사택의 제공기간은 2025년 7월 1일부터 2026년 6월 30일까지이다.
나. 임대보증금 77,000,000원을 수령하였고, 임대료 수령액은 매월 100,000원이다.
다. 사택의 시가는 300,000,000원이고 사택의 적정임대료는 확인되지 않는다.
라. 국세청장이 고시하는 1년 만기 정기예금이자율은 2.1%로 가정한다.

① 172,800원　　　　②　　333,000원
③ 772,800원　　　　④ 1,950,000원

44 다음 중 법인세법상 손금으로 인정되는 것만 모은 것은?

가. 영업자가 조직한 단체의 일반회비
나. 업무와 관련된 해외시찰·훈련비
다. 사용인의 중과실로 인하여 타인에게 손해를 끼침으로서 발생한 손해배상금을 법인이 지출한 경우

① 가, 나　　　　　② 가, 다
③ 나, 다　　　　　④ 가, 나, 다

45 다음 중 법인세법상 손금산입이 가능한 것으로만 모은 것은?

가. 교통위반 범칙금
나. 업무와 관련있는 해외시찰·훈련비
다. 우리사주조합에 출연하는 자사주의 장부가액 또는 금품
라. 채권자가 불분명한 사채이자

① 가, 나　　　　② 나, 다
③ 다, 라　　　　④ 가, 라

46 다음 중 법인세법상 전액 손금불산입되는 항목이 아닌 것은?

① 벌금, 과료, 과태료, 가산금 및 체납처분비
② 대표이사를 위하여 지출한 비지정기부금
③ 거래처 직원에게 선물로 지출한 법인카드사용접대비
④ 업무무관자산에 대한 재산세

47 다음 중 법인세법상 손금 항목에 대하여 잘못 알고 있는 사람은?

> • 선미
> 　재산세나 자동차세가 업무와 관련 있다면 손금 항목에 해당 돼.
> • 형진
> 　주식할인발행차금은 손금 항목이야.
> • 유진
> 　전기요금의 납부지연으로 인한 연체가산금도 손금 항목이야.
> • 동호
> 　산재보험료의 연체금도 손금 항목에 해당돼.

① 선미　　　　② 형진
③ 유진　　　　④ 동호

48 다음 중 법인세법상 손금에 해당하지 않는 것은?

① 공장기계의 임차료
② 대표이사의 급여
③ 업무용으로 사용 중인 화물자동차에 대한 수선비
④ 업무용 토지에 대한 공인감정기관의 평가에 의한 평가차손

49 법인세법상 세무조정에 관한 설명 중 옳은 것은?

① 출자임원과 비출자임원에게 지출한 복리후생비 해당액을 비용계상한 경우 별도의 세무조정이 필요없다.
② 업무와 관련하여 발생한 교통사고벌과금을 잡손실로 회계처리한 경우에 별도의 세무조정이 필요없다.
③ 직원에게 급여지급기준을 초과하여 지급한 상여금을 비용계상한 경우에 손금불산입의 세무조정이 필요하다.
④ 법인이 감가상각비를 세법상의 상각범위액보다 과대계상하고 전년도에 상각부인액이 있는 경우 손금산입의 세무조정이 필요하다.

50 다음 중 법인세법상 손금에 산입하지 않는 금액은 얼마인가?

가. 본사 건물 재산세	100,000원
나. 주차위반 과태료	50,000원
다. 주식할인발행차금	60,000원
라. 전기요금 연체가산금	70,000원

① 50,000원　　　　② 110,000원
③ 120,000원　　　　④ 150,000원

51 다음은 (주)한공의 손익계산서상 비용으로 계상된 내역이다. 이 자료로 세무조정을 할 경우 손금불산입으로 세무조정할 금액은 얼마인가?

가. 업무 무관 건물의 재산세	300,000원
나. 간주임대료에 대한 부가가치세	500,000원
다. 전기분 법인세추징액	4,000,000원
라. 조달청 납품 지연 지체상금	200,000원

① 800,000원　　　　② 1,000,000원
③ 4,300,000원　　　　④ 4,800,000원

52 다음은 제조업을 영위하는 내국법인인 (주)한공이 제5기 사업연도(2025.1.1.~2025.12.31.)에 계상한 비용이다. 각 사업연도 소득금액 계산시 손금에 산입되지 아니하는 금액을 구하면 얼마인가?

> 가. 지배주주 갑에게 지급한 여비 1,000,000원
> 　(갑은 (주)한공의 임원 또는 사용인이 아님)
> 나. 대표이사 을에게 지급한 상여금 2,500,000원
> 　(주주총회에서 결의된 급여지급기준 내의 금액임)
> 다. 제5기 사업연도에 납부할 법인지방소득세
> 　　　　　　　　　　　　　 1,200,000원
> 라. 판매한 제품의 판매장려금으로서 사전약정 없이 지급한 금액 1,400,000원

① 2,200,000원　　　　② 2,500,000원
③ 3,600,000원　　　　④ 3,700,000원

53 다음은 (주)한공의 제5기 사업연도(2025.1.1.~2025.12.31.) 손익계산서상 세금과공과의 내역이다. 제5기 사업연도 세무조정시 손금불산입 해야할 금액은 얼마인가?

- 법인차량 주차위반 과태료: 500,000원
- 본사건물에 대한 재산세: 2,000,000원
- 공장용 토지 구매에 따른 취득세: 4,000,000원
- 국민연금 회사부담분 납부액: 3,000,000원

① 500,000원   ② 2,500,000원
③ 4,500,000원   ④ 6,500,000원

54 다음 중 결산조정사항에 대한 설명으로 옳지 않은 것은?

① 결산상 회계처리한 경우에만 손금으로 인정된다.
② 대표적인 결산조정사항으로는 대손충당금과 퇴직급여충당금이 있다.
③ 결산조정사항은 법인에게 손금산입여부의 선택권이 부여된 항목이다.
④ 결산조정사항에 대해서는 이후 사업연도에 경정청구를 할 수 있다.

55 다음 중 접대비 세무조정에 대한 설명으로 옳지 않은 것은?

① 대표이사가 개인용도로 사용한 접대비는 손금불산입하고 상여로 소득처분한다.
② 건설중인 자산 등으로 계상된 접대비는 시부인 계산 대상 접대비에 포함되지 아니한다.
③ 금전 외의 자산으로 지급한 접대비는 그 자산의 시가와 장부가액 중 큰 금액으로 평가한다.
④ 접대비는 발생주의에 의하여 그 귀속시기를 판단한다.

56 다음 중 법인세 계산에 대한 설명으로 옳지 않은 것은?

① 퇴직급여충당금과 퇴직보험료는 법인이 장부에 비용으로 계상하고 결산에 반영하여야 손금으로 인정되는 결산조정사항이다.
② 무상으로 받은 자산의 가액 중 이월결손금의 보전에 충당한 금액은 익금에 포함되지 않는다.
③ 전기요금의 납부지연으로 인한 연체가산금은 손금에 포함된다.
④ 장식·환경미화 등의 목적으로 구입한 서화 및 골동품은 업무무관자산에 해당하지 않는다.

57 다음 중 법인세법의 접대비와 관련된 설명으로 옳지 않은 것은?

① 주주 또는 출자자나 임원 또는 사용인이 부담하여야 할 성질의 접대비를 법인이 지출한 것은 이를 접대비로 보지 아니한다.
② 법인이 그 사용인이 조직한 법인이 아닌 단체에 복리시설비를 지출한 경우에는 접대비로 본다.
③ 1회의 접대에 3만원(경조금은 20만원)을 초과하여

지출한 접대비로서 적격(법정)증명서류를 수취하지 아니한 금액은 손금에 산입하지 않는 것을 원칙으로 한다.
④ 재화 또는 용역을 공급하는 신용카드등의 가맹점과 다른 가맹점의 명의로 작성된 매출전표 등을 발급받은 경우 해당 지출금액은 적격(법정)증명서류를 수취한 접대비에 포함하지 아니한다.

58 다음 중 법인세법상 대손금 및 대손충당금에 대한 설명으로 옳지 않은 것은?

① 특수관계인에 대한 외상매출금은 대손충당금 설정 대상 채권이 아니다.
② 동일인에 대한 매출채권과 매입채무가 있는 경우에도 이를 상계하지 아니하고 대손충당금을 계상할수 있으나, 약정에 의해 상계하기로 한 경우에는 그러하지 아니하다.
③ 상법에 따른 소멸시효가 완성된 외상매출금은 해당 사유가 발생한 날이 속하는 사업연도에 신고조정을 통하여 대손금으로 손금에 산입할 수 있다.
④ 대손충당금은 외상매출금 등 채권잔액의 1%에 상당하는 금액과 채권잔액에 대손실적률을 곱하여 계산한 금액 중 큰 금액의 범위 안에서 손금에 산입한다.

59 다음 중 법인세법상 감가상각비에 대한 설명으로 옳지 않은 것은?

① 감가상각비는 원칙적으로 결산상 비용으로 계상하여야 손금으로 인정된다.
② 기준내용연수의 50% 이상이 경과된 자산을 합병으로 승계한 경우 합병법인은 기준내용연수의 50%에 상당하는 연수와 기준내용연수의 범위에서 내용연수를 신고할 수 있다.
③ 감가상각방법을 변경하는 경우 새로운 상각방법을 적용할 사업연도의 법인세 과세표준 신고기한까지 감각상각방법변경신청서를 제출하여야 한다.
④ 건물의 냉난방장치의 설치비용은 자본적 지출에 해당한다.

60 다음 중 법인세 신고를 위한 각 사업연도 소득금액 계산 시 세무조정을 하지 않아도 되는 경우는?

① 자기주식처분이익을 자본잉여금으로 회계처리한 경우
② 토지 취득세를 비용으로 회계처리한 경우
③ 회사가 미지급기부금을 영업외비용으로 회계처리한 경우
④ 본사 건물의 도색비를 수선비로 회계처리한 경우

61 다음 중 결산조정 항목에 해당하는 것은?

> 가. 대손충당금
> 나. 퇴직급여충당금
> 다. 재고자산의 파손으로 인한 감액손실
> 라. 천재지변 등으로 인한 고정자산의 평가손실

① 가
② 가, 나
③ 가, 나, 다
④ 가, 나, 다, 라

62 다음 중 법인세 신고를 위한 각 사업연도 소득금액계산 시 세무조정을 하지 않아도 되는 것은?

① 주식발행초과금을 자본잉여금으로 회계처리한 경우
② 토지 취득세를 세금과공과로 회계처리한 경우
③ 지분법평가(손익부분)로 인해 지분법이익을 계상한 경우
④ 미지급기부금을 영업외비용으로 회계처리한 경우

63 다음 중 법인세 신고 시 소득금액조정합계표의 작성과 관련이 없는 항목은?

① 접대비한도 초과액
② 지정기부금한도 초과액
③ 수입배당금액의 익금불산입액
④ 업무무관 자산 등에 대한 지급이자 손금불산입액

64 다음 자료는 (주)한공의 당기 감가상각비에 대한 시부인 내역이다. 이 경우 (주)한공의 당기 감가상각비 세무조정으로 옳은 것은?

전기말 부인누계액	당기 상각범위액	당기 회사상각액
2,000,000원	10,000,000원	9,000,000원

① 손금산입(△유보) 1,000,000원
② 손금산입(△유보) 2,000,000원
③ 손금불산입(유보) 1,000,000원
④ 손금불산입(유보) 2,000,000원

65 다음은 중소기업인 (주)한공의 제10기(2025년 1월 1일~2025년 12월 31일)의 자료이다. 이를 토대로 접대비한도 초과액을 계산하면?

> 가. 손익계산서상 판매비와관리비의 접대비 계상액은 51,000,000원이다.
> 나. 위의 판매비와관리비 중의 접대비에는 회사의 제품(원가 4,000,000원, 시가 6,000,000원)을 거래처에 증정한 금액이 포함되어 있다. 이에 대한 회사의 회계처리는 다음과 같다.
> (차) 접대비   4,600,000원
>   부가세 예수금   600,000원
>   (대) 제 품   4,000,000원
> 다. 기업회계기준에 따른 매출액은 50억원이며, 이 금액에는 특수관계인과의 거래에서 발생한 매출액은 없다.

① 1,000,000원
② 2,000,000원
③ 3,000,000원
④ 4,000,000원

66 다음은 해상운송업을 영위하는 (주)한공의 제15기(2025.1.1. ~ 2025.12.31.) 손익계산서상 수선비 및 소모품비 계정의 내역이다. 법인세법상 즉시상각의제 규정에 따라 감가상각한 것으로 보아야 하는 금액은?

계정과목	금 액	내 역
수선비	50,000,000원	(주)한공의 본사건물(전기말 재무상태표상 장부가액 500,000,000원)에 대한 엘리베이터의 설치비임
수선비	40,000,000원	선박(전기말 재무상태표상 장부가액 700,000,000원)에 대하여 2년마다 주기적인 수선을 위하여 지출한 금액으로, 이로 인하여 성능이 향상됨
소모품비	1,500,000원	영업사원의 업무상 편의를 위하여 노트북 1대를 구입하고, 그 취득가액을 비용으로 계상함
소모품비	1,200,000원	관리부서의 시내출장의 편의를 위하여 중고자동차 1대를 구입하고, 그 취득가액을 비용으로 계상함

① 51,200,000원
② 52,700,000원
③ 91,500,000원
④ 92,700,000원

67 다음 중 법인세법상 업무용승용차 관련비용에 대한 내용으로 옳지 않은 것은?(단, 해당 승용차는 업무전용자동차보험에 가입한 것으로 가정한다)

① 업무용 승용차는 5년 정액법으로 상각한다.
② 업무용승용차 관련비용이 1천 5백만원(12개월 기준) 이하인 경우에는 운행기록부의 작성 없이도 전액이 업무사용금액인 것으로 인정받을 수 있다.
③ 업무용승용차 관련비용 중 업무사용금액에 해당하지 아니하는 비용은 손금불산입하고 기타사외유출로 소득처분한다.
④ 업무사용비율은 총주행거리에서 업무용 사용거리가 차지하는 비율로 계산하는데, 출퇴근 거리는 업무용 사용거리로 인정받을 수 있다.

68 법인세법상 업무용승용차의 감가상각과 관련된 설명으로 옳지 않은 것은?

① 업무용승용차의 감가상각 방법은 정액법만 가능하다.
② 업무용승용차의 감가상각 내용연수는 5년만 적용하여야 한다.

③ 업무용승용차의 감가상각 손금산입 방법은 강제상
각제도를 적용하여야 한다.
④ 업무용승용차의 감가상각 손금산입 한도는 매년
1,000만원이다.

69 다음은 제조업을 영위하는 (주)한공의 손익계산서
에 반영되어 있는 손익항목 자료이다. (주)한공의
법인세법상 각 사업연도 소득금액은 얼마인가?

가. 당기순이익	500,000원
나. 결산에 수익과 비용으로 반영된 사항	
• 법인세비용	100,000원
• 교통사고벌과금	200,000원
• 단기매매증권평가이익	400,000원

① 300,000원　　　　② 400,000원
③ 600,000원　　　　④ 800,000원

70 다음은 (주)한공의 제10기(2025. 1. 1. ~ 2025.
12. 31.) 사업연도 법인세 신고를 위한 자료이
다. (주)한공의 법인세법상 각 사업연도 소득금
액은 얼마인가?

가. 손익계산서상 당기순이익	10,000,000원
나. 세무조정자료	
• 손익계산서상 계상된 법인세비용	
	2,000,000원
• 당기 접대비한도초과액	500,000원
• 손익계산서상 계상된 단기매매증권평가이익	
	700,000원
• 손익계산서에 누락된 매출액	500,000원
(누락된 매출원가 300,000원)	

① 8,000,000원　　　　② 8,400,000원
③ 12,000,000원　　　　④ 13,400,000원

71 다음은 (주)한공의 제12기(2025. 1. 1. ~ 2025.
12. 31.) 사업연도 법인세 신고를 위한 자료이
다. (주)한공의 법인세법상 각 사업연도 소득금
액은 얼마인가?

가. 손익계산서상 당기순이익	30,000,000원
나. 세무조정자료	
• 손익계산서상 계상된 법인세비용	
	6,000,000원
• 감가상각비 한도초과액	5,000,000원
• 가지급금 인정이자	3,000,000원
• 전기 매출액을 당기 매출액으로 계상한 금액	
(매출원가 6,000,000원)	10,000,000원

① 40,000,000원　　　　② 44,000,000원
③ 48,000,000원　　　　④ 54,000,000원

72 (주)한공의 제5기(2025.1.1.~2025.12.31.) 사
업연도의 당기순이익과 세무조정자료는 다음과
같다. 이 자료로 각 사업연도 소득금액을 구하
면 얼마인가?

가. 손익계산서상의 당기순이익	20,000,000원
나. 손익계산서에 반영된 내역	
– 법인세비용	5,000,000원
– 상각범위액을 초과하는 감가상각비	
	2,000,000원
– 단기매매증권 평가이익	4,000,000원
– 화폐성외화자산의 외환차손	1,000,000원
다. 특수관계법인으로부터 시가 6,000,000원인 기 계장치를 3,000,000원에 매입하고 실제 매입 가액을 기계장치의 취득원가로 계상하였다.	

① 23,000,000원　　　　② 24,000,000원
③ 26,000,000원　　　　④ 29,000,000원

73 다음은 (주)한공의 제10기(2025. 1. 1. ~ 2025.
12. 31.) 사업연도 법인세 신고를 위한 자료이
다. (주)한공의 법인세법상 각 사업연도 소득금
액은 얼마인가?

가. 손익계산서상 당기순이익	10,000,000원
나. 세무조정자료	
– 손익계산서상 계상된 법인세비용	
	2,000,000원
– 접대비한도초과액	500,000원
– 손익계산서상 계상된 단기매매증권평가이익	
	700,000원
– 손익계산서에 누락된 매출액	500,000원
– 손익계산서에 누락된 매출원가	300,000원

① 8,000,000원　　　　② 8,400,000원
③ 12,000,000원　　　　④ 13,400,000원

74 다음은 (주)한공의 제10기(2025.1.1.~2025.12.31.)
재무제표에 반영된 거래내용이다. 법인세법상
각 사업연도 소득금액은 얼마인가?

(1) 손익계산서	
가. 당기순이익	5,000,000원
나. 법인세등	1,000,000원
다. 영업외수익(부산물 매각이익)	2,000,000원
(2) 재무상태표	
자본잉여금증가액(자기주식처분이익)	
	4,000,000원
위에 제시된 것 외에는 세무조정할 사항이 없다 고 가정한다.	

① 6,000,000원   ② 7,000,000원
③ 8,000,000원   ④ 10,000,000원

75 다음은 (주)한공의 제10기(2025.1.1. ~ 2025.12. 31.) 손익계산서에 반영된 내역이다. 법인세법 상 각 사업연도 소득금액을 구하면 얼마인가?

가. 당기순이익 90,000,000원 나. 비용으로 계상된 법인세등 10,000,000원 다. 세금과공과에 포함된 전기요금연체가산금 500,000원 라. 영업외수익에 포함된 국세환급가산금 600,000원

① 90,000,000원   ② 99,400,000원
③ 99,900,000원   ④ 100,000,000원

76 다음은 제조업을 영위하는 (주)한공의 제10기 사업연도(2025. 1. 1. ~ 2025. 12. 31.)의 법인 세 신고를 위한 자료이다. 법인세법상 각 사업 연도 소득금액은 얼마인가?

가. 손익계산서상 당기순이익 12,000,000원 나. 세무조정자료 　– 주식발행초과금 500,000원을 자본잉여금으로 계상하였다. 　– 감자차익 2,000,000원을 영업외손익으로 계상하였다. 　– 대표이사인 김한공 씨로부터 시가 2,000,000원인 유가증권을 1,600,000원에 매입한 후 매입가액을 유가증권으로 계상하였다.

① 10,400,000원   ② 10,900,000원
③ 14,500,000원   ④ 14,900,000원

77 다음은 (주)한공의 제10기(2025. 1. 1. ~ 2025. 12. 31.) 사업연도 법인세 신고를 위한 자료이다. (주)한공의 법인세법상 각 사업연도 소득금액은 얼마인가?

가. 손익계산서상 당기순이익 100,000,000원 나. 제9기 건물감가상각비 한도초과액으로 인한 유보액 1,000,000원 다. 세무조정자료 　• 손익계산서상 계상된 법인세비용 10,000,000원 　• 당기 건물감가상각비 한도 미달액 1,200,000원 　• 손익계산서상 계상된 교통사고벌과금 300,000원 　• 손익계산서상 계상된 국세 과오납금의 환급금에 대한 이자 500,000원

① 100,000,000원   ② 101,000,000원
③ 108,800,000원   ④ 118,800,000원

78 다음은 제조업을 영위하는 (주)한공의 제10기 사업연도(2025.1.1. ~ 2025. 12.31.)의 법인세 신고를 위한 자료이다. 이를 토대로 각 사업연도 소득금액을 계산하면 얼마인가?

가. 손익계산서상 법인세비용차감전순이익: 20,000,000원 나. 세무조정자료 　– 교통사고벌과금 1,000,000원을 비용으로 계상하였다. 　– 영업자가 조직한 단체(주무관청에 등록한 조합)에 일반회비 2,000,000원을 지급하고 비용으로 계상하였다. 　– 특수관계가 있는 법인으로부터 시가 2,000,000원인 유가증권을 1,600,000원에 매입한 후 매입가액을 유가증권으로 계상하였다.

① 21,000,000원   ② 22,000,000원
③ 22,400,000원   ④ 23,400,000원

79 다음은 제조업을 영위하는 (주)한공의 제17기 사업연도(2025.1.1.~2025.12.31.)의 법인세 신고를 위한 자료이다. 법인세법상 각 사업연도 소득금액은 얼마인가?

가. 손익계산서상 법인세비용차감전순이익: 10,000,000원 나. 세무조정자료 　– 자기주식처분이익 500,000원을 자본잉여금으로 계상하였다. 　– 손익계산서에 폐수배출부담금 2,000,000원이 계상되어 있다. 　– 손익계산서에 외환차익 3,000,000원이 계상되어 있다.

① 10,000,000원   ② 10,500,000원
③ 12,500,000원   ④ 15,000,000원

80 다음은 (주)한공의 제5기(2025.1.1.~2025.12.31.) 과세자료이다. 법인세 과세표준 및 세액조정계산서상 각 사업연도 소득금액을 계산하면 얼마인가?

결산서상 당기순이익 1,000,000원	
• 접대비 한도초과액 400,000원	• 대손충당금 한도초과액 200,000원
• 지정기부금 한도초과액 110,000원	• 전기 법정기부금한도초과 이월분 손금산입액 100,000원
• 법인세비용 40,000원	• 이월결손금 70,000원

① 1,530,000원　　　② 1,580,000원
③ 1,650,000원　　　④ 1,750,000원

81 다음은 (주)한공의 제5기(2025.1.1.~2025.12.31.) 사업연도의 법인세 신고를 위한 자료이다. 법인세법상 각 사업연도소득금액은 얼마인가?

가. 당기순이익	1,000,000원
나. 세무조정관련 자료(당기순이익에 계상되어 있는 금액임)	
1) 손익계산서상 법인세비용	200,000원
2) 교통사고 벌과금	70,000원
3) 단기매매증권평가이익	30,000원
4) 비지정기부금	20,000원

① 1,220,000원　　　② 1,260,000원
③ 1,300,000원　　　④ 1,320,000원

82 다음은 (주)한공의 제17기(2025.1.1.~2025.12.31.) 사업연도 법인세 신고를 위한 자료이다. (주)한공의 각사업연도 소득금액은 얼마인가?

가. 손익계산서상 당기순이익	9,000,000원
나. 세무조정자료	
• 손익계산서상 계상된 법인세비용	2,000,000원
• 당기 접대비한도초과액	500,000원
• 손익계산서상 계상된 단기매매증권평가이익	700,000원
• 손익계산서에 누락된 매출액	600,000원
• 손익계산서에 누락된 매출원가	400,000원

① 8,000,000원　　　② 8,400,000원
③ 11,000,000원　　　④ 13,400,000원

83 다음은 제조업을 영위하는 (주)한공의 제19기 사업연도(2025년 1월 1일~2025년 12월 31일)의 법인세 신고를 위한 자료이다. 법인세법상 각사업연도소득금액은 얼마인가?

가. 손익계산서상 당기순이익	10,000,000원
나. 세무조정자료	
－ 자기주식처분이익 3,000,000원을 자본잉여금으로 계상하였다.	
－ 손익계산서에 법인세비용 2,000,000원을 계상하였다.	
－ 손익계산서에 잡이익(재산세환급액) 1,000,000원을 계상하였다.	

① 12,000,000원　　　② 13,000,000원
③ 15,000,000원　　　④ 16,000,000원

84 다음은 (주)한공의 제9기 사업연도(2025.1.1.~2025.12.31.)의 과세자료이다. 이를 토대로 법인세법상 각사업연도소득금액을 계산하면 얼마인가?

1. 손익계산서상 당기순이익은 200,000,000원이다.
2. 손익계산서상 다음과 같은 사실이 발견되었다.
(1) 당기의 상품매출액 40,000,000원과 그 매출원가 32,000,000원이 누락되었다.
(2) 손익계산서에는 신용카드로 사용한 접대비 50,000,000원이 계상되어 있으나, 법인세법에 따른 접대비한도액은 25,000,000원이다.
(3) 세금과공과 중에는 당기에 납부한 본사 사옥에 대한 재산세 5,000,000원이 포함되어 있다.
(4) 손익계산서상의 지정기부금은 18,000,000원이며 법인세법상 지정기부금한도액은 23,000,000원이다.
(5) 손익계산서상의 법인세비용은 32,000,000원이다.

① 265,000,000원　　　② 240,000,000원
③ 208,000,000원　　　④ 201,000,000원

85 다음 중 법인세 계산에 대한 설명으로 옳지 않은 것은?

① 무상으로 받은 자산의 가액은 익금에 포함되지 않는다.
② 공제기한 내의 이월결손금은 먼저 발생한 사업연도의 결손금부터 순차적으로 공제한다.
③ 각 사업연도의 소득은 그 사업연도의 익금의 총액에서 손금의 총액을 공제한 금액이다.
④ 채무면제익으로 충당된 이월결손금은 과세표준 계산 시 이미 공제된 것으로 본다.

86 다음은 각 사업연도 소득금액에서 법인세 과세표준을 계산하는 절차와 관련한 내용이다. 옳지 않은 것은?

① 과세표준은 각 사업연도 소득금액에서 이월결손금·비과세소득·소득공제액을 순차로 공제한 금액이 된다.
② 각 사업연도 개시일 전 15년(2020년 1월1일 이전 개시하는 사업연도에 발생분은 10년) 이내에 개시한 사업연도에서 발생한 결손금은 그 후의 각 사업연도의 과세표준 계산할 때 공제할 수 있다.

③ 이월결손금은 공제기한 내에 임의로 선택하여 공제 받을 수 없으며, 공제 가능한 사업연도의 소득금액 범위 안에서 전액 공제하여야 한다.
④ 과세표준 계산 시 공제되지 아니한 비과세소득 및 소득공제는 다음 사업연도 개시일부터 5년간 이월하여 공제 받을 수 있다.

87 (주)한공의 제10기(2025.1.1. ~ 2025.12.31.) 사업연도 법인세 신고를 위한 다음 자료를 참고하여 법인세과세표준을 계산하면 얼마인가?

가. 손익계산서상 당기순이익	10,000,000원
나. 손익계산서에 반영된 내역	
• 법인세비용	2,000,000원
• 국세의 과오납금 환급금이자	500,000원
다. 손익계산서에 누락된 내역	
• 매출액	600,000원
• 매출원가	300,000원
다. 제8기 이월결손금	1,000,000원

① 9,000,000원   ② 9,800,000원
③ 10,800,000원   ④ 11,800,000원

88 다음 자료를 이용하여 중소기업인 (주)한공의 2025년 사업연도(2025.1.1.~2025.12.31.) 법인세 과세표준을 계산하면 얼마인가?

가. 각사업연도 소득금액:	200,000,000원
나. 이월결손금	
• 2020년 발생분:	30,000,000원
• 2023년 발생분:	40,000,000원
다. 비과세소득:	2,000,000원
라. 소득공제:	10,000,000원

① 93,000,000원   ② 98,000,000원
③ 118,000,000원   ④ 148,000,000원

89 법인세법상 결손금(또는 이월결손금)은 다음의 사유가 발생하면 소멸되어 그 후에는 공제되지 아니한다. 다음 중 법인세법상 결손금(또는 이월결손금) 소멸사유가 아닌 것은?

① 결손금을 소급공제한 경우
② 결손금을 이월시켜 과세표준 계산상 공제한 경우
③ 자산수증이익과 채무면제이익으로 이월결손금을 보전한 경우
④ 이익준비금으로 결손금을 보전한 경우

90 다음 중 법인세법상 결손금 소급공제 및 이월공제에 대한 설명으로 옳지 않은 것은?

① 결손금 소급공제는 상장법인을 대상으로 하므로 비상장법인은 소급공제를 적용할 수 없다.
② 공제대상 이월결손금은 먼저 발생한 사업연도의 결손금부터 순차로 공제한다.
③ 소급공제를 받은 결손금은 소멸되므로 그 후 이월공제를 할 수 없다.
④ 자산수증이익으로 보전에 충당하는 이월결손금은 발생연도의 제한이 없는 세무상 이월결손금이다.

91 다음 중 법인세법상 결손금에 관한 설명으로 옳지 않은 것은?

① 결손금 소급공제는 중소기업에 한하여 적용받을 수 있다.
② 채무의 면제 또는 소멸로 인한 부채의 감소액 중 「채무자 회생 및 파산에 관한 법률」에 의한 회생계획인가의 결정을 받고 법원이 확인한 이월결손금의 보전에 충당된 금액은 익금에 산입하지 아니한다.
③ 법정기부금의 손금산입한도액을 계산함에 있어 공제하는 이월결손금은 발생시점에 제한이 없다.
④ 둘 이상 사업연도에서 결손금을 그 후의 사업연도의 각 사업연도 소득금액에서 공제하는 경우 먼저 발생한 사업연도의 결손금부터 공제된다.

92 다음 중 법인세법상 결손금 소급공제에 대한 설명으로 옳지 않은 것은?

① 조세특례제한법에 의한 중소기업만 적용할 수 있다.
② 소급공제받은 결손금은 법인세의 과세표준을 계산할 때 이미 공제받은 결손금으로 본다.
③ 결손금이 발생한 사업연도의 개시일부터 10년 이내의 사업연도에 대하여 적용이 가능하다.
④ 결손금이 발생한 사업연도와 그 직전사업연도의 법인세 과세표준과 세액을 법정신고기한 내에 각각 신고한 경우에 적용이 가능하다.

93 중소기업인 (주)한공은 해당 사업연도(2025.1.1. ~12.31.)에 결손금이 120,000,000원 발생하였다. 2023년 법인세신고 자료에 근거하여 (주)한공이 최대로 받을 수 있는 결손금소급공제에 의한 환급세액은 얼마인가?

(주)한공의 2024년 법인세신고현황	
법인세 과세표준	300,000,000원
법인세 산출세액	37,000,000원
법인세 세율	2억원 초과 200억 이하 19% (2억원 이하 9%)

① 12,000,000원   ② 20,800,000원
③ 22,000,000원   ④ 24,000,000원

94 중소기업인 (주)한공은 제9기 사업연도(2025년 1월 1일~2025년 12월 31일)에 결손금 150,000,000원이 발생하였다. (주)한공이 결손금소급공제에 따른 환급세액을 신청한 경우 최대한 환급받을 수 있는 금액은 얼마인가?
(단, (주)한공의 제8기 법인세 신고내역은 다음과 같으며, 결손금소급공제에 필요한 모든 요건은 충족한다고 가정한다.)

〈제8기 법인세 신고내역〉

과 세 표 준	300,000,000원
산 출 세 액	37,000,000원*
세액감면	△5,000,000원
세액공제	△15,000,000원
가산세액	2,000,000원
기납부세액	△7,000,000원
차감납부세액	15,000,000원

* 법인세율: 과세표준 2억원 이하 9%, 2억원 초과 19%

① 15,000,000원 ② 17,000,000원
③ 25,000,000원 ④ 40,000,000원

95 다음은 (주)한공의 제1기 사업연도(2025. 10. 10. ~ 2025. 12. 31.)이 법인세 계산과 관련된 자료이다. 법인세 납부세액을 구하면 얼마인가?

가. 과세표준	100,000,000원
나. 재해손실세액공제액	2,000,000원
다. 원천징수세액	1,000,000원

※ 세율

과세표준	세율
2억원 이하	과세표준의 100분의 9
2억원 초과 200억 이하	1천8백만원 + (2억원을 초과하는 금액의 100분의 19)

① 6,000,000원 ② 7,000,000원
③ 9,000,000원 ④ 11,000,000원

96 다음은 (주)한공의 제10기 사업연도(2025. 1. 1. ~ 12. 31.)의 법인세액의 계산에 관련된 자료이다. 법인세 차감납부할세액은 얼마인가?

가. 각 사업연도 소득금액	100,000,000원
나. 이월결손금(제9기 발생분)	10,000,000원
다. 외국납부세액공제액(한도내의 금액임)	2,000,000원
라. 기납부세액	1,000,000원
마. 세율(과세표준 2억원 이하)	9%

① 5,100,000원 ② 7,000,000원
③ 8,000,000원 ④ 10,000,000원

97 다음은 중소기업인 (주)한공의 제7기(2025.1.1.~2025.12.31.)에 대한 세무자료이다. 법인세 자진납부할 세액은 얼마인가?(단, 분납은 신청하지 않는 것으로 한다)

(1) 각사업연도 소득금액　500,000,000원
(2) 제6기 사업연도에 발생한 이월결손금
　　　　　100,000,000원
(3) 정규지출증빙서류 미수취에 따른 가산세
　　　　　2,000,000원
(4) 연구 및 인력개발비 세액공제액 5,000,000원
(5) 이자소득에 대한 원천징수 납부액
　　　　　1,000,000원

※ 법인세율은 아래와 같다.

과 세 표 준	세 율
2억원 이하	과세표준 × 9%
2억원 초과 ~ 200억 이하	1천8백만원 + (과세표준 – 2억원) × 19%

① 50,000,000원 ② 52,000,000원
③ 57,000,000원 ④ 62,000,000원

98 다음은 부가가치세 과세사업자인 (주)한공의 대손관련 자료이다. 이를 토대로 계산한 부가가치세 세액과 법인세 세액에 미치는 영향의 합계금액은 얼마인가?

(1) 매출처의 회생계획인가 결정으로 외상매출금 11,000,000원(부가가치세 포함)을 회수할 수 없게 되었다.
(2) 부가가치세 신고시 대손세액공제와 법인세 신고시 대손금 손금산입을 적용하고자 한다(위의 대손금은 부가가치세법상 대손세액공제와 법인세법상 손금산입 요건을 충족하고 있다.).
(3) (주)한공의 과세표준에 적용할 법인세율은 9%이고, 법인지방소득세는 고려하지 않는 것으로 한다.

① 1,000,000원 세액 감소
② 1,900,000원 세액 감소
③ 2,000,000원 세액 감소
④ 2,100,000원 세액 감소

99 다음은 영리내국법인인 (주)한공의 제1기 사업연도(2025.7.20.~2025.12.31.) 법인세액의 계산에 관련된 자료이다. 이를 근거로 산출세액을 계산하면 얼마인가?(단, 정관에 따른 사업연도는 매년 1월1일부터 12월 31일이다.)

> 가. 결산서상 당기순이익　　170,000,000원
> 나. 세무조정 금액
> 　　㉠ 익금산입 및 손금불산입　　60,000,000원
> 　　㉡ 손금산입 및 익금불산입　　20,000,000원
> 다. 공익신탁의 신탁재산에서 생긴 소득
> 　　　　　　　　　　　　　　　10,000,000원
> 라. 법인세율: 과세표준 2억원 이하 9%,
> 　　　　　　　2억원 초과 200억원 이하 19%

① 2,500,000원　　　　② 3,500,000원
③ 20,000,000원　　　④ 28,000,000원

100 다음은 법인이 각 사업연도 소득에 대한 법인세 계산시 적용받을 수 있는 세액공제이다. 이에 해당하지 않는 것은?

① 외국납부세액공제
② 배당세액공제
③ 재해손실세액공제
④ 사실과 다른 회계처리에 기인한 경정에 따른 세액공제

101 다음 중 법인세법상 세액공제에 해당하지 않는 것은?

① 외국납부세액공제
② 재해손실세액공제
③ 사실과 다른 회계처리로 인한 경정에 따른 세액공제
④ 중소기업투자세액공제

102 다음은 법인세상 세액공제에 대한 설명으로 옳은 것은?

① 외국납부세액공제는 국가별 한도방식과 일괄한도방식 중 납세자가 선택하여 적용할 수 있다.
② 외국납부세액공제 한도를 초과하는 외국납부세액은 다음 사업연도 개시일부터 10년간 이월공제 가능하다.
③ 재해손실세액공제는 천재지변 기타 재해로 인하여 사업용 자산가액의 10% 이상을 상실하는 경우에 적용받을 수 있다.
④ 사실과 다른 회계처리에 기인한 경정에 따른 세액공제는 공제한도가 없다.

103 법인세 세액감면과 세액공제에 대한 설명으로 옳지 않은 것은?

① 외국납부세액공제는 해당 사업연도의 다음 사업연도 개시일부터 10년 이내에 끝나는 사업연도에 이월공제가 가능하다.
② 재해손실세액공제를 적용받기 위해서는 재해상실비율이 20% 이상이어야 한다.
③ 법인세법상 세액공제는 최저한세의 적용대상이 아니다.
④ 법인세의 감면에 관한 규정과 세액공제에 관한 규정이 동시에 적용되는 경우에 세액감면을 가장 나중에 적용한다.

104 다음 중 법인세 계산시 적용되는 세액감면과 세액공제에 대한 설명으로 옳은 것은?

① 외국납부세액공제는 5년간 이월하여 공제받을 수 있다.
② 현행 법인세법에는 세액감면 규정이 없다.
③ 사실과 다른 회계처리로 인한 경정에 따른 세액공제는 별도의 공제한도가 없다.
④ 외국납부세액공제는 최저한세 적용대상이다.

105 다음 중 법인세법상 세액공제가 아닌 것은?

① 외국납부 세액공제
② 재해손실 세액공제
③ 통합투자 세액공제
④ 사실과 다른 회계처리로 인한 경정에 따른 세액공제

106 다음은 베트남에 지사를 두고 있는 (주)한공의 제10기 사업연도(2025.1.1. ~ 2025.12.31.)에 대한 자료이다. (주)한공이 외국납부세액과 관련하여 세액공제방법을 선택할 경우, 제10기 법인세 산출세액에서 공제할 외국납부세액공제액을 계산하면 얼마인가?

> (1) 각 나라에서 발생한 소득금액 및 외국납부세액은 다음과 같다.
>
> | 국 가 | 소득금액 | 외국납부세액 |
> | --- | --- | --- |
> | 국 내 | 180,000,000원 | - |
> | 베 트 남 | 120,000,000원 | 17,000,000원 |
>
> (2) 외국납부세액은 소득금액을 계산할 때 손금불산입된 것이다.
> (3) 이월결손금, 비과세소득 및 소득공제액은 없다.
> (4) 적용할 법인세율은 과세표준 2억원 이하는 9%, 2억원 초과 200억원 이하는 19%이다.

① 14,800,000원　　　② 15,000,000원
③ 16,000,000원　　　④ 17,000,000원

107 영리내국법인의 법인세 신고 및 납부에 대한 설명으로 옳지 않은 것은?

① 자진납부할 세액이 1천만원을 초과하는 중소기업은 납부기한이 지난 날로부터 2개월 이내에 분납할 수 있다.
② 각 사업연도의 소득금액이 없거나 결손금이 있는 법인도 법인세과세표준신고를 하여야 한다.
③ 중간예납세액의 신고는 중간예납기간이 지난날로부터 1개월 이내에 하여야 한다.
④ 법인세 과세표준을 신고하면서 재무상태표를 첨부하지 않으면 무신고로 본다.

108 다음 중 영리내국법인의 법인세 신고 및 납부에 대한 설명으로 가장 옳지 않은 것은?

① 납세의무가 있는 내국법인은 각 사업연도의 종료일이 속하는 달의 말일부터 3개월 이내에 그 사업연도의 소득에 대한 법인세의 과세표준과 세액을 신고하여야 한다.
② 각 사업연도의 소득금액이 없거나 결손금이 있는 법인은 법인세의 과세표준과 세액을 신고할 의무가 없다.
③ 중간예납세액은 중간예납기간이 지난날부터 2개월 이내에 납부하여야 한다.
④ 납부할 세액이 2천만원을 초과하는 경우에는 그 세액의 50% 이하의 금액을 분납할 수 있다.

109 다음 중 영리내국법인의 법인세 신고 및 납부에 대한 설명으로 옳지 않은 것은?

① 사업연도가 6개월을 초과하지 아니하는 법인도 중간예납의무가 있다.
② 납세의무가 있는 법인은 각 사업연도의 종료일이 속하는 달의 말일부터 3개월 이내에 해당 사업연도의 소득에 대한 법인세 과세표준과 세액을 신고하여야 한다.
③ 내국법인이 법인세 과세표준 신고를 할 때 재무상태표 · 포괄손익계산서 · 이익잉여금처분계산서 및 「법인세과세표준 및 세액조정계산서」를 첨부하지 않으면 무신고로 본다.
④ 자진납부할 법인세액이 1,000만원을 초과하는 경우에는 세액을 분납할 수 있다.

110 다음 중 영리내국법인의 법인세 신고 및 납부에 대한 설명으로 옳지 않은 것은?

① 사업연도의 종료일이 속하는 달의 말일부터 3개월 이내에 신고 및 납부하여야 한다.
② 중간예납세액은 중간예납기간이 지난날부터 2개월 이내에 신고 및 납부하여야 한다.

③ 과세표준과 세액을 신고하면서 재무상태표를 첨부하지 않으면 무신고로 본다.
④ 각 사업연도의 소득금액이 없거나 결손금이 있는 법인은 과세표준과 세액을 신고할 의무가 없다.

111 다음 중 영리내국법인의 법인세 신고 및 납부에 대한 설명으로 옳지 않은 것은?

① 자진납부할 세액이 1,000만원을 초과하는 중소기업의 경우 납부기한이 지난 날부터 2개월 이내에 분납할 수 있다.
② 천재지변이 있는 경우 납세지 관할세무서장의 승인을 얻어 그 신고기한을 연장할 수 있다.
③ 중간예납세액의 신고 · 납부는 중간예납기간이 지난 날부터 1개월 이내에 하여야 한다.
④ 과세표준과 세액을 신고하면서 재무상태표를 첨부하지 않으면 무신고로 본다.

112 다음 중 법인세법상 중간예납에 대한 설명으로 옳은 것은?

① 합병 또는 분할에 의해 신설된 경우를 제외하고는 신설법인의 최초사업연도에는 중간예납을 하지 않는다.
② 중간예납세액은 중간예납기간이 경과한 날부터 3월 이내에 자신 납부하여야 한다.
③ 중간예납 시 납부할 세액이 1천만원을 초과하는 경우에는 분납이 허용되지 않는다.
④ 중간예납세액의 미납에 대하여 납부불성실가산세를 적용하지 않는다.

113 다음 중 법인세의 신고와 납부에 대한 설명으로 옳지 않은 것은?

① 내국법인에게 비영업대금의 이익에 해당하는 소득을 지급하는 자는 14% 세율을 적용하여 법인세를 원천징수하여야 한다.
② 각 사업연도의 기간이 6개월을 초과하는 법인은 사업연도 개시일부터 6개월간을 중간예납기간으로 하여 중간예납기간이 경과한 날부터 2개월 이내에 그 기간에 대한 법인세를 신고 · 납부해야 한다.
③ 외부회계감사대상 법인의 회계감사가 종결되지 아니하여 결산이 확정되지 아니한 경우로서 신고기한 종료일 이전 3일 전까지 신고기한연장신청서를 제출한 경우 신고기간을 1개월의 범위에서 연장 할 수 있다.
④ 자진납부할 세액이 1천만원을 초과하는 경우에는 납부기한이 지난 날부터 1개월(중소기업은 2개월) 이내에 분납할 수 있다.

114 다음 중 법인세법에 대한 설명으로 옳지 않은
것은?

① 결산조정사항을 손금으로 인정받으려면 결산서상의
비용으로 계상해야 하는데, 신고 후 누락된 것을
알게 되었다면 경정청구가 가능하다.

② 각 사업연도 소득금액이 없는 법인도 법인세의 과
세표준과 세액을 신고해야 한다.

③ 법인세 중간예납은 수정신고 또는 경정청구의 대상이
될 수 없다.

④ 외부세무조정 대상법인이 외부세무조정 등을 이행
하지 아니하는 경우 무신고로 본다.

실무수행평가 

> 유형별 연습문제는 별도의 백데이터가 제공되지 않습니다.

 부가가치세

1 수정전자세금계산서 발급

[기재사항착오정정]

- 필요적 기재사항(공급자의 사업자 등록번호·성명·상호, 공급받는자 사업자등록번호, 작성연월일, 공급가액과 부가가치세액)등을 착오 또는 착오외의 사유로 잘못 작성하여 발급한 경우
- 세율을 잘못 적용하여 발급한 경우

[사 례]

구분	내 용
공급가액 및 세액	담당자의 착오로 세금계산서(과세) 발행 거래가 영세율전자세금계산서로 발급되어, 수성선자세금계산서를 발납하기로 하였다.
	전자세금계산서의 공급수량이 120개(공급가액 12,000,000원)로 기재했어야하나, 담당자의 실수로 공급수량이 100개(공급가액 10,000,000원)로 기재하여 발급하였음을 확인하였다.
	전자세금계산서의 공급단가를 13,000원으로 기재했어야 하나, 담당자의 실수로 공급단가를 12,000원으로 기재하여 발급하였음을 확인하였다.
작성년월일	담당자의 착오로 작성연월일 9월 5일이 8월 5일로 잘못 기재되었다.
사업자 등록번호	(주)동양유리 사업자등록번호를 301-81-11113으로 기재했어야 하나, 담당자의 실수로 306-81-20145로 기재하여 발급하였음을 확인하였다. (올바른 사업자등록번호의 거래처 코드: 3002)

[공급가액 변동]

- 판매실적에 따라 단가가 변동되거나, 잠정가액으로 공급 후 추후 공급 가액이 확정되는 경우, 공급계약 후 당사자 간의 합의에 의하여 가격의 증감이 발생되는 경우

[사 례]

구분	내 용
단가인하	3월 26일 제품의 시세하락으로 인하여 동 제품의 단가를 100원 인하하기로 결정하고, 수정세금계산서를 발급하기로 하였다.
	5월 10일 상호합의에 따라 이미 납품한 품목의 납품단가를 3% 할인하기로 결정하였다 (결제대금 입금에 대한 회계처리는 생략할 것.)
가격인상	7월 24일 원자재 구입가격의 상승으로 인해 동 제품의 공급가액을 1,000,000원 인상하기로 결정하고, 수정세금계산서를 발급하기로 하였다.
매출에누리 및 매출할인	6월 18일 당초의 공급가액에 대해서 3%를 매출에누리로 확정하고 외상대금과 상계처리 하였다.
	2월 25일 약정에 의하여 공급가액의 3%를 매출할인으로 적용하고 외상대금과 상계하기 로 하였다.
	11월 16일 결제조건(2/10, n/30)에 따라 2% 할인된 금액만큼 차감하고 기업은행 보통 예금 계좌에 입금되었다. **tip** 할인 또는 에누리된 금액만큼 음수로 표시하여 발행
공급가액 차감	6월 20일 사전약정에 의한 판매목표 달성분에 대하여 공급가액 800,000원을 차감하기로 하였다.
	8월 28일 외주가공물량을 정산하고 용역제공관련 공급가액 2,000,000원을 차감하기로 합의하였다.
	4월 30일에 해당 제품의 하자가 일부 발견되어 공급가액의 2%를 차감하기로 하였다.

[환입]

• 당초 공급한 재화가 환입(반품)된 경우

[사 례]

구분	내 용
제품하자	제품에 하자가 발생하여 제품의 일부가 반품되었다. – 환입일자: 2025년 2월 15일 – 환입수량: 2개
유효기간 임박	3월 20일 판매한 제품 중 유효기간이 임박한 제품 100개에 대해 거래처와의 합의 하에 3월 24일 환입하기로 하였다.

[계약의 해제]

- 계약의 해제로 재화 또는 용역이 공급되지 않는 경우

[사 례]

구분	내 용
납품지연	2월 12일 공장 화재로 납품 일정이 지연됨에 따라 (주)수현기업과의 계약을 해제하기로 합의하였다.
	원재료 구입처의 파산으로 제품 납품이 지연되어 11월 22일에 (주)창신자동차와의 계약을 해제하였다.
납품지연	본 거래에 대하여 제품생산 공장의 일정 지연으로 물량 납품계약을 이행할 수 없어 해제되었다.(계약해제일: 2025. 3. 10.) **tip** 회계처리 시 프로그램에서 자동으로 제품매출계정으로 회계처리 되므로 선수금계정으로 수정하여야 함

[내국신용장 사후개설]

- 재화 또는 용역을 공급한 후 공급 시기가 속하는 과세기간 종료 후 25일 이내에 내국신용장이 개설 되었거나 구매확인서가 발급된 경우

[사 례]

구분	내 용
내국신용장 사후개설	내국신용장이 사후에 발급되어 영세율을 적용하려고 한다. - 당초 공급일자: 5월 30일 - 내국신용장 개설일자: 2025년 6월 15일 - 개설은행: 국민은행 춘천지점
구매확인서 발급	6월 3일 (주)한국산업에 제품을 공급하고 전자세금계산서를 발급하였다. 본 건에 대하여 다음과 같이 구매확인서를 발급받아 영세율을 적용하려고 한다. ・구매확인서 발급일자: 2025년 7월 15일 ・개설은행: 신한은행 강남지점

[이중발급]

- 착오로 이중 발급한 경우
- 면세 등 발급대상이 아닌 거래 등에 대하여 발급한 경우

[사 례]

구분	내 용
이중발급	담당자의 착오로 동일 건을 이중 발급한 사실을 확인하였다.

2 가산세 계산

[사례 1] 전자세금계산서 관련 가산세

〈전자세금계산서 목록〉

번호	작성일자	승인번호	발급일자	전송일자	상 호	공급가액	세액	전자세금계산서 종류	이하생략
1	20250227	생략	20250311	20250312	영남산업(주)	12,800,000	1,280,000	일반	
2	20250228		20250310	20250312	강남물류(주)	4,200,000	420,000	일반	

매출전자(수정)세금계산서 목록

〈해답〉

세금계산서 지연발급가산세: 12,800,000원 × 1% = 128,000원

전자세금계산서 지연전송가산세: 4,200,000원 × 0.3% = 12,600원

[사례 2] 전자세금계산서 관련 가산세

〈전자세금계산서 목록〉

작성일자	발급일자	전송일자	상 호	공급가액	세액	가산세 종류
20250531	20250610	20250612	호남물산(주)	9,500,000	950,000	지연전송 (전자서명이 된 다음날까지 전송위배)
20250630	20250726	20250727	(주)충청물산	4,800,000	480,000	미발급 (7월 25일 경과 발급된 세금계산서)

〈해답〉

세금계산서 미발급가산세: 4,800,000원 × 2% = 96,000원

전자세금계산서 지연전송가산세: 9,500,000원 × 0.3% = 28,500원

[사례 3] 제1기 예정 누락분 1기 확정 신고서에 반영(미납일수 91일로 계산)

〈매출누락분〉

- 3월 30일 제품 2,000,000원(VAT 별도)을 현금매출하고 발급한 전자세금계산서(4월 30일에 지연 발급함)

〈매입누락분〉

- 2월 28일 공장임차료 1,000,000원(VAT 별도)을 현금 지급하고 발급받은 종이세금계산서

〈해답〉

세금계산서 지연발급가산세: 2,000,000원 × 1% = 20,000원

신고불성실가산세: (200,000 − 100,000) × 10% − 7,500(75% 감면 3개월 이내) = 2,500원

납부지연가산세: (200,000 − 100,000) × 2.2/10,000 × 91일 = 2,002원

[사례 4] 제1기 예정 누락분 1기 확정 신고서에 반영(미납일수 90일로 계산)

〈매출누락분〉

  − 신용카드매출분 3,000,000원(VAT 별도)

〈해답〉

신고불성실가산세: 300,000 × 10% − 22,500(75% 감면 3개월 이내) = 7,500원

납부지연가산세: 300,000 × 2.2/10,000 × 90일 = 5,940원

[사례 5] 제1기 예정 누락분 1기 확정 신고서에 반영

〈매출누락분〉

  − 3월 26일 직수출분 18,000,000원

〈매입누락분〉

  − 3월 31일 임차료 1,500,000원(VAT 별도)을 현금 지급하고 발급받은 종이세금계산서

〈해답〉

영세율신고불성실가산세: 18,000,000 × 0.5% − 67,500(75% 감면 3개월 이내) = 22,500원

[사례 6] 제1기 예정 누락분 1기 확정 신고서에 반영(미납일수 91일로 계산)

〈매출누락분〉

매출전자(수정)세금계산서 목록								
번호	작성일자	승인번호	발급일자	전송일자	상 호	공급가액	세액	전자세금계산서 종류	이하생략
1	20250331	생략	20250602	20250603	유건시스템(주)	12,600,000	1,260,000	일반	

〈매입누락분〉

매입전자(수정)세금계산서 목록								
번호	작성일자	승인번호	발급일자	전송일자	상 호	공급가액	세액	전자세금계산서 종류	이하생략
1	20250331	생략	20250531	20250601	투데이시스템(주)	5,500,000	550,000	일반	

〈해답〉

세금계산서 지연발급가산세: 12,600,000원 × 1% = 126,000원

세금계산서 지연수취가산세: 5,500,000원 × 0.5% = 27,500원

신고불성실가산세: (1,260,000원 − 550,000원) × 10% − 53,250(75% 감면 3개월 이내)
    = 17,750원

납부지연가산세: (1,260,000원 − 550,000원) × 2.2/10,000 × 91일 = 14,214원

[사례 7] 제1기 예정 누락분 1기 확정 신고서에 반영(미납일수 91일로 계산)

〈매출누락분〉

매출전자(수정)세금계산서 목록									
번호	작성일자	승인번호	발급일자	전송일자	상 호	공급가액	세액	전자세금계산서 종류	이하생략
1	20250125	생략	20250502	20250503	(주)성공물산	36,000,000	3,600,000	일반	
2	20250310	생략	20250611	20250612	영원산업(주)	72,000,000	0	영세율	

〈매입누락분〉

매입전자(수정)세금계산서 목록									
번호	작성일자	승인번호	발급일자	전송일자	상 호	공급가액	세액	전자세금계산서 종류	이하생략
1	20250312	생략	20250629	20250630	(주)인영상사	24,000,000	2,400,000	일반	

〈해답〉

세금계산서 지연발급가산세: (36,000,000원 + 72,000,000원) × 1% = 1,080,000원

세금계산서 지연수취가산세: 24,000,000원 × 0.5% = 120,000원

영세율과세표준 신고불성실가산세: 72,000,000원 × 0.5% − 270,000(75% 감면 3개월 이내)
    = 90,000원

신고불성실가산세: (3,600,000원 − 2,400,000원) × 10% − 90,000(75% 감면 3개월 이내)
    = 30,000원

납부지연가산세: (3,600,000원 − 2,400,000원) × 2.2/10,000 × 91일 = 24,024원

[사례 8] 제2기 확정 수정신고(2월 24일에 신고)

〈매출누락분〉

매출전자(수정)세금계산서 목록									
번호	작성일자	승인 번호	발급일자	전송일자	상 호	공급가액	세액	전자세금 계산서 종류	이하 생략
1	20251130	생략	20251208	20251209	(주)대도	8,500,000	850,000	일반	
2	20251130	생략	20251210	20251211	(주)서울의류	4,600,000	0	(영세율)	
3	20251130	생략	20251211	20251212	(주)씨네스	5,400,000	540,000	일반	

〈해답〉

세금계산서 지연발급: 5,400,000원 × 1% = 54,000원

신고불성실가산세: 1,390,000 × 10% − 125,100(90% 감면 1개월 이내) = 13,900원

영세율과세표준 신고불성실가산세: 4,600,000원 × 0.5% − 20,700(90% 감면 1개월 이내)
  = 2,300원

납부지연가산세: 1,390,000 × 2.2/10,000 × 30일 = 9,174원

[사례 9] 제1기 예정 누락분 1기 확정 신고서에 반영(7월 25일 신고)

〈매출누락분〉

- 2025. 3. 28. (주)올망에 제품(공급가액 10,000,000원, 세액 1,000,000원)을 외상으로 판매하고 세금계산서를 발급하지 않았다.
- 2025. 3. 30. (주)유건에 제품(공급가액 2,600,000원, 세액 260,000원)을 외상으로 판매하고 종이세금계산서를 발급하였다.

〈매입누락분〉

매입전자(수정)세금계산서 목록									
번호	작성일자	승인 번호	발급일자	전송일자	상 호	공급가액	세액	전자세금 계산서 종류	이하 생략
1	20250331	생략	20250531	20250601	(주)투데이	5,500,000	550,000	일반	

〈해답〉

세금계산서 미발급 가산세: (10,000,000원 × 2%) + (2,600,000원 × 1%) = 226,000원

세금계산서 지연수취 가산세: 5,500,000원 × 0.5% = 27,500원

신고불성실가산세: (1,260,000원 − 550,000원) × 10% − 53,250(75% 감면 3개월 이내)
  = 17,750원

납부지연가산세: (1,260,000원 − 550,000원) × 2.2/10,000 × 91일 = 14,214원

[사례 10] 제1기 확정 수정신고(8월 14일에 신고)

〈매출누락분〉

1. 제품매출(외상)거래 전자세금계산서 발급 목록

매출전자(수정)세금계산서 목록									
번호	작성일자	승인 번호	발급일자	전송일자	상 호	공급가액	세액	전자세금 계산서 종류	이하 생략
1	20250629	생략	20250712	20250713	한국물산(주)	54,000,000	5,400,000	일반	

2. 제품수출거래 누락 목록

선적일	수출신고일	대금입금	외화금액	적용환율			거래처
				선적일	수출신고일	대금입금일	Jungle. Co.Ltd.
2025.06.30	2025.06.25	2025.06.10 전액환가	USD 18,000	\1,100/$	\1,150/$	\1,000/$	

〈해답〉

세금계산서 지연발급: 54,000,000원 × 1% = 540,000원

신고불성실가산세: 5,400,000원 × 10% − 486,000(90% 감면 1개월 이내) = 54,000원

영세율과세표준 신고불성실가산세: 18,000,000원 × 0.5% − 81,000(90% 감면 1개월 이내)
= 9,000원

납부지연가산세: 5,400,000원 × 2.2/10,000 × 20일 = 23,760원

[사례 11] 제1기 확정 기한 후 신고(7월 31일에 신고)

세금계산서는 발급기한내에 정상적으로 발급하였다.

〈매출누락분〉

- 4월 21일 제품 6,200,000원(VAT별도)을 매출하고 전자세금계산서 발급하고 전송
- 5월 9일 제품 4,000,000원 직수출

〈매입누락분〉

- 4월 6일 원재료 3,600,000원(VAT 별도)에 매입하고 전자세금계산서 수취
- 6월 8일 화물차에 대한 유류대금 88,000원(VAT 포함)을 법인카드로 결제

〈해답〉

신고불성실가산세: (620,000 − 368,000) × 20% × 50% 감면(1개월 이내) = 25,200원

영세율신고불성실가산세: 4,000,000 × 0.5% × 50% 감면(1개월 이내) = 10,000원

납부지연가산세: (620,000 − 368,000) × 2.2/10,000 × 6일 = 332원

※ 8월 31일에 신고하였을 경우

신고불성실가산세: (620,000 − 368,000) × 20% − 15,120(30% 감면 1개월~3개월 이내)
                = 35,280원

영세율신고불성실가산세: 4,000,000 × 0.5% − 6,000(30% 감면 1개월~3개월 이내)
                = 14,000원

납부지연가산세: (620,000 − 368,000) × 2.2/10,000 × 37일 = 2,051원

[사례 12] 제1기 확정 수정신고(11월 10일에 신고)

〈매출누락분: 매출(제품) 전자세금계산서 누락분〉

매출전자(수정)세금계산서 목록								
번호	작성일자	승인번호	발급일자	전송일자	상 호	공급가액	세액	전자세금계산서 종류	이하생략
1	20250505	생략	20250615	20250616	(주)양정산업	33,000,000	3,300,000	일반	
2	20250515	생략	20250515	20250516	(주)대림산업	7,200,000	0	영세	

〈매입누락분: 매입(매출처 증정용 선물세트) 전자세금계산서 누락분〉

매입전자(수정)세금계산서 목록								
번호	작성일자	승인번호	발급일자	전송일자	상 호	공급가액	세액	전자세금계산서 종류	이하생략
1	20250605	생략	20250605	20250606	대방유통(주)	800,000	80,000	일반	

〈사업상 증여한 제품 누락분〉

 − 6월 25일 영업부에서 사업상 목적으로 매출처 (주)장원산업에 증여한 제품에 대한 회계 처리가 누락되었음을 발견하다.(제품의 시가 700,000원, 원가 600,000원)

〈해답〉

세금계산서 지연발급가산세: 33,000,000 × 1% = 330,000원

신고불성실가산세: (3,300,000원 + 70,000원) × 10% − 168,500(50% 감면 3~6개월 이내)
                = 168,500원

영세율과세표준 신고불성실 가산세: 7,200,000원 × 0.5% − 18,000(50% 감면 3~6개월 이내
                = 18,000원

납부지연가산세: (3,300,000원 + 70,000원) × 2.2/10,000 × 108일 = 80,071원

② 원천징수

1 사업소득

[사례]

구분	내 용
병의원	창립기념일 행사를 맞이하여 김민호 의사를 초빙하여 전직원에 대한 건강검진을 하고 그 대가를 지급하였다.
작곡가	회사는 직장 보컬동아리의 음악활동을 지원하기 위해 윤성빈 씨를 초빙하여 매주 1회 강의를 요청하고 강사료를 지급하였다. 윤성빈 씨는 회사와 고용관계가 없으며, 반복적으로 작곡 용역 제공을 주업으로 하고 있다.
배우	전문배우 신한나를 캐스팅하여 회사 홍보영상 제작하고 출연료를 지급하였다. 신한나는 회사와 직접적인 고용관계에 있지 않다.
모델	홍보팀에서 회사의 광고 제작과 관련하여 모델을 섭외하여 광고를 촬영하고 모델료를 지급하였다. 모델 황수빈은 고용관계가 없으며, 모델을 주업으로 하고 있다.
가수	회사 창립기념일 행사에 초대가수로 초청된 가수 김은미에게 출연료를 지급하였다. 가수 김은미는 고용관계가 없으며, 가수를 주업으로 하고 있다.
자문/고문	회사는 효율적인 자금운용과 새로운 비즈니스 모델을 발굴하기 위해 경영컨설턴트인 김민희 씨를 고문으로 초빙한 후 고문료를 지급하였다. 김민희 씨는 회사와 고용관계가 없으며, 기업 경영컨설팅 업무를 주업으로 하고 있다.
꽃꽂이교사	본사 사내대학에서 '플라워리스트 초급과정' 강의를 진행할 장미란 강사를 초빙하였다. 장미란씨는 회사와 고용관계가 없으며, 반복적으로 꽃꽂이 강의 용역 제공을 주업으로 하고 있다.
학원강사	하반기 회계기준 교육에 대한 강사료를 고용관계 없는 박강사에게 지급한 금액이다. (박강사는 강의를 주업으로 하고 있다.)
방판/외판	본사 제품판매와 관련하여 방문판매원 계약을 체결하였다. 방문판매원 김현수는 고용관계가 없으며, 방문판매를 주업으로 하고 있다.
다단계판매	다단계판매원 손규호에게 판매실적에 대한 판매수당을 지급하였다.
행사도우미	회사 야유회에 행사진행전문가(행사도우미) 이명수를 초청하여 행사진행을 맡기고 수수료를 지급하였다. 행사진행전문가 이명수는 고용관계가 없으며, 야유회, 돌잔치 등 행사진행이 주업이다.

2 기타소득

[사 례]

구분	내 용
상금 및 부상 (필요경비 80%)	회사는 창립 10주년 마라톤 대회에서 1등을 한 고준석에게 상금을 지급하였다. 개인(고준석)은 고용관계가 없다.
	회사는 당사 신제품 디자인 공모전의 시상식에서 당선자에게 상금을 현금으로 지급하였다.
원고료 (필요경비 60%)	성민준에게 당사 사보지에 실릴 배낭여행 체험기 작성을 의뢰하고 대금을 지급하였다.
강연료 (필요경비 60%)	김부자씨를 초빙하여 특별 강연을 개최하고 강연료를 지급하였다. (김부자씨는 전문적인 강사가 아님.)
	영업담당자 워크숍을 개최하면서 대한항공 고객지원팀에 근무하는 박은채 과장을 초빙하여 CS교육을 진행하고 강연료를 지급하였다. (단, 박은채 과장은 전문적인 강사가 아님.)
	인사팀 직무능력 향상을 위한 인사조직관리 관련 교육을 실시하고 조상태에게 강사료를 지급하였는데 이는 고용관계 없이 일시적으로 지급한 금액이다.
사례금 (필요경비×)	회사는 지방 공장부지 매입과 관련하여 김남수에게 사례금을 지급하였다. 김남수는 현재 회사와 고용관계가 없으며 사업자가 아니다.
직무발명보상금	퇴직 후 받은 직무발명보상금 9,000,000원 **tip** 7,000,000원까지 비과세되므로 2,000,000원만 입력, 필요경비는 인정 안됨.

3 이자/배당소득

[사 례]

구분	내 용
112.내국법인회사채이자	66.채권등의 이자 등을 지급받는 경우 이자 등 지급총액 **tip** 원천징수세율 14% 적용
151.내국법인 · 배당/ 분배금, 건설이자의 배당	이익잉여금처분계산서상의 배당금을 지급결의한 것이다. **tip** 원천징수세율 14% 적용
122.비영업대금의 이익	회사는 특수관계인 박민규의 차입금에 대해 12월 31일 1년분 이자를 지급하였다. **tip** 원천징수세율 25% 적용

03 법인세무조정

1 수입금액조정명세서

[사 례]

내용	세무조정	
상품권 30,000,000원을 발행하고 제품매출로 회계처리 하였으나, 결산일까지 회수된 상품권은 없다.	익금불산입 30,000,000원	유보발생
당해연도 12월 29일에 적송품 20,000,000원(원가 15,000,000원)을 판매하였다. 당사는 수탁자가 송부한 세금계산서를 받은 날이 속하는 다음해에 매출손익을 계상하였다.	익금산입　　20,000,000원 손금산입　　15,000,000원	유보발생 유보발생
전기 제품매출 누락액(판매가 20,000,000원, 원가 15,000,000원)을 당기 1월 5일에 회계처리하였다. 단, 매출과 매출원가에 대하여 전기의 세무조정은 적법하게 이루어졌다.	익금불산입 20,000,000원 손금불산입 15,000,000원	유보감소 유보감소
전기에 거래처로부터 시용판매분에 대한 구입의사표시를 받았으나, 이를 작년 재무제표에 반영하지 못하고 당기 1월 2일 회계처리하였다. 단, 매출과 매출원가에 대하여 전기의 세무조정은 적법하게 이루어졌다. (판매가 50,000,000원, 원가 30,000,000원	익금불산입 50,000,000원 손금불산입 30,00,0000원	유보감소 유보감소
작업진행률에 의한 공사기성고 차액 20,000,000원	익금산입　20,000,0000원	유보발생

2 임대보증금간주익금조정

[사 례]

내용	세무조정	
임대보증금 간주익금 **Tip** 건설비 상당액 계산시 토지는 제외	익금산입	기타사외유출

3 **감가상각비조정명세서**

[사 례]

내용	세무조정	
전기분 감가상각비 중 손금추인액	손금산입	유보감소
당기분 감가상각비 상각부인액	손금불산입	유보발생

내용	비고
공장건물의 피난시설 설치금액 50,000,000원을 '수선비'로 회계처리 하였다. 공장건물의 취득세 4,000,000원을 세금과공과금으로 회계처리하였다. 기계장치에 대한 자본적지출 7,500,000원을 지출하고 수선비로 회계처리 하였다.	
기계장치(포장기)에 대한 전년도 감가상각 시인부족액 3,000,000원에 대하여 당기에 다음과 같이 회계처리 하였다.(전년도 감가상각에 대한 세무조정은 없었다) (차)전기오류수정손실(이익잉여금)3,000,000원 　　　　(대) 감가상각누계액　3,000,000원 당기 회계계상액: 27,350,895원	기계장치(포장기) 회사계상상각비를 30,350,895원(27,350,895원 + 3,000,000원)으로 수정한다.
건물에 대한 당기 건설자금이자 발생액은 3,000,000원이며, 손익계산서에 이자비용으로 처리하였다. (전기말 자본금과 적립금조정명세서(을)의 건설자금이자 유보금액 4,000,000원이 있다.)	전기 건설자금이자 4,000,000원은 [16.전기말자본지출계]란에 입력 당기 건설자금이자는 [17.자본지출즉시상각]란에 입력 1. 기 초 가 액 ＿＿＿＿＿＿＿＿　　15. 전기말부인누계 ＿＿＿＿＿＿＿＿ 2. 전기말상각누계액 0　　16. 전기말자본지출계 4,000,000 3. 전기말장부가액 0　　17. 자본지출즉시상각 3,000,000 4. 신규취득및증가 250,000,000　　18. 전기말의제누계 ＿＿＿＿＿＿＿＿ 5. 부분매각및폐기 0　　19. 당기상각범위액 6,423,333 6. 성실기초가액 ＿＿＿＿＿＿＿＿　　20. 회사계상상각비 8,960,000

4 퇴직급여충당금조정명세서

[사 례]

내용	세무조정	
퇴직급여충당금한도초과액	손금불산입	유보발생
전기 퇴직급여충당부채	손금산입	유보감소
임원 규정 초과 상여금	손금불산입	상여
성과급(이익잉여금처분에 의한 상과배분상여금)	손금산입	기타
퇴직연금에 의한 퇴직금 지급액*	손금산입	유보감소

5 퇴직연금부담금조정명세서

[사 례]

내용	세무조정	
퇴직연금 지급액*	손금불산입	유보감소
퇴직연금 불입액	손금산입	유보발생

6 기업업무추진비조정명세서

[사 례]

내용	세무조정	
접대비(기업업무추진비) 중 대표이사 개인적인 사용	손금불산입	상여
접대비(기업업무추진비) 중 신용카드 미사용액	손금불산입	기타사외유출
접대비(기업업무추진비) 한도초과	손금불산입	기타사외유출

7 선급비용명세서

[사 례]

내용	세무조정	
전기분 선급비용 중 당기 중 기간도래	손금산입	유보감소
당기분 선급비용	손금불산입	유보발생

8 대손충당금 및 대손금조정명세서

[사 례]

내용	세무조정		
전기 대손충당금 한도초과액 1,000,000원	손금산입	1,000,000원	유보감소
전기 외상매출금(대손금) 부인액 8,000,000원은 2025년 4월 30일에 소멸시효가 완성되어 대손금의 손금산입 요건을 충족하였다.	손금산입	8,000,000원	유보감소
전기 외상매출금(대손금) 부인액 중 6,000,000원은 2025년 3월 19일에 재판상 화해가 성립되어 대손금의 손금산입 요건을 충족하였다.	손금산입	6,000,000원	유보감소
받을어음 8,000,000원, 대손사유: 부도가능성 높음	손금불산입	2,000,000원	유보발생
외상매출금 8,000,000원, 대손사유: 부도 (부도확인일 2025. 10. 5) tip 부도확정일로부터 6개월 미경과	손금불산입	8,000,000원	유보발생
받을어음 8,000,000원, 대손사유: 부도 (부도확인일 2025. 4. 5) tip 부도확정일로부터 6개월 경과. 비망금액 1,000원 손금불산입	손금불산입	1,000원	유보발생
받을어음 10,000,000원, 대손사유: 파산	세무조정 없음		
외상매출금 5,000,000원, 대손사유: 법원의 회생인가결정으로 회수불능으로 확정	세무조정 없음		
외상매출금 4,000,000원, 대손사유: 강제집행	세무조정 없음		
대손충당금 한도초과 2,256,000원	손금불산입	2,256,000원	유보발생

9 가지급금인정이자 조정명세서

[사 례]

내용	세무조정	
대표자 가지급금 인정이자	익금산입	상여
관계회사 가지급금 인정이자	익금산입	기타사외유출
출자자 가지급금 인정이자	익금산입	배당
이외의 개인	익금산입	기타소득

내용	비고
자녀 학자금 대여금	가지급금의 범위에서 제외
경조사비 대여액	가지급금의 범위에서 제외
귀속이 불분명하여 대표자에게 상여로 처분한 금액에 대한 소득세 대납액	가지급금의 범위에서 제외
월정액급여 범위 내 일시적 가불금	가지급금의 범위에서 제외

10 업무무관지급이자조정명세서

[사 례]

내용	세무조정	
업무무관 부동산에 대한 제세공과금	손금불산입	기타사외유출
채권자 불분명 사채이자 원천징수분	손금불산입	기타사외유출
채권자 불분명 사채이자	손금불산입	상여
건설자금이자	손금불산입	유보발생
업무무관지급이자	손금불산입	기타사외유출

11 외화평가차손익 조정명세서

[사 례]

내용					세무조정	
분류	계정과목	외화금액	발생시 환율	회사적용 환율	당기말 장부금액	당기말현재 매매기준율
자산	외상매출금	US$5,000	1,100원/US$	1,000원/US$	5,000,000원	1,050원/US$
부채	외상매입금	US$8,000	980원/US$	1,000원/US$	8,000,000원	1,050원/US$
	장기차입금	US$3,500	1,130원/US$	1,000원/US$	3,500,000원	1,050원/US$
	외화선수금	US$1,000	1,120원/US$	1,120원/US$	1,120,000원	1,050원/US$

외상매출금 외화평가손실	손금불산입	250,000원	유보발생
외상매입금 외화평가손실	손금산입	400,000원	유보발생
장기차입금 외화평가이익	익금불산입	175,000원	유보발생

tip 외화선수금은 비화폐성 부채이므로 외화평가를 하지 않는다.

전기말 자본금과 적립금조정명세서(을)의 유보금액 (외화외상매출금 −2,000,000원, 외화장기차입금 1,600,000원) 은 2025년 중 모두 지급 및 회수되었다.	익금산입	2,000,000원	유보감소
	손금산입	1,600,000원	유보감소

12 세금과공과금명세서

[사 례]

내용	소득처분
토지취득세	유보발생
부가가치세매입세액(공제대상)	유보발생
대표이사 자택 재산세	상여
대표이사 개인차량 주차위반 과태료	상여
토지 취득세(대표이사 소유)	상여
임원 개인물품의 관세법 위반 벌과금	상여
토지취득세(출자자 김철수 소유분)	배당
건물재산세(주주 박민희 소유분)	배당
주식발행비용(등록면허세)	기타
계산서합계표 미제출가산세	기타사외유출

내용	소득처분
부가가치세 수정신고 가산세	기타사외유출
지급명세서 미제출가산세	기타사외유출
사업과 관련 없는 불공제매입세액	기타사외유출
산재보험료 가산금	기타사외유출
불법주차 과태료	기타사외유출
신호위반 과태료	기타사외유출
장애인 전용 주차지역 위반 과태료	기타사외유출
주차위반 과태료	기타사외유출
교통사고 벌과금	기타사외유출
교통위반 범칙금	기타사외유출
지방소득세(법인세분)	기타사외유출
폐수배출부담금(의무불이행)	기타사외유출

13 소득금액조정합계표

[사 례]

과목	내용	세무조정	
법인세 등	손익계산서에 반영되어 있는 법인세와 법인지방소득세이다.	손금불산입	기타사외유출
세금과공과금	토지에 대한 취득세로 판매비와관리비로 처리하였다.	손금불산입	유보발생
	업무용 토지를 구입하면서 지출한 취득세 5,000,000원을 (판)세금과공과금으로 처리하였다.	손금불산입	유보발생
	세금과공과금에는 토지 취득세 6,250,000원과 전기요금 납부지연으로 인한 연체가산금 81,500원이 포함되어 있다.	손금불산입 6,250,000원	유보발생
감가상각비	당기 감가상각비 계상액은 다음과 같다. 회사계상액　　　　9,200,000원 세법상 한도액　　　7,400,000원	손금불산입 1,800,000원	유보발생

과목	내용	세무조정	
감가상각비	당기의 감가상각비 한도초과액은 480,000원이다.	손금불산입	유보발생
감가상각비 손금추인	당기 기계장치A에 대한 감가상각비 계상액은 다음과 같다. 회사 계상액　　　　 5,000,000원 세법상 한도액　　　　 6,000,000원 전기 손금불산입액　 1,000,000원	손금산입 1,000,000원	유보감소
전기 외상매출금	전기에 부도가 발생하여 대손처리 하였던 외상매출금 3,000,000원은 대손요건이 충족되었다.(비망계정 인 식할 것)	손금산입	유보감소
대손금부인액	대손금 부인액은 당해 사업연도에 대손요건이 충족되 었다. (어음기재금액 5,000,000원, 비망계정 인식할 것.)	손금산입 4,999,000원	유보감소
미지급기부금	미지급기부금은 당해 사업연도에 전액 현금으로 지급 하였다.	손금산입	유보감소
전기 기부금	전기의 기부금 3,000,000원은 미지급분으로 당해연 도에 현금으로 지급하였다.	손금산입	유보감소
전기 선급비용	전기의 선급비용 560,000원은 전액 당기 중에 해당 기간이 경과하였다.	손금산입	유보감소
전기 외화환산이익	외화환산이익은 전기 외상매출금에 대한 것으로 세무 조정 시 익금불산입 하였다. 전기 외상매출금은 당해 사업연도에 전액 회수되었다.	익금산입	유보감소
기계장치	자본금과 적립금 조정명세서(을)에 유보로 이월된 기 계장치(포장기계)를 매각하였다.	손금산입	유보감소
전기 대손금부인액	전기에 부도가 발생하여 대손처리 하였던 외상매출금 354,000,000원은 대손요건이 충족되었다.(비망계정 인식할 것.)	손금산입	유보감소
잡이익	손익계산서의 잡이익 계정에 반영되어 있는 65,000 원은 재산세 과오납금에 대한 환급가산금이다.	익금불산입	기타
법인세환급액	잡이익에는 전기에 손금불산입 되었던 법인세납부액 중 당기환급액 650,000원이 포함되어 있다.	익금불산입	기타
지방세 환급가산금	손익계산서의 잡이익 계정에 반영되어 있는 68,000 원은 업무용 자동차세 과오납금에 대한 지방세환급가 산금이다.	익금불산입	기타

과목	내용	세무조정	
미수수익 (미수이자)	2025년 10월 1일 100,000,000원을 대여하고 6개월 후에 원금과 이자를 회수하기로 하였다. 결산 시 발생주의에 따라 이자수익 1,500,000원을 인식하였다. (원천징수 대상 소득임) 정기예금에 대한 기간경과분 미수이자를 600,000원 계상하였으며, 원천징수대상소득으로 법인세법상 손익귀속시기가 도래하지 않았다.	익금불산입	유보발생
단기매매증권 평가이익	시장성이 있는 주식에 대한 단기매매증권평가이익 1,200,000원이 있다.	익금불산입	유보발생
단기매매증권 평가손실	시장성이 있는 주식에 대한 단기매매증권평가손실 2,000,000원이 있다.	손금불산입	유보발생
자기주식 처분이익	자기주식 처분으로 발생한 자기주식처분이익 11,300,000원을 자본잉여금에 계상하였다.	익금산입	기타
자기주식 처분손실	장부금액이 15,200,000원인 자기주식을 12,000,000원에 처분함에 따라 발생하였으며, 자본조정으로 계상하였다.	손금산입	기타
전기 판매보증 충당금	회사는 당기 중 판매보증비 2,000,000원을 지출하고 판매보증충당금과 상계하였으며, 당기말에 판매보증 충당금 4,000,000원을 추가로 설정하였다.	손금산입 2,000,000원	유보감소
당기 판매보증 충당금	회사는 당기 중 판매보증비 2,000,000원을 지출하고 판매보증충당금과 상계하였으며, 당기말에 판매보증 충당금 4,000,000원을 추가로 설정하였다.	손금불산입 4,000,000원	유보발생
토지 재평가잉여금	당기말 토지를 재평가하고 다음과 같이 회계처리하였다. (차) 토지　　　　35,000,000원 　　(대) 재평가잉여금　　　35,000,000원	익금산입 (토지재평가잉여금) 익금불산입 (토지)	기타 유보발생

14 가산세액 계산서

종류	내 용
지출증명서류미수취 가산세	• 수취하지 아니한 금액의 2%에 상당하는 금액
주식등변동상황 명세서 제출 불성실가산세	• 미제출 · 누락 · 불분명한 주식 등의 액면금액 또는 출자가액의 1% * 제출기한 경과 후 1월 이내 제출 시에는 50% 감면

지급명세서제출 불성실가산세	• 미제출(불분명)한 금액의 1%
	  * 제출기한 경과 후 3월 이내 제출 시에는 50% 감면
	• 근로소득간이지급명세서를 소정기간 내 제출하지 않은 경우 미제출한 금액의 0.25%
	  * 제출기한 경과 후 1월 이내 제출 시에는 50% 감면

계산서 불성실가산세	• 미발급, 가공(위장)수수금액의 2% • 그 외의 경우 공급가액의 1%
계산서합계표 제출 불성실가산세	• 공급가액의 0.5% * 제출기한 경과 후 1월 이내 제출 시에는 50% 감면

[사 례]

구 분	가산세 계산내역
지출증명서류 미수취 가산세	3,000,000원 × 2% = 60,000원
주식 등 변동상황명세서 누락 제출 (제출기한으로부터 4개월 경과 후 제출)	40,000,000원 × 1% = 400,000원 (1개월을 초과하여 제출하였으므로 1% 적용)
주식등 변동상황명세서 미제출 (제출기한 경과 후 1개월 이내 제출)	40,000,000원 × 0.5% = 200,000원 (1개월 이내에 제출한 경우 0.5% 적용)
근로소득 지급명세서 지연제출 (3월 10일까지 제출기한이지만 3월 31일에 제출)	50,000,000원 × 0.5% = 250,000원 (3개월 이내에 제출한 경우 0.5% 적용)
일용근로소득 지급명세서 미제출 (3월분 지급명세서를 6월 말일에 제출) tip 일용근로소득 지급명세서 다음달 말일까지 제출	50,000,000원 × 0.25% = 125,000원 (1개월을 초과하여 제출하였으므로 0.25% 적용)
기타소득 지급명세서 미제출 (제출기한 경과 후 1개월 이내 제출)	2,000,000원 × 0.5% = 10,000원 (3개월 이내에 제출한 경우 0.5% 적용)
계산서 합계표 미제출 (제출기한 경과 후 1개월 이내 제출)	20,000,000원 × 0.25% = 50,000원 (1개월 이내에 제출한 경우 0.25% 적용)

[3만원 초과 지출 사례]

구 분	금 액	세부내역	가산세 대상
복리후생비	1,800,000원	펜션숙박비 영수증 수취	읍·면지역 소재지에서 지출한 비용은 법정증빙 수취 제외 대상
소모품	500,000원	일반과세자로부터 사무용품을 구입하고 세금계산서를 수취	법정증빙 수취
세금과공과	128,000원	제2기 부가가치세 확정신고의 간주임대료에 대한 부가가치세액	법정증빙 제외 대상
교육훈련비	2,000,000원	소득세법상 원천징수 대상 기타소득으로서 적절하게 원천징수하여 세액을 신고납부	법정증빙 제외 대상
지급수수료	1,500,000원	소득세법상 원천징수 대상 사업소득으로서 적절하게 원천징수하여 세액을 신고납부	법정증빙 제외 대상
운반비	500,000원	개인용달에 상품 운송을 의뢰하고 운송비는 금융기관을 통하여 송금(경비 등 송금명세서 제출)	경비등의송금명세서 제출로 법정증빙 수취 제외 대상
지급수수료	2,200,000원	믿음중개사(서울소재, 간이과세자)에게 중개료를 금융기관을 통하여 송금하고 송금명세서 미작성	금융기관에 송금하고 송금명세서 미제출 (가산세 대상)
비품	4,000,000원	일반과세자로부터 온풍기를 구입하고 영수증 수취	(가산세 대상)
소모품비	3,000,000원	일반과세자로부터 소모용 자재를 구입하고 영수증 수취	(가산세 대상)
소모품비	900,000원	간이과세자(서울소재)로부터 소모용 자재를 구입하고 영수증 수취	(가산세 대상)

제**2**장

최신 기출문제

최신 기출문제 제69회

실무이론평가 

아래 문제에서 특별한 언급이 없으면 기업의 보고기간(회계기간)은 매년 1월 1일부터 12월 31일까지입니다. 또한 기업은 일반기업회계기준 및 관련 세법을 계속적으로 적용하고 있다고 가정하고 물음에 가장 합당한 답을 고르시기 바랍니다.

01 다음 자료에 대한 설명으로 옳은 것은?

임차료
(단위: 원)

2/1	현금	600,000	12/31 선급임차료	200,000
			12/31 집합손익	400,000
		600,000		600,000

이자수익
(단위: 원)

12/31 선수이자	400,000	3/1	현금	900,000
12/31 집합손익	500,000			
	900,000			900,000

① 당기분 임차료는 600,000원이다.
② 차기로 이연되는 임차료는 200,000원이다.
③ 차기로 이연되는 이자수익은 500,000원이다.
④ 당기분 이자수익은 900,000원이다.

02 다음은 (주)한공의 2월 상품거래 내역이다. 월말상품재고액과 매출총이익을 계산한 것으로 옳은 것은?(단, 선입선출법을 적용한다.)

	매입단가	판매단가
2월 1일 전월이월	100개 @5,000원	
2월 2일 매 입	70개 @6,000원	
2월 14일 매 출	120개	@9,000원
2월 25일 매출할인	50,000원	

	상품재고액	매출총이익
①	250,000원	410,000원
②	250,000원	460,000원
③	300,000원	410,000원
④	300,000원	460,000원

03 다음 자료를 토대로 2025년 말 현재 재무상태표상 감가상각누계액과 정부보조금 잔액을 계산하면 얼마인가?

- 2023년 1월 1일 기계장치 취득
 (취득원가 1,000,000원, 정부보조금 600,000원)
- 5년, 정액법, 월할상각, 잔존가치는 없음

	감가상각누계액	정부보조금잔액
①	400,000원	240,000원
②	400,000원	360,000원
③	600,000원	240,000원
④	600,000원	360,000원

04 (주)한공은 2025년 1월 1일 액면가액 1,000,000원의 사채(만기 3년, 표시이자율 연 10% 후불, 유효이자율 12%)를 발행하였다. 사채 발행금액은 얼마인가?(단, 현가표는 아래의 표를 이용한다)

구분	10%		12%	
	기간말 1원의 현재가치	연금 1원의 현재가치	기간말 1원의 현재가치	연금 1원의 현재가치
1년	0.90909	0.90909	0.89286	0.89286
2년	0.82645	1.73554	0.79719	1.69005
3년	0.75131	2.48685	0.71178	2.40183

① 892,860원　　② 951,963원
③ 1,000,000원　　④ 1,300,000원

05 다음은 (주)한공의 주식발행 관련 자료이다. 이에 대한 회계처리가 자본항목에 미치는 영향으로 옳지 않은 것은?

- 장기운용자금 조달 목적으로 신주 4,000주(1주당 액면금액 5,000원)를 16,000,000원에 발행하다.
- 신주발행 시 발생한 비용 1,500,000원을 제외한 주식대금 잔액은 전액 보통예금으로 납입받다.
- 신주발행시 주식발행초과금 미상각잔액이 2,500,000원이 있다.

① 자본금 20,000,000원이 증가한다.
② 주식할인발행차금 3,000,000원이 발생한다.
③ 주식발행초과금 2,500,000원이 감소한다.
④ 이익잉여금 14,500,000원이 증가한다.

06 다음 중 부가가치세법상 과세대상 거래에 대한 설명으로 옳지 않은 것은?

① 과세대상 재화의 범위에는 유체물 뿐만 아니라 전기, 가스, 열 등의 자연력도 포함된다.
② 건설업의 경우 건설업자가 건설자재의 전부를 부담하는 것은 재화의 공급에 해당한다.
③ 고용관계에 따라 근로를 제공하는 것은 용역의 공급으로 보지 아니한다.
④ 사업자가 과세사업과 관련하여 생산한 재화를 자신의 면세사업을 위해 직접 사용하는 것은 재화의 공급에 해당한다.

07 다음 중 소득세 신고·납부에 대한 설명으로 옳지 않은 것은?

① 근로소득만 있는 거주자가 근로소득에 대한 연말정산을 한 경우에는 과세표준 확정신고의무가 없다.
② 매출·매입처별계산서합계표의 전부 또는 일부를 제출하지 않은 경우 소득세법상 경정의 대상이 된다.
③ 거주자에게 이자소득을 지급하는 금융기관은 소득세를 원천징수해야 한다.
④ 확정신고 시 납부할 세액이 9백만원인 경우 5백만원을 초과하는 금액은 분할납부가 가능하다.

08 다음은 제조업을 영위하는 개인사업자 한공회 씨의 2025년 손익계산서에 반영된 자료이다. 소득세 차감전 순이익이 150,000,000원인 경우, 한공회 씨의 2025년 사업소득금액은 얼마인가?

• 대표자 급여	60,000,000원
• 예금이자수익	3,500,000원
• 토지처분이익	40,000,000원
• 광고선전비	1,600,000원

① 106,500,000원 ② 150,000,000원
③ 166,500,000원 ④ 168,100,000원

09 다음은 (주)한공의 제4기 사업연도(2025.1.1.~2025.12.31.)의 과세자료이다. 이를 토대로 법인세법상 각사업연도소득금액을 계산하면 얼마인가?

1. 손익계산서상 당기순이익은 200,000,000원이다.
2. 손익계산서상 다음과 같은 사실이 발견되었다.
   - 당기의 상품매출액 40,000,000원과 그 매출원가 32,000,000원이 누락되었다.
   - 손익계산서에는 폐수배출부담금 10,000,000원이 세금과공과에 계상되어 있다.
   - 인건비 중에는 급여지급기준을 초과하여 직원에게 지급한 상여금 8,000,000원이 포함되어 있다.
   - 손익계산서상의 일반기부금은 18,000,000원이며 법인세법상 일반기부금한도액은 23,000,000 원이다.
   - 손익계산서상의 법인세비용은 32,000,000원이다.

① 258,000,000원 ② 250,000,000원
③ 245,000,000원 ④ 218,000,000원

10 다음 중 법인세법상 결손금 및 이월결손금에 관한 설명으로 옳지 않은 것은?

① 결손금 소급공제는 중소기업에 한하여 적용받을 수 있다.
② 중소기업은 사업연도 소득의 100%까지 이월결손금을 공제할 수 있으나, 중소기업 외의 일반법인 등은 사업연도 소득의 80%까지 이월결손금을 공제할 수 있다.
③ 특례기부금의 손금산입한도액을 계산함에 있어 공제하는 이월결손금은 발생시점에 제한이 없다.
④ 여러 사업연도에서 이월결손금이 발생한 경우에는 먼저 발생한 사업연도 분부터 차례대로 공제한다.

실무수행평가

(주)동해산업(회사코드 1169)은 소화기를 제조하여 판매하는 법인기업으로 회계기간은 제7기(2025.1.1. ~ 2025.12.31.)이다. 제시된 자료와 [자료설명]을 참고하여 [수행과제]를 완료하고 [평가문제]의 물음에 답하시오.

실무수행 유의사항	1. 부가가치세 관련거래는 [매입매출전표입력]메뉴에 입력하고, 부가가치세 관련 없는 거래는 [일반전표입력]메뉴에 입력한다. 2. 타계정 대체와 관련된 적요는 반드시 코드를 입력하여야 한다. 3. 채권·채무, 예금거래 등 관리대상 거래자료에 대하여는 반드시 거래처코드를 입력한다. 4. 자금관리 등 추가 작업이 필요한 경우 문제의 요구에 따라 추가 작업하여야 한다. 5. 제조경비는 500번대 계정코드를 사용한다. 6. 판매비와관리비는 800번대 계정코드를 사용한다. 7. 등록된 계정과목 중 가장 적절한 계정과목을 선택한다. 8. [실무수행 5. 법인세관리]는 별도의 회사가 주어지므로 회사 선택에 유의한다.

실무수행 ◎ 거래자료입력

실무프로세스자료이다. [자료설명]을 참고하여 [수행과제]를 수행하시오.

1 사채

자료 1. 이사회의사록

이 사 회 의 사 록

회사는 장기자금을 조달할 목적으로 회사채 발행을 결정하고 다음과 같이 회사채 발행에 대한 사항을 결정함.

– 다   음 –

1. 사채의 액면금액:	200,000,000원
2. 사채의 발행금액:	184,116,000원
3. 사 채 발 행 비:	2,000,000원
4. 사 채 의 만 기:	5년
5. 표 시 이 자 율:	6%

2025년 3월 1일

자료 2. 보통예금(국민은행) 거래내역

번호	거래일자	내용	찾으신금액	맡기신금액	잔액	거래점
		계좌번호 112-523678-300 (주)동해산업				
1	2025-3-1	사채발행		184,116,000		
2	2025-3-1	사채발행비 지급	2,000,000		*****	역삼

자료설명	자료 1은 사채발행관련 이사회 의사록이다. 자료 2는 사채발행금액의 입금내역과 사채발행비의 출금내역이다.
수행과제	사채발행에 대한 거래자료를 입력하시오.

2 자산, 부채, 자본의 특수회계처리

<table>
<tr><td colspan="9">전자세금계산서   (공급받는자 보관용)   승인번호</td></tr>
<tr><td rowspan="7">공급자</td><td>등록번호</td><td colspan="3">117-81-10218</td><td rowspan="7">공급받는자</td><td>등록번호</td><td colspan="3">104-81-43125</td></tr>
<tr><td>상호</td><td>(주)미래건설</td><td>성명
(대표자)</td><td>박한기</td><td>상호</td><td>(주)동해산업</td><td>성명
(대표자)</td><td>민경록</td></tr>
<tr><td>사업장
주소</td><td colspan="3">서울 금천구 시흥대로 38길 65</td><td>사업장
주소</td><td colspan="3">서울특별시 강남구 강남대로 254</td></tr>
<tr><td>업태</td><td>환경복원</td><td colspan="2">종사업장번호</td><td>업태</td><td>제조업</td><td colspan="2">종사업장번호</td></tr>
<tr><td>종목</td><td>건설폐기물</td><td colspan="2"></td><td>종목</td><td>분사기 및 소화기</td><td colspan="2"></td></tr>
<tr><td>E-Mail</td><td colspan="3">future@bill36524.com</td><td>E-Mail</td><td colspan="3">east_sea@bill36524.com</td></tr>
</table>

작성일자	2025.5.6.	공급가액	18,000,000	세액	1,800,000
비고					

월	일	품목명	규격	수량	단가	공급가액	세액	비고
5	6	철거비				18,000,000	1,800,000	

합계금액	현금	수표	어음	외상미수금	이 금액을	
19,800,000	9,800,000			10,000,000	○ 영수 ● 청구	함

자료설명	제3공장을 신축할 목적으로 건축물이 있는 토지를 취득한 후 즉시 그 건축물을 철거하고 수취한 전자세금계산서이다.
수행과제	매입매출전표에 입력하시오. (세금계산서 거래분은 '전자입력'으로 처리할 것.)

실무수행 ◎ 부가가치세관리

부가가치세 신고 관련 자료이다. [자료설명]을 참고하여 [수행과제]를 수행하시오.

1 수정전자세금계산서의 발행

전자세금계산서			(공급자 보관용)		승인번호		

공급자	등록번호	104-81-43125			공급받는자	등록번호	220-81-10867	
	상호	(주)동해산업	성명(대표자)	민경록		상호	(주)하나소방	성명(대표자)	최인환
	사업장주소	서울특별시 강남구 강남대로 254				사업장주소	경기도 수원시 팔달구 매산로 1 (매산로1갈)	
	업태	제조업	종사업장번호			업태	도매업	종사업장번호
	종목	분사기 및 소화기				종목	분사기 및 소화기	
	E-Mail	east_sea@bill36524.com				E-Mail	hana@bill36524.com	

작성일자	2025.8.23.	공급가액	45,000,000	세 액	4,500,000

비고							

월	일	품목명	규격	수량	단가	공급가액	세액	비고
8	23	가정용 소화기		1,500	30,000	45,000,000	4,500,000	

합계금액	현금	수표	어음	외상미수금	이 금액을	○ 영수 / ● 청구	함
49,500,000				49,500,000			

자료설명	1. 제품을 공급하고 발급한 전자세금계산서이다. 2. 담당자의 착오로 작성연월일 7월 23일이 8월 23일로 잘못 기재되었다.
수행과제	수정사유를 선택하여 수정전자세금계산서를 발급·전송하시오. ※ 전자세금계산서는 **전자세금계산서 발행 및 내역관리** 메뉴에서 발급·전송한다. 　(전자세금계산서 발급 시 결제내역 입력과 전송일자는 무시할 것.)

2 기한후 신고

자료 1. 매출 전자세금계산서 누락분(제품 매출)

					매출전자세금계산서 목록			
번호	작성 일자	승인 번호	발급 일자	전송 일자	상호	공급가액	세액	전자세금 계산서 종류
1	2025- 11-30	생략	2026- 1-31	2026- 2-1	(주)삼성소화기	32,000,000원	3,200,000원	일반
2	2025- 12-19	생략	2026- 1-31	2026- 2-1	(주)서울소방	25,000,000원	2,500,000원	일반

자료 2. 매입 전자세금계산서 누락분(기계장치)

					매입전자세금계산서 목록			
번호	작성 일자	승인 번호	발급 일자	전송 일자	상호	공급가액	세액	전자세금 계산서 종류
1	2025- 12-20	생략	2025- 12-20	2025- 12-21	두산기계(주)	18,000,000원	1,800,000원	일반

자료설명	1. 자료 1 ~ 자료 2는 2025년 제2기 과세기간 최종 3개월(2025.10.1.~ 2025.12.31.)의 매출과 매입자료이다. 2. 제2기 부가가치세 확정신고를 기한내에 하지 못하여 2026년 2월 11일에 기한후 신고납부하려고 한다. 3. 2025년 제2기 예정신고는 적법하게 신고하였다.

수행과제	1. 자료 1 ~ 자료 2까지 작성일자로 거래자료를 입력하시오.(제시된 거래는 모두 외상이며, 세금계산서 거래분은 '전자입력'으로 처리할 것.)
	2. 가산세를 적용하여 제2기 부가가치세 확정신고서를 작성하시오.
	  – 과세표준명세의 '신고구분'과 '신고년월일'을 기재할 것
	  – 신고불성실가산세는 일반무신고에 의한 가산세율을 적용하며, 미납일수는 17일로 한다.

실무수행 ◎ 결산

[결산자료]를 참고로 결산을 수행하시오.(단, 제시된 자료 이외의 자료는 없다고 가정함.)

1 수동결산 및 자동결산

자료설명	1. 차입금현황

차입금 종류	차입처	금액	연이자율	이자지급일	만기
시설자금	기업은행	500,000,000원	4%	매월 20일 (후불)	2027년 12월 20일

- 12월 이자지급일에 보통예금에서 정상적으로 이체되었다.
- 차입일수는 일할 계산한다.
- 1년은 365일로 가정하고, 이자 미지급일수는 11일이다.
- 원 단위 미만은 절사할 것.

2. 재고자산 명세

계정과목	장부상금액	순실현가능가치
상품	55,000,000원	57,000,000원
제품	49,700,000원	42,500,000원

3. 이익잉여금처분계산서 처분 예정(확정)일
   - 당기: 2026년 2월 28일
   - 전기: 2025년 2월 28일

수행과제 결산을 완료하고 이익잉여금처분계산서에서 손익대체분개를 하시오.
(단, 이익잉여금처분내역은 없는 것으로 하고 미처분이익잉여금 전액을 이월이익잉여금으로 이월하기로 할 것.)

평가문제 ◉ 실무수행평가 (70점)

입력자료 및 회계정보를 조회하여 [평가문제]의 답안을 입력하시오.

평가문제 답안입력 유의사항	❶ 답안은 지정된 단위의 숫자로만 입력해 주십시오. * 한글 등 문자 금지, 콤마(,) 외 기호 금지

	정답	오답(예)
(1) 금액은 원 단위로 숫자를 입력하되, 천 단위 콤마(,)는 생략 가능합니다.	1,245,000 1245000	1.245.000 1,245,000원 1,245,0000 12,45,000 1,245천원
(1-1) 답이 0원인 경우 반드시 "0" 입력 (1-2) 답이 음수(-)인 경우 숫자 앞에 " - " 입력		
(2) 질문에 대한 답안은 숫자로만 입력하세요.	4	04 4/건/매/명 04건/매/명
(3) 거래처 코드번호는 5자리로 입력하세요.	00101	101 00101번

❷ 더존 프로그램에서 조회되는 자료를 복사하여 붙여넣기가 가능합니다.

❸ 수행과제를 올바르게 입력하지 않고 작성한 답과 모범답안이 다른 경우 오답처리됩니다.

[실무수행평가] - 재무회계

번호	평가문제	배점
11	**평가문제 [손익계산서 조회]** 당기에 발생한 이자비용은 얼마인가?	2
12	**평가문제 [재무상태표 조회]** 3월 말 사채 장부금액은 얼마인가?	3
13	**평가문제 [재무상태표 조회]** 5월 말 토지 잔액은 얼마인가?	3
14	**평가문제 [재무상태표 조회]** 12월 말 재고자산 잔액은 얼마인가?	2
15	**평가문제 [재무상태표 조회]** 12월 31일 현재 이월이익잉여금(미처분이익잉여금) 잔액은 얼마인가? ① 355,568,110원 ② 548,154,996원 ③ 796,821,361원 ④ 972,585,856원	2
16	**평가문제 [거래처원장 조회]** 7월말 (주)하나소방의 외상매출금 잔액은 얼마인가?	2
17	**평가문제 [전자세금계산서 발행 및 내역관리 조회]** 7월 23일자 수정세금계산서의 수정입력사유를 코드번호로 입력하시오.	2
18	**평가문제 [부가가치세신고서 조회]** 제2기 확정 신고기간 부가가치세 기한후신고서의 과세표준 합계(9란) 세액은 얼마인가?	3
19	**평가문제 [부가가치세신고서 조회]** 제2기 확정 신고기간 부가가치세 기한후신고서의 고정자산매입(11란) 세액은 얼마인가?	3
20	**평가문제 [부가가치세신고서 조회]** 제2기 확정 신고기간 부가가치세 기한후신고서의 가산세액(26란) 합계금액은 얼마인가?	3
	재무회계 소계	25

실무수행 ◎ 원천징수관리

인사급여 관련 실무프로세스를 수행하시오.

1 퇴직소득 자료입력

자료 1. 퇴사자 관련정보

사원코드	1005	사원명	장미영
퇴직일자	2025년 5월 31일	회사규정상 퇴직급여	25,000,000원
퇴직사유	정리해고	영수일자	2025년 5월 31일
근속기간	2022년 5월 1일 ~ 2025년 5월 31일		

자료 2. 퇴직연금 가입내용

퇴직연금 유형	확정급여형(DB형)	퇴직연금 가입일	2022년 5월 1일
연금계좌(IRP) 이연금액	25,000,000원	연금계좌 입금일	2025년 5월 31일
연금계좌 취급자	신한은행	사업자등록번호	114-85-45632
연금계좌번호(IRP)	1158913147		

자료설명	1. 자료 1은 행정팀 과장 장미영(코드 1005)의 퇴직관련 자료이다. 2. 자료 2는 회사에서 가입한 퇴직연금 내용이다.
수행과제	1. [급여자료입력]에서 중도퇴사자 정산내역을 반영하시오. (퇴사자 장미영의 5월 급여는 입력되어 있으며, 구분은 '1.급여'로 선택할 것.) 2. [퇴직소득자료입력]에서 퇴직급여현황을 입력하고, 소득세를 산출하시오.

2 이자/배당소득의 원천징수

자료. 이자소득 관련정보

코드	2200	소득자명	진기호
주민등록번호	821110-1036911	소득구분	112.내국법인 회사채이자
이자지급일	2025.9.30.	지급이자	6,000,000원
주소	서울 금천구 시흥대로 23		
이자지급대상기간	2025.3.1.~2025.9.1.		
채권이자 구분코드	66.채권등의 이자 등을 지급받는 경우 이자 등 지급총액		

자료설명	1. 자료는 회사가 발행한 기명 회사채 이자 지급내역이다. 2. 원천징수세율은 14%이다.
수행과제	1. [기타소득자입력]에서 소득자를 등록하시오.(우편번호 입력은 생략할 것.) 2. [이자배당소득자료입력]에서 이자소득을 입력하고 소득세를 산출하시오.

[실무수행평가] – 원천징수관리

번호	평가문제	배점
21	평가문제 [급여자료입력 조회] 장미영의 5월 급여에 대한 차인지급액은 얼마인가?	3
22	평가문제 [퇴직소득자료입력 조회] 장미영의 '(22)근속월수'는 몇 개월인가?	2
23	평가문제 [퇴직소득자료입력 조회] 장미영의 '(40)이연퇴직소득세'는 얼마인가?	2
24	평가문제 [이자배당소득자료입력 조회] 진기호의 9월 소득지급내역에서 확인되는 세액합계는 얼마인가?	3
	원천징수 소계	10

실무수행 ◉ 법인세관리　　　　　　　　※ 회사변경 확인할 것

(주)작은행복(회사코드 5169)은 중소기업으로 사업연도는 제24기(2025.1.1. ～ 2025.12.31.)이다. 입력된 자료와 세무조정 참고자료에 의하여 법인세무조정을 수행하시오.

〈작성대상서식〉

> ① 수입금액조정명세서
> ② 감가상각비조정명세서
> ③ 대손충당금 및 대손금조정명세서
> ④ 세금과공과금 명세서
> ⑤ 세액공제조정명세서(3), 최저한세조정계산서

1 수입금액조정명세서

자료. 전기 자본금과 적립금 조정명세서(을) 내역

[별지 제50호 서식(을)]　　　　　　　　　　　　　　　　　　(앞 쪽)

사업 연도	2024.01.01. ～ 2024.12.31.	자본금과 적립금조정명세서(을)			법인명	(주)작은행복
세무조정유보소득계산						
① 과목 또는 사항	② 기초잔액	당 기 중 증감		⑤ 기말잔액 (익기초현재)	비고	
		③ 감 소	④ 증 가			
제품매출			20,000,000	20,000,000		
제품매출원가			−16,000,000	−16,000,000		

세무조정 참고자료	1. 결산서상 수입금액은 손익계산서의 매출계정을 조회한다. 2. 위 자료는 전기 매출누락 관련 자료이며, 전기 제품매출 누락액 　(판매가 20,000,000원, 원가 16,000,000원)을 당기 1월 3일에 회계처리하였다. 　단, 매출과 매출원가에 대하여 전기의 세무조정은 적법하게 이루어졌다. 3. 잡이익 계정에 부산물 매각수입이 포함되어 있으며, 이는 제품제조 과정에서 발생 　된 부산물이다.
수행과제	수입금액조정명세서를 작성하시오. 1. [1.수입금액 조정계산]에 결산서상 수입금액을 조회하여 반영하시오. 2. [2.수입금액 조정명세]에 기타수입금액을 반영하시오. 3. [1.수입금액 조정계산]에 조정사항을 반영하시오. 4. 소득금액조정합계표에 세무조정사항을 반영하시오.

[실무수행평가] - 법인세관리 1

번호	평가문제	배점
25	**평가문제 [수입금액 조정명세서 조회]** '⑥조정후 수입금액' 합계는 얼마인가?	3
26	**평가문제 [수입금액 조정명세서 조회]** 문제 [1]과 관련된 세무조정 대상 중 익금불산입(유보감소)으로 소득처분할 금액은 얼마인가?	2
27	**평가문제 [수입금액 조정명세서 조회]** 문제 [1]과 관련된 세무조정 대상 중 손금불산입(유보감소)으로 소득처분할 금액은 얼마인가?	2

2　감가상각비조정명세서

자료 1. 전기 자본금과 적립금 조정명세서(을) 내역

[별지 제50호 서식(을)] (앞 쪽)

사업 연도	2024.01.01. ~ 2024.12.31.	자본금과 적립금 조정명세서(을)			법인명	(주)작은행복

세무조정유보소득계산

① 과목 또는 사항	② 기초잔액	당 기 중 증감		⑤ 기말잔액 (익기초현재)	비고
		③ 감　소	④ 증　가		
감가상각비	7,000,000	2,000,000		5,000,000	트럭

자료 2. 감가상각 자료

고정자산 내역	코드	자산명	경비 구분	업종 코드	취득일	취득금액	전기말 상각누계액	당기 회사 감가상각비	비고
건물 (정액법 40년)	101	본사 건물	판관	08	2025. 7.5.	250,000,000원	0원	3,125,000원	(주1)
차량운반구 (정률법 5년)	201	트럭	제조	05	2018. 4.5.	50,000,000원	20,000,000원	12,000,000원	
기계장치 (정률법 10년)	301	조립 기계	제조	LL	2024. 1.2.	10,000,000원	2,590,000원	1,919,190원	(주2)

(주1) 건물취득세 5,800,000원을 세금과공과금(판매관리비)로 회계처리 하였다.
(주2) 기계주요부품교체비 3,500,000원을 수선비(제조경비)로 회계처리 하였다.

세무조정 참고자료	1. 자료 1의 감가상각비는 차량운반구(트럭)에 대한 전년도 상각 부인액이다. 2. 제시된 자산외에는 감가상각을 하지 않는다고 가정한다.
수행과제	감가상각비조정명세서를 작성하시오. 1. 감가상각액을 산출하기 위하여 고정자산을 각각 등록하시오. 　(고정자산등록에 관련된 자료는 주어진 자료를 최대한 입력 할 것.) 2. 미상각분 감가상각조정명세를 작성하시오. 3. 감가상각비조정명세서합계표를 작성하시오. 4. 소득금액조정합계표에 개별자산별로 세무조정사항을 반영하시오.

[실무수행평가] - 법인세관리 2

번호	평가문제	배점
28	**평가문제 [감가상각비조정명세서합계표 조회]** 문제 [2]와 관련된 세무조정 대상 중 손금불산입(유보발생)으로 소득처분할 금액은 얼마인가?	2
29	**평가문제 [감가상각비조정명세서합계표 조회]** 문제 [2]와 관련된 세무조정 대상 중 손금산입(유보감소)으로 소득처분할 금액은 얼마인가?	3
30	**평가문제 [감가상각비조정명세서합계표 조회]** '(105)회사손금계상액 ②합계액'은 얼마인가?	2

3 대손충당금 및 대손금조정명세서

자료 1. 전기 자본금과 적립금 조정명세서(을) 내역

[별지 제50호 서식(을)]					(앞 쪽)
사업 연도	2024.01.01. ~ 2024.12.31.	자본금과 적립금 조정명세서(을)		법인명	(주)작은행복

세무조정유보소득계산					
① 과목 또는 사항	② 기초잔액	당 기 중 증감		⑤ 기말잔액 (익기초현재)	비고
		③ 감 소	④ 증 가		
대손충당금 한도초과액	3,200,000	3,200,000	2,500,000	2,500,000	
외상매출금(대손금)			6,000,000	6,000,000	

자료 2. 대손에 관한 사항

일자	계정과목	대손사유	금액	비고
2025.05.07	외상매출금	강제집행	4,000,000원	대손요건 충족
2025.10.19	받을어음	부도	2,000,000원	부도확인일 2025.04.18.

세무조정 참고자료	1. 자료 1의 전기 외상매출금(대손금) 부인액 6,000,000원은 2025년 2월 7일에 소멸시효가 완성되어 대손금의 손금산입 요건을 충족하였다. 2. 자료 2는 당기에 발생한 대손내역이며, 그 외의 대손발생은 없다. 3. 회사는 매출채권에 대해서만 대손충당금을 설정하며, 대손충당금 설정대상 제외 채권은 없다. 4. 회사의 대손실적률은 1/100이다. 5. 기타의 사항은 기장된 데이터를 이용하기로 한다.
수행과제	대손충당금 및 대손금조정명세서를 작성하시오. 1. 전기 자본금과 적립금 조정명세서(을)의 내역을 세무조정하시오. 2. [2.대손금조정]에 대한 대손처리내역을 원장조회하여 반영하시오. 3. [1.대손충당금조정(채권잔액)]에 채권잔액을 반영하시오. 4. [1.대손충당금조정(손금 및 익금산입조정)]에 손금산입액 및 익금산입액 조정 사항을 반영하시오. 5. 소득금액조정합계표에 세무조정사항을 각 건별로 반영하시오.

[실무수행평가] – 법인세관리 3

번호	평가문제	배점
31	**평가문제 [대손충당금 및 대손금조정명세서 조회]** '1.채권잔액'은 얼마인가?	2
32	**평가문제 [대손충당금 및 대손금조정명세서 조회]** 문제 [3]과 관련된 세무조정 대상 중 손금산입으로 소득금액조정합계표에 반영할 총 금액은 얼마인가?	2
33	**평가문제 [대손충당금 및 대손금조정명세서 조회]** 문제 [3]과 관련된 세무조정 대상 중 손금불산입으로 소득금액조정합계표에 반영할 총 금액은 얼마인가?	3

4　세금과공과금 명세서

세무조정 참고자료	1. 기장된 자료를 조회하시오. 　(단, 517.세금과공과금, 817.세금과공과금 계정만 반영하도록 할 것.) 2. 본사건물 취득세는 감가상각조정명세서에서 세무조정을 완료하였다.
수행과제	세금과공과금 명세서를 작성하시오. 1. [계정별원장 불러오기]를 이용하여 손금불산입할 항목을 표기하시오. 2. 소득금액조정합계표에 세무조정사항을 각 건별로 반영하시오.

[실무수행평가] – 법인세관리 4

번호	평가문제	배점
34	**평가문제 [세금과공과금 명세서 조회]** 문제 [4]와 관련된 세무조정 대상 중 손금불산입(유보)으로 소득처분할 금액은 얼마인가?	2
35	**평가문제 [세금과공과금 명세서 조회]** 문제 [4]와 관련된 세무조정 대상 중 손금불산입(상여)으로 소득처분할 금액은 얼마인가?	2
36	**평가문제 [세금과공과금 명세서 조회]** 문제 [4]와 관련된 세무조정 대상 중 손금불산입(기타사외유출)으로 소득처분할 총금액은 얼마인가?	3

5 세액공제조정명세서(3) 및 최저한세조정계산서

자료. 신규투자 설비 내역

<table>
<tr><td colspan="6" align="center">전자세금계산서 (공급받는자 보관용)</td><td>승인번호</td><td></td></tr>
<tr><td rowspan="7">공급자</td><td>등록번호</td><td colspan="4">514-81-21541</td><td rowspan="7">공급받는자</td><td>등록번호</td><td colspan="3">120-81-32144</td></tr>
<tr><td>상호</td><td colspan="2">(주)온기계</td><td>성명 (대표자)</td><td>김기계</td><td>상호</td><td>(주)작은행복</td><td>성명 (대표자)</td><td>김정수</td></tr>
<tr><td>사업장 주소</td><td colspan="4">서울 용산구 한강대로 22</td><td>사업장 주소</td><td colspan="3">서울 서대문구 충정로7길 29-18</td></tr>
<tr><td>업태</td><td colspan="2">제조업</td><td colspan="2">종사업장번호</td><td>업태</td><td>제조업</td><td colspan="2">종사업장번호</td></tr>
<tr><td>종목</td><td colspan="4">기계설비</td><td>종목</td><td colspan="3">1차 비철금속 제조업</td></tr>
<tr><td>E-Mail</td><td colspan="4">korea@naver.com</td><td>E-Mail</td><td colspan="3">happy@bill36524.com</td></tr>
</table>

작성일자	2025.3.26.	공급가액	300,000,000	세 액	30,000,000
비고					

월	일	품목명	규격	수량	단가	공급가액	세액	비고
3	26	자동화기계				300,000,000	30,000,000	

합계금액	현금	수표	어음	외상미수금	이 금액을	
330,000,000				330,000,000	○ 영수 ● 청구	함

세무조정 참고자료	위 자료는 공장의 생산성 향상을 위한 생산자동화설비를 투자한 내역이며, 회사는 본 건에 대하여 통합투자세액공제(일반)를 받으려고 한다. (기본공제 세액공제율은 10%를 적용하며, 추가공제는 없는 것으로 가정한다.)
수행과제	세액공제조정명세서(3) 및 최저한세조정계산서를 작성하시오.

수행과제:

세액공제조정명세서(3) 및 최저한세조정계산서를 작성하시오.
1. 세액공제조정명세서(3)에 당기 공제대상세액을 입력하시오.
2. 세무조정자료를 반영하여 법인세과세표준 및 세액조정계산서의 소득금액을 계산하시오.
3. 최저한세조정계산서를 통하여 최저한세 적용여부를 검토하시오.
4. 세액공제조정명세서(3) [2.당기 공제 세액 및 이월액 계산]에 최저한세 적용에 따른 미공제세액을 반영하시오.
5. 세액공제조정명세서(3)에서 산출된 공제세액을 공제감면세액합계표(갑,을)에 반영하시오.
6. 법인세과세표준 및 세액조정계산서에 공제세액을 반영하시오.

[실무수행평가] - 법인세관리 5

번호	평가문제	배점
37	**평가문제 [세액공제조정명세서(3) 조회]** 1. 공제세액계산에서 통합투자세액공제(일반)의 '(104)공제대상세액'은 얼마인가?	3
38	**평가문제 [세액공제조정명세서(3) 조회]** 2. 당기공제세액 및 이월액계산에서 '(121)최저한세적용에 따른 미공제세액'은 얼마인가?	2
39	**평가문제 [법인세과세표준 및 세액조정계산서 조회]** '125.가감계'금액은 얼마인가? ① 1,871,260원　　　　② 10,329,121원 ③ 50,625,265원　　　　④ 147,309,249원	2
법인세관리 소계		**35**

최신 기출문제 제71회

실무이론평가 

아래 문제에서 특별한 언급이 없으면 기업의 보고 기간(회계기간)은 매년 1월 1일부터 12월 31일까지 입니다. 또한 기업은 일반기업회계기준 및 관련 세법을 계속적으로 적용하고 있다고 가정하고 물음에 가장 합당한 답을 고르시기 바랍니다.

01 (주)한공은 기업의 이해관계자에게 적시성 있는 정보를 제공하기 위해 사업연도(1년) 단위 재무제표 뿐 아니라 반기 및 분기재무제표를 작성하여 공시하고 있다. 이와 관련된 재무제표의 기본가정은 무엇인가?

① 기업실체
② 계속기업
③ 발생주의 회계
④ 기간별 보고

02 (주)한공의 2025년 12월 31일 현재 창고에 보관 중인 재고자산은 300,000원이다. 다음 자료는 반영되지 않았다. 이를 반영하면 기말재고자산 금액은 얼마인가?

- 2025년 12월 12일에 선적지인도조건으로 수출한 상품(원가 50,000원)이 기말 현재 운송 중이다.
- 2025년 12월 26일에 시용판매 조건으로 인도한 상품(원가 80,000원) 중 기말 현재 매입의사 표시를 받은 상품의 원가는 60,000원이다.
- 2025년 12월 27일에 목적지인도조건으로 매입한 상품(원가 90,000원)이 기말 현재 도착하지 않았다.

① 310,000원
② 320,000원
③ 350,000원
④ 410,000원

03 다음 자료는 (주)한공의 2025년 12월 31일 수정전 잔액시산표 중 재무상태표 관련 계정내역과 결산정리사항을 나타낸 것이다. 결산정리사항을 반영한 후, 2025년 12월 31일 현재 재무상태표상 자산금액은 얼마인가?

자료 1. 잔액시산표(수정전)

(주)한공	2025년 12월 31일	(단위: 원)
차변	계정과목	대변
50,000,000	당좌예금	
30,000,000	매출채권	
40,000,000	재고자산	
100,000,000	건물	
	건물감가상각누계액	5,000,000
	외상매입금	10,000,000
	퇴직급여충당부채	30,000,000
	장기차입금	20,000,000
	자본금	100,000,000
	이익잉여금	20,000,000
	⋮	

자료 2. 결산정리사항

가. 과거의 경험에 의해 매출채권 잔액의 10%를 대손으로 예상하고 있다.
나. 2025년 건물 감가상각비 계상액은 5,000,000 원이다.

① 178,000,000원
② 207,000,000원
③ 212,000,000원
④ 220,000,000원

04 도매업을 영위하는 (주)한공은 코스닥에 상장되어 있는 (주)공인의 주식을 단기매매목적으로 보유하고 있다. 주식평가로 인하여 2025년 재무제표에 미치는 영향으로 옳은 것은?

〈주식보유현황〉

주식명	보유 주식수	1주당 공정가치 (2025.12.31.)	평가전 장부가액
(주)공인	1,000주	45,000원	47,000,000원

① 영업이익이 증가한다.
② 영업외비용이 증가한다.
③ 당기순이익이 증가한다.
④ 영업외수익이 증가한다.

05 (주)한공은 게임 소프트웨어를 개발·판매하는 회사로서 새로운 게임 플랫폼을 개발하기 위한 프로젝트를 연초에 개시하여 6월말에 완료하였다. 다음 자료를 토대로 당기 손익계산서에 계상할 무형자산상각비를 계산하면 얼마인가? (단, 회사는 무형자산에 대해 10년간 정액법으로 월할상각한다.)

구분	연구단계	개발단계
연구원 인건비	700,000원	900,000원
재료비 및 용역비	500,000원	300,000원
기타 간접경비	300,000원	100,000원

① 50,000원 ② 65,000원
③ 75,000원 ④ 140,000원

06 다음 중 세금계산서(또는 전자세금계산서)에 대하여 옳은 설명을 하는 사람은?

① 상우 ② 은주
③ 보라 ④ 진환

07 다음 자료를 토대로 종합소득에 합산하여 과세표준 신고를 하여야 하는 금융소득을 계산하면 얼마인가?

가. 직장공제회 초과반환금	12,000,000원
나. 법원보관금의 이자	17,000,000원
다. 비영업대금의 이익	15,000,000원
라. 비실명이자	20,000,000원

① 0원 ② 27,000,000원
③ 32,000,000원 ④ 35,000,000원

08 다음 자료를 토대로 거주자 김한공 씨의 2025년 사업소득금액을 계산하면 얼마인가?(단, 2025년 중 부채의 합계가 자산의 합계액을 초과하지 않았고, 소득세비용은 고려하지 않는다.)

〈손익계산서〉

- 매출   300,000,000원
- 매출원가   100,000,000원
- 급여(김한공 씨의 급여 50,000,000원 포함)   150,000,000원
- 판매비   25,000,000원
- 배당금 수익   10,000,000원
- 이자비용(은행으로부터 사업용자금을 대출받음)   5,000,000원
- 당기순이익   30,000,000원

① 20,000,000원 ② 25,000,000원
③ 70,000,000원 ④ 75,000,000원

09 다음 중 법인세 신고를 위한 각 사업연도소득금액 계산 시 세무조정을 하지 않아도 되는 것은?

① 주식발행초과금을 자본잉여금으로 회계처리한 경우
② 토지 취득세를 세금과공과로 회계처리한 경우
③ 지분법평가로 인한 지분법이익을 영업외수익으로 회계처리한 경우
④ 미지급 일반기부금을 영업외비용으로 회계처리한 경우

10 다음은 부가가치세 과세사업자인 (주)한공의 대손관련 자료이다. 이를 토대로 계산한 부가가치세 세액과 법인세 세액에 미치는 영향의 합계금액은 얼마인가?

> (1) 매출처의 회생계획인가 결정으로 외상매출금 22,000,000원(부가가치세 포함)을 회수할 수 없게 되었다.
> (2) 부가가치세 신고 시 대손세액공제와 법인세 신고 시 대손금 손금산입을 적용하고자 한다.(위의 대손금은 부가가치세법상 대손세액공제와 법인세법상 손금산입 요건을 충족하고 있다.)
> (3) (주)한공의 과세표준에 적용할 법인세율은 9%이고, 법인지방소득세는 고려하지 않는 것으로 한다.

① 2,000,000원 세액 감소
② 2,200,000원 세액 감소
③ 3,800,000원 세액 감소
④ 4,400,000원 세액 감소

실무수행평가 

(주)푸른산업(회사코드 1171)은 화학섬유를 제조하여 판매하는 법인기업으로 회계기간은 제7기(2025.1.1. ~ 2025.12.31.)이다. 제시된 자료와 [자료설명]을 참고하여 [수행과제]를 완료하고 [평가문제]의 물음에 답하시오.

실무수행 유의사항	1. 부가가치세 관련거래는 [매입매출전표입력]메뉴에 입력하고, 부가가치세 관련 없는 거래는 [일반전표입력]메뉴에 입력한다. 2. 타계정 대체와 관련된 적요는 반드시 코드를 입력하여야 한다. 3. 채권·채무, 예금거래 등 관리대상 거래자료에 대하여는 반드시 거래처코드를 입력한다. 4. 자금관리 등 추가 작업이 필요한 경우 문제의 요구에 따라 추가 작업하여야 한다. 5. 제조경비는 500번대 계정코드를 사용한다. 6. 판매비와관리비는 800번대 계정코드를 사용한다. 7. 등록된 계정과목 중 가장 적절한 계정과목을 선택한다. 8. [실무수행 5. 법인세관리]는 별도의 회사가 주어지므로 회사 선택에 유의한다.

실무수행 ◎　거래자료입력

실무프로세스자료이다. [자료설명]을 참고하여 [수행과제]를 수행하시오.

1 정부보조금

자료 1. 보통예금(국민은행) 거래내역

번호	거래일	내용	찾으신금액	맡기신금액	잔액	거래점
		계좌번호 112-523678-300　(주)푸른산업				
1	2025-1-25	한국기계연구원		23,000,000	***	***
2	2025-1-30	(주)기성산업	14,300,000		***	***
3	2025-1-31	연구소 직원 인건비	9,300,000			

자료 2. 세금계산서

<table>
<tr><td colspan="7" style="text-align:center">전자세금계산서</td><td colspan="2">(공급받는자 보관용)</td><td>승인번호</td><td></td></tr>
<tr><td rowspan="6">공급자</td><td colspan="2">등록번호</td><td colspan="4">110-81-32147</td><td rowspan="6">공급받는자</td><td colspan="2">등록번호</td><td colspan="2">104-81-43125</td></tr>
<tr><td colspan="2">상호</td><td>(주)기성산업</td><td>성명
(대표자)</td><td colspan="2">김성일</td><td colspan="2">상호</td><td>(주)푸른산업</td><td>성명
(대표자)</td><td>유광열</td></tr>
<tr><td colspan="2">사업장
주소</td><td colspan="4">서울특별시 서대문구 충정로7길 29-13</td><td colspan="2">사업장
주소</td><td colspan="3">서울특별시 서초구 서초대로 53</td></tr>
<tr><td colspan="2">업태</td><td colspan="2">제조업</td><td colspan="2">종사업장번호</td><td colspan="2">업태</td><td>제조업외</td><td colspan="2">종사업장번호</td></tr>
<tr><td colspan="2">종목</td><td colspan="4">기계제조</td><td colspan="2">종목</td><td colspan="3">화학섬유 방적업</td></tr>
<tr><td colspan="2">E-Mail</td><td colspan="4">kisung@bill36524.com</td><td colspan="2">E-Mail</td><td colspan="3">purun@bill36524.com</td></tr>
<tr><td colspan="3">작성일자</td><td colspan="2">2025.1.30.</td><td colspan="2">공급가액</td><td colspan="3">13,000,000</td><td>세 액</td><td>1,300,000</td></tr>
<tr><td colspan="3">비고</td><td colspan="10"></td></tr>
<tr><td>월</td><td>일</td><td colspan="3">품목명</td><td>규격</td><td>수량</td><td>단가</td><td colspan="2">공급가액</td><td colspan="2">세액</td><td>비고</td></tr>
<tr><td>1</td><td>30</td><td colspan="3">자동계량기</td><td></td><td></td><td></td><td colspan="2">13,000,000</td><td colspan="2">1,300,000</td><td></td></tr>
<tr><td></td><td></td><td colspan="3"></td><td></td><td></td><td></td><td colspan="2"></td><td colspan="2"></td><td></td></tr>
<tr><td></td><td></td><td colspan="3"></td><td></td><td></td><td></td><td colspan="2"></td><td colspan="2"></td><td></td></tr>
<tr><td></td><td></td><td colspan="3"></td><td></td><td></td><td></td><td colspan="2"></td><td colspan="2"></td><td></td></tr>
<tr><td colspan="2">합계금액</td><td colspan="2">현금</td><td colspan="2">수표</td><td colspan="2">어음</td><td colspan="2">외상미수금</td><td rowspan="2">이 금액을</td><td>⦿ 영수</td><td rowspan="2">함</td></tr>
<tr><td colspan="2">14,300,000</td><td colspan="2"></td><td colspan="2"></td><td colspan="2"></td><td colspan="2"></td><td>○ 청구</td></tr>
</table>

자료 3. 인건비 지급내역

급여	예수금	차인지급액
10,000,000원	700,000원	9,300,000원

자료설명	1. 자료 1은 중소기업 기술개발지원사업 주관기관으로부터 받은 정부지원금 내역이다. - 지원금 중 13,000,000원은 기술개발사업 수행에 필요한 연구장비구입 지원금액이며, 당사는 206.기계장치로 처리하고 있다. - 지원금 중 10,000,000원은 연구개발에 따른 인건비 지원 금액이며, 당사는 연구개발에 따른 인건비를 852.인건비정부보조금으로 처리하고 있다. 2. 자료 2는 기술개발사업 수행에 필요한 연구장비를 구입하고 수취한 전자세금계산서이다. 3. 자료 3은 인건비 지급내역이다.
수행과제	[1월 30일] 정부보조금을 사용한 유형자산 취득에 대한 내역을 매입매출전표입력에 입력하시오. (전자세금계산서는 '전자입력'으로 처리할 것.) [1월 31일] 정부보조금을 사용한 인건비 보조금에 대한 내역을 일반전표입력에 입력하시오.

2　리스회계

자료 1. 리스내역

<table>
<tr><td colspan="5" align="center">전자계산서　(공급받는자 보관용)</td><td colspan="2">승인번호</td></tr>
<tr><td rowspan="6">공급자</td><td>등록번호</td><td colspan="4">113-86-37898</td><td rowspan="6">공급받는자</td><td>등록번호</td><td colspan="3">104-81-43125</td></tr>
<tr><td>상호</td><td>(주)현대캐피탈</td><td>성명
(대표자)</td><td colspan="2">이가현</td><td>상호</td><td>(주)푸른산업</td><td>성명
(대표자)</td><td>유광열</td></tr>
<tr><td>사업장
주소</td><td colspan="4">서울시 구로구 신도림로11가길 34</td><td>사업장
주소</td><td colspan="3">서울특별시 서초구 서초대로 53</td></tr>
<tr><td>업태</td><td colspan="2">금융서비스</td><td colspan="2">종사업장번호</td><td>업태</td><td colspan="2">제조업외</td><td>종사업장번호</td></tr>
<tr><td>종목</td><td colspan="4">대출 및 리스</td><td>종목</td><td colspan="3">화학섬유 방적업</td></tr>
<tr><td>E-Mail</td><td colspan="4">capital@bill36524.com</td><td>E-Mail</td><td colspan="3">purun@bill36524.com</td></tr>
</table>

작성일자	2025.3.30.	공급가액	6,000,000	비 고	

월	일	품목명	규격	수량	단가	공급가액	비고
3	30	리스료				6,000,000	

합계금액	현금	수표	어음	외상미수금	이 금액을	● 영수 ○ 청구 함
6,000,000						

자료 2. 보통예금(국민은행) 거래내역

번호	거래일	내용	찾으신금액	맡기신금액	잔액	거래점
		계좌번호 112-523678-300　(주)푸른산업				
1	2025-3-30	리스료	6,000,000		***	***

자료설명	1. 자료 1은 공장용 자동화 기계를 리스하고 발급받은 전자계산서이다. 2. 자료 2는 리스료를 전액 보통예금 계좌에서 이체하여 지급한 내역이다.
수행과제	매입매출전표에 입력하시오. (전자계산서는 '전자입력'으로 처리하며 537.운용리스료 계정과목을 사용하여 처리할 것.)

실무수행 ◎ 부가가치세관리

부가가치세 신고 관련 자료이다. [자료설명]을 참고하여 [수행과제]를 수행하시오.

1 수정전자세금계산서의 발행

<table>
<tr><td colspan="6" align="center">전자세금계산서 (공급자 보관용)</td><td>승인번호</td><td></td></tr>
<tr><td rowspan="6">공급자</td><td>등록번호</td><td colspan="4" align="center">104-81-43125</td><td rowspan="6">공급받는자</td><td>등록번호</td><td colspan="3" align="center">114-81-58741</td></tr>
<tr><td>상호</td><td colspan="2">(주)푸른산업</td><td>성명
(대표자)</td><td>유광열</td><td>상호</td><td colspan="2">(주)슬금비</td><td>성명
(대표자)</td><td>이수아</td></tr>
<tr><td>사업장
주소</td><td colspan="4">서울특별시 서초구 서초대로 53</td><td>사업장
주소</td><td colspan="4">서울시 서대문구 충정로7길 31</td></tr>
<tr><td>업태</td><td colspan="2">제조업외</td><td>종사업장번호</td><td></td><td>업태</td><td colspan="2">제조업, 도매</td><td>종사업장번호</td><td></td></tr>
<tr><td>종목</td><td colspan="4">화학섬유 방적업</td><td>종목</td><td colspan="4">합성용품 외</td></tr>
<tr><td>E-Mail</td><td colspan="4">purun@bill36524.com</td><td>E-Mail</td><td colspan="4">sooa1007@bill36524.com</td></tr>
<tr><td>작성일자</td><td colspan="3" align="center">2025.9.10.</td><td>공급가액</td><td colspan="3" align="center">18,000,000</td><td>세 액</td><td colspan="2" align="center">1,800,000</td></tr>
<tr><td>비고</td><td colspan="10"></td></tr>
<tr><td>월</td><td>일</td><td colspan="2">품목명</td><td>규격</td><td>수량</td><td>단가</td><td colspan="2">공급가액</td><td>세액</td><td>비고</td></tr>
<tr><td>9</td><td>10</td><td colspan="2">제품001</td><td></td><td>100</td><td>180,000</td><td colspan="2">18,000,000</td><td>1,800,000</td><td></td></tr>
<tr><td colspan="12"></td></tr>
<tr><td colspan="12"></td></tr>
<tr><td colspan="12"></td></tr>
<tr><td colspan="2">합계금액</td><td>현금</td><td colspan="2">수표</td><td>어음</td><td colspan="2">외상미수금</td><td rowspan="2" colspan="2">이 금액을</td><td rowspan="2">○ 영수
● 청구 함</td></tr>
<tr><td colspan="2">19,800,000</td><td></td><td colspan="2"></td><td></td><td colspan="2">19,800,000</td></tr>
</table>

자료설명	1. 제품을 공급하고 9월 10일에 발급한 전자세금계산서이다. 2. 담당자의 착오로 이중발급한 사실이 확인되었다.
수행과제	수정사유를 선택하여 **전자세금계산서 발행 및 내역관리** 메뉴에서 발급 및 전송하시오. (외상대금 및 제품매출에서 음수(−)로 처리하고 전자세금계산서 발급 시 결제내역 입력 및 전송일자는 무시할 것.)

2 기한 후 신고

자료 1. 제품매출 전자세금계산서 발급 목록

매출전자세금계산서 목록								
번호	작성일자	승인 번호	발급일자	전송일자	상호	공급가액	세액	전자세금 계산서종류
1	20250520	생략	20250620	20250621	(주)한국상사	20,000,000	2,000,000	일반
2	20250610	생략	20250610	20250611	(주)구구스	20,000,000	–	영세율

자료 2. 원재료매입 전자세금계산서 수취 목록

매입전자세금계산서 목록								
번호	작성일자	승인 번호	발급일자	전송일자	상호	공급가액	세액	전자세금 계산서종류
1	20250612	생략	20250612	20250613	(주)신일산업	5,000,000	500,000	일반

자료 3. 현금영수증 수취내역 (관리부 회식비)

```
                현금영수증
              CASH RECEIPT
-----------------------------------------
거래일시          2025-06-20  20:38:04
품명                            소고기
식별번호                     208341****
승인번호                      190420105
판매금액                      500,000원
부가가치세                     50,000원
봉사료                             0원

합계                          550,000원
-----------------------------------------
현금영수증가맹점명              한우마을
사업자번호               110-12-51115
대표자명 : 이수정       TEL : 0707122223
주소 : 경기도 군포시 경수대로 443(당정동)
CATID:1123973          전표No:

현금영수증 문의 : Tel 126
http://현금영수증.kr
감사합니다.
```

자료설명	1. 자료 1~자료 3은 2025년 제1기 과세기간 최종 3개월(2025.4.1. ~ 2025. 6.30.)의 매출과 매입자료이다.(상기 자료 외 거래내역은 없는 것으로 가정한다.) 2. 제1기 확정 부가가치세 신고를 기한 내에 하지 못하여 2025년 8월 5일에 기한후 신고납부 하려고 한다.

수행과제	1. 자료 1~자료 3까지 작성일자로 거래자료를 입력하시오.
	  – 자료 1~2의 거래는 모두 외상이다.
	  – 자료 3의 거래처는 일반과세자이며, 대금은 현금으로 지급하였다.
	  – 전자세금계산서 거래분은 '전자입력'으로 처리할 것.
	2. 가산세를 적용하여 제1기 확정 부가가치세 신고서를 작성하시오.
	  – 과세표준명세의 '신고구분'과 '신고년월일'을 기재할 것.
	  – 신고불성실가산세는 일반무신고에 의한 가산세율을 적용하며, 미납일수는 11일로 한다.

실무수행 ◎ 결산

[결산자료]를 참고로 결산을 수행하시오.(단, 제시된 자료 이외의 자료는 없다고 가정함.)

1 수동결산 및 자동결산

<table>
<tr><td rowspan="11">자료설명</td><td colspan="6">1. 손익의 예상과 이연
　－ 차입금현황</td></tr>
</table>

자료설명	1. 손익의 예상과 이연

1. 손익의 예상과 이연
　－ 차입금현황

차입금 종류	차입처	금액	연이자율	이자지급일	만기
운전자금 (신용)	기업은행	666,125,000원	2%	매월 21일 (후불)	2027년 12월 21일

　－ 일할계산하고, 원 단위 미만 버림.(365일, 미지급일수 10일)

2. 재고자산 실사내역

품목	장부금액	순실현가능가치	현행대체원가
원재료	22,000,000원	20,000,000원	23,000,000원
제 품	40,000,000원	38,000,000원	–
합계	62,000,000원	58,000,000원	–

　－ 재고자산 실사 내역을 기준으로 종목별로 저가법을 적용하여 평가한다.

3. 이익잉여금처분계산서 처분 예정(확정)일
　－ 당기: 2026년 2월 28일
　－ 전기: 2025년 2월 28일

수행과제	결산을 완료하고 이익잉여금처분계산서에서 손익대체분개를 하시오. (단, 이익잉여금처분내역은 없는 것으로 하고 미처분이익잉여금 전액을 이월이익잉여금으로 이월하기로 한다.)

평가문제 ◉ **실무수행평가 (70점)**

입력자료 및 회계정보를 조회하여 [평가문제]의 답안을 입력하시오.

<table>
<tr><td rowspan="7">평가문제
답안입력
유의사항</td><td colspan="3">❶ 답안은 지정된 단위의 숫자로만 입력해 주십시오.
　* 한글 등 문자 금지, 콤마(,) 외 기호 금지</td></tr>
<tr><td></td><td>정답</td><td>오답(예)</td></tr>
<tr><td>(1) 금액은 원 단위로 숫자를 입력하되, 천 단위 콤마(,)는
　생략 가능합니다.</td><td>1,245,000
1245000</td><td>1.245.000
1,245,000원
1,245,0000
12,45,000
1,245천원</td></tr>
<tr><td>　(1-1) 답이 0원인 경우 반드시 "0" 입력
　(1-2) 답이 음수(-)인 경우 숫자 앞에 " - " 입력</td><td></td><td></td></tr>
<tr><td>(2) 질문에 대한 답안은 숫자로만 입력하세요.</td><td>4</td><td>04
4/건/매/명
04건/매/명</td></tr>
<tr><td>(3) 거래처 코드번호는 5자리로 입력하세요.</td><td>00101</td><td>101
00101번</td></tr>
</table>

❷ 더존 프로그램에서 조회되는 자료를 복사하여 붙여넣기가 가능합니다.

❸ 수행과제를 올바르게 입력하지 않고 작성한 답과 모범답안이 다른 경우 오답처리됩니다.

[실무수행평가] – 재무회계

번호	평가문제	배점
11	**평가문제 [계정별원장 조회]** 1월 말 852.인건비정부보조금 잔액은 얼마인가? ① 　　　0원　　　　　　② 9,300,000원 ③ 14,300,000원　　　　④ 10,000,000원	2
12	**평가문제 [재무상태표 조회]** 1월 말 기계장치 장부금액은 얼마인가?	3
13	**평가문제 [제조원가명세서 조회]** 3월 말 경비 합계액은 얼마인가?	3
14	**평가문제 [재무상태표 조회]** 당기말 재고자산 잔액은 얼마인가?	2
15	**평가문제 [재무상태표 조회]** 당기말 유동부채 금액은 얼마인가?	3
16	**평가문제 [재무상태표 조회]** 12월 31일 현재 이월이익잉여금(미처분이익잉여금) 잔액은 얼마인가? ① 729,654,890원　　　　② 219,654,890원 ③ 667,343,850원　　　　④ 719,654,890원	2
17	**평가문제 [거래처원장 조회]** 9월 말 (주)슬금비의 외상매출금 잔액은 얼마인가?	2
18	**평가문제 [전자세금계산서 발행 및 내역관리 조회]** 9월 10일자 수정세금계산서의 수정입력사유를 코드번호로 입력하시오.	2
19	**평가문제 [부가가치세신고서 조회]** 제1기 확정 부가가치세신고서의 납부(환급)세액(㉮매출세액 – ㉯매입세액) ㉰는 얼마인가?	3
20	**평가문제 [부가가치세신고서 조회]** 제1기 확정 부가가치세신고서의 가산세액(26란) 합계금액은 얼마인가?	3
재무회계 소계		25

인사급여 관련 실무프로세스를 수행하시오.

1 이자/배당소득의 원천징수

성 명	이주형(코드 1100)
거주구분(내국인/외국인)	거주자 / 내국인
주민등록번호	641120-1523000
귀속년월/지급년월일	2025년 12월 / 2025년 12월 31일
지급금액	5,000,000원
은행(계좌번호, 예금주)	신한은행(20201-55-1005, 이주형)

자료설명	1. 회사는 이주형의 차입금에 대해 12월 31일 1년분 이자를 지급하였다. 2. 차입기간: 2025.1.1.~2025.12.31. 3. 소득구분: 122.비영업대금의 이익 4. 채권이자구분: 66.채권등의 이자등을 지급하는 경우 이자등 지급총액 5. 이자율: 연 5%
수행과제	1. [기타소득자입력]에서 소득자를 등록하시오.(주소입력은 생략 할 것.) 2. [이자배당소득자료입력]에서 소득지급내역을 입력하고 소득세를 산출하시오. (주어진 자료 이외의 정보입력은 생략할 것.)

2 국세청연말정산간소화 및 이외의 자료를 기준으로 연말정산

자료설명	사무직 이재환(1003)의 연말정산을 위한 자료이다. 1. 사원등록의 부양가족현황은 사전에 입력되어 있다. 2. 부양가족은 이재환과 생계를 같이 하고 있다.
수행과제	[사원등록]메뉴의 부양가족명세를 수정하고, [연말정산 근로소득원천징수영수증] 메뉴에서 연말정산을 완료하시오. 1. 의료비는 [의료비] 탭에서 입력하며, 국세청자료는 공제대상 합계금액을 1건으로 집계하여 입력한다.(단, 실손의료보험금 500,000원을 수령하였으며, 성형외과 진료비는 미용목적의 성형수술이다.) 2. 보험료는 [소득공제] 탭에서 입력한다.

자료 1. 이재환 사원의 부양가족등록 현황

연말정산관계	성명	주민번호	기타사항
0.본인	이재환	800902-1754110	세대주
3.배우자	신인순	850527-2899734	총급여액 8,000,000원
6.형제자매	이윤환	901212-2345670	장애인복지법에 의한 청각장애인이며, 원고료(기타소득) 수입 2,000,000원 있음
4.직계비속	이하율	110101-4231454	소득 없음
4.직계비속	이하원	120122-3122220	소득 없음

자료 2. 국세청간소화서비스 및 기타증빙자료

2025년 귀속 소득·세액공제증명서류 : 기본(지출처별)내역 [의료비]

■ 환자 인적사항

성명	주 민 등 록 번 호
이하율	110101-4******

■ 의료비 지출내역

(단위: 원)

사업자번호	상호	종류	납입금액 계
109-04-16***	서울**병원	일반	3,600,000
106-05-81***	**성형외과	일반	1,900,000
205-01-44***	**안경원	일반	800,000
의료비 인별합계금액			5,500,000
안경구입비 인별합계금액			800,000
산후조리원 인별합계금액			0
인별합계금액			6,300,000

국세청 National Tax Service

- 본 증명서류는 『소득세법』 제165조 제1항에 따라 영수증 발급기관으로부터 수집한 서류로 소득·세액공제 충족 여부는 근로자가 직접 확인하여야 합니다.
- 본 증명서류에서 조회되지 않는 내역은 영수증 발급기관에서 직접 발급받으시기 바랍니다.

2025년 귀속 소득·세액공제증명서류 : 기본내역 [실손의료보험금]

■ 수익자 인적사항

성명	주 민 등 록 번 호
이재환	800902-1******

■ 의료비 지출내역

(단위: 원)

상호	상품명	보험계약자		수령금액 계
사업자번호	계약(증권)번호	피보험자		
(주)MG손해보험	(무)안심실손보험	800902-1******	이재환	500,000
201-81-81***	4222***	110111-4******	이하율	
인별합계금액				500,000

• 본 증명서류는 『소득세법』 제165조 제1항에 따라 영수증 발급기관으로부터 수집한 서류로 소득·세액공제 충족 여부는 근로자가 직접 확인하여야 합니다.
• 본 증명서류에서 조회되지 않는 내역은 영수증 발급기관에서 직접 발급받으시기 바랍니다.

2025년 귀속 소득·세액공제증명서류 : 기본(지출처별)내역 [보장성 보험, 장애인전용보장성보험]

■ 계약자 인적사항

성명	주 민 등 록 번 호
이재환	800902-1******

■ 보장성보험(장애인전용보장성보험) 납입내역

(단위: 원)

종류	상 호	보험종류	주피보험자		납입금액 계
	사업자번호	증권번호			
	종피보험자1	종피보험자2	종피보험자3		
보장성	한화생명보험(주)	실손의료보험	120122-3******	이하원	1,200,000
	108-81-15***				
인별합계금액					1,200,000

• 본 증명서류는 『소득세법』 제165조 제1항에 따라 영수증 발급기관으로부터 수집한 서류로 소득·세액공제 충족 여부는 근로자가 직접 확인하여야 합니다.
• 본 증명서류에서 조회되지 않는 내역은 영수증 발급기관에서 직접 발급받으시기 바랍니다.

[실무수행평가] – 원천징수관리

번호	평가문제	배점
21	**평가문제 [이자배당소득 자료입력 조회]** 이주형의 12월 이자소득세는 얼마인가?	2
22	**평가문제 [이재환 연말정산 근로소득원천징수영수증 조회]** 36.차감소득금액은 얼마인가?	3
23	**평가문제 [이재환 연말정산 근로소득원천징수영수증 조회]** 62.의료비 세액공제액은 얼마인가?	2
24	**평가문제 [이재환 연말정산 근로소득원천징수영수증 조회]** 61.보장성보험 세액공제액은 얼마인가?	3
	원천징수 소계	10

실무수행 ◎ 법인세관리   ※ 회사변경 확인할 것

(주)그린전자(회사코드 5171)는 중소기업으로 사업연도는 제20기(2025.1.1. ~ 2025.12.31.)이다. 입력된 자료와 세무조정 참고자료에 의하여 [수행과제]를 완료하고 [평가문제]의 물음에 답하시오.

〈작성대상서식〉

1 임대보증금 간주익금 조정
2 기업업무추진비 조정명세서(갑,을)
3 가지급금등의인정이자조정(갑,을)
4 선급비용명세서
5 소득금액조정합계표, 자본금과적립금조정명세서(갑,을)

1 임대보증금 간주익금 조정

자료 1. 건물 및 부속토지 관련 자료

계정과목	취득일	취득원가 (자본적 지출 포함)	당기말 감가상각누계액	면적	비고
토지	2021.1.15.	450,000,000원	–	면적 800㎡	–
건물(주1)	2021.1.15.	280,000,000원	45,000,000원	연면적 2,000㎡	–

(주1) 2025년 8월 4일에 엘리베이터를 30,000,000원에 설치하였고, 건물 취득원가에 포함되어 있다.

자료 2. 임대현황

임대기간	임대보증금	월임대료	임대건물면적
2024.1.1.~2025.12.31.	600,000,000원	5,000,000원	1,200㎡

자료 3. 임대보증금 등 운용현황

계정과목	계정금액	임대보증금운용수입	기타수입금액
이자수익	2,560,000원	1,275,000원	1,285,000원
배당금수익	3,640,000원	1,300,000원	2,340,000원

세무조정 참고자료	1. 자료 1은 임대건물과 부속토지 관련 내역이다. 2. 자료 2는 임대현황이다. 3. 자료 3은 임대보증금 등 운용현황이다. 4. 본 예제에 한하여 간주익금 계산 대상 법인으로 가정하며, 정기예금이자율은 3.1%이다.
수행과제	임대보증금 간주익금 조정명세서를 작성하시오. 1. [2.임대보증금등의 적수계산]에 임대보증금 적수계산을 하시오. 2. [3.건설비 상당액 적수계산]에 건설비 적수계산을 하시오. 3. [4.임대보증금등의 운용수입금액 명세서]에 운용수입금액을 반영하시오. 4. [1.임대보증금등의 간주익금 조정]에 간주익금 대상금액을 계산하여 소득금액조정합계표에 세무조정사항을 반영하시오.

[실무수행평가] – 법인세관리 1

번호	평가문제	배점
25	**평가문제 [임대보증금 간주익금 조정명세서 조회]** '①임대보증금등 적수'는 얼마인가?	2
26	**평가문제 [임대보증금 간주익금 조정명세서 조회]** '②건설비상당액 적수'는 얼마인가?	2
27	**평가문제 [임대보증금 간주익금 조정명세서 조회]** '⑦익금산입금액'은 얼마인가?	3

2　기업업무추진비 조정명세서(갑,을)

세무조정 참고자료	1. 수입금액에는 특수관계인과의 거래금액 60,000,000원이 포함되어 있다. 2. 접대비(기업업무추진비) 계정금액 및 접대비(기업업무추진비) 중 신용카드 등 사용금액은 기장된 자료에 의해 자동반영 한다. 3. 접대비(기업업무추진비)(판) 중 경조사비는 전액 현금으로 지급하였으며, 적요번호 10번(신용카드미사용분)으로 기장되어 있다. 4. 접대비(기업업무추진비)(판) 중 대표이사 개인사용분 2,500,000원(현금지출)을 확인하였다. 5. 타계정 접대비(기업업무추진비) 해당액

계정과목	금액	비고
여비교통비(판)	1,600,000원	매출처에 접대한 식대 (법인신용카드 사용분)

6. 접대비(기업업무추진비)(판)는 모두 건당 3만원(경조사비 20만원)을 초과한다.
7. 당사는 전자회로 제조를 주업으로 하는 기업으로 부동산임대업이 주업이 아니다.

수행과제	기업업무추진비 조정명세서(갑,을)을 작성하시오. 1. [기업업무추진비조정명세서(을)] [경조사비등 설정]에서 적요번호를 입력하여 경조사비가 자동반영되도록 하시오. 2. [기업업무추진비조정명세서(을)]을 작성하시오. 3. [기업업무추진비조정명세서(갑)]을 작성하시오. 4. 소득금액조정합계표에 각 건별로 세무조정사항을 반영하시오.

[실무수행평가] – 법인세관리 2

번호	평가문제	배점
28	**평가문제 [기업업무추진비조정명세서 조회]** 기업업무추진비조정명세서(갑)의 '1.기업업무추진비 해당 금액'은 얼마인가?	2
29	**평가문제 [기업업무추진비조정명세서 조회]** 기업업무추진비조정명세서(갑)의 '2.기준금액 초과 접대비 중 신용카드 미사용으로 인한 손금불산입액'은 얼마인가?	2
30	**평가문제 [기업업무추진비조정명세서 조회]** 기업업무추진비조정명세서(갑)의 '14.한도초과액'은 얼마인가?	3

3 가지급금 등의 인정이자 조정명세서(갑,을)

자료 1. 대표이사(정지현) 가지급금 관련 자료

월 일	대여액	회수액	잔 액	비 고
2025. 5. 17.	60,000,000원		60,000,000원	–
2025. 6. 30.		15,000,000원	45,000,000원	–
2025. 10. 10.	5,000,000원		50,000,000원	–
2025. 11. 30.	10,000,000원		60,000,000원	대표이사 자녀학자금 대여

자료 2. 대표이사(정지현) 가수금 관련 자료

월 일	차입액	상환액	잔 액	비 고
2025. 1. 2.	20,000,000원		20,000,000원	–
2025. 3. 20.		20,000,000원		–

자료 3. 차입금

[장기차입금(신한은행) 내역]

차입일자	차입액	상환액	잔액	이자율
전기이월	300,000,000원		300,000,000원	연 5.4%
2025. 10. 30.		100,000,000원	200,000,000원	연 5.4%

[단기차입금(우리은행) 내역]

차입일자	차입액	상환액	잔액	이자율
전기이월	100,000,000원		100,000,000원	연 4.8%

세무조정 참고자료	1. 자료 1과 자료 2는 대표이사의 가지급금과 가수금 내역이다. 대표이사 외 다른 　특수관계인에 대한 가지급금은 없는 것으로 한다. 2. 자료 3은 당사의 차입금 내역이다. 3. 회사는 최초로 가지급금이 발생하였으며, 인정이자 계산 시 당좌대출이자율 　(4.6%)과 가중평균차입이자율 중 낮은 이자율을 선택하기로 한다. 4. 가지급금에 대한 약정된 이자는 없는 것으로 한다. 5. 대표이사에 대한 가지급금과 가수금은 상계하여 적수계산을 한다.
수행과제	가지급금 등의 인정이자 조정명세서(갑,을)을 작성하시오. 1. [2.이자율별 차입금 잔액계산]을 하시오. 2. [3.가지급금, 가수금적수계산]에서 [계정별원장데이터불러오기]를 이용하여 가 　지급금 및 가수금의 적수계산을 하시오. 3. 법인세부담이 최소화 되는 방향으로 세무조정하여 인정이자를 계산하시오. 4. [4.인정이자계산]에서 조정대상금액을 계산하시오. 5. 소득금액조정합계표에 각 건별로 세무조정사항을 반영하시오.

[실무수행평가] – 법인세관리 3

번호	평가문제	배점
31	**평가문제 [가지급금 등의 인정이자 조정명세서 조회]** 대표이사 정지현의 '12.가지급금적수' 금액은 얼마인가?	2
32	**평가문제 [가지급금 등의 인정이자 조정명세서 조회]** 대표이사 정지현의 '13.가수금적수' 금액은 얼마인가?	2
33	**평가문제 [가지급금 등의 인정이자 조정명세서 조회]** 문제 [3]과 관련된 세무조정 대상 중 익금산입으로 소득처분할 금액은 얼마인가?	3

4 선급비용명세서

자료 전기 자본금과 적립금 조정명세서(을) 내역

[별지 제50호 서식(을)]						(뒤 쪽)
사업 연도	2024.01.01. ~ 2024.12.31.	자본금과 적립금조정명세서(을)			법인명	(주)그린전자
세무조정유보소득계산						
① 과목 또는 사항	② 기초잔액	당 기 중 증감		⑤ 기말잔액 (익기초현재)	비고
		③ 감　소	④ 증　가		
선급비용(보험료)	1,200,000	1,200,000	1,500,000	1,500,000	

세무조정 참고자료	1. 전기분 자본금과 적립금조정명세서(을) 내역을 참고하여 조정한다. 　(선급기간: 2025. 1. 1. ~ 2025. 12. 31. 월할계산할 것.) 2. 선급비용을 계상할 계정은 보험료(제), 임차료(판)이다.
수행과제	선급비용명세서를 작성하시오. 1. 계정과목의 원장내역을 조회하여 해당금액을 반영하시오. 2. 각 건별로 소득금액조정합계표에 세무조정사항을 반영하시오.

[실무수행평가] – 법인세관리 4

번호	평가문제	배점
34	**평가문제 [선급비용명세서 조회]** 보험료(제)의 세무조정 대상금액은 얼마인가?	3
35	**평가문제 [선급비용명세서 조회]** 임차료(판)의 세무조정 대상금액은 얼마인가?	2
36	**평가문제 [선급비용명세서 조회]** 전기분 보험료의 세무조정 대상금액은 얼마인가?	2

5 소득금액조정합계표 및 자본금과적립금조정명세서(갑,을)

자료. 전기 자본금과 적립금 조정명세서(을) 내역

[별지 제50호 서식(을)]					(앞 쪽)

사업 연도	2024.01.01. ~ 2024.12.31.	자본금과 적립금조정명세서(을)		법인명	(주)그린전자

세무조정유보소득계산					
①	②	당 기 중 증감		⑤ 기말잔액	비고
과목 또는 사항	기초잔액	③ 감 소	④ 증 가	(익기초현재)	
외상매출금			5,000,000	5,000,000	
외화환산이익			−1,000,000	−1,000,000	

세무조정 참고자료	1. 전기에 부도가 발생하여 대손처리 하였던 외상매출금 5,000,000원은 대손요건이 충족되었다.(비망계정 인식할 것) 2. 외화환산이익은 전기 외상매출금에 대한 것으로 세무조정 시 익금불산입 하였다. 전기 외상매출금은 당해 사업연도에 전액 회수되었다. 3. 회사는 자기주식처분이익 9,000,000원을 자본잉여금으로 계상하였다. 4. 잡이익에는 전기에 손금불산입 되었던 법인세납부액 중 당기환급액 132,000원이 포함되어 있다. 5. 문제① ~ 문제⑤의 세무조정내용을 참고하여 자본금과적립금조정명세서(을) 당기 증감란에 반영하도록 한다.
수행과제	1. 제시된 자료에 의하여 소득금액조정합계표를 작성하시오. 2. 전기분 자본금과 적립금 조정명세서(을) 및 세무조정사항을 반영하여 당기분 자본금과 적립금 조정명세서(을)를 작성하시오.

[실무수행평가] − 법인세관리 5

번호	평가문제	배점
37	**평가문제 [소득금액조정합계표 조회]** 문제 [5]와 관련된 세무조정 대상 중 익금산입(기타)으로 소득금액조정합계표에 반영할 총금액은 얼마인가?	3
38	**평가문제 [소득금액조정합계표 조회]** 문제 [5]와 관련된 세무조정 대상 중 익금불산입(기타)으로 소득금액조정합계표에 반영할 총금액은 얼마인가?	2
39	**평가문제 [자본금과 적립금 조정명세서(을) 조회]** ③감소란 합계금액은 얼마인가? ① 4,000,000원　　　　② 5,499,000원 ③ 5,500,000원　　　　④ 6,500,000원	2

최신 기출문제 제73회

실무이론평가 

아래 문제에서 특별한 언급이 없으면 기업의 보고 기간(회계기간)은 매년 1월 1일부터 12월 31일까지입니다. 또한 기업은 일반기업회계기준 및 관련 세법을 계속적으로 적용하고 있다고 가정하고 물음에 가장 합당한 답을 고르시기 바랍니다.

01 다음은 (주)한공의 결산 관련 대화이다. 이를 근거로 계산한 수정 후 당기순이익은 얼마인가?

① 49,800,000원 ② 51,000,000원
③ 52,200,000원 ④ 55,200,000원

02 다음은 (주)한공이 2025년 1월 1일에 발행한 사채에 대한 자료이다. 이에 대한 설명으로 옳지 않은 것은?

- 액면금액 2,000,000원
- 3년 만기
- 유효이자율 6%, 액면이자율 5%
- 이자는 매년말 지급한다.

① 손익계산서의 이자비용은 2025년보다 2026년이 크다.
② 사채가 할증발행 되었다.
③ 2025년 손익계산서의 이자비용은 현금으로 지급한 이자비용보다 크다.
④ 2025년말 사채장부금액은 발행당시의 사채장부금액보다 크다.

03 다음은 (주)한공의 퇴직급여충당부채 관련 자료이다. (가)의 금액으로 옳은 것은?

퇴직급여충당부채	
4/5 보통예금 (가)	1/1 전기이월 7,000,000

〈결산정리사항〉
12월 31일 결산시 임직원 전체에 대한 퇴직금 추계액은 10,000,000원이다.
12월 31일 (차) 퇴직급여   5,000,000원
           (대) 퇴직급여충당부채 5,000,000원

① 2,000,000원 ② 5,000,000원
③ 7,000,000원 ④ 10,000,000원

04 다음은 (주)한공이 구입한 차량운반구의 감가상각방법 변경에 대한 자료이다. 이를 토대로 2025년 기말에 인식할 감가상각비를 계산하면 얼마인가?

- 2023. 1. 1. 영업용 차량을 20,000,000원에 구입하다. (내용연수: 5년, 잔존가치: 0원, 감가상각방법: 정률법, 상각률: 0.400 가정)
- 2025. 1. 1. 위 차량에 대한 감가상각방법을 정액법으로 변경하다.

①   720,000원 ② 1,200,000원
③ 1,440,000원 ④ 2,400,000원

05 다음은 (주)한공의 본사건물에 대한 자료이다. 재평가모형을 적용하는 경우, 원가모형과 비교하여 재무제표에 미치는 영향을 바르게 설명하고 있는 사람은 누구인가?

- 취득원가   7,000,000원
  (취득일 2025년 1월 1일)
- 2025년말 감가상각누계액   2,500,000원
- 2025년말 공정가치   6,000,000원

① 유정, 수현 ② 유정, 은진
③ 민희, 수현 ④ 민희, 은진

06 다음은 (주)한공의 2025년 제1기 부가가치세 확정신고기간(2025.4.1.~2025.6.30.)의 자료이다. 이를 토대로 부가가치세 과세표준을 계산하면 얼마인가?(단, 주어진 자료의 금액은 부가가치세가 포함되어 있지 않은 금액이며, 세금계산서 등 필요한 증빙서류는 적법하게 발급하였거나 수령하였다.)

가. 외상매출액
   (매출할인 500,000원을 차감하기 전의 금액임)
나. 재화의 직수출액
다. 비영업용 승용차(2,000cc 미만임)의 처분
라. 과세사업용 부동산 처분액
   (토지 10,000,000원, 건물 7,000,000원)
마. 공급받는 자에게 도달하기 전에 파손된 재화의 가액
   (해당액은 위 외상매출액에 포함되어 있지 않음)

① 20,000,000원 ② 22,500,000원
③ 26,500,000원 ④ 28,000,000원

07 (주)한공의 세무팀은 정년퇴직을 앞둔 임원들에게 현행 소득세법상의 소득의 범위 등에 대하여 설명하고 있다. (주)한공의 세무팀 직원들 중 잘못 설명한 사람은?

① 지민　　　　② 경주
③ 민규　　　　④ 혜유

08 다음은 제조업을 영위하는 개인사업자 김한공 씨의 손익계산서에 반영되어 있는 수익항목 자료이다. 이를 토대로 사업소득 총수입금액을 계산하면 얼마인가? 단, 김한공 씨는 복식부기의무자가 아니다.

가. 매출액	28,000,000원
나. 거래상대방으로부터 받은 판매장려금	2,000,000원
다. 기계장치처분이익	9,000,000원
라. 공장건물의 화재로 인한 보험차익	5,000,000원
마. 배당금수익	3,000,000원

① 30,000,000원　　　② 35,000,000원
③ 37,000,000원　　　④ 44,000,000원

09 다음 중 회사가 결산서상 회계처리한 경우 법인세법상 그 회계처리를 인정하지 않고 세무조정하여야 하는 것은?(단, 회사는 관할세무서장에게 자산·부채의 평가방법을 신고하지 않은 것으로 가정할 것.)

① 재고자산의 연지급수입이자(외국에서 외상수입에 따른 이자)를 취득가액과 구분하여 결산서에 지급이자로 비용계상한 금액
② 금융회사 외의 법인이 보유한 화폐성 외화자산부채를 기업회계기준에 따라 환산하는 경우 그 외환차이가 발생한 기간의 외화환산손익으로 인식한 금액
③ 자산을 장기할부조건 등으로 취득하는 경우 기업회계기준에 따라 명목가치와 현재가치의 차이인 현재가치할인차금을 평가하여 이를 취득가액에 포함하지 않은 금액
④ 유형자산의 취득과 함께 국·공채를 매입하는 경우 기업회계기준에 따라 그 국·공채의 매입가액과 현재가치의 차액을 해당 유형자산의 취득가액으로 계상한 금액

10 다음 중 법인세의 신고와 납부에 대한 설명으로 옳지 않은 것은?

① 자진납부할 세액이 1천만원을 초과하는 경우에는 납부기한이 지난 날부터 1개월(중소기업은 2개월)이내에 분납할 수 있다.
② 내국영리법인이 법인세 과세표준 신고를 할 때 재무상태표·포괄손익계산서·이익잉여금처분계산서(또는 결손금처리계산서) 및 「법인세과세표준 및 세액조정계산서」를 첨부하지 않으면 무신고로 본다.
③ 외부회계감사대상 법인의 회계감사가 종결되지 아니하여 결산이 확정되지 아니한 경우로서 신고기한 종료일 이전 3일 전까지 신고기한연장신청서를 제출한 경우에는 신고기한을 1개월의 범위에서 연장 할 수 있다.
④ 각 사업연도의 기간이 6개월을 초과하는 법인은 사업연도 개시일부터 6개월간을 중간예납기간으로 하여 중간예납기간이 경과한 날부터 3개월 이내에 그 기간에 내한 법인세를 신고·납부해야 한다.

실무수행평가 

(주)에코피앤지(회사코드 1173)는 공기청정기를 제조하여 판매하는 법인기업으로 회계기간은 제7기(2025.1.1. ～ 2025.12.31.)이다. 제시된 자료와 [자료설명]을 참고하여 [수행과제]를 완료하고 [평가문제]의 물음에 답하시오.

실무수행 유의사항	1. 부가가치세 관련거래는 [매입매출전표입력]메뉴에 입력하고, 부가가치세 관련 없는 거래는 [일반전표입력]메뉴에 입력한다. 2. 타계정 대체와 관련된 적요는 반드시 코드를 입력하여야 한다. 3. 채권·채무, 예금거래 등 관리대상 거래자료에 대하여는 반드시 거래처코드를 입력한다. 4. 자금관리 등 추가 작업이 필요한 경우 문제의 요구에 따라 추가 작업하여야 한다. 5. 제조경비는 500번대 계정코드를 사용한다. 6. 판매비와관리비는 800번대 계정코드를 사용한다. 7. 등록된 계정과목 중 가장 적절한 계정과목을 선택한다. 8. [실무수행 5. 법인세관리]는 별도의 회사가 주어지므로 회사 선택에 유의한다.

실무수행 ◎ 거래자료입력

실무프로세스자료이다. [자료설명]을 참고하여 [수행과제]를 수행하시오.

1 사채

자료 1. 사채의 발행내역

> 1. 사채발행일: 2025년 1월 1일
> 2. 사채의 액면금액: 30,000,000원
> 3. 사채의 발행금액: 29,266,830원
> 4. 사채의 만기: 3년
> 5. 표시이자율: 8%
> 6. 시장이자율: 10%
> 7. 이자지급: 연 4회(3월 31일, 6월 30일, 9월 30일, 12월 31일)

자료 2. 보통예금(국민은행) 거래내역

번호	거래일	내용	찾으신금액	맡기신금액	잔액	거래점
		계좌번호 888-02-147555 (주)에코피앤지				
1	2025-3-31	사채상환	15,000,000		***	서대문
2	2025-3-31	사채이자	600,000		***	서대문

자료설명	1. 자료 1은 당사의 사채발행내역이다. 2. 자료 2는 사채 일부(50%)를 조기상환하면서 1분기 이자와 상환액을 지급한 내역이다.(1분기 이자지급액은 월할 계산할 것.) 3. 사채할인발행차금은 유효이자율법으로 상각한다.(원 미만 버림.) 4. 사채이자에 대한 원천징수는 고려하지 아니한다.
수행과제	이자지급거래와 사채상환거래를 각각 입력하시오.

2 퇴직연금

자료설명	1. 교보생명(주)에 확정급여형(DB) 퇴직연금을 가입하고, 「근로자퇴직급여 보장법」에 따라 확정급여형퇴직연금제도의 최소적립비율에 맞춰 퇴직금추계액의 100%를 불입하고 있다. 2. 6월 30일 교보생명(주)에서 상반기 퇴직연금 운용결과 운용이익 1,000,000원이 발생하였음을 통보받았다.
수행과제	6월 30일의 거래자료를 입력하시오. (퇴직연금운용이익(922) 계정과목을 사용하며, 퇴직연금운용자산은 거래처코드를 입력할 것.)

실무수행 ◎ 부가가치세관리

부가가치세 신고 관련 자료이다. [자료설명]을 참고하여 [수행과제]를 수행하시오.

1 수정전자세금계산의 발급

<table>
<tr><td colspan="7" align="center">전자세금계산서 (공급자 보관용)</td><td colspan="2">승인번호</td></tr>
<tr><td rowspan="6">공급자</td><td>등록번호</td><td colspan="4">104-81-43125</td><td rowspan="6">공급받는자</td><td>등록번호</td><td colspan="3">140-81-32186</td></tr>
<tr><td>상호</td><td colspan="2">(주)에코피앤지</td><td>성명
(대표자)</td><td>이덕현</td><td>상호</td><td colspan="2">(주)LG건강</td><td>성명
(대표자)</td></tr>
</table>

공급자	등록번호	104-81-43125		공급받는자	등록번호	140-81-32186	
	상호	(주)에코피앤지	성명(대표자) 이덕현		상호	(주)LG건강	성명(대표자) 김정수
	사업장주소	서울특별시 서초구 서초대로 53			사업장주소	서울특별시 동작구 국사봉2가길 10	
	업태	제조업 외	종사업장번호		업태	제조, 도소매업	종사업장번호
	종목	공기청정기 외			종목	건강기기 외	
	E-Mail	eco@bill36524.com			E-Mail	wellbeing@bill36524.com	

작성일자	2025.5.20.	공급가액	30,000,000	세 액	3,000,000
비고					

월	일	품목명	규격	수량	단가	공급가액	세액	비고
5	20	계약금				30,000,000	3,000,000	

합계금액	현금	수표	어음	외상미수금	이 금액을	● 영수 / ○ 청구 함
33,000,000						

자료설명	1. 5월 20일에 발급된 전자세금계산서는 계약금을 수령하고 발급한 것이다. 2. 5월 30일에 원자재 수입이 지연됨에 따라 서로 합의하에 계약을 해제하기로 하였다. 3. 수령한 계약금은 해제일에 국민은행 보통예금 계좌에서 이체하여 지급하였다.
수행과제	수정사유를 선택하여 **전자세금계산서 발행 및 내역관리** 메뉴에서 발급 및 전송하시오. (전자세금계산서 발급 시 결제내역 입력 및 전송일자는 무시할 것.)

2 확정신고누락분의 수정신고서 반영

자료 1. 매출 전자세금계산서 발급 목록(제품 매출)

					매출전자세금계산서 목록			
번호	작성일자	승인번호	발급일자	전송일자	상호	공급가액	세액	전자세금계산서 종류
1	2025-10-20	생략	2026-2-12	2026-2-13	(주)씨제이	10,000,000원	1,000,000원	일반

자료 2. 매입 전자세금계산서 수취 목록(원재료 매입)

					매입전자세금계산서 목록			
번호	작성일자	승인번호	발급일자	전송일자	상호	공급가액	세액	전자세금계산서 종류
1	2025-11-15	생략	2025-11-15	2025-11-15	(주)인터코스	2,000,000원	200,000원	일반

자료 3. 개인적으로 공급한 제품 누락분

- 11월 27일 대표이사 이덕현이 개인적으로 사용한 제품에 대하여 회계처리가 누락되었음을 발견하다.(원가 2,500,000원, 시가 3,000,000원)

자료설명	1. 자료 1~3은 2025년 제2기 부가가치세 확정 신고 시 누락된 매출과 매입 관련 자료이다. 2. 매입매출전표에 작성일자로 자료를 입력하고 제2기 부가가치세 확정 수정신고서(수정차수 1)를 작성하려고 한다. 3. 2026년 2월 14일에 수정신고 및 추가 납부하며, 신고불성실가산세는 일반과소신고에 의한 가산세율을 적용하고, 미납일수는 20일로 한다.
수행과제	1. 누락된 거래자료를 입력하시오.(자료 1과 자료 2의 거래는 모두 외상이며, 전자세금계산서 발급거래는 '전자입력'으로 입력할 것.) 2. 가산세를 적용하여 제2기 부가가치세 확정신고에 대한 수정신고서를 작성하시오.

실무수행 ◉ 결산

[결산자료]를 참고하여 결산을 수행하시오.(단, 제시된 자료 이외의 자료는 없다고 가정함.)

1 수동결산 및 자동결산

결산자료	1. 유가증권(매도가능증권) 평가

자료 1. 유가증권취득 내역

취득일	종류	보유목적	수량	주당 액면금액	주당 구입금액
2024년 4월 8일	주식	장기투자목적	10,000주	5,000원	10,000원

자료 2. 유가증권 평가

평가일	주당 공정가치
2024년 12월 31일	12,000원
2025년 12월 31일	8,000원

– 보유중인 매도가능증권의 시장가치가 급격히 하락하여 손상차손으로 회계처리를 하려고 한다.

2. [재고 실사내역]

구분	내역		
	단위당원가	수량	금액
원재료	7,000원	2,000개	14,000,000원
제 품	50,000원	1,000개	50,000,000원

3. 이익잉여금처분계산서 처분 예정(확정)일
   – 당기: 2026년 2월 28일
   – 전기: 2025년 2월 28일

수행과제	결산을 완료하고 이익잉여금처분계산서에서 손익대체분개를 하시오. (단, 이익잉여금처분내역은 없는 것으로 하고 미처분이월이익잉여금 전액을 이월이익잉여금으로 이월하기로 할 것.)

평가문제 ◉ **실무수행평가 (70점)**

입력자료 및 회계정보를 조회하여 [평가문제]의 답안을 입력하시오.

<table>
<tr><td rowspan="6">평가문제
답안입력
유의사항</td><td colspan="3">❶ 답안은 지정된 단위의 숫자로만 입력해 주십시오.
　* 한글 등 문자 금지, 콤마(,) 외 기호 금지</td></tr>
<tr><td></td><td>정답</td><td>오답(예)</td></tr>
<tr><td>(1) 금액은 원 단위로 숫자를 입력하되, 천 단위 콤마(,)는
　　생략 가능합니다.</td><td>1,245,000
1245000</td><td>1.245.000
1,245,000원
1,245,0000
12,45,000
1,245천원</td></tr>
<tr><td>　(1-1) 답이 0원인 경우 반드시 "0" 입력
　(1-2) 답이 음수(-)인 경우 숫자 앞에 " - " 입력</td><td></td><td></td></tr>
<tr><td>(2) 질문에 대한 답안은 숫자로만 입력하세요.</td><td>4</td><td>04
4/건/매/명
04건/매/명</td></tr>
<tr><td>(3) 거래처 코드번호는 5자리로 입력하세요.</td><td>00101</td><td>101
00101번</td></tr>
</table>

❷ 더존 프로그램에서 조회되는 자료를 복사하여 붙여넣기가 가능합니다.

❸ 수행과제를 올바르게 입력하지 않고 작성한 답과 모범답안이 다른 경우 오답처리됩니다.

[실무수행평가] – 재무회계

번호	평가문제	배점
11	**평가문제 [월계표 조회]** 6월에 발생한 영업외수익은 얼마인가?	2
12	**평가문제 [손익계산서 조회]** 당기에 발생한 이자비용은 얼마인가?	2
13	**평가문제 [손익계산서 조회]** 당기의 제품매출원가는 얼마인가?	2
14	**평가문제 [재무상태표 조회]** 3월 말 사채의 장부금액은 얼마인가?	3
15	**평가문제 [재무상태표 조회]** 12월 말 유동부채 금액은 얼마인가?	3
16	**평가문제 [재무상태표 조회]** 12월 말 기타포괄손익누계액은 얼마인가? ① 20,000,000원 ② 0원 ③ 40,000,000원 ④ 4,000,000원	2
17	**평가문제 [재무상태표 조회]** 12월 말 이월이익잉여금(미처분이익잉여금) 잔액은 얼마인가? ① 750,987,478원 ② 734,005,160원 ③ 754,688,440원 ④ 748,545,663원	2
18	**평가문제 [부가가치세신고서 조회]** 제2기 확정 [수정차수 1]의 부가가치세신고서의 매입세액차감계(17란) 세액은 얼마인가?	3
19	**평가문제 [부가가치세신고서 조회]** 제2기 확정 [수정차수 1]의 부가가치세신고서의 매출세액(9란) 세액은 얼마인가?	3
20	**평가문제 [부가가치세신고서 조회]** 제2기 확정 [수정차수 1]의 부가가치세신고서의 가산세액계(26란) 금액은 얼마인가?	3
	재무회계 소계	25

실무수행 ◎ 원천징수관리

인사급여 관련 자료이다. [자료설명]을 참고하여 [수행과제]를 수행하시오.

1 중도퇴사자의 정산

자료. 11월 급여자료

수당		공제					
기본급	상여	국민연금	건강보험	장기요양보험	고용보험	건강보험료정산	장기요양보험료정산
3,600,000	2,000,000	입력에 의하여 자동으로 계산된 금액으로 공제 함.				127,320	14,050

자료설명	관리부 송민기 과장의 급여자료이다. 1. 급여지급일은 매월 25일이다. 2. 송민기 과장은 2025년 11월 30일에 자발적으로 퇴직하였고, 11월 30일 퇴직금을 지급하였다.
수행과제	1. [사원등록] 메뉴를 수정 입력하시오. 2. [급여자료입력]에서 송민기 과장의 11월 급여자료를 추가 입력하고 [중도퇴사자정산] 기능키를 이용하여 퇴사자의 중도정산을 완료하시오. (구분: '2.급여+상여'로 할 것.) 3. [퇴직금산정]에서 퇴직금을 산출 하시오. 4. [퇴직소득자료입력]에서 산출된 퇴직금을 반영하여 퇴직소득세를 계산하시오.

2 사업소득의 원천징수

자료. 사업소득자 관련정보

성 명	이명수(코드 22001)
거주구분(내국인 / 외국인)	거주자 / 내국인
주민등록번호	950817-2251621
귀속년월 / 지급년월일	2025년 6월 / 2025년 7월 5일
지급금액	2,000,000원

자료설명	1. 2025년 회사 창립기념일에 행사진행전문가(행사도우미) 이명수에게 행사진행을 요청하고 수수료를 지급하였다. 2. 행사진행전문가 이명수는 고용관계가 없으며, 행사진행이 주업이다.
수행과제	1. [사업소득자입력]을 하시오. 2. [사업소득자료입력] 메뉴에서 사업소득세를 산출하고, [원천징수이행상황신고서]에 반영하시오.

[실무수행평가] – 원천징수관리

번호	평가문제	배점
21	**평가문제 [급여자료입력 조회]** 송민기의 11월분 소득세는 얼마인가?	3
22	**평가문제 [퇴직소득자료입력 조회]** 송민기의 42.신고대상세액의 계는 얼마인가?	2
23	**평가문제 [퇴직금산정 조회]** 송민기의 산정상여는 얼마인가?	3
24	**평가문제 [원천징수이행상황신고서 조회]** (귀속월 6월, 지급월 7월)의 20.차월이월환급액은 얼마인가?	2
원천징수 소계		10

실무수행 ◎ 법인세관리　　　　　　　　　　　　※ 회사변경 확인할 것

(주)스타기업(회사코드 5173)은 중소기업으로 사업연도는 제20기(2025.1.1. ~ 2025. 12.31.)이다. 입력된 자료와 세무조정 참고자료에 의하여 법인세무조정을 수행하시오.

〈작성대상서식〉

1 수입금액조정명세서
2 감가상각비조정명세서
3 퇴직급여충당금조정명세서
4 세금과공과금 명세서
5 공제감면세액계산서(2) 및 최저한세조정계산서

1 수입금액조정명세서

세무조정 참고자료	1. 결산서상 수입금액은 손익계산서의 매출계정을 조회한다. 2. (주)서우산업과 체결한 공사내용은 다음과 같다.

구 분	내 용	구 분	내 용
공사명	울산공장 신축공사	도급자	(주)서우산업
도급금액	500,000,000원	총공사비누적액	300,000,000원
총공사예정비	400,000,000원	공사계약일	2024.10.1.
도급계약기간		2024.10.1. ~ 2027.3.31.	
손익계산서	2024년	140,000,000원	
수입금액	2025년	225,000,000원	

3. 회사는 제품판매를 촉진하기 위하여 상품권을 발행하고 있다.
　2025년 4월 1일에 상품권 30,000,000원을 발행하고 제품매출로 회계처리 하였으나, 2025년 12월 31일까지 회수된 상품권은 없다.

수행과제	수입금액조정명세서를 작성하시오. 1. [1.수입금액 조정계산]에 결산서상 수입금액을 조회하여 반영하시오. 2. [2.수입금액 조정명세]에 작업진행률에 의한 수입금액을 반영하시오. 3. [2.수입금액 조정명세]에 기타수입금액을 반영하시오. 4. [1.수입금액 조정계산]에 조정사항을 반영하시오. 5. 소득금액조정합계표에 각 건별로 세무조정사항을 반영하시오.

[실무수행평가] – 법인세관리 1

번호	평가문제	배점
25	**평가문제 [수입금액 조정명세서 조회]** '⑥조정후 수입금액'의 합계금액은 얼마인가?	3
26	**평가문제 [수입금액 조정명세서 조회]** 문제 [1]과 관련된 세무조정 대상 중 익금산입(유보발생)으로 소득금액조정합계표에 반영할 금액은 얼마인가?	2
27	**평가문제 [수입금액 조정명세서 조회]** 문제 [1]과 관련된 세무조정 대상 중 익금불산입(유보발생)으로 소득금액조정합계표에 반영할 금액은 얼마인가?	2

2 감가상각비조정명세서

자료. 감가상각 관련 자료

고정자산 내역	코드	자산명	내용 연수	경비 구분	업종 코드	취득일	취득금액	전기말 상각누계액	당기 회사 감가상각비
비품	101	온풍기	5년	판관	05	2024.1.10.	10,000,000원	4,510,000원	4,510,000원
기계장치	201	스마트 포장기	5년	제조	20	2024.1.20.	100,000,000원	42,100,000원	25,112,900원

세무조정 참고자료	1. 당기의 감가상각 관련 자료이다. 2. 회사는 감가상각 방법을 무신고 하였다. 3. 기계장치(스마트포장기)에 대한 전년도 감가상각 시인부족액 3,000,000원에 대하여 당기에 다음과 같이 회계처리 하였다.(전년도 감가상각에 대한 세무조정은 없었다) 　　(차) 전기오류수정손실(이익잉여금)　　3,000,000원 　　(대) 감가상각누계액　　　　　　　　　3,000,000원 4. 제시된 자산외에는 감가상각을 하지 않는다고 가정한다.
수행과제	감가상각비조정명세서를 작성하시오. 1. 감가상각액을 산출하기 위하여 고정자산을 각각 등록하시오. 　(고정자산등록에 관련된 자료는 주어진 자료를 최대한 입력하시오.) 2. 미상각분 감가상각조정명세를 작성하시오. 3. 감가상각비조정명세서합계표를 작성하시오. 4. 소득금액조정합계표에 개별자산별로 세무조정사항을 반영하시오.

[실무수행평가] – 법인세관리 2

번호	평가문제	배점
28	**평가문제 [감가상각비조정명세서합계표 조회]** ④기계장치의 '(106)상각부인액'은 얼마인가?	2
29	**평가문제 [감가상각비조정명세서합계표 조회]** ⑤기타자산의 '(106)상각부인액'은 얼마인가?	3
30	**평가문제 [감가상각비조정명세서합계표 조회]** 문제 [2]와 관련된 세무조정 대상 중 손금산입(기타)으로 소득처분할 금액은 얼마인가?	2

3 퇴직급여충당금조정명세서

자료 1. 전기 자본금과 적립금 조정명세서(을) 내역

[별지 제50호 서식(을)]						(앞 쪽)
사업 연도	2024.01.01. ~ 2024.12.31.	자본금과 적립금조정명세서(을)		법인명	(주)스타기업	
세무조정유보소득계산						
① 과목 또는 사항	② 기초잔액	당 기 중 증감		⑤ 기말잔액 (익기초현재)	비고	
		③ 감 소	④ 증 가			
퇴직급여충당부채			40,000,000	40,000,000		

자료 2. 급여지급 내역

계정과목	총 인원수	1년 미만 근속 인원수	1년 미만 근속자 총급여액
801.급여	3명	1명	12,000,000원
504.임금	6명	1명	28,000,000원

<table>
<tr><td rowspan="2">세무조정
참고자료</td><td>1. 총급여액은 관련된 계정과목을 참고한다.
(급여(판)에는 임원의 규정초과상여금 10,000,000원, 직원의 규정초과상여금 12,000,000원이 포함되어 있다.)
2. 1년 미만 근속자에 대한 급여액 자료는 자료 2와 같으며, 퇴직급여 지급규정에 따라 1년미만 근속자는 퇴직급여 지급대상에 포함되지 않는다.
3. 일시퇴직시 퇴직급여추계액은 80,080,000원, 「근로자퇴직급여 보장법」에 따른 퇴직급여추계액은 79,300,000원이다.
4. 퇴직급여충당부채계정 및 전기분 자본금과 적립금 조정명세서(을)를 참고한다.</td></tr>
<tr><td>퇴직급여충당금조정명세서를 작성하시오.
1. [2.총급여액 및 퇴직급여추계액 명세]에 해당 금액을 반영하시오.
2. 전기분 자본금과 적립금 조정명세서(을)와 기장 자료를 조회하여 [1.퇴직급여충당금조정]에 해당 금액을 반영하시오.
3. 소득금액조정합계표에 각 건별로 세무조정사항을 반영하시오.</td></tr>
<tr><td>수행과제</td><td></td></tr>
</table>

[실무수행평가] – 법인세관리 3

번호	평가문제	배점
31	**평가문제 [퇴직급여충당금조정명세서 조회]** 문제 [3]과 관련된 세무조정 대상 중 손금산입할 총금액은 얼마인가?	2
32	**평가문제 [퇴직급여충당금조정명세서 조회]** 문제 [3]과 관련된 세무조정 대상 중 손금불산입(상여)으로 소득처분할 금액은 얼마인가?	2
33	**평가문제 [퇴직급여충당금조정명세서 조회]** 문제 [3]과 관련된 세무조정 대상 중 손금불산입(유보발생)으로 소득처분할 금액은 얼마인가?	3

4 세금과공과금 명세서

세무조정 참고자료	기장된 자료를 조회하시오. (단, 517.세금과공과금, 817.세금과공과금 계정만 반영하도록 할 것.)
수행과제	세금과공과금 명세서를 작성하시오. 1. [계정별원장 불러오기]를 이용하여 손금불산입할 항목을 표기하시오. 2. 소득금액조정합계표에 세무조정사항을 각 건별로 반영하시오.

[실무수행평가] - 법인세관리 4

번호	평가문제	배점
34	**평가문제 [세금과공과금 명세서 조회]** 문제 [4]와 관련된 세무조정 대상 중 손금불산입(기타)으로 소득처분할 금액은 얼마인가?	2
35	**평가문제 [세금과공과금 명세서 조회]** 문제 [4]와 관련된 세무조정 대상 중 손금불산입(상여)으로 소득처분할 금액은 얼마인가?	2
36	**평가문제 [세금과공과금 명세서 조회]** 문제 [4]와 관련된 세무조정 대상 중 손금불산입(기타사외유출)으로 소득처분할 금액은 얼마인가?	3

5　공제감면세액계산서(2) 및 최저한세조정계산서

<table>
<tr><td rowspan="2">세무조정
참고자료</td><td>

1. 당사는 중소기업에 대한 특별세액감면을 받고자 세액감면신청서를 제출하기로 한다.

2. 각 사업연도 소득금액 내역

① 각사업연도소득계산	101.결 산 서 상 당 기 순 손 익	01	135,929,900
	소득금액조정금액　102.익 금 산 입	02	42,500,000
	소득금액조정금액　103.손 금 산 입	03	1,860,000
	104.차가감소득금액(101 + 102 - 103)	04	176,569,900
	105.기 부 금 한 도 초 과 액	05	
	106.기부금한도초과이월액 손 금 산 입	54	
	107.각사업연도소득금액 (104+105-106)	06	176,569,900

3. 감면대상 세액계산 자료
   - 감면소득: 156,562,000원
   - 과세표준: 176,569,900원
   - 감면율: 30% 적용
   - 직전 과세연도 대비 상시근로자 감소 인원수: 0명
   - 사유발생일: 2025년 12월 31일

</td></tr>
<tr><td>

수행과제

공제감면세액계산서(2) 및 최저한세조정계산서를 작성하시오.
1. 기 입력된 자료는 무시하고 제시된 각 사업연도 소득금액 내역을 이용하여 법인 세과세표준 및 세액조정계산서에서 과세표준 및 산출세액을 계산하시오.
2. 공제감면세액계산(2)에 감면대상 세액계산 자료를 이용하여 중소기업에 대한 특별세액 감면세액을 산출하시오.
3. 최저한세조정계산서를 통하여 최저한세 적용여부를 검토하시오.
4. 공제감면세액계산서(2)에 최저한세 적용에 따른 감면배제금액을 반영하시오.
5. 공제감면세액계산서(2)에서 산출된 감면세액을 공제감면세액합계표(갑,을)에 반영하시오.

</td></tr>
</table>

[실무수행평가] – 법인세관리 5

번호	평가문제	배점
37	**평가문제 [공제감면세액계산서(2) 조회]** '③감면대상세액'은 얼마인가?	3
38	**평가문제 [공제감면세액계산서(2) 조회]** '④최저한세 적용 감면배제금액'은 얼마인가?	2
39	**평가문제 [공제감면세액 합계표(갑,을) 조회]** '(154)중소기업에 대한 특별세액감면의 ④감면세액'은 얼마인가?	2
	법인세관리 소계	35

최신 기출문제 제75회

실무이론평가 

아래 문제에서 특별한 언급이 없으면 기업의 보고기간(회계기간)은 매년 1월 1일부터 12월 31일까지입니다. 또한 기업은 일반기업회계기준 및 관련 세법을 계속적으로 적용하고 있다고 가정하고 물음에 가장 합당한 답을 고르시기 바랍니다.

01 다음은 (주)한공의 상품거래 내역이다. 다음 자료를 토대로 5월 말 상품재고액과 5월 매출총이익을 계산하면 얼마인가?(단, 선입선출법을 적용한다.)

(주)한공의 5월 상품거래 내역		
	매입단가	판매단가
5월 1일 전월이월	150개 @3,000원	
5월 2일 매 입	70개 @4,000원	
5월 14일 매 출	160개	@7,000원
5월 25일 매출할인	20,000원	

	상품재고액	매출총이익
①	240,000원	610,000원
②	180,000원	570,000원
③	240,000원	550,000원
④	180,000원	400,000원

02 (주)한공의 결산정리사항 반영 전 법인세비용차감전순이익은 1,000,000원이다. (주)한공은 기중 현금을 수령하거나 지급할 경우 전액 수익 또는 비용으로 처리한다. 다음 자료를 토대로 결산정리사항을 반영한 후 법인세비용차감전순이익은 얼마인가?

• 선급비용	100,000원
• 선수수익	10,000원
• 미수이자	200,000원
• 미지급이자	50,000원

① 1,240,000원　　② 1,250,000원
③ 1,290,000원　　④ 1,360,000원

03 다음은 (주)한공의 퇴직급여충당부채 관련 자료이다. 이를 토대로 2025년도 결산 시 추가로 계상할 퇴직급여충당부채 금액을 계산하면 얼마인가?

- 2024년 12월 31일: 기말 현재 퇴직급여충당부채 잔액은 36,000,000원이다.
- 2025년 4월 30일: 종업원이 퇴직하여 퇴직금 4,500,000원을 보통예금에서 이체하여 지급하다.
- 2025년 12월 31일: 기말 현재 당기 퇴직급여충당부채 추계액은 60,000,000원이다.

① 4,500,000원　　② 24,000,000원
③ 28,500,000원　　④ 31,500,000원

04 다음은 (주)한공의 2025년 12월 31일 수정전 잔액시산표 중 손익계산서 계정과 결산정리사항을 나타낸 것이다. 이를 토대로 결산정리사항을 반영한 후 법인세비용차감전순이익을 계산하면 얼마인가?

자료 1. 수정전 잔액시산표

(주)한공　　2025년 12월 31일

차변	계정과목	대변
	⋮	
	매출액	1,000,000
400,000	매출원가	
250,000	급여	
	임대수익	300,000
	⋮	

자료 2. 결산정리사항

가. 2025년 7월 1일 2,000,000원에 취득한 본사건물의 감가상각비가 반영되지 않았다. (정액법, 내용연수 5년 월할상각, 잔존가치 없음)
나. 임대수익은 1년분을 선수한 것으로 기간 미경과분 180,000원이 포함되어 있다.

① 120,000원　　　② 200,000원
③ 270,000원　　　④ 350,000원

05 다음 회계정보 질적특성 중 (가)의 하부개념에 해당하는 것은?

> (가) 은/는 회계 정보가 정보이용자의 의사결정 목적과 관련이 있어야 하며, 당해 회계정보를 이용하여 의사결정을 하였을 경우 회계정보를 이용하지 아니하고 의사결정을 하는 경우 차이를 발생시킬 수 있는 속성이다.

① 중립성　　　　② 적시성
③ 표현의 충실성　④ 이해가능성

06 다음 중 부가가치세법상 과세대상 거래에 대한 설명으로 옳지 않은 것은?

① 건설업의 경우 건설업자가 건설자재의 전부를 부담하는 것은 재화의 공급에 해당한다.
② 과세대상 재화의 범위에는 유체물 뿐만 아니라 전기, 가스, 열 등의 자연력도 포함된다.
③ 고용관계에 따라 근로를 제공하는 것은 용역의 공급으로 보지 아니한다.
④ 사업자가 과세사업과 관련하여 생산한 재화를 자신의 면세사업을 위해 직접 사용하는 것은 재화의 공급에 해당한다.

07 다음 자료를 토대로 거주자 김한공 씨의 2025년도 종합소득금액을 계산하면 얼마인가? 단, 모든 소득은 국내에서 발생한 것으로 세법에 따라 원천징수 되었으며 필요경비는 확인되지 않는다.

> 가. 은행예금이자　　　　　　　4,000,000원
> 나. 공적연금 관련법에 따라 받는 유족연금
> 　　　　　　　　　　　　　　2,000,000원
> 다. 유실물 습득으로 인한 보상금　7,000,000원
> 라. 일시에 지급 받은 퇴직금　　10,000,000원

①　6,000,000원　　　②　7,000,000원
③ 11,000,000원　　　④ 12,000,000원

08 다음은 제조업을 영위하는 개인사업자 김한공 씨의 제10기 손익계산서에 반영된 자료이다. 소득세 차감 전 순이익이 50,000,000원인 경우, 김한공 씨의 제10기 사업소득금액은 얼마인가?

> 가. 교통사고벌과금　　　　　　3,000,000원
> 나. 외국법인으로부터 받은 배당금
> 　　　　　　　　　　　　　 10,000,000원
> 다. 토지처분이익　　　　　　　2,000,000원
> 라. 사업과 관련된 자산수증이익　6,000,000원
> 　　(이월결손금 보전에 충당하지 아니함.)

① 35,000,000원　　　② 38,000,000원
③ 41,000,000원　　　④ 47,000,000원

09 다음 중 법인세법상 소득처분에 대한 설명으로 옳지 않은 것은?

① 배당·상여 및 기타소득으로 소득처분하는 경우 처분하는 법인에게 원천징수의무가 있다.
② 사외유출된 소득이 법인주주의 소득금액에 포함되어 있는 경우 배당으로 처분한다.
③ 특례기부금 한도초과액과 일반기부금 한도초과액은 기타사외유출로 처분한다.
④ 사외유출된 소득의 귀속자가 불분명한 경우 대표자상여로 처분한다.

10 다음은 (주)한공의 제10기 사업연도(2025.1.1.～2025.12.31.) 손익계산서상 세금과공과의 내역이다. 제10기 사업연도 세무조정시 손금불산입해야 할 금액은 얼마인가?

> • 주차위반 과태료　　　　　　　　500,000원
> • 본사건물에 대한 재산세　　　　2,000,000원
> • 공장용 토지 취득으로 인한 취득세
> 　　　　　　　　　　　　　　 4,000,000원
> • 거래처에 대한 납품을 지연하여 부담한 지체상금
> 　　　　　　　　　　　　　　 5,000,000원

①　　500,000원　　　② 4,500,000원
③ 5,500,000원　　　④ 9,500,000원

실무수행평가

(주)청룡산업(회사코드 1175)은 금속 절삭기계를 제조하여 판매하는 법인기업으로 회계기간은 제7기(2025.1.1. ~ 2025.12.31.)이다. 제시된 자료와 [자료설명]을 참고하여 [수행과제]를 완료하고 [평가문제]의 물음에 답하시오.

실무수행 유의사항	1. 부가가치세 관련거래는 [매입매출전표입력]메뉴에 입력하고, 부가가치세 관련 없는 거래는 [일반전표입력]메뉴에 입력한다. 2. 타계정 대체와 관련된 적요는 반드시 코드를 입력하여야 한다. 3. 채권·채무, 예금거래 등 관리대상 거래자료에 대하여는 반드시 거래처코드를 입력한다. 4. 자금관리 등 추가 작업이 필요한 경우 문제의 요구에 따라 추가 작업하여야 한다. 5. 제조경비는 500번대 계정코드를 사용한다. 6. 판매비와관리비는 800번대 계정코드를 사용한다. 7. 등록된 계정과목 중 가장 적절한 계정과목을 선택한다. 8. [실무수행 5. 법인세관리]는 별도의 회사가 주어지므로 회사 선택에 유의한다.

실무수행 ◎ **거래자료입력**

실무프로세스자료이다. [자료설명]을 참고하여 [수행과제]를 수행하시오.

1 사채의 발행

자료. 사채발행사항

이 사 회 의 사 록

회사는 장기자금을 조달할 목적으로 회사채 발행을 결정하고 다음과 같이 회사채 발행에 대한 사항을 결정함.

- 다　　음 -

1. 사채의 액면금액:	10,000,000원
2. 사채의 발행금액:	9,227,800원
3. 사 채 발 행 비 용:	300,000원
4. 사 채 의 만 기:	5년
5. 표 시 이 자 율:	8%

2025년 2월 1일

자료설명	[2월 1일] 이사회의 결정에 따라 사채를 발행하고 사채 발행금액에서 사채발행비용을 차감한 잔액은 하나은행 보통예금계좌에 입금하였다.
수행과제	사채발행에 대한 거래자료를 입력하시오.

2 잉여금처분

자료. 전기이익잉여금처분계산서

이익잉여금처분계산서

2024년 1월 1일부터 2024년 12월 31일 까지

회사명: (주)청룡산업　　　　　　처분확정일 2025년 3월 10일　　　　　　(단위: 원)

과목	금액	
Ⅰ.미처분 이익잉여금		*******
Ⅱ. 임의적립금등의 이입액		
합　　　　계		
Ⅲ.이익잉여금 처분액		******
1. 이익준비금	*******	
2. 배당금	35,000,000	
가. 현금배당	25,000,000	
나. 주식배당	10,000,000	
3. 사업확장적립금	10,000,000	
Ⅳ. 차기이월 미처분이익잉여금		******

자료설명	1. 전기분 이익에 대하여 주주총회에서 확정된 이익잉여금처분계산서 일부이다. 2. 이익준비금의 적립액은 상법규정에 의한 최소금액을 적립한다. 　　(단, 기초 이익준비금은 고려하지 않는다.)
수행과제	1. 전기분 이익잉여금처분계산서를 완성하시오. 2. 처분확정에 대한 거래자료를 일반전표에 입력하시오.

부가가치세 신고 관련 자료이다. [자료설명]을 참고하여 [수행과제]를 수행하시오.

1　수정전자세금계산서의 발행

<table>
<tr><td colspan="4" align="center">전자세금계산서</td><td align="center">(공급자 보관용)</td><td colspan="2">승인번호</td><td></td></tr>
<tr><td rowspan="6">공급자</td><td colspan="2">등록번호</td><td colspan="3" align="center">104-81-43125</td><td rowspan="6">공급받는자</td><td>등록번호</td><td colspan="3" align="center">114-81-58741</td></tr>
<tr><td>상호</td><td>(주)청룡산업</td><td>성명
(대표자)</td><td colspan="2">윤기성</td><td>상호</td><td>(주)장수산업</td><td>성명
(대표자)</td><td>이태훈</td></tr>
<tr><td>사업장
주소</td><td colspan="4">서울특별시 강동구 강동대로 183</td><td>사업장
주소</td><td colspan="3">서울시 서대문구 충정로 30</td></tr>
<tr><td>업태</td><td colspan="2">제조업</td><td colspan="2">종사업장번호</td><td>업태</td><td>도소매업</td><td colspan="2">종사업장번호</td></tr>
<tr><td>종목</td><td colspan="4">금속 절삭기계외</td><td>종목</td><td colspan="3">소형기계</td></tr>
<tr><td>E-Mail</td><td colspan="4">green@bill36524.com</td><td>E-Mail</td><td colspan="3">river@bill36524.com</td></tr>
<tr><td colspan="2">작성일자</td><td colspan="2" align="center">2025.3.31.</td><td>공급가액</td><td colspan="2" align="center">20,000,000</td><td>세 액</td><td colspan="2" align="center">2,000,000</td></tr>
<tr><td colspan="2">비고</td><td colspan="9"></td></tr>
<tr><td>월</td><td>일</td><td colspan="2" align="center">품목명</td><td>규격</td><td>수량</td><td>단가</td><td>공급가액</td><td>세액</td><td>비고</td></tr>
<tr><td>3</td><td>31</td><td colspan="2">절삭기계</td><td></td><td></td><td></td><td>20,000,000</td><td>2,000,000</td><td></td></tr>
<tr><td></td><td></td><td colspan="2"></td><td></td><td></td><td></td><td></td><td></td><td></td></tr>
<tr><td></td><td></td><td colspan="2"></td><td></td><td></td><td></td><td></td><td></td><td></td></tr>
<tr><td></td><td></td><td colspan="2"></td><td></td><td></td><td></td><td></td><td></td><td></td></tr>
<tr><td colspan="2" align="center">합계금액</td><td align="center">현금</td><td align="center">수표</td><td align="center">어음</td><td align="center">외상미수금</td><td rowspan="2">이 금액을</td><td colspan="2">○ 영수</td><td rowspan="2">함</td></tr>
<tr><td colspan="2" align="center">22,000,000</td><td></td><td></td><td></td><td align="center">22,000,000</td><td colspan="2">◉ 청구</td></tr>
</table>

자료설명	1. 3월 31일 (주)장수산업에 제품을 판매하고 발행한 전자세금계산서이다. 2. 4월 10일 원자재 가격의 상승으로 인해 공급가액의 3%를 인상하기로 합의하였다.
수행과제	수정사유를 선택하여 **전자세금계산서 발행 및 내역관리** 발급 전송하시오. (전자세금계산서는 발급 시 결제내역 및 전송일자는 무시할 것.)

2 예정신고누락분의 확정신고 반영

자료 1. 매출(제품)전자세금계산서 발급 목록

					매출전자(수정)세금계산서 목록			
번호	작성일자	승인번호	발급일자	전송일자	상호	공급가액	세액	전자세금계산서 종류
1	2025-08-20	생략	2025-09-25	2025-09-25	(주)아로하	10,000,000	1,000,000	일반
2	2025-08-30	생략	2025-08-30	2025-08-30	(주)파로바	10,000,000		영세

자료 2. 카드매출내역(제품매출)

```
             카드매출전표
-----------------------------------
카드종류: 현대카드
회원번호: 3424-3152-****-5**8
회 원 명: 한진희
거래일시: 2025. 9. 12.  11:04:17
거래유형: 신용승인
공급가액: 2,000,000원
부 가 세:   200,000원
결제금액: 2,200,000원
결제방법: 일시불
승인번호: 07984895
은행확인: 국민은행
-----------------------------------
가맹점명 : (주)청룡산업

가맹점번호 : 84652210
           - 이 하 생 략 -
```

자료 3. 카드매입내역(생산팀 작업복구입)

```
           신용카드매출전표

가 맹 점 명   (주)카렉스
사업자번호   114-81-99359
대 표 자 명   김빛나
주       소   서울 강남구 강남대로 252

우리카드                      신용승인
거래일시        2025-9-20 오후 14:08:04
카드번호           4164-3892-****-7826
유효기간                         **/**
가맹점번호                   123460001
매입사 : 우리카드(전자서명전표)


공 급 금 액                    300,000원
부가세금액                      30,000원
합     계                     330,000원
```

자료설명	1. 예정신고 시 거래자료 4건이 누락되었으며 모두 외상거래이다. 2. 4건의 거래자료를 반영하여 제2기 부가가치세 확정신고서를 작성하고자 한다. 3. 2026년 1월 25일에 신고 납부하며, 신고불성실가산세는 일반과소신고에 의한 가산세율 및 감면을 적용하고 미납일수는 92일로 한다.(원단위 미만 버림.)
수행과제	1. 누락된 거래자료를 입력하시오. 　(전자세금계산서 발급거래는 '전자입력'으로 입력할 것.) 2. 가산세를 적용하여 제2기 부가가치세 확정신고서를 작성하시오. 　(예정신고누락분 신고대상월은 10월로 입력할 것.)

실무수행 ◎　결산

[결산자료]를 참고하여 결산을 수행하시오.(단, 제시된 자료 이외의 자료는 없다고 가정함.)

1　수동결산 및 자동결산

자료설명

1. 퇴직급여충당부채
   - 당사는 일반기업회계기준에 의하여 퇴직급여충당부채를 설정하고 있으며, 기말 현재 퇴직급여추계액은 다음과 같다.
   - 퇴직급여추계액

부서	퇴직급여충당부채설정 전 퇴직급여충당부채잔액	퇴직급여추계액
생산부	67,600,000	72,600,000원
관리부	30,400,000	37,400,000원
합계	98,000,000	110,000,000원

2. [재고 실사내역]

구분	내역		
	단위당원가	수량	금액
원재료	6,000원	1,000개	6,000,000원
제 품	10,000원	1,000개	10,000,000원

3. 이익잉여금처분계산서 처분 예정(확정)일
   - 당기: 2026년 2월 28일
   - 전기: 2025년 3월 10일

수행과제

결산을 완료하고 이익잉여금처분계산서에서 손익대체분개를 하시오.
(단, 이익잉여금처분내역은 없는 것으로 하고 미처분이익잉여금 전액을 이월이익잉여금으로 이월하기로 할 것.)

평가문제 ◎ 실무수행평가 (70점)

입력자료 및 회계정보를 조회하여 [평가문제]의 답안을 입력하시오.

<table>
<tr><td rowspan="9">평가문제
답안입력
유의사항</td><td colspan="3">❶ 답안은 지정된 단위의 숫자로만 입력해 주십시오.
* 한글 등 문자 금지, 콤마(,) 외 기호 금지</td></tr>
<tr><td></td><td>정답</td><td>오답(예)</td></tr>
<tr><td>(1) 금액은 원 단위로 숫자를 입력하되, 천 단위 콤마(,)는 생략 가능합니다.</td><td>1,245,000
1245000</td><td>1.245.000
1,245,000원
1,245,0000
12,45,000
1,245천원</td></tr>
<tr><td>(1-1) 답이 0원인 경우 반드시 "0" 입력
(1-2) 답이 음수(-)인 경우 숫자 앞에 "-" 입력</td><td></td><td></td></tr>
<tr><td>(2) 질문에 대한 답안은 숫자로만 입력하세요.</td><td>4</td><td>04
4/건/매/명
04건/매/명</td></tr>
<tr><td>(3) 거래처 코드번호는 5자리로 입력하세요.</td><td>00101</td><td>101
00101번</td></tr>
</table>

❷ 더존 프로그램에서 조회되는 자료를 복사하여 붙여넣기가 가능합니다.

❸ 수행과제를 올바르게 입력하지 않고 작성한 답과 모범답안이 다른 경우 오답처리됩니다.

[실무수행평가] - 재무회계

번호	평가문제	배점
11	**평가문제 [계정별원장 조회]** 12월 말 (295)퇴직급여충당부채 잔액은 얼마인가?	2
12	**평가문제 [거래처원장 조회]** 4월 말 (주)장수산업의 외상매출금 잔액은 얼마인가?	3
13	**평가문제 [재무상태표 조회]** 2월 말 사채의 장부금액(사채액면금액-사채할인발행차금)은 얼마인가?	2
14	**평가문제 [재무상태표 조회]** 3월 말 이익준비금 잔액은 얼마인가?	3
15	**평가문제 [재무상태표 조회]** 12월 말 현재 이월이익잉여금(미처분이익잉여금) 잔액은 얼마인가? ① 397,427,942원　　② 253,514,691원 ③ 324,159,870원　　④ 468,192,781원	2
16	**평가문제 [제조원가명세서 조회]** 당기에 발생한 퇴직급여는 얼마인가?	3
17	**평가문제 [전자세금계산서 발행 및 내역관리 조회]** 4월 10일자 수정세금계산서의 수정입력사유를 코드번호로 입력하시오.	2
18	**평가문제 [부가가치세신고서 조회]** 제2기 확정 부가가치세신고서의 예정신고누락분(7란) 매출세액은 얼마인가?	2
19	**평가문제 [부가가치세신고서 조회]** 제2기 확정 부가가치세신고서의 예정신고누락분(12란) 매입세액은 얼마인가?	3
20	**평가문제 [부가가치세신고서 조회]** 제2기 확정 부가가치세신고서의 가산세액(26란) 합계금액은 얼마인가?	3
	재무회계 소계	25

실무수행 ◉ 원천징수관리

인사급여 관련 자료이다. [자료설명]을 참고하여 [수행과제]를 수행하시오.

1 급여자료입력

자료 1. 3월 급여자료(생산팀)

(단위: 원)

성명	수당					공제			
	기본급	식대	자가운전보조금	자격수당	야간근로수당	국민연금	건강보험	장기요양보험	고용보험
홍만섭	3,550,000	200,000	300,000	100,000	150,000	입력에 의하여 자동으로 계산된 금액으로 공제 함.			
이수정	1,900,000	200,000			100,000				

자료 2. 수당 등록

구분	코드	수당명	내용
수당등록	101	기본급	설정된 그대로 사용한다.
	102	상여	
	200	식대	매월 고정적으로 지급하고 있으며, 회사에서 별도의 음식물을 제공하고 있지 않다.
	201	자가운전보조금	매월 월정액으로 지급하고 있으며, 시내출장시 별도의 여비를 지급하고 있다.
	202	자격수당	산업안전 산업기사를 취득한 사원에게 수당을 지급하고 있다.
	203	야간근로수당	생산직의 경우 연장근로시간에 대하여 수당을 지급하고 있다.

자료 3. 직전연도 사원별 총급여내역

사원명	2024년 총급여액	비고
홍만섭	40,000,000원	
이수정	28,000,000원	

자료설명	1. 자료 1은 생산팀의 3월분 급여자료이다. 2. 자료 2는 (주)청룡산업의 수당내역으로 매월 지급한다. 3. 자료 3은 직전연도 사원별 총급여내역이다. 4. 3월 급여 지급일은 3월 31일이다. 5. 전월미환급세액 33,000원(지방소득세 3,000원 포함)이 있다.
수행과제	1. [사원등록] 메뉴에서 생산직여부와 야간근로수당의 비과세 대상여부를 설정하시오. 2. [급여자료입력] 메뉴에 수당등록을 하고 급여자료를 입력하시오. 　(귀속연월: 3월, 구분: 1.급여를 선택할 것.) 3. 3월 귀속분 [원천징수이행상황신고서]를 작성하시오.

2　기타소득의 원천징수

자료. 기타소득자 관련정보

코　드	00100
성　명	최연주
거주구분(내국인 / 외국인)	거주자 / 내국인
주민등록번호	890311-2854027
주　소	경북 경산시 경안로 19
귀속년월 / 지급년월일	2025년 2월 / 2025년 2월 28일
지급금액	10,000,000원

자료설명	전년도 12월 퇴직한 직원 최연주에게 직무발명보상금 10,000,000원을 지급하였다. 실제 발생한 필요경비는 없으며, 최연주는 비과세 요건을 모두 충족함.
수행과제	1. 기타소득자입력에서 소득자를 등록하시오.(우편번호 입력은 생략할 것.) 2. 기타소득자료입력에서 비과세소득을 제외한 소득지급내역을 입력하고 소득세를 산출하시오.

[실무수행평가] – 원천징수관리

번호	평가문제	배점
21	**평가문제 [급여자료입력 3월 조회]** 홍만섭의 수당항목 중 비과세 총액은 얼마인가?	2
22	**평가문제 [급여자료입력 3월 조회]** 이수정의 수당항목 중 비과세 총액은 얼마인가?	2
23	**평가문제 [원천징수이행상황신고서 조회]** 3월 귀속, 3월 지급분 원천징수이행상황신고의 10.소득세 등(가산세 포함) 총합계는 얼마인가?	3
24	**평가문제 [기타소득자료입력 조회]** 최연주의 2월 기타소득세는 얼마인가?	3
원천징수 소계		**10**

실무수행 ◎ 법인세관리　　　　　　　　　　※ 회사변경 확인할 것

(주)굿베이커리(회사코드 5175)는 중소기업으로 사업연도는 제20기(2025.1.1. ~ 2025.12.31.) 이다. 입력된 자료와 세무조정 참고자료에 의하여 법인세무조정을 수행하시오.

〈작성대상서식〉

> 1️⃣ 조정후 수입금액명세서
> 2️⃣ 대손충당금 및 대손금조정계산서
> 3️⃣ 가지급금 등의 인정이자조정(갑,을)
> 4️⃣ 외화자산 등 평가차손익조정(갑,을)
> 5️⃣ 법인세과세표준 및 세액조정계산서

1 조정후 수입금액명세서

세무조정 참고자료	1. 수입금액에 대한 업종 상세내역이다.

구분	업태	종목	기준경비율번호	비고
제품매출	제조업	빵류 제조업	154104	
상품매출	도매 및 소매업	빵류, 과자류, 당류, 초콜릿 도매업	512241	

2. 제품매출 1,295,467,170원 중 124,907,500원은 해외수출분이고 나머지는
   내수(국내생산품)분이며, 상품매출은 전액 내수(국내생산품)분이다.

3. 수입금액과의 차액내역

코드	구분(내용)	거래일자	비 고
23	개인적공급	12월 01일	
25	유형자산매각	10월 31일	
32	매출누락		수입금액조정명세서에 입력된 위탁판매 누락분으로 당해연도 회계장부 및 부가가치세신고서에 반영되지 않았다.

수행과제	조정후 수입금액명세서를 작성하시오. 1. [업종별 수입금액 명세서]에 업종별 수입금액을 반영하시오. 2. [수입금액과의 차액내역]에 차액내역을 반영하시오.

[실무수행평가] – 법인세관리 1

번호	평가문제	배점
25	**평가문제 [조정후 수입금액명세서 조회]** 제품매출(154104) '⑤국내생산품' 수입금액은 얼마인가?	2
26	**평가문제 [조정후 수입금액명세서 조회]** 상품매출(512241) '⑤국내생산품' 수입금액은 얼마인가?	2
27	**평가문제 [조정후 수입금액명세서 조회]** [수입금액과의 차액내역]에서 '차액계(50)' 금액은 얼마인가?	3

2 대손충당금 및 대손금조정명세서

자료 1. 전기 자본금과 적립금 조정명세서(을) 내역

[별지 제50호 서식(을)] (앞 쪽)

사업 연도	2024.01.01. ~ 2024.12.31.	자본금과 적립금 조정명세서(을)		법인명	(주)굿베이커리

세무조정유보소득계산					
① 과목 또는 사항	② 기초잔액	당 기 중 증감		⑤ 기말잔액 (익기초현재)	비고
		③ 감 소	④ 증 가		
대손충당금			1,000,000	1,000,000	
대손금(외상매출금)			3,000,000	3,000,000	

자료 2. 대손에 관한 사항

일자	계정과목	금액	대손사유
2025. 6. 10.	외상매출금	1,800,000원	(주)손해기업, 파산(대손요건 충족)
2025. 9. 5.	받을어음	2,000,000원	(주)결손기업, 부도(부도확인일 2025. 9. 5.)

세무조정 참고자료	1. 자료 1의 전기 손금불산입된 대손금(외상매출금) 3,000,000원은 당기에도 소멸 시효 미완성으로 대손요건을 충족하지 못하였다. 2. 자료 2는 당기에 발생한 대손내역이며, 그 외의 대손발생은 없다. 3. 회사는 매출채권에 대해서만 대손충당금을 설정하며, 대손충당금 설정대상 제외 채권은 없다. 4. 회사의 대손실적률은 1/100이다.
수행과제	대손충당금 및 대손금조정명세서를 작성하시오. 1. [2.대손금조정]에 대한 대손처리내역을 원장조회하여 반영하시오. 2. [1.대손충당금조정(채권잔액)]에 채권잔액을 반영하시오. 3. [1.대손충당금조정(손금 및 익금산입조정)]에 손금산입액 및 익금산입액 조정 사항을 반영하시오. 4. 소득금액조정합계표에 각 건별로 세무조정사항을 반영하시오.

[실무수행평가] - 법인세관리 2

번호	평가문제	배점
28	**평가문제 [대손충당금 및 대손금조정명세서 조회]** 대손충당금 '7.한도초과액'은 얼마인가?	3
29	**평가문제 [대손충당금 및 대손금조정명세서 조회]** '18.기말현재 대손금 부인 누계액' 합계금액은 얼마인가?	2
30	**평가문제 [대손충당금 및 대손금조정명세서 조회]** 세무조정 대상 중 손금산입 유보(감소)로 소득처분할 총금액은 얼마인가?	2

3 가지급금등의 인정이자조정(갑,을)

자료 1. 가지급금 내역

월 일	직책	성명	발생액	회수액	잔 액	비 고
2025.02.22.	대표이사	김한공	98,000,000원		98,000,000원	업무무관 가지급금 대여액
2025.08.20.	대표이사	김한공	20,000,000원		118,000,000원	업무무관 가지급금 대여액
2025.10.15.	대표이사	김한공		23,000,000원	95,000,000원	업무무관 가지급금 회수액

자료 2. 가수금 내역

월 일	직책	성명	발생액	지급액	잔 액	비 고
2025.01.07.	대표이사	김한공	5,000,000원		5,000,000원	일시가수금
2025.02.07.	대표이사	김한공		5,000,000원	0원	가수금 반제

자료 3. 차입금 내역

일자	차입금액	상환금액	거래은행	이자율
전기이월	50,000,000원		국민은행(차입금)	연 6%
2025.01.19.	160,000,000원		신한은행(차입금)	연 4.5%
2025.08.31.		10,000,000원	국민은행(차입금)	연 6%

세무조정 참고자료	1. 가지급금 및 가수금에 대한 약정된 이자는 없는 것으로 한다. 2. 인정이자 계산 시 가중평균차입이자율을 적용한다.
수행과제	가지급금등의 인정이자조정명세서(갑, 을)을 작성하시오. 1. [2.이자율별 차입금 잔액계산]에서 차입금 잔액 적수계산을 하시오. 2. [3.가지급금, 가수금적수계산]에서 인명별 가지급금 적수계산을 하시오. 3. [4.인정이자계산]에서 조정대상금액을 계산하시오. 4. 소득금액조정합계표에 각 건별로 세무조정사항을 반영하시오.

[실무수행평가] - 법인세관리 3

번호	평가문제	배점
31	평가문제 [가지급금 등의 인정이자 조정명세서 조회] '2.가지급금적수' 합계금액은 얼마인가?	2
32	평가문제 [가지급금 등의 인정이자 조정명세서 조회] '3.가수금적수' 합계금액은 얼마인가?	2
33	평가문제 [가지급금 등의 인정이자 조정명세서 조회] 문제 [3]과 관련된 세무조정 대상 중 익금산입(상여)로 소득처분할 금액은 얼마인가?	3

4 외화자산 등 평가차손익조정(갑,을)

자료 1. 전기 자본금과 적립금 조정명세서(을) 내역

[별지 제50호 서식(을)]					(앞 쪽)
사업 연도	2024.01.01. ~ 2024.12.31.	자본금과 적립금 조정명세서(을)		법인명	(주)굿베이커리
세무조정유보소득계산					
① 과목 또는 사항	② 기초잔액	당 기 중 증감		⑤ 기말잔액 (익기초현재)	비고
		③ 감 소	④ 증 가		
외화외상매입금			−1,500,000	−1,500,000	
외화외상매출금			600,000	600,000	

자료 2. 외화자산 및 부채 내역

분류	계정과목	외화금액	발생시 장부금액	기말회사 적용환율	당기말 장부금액	당기말현재 매매기준율
자산	외화외상매출금	US$50,000	55,000,000원	1,090원/US$	54,500,000원	1,050원/US$
부채	외화외상매입금	US$30,000	32,400,000원	1,090원/US$	32,700,000원	1,050원/US$

세무조정 참고자료	1. 회사는 외화자산과 부채를 기말 마감환율(매매기준율)로 평가하는 것으로 관할 세무서에 신고하였다. 2. 전기말 현재 자본금과 적립금조정명세서(을)에 기재된 외화환산손익 유보는 전기말 현재 외화외상매입금과 외화외상매출금에서 발생한 것으로 해당 외화외상매입금과 외화외상매출금은 2025년 중 모두 지급 및 회수되었다. 3. 회사는 결산시 사업연도 평균환율을 적용하여 화폐성외화자산·부채를 평가하였고, 이에 따라 외화평가차손익을 인식하였다.
수행과제	외화자산 등 평가차손익조정(갑,을)을 작성하시오. 1. 외화자산 및 부채에 대한 자료를 외화자산 등 평가차손익조정(갑,을)에 반영하시오. 2. 소득금액조정합계표에 각 건별로 세무조정사항을 반영하시오.

[실무수행평가] – 법인세관리 4

번호	평가문제	배점
34	**평가문제 [외화자산 등 평가손익조정(갑,을) 조회]** 문제 [4]와 관련된 세무조정 대상 중 익금산입(유보감소)으로 소득금액조정합계표에 반영할 총 금액은 얼마인가?	3
35	**평가문제 [외화자산 등 평가손익조정(갑,을) 조회]** 문제 [4]와 관련된 세무조정 대상 중 손금산입(유보발생)으로 소득금액조정합계표에 반영할 총 금액은 얼마인가?	2
36	**평가문제 [외화자산 등 평가손익조정(갑,을) 조회]** 문제 [4]와 관련된 세무조정 대상 중 익금산입(유보발생)으로 소득금액조정합계표에 반영할 총 금액은 얼마인가?	2

5 법인세과세표준 및 세액조정계산서

세무조정
참고자료
	1. 소득금액조정금액은 기 입력된 데이터 및 추가 세무조정사항을 반영하여 이용한다.
	2. 당기 세액공제 및 감면내역
	   – 통합고용세액공제 21,000,000원
	    (전기 이월액 8,000,000원(2024년), 당기분 13,000,000원으로 고용인원
	    증감은 없음.)
	   – 연구 및 인력개발비 세액공제 12,000,000원
	3. 영수증수취명세서에 정규증빙 미수취분이 입력되어 있다.
	4. 일용직 지급명세서(12월분) 미제출금액 25,000,000원이 있다.
	   (2026년 3월 25일 제출)
	5. 결산 시 법인세계정으로 대체한 선납세금계정에는 중간예납과 원천납부세액이 포함
	   되어 있다.
	6. 최저한세는 고려하지 않는다.

수행과제	세액공제조정명세서(3), 공제감면세액합계표(갑,을), 가산세액 계산서, 법인세과세
	표준 및 세액조정계산서를 작성하시오.
	1. [세액공제조정명세서(3)]의 2. 당기 공제 세액 및 이월액 계산을 작성하시오.
	   (기 입력된 데이터를 이용할 것.)
	2. [공제감면세액 합계표(갑,을)]을 작성하시오.
	3. 가산세액 계산서를 작성하시오.
	4. [법인세과세표준 및 세액조정계산서]를 작성하시오.
	  ① 소득금액조정합계표의 소득금액 조정내역을 반영하시오.
	  ② 공제감면세액을 반영하시오.
	  ③ 가산세액을 반영하시오.
	  ④ 중간예납세액 및 원천납부세액(지방소득세 제외)을 반영하시오.
	  ⑤ 분납 가능한 최대한의 금액을 분납처리하시오.

[실무수행평가] – 법인세관리 5

번호	평가문제	배점
37	**평가문제 [법인세과세표준 및 세액조정계산서 조회]** '121.최저한세 적용대상 공제감면세액'은 얼마인가?	3
38	**평가문제 [법인세과세표준 및 세액조정계산서 조회]** '124.가산세액'은 얼마인가?	2
39	**평가문제 [법인세과세표준 및 세액조정계산서 조회]** '154.분납할 세액'은 얼마인가? ① 15,682,646원 ② 15,764,047원 ③ 31,365,594원 ④ 31,528,094원	2
	법인세관리 소계	35

최신 기출문제 제76회

실무이론평가

아래 문제에서 특별한 언급이 없으면 기업의 보고기간(회계기간)은 매년 1월 1일부터 12월 31일까지입니다. 또한 기업은 일반기업회계기준 및 관련 세법을 계속적으로 적용하고 있다고 가정하고 물음에 가장 합당한 답을 고르시기 바랍니다.

01 다음 중 재고자산 단가를 결정하는 방법에 대해 올바르게 설명하고 있는 사람은?

① 영호, 민수　　　　② 민수, 상호
③ 상호, 기영　　　　④ 영호, 기영

02 다음 자료를 토대로 (주)한공의 2025년 12월 31일 결산 시 인식해야 할 유형자산 손상차손을 계산하면 얼마인가?

- 2024년 1월 1일 공장에서 사용할 기계장치를 12,000,000원에 취득하다.
  (내용연수 5년, 잔존가치 0원, 정액법)
- 2025년 12월 31일 기계장치가 장기간 유휴화되어 손상검사를 실시하다.
  (3,000,000원에 매각가능하며, 4,000,000원의 사용가치가 있다.)

① 3,000,000원　　　　② 3,200,000원
③ 4,200,000원　　　　④ 5,000,000원

03 다음은 (주)한공의 매출채권 관련 자료이다. 2025년 결산 시 인식할 대손상각비는 얼마인가?

- 2025. 1. 1.
  매출채권 600,000원 및 대손충당금 30,000원
- 2025년 총 외상매출액
  2,000,000원(현금매출은 없음.)
- 2025년 현금으로 회수한 매출채권
  1,600,000원
- 2025년 중 회수가 불가능하여 대손 처리한 금액
  20,000원
- 2025. 12. 31.
  매출채권 중 회수 가능한 금액은 900,000원으로 추정됨.

① 70,000원　　　　② 80,000원
③ 110,000원　　　　④ 120,000원

04 다음은 (주)한공이 2025년 1월 1일에 발행한 사채에 대한 자료이다. 이에 대한 설명으로 옳지 않은 것은?

- 액면금액 2,000,000원
- 3년 만기
- 유효이자율 6%, 액면이자율 5%
- 이자는 매년말 지급한다.

① 사채가 할인발행되었다.
② 2025년 손익계산서상의 이자비용은 현금으로 지급한 이자비용보다 크다.
③ 2025년 말 사채장부금액은 발행 당시보다 크다.
④ 손익계산서상의 이자비용은 2025년보다 2026년이 작다.

05 다음 중 내부적으로 창출한 무형자산의 취득원가에 포함될 수 있는 항목은?

① 무형자산이 계획된 성과를 달성하기 전에 발생한 비효율로 인한 손실
② 무형자산 창출에 직접 종사한 직원에 대한 급여
③ 무형자산 창출 후 이를 운용하는 직원의 교육훈련과 관련된 지출
④ 무형자산 창출에 직접 관련되지 아니한 판매관리비 및 기타 일반경비 지출

06 다음 중 부가가치세법상 영세율과 면세에 대한 설명으로 옳지 않은 것은?

① 영세율은 소비지국과세원칙을 구현하는 것을 주된 목적으로 하나, 면세는 역진성 완화를 주된 목적으로 한다.
② 영세율 적용 사업자는 매입세액을 환급받을 수 있으나, 면세사업자는 매입세액을 환급받을 수 없다.
③ 면세사업자는 매입처별세금계산서 합계표 제출과 대리납부 외에는 부가가치세법상 의무가 없다.
④ 과세재화를 수출하여 영세율이 적용되는 사업자는 영세율 포기신고를 하면 면세가 적용된다.

07 다음 중 소득세법상 세액공제에 대한 설명으로 옳은 것은?

① 특별세액 공제대상 교육비에는 초·중등 교육법에 따른 학교에서 실시하는 방과후 학교 수업료 및 교재구입비가 포함된다.
② 사업자가 해당 과세기간에 천재지변 등으로 자산(토지 포함)총액의 20% 이상을 상실하여 납세가 곤란하다고 인정되는 경우에는 재해손실세액공제를 적용받을 수 있다.
③ 거주자가 공적연금에 납입한 금액은 전액 연금계좌세액공제를 적용받을 수 있다.
④ 간편장부대상자는 복식부기로 기장한 경우 기장세액공제를 받을 수 없다.

08 다음은 (주)한공의 상무이사인 김한공 씨가 2025년에 근로제공 대가로 지급받은 금액의 내역이다. 김한공 씨의 총급여액은 얼마인가? 단, 제시된 자료의 금액은 원천징수하기 전의 금액이다.

> 가. 매월 지급된 급여합계액: 60,000,000원
> 나. 연간 지급된 상여금: 30,000,000원
> (급·상여지급 규정상 한도액 10,000,000원)
> 다. 식사대(월 30만원): 3,600,000원
> (회사에서는 식사를 제공하지 않음.)
> 라. 5세 자녀의 보육과 관련하여 사용자로부터 받은 보육수당(월 20만원): 2,400,000원

① 90,000,000원
② 91,200,000원
③ 92,400,000원
④ 93,600,000원

09 다음 중 법인세법상 업무용승용차 관련비용에 대한 내용으로 옳지 않은 것은?

① 업무전용자동차보험에 가입하지 않은 경우 업무용승용차 관련비용은 전액 손금불산입하고 기타 사외유출로 소득처분한다.
② 업무전용자동차보험에 가입한 경우 업무용승용차 관련비용에 업무사용비율을 곱한 금액을 손금으로 인정한다.
③ 업무사용비율은 총주행거리에서 업무용 사용거리가 차지하는 비율로 계산하는데, 출퇴근 거리는 업무용 사용거리로 인정받을 수 있다.
④ 업무전용자동차보험에 가입한 경우 업무용승용차 관련비용이 1,500만원(12개월 기준) 이하이면 운행기록부의 작성 없이도 전액이 업무사용금액인 것으로 인정받을 수 있다.

10 다음은 (주)한공의 제10기(2025.1.1.~2025.12.31.) 과세자료이다. 법인세 과세표준 및 세액조정계산서상 각 사업연도 소득금액을 계산하면 얼마인가?

결산서상 당기순이익	10,000,000원
• 기업업무추진비 한도초과액	500,000원
• 대손충당금 한도초과액	600,000원
• 법인세비용	900,000원
• 일반기부금 한도초과액	200,000원
• 전기 특례기부금한도초과 이월분 손금산입액	100,000원
• 이월결손금(제9기 발생분)	700,000원

① 11,400,000원
② 11,600,000원
③ 12,100,000원
④ 12,300,000원

실무수행평가

(주)오성SD(회사코드 1176)는 플라스틱 성형용기를 제조하여 판매하는 법인기업으로 회계
기간은 제7기(2025.1.1. ~ 2025.12.31.)이다. 제시된 자료와 [자료설명]을 참고하여 [수행
과제]를 완료하고 [평가문제]의 물음에 답하시오.

실무수행 유의사항	1. 부가가치세 관련거래는 [매입매출전표입력]메뉴에 입력하고, 부가가치세 관련 없는 거래는 [일반전표입력]메뉴에 입력한다. 2. 타계정 대체와 관련된 적요는 반드시 코드를 입력하여야 한다. 3. 채권·채무, 예금거래 등 관리대상 거래자료에 대하여는 반드시 거래처코드를 입력한다. 4. 자금관리 등 추가 작업이 필요한 경우 문제의 요구에 따라 추가 작업하여야 한다. 5. 제조경비는 500번대 계정코드를 사용한다. 6. 판매비와관리비는 800번대 계정코드를 사용한다. 7. 등록된 계정과목 중 가장 적절한 계정과목을 선택한다. 8. [실무수행 5. 법인세관리]는 별도의 회사가 주어지므로 회사 선택에 유의한다.

실무수행 ◎ **거래자료입력**

실무프로세스 자료이다. [자료설명]을 참고하여 [수행과제]를 수행하시오.

1 잉여금처분

이익잉여금처분계산서

2024년 1월 1일부터 2024년 12월 31일까지
처분확정일: 2025년 2월 28일

(단위: 원)

과목	금액	
Ⅰ. 미처분이익잉여금		542,000,000
1. 전기이월미처분이익잉여금	340,000,000	
2. 당기순이익	202,000,000	
Ⅱ. 임의적립금 등의 이입액		10,000,000
1. 감채적립금	10,000,000	
합　　　계		552,000,000
Ⅲ. 이익잉여금처분액		(***)
1. 이익준비금	(***)	
2. 배당금	65,000,000	
가. 현금배당	40,000,000	
나. 주식배당	25,000,000	
3. 사업확장적립금	10,000,000	
Ⅳ. 차기이월 미처분이익잉여금		(***)

자료설명	이익준비금은 상법규정에 의한 최소금액을 적립한다. (단, 기초 이익준비금은 고려하지 않는다.)
수행과제	1. 처분확정일에 대한 회계처리를 입력하시오. 2. 전기분 이익잉여금처분계산서를 작성하시오.

2 기타일반거래

■ 보통예금(신한은행) 거래내역

번호	거래일	내용	찾으신금액	맡기신금액	잔액	거래점
		\multicolumn{5}{} 계좌번호 112-088-123123 (주)오성SD				
1	2025-03-10	주식처분		12,500,000	***	***

자료설명	1. 3월 10일 당사가 보유중인 매도가능증권 1,000주 중 500주를 다음과 같은 조건으로 처분하였다.

2024년 7월 31일	2024년 12월 31일	2025년 3월 10일	비 고
취득내역	기말 공정가치	주당 처분금액	
1,000주 @24,000	@27,000	@25,000원	

※ 2024년 기말 평가는 일반기업회계기준에 따라 적절하게 처리하였다.

수행과제	처분일의 거래자료를 입력하시오.

실무수행 ◎ 부가가치세관리

부가가치세 신고 관련 자료이다. [자료설명]을 참고하여 [수행과제]를 수행하시오.

1 수정전자세금계산서의 발행

<table>
<tr><td colspan="6" align="center">전자세금계산서   (공급자 보관용)</td><td>승인번호</td><td></td></tr>
<tr><td rowspan="6">공급자</td><td>등록번호</td><td colspan="3">104-81-43125</td><td rowspan="6">공급받는자</td><td>등록번호</td><td colspan="2">203-82-30206</td></tr>
<tr><td>상호</td><td>(주)오성SD</td><td>성명
(대표자)</td><td>오재미</td><td>상호</td><td>(주)애경산업</td><td>성명
(대표자)   김상민</td></tr>
<tr><td>사업장
주소</td><td colspan="3">서울특별시 서초구 서초대로 53</td><td>사업장
주소</td><td colspan="2">서울특별시 마포구 양화로 188
(동교동, 애경타워)</td></tr>
<tr><td>업태</td><td>제조업 외</td><td colspan="2">종사업장번호</td><td>업태</td><td>제조업 외</td><td>종사업장번호</td></tr>
<tr><td>종목</td><td colspan="3">플라스틱 성형용기 외</td><td>종목</td><td colspan="2">생활용품 외</td></tr>
<tr><td>E-Mail</td><td colspan="3">ojm@bill36524.com</td><td>E-Mail</td><td colspan="2">aekyung@bill36524.com</td></tr>
</table>

작성일자	2025.4.12.	공급가액	30,000,000	세 액	3,000,000

비고

월	일	품목명	규격	수량	단가	공급가액	세액	비고
4	12	밀폐용기	BOX	100	300,000	30,000,000	3,000,000	

합계금액	현금	수표	어음	외상미수금	이 금액을	○ 영수
33,000,000				33,000,000		◉ 청구 함

자료설명	1. 4월 12일 (주)애경산업에 제품을 공급하고 거래일에 발급 및 전송한 전자세금계산서이다. 2. 4월 20일 (주)애경산업에 납품된 제품 중 불량이 발견되어 아래와 같이 처리하였다.

밀폐불량	밀폐용기 1BOX	반품
포장불량	밀폐용기 3BOX	교환

수행과제	1. 수정사유를 선택하여 환입에 따른 수정전자세금계산서를 발급·전송하시오. (전자세금계산서 발급 시 결제내역 및 전송일자는 무시할 것.) 2. 매출환입에 대한 회계처리를 입력하시오. (외상대금 및 제품매출에서 음수(−)로 처리할 것.)

2　기한후 신고

자료 1. 매출(제품)전자세금계산서 발급 목록

번호	작성일자	승인번호	발급일자	전송일자	상호	공급가액	세액	전자세금계산서 종류	이하 생략
					매출전자세금계산서 목록				
1	2025 1212	생략	2026 0115	2026 0116	(주)인터코스	25,000,000원	2,500,000원	일반	이하 생략
2	2025 1215	생략	2026 0115	2026 0116	(주)롬앤	20,000,000원	0원	영세율	

자료 2. 매입(차량 레이,998cc)전자세금계산서 수취 목록

번호	작성일자	승인번호	발급일자	전송일자	상호	공급가액	세액	전자세금계산서 종류	이하 생략
					매입전자세금계산서 목록				
1	2025 1216	생략	2025 1226	2025 1227	(주)기아자동차	18,000,000원	1,800,000원	일반	이하 생략

자료 3. 신용카드 매출자료 누락분(국민카드, 개인 강성원에게 제품매출)

번호	승인년월일	건수	공급대가	신용카드/ 기타결제	구매전용/ 카드매출	봉사료
1	20251220	1	2,200,000원	2,200,000원	0원	0원

자료설명	1. 자료 1 ~ 3은 2025년 제2기 과세기간 최종 3개월(2025.10.1.~2025.12.31.)의 매출과 매입자료이다.
	2. 제2기 부가가치세 확정신고를 기한내에 신고하지 못하여 2026년 2월 10일에 기한 후 신고납부하려고 한다.
	3. 2025년 제2기 부가가치세 예정신고는 적법하게 신고하였다.
	4. 자료 2의 차량 레이(998cc)는 영업부에서 사용할 목적으로 구입하였다.
	5. 신고불성실가산세는 일반무신고에 의한 가산세율을 적용하며, 미납일수는 16일로 한다.
수행과제	1. 자료를 매입매출전표에 입력하시오.(전자세금계산서 거래는 외상으로 처리하며, 발급거래는 '전자입력'으로 입력할 것.)
	2. 가산세를 적용하여 제2기 부가가치세 확정신고서를 작성하시오. (과세표준명세의 '신고구분'과 '신고년월일'을 기재할 것.)

실무수행 ◎ 결산

[결산자료]를 참고로 결산을 수행하시오.(단, 제시된 자료 이외의 자료는 없다고 가정함.)

1 수동결산 및 자동결산

자료설명	1. 결산일 현재 손상징후가 있다고 판단되는 건물의 장부금액은 280,000,000원이다. 해당 건물의 손상여부를 검토한 결과 건물의 사용가치는 250,000,000원이고, 순공정가치는 150,000,000원으로 판단되어 손상차손을 인식하기로 하였다.(943.유형자산손상차손 계정으로 회계처리하며, 당기 감가상각비는 고려하지 말 것.)

2. 재고자산 실사내역

구 분	수량	단위당 취득원가	단위당 현행대체원가
원재료	50개	300,000원	320,000원

※ 당사는 재고자산을 저가법으로 평가하고 있다.

3. 이익잉여금처분계산서 처분 예정(확정)일
 – 당기: 2026년 2월 28일
 – 전기: 2025년 2월 28일

수행과제	결산을 완료하고 이익잉여금처분계산서에서 손익대체분개를 하시오. (단, 이익잉여금처분내역은 없는 것으로 하고 미처분이익잉여금 전액을 이월이익잉여금으로 이월하기로 한다.)

평가문제 ◎ 실무수행평가 (70점)

입력자료 및 회계정보를 조회하여 [평가문제]의 답안을 입력하시오.

<table>
<tr><td rowspan="3">평가문제
답안입력
유의사항</td><td colspan="3">❶ 답안은 지정된 단위의 숫자로만 입력해 주십시오.
* 한글 등 문자 금지, 콤마(,) 외 기호 금지</td></tr>
<tr><td></td><td>정답</td><td>오답(예)</td></tr>
<tr><td>(1) 금액은 원 단위로 숫자를 입력하되, 천 단위 콤마(,)는 생략 가능합니다.

(1-1) 답이 0원인 경우 반드시 "0" 입력
(1-2) 답이 음수(-)인 경우 숫자 앞에 " - " 입력</td><td>1,245,000
1245000</td><td>1.245.000
1,245,000원
1,245,0000
12,45,000
1,245천원</td></tr>
<tr><td></td><td>(2) 질문에 대한 답안은 숫자로만 입력하세요.</td><td>4</td><td>04
4/건/매/명
04건/매/명</td></tr>
<tr><td></td><td>(3) 거래처 코드번호는 5자리로 입력하세요.</td><td>00101</td><td>101
00101번</td></tr>
<tr><td colspan="4">❷ 더존 프로그램에서 조회되는 자료를 복사하여 붙여넣기가 가능합니다.
❸ 수행과제를 올바르게 입력하지 않고 작성한 답과 모범답안이 다른 경우 오답처리됩니다.</td></tr>
</table>

[실무수행평가] – 재무회계

번호	평가문제	배점
11	**평가문제 [재무상태표 조회]** 12월 말 이익준비금은 얼마인가?	2
12	**평가문제 [재무상태표 조회]** 12월 말 재고자산은 얼마인가?	3
13	**평가문제 [재무상태표 조회]** 12월 말 기타포괄손익누계액은 얼마인가?	3
14	**평가문제 [이익잉여금처분계산서 조회]** 당기의 전기이월미처분이익잉여금은 얼마인가?	2
15	**평가문제 [손익계산서 조회]** 당기의 영업외수익은 얼마인가?	2
16	**평가문제 [재무상태표 조회]** 12월 31일 현재 이월이익잉여금(미처분이익잉여금) 잔액은 얼마인가? ① 625,181,950원 ② 628,762,580원 ③ 624,158,190원 ④ 657,962,580원	2
17	**평가문제 [전자세금계산서 발행 및 내역관리 조회]** 4월 20일자 수정세금계산서의 수정사유를 코드번호로 입력하시오.	2
18	**평가문제 [부가가치세신고서 조회]** 제2기 확정 신고기간 부가가치세 기한후신고서의 과세표준 합계(9란) 금액은 얼마인가?	3
19	**평가문제 [부가가치세신고서 조회]** 제2기 확정 신고기간 부가가치세 기한후신고서의 고정자산매입(11란) 세액은 얼마인가?	3
20	**평가문제 [부가가치세신고서 조회]** 제2기 확정 신고기간 부가가치세 기한후신고서의 가산세액(26란) 합계금액은 얼마인가?	3
재무회계 소계		**25**

실무수행 ◎ 원천징수관리

인사급여 관련 자료이다. [자료설명]을 참고하여 [수행과제]를 수행하시오.

1 중도퇴사자의 원천징수

자료 1. 11월 급여자료

수당항목		
기본급	직책수당	성과수당
3,300,000원	250,000원	기본급의 10%

공제항목						
국민연금	건강보험	고용보험	장기요양 보험	건강보험료 정산	장기요양 보험료 정산	고용보험료 정산
148,500원	116,980원	34,920원	15,140원	47,080원	20,240원	32,000원

자료 2. IRP(개인퇴직연금) 계좌자료

연금계좌 입금내역					
연금계좌 취급자	사업자등록번호	계좌번호	입금일	계좌입금금액	확정급여형 퇴직연금 제도가입일
(주)국민은행	218-81-45679	080-45-779	2025.11.30.	11,600,000원	2023.11.30.

자료설명	관리부 전상수 과장의 급여자료이다. 1. 급여지급일은 매월 25일이다. 2. 전상수 과장은 2025년 11월 30일에 퇴직하였다. 3. 퇴직금 11,600,000원은 전상수 과장의 IRP(개인퇴직연금) 계좌로 이체하였다. 　 (퇴직급여 지급일자: 11월 30일)
수행과제	1. [사원등록] 메뉴를 수정 입력하시오. 2. [급여자료입력]에서 전상수 과장의 11월 급여자료를 추가 입력하고 [중도퇴사자정산] 기능키를 이용하여 퇴사자의 중도정산을 완료하시오. 　 (구분: '1.급여'로 할 것.) 3. [퇴직소득자료입력]에서 퇴직급여 및 IRP계좌를 입력하고 퇴직소득세를 산출하시오.(본인 의사에 의한 자발적 퇴직에 해당함.) 4. 급여자료 및 퇴직소득 자료를 이용하여 2025년 11월의 [원천징수이행상황신고서]를 작성하시오.(전월 미환급세액 105,400원 있음.)

2 기타소득의 원천징수

자료. 기타소득자 관련정보

코드	00001	지급총액	5,000,000원
소득자성명	이승아		
주민등록번호	930812-2222225	귀속년월 / 지급년월일	2025년 08월 / 2025년 08월 26일
소득의 종류	상금 및 부상	주소	경기도 수원시 팔달구 매산로 1-8 (매산로1가)

자료설명	당사는 업무 효율성 향상을 위한 AI활용 경진대회 수상자에게 상금을 지급하였다.
수행과제	1. [기타소득자입력]에서 소득자를 등록하시오. 2. [기타소득자료입력]에서 소득지급내역을 입력하고 소득세를 산출하시오.

[실무수행평가] – 원천징수관리

번호	평가문제	배점
21	**평가문제 [전상수 11월 급여자료 조회]** 11월 급여에 대한 차인지급액은 얼마인가?	3
22	**평가문제 [전상수 11월 퇴직소득자료입력 조회]** 전상수의 이연퇴직 소득세는 얼마인가?	2
23	**평가문제 [11월(귀속, 지급) 원천징수이행상황신고서 조회]** '10.소득세 등' 총 합계(A99) 금액은 얼마인가?	2
24	**평가문제 [08월 기타소득자료입력 조회]** 이승아의 상금 지급 시 원천징수해야 할 세액합계는 얼마인가?	3
	원천징수 소계	10

(주)티원전자(회사코드 5176)는 중소기업으로 사업연도는 제20기(2025.1.1. ~ 2025.12.31.)이다. 입력된 자료와 세무조정 참고자료에 의하여 법인세무조정을 수행하시오.

〈작성대상서식〉

1 수입금액조정명세서
2 퇴직연금부담금조정명세서
3 업무무관지급이자조정명세서(갑,을)
4 소득금액조정합계표
5 법인세과세표준 및 세액조정계산서

1 수입금액조정명세서

세무조정 참고자료	1. 결산서상 수입금액은 손익계산서의 매출계정을 조회한다. 2. (주)대한쇼핑과 당기부터 제품 위탁판매를 시작하였다. 　(주)대한쇼핑이 2025.12.29.에 적송품 20,000,000원(원가 16,000,000원)을 판매하였다. 당사는 수탁자가 송부한 세금계산서를 받은 날이 속하는 제21기 사업연도에 매출손익을 계상하였다. 3. 회사는 2025.12.1.에 상품권 20,000,000원을 발행하고 상품매출로 회계처리 하였으나, 2025.12.31.까지 회수한 상품권은 18,000,000원이다. 4. 제품매출에 대한 매출채권을 조기에 회수하기 위하여 매출할인한 금액 500,000원을 매출액에서 차감하지 아니하고 영업외비용으로 처리하였다.
수행과제	수입금액조정명세서를 작성하시오. 1. [1.수입금액 조정계산]에 결산서상 수입금액을 조회하여 반영하시오. 2. [2.수입금액 조정명세]에 기타수입금액을 반영하시오. 3. [1.수입금액 조정계산]에 조정사항을 반영하시오. 4. 소득금액조정합계표에 각 건별로 세무조정사항을 반영하시오.

[실무수행평가] – 법인세관리 1

번호	평가문제	배점
25	**평가문제 [수입금액 조정명세서 조회]** '⑥조정후 수입금액' 계 금액은 얼마인가?	3
26	**평가문제 [수입금액 조정명세서 조회]** 문제 [1]과 관련된 세무조정 대상 중 손금산입(유보)으로 소득처분할 금액은 얼마인가?	2
27	**평가문제 [수입금액 조정명세서 조회]** 문제 [1]과 관련된 세무조정 대상 중 익금불산입(유보)으로 소득처분할 금액은 얼마인가?	2

2 퇴직연금부담금조정명세서

자료 1. 전기 자본금과 적립금 조정명세서(을) 내역

[별지 제50호 서식(을)]   (앞 쪽)

사업 연도	2024.01.01. ~ 2024.12.31.	자본금과 적립금조정명세서(을)			법인명	(주)티원전자
세무조전유보소득계산						
① 과목 또는 사항	② 기초잔액	당 기 중 증감		⑤ 기말잔액 (익기초현재)	비고	
		③ 감 소	④ 증 가			
퇴직급여충당부채			30,000,000	30,000,000		
퇴직연금			−30,000,000	−30,000,000		

자료 2. 당기 퇴직급여충당부채와 관련된 세무조정사항

〈소득금액조정합계표〉

익금산입 및 손금불산입			손금산입 및 익금불산입		
과목	금액	처분	과목	금액	처분
퇴직급여충당부채	197,000,000	유보	퇴직급여충당부채	20,000,000	유보

자료 3. 당기말 현재 퇴직금추계액

- 일시퇴직시에 따른 퇴직급여추계액(15명)   210,000,000원
- 근로자퇴직급여 보장법에 따른 퇴직급여추계액(15명)   209,000,000원

세무조정 참고자료	1. 당사는 확정급여형(DB) 퇴직연금제도를 운영하고 있다. 2. 퇴직연금운용자산 계정과 전기 자본금과 적립금조정명세서(을)을 참고한다. 3. 퇴직급여충당부채와 관련된 세무조정사항은 [퇴직급여충당금조정명세서]와 [소득금액조정합계표]에 입력되어 있다.
수행과제	퇴직연금부담금 조정명세서를 작성하시오. 1. [2. 이미 손금산입한 부담금 등의 계산]에 해당금액을 반영하시오. 2. [1. 퇴직연금 등의 부담금 조정]에 해당금액을 반영하시오. 3. 소득금액조정합계표에 각 건별로 세무조정사항을 반영하시오.

[실무수행평가] - 법인세관리 2

번호	평가문제	배점
28	**평가문제 [퇴직연금부담금조정명세서 조회]** '4.당기말부인누계액'은 얼마인가?	3
29	**평가문제 [퇴직연금부담금조정명세서 조회]** 문제 [2]와 관련된 세무조정 대상 중 손금불산입(유보감소)으로 소득금액조정합계표에 반영할 총 금액은 얼마인가?	2
30	**평가문제 [퇴직연금부담금조정명세서 조회]** 문제 [2]와 관련된 세무조정 대상 중 손금산입(유보발생)으로 소득금액조정합계표에 반영할 총 금액은 얼마인가?	2

3 업무무관지급이자조정명세서(갑,을)

자료 1. 업무무관 자산현황

계정과목	금액	참 고 사 항
투자부동산	100,000,000원	2021년 7월 1일에 비업무용으로 취득하였다.
미술품	50,000,000원	2022년 4월 5일에 업무무관 자산인 미술품을 취득하였다.
소모품비(판)	8,000,000원	2025년 5월 2일에 환경미화 등의 목적으로 여러 사람이 볼 수 있는 공간(사무실)에 전시하는 미술품을 취득하였다.

자료 2. 이자비용 현황

이자율	이자비용	참 고 사 항
7%	9,200,000원	3,000,000원은 채권자 불분명사채이자이다. (원천징수세액 825,000원 포함)
6%	12,400,000원	1,700,000원은 건설 중인 공장건물(완공예정일 2026.9.30.)에 대한 차입금 이자이다.
4%	6,700,000원	

세무조정 참고자료	1. 자료 1, 자료 2는 당해연도 재무상태표 및 손익계산서에 반영이 되어 있다. 2. 가지급금 및 가수금은 [가지급금등의인정이자조정(갑,을)]의 데이터를 이용하기로 한다. 3. 제시된 자료 이외의 업무무관 자산은 없다.
수행과제	업무무관 지급이자조정명세서(갑,을)을 작성하시오. 1. 업무무관 지급이자조정명세서(을)를 작성하시오. 2. 업무무관 지급이자조정명세서(갑)를 작성하시오. 3. 소득금액조정합계표에 각 건별로 세무조정사항을 반영하시오.

[실무수행평가] – 법인세관리 3

번호	평가문제	배점
31	**평가문제 [업무무관 지급이자조정명세서(갑) 조회]** '①지급이자' 금액은 얼마인가?	2
32	**평가문제 [업무무관 지급이자조정명세서(갑) 조회]** 문제 [3]과 관련된 세무조정 대상 중 상여로 소득처분할 금액은 얼마인가?	2
33	**평가문제 [업무무관 지급이자조정명세서(갑) 조회]** 문제 [3]과 관련된 세무조정 대상 중 기타사외유출로 소득처분할 총금액은 얼마인가?	3

4　소득금액조정합계표

자료. 전기 자본금과 적립금 조정명세서(을) 내역

<table>
<tr><td colspan="7">[별지 제50호 서식(을)]　　　　　　　　　　　　　　　　　　　　　　(앞 쪽)</td></tr>
<tr><td rowspan="2">사업
연도</td><td rowspan="2">2024.01.01.
~
2024.12.31.</td><td colspan="3" rowspan="2">자본금과
적립금조정명세서(을)</td><td>법인명</td><td>(주)티원전자</td></tr>
<tr></tr>
<tr><td colspan="2">세무조정유보소득계산</td><td colspan="5"></td></tr>
<tr><td>①
과목 또는 사항</td><td>②
기초잔액</td><td colspan="2">당 기 중 증감</td><td>⑤ 기말잔액
(익기초현재)</td><td>비고</td></tr>
<tr><td></td><td></td><td>③ 감 소</td><td>④ 증 가</td><td></td><td></td></tr>
<tr><td>재고자산(원재료)평가감</td><td></td><td></td><td>2,000,000</td><td>2,000,000</td><td></td></tr>
<tr><td>대손금(외상매출금)</td><td></td><td></td><td>3,000,000</td><td>3,000,000</td><td></td></tr>
</table>

세무조정 참고자료	1. 전기의 재고자산(원재료)평가감 2,000,000원은 손금불산입으로 세무조정하였다. 2. 전기에 부도가 발생하여 대손처리 하였던 외상매출금 3,000,000원은 대손요건 　이 충족되었다.(비망계정 인식할 것.) 3. 이자수익에는 국세환급금 이자 520,000원이 포함되어 있다. 4. 당기말 토지를 재평가하고 다음과 같이 회계처리하였다. 　(차) 토지　　　30,000,000원　(대) 재평가잉여금　　　　　　30,000,000원 　　　　　　　　　　　　　　　　　　(기타포괄손익누계액) 5. 손익계산서의 법인세등 계정에 반영되어 있는 법인세와 법인지방소득세는 　36,300,479원이다.
수행과제	소득금액조정합계표에 각 건별로 세무조정사항을 반영하시오.

[실무수행평가] – 법인세관리 4

번호	평가문제	배점
34	**평가문제 [소득금액조정합계표 조회]** 문제 [4]와 관련된 세무조정 대상 중 손금산입(유보감소)으로 소득금액조정합계표에 반영할 총금액은 얼마인가?	3
35	**평가문제 [소득금액조정합계표 조회]** 문제 [4]와 관련된 세무조정 대상 중 익금산입(기타)으로 소득금액조정합계표에 반영 할 총금액은 얼마인가?	2
36	**평가문제 [소득금액조정합계표 조회]** 문제 [4]와 관련된 세무조정 대상 중 익금불산입(기타)으로 소득금액조정합계표에 반영 할 총금액은 얼마인가?	2

5 법인세과세표준 및 세액조정계산서

세무조정 참고자료	1. 각 사업연도 소득금액 내역

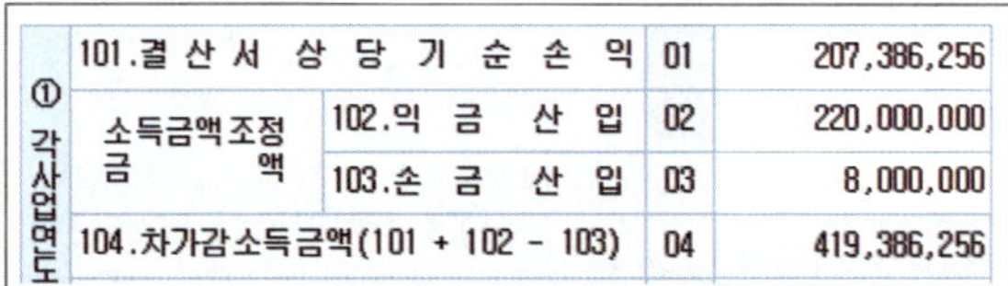

2. 일반기부금 한도초과액은 8,200,000원이다.
3. 이월결손금은 기 입력된 자본금과적립금조정명세서(갑) 내역을 참고하기로 한다.
4. 세액공제감면내역
   - 중소기업에 대한 특별세액 감면액은 18,000,000원이다.
   - 통합투자세액공제액은 5,000,000원이다.
   - 연구·인력개발비세액공제액은 5,200,000원이다.
5. 결산 시 법인세계정으로 대체한 선납세금계정에는 중간예납과 원천납부세액이 포함되어 있다.

수행과제	

법인세과세표준 및 세액조정계산서를 작성하시오.

※ 선택가능한 방법이 있는 경우에는 법인세부담을 최소화하는 방법을 선택한다.

1. 기 입력된 자료는 무시하고 제시된 각 사업연도 소득금액 내역을 이용하여 법인세과세표준 및 세액조정계산서에서 과세표준 및 산출세액을 계산하시오.
2. 일반기부금 한도초과액을 반영하시오.
3. 이월결손금을 반영하시오.
4. 공제감면세액을 반영하시오.
5. 영수증수취명세서를 참고하여 가산세를 반영하시오.
6. 중간예납세액 및 원천납부세액(지방소득세 제외)을 반영하시오.
7. 분납 가능한 최대한의 금액을 분납처리하시오.

[실무수행평가] - 법인세관리 5

번호	평가문제	배점
37	**평가문제 [법인세과세표준 및 세액조정계산서 조회]** '120.산출세액'은 얼마인가?	2
38	**평가문제 [법인세과세표준 및 세액조정계산서 조회]** '130.소계(26)'는 얼마인가?	2
39	**평가문제 [법인세과세표준 및 세액조정계산서 조회]** '155.차감납부세액(49)'은 얼마인가? ① 11,409,194원　　② 11,789,194원 ③ 13,849,194원　　④ 13,909,194원	3
	법인세관리 소계	35

최신 기출문제 제78회

실무이론평가

아래 문제에서 특별한 언급이 없으면 기업의 보고기간(회계기간)은 매년 1월 1일부터 12월 31일까지입니다. 또한 기업은 일반기업회계기준 및 관련 세법을 계속적으로 적용하고 있다고 가정하고 물음에 가장 합당한 답을 고르시기 바랍니다.

01 (주)한공은 기업의 이해관계자에게 적시성 있는 정보를 제공하기 위해 사업연도(1년) 단위 재무제표 뿐 아니라 반기 및 분기재무제표를 작성하여 공시하고 있다. 이와 관련된 재무제표의 기본가정은 무엇인가?

① 계속기업　　　② 기업실체
③ 발생주의 회계　　　④ 기간별 보고

02 다음의 대화에서 빈칸에 들어갈 내용으로 옳은 것은?

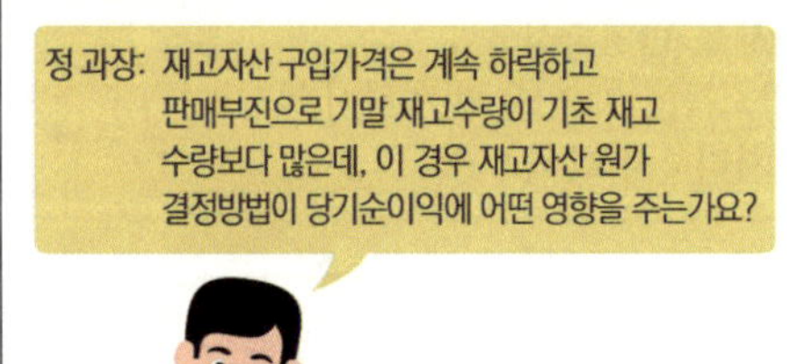

	(가)	(나)
①	선입선출법	후입선출법
②	후입선출법	선입선출법
③	선입선출법	총평균법
④	총평균법	후입선출법

03 (주)한공의 2025년 12월 말 현금 및 금융상품 관련 자산은 다음과 같다. (주)한공의 기말 재무상태표상 현금및현금성자산은 얼마인가?

• 자기앞수표	250,000원
• 타인발행수표	100,000원
• 당좌예금	50,000원
• 배당금지급통지서	30,000원
• 받을어음(만기 2026년 1월 31일)	100,000원

① 400,000원　　　② 410,000원
③ 430,000원　　　④ 500,000원

04 (주)한공의 결산정리사항 반영 전 법인세비용차감전순이익은 2,000,000원이다. (주)한공은 기중 현금을 수령하거나 지급할 경우 전액 수익 또는 비용으로 처리한다. 다음 결산정리사항을 반영한 후 법인세비용차감전순이익은 얼마인가?

• 미수이자	400,000원
• 선급비용	200,000원
• 미지급이자	300,000원
• 선수수익	100,000원

① 2,100,000원　　　② 2,200,000원
③ 2,400,000원　　　④ 2,500,000원

05 다음은 (주)한공의 2025년 말 보유중인 상품에 대한 자료이다. 다음 자료를 토대로 매출원가에 포함될 재고자산감모손실과 재고자산평가손실의 합계액을 계산하면 얼마인가? (단, 재고자산감모손실은 정상적으로 발생하였다.)

• 장부수량	1,000개
• 실사수량	920개
• 단위당 취득원가	1,000원
• 단위당 순실현가능가치	900원

① 80,000원　　　② 92,000원
③ 172,000원　　　④ 180,000원

06 다음 자료를 토대로 (주)한공의 2025년 제2기 확정 신고기간 부가가치세 과세표준을 계산하면 얼마인가? (단, 모든 금액에는 부가가치세가 포함되어 있지 아니하다.)

• 내국신용장에 의한 재화의 공급액	2,000,000원
• 중고승용차의 매각액	900,000원
• 주택과 그 부수토지의 임대용역	400,000원
• 공급받은 자에게 도달하기 전에 파손된 재화의 가액	1,000,000원

① 400,000원   ② 2,400,000원
③ 2,900,000원   ④ 3,900,000원

07 다음 중 소득세법상 연말정산에 대한 설명으로 옳지 않은 것은?

① 간편장부대상자인 보험모집인에게 사업소득을 지급하는 원천징수의무자는 사업소득금액에 대해 연말정산을 하여야 한다.

② 공적연금을 지급하는 원천징수의무자는 2025년 연금소득에 대하여 2026년 2월분 공적연금을 지급할 때 연말정산을 하여야 한다.

③ 중도 퇴직자에게 근로소득을 지급하는 원천징수의무자는 퇴직한 달의 급여를 지급할 때 연말정산을 하여야 한다.

④ 일용근로소득을 지급하는 원천징수의무자는 해당 소득에 대한 연말정산을 하지 않는다.

08 다음은 제조업을 영위하는 개인사업자 김한공 씨의 손익계산서에 반영되어 있는 자료이다. 사업소득 총수입금액의 합계액은 얼마인가? (단, 김한공 씨는 간편장부대상자이다.)

가. 매출액	10,000,000원
나. 거래상대방으로부터 받은 판매장려금	4,000,000원
다. 기계장치처분이익	9,000,000원
라. 공장건물의 화재로 인한 보험차익	2,000,000원
마. 배당금수익	1,000,000원

① 14,000,000원   ② 16,000,000원
③ 24,000,000원   ④ 25,000,000원

09 다음 자료를 토대로 (주)한공의 제10기(2025. 1.1. ~ 2025.12.31.) 상여로 소득처분 할 금액의 합계액은 얼마인가?

가. 발행주식총수의 20%를 소유하고 있는 대표이사(갑)가 개인적으로 부담하여야 할 기부금을 (주)한공이 지출한 금액	5,000,000원
나. 퇴직한 임원(을)의 퇴직금 한도초과액	8,000,000원
다. 소액주주인 사용인(병)에 대한 사회통념상 타당한 범위를 초과하는 경조사비 지출액	2,000,000원
라. 발행주식총수의 10%를 소유하고 있는 (주)회계와 공동행사에 사용한 비용으로서, 법인세법상 한도초과액	3,500,000원

① 8,000,000원   ② 13,000,000원
③ 15,000,000원   ④ 18,500,000원

10 다음 중 법인세 신고를 위한 각 사업연도 소득금액 계산 시 세무조정을 하여야 하는 경우는?

① 급여지급기준을 초과하여 직원(지배주주 등인 직원이 아님)에게 지급한 상여금을 급여(판매비와관리비)로 회계처리하였다.

② 토지매입시 부담한 취득세(농어촌특별세와 지방교육세 포함)를 토지의 취득가액에 포함하여 회계처리하였다.

③ 지분법적용투자주식의 지분법평가로 인한 이익을 지분법이익(영업외수익)으로 회계처리하였다.

④ 유형자산의 취득과 함께 국·공채를 매입하는 경우 기업회계기준에 따라 그 국·공채의 매입가액과 현재가치의 차액을 해당 유형자산의 취득가액으로 계상하였다.

실무수행평가

(주)두레테크(회사코드 1178)는 조명장치를 제조하여 판매하는 법인기업으로 회계기간은 제7기(2025.1.1. ~ 2025.12.31.)이다. 제시된 자료와 [자료설명]을 참고하여 [수행과제]를 완료하고 [평가문제]의 물음에 답하시오.

실무수행 유의사항	1. 부가가치세 관련거래는 [매입매출전표입력]메뉴에 입력하고, 부가가치세 관련 없는 거래는 [일반전표입력]메뉴에 입력한다. 2. 타계정 대체와 관련된 적요는 반드시 코드를 입력하여야 한다. 3. 채권·채무, 예금거래 등 관리대상 거래자료에 대하여는 반드시 거래처코드를 입력한다. 4. 자금관리 등 추가 작업이 필요한 경우 문제의 요구에 따라 추가 작업하여야 한다. 5. 제조경비는 500번대 계정코드를 사용한다. 6. 판매비와관리비는 800번대 계정코드를 사용한다. 7. 등록된 계정과목 중 가장 적절한 계정과목을 선택한다. 8. [실무수행 5. 법인세관리]는 별도의 회사가 주어지므로 회사 선택에 유의한다.

실무수행 ◉ 거래자료입력

실무프로세스자료이다. [자료설명]을 참고하여 [수행과제]를 수행하시오.

1 리스회계

자료 1. 전자세금계산서

전자세금계산서				(공급받는자 보관용)			승인번호		

공급자	등록번호	135-81-11229			공급받는자	등록번호	104-81-43125		
	상호	(주)한화리스기계	성명 (대표자)	이선경		상호	(주)두레테크	성명 (대표자)	윤기성
	사업장 주소	서울특별시 강남구 강남대로 100				사업장 주소	서울특별시 강동구 강동대로 183 (성내동)		
	업태	제조, 서비스업	종사업장번호			업태	제조업	종사업장번호	
	종목	기계 리스				종목	조명장치 외		
	E-Mail	hanwh@bill36524.com				E-Mail	doore@bill36524.com		

작성일자	2025.4.25.	공급가액	60,000,000	세액	6,000,000	비 고	
비고							

월	일	품목명	규격	수량	단가	공급가액	세액	비고
4	25	CNC선반	대	1		60,000,000	6,000,000	

합계금액	현금	수표	어음	외상미수금	이 금액을	○ 영수 ◉ 청구	함
66,000,000				66,000,000			

자료 2. 리스원리금 상환표

(단위: 원)

회차	일자	리스료	리스이자	원금상환액	미상환원금잔액
리스계약일	2025.4.25.	–	–	–	60,000,000
1	2025.5.25.	1,132,274	250,000	882,274	59,117,726
2	2025.6.25.	1,132,274	246,323	885,951	58,231,775
3	2025.7.25.	1,132,274	242,623	889,642	57,342,133
4	2025.8.25.	1,132,274	238,925	893,349	56,448,784

자료 3. 보통예금(국민은행) 거래내역

번호	거래일	내용	찾으신금액	맡기신금액	잔액	거래점
		계좌번호 150-581-541300 (주)두레테크				
1	2025-4-25	부가세	6,000,000		***	***
2	2025-5-25	(주)한화리스기계	1,132,274		***	***

자료설명	(주)한화리스기계와 CNC선반 구입에 대한 리스계약 체결하고, 해당 기계를 구입하였다. 이 기계에 대한 리스계약은 금융리스 요건을 충족한다. 1. 자료 1은 (주)한화리스기계로 부터 발급받은 전자세금계산서이다. 2. 자료 2는 리스원리금 상환표이다. 3. 자료 3은 리스료 1회차를 국민은행 보통예금계좌에서 이체한 내역이다. 4. 회사는 금융리스부채에 대하여 '금융리스차입금' 계정을 사용하고 있다.
수행과제	1. 4월 25일 기계장치 취득에 대한 거래자료를 입력하시오. 2. 5월 25일 리스료 1회차 지급에 대한 거래자료를 입력하시오.

2 중간배당

이 사 회 의 사 록

주식회사 두레테크

2025년 5월 1일 11시 본 회사의 본점 회의실에서 이사회를 개최하다.

이사총수 3명 중 출석이사수 3명
감사총수 1명 중 출석감사수 1명

대표이사 윤기성은 정관의 규정에 따라 의장석에 등단하여 위와 같이 법정수에 달하는 의결권을 가진 이사가 출석하였으므로 본 이사회가 적법하게 성립되었음을 고하고 개회를 선언한 후 다음의 의안을 부의하고 심의를 구한다.

제1호 의안: 중간배당(안)

의장은 당사의 영업 내용에 비추어 중간배당을 할 필요가 있다고 판단되고, 배정기준일과 배당의 내용을 다음과 같이 승인하여 줄 것을 물은 바, 출석이사 전원의 찬성으로 승인가결하다.

배당기준일	배당금액	배당금지급시기
2025년 5월 1일	금 5,000,000원	2025년 5월 10일

의장은 이상으로서 회의목적인 의안 전부의 심의를 종료하였으므로 폐회한다고 선언하다. (회의종료시각 11시 40분)

위 의사의 경과요령과 결과를 명확히 하기 위하여 이 의사록을 작성하고 의장과 출석한 이사가 기명날인 또는 서명하다.

2025년 5월 1일

– 이하 생략 –

자료설명	회사는 자료와 같이 중간배당에 대하여 이사회 결의를 하였다.
수행과제	이사회 결의일의 거래자료를 입력하시오.('372.중간배당금' 계정을 사용할 것.)

실무수행 ◎ 부가가치세관리

부가가치세 신고 관련 자료이다. [자료설명]을 참고하여 [수행과제]를 수행하시오.

1 수정전자세금계산서의 발급

전자세금계산서		(공급자 보관용)		승인번호		

공급자	등록번호	104-81-43125			
	상호	(주)두레테크	성명(대표자)	윤기성
	사업장주소	서울특별시 강동구 강동대로 183 (성내동)		
	업태	제조업		종사업장번호
	종목	조명장치 외		
	E-Mail	doore@bill36524.com		

공급받는자	등록번호	116-82-01538			
	상호	(주)쿨조명	성명(대표자)	김성일
	사업장주소	서울특별시 강남구 강남대로 256 (도곡동, 대우양재디오빌)		
	업태	도소매업		종사업장번호
	종목	조명기구 외		
	E-Mail	clean@bill36524.com		

작성일자	2025.6.21.	공급가액	2,500,000	세 액	250,000
비고					

월	일	품목명	규격	수량	단가	공급가액	세액	비고
6	21	LED 조명		10	250,000	2,500,000	250,000	

합계금액	현금	수표	어음	외상미수금	이 금액을	○ 영수 함 ● 청구
2,750,000				2,750,000		

자료설명	1. (주)쿨조명에 제품을 공급하고 발급한 전자세금계산서이다. 2. 6월 27일에 해당 제품의 하자가 일부 발견되어 공급가액의 5%를 차감하기로 하였다.(외상대금 및 제품매출에 (-)로 처리할 것.)
수행과제	수정사유를 선택하여 **전자세금계산서 발행 및 내역관리** 메뉴에서 발급 및 전송하시오. (전자세금계산서 발급 시 결제내역 입력 및 전송일자는 무시할 것.)

2　예정신고누락분의 확정신고 반영

자료 1. 매출(제품) 전자세금계산서 발급 목록

매출 전자세금계산서 목록								
번호	작성일자	승인번호	발급일자	전송일자	상호	공급가액	세액	전자세금계산서 종류
1	2025-8-20	생략	2025-11-1	2025-11-2	(주)이상조명	10,000,000	0	영세율
2	2025-9-24	생략	2025-11-1	2025-11-2	(주)빛샘조명	20,000,000	2,000,000	일반

자료 2. 매입 전자세금계산서 수취 목록

매입 전자세금계산서 목록								
번호	작성일자	승인번호	발급일자	전송일자	상호	공급가액	세액	전자세금계산서 종류
1	2025-9-30	생략	2025-9-30	2025-10-1	(주)현대카센타	1,500,000	150,000	일반

자료설명	제2기 부가가치세 예정신고 시 누락한 자료이다.
	1. 자료 1은 제품을 외상으로 매출하고 발급한 전자세금계산서이다.
	2. 자료 2는 대표이사가 사용하는 법인차량(제네시스(3,470cc))을 외상으로 수리하고 발급받은 전자세금계산서이다.
	3. 위의 거래내용을 반영하여 제2기 부가가치세 확정신고서를 작성하려고 한다.
	4. 2026년 1월 25일 신고 및 납부하며, 신고불성실가산세는 일반과소 신고에 의한 가산세율을 적용하고 미납일수는 92일로 한다.(단, 원 단위 미만 버림.)
수행과제	1. 누락된 자료를 입력하시오. (전자세금계산서 발급거래는 '전자입력'으로 입력하며, 예정신고누락분 신고대상월은 10월로 입력할 것.)
	2. 가산세를 적용하여 제2기 부가가치세 확정신고서를 작성하시오.

실무수행 ◉ 결산

[결산자료]를 참고로 결산을 수행하시오.(단, 제시된 자료 이외의 자료는 없다고 가정함.)

1 수동결산 및 자동결산

자료설명	
	1. 외화평가

계정과목	거래처	발생일	외화금액	원화금액	결산시 환율
장기차입금	ENVISER	2025.01.05.	US$ 20,000	26,400,000원	1,400원/US$

2. 재고자산 실사내역

구 분	실사내역			
	단위당 원가	수량	금액	비고
제 품	200,000원	400개	80,000,000원	

※ 매출거래처가 구입의사를 표시하지 않은 시용판매분 재고금액은 15,000,000원 이며, 실사내역에 포함되어 있지 않다.

3. 이익잉여금처분계산서 처분 예정(확정)일
 – 당기: 2026년 3월 3일
 – 전기: 2025년 3월 3일

수행과제

결산을 완료하고 이익잉여금처분계산서에서 손익대체분개를 하시오.
(단, 이익잉여금처분내역은 없는 것으로 하고 미처분이익잉여금 전액을 이월이익잉여금으로 이월하기로 할 것.)

평가문제 ◎ 실무수행평가 (70점)

입력자료 및 회계정보를 조회하여 [평가문제]의 답안을 입력하시오.

<table>
<tr><td rowspan="7">평가문제
답안입력
유의사항</td><td colspan="3">❶ 답안은 지정된 단위의 숫자로만 입력해 주십시오.
　* 한글 등 문자 금지, 콤마(,) 외 기호 금지</td></tr>
<tr><td></td><td>정답</td><td>오답(예)</td></tr>
<tr><td>(1) 금액은 원 단위로 숫자를 입력하되, 천 단위 콤마(,)는
　　생략 가능합니다.</td><td>1,245,000
1245000</td><td>1,245.000
1,245,000원
1,245,0000
12,45,000
1,245천원</td></tr>
<tr><td>(1-1) 답이 0원인 경우 반드시 "0" 입력
(1-2) 답이 음수(-)인 경우 숫자 앞에 " - " 입력</td><td></td><td></td></tr>
<tr><td>(2) 질문에 대한 답안은 숫자로만 입력하세요.</td><td>4</td><td>04
4/건/매/명
04건/매/명</td></tr>
<tr><td>(3) 거래처 코드번호는 5자리로 입력하세요.</td><td>00101</td><td>101
00101번</td></tr>
<tr><td colspan="3">❷ 더존 프로그램에서 조회되는 자료를 복사하여 붙여넣기가 가능합니다.
❸ 수행과제를 올바르게 입력하지 않고 작성한 답과 모범답안이 다른 경우 오답처리됩니다.</td></tr>
</table>

[실무수행평가] - 재무회계

번호	평가문제	배점
11	**평가문제 [거래처원장 조회]** 6월 말 (주)쿨조명의 외상매출금 잔액은 얼마인가?	2
12	**평가문제 [합계잔액시산표 조회]** 5월 말 유동부채 잔액은 얼마인가?	3
13	**평가문제 [손익계산서 조회]** 12월 말 영업외비용 합계는 얼마인가?	2
14	**평가문제 [재무상태표 조회]** 12월 말 재고자산은 얼마인가?	2
15	**평가문제 [재무상태표 조회]** 12월 말 금융리스차입금 잔액은 얼마인가?	3
16	**평가문제 [재무상태표 조회]** 12월 31일 현재 이월이익잉여금(미처분이익잉여금) 잔액은 얼마인가? ① 535,002,942원 ② 548,965,030원 ③ 585,663,021원 ④ 485,623,778원	2
17	**평가문제 [전자세금계산서 발행 및 내역관리 조회]** 6월 27일자 수정세금계산서의 수정입력사유를 코드번호로 입력하시오.	2
18	**평가문제 [부가가치세신고서 조회]** 제2기 확정 신고기간 부가가치세신고서의 '과세표준 합계(9란)' 세액은 얼마인가?	3
19	**평가문제 [부가가치세신고서 조회]** 제2기 확정 신고기간 부가가치세신고서의 '매입세액 차감계(17란)' 세액은 얼마인가?	3
20	**평가문제 [부가가치세신고서 조회]** 제2기 확정 신고기간 부가가치세신고서의 '가산세액(26란)' 합계금액은 얼마인가?	3
	재무회계 소계	25

실무수행 ◎ **원천징수관리**

인사급여 관련 실무프로세스를 수행하시오.

1 급여자료 입력

자료 1. 2월 급여자료

(단위: 원)

사원	기본급	상여	근속수당	식대	자가운전 보조금	국외근로 수당	국민 연금	건강 보험	고용 보험	장기 요양보험
이길동	3,000,000	기본급의 100%	200,000	300,000	300,000	1,500,000	프로그램에서 자동 계산된 금액으로 공제한다.			

자료 2. 수당등록사항

코드	수당명	내 용
200	근속수당	근속연수에 따라 차등 지급한다.
201	식대	식사를 제공 하고 있다.
202	자가운전 보조금	근로자 본인 소유 차량을 회사업무에 사용할 경우 지급하며, 별도의 비용은 지급하지 않는다.
203	국외근로 수당	해외 현장에서 건설지원 업무를 담당하는 직원에게 지급한다.

자료설명	해외사업부 이길동 사원(2000)의 급여자료이다. 1. 급여지급일은 당월 25일이다. 2. 사회보험료와 소득세 및 지방소득세는 자동계산된 금액으로 공제한다. 3. 매년 2월은 급여와 상여금을 동시에 지급하고 있다.
수행과제	1. [사원등록] 메뉴에서 국외근로수당 비과세여부를 적용하시오. 2. [급여자료입력] 메뉴에 수당등록을 하시오. 3. 2월 급여자료를 입력하시오.(구분은 '2.급여+상여'로 선택할 것.)

2 배당소득의 원천징수

소득자 정보	성 명	이소형 (코드 00001)
	거주구분(내국인 / 외국인)	거주자 / 내국인
	주민등록번호	991225-2024104
	귀속년월 / 지급년월일	2025년 6월 / 2025년 6월 30일
	지급금액	5,000,000원
기타 관리 항목	계좌번호	신한은행 022-24-1234
	과세구분	일반세율(14%)
	금융상품	B52.[법인배당-소액주주] 내국법인 비상장
	조세특례등	NN.조세특례 등을 적용받지 않고 원천징수한 경우
	유가증권 표준코드	1048143125 (비상장주식회사는 사업자등록번호를 입력하며, '-'은 제외한다.)

자료설명	비상장주식회사인 (주)두레테크는 소액주주인 이소형에게 배당소득을 지급한 내역이다.
수행과제	1. 기타소득자입력을 하시오. 2. 이자배당소득자료입력 메뉴를 통하여 소득세를 산출하시오. 3. 원천징수이행상황신고서를 작성하시오.

[실무수행평가] – 원천징수관리

번호	평가문제	배점
21	**평가문제 [급여자료입력 조회]** 이길동의 2월 급여 지급 시 공제한 소득세는 얼마인가?	3
22	**평가문제 [급여자료입력 조회]** 2월 급여의 비과세 총액은 얼마인가?	2
23	**평가문제 [기타소득자입력 조회]** 이소형의 소득구분 코드 3자리를 입력하시오.	3
24	**평가문제 [원천징수이행상황신고서(귀속월, 지급월 6월) 조회]** '10.소득세'의 'A99.총합계'는 얼마인가?	2
	원천징수 소계	10

(주)지민산업(회사코드 5178)은 중소기업으로 사업연도는 제20기(2025.1.1. ~ 2025.12.31.)이다. 입력된 자료와 세무조정 참고자료에 의하여 법인세무조정을 수행하시오.

〈작성대상서식〉

1 감가상각비조정명세서
2 기업업무추진비 조정명세서(갑,을)
3 가지급금 등의 인정이자 조정명세서(갑,을)
4 기부금조정명세서
5 가산세액 계산서

1 감가상각비조정명세서

자료 1. 감가상각 자료

고정자산 내역	코드	자산명	경비 구분	업종 코드	취득일	취득금액	전기말 상각누계액	당기 회사 감가상각비	비고
건물 (정액법 40년)	101	공장 건물	제조	08	2023.3.1.	180,000,000원	8,250,000원	4,500,000원	(주1)
기계장치 (정률법 5년)	201	포장기	제조	28	2024.1.2.	80,000,000원	36,080,000원	18,200,000원	(주2)

(주2) 당사는 중소기업특별세액감면 대상 법인으로 2025년 귀속 감면세액은 12,720,000원이라고 가정한다.

자료 2. 당기 고정자산 관련 비용처리 내역

일자	계정과목	금액	비고
2025.9.1.	수선비(제)	30,000,000원	(주1) 공장건물 용도변경 개조를 위한 비용으로 자산요건을 충족하나 회사는 전액 비용 처리하였다.

세무조정 참고자료	1. 자료는 당기의 감가상각 관련 자료이다. 2. 제시된 자산외에는 감가상각을 하지 않는다고 가정한다.
수행과제	감가상각비조정명세서를 작성하시오. 1. 감가상각액을 산출하기 위하여 고정자산을 각각 등록하시오. (고정자산등록에 관련된 자료는 주어진 자료를 최대한 입력 할 것.) 2. [미상각분 감가상각조정명세]를 작성하시오. 3. [감가상각비조정명세서합계표]를 작성하시오. 4. 소득금액조정합계표에 개별자산별로 세무조정사항을 반영하시오.

[실무수행평가] – 법인세관리 1

번호	평가문제	배점
25	**평가문제 [감가상각비조정명세서합계표 조회]** 문제 [1]과 관련된 세무조정 대상 중 손금불산입(유보)으로 소득처분할 금액은 얼마인가?	3
26	**평가문제 [감가상각비조정명세서합계표 조회]** 문제 [1]과 관련된 세무조정 대상 중 손금산입(유보)으로 소득처분할 금액은 얼마인가?	2
27	**평가문제 [감가상각비조정명세서합계표 조회]** '(105)회사손금계상액 ②합계액'은 얼마인가?	2

2 기업업무추진비 조정명세서(갑, 을)

세무조정 참고자료	1. 수입금액에는 특수관계인과의 거래금액 80,000,000원이 포함되어 있다. 2. 접대비(기업업무추진비) 계정금액 및 접대비(기업업무추진비) 중 신용카드 등 사용금액은 기장된 자료에 의해 자동반영 한다. 3. 접대비(기업업무추진비)(판) 중 문화기업업무추진비는 적요번호 8번(신용카드 사용분)으로 기장되어 있다. 4. 접대비(기업업무추진비)(판) 중 증빙 누락분 접대비(기업업무추진비)와 대표이사 개인사용 접대비(기업업무추진비)가 포함되어 있다. 　– 증빙 누락분 접대비(기업업무추진비): 400,000원(1건) 　– 대표이사 개인사용 접대비(기업업무추진비)(법인카드 사용): 2,200,000원(1건) 5. 4월 20일 접대비(기업업무추진비)(판) 1,000,000원은 직원카드로 결제하였으나, 장부 기장 시 법인카드 사용액으로 입력하였다. 6. 접대비(기업업무추진비)(판)는 모두 건당 3만원을 초과한다. 7. 당사는 의약품 제조를 주업으로 하는 기업으로 부동산임대업이 주업이 아니다.
수행과제	기업업무추진비 조정명세서(갑,을)을 작성하시오. 1. [기업업무추진비조정명세서(을)] [경조사비등 설정]에서 적요번호를 입력하여 문화사업 기업업무추진비가 자동반영되도록 하시오. 2. [기업업무추진비조정명세서(을)]을 작성하시오. 3. [기업업무추진비조정명세서(갑)]을 작성하시오. 4. 소득금액조정합계표에 각 건별로 세무조정사항을 반영하시오.

[실무수행평가] – 법인세관리 2

번호	평가문제	배점
28	**평가문제 [기업업무추진비조정명세서 조회]** 기업업무추진비조정명세서(갑)의 '1.기업업무추진비 해당 금액'은 얼마인가?	3
29	**평가문제 [기업업무추진비조정명세서 조회]** 기업업무추진비조정명세서(갑)의 '2.기준금액 초과 기업업무추진비 중 신용카드 미사용으로 인한 손금불산입액'은 얼마인가?	2
30	**평가문제 [기업업무추진비조정명세서 조회]** 기업업무추진비조정명세서(갑)의 '14.한도초과액'은 얼마인가?	2

3　가지급금 등의 인정이자 조정명세서(갑,을)

자료 1. 가지급금 관련 자료

월 일	대여액	회수액	잔 액	비 고
2025. 5.17.	80,000,000원		80,000,000원	대표이사 김지민
2025. 6.30.		15,000,000원	65,000,000원	대표이사 김지민
2025.10.10.	5,000,000원		70,000,000원	대표이사 김지민
2025.11.30.	30,000,000원		100,000,000원	사원 김성실의 전세자금 대여액

자료 2. 가수금 관련 자료

월 일	차입액	상환액	잔 액	비 고
2025. 1. 2.	20,000,000원		20,000,000원	대표이사 김지민
2025. 3.20.		20,000,000원		대표이사 김지민

자료 3. 차입금

[장기차입금(제일은행) 내역]

차입일자	차입액	상환액	잔액	이자율
전기이월	300,000,000원		300,000,000원	연 5.4%
2025.10.30.		100,000,000원	200,000,000원	연 5.4%

[단기차입금(농협은행) 내역]

차입일자	차입액	상환액	잔액	이자율
전기이월	100,000,000원		100,000,000원	연 4.8%

세무조정 참고자료	1. 자료 1과 자료 2는 가지급금과 가수금 내역이다. 2. 자료 3은 당사의 차입금 내역이다. 3. 회사는 최초로 가지급금이 발생하였으며, 인정이자 계산 시 당좌대출이자율 (4.6%)과 가중평균차입이자율 중 낮은 이자율을 선택하기로 한다. 4. 가지급금에 대한 약정된 이자는 없는 것으로 한다. 5. 대표이사에 대한 가지급금과 가수금은 상계하여 적수계산을 한다. 6. 사원 김성실은 중소기업의 근로자에 해당하며, 지배주주 등 특수관계자에 해당 하지 않는다.
수행과제	가지급금 등의 인정이자 조정명세서(갑,을)를 작성하시오. 1. [2.이자율별 차입금 잔액계산]을 하시오. 2. [3.가지급금, 가수금적수계산]에서 [계정별원장 데이터불러오기]를 이용하여 가지급금 및 가수금의 적수계산을 하시오. 3. 법인세부담이 최소화 되는 방향으로 세무조정하여 인정이자를 계산하시오. 4. [4.인정이자계산]에서 조정대상금액을 계산하시오. 5. 소득금액조정합계표에 각 건별로 세무조정사항을 반영하시오.

[실무수행평가] - 법인세관리 3

번호	평가문제	배점
31	**평가문제 [가지급금 등의 인정이자 조정명세서 조회]** 대표이사 김지민의 '14.차감적수' 금액은 얼마인가? ① 0원 ② 14,420,000,000원 ③ 15,360,000,000원 ④ 15,960,000,000원	2
32	**평가문제 [가지급금 등의 인정이자 조정명세서 조회]** 근로자 김성실의 '14.차감적수' 금액은 얼마인가? ① 0원 ② 960,000,000원 ③ 14,400,000,000원 ④ 15,360,000,000원	2
33	**평가문제 [가지급금 등의 인정이자 조정명세서 조회]** 문제 [3]과 관련된 세무조정 대상 중 익금산입으로 소득처분할 금액은 얼마인가?	3

4 기부금조정명세서

자료. 기부금명세

3.과 목	일자		5. 적 요	6. 법인명등	비고
기부금	1	7	(특례)사립대학 연구비	대한대학교	
기부금	6	15	(특례)모금행사 기부	강원도청	
기부금	10	12	(특례)수재민돕기 성금지급	MBC	
기부금	11	12	(일반)장학재단기부금 지급	한국장학회	
기부금	12	22	(일반)종교단체기부금	서울천주교회유지재단	
기부금	12	26	대표이사 종친회 회비	종친회	

세무조정 참고자료	1. 기부금명세서는 [계정별원장 데이터불러오기]를 이용하여 조회하기로 한다. (기부처에 대한 사업자번호 입력은 생략한다.) 2. 이월결손금은 없으며, 기부금의 한도초과 이월명세는 다음과 같다.

사업연도	기부금의 종류	한도초과액	기공제액
2023	「법인세법」 제24조 제2항 제1호에 따른 특례기부금	12,000,000원	7,000,000원

3. 기부금 세무조정을 반영하기전 법인세과세표준 및 세액조정계산서상 차가감 소득금액 내역은 다음과 같다.

구 분		금액
결산서상 당기순손익		220,570,971원
소득조정금액	익금산입	82,520,000원
	손금산입	34,500,000원
차가감소득금액		268,590,971원

4. 기부금계정 이외에는 기 입력된 자료를 이용한다.

수행과제	기부금조정명세서를 작성하시오. 1. [기부금명세서]를 작성하고 소득금액조정합계표에 각 건별로 세무조정사항을 반영하시오. 2. 기 입력된 자료는 무시하고 제시된 소득금액을 반영하여 [기부금조정명세서]를 작성하시오.

[실무수행평가] – 법인세관리 4

번호	평가문제	배점
34	**평가문제 [기부금 조정명세서 조회]** '1.소득금액계'는 얼마인가?	2
35	**평가문제 [기부금 조정명세서 조회]** 문제 [4]와 관련된 세무조정 대상 중 손금불산입(상여)으로 소득금액조정합계표에 반영할 금액은 얼마인가?	2
36	**평가문제 [기부금 조정명세서 조회]** '20.한도초과액합계'는 얼마인가?	3

5 가산세액 계산서

자료 1. 3만원 초과 지출 내역

계정과목	금 액	참 고 사 항
세금과공과금(판)	128,000원	제2기 부가가치세 확정신고의 간주임대료에 대한 부가가치세액
외주가공비(제)	5,000,000원	한솔기업(서울소재, 간이과세자)으로부터 임가공용역을 제공받고 대금은 금융기관을 통하여 송금하고 경비등 송금명세서 미제출
교육훈련비(판)	2,500,000원	소득세법상 원천징수 대상 사업소득으로서 적절하게 원천징수하여 세액을 신고납부
소모품비(제)	200,000원	일반과세사업자로부터 소모용 자재를 구입하고 거래명세서 수취

자료 2. 기타 가산세 대상 내역

구 분	해당금액	참 고 사 항
간이지급명세서(근로소득) 미제출	20,000,000원	제출기한 경과 후 1개월 이내 제출
주식등 변동상황명세서 변동상황 미제출	10,000,000원	제출기한 경과 후 1개월 이내 제출

세무조정 참고자료	자료 1, 자료 2는 가산세 대상내역이며, 제시된 자료 외의 가산세 대상 자료는 없다.
수행과제	가산세액 계산서를 작성하시오. 1. 자료 1, 자료 2에 대한 가산세액을 반영하시오. (경과일수를 파악하여 가산세율에 감면을 적용할 것.) 2. 가산세액을 법인세과세표준 및 세액조정계산서에 반영하시오.

[실무수행평가] – 법인세관리 5

번호	평가문제	배점
37	**평가문제 [가산세액 계산서 조회]** 지출증명서류 미수취 가산세액은 얼마인가?	2
38	**평가문제 [가산세액 계산서 조회]** 지급명세서 관련 가산세액 소계 금액은 얼마인가?	2
39	**평가문제 [법인세과세표준 및 세액조정계산서 조회]** '124.가산세액' 금액은 얼마인가?	3
	법인세관리 소계	**35**

제3장

출제예상 모의고사

■ 비대면 시험 새롭게 추가된
평가문제 완벽대비 기능

출제예상 모의고사 제1회

아래 문제에서 특별한 언급이 없으면 기업의 보고기간(회계기간)은 매년 1월 1일부터 12월 31일까지입니다. 또한 기업은 일반기업회계기준 및 관련 세법을 계속적으로 적용하고 있다고 가정하고 물음에 가장 합당한 답을 고르시기 바랍니다.

실무이론평가

01 다음 중 재무제표 작성에 관한 설명으로 옳지 않은 것은?

① 수익과 비용은 그 현금유출입이 있는 기간이 아니라 당해 거래나 사건이 발생한 기간에 인식한다.

② 단기매매증권에 대한 미실현보유손익은 기타포괄손익계액으로 처리한다.

③ 전기 이전기간에 발생한 중대한 오류의 수정은 자산, 부채 및 자본의 기초금액에 반영한다.

④ 미지급비용, 미수수익, 선급비용, 선수수익 등에 관한 결산정리 분개는 기간별 보고의 가정 및 발생주의 기준을 적용하기 때문에 나타나는 것이다.

02 다음은 (주)한공의 2025년 12월 31일 재고자산 현황이다. 재고자산평가손실은 얼마인가?(각 제품은 서로 상이하고 관련이 없는 것으로 가정한다)

종목	취득원가	추정판매금액	추정판매비용	현행대체원가
A제품	200,000원	210,000원	30,000원	190,000원
B제품	250,000원	280,000원	20,000원	240,000원
C제품	150,000원	160,000원	10,000원	130,000원
계	600,000원	650,000원	60,000원	560,000원

① 10,000원
② 20,000원
③ 30,000원
④ 40,000원

03 다음은 한공백화점의 상품매매와 관련한 내용이다. 한공백화점의 수익으로 인식되는 시점은?

- 2025년 3월 25일:
  한공백화점은 상품권 1,000,000원을 발행함.
- 2025년 4월 8일:
  고객으로부터 책상 주문과 관련한 계약금 30,000원을 수령함.
- 2025년 4월 12일:
  고객이 가구매장을 방문하여 잔금 270,000원 중 200,000원은 한공 백화점이 발행한 상품권으로 결제하고 70,000원은 신용카드로 결제함.
- 2025년 4월 12일:
  책상은 배송업체를 통해 고객에게 전달됨.
- 2025년 4월 20일:
  신용카드결제대금 70,000원이 한공백화점의 보통예금계좌에 입금됨.

① 3월 25일
② 4월 8일
③ 4월 12일
④ 4월 20일

04 다음 자료에 의해 (주)한공의 매도가능증권처분손익을 계산한 금액으로 옳은 것은?

- 2024년 8월 10일
  매도가능증권 500주를 1주당 공정가치 7,000원에 현금으로 취득하다.
- 2024년 12월 31일
  매도가능증권을 1주당 공정가치 9,000원으로 평가하다.
- 2025년 7월 1일
  매도가능증권 500주를 1주당 6,000원에 처분하고 주금은 현금으로 수취하다.

㉮ (차) 현금	3,000,000원
매도가능증권처분손실	500,000원
(대) 매도가능증권	3,500,000원

㉯ (차) 현금	3,000,000원
매도가능증권평가이익	1,000,000원
(대) 매도가능증권	3,500,000원
매도가능증권처분이익	500,000원

㉰ (차) 현금	3,000,000원
매도가능증권처분손실	1,500,000원
(대) 매도가능증권	4,500,000원

㉱ (차) 현금	3,000,000원
매도가능증권평가이익	1,000,000원
매도가능증권처분손실	500,000원
(대) 매도가능증권	4,500,000원

① ㉮
② ㉯
③ ㉰
④ ㉱

05 다음 중 부가가치세법상 세금계산서 또는 전자세금계산서에 대한 설명으로 옳지 않은 것은?

① 공급연월일은 임의적 기재사항이다.
② 세금계산서 발급의무가 있는 사업자가 세금계산서를 발급하지 아니하면 가산세가 부과된다.
③ 사업자가 전자세금계산서를 발급한 때에는 전자세금계산서를 발급일이 속하는 과세기간 마지막 날의 다음 달 10일까지 전자세금계산서 발급명세를 국세청장에게 전송해야 한다.
④ 소매업을 영위하는 일반과세자는 공급받는 자가 세금계산서 발급을 요구하지 아니하면 세금계산서 발급의무가 면제된다.

06 다음은 개인사업자인 한공실업(의류제조업)의 거래내용이다. 2025년 제1기 부가가치세 매출세액에서 공제받을 수 있는 매입세액은 얼마인가?(단, 필요한 세금계산서는 적법하게 수취하였다.)

일 자	거 래 내 용	매입세액
1월 10일	중고 기계장치 매입	11,000,000원
2월 12일	기업업무추진비 지출	5,000,000원
4월 15일	원재료 매입	15,000,000원
5월 18일	업무용 트럭 수선비	2,000,000원
6월 23일	업무용 승용차(3,000cc) 매입	6,000,000원

① 23,000,000원　　② 28,000,000원
③ 32,000,000원　　④ 34,000,000원

07 다음 중 소득세법상 비과세소득으로만 이루어진 것을 고르면?

> 가. 종업원의 수학중인 자녀가 사용자로부터 받는 학자금
> 나. 조림기간 5년 이상인 임목의 양도로 발생하는 연간 600만원 이하의 소득
> 다. 논·밭을 작물 생산에 이용하게 함으로써 발생하는 소득
> 라. 종업원이 본인의 차량을 회사 업무에 이용하고 실제 여비를 받는 대신에 지급받는 월 20만원 이내의 자가운전보조금
> 마. 식사 등을 제공받지 아니하는 근로자가 받는 월 30만원 이하의 식사대

① 가, 나, 다　　② 나, 다, 라
③ 가, 라, 마　　④ 다, 라, 마

08 다음은 거주자 김한공 씨의 기타소득금액 관련 자료이다. 2025년 종합소득에 합산될 기타소득금액은 얼마인가?(단, 별도로 확인되는 필요경비는 없으며 세부담 최소화를 가정한다.)

> 1. (주)한공의 전산팀에 근무하는 김한공 씨의 소득자료 중 일부는 다음과 같다.
> 　　가. 신입사원을 위한 사내교육의 대가로 받은 강사료　　1,500,000원
> 　　나. 산업재산권을 대여하고 받은 대가　　2,000,000원
> 　　다. 복권당첨금　　3,000,000원
> 　　라. 분실물의 습득 보상금　　500,000원
> 　　마. 신문에 특별기고하고 받은 원고료　　2,500,000원
> 2. 김한공 씨의 2025년 근로소득금액은 65,000,000원이며, 종합소득공제액은 5,000,000원이다.
>
> | 종합소득과세표준 | 기본세율 |
> |---|---|
> | 1,400만원 초과 5,000만원 이하 | 84만원 + 1,400만원 초과금액의 15% |
> | 5,000만원 초과 8,800만원 이하 | 624만원 + 5,000만원 초과금액의 24% |

①　　　　0원　　② 2,300,000원
③ 2,900,000원　　④ 5,300,000원

09 다음 법인세법상 세무조정사항에 대한 소득처분 중 기타사외유출이 아닌 것은?

① 임대보증금 등의 간주익금
② 업무무관자산 등에 대한 지급이자 손금불산입액
③ 업무용승용차의 임차료 중 감가상각비 상당액 한도초과액 손금불산입액
④ 수정신고 기한 내에 부당하게 사외유출된 매출누락을 회수하고 세무조정으로 익금에 산입하여 신고하는 경우

10 다음은 도소매업을 영위하는 (주)한공의 제10기(2025.1.1. ~ 2025.12.31.) 사업연도 손익계산서상 비용 계정 내역의 일부이다. 각 사업연도 소득금액을 계산할 때 세무조정으로 손금불산입하여야 할 총액은 얼마인가?

가. 창고건물에 대한 재산세		5,000,000원
나. 업무용토지에 대한 취득세		2,000,000원
다. 사계약상의 의무불이행으로 인한 지체상금		
		4,000,000원
라. 외국의 법률에 의하여 국외에 납부한 벌금		
		1,500,000원
마. 업무용승용차(차량 1대)의 처분손실		
		11,000,000원

① 6,500,000원　　② 9,000,000원

③ 10,500,000원　　④ 15,000,000원

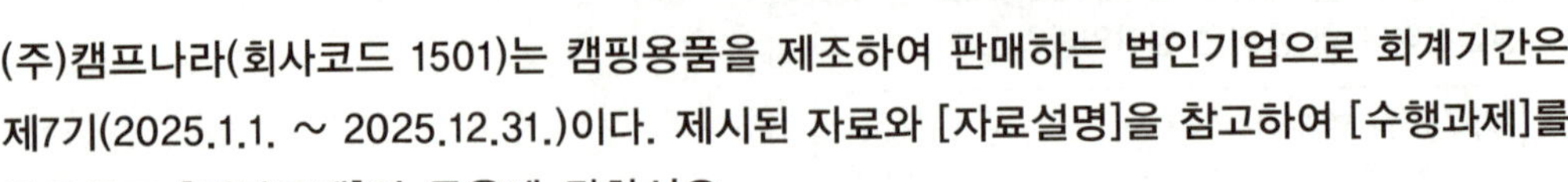

(주)캠프나라(회사코드 1501)는 캠핑용품을 제조하여 판매하는 법인기업으로 회계기간은 제7기(2025.1.1. ~ 2025.12.31.)이다. 제시된 자료와 [자료설명]을 참고하여 [수행과제]를 완료하고 [평가문제]의 물음에 답하시오.

실무수행 유의사항	1. 부가가치세 관련거래는 [매입매출전표입력]메뉴에 입력하고, 부가가치세 관련없는 거래는 [일반전표입력]메뉴에 입력한다. 2. 타계정 대체와 관련된 적요는 반드시 코드를 입력하여야 한다. 3. 채권·채무, 예금거래 등 관리대상 거래자료에 대하여는 거래처코드를 반드시 입력한다. 4. 자금관리 등 추가 작업이 필요한 경우 문제의 요구에 따라 추가 작업하여야 한다. 5. 제조경비는 500번대 계정코드를 사용한다. 6. 판매비와 관리비는 800번대 계정코드를 사용한다. 7. 등록된 계정과목 중 가장 적절한 계정과목을 선택한다. 8. [문제 5. 법인세관리]는 별도의 회사가 주어지므로 회사 선택에 유의한다.

문제 1 ◉ 거래자료입력

실무프로세스자료이다. [자료설명]을 참고하여 [수행과제]를 수행하시오.

1 퇴직연금

자료. 보통예금(국민은행) 거래내역

		내용	찾으신금액	맡기신금액	잔액	거래점
번호	거래일	계좌번호 25-145-1553-1 (주)캠프나라				
1	2025-01-12	퇴직연금	35,000,000		***	***

자료설명	확정급여형퇴직연금(DB)제도에 가입하고 있는 (주)캠프나라는 퇴직연금 부담금(기여금) 35,000,000원(생산직 12,000,000원, 사무직 23,000,000원)을 당사 국민은행 보통예금 계좌에서 삼성생명 퇴직연금계좌로 이체하였다.(단, 부담금 중 1%는 사업비로 충당된다.)
수행과제	거래자료를 입력하시오.

2 리스회계

자료 1. 전자계산서

<table>
<tr><td colspan="3" rowspan="2">전자계산서
(공급받는자 보관용)</td><td>승인번호</td><td></td></tr>
</table>

	등록번호	110-81-11119			등록번호	125-86-74877	
공급자	상호	(주)BY리스	성명(대표자) 최신영	공급받는자	상호	(주)캠프나라	성명(대표자) 이세림
	사업장주소	서울시 서대문구 경기대로 68 801호 (충정로2가, 동신빌딩)			사업장주소	서울 서대문구 독립문로 27	
	업태	서비스업	종사업장번호		업태	제조업	종사업장번호
	종목	리스			종목	캠핑용품	
	E-Mail	shinyoung@bill36524.com			E-Mail	camp@bill36524.com	

작성일자	2025.2.15.	공급가액	80,000,000	비 고	

월	일	품목명	규격	수량	단가	공급가액	비고
2	15	기계장치	대	1		80,000,000	

합계금액	현금	수표	어음	외상미수금	이 금액을	영수 / 청구 함
80,000,000				80,000,000		● 청구

자료 2. 리스원리금상환표 일부

(단위: 원)

회차	납기일	원금	이자	리스료
1	2025.2.20.	5,500,000	500,000	6,000,000
2	2025.3.20.	5,595,450	404,550	6,000,000
3	2025.4.20.	5,623,650	376,350	6,000,000
4	2025.5.20.	5,653,270	346,730	6,000,000

자료 3. 보통예금(하나은행) 거래내역

번호	거래일	내용	찾으신금액	맡기신금액	잔액	거래점
		계좌번호 552-21-1153-262 (주)캠프나라				
1	2025-02-20	(주)BY리스	6,000,000		********	***

자료설명	회사는 (주)BY리스와 기계장치에 대한 리스계약을 체결하고, 해당 기계장치를 인도받았다. 이 기계장치에 대한 리스계약은 금융리스 요건을 충족한다. 1. 자료 1은 (주)BY리스로부터 발급받은 전자계산서이다. 2. 자료 2는 (주)BY리스로부터 수령한 리스원리금 상환표 일부이다. 3. 자료 3은 (주)BY리스와의 리스계약에 따라 이체지급한 1회분 리스료이다.
수행과제	1. 2월 15일 기계장치 취득 내역을 매입매출전표에 입력하시오. ('금융리스차입금' 계정을 사용하고 전자계산서는 '전자입력'으로 처리할 것.) 2. 2월 20일 1회차 리스료 지급에 대한 거래자료를 일반전표에 입력하시오.

문제 2 ◉ 부가가치세관리

부가가치세 신고 관련 자료이다. [자료설명]을 참고하여 [수행과제]를 수행하시오.

1 수정전자세금계산의 발행

전자세금계산서		(공급자 보관용)		승인번호	

공급자

등록번호	125-86-74877		
상호	(주)캠프나라	성명(대표자)	이세림
사업장주소	서울 서대문구 독립문로 27		
업태	제조업	종사업장번호	
종목	캠핑용품		
E-Mail	camp@bill36524.com		

공급받는자

등록번호	113-81-11118		
상호	(주)마운틴세상	성명(대표자)	이정원
사업장주소	서울 구로구 가마산로 159-4		
업태	도매업	종사업장번호	
종목	캠핑용품		
E-Mail	mountain@bill36524.com		

작성일자	2025.3.5.	공급가액	60,000,000	세 액	6,000,000
비고					

월	일	품목명	규격	수량	단가	공급가액	세액	비고
3	5	캠핑테이블		200	300,000	60,000,000	6,000,000	

합계금액	현금	수표	어음	외상미수금	이 금액을	○ 영수 ● 청구	함
66,000,000				66,000,000			

자료설명	1. 제품을 공급하고 발급한 전자세금계산서이다. 2. 담당자의 착오로 작성연월일 4월 5일이 3월 5일로 잘못 기재되었다.
수행과제	수정사유를 선택하여 수정전자세금계산서를 발급 · 전송하시오. ※ 전자세금계산서는 **전자세금계산서 발행 및 내역관리** 메뉴에서 발급 · 전송한다. 　(전자세금계산서 발급 시 결제내역 입력과 전송일자는 무시할 것.)

2 확정신고 누락분의 수정신고서 작성

자료 1. 매출 전자세금계산서 발급 목록(제품 매출)

					매출전자세금계산서 목록			
번호	작성일자	승인 번호	발급일자	전송일자	상호	공급가액	세액	전자세금 계산서종류
1	20251120	생략	20251120	20251120	(주)양정산업	18,000,000원	1,800,000원	일반

자료 2. 매입 전자세금계산서 수취 목록

					매입전자세금계산서 목록			
번호	작성일자	승인 번호	발급일자	전송일자	상호	공급가액	세액	비 고
1	20251020	생략	20251020	20251020	이마트	800,000원	80,000원	사무실 직원 간식대

자료 3. 사업상 증여한 제품 누락분

- 10월 25일 영업부에서 사업상 목적으로 매출처 (주)동성산업에 증여한 제품에 대한 회계
  처리가 누락되었음을 발견하다.(제품의 원가 350,000원, 시가 500,000원)
  (단, 부가가치세는 (주)캠프나라가 부담하기로 한다.)

자료설명	1. 자료 1~3은 2025년 제2기 부가가치세 확정신고시 누락된 매출과 매입 관련 　자료이다. 2. 매입매출전표에 자료를 입력하고 제2기 부가가치세 확정 수정신고서(수정차수 　1)를 작성하려고 한다. 3. 2026년 2월 12일에 수정신고 및 추가 납부하며, 신고불성실가산세는 일반과소 　신고에 의한 가산세율을 적용하고, 미납일수는 18일로 한다.
수행과제	1. 누락된 거래자료를 입력하시오.(자료 1과 자료 2의 거래는 모두 외상이며, 　전자세금계산서 발급거래는 '전자입력'으로 입력할 것.) 2. 가산세를 적용하여 제2기 부가가치세 확정신고에 대한 수정신고서를 작성하시오.

문제 3 ◎ 결산

[결산자료]를 참고로 결산을 수행하시오.(단, 제시된 자료 이외의 자료는 없다고 가정함.)

1 수동결산 및 자동결산

자료설명	1. 장기차입금 내역

항목	최초 차입금액	차입시기	비고
장기차입금(국민은행)	35,000,000원	2021.09.07.	2026.09.06. 일시상환
장기차입금(신한은행)	60,000,000원	2022.05.15.	2028.05.14. 일시상환
장기차입금(농협은행)	80,000,000원	2022.11.23.	2026.11.22.부터 4년간 균등 분할상환
합 계	175,000,000원		

2. 기말재고액

구분	금액
상품	98,000,000원
원재료	27,000,000원
제품	32,000,000원

3. 이익잉여금처분계산서 처분확정(예정)일
 － 당기: 2026년 2월 28일
 － 전기: 2025년 2월 28일

수행과제	결산을 완료하고 이익잉여금처분계산서에서 손익대체분개를 하시오. (단, 이익잉여금처분내역은 없는 것으로 하고 미처분이익잉여금 전액을 이월이익잉여금으로 이월하기로 한다.)

실무수행평가

■ 재무회계

번호	평 가 문 제	배점
11	**평가문제 [거래처원장 조회]** 2월 28일 (주)BY리스의 금융리스차입금 잔액은 얼마인가?	3
12	**평가문제 [거래처원장 조회]** 12월 31일 현재 신한은행 장기차입금 잔액은 얼마인가?	3
13	**평가문제 [손익계산서 조회]** 당기에 발생한 이자비용금액은 얼마인가?	3
14	**평가문제 [재무상태표 조회]** 12월 31일 현재 재무상태표에 표시되는 투자자산 잔액은 얼마인가?	3
15	**평가문제 [재무상태표 조회]** 12월 31일 현재 이월이익잉여금(미처분이익잉여금) 잔액은 얼마인가? ① 670,462,576원 ② 460,000,000원 ③ 1,130,462,576원 ④ 2,281,462,576원	2
16	**평가문제 [전자세금계산서 발행 및 내역관리 조회]** 4월 5일자 수정세금계산서의 수정사유를 코드로 입력하시오.	2
17	**평가문제 [부가가치세 수정신고서 조회]** 제2기 확정 신고기간 부가가치세수정신고서의 과세_세금계산서발급분(1란) 세액은 얼마인가?	2
18	**평가문제 [부가가치세 수정신고서 조회]** 제2기 확정 신고기간 부가가치세수정신고서의 과세_기타(4란) 세액은 얼마인가?	2
19	**평가문제 [부가가치세 수정신고서 조회]** 제2기 확정 신고기간 부가가치세수정신고서의 세금계산서수취분_일반매입(10란) 세액은 얼마인가?	2
20	**평가문제 [부가가치세 수정신고서 조회]** 제2기 확정 신고기간 부가가치세수정신고서의 가산세액(26란) 합계금액은 얼마인가?	3
재무회계 소계		**25**

문제 4 ◎ 원천징수관리

인사급여 관련 실무프로세스를 수행하시오.

1 사업소득의 원천징수

자료. 사업소득자 관련정보

성 명	김동국(코드 04515)
주민등록번호	661128-2173361
귀속년월 / 지급년월일	2025년 7월 / 2025년 7월 27일
지급금액	2,000,000원

자료설명	당사는 창립기념일에 학원강사 김동국 씨를 초빙하여 '미래의 성공과 재무설계 전략' 과정을 강의하도록 하고 강사료를 지급하였다.
수행과제	[사업소득자료입력]에서 소득자료를 입력하고 사업소득세를 산출하시오.

2 이자/배당소득의 원천징수

자료. 배당소득자 관련정보

성 명	신동규(코드: 3100)
주민등록번호	891210-1789218
귀속년월/지급년월일	2025년 4월 / 2025년 4월 29일
지급금액	7,000,000원

자료설명	1. 배당액은 제6기(2024년 1월 1일~2024년 12월 31)의 이익잉여금처분계산서상 배당금을 지급 결의한 것이다. 2. 원천징수세율은 14%이다. 3. 소득구분코드: 151.내국법인 배당·분배금, 건설자금의 배당 　　금융상품코드: B52.내국법인 비상장, 소액주주
수행과제	이자배당소득자료입력에서 배당소득을 입력하고 소득세를 산출하시오.

실무수행평가

■ 원천징수관리

번호	평 가 문 제	배점
21	**평가문제 [사업소득자료입력(지급년월: 7월) 조회]** 김동국의 사업소득 원천징수 소득세는 얼마인가?	3
22	**평가문제 [사업소득자료입력(지급년월: 7월) 조회]** 김동국의 사업소득 차인지급액은 얼마인가?	2
23	**평가문제 [이자배당소득자료입력(지급년월: 4월) 조회]** 신동규의 배당소득 원천징수 소득세는 얼마인가?	3
24	**평가문제 [이자배당소득자료입력(지급년월: 4월) 조회]** 신동규의 배당소득 차인지급액은 얼마인가?	2
	원천징수 소계	10

문제 5 ◎ 법인세관리 ※ 회사변경 확인할 것

(주)한공전자(회사코드 5501)는 중소기업으로 사업연도는 제15기(2025.1.1. ~ 2025.12.31.)이다. 입력된 자료와 세무조정 참고자료에 의하여 [수행과제]를 완료하고 [평가문제]의 물음에 답하시오.

〈작성대상서식〉

1. 기업업무추진비 조정명세서(갑, 을)
2. 외화자산 등 평가차손익조정(갑, 을)
3. 퇴직연금부담금 조정명세서
4. 건설자금이자조정명세서
5. 법인세과세표준 및 세액조정계산서

1 기업업무추진비 조정명세서(갑, 을)

세무조정 참고자료	1. 수입금액에는 특수관계인과의 거래금액 85,000,000원이 포함되어 있다. 2. 접대비(기업업무추진비) 계정금액 및 접대비(기업업무추진비) 중 신용카드 등 사용금액은 기장된 자료에 의해 자동반영 한다. 3. 접대비(기업업무추진비)(판) 중 문화기업업무추진비는 적요번호 8번(신용카드사용분)으로 기장되어 있다. 4. 접대비(기업업무추진비) 중 대표이사 개인사용분 1,800,000원(현금지출)을 확인하였다. 5. 타계정 접대비(기업업무추진비) 해당액 – 광고선전비(판) 15,000,000원 중 접대비(기업업무추진비) 해당금액 3,000,000원(법인 신용카드사용분) 1건이 포함되어 있다. 6. 결산서상 접대비(기업업무추진비)는 모두 건당 3만원을 초과한다.
수행과제	**기업업무추진비 조정명세서(갑, 을)을 작성하시오.** 1. 기업업무추진비 조정명세서(을) [경조사비등 설정]에서 적요번호를 입력하여 문화기업업무추진비가 자동반영되도록 하시오. 2. 기업업무추진비 조정명세서(을)을 작성하시오. (접대비(기업업무추진비)(판)와 광고선전비(판) 계정을 구분하여 입력 할 것.) 3. 기업업무추진비 조정명세서(갑)을 작성하시오. 4. 소득금액조정합계표에 세무조정사항을 각 건별로 반영하시오.

실무수행평가

■ 법인세관리 1

번호	평 가 문 제	배점
25	**평가문제 [기업업무추진비 조정명세서 조회]** 기업업무추진비 조정명세서(을)의 '1.일반수입금액 금액'은 얼마인가?	2
26	**평가문제 [기업업무추진비 조정명세서 조회]** 기업업무추진비 조정명세서(갑)의 '9.문화기업업무추진비 지출액'은 얼마인가?	2
27	**평가문제 [기업업무추진비 조정명세서 조회]** 기업업무추진비 조정명세서(갑)의 '14.한도초과액'은 얼마인가?	3

2 외화자산 등 평가차손익조정(갑, 을)

자료. 외화자산 및 외화부채 내역

분류	계정과목	외화금액	발생시 환율	회사적용 환율	당기말 장부금액	당기말현재 매매기준율
자산	외화외상매출금	US$30,000	1,050원/US$	1,000원/US$	30,000,000원	1,050원/US$
	외화장기대여금	US$7,000	1,150원/US$	1,000원/US$	7,000,000원	1,050원/US$
부채	외화장기차입금	US$22,000	1,130원/US$	1,000원/US$	22,000,000원	1,050원/US$

세무조정 참고자료	1. 외화자산과 외화부채는 사업연도 종료일 현재의 매매기준율로 평가하는 방법을 선택하여 신고하였다. 2. 외화자산과 외화부채는 해당 사업연도 중에 발생하였다. 회사는 결산시 임의로 환율을 적용하여 화폐성외화자산·부채를 평가하였고, 이에 따라 외화평가차손익을 인식하였다.
수행과제	**외화자산 등 평가차손익조정(갑, 을)을 작성하시오.** 1. 외화자산 및 부채에 대한 자료를 외화자산 등 평가차손익조정(갑, 을)에 반영하시오. 2. 소득금액조정합계표에 해당 과목별로 세무조정사항을 반영하시오.

실무수행평가

■ 법인세관리 2

번호	평 가 문 제	배점
28	**평가문제 [외화자산 등 평가손익조정(갑, 을) 조회]** 외화외상매출금 세무조정 대상 금액은 얼마인가?	2
29	**평가문제 [외화자산 등 평가손익조정(갑, 을) 조회]** 외화장기대여금 세무조정 대상 금액은 얼마인가?	2
30	**평가문제 [외화자산 등 평가손익조정(갑, 을) 조회]** 외화장기차입금 세무조정 대상 금액은 얼마인가?	3

3 퇴직연금부담금 조정명세서

자료 1. 전기 자본금과 적립금 조정명세서(을) 내역

[별지 제50호 서식(을)] (뒤 쪽)

사업연도 2024.01.01. ~ 2024.12.31.	자본금과 적립금조정명세서(을)			법인명	(주)한공전자

세무조정유보소득계산

① 과목 또는 사항	② 기초잔액	당 기 중 증감		⑤ 기말잔액 (익기초현재)	비고
		③ 감 소	④ 증 가		
퇴직연금			−27,000,000	−27,000,000	
퇴직급여충당부채	20,000,000	20,000,000	72,000,000	72,000,000	

자료 2. 당기 퇴직급여충당부채와 관련된 세무조정사항

익금산입 및 손금불산입			손금산입 및 익금불산입		
과목	금액	처분	과목	금액	처분
퇴직급여충당부채	149,077,500원	유보	퇴직급여충당부채	20,000,000원	유보

자료 3. 당기말 현재 퇴직금추계액

- 기말 현재 모든 임직원 퇴직시 퇴직급여추계액(20명) 389,290,000원
- 근로자퇴직급여 보장법에 따른 퇴직급여추계액(20명) 385,600,000원

세무조정 참고자료	1. 당사는 확정급여형(DB) 퇴직연금제도를 운영하고 있다. 2. 퇴직연금운용자산 계정과 전기 자본금과 적립금 조정명세서(을)을 참고한다. 3. 퇴직급여충당부채와 관련된 세무조정사항은 [퇴직급여충당금조정명세서]와 [소득금액조정합계표]에 입력되어 있다.
수행과제	**퇴직연금부담금 조정명세서를 작성하시오.** 1. [2. 이미 손금산입한 부담금 등의 계산]에 해당금액을 반영하시오. 2. [1. 퇴직연금 등의 부담금 조정]에 해당금액을 반영하시오. 3. 소득금액조정합계표에 세무조정사항을 반영하시오.

실무수행평가

■ 법인세관리 3

번호	평 가 문 제	배점
31	**평가문제 [퇴직연금부담금 조정명세서 조회]** '4.당기말부인누계액' 금액은 얼마인가?	3
32	**평가문제 [퇴직연금부담금 조정명세서 조회]** 퇴직연금 지급액 중 손금불산입 대상 금액은 얼마인가?	2
33	**평가문제 [퇴직연금부담금 조정명세서 조회]** 퇴직연금 불입액 중 손금산입 대상 금액은 얼마인가?	2

4 건설자금이자조정명세서

세무조정 참고자료	1. 특정차입금(한국은행) 912,500,000원 내역 – 기숙사 신축 사용: 730,000,000원 – 운용자금 사용: 182,500,000원 – 이자율: 연 3% – 차입기간: 2025. 6. 1. ~ 2027. 4.30.(당해 연도 이자계산 대상일수: 214일) 2. 공사기간: 2025. 6. 1. ~ 2027.12.31.(당해 연도 공사일수: 214일) 3. 회사는 동 차입금에 대한 이자 16,050,000원을 전액 이자비용으로 회계처리 　하였다.(연 365일 가정) – 기숙사 신축 사용: 730,000,000원 × 3% × 214일/365일 = 12,840,000원 – 운용자금 사용: 182,500,000원 × 3% × 214일/365일 = 3,210,000원
수행과제	**건설자금이자조정명세서를 작성하시오.** 1. [2. 특정차입금 건설자금이자 계산명세]를 작성하시오. 2. [1. 건설자금이자 조정]을 작성하시오. 3. 소득금액조정합계표에 세무조정사항을 반영하시오.

실무수행평가

■ 법인세관리 4

번호	평 가 문 제	배점
34	**평가문제 [건설자금이자조정명세서 조회]** 특정차입금 건설자금이자 대상 '⑧차입금액'은 얼마인가?	2
35	**평가문제 [건설자금이자조정명세서 조회]** 건설자금이자 손금불산입 대상 금액은 얼마인가?	3
36	**평가문제 [건설자금이자조정명세서 조회]** 소득금액조정합계표에 반영된 건설자금이자 항목의 소득처분 코드를 입력하시오.	2

5 법인세과세표준 및 세액조정계산서

세무조정
참고자료
	1. 소득금액조정금액은 기 입력된 데이터 및 추가 세무조정사항을 반영하여 이용한다.
	2. 당기 세액공제 및 감면내역
	  – 통합고용 세액공제 28,000,000원
	    (전기 이월액 10,000,000원(2024년), 당기분 18,000,000원으로 고용인원 증감은 없음.)
	  – 연구 및 인력개발비 세액공제 12,500,000원
	3. 결산 시 법인세계정으로 대체한 선납세금계정에는 중간예납과 원천납부세액이 포함되어 있다.
	4. 최저한세는 고려하지 않는다.

수행과제	**세액공제조정명세서(3), 공제감면세액합계표(갑, 을), 법인세과세표준 및 세액조정계산서를 작성하시오.**
	1. [세액공제조정명세서(3)]의 2. 당기 공제 세액 및 이월액 계산을 작성하시오.
	  (기 입력된 데이터를 이용할 것.)
	2. [공제감면세액 합계표(갑, 을)]을 작성하시오.
	3. [법인세과세표준 및 세액조정계산서]를 작성하시오.
	  ① 소득금액조정합계표의 소득금액 조정내역을 반영하시오.
	  ② 공제감면세액을 반영하시오.
	  ③ 중간예납세액 및 원천납부세액(지방소득세 제외)을 반영하시오.
	  ④ 분납 가능한 최대한의 금액을 분납처리하시오.

■ 법인세관리 5

번호	평 가 문 제	배점
37	**평가문제 [법인세과세표준 및 세액조정계산서 조회]** '121.최저한세 적용대상 공제감면세액'은 얼마인가?	3
38	**평가문제 [법인세과세표준 및 세액조정계산서 조회]** '123.최저한세 적용제외 공제감면세액'은 얼마인가?	2
39	**평가문제 [법인세과세표준 및 세액조정계산서 조회]** '154.분납할세액'은 얼마인가? ① 31,934,518원　　②　83,625,920원 ③ 39,843,703원　　④　68,869,036원	2
	법인세관리 소계	35

출제예상 모의고사 제2회

아래 문제에서 특별한 언급이 없으면 기업의 보고기간(회계기간)은 매년 1월 1일부터 12월 31일까지입니다. 또한 기업은 일반기업회계기준 및 관련 세법을 계속적으로 적용하고 있다고 가정하고 물음에 가장 합당한 답을 고르시기 바랍니다.

실무이론평가

01 다음 대화에서 부장님의 질문에 대해 틀린 답변을 하는 직원은 누구인가?

> • 김부장
> 내부통제제도의 구성요소에 대해 발표해 볼까요?
> • 강대한
> 회사 내외부의 위험을 식별하고 대응/관리하는 요소를 위험평가라고 합니다.
> • 이로운
> 업무분장, 승인/결재체계, 자산의 보호 등은 정보 및 의사소통에 해당합니다.
> • 한국인
> 내부통제의 효과성을 지속적으로 평가하는 과정을 모니터링이라고 합니다.

① 김하나   ② 강대한
③ 이로운   ④ 한국인

02 다음은 (주)한공의 상품관련자료와 손익계산서의 일부이다. 매출총이익(가)는 얼마인가?

〈자료1〉 상품관련자료
• 매출액 225,000원(수량: 150개)
• 매입액 200,000원(수량: 200개)
• 기초재고수량 50개
• 원가흐름의 가정은 선입선출법을 적용하고 있다.

〈자료2〉 손익계산서

2025년 1월 1일~2025년 12월 31일

(주)한공   (단위: 원)

계정과목	제X기	
	⋮	⋮
매출액		XXX
매출원가		XXX
기초재고	25,000	
당기매입	XXX	
기말재고	XXX	
매출총이익		(가)

① 25,000원   ② 90,000원
③ 100,000원   ④ 125,000원

03 다음 그림은 (주)한공의 유형자산과 관련된 대화이다. 아래의 ㉮, ㉯, ㉰에 들어갈 내용으로 옳은 것은?

> • 김부장
> 이대리. 부품조립기계가 고장이 자주 나서 생산일정의 차질이 생긴다고 생산부서의 불만이 제기되고 있어요.
> • 이대리
> 워낙 오래된 기계라 수선유지를 해도 예전만큼 성능을 발휘하기 어렵다고 합니다.
> • 김부장
> 필요한 회계처리를 수행하였나요?
> • 이대리
> 부품조립기계의 (㉮)이(가) (㉯)에 중요하게 미달하는 상황이라 (㉯)을(를) (㉮)(으)로 조정하고 그 차액을 (㉰)(으)로 처리해야 할 것 같습니다.

① (㉮) 회수가능액   (㉯) 장부금액   (㉰) 손상차손
② (㉮) 장부금액   (㉯) 순실현가능가치 (㉰) 평가손실
③ (㉮) 공정가치   (㉯) 재평가금액   (㉰) 손상차손
④ (㉮) 장부금액   (㉯) 재평가금액   (㉰) 평가손실

04 다음은 (주)한공의 외화매출채권 관련 자료이다. 2025년 2월 1일 외화매출채권 회수 시 인식되는 손익으로 옳은 것은?

> • (주)한공은 2024년 9월 1일 미국 거래처에 $2,000의 상품을 선적하고, 대금은 2025년 2월 1일 회수하여 원화로 환전하였다.
>
> [환율변동표]
>
> | 날짜 | 환율 |
> | --- | --- |
> | 2024. 9. 1. | 1달러=1,100원 |
> | 2024.12.31. | 1달러=1,000원 |
> | 2025. 2. 1. | 1달러=1,200원 |

① 외환차익   200,000원
② 외환차익   400,000원
③ 외화환산이익   400,000원
④ 외화환산손실   200,000원

05 다음은 (주)한공의 2025년 제2기 부가가치세 예정신고기간(2025.7.1.~2025.9.30.)의 자료이다. 부가가치세 과세표준은 얼마인가?(단, 주어진 자료의 금액은 부가가치세가 포함되어 있지 않은 금액이며, 세금계산서 등 필요한 증빙서류는 적법하게 발급하였거나 수령하였다.)

> 가. 외상매출액(매출할인 500,000원을 차감하기 전의 금액임)   10,000,000원
> 나. 재화의 직수출액   7,000,000원
> 다. 비영업용 승용차(2,000cc임)의 처분   4,000,000원
> 라. 과세사업용 부동산 처분액(토지 15,000,000원, 건물 20,000,000원)   35,000,000원
> 마. 공급받는 자에게 도달하기 전에 파손된 재화의 가액 (해당액은 위 매출액에 포함되어 있지 않음)   2,000,00원

① 33,500,000원   ② 36,000,000원
③ 40,500,000원   ④ 55,500,000원

06 다음 중 부가가치세 과세거래에 대한 설명으로 옳지 않은 것은?

① 사업자가 과세사업을 위하여 생산한 재화를 다른 사업장에서 원료로 사용하기 위하여 반출하는 경우 재화의 공급으로 보지 않는다.
② 사업자가 특수관계인에게 사업용 부동산의 임대용역을 무상으로 공급하는 경우에는 용역의 공급으로 본다.
③ 면세사업자인 은행이 면세사업과 관련하여 사용하던 컴퓨터를 매각하는 경우 부가가치세가 과세된다.
④ 판매실적에 따라 판매대리점에 지급하는 판매장려물품은 부가가치세 과세대상이다.

07 다음은 제조업을 영위하는 개인사업자(복식부기 의무자) 김한공 씨의 2025년 손익계산서에 반영된 자료이다. 소득세차감전순이익이 100,000,000원인 경우 김한공 씨의 2025년 사업소득금액은 얼마인가?(단, 세부담 최소화를 가정한다.)

> 가. 김한공 씨의 급여   30,000,000원
> 나. 정기예금 이자수익   8,000,000원
> 다. 토지처분이익   12,000,000원
> 라. 비품처분손실   5,000,000원
> 마. 사업용 자산의 소실로 인한 보험차익   17,000,000원

① 88,000,000원   ② 105,000,000원
③ 110,000,000원   ④ 115,000,000원

08 다음 중 종합소득 확정신고와 납부에 대한 설명으로 옳지 않은 것은?

① 과세표준 확정신고를 하여야 할 거주자가 출국하는 경우에는 출국일이 속하는 과세기간의 과세표준을 출국일 전날까지 신고해야 한다.
② 근로소득 및 퇴직소득만 있는 거주자는 해당 소득에 대하여 과세표준 확정신고를 하지 않을 수 있다.
③ 성실신고확인대상사업자는 종합소득 과세표준 확정신고를 그 과세기간의 다음 연도 5월 1일부터 6월 30일까지 할 수 있다.
④ 확정신고 자진납부할 세액이 1,000만원인 경우에는 그 세액의 50% 이하의 금액을 납부기한이 지난 후 2개월 이내에 분할납부할 수 있다.

09 다음 중 법인세법상 익금에 대한 설명으로 옳지 않은 것은?

① 외국자회사로부터 수입배당금을 받는 경우에 외국자회사의 외국법인세액 중 해당 수입 배당금에 대응하는 금액(세액공제된 경우에만 해당)은 익금으로 본다.

② 국세의 과오납금의 환급금에 대한 이자는 익금에서 제외되나 지방세의 과오납금의 환급금에 대한 이자는 익금에 포함된다.

③ 이월결손금(과세표준 계산시 공제가능한 기간이 경과된 것임)을 보전하는 데에 충당한 채무면제이익은 익금에 포함되지 않는다.

④ 자기주식을 취득하여 소각함으로써 생긴 소각차익은 익금에서 제외되나 자기주식을 처분함에 따라 발생한 매각차익은 익금에 해당한다.

10 다음은 중소기업인 (주)한공의 제11기(2025.1.1.~2025.12.31.)에 대한 세무자료이다. 법인세 자진납부할 세액은 얼마인가?(단, 분납은 신청 하지 않는 것으로 한다)

(1) 각사업연도 소득금액	600,000,000원
(2) 제10기 사업연도에 발생한 이월결손금	100,000,000원
(3) 원천징수납부 불성실 가산세	2,000,000원
(4) 연구 및 인력개발비 세액공제액	8,000,000원
(5) 법인세 중간예납세액	6,000,000원

※ 법인세율은 아래와 같다.

과 세 표 준	세　율
2억원 이하	과세표준 × 9%
2억원 초과 ~ 200억 이하	2,000만원 + (과세표준 – 2억원) × 19%

① 65,000,000원　　② 75,000,000원
③ 63,000,000원　　④ 69,000,000원

실무수행평가

(주)편한세상(회사코드 1502)은 안마의자를 제조하여 판매하는 법인기업으로 회계기간은 제7기(2025.1.1. ~ 2025.12.31.)이다. 제시된 자료와 [자료설명]을 참고하여 [수행과제]를 완료하고 [평가문제]의 물음에 답하시오.

실무수행 유의사항	1. 부가가치세 관련거래는 [매입매출전표입력]메뉴에 입력하고, 부가가치세 관련없는 　거래는 [일반전표입력]메뉴에 입력한다. 2. 타계정 대체와 관련된 적요는 반드시 코드를 입력하여야 한다. 3. 채권·채무, 예금거래 등 관리대상 거래자료에 대하여는 거래처코드를 반드시 입력한다. 4. 자금관리 등 추가 작업이 필요한 경우 문제의 요구에 따라 추가 작업하여야 한다. 5. 제조경비는 500번대 계정코드를 사용한다. 6. 판매비와 관리비는 800번대 계정코드를 사용한다. 7. 등록된 계정과목 중 가장 적절한 계정과목을 선택한다. 8. [문제 5. 법인세관리]는 별도의 회사가 주어지므로 회사 선택에 유의한다.

문제 1 ◎ 거래자료입력

실무프로세스자료이다. [자료설명]을 참고하여 [수행과제]를 수행하시오.

1 사채의 발행

자료. 사채발행사항

이 사 회 의 사 록

회사가 장기자금을 조달할 목적으로 회사채 발행을 결정하고 다음과 같이 회사채 발행에 대한 사항을 결정함.

- 다　　음 -

1. 사채의 액면금액: 20,000,000원
2. 사채의 발행금액: 19,114,300원
3. 사채발행비용: 964,300원
4. 사채의 만기: 3년
5. 표시이자율: 10%

2025년 1월 2일

자료설명	1. 사채의 발행금액은 우리은행 보통예금계좌에 입금되었다. 2. 사채발행비용은 현금으로 지급하였다.
수행과제	사채발행에 대한 거래 자료를 입력하시오.

2 잉여금처분

이익잉여금처분계산서

2024년 1월 1일부터 2024년 12월 31일까지
처분확정일 2025년 2월 28일

(단위: 원)

과 목	금	액
Ⅰ. 미처분이익잉여금		550,000,000
1. 전기이월미처분이익잉여금	310,000,000	
2. 당기순이익	240,000,000	
Ⅱ. 임의적립금 등의 이입액		20,000,000
1. 감채적립금	20,000,000	
합 계		**570,000,000**
Ⅲ. 이익잉여금 처분액		(**********)
1. 이익준비금	(**********)	
2. 기업합리화적립금	0	
3. 배당금	80,000,000	
가. 현금배당	60,000,000	
나. 주식배당	20,000,000	
4. 사업확장적립금	10,000,000	
Ⅳ. 차기이월 미처분이익잉여금		(**********)

자료설명	주주총회에서 결의된 이익잉여금처분내역이다.
수행과제	1. 전기분 이익잉여금처분계산서를 완성하시오.(이익준비금은 상법에서 정한 최소한의 금액을 적립하며, 자본금의 1/2에 미달한다.) 2. 처분확정일의 회계처리를 하시오.

문제 2 ◎ **부가가치세관리**

부가가치세 신고 관련 자료이다. [자료설명]을 참고하여 [수행과제]를 수행하시오.

1 수정전자세금계산의 발행

<table>
<tr><td colspan="4">전자세금계산서 (공급자 보관용)</td><td>승인번호</td><td></td></tr>
<tr><td rowspan="7">공급자</td><td>등록번호</td><td colspan="3">114-81-74945</td><td rowspan="7">공급받는자</td><td>등록번호</td><td colspan="3">129-81-25636</td></tr>
<tr><td>상호</td><td>(주)편한세상</td><td>성명
(대표자)</td><td>장윤정</td><td>상호</td><td>(주)웰빙스토어</td><td>성명
(대표자)</td><td>김성일</td></tr>
<tr><td>사업장
주소</td><td colspan="3">서울특별시 서대문구 충정로7길 12</td><td>사업장
주소</td><td colspan="3">서울 동작구 국사봉2가길 10</td></tr>
<tr><td>업태</td><td>제조업</td><td colspan="2">종사업장번호</td><td>업태</td><td>도소매업</td><td colspan="2">종사업장번호</td></tr>
<tr><td>종목</td><td colspan="3">안마의자</td><td>종목</td><td colspan="3">안마의자</td></tr>
<tr><td>E-Mail</td><td colspan="3">body@bill36524.com</td><td>E-Mail</td><td colspan="3">wellbeing@bill36524.com</td></tr>
</table>

작성일자	2025.2.3.	공급가액	10,000,000	세 액	1,000,000

비고		

월	일	품목명	규격	수량	단가	공급가액	세액	비고
2	3	계약금				10,000,000	1,000,000	

합계금액	현금	수표	어음	외상미수금	이 금액을	● 영수 ○ 청구	함
11,000,000	11,000,000						

자료설명	1. 위 전자세금계산서는 계약금 10%를 수령하면서 발급한 전자세금계산서이며, 거래자료는 입력되어 있다. 2. 2월 20일 (주)웰빙스토어가 구매취소 의사를 통보하여 계약을 해제하기로 합의하고 관련된 수정전자세금계산서를 발급하기로 하였다. 3. 수령한 계약금은 계약해제일에 현금으로 지급하였다.
수행과제	수정사유를 선택하여 **전자세금계산서 발행 및 내역관리** 메뉴에서 발급 및 전송하시오. (전자세금계산서 발급 시 결제내역 입력 및 전송일자는 무시할 것.)

2 예정신고누락분의 확정신고 반영

자료 1. 매출(제품)전자세금계산서 발급 목록

번호	작성일자	승인 번호	발급일자	전송일자	상 호	공급가액	세액	전자세금 계산서종류
				매출전자세금계산서 목록				
1	20250928	생략	20251012	20251012	(주)웰모아	12,000,000	1,200,000	일반

자료 2. 매입(원재료)전자세금계산서 수취 목록

번호	작성일자	승인 번호	발급일자	전송일자	상 호	공급가액	세액	전자세금 계산서종류
				매입전자세금계산서 목록				
1	20250929	생략	20250929	20250929	(주)삼광산업	7,500,000	750,000	일반

자료 3. 신용카드매입내역(삼성카드: 4545-1888-6363-1111)

번호	일자	거래처	구분	품명	공급가액	세액	비고
1	20250925	나무호텔	법인카드	숙박	120,000원	12,000원	매출처 직원접대

자료설명	제2기 부가가치세 예정신고 시 누락한 자료이다.
	1. 자료 1은 제품을 외상으로 매출하고 발급한 전자세금계산서내역이다.
	2. 자료 2는 원재료를 외상으로 매입하고 수취한 전자세금계산서내역이다.
	3. 자료 3은 지방에서 본사를 방문한 매출처직원의 숙소를 제공하고 발급받은 카드매출전표이다.
	4. 위의 거래내용을 반영하여 제2기 부가가치세 확정신고서를 작성하려고 한다.
	5. 2026년 1월 25일 신고 및 납부하며, 신고불성실가산세는 일반과소 신고에 의한 가산세율을 적용하고 미납일수는 92일로 한다.(단, 원 단위 미만 버림.)
수행과제	1. 누락된 자료를 입력하시오. (전자세금계산서 관련 거래는 '전자입력'으로 입력할 것.)
	2. 가산세를 적용하여 제2기 부가가치세 확정신고서를 작성하시오. (예정신고누락분 신고대상월은 10월로 입력할 것.)

문제 3 ◎ 결산

[결산자료]를 참고로 결산을 수행하시오.(단, 제시된 자료 이외의 자료는 없다고 가정함.)

1 수동결산 및 자동결산

자료설명	1. 퇴직연금 불입 (주)편한세상은 확정기여제도(DC)에 따라 퇴직급여를 지급하고 있다. 본사 직원의 기여금은 매월 5,000,000원이고, 2025년 12월분 기여금의 납부기일은 2025년 12월 31일이며 결산일 현재 미지급하였다.(거래처 입력은 생략할 것.)

2. 기말재고액

구분	금액
상품	120,000,000원
원재료	50,000,000원
제품	32,000,000원

3. 이익잉여금처분계산서 처분확정(예정)일
 - 당기: 2026년 2월 28일
 - 전기: 2025년 2월 28일

수행과제	결산을 완료하고 이익잉여금처분계산서에서 손익대체분개를 하시오. (단, 이익잉여금처분내역은 없는 것으로 하고 미처분이익잉여금 전액을 이월이익잉여금으로 이월하기로 한다.)

실무수행평가

■ 재무회계

번호	평 가 문 제	배점
11	**평가문제 [월계표 조회]** 12월 한 달 동안 지출된 판매관리비 금액은 얼마인가?	3
12	**평가문제 [재무상태표 조회]** 12월 31일 현재 선수금 잔액은 얼마인가?	3
13	**평가문제 [재무상태표 조회]** 12월 31일 현재 재무상태표에 표시되는 사채 장부금액(사채 – 사채할인발행차금)은 얼마인가?	3
14	**평가문제 [합계잔액시산표 조회]** 2월 28일 현재 이월이익잉여금 잔액은 얼마인가?	3
15	**평가문제 [재무상태표 조회]** 12월 31일 현재 이월이익잉여금(미처분이익잉여금) 잔액은 얼마인가? ① 785,462,576원　　　　② 590,000,000원 ③ 2,130,462,576원　　　④ 1,048,594,124원	2
16	**평가문제 [전자세금계산서 발행 및 내역관리 조회]** 2월 3일자 세금계산서의 계약금 해제와 관련하여 발급된 수정세금계산서의 수정사유를 코드로 입력하시오.	2
17	**평가문제 [부가가치세신고서 조회]** 제2기 확정 신고기간 부가가치세신고서의 과세표준 합계(9란) 세액은 얼마인가?	2
18	**평가문제 [부가가치세신고서 조회]** 제2기 확정 신고기간 부가가치세신고서의 매입 예정신고누락분(12란) 세액은 얼마인가?	2
19	**평가문제 [부가가치세신고서 조회]** 제2기 확정 신고기간 부가가치세신고서의 공제받지못할매입(16란) 세액은 얼마인가?	2
20	**평가문제 [부가가치세신고서 조회]** 제2기 확정 신고기간 부가가치세신고서의가산세액(26란) 합계금액은 얼마인가?	3
재무회계 소계		25

문제 4 ◎ 원천징수관리

인사급여 관련 실무프로세스를 수행하시오.

1 퇴직소득의 원천징수

자료 1. 퇴사자관련정보

사원코드	2100	사원명	이기석
퇴직일자	2025년 6월 30일	회사규정상 퇴직급여	36,000,000원
퇴직사유	자발	영수일자	2025년 6월 30일
근속기간	2020년 11월 6일 ~ 2025년 6월 30일		

자료 2. 회사의 퇴직금 지급관련내용

> 회사는 확정급여형 퇴직연금에 가입되어 있으며 퇴직금추계액 100%를 퇴직연금에 불입하였다.
> 퇴사 시 퇴직금에 대하여 전액 개인형퇴직연금(IRP)계좌로 입금하였다.
> - 연금계좌취급자: 신한은행
> - 사업자등록번호: 204-85-34258
> - 계좌번호: 904582562144
> - 입금일: 2025년 6월 30일
> - 확정급여형 퇴직연금제도가입일: 2021년 10월 1일

자료설명	1. 6월 30일 부장 이기석의 퇴직금을 지급하려고 한다. 2. 사원등록에 퇴사일과 6월분 급여는 입력되어 있다.
수행과제	[퇴직소득자료입력]에서 퇴직금을 입력하고, 퇴직소득세를 산출하시오.

2 기타소득의 원천징수

자료. 기타소득 지급내역

성 명	민경수(코드 101)
거주구분(내국인/외국인)	거주자/내국인
주민등록번호	770805-1251229
귀속년월/지급년월일	2025년 7월 / 2025년 7월 25일
지급금액	3,000,000원

자료설명	1. 회사는 창립기념일 테니스 대회에서 1등을 한 민경수에게 상금을 지급하였다.
	2. 민경수는 고용관계가 없으며, 테니스 대회는 외부 공지후 다수가 순위경쟁에 참가하는 대회이다.
수행과제	기타소득자료입력 메뉴를 통하여 기타소득세를 산출하시오.

실무수행평가

■ 원천징수관리

번호	평 가 문 제	배점
21	평가문제 [퇴직소득자료입력(지급년월: 6월) 조회] 이기석의 이연퇴직 소득세(40)는 얼마인가?	3
22	평가문제 [퇴직소득자료입력(지급년월: 6월) 조회] 이기석의 근속월수는 몇 개월인가?	2
23	평가문제 [기타소득자료입력(지급년월: 7월) 조회] 민경수의 기타소득 원천징수액(지방소득세 포함)은 얼마인가?	3
24	평가문제 [기타소득자료입력(지급년월: 7월) 조회] 민경수의 기타소득 차감지급액은 얼마인가?	2
	원천징수 소계	10

문제 5 ◎ 법인세관리   ※ 회사변경 확인할 것

(주)행복전자(회사코드 5502)는 중소기업으로 사업연도는 제3기(2025.1.1. ~ 2025.12.31.)이다. 입력된 자료와 세무조정 참고자료에 의하여 [수행과제]를 완료하고 [평가문제]의 물음에 답하시오.

〈작성대상서식〉

1 조정후 수입금액명세서
2 선급비용명세서
3 업무무관 지급이자조정명세서(갑, 을)
4 기부금조정명세서
5 공제감면세액계산서(2)

1 조정후 수입금액명세서

세무조정 침고자료	1. 수입금액에 대한 상세내역이다.

구분	업태	종목	기준경비율 코느
제품매출	제조업	컴퓨터 제조업	300100
상품매출	도매 및 소매업	컴퓨터 및 주변장치	515050

2. 제품매출금액 중 62,000,000원은 해외수출분이고 나머지는 내수(국내생산품)분이다.

3. 수입금액과의 차액내역

코드	구분(내용)	금액	비 고
23	개인적인공급	5,000,000원	
25	유형자산 매각액	8,000,000원	
32	매출누락	3,000,000원	수입금액조정명세서에 입력된 제품위탁판매 누락분으로 당해연도 회계장부 및 부가가치세신고서에 반영되지 않았다.

수행과제	**조정후수입금액명세서를 작성하시오.** 1. [1.업종별 수입금액 명세서]에 업종별 수입금액을 반영하시오. 2. [3.수입금액과의 차액내역]에 차액내역을 반영하시오.

실무수행평가

■ 법인세관리 1

번호	평 가 문 제	배점
25	**평가문제 [조정후 수입금액명세서 조회]** 제품매출(300100) '⑤국내생산품 수입금액'은 얼마인가?	2
26	**평가문제 [조정후 수입금액명세서 조회]** 상품매출(515050) '⑤국내생산품 수입금액'은 얼마인가?	2
27	**평가문제 [조정후 수입금액명세서 조회]** '수입금액과의 차액계(50)' 금액은 얼마인가?	3

2 선급비용명세서

자료 1. 전기 자본금과 적립금 조정명세서(을) 내역

[별지 제50호 서식(을)]					(뒤 쪽)
사업 연도	2024.01.01. ~ 2024.12.31.	자본금과 적립금 조정명세서(을)		법인명	(주)행복전자

세무조정유보소득계산					
① 과목 또는 사항	② 기초잔액	당 기 중 증감		⑤ 기말잔액 (익기초현재)	비고
		③ 감 소	④ 증 가		
선급비용(보험료)			2,400,000	2,400,000	
중 략					

자료 2. 당기말 기간미경과분(선급분) 내역

지급일	내용	금액	거래처	기간
2025. 7. 1.	공장임차료	10,000,000원	(주)우리빌딩	2025. 7. 1. ~ 2026. 7. 1.
2025. 8. 9.	자동차보험료 (영업부)	1,320,000원	미래화재해상보험	2025. 8. 9. ~ 2026. 8. 9.

세무조정 참고자료	1. 전기분 자본금과 적립금 조정명세서(을) 내역을 참고하여 조정한다. – 선급기간: 2025.1.1. ~ 2026.12.31.(월할 계산할 것.) 2. 선급비용을 계상할 계정은 공장 임차료(제), 영업부 자동차 보험료(판)이다.
수행과제	**선급비용명세서를 작성하시오.** 1. 계정과목의 원장내역을 조회하여 해당금액을 반영하시오. 2. 소득금액조정합계표에 각 건별로 세무조정사항을 반영하시오.

실무수행평가

■ 법인세관리 2

번호	평 가 문 제	배점
28	**평가문제 [선급비용명세서 조회]** 공장임차료의 세무조정 대상 금액은 얼마인가?	2
29	**평가문제 [선급비용명세서 조회]** 자동차보험료의 세무조정 대상 금액은 얼마인가?	2
30	**평가문제 [선급비용명세서 조회]** 전기분 보험료의 세무조정 대상 금액은 얼마인가?	3

3 업무무관 지급이자조정명세서(갑, 을)

자료 1. 자산현황

계정과목	금액	참 고 사 항
비품	10,000,000원	2024년 11월 1일 미술품을 취득한 후 회사 복도에 전시하였음.
건물	200,000,000원	2025년 3월 1일 대표이사 별장으로 사용할 건물을 구입하였음.

자료 2. 이자비용 현황

이자율	이자비용	참 고 사 항
3.8%	11,400,000원	3,150,000원은 채권자 불분명사채이자이며, 원천징수를 하지 않았다.
4.5%	22,500,000원	4,780,000원은 건설중인 본사 사옥(완공예정일 2027.1.20.)에 대한 건설자금이자에 해당한다.

세무조정
참고자료
	1. 자료 1은 자산취득에 대한 내용으로 해당연도 재무상태표에 반영되어 있다.
	  (업무무관 자산을 구분하여 입력할 것.)
	2. 자료 2는 차입금 이자비용에 대한 내용으로 해당연도 손익계산서에 반영되어
	  있다.
	3. 가지급금 및 가수금은 [가지급금등의인정이자조정(갑, 을)]의 데이터를 이용
	  하기로 한다.

수행과제	**업무무관 지급이자조정명세서(갑, 을)을 작성하시오.** 1. 업무무관 지급이자조정명세서(을)을 작성하시오. 2. 업무무관 지급이자조정명세서(갑)을 작성하시오. 3. 소득금액조정합계표에 각 건별로 세무조정사항을 반영하시오.

실무수행평가

■ 법인세관리 3

번호	평 가 문 제	배점
31	**평가문제 [업무무관 지급이자조정명세서(갑) 조회]** 세무조정 대상 중 상여로 소득처분할 금액은 얼마인가?	2
32	**평가문제 [업무무관 지급이자조정명세서(갑) 조회]** 세무조정 대상 중 유보발생으로 소득처분할 금액은 얼마인가?	2
33	**평가문제 [업무무관 지급이자조정명세서(갑) 조회]** 세무조정 대상 중 기타사외유출로 소득처분할 금액은 얼마인가?	3

4 기부금조정명세서

자료. 기부금명세

3.과 목	일자		5. 적 요	6. 법인명등	비고
기부금	3	20	국방헌금	해군2함대 사령부(특례)	
기부금	4	10	사회복지법인 고유목적사업 기부금	한국사회복지법인(일반)	
기부금(주1)	5	22	제품(컴퓨터) 기부	한국교회(일반)	원가 4,000,000원 시가 5,000,000원
기부금(주2)	8	10	대표이사 동창회 특별회비	한국대학 동창회(기타)	
기부금(주3)	11	20	불우이웃돕기 성금 (어음기부)	사회복지공동모금회(특례)	

(주1) 판매목적으로 생산한 컴퓨터를 특수관계인이 아닌 지정기부금 단체(종교단체)에 현물 기부하였음.
(주2) 대표이사 개인적인 의무에 의하여 지출한 금액임.
(주3) 어음기부(만기 2025.1.15.) 만기일에 결제 예정임.

함격 확신 문제풀이

세무조정 참고자료	1. 기부금명세서는 [계정별 원장 데이터불러오기]를 조회하여 처리한다. 2. 기부처의 사업자등록번호 입력은 생략한다. 3. 이월결손금과 전기의 기부금 한도초과이월액은 없다. 4. <u>기부금 세무조정을 반영하기전</u> 법인세과세표준 및 세액조정계산서상 차가감소득 금액 내역은 다음과 같다.

구 분		금액
결산서상 당기순손익		135,929,900원
소득금액조정금액	익금산입	64,199,629원
	손금산입	3,200,000원
차가감소득금액		196,929,529원

5. 기부금계정 이외에는 기 입력된 자료를 이용한다.

수행과제	**기부금조정명세서를 작성하시오.** 1. [기부금명세서]를 작성하고 소득금액조정합계표에 각 건별로 세무조정사항을 반영하시오. 2. 기 입력된 자료는 무시하고 제시된 소득금액과 기부금 세무조정 사항을 반영하여 [기부금조정명세서]를 작성하시오.

실무수행평가

■ 법인세관리 4

번호	평 가 문 제	배점
34	평가문제 [기부금 조정명세서 조회] '1.소득금액계 금액'은 얼마인가?	2
35	평가문제 [기부금 조정명세서 조회] 소득금액조정합계표에 반영할 손금불산입 대상 금액은 얼마인가?	2
36	평가문제 [기부금 조정명세서 조회] '20.한도초과액합계'는 얼마인가?	3

5 공제감면세액계산서(2)

자료. 벤처기업확인서

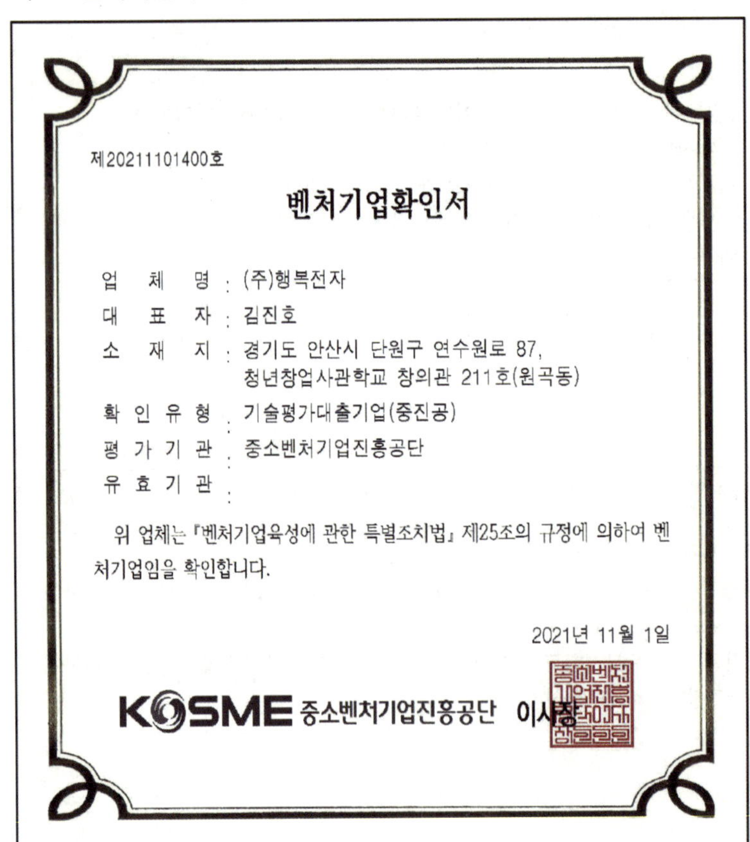

| 세무조정
참고자료 | 1. 자료는 중소벤처기업진흥공단으로부터 발급받은 벤처기업확인서이다.
2. 당사는 창업벤처중소기업세액감면을 적용받고자 세액감면신청서를 제출하기로 한다.
3. 각 사업연도 소득금액 내역 |

① 각사업연도소득계산	101.결 산 서 상 당 기 순 손 익	01	135,929,900
	소득금액조정 금 액	102.익 금 산 입	02	77,199,629
		103.손 금 산 입	03	3,200,000
	104.차가감소득금액(101 + 102 − 103)	04	209,929,529
	105.기 부 금 한 도 초 과 액	05	9,607,048
	106.기부금한도초과이월액 손 금 산 입	54	
	107.각사업연도소득금액 (104+105−106)	06	219,536,577

4. 감면대상 세액계산 자료
감면소득: 190,762,000원
과세표준: 219,536,577원
감면율: 50% 적용
사유발생일: 2025년 12월 31일

| 수행과제 | **공제감면세액계산서(2) 및 최저한세조정명세서를 작성하시오.**
1. 기 입력된 자료는 무시하고 제시된 각 사업연도 소득금액 내역을 이용하여 법인세과세표준 및 세액조정계산서에서 과세표준 및 산출세액을 계산하시오.
2. 공제감면세액계산(2)에 감면대상 세액계산 자료를 이용하여 창업벤처중소기업 감면세액을 산출하시오.
3. 최저한세조정계산서를 통하여 최저한세 적용여부를 검토하시오.
4. 공제감면세액계산서(2)에 최저한세 적용에 따른 미공제세액을 반영하시오.
5. 공제감면세액계산서(2)에서 산출된 감면세액을 공제감면세액합계표(갑, 을)에 반영하시오.
6. 법인세과세표준 및 세액조정계산서에 감면세액을 반영하시오. |

실무수행평가

■ **법인세관리 5**

번호	평 가 문 제	배점
37	**평가문제 [공제감면세액 합계표(갑, 을) 조회]** (152)창업벤처중소기업의 세액감면 ③ 대상세액은 얼마인가?	2
38	**평가문제 [법인세과세표준 및 세액조정계산서 조회]** 120.산출세액은 얼마인가?	2
39	**평가문제 [법인세과세표준 및 세액조정계산서 조회]** 121.최저한세 적용대상 공제감면세액은 얼마인가?	3
	법인세관리 소계	35

출제예상 모의고사 제3회

아래 문제에서 특별한 언급이 없으면 기업의 보고기간(회계기간)은 매년 1월 1일부터 12월 31일까지입니다. 또한 기업은 일반기업회계기준 및 관련 세법을 계속적으로 적용하고 있다고 가정하고 물음에 가장 합당한 답을 고르시기 바랍니다.

실무이론평가 

01 다음 중 재무제표에 관한 설명으로 옳은 것은?

① 현금흐름표상의 영업활동으로 인한 현금흐름은 간접법만 인정된다.

② 현금및현금성자산은 사용제한기간이 보고기간종료일로부터 1년을 초과하더라도 유동자산으로 분류한다.

③ 정상적인 영업주기내에 회수되는 매출채권은 보고기간종료일로부터 1년 이내에 회수되지 않더라도 유동자산으로 분류한다.

④ 재무제표는 발생기준에 따라 작성되므로 현금주의에 따라 작성되는 현금흐름표는 재무제표에 해당하지 않는다.

02 다음은 (주)한공의 상품거래 내역이다. 11월 말 상품재고액과 11월 매출총이익을 계산한 것으로 옳은 것은?(단, 선입선출법을 적용한다.)

(주)한공의 11월 상품거래 내역

날짜	내역	수량 금액	매입단가	판매단가
11월 1일	전월이월	100개	@5,000원	
11월 2일	매입	70개	@6,000원	
11월 14일	매출	120개		@9,000원
11월 25일	매출할인	50,000원		

① 상품재고액　　　250,000원
　매출총이익　　　410,000원
② 상품재고액　　　250,000원
　매출총이익　　　460,000원
③ 상품재고액　　　300,000원
　매출총이익　　　410,000원
④ 상품재고액　　　300,000원
　매출총이익　　　460,000원

03 (주)한공은 2024년 1월 1일에 기계장치를 1,000,000원에 취득하였다. (주)한공은 이 기계장치에 대하여 원가모형을 적용하며, 연수합계법(내용연수 4년, 잔존가액 0원)으로 상각한다. 2024년 말과 2025년 말, 기계장치의 회수가능액이 각각 650,000원, 180,000원인 경우 2025년 손상차손으로 인식할 금액은 얼마인가?

① 120,000원　　　② 140,000원
③ 160,000원　　　④ 180,000원

04 다음은 (주)한공의 매출채권에 대한 대손 관련 자료이다. 결산분개 후 2025년 손익계산서의 판매비와관리비 항목에 반영되는 금액은 얼마인가?

〈자료 1〉 잔액시산표(수정전)

2025년 12월 31일

(주)한공　　　　　　　　　　　(단위: 원)

차변	계정과목	대변
	⋮	
800,000	매출채권	
	대손충당금	20,000
	⋮	

〈자료 2〉 회수기간 경과별 대손추정률

경과기간	매출채권금액	대손추정률
30일 이하	400,000원	1%
31일 ~ 60일	300,000원	5%
61일 ~ 108일	100,000원	10%

① 7,800원　　　② 9,000원
③ 20,000원　　　④ 29,000원

05 부가가치세법상 일반과세자의 예정신고납부에 관련하여 옳지 않은 것은?

① 직전 과세기간 공급가액의 합계액이 1억 5천만원 이상인 법인사업자는 예정신고 납부의무가 있다.

② 휴업 또는 사업부진으로 인하여 각 예정신고기간의 공급가액 또는 납부세액이 직전 과세기간의 공급가액 또는 납부세액의 1/3에 미달하는 일반과세자는 예정신고·납부를 선택할 수 있다.

③ 예정고지세액이 50만원 미만인 경우 징수하지 아니한다.

④ 개인사업자는 예정신고시 신용카드매출전표 발행 세액공제를 적용받을 수 없다.

06 다음은 개인사업자인 한공실업(의류제조업)의 거래내용이다. 2025년 제2기 부가가치세 매출세액에서 공제받을 수 있는 매입세액은 얼마인가?(단, 필요한 세금계산서는 적법하게 수취하였다.)

일 자	거 래 내 용	매입세액
7월 10일	중고 기계장치 매입	10,000,000원
8월 12일	기업업무추진비 지출	5,000,000원
9월 15일	원재료 매입	15,000,000원
10월 18일	업무용 트럭 수선비	2,000,000원
12월 23일	업무용 소형승용차 (2,000cc) 매입	3,000,000원

① 25,000,000원 ② 27,000,000원
③ 28,000,000원 ④ 30,000,000원

07 다음 중 소득세법상 근로소득의 원천징수 및 연말정산에 관한 설명으로 옳은 것은?

① 원천징수의무자가 매월분의 근로소득을 지급할 때에는 6%의 세율로 소득세를 원천징수한다.

② 원천징수의무자는 해당 과세기간의 다음 연도 1월분의 급여 지급시 연말정산을 해야 한다.

③ 원천징수의무자가 12월분의 근로소득을 다음 연도 2월 말일까지 지급하지 아니한 경우에는 그 근로소득을 다음 연도 2월 말일에 지급한 것으로 보아 소득세를 원천징수한다.

④ 일용근로자의 근로소득은 소득 지급 시 원천징수된 후 다음 연도에 연말정산을 통하여 확정된다.

08 다음 중 소득세의 신고·납부 및 원천징수에 대한 설명으로 옳은 것은?

① 비영업대금에 대한 이자소득의 원천징수세율은 14%이다.

② 슬롯머신 등을 이용하는 행위에 참가하여 받는 당첨금품은 무조건 종합과세되는 기타소득에 해당한다.

③ 거주자가 국외이전을 위하여 출국하는 경우 출국일의 전날까지 확정신고를 하여야 한다.

④ 공적연금소득만 있는 자는 확정신고의 의무가 있다.

09 다음은 제조업을 영위하는 (주)한공의 손익계산서상 세금과공과 계정의 내역이다. 각 사업연도 소득금액을 계산할 때 손금불산입으로 세무조정하여야 할 총액은 얼마인가?(단, 사업연도 월수는 12개월이다.)

가. 공장건물에 대한 재산세	5,000,000원
나. 업무용토지에 대한 취득세	2,000,000원
다. 사계약상의 의무불이이행으로 인한 지체상	4,000,000원
라. 외국의 법률에 의하여 국외에 납부한 벌금	1,500,000원
마. 업무용승용차 1대의 처분손실	11,000,000원

① 6,500,000원 ② 9,000,000원
③ 10,500,000원 ④ 15,000,000원

10 다음은 (주)한공의 제11기 사업연도(2025.1.1.~2025.12.31.) 의 자료이다. 이 자료를 토대로 (주)한공의 외국납부세액공제액을 구하면 얼마인가?

가. 법인세 과세표준	200,000,000원
나. 법인세 산출세액	20,000,000원
다. 국외원천소득자료	
– 과세표준에 산입된 국외원천소득	50,000,000원
– 국외원천소득에 대한 외국납부세액	6,000,000원

① 2,000,000원 ② 4,000,000원
③ 5,000,000원 ④ 6,000,000원

실무수행평가

(주)에이스산업(회사코드 1503)은 가구 등을 제조하여 판매하는 법인기업으로 회계기간은 제7기(2025.1.1. ~ 2025.12.31.)이다. 제시된 자료와 [자료설명]을 참고하여 [수행과제]를 완료하고 [평가문제]의 물음에 답하시오.

실무수행 유의사항	1. 부가가치세 관련거래는 [매입매출전표입력]메뉴에 입력하고, 부가가치세 관련없는 거래는 [일반전표입력]메뉴에 입력한다. 2. 타계정 대체와 관련된 적요는 반드시 코드를 입력하여야 한다. 3. 채권·채무, 예금거래 등 관리대상 거래자료에 대하여는 거래처코드를 반드시 입력한다. 4. 자금관리 등 추가 작업이 필요한 경우 문제의 요구에 따라 추가 작업하여야 한다. 5. 제조경비는 500번대 계정코드를 사용한다. 6. 판매비와 관리비는 800번대 계정코드를 사용한다. 7. 등록된 계정과목 중 가장 적절한 계정과목을 선택한다. 8. [문제 5. 법인세관리]는 별도의 회사가 주어지므로 회사 선택에 유의한다.

문제 1 ◎ 거래자료입력

실무프로세스자료이다. [자료설명]을 참고하여 [수행과제]를 수행하시오.

1 정부보조금

■ 보통예금(국민은행) 거래내역

		내용	찾으신금액	맡기신금액	잔액	거래점
번호	거래일	계좌번호 112-12345-1123-1 (주)에이스산업				
1	2025-1-5	중소기업진흥공단		400,000,000	***	***
2	2025-1-7	산업통상자원부		100,000,000	***	***

자료설명	1. 중소기업진흥공단으로부터의 입금액은 기계장치 구입목적으로 차입(연 1%)한 것으로 2027년부터 상환한다. 2. 산업통상자원부의 입금액은 R&D용도로 받은 보조금으로 상환의무는 없다.
수행과제	거래자료를 각각 입력하시오.

2 퇴직연금

자료 1. 퇴직연금 규약 신고서

<table>
<tr><td colspan="4">[ ] 확정급여형
[■] 확정기여형   퇴직연금규약 신고서
[ ] 혼합형</td></tr>
<tr><td>발급번호</td><td>접수일</td><td>발급일</td><td>처리기간   7일</td></tr>
</table>

<table>
<tr><td rowspan="9">신고
내용</td><td>사업명(사업장명)   (주)에이스산업</td><td>사업자등록번호(법인등록번호)   104-81-43125</td></tr>
<tr><td>대표자 성명   최종호</td><td>업종(주산품)   제조업외/가구외</td></tr>
<tr><td>상시 근로자 수   25명</td><td>노동조합원 수   10명</td></tr>
<tr><td colspan="2">주소   서울특별시 서초구 서초대로 53</td></tr>
<tr><td>전화번호   02-569-4209</td><td>팩스(Fax)번호   02-569-4248</td></tr>
<tr><td>퇴직급여제도
형   태</td><td colspan="1">[ ] 확정급여형퇴직연금제도   [■] 확정기여형퇴직연금제도
[ ]「근로자퇴직급여 보장법」제6조에 따른 혼합형 퇴직연금제도(뒤쪽 참조)
[ ] 퇴직금제도

※ 해당 사업(사업장) 적용되는 퇴직급여제도에 모두 표시합니다.</td></tr>
<tr><td>의 견 청 취 일
또 는 동 의 일</td><td>2025 년   2월   15일</td></tr>
</table>

「근로자퇴직급여 보장법」제13조·제19조 및 같은 법 시행규칙 제2조에 따라 위와 같이 퇴직연금규약을 신고(신규 / 변경)합니다.

2025 년   2 월   15일

신고인(사업장 대표)   (주)에이스산업   (서명 또는 인)

자료 2. 보통예금(국민은행) 거래내역

번호	거래일	내 용	찾으신금액	맡기신금액	잔 액	거래점
		계좌번호 112-12345-1123-1 (주)에이스산업				
1	2025-2-15	퇴직연금납부	6,220,000		***	***

<table>
<tr><td>자료설명</td><td>1. 자료 1은 당사 영업부 직원들의 퇴직연금을 신규가입하고 관할 관청에 제출한 퇴직
연금규약 신고서이다.
2. 자료 2는 당월분 퇴직연금 기여금이 국민은행 보통예금 통장에서 출금된 내역이다.</td></tr>
<tr><td>수행과제</td><td>거래자료를 입력하시오.</td></tr>
</table>

문제 2 ◉ 부가가치세관리

부가가치세 신고 관련 자료이다. [자료설명]을 참고하여 [수행과제]를 수행하시오.

1 수정전자세금계산의 발행

전자세금계산서				(공급자 보관용)			승인번호		

공급자	등록번호	104-81-43125			공급받는자	등록번호	114-81-58741		
	상호	(주)에이스산업	성명(대표자)	최종호		상호	(주)장수산업	성명(대표자)	이태훈
	사업장주소	서울특별시 서초구 서초대로 53				사업장주소	서울특별시 서대문구 충정로 30		
	업태	제조업외	종사업장번호			업태	제조업, 도매	종사업장번호	
	종목	가구외				종목	가구외		
	E-Mail	ace@naver.com				E-Mail	jangsoo@bill36524.com		

작성일자	2025.2.28.	공급가액	16,000,000	세 액	1,600,000
비고					

월	일	품목명	규격	수량	단가	공급가액	세액	비고
2	28	가죽소파		20	800,000	16,000,000	1,600,000	

합계금액	현금	수표	어음	외상미수금	이 금액을	○ 영수 / ◉ 청구	함
17,600,000				17,600,000			

자료설명	1. 제품을 공급하고 2월 28일에 발급한 전자세금계산서이다. 2. 담당자의 착오로 이중발급한 사실이 확인되었다.
수행과제	수정사유를 선택하여 수정전자세금계산서를 발급 및 전송하시오. (외상대금 및 제품매출에서 음수(−)로 처리하고 전자세금계산서 발급 시 결제내역 입력 및 전송일자는 무시할 것.)

2 기한후 신고

자료 1. 매출(제품)전자세금계산서 발급 목록

					매출전자세금계산서 목록				
번호	작성일자	승인번호	발급일자	전송일자	상호	공급가액	세액	전자세금계산서종류	이하생략
1	20251212	생략	20260115	20260116	(주)삼호산업	15,000,000	1,500,000	일반	생략
2	20251215	생략	20260115	20260116	(주)대정산업	20,000,000	0	영세율	

자료 2. 매입(차량운반구)전자세금계산서 수취 목록

					매입전자세금계산서 목록				
번호	작성일자	승인번호	발급일자	전송일자	상호	공급가액	세액	전자세금계산서종류	이하생략
1	20251216	생략	20260110	20260111	(주)현대자동차	25,000,000	2,500,000	일반	생략

자료설명	1. 자료 1 ~ 2는 2025년 제2기 과세기간 최종 3개월(2025.10.1.~2025.12.31.)의 매출과 매입자료이다. 2. 제2기 부가가치세 확정신고를 기한내에 하지 못하여 2026년 2월 9일에 기한후 신고납부하려고 한다. 3. 2025년 제2기 예정신고는 적법하게 신고하였다. 4. 자료 2의 차량운반구(1,600cc)는 관리부에서 사용할 목적으로 취득하였다. 5. 신고불성실가산세는 일반무신고에 의한 가산세율을 적용하며, 미납일수는 15일로 한다.
수행과제	1. 자료 1 ~ 2까지 작성일자로 거래자료를 입력하시오.(제시된 거래는 모두 외상이며, 전자세금계산서 거래분은 '전자입력'으로 처리할 것.) 2. 가산세를 적용하여 제2기 부가가치세 확정신고서를 작성하시오. (과세표준명세의 '신고구분'과 '신고년월일'을 기재할 것.)

문제 3 ◎ 결산

[결산자료]를 참고로 결산을 수행하시오.(단, 제시된 자료 이외의 자료는 없다고 가정함.)

1 수동결산 및 자동결산

자료. 재고자산 실사 내역

구분	장부상내역			실사내역		
	단위당원가	수량	금액	단위당원가	수량	금액
원재료	10,000원	700kg	7,000,000원	10,000원	600kg	6,000,000원
재공품	25,000원	370개	9,250,000원	25,000원	370개	9,250,000원
제품	38,000원	990개	37,620,000원	38,000원	990개	37,620,000원

자료설명	1. 원재료의 기말재고 부족분 중 30%는 비정상적 감모분, 70%는 정상적 감모분이다. 2. 이익잉여금처분계산서 처분확정(예정)일 – 당기: 2026년 2월 28일 – 전기: 2025년 2월 28일
수행과제	결산을 완료하고 이익잉여금처분계산서에서 손익대체분개를 하시오. (단, 이익잉여금처분내역은 없는 것으로 하고 미처분이익잉여금 전액을 이월이익잉여금으로 이월하기로 한다.)

실무수행평가

■ **재무회계**

번호	평 가 문 제	배점
11	**평가문제 [재무상태표 조회]** 1월 31일 현재 재무상태표의 당좌자산 잔액은 얼마인가?	3
12	**평가문제 [재무상태표 조회]** 12월 31일 현재 재고자산 잔액은 얼마인가?	4
13	**평가문제 [재무상태표 조회]** 2월 28일 현재 재무상태표에 표시되는 퇴직연금운용자산 장부금액(퇴직연금운용자산 – 퇴직급여충당부채)은 얼마인가?	3
14	**평가문제 [재무상태표 조회]** 12월 31일 현재 장기차입금 잔액은 얼마인가?	3
15	**평가문제 [재무상태표 조회]** 12월 31일 현재 이월이익잉여금(미처분이익잉여금) 잔액은 얼마인가? ① 670,276,124원 ② 121,000,000원 ③ 1,130,462,576원 ④ 440,462,576원	2
16	**평가문제 [전자세금계산서 발행 및 내역관리 조회]** 2월 28일자 수정세금계산서의 수정사유를 코드로 입력하시오.	2
17	**평가문제 [부가가치세 신고서 조회]** 제2기 확정 신고기간 부가가치세신고서의 과세표준 합계(9란) 세액은 얼마인가?	2
18	**평가문제 [부가가치세 신고서 조회]** 제2기 확정 신고기간 부가가치세신고서의 세금계산서수취부분_고정자산매입(11란) 세액은 얼마인가?	2
19	**평가문제 [부가가치세 신고서 조회]** 제2기 확정 신고기간 부가가치세신고서의 납부(환급)세액 (㉮매출세액 – ㉯매입세액) = (㉰란)은 얼마인가?	2
20	**평가문제 [부가가치세 신고서 조회]** 제2기 확정 신고기간 부가가치세신고서의 가산세액(26란) 합계금액은 얼마인가?	2
	재무회계 소계	25

문제 4 ◎ **원천징수관리**

인사급여 관련 실무프로세스를 수행하시오.

1 기타소득의 원천징수

자료. 기타소득자 관련정보

소득자성명	주준영(코드 01100)	지급액	12,000,000원
소득의 종류	직무발명보상금	귀속년월 / 지급년월일	2025년 7월 / 2025년 7월 25일

자료설명	(주)에이스산업 퇴직직원 주준영에게 직무발명보상금 12,000,000원을 지급하였다. 실제 발생한 필요경비는 없다.
수행과제	[기타소득자료입력]에서 비과세소득을 제외한 소득지급내역을 입력하고 소득세를 산출하시오.

2 원천징수이행상황신고서의 수정신고

자료. 사업소득자의 관련 정보

성명	김희건(코드 1230)
자문료지급일	2025년 10월 15일(귀속연월: 2025년 10월)
지급금액	3,500,000원

자료설명	1. 본사 회계팀에서 회계 적용과 관련하여 한국대학교 경영학과 김희건 교수에게 자문을 구하고 자문료를 지급하였으나, 원천징수이행상황신고에 누락되어 11월 30일에 수정신고 하려고 한다. 2. 10월 급여는 당월 25일에 지급하여 원천징수이행상황신고서는 정상적으로 11월 10일에 신고하였다.
수행과제	1. 사업소득자료입력 메뉴에서 사업소득세를 산출하시오. 2. 사업소득과 가산세(원미만 절사)를 반영하여 정기수정신고에 따른 10월분 [원천징수이행상황신고서]를 작성하시오.(수정차수: 1, 불러오기(F3) 을 클릭하여 반영할 것.) ※ 원천징수납부지연가산세: 미납세액의 3% + 미납세액의 2.2/10,000 × 미납일수

실무수행평가

■ 원천징수관리

번호	평 가 문 제	배점
21	평가문제 [기타소득자료입력(지급년월: 7월) 조회] 주준영의 기타소득 원천징수 소득세는 얼마인가?	3
22	평가문제 [기타소득자료입력(지급년월: 7월) 조회] 주준영의 기타소득 차감지급액은 얼마인가?	2
23	평가문제 [사업소득자료입력(지급년월: 10월) 조회] 김희건의 사업소득 원천징수 소득세는 얼마인가?	3
24	평가문제 [원천징수이행상황신고서 조회] 10월 귀속분 원천징수이행상황신고서의 사업소득에 대한 8.가산세 금액은 얼마인가?	2
	원천징수 소계	10

문제 5 ◉ 법인세관리　　　　　　　　※ 회사변경 확인할 것

(주)희망산업(회사코드 5503)은 중소기업으로 사업연도는 제8기(2025.1.1. ~ 2025.
12.31.)이다. 입력된 자료와 세무조정 참고자료에 의하여 [수행과제]를 완료하고 [평가문
제]의 물음에 답하시오.

〈작성대상서식〉

1 임대보증금 간주익금 조정명세서
2 퇴직급여충당금조정명세서
3 가지급금 등의 인정이자 조정명세서(갑, 을)
4 소득금액조정합계표
5 연구 및 인력개발비 발생명세서

1 임대보증금 간주익금 조정명세서

자료 1. 건물 및 부속토지 관련 자료

계정과목	적요	취득원가 (자본적 지출 포함)	당기말 감가상각누계액	취득일	면적
토지	건물 부속토지	200,000,000원		2019.1.11.	면적 500㎡
건물(주1)	상가	300,000,000원	30,000,000원	2019.1.11.	연면적 2,000㎡

(주1) 2025년 6월 10일에 시스템에어컨(냉방장치)를 10,000,000원에 설치하였고, 해당 금액은 건물 취득원가에 포함되어 있다.

구분	취득금액	취득일
취득원가	290,000,000원	2019.1.11.
자본적지출	10,000,000원	2025.6.10.
계	300,000,000원	

자료 2. 임대현황

임대기간	임대보증금	월임대료	임대건물면적
2024.1.1.~2025.12.31.	400,000,000원	3,000,000원	1,200㎡

자료 3. 임대보증금 등 운용현황

계정과목	임대보증금운용수입	기타수입금액	합계
이자수익	800,000원	2,200,000원	3,000,000원
배당금수익	300,000원	800,000원	1,100,000원
단기매매증권처분익	1,000,000원	600,000원	1,600,000원

세무조정 참고자료	1. 자료 1은 임대건물과 부속토지 관련 내역이다. 2. 자료 2는 임대현황이다. 3. 자료 3은 임대보증금 등 운용현황이다. 4. 본 예제에 한하여 간주익금 계산 대상 법인으로 본다.
수행과제	**임대보증금 간주익금 조정명세서를 작성하시오.** 1. [2.임대보증금등의 적수계산]에 임대보증금 적수계산을 하시오. 2. [3.건설비 상당액 적수계산]에 건설비 적수계산을 하시오. 3. [4.임대보증 등의 운영수입금액 명세서]에 운용수입금액을 반영하시오. 4. [1.임대보증금등의 간주익금 조정]에 간주익금 대상금액을 계산하여 소득금액조정 합계표에 세무조정사항을 반영하시오.(정기예금이자율은 3.1%로 가정한다.)

실무수행평가

■ 법인세관리 1

번호	평 가 문 제	배점
25	**평가문제 [임대보증금 간주익금 조정명세서 조회]** '②건설비상당액' 적수는 얼마인가?	2
26	**평가문제 [임대보증금 간주익금 조정명세서 조회]** '⑥보증금운용수입'은 얼마인가?	2
27	**평가문제 [임대보증금 간주익금 조정명세서 조회]** '⑦익금산입 금액'은 얼마인가?	3

2 퇴직급여충당금조정명세서

자료. 전기 자본금과 적립금 조정명세서(을) 내역

[별지 제50호 서식(을)]					(뒤 쪽)
사업 연도	2024.01.01. ~ 2024.12.31.	자본금과 적립금조정명세서(을)		법인명	(주)희망산업
세무조정유보소득계산					
① 과목 또는 사항	② 기초잔액	당 기 중 증감		⑤ 기말잔액 (익기초현재)	비고
		③ 감 소	④ 증 가		
퇴직급여충당부채			160,000,000	160,000,000	

세무조정 참고자료	1. 총급여액은 기장된 자료의 임금(제), 급여(판)계정을 조회하시오. 　(생산직 7명, 관리직 3명 모두 퇴직급여 지급대상이다.) 2. 결산시점 퇴직급여추계액은 243,000,000원, 「근로자퇴직급여 보장법」에 따른 　퇴직급여추계액은 241,000,000원이다. 3. 당기 실제 퇴직한 자에게 지급한 퇴직급여내역은 다음과 같다. 　(차) 퇴직급여충당부채 20,000,000원 (대) 퇴직연금운용자산 20,000,000원 4. 퇴직급여충당부채계정 및 전기분 자본금과 적립금 조정명세서(을)를 참고한다.
수행과제	**퇴직급여충당금조정명세서를 작성하시오.** 1. [2.총급여액 및 퇴직급여추계액 명세]에 해당 금액을 반영하시오. 2. 전기분 자본금과 적립금 조정명세서(을)와 기장 자료를 조회하여 [1.퇴직급여충 　당금조정]에 해당 금액을 반영하시오. 3. 소득금액조정합계표에 각 건별로 세무조정사항을 반영하시오. 　(단, 퇴직연금부담금 조정명세서 작성 및 세무조정은 고려하지 말 것.)

실무수행평가

■ 법인세관리 2

번호	평 가 문 제	배점
28	**평가문제 [퇴직급여충당금조정명세서 조회]** '9.차감액'란 금액은 얼마인가?	2
29	**평가문제 [퇴직급여충당금조정명세서 조회]** 세무조정 대상 중 손금산입할 금액은 얼마인가?	2
30	**평가문제 [퇴직급여충당금조정명세서 조회]** 세무조정 대상 중 손금불산입할 금액은 얼마인가?	3

3 가지급금 등의 인정이자 조정명세서(갑, 을)

자료 1. 업무무관 가지급금 내역

직책	성명	금액	대여일	회수일	계정과목	비고
대표이사	조정석	60,000,000원	2025.05.17.		가지급금	업무무관
대표이사	조정석	15,000,000원		2025.06.30.	가지급금	업무무관
대표이사	조정석	5,000,000원	2025.10.10.		가지급금	업무무관
차장	박은별	10,000,000원	2025.04.10.		가지급금	주택구입자금 대여금

자료 2. 차입금 내역

일자	차입금액	상환금액	거래은행	이자율
전기이월	100,000,000원		대한은행	연 3%
2025.5.12.	100,000,000원		신한은행	연 3.5%
2025.7.15.		50,000,000원	대한은행	연 3%

세무조정 참고자료	1. 자료 1의 차장 박은별 가지급금은 주택구입자금 대여액이며, 당사는 중소기업에 해당한다. 2. 자료 2는 당사의 차입금 내역이다. 3. 이자수익 계정에 대표이사 조정석의 이자입금 내역이 기장되어 있다. 4. 인정이자 계산 시 가중평균차입이자율을 적용한다. 5. 특수관계인에 대한 가수금은 없는 것으로 한다.
수행과제	**가지급금등의 인정이자조정명세서(갑, 을)를 작성하시오.** 1. [2.이자율별 차입금 잔액계산]에서 차입금 잔액 적수계산을 하시오. 2. [3.가지급금, 가수금적수계산]에서 인명별 가지급금 적수계산을 하시오. 3. [4.인정이자계산]에서 조정대상금액을 계산하시오. 4. 소득금액조정합계표에 세무조정사항을 반영하시오.

실무수행평가

■ 법인세관리 3

번호	평 가 문 제	배점
31	**평가문제 [가지급금 등의 인정이자 조정명세서 조회]** '2.가지급금적수' 합계금액은 얼마인가?	2
32	**평가문제 [가지급금 등의 인정이자 조정명세서 조회]** 대표이사 조정석의 '6.회사계상액'은 얼마인가?	2
33	**평가문제 [가지급금 등의 인정이자 조정명세서 조회]** 세무조정 대상 중 상여로 소득처분할 금액은 얼마인가?	3

4 소득금액조정합계표

자료. 전기 자본금과 적립금 조정명세서(을)내역

[별지 제50호 서식(을)]					(뒤 쪽)
사업 연도	2024.01.01. ~ 2024.12.31.	**자본금과 적립금조정명세서(을)**		법인명	(주)희망산업

세무조정유보소득계산					
① 과목 또는 사항	② 기초잔액	당 기 중 증감		⑤ 기말잔액 (익기초현재)	비고
		③ 감 소	④ 증 가		
기부금			3,000,000	3,000,000	

세무조정 참고자료	1. 전기의 기부금 3,000,000원은 미지급분으로 당해연도에 현금으로 지급하였다. 2. 시장성이 있는 주식에 대한 단기매매증권평가이익 1,200,000원이 있다. 3. 손익계산서의 잡이익 계정에 반영되어 있는 82,000원은 업무용 자동차세 과오납금에 대한 지방세환급가산금이다. 4. 정기예금에 대한 기간경과분 미수이자를 700,000원 계상하였으며, 원천징수대상소득으로 법인세법상 손익귀속시기가 도래하지 않았다. 5. 손익계산서의 세금과공과금 계정에는 방역수칙 위반 과태료 3,000,000원이 포함되어 있다. 6. 회사는 자기주식처분이익 7,000,000원을 자본잉여금으로 계상하였다. 7. 손익계산서의 법인세등 계정에 반영되어 있는 법인세와 법인지방소득세는 16,731,000원이다.
수행과제	소득금액조정합계표에 각 건별로 세무조정사항을 반영하시오.

실무수행평가

■ 법인세관리 4

번호	평 가 문 제	배점
34	**평가문제 [소득금액조정합계표 조회]** 세무조정 대상 중 익금산입(기타)로 소득처분할 금액은 얼마인가?	2
35	**평가문제 [소득금액조정합계표 조회]** 세무조정 대상 중 익금불산입(유보발생)으로 소득처분할 금액은 얼마인가?	2
36	**평가문제 [소득금액조정합계표 조회]** 세무조정 대상 중 손금불산입(기타사외유출)로 소득처분할 금액은 얼마인가?	3

5 연구 및 인력개발비 발생명세서

자료 1. 일반연구개발비 지출내역

계정과목	자체연구개발비		
	인건비(3명)	재료비 등(17건)	기타(20건)
경상연구개발비(판매비와 관리비)	80,000,000원	32,000,000원	34,000,000원

자료 2. 직전연도 지출한 일반연구 및 인력개발비 내역

사업연도	연구 및 인력개발비
2021.1.1. ~ 2021.12.31.	58,000,000원
2022.1.1. ~ 2022.12.31.	64,000,000원
2023.1.1. ~ 2023.12.31.	78,000,000원
2024.1.1. ~ 2024.12.31.	103,000,000원

세무조정 참고자료	회사의 일반연구 및 인력개발비 자료이다. 제시된 자료를 이용하여 연구 및 인력개발비 세액공제를 신청하려고 한다. 1. 연구 및 인력개발비 세액은 당기에 전액공제 받는다. 2. 세부담을 최소화 시킬 수 있도록 세무조정을 한다. 3. 공제신청일은 2026년 3월 31일이다. 4. 전기 이월된 연구 및 인력개발비 세액공제 금액은 없다.
수행과제	**연구 및 인력개발비 발생명세서를 작성하시오.** 1. [연구 및 인력개발비 발생명세서]를 작성하시오. 2. [세액공제조정명세서(3)]메뉴의 [1.공제세액계산] 및 [2.당기공제세액 및 이월액 계산]에 당기공제세액을 반영하시오. 3. [공제감면세액 합계표(갑, 을)]에 공제세액을 반영하시오. 4. [법인세과세표준 및 세액조정계산서]에 공제세액을 반영하시오.

실무수행평가

■ 법인세관리 5

번호	평 가 문 제	배점
37	**평가문제 [연구 및 인력개발비 발생명세서 조회]** 해당연도 총발생금액 공제 '22.대상금액'은 얼마인가?	2
38	**평가문제 [연구 및 인력개발비 발생명세서 조회]** 증가발생금액공제 '38.대상금액'은 얼마인가?	2
39	**평가문제 [법인세과세표준 및 세액조정계산서 조회]** '123.최저한세 적용제외 공제감면세액'은 얼마인가?	3
	법인세관리 소계	35

출제예상 모의고사 제4회

아래 문제에서 특별한 언급이 없으면 기업의 보고기간(회계기간)은 매년 1월 1일부터 12월 31일까지입니다. 또한 기업은 일반기업회계기준 및 관련 세법을 계속적으로 적용하고 있다고 가정하고 물음에 가장 합당한 답을 고르시기 바랍니다.

실무이론평가 

01 회계정보의 질적특성에 관한 설명으로 옳지 <u>않은</u> 것은?

① 회계정보의 질적특성은 회계기준 제정기구가 회계기준을 제정 또는 개정할 때 대체적 회계처리방법들을 비교·평가할 수 있는 판단기준이 된다.
② 회계정보는 기간별 비교기능성은 있어야 하나, 기업실체 간 비교가능성은 없어도 된다.
③ 회계정보의 질적특성은 경영자와 감사인이 회계정책을 선택 또는 평가할 때 판단기준을 제공한다.
④ 회계정보가 갖추어야 할 가장 중요한 질적특성은 목적적합성과 신뢰성이다.

02 (주)한공의 재고자산인 상품 A와 B의 기초재고액은 1,500,000원이며, 당기매입액은 20,000,000원이다. 당기 매출원가를 계산하면 얼마인가? 단, 기말 재고자산 평가 시 종목별 저가기준을 적용하고 있으며, 재고자산감모손실 중 20%는 원가성이 있는 것으로 간주한다.

상품	장부상 재고수량	실제 재고수량	단위당 원가	판매 가격	단위당 추정판매비
A	1,000개	900개	900원	900원	100원
B	900개	800개	700원	850원	50원

① 20,092,000원
② 20,140,000원
③ 20,270,000원
④ 20,445,000원

03 다음은 (주)한공의 토지와 건물 재평가 관련 자료이다. 당기말 재무제표에 미치는 영향으로 옳지 <u>않은</u> 것은?(당기부터 재평가모형을 적용하는 것으로 가정한다.)

결산일 현재	토 지	건 물
평가전 취득원가	1,000,000원	2,000,000원
평가전 장부금액	1,000,000원	1,200,000원
당기말 공정가치	500,000원	3,000,000원

① 유형자산   1,300,000원 증가
② 기타포괄손익누계액   1,800,000원 증가
③ 자본잉여금   1,300,000원 증가
④ 당기순이익   500,000원 감소

04 확정급여형 퇴직연금제도를 실시하고 있는 한공상사의 4월 8일 회계처리로 옳은 것은?

4월 8일 관리부 직원 이영업씨의 퇴직급여를 다음과 같이 지급하다. 이영업씨의 퇴사 직전 회사의 퇴직급여충당부채의 잔액은 60,000,000원이다. 단, 퇴직소득에 대한 원천징수는 생략한다.

퇴직급여 지급 명세서

	지급 내역	금 액
퇴직금	당사 보통예금 계좌 이체 지급	8,000,000원
	퇴직연금운용사 지급	30,000,000원

㉮	(차) 퇴직급여	38,000,000원
	(대) 보통예금	8,000,000원
	퇴직급여충당부채	30,000,000원
㉯	(차) 퇴직연금운용자산	30,000,000원
	(대) 보통예금	8,000,000원
	퇴직급여충당부채	22,000,000원
㉰	(차) 퇴직급여충당부채	30,000,000원
	(대) 보통예금	8,000,000원
	퇴직연금운용자산	22,000,000원
㉱	(차) 퇴직급여충당부채	38,000,000원
	(대) 보통예금	8,000,000원
	퇴직연금운용자산	30,000,000원

① ㉮
② ㉯
③ ㉰
④ ㉱

05 다음 중 부가가치세법상 과세기간과 납세지에 대한 설명으로 옳지 않은 것은?

① 사업개시일 전 사업자 등록을 한 경우에는 등록일부터 그 날이 속하는 과세기간의 종료일까지를 최초과세기간으로 한다.
② 사업개시일 전 사업자 등록을 한 자가 등록일부터 정당한 사유 없이 6개월간 재화와 용역의 공급실적이 없는 경우에는 그 6개월이 되는 날에 사업을 개시하지 않게 된 것으로 본다.
③ 건설업을 영위하는 법인사업자의 경우 법인 등기부상의 소재지를 사업장으로 한다.
④ 부동산 임대업의 경우 그 임대업무를 총괄하는 장소를 사업장으로 한다.

06 다음 중 면세포기에 대한 설명으로 옳은 것은?

① 모든 재화나 용역의 공급에 대하여 면세를 포기할 수 있다.
② 부가가치세법상 둘 이상의 사업 또는 종목을 영위하는 면세사업자는 면세포기를 하고자 하는 재화 또는 용역의 공급만을 구분하여 면세포기를 할 수 있다.
③ 부가가치세법상 면세포기를 한 이후에도 언제든지 면세사업자로 전환할 수 있다.
④ 면세포기는 관할세무서장의 승인을 받아야 한다.

07 다음 자료를 토대로 거주자 김한공 씨의 2025년 귀속 종합소득금액을 계산하면 얼마인가?(단, 소득에 대하여 필요경비는 확인되지 않으며 모든 금액은 원천징수세액을 차감하기 전의 금액이다.)

가. 비실명 배당소득   10,000,000원
나. 비영업대금이익(원천징수되지 아니하였음.)   15,000,000원
다. 퇴직 전에 부여받은 주식매수 선택권을 퇴직 후에 행사하여 얻은 이익   20,000,000원
라. 복권 당첨소득   40,000,000원

① 35,000,000원   ② 50,000,000원
③ 55,000,000원   ④ 70,000,000원

08 다음 중 소득세법상 세액공제에 대한 설명으로 옳지 않은 것은?

① 종합소득세 계산시 외국납부세액공제액이 공제한도를 초과하는 경우 해당 과세기간의 다음 과세기간부터 5년 이내에 이월공제가 가능하다.
② 일용근로자의 근로소득에 대한 소득세 계산시 산출세액의 6%에 상당하는 근로소득세액공제를 적용한다.
③ 사업자가 해당 과세기간에 천재지변이나 그 밖의 재해로 자산총액의 20% 이상에 상당하는 자산을 상실한 경우 재해손실세액공제를 적용할 수 있다.
④ 건강증진을 위한 의약품 구입비용은 의료비세액공제대상금액에 해당하지 않는다.

09 다음 중 법인세 신고 시 소득금액조정합계표의 작성과 관련이 없는 항목은?

① 기업업무추진비한도 초과액
② 일반기부금한도 초과액
③ 수입배당금액의 익금불산입액
④ 업무무관 자산 등에 대한 지급이자 손금불산입액

10 중소기업인 (주)한공은 제9기 사업연도(2025년 1월1일~2025년 12월31일)에 결손금 150,000,000원이 발생하였다. (주)한공이 결손금소급공제에 따른 환급세액을 신청한 경우 최대한 환급받을 수 있는 금액은 얼마인가? (단, (주)한공의 제8기 법인세 신고내역은 다음과 같으며, 결손금소급공제에 필요한 모든 요건은 충족한다고 가정한다.)

〈제8기 법인세 신고내역〉

과 세 표 준	300,000,000원
산 출 세 액	40,000,000원*
세액감면	△5,000,000원
세액공제	△15,000,000원
가산세액	2,000,000원
기납부세액	△7,000,000원
차감납부세액	15,000,000원

* 법인세율: 과세표준 2억원 이하 10%, 2억원 초과 20%

① 15,000,000원   ② 20,000,000원
③ 25,000,000원   ④ 40,000,000원

실무수행평가

(주)한라타이어(회사코드 1504)는 타이어 및 튜브 등을 제조하여 판매하는 법인기업으로 회계기간은 제7기(2025.1.1. ~ 2025.12.31.)이다. 제시된 자료와 [자료설명]을 참고하여 [수행과제]를 완료하고 [평가문제]의 물음에 답하시오.

실무수행 유의사항	1. 부가가치세 관련거래는 [매입매출전표입력]메뉴에 입력하고, 부가가치세 관련없는 거래는 [일반전표입력]메뉴에 입력한다. 2. 타계정 대체와 관련된 적요는 반드시 코드를 입력하여야 한다. 3. 채권·채무, 예금거래 등 관리대상 거래자료에 대하여는 거래처코드를 반드시 입력한다. 4. 자금관리 등 추가 작업이 필요한 경우 문제의 요구에 따라 추가 작업하여야 한다. 5. 제조경비는 500번대 계정코드를 사용한다. 6. 판매비와 관리비는 800번대 계정코드를 사용한다. 7. 등록된 계정과목 중 가장 적절한 계정과목을 선택한다. 8. [문제 5. 법인세관리]는 별도의 회사가 주어지므로 회사 선택에 유의한다.

문제 1 ◎ 거래자료입력

실무프로세스자료이다. [자료설명]을 참고하여 [수행과제]를 수행하시오.

1 정부보조금

자료 1. 전자세금계산서

전자세금계산서			(공급받는자 보관용)				승인번호		
공급자	등록번호	220-81-82565			공급받는자	등록번호	125-86-74877		
	상호	(주)주영기계	성명 (대표자)	김주영		상호	(주)한라타이어	성명 (대표자)	이수림
	사업장 주소	서울 종로구 계동1길 10				사업장 주소	서울 서대문구 독립문로 27		
	업태	제조업	종사업장번호			업태	제조업	종사업장번호	
	종목	기계제조				종목	타이어 및 튜브		
	E-Mail	juyoung@bill36524.com				E-Mail	soorim@bill36524.com		
작성일자	2025.10.26.		공급가액	250,000,000		세 액	25,000,000		
비고									

월	일	품목명	규격	수량	단가	공급가액	세액	비고
10	26	생산자동화시스템		5	50,000,000	250,000,000	25,000,000	

합계금액	현금	수표	어음	외상미수금	이 금액을	◉영수 ○청구	함
275,000,000							

자료 2. 보통예금(신한은행) 거래내역

번호	거래일	내용	찾으신금액	맡기신금액	잔액	거래점
		계좌번호 090204-01-200327 (주)한라타이어				
1	2025-10-26	(주)주영기계	275,000,000		***	***

자료설명	1. 자료 1은 생산자동화시스템을 (주)주영기계에서 구입하고 발급받은 전자세금계산서이다.(단, 생산자동화시스템은 '기계장치'로 처리할 것.) 2. 자료 2는 공장에서 사용할 생산자동화시스템을 구입하고 기술보증기금에서 지원받은 정부지원금을 포함하여 구매대금을 (주)주영기계에 신한은행 보통예금 계좌에서 이체한 내역이다.
수행과제	1. 거래자료를 매입매출전표에 입력하시오.(전자세금계산서는 '전자입력'으로 처리할 것.) 2. 10월 15일 입금된 거래내역을 참고하여 정부보조금 관련 거래를 일반전표에 입력하시오.(자산관련 보조금은 관련 자산에서 정부보조금(219.정부보조금)을 차감하며 해당 계정을 사용하여 회계처리 할 것.)

2 사채

자료. 이사회의사록

이 사 회 의 사 록

회사는 장기자금을 조달할 목적으로 회사채 발행을 결정하고 다음과 같이 회사채 발행에 대한 사항을 결정함.

- 다 음 -

1. 사 채 의 액면금액:　　　　10,000,000원
2. 사 채 의 발행금액:　　　　8,984,860원
3. 사 채 의 만 기:　　　　2년
4. 표 시 이 자 율:　　　　연 9%
5. 사 채 발 행 일:　　　　2024년 1월 1일
6. 이 자 지 급 시 기:　　매년 이자 연3회 지급(4개월)

이하생략

자료설명	1. 자료는 사채발행에 대한 이사회 결의 내용이며, 이사회 결의 내용대로 발행하고 회계처리 하였다. 2. 4월 30일 사채의 이자를 신한은행 보통예금 계좌에서 이체하여 지급하였다. 3. 사채할인발행차금은 유효이자율법으로 상각하며, 사채이자에 대한 원천징수는 고려하지 않는다.(유효이자율은 연 15%이며, 월할상각하고, 원 미만 절사할 것.)
수행과제	4월 30일 사채이자 지급에 대한 거래자료를 입력하시오.

문제 2 ◎ 부가가치세관리

부가가치세 신고 관련 자료이다. [자료설명]을 참고하여 [수행과제]를 수행하시오.

1 수정전자세금계산의 발행

자료. 당초 전자세금계산서

<table>
<tr><td colspan="6" style="text-align:center">전자세금계산서</td><td colspan="2">(공급자 보관용)</td><td>승인번호</td><td></td></tr>
<tr><td rowspan="6">공급자</td><td>등록번호</td><td colspan="4">125-86-74877</td><td rowspan="6">공급받는자</td><td>등록번호</td><td colspan="2">120-81-34671</td></tr>
<tr><td>상호</td><td colspan="2">(주)한라타이어</td><td>성명
(대표자)</td><td>이수림</td><td>상호</td><td>(주)영흥무역</td><td>성명
(대표자)</td><td>주영흥</td></tr>
<tr><td>사업장
주소</td><td colspan="4">서울 서대문구 독립문로 27</td><td>사업장
주소</td><td colspan="3">서울 강남구 강남대로 654길</td></tr>
<tr><td>업태</td><td colspan="2">제조업</td><td colspan="2">종사업장번호</td><td>업태</td><td>무역업</td><td colspan="2">종사업장번호</td></tr>
<tr><td>종목</td><td colspan="4">타이어 및 튜브</td><td>종목</td><td colspan="3">타이어 외</td></tr>
<tr><td>E-Mail</td><td colspan="4">soorim@bill36524.com</td><td>E-Mail</td><td colspan="3">trade@bill36524.com</td></tr>
<tr><td>작성일자</td><td colspan="3">2025.10.29.</td><td>공급가액</td><td colspan="3">18,000,000</td><td>세 액</td><td>1,800,000</td></tr>
<tr><td>비고</td><td colspan="9"></td></tr>
<tr><td>월</td><td>일</td><td colspan="2">품목명</td><td>규격</td><td>수량</td><td>단가</td><td>공급가액</td><td>세액</td><td>비고</td></tr>
<tr><td>10</td><td>29</td><td colspan="2">타이어 세트</td><td></td><td>50</td><td>360,000</td><td>18,000,000</td><td>1,800,000</td><td></td></tr>
<tr><td> </td><td></td><td colspan="2"></td><td></td><td></td><td></td><td></td><td></td><td></td></tr>
<tr><td> </td><td></td><td colspan="2"></td><td></td><td></td><td></td><td></td><td></td><td></td></tr>
<tr><td> </td><td></td><td colspan="2"></td><td></td><td></td><td></td><td></td><td></td><td></td></tr>
<tr><td>합계금액</td><td colspan="2">현금</td><td>수표</td><td colspan="2">어음</td><td>외상미수금</td><td colspan="2" rowspan="2">이 금액을</td><td>○ 영수</td></tr>
<tr><td>19,800,000</td><td colspan="2"></td><td></td><td colspan="2"></td><td>19,800,000</td><td>● 청구   함</td></tr>
</table>

자료설명	1. 10월 29일 제품을 공급하고 발급한 전자세금계산서이다.
	2. 이 거래에 대하여 내국신용장이 사후에 발급되어 영세율을 적용하려고 한다.
	– 내국신용장 개설일자: 2025년 11월 15일
	– 개설은행: 신한은행 서대문지점
수행과제	내국신용장 사후개설에 따른 수정전자세금계산서를 발행하고,
	전자세금계산서 발행 및 내역관리 메뉴에서 발급 및 전송하시오.
	(전자세금계산서 발급 시 결제내역 입력 및 전송일자는 무시할 것.)

2 예정신고누락분의 확정신고 반영

자료 1. 매출(제품)전자세금계산서 발급 목록

매출전자세금계산서 목록									
번호	작성일자	승인 번호	발급일자	전송일자	상 호	공급가액	세액	전자세금 계산서 종류	이하 생략
1	20250801	생략	20250915	20250915	(주)유림상사	30,000,000원	3,000,000원	일반	

자료 2. 신용카드매출내역

```
            매출전표
------------------------------------

카드종류: 국민카드
회원번호: 3424-3152-****-5**8
회 원 명: (주)지원카센타
거래일시: 2025. 8. 10.  12:04:17
거래유형: 신용승인
공급가액:  5,000,000원
부 가 세:    500,000원
결제금액:  5,500,000원
결제방법: 일시불
승인번호: 07984895

------------------------------------

가맹점명: (주)한라타이어

가맹점번호: 84652210
           - 이 하 생 략 -
```

자료 3. 신용카드매입내역

```
            매출전표
------------------------------------

카드종류: 우리카드
회원번호: 4164-3892-****-7**6
회 원 명: (주)한라타이어
거래일시: 2025. 8. 11.  18:46:17
거래유형: 신용승인
공급가액:   450,000원
부 가 세:    45,000원
결제금액:   495,000원
결제방법: 일시불
승인번호: 17987849

------------------------------------

가맹점명: (주)예지문구

가맹점번호: 91253315
           - 이 하 생 략 -
```

자료 4. 영수증매출내역

영　수　증

2025/08/15

(주)한라타이어　　　　　　Tel. (02)222-6430

서울 서대문구 독립문로 27

125-86-74877

제품명	수 량	단 가	금 액
튜브			88,000

합계: 88,000원

감사합니다.

자료설명	(주)한라타이어는 타이어 및 튜브를 도소매하는 법인이며, 제2기 부가가치세 예정신고 시 누락한 자료이다.
	1. 자료 1은 제품을 외상으로 매출하고 발급한 전자세금계산서내역이다.
	2. 자료 2는 (주)지원카센타에 제품을 판매하고 발급한 카드매출전표이다.
	3. 자료 3은 영업부에서 사용할 소모품을 구입하고 발급받은 카드매출전표이다.(단, 매입세액 공제요건 충족하였으며, 당사는 소모품 취득 시 자산으로 처리할 것.)
	4. 자료 4는 홍보관을 방문한 개인에게 현금을 받고 제품을 소매로 판매한 영수증이다.
	5. 2026년 1월 25일 신고 및 납부하며, 신고불성실가산세는 일반과소 신고에 의한 가산세율을 적용하고 미납일수는 92일로 한다.(단, 원 단위 미만 절사할 것.)
수행과제	1. 누락된 자료를 매입매출전표에 입력하시오. (전자세금계산서 관련 거래는 '전자입력'으로 입력할 것.)
	2. 예정신고누락분과 관련한 가산세를 적용하여 제2기 확정 부가가치세 신고서를 작성하시오.(단, 예정신고누락분 신고대상월은 10월로 입력할 것.)

문제 3 ◎ 결산

[결산자료]를 참고로 결산을 수행하시오.(단, 제시된 자료 이외의 자료는 없다고 가정함.)

1 수동결산 및 자동결산

자료설명	**1. 외화자산평가** 결산일 현재 보유한 외화예금과 환율정보는 다음과 같다.

계정과목	거래처	발생일 환율
외화예금 ($18,000)	기업은행(외화)	2024.10.17. 1,130원/$

*일별 매매기준율

날짜	통화명	매매 기준율	전일 대비	시가	고가	저가	종가	시장거래량 (Mio)
2025.12.31.	미 달러화 (USD)	1,116.60	5.60▼	1,112.20	1,119.40	1,110.90	1,118.80	6,676.00

※ 참고: 서울외국환중개소

2. 기말재고액

구분	금액
상품	130,000,000원
원재료	80,000,000원
제품	32,000,000원

3. 이익잉여금처분계산서 처분확정(예정)일
  – 당기: 2026년 2월 28일
  – 전기: 2025년 2월 28일

수행과제	결산을 완료하고 이익잉여금처분계산서에서 손익대체분개를 하시오. (단, 이익잉여금처분내역은 없는 것으로 하고 미처분이익잉여금 전액을 이월이익잉여금으로 이월하기로 한다.)

실무수행평가

■ 재무회계

번호	평 가 문 제	배점
11	**평가문제 [손익계산서 조회]** 당기에 발생한 영업외비용 총액은 얼마인가?	3
12	**평가문제 [재무상태표 조회]** 12월 31일 현재 당좌자산은 얼마인가?	3
13	**평가문제 [재무상태표 조회]** 12월 31일 현재 외화예금은 얼마인가?	2
14	**평가문제 [재무상태표 조회]** 12월 31일 현재 유형자산은 얼마인가?	3
15	**평가문제 [재무상태표 조회]** 12월 31일 현재 재무상태표에 표시되는 사채 장부금액(사채 – 사채할인발행차금)은 얼마인가?	3
16	**평가문제 [재무상태표 조회]** 12월 31일 현재 이월이익잉여금(미처분이익잉여금) 잔액은 얼마인가? ① 670,462,576원　　② 745,002,407원 ③ 1,130,462,576원　　④ 281,462,576원	2
17	**평가문제 [전자세금계산서 발행 및 내역관리 조회]** 10월 29일자 영세율로 발급된 수정세금계산서의 수정사유를 코드로 입력하시오.	2
18	**평가문제 [부가가치세신고서 조회]** 제2기 확정 신고기간 부가가치세신고서의 매출 예정신고누락분(7란) 세액은 얼마인가?	2
19	**평가문제 [부가가치세신고서 조회]** 제2기 확정 신고기간 부가가치세신고서의 매입 예정신고누락분(12란) 세액은 얼마인가?	2
20	**평가문제 [부가가치세신고서 조회]** 제2기 확정 신고기간 부가가치세신고서의 가산세액(26란) 합계금액은 얼마인가?	3
재무회계 소계		**25**

문제 4 ⊙ 원천징수관리

인사급여 관련 실무프로세스를 수행하시오.

1 이자/배당소득의 원천징수

자료. 배당금 지급내역

구분	주주명	주민(법인)등록번호	배당금액	소득구분
거주자	이상순	720234-1850214	7,000,000원	151

자료설명	1. 회사는 3월 29일 현금배당을 결의하였다. 2. 4월 10일 주주 이상순(3003)에게 현금 배당금을 지급하였다.
수행과제	[이자배당소득자료입력]에서 소득지급내역을 입력하고 소득세를 산출하시오.

2 퇴직소득의 원천징수

자료 1. 퇴사자 관련정보

사원코드	3041
사원명	최상진
퇴직일자	2025년 2월 25일
퇴직사유	자발적 퇴사
근속기간	2022년 1월 1일 ~ 2025년 2월 25일
회사규정상 퇴직급여	25,000,000원

자료 2. 최상진의 개인형퇴직연금(IRP)

연금계좌취급자	사업자등록번호	계좌번호	확정급여형 퇴직연금제도 가입일
국민은행	110-81-75321	105-697805-1-23	2024년 1월 1일

자료설명	1. 급여자료는 이미 입력되어 있다. 2. 사원 최상진이 퇴사하여 퇴사일에 퇴직금을 지급하려고 한다. 3. 당사는 확정급여형(DB) 퇴직연금제도에 가입되어 있으며 퇴직금추계액의 100%를 퇴직연금에 불입하고 있다. 4. 퇴직금 중 20,000,000원은 개인형퇴직연금(IRP)계좌로 2025년 2월 25일 입금하고, 잔액은 보통예금계좌에서 이체하여 지급하였다.
수행과제	퇴직소득자료입력 메뉴에 자료를 입력하고 퇴직소득세를 산출하시오.

실무수행평가

■ 원천징수관리

번호	평 가 문 제	배점
21	**평가문제 [이자배당소득자료입력(지급년월: 4월) 조회]** 이상순의 배당소득 원천징수 세율은 %인가?	2
22	**평가문제 [이자배당소득자료입력(지급년월: 4월) 조회]** 이상순의 배당소득 원천징수 소득세는 얼마인가?	3
23	**평가문제 [퇴직소득자료입력(지급년월: 2월) 조회]** 최상진의 이연퇴직 소득세(40)는 얼마인가?	3
24	**평가문제 [퇴직소득자료입력(지급년월: 2월) 조회]** 최상진의 신고대상세액(42)(지방소득세포함)은 얼마인가?	2
	원천징수 소계	10

문제 5　　법인세관리　　　　　　　　　※ 회사변경 확인할 것

(주)천안산업(회사코드 5504)은 중소기업으로 사업연도는 제15기(2025.1.1. ～ 2025. 12.31.)이다. 입력된 자료와 세무조정 참고자료에 의하여 법인세무조정을 수행하시오.

〈작성대상서식〉

1. 조정후 수입금액명세서
2. 선급비용명세서
3. 대손충당금 및 대손금조정명세서
4. 가지급금등의 인정이자조정명세서(갑, 을)
5. 법인세과세표준 및 세액조정계산서

1 조정후 수입금액명세서

세무조정 참고자료	1. 수입금액에 대한 상세내역이다.

구분	업태	종목	기준경비율 코드
제품매출	제조업	남성용정장	181101
상품매출	도매 및 상품중개업	셔츠 외의 등	513121

2. 상품매출금액 중 112,000,000원은 해외수출분이고 나머지는 내수(국내생산품) 분이다.

3. 수입금액과의 차액내역

코드	구분(내용)	금액	비 고
25	유형자산 및 무형자산 매각액	5,000,000원	
30	거래시기차이감액	8,000,000원	공급시기 전에 선수금 수령 시 세금계산서 발급분
22	사업상 증여	3,000,000원	

수행과제

조정후수입금액명세서를 작성하시오.
1. [1.업종별 수입금액 명세서]에 업종별 수입금액을 반영하시오.
2. [3.수입금액과의 차액내역]에 차액내역을 반영하시오.

◀◀ 실무수행평가 ▶▶

■ 법인세관리 1

번호	평 가 문 제	배점
25	**평가문제 [조정후 수입금액명세서 조회]** '제품매출(181101) ⑤국내생산품 수입금액'은 얼마인가?	2
26	**평가문제 [조정후 수입금액명세서 조회]** '상품매출(513121) ⑤국내생산품 수입금액'은 얼마인가?	2
27	**평가문제 [조정후 수입금액명세서 조회]** '수입금액과의 차액계(50)' 금액은 얼마인가?	3

2 선급비용명세서

자료 1. 전기 자본금과 적립금 조정명세서(을) 내역

[별지 제50호 서식(을)] (뒤 쪽)

사업 연도	2024.01.01. ~ 2024.12.31.	자본금과 적립금조정명세서(을)			법인명	(주)천안산업

세무조정유보소득계산						
① 과목 또는 사항	② 기초잔액	당 기 중 증감		⑤ 기말잔액 (익기초현재)	비고	
		③ 감 소	④ 증 가			
선급비용(보험료)	1,200,000	1,200,000	2,000,000	2,000,000		
중 략						

자료 2. 당기중 임차료 납입 내역

지급일	내용	금액	거래은행	기간
2025.7.1.	임차료 (공장건물)	10,000,000원	하나빌딩(주)	2024.7.1.~2025.6.30.

세무조정 참고자료	1. 전기분 '자본금과 적립금 조정명세서(을)'의 내역을 참고하여 조정한다. 　(공장건물에 대한 보험료를 선급한 것이다. 선급기간(2년): 2024.1.1.~ 2025. 　12.31. 단, 전기분 선급비용의 세무조정 시에는 선급기간에 따라 월할 계산한다.) 2. 선급비용을 계상할 계정은 (제)임차료이다.
수행과제	**선급비용명세서를 작성하시오.** 1. 계정과목의 원장내역을 조회하여 해당금액을 반영하시오. 2. 소득금액조정합계표에 세무조정사항을 반영하시오.

실무수행평가

■ 법인세관리 2

번호	평 가 문 제	배점
28	**평가문제 [선급비용명세서 조회]** (제)임차료의 세무조정 대상 금액은 얼마인가?	3
29	**평가문제 [선급비용명세서 조회]** 전기분 보험료의 세무조정 대상 금액은 얼마인가?	2
30	**평가문제 [선급비용명세서 조회]** 세무조정 대상 중 손금산입 유보(감소)로 소득처분할 금액은 얼마인가?	2

3 대손충당금 및 대손금조정명세서

자료 1. 전기 자본금과 적립금 조정명세서(을) 내역

[별지 제50호 서식(을)] (뒤 쪽)

사업 연도	2024.01.01. ~ 2024.12.31.	자본금과 적립금조정명세서(을)			법인명	(주)천안산업
세무조정유보소득계산						
① 과목 또는 사항	② 기초잔액	당 기 중 증감		⑤ 기말잔액 (익기초현재)	비고	
		③ 감 소	④ 증 가			
대손충당금 한도초과	4,300,000	4,300,000	3,000,000	3,000,000		
외상매출금 (대손금)			8,000,000	8,000,000		
중 략						

자료 2. 대손에 관한 사항

일자	계정과목	대손사유	금액	비고
2025. 6.16.	외상매출금	파산	6,000,000원	대손요건 충족
2025.11.19.	받을어음	부도	7,700,000원	부도확정일 2024.5.18.

세무조정 참고자료	1. 자료 1의 전기 외상매출금(대손금) 부인액 8,000,000원은 2024년 4월 30일에 　소멸시효가 완성되어 대손금의 손금산입 요건을 충족하였다. 2. 자료 2는 당기에 발생한 대손내역이며, 그 외의 대손발생은 없다. 3. 회사는 매출채권에 대해서만 대손충당금을 설정하며, 대손충당금 설정대상 　제외 채권은 없다. 4. 회사의 대손실적률은 1/100이다. 5. 기타의 사항은 기장된 데이터를 이용하기로 한다.
수행과제	**대손충당금 및 대손금조정명세서를 작성하시오.** 1. 전기 자본금과 적립금 조정명세서(을)의 내역을 세무조정하시오. 2. [2.대손금조정]에 대한 대손처리내역을 원장조회하여 반영하시오. 3. [1.대손충당금조정(채권잔액)]에 채권잔액을 반영하시오. 4. [1.대손충당금조정(손금 및 익금산입조정)]에 손금산입액 및 익금산입액 조정 　사항을 반영하시오. 5. 소득금액조정합계표에 세무조정사항을 반영하시오.

실무수행평가

■ 법인세관리 3

번호	평 가 문 제	배점
31	**평가문제 [대손충당금 및 대손금조정명세서 조회]** '대손충당금 7.한도초과액'은 얼마인가?	2
32	**평가문제 [대손충당금 및 대손금조정명세서 조회]** 세무조정 대상 중 손금불산입 유보(발생)로 소득처분할 금액은 얼마인가?	2
33	**평가문제 [대손충당금 및 대손금조정명세서 조회]** 세무조정 대상 중 손금산입 유보(감소)로 소득처분할 금액은 얼마인가?	3

4 가지급금등의 인정이자조정명세서(갑, 을)

자료 1. 업무무관 가지급금 내역

직책	성명	금액	대여일	계정과목	비고
대표이사	김대표	60,000,000원	2025.7.2.	가지급금	
관계회사	(주)대한제국	50,000,000원	2025.5.3.	단기대여금	당사의 주요주주
부장	정부장	3,000,000원	2025.7.1.	가지급금	자녀 학자금 대여금

자료 2. 차입금 내역

일자	차입금액	상환금액	거래은행	이자율
전기이월	200,000,000원		하나은행	연 4%
2025.3. 2.	100,000,000원		국민은행	연 5%
2025.4.10.	200,000,000원		대한은행	연 4.5%
2025.9.10.		20,000,000원	하나은행	연 4%

세무조정 참고자료	1. 자료 1의 부장 정부장의 가지급금은 자녀에 대한 학자금 대여액이다. 2. 가지급금에 대한 약정된 이자는 없는 것으로 한다. 3. 인정이자 계산 시 가중평균차입이자율을 적용한다. 4. 특수관계인에 대한 가수금은 없는 것으로 한다.
수행과제	**가지급금등의 인정이자조정명세서(갑, 을)를 작성하시오.** 1. [2.이자율별 차입금 잔액계산]에서 차입금 잔액 적수계산을 하시오. 2. [3.가지급금, 가수금적수계산]에서 인명별 가지급금 적수계산을 하시오. 3. [4.인정이자계산]에서 조정대상금액을 계산하시오. 4. 각 건별로 소득금액조정합계표에 세무조정사항을 반영하시오.

◀◀ 실무수행평가 ▶▶

■ 법인세관리 4

번호	평 가 문 제	배점
34	**평가문제 [가지급금 등의 인정이자 조정명세서 조회]** 김대표의 '2.가지급금적수 합계금액'은 얼마인가?	2
35	**평가문제 [가지급금 등의 인정이자 조정명세서 조회]** 세무조정 대상 중 상여로 소득처분할 금액은 얼마인가?	2
36	**평가문제 [가지급금 등의 인정이자 조정명세서 조회]** 세무조정 대상 중 기타사외유출로 소득처분할 금액은 얼마인가?	3

5 법인세과세표준 및 세액조정계산서

세무조정 참고자료	1. 소득금액조정금액은 기 입력된 데이터 및 추가 세무조정사항을 반영하여 이용한다.

2. 이월결손금 내역은 다음과 같다.

발생연도	2006년	2023년
이월결손금	25,000,000원	15,000,000원

3. 세액공제감면내역
  - 중소기업에 대한 특별세액 감면액은 11,000,000원이다.
  - 연구·인력개발비공제액은 7,000,000원이다.
4. (주)우리공구로부터 공장에서 사용할 절삭공구 1대를 3,000,000원에 구입하고 영수증을 수취하였다.
5. 결산 시 법인세계정으로 대체한 선납세금계정에는 중간예납과 원천납부세액이 포함되어 있다.

수행과제

법인세과세표준 및 세액조정계산서를 작성하시오.
1. 소득금액조정합계표의 소득금액 조정내역을 반영하시오.
2. 이월결손금을 반영하시오.
3. 공제감면세액을 반영하시오.(세부담을 최소화하는 방법을 선택한다.)
4. 영수증수취명세서를 참고하여 가산세를 반영하시오.
5. 중간예납세액 및 원천납부세액(지방소득세 제외)을 반영하시오.
6. 분납 가능한 최대한의 금액을 분납처리하시오.
7. 선택가능한 방법이 있는 경우에는 법인세부담을 최소화하는 방법을 선택한다.

실무수행평가

■ 법인세관리 5

번호	평 가 문 제	배점
37	**평가문제 [법인세과세표준 및 세액조정계산서 조회]** '109.이월결손금 금액'은 얼마인가?	2
38	**평가문제 [법인세과세표준 및 세액조정계산서 조회]** '125.가감계 금액'은 얼마인가? ① 137,726,678원 ② 924,575,240원 ③ 39,843,703원 ④ 168,869,036원	3
39	**평가문제 [법인세과세표준 및 세액조정계산서 조회]** '기납부세액 132.합계' 금액은 얼마인가?	2
	법인세관리 소계	35

출제예상 모의고사 제5회

아래 문제에서 특별한 언급이 없으면 기업의 보고기간(회계기간)은 매년 1월 1일부터 12월 31일까지입니다. 또한 기업은 일반기업회계기준 및 관련 세법을 계속적으로 적용하고 있다고 가정하고 물음에 가장 합당한 답을 고르시기 바랍니다.

실무이론평가 

01 다음 중 회계정보의 질적특성에 대한 설명으로 옳지 <u>않은</u> 것은?

① 회계정보가 신뢰성을 갖기 위해서는 정보가 나타내고자 하는 대상을 충실히 표현하고 있어야 하고, 검증가능 하여야 하며, 중립적이어야 한다.

② 시장성 없는 유가증권을 역사적원가로 평가하면 측정치의 검증가능성은 높으나 실제가치를 나타내지 못하여 표현의 충실성과 목적적합성은 저하될 수 있다.

③ 목적적합성이 있는 회계정보는 예측가치 또는 피드백가치를 가져야 한다.

④ 회계정보를 적시에 제공하기 위하여 거래가 확정되기 전에 보고하는 경우, 신뢰성은 향상되나 목적적합성은 저하될 수 있다.

02 (주)한공의 2025년 12월 31일 현재 창고에 보관 중인 재고자산은 200,000원이다. 이 금액에는 〈보기〉가 반영되지 않았다. 〈보기〉를 반영하면 기말재고자산 금액은 얼마인가?

〈보기〉

- 2025년 12월 29일에 선적지인도조건으로 수출한 상품(원가 70,000원)이 기말 현재 운송 중이다.
- 2025년 12월 26일에 사용판매 조건으로 인도한 상품(원가 30,000원) 중 기말 현재 매입의사표시를 받은 상품의 원가는 20,000원이다.
- 2025년 12월 27일에 목적지인도조건으로 주문한 상품(원가 50,000원)이 기말 현재 도착되지 않았다.

① 210,000원   ② 270,000원
③ 280,000원   ④ 330,000원

03 (주)한공은 2025년 초에 주식(액면금액 150,000원)을 발행하여 160,000원의 자금을 조달하였고, 다음과 같이 회계처리하였다.

(차) 현금	160,000원	
(대) 차입금		160,000원

(주)한공의 회계담당자는 2025년도의 회계기록을 마감하기 전에 위와 같은 오류를 발견하였다. 이 오류를 수정하기 위한 분개로 옳은 것은?

㉮ (차) 차입금	150,000원
주식할인발행차금	10,000원
(대) 자본금	160,000원
㉯ (차) 차입금	160,000원
(대) 자본금	150,000원
주식발행초과금	10,000원
㉰ (차) 차입금	160,000원
(대) 자본금	160,000원
㉱ (차) 차입금	160,000원
(대) 이익잉여금	160,000원

① ㉮   ② ㉯
③ ㉰   ④ ㉱

04 (주)한공은 기계장치를 (주)대한의 차량운반구와 교환하였다. 다음 자료에 의한 (주)한공의 회계처리로 옳은 것은?

• (주)한공의 기계장치 관련 금액	
취득원가:	2,000,000원
감가상각누계액:	1,600,000원
공정가치:	500,000원
현금수취액:	80,000원
• (주)대한의 차량운반구 관련 금액	
취득원가:	2,000,000원
감가상각누계액:	1,550,000원
공정가치:	400,000원
현금지급액:	80,000원

㉮ (차) 감가상각누계액	1,600,000원
차량운반구	320,000원
현금	80,000원
(대) 기계장치	2,000,000원

㉯ (차) 감가상각누계액	1,600,000원
차량운반구	420,000원
현금	80,000원
(대) 기계장치	2,000,000원
유형자산처분이익	100,000원

㉰ (차) 감가상각누계액	1,600,000원
차량운반구	480,000원
현금	80,000원
(대) 기계장치	2,000,000원
유형자산처분이익	160,000원

㉱ (차) 감가상각누계액	1,600,000원
차량운반구	580,000원
현금	80,000원
(대) 기계장치	2,000,000원
유형자산처분이익	260,000원

① ㉮   ② ㉯
③ ㉰   ④ ㉱

05 다음 중 부가가치세 신고·납부 및 환급에 대한 설명으로 옳은 것은?

① 국내사업장이 없는 비거주자로부터 용역을 공급받은 면세사업자는 대리납부의무가 있다.
② 납세의무자가 재화의 수입에 대하여 관세를 세관장에게 신고·납부하는 경우에는 관련 부가가치세의 신고·납부 의무를 면제한다.
③ 영세율을 적용받는 경우에는 조기환급을 받을 수 없다.
④ 각 과세기간 종료 후 30일 이내에 과세표준과 세액을 신고·납부하여야 한다.

06 다음 자료를 토대로 (주)한공(의류제조업)의 2025년 제1기 확정신고 시 부가가치세 과세표준을 계산하면 얼마인가?(단, 주어진 자료에는 부가가치세가 포함되지 아니하였다.)

가. 하치장 반출액	12,000,000원
나. 외상판매액	10,000,000원
(외상대금을 2024년 8월에 수령할 예정임.)	
다. 영업용이 아닌 승용차 매각대금	15,000,000원
라. 의류제조 과정에서 발생한 부산물의 매각대금	6,000,000원
마. 거래처에 자금을 대여하고 받은 이자	7,000,000원

① 28,000,000원   ② 31,000,000원
③ 37,000,000원   ④ 43,000,000원

07 다음 중 소득세 신고 및 납부에 대한 설명으로 옳지 않은 것은?

① 수시부과 후 추가로 발생한 소득이 없을 경우에는 과세표준확정신고를 하지 아니할 수 있다.
② 무신고가산세와 무기장가산세가 동시에 적용되는 경우에는 그 중 가산세액이 큰 가산세만을 적용한다.
③ 해당 과세기간에 변호사업을 개시한 사업자의 소득금액을 추계조사결정하는 경우에는 단순경비율을 적용한다.
④ 종합소득과세표준이 없거나 결손금이 있는 거주자도 소득세 과세표준 신고의무가 있다.

08 다음은 제조업을 영위하는 개인사업자 김한공 씨의 제10기 손익계산서에 반영된 자료이다. 소득세 차감 전 순이익이 50,000,000원인 경우, 김한공 씨의 제10기 사업소득금액은 얼마인가?

가. 교통사고벌과금	3,000,000원
나. 외국법인으로부터 받은 배당금	10,000,000원
다. 토지처분이익	2,000,000원
라. 사업과 관련된 자산수증이익	6,000,000원
(이월결손금 보전에 충당하지 아니함.)	

① 35,000,000원　　② 38,000,000원
③ 41,000,000원　　④ 47,000,000원

09 다음 중 법인세법상 손익의 귀속시기로 옳은 것은?

① 자산의 위탁매매는 위탁자가 수탁자에게 그 자산을 인도한 날이다.
② 사채할인발행차금은 기업회계기준에 따른 사채할인발행차금의 상각방법에 따라 이를 손금에 산입한 날이다.
③ 부동산의 판매는 그 부동산을 인도한 날이다.
④ 잉여금의 처분에 따른 배당은 해당 법인이 실제로 배당금을 지급한 날이다.

10 다음은 제조업을 영위하는 (주)한공의 제19기 사업연도(2025년 1월 1일~2025년 12월 31일)의 법인세 신고를 위한 자료이다. 법인세법상 각사업연도소득금액은 얼마인가?

가. 손익계산서상 당기순이익 10,000,000원
나. 세무조정자료
– 자기주식처분이익 3,000,000원을 자본잉여금으로 계상하였다.
– 손익계산서에 법인세비용 2,000,000원을 계상하였다.
– 손익계산서에 잡이익(재산세환급액) 1,000,000원을 계상하였다.

① 12,000,000원　　② 13,000,000원
③ 15,000,000원　　④ 16,000,000원

실무수행평가

(주)개성유리(회사코드 1505)는 유리 등을 제조하여 판매하는 법인기업으로 회계기간은
제7기(2025.1.1. ~ 2025.12.31.)이다. 제시된 자료와 [자료설명]을 참고하여 [수행과제]를
완료하고 [평가문제]의 물음에 답하시오.

실무수행 유의사항	1. 부가가치세 관련거래는 [매입매출전표입력]메뉴에 입력하고, 부가가치세 관련없는 거래는 [일반전표입력]메뉴에 입력한다. 2. 타계정 대체와 관련된 적요는 반드시 코드를 입력하여야 한다. 3. 채권·채무, 예금거래 등 관리대상 거래자료에 대하여는 거래처코드를 반드시 입력한다. 4. 자금관리 등 추가 작업이 필요한 경우 문제의 요구에 따라 추가 작업하여야 한다. 5. 제조경비는 500번대 계정코드를 사용한다. 6. 판매비와 관리비는 800번대 계정코드를 사용한다. 7. 등록된 계정과목 중 가장 적절한 계정과목을 선택한다. 8. [문제 5. 법인세관리]는 별도의 회사가 주어지므로 회사 선택에 유의한다.

문제 1 ◎ 거래자료입력

실무프로세스자료이다. [자료설명]을 참고하여 [수행과제]를 수행하시오.

1 퇴직연금

자료. 보통예금(국민은행) 거래내역

번호	거래일자	내용	찾으신금액	맡기신금액	잔액	거래점
		계좌번호: 552-21-1153-262 (주)개성유리				
1	2025-03-31	퇴직연금(생산직)	10,000,000		********	서초점
2	2025-03-31	퇴직연금(사무직)	12,000,000			

자료설명	확정급여형퇴직연금(DB)제도에 가입하고 있는 (주)개성유리는 생산직과 사무직 직원의 퇴직연금 부담금(기여금)을 국민은행 보통예금계좌에서 신한생명 퇴직연금계좌로 이체하였다.(단, 부담금 중 1%는 사업비로 충당된다.)
수행과제	거래자료를 입력하시오.

2 리스회계

자료 1. 금융리스 계약서

금융리스 계약서

대한리스(주)와 (주)개성유리는 다음과 같은 조건으로 금융리스 계약을 체결함.

1. 리스자산명: 기계장치
2. 리스료 총액: 3,000,000원
3. 리스료 지급 조건: 1,000,000원(연), 3회 분할 후불지급조건
4. 리스기간: 3년
5. 이자율: 10%
6. 계약체결일: 2025년 1월 1일

자료 2. 리스원리금 상환표

(단위: 원)

회차	일자	리스료	리스이자	원금상환액	금융리스미지급금 장부금액
리스계약일	2025.01.01.	–	–	–	2,486,850
1	2025.12.31.	1,000,000	248,685	751,315	1,735,535
2	2026.12.31.	1,000,000	173,554	826,446	909,089
3	2027.12.31.	1,000,000	90,911	909,089	0
합계		3,000,000	513,150	2,486,850	–

자료 3. 보통예금(국민은행) 거래내역

(단위: 원)

번호	거래일	내용	찾으신금액	맡기신금액	잔액	거래점
		계좌번호: 552-21-1153-262 (주)개성유리				
1	2025-12-31	대한리스(주)	1,000,000		***	서초

자료설명	1. 리스자산의 취득원가는 계약체결일 현재 공정가치를 적용하였다.
	2. 회사는 금융리스부채에 대하여 '금융리스미지급금' 계정을 사용하고 있다.
	3. 자료 1은 금융리스계약의 내용이며, 자료 2는 리스원리금 상환표이다.
	4. 자료 3은 리스계약에 따라 이체 지급한 1회차 리스료이다.
수행과제	1. 1월 1일 기계장치 취득 내역을 일반전표에 입력하시오. (단, 고정자산등록과 리스거래 관련 부가가치세는 무시할 것.)
	2. 12월 31일 1회차 리스료 지급에 대한 거래자료를 일반전표에 입력하시오.

문제 2 ◉ 부가가치세 관리

부가가치세 신고관련 거래자료를 입력하여 실무프로세스를 수행하시오.

1 수정전자세금계산의 발행

자료. 당초 전자세금계산서

<table>
<tr><td colspan="12">영세율전자세금계산서 (공급자 보관용)　　　승인번호　</td></tr>
<tr><td rowspan="6">공급자</td><td>등록번호</td><td colspan="4">120-81-32159</td><td rowspan="6">공급받는자</td><td>등록번호</td><td colspan="4">201-81-20239</td></tr>
<tr><td>상호</td><td colspan="2">(주)개성유리</td><td>성명
(대표자)</td><td>임효림</td><td>상호</td><td colspan="2">(주)예빈건설</td><td>성명
(대표자)</td><td>권예빈</td></tr>
<tr><td>사업장
주소</td><td colspan="4">서울 서초구 잠원로 24</td><td>사업장
주소</td><td colspan="4">서울 중구 서애로 12-1</td></tr>
<tr><td>업태</td><td colspan="2">제조업</td><td colspan="2">종사업장번호</td><td>업태</td><td colspan="2">건설업</td><td colspan="2">종사업장번호</td></tr>
<tr><td>종목</td><td colspan="4">유리 외</td><td>종목</td><td colspan="4">도로및항만건설</td></tr>
<tr><td>E-Mail</td><td colspan="4">glass@bill36524.com</td><td>E-Mail</td><td colspan="4">global@bill36524.com</td></tr>
<tr><td>작성일자</td><td colspan="4">2025.3.2.</td><td>공급가액</td><td colspan="2">30,000,000</td><td>세 액</td><td colspan="2">영세율</td></tr>
<tr><td>비고</td><td colspan="11"></td></tr>
<tr><td>월</td><td>일</td><td colspan="2">품목명</td><td>규격</td><td>수량</td><td>단가</td><td colspan="2">공급가액</td><td colspan="2">세액</td><td>비고</td></tr>
<tr><td>3</td><td>2</td><td colspan="2">유리</td><td></td><td></td><td></td><td colspan="2">30,000,000</td><td colspan="2">0</td><td></td></tr>
<tr><td></td><td></td><td colspan="2"></td><td></td><td></td><td></td><td colspan="2"></td><td colspan="2"></td><td></td></tr>
<tr><td></td><td></td><td colspan="2"></td><td></td><td></td><td></td><td colspan="2"></td><td colspan="2"></td><td></td></tr>
<tr><td>합계금액</td><td colspan="2">현금</td><td colspan="2">수표</td><td colspan="2">어음</td><td colspan="2">외상미수금</td><td rowspan="2">이 금액을</td><td>○ 영수</td></tr>
<tr><td>30,000,000</td><td colspan="2"></td><td colspan="2"></td><td colspan="2"></td><td colspan="2">30,000,000</td><td>● 청구　함</td></tr>
</table>

<table>
<tr><td>자료설명</td><td>1. 3월 2일 제품을 공급하고 발급한 영세율전자세금계산서이다.
2. 담당자의 착오로 세금계산서(과세) 발행 거래가 영세율전자세금계산서로 발급
　되어, 수정전자세금계산서를 발급하기로 하였다.</td></tr>
<tr><td>수행과제</td><td>수정사유를 선택하여 수정전자세금계산서를 발급·전송하시오.(전자세금계산서 발급
시 결제내역 및 전송일자는 무시할 것.)</td></tr>
</table>

2 확정신고 누락분의 수정신고서 작성

자료 1. 매출 전자세금계산서 누락분(제품 매출)

번호	작성일자	승인번호	발급일자	전송일자	상호	공급가액	세액	전자세금계산서종류
				매출전자세금계산서 목록				
1	20250520	생략	20250620	20250621	(주)은수산업	42,500,000원	0원	영세율
2	20250622	생략	20250710	20250711	(주)동희인테리어	25,000,000원	2,500,000원	일반

자료 2. 매입전자세금계산서 누락분(기계장치)

번호	작성일자	승인번호	발급일자	전송일자	상호	공급가액	세액	전자세금계산서종류
				매입전자세금계산서 목록				
1	20250625	생략	20250625	20250626	(주)나현기계	20,000,000원	2,000,000원	일반

자료 3. 신용카드 매출자료 누락분(현대카드, 개인 정해인에게 제품매출)

순번	승인년월일	건수	매출액계 (VAT포함)	신용카드/ 기타결제	구매전용/ 카드매출	봉사료
1	20250630	1	2,200,000원	2,200,000원	0원	0원

자료설명	1. 자료 1~3은 2025년 제1기 확정신고시 누락된 매출과 매입 관련 자료이다. 2. 매입매출전표에 자료를 입력하고 제1기 부가가치세 확정 수정신고서(수정차수 1)를 작성하려고 한다. 3. 2025년 8월 3일에 수정신고 및 추가 납부하며, 신고불성실가산세는 일반과 소신고에 의한 가산세율을 적용하고, 미납일수는 9일로 한다.
수행과제	1. 자료 1~3의 거래자료를 작성일자로 매입매출전표에 입력하시오.(모든 거래는 외상으로 처리하며, 전자세금계산서 발급거래는 '전자입력'으로 처리할 것.) 2. 가산세를 적용하여 제1기 부가가치세 확정신고에 대한 수정신고서를 작성하시오.

문제 3 ⊙ 결산

[결산자료]를 참고로 결산을 수행하시오.(단, 제시된 자료 이외의 자료는 없다고 가정함.)

1 수동결산 및 자동결산

자료설명	1. 퇴직급여충당부채 당사는 일반기업회계기준에 의하여 퇴직급여충당부채를 설정하고 있으며, 기말 현재 퇴직급여추계액 및 당기 퇴직급여충당부채 설정 전의 퇴직급여충당부채 잔액은 다음과 같다.

(1) 퇴직급여충당부채 설정 전 퇴직급여충당부채잔액

부서	성명	퇴직급여충당부채잔액
관리부	김성실	27,000,000원
생산부	홍선수	12,000,000원
합계		39,000,000원

(2) 퇴직급여추계액명세서

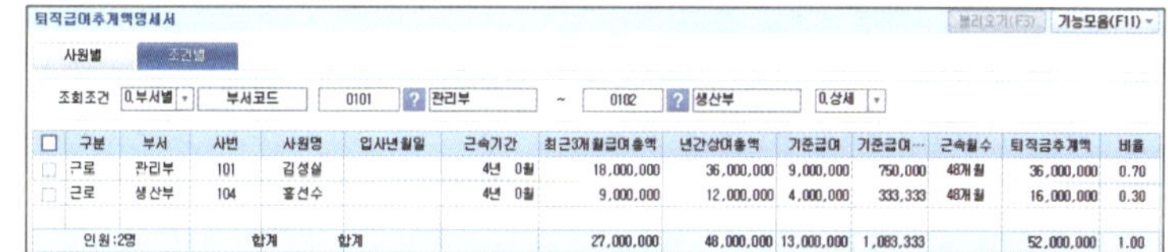

□	구분	부서	사번	사원명	입사년월일	근속기간	최근3개월급여총액	년간상여총액	기준급여	기준급여…	근속월수	퇴직금추계액	비율
□	근로	관리부	101	김성실		4년 0월	18,000,000	36,000,000	9,000,000	750,000	48개월	36,000,000	0.70
□	근로	생산부	104	홍선수		4년 0월	9,000,000	12,000,000	4,000,000	333,333	48개월	16,000,000	0.30
	인원:2명		합계	합계			27,000,000	48,000,000	13,000,000	1,083,333		52,000,000	1.00

2. 기말재고액

구분	금액
상품	54,500,000원
원재료	41,000,000원
제품	66,000,000원

3. 이익잉여금처분계산서 처분확정(예정)일
 - 당기: 2026년 2월 28일
 - 전기: 2025년 2월 28일

수행과제	결산을 완료하고 이익잉여금처분계산서에서 손익대체분개를 하시오. (단, 이익잉여금처분내역은 없는 것으로 하고 미처분이익잉여금 전액을 이월이익잉여금으로 이월하기로 한다.)

실무수행평가

■ 재무회계

번호	평 가 문 제	배점
11	**평가문제 [거래처원장 조회]** 12월 31일 현재 대한리스(주)의 금융리스미지급 잔액은 얼마인가?	3
12	**평가문제 [손익계산서 조회]** 당기의 이자비용 금액은 얼마인가?	3
13	**평가문제 [재무상태표 조회]** 12월 31일 현재 유형자산의 잔액을 얼마인가?	3
14	**평가문제 [재무상태표 조회]** 3월 31일 현재 재무상태표에 표시되는 퇴직연금운용자산 장부금액(퇴직연금운용자산 – 퇴직급여충당부채)은 얼마인가?	3
15	**평가문제 [재무상태표 조회]** 12월 31일 현재 이월이익잉여금(미처분이익잉여금) 잔액은 얼마인가? ① 970,462,576원 ② 121,000,000원 ③ 752,844,165원 ④ 1,281,462,576원	2
16	**평가문제 [전자세금계산서 발행 및 내역관리 조회]** 3월 2일자 일반과세로 발급된 수정세금계산서의 수정사유를 코드로 입력하시오.	2
17	**평가문제 [부가가치세 수정신고서 조회]** 제1기 확정 신고기간 부가가치세신고서의 과세_신용카드.현금영수증(3란) 세액은 얼마인가?	2
18	**평가문제 [부가가치세 수정신고서 조회]** 제1기 확정 신고기간 부가가치세신고서의 세금계산서수취부분_고정자산매입(11란) 세액은 얼마인가?	2
19	**평가문제 [부가가치세 수정신고서 조회]** 제1기 확정 신고기간 부가가치세신고서의 납부(환급)세액 (㉮매출세액 – ㉯매입세액) = (㉰란)은 얼마인가?	2
20	**평가문제 [부가가치세 수정신고서 조회]** 제1기 확정 신고기간 부가가치세신고서의 가산세액(26란) 합계금액은 얼마인가?	3
	재무회계 소계	25

문제 4 ◉ 원천징수관리

인사급여 관련 실무프로세스를 수행하시오.

1 사업소득

자료. 사업소득자 관련정보

성　　　명	이명수(2001)
거주구분(내국인 / 외국인)	거주자 / 내국인
주민등록번호	780202-2045675
주　　　소	서울특별시 서대문구 충정로7길 29-10(충정로3가)
귀속년월 / 지급년월일	2025년 8월 / 2025년 8월 20일
지급금액	3,000,000원

자료설명	1. 2025년 회사 야유회에 행사진행전문가(행사도우미) 이명수를 초청하여 행사진행을 맡기고 수수료를 지급하였다. 2. 행사진행전문가 이명수는 고용관계가 없으며, 야유회, 돌잔치 등 행사진행이 주업이다.
수행과제	1. 사업소득자입력을 하시오.(우편번호 입력은 생략할 것.) 2. 사업소득자료입력 메뉴에서 사업소득세를 산출하시오.

2 원천징수이행상황신고서의 수정신고

자료설명	1. 운전자금의 부족으로 9월 1일 관계회사인 (주)대리정밀에서 500,000,000원을 차입하였다. 이자는 4.8%를 적용하여 매월 말일에 정액으로 2,000,000원을 지급하고 있다. 2. 9월분 원천징수이행상황신고서에 이자지급내역이 누락되어 10월 31일 수정신고를 하려고 한다.(미납일수: 21일) 3. 9월분(귀속월과 지급월이 동일)의 원천징수이행상황신고서는 정상적으로 10월 10일에 신고마감 되었다.
수행과제	1. '1.정기수정신고', '수정차수 1'을 선택하여 원천징수이행상황신고서를 작성하시오. 2. 원천징수이행상황신고서의 [부표-법인원천] Tab에서 이자지급 내역과 가산세를 입력하고, [원천징수내역] Tab에 반영하시오. 〈가산세내역〉 원천징수납부지연가산세 : 미납세액의 3% + 미납세액의 2.2/10,000 × 미납일수

≪ 실무수행평가 ≫

■ 원천징수관리

번호	평가문제	배점
21	**평가문제 [사업소득자료입력(지급년월: 8월) 조회]** 이명수의 소득구분 코드는?	2
22	**평가문제 [사업소득자료입력(지급년월: 8월) 조회]** 이명수의 사업소득 원천징수 소득세는 얼마인가?	3
23	**평가문제 [원천징수이행상황신고서 조회]** 9월 귀속분 원천징수이행상황신고서(1.정기수정신고, 수정차수:1)의 5.총지급액(A99란)은 얼마인가?	3
24	**평가문제 [원천징수이행상황신고서 조회]** 9월 귀속분 원천징수이행상황신고서(1.정기수정신고, 수정차수:1)의 추가납부할 10.소득세 등(가산세 포함) 금액은 얼마인가?	2
	원천징수 소계	10

문제 5 ◎ 법인세관리   ※ 회사변경 확인할 것

(주)남해산업(회사코드 5505)은 중소기업으로 사업연도는 제15기(2025.1.1. ~ 2025.
12.31.)이다. 입력된 자료와 세무조정 참고자료에 의하여 [수행과제]를 완료하고 [평가문제]
의 물음에 답하시오.

〈작성대상서식〉

1 임대보증금 간주익금 조정명세서
2 세금과공과금 명세서
3 퇴직연금부담금 조정명세서
4 소득금액조정합계표
5 기부금 조정명세서

1 임대보증금 간주익금 조정명세서

자료 1. 건물 및 부속토지 관련 자료

계정과목	취득일	취득원가 (자본적 지출 포함)	당기말 감가상각누계액	면적	비고
토 지	2021.01.25	100,000,000원	–	면적 500㎡	–
건 물(주1)	2021.01.25	280,000,000원	35,000,000원	연면적 2,000㎡	–

(주1) 2025년 8월 4일에 난방장치를 10,000,000원에 설치하였고, 건물 취득원가에 포함되어 있다.

자료 2. 임대현황

임대기간	임대보증금	월임대료	임대건물면적
2024.1.1.~2025.12.31.	600,000,000원	5,000,000원	1,200㎡

자료 3. 임대보증금 등 운용현황

계정과목	임대보증금운용수입	기타수입금액	합계
이자수익	1,450,000원	275,000원	1,725,000원
단기매매증권처분익	500,000원	300,000원	800,000원

세무조정 참고자료	1. 자료 1은 임대건물과 부속토지 관련 내역이다. 2. 자료 2는 임대현황이다. 3. 자료 3은 임대보증금 등의 운용과 관련된 내역이다. 4. 본 예제에 한하여 간주익금 계산 대상 법인으로 본다.
수행과제	**임대보증금 간주익금 조정명세서를 작성하시오.** 1. [2.임대보증금등의 적수계산]에 임대보증금 적수계산을 하시오. 2. [3.건설비 상당액 적수계산]에 건설비 적수계산을 하시오. 3. [4.임대보증등의 운영수입금액 명세서]에 운용수입금액을 반영하시오. 4. [1.임대보증금등의 간주익금 조정]에 간주익금 대상금액을 계산하여 소득금액조정 　합계표에 세무조정사항을 반영하시오.(정기예금이자율은 3.1%로 가정한다.)

■ 실무수행평가 ■

■ 법인세관리 1

번호	평 가 문 제	배점
25	**평가문제 [임대보증금 간주익금 조정명세서 조회]** '①임대보증금등 적수'는 얼마인가?	2
26	**평가문제 [임대보증금 간주익금 조정명세서 조회]** '③보증금잔액'은 얼마인가?	2
27	**평가문제 [임대보증금 간주익금 조정명세서 조회]** '⑦익금산입 금액'은 얼마인가?	3

2 세금과공과금 명세서

세무조정 참고자료	기장된 자료를 조회하시오. (단, 517.세금과공과금, 817.세금과공과금 계정만 반영하도록 한다.)
수행과제	**세금과공과금명세서를 작성하시오.** 1. [계정별원장 불러오기]를 이용하여 손금불산입할 항목을 표기하시오. 2. 소득금액조정합계표에 세무조정사항을 각 건별로 반영하시오.

실무수행평가

■ 법인세관리 2

번호	평 가 문 제	배점
28	평가문제 [세금과공과금 명세서 조회] 세무조정 대상 중 손금불산입 배당으로 소득처분할 금액은 얼마인가?	2
29	평가문제 [세금과공과금 명세서 조회] 세무조정 대상 중 손금불산입 기타(잉여금증감)으로 소득처분할 금액은 얼마인가?	2
30	평가문제 [세금과공과금 명세서 조회] 세무조정 대상 중 손금불산입 기타사외유출로 소득처분할 금액은 얼마인가?	3

3 퇴직연금부담금 조정명세서

자료 1. 전기 자본금과 적립금 조정명세서(을) 내역

[별지 제50호 서식(을)] (뒤 쪽)

사업 연도	2024.01.01. ~ 2024.12.31.	자본금과 적립금조정명세서(을)			법인명	(주)남해산업

세무조정유보소득계산

① 과목 또는 사항	② 기초잔액	당 기 중 증감		⑤ 기말잔액 (익기초현재)	비고
		③ 감 소	④ 증 가		
퇴직급여충당부채	146,912,150		37,523,500	184,435,650	
퇴직연금운용자산			-57,000,000	-57,000,000	

자료 2. 당기 퇴직급여충당부채와 관련된 세무조정사항

익금산입 및 손금불산입			손금산입 및 익금불산입		
과목	금액	처분	과목	금액	처분
퇴직급여충당부채	175,444,800	유보	퇴직급여충당부채	30,000,000	유보

자료 3. 당기말 현재 퇴직금추계액

• 기말 현재 임직원 전원의 퇴직시 퇴직급여추계액(15명)	535,657,300원
• 근로자퇴직급여 보장법에 따른 퇴직급여추계액(15명)	535,657,300원

세무조정 참고자료	1. 당사는 확정급여형(DB) 퇴직연금제도를 운영하고 있다. 2. 퇴직연금운용자산 계정과 전기 자본금과 적립금 조정명세서(을)를 참고한다. 3. 퇴직급여충당부채와 관련된 세무조정사항은 [퇴직급여충당금조정명세서]와 　[소득금액조정합계표]에 입력되어 있다.
수행과제	**퇴직연금부담금 조정명세서를 작성하시오.** 1. [2. 이미 손금산입한 부담금 등의 계산]에 해당금액을 반영하시오. 2. [1. 퇴직연금 등의 부담금 조정]에 해당금액을 반영하시오. 3. 소득금액조정합계표에 세무조정사항을 반영하시오.

■◀ 실무수행평가 ▶■

■ 법인세관리 3

번호	평 가 문 제	배점
31	**평가문제 [퇴직연금부담금 조정명세서 조회]** '4.당기말부인누계액 금액'은 얼마인가?	3
32	**평가문제 [퇴직연금부담금 조정명세서 조회]** 퇴직연금지급액 중 손금불산입 대상 금액은 얼마인가?	2
33	**평가문제 [퇴직연금부담금 조정명세서 조회]** 세무조정대상액 중 손금산입 유보(발생)으로 소득처분할 금액은 얼마인가?	2

4 소득금액조정합계표

자료. 전기 자본금과 적립금 조정명세서(을) 내역

[별지 제50호 서식(을)] (뒤 쪽)

사업 연도	2024.01.01. ~ 2024.12.31.	자본금과 적립금조정명세서(을)		법인명	(주)남해산업

세무조정유보소득계산

① 과목 또는 사항	② 기초잔액	당 기 중 증감		⑤ 기말잔액 (익기초현재)	비고
		③ 감 소	④ 증 가		
포장기계(KH-1)	1,200,000			1,200,000	
합계	1,200,000	0	0	1,200,000	

세무조정 참고자료	1. 당기 중 포장기계(KH-1)를 매각하였다. 2. 기중에 취득한 매도가능증권 13,000,000원을 기말 현재 공정가액인 10,000,000원으로 평가하였다. 취득시와 기말평가시 회계처리는 다음과 같다. 취득시: 　(차) 매도가능증권　　　　　13,000,000원　(대) 보통예금　　13,000,000원 기말평가시: 　(차) 매도가능증권평가손실　3,000,000원　(대) 매도가능증권 3,000,000원 3. 회사는 자기주식처분이익 5,000,000원을 자본잉여금으로 계상하였다. 4. 2025년 5월 14일 토지 취득과 관련하여 취득세를 다음과 같이 처리하였다. 　(차) 수수료비용　　　　　　1,200,000원　(대) 현금　　　　　1,200,000원
수행과제	제시된 자료에 의하여 소득금액조정합계표를 작성하시오.

실무수행평가

■ 법인세관리 4

번호	평 가 문 제	배점
34	평가문제 [소득금액조정합계표 조회] 세무조정 대상 중 손금산입(유보감소)로 소득처분할 금액은 얼마인가?	2
35	평가문제 [소득금액조정합계표 조회] 세무조정 대상 중 익금산입(기타)으로 소득처분할 금액은 얼마인가?	2
36	평가문제 [소득금액조정합계표 조회] 세무조정 대상 중 손금산입(기타)으로 소득처분할 금액은 얼마인가?	3

5 기부금 조정명세서

세무조정 참고자료	1. 기부금명세서는 [계정별 원장 데이터불러오기]를 조회하여 처리한다. 2. 기부처의 사업자등록은 생략한다. 3. 이월결손금은 없으며, 기부금의 한도초과 이월명세는 다음과 같다.

사업연도	기부금의 종류	한도초과액
2024	「법인세법」 제24조 제3항 제1호에 따른 기부금	2,000,000원

4. 기부금계정 이외에는 기 입력된 자료를 이용한다.

수행과제	**기부금 조정명세서를 작성하시오.** 1. [기부금명세서]를 작성하고, 세무조정사항을 반영하시오. 2. [기부금 조정명세서]를 작성하고 [법인세과세표준 및 세액조정계산서]에 반영하시오.

◀ 실무수행평가 ▶

■ 법인세관리 5

번호	평 가 문 제	배점
37	**평가문제 [기부금 조정명세서 조회]** '3.법인세법 제24조 제2항 제1호 기부금'은 얼마인가?	2
38	**평가문제 [기부금 조정명세서 조회]** 소득금액조정합계표에 반영할 손금불산입 대상 금액은 얼마인가?	2
39	**평가문제 [기부금 조정명세서 조회]** '25.차기이월액(23-24)'은 얼마인가?	3
	법인세관리 소계	35

출제예상 모의고사 제6회

아래 문제에서 특별한 언급이 없으면 기업의 보고기간(회계기간)은 매년 1월 1일부터 12월 31일까지입니다. 또한 기업은 일반기업회계기준 및 관련 세법을 계속적으로 적용하고 있다고 가정하고 물음에 가장 합당한 답을 고르시기 바랍니다.

실무이론평가

01 다음과 관련된 회계정보의 질적특성은 무엇인가?

> 리스의 법적 형식은 임차계약이지만 리스이용자가 리스자산에서 창출되는 경제적 효익의 대부분을 향유하고 당해 리스자산과 관련된 위험을 부담하는 경우가 있다. 이와 같은 리스는 경제적 실질의 관점에서 자산과 부채의 정의를 충족하므로 리스이용자는 리스거래 관련 자산과 부채로 인식하여야 한다.

① 목적적합성　　　② 표현의 충실성
③ 비교가능성　　　④ 이해가능성

02 다음은 (주)한공의 2025년 말 현재 재고자산 현황이다. 2025년 12월 31일에 인식할 재고자산평가손실은 얼마인가? 단, 재고자산 평가는 종목별로 한다고 가정한다.

종 목	취득원가	순실현가능가치
냉장고	120,000	85,000
에어컨	150,000	160,000
TV	1,200,000	1,150,000

① 50,000원　　　② 70,000원
③ 75,000원　　　④ 85,000원

03 다음은 (주)한공의 사채 발행 관련 자료이다. 이를 통해 알 수 있는 내용으로 옳지 <u>않은</u> 것은?

> - 사채 발행일: 2023년 1월 1일
> - 사채 만기일: 2025년 12월 31일
> - 이자 지급일: 매년 12월 31일(연 1회, 현금 지급)
> - 액면이자율: 연 10%, 유효이자율: 연 13%
> - 18,583,308원에 발행하고, 납입금은 당좌예입하였다.
>
> 사채
>
> | | |
> |---|---|
> | 12/31 차기이월 20,000,000 | 1/1 제좌 20,000,000 |

① 사채 발행 시 사채의 장부금액은 18,583,308원이다.
② 사채 발행 시 사채할인발행차금은 1,416,692원이다.
③ 손익계산서에 반영되는 이자비용 금액은 2,600,000원이다.
④ 현금으로 지급한 사채이자 금액은 2,000,000원이다.

04 다음은 (주)한공의 2025년 12월 31일 수정전 잔액시산표 중 재무상태표 관련 계정 내역과 결산정리사항을 나타낸 것이다. 결산정리사항을 반영한 후 2025년 12월 31일 현재 재무상태표상 비유동자산 금액은 얼마인가?

〈자료 1〉 잔액시산표(수정전)
2025년 12월 31일

(주)한공　　　　　　　　　　　　　　(단위: 원)

차변	계정과목	대변
⋮	⋮	
59,000,000	당좌예금	
30,000,000	재고자산	
100,000,000	건물	
40,000,000	영업권	
	외상매입금	28,560,000
	미지급금	40,000,000
	장기차입금	10,000,000
	자본금	50,000,000
	이익잉여금	11,530,000
	⋮	

〈자료 2〉 결산정리사항

당기 무형자산(영업권) 상각액은 2,000,000원이다.

① 38,000,000원　　　② 40,000,000원
③ 138,000,000원　　　④ 140,000,000원

05 다음 중 부가가치세법상 과세기간과 납세지에 대한 설명으로 옳은 것은?

① 건설업을 영위하는 법인사업자의 경우 사업장은 건설현장 소재지로 한다.
② 폐업하는 경우의 과세기간은 폐업일이 속하는 과세기간의 개시일부터 폐업일 전일까지로 한다.
③ 부동산임대업을 영위하는 사업자의 경우 사업장은 그 사업에 관한 업무를 총괄하는 장소로 한다.
④ 사업자단위과세사업자는 각 사업장을 대신하여 그 사업자의 본점 또는 주사무소의 소재지를 부가가치세 납세지로 한다.

06 다음은 TV제조업을 영위하는 (주)한공의 2025년 제2기 부가가치세 예정신고기간(2025.7.1.~2025.9.30.)의 자료이다. 이를 토대로 부가가치세 납부세액을 계산하면 얼마인가?(단, 주어진 자료의 금액은 부가가치세가 포함되어 있지 않은 공급가액이며, 세금계산서 등 필요한 증빙서류는 적법하게 발급하였거나 수령하였다.)

가. 국내판매	60,000,000원
나. 수출판매	20,000,000원
다. TV부품 매입	30,000,000원
라. 대표이사 업무용 소형승용차(2,000cc) 매입	17,000,000원
마. 공장기계구입	5,000,000원

① 800,000원 ② 2,500,000원
③ 3,000,000원 ④ 4,500,000원

07 다음 중 소득세법상 원천징수에 대한 설명으로 옳지 않은 것은?

① 근로소득에 대해서는 매월 원천징수 후 다음연도 2월분 근로소득 지급시 연말정산한다.
② 일시적으로 강연을 하고 받은 대가가 1,000만원(필요경비는 확인되지 아니함)인 경우 원천징수로써 납세의무가 종결된다.
③ 분리과세대상소득은 별도의 확정신고절차 없이 원천징수로써 납세의무가 종결된다.
④ 일용근로자는 급여지급 시 원천징수로써 납세의무가 종결된다.

08 다음 자료를 토대로 거주자 김한공 씨의 2025년도 종합과세되는 금융소득금액을 계산하면 얼마인가?(단, 아래의 금액은 원천징수 전의 금액이며, 원천징수는 적절히 이루어졌다.)

가. 국내에서 받은 보통예금이자	9,000,000원
나. 「자본시장과 금융투자업에 관한 법률」에 따른 집합투자기구로 부터의 이익	5,000,000원
다. 타인에게 금전을 빌려주고 받은 이자	11,000,000원
라. 외국법인으로부터 받은 배당소득(국내에서 원천징수되지 아니함.)	8,000,000원
마. 신탁법에 따른 공익신탁의 이익	12,000,000원

① 19,000,000원 ② 28,000,000원
③ 33,000,000원 ④ 40,000,000원

09 법인세법상 세무조정에 관한 설명 중 옳은 것은?

① 출자임원과 비출자임원에게 지출한 복리후생비 해당액을 비용계상한 경우 별도의 세무조정이 필요 없다.
② 업무와 관련하여 발생한 교통사고벌과금을 잡손실로 회계처리한 경우에 별도의 세무조정이 필요없다.
③ 직원에게 급여지급기준을 초과하여 지급한 상여금을 비용계상한 경우에 손금불산입의 세무조정이 필요하다.
④ 법인이 감가상각비를 세법상의 상각범위액보다 과대계상하고 전년도에 상각부인액이 있는 경우 손금산입의 세무조정이 필요하다.

10 다음은 부가가치세 과세사업자인 (주)한공의 대손관련 자료이다. 이를 토대로 계산한 부가가치세 세액과 법인세 세액에 미치는 영향의 합계금액은 얼마인가?

(1) 매출처의 회생계획인가 결정으로 외상매출금 11,000,000원(부가가치세 포함)을 회수할 수 없게 되었다.
(2) 부가가치세 신고시 대손세액공제와 법인세 신고시 대손금 손금산입을 적용하고자 한다. (위의 대손금은 부가가치세법상 대손세액공제와 법인세법상 손금산입 요건을 충족하고 있다.)
(3) (주)한공의 과세표준에 적용할 법인세율은 10%이고, 법인지방소득세는 고려하지 않는 것으로 한다.

① 1,000,000원 세액 감소
② 2,000,000원 세액 감소
③ 2,100,000원 세액 감소
④ 2,200,000원 세액 감소

실무수행평가

(주)청록상사(회사코드 1506)는 탄산음료 등을 제조하여 판매하는 법인기업으로 회계기간은 제7기(2025.1.1. ~ 2025.12.31.)이다. 제시된 자료와 [자료설명]을 참고하여 [수행과제]를 완료하고 [평가문제]의 물음에 답하시오.

실무수행 유의사항	1. 부가가치세 관련거래는 [매입매출전표입력]메뉴에 입력하고, 부가가치세 관련없는 거래는 [일반전표입력]메뉴에 입력한다. 2. 타계정 대체와 관련된 적요는 반드시 코드를 입력하여야 한다. 3. 채권·채무, 예금거래 등 관리대상 거래자료에 대하여는 거래처코드를 반드시 입력한다. 4. 자금관리 등 추가 작업이 필요한 경우 문제의 요구에 따라 추가 작업하여야 한다. 5. 제조경비는 500번대 계정코드를 사용한다. 6. 판매비와 관리비는 800번대 계정코드를 사용한다. 7. 등록된 계정과목 중 가장 적절한 계정과목을 선택한다. 8. [문제 5. 법인세관리]는 별도의 회사가 주어지므로 회사 선택에 유의한다.

문제 1 ◎ 거래자료입력

실무프로세스자료이다. [자료설명]을 참고하여 [수행과제]를 수행하시오.

1 잉여금 처분

이익잉여금처분계산서

2024년 1월 1일부터 2024년 12월 31일까지
처분확정일 2025년 2월 28일

(주)청록상사　　　　　　　　　　　　　　　　　　　　　　　　　　　　(단위: 원)

과　목	금　액	
Ⅰ. 미처분이익잉여금		295,000,000
1. 전기이월미처분이익잉여금	130,000,000	
2. 당기순이익	165,000,000	
Ⅱ. 임의적립금 등의 이입액		10,000,000
1. 감채적립금	10,000,000	
합　계		305,000,000
Ⅲ. 이익잉여금 처분액		43,000,000
1. 이익준비금	2,000,000	
2. 배당금	35,000,000	
가. 현금배당	20,000,000	
나. 주식배당	15,000,000	
3. 사업확장적립금	6,000,000	
Ⅳ. 차기이월 미처분이익잉여금		262,000,000

자료설명	자료는 정기주주총회에서 승인된 이익잉여금처분계산서이다.
수행과제	1. 전기분 이익잉여금처분계산서를 완성하시오. 2. 처분확정에 대한 거래자료를 일반전표에 입력하시오.

2　퇴직연금

자료 1. 퇴직연금 규약 신고서

<table>
<tr><td colspan="3">[　]확정급여형
[■]확정기여형
[　]혼합형</td><td colspan="2">퇴직연금규약 신고서</td></tr>
<tr><td colspan="5">※ 뒤쪽의 작성요령을 읽고 작성하여 주시기 바라며, [　]에는 해당되는 곳에 "√" 표시를 합니다.　　　　　(앞쪽)</td></tr>
<tr><td>발급번호 2025123</td><td>접수일 20250331</td><td>발급일</td><td colspan="2">처리기간　　14일</td></tr>
<tr><td rowspan="3">신고인</td><td colspan="2">사업명 (주)청록상사</td><td colspan="2">사업자등록번호 506-81-11116</td></tr>
<tr><td colspan="2">대표자 성명　양 종 훈</td><td colspan="2">업종　제조업/탄산음료</td></tr>
<tr><td colspan="4">주소　경상북도 포항시 남구 시청로 9</td></tr>
<tr><td>구분</td><td colspan="4">기재사항</td></tr>
<tr><td>평균 재직기간</td><td colspan="4">개략　5 년</td></tr>
<tr><td>임금 체계</td><td colspan="4">연봉제 / 호봉(연공급)제 / 직무급제 / 기타</td></tr>
<tr><td>종전 퇴직금제</td><td colspan="4">단수(법정)제 / 누진제 / 기타</td></tr>
<tr><td>종전 퇴직금 처리</td><td colspan="4">퇴직금제 유지 / 퇴직연금제도 가입기간에 포함(소급)</td></tr>
<tr><td>퇴직연금 도입 제안자</td><td colspan="4">근로자 / 사용자 / 기타</td></tr>
<tr><td>퇴직연금 도입 사유</td><td colspan="4">근로복지 / 노무편의 / 세제혜택 / 정책부응 / 퇴직연금사업자의 권유 /
퇴직연금제도 모집인의 권유/ 기타</td></tr>
<tr><td>퇴직급여제도 형태</td><td colspan="4">□ 확정급여형퇴직연금제도　　　■ 확정기여형퇴직연금제도
□ 「근로자퇴직급여 보장법」 제6조에 따른 혼합형 퇴직연금제도(뒤쪽 참조)
□ 퇴직금제도[해당 사업(사업장) 적용 퇴직급여제도에 모두 표시]</td></tr>
<tr><td colspan="5">「근로자퇴직급여 보장법」 제13조 및 제19조에 따라 위와 같이 퇴직연금규약을 신고(신규/변경)합니다.

　　　　　　　　　　　　　　　　　　　　　　2025 년　　3 월　　31 일

신고인(사업장 대표)　　　　(주)청록상사　(서명 또는 인)</td></tr>
</table>

자료 2. 보통예금(국민은행) 거래내역

번호	거래일	내 용	찾으신금액	맡기신금액	잔 액	거래점
		계좌번호 626-910004-9770　(주)청록상사				
1	2025-3-31	퇴직연금납부	5,850,000		***	***

자료설명	1. 자료 1은 당사 관리부 직원들의 퇴직연금을 신규가입하고 관할 관청에 제출한 퇴직연금규약 신고서이다. 2. 자료 2는 당월분 퇴직연금 기여금이 보통예금 통장에서 출금된 내역이다.
수행과제	거래자료를 입력하시오.

문제 2 ◎ 부가가치세관리

부가가치세 신고 관련 자료이다. [자료설명]을 참고하여 [수행과제]를 수행하시오.

1 수정전자세금계산서 발급 및 전송

<table>
<tr><td colspan="5">전자세금계산서 (공급자 보관용)</td><td>승인번호</td><td></td></tr>
<tr><td rowspan="7">공급자</td><td>등록번호</td><td colspan="3">506-81-11116</td><td rowspan="7">공급받는자</td><td>등록번호</td><td colspan="2">126-81-56580</td></tr>
<tr><td>상호</td><td>(주)청록상사</td><td>성명
(대표자)</td><td>양종훈</td><td>상호</td><td>(주)세정</td><td>성명
(대표자)</td><td>이세정</td></tr>
<tr><td>사업장
주소</td><td colspan="3">경상북도 포항시 남구 시청로 9</td><td>사업장
주소</td><td colspan="3">서울특별시 서대문구 충정로 7길 30</td></tr>
<tr><td>업태</td><td>제조업</td><td colspan="2">종사업장번호</td><td>업태</td><td>세소·노배업</td><td colspan="2">종사업장번호</td></tr>
<tr><td>종목</td><td>탄산음료</td><td colspan="2"></td><td>종목</td><td>가공식품</td><td colspan="2"></td></tr>
<tr><td>E-Mail</td><td colspan="3">green@bill36524.com</td><td>E-Mail</td><td colspan="3">sjung@bill36524.com</td></tr>
</table>

작성일자	2025.3.6.	공급가액	14,850,000	세 액	1,485,000
비고					

월	일	품목명	규격	수량	단가	공급가액	세액	비고
3	6	탄산음료		1,500	9,900	14,850,000	1,485,000	

합계금액	현금	수표	어음	외상미수금	이 금액을	○ 영수 ● 청구	함
16,335,000				16,335,000			

자료설명	1. (주)세정에 제품을 공급하고 발급한 전자세금계산서이다. 2. 3월 26일 제품의 시세하락으로 인하여 동 제품의 단가를 100원 인하하기로 결정하고, 수정세금계산서를 발급하기로 하였다.(외상대금 및 제품매출에서 (−) 음수로 처리할 것.)
수행과제	공급가액 변동에 대한 수정전자세금계산서를 발급·전송하시오. (전자세금계산서 발급 시 결제내역 입력 및 전송일자는 무시할 것.)

2 기한 후 신고

자료 1. 제품매출 전자세금계산서 발급 목록

					매출전자세금계산서 목록			
번호	작성일자	승인 번호	발급일자	전송일자	상호	공급가액	세액	전자세금 계산서종류
1	20250520	생략	20250520	20250521	(주)한공산업	30,000,000	3,000,000	일반
2	20250610	생략	20250610	20250611	(주)한공무역	10,000,000	–	영세율

자료 2. 원재료매입 전자세금계산서 수취 목록

					매입전자세금계산서 목록			
번호	작성일자	승인 번호	발급일자	전송일자	상호	공급가액	세액	전자세금 계산서종류
1	20250512	생략	20250512	20250513	(주)한공테크	20,000,000	2,000,000	일반

자료 3. 현금영수증 수취내역(관리부 회식비)

```
              현금영수증
            CASH RECEIPT
  ---------------------------------
  거래일시        2025-04-20  20:38:04
  품명                           식대
  식별번호                  208341****
  승인번호                   190420105
  판매금액                    300,000원
  부가가치세                   30,000원
  봉사료                          0원

  합계                        330,000원
  ---------------------------------
  현금영수증가맹점명                황우정
  사업자번호              110-12-51115
  대표자명 : 양세정        TEL : 0707122223
  주소 : 경상북도 포항시 남구 시청로300
  CATID:1123973           전표No:

  현금영수증 문의 : Tel 126
  http://현금영수증.kr
  감사합니다.
```

자료설명	1. 자료 1~자료 3은 2025년 제1기 과세기간 최종 3개월(2025.4.1.~2025.6.30.)의 매출과 매입자료이다.(상기 자료 외 거래내역은 없는 것으로 가정한다.)
	2. 제1기 확정 부가가치세 신고를 기한 내에 하지 못하여 2025년 8월 5일에 기한 후 신고납부하려고 한다.
수행과제	1. 자료 1~자료 3까지 작성일자로 거래자료를 입력하시오. 　– 자료 1~2의 거래는 모두 외상이다. 　– 자료 3의 거래처는 일반과세자이며, 대금은 현금으로 지급하였다. 　– 전자세금계산서 거래분은 '전자입력'으로 처리할 것. 2. 가산세를 적용하여 제1기 확정 부가가치세 신고서를 작성하시오. 　– 과세표준명세의 '신고구분'과 '신고년월일'을 기재할 것. 　– 신고불성실가산세는 일반무신고에 의한 가산세율을 적용하며, 미납일수는 11일로 한다.

문제 3 ◎ 결산

[결산자료]를 참고로 결산을 수행하시오.(단, 제시된 자료 이외의 자료는 없다고 가정함.)

1 수동결산 및 자동결산

자료. 무형자산내역

계정과목	자산명	취득일자	취득가액	상각방법	내용연수	사용부서	비고
소프트웨어	더존 i-cube ERP	2025.7.1.	40,000,000원 (VAT 별도)	정액법	5년	관리부	· 회사부담금　30,000,000원 · 정부보조금　10,000,000원 · 잔존가치　　　　　0원

자료설명	1. 무형자산 　자료는 정부보조금으로 구입한 소프트웨어내역이며 고정자산 등록이 되어있다. 자료를 참고하여 무형자산상각비를 계상하려고 한다.(소프트웨어에 대한 정부보조금은 241.정부보조금으로 처리하며, 월할상각 할 것.) 2. 기말재고자산

구분	금액
상품	123,000,000원
원재료	38,000,000원
제품	71,000,000원

	3. 이익잉여금처분계산서 처분확정(예정)일 　– 당기: 2026년 2월 28일 　– 전기: 2025년 2월 28일
수행과제	결산을 완료하고 이익잉여금처분계산서에서 손익대체분개를 하시오. (단, 이익잉여금처분내역은 없는 것으로 하고 미처분이익잉여금 전액을 이월이익잉여금으로 이월하기로 한다.)

실무수행평가

■ 재무회계 [회계정보 조회]

번호	평 가 문 제	배점
11	**평가문제 [거래처원장 조회]** 3월 31일 현재 국민은행 보통예금 잔액은 얼마인가?	3
12	**평가문제 [손익계산서 조회]** 당기에 발생한 퇴직급여 금액은 얼마인가?	3
13	**평가문제 [합계잔액시산표 조회]** 2월 28일 현재 이월이익잉여금 잔액은 얼마인가?	3
14	**평가문제 [재무상태표 조회]** 12월 31일 현재 무형자산 잔액은 얼마인가?	4
15	**평가문제 [재무상태표 조회]** 12월 31일 현재 이월이익잉여금(미처분이익잉여금) 잔액은 얼마인가? ① 270,462,576원 ② 121,000,000원 ③ 1,130,462,576원 ④ 469,650,850원	2
16	**평가문제 [전자세금계산서 발행 및 내역관리 조회]** 3월 26일자 수정세금계산서의 수정사유를 코드로 입력하시오.	2
17	**평가문제 [부가가치세 신고서 조회]** 제1기 확정 신고기간 부가가치세신고서의 영세_세금계산서발급분(5란) 금액은 얼마인가?	2
18	**평가문제 [부가가치세 신고서 조회]** 제1기 확정 신고기간 부가가치세신고서의 세금계산서수취분_일반매입(10란) 세액은 얼마인가?	2
19	**평가문제 [부가가치세 신고서 조회]** 제1기 확정 신고기간 부가가치세신고서의 그밖의공제매입세액(14란) 세액은 얼마인가?	2
20	**평가문제 [부가가치세 신고서 조회]** 제1기 확정 신고기간 부가가치세신고서의 가산세액(26란) 합계금액은 얼마인가?	2
	재무회계 소계	25

문제 4 ◉ 원천징수관리 (12점)

인사급여 관련 실무프로세스를 수행하시오.

1 이자소득

자료. 이자소득 관련정보

코드	1005	소득자명	진상연
주민등록번호	820612-1273656	소득구분	112.내국법인 회사채이자
이자지급일	2025.10.31.	지급이자	3,120,000원
주 소	서울 금천구 시흥대로 10		
이자지급대상기간	2025.5.1.~2025.10.31.		
채권이자 구분코드	66.채권등의 이자 등을 지급받는 경우 이자 등 지급총액		

자료설명	1. 자료는 회사가 발행한 기명 회사채 이자 지급내역이다. 2. 원천징수세율은 14%이다.
수행과제	1. [기타소득자입력]에서 소득자를 등록하시오.(우편번호 입력은 생략할 것.) 2. [이자배당소득자료입력]에서 이자소득을 입력하고 소득세를 산출하시오.

2 원천징수이행상황신고서의 수정신고

자료. 최호석 대리(3041)의 5월분 급여 변동 내역

구 분	기본급	직책수당	자가운전보조금	식대	연장근로수당	소득세
수정신고 전	3,500,000원	200,000원	200,000원	100,000원	100,000원	
수정신고 후	4,500,000원	200,000원	200,000원	100,000원	100,000원	

자료설명	1. 최호석 대리의 5월분 급여 변동 내역이며, 회계담당자의 착오로 인해 과소신고 되었다. 2. 자료에 의해서 6월 20일에 수정신고를 하려고 한다. 3. 5월 귀속분 급여지급일은 5월 25일이며, 원천징수이행상황신고서는 정상적으로 6월 10일에 신고 되었다.
수행과제	1. [급여자료입력]에서 급여를 수정 후 재계산(F8) 기능키를 선택하여 소득세 및 사회보험료를 반영하시오.(구분은 1.급여로 선택할 것.) 2. 가산세(원미만 절사)를 반영하여 5월분 [원천징수이행상황신고서]를 작성하시오.(수정차수: 1) 〈가산세내역〉 원천징수납부지연가산세 : 미납세액의 3% + 미납세액의 2.2/10,000 × 미납일수

실무수행평가

■ 원천징수관리

번호	평가문제	배점
21	**평가문제 [이자배당소득자료입력(지급년월: 10월) 조회]** 진상연의 배당소득 원천징수 세율은 몇 %인가?	3
22	**평가문제 [이자배당소득자료입력(지급년월: 10월) 조회]** 진상연의 배당소득 원천징수 소득세는 얼마인가?	2
23	**평가문제 [원천징수이행상황신고서 조회]** 5월 귀속분 원천징수이행상황신고서(1.정기수정신고, 수정차수:1)의 6.소득세 등 금액은 얼마인가?	3
24	**평가문제 [원천징수이행상황신고서 조회]** 5월 귀속분 원천징수이행상황신고서(1.정기수정신고, 수정차수:1)의 8.가산세 금액 얼마인가?	2
	원천징수 소계	10

문제 5 ◎ 법인세관리 (35점)　　　　　　　　　　　　　　※ 회사변경

(주)보람물산(회사코드 5506)은 중소기업으로 사업연도는 제15기(2024.1.1. ~ 2024.
12.31.)이다. 입력된 자료와 세무조정 참고자료에 의하여 [수행과제]를 완료하고 [평가문제]
의 물음에 답하시오.

〈작성대상서식〉

1 수입금액 조정명세서
2 감가상각비 조정명세서
3 가지급금 등의 인정이자 조정명세서(갑, 을)
4 건설자금이자 조정명세서
5 연구 및 인력개발비 발생명세서

1 수입금액 조정명세서

자료. 전기 자본금과 적립금 조정명세서(을) 내역

[별지 제50호 서식(을)]　　　　　　　　　　　　　　　　　　　　　　　　　　　　　(뒤 쪽)

사업연도	2024.01.01. ~ 2024.12.31.	자본금과 적립금조정명세서(을)		법인명	(주)보람물산

세무조정유보소득계산

① 과목 또는 사항	② 기초잔액	당 기 중 증감		⑤ 기말잔액 (익기초현재)	비고
		③ 감 소	④ 증 가		
제품매출			20,000,000	20,000,000	
제품매출원가			-14,000,000	-14,000,000	

세무조정 참고자료	1. 결산서상 수입금액은 손익계산서의 매출계정을 조회한다. 2. 위 자료는 전기 매출누락 관련 자료이며, 전기 제품매출 누락액(판매가 20,000,000원, 　 원가 14,000,000원)을 당기 1월 5일에 회계처리하였다. 단, 매출과 매출원가에 　 대하여 전기의 세무조정은 적법하게 이루어졌다. 3. 회사는 2024년 10월 1일에 상품권 15,000,000원을 발행하고 상품매출로 회계 　 처리 하였으나, 2024년 12월 31일까지 회수한 상품권은 8,000,000원이다.
수행과제	**수입금액조정명세서를 작성하시오** 1. [1.수입금액 조정계산]에 결산서상 수입금액을 조회하여 반영하시오. 2. [2.수입금액 조정명세]에 기타수입금액을 반영하시오. 3. [1.수입금액 조정계산]에 조정사항을 반영하시오. 4. 소득금액조정합계표에 세무조정사항을 반영하시오.

실무수행평가

■ 법인세관리 1

번호	평 가 문 제	배점
25	**평가문제 [수입금액조정명세서 조회]** 세무조정 대상 중 익금불산입(유보감소)로 소득처분할 금액은 얼마인가?	2
26	**평가문제 [수입금액조정명세서 조회]** 세무조정 대상 중 유보(발생)으로 소득처분할 금액은 얼마인가?	2
27	**평가문제 [수입금액조정명세서 조회]** '1.수입금액 조정계산의 ⑥조정후 수입금액(③+④-⑤)의 합계'는 얼마인가?	3

2 감가상각비 조정명세서

자료 1. 전기 자본금과 적립금 조정명세서(을) 내역

[별지 제50호 서식(을)]　　　　　　　　　　　　　　　　　　　(뒤 쪽)

사업 연도	2024.01.01. ~ 2024.12.31.	자본금과 적립금 조정명세서(을)			법인명	(주)보람물산
세무조정유보소득계산						
① 과목 또는 사항	② 기초잔액	당 기 중 증감		⑤ 기말잔액 (익기초현재)	비고	
		③ 감　소	④ 증　가			
감가상각비			2,000,000	2,000,000	배송용 트럭	
중　　　략						

자료 2. 감가상각 자료

(단위: 원)

고정자산 내　　　역	코드	자산명	경비 구분	업종 코드	취득일	취득금액	전기말 상각누계액	당기 회사 감가상각비	비고
건물 (정액법 40년)	101	공장 건물	제조	08	2022.7.25.	900,000,000	33,750,000	22,500,000	(주1)
차량운반구 (정률법 5년)	201	배송용 트럭	판관	05	2023.7.7.	60,000,000	15,530,000	14,530,000	
특허권 (정액법 5년)	301	특허권	판관	75	2023.8.1.	15,000,000	1,250,000	3,000,000	

(주1) 8월 8일 공장건물의 피난시설 설치금액 50,000,000원을 '수선비'로 회계처리 하였다.

세무조정 참고자료	1. 자료 1의 감가상각비는 차량운반구(배송용트럭)에 대한 전년도 상각부인액이다. 2. 제시된 자산 외에는 감가상각을 하지 않는다고 가정한다.
수행과제	**감가상각비조정명세서를 작성하시오.** 1. 감가상각액을 산출하기 위하여 고정자산을 각각 등록하시오.(고정자산등록에 관련된 자료는 주어진 자료를 최대한 입력하고, 필요한 경우 회사계상상각비는 수정하여 입력하시오.) 2. 미상각분 감가상각조정명세를 작성하시오. 3. 감가상각비조정명세서합계표를 작성하시오. 4. 소득금액조정합계표에 개별자산별로 세무조정사항을 반영하시오.

실무수행평가

■ 법인세관리 2

번호	평 가 문 제	배점
28	**평가문제 [감가상각비조정명세서합계표 조회]** 세무조정 대상 중 손금불산입(유보발생)으로 소득처분할 금액은 얼마인가?	2
29	**평가문제 [감가상각비조정명세서합계표 조회]** 세무조정 대상 중 손금산입(유보감소)로 소득처분할 금액은 얼마인가?	2
30	**평가문제 [감가상각비조정명세서합계표 조회]** '⑥ 무형자산 (104)상각범위액'은 얼마인가?	3

3 가지급금 등의 인정이자 조정명세서(갑, 을)

자료. 업무무관 가지급금 내역

직책	성명	금액	대여일	계정과목	비 고
대표이사	정진학	15,000,000원	2024. 3.1.	가지급금	업무무관
대표이사	정진학	20,000,000원	2024. 6.7.	가지급금	업무무관
대표이사	정진학	25,000,000원	2024.12.1	가지급금	업무무관
대리	이정훈	3,000,000원	2024. 8.5.	주·임·종단기채권	학자금 대여

세무조정 참고자료	1. 주·임·종단기채권계정 금액은 이정훈대리에게 무이자로 학자금을 대여한 내역이다. 2. 가지급금에 대한 약정된 이자는 없는 것으로 한다. 3. 특수관계인에 대한 가수금은 없는 것으로 한다.
수행과제	**가지급금 등의 인정이자 조정명세서(갑, 을)를 작성하시오.** 1. [가지급금, 가수금적수계산]에서 인명별로 가지급금 적수계산을 하시오. 2. 당좌대출이자율을 적용하여 인정이자 계산을 하시오. 3. [4.인정이자계산]에서 조정대상금액을 계산하시오. 4. 각 건별로 소득금액조정합계표에 세무조정사항을 반영하시오.

실무수행평가

■ 법인세관리 3

번호	평 가 문 제	배점
31	**평가문제 [가지급금 등의 인정이자 조정명세서 조회]** 대표이사 정진학의 '인정이자 계산대상 가지급금적수'는 얼마인가?	2
32	**평가문제 [가지급금 등의 인정이자 조정명세서 조회]** 대리 이정훈의 '인정이자 계산대상 가지급금적수'는 얼마인가?	2
33	**평가문제 [가지급금 등의 인정이자 조정명세서 조회]** 세무조정 대상 중 상여로 소득처분할 금액은 얼마인가?	3

4 건설자금이자 조정명세서

세무조정 참고자료	1. 공장 신축에 사용하기 위하여 농협은행으로부터 다음과 같이 차입하였다. 　– 특정차입금(농협은행) 1,095,000,000원 　– 이자율: 연 6% 　– 차입기간: 2024.9.1. ~ 2027.8.30.(당해 연도 이자계산 대상일수: 122일) 2. 특정차입금의 사용내역은 다음과 같다.

금융기관	공사비 지급	운영자금 전용	합계
농협은행	730,000,000원	365,000,000원	1,095,000,000원

	3. 공사기간: 2024.6.1. ~ 2025.6.30.(당해 연도 공사일수: 214일) 4. 회사는 동 차입금에 대한 이자 21,960,000원을 전액 이자비용으로 회계처리하였다.(연 일수 365일로 가정) 　– 1,095,000,000원 × 6% × 122일/365일 = 21,960,000원
수행과제	**건설자금이자조정명세서를 작성하시오.** 1. [2. 특정차입금 건설자금이자 계산명세]를 작성하시오. 2. [1. 건설자금이자 조정]을 작성하시오. 3. 소득금액조정합계표에 세무조정사항을 반영하시오.

실무수행평가

■ 법인세관리 4

번호	평 가 문 제	배점
34	**평가문제 [건설자금이자조정명세서 조회]** '특정차입금 건설자금이자 대상 ⑧차입금액'은 얼마인가?	2
35	**평가문제 [건설자금이자조정명세서 조회]** '⑫건설자금이자계산대상일수'는 얼마인가?	3
36	**평가문제 [건설자금이자조정명세서 조회]** '⑬건설자금이자계산대상금액'은 얼마인가?	2

5 연구 및 인력개발비 발생명세서

자료 1. 일반연구개발비 지출내역

계정과목	인건비(10명)	위탁 및 공동개발비(1건)	인력개발비
경상연구개발비 (판매비와 관리비)	50,000,000원	40,000,000원	25,000,000원

자료 2. 직전연도 지출한 일반연구 및 인력개발비 내역

사업연도	연구 및 인력개발비
2021.1.1. ~ 2021.12.31.	83,000,000원
2022.1.1. ~ 2022.12.31.	85,000,000원
2023.1.1. ~ 2023.12.31.	88,000,000원
2024.1.1. ~ 2024.12.31.	98,000,000원

세무조정 참고자료	회사의 일반연구 및 인력개발비 자료이다. 제시된 자료를 이용하여 연구 및 인력개발비 세액공제를 신청하려고 한다. 1. 연구 및 인력개발비 세액은 당기에 전액공제 받는다. 2. 세부담을 최소화 시킬수 있도록 세무조정을 한다. 3. 공제신청일은 2026년 3월 31일이다. 4. 전기 이월된 연구 및 인력개발비 세액공제 금액은 없다.
수행과제	1. [연구 및 인력개발비 발생명세서]를 작성하시오. 2. [세액공제조정명세서(3)]메뉴의 [1.공제세액계산] 및 [2.당기공제세액 및 이월액 계산]에 당기공제세액을 반영하시오. 3. [공제감면세액합계표(갑, 을)]에 공제세액을 반영하시오.

실무수행평가

■ 법인세관리 5

번호	평 가 문 제	배점
37	**평가문제 [연구 및 인력개발비 발생명세서 조회]** '1.해당연도의 연구 및 인력개발비 발생명세의 11.총계'는 얼마인가?	2
38	**평가문제 [연구 및 인력개발비 발생명세서 조회]** '2.연구 및 인력개발비의 증가발생액의 계산에서 직전4년간 발생합계액'은 얼마인가?	2
39	**평가문제 [공제감면세액 합계표(갑, 을)]** '(152)일반 연구인력개발비세액공제(최저한세 적용제외) ③대상세액'은 얼마인가?	3
	법인세관리 소계	35

출제예상 모의고사 제7회

아래 문제에서 특별한 언급이 없으면 기업의 보고기간(회계기간)은 매년 1월 1일부터 12월 31일까지입니다. 또한 기업은 일반기업회계기준 및 관련 세법을 계속적으로 적용하고 있다고 가정하고 물음에 가장 합당한 답을 고르시기 바랍니다.

실무이론평가

01 다음 회계정보 질적특성 중 (가)의 하부개념에 해당하는 것은?

> ___(가)___은/는 회계 정보가 정보이용자의 의사결정 목적과 관련이 있어야 하며, 당해 회계정보를 이용하여 의사결정을 하였을 경우 회계정보를 이용하지 아니하고 의사결정을 하는 경우 차이를 발생시킬 수 있는 속성이다.

① 적시성   ② 중립성
③ 이해가능성   ④ 표현의 충실성

02 다음은 (주)한공의 상품관련자료와 손익계산서의 일부이다. 매출액(㉮)은 얼마인가?

> **〈자료1〉 상품관련자료**
>
> - 매입액 100,000원(수량: 100개)
> - 기초재고수량 10개
> - 기말재고수량 20개
> - 선입선출법을 적용하고 있다.

> **〈자료2〉 손익계산서 일부**
>
> (주)한공   (단위: 원)
>
> | 계정과목 | 제X기 |
> |---|---|
> | 매출액 | (㉮) |
> | 매출원가 | XXX원 |
> | 기초재고 | 15,000원 |
> | 당기매입 | xxx원 |
> | 기말재고 | xxx원 |
> | 매출총이익 | 20,000원 |

① 100,000원   ② 115,000원
③ 120,000원   ④ 135,000원

03 다음은 (주)한공의 2024년 12월 31일 수정전 잔액시산표 중 손익계산서 관련 계정 내역과 결산정리사항을 나타낸 것이다.

> **〈자료1〉 잔액시산표(수정전)**
> 2025년 12월 31일
>
> (주)한공   (단위: 원)
>
> | 차변 | 계정과목 | 대변 |
> |---|---|---|
> | | ⋮ | |
> | | 임대료수익 | 80,000 |
> | 30,000 | 소모품비 | |
> | 60,000 | 보험료 | |
> | | ⋮ | |

> **〈자료2〉 결산정리사항**
>
> 가. 소모품 미사용액 5,000원을 계상하다.
> 나. 임대료수익 미경과액 20,000원을 계상하다.
> 다. 보험료 미경과액 20,000원을 계상하다.

결산정리사항을 반영한 후, 2025년 재무제표의 내용으로 옳은 것은?

① 손익계산서의 임대료수익은 80,000원이다.
② 손익계산서의 소모품비는 30,000원이다.
③ 재무상태표의 선급보험료는 20,000원이다.
④ 재무상태표의 선수임대료는 60,000원이다.

04 (주)한공은 다음의 기말정리사항이 누락된 상태에서 당기순이익을 1,000,000원으로 보고하였다. 누락된 기말정리사항을 반영하여 정확한 당기순이익을 계산하면 얼마인가?

> - 매도가능증권평가이익   10,000원
> - 당기 보험료비용으로 계상한 현금 지급액 중 차기 귀속분   20,000원
> - 당기 수입수수료로 계상한 현금 수입액 중 차기 귀속분   50,000원
> - 당기에 발생한 이자수익 중 현금 미수취분   30,000원

① 960,000원   ② 970,000원
③ 980,000원   ④ 1,000,000원

05 다음은 (주)한공의 2024년 제2기 부가가치세 확정신고기간(2025.10.1.~2025.12.31.)의 자료이다. 이를 토대로 부가가치세 과세표준을 계산하면 얼마인가?(단, 주어진 자료의 금액은 부가가치세가 포함되어 있지 않은 금액이며, 세금계산서 등 필요한 증빙서류는 적법하게 발급하였거나 수령하였다.)

가. 외상매출액	10,000,000원
(매출할인 500,000원을 차감하기 전의 금액임)	
나. 재화의 직수출액	7,000,000원
다. 비영업용 승용차(2,000cc 미만임)의 처분	
	4,000,000원
라. 과세사업용 부동산 처분액	17,000,000원
(토지 10,000,000원, 건물 7,000,000원)	
마. 공급받는 자에게 도달하기 전에 파손된	
재화의 가액	2,000,000원
(해당액은 위 매출액에 포함되어 있지 않음)	

① 27,500,000원　　② 29,500,000원
③ 31,000,000원　　④ 34,000,000원

06 다음 중 부가가치세법상 간이과세자에 대한 설명으로 옳은 것은?

① 간이과세를 포기하고 일반과세자가 될 수 있다.
② 대손세액공제를 적용받을 수 있다.
③ 매입처별세금계산서 합계표를 제출하면 매입시 부담한 세액전부를 납부세액에서 공제받을 수 있다.
④ 과세기간의 공급대가가 3,000만원 미만인 경우 해당 과세기간의 납부의무를 면제한다.

07 다음 자료를 토대로 거주자 김한공 씨의 2025년 귀속 종합소득금액은 계산하면 얼마인가? (단, 모든 소득은 국내에서 발생한 것으로 세법에 따라 적법하게 원천징수 되었으며 필요경비는 확인되지 않는다.)

가. 발명진흥법에 따른 직무발명보상금	
	5,000,000원
나. 약정에 의해 수령한 직장공제회 초과반환금	
	3,000,000원
다. 공적연금관련법에 따라 받는 유족연금	
	4,000,000원
라. 연간 총급여액	45,000,000원
마. 근로소득공제액은 다음과 같다.	

총급여액	공제액
1,500만원 초과 4,500만원 이하	750만원 + 1,500만원을 초과하는 금액의 100분의 15
4,500만원 초과 1억원 이하	1,200만원 + 4,500만원을 초과하는 금액의 100분의 5

① 33,000,000원　　② 37,750,000원
③ 40,600,000원　　④ 44,400,000원

08 (주)한공의 세무팀은 정년퇴직을 앞둔 임원들에게 현행 소득세법상의 소득의 범위 등에 대하여 설명하고 있다. (주)한공의 세무팀 직원들 중 잘못 설명한 사람은?

- 소정
  퇴직소득을 연금형태로 수령한 경우에는 연금소득으로 분류합니다.
- 윤호
  과세이연된 퇴직금을 일시금 형태로 수령한 경우에는 기타소득으로 원천징수 합니다.
- 지훈
  임원퇴직금이 법 소정 한도액을 초과하는 경우 그 초과하는 금액은 근로소득으로 봅니다.
- 윤서
  퇴직소득은 종합소득과 합산하여 과세되지 않습니다.

① 소정　　② 윤호
③ 지훈　　④ 윤서

09 다음 중 법인세법상 손익의 귀속시기에 대한 설명으로 옳지 않은 것은?

① 제조업을 영위하는 법인이 이자지급일 이전에 기간 경과분을 이자비용으로 계상하는 경우에는 해당 사업연도의 손금으로 인정된다.
② 중소기업의 단기 건설용역의 경우에는 그 목적물이 인도되는 사업연도의 익금과 손금에 산입할 수 있다.
③ 국내소재 자회사의 잉여금 처분에 따른 배당금은 실제로 지급받은 사업연도의 익금으로 한다.
④ 중소기업이 장기할부조건으로 자산을 판매하고 재무제표에 인도기준으로 계상한 경우에도 신고조정에 의해 회수기일도래기준을 적용할 수 있다.

10 다음은 해상운송업을 영위하는 (주)한공의 제15기(2025.1.1. ~ 2025.12.31.) 손익계산서상 수선비 및 소모품비 계정의 내역이다. 법인세법상 즉시상각의제 규정에 따라 감가상각한 것으로

로 보아야 하는 금액은?

계정과목	금 액	내 역
수선비	50,000,000원	(주)한공의 본사건물(전기말 재무상태표상 장부가액 500,000,000원)에 대한 엘리베이터의 설치비임
	40,000,000원	선박(전기말 재무상태표상 장부가액 700,000,000원)에 대하여 2년마다 주기적인 수선을 위하여 지출한 금액으로, 이로 인하여 성능이 향상됨
소모품비	1,500,000원	영업사원의 업무상 편의를 위하여 노트북 1대를 구입하고, 그 취득가액을 비용으로 계상함
	1,200,000원	관리부서의 시내출장의 편의를 위하여 중고자동차 1대를 구입하고, 그 취득가액을 비용으로 계상함

① 51,200,000원   ② 52,700,000원

③ 91,500,000원   ④ 92,700,000원

실무수행평가

(주)담백상사(회사코드 1507)는 시계를 제조하여 판매하는 법인기업으로 회계기간은 제7기(2025.1.1. ~ 2025.12.31.)이다. 제시된 자료와 [자료설명]을 참고하여 [수행과제]를 완료하고 [평가문제]의 물음에 답하시오.

실무수행 유의사항	1. 부가가치세 관련거래는 [매입매출전표입력]메뉴에 입력하고, 부가가치세 관련없는 거래는 [일반전표입력]메뉴에 입력한다. 2. 타계정 대체와 관련된 적요는 반드시 코드를 입력하여야 한다. 3. 채권·채무, 예금거래 등 관리대상 거래자료에 대하여는 거래처코드를 반드시 입력한다. 4. 자금관리 등 추가 작업이 필요한 경우 문제의 요구에 따라 추가 작업하여야 한다. 5. 제조경비는 500번대 계정코드를 사용한다. 6. 판매비와 관리비는 800번대 계정코드를 사용한다. 7. 등록된 계정과목 중 가장 적절한 계정과목을 선택한다. 8. [문제 5. 법인세관리]는 별도의 회사가 주어지므로 회사 선택에 유의한다.

문제 1 ◎ 거래자료입력

실무프로세스자료이다. [자료설명]을 참고하여 [수행과제]를 수행하시오.

1 리스회계

자료 1. 전자세금계산서

	전자세금계산서			(공급받는자 보관용)			승인번호		
공급자	등록번호	110-81-11119			공급받는자	등록번호	609-86-11119		
	상호	서울기계(주)	성명 (대표자)	최성실		상호	(주)담백상사	성명 (대표자)	남주호
	사업장 주소	서울시 서대문구 경기대로 68, 801호 (충정로2가, 동신빌딩)				사업장 주소	경상남도 창원시 의창구 중앙대로 166, 1501호		
	업태	제조업외	종사업장번호			업태	제조업	종사업장번호	
	종목	기계외				종목	시계		
	E-Mail	top@bill36524.com				E-Mail	best7@bill36524.com		
작성일자	2025.1.3.		공급가액	60,000,000		세 액	6,000,000		
비고									
월	일	품목명	규격	수량	단가	공급가액	세액	비고	
1	3	특수선반	대	1		60,000,000	6,000,000		
합계금액	현금	수표	어음	외상미수금	이 금액을	○ 영수 ● 청구	함		
66,000,000				66,000,000					

자료 2. 금융리스 원리금상환표 일부

(단위: 원)

회차	납기일	원금	이자	리스료	미상환원금잔액
0					66,000,000
1	2025. 1. 3.	5,400,000	600,000	6,000,000	60,600,000
2	2025. 7. 3.	5,456,790	543,210	6,000,000	55,143,210
3	2026. 1. 3.	5,502,719	497,281	6,000,000	49,640,491

자료 3. 보통예금(농협은행) 거래내역

번호	거래일	내용	찾으신금액	맡기신금액	잔액	거래점
		계좌번호 888-02-147555 (주)담백상사				
1	2025-1-3	(주)프라임리스	6,000,000		********	***

자료설명	회사는 (주)프라임리스와 특수선반에 대한 금융리스 계약을 체결하고, 해당 특수선반을 서울기계(주)로부터 직접 인도받았다. 1. 자료 1은 서울기계(주)로부터 발급받은 전자세금계산서이다. 2. 자료 2는 (주)프라임리스로부터 수령한 금융리스 원리금 상환표 일부이다. 3. 자료 3은 (주)프라임리스와의 리스계약에 따라 이체지급한 1회분 리스료이다.
수행과제	1. 특수선반 취득 내역을 매입매출전표에 입력하시오.('금융리스차입금' 계정을 사용하고, 전자세금계산서는 '전자입력'으로 처리할 것.) 2. 1회차 리스료 지급에 대한 거래자료를 입력하시오.

2　사채

자료 1. 사채의 발행내역

1. 사채발행일: 2025년 7월 1일
2. 사채의 액면금액: 100,000,000원
3. 사채의 발행금액: 96,000,000원
4. 사채의 만기: 3년
5. 액면이자율: 8%
6. 유효이자율: 10%
7. 이자지급: 연 2회(6월 30일, 12월 31일)

자료 2. 보통예금(국민은행) 거래내역

번호	거래일	내용	찾으신금액	맡기신금액	잔액	거래점
		계좌번호 25-145-1553-1 (주)담백상사				
1	2025-12-31	사채이자	4,000,000		***	서대문

자료설명	1. 자료 1은 당사의 사채발행내역이다. 2. 자료 2는 12월 31일에 사채이자를 지급한 내역이다. 3. 사채할인발행차금은 유효이자율법으로 상각한다.(단, 월할계산할 것.) 4. 사채이자에 대한 원천징수는 고려하지 않는다.
수행과제	12월 31일 이자지급 시 사채할인발행차금 상각 및 이자지급에 대한 회계처리를 하시오.

부가가치세 신고관련 거래자료를 입력하여 실무프로세스를 수행하시오.

1 수정전자세금계산서 발급 및 전송

자료설명	1. 자료 1은 (주)유공상사에 제품을 공급하고 전자세금계산서를 발급한 내역이다. 2. 자료 2는 영세율을 적용 받고자 구매확인서를 발급받은 내역이다.
수행과제	구매확인서 사후개설에 따른 수정전자세금계산서를 발급 · 전송하시오. (전자세금계산서 발급시 결제내역 입력 및 전송일자는 무시한다)

자료 1. 매출전자세금계산서

<table>
<tr><td colspan="6" align="center">전자세금계산서 (공급자 보관용)</td><td>승인번호</td><td></td></tr>
<tr><td rowspan="7">공급자</td><td>등록번호</td><td colspan="3">609-86-11119</td><td rowspan="7">공급받는자</td><td>등록번호</td><td colspan="2">140-81-32186</td></tr>
<tr><td>상호</td><td colspan="2">(주)담백상사</td><td>성명
(대표자)</td><td>남주호</td><td>상호</td><td>(주)유공상사</td><td>성명
(대표자)</td></tr>
<tr><td>사업장
주소</td><td colspan="3">경상남도 창원시 의창구 중앙대로 166, 1501호</td><td>사업장
주소</td><td colspan="2">서울시 서대문구 충정로7길 19-7</td></tr>
<tr><td>업태</td><td>제조업</td><td>종사업장번호</td><td>업태</td><td>제조, 도소매업</td><td>종사업장번호</td></tr>
<tr><td>종목</td><td>시계</td><td>종목</td><td>전자제품</td></tr>
<tr><td>E-Mail</td><td colspan="3">best7@bill36524.com</td><td>E-Mail</td><td colspan="2">hangong@bill36524.com</td></tr>
</table>

작성일자	2025.3.3.	공급가액	300,000,000	세 액	30,000,000
비고					

월	일	품목명	규격	수량	단가	공급가액	세액	비고
3	3	여성시계	Box	50	6,000,000	300,000,000	30,000,000	

합계금액	현금	수표	어음	외상미수금	이 금액을	○ 영수 ● 청구	함
330,000,000				330,000,000			

자료 2. 외화획득용 원료·기재 구매확인서

외화획득용 원료·기재 구매확인서

※ 구매확인서번호: PKT20240315783

(1) 구매자　　(상호)　　(주)유공상사
　　　　　　　(주소)　　서울시 서대문구 충정로7길 19-7
　　　　　　　(성명)　　김한공
　　　　　　　(사업자등록번호) 140-81-32186

(2) 공급자　　(상호)　　(주)담백상사
　　　　　　　(주소)　　경상남도 창원시 의창구 중앙대로 166, 1501호
　　　　　　　(성명)　　남주호
　　　　　　　(사업자등록번호) 609-86-11119

1. 구매원료의 내용

(3) HS부호	(4)품명 및 규격	(5)단위수량	(6)구매일	(7)단가	(8)금액	(9)비고
3129230300	여성시계	50 Box	2025.3.3.	USD 5,000	300,000,000원	
TOTAL		50 Box			300,000,000원	

2. 세금계산서(외화획득용 원료·기재를 구매한 자가 신청하는 경우에만 기재)

(10)세금계산서번호	(11)작성일자	(12)공급가액	(13)세액	(14)품목	(15)규격	(16)수량

(17) 구매원료·기재의 용도명세: 수출용

위의 사항을 대외무역법 제18조에 따라 확인합니다.

　　　　　　　　　　확인일자　　　　　　2025년 3월 15일
　　　　　　　　　　확인기관　　국민은행 강남지점

　　　　　　제출자: (주)담백상사　

2 확정신고누락분의 수정신고서 반영

자료 1. 매출(제품) 전자세금계산서 누락분

(단위: 원)

번호	작성일자	승인번호	발급일자	전송일자	상 호	공급가액	세액	전자세금계산서 종류
1	20250505	생략	20250728	20250728	(주)서울상사	15,000,000	1,500,000	일반

자료 2. 매입전자세금계산서 수취 목록(매출거래처 접대품 구입)

(단위: 원)

								매입전자세금계산서 목록
번호	작성일자	승인 번호	발급일자	전송일자	상호	공급가액	세액	전자세금 계산서 종류
1	20250610	생략	20250625	20250625	농민마켓	1,000,000	100,000	일반

자료 3. 과세매출 자료

현금영수증
CASH RECEIPT

거래일시	2025-6-16 14:38:04
품명	남성시계
식별번호	208341****
승인번호	191224105

판매금액	**200,000원**
부가가치세	**20,000원**
봉사료	**0원**
합계	**220,000원**

현금영수증가맹점명	**(주)담백상사**
사업자번호	**609-86-11119**
대표자명 : **남주호**	TEL : 0707712223

주소 : 경상남도 창원시 의창구 중앙대로 166, 1501호
CATID:1123973   전표No:

현금영수증 문의 : Tel 126
http://현금영수증.kr
감사합니다.

자료설명	1. 자료 1~자료3은 제1기 부가가치세 확정신고서에 누락된 전자세금계산서 및 현금영수증이다. 2. 자료 1과 자료 2는 모두 외상거래이고, 자료 3은 개인 정영미에게 제품을 현금으로 매출하고 발행한 현금영수증이다. 3. 누락된 거래자료를 입력하고 가산세를 반영하여 제1기 부가가치세확정 수정신고서(수정차수 1)를 작성하려고 한다. 4. 2025년 8월 10일에 수정신고 및 납부하려고 하며, 신고불성실가산세는 일반 과소신고를 적용한다. 가산세 계산 시 원단위 이하는 절사한다.
수행과제	1. 누락된 거래자료를 매입매출전표에 입력하시오. (전자세금계산서는 '전자입력'으로 처리할 것.) 2. 제1기 부가가치세 확정신고서에 대한 수정신고서를 작성하시오.

문제 3 ◎ 결산

[결산자료]를 참고로 결산을 수행하시오.(단, 제시된 자료 이외의 자료는 없다고 가정함.)

1 수동결산 및 자동결산

자료. 유형자산 내역

계정 과목	코드	자산명	취득일	취득원가	감가상각 누계액	상각 방법	내용 연수	사용 부서
차량 운반구	101	제네시스 (67거 3485)	2025.8.3.	66,000,000원	–	정액법	5년	관리부

자료설명	1. 유형자산 자료는 차량운반구 구입내역이다. 자료를 참고하여 감가상각비를 계상하려고 한다.(고정자산등록과 업무용승용차등록이 입력되어 있다.) 2. 기말재고자산 	구분	금액 | 　　|---|---| 　　| 상품 | 145,000,000원 | 　　| 원재료 | 35,000,000원 | 　　| 제품 | 23,000,000원 | 3. 이익잉여금처분계산서 처분확정(예정)일 　– 당기: 2026년 2월 28일 　– 전기: 2025년 2월 28일
수행과제	결산을 완료하고 이익잉여금처분계산서에서 손익대체분개를 하시오. (단, 이익잉여금처분내역은 없는 것으로 하고 미처분이익잉여금 전액을 이월이익 잉여금으로 이월하기로 한다.)

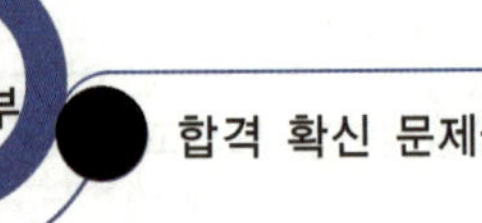

실무수행평가

■ 재무회계

번호	평 가 문 제	배점
11	**평가문제 [손익계산서 조회]** 당기에 발생한 이자비용 총액은 얼마인가?	3
12	**평가문제 [재무상태표 조회]** 12월 31일 현재 재무상태표에 표시되는 차량운반구 장부금액(차량운반구 - 감가상각 누계액)은 얼마인가?	3
13	**평가문제 [재무상태표 조회]** 12월 31일현재 금융리스차입금은 얼마인가?	2
14	**평가문제 [재무상태표 조회]** 12월 31일 현재 비유동부채는 얼마인가?	3
15	**평가문제 [재무상태표 조회]** 12월 31일 현재 이월이익잉여금(미처분이익잉여금) 잔액은 얼마인가? ① 670,462,576원　　② 521,000,000원 ③ 2,130,462,576원　　④ 1,043,048,850원	3
16	**평가문제 [전자세금계산서 발행 및 내역관리 조회]** 3월 3일자 영세율로 발급된 수정세금계산서의 수정사유를 코드로 입력하시오.	2
17	**평가문제 [부가가치세 수정신고서 조회]** 제1기 확정 신고기간 부가가치세신고서의 과세_세금계산서발급분(1란) 세액은 얼마 인가?	2
18	**평가문제 [부가가치세 수정신고서 조회]** 제1기 확정 신고기간 부가가치세신고서의 과세_신용카드.현금영수등(3란) 세액은 얼마인가?	2
19	**평가문제 [부가가치세 수정신고서 조회]** 제1기 확정 신고기간 부가가치세신고서의 공제받지못할매입세액(16란)의 세액은 얼마인가?	2
20	**평가문제 [부가가치세 수정신고서 조회]** 제1기 확정 신고기간 부가가치세신고서의 가산세액(26란) 합계금액은 얼마인가?	3
	재무회계 소계	25

문제 4 ⊙ 원천징수관리

인사급여 관련 실무프로세스를 수행하시오.

1 퇴직소득 원천징수

자료 1. 퇴사자관련정보

사원코드	2001	사원명	임다영
퇴직일자	2025년 6월 30일	회사규정상 퇴직급여	40,000,000원
퇴직사유	자발적퇴직	영수일자	2025년 6월 30일
근속기간	2021년 4월 1일 ~ 2024년 6월 30일		

자료 2. 퇴직연금 가입내용

퇴직연금 유형	확정급여형(DB형)	퇴직연금 가입일	2023년 4월 1일
연금계좌(IRP) 이연금액	35,000,000원	연금계좌 입금일	2025년 6월 30일
연금계좌 취급자	국민은행	사업자등록번호	110-81-75321
연금계좌번호(IRP)	204-24-0648-980		

자료설명	1. 자료 1은 경영지원팀 과장 임다영의 퇴직관련 자료이다. 2. 자료 2는 회사에서 가입한 퇴직연금 내용이다.(연금계좌이연금액을 차감한 잔액은 보통예금 계좌로 지급하였다.)
수행과제	1. 사원등록에서 퇴사일을 입력하시오. 2. [퇴직소득자료입력]에서 퇴직급여현황을 입력하고, 소득세를 산출하시오.

2 사업소득의 원천징수

자료. 사업소득자 관련정보

성 명	장미란(코드 5100)
거주구분(내국인 / 외국인)	거주자 / 내국인
주민등록번호	750426-2111111
주 소	서울 강남구 강남대로 248(도곡동, 목원빌딩)
귀속년월 / 지급년월일	2025년 7월 /2025년 7월 25일
지급금액	600,000원

자료설명	1. 본사 사내대학에서 '플라워리스트 초급과정' 강의를 진행할 장미란 강사를 초빙하였다. 2. 장미란씨는 회사와 고용관계가 없으며, 반복적으로 꽃꽂이 강의 용역 제공을 주업으로 하고 있다.
수행과제	1. 사업소득자입력을 하시오.(우편번호 입력은 생략할 것.) 2. 사업소득자료입력 메뉴에서 7월 귀속분에 대한 사업소득세를 산출하시오.

실무수행평가

■ 원천징수관리

번호	평가문제	배점
21	**평가문제 [퇴직소득자료입력(지급년월: 6월) 조회]** 임다영의 이연퇴직 소득세(40)는 얼마인가?	3
22	**평가문제 [퇴직소득자료입력(지급년월: 6월) 조회]** 임다영의 신고대상세액(42)(지방소득세포함)은 얼마인가?	2
23	**평가문제 [사업소득자료입력(지급년월: 7월) 조회]** 장미란의 소득구분 코드는?	2
24	**평가문제 [사업소득자료입력(지급년월: 7월) 조회]** 장미란의 사업소득 원천징수 소득세는 얼마인가?	3
	원천징수 소계	10

문제 5 ◉ 법인세관리　　　　　　　※ 회사변경 확인할 것

(주)엘티산업(회사코드 5507)은 중소기업으로 사업연도는 제15기(2025.1.1. ～ 2025. 12.31.)이다. 입력된 자료와 세무조정 참고자료에 의하여 [수행과제]를 완료하고 [평가문제] 의 물음에 답하시오.

〈작성대상서식〉

> ① 기업업무추진비 조정명세서(갑, 을)
> ② 외화자산등평가차손익조정명세서
> ③ 선급비용명세서
> ④ 업무무관지급이자 조정명세서
> ⑤ 세액공제조정명세서(3) 및 최저한세조정명세서

1 기업업무추진비 조정명세서(갑, 을)

세무조정 참고자료	1. 수입금액에는 특수관계인과의 거래금액 85,000,000원이 포함되어 있다.(수입금액은 수입금액조정명세서상의 조정후 수입금액을 이용하도록 한다) 2. 접대비(기업업무추진비) 계정금액 및 접대비(기업업무추진비) 중 신용카드 등 사용 금액은 기장된 자료에 의해 자동반영 한다. 3. 접대비(기업업무추진비)(판) 중 경조사비는 전액 현금으로 지급하였으며, 적요 번호 10번(신용카드미사용분)으로 기장되어 있다. 4. 타계정 접대비(기업업무추진비) 해당액 　– 여비교통비(판) 12,000,000원 중 접대비(기업업무추진비) 해당금액 　　5,000,000원(법인 신용 카드 사용분)이 포함되어 있다. 5. 결산서상 접대비(기업업무추진비)는 모두 건당 3만원(경조사비 20만원)을 초과한다.
수행과제	**기업업무추진비 조정명세서(갑, 을)를 작성하시오.** 1. 기업업무추진비 조정명세서(을) [경조사비등 설정]에서 적요번호를 입력하여 경조사 비가 자동반영 되도록 하시오. 2. 기업업무추진비 조정명세서(을)를 작성하시오.(접대비(기업업무추진비)(판)와 여비교 통비(판) 계정을 구분하여 입력 할 것) 3. 기업업무추진비 조정명세서(갑)을 작성하시오. 4. 소득금액조정합계표에 세무조정사항을 반영하시오.

실무수행평가

■ 법인세관리 1

번호	평 가 문 제	배점
25	**평가문제 [기업업무추진비 조정명세서 조회]** 기업업무추진비 조정명세서(을)의 '7.기업업무추진비 해당금액' 합계는 얼마인가?	2
26	**평가문제 [기업업무추진비 조정명세서 조회]** 기업업무추진비 조정명세서(을)의 '17.신용카드 등 미사용 부인액' 합계는 얼마인가?	2
27	**평가문제 [기업업무추진비 조정명세서 조회]** 기업업무추진비 조정명세서(갑)의 '13.기업업무추진비 한도액 합계'는 얼마인가?	3

2 외화자산등평가차손익조정명세서

자료 1. 전기 자본금과 적립금 조정명세서(을) 내역

[별지 제50호 서식(을)]   (뒤 쪽)

사업 연도	2024.01.01. ~ 2024.12.31.	자본금과 적립금조정명세서(을)			법인명	(주)엘티산업
세무조정유보소득계산						
① 과목 또는 사항	② 기초잔액	당 기 중 증감		⑤ 기말잔액 (익기초현재)	비고	
		③ 감 소	④ 증 가			
외화외상매출금			−2,000,000	−2,000,000		
외화장기차입금			1,600,000	1,600,000		
중략						

자료 2. 외화자산 및 부채 내역

분류	계정과목	외화금액	발생시 장부금액	당기회사 적용환율	당기말 장부금액	당기말현재 매매기준율
자산	외화외상매출금	US$30,000	31,500,000원	1,200원/US$	36,000,000원	1,300원/US$
부채	외화장기차입금	US$22,000	23,100,000원	1,100원/US$	24,200,000원	1,300원/US$

<table>
<tr><td>세무조정
참고자료</td><td>1. 회사는 외화자산과 부채를 기말 매매기준율로 평가하는 것으로 관할 세무서에 신고하였다.
2. 전기말 현재 자본금과 적립금조정명세서(을)에 기재된 외환환산손익 유보는 전기말 현재 외화장기차입금과 외화외상매출채권에서 발생한 것으로 해당 외화장기차입금과 외화외상매출채권은 2024년 중 모두 지급 및 회수되었다.
3. 결산 시 임의로 환율을 적용하여 화폐성외화자산·부채를 평가하였으며, 이에 따라 외화평가차손익을 인식하였다.</td></tr>
<tr><td>수행과제</td><td>**제시된 자료를 이용하여 외화자산등 평가손익조정(갑, 을)을 작성하시오.**
1. 외화자산 및 부채에 대한 자료를 외화자산 등 평가손익조정(갑, 을)에 반영하시오.
2. 소득금액조정합계표에 외화환산과 관련된 세무조정사항을 반영하시오.</td></tr>
</table>

실무수행평가

■ 법인세관리 2

번호	평 가 문 제	배점
28	**평가문제 [외화자산 등 평가손익조정(갑, 을) 조회]** 세무조정 대상 중 익금산입(유보감소)로 소득처분할 금액은 얼마인가?	2
29	**평가문제 [외화자산 등 평가손익조정(갑, 을) 조회]** 세무조정 대상 중 손금산입(유보발생)으로 소득처분할 금액은 얼마인가?	2
30	**평가문제 [외화자산 등 평가손익조정(갑, 을) 조회]** 외화자산 등 평가차손익조정(갑)에서 '⑥손익조정금액' 합계는 얼마인가?	3

3 선급비용명세서

자료 1. 전기 자본금과 적립금 조정명세서(을) 내역

[별지 제50호 서식(을)]   (뒤 쪽)

사업 연도	2024.01.01. ~ 2024.12.31.	자본금과 적립금조정명세서(을)		법인명	(주)엘티산업

세무조정유보소득계산

① 과목 또는 사항	② 기초잔액	당 기 중 증감		⑤ 기말잔액 (익기초현재)	비고
		③ 감 소	④ 증 가		
선급비용(보험료)			2,150,000	2,150,000	

자료 2. 당기말 기간미경과분(선급분) 내역

지급일	내용	금액	거래처	기간
2025. 6. 1.	공장건물보험료 (공정관리팀)	3,300,000원	희망화재해상보험	2025. 6. 1.~2026. 6. 1.
2025. 9. 1.	자동차보험료 (영업부)	1,450,000원	희망화재해상보험	2025. 9. 1.~2026. 9. 1.

세무조정 참고자료	1. 전기분 자본금과 적립금조정명세서(을) 내역을 참고하여 조정한다. 　- 선급기간: 2025.1.1. ~ 2025.5.31. 2. 선급비용을 계상할 계정은 공장건물 보험료(제), 영업부 자동차 보험료(판)이다.
수행과제	**선급비용명세서를 작성하시오.** 1. 계정과목의 원장내역을 조회하여 해당금액을 반영하시오. 2. 각 건별로 소득금액조정합계표에 세무조정사항을 반영하시오.

◀ 실무수행평가 ▶

■ 법인세관리 3

번호	평 가 문 제	배점
31	**평가문제 [선급비용명세서 조회]** 공장건물보험료의 세무조정 대상 금액은 얼마인가?	2
32	**평가문제 [선급비용명세서 조회]** 자동차보험료의 세무조정 대상 금액은 얼마인가?	2
33	**평가문제 [선급비용명세서 조회]** 세무조정 대상 중 손금산입(유보감소)로 소득처분할 금액은 얼마인가?	3

4　업무무관지급이자 조정명세서

자료 1. 업무무관 자산현황

계정과목	금액	참 고 사 항
별장	100,000,000원	2025년 5월 1일에 비업무용으로 취득하였다.
비품	70,000,000원	2024년 4월 5일에 업무무관 자산인 골동품을 취득하였다.

자료 2. 이자비용 현황

이자율	이자비용	참 고 사 항
10%	8,000,000원	4,000,000원은 채권자 불분명사채이자이다. (원천징수세액 1,100,000원 포함)
6%	11,200,000원	홍보관 신축 목적으로 차입된 이자비용 2,200,000원이 포함되어 있으며, 동 금액은 홍보관 신축기간에 발생된 것이다.(준공예정일: 2026년 9월 3일)
4%	6,200,000원	

세무조정 참고자료	1. 자료 1은 해당연도 재무상태표에 반영이 되어 있다. 2. 자료 2는 해당연도 손익계산서에 반영이 되어 있다. 3. 가지급금 및 가수금은 [가지급금등의인정이자조정(갑, 을)]의 데이터를 이용하기로 한다.
수행과제	**업무무관 지급이자조정명세서(갑, 을)를 작성하시오.** 1. 업무무관 지급이자조정명세서(을)를 작성하시오. 2. 업무무관 지급이자조정명세서(갑)를 작성하시오. 3. 소득금액조정합계표에 세무조정사항을 반영하시오.

실무수행평가

■ 법인세관리 4

번호	평 가 문 제	배점
34	**평가문제 [업무무관 지급이자조정명세서(갑) 조회]** 업무무관 부동산등의 적수 '⑤계(②+③+④)'는 얼마인가?	2
35	**평가문제 [업무무관 지급이자조정명세서(갑) 조회]** 세무조정 대상 중 유보발생으로 소득처분할 금액은 얼마인가?	2
36	**평가문제 [업무무관 지급이자조정명세서(갑) 조회]** 세무조정 대상 중 상여로 소득처분할 금액은 얼마인가?	3

5 세액공제조정명세서(3) 및 최저한세조정명세서

자료. 신규투자 설비 내역

<table>
<tr><td colspan="4" align="center">전자세금계산서
(공급받는자 보관용)</td><td colspan="2">승인번호</td></tr>
<tr><td rowspan="6">공급자</td><td>등록번호</td><td colspan="2">219-81-33346</td><td rowspan="6">공급받는자</td><td>등록번호</td><td colspan="3">110-81-47558</td></tr>
<tr><td>상호</td><td>(주)안전방호</td><td>성명
(대표자)　김성수</td><td>상호</td><td>(주)엘티산업</td><td>성명
(대표자)　박석우</td></tr>
<tr><td>사업장
주소</td><td colspan="2">서울 용산구 한강대로 22</td><td>사업장
주소</td><td colspan="3">서울 강남구 강남대로 252(도곡동)</td></tr>
<tr><td>업태</td><td>제조/도매</td><td>종사업장번호</td><td>업태</td><td>제조업</td><td>종사업장번호</td></tr>
<tr><td>종목</td><td>안전시설장치</td><td></td><td>종목</td><td>일반플라스틱외</td><td></td></tr>
<tr><td>E-Mail</td><td colspan="2">daegun@naver.com</td><td>E-Mail</td><td colspan="2">LT1234@bill36524.com</td></tr>
</table>

작성일자	2025.3.26.	공급가액	300,000,000	세 액	30,000,000
비고					

월	일	품목명	규격	수량	단가	공급가액	세액	비고
3	26	방호시설 및 장치				300,000,000	30,000,000	

합계금액	현금	수표	어음	외상미수금	이 금액을	
330,000,000				330,000,000	○ 영수 ◉ 청구	함

세무조정 참고자료	위 자료는 공장에 신규로 피난방호시설 및 장치를 투자한 내역이며, 회사는 본 건에 대하여 통합투자세액공제를 받으려고 한다.(세액공제율: 10%)
수행과제	세액공제조정명세서(3) 및 최저한세조정명세서를 작성하시오. 1. 세액공제조정명세서(3)에 당기 공제대상세액을 입력하시오. 2. 최저한세조정계산서를 작성하시오. 3. 최저한세 검토결과를 세액공제조정명세서(3) [2. 당기 공제 세액 및 이월액 계산]에 적용하시오.

실무수행평가

■ 법인세관리 5

번호	평 가 문 제	배점
37	평가문제 [세액공제조정명세서(3)] 통합투자세액공제의 코드를 입력하시오.	2
38	평가문제 [세액공제조정명세서(3)] '1.공제세액계산에서 통합투자세액공제의 (104)공제대상세액'은 얼마인가?	2
39	평가문제 [세액공제조정명세서(3)] '2.당기공제세액 및 이월액계산에서 (121)최저한세적용에 따른 미공제세액'은 얼마인가?	3
	법인세관리 소계	35

I can!

더존 Smart A를 이용한

TAT 세무실무

삼일피더블유씨솔루션 저

2025

정답 및 해설
모의고사 및 최신 기출문제

1급

SAMIL | 삼일회계법인
삼일인포마인

정답 및 해설

비대면 시험 출제예상 평가문제 정답 및 해설

출제예상 평가문제

01 재무회계실무 제대로 알기

1	2	3	4	5
1,500,000원	250,000원	473,734,200원	4,759,900원	334,079,600원
6	7	8	9	10
206	1,464,367,340원	9,122,600원	50,000,000원	754,699,160원

02 부가가치세실무 제대로 알기

1	2	3	4	5
48,000,000원	0원	5	22	426,000,000원
6	7	8	9	10
40,600,000원	10,770,000원	177,012원	2,690,000원	16,954원

03 근로소득실무 제대로 알기

1	2	3	4	5
200,000원	2,400,000원	600,000원	5,097,310원	6,750,000원
6	7	8	9	10
871,880원	80,000원	3명	83,110원	43,350,000원

04 법인세실무 제대로 알기

1	2	3	4	5
926,000원	2,309,300,000원	8,709,000원	271,523,608원	12,000,000원
6	7	8	9	10
871,880원	148,370원	174,958원	7,576,940원	50,097,276원

유형별 연습문제 정답 및 해설

실무이론평가

제**1**절 재무회계

01 ④
- 재무보고는 기업이 현재의 자원으로부터 현금을 창출할 수 있는 능력을 예측하는데 유용한 정보를 제공한다.

02 ③
- 재무제표는 재무상태표, 손익계산서, 자본변동표, 현금흐름표로 구성되며, 주석을 포함한다.

03 ①
- 실재성은 재무제표에 기록된 재고자산이 허위가 아니라 실제 존재한다는 경영자의 주장이다.

04 ③
- ① 영업활동으로 인한 현금흐름은 직접법도 인정된다.
- ② 사용제한기간이 보고기간종료일로부터 1년을 초과하는 현금및현금성자산은 비유동자산으로 분류한다.
- ④ 현금흐름표도 재무제표에 해당한다.

05 ④
- 단순히 세법의 규정을 따르기 위한 회계변경은 정당한 회계변경으로 보지 아니한다.

06 ③
- ① 회계정책의 변경효과와 회계추정의 변경효과를 구분하기 어려운 경우에는 회계추정의 변경으로 본다.
- ② 자산취득에 사용될 정부보조금은 정부보조금을 받는 시점에 자산의 차감항목으로 처리한다.
- ④ 공정가치로 측정하는 비화폐성 외화항목은 공정가치 결정된 날의 환율로 환산한다.

07 ③
- 보고기간종료일부터 1년 이내에 상환기간이 도래하더라도, 기존의 차입약정에 따라 보고기간종료일부터 1년을 초과하여 상환할 수 있고 기업이 그러한 의도가 있는 경우에도 비유동부채로 분류한다.

08 ③
- 이익을 낮게 보고하려면 신규취득자산은 정액법 대신 정률법을 적용하여야 한다.

09 ④
- 전기 재무제표의 비계량정보가 당기 재무제표를 이해하는 데 필요한 경우에는 비계량정보도 당기의 정보와 비교하여 주석에 기재한다.

10 ④
- 발생주의 회계에서는 현금 유·출입이 수반되지 않는 자산과 부채 항목도 거래로 인식되어야 한다.

11 ④
- 재무제표 항목의 표시나 분류방법이 변경되는 경우에는 당기와 비교하기 위하여 전기의 항목을 재분류한다.

12 ③
- 기업실체의 이해관계자는 지속적으로 의사결정을 해야 하므로 적시성 있는 정보가 필요하게 된다. 이러한 정보 수요를 충족시키기 위하여 도입된 재무제표의 기본가정이 기간별 보고이다.

13 ④
- 제조업과 판매업 및 건설업 이외의 업종에서는 매출총손익 구분표시를 생략할 수 있다.

14 ③
- 검증가능성은 신뢰성의 하위 질적특성이다.

15 ③
- 장기건설공사에 대하여 진행기준으로 수익을 인식하면 신뢰성은 저하되나 목적적합성은 제고된다.

16 ④
- 피드백가치는 제공되는 회계정보가 당초 기대치(예측치)를 확인 또는 수정하게 함으로써 의사결정에 영향을 미칠 수 있는 능력을 말한다.

17 ①
- 회계정보가 갖추어야 할 가장 중요한 질적특성은 목적적합성과 신뢰성이다. 이 중 목적적합성은 정보의 적시성을 전제로 한다.

18 ②
- 회계정보의 질적 특성은 서로 상충될 수 있다. 상충되는 질적 특성간의 선택은 재무보고의 목적을 최대한 달성할 수 있는 방향으로 이루어져야 한다.

19 ①
- 유형자산을 역사적원가로 평가하면 신뢰성은 제고되나 목적적합성은 저하되며, 공정가치로 평가하면 목적적합성은 제고되나 신뢰성은 저하된다. 이와 같이 자산평가방법에 따라 회계정보의 질적특성 중 목적적합성과 신뢰성의 상충될 수 있다.

20 ④
- 비교가능성은 회계정보를 다른 기간 또는 다른 기업과 비교할 수 있는 질적 특성을 의미한다.

21 ③
- 2026년 예측치를 수정하도록 하는 것은 회계정보의 질적 특성 중 피드백가치에 해당한다.

22 ②
- 재무제표에 의해 제공되는 회계정보는 과거에 대한 것임에도 불구하고 정보이용자에게 유용할 수 있는 근본적 이유는 이 정보가 미래에 대한 예측의 근거로 활용될 수 있기 때문이다.

23 ④
- 회계정보 유용성은 궁극적으로 정보이용자에 의해서 판단된다.

24 ①
- 재고자산 = 100개 × 30원 = 3,000원
- 매출원가 = 기초재고 + 당기매입 − 기말재고
  = (100개 × 20원) + (400개 × 25원) + (100개 × 30원) − 3,000원 = 12,000원

25 ②
- 11/1 월초재고 100개 × 1,000원 = 100,000원
         잔액   100개 × 1,000원 = 100,000원
- 11/9 매출   50개 × 1,000원 = 50,000원
         잔액   50개 × 1,000원 = 50,000원
- 11/16 매입   100개 × 1,300원 = 130,000원
         잔액   150개   금액 180,000원
  평균단가 = 180,000원/150개 = 1,200원

26 ①
- 수량감소분에 대한 감모손실을 먼저 인식하여 재고자산감모손실(영업외비용)로 회계처리하고, 단가하락분에 대한 평가손실은 매출원가에 가산한다.
- 재고자산감모손실 = (1,000 − 700) × @600
  = 180,000원
  매출원가 = (@600 − @560) × 700개 = 28,000원

27 ④
- 목적지인도조건하에서 운송 중인 상품은 목적지에서 재고자산의 소유권이 이전되므로 매입자의 재고자산이 아니라 판매자의 재고자산이다.

28 ①
- 기말재고 금액 = (300개 − 100개*) × Min(250원, 190원)
  = 38,000원
  * 정상감모 100개 차감

29 ①
- 상호: 저가법을 적용하는 경우에는 원칙적으로 항목별로 적용하는 것이 적절하다.

기영: 소매재고법은 일반기업회계기준에서 인정하고 있는 원가결정방법이다.

30 ③
- 매출원가: 30개 × 1,000원 + 40개 × 1,100원
  = 74,000원
  월말재고액: 20개 × 800원 + 10개 × 1,000원 + 10개 × 1,100원 = 37,000원

31 ③
- ① 정상적으로 발생한 감모손실은 매출원가에 가산한다.
  ② 파손, 부채 등의 사유로 정상가격으로 판매가 불가한 경우의 재고자산평가손실은 매출원가에 가산한다.
  ④ 일정기간 사용한 후에 매입 여부를 결정하는 조건의 시송품은 상품의 점유가 이전되었더라도 매입자가 매입의사를 표시하기 전까지는 판매자의 재고에 포함시킨다.

32 ④
- 당기 기말재고가 과소평가되면 당기의 매출원가는 과대평가되고 차기 매출원가는 과소평가된다.

33 ④
- 11/12 매출 후 상품재고액 = (180,000원 + 297,000원) × 300개/1,500개 = 95,400원
- 11/30 상품 단위당 원가 = (95,400원 + 102,000원) ÷ 600개 = 329원

34 ②
- 후입선출법은 최근에 싸게 사온 재고자산이 매출원가에 포함되므로 당기순이익이 가장 크게 나타난다. 반대로 선입선출법은 과거에 비싸게 사온 재고자산이 매출원가에 포함되므로 당기순이익이 가장 작게 나타난다. 가중평균법은 비싸게 사온 재고자산과 싸게 사온 재고자산의 효과가 합해져서 평균수준으로 매출원가가 계산되므로, 그 중간이다. 따라서 당기순이익이 크게 계상되는 재고자산 원가결정방법 순서는 후입선출법, 가중평균법, 선입선출법 순이다.

35 ③
- 매출원가에 포함될 재고자산감모손실과 재고자산평가손실의 합계액은 145,000원이다.
  재고자산감모손실 = (1,000개 − 950개) × 1,000원
  = 50,000
  재고자산평가손실 = 950개 × (1,000원 − 900원)
  = 95,000

36 ②
- 기말재고 = 200개 × Min(250원, 220원) = 44,000원
- 매출원가 = 기초재고 + 당기매입 − 기말재고 = 40,000원 + 75,000원 − 44,000원 = 71,000원
- 재고자산평가손실은 매출원가에 가산한다.

37　①
- 상품A ＝ 90개*1 × 1,000원 ＝ 90,000원
- 상품B ＝ 200개 × 1,500원*2 ＝ 300,000원
  *1 실제 수량과 장부상 수량과의 차이는 재고자산감모손실로 처리한다.
  *2 재고자산의 원가가 순실현가능가치(＝ 추정판매가격 − 판매비용의 추정액)에 미달하는 경우 저가법으로 평가해야 한다.

38　③
- 기말재고 ＝ 100개 × 250원 ＝ 25,000원
- 매출원가 ＝ 기초재고 + 당기매입 − 기말재고
  ＝ 40,000원 + 75,000원 − 25,000원
  ＝ 90,000원
- 영업손익 ＝ 매출액(총매출액−매출할인) − 매출원가 − 판매비와관리비
  ＝ 285,000원 − 90,000원 − 100,000원
  ＝ 95,000원
- 기부금은 영업외비용이므로 고려하지 않는다.

39　①
- 상품A ＝ 90개*1 × 1,000원 ＝ 90,000원
  상품B ＝ 200개 × 1,500원*2 ＝ 300,000원
  *1 실재 수량과 장부상 수량과의 차이는 재고자산감모손실로 처리한다.
  *2 재고자산의 원가가 순실현가능가치(추정판매가격 − 추정판매비용)에 미달하는 경우 저가법으로 평가해야 한다.

40　③
- 기말재고자산수량 ＝ 기초수량 + 당기매입수량 − 매출수량 ＝ 200개 + 800개 − 700개 ＝ 300개
- 총평균법 단가
  ＝ (기초매입액+당기매입액) ÷ (기초수량+당기매입수량)
  ＝ 1,550,000원 ÷ 1,000개 ＝ 1,550원
- 선입선출법 기말재고자산가액 ＝ 수량 × 단가
  ＝ 300개 × 1,500원 ＝ 450,000원
- 총평균법 기말재고자산가액 ＝ 수량 × 단가
  ＝ 300개 × 1,550원 ＝ 465,000원

41　③
- 총평균법: 단가 ＝ 15,000원 ÷ 600개 ＝ 25원
  기말재고금액 ＝ 200개 × 25원 ＝ 5,000원
- 이동평균법: 3월 20일 단가 6,600원 ÷ 300개 ＝ 22원
  4월 15일 매출원가 150개 × 22원 ＝ 3,300원
  8월 15일 단가(6600원 − 3,300원 + 8,400원)
  ÷ (300개 − 150개 + 300개) ＝ 26원
  10월 25일 매출원가 250개 × 26원 ＝ 6,500원
  12월 31일 기말재고금액 200개 × 26원 ＝ 5,200원

42　③
- 재고자산감모손실(영업외비용) ＝ 3개 × @5,000원
  ＝ 15,000원

- 매출원가 ＝ 기초재고자산 + 당기매입액 − 기말재고자산 − 재고자산감모손실
  ＝ 300,000원 + 1,000,000원 − 360,000원 − 15,000원
  ＝ 925,000원

43　④
- 재고자산 평가손실 ＝ 100개 × {900원 − (800원 − 100원)}
  ＝ 20,000원

44　②
- 2024년 재고자산평가손실 ＝ 520,000원 − 350,000원
  ＝ 170,000원
  2025년 재고자산평가충당금환입 ＝ Min(250,000원, 170,000원) ＝ 170,000원
- 재고자산의 시가가 장부금액 이하로 하락하여 발생한 평가손실은 재고자산의 차감계정으로 표시하고 매출원가에 가산한다. 향후 새로운 시가가 장부금액보다 상승한 경우에는 최초의 장부금액을 초과하지 않는 범위 내에서 평가손실을 환입하고 매출원가에 차감한다.

45　③
- 선입선출법 적용 시 매출원가: 1,000개 × 500원 + 500개 × 700원 ＝ 500,000원 + 350,000원 ＝ 850,000원
  매출총이익: (1,500개 × 1,500원) − 850,000원
  ＝ 1,400,000원
- 후입선출법 적용 시 매출원가: 1,000개 × 900원 + 500개 × 700원 ＝ 900,000원 + 350,000원 ＝ 1,250,000원
  매출총이익: (1,500개 × 1,500원) − 1,250,000원
  ＝ 1,000,000원

46　②
- 재고자산평가손실: 취득원가 − Min(취득원가, 순실현가능가치)
  * 순실현가능가치 ＝ 예상 판매가격 − 예상 판매비용
- A제품 ＝ 120,000원 − Min(120,000원, 130,000원) ＝ 0원 (해당없음)
- B제품 ＝ 150,000원 − Min(150,000원, 130,000원)
  ＝ 150,000원 − 130,000원 ＝ 20,000원
- C제품 ＝ 1,200,000원 − Min(1,200,000, 1,150,000)
  ＝ 1,200,000원 − 1,150,000원 ＝ 50,000원
  재고자산평가손실 ＝ 20,000원 + 50,000원 ＝ 70,000원

47　③
- 기말상품재고액: 1,200원　매출원가: 4,200원
  총평균단가: (10개 × @100 + 20개 × @130 + 15개 × @120)/45 ＝ @120
  기말상품재고액: @120 × 10개 ＝ 1,200원
  매출원가: 기초상품재고액 + 당기매입액 − 기말상품재고액
  ＝ 1,000원 + 4,400원 − 1,200원 ＝ 4,200원

48　④
- 상품단가: (10,000원 + 15,500원 + 1,000원 + 27,000원 + 1,500원) / (20개 + 30개 + 50개) ＝ 550원

- 재고자산평가손실: 40개 × (550원 − (520원 − 10원))
  = 1,600원

49 ④
- 기말상품재고액: (500개 × 4,000원) + (200개
  × 3,500원) = 2,700,000원
  재고자산평가손실: A상품 500개 × 1,000원
  = 500,000원
  매출원가: 3,000,000원(기초) + 20,000,000원(매입)
  − 2,700,000원(기말)+ 500,000원(평가손실)
  = 20,800,000원

50 ②
- 판매대가가 장기간에 걸쳐 유입되는 경우에는 판매대가의
  공정가치는 명목가액의 현재가치로 측정하며, 공정가치
  와 명목가액과의 차액은 현금회수기간에 걸쳐 이자수익
  으로 인식한다.

51 ②
- ① 장기할부매출에 대한 수익은 원칙적으로 상품을 인
  도한 시점에 인식한다.
  ③ 위탁판매에 대한 매출은 수탁자가 위탁상품을 매매
  한 날 인식한다.
  ④ 상품판매로 상품권을 수령하는 경우에는 상품을 판매
  하여 상품권을 회수한 때 매출을 인식한다.

52 ④
- 장기간에 걸쳐 판매대가가 유입되는 경우 판매대가의 공정
  가치는 미래에 받을 현금의 합계액의 현재가치로 측정하고,
  현재가치와 명목가치의 차이는 기간에 걸쳐 이자수익으로
  인식한다.

53 ①
- 배당금수익은 배당금을 받을 권리와 금액이 확정되는
  시점에 인식한다.

54 ③
- 반품예상액을 합리적으로 추정할 수 없는 경우: 구매자가
  재화의 인수를 공식적으로 수락한 시점 또는 재화가 인
  도된 후 반품기간이 종료된 시점에 인식
- 반품예상액을 합리적으로 추정할 수 있는 경우: 제품 등의
  인도시점에 인식

55 ②
- 선일자수표는 실제 발행한 날 이후의 일자를 수표상의 발
  행일자로 하여 수표상의 발행일에 지급할 것을 약속하는
  증서이므로, 일반적 상거래에서 발생된 것이면 매출채권에
  포함시킨다.
- 수입인지는 비용을 선급한 것으로 본다.
- 현금(200,000원) + 우편환증서(300,000원)
  + 당좌예금(700,000원) + 양도성예금증서(취득당시
  만기 3개월) (800,000원) = 2,000,000원

56 ③
- 현금및현금성자산 = 250,000원 + 100,000원
  + 50,000원 + 30,000원 = 430,000원

57 ③
- 단기매매증권평가이익(영업외수익): (38,000원 × 2,000주)
  − 70,000,000원 = 6,000,000원
  영업외수익과 당기순이익은 증가하나, 영업이익·영업
  외비용 기타포괄손익누계액은 변하지 않는다.

58 ①
- 만기보유증권 취득 시 발생한 매입수수료는 취득원가에
  가산한다.

59 ③
- 단기매매증권평가손익: (28,000원 − 30,000원)
  × 150주 = (−)300,000원

60 ①
- 각 거래 시점별 회계처리는 다음과 같으며, 당기손익에
  미치는 영향은 단기매매증권 취득관련 거래수료, 단기
  매매증권처분손익 및 단기매매증권평가손익의 합계이다.
- 취득/처분 시 현금거래 가정:

  2025년 2월 1일
(차) 단기매매증권	200,000원
수수료비용	10,000원
(대) 현금	210,000원

  2025년 5월 1일
  | (차) 매도가능증권 | 1,050,000원 |
  | (대) 현금 | 1,050,000원 |

  2025년 10월 5일
(차) 현금	125,000원
(대) 단기매매증권	100,000원
단기매매증권처분이익	25,000원

  2025년 12월 31일
(차) 단기매매증권	40,000원
매도가능증권	200,000원
(대) 단기매매증권평가이익	40,000원
매도가능증권평가이익	200,000원

61 ④
- 매도가능평가이익 = 100주 × (10,000원 − 6,800원)
  = 320,000원

(차) 매도가능증권	320,000원
(대) 매도가능증권평가이익	320,000원
(기타포괄손익누계액)	

62 ③
- 취득원가 = 1,000주 × 2,200원 + 60,000원
  = 2,260,000원
  처분이익 = (1,000주 × 3,200원) − 2,260,000원
  = 940,000원

63 ①

- 2024년 11월 1일

(차) 매도가능증권	7,000,000원	
	(대) 현금	7,000,000원

- 2024년 12월 31일: 매도가능증권 평가: (15,000원 − 10,000원) × 700주 = +3,500,000원(평가이익)

(차) 매도가능증권	3,500,000원	
	(대) 매도가능증권평가이익	3,500,000원

- 2025년 4월 25일: 매도가능증권 처분: (13,500원 − 15,000원) × 700주 = −1,050,000원(처분손실)

  * 단, 매도가능증권 처분 시, 매도가능증권평가이익을 상계 처리하여야 한다. ⇒ 매도가능증권평가이익(3,500,000원) − 매도가능증권처분손실(1,050,000원)

(차) 현금	9,450,000원	
매도가능증권평가이익	3,500,000원	
	(대) 매도가능증권	10,500,000원
	매도가능증권처분이익	2,450,000원

64 ③

- 유형자산손상차손 = (취득가액 − 감가상각누계액) − 회수가능액 = (10,000,000원 − 1,000,000원*) − 6,400,000원 = 2,600,000원

  *1년 감가상각비 = 10,000,000 × 1/10 = 1,000,000원

65 ②

- 2024년 4,000,000원 × 10% = 400,000원

(차) 비품감가상각비	400,000원	
	(대) 비품감가상각누계액	400,000원

- 2025년 (4,000,000원 − 400,000원)×10% = 360,000원

(차) 비품감가상각비	360,000원	
	(대) 비품감가상각누계액	360,000원

66 ②

- 장부금액 − 회수가능액 = (10,000원 − 10,000원 × 2년/10년) − 6,400원 = 1,600원

67 ②

- 2024년 및 2024년 감가상각비 = (10,000원 − 0원)/10년 × 2 = 2,000원
- 2025년 12월 31일 장부금액 = 10,000원 − 2,000원 = 8,000원
- 2025년 12월 31일 회수가능가액 6,400원
- 2025년 12월 31일 손상차손 = 6,400원 − 8,000원 = 1,600원

68 ②

- 2025년도 유형자산 장부금액 계산

  5,000,000원 − {(5,000,000원 ÷ 5년) × 2년} = 3,000,000원

- 2025년도 말 유형자산의 손상차손 계산

  장부금액(3,000,000원) − 회수가능액(2,100,000원) = 900,000원

69 ②

- 2025년 기말 장부금액 = 5,000,000원 − 5,000,000원 × 2년/5년 = 3,000,000원
- 2025년 손상차손 = 3,000,000원 − 1,600,000원 = 1,400,000원

70 ②

- 감가상각비 = (6,000,000원 − 1,000,000원) × 1/5 = 1,000,000원

  손상차손 = 장부금액 − 회수가능액 = 5,000,000원 − 3,000,000원 = 2,000,000원

71 ③

- 유형자산손상차손 = 장부금액 − Ma×(순공정가치, 사용가치)
- 유형자산손상차손 = 취득원가 10,000,000원 − 감가상각누계액 2,000,000원 − 사용가치 3,000,000원 = 5,000,000원

72 ②

- 2023년 감가상각비: 10,000,000원 × 0.400 = 4,000,000원
- 2024년 감가상각비: (10,000,000원 − 4,000,000원) × 0.400 = 2,400,000원
- 2025년 감가상각비: (10,000,000원 − 4,000,000원 − 2,400,000원)/3년 = 1,200,000원

73 ④

- 2024년도 감가상각비: (6,000,000원 − 1,000,000원) × 1/5 = 1,000,000원
- 2024년도 유형자산손상차손: 장부금액 − 회수가능액 = 5,000,000원 − 3,000,000원 = 2,000,000원
- 2024년도 손상차손인식 후 장부금액: 3,000,000원 (회수가능액과 동일)
- 2025년도 감가상각비: (3,000,000원 − 1,000,000원) × 1/4 = 500,000원(수정후 장부가액기준으로 잔여 내용연수 동안 상각)
- 2025년말 장부금액: 3,000,000원 − 500,000원 = 2,500,000원, 2025년말 회수가능액: 4,500,000원
- 손상차손환입액의 한도 = Min[회수가능액, 손상을 인식하지 않았을 경우의 기말장부금액

  = Min[4,500,000원, 4,000,000원*] = 4,000,000원

  ∴ 유형자산손상차손환입: 4,000,000원 − 2,500,000원 = 1,500,000원

  * 6,000,000원 − (6,000,000원 − 1,000,000원) × 2/5 = 4,000,000원

74 ②
- 유형자산손상차손 = 장부금액 − Max(순공정가치, 사용가치)
- 유형자산손상차손 = 취득원가 12,000,000원 − 감가상각누계액 4,800,000원 − 사용가치 4,000,000원 = 3,200,000원

75 ③
- 먼저 감가상각비를 계상한 후, 감가상각비에 감가상각대상금액 중 정부보조금이 차지하는 비율을 곱한 금액을 정부보조금과 상계한다.
  - 감가상각비: 15,000,000원 ÷ 5년 = 3,000,000원
  - 감가상각비와 정부보조금의 상계
    감가상각비 × (정부보조금/감가상각대상금액)
    = 3,000,000원 × (9,000,000원/15,000,000원)
    = 1,800,000원

76 ③
- 2025년 감가상각비 = 200,000원/5년 − 100,000원/5년 = 20,000원
  2025년말 감가상각누계액 = 200,000원 × 2년/5년 = 80,000원

77 ②
- 감가상각비: 2,000,000원 ÷ 5년 = 400,000원
- 감가상각비와 상계할 정부보조금:
  감가상각비 × (정부보조금 ÷ 감가상각대상금액)
  = 400,000원 × (900,000원 ÷ 2,000,000원)
  = 180,000원

  (차) 정부보조금 180,000원
  　(대) 감가상각비 180,000원

78 ②
- 2025년도 회사계상 감가상각 금액 80,000원은 다음과 같은 수식으로 표현할 수 있다.
  정부보조금: a
  80,000원 = {(1,000,000원 − a) ÷ 5년} × 6개월/12개월
  a = 200,000원

79 ②
- 1월 1일

  (차) 현금 6,000,000원
  　(대) 정부보조금(현금차감) 6,000,000원
- 2월 1일

  (차) 기계장치 12,000,000원
  　정부보조금(현금차감) 6,000,000원
  　(대) 현금 12,000,000원
  　　정부보조금(기계장치차감) 6,000,000원

80 ③

	2025.1.1	2025.12.31
유형자산 취득금액	500,000,000	500,000,000
(정부보조금)	(250,000,000)	(200,000,000)
(감가상각누계액)	−	(100,000,000)
장부금액	250,000,000	200,000,000

81 ②
- 1월 1일

  (차) 기계장치 500,000원
  　현금 등 200,000원
  　(대) 현금 등 500,000원
  　　정부보조금 200,000원
- 12월 31일

  (차) 감가상각비 100,000원
  　정부보조금[*2] 40,000원
  　(대) 감가상각누계액[*1] 100,000원
  　　감가상각비 40,000원

  [*1] 감가상각누계액 = 500,000원 × 1년/5년 = 100,000원
  [*2] 정부보조금 상각액 = 200,000원 × 1년/5년 = 40,000원
  　정부보조금 잔액 = 200,000원 − 40,000원 = 160,000원

82 ④
- 2025년말 감가상각누계액 = 800,000원/5 × 2 = 320,000원
- 정부보조금 잔액 = 600,000원 − (320,000원 × 600,000원/800,000원) = 360,000원

83 ④
- 2025년 손익계산서상 감가상각비 = (2,000,000원 − 정부보조금 수령액) ÷ 10년 = 90,000원
- 정부보조금 수령액 = 2,000,000원 − 900,000원 = 1,100,000원

84 ③
- 감가상각비 = (취득원가 − 정부보조금) ÷ 5년
  400,000원 = (3,000,000원 − 정부보조금*) ÷ 5년
  * 정부보조금 = 3,000,000원 − 2,000,000원 = 1,000,000원

85 ②
- 감가상각비: 2,000,000원 ÷ 5년 = 400,000원
- 감가상각비와 상계할 정부보조금: 정부보조금 ÷ 내용연수 = 900,000원 ÷ 5년 = 180,000원
- 분개

  (차) 정부보조금 180,000원
  　(대) 감가상각비 180,000원

86 ②
- 감가상각비: (2,000,000원 ÷ 5년) × 3/12 = 100,000원
- 정부보조금 미상각잔액: 200,000원 − ((200,000
  ÷ 5년) × 3/12) = 190,000원
- 장부금액: 2,000,000원 − 100,000원 − 190,000원
  = 1,710,000원

87 ③
- 2025년말 감가상각누계액 = 1,000,000원/5 × 3
  = 600,000원
  정부보조금 잔액 = 600,000원 − (600,000원
  × 600,000원/1,000,000원) = 240,000원

88 ③
- 기말 대손충당금 = 1,500,000원 × 1% + 300,000원
  × 10% + 200,000원 × 30% + 1,000,000원
  × 50% = 605,000원
- 대손상각비 = 605,000원 − 250,000원 = 355,000원

89 ②
- 3월 5일   대손상각비
  (차) 대손충당금   4,000원
      (대) 매출채권   4,000원
- 12월 31일
  (차) 대손상각비*   9,000원
      (대) 대손충당금   9,000원   9,000원
                                              9,000원
  * 기말 대손충당금 = 2,500,000원 × 1% = 25,000원
  * 대손상각비 = 25,000원 − (20,000원 − 4,000원) = 9,000원

90 ④
- ① 당기 대손발생액은 2,000원이다.
  ② 당기 외상매출금 회수액은 850,000원이다.
  ③ 전기에서 이월된 대손충당금은 3,000원이다.
  ④ 당기 대손상각비: 대손 추정액 − 대손충당금 기말잔액
    = (600,000원 × 1%) − 1,000원 = 5,000원

91 ①
- 결산 전 대손충당금 잔액 = 5,000,000원 − 2,000,000원
  + 1,000,000원 = 4,000,000원
- 기말 대손충당금 예상액 = 100,000,000원 × 5%
  = 5,000,000원
- 당기 추가계상 대손상각비 = 5,000,000원 − 4,000,000원
  = 1,000,000원

92 ④
- 결산전 대손충당금 잔액 = 150,000,000원 × 3%
  + 1,000,000원 − 5,000,000원 = 500,000원
- 기말 추가계상 대손상각비 = 기말 매출채권 × 3%
  − 500,000원 = 7,000,000원
- 기말 매출채권 잔액 = 250,000,000원

93 ③
- (1) 기말대손충당금잔액

연령	금액	대손예상률	대손추산액
30일 이내	300,000원	5%	15,000원
31일~180일	160,000원	20%	32,000원
181일~365일	90,000원	50%	45,000원
365일 초과	14,000원	100%	14,000원
합계			106,000원

- (2) 대손충당금계정

대손충당금

대손확정	26,000	기초	50,000
기말	106,000	회수	4,000
		대손상각비	78,000

94 ③
- 5월 3일

  (차) 대손충당금   300,000원
      대손상각비   200,000원
      (대) 매출채권   500,000원
- 8월 20일

  (차) 현금   1,000,000원
      (대) 대손충당금   1,000,000원
- 12월 31일

  (차) 대손상각비*   500,000원
      (대) 대손충당금   500,000원
      * 1,500,000원 − 1,000,000원 = 500,000원
- 손익계산서상 대손상각비 = 200,000원 + 500,000원
  = 700,000원

95 ③
- 당기 대손처리액 = 25,000원 + 24,000원 − 30,000원
  = 19,000원
- 당기 매출채권발생액 = 550,000원 + 19,000원
  + 500,000원 − 500,000원 = 569,000원

96 ④
- 당기 대손상각비 = 당기 대손발생액(12월 10일) + 결산일
  대손 추정액 = 90,000원 + 51,400원 = 141,400원

97 ③
- 7월 5일 직전 대손충당금 잔액 = 35,000원 + 13,500원
  = 48,500원
- 7월 5일 분개

  (차) 대손충당금   48,500원
      대손상각비   71,500원
      (대) 매출채권   120,000원

98 ④
- 전기말 받을어음 잔액이 3,000,000원이고 대손충당금 전기이월액이 30,000원이므로 대손 예상액은 받을어음 잔액의 1%이다.

99 ①
- 매출채권의 합계잔액시산표 차변 합계금액:
기초 매출채권(1,000,000원) + 당기 증가 매출채권
(15,000,000원 × 1.1) = 17,500,000원

100 ②
- 2025. 12. 31. 매출채권: 700,000원 + 2,000,000원
− 1,800,000원 − 10,000원 = 890,000원
- 2025. 12. 31. 결산분개 전 대손충당금: 35,000원
− 10,000원 = 25,000원
- 2025년 대손상각비: (890,000원 − 835,000원) − 25,000원
= 30,000원

101 ④
- 2025년도 매출채권 순장부금액 = 매출채권 − 대손충당금
- 2025년 기초대손충당금 50,000원 − 2025년 대손확정액
20,000원 = 30,000원(2025년도 대손충당금 설정전 남아있는 잔액)
- 당기 중 대손상각비 50,000원 계상

  (차) 대손상각비　　　　　　　50,000원
　　(대) 대손충당금　　　　　　　　50,000원

  이는 2025년도에 대손충당금을 추가 설정하면서 계상된 것이다.
  ∴ 2025년도말 대손충당금 잔액은 80,000원
  ∴ 매출채권 = 순장부금액 + 대손충당금 = 330,000원
　　+ 80,000원 = 410,000원

102 ③
- 9월 10일 직전 대손충당금 잔액 = 35,000원 + 24,500원
= 59,500원
- 9월 10일 분개

  (차) 대손충당금　　　　　　　59,500원
　　　대손상각비　　　　　　　70,500원
　　(대) 매출채권　　　　　　　　　130,000원

103 ①

  (차)토지　　　　　　　　　　16,000원
　　(대)재평가이익(당기손익)　　　　10,000원
　　　　재평가잉여금(기타포괄손익누계액)　6,000원

104 ③
- ① 재무상태표상 토지의 장부금액은 900,000원이다.
  ② 재무상태표상 토지의 재평가로 인한 기타포괄손익누계액은 없다.
  ④ 토지의 재평가로 인하여 전기대비 자본은 200,000원 감소한다.

105 ②
- 기계장치의 취득원가는 25,000원(125,000원
− 100,000원)이 증가한다.

106 ④
- 당기의 재평가된 금액 50,000,000원 중 2024년 당기손실로 인식한 재평가감소액 20,000,000원은 2025년 당기이익으로 인식하고 나머지는 재평가잉여금으로 인식한다.

107 ②
- 재평가잉여금 = 4,000,000원(공정가치) − 3,500,000원
(장부금액) = 500,000원
- 재평가잉여금은 기타포괄손익(자본)으로 인식한다.

108 ②
- 최초평가시 자산의 장부금액이 재평가로 인하여 감소된 경우에 그 감소액은 당기손실로 인식한다.

109 ④
- 유형자산에 대한 재평가 결과 금액이 증가한 경우에는 재평가잉여금 계정으로 기타포괄손익누계액에 가산하고, 금액이 감소한 경우에는 재평가손실 계정으로 당기손실로 처리한다. 재평가손실이 발생하면 재평가잉여금과 상계하고 잔액만 재평가손실로 처리한다.

110 ③
- 퇴직급여: 3,500,000원 − (3,000,000원 − 800,000원)
= 1,300,000원

111 ④
- 급여규정의 개정과 급여의 인상으로 퇴직금소요액이 증가되었을 경우에는 당기분과 전기 이전분을 일괄하여 당기비용으로 인식한다.

112 ②
- 급여규정의 개정으로 퇴직금소요액이 증가되었을 경우에는 당기분과 전기 이전분을 일괄하여 당기비용으로 인식한다.

113 ②
- 2025년도 결산 시 추가로 계상할 퇴직급여충당부채 금액
= 2025년도 퇴직급여충당부채 추계액 − (2024년도말 퇴직급여충당부채 잔액 − 2025년도 퇴직금지급액)
= 51,000,000원 − (36,000,000원 − 4,000,000원)
= 19,000,000원

114 ①
- 결산 전 퇴직급여충당부채 잔액 = 퇴직금 추계액
− 결산 시 추가 계상액 = 8,000,000원 − 3,000,000원
= 5,000,000원
- 기중 퇴직급여 지급액 = 퇴직급여충당부채 전기이월액
− 결산 전 퇴직급여충당부채 잔액 = 6,000,000원
− 5,000,000원 = 1,000,000원

115 ④
- 무상증자시 자본총액은 변동이 없다.

116 ④
- 주식으로 배당하는 경우에는 발행주식의 액면금액을 배당액으로 하여 자본금의 증가와 이익잉여금의 감소로 회계처리한다.

117 ③
- (가) 이익잉여금에 영향을 미치는 거래는 현금배당과 주식배당이다.

118 ④
- 유상감자 시 지급한 금액이 액면금액보다 작다면 그 차액을 감자차익으로 하여 자본잉여금으로 회계처리한다.

119 ②
- 재무상태표에 계상되어 있는 감자차익 50,000원과 먼저 상계하고 남은 차액 50,000원을 재무상태표 자본조정항목에 감자차손으로 계상한다.

(차) 자본금	50,000원	
감자차익	50,000원	
감자차손	50,000원	
(대) 현금		150,000원

120 ②
- 무상감자 후 자본총계는 변하지 않는다.

(차) 자본금	1,000,000원	
(대) 결손금		1,000,000원

121 ④
- ① 주식배당과 무상증자는 자본에 영향이 없다.
- ② 자기주식은 취득원가를 자기주식의 과목으로 하여 자본조정에 계상한다.
- ③ 자기주식을 처분하는 경우 처분손익은 자본잉여금 또는 자본조정으로 처리한다.

122 ①
- 5월 1일   자본에 미치는 영향

(차) 자기주식	140,000원	자본의 감소 (140,000원)
(대) 현금 등	140,000원	

- 10월 1일

(차) 현금	80,000원	
(대) 자기주식	70,000원	자본의 증가 80,000원
자기주식처분이익	10,000원	
		자본의 감소 (60,000원)

123 ④
- 금융리스에서 감가상각비는 리스이용자가 인식한다.

124 ③
- (가)는 이익잉여금이다.

- ㉠ (차) 당좌예금   ××× (대) 자본금   ×××
- ㉡ (차) 자기주식(자본조정) ××× (대) 현금 등 ×××
- ㉢ (차) 이익잉여금   ××× (대) 현금 등 ×××
- ㉣ (차) 이익잉여금   ××× (대) 자본금   ×××

125 ④

(차) 미처분이익잉여금	8,300,000원	
(대) 이익준비금		300,000원
미지급배당금		3,000,000원
비교부주식배당금		5,000,000원

126 ③
- 자기주식을 취득하면 취득원가를 자기주식 과목으로 하여 자본조정으로 처리하며, 자기주식 취득시점에는 자본금이 감소하지 않는다.

127 ④

(차) 보통예금	14,500,000원	
주식발행초과금	2,500,000원	
주식할인발행차금	3,000,000원	
(대) 자본금		20,000,000원

- 자본금은 자본금, 주식발행초과금은 자본잉여금, 주식할인발행차금은 자본조정 항목에 해당한다.

128 ①
- 2023년도 감가상각비: 5,000,000원 ÷ 10년 = 500,000원
- 2024년도 감가상각비: 5,000,000원 ÷ 10년 = 500,000원
- 2025년도 감가상각비: 5,000,000원 ÷ 10년 × 6/12 = 250,000원
- 2025년도 건물 장부금액 : 5,000,000원 − 1,250,000원 = 3,750,000원
- 처분이익 = 4,000,000원 − 3,750,000원 = 250,000원

129 ③
- 장기후불조건으로 구입한 유형자산의 취득원가는 공정가치 또는 지급하기로 한 대가의 현재가치를 기준으로 결정한다.

130 ③
- 처분시점의 장부금액 = 100,000,000원 − 100,000,000원 × 30개월/120개월 = 75,000,000원
- 유형자산처분손실 = 처분금액 73,000,000원 − 처분시점 장부금액 75,000,000원 = (−)2,000,000원

131 ④
- 기계장치A 감가상각비 = 300,000원 × 0.451 × (7/12) = 78,925원
- 기계장치B 감가상각비 = 270,000원 ÷ 5년 × (8/12) = 36,000원
- 기계장치B 처분손익 = 200,000원 − (270,000원 − 108,000원 − 36,000원) = 74,000원(이익)

132 ③
- 유형자산처분이익: 1,800,000원 − 1,680,000원(처분당시 장부금액) = 120,000원(이익)
- 처분 당시 장부금액: 5,000,000원 − 1,000,000원(취득시 정부보조금) − 1,600,000원(2023년 감가상각비) − 720,000원(2024년 감가상각비) = 1,680,000원
- 2024년 감가상각비: (5,000,000원 − 1,000,000원) × 0.4 = 1,600,000원
- 2025년 감가상각비: (5,000,000원 − 1,000,000원 − 1,600,000원) × 0.4 × 9/12 = 720,000원

133 ④
- 토지 구입 금액: 10,000,000원 × 9,000,000원/15,000,000원 = 6,000,000원
- 건물 구입 금액: 10,000,000원 × 6,000,000원/15,000,000원 = 4,000,000원
- 토지 장부 금액: 6,000,000원 + 300,000원 + 500,000원 = 6,800,000원
- 건물 장부 금액: 4,000,000원 + 200,000원 + 300,000원 = 4,500,000원

134 ①
- 사채를 할인발행하는 경우 사채의 발행금액이 액면금액보다 작다.
- 사채를 할인발행하는 경우 발행시점에서 사채할인발행차금이 발생한다.
- 사채할인발행차금은 사채 액면금액에서 차감하는 형식으로 표시한다.

135 ③
- ① 사채할인발행차금 계정과목은 발행가액보다 액면가액이 클 경우에 나타난다.
- ② 사채는 표시이자율이 유효이자율 보다 클 경우에 할증발행 된다.
- ④ 사채는 장기자금을 조달하기 위한 목적으로 발행하는 채무증권이다.

136 ④
- 액면이자 총액 5,000,000원 × 10% × 3년 = 1,500,000원
- 사채할인발행차금 상각액 5,000,000원 − 4,500,000원 = 500,000원
- 만기까지 인식할 이자비용 총액 = 액면이자 총액 1,500,000원 + 사채할인발행차금상각액 500,000원 = 2,000,000원

137 ③
- 사채할인발행차금 상각은 이자비용을 증가시키므로 당기순이익이 감소하고, 사채할인발행차금 잔액이 감소하게 되어 사채의 장부금액(액면금액 − 사채할인발행차금)이 증가한다.

138 ①
- 유효이자율이 액면이자율보다 크므로 할인발행되었다.

139 ③
- 사채가 할인발행 되었으며, 사채할인발행차금의 상각은 사채의 장부금액을 증가시키며 당기순이익을 감소시킨다.

140 ②
- 사채 발행금액(사채의 현재가치) = 100,000원 × 2.40183 + 1,000,000원 × 0.71178 = 951,963원

141 ④
- 사채 발행 분개

(차) 당좌예금	2,883,310원	
사채할인발행차금	116,690원	
(대) 사채		3,000,000원

- 사채 이자지급 분개

(차) 이자비용	259,498원	
(대) 현금		240,000원
사채할인발행차금		19,498원

- 사채의 장부금액 = 2,883,310원 + 19,498원 = 2,902,808원

142 ④
- 사채할인발행차금 상각은 이자비용을 증가시키므로 당기순이익이 감소하고, 사채할인발행차금 잔액을 감소시켜 사채의 장부금액(액면금액 − 사채할인발행차금)이 증가한다.

143 ②
- 손익계산서상 이자비용 = 발행금액 × 유효이자율 = 194,800,000원 × 6% = 11,688,000원

(차) 이자비용	11,688,000원	
(대) 현금		10,000,000원
사채할인발행차금		1,688,000원

- 2025년말 사채 장부금액 = 194,800,000원 + 1,688,000원 = 196,488,000원

144 ②

(차) 현금	260,000원	
사채할인발행차금	40,000원	
(대) 사채		300,000원

(차) 사채할인발행차금	20,000원	
(대) 현금		20,000원

- 사채발행비는 사채할인발행차금에 포함해야 함.

145 ②
- ① 사채 발행시 사채할인발행차금: 1,000,000원 − 972,800원 = 27,200원
- ② 2025년 결산 시 계상할 이자비용: 972,800원 × 5% = 48,640원
- ③ 2025년 말 사채의 장부가액: 972,800원(발행가액) + 8,640원(사채할인발행차금상각액) = 981,440원
- ④ 사채할인발차금 상각액 = 이자비용(972,800원 × 5%) − 액면이자(1,000,000원 × 4%) = 8,640원

146 ④

- 사채 발행 분개

  (차) 당좌예금　　　　　　　2,883,310원

  　　 사채할인발행차금　　　116,690원

  　　 (대) 사채　　　　　　　　　　3,000,000원

- 사채 이자지급 분개

  (차) 이자비용　　　　　　　259,498원

  　　 (대) 현금　　　　　　　　　　240,000원

  　　　　 사채할인발행차금　　　　19,498원

  ⇒ 사채 이자지급 후 사채의 장부금액은 사채할인발행차금 상각액 만큼 증가하여 2,902,808원이다.

147 ①

- 교육훈련비와 마케팅비용은 통제가능성이 없으므로 비용으로 처리한다.

148 ②

- 차입원가는 기간비용으로 처리함을 원칙으로 하되, 유·무형자산의 취득을 위한 자금에 차입금이 포함된다면 이러한 차입금에 대한 차입원가는 자산의 취득에 소요되는 원가로 회계처리 할 수 있다.

149 ②

- 개발비는 미래 경제적 효익을 창출할 것임을 입증할 수 있는 개발단계의 지출이나, 연구비는 연구단계에서 발생한 지출이다. 경상개발비는 무형자산의 요건을 충족하지 못하는 개발단계의 지출이다.

150 ④

- 다음 항목은 내부적으로 창출한 무형자산의 원가에 포함하지 아니한다.

  ① 자산이 계획된 성과를 달성하기 전에 발생한 비효율로 인한 손실과 초기 영업손실

  ② 판매비, 관리비 및 일반경비 지출

  ③ 무형자산을 창출한 이후 이를 운용하는 직원의 교육훈련과 관련된 지출

151 ①

- 무형자산상각비 = (300,000원 + 200,000원 + 100,000원) ÷ 10년 × (6/12) = 30,000원

  * 연구단계에서 발생한 지출은 모두 당기비용으로 처리한다.

152 ②

- 신제품A: 새로운 지식 탐색은 연구단계 지출로 당기비용으로 처리한다.

- 신제품B: 시제품 제작비는 개발단계 지출로 수익성이 인정되므로 자산으로 계상한다. 다만, 2025년부터 신제품이 생산되므로 2025년부터 감가상각비를 인식한다.

- 신제품C: 자산으로 계상함. 다만, 무형자산이 사용되는 시점(10월)부터 감가상각비를 인식한다.

  따라서, 개발비(자산): 500,000원 + 800,000원 - (800,000원/5년 × 3개월/12개월) = 1,260,000원

153 ①

- 매출총이익: 매출 90,000,000 - 매출원가 48,000,000 = 42,000,000원

- 판관비: 급여 12,090,000 + 여비교통비 12,000,000 + 보험료 7,000,000 + 감가상각비 5,000,000 = 36,090,000원

- 영업이익: 매출총이익 42,000,000 - 판관비 36,090,000 = 5,910,000원

154 ①

- 수정전 자산 = 185,000,000원

- 수정사항 (-) 매출채권 대손충당금 2,000,000원

  (-) 건물 감가상각누계액 5,000,000원

- 수정후 자산 = 178,000,000원

155 ②

- 임대료수익 = 현금수령 임대료 + 기초 선수임대료 - 기말 선수임대료

  = 130,000원 + 20,000원 - 30,000원 = 120,000원

- 이자비용 = 현금지급 이자비용 + 기말 미지급이자비용 - 기초 미지급이자비용

  = 250,000원 + 100,000원 - 50,000원 = 300,000원

156 ①

- 누락된 기말 수정 분개

  (차) 보험료　　　　　　　600,000원

  　　 (대) 선급보험료　　　　　600,000원

  * 1,440,000원 ÷ 24개월 × 10개월 = 600,000원

- 2025년도 기말에 보험료에 대한 수정분개를 하지 않는다면 3월 1일부터 당기말까지의 보험료 600,000원을 계상하지 아니하게 되므로 당기순이익 600,000원 과대계상, 선급보험료(자산) 600,000원을 과대계상하게 된다.

157 ①

- 감가상각비 = 1,000,000원 ÷ 5년 × 6월/12월 = 100,000원

- 임대수익 = 240,000원 - 180,000원 = 60,000원

- 당기순이익 = 매출액 - 매출원가 - 급여 - 감가상각비 + 임대수익 - 법인세비용 = 210,000원

158 ②

- 매출원가와는 무관하다.

분　　개	자산·부채에 미치는 영향	손익에 미치는 영향
(차) 상여금　1,000,000원 　(대) 미지급비용　1,000,000원	부채 1,000,000원 증가	순이익 1,000,000원 감소 (판매비와관리비의 증가)
(차) 선급비용　100,000원 　(대) 보험료　　100,000원	자산 100,000원 증가	순이익 100,000원 증가 (판매비와관리비의 감소)
(차) 상품　400,000원 　(대) 외상매입금　400,000원	자산·부채 400,000원 증가	영향없음
합　계	자산 500,000원 증가 부채 1,400,000원 증가	순이익 900,000원 감소

159 ①

- 수정분개

(차) 소모품	20,000원
(대) 소모품비	20,000원
(차) 보험료	100,000원
(대) 선급보험료	100,000원
(차) 급여	500,000원
(대) 미지급급여	500,000원

- 비용 580,000원 과소계상, 자산 80,000원 과대계상, 부채 500,000원 과소계상, 자본 580,000원 과대계상, 수익과는 무관하다.

160 ④

① 이자비용= 이자비용지출액 + 미지급이자비용[*1]
　= 900,000원 + 300,000원 = 1,200,000원

② 임대료 = 기초선수임대료 + 임대료수입 − 기말선수임대료[*2]
　= 500,000원 + 1,200,000원 − 500,000원
　= 1,200,000원

③ 조정내역

이자비용과소계상(미지급이자비용)	(−) 300,000원[*1]
임대료과대계상(선수임대료)	(−) 500,000원[*2]
당기순이익에 미치는 영향	(−) 800,000원

*1 미지급이자비용 = 10,000,000원 × 12% × 3월/12월
　= 300,000원

*2 기말선수임대료 = 1,200,000원 × 5월/12월 = 500,000원

④ 미지급이자비용은 300,000원, 기말선수임대료는 500,000원이다.

161 ④

- 결산정리후 법인세차감전순이익
　= 반영전 법인세차감전순이익 + 미수이자 + 선급비용
　　− 미지급이자 − 선수수익
　= 2,000,000원 + 300,000원 + 100,000원 − 400,000원
　　− 200,000원 = 1,800,000원

162 ③

- 올바른 분개

(차) 이자비용	1,200,000원
(대) 미지급비용	1,200,000원

수익의 1,200,000원 과대 계상으로 당기순이익이 1,200,000원 과대 계상됨

비용의 1,200,000원 과소 계상으로 당기순이익이 1,200,000원 과대 계상됨

따라서 당기순이익 2,400,000원 과대 계상됨.

163 ②

- 받을어음에 대한 당좌예금 만기결제 수령액은 당기순이익에 영향을 미치지 않는다.
- 당기발생 임차료 기간 경과분(미지급분)에 대한

(차) 임차료	3,600,000원
(대) 미지급임차료	3,600,000원

회계 처리 누락으로 당기순이익 3,600,000원이 과대 계상되어 있다. 따라서 수정 후 당기순이익은 43,000,000원 − 3,600,000원 = 39,400,000원이다.

164 ③

- 회계변경의 속성상 그 효과를 회계정책변경의 효과와 회계추정변경의 효과로 구분하기 불가능한 경우에는 회계추정의 변경으로 본다.

165 ②

- 유형자산의 잔존가치와 내용연수는 적어도 매 회계연도 말에 재검토하고, 재검토 후 종전 추정치와 다르다면 회계추정의 변경으로 처리한다. 회계추정의 변경은 전기에 인식한 회계처리는 소급하여 수정하지 않고 당기 이후 기간에만 수정된 추정치를 반영하여 감가상각비를 인식한다.

166 ③

- ① 2026년도 기초재고자산이 과대 계상된다.
　② 2026년도 매출액과는 무관하다.
　④ 2025년도 기말재고자산이 과대 계상되었으므로 매출원가가 과소 계상되고 당기순이익이 과대 계상된다.

167 ③

	2024년	2025년
수정 전 당기순이익	100,000원	200,000원
수정사항		
− 2024년: 단기매매증권평가이익 과소 계상	(+) 20,000원	
− 2025년: 단기매매증권처분이익 과대 계상		(−) 10,000원
단기매매증권처분손실 과소 계상		(−) 10,000원
수정 후 당기순이익	120,000원	180,000원

168 ①

구　분	계산내역	금액
수정 전 당기순이익		8,000,000원
가. 화재보험료 수정	(400,000원 × 3월/12월)	(+) 100,000원
나. 차량운반구 수정	2,000,000원 − (2,000,000원 × 6월/60월)	(+) 1,800,000원
수정 후 당기순이익		9,900,000원

169 ③

- 단순히 세법의 규정을 따르기 위한 회계변경은 정당한 회계변경으로 보지 아니한다.

170 ③

	회사의 회계처리	당기순이익에 미치는 영향
2025년 3월 1일 보증금수령시	차) 현금　　　　 10,000,000원 대) 수입임대료　 10,000,000원	당기순이익 10,000,000원 과대계상
	올바른회계처리	
	차) 현금등　　　 10,000,000원 대) 임대보증금　 10,000,000원	
2025년 3월 1일 월임대료수령시	**회사의 회계처리**	
	차) 현금등　　　　1,200,000원 대) 수입임대료　　1,200,000원	–
	올바른회계처리	
	차) 현금등　　　　1,200,000원 대) 수입임대료　　1,200,000원	
2025년 12월 31일 결산시	**회사의 회계처리**	
	–	당기순이익 200,000원 과대계상
	올바른회계처리	
	차) 수입임대료　　200,000원 대) 선수임대료　　200,000원	
합계		당기순이익 10,200,000원 과대계상

171 ②
- 회계정책의 변경은 소급적용하고 회계추정의 변경은 전진적으로 처리한다.

172 ④
- 전기에 대손처리한 외상매출금을 당기에 회수한 것은 오류가 아니며 대손충당금을 증가시키는 회계처리를 한다.

173 ①
- 회계정책의 변경은 소급법을 적용한다. 즉 회계정책 변경으로 인한 누적효과를 회계변경연도의 기초이익잉여금에서 조정한다.

174 ③
- 대손충당금의 과소계상은 대손상각비를 과소계상하게 하여 당기순이익이 과대계상되고, 당기순이익의 과대계상으로 인해 자본이 과대계상된다.
  대손충당금의 과소계상은 매출채권을 과대계상하게 하여 유동자산이 과대계상된다.

175 ②

(차) 전기오류수정손실(이익잉여금)　 10,000,000원
　　(대) 급여　　　　　　　　　　　　　 10,000,000원

- 전기 이전 기간에 발생한 중대한 오류의 수정은 자산, 부채 및 자본의 기초금액에 반영한다.

176 ④
- 수정전 당기순이익　　　　　　　　　　　 1,000,000원
  (+)기초재고 과대계상(이익과소계상)　　　 300,000원
  (+)기말재고 과소계상(이익과소계상)　　　 200,000원

수정후 당기순이익　　　　　　　　　　　 1,500,000원

177 ③
- 감가상각방법의 변경은 회계추정의 변경에 해당하므로 전진적으로 처리한다.
- 2024년 감가상각비 = 15,000,000원
  × 5/(1+2+3+4+5) = 5,000,000원
- 2025년 감가상각비 = (15,000,000원 − 5,000,000원)/4
  = 2,500,000원

178 ②
- 중대한 오류수정은 소급법을 적용하고, 중요하지 않은 오류수정은 발견 연도의 당기손익에 반영하는 것을 원칙으로 한다.

179 ④
- 대손충당금 과소계상은 대손상각비를 과소계상하여 당기순이익을 과대계상하게 된다. 당기순이익 과대계상은 자본을 과대계상하게 한다. 대손충당금 과소계상은 매출채권을 과대계상하게 되어 유동자산이 과대계상하게 된다.

180 ④
- 회계추정의 변경은 전진적으로 처리하여 그 효과를 당기와 당기이후의 기간에 반영한다.

181 ②
- 회계오류는 계산상 실수, 회계기준의 잘못된 적용, 과실 또는 사실의 누락 등으로 발생
  나머지 보기들은 모두 회계정책의 변경 사례임

182 ①
- 재고자산의 평가방법 변경은 회계정책의 변경 내용이다.

183 ②
- 2025년 수정후 당기순이익: 7,000,000원 + 300,000원 (보험료 4개월분 과대계상) − 100,000원(이자비용 3개월분 과소계상) = 7,200,000원

184 ③
- 외화매출채권 회수시 발생한 외화관련 환산손익은 외환차손익으로 처리한다.

185 ②
- 화폐성 항목은 지급받거나 지급할 금액이 일정한 화폐단위로 고정되어 있는 자산과 부채를 말한다. 매출채권과 미수금은 화폐성 항목이나 선급금, 재고자산과 건물은 비화폐성 항목이다.

186 ①
- 2024. 12. 31. 외화환산손익　€10,000
  × (1,230 − 1,190) = 400,000원
- 2025. 2. 28. 외환차손익　€10,000
  × (1,220 − 1,230) = △100,000원

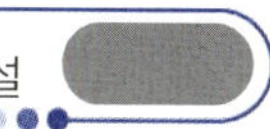

187 ④

- 2024년 11월 1일
  (차) 매출채권　　　　　　　　1,000,000원
  　　(대) 상품매출　　　　　　　　1,000,000원
- 2024년 12월 31일
  (차) 매출채권　　　　　　　　100,000원
  　　(대) 외화환산이익　　　　　100,000원[*1]
  　　*1 (1,100원－1,000원)×1,000달러=100,000원 외화환산이익
- 2025년 1월 31일
  (차) 현금 등　　　　　　　　900,000원
  　　외환차손　　　　　　　　200,000원[*2]
  　　(대) 매출채권　　　　　　　1,100,000원
  　　*2 (900원－1,100원)×1,000달러=(-)200,000원 외환차손

188 ④

- 2024년 12월 31일 외화환산손실 = $2,000 × (1,000원 － 1,100원) = (－)200,000원
- 2025년 2월 1일 외화매출채권 회수시 외환차익 = $2,000 × (1,200원 － 1,000원) = 400,000원

189 ③

- 화폐성자산·부채에 대한 외화환산손익은 다음과 같다. (선급금, 선수금, 선수임대료는 비화폐성자산·부채로서 외화환산 대상이 아니다.)
- 외화환산손실
  － 정기예금: 기말환산금액 － 장부금액 = 130,000,000원 － 169,000,000원= －39,000,000원
- 외화환산이익
  － 매출채권: 기말환산금액 － 장부금액 = 110,000,000 － 99,000,000 = 11,000,000
  － 단기차입금: 기말환산금액 － 장부금액 = 100,000,000원 － 110,000,000원 = －10,000,000원

190 ①

- 10월 1일 외환차익 = US$10,000 × (1,500원 － 1,300원) = 2,000,000원
- 12월 31일 외화환산손실 = US$10,000 × (1,300원 － 1,200원) = 1,000,000원

191 ③

- ① 2024년에 외화환산이익: 5,000달러 × (1,200원 － 1,100원) = 500,000원(차입금이 감소하여 외화환산이익발생)
- ② 2024년 기말 외화장기차입금: 5,000달러 × 1,100원 = 5,500,000원
- ③ 2025년 외환차손: (2,000달러 × 1,250원) － (2,000달러 × 1,100원) = 300,000원
- ④ 2025년 외화환산손실은 주어진 자료로 알 수 없다.

제 2 절 부가가치세

01 ②
- 사업자가 사업자등록을 하지 않더라도 부가가치세 과세 재화를 공급하면 부가가치세 납세의무가 있다.

02 ③
- 사업자가 부가가치세가 과세되는 재화 또는 용역을 공급하고 부가가치세를 거래징수하지 않은 경우에도 부가가치세 납세의무가 있다.

03 ③
- 부동산임대업은 부동산의 등기부상 소재지를 사업장으로 한다.

04 ③
- 각종 경기대회나 박람회 등 행사가 개최되는 장소에 개설한 임시사업장은 사업장으로 보지 아니한다.

05 ④
- ① 폐업하는 경우의 과세기간은 폐업일이 속하는 과세기간의 개시일부터 폐업일까지로 한다.
- ② 일반과세자가 1월 15일에 신규로 사업을 개시하고 1월 20일에 사업자 등록을 신청한 경우 최초과세기간은 1월 15일부터 6월 30일까지이다.
- ③ 부동산임대업을 영위하는 사업자의 경우 사업장은 해당 부동산의 등기부상 소재지로 한다.

06 ②
- 사업자단위과세사업자는 본점 또는 주사무소 한 곳에서 사업자등록을 하고, 사업자단위로 부가가치세의 모든 업무를 처리한다.

07 ③
- ① 주사업장총괄납부의 경우 지점도 총괄사업장이 될 수 있다.
- ② 직매장은 사업장에 해당한다.
- ④ 사업자단위 과세의 경우 과세표준 및 세액의 계산을 사업자단위 과세적용 사업장에서 적용한다.

08 ①
- 기존사업장이 있는 사업자가 각종 경기대회나 박람회 등 행사가 개최되는 장소에 임시사업장 개설신고를 하면 기존사업장에 포함된다.

09 ④
- 부동산 임대업의 경우 그 부동산의 등기부상 소재지를 사업장으로 한다.

10 ④
- ① 건설업을 영위하는 법인사업자의 경우 사업장은 해당법인의 등기부상 소재지로 한다.

② 폐업하는 경우의 과세기간은 폐업일이 속하는 과세
  기간의 개시일부터 폐업일까지로 한다.
③ 부동산임대업을 영위하는 사업자의 경우 사업장은
  해당 부동산의 등기부상 소재지로 한다.

11 ②
- 신규로 사업을 시작하는 자에 대한 최초의 과세기간은
  사업개시일부터 그 날이 속하는 과세기간의 종료일까지
  로 한다. 다만, 사업개시 이전에 사업자 등록을 신청한
  경우에는 그 신청한 날부터 그 신청일이 속하는 과세기
  간의 종료일까지로 한다.

12 ③
- 단기할부판매시에는 인도기준을 적용한다.

13 ③
- 내국물품을 외국에 반출하는 경우에는 수출재화의 선
  (기)적일이 공급시기가 된다.

14 ③
- 우수 거래처에 제품을 사은품으로 제공하는 것은 과세
  거래이나, 나머지는 과세거래가 아니다.

15 ③
- 공급자의 계약불이행으로 인하여 공급받는 자가 재화의
  공급 없이 위약금을 받은 경우에는 재화 또는 용역의
  공급 없이 받는 것이므로 과세거래가 아니다. 그러나
  나머지는 부가가치세 과세거래이다.

16 ③
- 사업자가 자기생산·취득재화를 견본품으로 제공하는
  경우에는 재화의 공급으로 보지 않는다.

17 ③
- 사업자가 국가에 재화를 기부한 경우에는 면세거래이므
  로 부가가치세 과세거래가 아니다. 그러나 ①은 부수재
  화로서 과세대상이며, ②는 부동산임대사업이므로, ④는
  재화의 수입이므로 과세대상이다.

18 ②
- 화물차의 매각은 재화의 공급으로 부가가치세 과세대상
  이다.

19 ①
- ① 판매 대리점에 탄산수 증정: 사업상 증여이므로 과세
    대상임.
  ② 공장건물 담보제공: 실질공급이 아니므로 과세대상이
    아님.
  ③ 홍보 목적으로 불특정다수에게 탄산음료 제공: 광고
    선전목적이므로 과세대상이 아님.
  ④ 사과 선물: 사과가 면세이므로 선물로 줄 때 과세하
    지 않음.

20 ①
- ① 거래처에 신발 증여: 사업상 증여이므로 과세대상임.

② 사후 무료 서비스 제공: 과세대상이 아님.
③ 작업화로 사용: 개인적 공급으로 보지 않으므로 과세
  대상이 아님.
④ 신제품 진열목적의 신발 반출: 과세대상이 아님.

21 ④
- 사업을 위한 무상 견본품의 인도는 재화의 공급으로 보지
  아니한다.

22 ②
- 건설업자의 건설자재 부담은 용역의 공급으로 본다.

23 ①
- 조세의 물납은 재화의 공급으로 보지 아니한다.

24 ②
- 「국세징수법」 제61조에 따른 공매로 재화를 양도하는
  것은 재화의 공급으로 보지 않는다. 표고버섯판매는 면
  세이며, 근로계약에 따른 근로의 제공은 부가가치세 과
  세대상이 아니다.

25 ④
- 면세의 경우에는 매입세액을 매입원가로 처리한다.

26 ④
- 견본품은 과세거래가 아니며, 수출대행수수료는 10%
  세율 적용 대상이다.

27 ④
- 영세율 포기제도는 없다.

28 ④
- 사업자가 비거주자 또는 외국법인인 경우에는 상호주의에
  따라 영세율 적용여부를 판단한다.

29 ①
- 고속철도, 자동차운전학원의 교육용역, 국가 등에 유상
  으로 공급하는 재화 및 용역은 과세이다.

30 ②
- 면세사업자는 부가가치세법상 납세의무자에 해당하지
  아니한다.

31 ②
- 약사가 단순히 의약품을 판매하는 경우에는 부가가치세가
  과세된다.

32 ②
- ① 영세율은 부가가치세법상 과세사업자에게 적용한다.
  ③ 영세율의 목적은 소비지국 과세원칙의 구현에 있고, 면
    세의 목적은 부가가치세의 역진성 완화에 있다.
  ④ 영세율 적용대상자는 부가가치세법상 납세의무자이
    지만, 면세사업자는 그러하지 아니한다.

33 ④

34 ③
- ① 영세율을 적용하면 재화 또는 용역을 공급받을 때 부담한 매입세액을 환급받음으로써 부가가치세가 완전면세가 된다.
  ② 영세율은 부가가치세법상 과세사업자에게 적용한다. 면세사업자는 면세를 포기하지 않는 한 영세율을 적용받을 수 없다.
  ④ 면세사업자는 부가가치세법상 사업자에 해당하지 않는다.

35 ②
- ① 영세율이 적용되는 재화 또는 용역 등 일정한 재화나 용역에 한하여 면세포기를 할 수 있다.
  ③ 부가가치세법상 면세포기를 한 이후에는 면세포기를 신고한 날부터 3년간은 면세를 적용받지 못한다.
  ④ 면세포기는 관할세무서장의 승인을 필요로 하지 아니하다.

36 ③
- 비영리법인도 전자세금계산서 의무발급대상자이다.

37 ④
- 신용카드매출전표를 발급한 후에는 세금계산서를 발급할 수 없다.

38 ②
- 전자세금계산서를 발급한 경우 발급일의 다음 날까지 발급명세를 전송해야 한다.

39 ①
- ② 공급받는 자의 성명 또는 명칭은 세금계산서의 임의적 기재사항이다.
  ③ 내국신용장 또는 구매확인서에 의하여 공급하는 재화 등 일정한 영세율 거래는 세금계산서 발급 대상이다.
  ④ 전자세금계산서 발급명세는 발급일의 다음날까지 국세청장에게 전송하여야 한다.

40 ④
- ① 수입하는 재화에 대하여는 세관장이 세금계산서를 수입업자에게 발급한다.
  ② 위탁매입의 경우에는 공급자가 위탁자를 공급받는 자로 하여 세금계산서를 발급하며, 이 경우에는 수탁자의 등록번호를 부기하여야 한다.
  ③ 개인사업자는 일정한 요건에 해당하는 경우 전자세금계산서 의무발급대상이며 의무발급대상자가 아니더라도 전자세금계산서를 발급할 수 있다.

41 ③
- 금전 이외의 대가를 받은 경우 공급한 재화 등의 시가를 과세표준으로 한다.

42 ①

- 장기할부판매의 이자상당액은 계약에 따라 공급가액이 확정된 것으로 과세표준에 포함된다.

43 ④
- 대가의 일부로 받은 산재보험료는 과세표준에 포함한다.

44 ②
- 대가의 지급지연으로 받은 연체이자는 과세표준에 포함하지 않는다.

45 ③
- 판매장려금은 과세표준에서 공제되지 않으며, 토지와 건물을 함께 공급하는 경우에는 실지거래가액에 의하여 과세대상 공급가액을 계산하되 실지거래가액이 없는 경우에는 감정가액, 기준시가 순으로 적용하여 안분계산한다.
  ※ 100,000,000 + 300,000,000 × 60,000,000 / 150,000,000 = 220,000,000원

46 ④
- 공급가액
  = 1,100,000원 × 70,000,000원/(70,000,000원 + 30,000,000원) = 770,000원

47 ②
- 사업용 건물 매각액 10,000,000원 + 대리점에 증정한 상품(시가) 3,000,000원 = 13,000,000원

48 ③
- 하치장 반출액은 과세표준에 포함되지 않는다. 공급시기 도래 전에 원가로 환가한 경우에는 환가한 금액을 과세표준으로 한다.
  과세표준: 50,000,000원 + US$10,000 × 1,200원 = 62,000,000원

49 ②
- 할부판매액(이자상당액 포함) 및 대가의 일부로 받은 운송비는 과세표준에 포함한다.
  5,000,000원 + 1,000,000원 = 6,000,000원

50 ④
- (55,000,000원 × 10/110) − (5,500,000원 × 10/110) = 4,500,000원

51 ③
- 매출에누리와 매출할인은 공급가액에 포함하지 않으나, 판매장려금은 공급가액에 포함한다. 타법인주식은 재화가 아니므로 부가가치세 과세대상이 아니다.
  − 과세표준: 100,000,000원 + 5,000,000 + 10,000,000원 = 115,000,000원

52 ③
- (20,000,000 + 2,000,000 + 6,000,000) × 10% = 2,800,000원

주식은 재화가 아니므로 부가가치세 과세대상이 아니다.

53 ①
- 10,000,000원 + 3,000,000원 + 200,000원
  = 13,200,000원
  마일리지적립액은 차감하지 않는다. 스팀청소기 증정분
  은 사업상 증여에 해당하므로 부가가치세가 과세된다.

54 ①
- (170,000,000원 × 10/100) − (77,000,000원
  × 10/110) = 10,000,000원
  토지는 면세대상이므로 과세표준에 포함하지 아니하며,
  매출채권의 회수지연에 따른 연체이자는 공급가액으로
  보지 않으므로 과세표준에 포함하지 아니한다.

55 ②
- 1,000,000원+ 1,500,000원 = 2,500,000원
  외상판매액과 장려품으로 거래처에 증정한 제품의
  시가가 과세표준에 해당한다.

56 ③
- 20,000,000원 + 2,000,000원 + 6,000,000원
  = 28,000,000원

57 ③
- (150,000,000 − 2,000,000 + 100,000,000)원
  = 248,000,000원
  매출채권 회수지연에 따른 연체이자는 부가가치세 과세
  표준에 포함되지 아니하고, 매출채권 조기회수에 따른
  매출할인은 부가가치세 과세표준의 차감항목이다.

58 ③
- 상품매출액과 할부판매 이자 상당액만이 공급가액에 포
  함한다. 연체이자는 공급가액에 포함하지 아니하고, 판
  매장려금 지급액은 과세표준에서 공제하지 아니한다.
- ③ 6,000,000원 +100,000원 = 6,100,000원

59 ③
- 35,000,000원 + 2,000,000원 + 7,500,000원
  = 44,500,000원
- 거래처에 무상으로 제공한 견본품과 대가의 지급지연으로
  인해 받은 연체이자는 과세표준에 포함하지 아니한다.

60 ②
- 200,000,000원(제품매출액)
  + 30,000,000원(거래처에게 무상으로 제공한 제품)
  + 100,000,000원(사업용 건물 매각액)
  = 330,000,000원

61 ②
- (9,000,000원 − 500,000원) + 6,000,000원
  + 8,000,000원 + 2,000,000원 = 24,500,000원

62 ③
- 과세표준: 2,000,000원 +900,000원 = 2,900,000원

- 주택과 이에 부수되는 토지의 임대용역은 부가가치세가
  면세된다.
  공급받은 자에게 도달하기 전에 파손된 재화의 가액은
  공급가액에 포함하지 않는다.

63 ②
- 10,000,000원(외상판매액) + 15,000,000원(승용차 매각
  대금) + 6,000,000(부산물 매각대금) = 31,000,000원
- 하치장 반출은 재화의 공급에 해당하지 않는다.
  거래처에 자금을 대여하고 받은 이자는 재화의 공급에
  해당하지 않는다.

64 ①
- 외상매출액[*1]:   9,500,000원
  직수출액: 7,000,000원
  비영업용 승용차 처분: 4,000,000원
  건물처분: 7,000,000원
  합　계: 27,500,000원
  [*1] 10,000,000원 − 500,000원(매출할인) = 9,500,000원

65 ②
- 과세표준: 15,000,000원 − 300,000원 = 14,700,000원
  견본품의 무상제공은 과세대상에 해당하지 않음.
  매출세액: 14,700,000원 × 10% − 200,000원
  = 1,270,000원

66 ①
- ② 토지는 면세재화이므로 토지의 조성 관련 매입세액은
  공제하지 않음.
- ③ 간주임대료에 대하여 부담한 매입세액은 공제하지
  않음.
- ④ 접대비관련 매입세액이므로 공제하지 않음.

67 ③
- 과세사업 공급가액 매출세액 (10,000,000원 × 10%)
  − 공통매입세액 중 과세사업 안분액 (200,000원
  × 10,000,000원/20,000,000원) = 900,000원
- 사업과 직접 관련이 없는 지출에 대한 매입세액과 접
  대비 지출에 관련된 매입세액은 매출세액에서 공제
  하지 아니한다.

68 ①
- 사용 중이던 건물의 철거비용 관련 매입세액은 공제받을
  수 있다.
- 제1기 과세기간에 신고누락된 원재료 관련 매입세액은
  제2기의 매출세액에서 공제받을 수 없고, 경정청구서를
  제출하는 경우에 제1기 매출세액에서 공제받을 수 있다.
  대주주가 거주 중인 "사택의 운영비" 관련 매입세액은
  사업과 관련이 없는 매입세액이고, 택지조성 관련 매입
  세액은 토지의 자본적지출 관련 매입세액이므로 공제
  받을수 없다.

69 ②
- 2,000,000원 + 15,000,000원 = 17,000,000원

- 승용자동차용 유류 매입금액에 대한 매입세액과 영수증 수취분 매입세액은 공제받을 수 없다.

70 ②
- 매출세액 = (60,000,000원 × 10%) + (20,000,000원 × 0%) = 6,000,000원
  매입세액 = (30,000,000원 × 10%) + (5,000,000원 × 10%) = 3,500,000원
  납부세액 = 6,000,000원 - 3,500,000원 = 2,500,000원
- 대표이사 업무용 소형승용차(2,000cc) 매입세액은 공제받을 수 없다.

71 ③
- 3,000,000원 + 10,000,000원 + 1,500,000원 = 14,500,000원
  공장부지 자본적 지출 관련 매입세액, 대표이사 업무용 승용차 구입관련 매입세액(3,500cc), 거래처 설날선물 구입관련 매입세액은 공제받지 못한다.

72 ③
- ① 예정신고시 대손세액공제는 신고대상이 아니다.
  ② 예정고지세액으로 징수하여야 할 금액이 50만원 미만인 경우에는 징수하지 않는다.
  ④ 일반과세자는 예정신고 또는 조기환급 신고시에 이미 신고한 내용을 제외하고 과세표준과 납부세액을 확정신고 하여야 한다.

73 ②
- ① 휴업 등으로 인하여 각 예정신고기간의 공급가액이 직전 과세기간의 공급가액의 1/3에 미달하는 경우 예정신고 할 수 있다.
  ③ 예정신고를 한 사업자는 확정신고시 이미 신고한 과세표준과 납부한 납부세액 또는 환급받은 환급세액은 신고하지 아니한다.
  ④ 폐업하는 경우 폐업일이 속한 달의 다음 달 25일 이내에 신고 · 납부하여야 한다.

74 ①
- ② 각 예정신고기간의 환급세액은 조기환급의 경우를 제외하고는 확정신고시 납부할 세액에서 차감한다.
  ③ 사업 설비를 신설 · 취득 · 확장 또는 증축하는 경우와 재무구조개선계획을 이행 중인 경우에도 조기환급을 받을 수 있다.
  ④ 사업자는 각 과세기간에 대한 과세표준과 세액을 그 과세기간이 끝난 후 25일 이내에 납세지 관할 세무서장에게 신고 · 납부하여야 한다.

75 ①
- ② 납세의무자가 재화의 수입에 대하여 「관세법」에 따라 관세를 세관장에게 신고하고 납부하는 경우에는 재화의 수입에 대한 부가가치세를 함께 신고하고 납부하여야 한다.

③ 영세율을 적용받는 경우에는 조기환급을 받을 수 있다.
④ 사업자는 각 과세기간에 대한 과세표준과 세액을 그 과세기간이 끝난 후 25일 이내에 납세지 관할 세무서장에게 신고 · 납부하여야 한다.

76 ④
- 폐업일의 경우 폐업일이 속한 달의 다음 달 25일 이내에 신고 납부하여야 한다.

77 ③
- 예정신고시 제출하여야 할 매입처별세금계산서합계표를 확정신고시 제출하거나 수정신고 또는 경정청구시 제출하는 경우에도 가산세는 적용되지 아니한다.

78 ④
- 법인사업자는 간이과세를 적용받을 수 없다.

79 ③
- ① 간이과세자에 관한 규정이 적용되거나 적용되지 아니하게 되는 기간은 1역년(歷年)의 공급대가의 합계액이 1억4백만원에 미달하거나 그 이상이 되는 해의 다음 해의 7월 1일부터 그 다음 해의 6월 30일까지로 한다.
  ② 간이과세자는 예정부과기간의 납부세액을 결정고지하는 것이 원칙이다.
  ④ 간이과세자에게는 의제매입세액공제제도가 적용되지 않는다.

80 ①
- 간이과세자는 환급이 적용되지 않는다.

81 ③
- 매입처별세금계산서 합계표를 제출할 경우, 매입액(공급대가)의 0.5%의 금액을 납부세액에서 공제한다.

제 3 절 소득세

01 ③
- ① 금융소득도 개인단위로 과세한다.
  ② 기타소득은 열거주의 방식에 따라 과세한다.
  ④ 기타소득, 퇴직소득, 양도소득과 같이 일시적 · 우발적 소득도 과세한다.

02 ③
- 거주자가 사망한 경우의 과세기간은 1월 1일부터 사망일까지로 한다.

03 ③
- ① 거주자는 국내 · 외 원천소득에 대해서 소득세의 납세의무를 진다.
  ② 거주자는 주소 또는 거소의 국외 이전을 위하여 출국하는 날의 다음날에 비거주자가 된다.
  ④ 국내에 주소를 두거나 183일 이상의 거소를 둔 개인은 거주자에 해당한다.

04 ②
- 퇴직소득과 양도소득은 종합과세하지 않고 소득별로 따로 과세하는데, 이를 분류과세라고 한다.

05 ③
- 종합소득세와 양도소득세는 신고납세제도를 채택하고 있다.

06 ②
- 비영업대금의 이익은 조건부 종합과세대상이므로 금융소득의 합계액이 2,000만원을 초과하는 경우에만 종합과세된다.

07 ②
- 비영업대금의 이익은 조건부 종합과세대상이다.

08 ②
- 비실명이자소득, 직장공제회 초과반환금은 무조건 분리과세대상인 금융소득이다.

09 ④
- 가. 정기예금이자: 실제 수령일(2025년)
  나. 기명식 회사채이자: 약정일(2024년)
  다. 비영업대금의 이익: 약정일(2025년)

10 ③
- 무조건 분리과세대상소득인 법원보관금의 이자와 세금우대종합저축의 이자를 제외한 정기적금이자와 비영업대금의 이익이 2천만원을 초과하지 않으므로 금융소득 종합과세 대상이 아니다.

11 ①
- 직장공제회 초과반환금, 법원보관금의 이자, 비실명이자는 무조건 분리과세대상이나 비영업대금의 이익은 조건부 종합과세대상이다. 분리과세를 제외한 금융소득이 2천만원 이하이므로 종합과세대상 금융소득은 없다.

12 ③
- 출자공동사업자의 배당소득과 비실명 금융소득을 제외한 금융소득이 20,000,000원을 초과하지 않으므로 무조건 종합과세대상 소득만 종합과세 된다.
  4,000,000원 + 5,000,000원 = 9,000,000원

13 ③

구 분	조건부 과세	무조건 종합과세	비 고
(1) 보통예금이자	9,000,000원		
(2) 집합투자기구이익	5,000,000원		
(3) 비영업대금이익	11,000,000원		
(4) 외국법인 배당		8,000,000원	
(5) 공익신탁의 이익			비과세
합 계	25,000,000원	8,000,000원	

- 조건부 과세대상과 무조건 종합과세대상의 합계액 (25,000,000원 + 8,000,000원=33,000,000원)이 2천만원을 초과하므로 조건부 과세대상과 무조건 종합과세대상을 모두 종합과세한다.
  따라서 종합과세 되는 금융소득금액은 33,000,000원이다.

14 ②
- 8,000,000원 + 5,000,000원 + 2,000,000원
  = 15,000,000원
- 공장건물처분이익과 배당금수익은 사업소득 총수입금액에 포함되지 않으나, 나머지는 사업소득 총수입금액에 포함됨.

15 ①
- 30,000,000원 − 2,000,000원 + 4,000,000원 = 32,000,000원
  (총매출액)   (매출할인)   (장려금)

16 ②
- 총수입금액 = 120,000,000원 + 5,000,000원
  = 125,000,000원
  이자수익과 사업과 무관한 기증품은 총수입금액에 포함하지 않으므로 나머지 금액들을 총수입금액에 포함한다.

17 ②
- 사업소득 총수입금액
  순매출액(18,000,000원)* + 가사용으로 소비한 재고자산의 시가(1,500,000원) + 자산수증이익(4,000,000원)
  = 23,500,000원
  * 순매출액 = 20,000,000원 − 2,000,000원 = 18,000,000원

18 ①
- 30,000,000원 + 1,000,000원(지급받은 장려금)
  = 31,000,000원
  이자수입은 이자소득에 해당하고, 토지처분이익은 양도소득에 해당한다.

19 ③
- 50,000,000 + 10,000,000 − 1,000,000 − 2,000,000
  = 57,000,000원

20 ③
- 50,000,000원 + 3,000,000원 − 10,000,000원
  − 2,000,000원 = 41,000,000원
- 교통사고벌과금은 필요경비에 산입하지 않는다.
  외국법인으로부터 받은 배당금은 배당소득에 해당한다.
  토지처분이익은 양도소득에 해당한다.
  사업과 관련된 자산수증이익은 총수입금액에 해당하므로 별도의 조정을 하지 않는다.

21 ③
- 30,000,000원(당기순이익) + 50,000,000원(대표자 급여)
  − 10,000,000원(배당금 수익) = 70,000,000원

22 ④
- 근로자가 부여받은 주식매수선택권을 퇴직 후에 행사함

으로써 얻은 이익은 기타소득이다.

23 ④

- ① 원천징수의무자는 해당 연도의 다음 연도 2월분의 근로소득 또는 퇴직하는 달의 근로소득을 지급할 때에 연말정산을 하여야 한다.
- ② 일용직 근로자를 제외하고, 2인 이상으로부터 근로소득을 지급받는 경우 해당 근로소득을 지급받기 전에 주된 근무지의 원천징수 의무자에게 근무지신고서를 제출해야 한다.
- ③ 원천징수의무자는 연말정산에 의하여 원천징수한 소득세를 그 징수일이 속하는 달의 다음달 10일까지 납부해야한다.

24 ③

- ① 원천징수의무자가 매월분의 근로소득을 지급할 때에는 근로소득 간이세액표에 따라 소득세를 원천징수한다.
- ② 원천징수의무자는 해당 과세기간의 다음 연도 2월분의 급여 지급 시 연말정산을 한다.
- ④ 일용근로자의 근로소득은 분리과세되므로 연말정산의 절차를 거치지 않는다.

25 ①

- 총급여액
  급여(60,000,000원) + 상여금(30,000,000원)
  = 90,000,000원

26 ④

- 40,000,000원 + 10,000,000원 + 2,400,000원
  = 52,400,000원
  식사를 제공받은 경우 식사대는 총급여액에 포함한다.
  사회통념상 타당한 범위 내의 경조금은 총급여액에 포함되지 않는다.

27 ③

- 소유자가 없는 물건의 점유로 소유권을 취득한 자산은 기타소득에 범위에 포함되며 과세소득 대상이다.

28 ②

- 상가입주 지체상금이 아닌 주택입주 지체상금은 실제필요경비 대신에 총수입금액의 80%에 해당하는 금액을 필요경비로 적용받을 수 있다.

29 ②

- ① 복권 당첨소득: [(400,000,000원 − 0원)
  − 300,000,000원] × 30% + 300,000,000원 × 20%
  = 90,000,000원
- ② 주택입주지체상금: (20,000,000원 − 20,000,000원
  × 80%) × 20% = 800,000원
- ③ 강연료: (4,000,000원 − 4,000,000원 × 60%)
  × 20% = 320,000원
- ④ 지상권 대여료: (2,000,000원 − 2,000,000원
  × 60%) × 20% = 160,000원

30 ④

구 분	기타소득 총수입금액	필요경비	기타소득금액
신문원고료	10,000,000원	6,000,000원	4,000,000원
재산권에 대한 알선수수료	1,000,000원	−	1,000,000원
아마추어 바둑대회 우승상금	4,000,000원	3,200,000원	800,000원
계	15,000,000원		5,800,000원

31 ③

- 사업성 있는 상가임대소득은 사업소득이므로 원천징수 대상이 아니다.
- (3,000,000원 + 2,000,000원) × (1 − 60%) × 20%
  = 400,000원

32 ④

- 5,000,000원 + 20,000,000원 = 25,000,000원
  지상권을 설정하고 받는 금품과 산업재산권을 양도하고 받은 금품은 최소한 총수입금액의 60%에 상당하는 금액의 필요경비가 인정된다.

33 ③

- 4,500,000원 + 3,500,000원 = 8,000,000원
- 지역권 설정 금품과 고용관계 없이 강연을 하고 받은 금품은 최소한 60%의 필요경비를 인정한다.

34 ①

- 3,000,000원 × (1 − 80%) + 10,000,000원
  × (1 − 60%) = 4,600,000원

35 ①

- 기타소득금액: 2,000,000원 × (1 − 60%) + 500,000원
  + 2,500,000원 × (1 − 60%) = 2,300,000원
  (사내교육 강사료는 근로소득, 복권당첨금은 분리과세 대상 기타소득임)
- 기타소득금액이 300만원 이하이므로 분리과세를 선택할 수 있다.
  김한공씨가 적용받는 한계세율은 24%(근로소득에 대한 종합소득금액이 6,000만원임)를 적용 받으므로 기타소득에 대하여 분리과세를 적용받는 것이 세부담 최소화 관점에서 유리하므로, 종합소득에 합산될 기타소득은 0원이다.

36 ②

- 퇴직급여지급규정상 퇴직급여 한도초과액은 근로소득에 해당한다.

37 ②

- 과세이연된 퇴직금을 일시금 형태로 수령한 경우에는

퇴직소득으로 원천징수한다.

38 ③
- 원작자의 원고료에 대해서는 실제 필요경비와 총수입금액의 60% 중 큰 금액을 필요경비로서 공제한다.

39 ④
- 개인사업자의 공장건물 양도로 인한 소득은 양도소득이다.

40 ②
- ① 배당소득 1,000만원은 조건부 종합과세금융소득이므로 분리과세 될 수 있다.
- ② 동일한 고용주에게 계속하여 1년 이상 고용된 자는 일용근로자가 아니므로, 당해 급여는 종합소득에 합산하여야 한다.
- ③ 광산근로자가 받은 야간근로수당은 비과세근로소득이다.
- ④ 기타소득금액이 120만원(300만원 – 300만원 × 60%)이므로, 선택적 분리과세 대상에 해당한다.

41 ②
- 토사석의 채취허가에 따른 권리의 양도로 인하여 발생한 소득은 기타소득으로 본다.

42 ③
- 근로자가 부여받은 주식매수선택권을 퇴직 후에 행사함으로써 얻는 이익은 기타소득에 해당한다.

43 ②
- 상가에서 발생한 임대소득은 과세대상이다. 식사 등을 제공받지 아니하는 근로자가 받는 월 20만원 이하의 식사대는 비과세한다.

44 ①
- 연예인의 광고모델 전속계약금은 사업소득으로 한다.

45 ②
- 장소를 일시적으로 대여하고 사용료로서 받는 금품은 기타소득에 해당한다.

46 ②
- 가. 금융소득이 2,000만원 이하이므로 분리과세한다.
  나. 유족연금은 비과세소득이다.
  다. 유실물 습득 보상금은 실제 필요경비만 인정하는 기타소득이나, 필요경비가 확인되지 아니하므로 기타소득금액은 600만원이다. 기타소득금액이 300만원을 초과하므로 종합과세한다.
  라. 퇴직소득은 종합과세하지 아니하고 분류과세한다.

47 ①
- 김한공씨의 소득 중 사업소득만이 종합과세대상이며, 일용근로소득과 복권당첨소득은 무조건분리과세소득, 양도소득은 분류과세소득이다.

48 ②
- 퇴직소득과 양도소득은 분류과세되고, 이자소득금액은

2,000만원 이하이므로 분리과세된다. 기타소득금액은 300만원을 초과하므로 종합과세한다.
- 근로소득금액(14,000,000원) + 사업소득금액(20,000,000원) + 기타소득금액(3,500,000원) = 종합소득금액(37,500,000원)

49 ①
- 15,000,000원(비영업대금이익) + 20,000,000원(주식매수선택권 행사이익) = 35,000,000원
- 원천징수되지 않은 비영업대금의 이익은 무조건 종합과세에 해당한다.
  퇴직 전에 부여받은 주식매수선택권을 퇴직 후에 행사하여 얻은 이익은 기타소득에 해당한다. 비실명 배당소득과 복권 당첨소득은 무조건 분리과세에 해당한다.

50 ①
- 종합소득금액 = 45,000,000원(총급여액) – 12,000,000원(근로소득공제) = 33,000,000원
- 발명진흥법에 따른 직무발명보상금은 연 700만원까지는 비과세한다.
  직장공제회 초과반환금은 무조건 분리과세 대상이므로, 종합소득에 포함하지 않는다.
  공적연금관련법에 따라 받는 유족연금은 비과세 한다.

51 ①
- 사업소득금액: 40,000,000원 – 15,000,000원 = 25,000,000원
- 일시적 부동산 양도대금은 양도소득, 국내은행 예금이자는 조건부 과세대상 금융소득으로 2천만원 이하에 해당하므로 분리과세, 신탁법에 따른 공익신탁의 이익은 비과세, 복권의 당첨금은 분리과세대상에 해당한다.

52 ①
- 양도소득금액이 500만원이 있는 배우자는 기본공제대상이 아니며, 기본공제대상이 아닌 자는 장애인공제를 받을 수 없다.

53 ①
- 보습학원비는 교육비공제대상에서 제외된다.

54 ④
- 근로소득이 있는 거주자로서 특별소득공제, 특별세액공제 중 항목별 세액공제, 월세액공제를 신청하지 아니한 사람은 연 13만원을 표준세액공제로 공제한다.

55 ③
- ① 과세기간 또는 부양기간이 1년 미만인 경우에도 종합소득공제는 월할계산하지 아니하고 연액으로 공제한다.
- ② 부녀자공제와 한부모공제에 동시에 해당하는 경우에는 한부모공제를 적용한다.
- ④ 소득공제대상인지 여부는 과세기간 종료일 현재의 상황에 따르나, 과세기간 종료일 전에 사망한 사람은 사망일 전날의 상황에 따른다.

56 ③
- 기본공제는 과세기간 종료일 현재의 상황에 의하므로 과세기간 중에 이혼한 배우자에 대하여 기본공제를 적용받을 수 없다.

57 ④
- 배우자의 퇴직소득금액이 100만원을 초과하므로 배우자공제를 적용받을 수 없다.

58 ④
- 소득금액 요건에서 소득금액은 소득세 과세대상인 종합소득금액·퇴직소득금액·양도소득금액의 합계액을 말하므로 양도소득금액만 150만원이 있는 부친에 대하여는 기본공제를 적용받을 수 없다.

59 ③
- ① 기본공제대상자인 형제자매의 신용카드 등 사용금액은 소득공제대상 사용액에 포함되지 않는다.
  ② 소득이 없는 직계비속이 해당 과세기간 중 20세가 된 경우 해당 과세기간에는 기본공제대상자에 해당한다.
  ④ 주택자금공제는 근로소득(일용근로소득 제외)이 있는 자만 적용 받을 수 있다.

60 ①
- ② 기본공제대상자가 70세 이상인 경우 경로우대자공제 대상이다.
  ③ 거주자의 부양가족 중 거주자(그 배우자 포함)의 직계존속이 주거 형편에 따라 별거하고 있는 경우에는 생계를 같이하는 자로 본다.
  ④ 인적공제의 합계액이 종합소득금액을 초과하는 경우 그 초과하는 공제액은 없는 것으로 한다.

61 ④
- ① 경로우대자공제를 받기 위한 최소한의 나이는 70세이다.
  ② 일용근로소득만 있는 배우자는 분리과세로 종결되므로 기본공제를 적용받을 수 있다.
  ③ 동거 부양가족인 장애인은 소득요건을 충족하면 기본공제를 적용받을 수 있다.

62 ③
- 직계비속 및 직계비속의 배우가 모두 장애인 경우 그 배우자에 대하여 기본공제 및 추가공제가 모두 적용된다.

63 ②
- 연중 사망한 경우에는 기본공제대상자에 해당한다.

64 ②
- 본인, 배우자, 어머니가 기본공제대상자이므로 기본공제금액은 4,500,000원이다.
- 작물재배업은 과세대상이 아니므로 배우자는 기본공제대상자이다.

- 정기예금이자가 2,200만원으로서 종합소득금액이 100만원을 초과하므로 아버지는 기본공제대상자가 아니다.
- 사적연금 12,000,000원에 대해 어머니는 분리과세를 선택하였으므로 기본공제대상자이다.
- 21세인 자녀는 기본공제대상자가 아니다.
- 위탁아동은 양육기간이 6개월 미만이므로 기본공제대상자가 아니다.

65 ③
- 인적공제액을 구하면 다음과 같다.

구 분		금 액	비 고
(1) 기본공제		7,500,000원	본인, 장녀, 차남, 입양자, 어머니
(2) 추가공제	경로우대자	1,000,000원	어머니
	장애인	–	
	부녀자	–	종합소득금액이 3천만원을 초과하므로 적용배제
(3) 합계		8,500,000원	

66 ④
- 본인, 아내, 부, 자녀가 기본공제대상자이고, 부는 경로우대공제, 자녀는 장애인공제 대상이다. 따라서 인적공제금액은 기본공제 6,000,000원(1,500,000원 × 4인), 추가공제 3,000,000원 (경로우대공제 1,000,000원 + 장애인공제 2,000,000원)를 합한 9,000,000원이다.

67 ③
- 기본공제: 1,500,000원 × 5(본인, 배우자, 부친, 모친, 딸) = 7,500,000원
  2025년에 사망한 부친은 사망일 전일의 상황에 따라 공제여부를 판단하며, 모친은 주거의 형편상 별거해도 생계를 같이 하는 것으로 본다.
- 추가공제: 경로우대공제 1,000,000원(부친) + 장애인공제 2,000,000원(장녀) = 3,000,000원
  인적공제 합계: 10,500,000원

68 ④

구 분		대 상 자	인적공제액
기본공제		갑, 처, 아들, 딸, 장인	7,500,000원
추가공제	장애인공제	아들	2,000,000원
	경로우대자공제	장인	1,000,000원
합 계			10,500,000원

69 ④
- 퇴직소득이 1,000,000원을 초과하는 김정준(아버지)과 총급여가 5,000,000원을 초과하는 김한성(동생)은 기본공제대상 부양가족에 해당하지 아니한다.

70 ②

• (1) 인적공제

구 분	본인	배우자	부친	장인
기본공제	1,500,000원	1,500,000원	1,500,000원	1,500,000원
추가공제			1,000,000원	
합 계				

구 분	장남	장 녀	합 계
기본공제	×	1,500,000원	7,500,000원
추가공제			1,000,000원
합 계			8,500,000원

(2) 연금보험료공제: 2,000,000원

(3) 보험료소득공제: 500,000원

(4) 종합소득공제 합계: (1) + (2) +(3) = 11,000,000원

71 ④

• 표준세액공제, 기부금세액공제, 자녀세액공제는 근로소득이 없는 자도 공제되나, 보험료세액공제는 근로소득이 있는 자만 공제된다.

72 ④

• 본인의 대학원 학비 지출액만 세액공제를 적용받을 수 있다.

73 ②

• ① 기장세액공제의 적용대상은 간편장부대상자이다.

③ 연금계좌세액공제는 종합소득이 있는 자가 적용대상자이다.

④ 특별세액공제 중 기부금공제와 표준세액공제는 근로소득자 외에 종합소득자도 적용받을 수 있다.

74 ①

• ② 미용목적 성형수술비용은 의료비세액공제 적용대상 금액이 아니다.

③ 배우자를 위하여 지출한 대학원 등록금은 교육비 세액공제 적용대상 금액이 아니다.

④ 10만원 이하의 정치자금의 100/110에 대해 정치자금기부금 세액공제가 가능하다.

75 ④

• 양도소득만 있는 자는 기부금 필요경비 산입방법 또는 기부금 세액공제방법을 적용하지 않는다.

76 ③

• 본인의 정치자금 기부금만 정치자금기부금 세액공제 대상이다.

77 ②

• 일용근로자의 근로소득에 대한 소득세 계산시 산출세액의 55%에 상당하는 근로소득세액공제를 적용한다.

78 ①

• ② 이 때 자산에는 토지를 제외한다.

③ 소득세법상 공적연금은 세액공제가 아니라 소득공제를 적용한다.

④ 소득세법상 간편장부대상자가 복식부기로 기장한 경우 기장세액공제를 받을 수 있다.

79 ②

• [(500,000원 + 3,000,000원) − 60,000,000원 × 3%] × 15% = 255,000원

안경구입비는 1인당 50만원이 한도이고, 산후조리원 비용과 성형수술비는 공제대상 의료비에 포함되지 않는다.

80 ③

• [(500,000원 + 5,000,000원) − 70,000,000원 × 3%] × 15% = 510,000원

콘택트렌즈 구입비는 1인당 50만원이 한도이고, 미용목적 성형수술비는 공제대상의료비에 포함되지 않는다.

81 ①

• 미용목적의 치료비와 보약구입비는 공제대상의료비에 포함되지 않는다.

[(500,000원 + 1,500,000원) − 40,000,000원 × 3%] × 15% = 120,000원

82 ④

• 신용카드로 지급한 의료비에 대하여 의료비세액공제를 받은 경우에도 신용카드 등 사용금액에 대한 소득공제를 적용받을 수 있다.

83 ②

• 신용카드 등 사용금액에 거주자의 형제자매가 사용한 금액은 포함하지 아니한다.

84 ②

• 해외여행경비와 대학교 등록금은 신용카드 소득공제 대상 사용금액에서 제외됨.

• 1,000,000원 + 1,300,000원 + 700,000원 = 3,000,000원

85 ②

• 근로소득자의 연말정산은 예납적 원천징수의 대표적인 예이다.

86 ③

• 기타소득금액이 매 건마다 5만원 이하인 때에는 과세하지 아니한다.

87 ①

• 인정상여에 대한 수입시기는 해당 사업연도 중 근로제공일이며, 원천징수시기는 해당 법인의 과세표준 신고일이다.

88 ④

• 비영업대금의 이익, 상표권의 양도소득, 강연료는 원천징수대상이나, 토지의 양도소득은 원천징수대상이 아니다.

89 ②

- 근로소득에 대해서는 매월 원천징수 후 다음연도 2월분 근로소득 지급시 연말정산한다.

90 ②
- ① 비영업대금의 이익은 조건부 종합과세 대상이다.
  ③ 일용근로자는 원천징수로써 납세의무가 종결된다.
  ④ 부가가치세 면세대상인 의료보건용역과 일정한 인적용역은 원천징수대상 사업소득이다.

91 ①
- 출자공동사업자의 배당소득에 대한 원천징수세율은 25%이다.

92 ②
- 공적연금을 지급하는 원천징수의무자는 2025년 연금소득에 대하여 2026년 1월분 공적연금을 지급할 때 연말정산을 하여야 한다.

93 ②
- 금융소득이 연간 2,000만원을 초과하는 경우에는 원천징수 후 종합소득에 합산된다.

94 ②
- 1,000만원 − 1,000만원 × 60% = 400만원
  이 경우 기타소득금액이 300만원을 초과하므로 종합과세대상이 된다.

95 ②
- 10,000,000원 × 25% + 1,500,000원 × (100% − 60%)×20% + 5,000,000원 × 14% = 3,320,000원
  가. 비영업대금의 이익은 25%로 원천징수한다.
  나. 일시적 강연료는 필요경비가 80% 인정되고, 20%로 원천징수한다.
  다. 영리내국법인의 현금배당은 14%로 원천징수한다.

96 ③
- 40,000,000원 × 25% + 20,000,000원 × 25% + 10,000,000원 × 14% = 16,400,000원

97 ③
- 농가부업소득이 2,000만원 이하인 경우에는 비과세된다.
- 이자소득이 1,000만원인 경우 분리과세로 납세의무가 종결된다.
- 근로소득 외에 사업소득이 있으므로 종합소득세 신고대상에 해당된다.
- 복권당첨금은 분리과세로 납세의무가 종결된다.

98 ③
- 거주자가 사망한 경우에는 상속개시일이 속하는 달의 말일부터 6개월이 되는 날까지 과세표준 확정신고를 하여야 한다.

99 ④
- 확정신고시 납부할 세액이 1천만원을 초과할 경우 2천만원까지는 1천만원을 초과하는 금액을 분할납부하고, 2천만원을 초과하면 해당 세액의 50% 이하의 금액을 분할납부할 수 있다.

100 ④
- ①은 분리과세대상, ②는 분리과세 선택가능, ③은 분리과세대상이므로 확정신고의무가 없다. 그러나 기타소득은 소득금액이 연 300만원 이하인 경우에만 분리과세를 선택할 수 있으므로 ④는 종합과세대상이므로 확정신고를 해야 한다.

101 ④
- 연말정산을 한 근로소득만 있는 거주자는 과세표준확정신고를 하지 아니할 수 있다.

102 ④
- 신규로 사업을 개시한 자는 중간예납의무가 없다.

103 ②
- 가. 근로소득만 있는 거주자는 연말정산으로 납세의무가 종결되며, 퇴직소득은 종합소득에 합산되지 아니한다.
  라. 공적연금소득만 있는 거주자는 연말정산으로 납세의무가 종결되며, 퇴직소득은 종합소득에 합산되지 아니한다.

104 ④
- ① 당해연도의 종합소득과세표준이 없거나 결손금액이 있는 때에도 소득세법상 신고의무는 있다.
  ② 비거주자의 신고와 납부에 관하여는 거주자의 신고와 납부에 관한 규정을 준용한다. 단, 종합소득공제의 경우 인적공제 중 비거주자 본인 외의 자에 대한 공제와 특별소득공제·자녀세액공제 및 특별세액공제는 적용하지 않는다.
  ③ 소득세 중간예납세액은 11월 중에 납부하여야 한다.

105 ③
- ① 종합소득과세표준이 없거나 결손금이 있는 거주자도 소득세 과세표준 신고의무가 있다.
  ② 연말정산되는 사업소득(보험모집인 등의 사업소득)만 있는 자는 과세표준확정신고를 하지 아니할 수 있다.
  ④ 주식을 양도한 경우에는 그 양도일이 속하는 반기의 말일부터 2개월 내에 양도소득과세표준 예정신고를 하여야 한다.

106 ①
- 기타소득은 원칙적으로 종합소득과세표준에 합산하여 신고하여야 하지만 예외적으로 복권당첨소득은 무조건 분리과세가 적용된다.

107 ③
- ① 비영업대금에 대한 이자소득의 원천징수세율은 25%이다.
  ② 슬롯머신 등을 이용하는 행위에 참가하여 받는 당첨금품은 무조건 분리과세되는 기타소득에 해당한다.
  ④ 공적연금소득만 있는 자는 확정신고 의무가 면제된다.

108 ③
- 변호사업을 영위하는 사업자는 단순경비율 적용대상자에 포함되지 아니한다.

109 ①
- 근로소득, 연금소득, 연말정산이 되는 사업소득이 각각 한 종류만 있는 경우에는 연말정산으로 과세가 종결되지만 이 중 둘 이상이 있는 경우에는 종합소득으로 합산하여 과세표준 확정신고를 하여야 한다.

제4절 법인세

01 ②
- 법인세법은 순자산증가설을 채택하고 있다.
- 법인세법은 본점 소재지가 납세지가 된다.
- 사업연도 종료일이 속하는 달의 말일부터 3개월 이내 신고의무가 있다.

02 ②
- 비영리내국법인은 청산소득에 대해 납세의무가 없다.

03 ②
- 법인이 1회 지출한 접대비가 3만원(경조금의 경우 20만원)을 초과하는 경우 법인세법상 적격 지출증명서류를 수취하여야 하며 미수취시에는 전액 손금불산입하므로 추가 가산세는 없다.

04 ②
- 외국의 정부는 비과세법인이 아니므로 비영리외국법인으로서 법인세의 납세의무를 진다.

05 ④
- 비영리법인과 외국법인은 토지 등 양도소득에 대한 법인세의 납세의무를 질 수 있다.

06 ①
- 영리내국법인에 대하여는 포괄주의 과세방식을 적용하고 있으므로 법령에 열거하지 않은 소득도 과세될 수 있다.

07 ②
- 미환류소득에 대한 법인세는 사업연도 종료일 현재 상호출자제한기업집단에 소속된 법인만 납세의무를 진다.

08 ④
- 내국법인 중 국가와 지방자치단체에 대하여는 법인세를 부과하지 않는다.

09 ①
- 비영리내국법인은 청산소득에 대한 법인세의 납세의무가 없다.

10 ④
- 소득 귀속자가 불분명한 경우 증빙불비 경비, 현금매출누락 등은 대표자에 대한 상여로 소득처분한다.

11 ①
- 국내 모회사에 대한 인정이자는 기타사외유출로 소득처분을 한다.

12 ③
- 임대보증금 등의 간주익금의 익금산입액은 기타사외유출로 소득처분한다.

13 ③
- 1,000,000원 + 2,000,000원 + 2,500,000원 = 5,500,000원
- 공동행사비 한도초과액은 기타사외유출이고, 나머지 금액들은 상여로 소득처분한다.

14 ③
- 채권자불분명사채이자는 손금불산입하여 원천징수세액은 기타사외유출로, 잔액은 대표자상여로 소득처분한다.

15 ①
- ② 사외유출된 금액의 귀속이 불분명한 경우 대표자 상여로 소득처분한다.
- ③ 신고조정사항은 손금산입시기를 조절할 수 없으나, 결산조정사항은 손금산입시기를 조절할 수 있다.
- ④ 접대비 한도초과액은 기타사외유출로 소득처분한다.

16 ②
- 사외유출된 금액의 귀속이 불분명한 경우 대표자 상여로 처분한다.

17 ③
- ① 소득의 귀속자가 출자임원인 경우에는 상여로 처분한다.
- ② 사외유출된 것은 분명하나 그 귀속자가 불분명한 경우에는 대표자에 대한 상여로 처분한다.
- ④ 업무무관자산 구입 관련 차입금이자는 기타사외유출로 처분한다.

18 ①
- 임원인 주주에 대해서는 상여로 처분한다.

19 ②
- 사외유출된 소득이 법인(법인주주 포함)의 소득금액에 포함되어 있는 경우 기타사외유출로 처분한다.

20 ④
- 현금매출누락, 증빙불비 경비 등으로 소득이 사외로 유출되었으나 그 귀속자가 불분명한 경우 대표자상여로 소득처분한다.

21 ②
- 귀속자가 불분명한 증빙불비 경비는 대표자에 대한 상여로 소득처분한다.

22 ②
- 토지의 취득세는 해당자산의 취득원가로 계상해야 한다. 세금과공과로 비용처리하였으므로 세무조정 시 손금불산입하고 유보로 소득처분하여야 한다.

23 ③
- ① 익금산입액이 내국법인인 주주에게 귀속되는 경우에는 기타사외유출로 처분한다.
- ② 익금산입액이 사업을 영위하는 개인의 사업소득을 구성하는 경우에는 기타사외유출로 처분한다.
- ④ 익금산입액이 출자임원에게 귀속되는 귀속되는 경우에는 상여로 처분한다.

24 ④
- 부동산 판매 손익의 귀속 사업연도는 그 대금을 청산한 날, 소유권 등의 이전등기일·인도일 또는 사용수익일 중 빠른 날로 한다.
- 건설·제조 기타 용역의 제공으로 인한 익금과 손금은 원칙적으로 작업진행률을 기준으로 하여 계산한 수익과 비용을 각각 해당 사업연도의 익금과 손금에 산입한다.
- 자산의 위탁매매로 인한 익금 및 손금의 귀속사업연도는 수탁자가 그 위탁자산을 매매한 날이 속하는 사업연도로 한다.

25 ③
- 부동산 판매 시 손익의 귀속시기는 대금청산일, 소유권 이진등기일(등록일), 인도일 또는 시용수익일 중 빠른 날이다.

26 ①
- 자산을 위탁판매하는 경우의 손익귀속시기는 수탁자가 위탁받은 자산을 매매한 날이다.

27 ③
- 재고자산 이외의 자산의 양도손익은 대금청산일·소유권이전등기일·인도일 또는 사용수익일 중 가장 빠른 날에 손익을 인식한다.

28 ④
- 부동산매매업을 영위하는 법인이 재고자산인 부동산을 판매하는 경우의 손익 귀속사업연도는 대금을 청산한 날, 소유권 등의 이전등기(등록)일, 인도일 또는 사용수익일 중 빠른 날로 한다.

29 ②
- ① 자산의 위탁매매는 수탁자가 그 위탁자산을 매매한 날이다.
- ③ 부동산의 판매는 대금청산일, 소유권이전등기일(등록일), 인도일 또는 사용수익일 중 빠른 날이다.
- ④ 법인세법에서 배당소득의 귀속시기는 소득세법의 수입시기를 따르며, 소득세법에서 잉여금의 처분에 따른 배당은 해당 법인의 잉여금처분결의일이 귀속시기이다.

30 ③
- 국내소재 자회사의 잉여금 처분에 따른 배당금은 해당 회사의 잉여금 처분결의일이 속하는 사업연도의 익금으로 한다.

31 ①
- 자기주식소각이익은 익금불산입항목이다.

32 ④
- 자산수증이익은 익금항목이나 그 외의 항목은 익금불산입항목이다.

33 ③
- 업무용 건물의 재산세 환급액은 익금항목이나 그 외의 것은 익금불산입항목이다.

34 ①
- 각 사업연도 소득으로 이미 과세된 것을 다시 당해 사업연도의 소득으로 계상한 것은 익금에 산입하지 않는다.

35 ③
- 손금에 산입된 금액 중 환입된 금액, 보험업법 등 법률에 따른 고정자산의 평가이익, 자기주식의 양도금액은 익금이다. 그러나 국세·지방세 과오납금의 환급금에 대한 이자는 익금이 아니다.

36 ④
- 손금에 산입한 금액 중 환입된 금액은 익금에 해당한다.

37 ②
- 주식발행초과금, 부가가치세 매출세액, 이월결손금 보전에 충당한 채무면제이익은 익금으로 보지 않는다.

38 ④
- 주식의 포괄적 교환차익은 각사업연도 소득금액 계산에 있어서 익금에 산입하지 아니한다.

39 ④
- 감자차익, 국세의 과오납금 환급금 이자는 법인세법상 익금에 산입하지 않는다.

40 ③
- 국세환급금이자 및 지분법평가이익은 법인세법상 익금에 해당하지 않는다.
  50,000,000원 + 4,000,000원 + 1,500,000원
  = 55,500,000원

41 ②
- 2,500,000원 + 1,200,000원 = 3,700,000원
  국세 과오납금의 환급금이자와 손금불산입된 금액의 환입액은 익금불산입으로 세무조정을 한다.

42 ③
- 국세환급금 이자와 부가가치세 매출세액은 법인세법상 익금에 해당하지 않는다.
- 60,000,000원 +1,600,000원 + 1,500,000원
  = 63,100,000원

43 ①
- 사택의 적정임대료
  : (300,000,000원 × 184일 × 50% − 77,000,000원
    × 184일) × 1/365 × 2.1% = 772,800원
- 수령한 임대료: 100,000원 × 6월 = 600,000원
- 5% 이상 차이가 나는지 여부: (772,800원 − 600,000원)
  / 772,800원 ≒ 22.36%
- 익금산입하여야 하는 금액: 772,800원 − 600,000원
  = 172,800원

44 ①
- 손해배상금은 고의나 중과실로 인한 것이 아닌 경우에
  법인세법상 손금으로 인정된다.

45 ②
- 교통위반 범칙금과 채권자가 불분명한 사채이자는 법인
  세법상 손금불산입 항목이다.

46 ③
- 거래처 직원에게 선물로 지출한 접대비는 접대비 한도
  액의 범위 내에서 손금으로 인정된다.

47 ②
- 주식할인발행차금은 손금불산입 항목임.

48 ④
- 자산의 평가차손은 원칙적으로 손금불산입항목이다.
  다만, 천재지변, 화재 등으로 인한 고정자산의 감액손실
  등 일정한 결산조정사항은 손금산입할 수 있다.

49 ①
- ② 교통사고벌과금은 손금불산입항목이므로 손금불산입
  의 세무조정이 필요하다.
- ③ 직원에게 급여지급기준을 초과하여 지급한 상여금은
  손금 인정되므로 세무조정이 필요없다.
- ④ 감가상각비를 세법상의 상각범위액보다 과대계상한
  경우 손금불산입의 세무조정이 필요하다.

50 ②
- 50,000원 + 60,000원 = 110,000원
- 주차위반 과태료와 주식할인발행차금은 손금에 산입하
  지 않는다.

51 ③
- 업무무관 건물의 재산세, 전기분 법인세추징액은 손금
  불산입으로 세무조정하나, 간주임대료에 대한 부가가치
  세와 조달청 납품 지연 지체상금은 손금항목이므로 세
  무조정이 불필요하다.
  ※ 〈손금불산입 세무조정금액〉 300,000원
     + 4,000,000원 = 4,300,000원

52 ①
- 1,000,000원 + 1,200,000원 = 2,200,000원
  지배주주 갑에게 지급한 여비와 법인지방소득세는 손금
  불산입 항목이다.

53 ③
- 과태료는 손금불산입 대상이다. 토지 취득에 따른 취득세
  는 손금불산입하여 토지의 취득가액에 가산하여야 한다.

54 ④
- 결산조정사항에 대해서는 이후 사업연도에 경정청구를
  할 수 없다.

55 ②
- 자산으로 처리한 접대비도 지출한 사업연도의 시부인
  대상 접대비에 포함된다.

56 ①
- 퇴직급여충당금은 결산조정사항이나 퇴직보험료는 신고
  조정사항이다.

57 ②
- 법인이 그 사용인이 조직한 조합 또는 단체에 복리시설비를
  지출한 경우 해당 조합이나 단체가 법인인 때에는 이를
  접대비로 보며, 해당 조합이나 단체가 법인이 아닌 때에는
  그 법인의 경리의 일부로 본다.

58 ①
- 외상매출금은 거래 상대방이 특수관계인지 여부와 관계
  없이 대손충당금 설정대상 채권이다.

59 ③
- 감가상각방법의 변경승인을 얻고자 하는 법인은 그 변경할
  상각방법을 적용하고자 하는 최초 사업연도 종료일까지
  납세지 관할세무서장에게 감가상각방법변경신청서를 제
  출하여야 한다.

60 ④
- ① 자기주식처분이익을 자본잉여금으로 회계처리한 경우:
  자기주식처분이익은 익금항목이므로 익금산입 세무조정
- ② 토지 취득세를 비용으로 회계처리한 경우: 토지 취득
  세는 토지의 취득가액에 포함하므로 손금불산입 세
  무조정
- ③ 회사가 미지급기부금을 영업외비용으로 회계처리한 경
  우: 기부금은 현금주의에 따라 귀속시기를 판단하므로
  손금불산입 세무조정
- ④ 본사 건물의 도색비를 수선비로 회계처리한 경우: 도색
  비는 수익적 지출이므로 비용으로 처리한 것은 적절하
  고, 세무조정은 필요 없다.

61 ④
- 네 가지 항목 모두 결산조정 항목에 해당한다.

62 ①
- ① 주식발행초과금을 자본잉여금으로 회계처리한 경우
  는 세무조정은 필요 없다.
  ② 손금불산입 유보의 세무조정이 필요하다.
  ③ 익금불산입 △유보의 세무조정이 필요하다.
  ④ 손금불산입 유보의 세무조정이 필요하다.

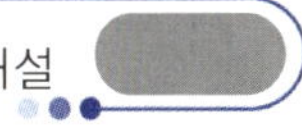

63 ②
- ①, ③, ④는 소득금액조정합계표에 작성되는 항목이나, ② 지정기부금 한도초과액은 소득금액조정합계표에 작성하지 않고 바로 법인세과세표준 및 세액조정계산서에 기록되는 항목이다.

64 ①
- 감가상각비 시인부족액 = 9,000,000원 − 10,000,000원 = △1,000,000원
- 감가상각비 부인 누계액은 당기 시인부족액 (△1,000,000원)을 한도로 손금 추인하며, 차액 1,000,000원은 차기이월한다.

65 ②
- 가. 접대비 해당액: 51,000,000원 + 2,000,000(현물접대비 과소계상액) = 53,000,000원
  나. 접대비 한도액: 36,000,000원 × 12/12 + 5,000,000,000원 × 3/1,000 = 51,000,000원
  다. 접대비 한도초과액: 53,000,000원 − 51,000,000원 = 2,000,000원

66 ①
- ① 수선비 50,000,000원: 수선비 지출금액이 600만원 이상이고 전기말 장부가액의 5% 이상이므로 즉시상각의제에 해당한다.
  ② 수선비 40,000,000원: 3년 미만의 기간마다 주기적인 수선을 위하여 지출하는 금액이므로 즉시상각의제에 해당하지 않는다.
  ③ 소모품비 1,500,000원: 개인용 컴퓨터(노트북)의 취득가액을 비용으로 계상하면 즉시상각의제에 해당하지 않는다.
  ④ 소모품비 1,200,000원: 취득가액이 100만원을 초과하는 감가상각자산을 비용계상하는 경우 즉시상각의제에 해당한다.

67 ③
- 업무용승용차 관련비용 중 업무사용금액에 해당하지 아니하는 비용은 손금불산입하고 상여로 소득처분한다.

68 ④
- 업무용승용차의 감가상각비 중 업무에 사용한 금액은 매년 800만원을 한도로 손금산입한다.

69 ②
- 500,000원 + 100,000원 + 200,000원 − 400,000원 = 400,000원
- 법인세비용과 교통사고벌과금은 손금에 산입하지 않으며 단기매매증권평가이익은 익금에 산입하지 않는다.

70 ③
- 10,000,000원 + 2,000,000원 + 500,000원 − 700,000원 + 500,000원 − 300,000원 = 12,000,000원

71 ①

당기순이익	30,000,000원
법인세비용	+ 6,000,000원
감가상각비 한도초과액	+ 5,000,000원
가지급금 인정이자	+ 3,000,000원
전기 매출액	− 10,000,000원
전기 매출원가	+ 6,000,000원
각 사업연도 소득금액	40,000,000원

72 ①
- 화폐성외화자산의 외환차손은 법인세법상 손금이며 특수관계법인으로부터 기계장치를 저가매입한 경우 별도 세무조정은 없다.
- 각 사업연도 소득금액: 20,000,000원 + 5,000,000원 + 2,000,000원 − 4,000,000원 = 23,000,000원

73 ③
- 10,000,000원 + 2,000,000원 + 500,0000원 − 700,000원 + 500,000원 − 300,000원 = 12,000,000원

74 ④
- 5,000,000원 + 1,000,000원 + 4,000,000원 = 10,000,000원
- 부산물 매각이익은 손익계산서의 당기순이익에 포함되어 있으므로 익금산입으로 세무조정하면 안 된다.

75 ②
- 90,000,000원 + 10,000,000원 − 600,000원 = 99,400,000원
  법인세등은 손금불산입하고, 영업외수익에 포함된 국세환급가산금은 익금불산입한다. 그러나 전기요금연체가산금은 손금이므로 비용으로 처리한 경우에 세무조정을 하지 아니한다.

76 ①
- 당기순이익(12,000,000원) − 감자차익(2,000,000원) + 저가매입(400,000원) = 10,400,000원

77 ③

당기순이익	100,000,000원	
법인세비용	+ 10,000,000원	(손금불산입)
전기상각부인액 추인	− 1,000,000원	(손금산입)
교통사고벌과금	+ 300,000원	(손금불산입)
국세 환급금이자	− 500,000원	(익금불산입)
각 사업연도소득금액	108,800,000원	

- 건물 감가상각비가 한도미달이므로 전기상각부인액을 한도미달액의 범위에서 손금산입함.

78 ①
- 20,000,000원 + 1,000,000원 = 21,000,000원
- 교통사고벌과금은 손금불산입항목으로 각 사업연도 소득금액에 가산하는 세무조정사항이다.

영업자가 조직한 단체(주무관청에 등록한 조합)에 일반회비 2,000,000원을 지급하고 비용으로 계상한 것과 특수관계가 있는 법인으로부터 시가 2,000,000원인 유가증권을 1,600,000원에 매입한후 매입가액을 유가증권으로 계상한 것은 세무조정 사항이 아니다.

79 ③
- 10,000,000원 + 500,000원 + 2,000,000원 = 12,500,000원
- 자기주식처분이익은 익금산입으로, 폐수배출부담금은 손금불산입으로 세무조정을 한다.

80 ③
- 각 사업연도 소득금액 = 당기순이익 + 접대비 한도초과액 + 대손충당금 한도초과액 + 지정기부금 한도초과액 − 전기 법정기부금한도초과 이월분 손금산입액 + 법인세비용 = 1,000,000원 + 400,000원 + 200,000원 + 110,000원 − 100,000원 + 40,000원 = 1,650,000원

81 ②
- 1,000,000원 + 200,000원 + 70,000원 − 30,000원 + 20,000원 = 1,260,000원

82 ③
- 9,000,000원 + 2,000,000원 + 500,000원 − 700,000원 + 600,000원 − 400,000원 = 11,000,000원

83 ③
- 10,000,000원 + 3,000,000원 + 2,000,000원 = 15,000,000원
- 자기주식처분이익은 익금산입으로, 법인세비용은 손금불산입으로 세무조정을 하여 각사업연도소득금액을 계산한다.
- 익금항목인 재산세환급액이 수익으로 계상되었으므로 세무조정을 하지 않는다.

84 ①

손익계산서상 당기순이익	200,000,000원
익금산입 · 손금불산입	97,000,000원*
손금산입 · 익금불산입	(32,000,000원)**
각 사업연도 소득금액	265,000,000원

* 매출액(40,000,000원) + 접대비한도초과액(25,000,000원) + 법인세비용(32,000,000원) = 97,000,000원
** 매출원가 = 32,000,000원

85 ①
- 무상으로 받은 자산의 가액은 익금에 포함된다.

86 ④
- 각 사업연도 소득에 대한 법인세 과세표준을 계산 시 공제되지 아니한 비과세소득 및 소득공제액은 다음 사업연도에 이월하여 공제할 수 없다.

87 ③
- 10,000,000원 + 2,000,000원 − 500,000원 + 600,000원 − 300,000원 − 1,000,000원 = 10,800,000원

88 ③
- 과세표준: 200,000,000원(각사업연도 소득금액) − 70,000,000원* (이월결손금) − 2,000,000원(비과세소득) − 10,000,000원(소득공제) = 118,000,000원
- * 이월결손금은 2020. 1. 1 이후 개시하는 과세연도에서 발생하는 결손금은 15년간 이월하여 공제가능하고, 2020. 12. 31 이전 개시하는 과세연도에서 발생하는 결손금은 10년간 공제가 가능하다. 그러므로 이월결손금 공제액은 2020년과 2023년 발생분의 합계액인 70,000,000원이다.

89 ④
- 이익준비금으로 결손금을 보전하는 것은 회계상 결손금 보전이므로 세무상 결손금은 소멸되지 아니한다.

90 ①
- 결손금 소급공제는 중소기업을 대상으로 한다.

91 ③
- 법정기부금의 손금산입한도액을 계산함에 있어 공제하는 이월결손금은 당해 사업연도개시일 전 15년(2020. 1. 1. 이전 개시한 사업연도 발생분은 10년)이내에 개시한 사업연도에서 발생한 것이어야 한다.

92 ③
- 소급공제 대상기간은 결손금이 발생한 사업연도의 직전 사업연도에 한한다.

93 ②
- 환급대상세액 = 직전연도 법인세 산출세액 − (직전사업연도 과세표준 − 해당 사업연도의 소급공제결손금액) × 법인세율 = 37,000,000원 − (300,000,000원 − 120,000,000원) × 법인세율 = 37,000,000원 − (180,000,000원 × 9%) = 20,800,000원

94 ②
- 환급세액: 전기 산출세액 − (전기 과세표준 − 결손금) × 법인세율 = 37,000,000원 − (300,000,000원 − 150,000,000원) × 9% = 23,500,000원
  환급세액 한도액: 전기 산출세액 − (전기 세액감면 + 세액공제) = 37,000,000원 − (5,000,000원 + 15,000,000원) = 17,000,000원
  최대 환급세액: MIN[23,500,000원, 17,000,000원] = 17,000,000원

95 ④
- 산출세액 = (과세표준 × $\dfrac{12}{사업연도월수}$) × 세율 × $\dfrac{사업연도월수}{12}$

= (100,000,000원 × $\dfrac{12}{3}$) × 세율 × $\dfrac{3}{12}$

= (18,000,000원 + 38,000,000원) × $\dfrac{3}{12}$

= 14,000,000원

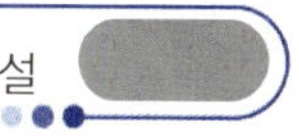

• 법인세 납부세액 = 14,000,000원 − 2,000,000원
  − 1,000,000원 = 11,000,000원

96 ①

• (100,000,000원 − 10,000,000원) × 9% − 2,000,000원
  − 1,000,000원 = 5,100,000원

97 ②

• 과세표준: 500,000,000원 − 100,000,000원
  = 400,000,000원
  산출세액: (400,000,000원 − 200,000,000원) × 19%
  + 18,000,000원 = 56,000,000원
  총부담세액: 56,000,000원 − 5,000,000원
  + 2,000,000원 = 53,000,000원
  자진납부할 세액: 53,000,000원 − 1,000,000원
  = 52,000,000원

98 ②

• (1) 대손세액공제로 인한 부가가치세 납부세액의 감소액
    : 11,000,000원 × 10/110 = 1,000,000원
  (2) 대손금의 손금산입으로 인한 법인세액 감소액:
    10,000,000원* × 9% = 900,000원
    * 대손세액공제를 받은 금액 1,000,000원은 법인세법상
    대손처리할 수 없다.
  (3) 부가가치세와 법인세 세액에 미치는 영향(세액감소분):
    (1) + (2)= 1,900,000원

99 ④

• 1. 과세표준 계산

당기순이익	170,000,000원
익금산입 및 손금불산입	60,000,000원
손금산입 및 익금불산입	△20,000,000원
각 사업연도 소득금액	210,000,000원
비과세소득	△10,000,000원
과세표준	200,000,000원

• 2. 산출세액 계산
  (1) 과세표준 연환산액: 200,000,000원 × 12/6
    = 400,000,000원
  (2) 산출세액: (200,000,000원 × 9%
    + 200,000,000원 × 19%) × 6/12
    = 28,000,000원
    * 사업연도 월수는 역에 따라 계산하되 1월 미만인 경
    우에는 1월로 하므로 본 문제의 사업연도는 6개월에
    해당된다.

100 ②

• 배당세액공제는 개인에 대한 세액공제이므로 법인은 적
  용대상이 아니다.

101 ④

• 중소기업투자세액공제는 조세특례제한법상 세액공제이다.

102 ②

• ① 외국납부세액공제한도는 국가별 한도방식만을 적용
    한다.
  ③ 재해손실세액공제는 사업용 자산가액의 20% 이상을
    상실하는 경우에 적용받을 수 있다.
  ④ 사실과 다른 회계처리로 인한 경정에 따른 세액공제
    는 과다납부한 세액의 100분의 20을 한도로 공제받
    을 수 있다.

103 ④

• 법인세의 감면규정과 세액공제에 관한 규정이 동시에 적
  용되는 경우의 적용순서는 다음과 같다.
    1) 세액감면
    2) 이월되지 않는 세액공제
    3) 이월되는 세액공제
    4) 사실과 다른 회계처리로 인한 경정에 따른 세액공제

104 ②

• ① 외국납부세액공제는 10년간 이월하여 공제받을 수 있다.
  ③ 사실과 다른 회계처리로 인한 경정에 따른 세액공제는
    과다납부한 세액의 100분의 20을 한도로 공제받을
    수 있다.
  ④ 외국납부세액공제는 최저한세 적용대상이 아니다.

105 ③

• 고용창출투자세액공제는 조세특례제한법상 세액공제제
  도이다.

106 ①

• 외국납부세액공제액 : Min(①, ②) = 14,800,000원
  ① 외국납부세액 : 17,000,000원
  ② 한도액: 37,000,000원* × $\dfrac{120,000,000원}{300,000,000원}$
    = 14,800,000원
    * 18,000,000원 + (300,000,000원 − 200,000,000원)
      × 19% = 37,000,000원

107 ③

• 중간예납세액의 신고는 중간예납기간이 지난날로부터
  2개월 이내에 하여야 한다.

108 ②

• 각 사업연도의 소득금액이 없거나 결손금이 있는 법인의
  경우에도 법인세의 과세표준과 세액을 납세지 관할 세무
  서장에게 신고하여야 한다.

109 ①

• 사업연도가 6개월을 초과하지 아니하는 법인은 중간예
  납의무가 없다.

110 ④

• 각 사업연도의 소득금액이 없거나 결손금이 있는 법인도
  법인세의 과세표준과 세액을 신고할 의무가 있다.

111 ③
- 중간예납세액의 납부기한은 중간예납기간이 지난날부터 2개월 이내이다.

112 ①
- ② 중간예납세액은 중간예납기간이 경과한 날부터 2월 이내에 자진 납부하여야 한다.
- ③ 중간예납 시 납부할 세액이 1천만원을 초과하는 경우에는 이를 분납할 수 있다.
- ④ 중간예납세액의 미납에 대하여 납부불성실가산세를 적용한다.

113 ①
- 내국법인에게 비영업대금의 이익의 소득을 지급하는 자는 25% 세율을 적용하여 법인세를 원천징수하여야 한다.

114 ①
- 결산조정사항은 과세표준 확정시 필요경비로 계상하지 아니하였다면 이를 경청청구에 의하여 필요경비에 산입할 수 없다.

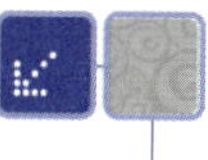

최신 기출문제 정답 및 해설

최신 기출문제 제69회

[실무이론평가]

1	2	3	4	5	6	7	8	9	10
②	③	③	②	④	②	④	③	②	③

01 ②
- ① 당기분 임차료는 400,000원이다.
  ③ 차기로 이연되는 이자수익은 400,000원이다.
  ④ 당기분 이자수익은 500,000원이다.

02 ③
- 순매출액 = 120개 × 9,000원 − 50,000원 = 1,030,000원
  월초상품재고액 = 100개 × 5,000원 = 500,000원
  순매입액 = 70개 × 6,000원 = 420,000원
  월말상품재고액 = (100개 + 70개 − 120개) × 6,000원 = 300,000원
  매출원가 − 500,000원 + 420,000원   300,000원 = 620,000원
  매출총이익 = 1,030,000원 − 620,000원 = 410,000원

03 ③
- 2025년말 감가상각누계액 = 1,000,000원/5년 × 3년 = 600,000원
  정부보조금 잔액 = 600,000원 − (600,000원 × 600,000원/1,000,000원) = 240,000원

04 ②
- 사채 발행금액(사채의 현재가치) = 100,000원 × 2.40183 + 1,000,000원 × 0.71178
  = 951,963원

05 ④
- (차) 보통예금   14,500,000원   (대) 자본금   20,000,000원
  주식발행초과금   2,500,000원
  주식할인발행차금   3,000,000원
- 자본금은 자본금, 주식발행초과금은 자본잉여금, 주식할인발행차금은 자본조정 항목에 해당한다.

06 ②
- 건설업자가 건설자재의 전부 또는 일부를 부담해 용역을 제공하고 대가를 받는 경우는 용역의 공급에 해당한다.

07 ④
- 확정신고 시 납부할 세액이 1천만원을 초과할 경우 2천만원까지는 1천만원을 초과하는 금액을 분할납부하고, 2천만원을 초과하면 해당 세액의 50% 이하의 금액을 분할납부할 수 있다.

08 ③
- 150,000,000 + 60,000,000 − 3,500,000 − 40,000,000 = 166,500,000원

09 ②

- 손익계산서상 당기순이익 　　200,000,000원
  익금산입·손금불산입 　　　82,000,000원*
  손금산입·익금불산입 　　　(32,000,000원)**
  각 사업연도 소득금액 　　　250,000,000원

  * 매출액(40,000,000원) + 폐수배출부담금(10,000,000원) + 법인세비용(32,000,000원) = 82,000,000원
  ** 매출원가 = 32,000,000원

10 ③
- 특례기부금의 손금산입한도액을 계산함에 있어 공제하는 이월결손금은 해당 사업연도개시일 전 15년(2019. 12. 31. 이전 개시한 사업연도 발생분은 10년) 이내에 개시한 사업연도에서 발생한 것이어야 한다.

[실무수행과제]

문제 1　거래자료입력

1 [일반전표입력] 3월 1일

(차) 103.보통예금 　　　　　　182,116,000원　(대) 291.사채 　　　　　　200,000,000원
　　 (98000.국민은행)
　　 292.사채할인발행차금 　　17,884,000원

※ 사채할인발행차금: (200,000,000원 − 184,116,000원) + 2,000,000원 = 17,884,000원

2 [매입매출전표입력] 5월 6일

거래유형	품명	공급가액	부가세	거래처	전자세금
54.불공	철거비	18,000,000	1,800,000	04700.(주)미래건설	전자입력
불공제사유	0. 토지의 자본적 지출관련				
분개유형	(차) 201.토지	19,800,000원	(대) 101.현금		9,800,000원
3.혼합			253.미지급금		10,000,000원

문제 2　부가가치세관리

1 수정전자세금계산서의 발행

1. [수정세금계산서 발급]
   ① [매입매출전표입력] 8월 23일 전표 선택 ➡ 수정세금계산서 ➡ [수정사유] 화면에서 [1.기재사항 착오·정정]을 선택하고 비고란에 [2.작성년월일]을 선택하여 확인(Tab) 클릭

② [수정세금계산서(매출)]화면에서 [작성일 7월 23일], [수량 1,500], [단가 30,000원]을 입력한 후 확인(Tab) 클릭

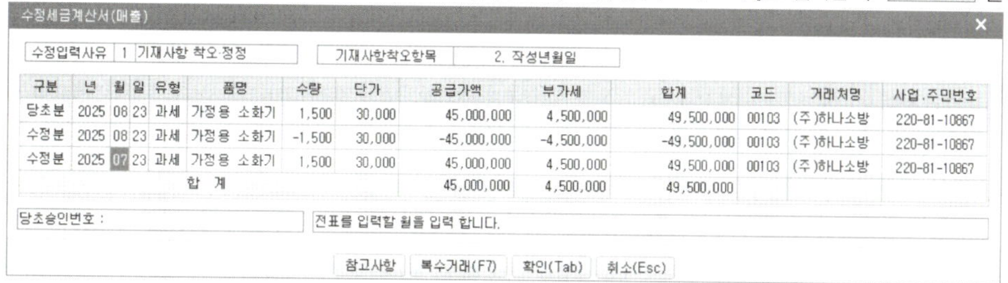

③ 수정세금계산서 2건이 입력이 되는 것을 확인

→ 8월 23일 당초에 발급한 세금계산서의 (-)세금계산서 발급분에 대한 회계처리

거래유형	품명	공급가액	부가세	거래처	전자세금
11.과세	가정용 소화기	-45,000,000	-4,500,000	00103.(주)하나소방	전자발행
분개유형	(차) 108.외상매출금	-49,500,000원		(대) 404.제품매출	-45,000,000원
2.외상				255.부가세예수금	-4,500,000원

→ 7월 23일 수정분 세금계산서 발급분에 대한 회계처리

거래유형	품명	공급가액	부가세	거래처	전자세금
11.과세	가정용 소화기	45,000,000	4,500,000	00103.(주)하나소방	전자발행
분개유형	(차) 108.외상매출금	49,500,000원		(대) 404.제품매출	45,000,000원
2.외상				255.부가세예수금	4,500,000원

2. [전자세금계산서 발행 및 내역관리]
① 전자세금계산서 발행 및 내역관리 를 클릭하면 수정 전표 2매가 미전송 상태로 나타난다.
② 해당내역을 클릭하여 전자세금계산서 발행 및 국세청 전송을 한다.

2 기한후 신고

1. [매입매출전표입력]
- 11월 30일

거래유형	품명	공급가액	부가세	거래처	전자세금
11.과세	제품	32,000,000	3,200,000	00104.(주)삼성소화기	전자입력
분개유형	(차) 108.외상매출금	35,200,000원		(대) 255.부가세예수금	3,200,000원
2.외상				404.제품매출	32,000,000원

- 12월 19일

거래유형	품명	공급가액	부가세	거래처	전자세금
11.과세	제품	25,000,000	2,500,000	00107.(주)서울소방	전자입력
분개유형	(차) 108.외상매출금	27,500,000원		(대) 255.부가세예수금	2,500,000원
2.외상				404.제품매출	25,000,000원

- 12월 20일

거래유형	품명	공급가액	부가세	거래처	전자세금
51.과세	기계장치	18,000,000	1,800,000	04800.두산기계(주)	전자입력
분개유형	(차) 206.기계장치 18,000,000원			(대) 253.미지급금	19,800,000원
3.혼합	135.부가세대급금 1,800,000원				

2. [부가가치세신고서]

1) 10월 1일 ~ 12월 31일

				금액	세율	세액
과세표준및매출세액	과세	세금계산서발급분	1	57,000,000	10/100	5,700,000
		매입자발행세금계산서	2		10/100	
		신용카드.현금영수증	3		10/100	
		기타	4		10/100	
	영세	세금계산서발급분	5		0/100	
		기타	6		0/100	
	예정 신고누락분		7			
	대손세액가감		8			
	합계		9	57,000,000	㉮	5,700,000
매입세액	세금계산수취부분	일반매입	10			
		수출기업수입분납부유예	10-1			
		고정자산매입	11	18,000,000		1,800,000
	예정 신고누락분		12			
	매입자발행세금계산서		13			
	그밖의공제매입세액		14			
	합계 (10-(10-1)+11+12+13+14)		15	18,000,000		1,800,000
	공제받지못할매입세액		16			
	차감계 (15-16)		17	18,000,000	㉰	1,800,000
납부(환급)세액 (㉮매출세액-㉰매입세액)					㉺	3,900,000

(매출세 5,700,000 / 매입세)
기 간 : 2025 년 10 월 01 일 ~ 2025 년 12 월 31 일 [?] 신고구

2) 가산세 명세
 (1) 세금계산서 미발급 가산세
   57,000,000원 × 2% = 1,140,000원
 (2) 신고불성실 가산세(일반무신고)
   (3,200,000원 + 2,500,000원 − 1,800,000원) × 20% − 390,000원 = 390,000원
   ➡ 법정신고기한이 지난 후 1개월 이내 기한 후 신고한 경우 50% 감면 적용
 (3) 납부지연 가산세
   (3,200,000원 + 2,500,000원 − 1,800,000원) × 2.2/10,000 × 17일 = 14,586원
 (4) 가산세 합계: 1,544,586원

3) 과세표준명세
 - 화면상단의 [과표(F7)]를 클릭하여 '신고구분'에서 '4.기한후과세표준'을 선택하고, '신고년월일'에 '2026-02-11'을 기입 후 클릭하면 부가가치세신고서에 '기한후신고'가 표시된다.

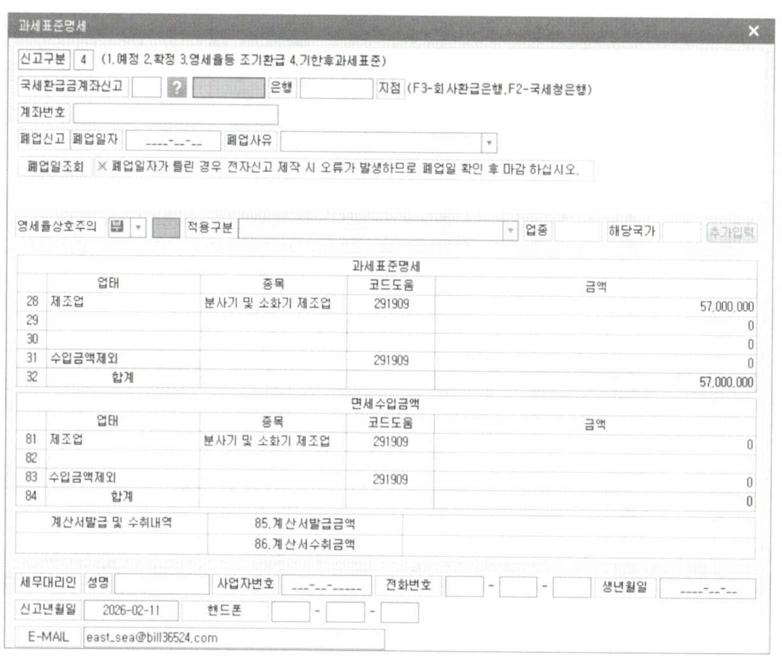

문제 3 결산

1 수동결산 및 자동결산

1. [일반전표입력] 12월 31일

  (차) 931.이자비용   602,739원   (대) 262.미지급비용   602,739원

     ※ 500,000,000원 × 4% × 11/365 = 602,739원(원 단위 미만 절사)

2. [결산자료입력]

  - [결산자료입력]에서 제품평가손실에 7,200,000원과 기말제품재고액 49,700,000원 및 기말상품재고액 55,000,000원을 입력하고 상단 툴바의 전표추가(F3) 를 클릭하여 결산에 반영한다.

3. [이익잉여금처분계산서]

  - 이익잉여금처분계산서에서 처분일을 입력한 후, 전표추가(F3) 를 클릭하여 손익대체 분개를 생성한다.

문제 4 원천징수관리

1 퇴직소득 자료입력

1. 급여자료입력

  - 상단 툴바의 [중도퇴사자정산]을 선택하여 연말정산 결과를 반영한다.

2. 퇴직소득자료입력

- [15.퇴직급여]란에 25,000,000원을 입력하여 퇴직소득세를 산출한다.

근 무 처 구 분	중간지급 등	최종	정산
퇴직급여현황 (13)근무처명		(주)동해산업	
(14)사업자등록번호		104-81-43125	
(15)퇴직급여		25,000,000	25,000,000
(16)비과세 퇴직급여			
(17)과세대상퇴직급여((15)-(16))		25,000,000	25,000,000

	구분	(18)입사일	(19)기산일	(20)퇴사일	(21)지급일	(22)근속월수	(23)제외월수	(24)가산월수	(25)중복월수	(26)근속연수
근속연수	중간지급 근속연수									
	최종 근속연수	2022-05-01	2022-05-01	2025-05-31	2025-05-31	37				4
	정산 근속연수	2022-05-01	2022-05-01	2025-05-31		37				4
안분	2012.12.31이전									
	2013.01.01이후									

납부명세　퇴직세액계산　중간정산내역　　[주의] 40번 금액은 계산 산식과 다르면 전자신고시 오류로 검증됩니다.

	(37)신고대상세액((36))	연금계좌 입금내역 연금계좌취급자	사업자등록번호	계좌번호	입금일	(38)계좌입금금액	(39)퇴직급여((17))	(40)이연퇴직소득세 (37)×(38)/(39)
이연퇴직소득세액계산	680,000	신한은행	114-85-45632	1158913147	2025-05-31	25,000,000	25,000,000	680,000

	구 분	소득세	지방소득세	농어촌특별세	계
납부명세	(42)신고대상세액((36))	680,000	68,000		748,000
	(43)이연퇴직소득세((40))	680,000	68,000		748,000
	(44)차감 원천징수세액((42)-(43))				
(10)확정급여형 퇴직연금 제도가입일 2022-05-01	(11)2011.12.31 퇴직금		영수일자 2025-05-31	신고서 귀속년월	2025-05

2 이자/배당소득의 원천징수

1. [기타소득자입력]

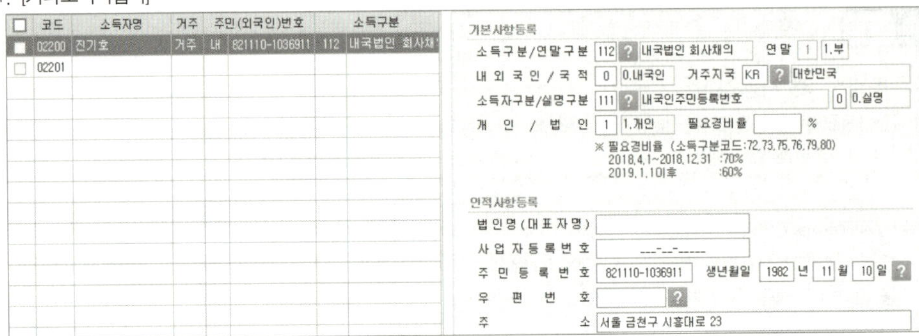

2. [이자배당소득자료입력]

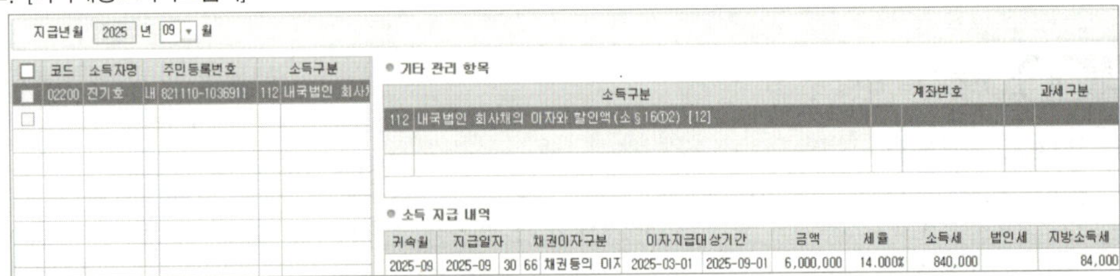

문제 5 법인세관리

1 수입금액조정명세서

1. [1. 수입금액 조정계산]
- 상단부의 [매출조회]를 클릭하여 결산서상 수입금액을 반영한다.
- 영업외수익 잡이익으로 회계처리된 부산물매각대금도 영업상의 수입금액에 포함하여야 하므로 원장조회를 클릭하여 부산물매각대금 5,000,000원을 확인하여 입력한다.

	계정과목		③결산서상 수입금액	조 정		⑥조정후 수입금액 (③+④-⑤)
	①항 목	②과 목		④가산	⑤차감	
1	매 출	제품매출	979,144,249			979,144,249
2	매 출	상품매출	226,332,555			226,332,555
3	영 업 외 수 익	잡이익	5,000,000			5,000,000

2. [2. 수입금액 조정명세]
다. 기타수입금액 반영
- 전기제품매출 수입금액 -20,000,000원, 대응원가 -16,000,000원을 입력한다.

	(23)구분	(24)근거법령	(25)수입금액	(26)대응원가	비고
1	전기제품매출		-20,000,000	-16,000,000	

3. [1. 수입금액 조정계산]
- 제품매출 ⑤차감란에 20,000,000원을 입력한다.

	계정과목		③결산서상 수입금액	조 정		⑥조정후 수입금액 (③+④-⑤)
	①항 목	②과 목		④가산	⑤차감	
1	매 출	제품매출	979,144,249		20,000,000	959,144,249
2	매 출	상품매출	226,332,555			226,332,555
3	영 업 외 수 익	잡이익	5,000,000			5,000,000

4. 소득금액조정합계표 작성

익금불산입	전기 제품매출	20,000,000원	유보감소
손금불산입	전기 제품매출원가	16,000,000원	유보감소

2 감가상각비조정명세서

1. [고정자산등록]

① 건물

주요사항 추가사항 자산변동		
1. 기 초 가 액	15. 전기말부인누계	0
2. 전기말상각누계액 0	16. 전기말자본지출계	0
3. 전기말장부가액 0	17. 자본지출즉시상각	5,800,000
4. 신규취득및증가 250,000,000	18. 전기말의제누계	0
5. 부분매각및폐기 0	19. 당기상각범위액	0
6. 성실기초가액	20. 회사계상상각비	3,125,000
7. 성실상각누계액	편집해지	
8. 상각기초가액 250,000,000	21. 특별상각률	
9. 상 각 방 법 1 정액법	22. 특별상각비	0
10. 내용연수(상각률) 40 ? 0.025	23. 당기말상각누계액	3,125,000
11. 내용연수월수 미경과 6	24. 당기말장부가액	246,875,000
12. 상각상태완료년도 진행	25. 특 례 적 용 0 부	
13. 성실경과/차감연수 /	· 년 수 년	
14. 성실장부가액	26. 업무용승용차여부 0 부	
1. 취 득 수 량	4. 최저한세부인액	0
2. 경 비 구 분 0 800 번대	5. 당기의제상각액	0
3. 전체양도일자 ----_-_--	6. 전체폐기일자 ----_-_--	

② 차량운반구

주요사항 추가사항 자산변동		
1. 기 초 가 액 50,000,000	15. 전기말부인누계	5,000,000
2. 전기말상각누계액 20,000,000	16. 전기말자본지출계	0
3. 전기말장부가액 30,000,000	17. 자본지출즉시상각	0
4. 신규취득및증가 0	18. 전기말의제누계	0
5. 부분매각및폐기 0	19. 당기상각범위액	15,785,000
6. 성실기초가액	20. 회사계상상각비	12,000,000
7. 성실상각누계액	편집해지	
8. 상각기초가액 30,000,000	21. 특별상각률	
9. 상 각 방 법 0 정률법	22. 특별상각비	0
10. 내용연수(상각률) 5 ? 0.451	23. 당기말상각누계액	32,000,000
11. 내용연수월수 미경과 12	24. 당기말장부가액	18,000,000
12. 상각상태완료년도 진행	25. 특 례 적 용 0 부	
13. 성실경과/차감연수 /	· 년 수 년	
14. 성실장부가액	26. 업무용승용차여부 0 부	
1. 취 득 수 량	4. 최저한세부인액	0
2. 경 비 구 분 1 500 번대	5. 당기의제상각액	0
3. 전체양도일자 ----_-_--	6. 전체폐기일자 ----_-_--	

③ 기계장치

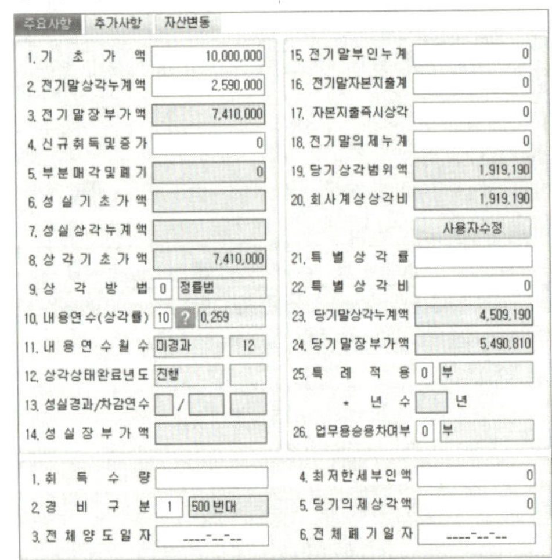

주요사항 추가사항 자산변동		
1. 기 초 가 액 10,000,000	15. 전기말부인누계	0
2. 전기말상각누계액 2,590,000	16. 전기말자본지출계	0
3. 전기말장부가액 7,410,000	17. 자본지출즉시상각	0
4. 신규취득및증가 0	18. 전기말의제누계	0
5. 부분매각및폐기 0	19. 당기상각범위액	1,919,190
6. 성실기초가액	20. 회사계상상각비	1,919,190
7. 성실상각누계액	사용자수정	
8. 상각기초가액 7,410,000	21. 특별상각률	
9. 상 각 방 법 0 정률법	22. 특별상각비	0
10. 내용연수(상각률) 10 ? 0.259	23. 당기말상각누계액	4,509,190
11. 내용연수월수 미경과 12	24. 당기말장부가액	5,490,810
12. 상각상태완료년도 진행	25. 특 례 적 용 0 부	
13. 성실경과/차감연수 /	· 년 수 년	
14. 성실장부가액	26. 업무용승용차여부 0 부	
1. 취 득 수 량	4. 최저한세부인액	0
2. 경 비 구 분 1 500 번대	5. 당기의제상각액	0
3. 전체양도일자 ----_-_--	6. 전체폐기일자 ----_-_--	

※ 기계주요부품교체비 3,500,000원은 6,000,000원 이하 수선비로 회사에서 비용처리 하였으므로 손금 인정

2. [미상각분 감가상각조정명세]

① 건물

합계표 자산구분			1	건축물
상각계산의기초가액	재무상태표 자산 가액	(5)기말현재액	250,000,000	250,000,000
		(6)감가상각누계액	3,125,000	3,125,000
		(7)미상각잔액(5-6)	246,875,000	246,875,000
	회사계산 상각비	(8)전기말누계		
		(9)당기상각비	3,125,000	3,125,000
		(10)당기말누계액(8+9)	3,125,000	3,125,000
	자본적 지출액	(11)전기말누계		
		(12)당기지출액	5,800,000	5,800,000
		(13)합계(11+12)	5,800,000	5,800,000
(14)취득가액(7+10+13)			255,800,000	255,800,000
(15)일반상각률,특별상각률			0.025	
상각범위액계산	당기산출 상각액	(16)일반상각액	3,197,500	3,197,500
		(17)특별상각액		
		(18)계(16+17)	3,197,500	3,197,500
	(19)당기상각시인범위액(18,단18≤14-8-11+25-전기28)		3,197,500	3,197,500
(20)회사계산상각액(9+12)			8,925,000	8,925,000
(21)차감액(20-19)			5,727,500	5,727,500
(22)최저한세적용에 따른 특별상각부인액				
조정액		(23)상각부인액(21+22)	5,727,500	5,727,500
		(24)기왕부인액중당기손금추인액 (25,단 25≤｜△21｜)		
부인액누계		(25)전기말부인액누계(전기26)		
		(26)당기말부인액누계(25+23-｜24｜)	5,727,500	5,727,500

② 차량운반구

합계표 자산구분			3	기타자산
상각계산의기초가액	재무상태표 자산 가액	(5)기말현재액	50,000,000	60,000,000
		(6)감가상각누계액	32,000,000	36,509,190
		(7)미상각잔액(5 - 6)	18,000,000	23,490,810
	(8)회사계산감가상각비		12,000,000	13,919,190
	(9)자본적지출액			
	(10)전기말의제상각누계액			
	(11)전기말부인누계액		5,000,000	5,000,000
	(12)가감계(7 + 8 + 9 - 10 + 11)		35,000,000	42,410,000
(13)일반상각률, 특별상각률			0.451	
상각범위액계산	당기산출상각액	(14)일반상각액	15,785,000	17,704,190
		(15)특별상각액		
		(16)계(14+15)	15,785,000	17,704,190
	취득가액	(17)전기말 현재 취득가액	50,000,000	60,000,000
		(18)당기회사계산증가액		
		(19)당기자본적지출액		
		(20) 계(17+18+19)	50,000,000	60,000,000
(21)잔존가액((20) × 5 / 100)			2,500,000	3,000,000
(22)당기상각시인범위액(16 단,(12-16)<21인경우 12)			15,785,000	17,704,190
(23)회사계산상각액(8+9)			12,000,000	13,919,190
(24)차감액(23-22)			-3,785,000	
(25)최저한세적용에따른특별상각부인액				
조정액		(26)상각부인액(24+25)		
		(27)기왕부인액중당기손금추인액 (11,단11≤｜△24｜)	3,785,000	3,785,000
(28)당기말부인액 누계(11+26-｜27｜)			1,215,000	1,215,000

③ 기계장치

합계표 자산구분			2	기계장치
상각계산의기초가액	재무상태표 자산 가액	(5)기말현재액	10,000,000	60,000,000
		(6)감가상각누계액	4,509,190	36,509,190
		(7)미상각잔액(5 - 6)	5,490,810	23,490,810
	(8)회사계산감가상각비		1,919,190	13,919,190
	(9)자본적지출액			
	(10)전기말의제상각누계액			
	(11)전기말부인누계액			5,000,000
	(12)가감계(7 + 8 + 9 - 10 + 11)		7,410,000	42,410,000
(13)일반상각률, 특별상각률			0.259	
상각범위액계산	당기산출상각액	(14)일반상각액	1,919,190	17,704,190
		(15)특별상각액		
		(16)계(14+15)	1,919,190	17,704,190
	취득가액	(17)전기말 현재 취득가액	10,000,000	60,000,000
		(18)당기회사계산증가액		
		(19)당기자본적지출액		
		(20) 계(17+18+19)	10,000,000	60,000,000
(21)잔존가액((20) × 5 / 100)			500,000	3,000,000
(22)당기상각시인범위액(16 단,(12-16)<21인경우 12)			1,919,190	17,704,190
(23)회사계산상각액(8+9)			1,919,190	13,919,190
(24)차감액(23-22)				
(25)최저한세적용에따른특별상각부인액				
조정액		(26)상각부인액(24+25)		
		(27)기왕부인액중당기손금추인액 (11,단11≤｜△24｜)		3,785,000
(28)당기말부인액 누계(11+26-｜27｜)				1,215,000

3. [감가상각비조정명세서합계표]

①자산구분		②합 계 액	유 형 자 산			⑥무 형 자 산
			③건 축 물	④기 계 장 치	⑤기 타 자 산	
재무상태표상액	(101)기 말 현 재 액	310,000,000	250,000,000	10,000,000	50,000,000	
	(102)감가상각누계액	39,634,190	3,125,000	4,509,190	32,000,000	
	(103)미 상 각 잔 액	270,365,810	246,875,000	5,490,810	18,000,000	
(104)상 각 범 위 액		20,901,690	3,197,500	1,919,190	15,785,000	
(105)회 사 손 금 계 상 액		22,844,190	8,925,000	1,919,190	12,000,000	
조정금액	(106)상 각 부 인 액 ((105) - (104))	5,727,500	5,727,500			
	(107)시 인 부 족 액 ((104)-(105))	3,785,000			3,785,000	
	(108)기왕부인액 중 당기손금추인액	3,785,000			3,785,000	
(109)신고조정손금계상액						

4. [소득금액조정합계표]

손금불산입	건물 감가상각비 상각부인액	5,727,500원	유보발생
손금산입	차량운반구 감가상각비 손금추인액	3,785,000원	유보감소

3 대손충당금 및 대손금조정명세서

1. 전기 세무조정

- 전기대손충당금 한도초과액은 모두 손금산입하며, 당기에 대손요건을 충족한 대손금 부인액도 손금산입 한다.
  (손금산입) 전기 대손충당금 한도 초과액 2,500,000원
  (손금산입) 전기 대손금 부인액 6,000,000원

2. [2.대손금조정]의 대손처리내역

	22.일자	23.계정과목	24.채권내역	25.대손사유	26.금액	대손충당금			당기손금 계상액		
						27.계	28.시인액	29.부인액	30.계	31.시인액	32.부인액
1	05-07	외상매출금	매출대금	강제집행	4,000,000	3,000,000	3,000,000		1,000,000	1,000,000	
2	10-19	받을어음	매출대금	부도	2,000,000	300,000	300,000		1,700,000	1,699,000	1,000

① 5월 7일 대손처리내역

월	일	번호	구분	코드	계정과목	코드	거래처	적요	차변	대변
5	7	00001	대변	108	외상매출금	00202	무전상사(주)	강제집행		4,000,000
5	7	00001	차변	109	대손충당금		무전상사(주)	강제집행	3,000,000	
5	7	00001	차변	835	대손상각비		무전상사(주)	강제집행	1,000,000	

➡ 대손요건을 충족하므로 시인액으로 처리한다.

② 10월 19일 대손처리내역

월	일	번호	구분	코드	계정과목	코드	거래처	적요	차변	대변
10	19	00001	대변	110	받을어음	00201	부도상사(주)	부도확인 2025.04.18		2,000,000
10	19	00001	차변	111	대손충당금		부도상사(주)	부도확인 2025.04.18	300,000	
10	19	00001	차변	835	대손상각비		부도상사(주)	부도확인 2025.04.18	1,700,000	

➡ 부도(부도확정일 2025.4.18) 발생 후 6개월이 경과하였으므로 비망금액 1,000원을 제외한 금액을 시인액으로 처리한다.

3. [1.대손충당금 조정(채권잔액)]에 설정채권 입력

	16.계정과목	17.채권잔액의 장부가액	18.기말현재 대손금 부인 누계액	19.합계 (17+18)	20.충당금 설정제외 채권	21.채권잔액 (19 - 20)
1	외상매출금	622,334,436		622,334,436		622,334,436
2	받을어음	80,384,010	1,000	80,385,010		80,385,010
3						
	계	702,718,446	1,000	702,719,446		702,719,446

➡ 받을어음 대손금 부인액 1,000원을 설정대상채권에 가산한다.

4. [1.대손충당금 조정(손금 및 익금산입 조정)]에 대손충당금 조정 입력

손금 산입액 조정	1. 채권잔액 (21의 금액)	2.설정률	3.한도액 (1 × 2)	회사계상액			7.한도초과액 (6-3)
				4.당기계상액	5.보충액	6.계	
	702,719,446	1 / 100	7,027,194	7,831,024		7,831,024	803,830
익금 산입액 조정	8.장부상 충당금 기초잔액	9.기중 충당금 환입액	10.충당금 부인 누계액	11.당기대손금 상계액 (27의 금액)	12.당기설정 충당금 보충액	13.환입할금액 (8-9-10-11-12)	14.회사 환입액	15.과소환입 과다환입 (△)(13-14)
	3,300,000		2,500,000	3,300,000		-2,500,000		-2,500,000

5. [소득금액조정합계표]

손금산입	전기 대손충당금 손금추인	2,500,000원	유보감소
손금산입	전기 대손금부인액 손금추인	6,000,000원	유보감소
손금불산입	대손금 부인액(받을어음)	1,000원	유보발생
손금불산입	대손충당금 한도초과액	803,830원	유보발생

4 세금과공과금 명세서

1. [계정별원장 불러오기]를 이용한 손금불산입 항목 표기
 - [계정별원장 불러오기]키를 이용하여 해당계정 데이터를 기장된 내역에서 불러온 후 [손금불산입만 별도 표기하기]
   키를 클릭하여 화면우측의 비고란에서 손금불산입할 항목만 선택한다.

No	①과목	②일자	③적요	④지급처	⑤금액	비고
1	세금과공과금(판)	01-03	토지 취득세	서대문구청	3,200,000	손금불산입
2	세금과공과금(제)	01-24	자동차세	서대문구청	800,000	
3	세금과공과금(판)	01-31	자동차세	서대문구청	138,000	
4	세금과공과금(판)	02-22	부가가치세 수정신고 가산세	서대문세무서	32,320	손금불산입
5	세금과공과금(제)	02-25	공장사업소세 납부	서대문구청	900,000	
6	세금과공과금(판)	03-11	자동차분면허세납부	서대문구청	384,680	
7	세금과공과금(제)	03-31	공장재산세 납부	서대문구청	2,500,000	
8	세금과공과금(판)	04-20	불법주차과태료	종로구청	50,000	손금불산입
9	세금과공과금(판)	06-30	주식발행비용(등록면허세)	서대문구청	320,000	손금불산입
10	세금과공과금(판)	07-05	본사건물 취득세	서대문구청	5,800,000	
11	세금과공과금(제)	07-25	자동차세	서대문구청	800,000	
12	세금과공과금(판)	07-25	자동차세	서대문구청	230,000	
13	세금과공과금(판)	07-31	건물재산세(대표이사 소유분)	강남구청	720,000	손금불산입
14	세금과공과금(판)	07-31	토지 재산세	서대문구청	680,000	
15	세금과공과금(판)	08-05	주민세(사업소분)	서대문구청	350,000	
16	세금과공과금(판)	09-30	전기요금 연체료	한국전력	22,000	
17	세금과공과금(판)	11-30	인지세	서대문구청	500,000	

2. [소득금액조정합계표]

손금불산입	토지취득세	3,200,000원	유보발생
손금불산입	부가가치세 수정신고 가산세	32,320원	기타사외유출
손금불산입	불법주차과태료	50,000원	기타사외유출
손금불산입	주식발행비용(등록면허세)	320,000원	기타
손금불산입	건물재산세(대표이사 소유분)	720,000원	상여

5 세액공제조정명세서(3) 및 최저한세조정계산서

1. 세액공제조정명세서(3)

[1. 공제세액 계산]

코드	(101)구　　　　분	투자금액	(104)공제대상세액
18P	소재 · 부품 · 장비 외국법인 인수세액 공제		
10B	상가임대료를 인하한 임대사업자에 대한 세액공제	툴바의 [계산내역-F4]를 선택	
18Q	선결제 금액에 대한 세액공제	툴바의 [계산내역-F4]를 선택	
13W	통합투자세액공제(일반)	툴바의 [계산내역-F4]를 선택	30,000,000
13X	통합투자세액공제(신성장 · 원천기술)	툴바의 [계산내역-F4]를 선택	
13Y	통합투자세액공제(국가전략기술)	툴바의 [계산내역-F4]를 선택	
18R	교육기관에 무상 기증하는 중고자산에 대한 세액공제		
18S	통합고용세액공제	툴바의 [계산내역-F4]를 선택	
1B4	통합고용세액공제(정규직 전환)	툴바의 [계산내역-F4]를 선택	
1B5	통합고용세액공제(육아휴직 복귀)	툴바의 [계산내역-F4]를 선택	
1B1	임시통합투자세액공제(일반)	툴바의 [계산내역-F4]를 선택	
1B2	임시통합투자세액공제(신성장 · 원천기술)	툴바의 [계산내역-F4]를 선택	
1B3	임시통합투자세액공제(국가전략기술)	툴바의 [계산내역-F4]를 선택	
1B6	해외자원개발투자에 대한 과세특례		
1B7	문화산업전문회사 출자에 대한 세액공제		
1B8	영상콘텐츠 제작비용에 대한 세액공제(추가공제)	툴바의 [계산내역-F4]를 선택	

[2. 당기 공제 세액 및 이월액 계산]

NO	코드	(105)구분	(106)사업년도	요 공제세액 (107)당기분	(108)이월분	당기 공제대상세액 (109)당기분	(110)1차년도	(111)2차년도	(112)3차년도
	13W	통합투자세액공제(일반)	2025-12	30,000,000		30,000,000			

2. 최저한세조정계산서
- 법인세과세표준 및 세액조정계산서에서 [새로불러오기]를 클릭하여 소득금액, 과세표준, 산출세액을 자동반영하여 저장한 후 최저한세조정계산서를 작성한다.

①구　　　분	②감면후세액	③최저한세	④조정감	⑤조정후세액
(101) 결 산 서 상 당 기 순 이 익	136,803,225			
소득조정금액 (102)익 금 산 입	43,040,650			
소득조정금액 (103)손 금 산 입	32,285,000			
(104) 조 정 후 소 득 금 액(101+102-103)	147,558,875	147,558,875		147,558,875
최저한세적용 대상특별비용 (105)준 비 금		0	0	0
최저한세적용 대상특별비용 (106)특별 / 특례상각		0	0	0
(107)특별비용손금산입전소득금액(104+105+106)	147,558,875	147,558,875		147,558,875
(108) 기 부 금 한 도 초 과 액	0			0
(109) 기부금한도초과 이월액 손금산입	0			0
(110) 각 사 업 년 도 소 득 금액(107+108-109)	147,558,875	147,558,875		147,558,875
(111) 이 월 결 손 금	0	0		0
(112) 비 과 세 소 득	0	0		0
(113) 최저한세적용대상 비과세소득		0	0	0
(114) 최저한세 적용대상 익금불산입.손금산입		0	0	0
(115) 차 가 감 소 금 액(110-111-112+113+114)	147,558,875	147,558,875		147,558,875
(116) 소 득 공 제	0			0
(117) 최저한세적용대상 소득공제		0	0	0
(118) 과 세 표 준 금 액 (115-116+117)	147,558,875	147,558,875		147,558,875
(119) 선 박 표 준 이 익	0	0		0
(120) 과 세 표 준 금 액 (118+119)	147,558,875	147,558,875		147,558,875
(121) 세 율	9%	7%		9%
(122) 산 출 세 액	13,280,298	10,329,121		13,280,298
(123) 감 면 세 액	0		0	0
(124) 세 액 공 제	30,000,000		27,048,823	2,951,177
(125) 차 감 세 액 (122-123-124)	0			10,329,121

3. 세액공제조정명세서(3) [2. 당기 공제 세액 및 이월액 계산]
- 최저한세적용에 따른 미공제세액 27,048,823원을 입력하여, (123)공제세액에 2,951,177원을 반영한다.

NO	코드	(105)구분	(106)사업년도	당기 공제대상세액 (119)10차년도	(120)계	(121)최저한세적용 에따른미공제세액	(122)그 밖의 사유로…	(123)공제세액 (120-121-122)	(124)소멸	(125)이월액(107+108-123-124)
	13W	통합투자세액공제(일반)	2025-12		30,000,000	27,048,823		2,951,177		27,048,823

4. 공제감면세액합계표(갑,을)

갑	을				
(240)금 현물시장에서 거래되는 금지금에 대한 과세특례	조특제법 제126조의7제8항	14V			
(241)금사업자와 스크랩등 사업자의 수입 금액의 증가등에 대한 세액공제	조특제법 제122조의4	14W			
(242)우수 선화주 인증 국제물류주선업자 세액공제	조특법 제104조의30	18M			
(243)소재 · 부품 · 장비 수요기업 공동출자 세액공제	조특법 제13조의3제1항	18N			
(244)소재 · 부품 · 장비 외국법인 인수세액 공제	조특법 제13조의3제2항	18P			
(245)선결제 금액에 대한 세액공제	조특법 제99조의12	18Q			
(246)해외자원개발투자에 대한 과세특례	조특법 제104조의15	1B6			
(247)통합투자세액공제(일반)	조특법 제24조	13W		30,000,000	2,951,177
(248)통합투자세액공제(신성장 · 원천기술)	조특법 제24조	13X			
(249)통합투자세액공제(국가전략기술)	조특법 제24조	13Y			
(250)임시통합투자세액공제(일반)	조특법 제24조	1B1			
(251)임시통합투자세액공제(신성장 · 원천기술)	조특법 제24조	1B2			
(252)임시통합투자세액공제(국가전략기술)	조특법 제24조	1B3			
(253)문화산업전문회사 출자에 대한 세액공제	조특법 제25조의7	1B7			
		165			
(254) 소 계		149		30,000,000	2,951,177
(255)합 계(191+254)		150			2,951,177
(256)공제감면세액 총계(158+255)		151			2,951,177

5. 법인세과세표준 및 세액조정계산서

① 각사업연도소득계산	101.결산서 상 당 기 순 손 익	01	136,803,225
	소득금액조정금액 102.익 금 산 입	02	43,040,650
	103.손 금 산 입	03	32,285,000
	104.차가감소득금액(101 + 102 - 103)	04	147,558,875
	105.기 부 금 한 도 초 과 액	05	
	106.기부금한도초과이월액 손 금 산 입	54	
	107.각사업연도소득금액 (104+105-106)	06	147,558,875
② 과세표준계산	108.각 사 업 연 도 소득금액(108=107)		147,558,875
	109.이 월 결 손 금	07	
	110.비 과 세 소 득	08	
	111.소 득 공 제	09	
	112.과 세 표 준 (108-109-110-111)	10	147,558,875
	159.선 박 표 준 이 익	55	
③ 산출세액계산	113.과 세 표 준 (113=112+159)	56	147,558,875
	114.세 율	11	9%
	115.산 출 세 액	12	13,280,298
	116.지 점 유 보 소 득(법 제96조)	13	
	117.세 율	14	
	118.산 출 세 액	15	
	119.합 계(115+118)	16	13,280,298

④ 납부할세액계산	120.산 출 세 액(120=119)		13,280,298
	121.최저한세 적용대상 공제감면세액	17	2,951,177
	122.차 감 세 액	18	10,329,121
	123.최저한세 적용제외 공제감면세액	19	
	124.가 산 세 액	20	
	125.가 감 계(122-123+124)	21	10,329,121
기납부세액 (기한내납부세액)	126.중 간 예 납 세 액	22	
	127.수 시 부 과 세 액	23	
	128.원 천 납 부 세 액	24	
	129.간접회사등외국납부세액	25	
	130.소 계(126+127+128+129)	26	
	131.신 고 납 부 전 가 산 세 액	27	
	132.합 계(130+131)	28	
	133.감 면 분 추 가 납 부 세 액	29	
	134.차가감납부할 세액(125-132+133)	30	10,329,121
	토지등 양도소득에 대한 법인세 계산(TAB으로 이동)		
	미환류소득법인세 계산(F3으로 이동)/ 중소기업제외		
⑦ 세액계	151.차가감납부할세액계(134+150+166)	46	10,329,121
	152.사실과다른회계처리경정세액공제	57	
	153.분 납 세 액 계 산 범 위 액	47	10,329,121
	154.분 납 할 세 액	48	
	155.차 감 납 부 세 액	49	10,329,121

실무수행평가

11	12	13	14	15
20,874,994	182,116,000	319,800,000	97,500,000	④
16	**17**	**18**	**19**	**20**
219,450,000	1	5,700,000	1,800,000	1,544,586
21	**22**	**23**	**24**	**25**
5,751,950	37	680,000	924,000	1,190,476,804
26	**27**	**28**	**29**	**30**
20,000,000	16,000,000	5,727,500	3,785,000	22,844,190
31	**32**	**33**	**34**	**35**
702,719,446	8,500,000	804,830	3,200,000	720,000
36	**37**	**38**	**39**	
82,320	30,000,000	27,048,823	②	

최신 기출문제 제71회

[실무이론평가]

1	2	3	4	5	6	7	8	9	10
④	②	②	②	②	①	①	③	①	③

01 ④
- 기업실체의 이해관계자는 지속적으로 의사결정을 해야 하므로 적시성 있는 정보가 필요하게 된다. 이러한 정보수요를 충족시키기 위하여 도입된 재무제표의 기본 가정이 기간별 보고이다.

02 ②
- 보관중인 재고자산 300,000원 + 매입의사표시를 받지 않은 시송품 20,000원 = 320,000원

03 ②
- 수정전 자산 = 215,000,000원
- 수정사항 (-) 매출채권 대손충당금 3,000,000원
  (-) 건물 감가상각누계액 5,000,000원
- 수정후 자산 = 207,000,000원

04 ②
- 단기매매증권평가손실(영업외비용): (45,000원 × 1,000주) − 47,000,000원 = 2,000,000원
  영업외비용이 증가한다. 당기순이익은 감소한다. 영업이익·영업외수익은 변하지 않는다.

05 ②
- 무형자산상각비 = (900,000원 + 300,000원 + 100,000원) ÷ 10년 × (6/12) = 65,000원
  * 연구단계에서 발생한 지출은 모두 당기비용으로 처리한다.

06 ①
- ② 공급받는 자의 성명 또는 명칭은 세금계산서의 임의적 기재사항이다.
  ③ 내국신용장 또는 구매확인서에 의하여 공급하는 재화 등 일정한 영세율 거래는 세금계산서 발급 대상이다.
  ④ 전자세금계산서 발급명세는 발급일의 다음날까지 국세청장에게 전송하여야 한다.

07 ①
- 직장공제회 초과반환금, 법원보관금의 이자, 비실명이자는 무조건 분리과세대상이나 비영업대금의 이익은 조건부 종합과세대상이다. 분리과세를 제외한 금융소득이 2천만원 이하이므로 종합과세대상 금융소득은 없다.

08 ③
- 30,000,000원(당기순이익) + 50,000,000원(대표자 급여) − 10,000,000원(배당금 수익) = 70,000,000원

09 ①
- ① 주식발행초과금을 자본잉여금으로 회계처리한 경우 세무조정은 필요 없다.
  ② 손금불산입 유보의 세무조정이 필요하다.
  ③ 익금불산입 △유보의 세무조정이 필요하다.
  ④ 손금불산입 유보의 세무조정이 필요하다.

10 ③
- (1) 대손세액공제로 인한 부가가치세 납부세액의 감소액
    : 22,000,000원 × 10/110 = 2,000,000원
  (2) 대손금의 손금산입으로 인한 법인세액 감소액: 20,000,000원* × 9% = 1,800,000원
    * 대손세액공제를 받은 금액 2,000,000원은 법인세법상 대손처리할 수 없다.
  (3) 부가가치세와 법인세 세액에 미치는 영향(세액감소분): (1) + (2) = 3,800,000원

[실무수행과제]

문제 1 거래자료입력

1 [전표입력]

1. [매입매출전표입력] 1월 30일

거래유형	품명	공급가액	부가세	거래처	전자세금
51.과세	자동계량기	13,000,000	1,300,000	00102.(주)기성산업	전자입력
분개유형	(차) 206.기계장치	13,000,000원	(대)	103.보통예금	14,300,000원
	135.부가세대급금	1,300,000원		(98000.국민은행)	
3.혼합	104.정부보조금	13,000,000원		219.정부보조금	13,000,000원
	(보통예금 차감)			(기계장치 차감)	

2. [일반전표입력] 1월 31일

(차) 852.인건비정부보조금	10,000,000원	(대) 254.예수금		700,000원
		103.보통예금		9,300,000원
		(98000.국민은행)		

2 [매입매출전표입력] 3월 30일

거래유형	품명	공급가액	부가세	거래처	전자세금
53.면세	리스료	6,000,000		00106.(주)현대캐피탈	전자입력
분개유형	(차) 537.운용리스료	6,000,000원	(대)	103.보통예금	6,000,000원
3.혼합				(98000.국민은행)	

문제 2 부가가치세관리

1 수정전자세금계산서의 발행

1. [매입매출전표입력] 9월 10일
   ① [매입매출전표 입력] 9월 10일 전표 선택 ➡ 수정세금계산서 클릭 ➡ [수정사유] 화면에서 [6.착오에 의한 이중발급 등] 선택 후 확인(Tab)을 클릭

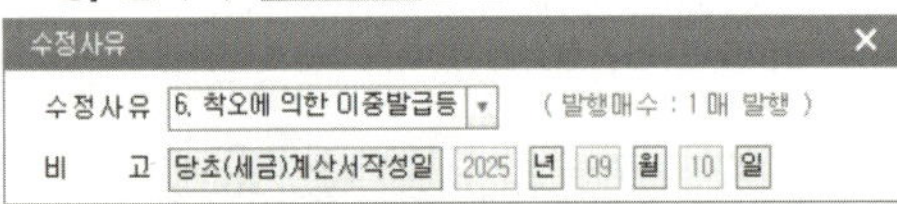

   ② 수정세금계산서(매출) 화면에서 수정분을 입력한 후 확인(Tab) 클릭

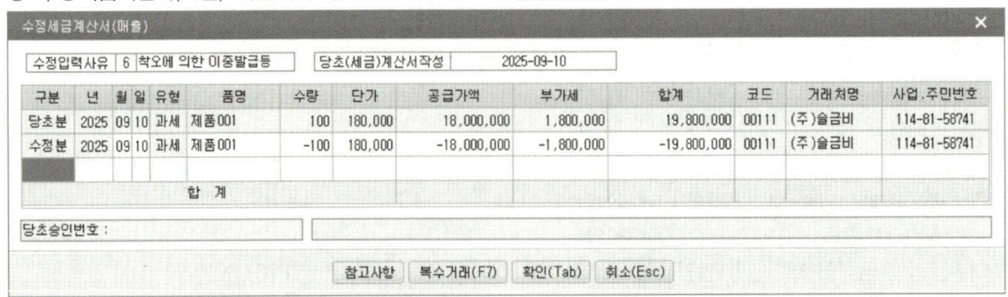

③ [매입매출전표입력] 9월 10일

거래유형	품명	공급가액	부가세	거래처	전자세금
11.과세	제품001	-18,000,000	-1,800,000	00111.(주)슬금비	전자발행
분개유형	(차) 108.외상매출금	-19,800,000원		(대) 404.제품매출	-18,000,000원
2.외상				255.부가세예수금	-1,800,000원

2. [전자세금계산서 발행 및 내역관리]

① 전자세금계산서 발행 및 내역관리 를 클릭하면 수정 전표 1매가 미전송 상태로 나타난다.

② 해당내역을 클릭하여 전자세금계산서 발행 및 국세청 전송을 한다.

2　기한 후 신고

1. [매입매출전표입력]

- 5월 20일

거래유형	품명	공급가액	부가세	거래처	전자세금
11.과세	제품	20,000,000	2,000,000	00105.(주)한국상사	전자입력
분개유형	(차) 108.외상매출금	22,000,000원		(대) 404.제품매출	20,000,000원
2.외상				255.부가세예수금	2,000,000원

- 6월 10일

거래유형	품명	공급가액	부가세	거래처	전자세금
12.영세	제품	20,000,000	0	03001.(주)구구스	전자입력
분개유형	(차) 108.외상매출금	20,000,000원		(대) 404.제품매출	20,000,000원
2.외상					

- 6월 12일

거래유형	품명	공급가액	부가세	거래처	전자세금
51.과세	원재료	5,000,000	500,000	04300.(주)신일산업	전자입력
분개유형	(차) 153.원재료	5,000,000원		(대) 251.외상매입금	5,500,000원
2.외상	135.부가세대급금	500,000원			

- 6월 20일

거래유형	품명	공급가액	부가세	거래처	전자세금
61.현과	회식비	500,000	50,000	00112.한우마을	
분개유형	(차) 811.복리후생비	500,000원		(대) 101.현금	550,000원
1.현금	135.부가세대급금	50,000원			

2. [부가가치세신고서] 4월 1일 ~ 6월 30일

1) 2024년 제1기 기한 후 부가가치세신고서

구 분				금액	세율	세액
과세표준및매출세액	과세	세금계산서발급분	1	20,000,000	10/100	2,000,000
		매입자발행세금계산서	2		10/100	
		신용카드·현금영수증	3		10/100	
		기타	4		10/100	
	영세	세금계산서발급분	5	20,000,000	0/100	
		기타	6		0/100	
	예정신고누락분		7			
	대손세액가감		8			
	합계		9	40,000,000	㉮	2,000,000
매입세액	세금계산수취부분	일반매입	10	5,000,000		500,000
		수출기업수입분납부유예	10-1			
		고정자산매입	11			
	예정신고누락분		12			
	매입자발행세금계산서		13			
	그밖의공제매입세액		14	500,000		50,000
	합계 (10-(10-1)+11+12+13+14)		15	5,500,000		550,000
	공제받지못할매입세액		16			
	차감계 (15-16)		17	5,500,000	㉯	550,000
납부(환급)세액 (㉮매출세액-㉯매입세액)					㉰	1,450,000
경감공제세액	그밖의경감·공제세액		18			
	신용카드매출전표등발행공제계		19		[참고]	
	합계		20		㉱	
소규모 개인사업자 부가가치세 감면세액			20-1		㉲	
예정신고미환급세액			21		㉳	
예정고지세액			22		㉴	
사업양수자가 대리납부한 세액			23		㉵	
매입자납부특례에따라납부한세액			24		㉶	
신용카드업자가 대리납부한 세액			25		㉷	
가산세액계			26		㉸	398,509
차가감납부할세액(환급받을세액) (㉯-㉱-㉲-㉳-㉴-㉵-㉶-㉷+㉸)			27			1,848,509
총괄납부사업자 납부할세액 (환급받을세액)						

2) 과세표준명세

화면상단의 과표(F7) 를 클릭하여 '신고구분'에서 '4.기한후과세표준'을 선택하고, '신고년월일'에 '2025-08-05'을 기입 후 확인 을 클릭하면 부가가치세신고서에 '기한후신고'가 표시된다.

신고구분 4 (1.예정 2.확정 3.영세율등 조기환급 4.기한후과세표준)

국세환급금계좌신고 ☐ [?] ☐ 은행 ☐ 지점 (F3-회사환급은행,F2-국세청은행)

계좌번호 ☐

폐업신고 폐업일자 ----·--·-- 폐업사유 ☐ ▾

폐업일조회 ※ 폐업일자가 틀린 경우 전자신고 제작 시 오류가 발생하므로 폐업일 확인 후 마감 하십시오.

영세율상호주의 ☐ ▾ ☐ 적용구분 ☐ ▾ 업종 ☐ 해당국가 ☐ 추가입력

		과세표준명세		
	업태	종목	코드도움	금액
28	제조업외	화학섬유 방적업	171107	40,000,000
29				0
30				0
31	수입금액제외		171107	0
32	합계			40,000,000

		면세수입금액		
	업태	종목	코드도움	금액
81	제조업외	화학섬유 방적업	171107	0
82				
83	수입금액제외		171107	0
84	합계			0

계산서발급 및 수취내역	85.계산서발급금액	
	86.계산서수취금액	

세무대리인 성명 ☐ 사업자변호 ---·--·----- 전화번호 ☐ - ☐ - ☐ 생년월일 ----·--·--

신고년월일 2025-08-05   핸드폰 ☐ - ☐ - ☐

E-MAIL purun@bill36524.com

3) [가산세]

구분			금액	세율	세액
25. 가산세 명세	사업자미등록	61		1%	
	세금계산서지연발급등	62	20,000,000	1%	200,000
	세금계산서지연수취	63		0.5%	
	세금계산서미발급등	64		뒤쪽참조	
	전자세금계산서 지연전송	65		0.3%	
	전자세금계산서 미전송	66		0.5%	
	세금계산서합계표불성실	67		뒤쪽참조	
	신고불성실	69	1,450,000	뒤쪽참조	145,000
	납부지연	73	1,450,000	뒤쪽참조	3,509
	영세율과세표준신고불성	74	20,000,000	0.5%	50,000
	현금매출명세서미제출	75		1%	
	부동산임대명세서불성실	76		1%	
	매입자거래계좌미사용	77		뒤쪽참조	
	매입자거래계좌지연입금	78		뒤쪽참조	
	신용카드매출전표 등 수령 명세서 미제출·과다기재	79		0.5%	
	합계	80			398,509
67. 세금 계산서 합계표 불성실	미제출			0.5%	
	부실기재			0.5%	
	지연제출			0.3%	
	합계				
69. 신고 불성실	무신고(일반)		1,450,000	뒤쪽참조	145,000
	무신고(부당)			뒤쪽참조	
	과소·초과환급신고(일반)			뒤쪽참조	
	과소·초과환급신고(부당)			뒤쪽참조	
	합계		1,450,000		145,000

(1) 세금계산서지연발급 가산세: 20,000,000원 × 1% = 200,000원

(2) 신고불성실 가산세(무신고(일반))

　　(2,000,000원 − 500,000원 − 50,000원) × 20% × 50% 감면(1개월 이내) = 145,000원

(3) 납부지연 가산세

　　(2,000,000원 − 500,000원 − 50,000원) × 2.2/10,000 × 11일 − 3,509원

(4) 영세율 과세표준 신고불성실 가산세

　　20,000,000원 × 0.5% × 50% 감면(1개월 이내) = 50,000원

(5) 가산세 합계: 398,509원

문제 3 결산

1 수동결산 및 자동결산

1. [일반전표입력] 12월 31일

(차) 931.이자비용　　　　　　　　　　　365,000원　　(대) 262.미지급비용　　　　　　　　　365,000원

　　※ 미지급비용: 666,125,000원 × 2% × 10/365 = 365,000원

2. [결산자료입력]

- 결산자료입력에서 원재료 22,000,000원, 제품평가손실 2,000,000원, 제품 40,000,000원을 입력하고 전표추가(F3) 를 클릭하여 결산분개를 생성한다.

3. [이익잉여금처분계산서] 메뉴

- 이익잉여금처분계산서에서 처분일을 입력한 후, 전표추가(F3) 를 클릭하여 손익대체분개를 생성한다.

문제 4 원천징수관리

1 이자/배당소득의 원천징수

1. [기타소득자입력]

☐	코드	소득자명	거주	주민(외국인)번호	소득구분
☐	01100	이주형	거주	내	641120-1523000	122 비영업대금의 이
☐	01101					

기본사항등록

소득구분/연말구분 122 ? 비영업대금의 이익(연말 1 1.부
내 외 국 인 / 국 적 0 0.내국인 거주지국 KR ? 대한민국
소득자구분/실명구분 111 ? 내국인주민등록번호 0 0.실명
개 인 / 법 인 1 1.개인 필요경비율 %
※ 필요경비율 (소득구분코드:72,73,75,76,79,80)
2018.4.1~2018.12.31 :70%
2019.1.1이후   :60%

2. [이자배당소득자료입력]

● 기타 관련 항목

소득구분	계좌번호	과세구분	금융상품	조세특례등	유가증권표준코드	영수일자
122 비영업대금의 이익(소§16①11) [22]	0100 20201-55-1005					

● 소득 지급 내역

귀속월	지급일자	채권이자구분	이자지급대상기간	금액	세율	소득세	법인세	지방소득세	농특세	세액합계	이자율등
2025-12	2025-12 31	66 채권등의 이자등을 지급받는 경우 이자등 지급총액	2025-01-01 2025-12-31	5,000,000	25.000%	1,250,000		125,000		1,375,000	5.00000

2 국세청연말정산간소화 및 이외의 자료를 기준으로 연말정산

[사원등록 부양가족명세 수정]

	연말정산관계	기본	세대	부녀	장애	경로70세	출산입양	자녀	한부모	성명	주민(외국인)번호	가족관계
1	0.본인	본인	○							이재환	내 800902-1754110	
2	3.배우자	부								신인순	내 850527-2899734	02.배우자
3	4.자녀,손자녀,입	20세이하						○		이하름	내 110101-4231454	05.자녀
4	4.자녀,손자녀,입	20세이하						○		이하원	내 120122-3122220	05.자녀
5	6.형제자매	장애인			1					이윤환	내 901212-2345670	30.누이
	합 계 5명		4		1			2				

- 배우자 신인순은 총급여액이 500만원 초과자로 기본공제대상자가 아님.
- 형제자매 이윤환은 장애인이면서, 기타소득금액 100만원 이하로 기본공제대상자임.

[연말정산 근로소득원천징수영수증]

1. 의료비 세액공제

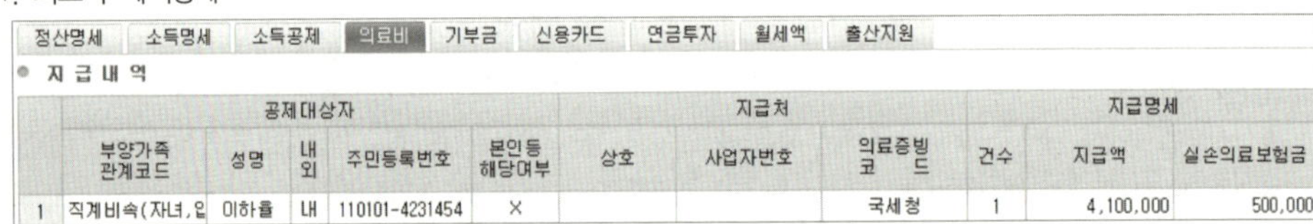

| 정산명세 | 소득명세 | 소득공제 | 의료비 | 기부금 | 신용카드 | 연금투자 | 월세액 | 출산지원 |

● 지 급 내 역

	공제대상자					지급처			지급명세		
	부양가족관계코드	성명	내외	주민등록번호	본인등해당여부	상호	사업자번호	의료증빙코드	건수	지급액	실손의료보험금
1	직계비속(자녀,입	이하름	내	110101-4231454	×			국세청	1	4,100,000	500,000

- 안경구입비용은 500,000원이 한도이며, 미용목적의 성형수술비용은 공제대상이 아님.

2. 보험료 세액공제

관계코드	성 명	기	보험료	
내외국인	주민등록번호	본	보장성	장애인
1	0	이재환	본인/세대주		
	1	800902-1754110			
2	3	신인순	부		
	1	850527-2899734			
3	4	이하율	20세이하		
	1	110101-4231454			
4	4	이하원	20세이하	1,200,000	
	1	120122-3122220			
5	6	이윤환	장애인		
	1	901212-2345670			

- 자녀 이하원은 기본공제 대상자로 보험료 공제 대상임.

문제 5 법인세관리

1 임대보증금 간주익금 조정

1. [2. 임대보증금등의 적수계산]

	⑧일 자	⑨적 요	임대보증금 입금	임대보증금 반환	⑩임대보증금 누계	⑪일수	⑫적수(⑩X⑪)
1	01-01	전기이월	600,000,000		600,000,000	365	219,000,000,000
2							
		계				365	219,000,000,000

2. [3. 건설비 상당액 적수계산]

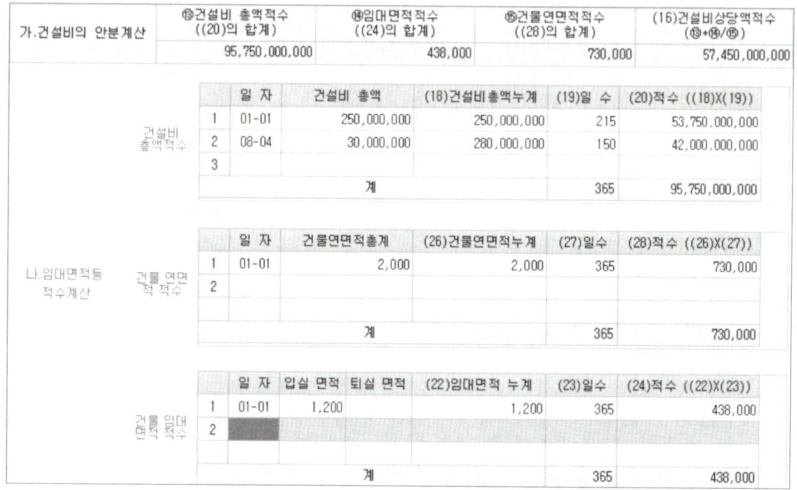

가.건설비의 안분계산	⑬건설비 총액적수 ((20)의 합계)	⑭임대면적적수 ((24)의 합계)	⑮건물연면적적수 ((28)의 합계)	(16)건설비상당액적수 (⑬+⑭/⑮)
	95,750,000,000	438,000	730,000	57,450,000,000

건설비총액적수

	일 자	건설비 총액	(18)건설비총액누계	(19)일 수	(20)적수 ((18)X(19))
1	01-01	250,000,000	250,000,000	215	53,750,000,000
2	08-04	30,000,000	280,000,000	150	42,000,000,000
3					
	계			365	95,750,000,000

나.임대면적등 적수계산 — 건물연면적적수

	일 자	건물연면적총계	(26)건물연면적누계	(27)일수	(28)적수 ((26)X(27))
1	01-01	2,000	2,000	365	730,000
2					
	계			365	730,000

건물임대적수

	일 자	입실 면적	퇴실 면적	(22)임대면적 누계	(23)일수	(24)적수 ((22)X(23))
1	01-01	1,200		1,200	365	438,000
2						
	계				365	438,000

3. [4. 임대보증금등의 운용수입금액 명세서]

	(29)과　　　목	(30)계 정 금 액	(31)보증금운용수입금액	(32)기타수입금액	(33)비　　　고
1	이자수익	2,560,000	1,275,000	1,285,000	
2	배당금수익	3,640,000	1,300,000	2,340,000	
3					
	계	6,200,000	2,575,000	3,625,000	

4. [1. 임대보증금등의 간주익금 조정]

①임대보증금등 적　　　　수	②건설비상당액 적　　　　수	③보증금잔액 {(①-②)/ 365 }	④이자율 (%)	⑤(③*④) 익금상당액	⑥보증금운용 수　　　입	⑦(⑤-⑥) 익금산입금액
219,000,000,000	57,450,000,000	442,602,739	3.1	13,720,684	2,575,000	11,145,684

5. [소득금액조정합계표]

익금산입	임대보증금 간주익금	11,145,684원	기타사외유출

2 기업업무추진비 조정명세서(갑,을)

1. [경조사비 등 설정]

   [경조사비등 설정]을 클릭하여 [1.경조사비 설정]란에 적요번호를 입력한다.

코드	계정과목명	경조사비 지출액(신용카드미사용)			경조사비(신용카드사용)	
813	접대비(기업업무추진비)(판)	현금적요 10 ? 거래처 경조사비 지급(조정)	현금적요 ?			
		대체적요 10 ? 거래처 경조사비 지급(조정)	대체적요 ?			

2. [기업업무추진비 조정명세서(을)]

   ① 수입금액 명세 합계란에 1,281,386,010원, 특수관계인간 거래금액란에 60,000,000원입력
   ② [6.접대비계상액 중 사적사용 경비]란에 2,500,000원 입력
   ③ 접대비등 해당금액란에 여비교통비 1,600,000원 입력
   ④ [15.신용카드 등 미사용금액]란에 1,415,000원 입력
   　3,915,000원 - 2,500,000원 = 1,415,000원
   ⑤ [16.총 초과금액] 란에 45,600,000원과 여비교통비 1,600,000원 입력
   　48,100,000원 - 2,500,000원 = 45,600,000원

을　　갑					
1. 수입금액 명세					
구　　분		1. 일반 수입 금액	2. 특수관계인간 거래금액	3. 합 계 (1+2)	
금　　액		1,221,386,010	60,000,000	1,281,386,010	
2. 기업업무추진비등 해당금액			경조사비등 설정　　금융기관의 수입금액		
4. 계　정　과　목		합계	접대비(기업업무추	여비교통비	
5. 계　정　금　액		50,300,000	48,700,000	1,600,000	
6. 기업업무추진비계상액중 사적사용 경비		2,500,000	2,500,000		
7. 기업업무추진비 해당금액 (5-6)		47,800,000	46,200,000	1,600,000	
8. 신용카드등미사용금액	경조사비 중 기준 금액 초과액	9.신용카드 등 미사용금액	600,000	600,000	
		10. 총 초과금액	600,000	600,000	
	국외지역 지출액	11.신용카드 등 미사용금액			
		12. 총 지출액			
	농어민 지출액	13.송금명세서 미제출금액			
		14. 총 지출액			
	기업업무추진비 중 기준금액 초과액	15.신용카드 등 미사용금액	1,415,000	1,415,000	
		16. 총 초과금액	47,200,000	45,600,000	1,600,000
	17.신용카드 등 미사용 부인 액 (9+11+13+15)		2,015,000	2,015,000	
18.기업업무추진비 부 인 액 (6+17)		4,515,000	4,515,000		
문화 사업 기업업무추진비					
전통 시장 기업업무추진비					

3. [기업업무추진비 조정명세서(갑)]

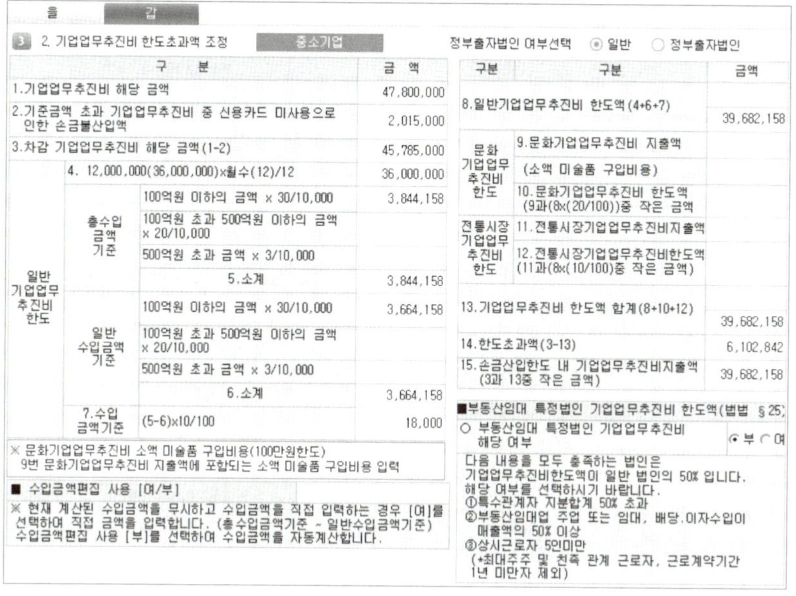

을	갑					
3　2. 기업업무추진비 한도초과액 조정　　중소기업				정부출자법인 여부선택　◉ 일반　　○ 정부출자법인		

구　분			금　액	구분	구분	금액
1.기업업무추진비 해당 금액			47,800,000	8.일반기업업무추진비 한도액(4+6+7)		39,682,158
2.기준금액 초과 기업업무추진비 중 신용카드 미사용으로 인한 손금불산입액			2,015,000	문화기업업무추진비 한도	9.문화기업업무추진비 지출액	
3.차감 기업업무추진비 해당 금액(1-2)			45,785,000		(소액 미술품 구입비용)	
일반기업업무추진비 한도	4. 12,000,000(36,000,000)×월수(12)/12		36,000,000		10.문화기업업무추진비 한도액 (9과(8×(20/100))중 작은 금액	
	총수입금액기준	100억원 이하의 금액 × 30/10,000	3,844,158	전통시장기업업무추진비 한도	11.전통시장기업업무추진비지출액	
		100억원 초과 500억원 이하의 금액 × 20/10,000			12.전통시장기업업무추진비한도액 (11과(8×(10/100)중 작은 금액)	
		500억원 초과 금액 × 3/10,000		13.기업업무추진비 한도액 합계(8+10+12)		39,682,158
		5.소계	3,844,158	14.한도초과액(3-13)		6,102,842
	일반수입금액기준	100억원 이하의 금액 × 30/10,000	3,664,158	15.손금산입한도 내 기업업무추진비지출액 (3과 13중 작은 금액)		39,682,158
		100억원 초과 500억원 이하의 금액 × 20/10,000				
		500억원 초과 금액 × 3/10,000				
		6.소계	3,664,158			
	7.수입금액기준	(5-6)×10/100	18,000			

※ 문화기업업무추진비 소액 미술품 구입비용(100만원한도)
　9번 문화기업업무추진비 지출액에 포합되는 소액 미술품 구입비용 입력

■ 수입금액편집 사용 [여/부]

※ 현재 계산된 수입금액을 무시하고 수입금액을 직접 입력하는 경우 [여]를
　선택하여 직접 금액을 입력합니다. (총수입금액기준 ~ 일반수입금액기준)
　수입금액편집 사용 [부]를 선택하여 수입금액을 자동계산합니다.

■부동산임대 특정법인 기업업무추진비 한도액(법법 §25)
○ 부동산임대 특정법인 기업업무추진비 해당 여부　　◉부 ○여

다음 내용을 모두 충족하는 법인은
기업업무추진비한도액이 일반 법인의 50% 입니다.
해당 여부를 선택하시기 바랍니다.
①특수관계자 지분합계 50% 초과
②부동산임대업 주업 또는 임대, 배당·이자수입이
　매출액의 50% 이상
③상시근로자 5인미만
　(+최대주주 및 친족 관계 근로자, 근로계약기간
　1년 미만자 제외)

4. [소득금액조정합계표]

손금불산입	기업업무추진비 중 대표이사 개인사용분	2,500,000원	상여
손금불산입	기업업무추진비 중 신봉카드 미사용액	2,015,000원	기다사외유출
손금불산입	기업업무추진비 한도초과	6,102,842원	기타사외유출

3　가지급금 등의 인정이자 조정명세서(갑,을)

1. [3.가지급금,가수금적수계산]

1) [1.가지급금(전체)]

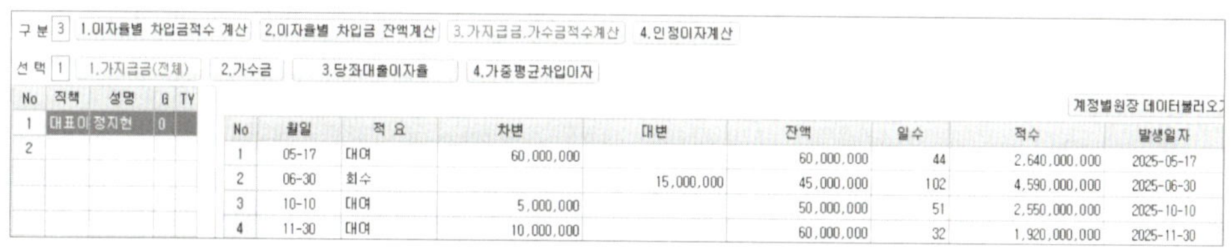

구 분 3　1.이자율별 차입금적수 계산　2.이자율별 차입금 잔액계산　3.가지급금,가수금적수계산　4.인정이자계산

선 택 1　1.가지급금(전체)　2.가수금　3.당좌대출이자율　4.가중평균차입이자

No	직책	성명	G TY									계정별원장 데이터불러오기
1	대표이	정지현	0	No	월일	적 요	차변	대변	잔액	일수	적수	발생일자
2				1	05-17	대여	60,000,000		60,000,000	44	2,640,000,000	2025-05-17
				2	06-30	회수		15,000,000	45,000,000	102	4,590,000,000	2025-06-30
				3	10-10	대여	5,000,000		50,000,000	51	2,550,000,000	2025-10-10
				4	11-30	대여	10,000,000		60,000,000	32	1,920,000,000	2025-11-30

2) [2.가수금]

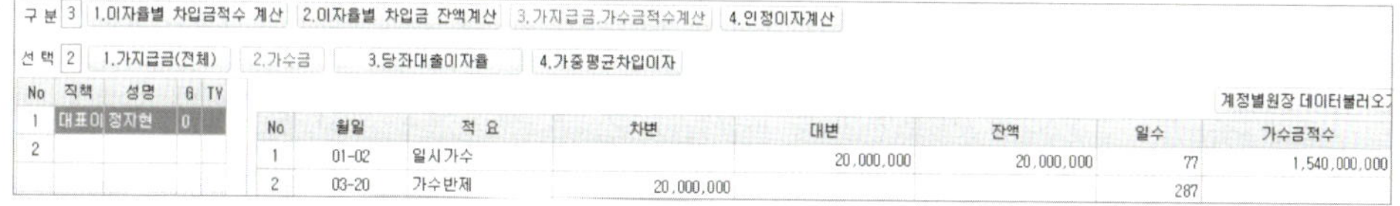

구 분 3　1.이자율별 차입금적수 계산　2.이자율별 차입금 잔액계산　3.가지급금,가수금적수계산　4.인정이자계산

선 택 2　1.가지급금(전체)　2.가수금　3.당좌대출이자율　4.가중평균차입이자

No	직책	성명	G TY								계정별원장 데이터불러오기
1	대표이	정자현	0	No	월일	적 요	차변	대변	잔액	일수	가수금적수
2				1	01-02	일시가수		20,000,000	20,000,000	77	1,540,000,000
				2	03-20	가수반제	20,000,000			287	

3) [3.당좌대출이자율]

구분 3	1.이자율별 차입금적수 계산	2.이자율별 차입금 잔액계산	3.가지급금.가수금적수계산	4.인정이자계산

선택 3	1.가지급금(전체)	2.가수금	3.당좌대출이자율	4.가중평균차입이자

작업순서 준수(1.가지급금(전체), 2.가수금->3.당좌대출이자율)   '홀'지 서식 확인 인명별 불러오기 전체인덕

No	직책	성명	G	TV
1	대표이사	정지현	0	당
2				

No	대여기간 발생년월일	대여기간 회수년월일	월일	적요	차변	대변	잔액	일수	가지급금적수	가수금적수	차감적수
1	2025-05-17		05-17	대여	60,000,000		60,000,000	44	2,640,000,000		
2	2025-05-17		06-30	회수		15,000,000	45,000,000	185	8,325,000,000		
3	2025-10-10		10-10	대여	5,000,000		5,000,000	83	415,000,000		
4	2025-11-30		11-30	대여	10,000,000		10,000,000	32	320,000,000		

2. [4.인정이자계산]

가지급금등의인정이자조정(갑,을) 전자   검토서식 PDF변환 합계등록 원장조회 잔액조회 정렬(재계산) 일일수 전기서식 이자율합

구분 4	1.이자율별 차입금적수 계산	2.이자율별 차입금 잔액계산	3.가지급금.가수금적수계산	4.인정이자계산

적용 이자율 선택 (✔ 표시)

(11.적용이자율 선택방법
 :적용 이자율에서 선택한 이자율이 11.적용이자율란에 일괄 적용되며 일부 적용되는 이자율은 11.란에서 직접 수정하여 입력합니다.)

▸ 선택 사업연도 시작/ 종료 일자
> 2025-01-01 ~ 2025-12-31
※ 이자율 "1"을 선택한 경우 반드시 선택 사업 시작/종료 일자를 입력합니다.

- ✔ 1. 「법인세법 시행령」 제89조 제3항 제2호에 따른 당좌대출이자율
- ☐ 2. 원칙 : 가중평균차입이자율
- ☐ 3. 「법인세법 시행령」 제89조제3항제1호에 따라 해당 대여금 또는 차입금만 당좌대출이자율을 적용
- ☐ 4. 「법인세법 시행령」 제89조제3항제1호의2에 따라 해당 대여금 또는 차입금만 당좌대출이자율을 적용

당좌대출이자율에 의한 가지급금 등 인정이자 조정   가중평균차입이자율에 의한 가지급금등 인정이자 조정

10.성명	11.적용이자율 선택방법		12.가지급금적수	13.가수금적수	14.차감적수 (12-13)	15.이자율	16.인정이자 (14×15)	17.회사계상액	시가인정범위 18.차액 (16-17)	시가인정범위 19.비율(%) (18/16)×100	20.조정액 (20=18) 18>=3억이거나 19>=5%인 경우
정지현	1		11,700,000,000	1,540,000,000	10,160,000,000	4.6	1,280,438		1,280,438	100.00000	1,280,438

3. [소득금액조정합계표]

익금산입	가지급금인정이자(대표자)	1,280,438원	상여

4 선급비용명세서

1. 선급비용명세서

① 보험료(제) 입력화면

No	구분	적요	거래처	선급비용	회사계상액	세무조정대상금액
1	선급 보험료	공장건물보험료	한국손해보험(주)	301,369	100,000	201,369
2						

선급비용 계산

	해당기간						지급액	선급비용	회사계상액	세무조정대상금액
2025	02	20	~	2026	02	19	2,200,000	301,369	100,000	201,369

② 임차료(판) 입력화면

No	구분	적요	거래처	선급비용	회사계상액	세무조정대상금액
1	선급 보험료	공장건물보험료	한국손해보험(주)	301,369	100,000	201,369
2	선급 임차료	복합기 임차료	스마트사무기기	496,438		496,438
3						

선급비용 계산

	해당기간						지급액	선급비용	회사계상액	세무조정대상금액
2025	06	01	~	2026	05	31	1,200,000	496,438		496,438

2. 소득금액조정합계표

손금불산입	공장건물 보험료 선급비용	201,369원	유보발생
손금불산입	복합기 임차료 선급비용	496,438원	유보발생
손금산입	전기분 보험료 선급비용	1,500,000원	유보감소

5 소득금액조정합계표 및 자본금과적립금조정명세서(갑,을)

1. 소득금액조정합계표

손금산입	전기 외상매출금	4,999,000원	유보감소
익금산입	전기 외화환산이익	1,000,000원	유보감소
익금산입	자기주식처분이익	9,000,000원	기타
익금불산입	법인세 당기환급액	132,000원	기타

2. 자본금과 적립금 조정명세서(을)

을(세무조정 유보소득…	병(세무조정 출자의…	갑(자본금과 적립금…	갑(이월결손금계산서)	검토서식

① 세무조정 유보소득 계산

①과목 또는 사항	②기초잔액	당기중증감		⑤기말잔액 (익기초현재)	비고
		③감소	④증가		
1 공장건물 보험료			201,369	201,369	
2 복합기 임차료			496,438	496,438	
3 전기분 보험료	1,500,000	1,500,000			
4 전기 외상매출금	5,000,000	4,999,000		1,000	
5 전기 외화환산이익	-1,000,000	-1,000,000			

실무수행평가

11	12	13	14	15
①	45,000,000	24,631,000	60,000,000	2,180,646,000
16	17	18	19	20
③	19,800,000	6	1,450,000	398,509
21	22	23	24	25
1,250,000	24,787,440	319,500	120,000	219,000,000,000
26	27	28	29	30
57,450,000,000	11,145,684	47,800,000	2,015,000	6,102,842
31	32	33	34	35
11,700,000,000	1,540,000,000	1,280,438	201,369	496,438
36	37	38	39	
1,500,000	9,000,000	132,000	②	

최신 기출문제 제73회

[실무이론평가]

1	2	3	4	5	6	7	8	9	10
①	②	①	④	③	③	②	②	②	④

01 ①
- 외상매출금 현금 회수액은 당기순이익에 영향을 미치지 않는다.
- 당기발생 임차료 기간 경과분(미지급분)에 대한

  (차) 임차료   1,200,000원   (대) 미지급비용   1,200,000원

  회계 처리 누락으로 당기순이익 1,200,000원이 과대계상되어 있다.

  따라서, 수정 후 당기순이익은 51,000,000원 − 1,200,000원 = 49,800,000원이다.

02 ②
- 유효이자율이 액면이자율보다 크므로 할인발행되었다.

03 ①
- 결산 전 퇴직급여충당부채 잔액 = 퇴직금 추계액 − 결산 시 추가 계상액

  = 10,000,000원 − 5,000,000원 = 5,000,000원
- 기중 퇴직급여 지급액 = 퇴직급여충당부채 전기이월액 − 결산 전 퇴직급여충당부채 잔액

  = 7,000,000원 − 5,000,000원 = 2,000,000원

04 ④
- 2023년 감가상각비: 20,000,000원 × 0.400 = 8,000,000원

  2024년 감가상각비: (20,000,000원 − 8,000,000원) × 0.400 = 4,800,000원

  2025년 감가상각비: (20,000,000원 − 8,000,000원 − 4,800,000원)/3년 = 2,400,000원

05 ③
- 재평가잉여금 = 6,000,000원(공정가치) − 4,500,000원(장부금액) = 1,500,000원
- 재평가잉여금은 기타포괄손익(자본)으로 인식한다.

06 ③
- 외상매출액   : 10,000,000원 − 500,000원(매출할인) =   9,500,000원

  직수출액   :   6,000,000원

  비영업용 승용차 처분 :   4,000,000원

  건물처분   :   7,000,000원

  합 계   :   26,500,000원

07 ②
- 과세이연된 퇴직금을 일시금 형태로 수령한 경우에는 퇴직소득으로 원천징수한다.

08 ②
- 28,000,000원+2,000,000원+5,000,000원=35,000,000원
- 기계장치처분이익(복식부기의무자가 아님)과 배당금수익은 사업소득 총수입금액에 포함되지 않으나, 나머지는 사업소득 총수입금액에 포함됨.

09 ②
- 금융회사 외의 법인이 화폐성 외화자산·부채의 평가방법을 마감환율 방법으로 신고한 경우에만, 그 외환차이가 발생한 기간에 인식한 평가손익(또는 환산손익)을 인정한다.

10 ④
- 각 사업연도의 기간이 6개월을 초과하는 법인은 사업연도 개시일부터 6개월간을 중간예납기간으로 하여 중간예납기간이 경과한 날부터 2개월 이내에 그 기간에 대한 법인세를 신고·납부해야 한다.

[실무수행과제]

문제 1 거래자료입력

1 [일반전표입력] 3월 31일

1. 이자지급 분개

(차) 931.이자비용	731,670원	(대) 103.보통예금	600,000원
		(98000.국민은행)	
		292.사채할인발행차금	131,670원

- 액면이자: 30,000,000원 × 8% × 3/12 = 600,000원
- 시장이자: 29,266,830원 × 10% × 3/12 = 731,670원
- 사채할인발행차금상각액: 731,670원 − 600,000원 = 131,670원

2. 사채상환 분개

(차) 291.사채	15,000,000원	(대) 103.보통예금	15,000,000원
948.사채상환손실	300,750원	(98000.국민은행)	
		292.사채할인발행차금	300,750원

- 사채상환손실: (733,170원 − 131,670원) / 2 = 300,750원

2 [일반전표입력] 6월 30일

(차) 198.퇴직연금운용자산	1,000,000원	(대) 922.퇴직연금운용이익	1,000,000원
(04800.교보생명(주))			

문제 2 부가가치세관리

1 수정전자세금계산의 발급

1. [수정전자세금계산서 발급]
   ① [매입매출전표입력] 5월 20일 전표선택 ➔ 수정세금계산서 클릭 ➔ 수정사유(4.계약의 해제)를 선택 ➔ 확인(Tab) 을 클릭
   ② [수정세금계산서(매출)] 화면에서 수정분 [작성일 5월 30일], [공급가액 −30,000,000원], [세액 −3,000,000원] 자동반영 후 확인(Tab) 을 클릭

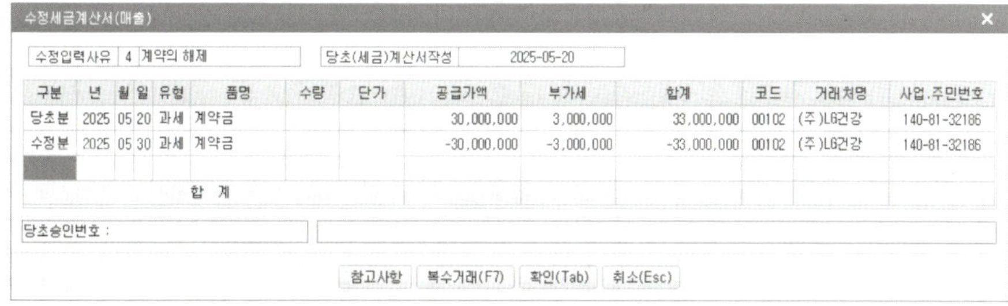

③ [매입매출전표입력] 5월 30일

거래유형	품명	공급가액	부가세	거래처	전자세금
11.과세	계약금	-30,000,000	-3,000,000	00102.(주)LG건강	전자발행
분개유형				(대) 259.선수금	-30,000,000원
				255.부가세예수금	-3,000,000원
3.혼합				103.보통예금	33,000,000원
				(98000.국민은행)	

2. [전자세금계산서 발행 및 내역관리]

① 전자세금계산서 발행 및 내역관리 를 클릭하면 수정 전표 1매가 미전송 상태로 나타난다.

② 해당내역을 클릭하여 전자세금계산서 발행 및 국세청 전송을 한다.

2 확정신고누락분의 수정신고서 반영

1. [매입매출전표입력]

- 10월 20일

거래유형	품명	공급가액	부가세	거래처	전자세금
11.과세	제품	10,000,000	1,000,000	00105.(주)씨제이	전자입력
분개유형	(차) 108.외상매출금	11,000,000원		(대) 404.제품매출	10,000,000원
2.외상				255.부가세예수금	1,000,000원

- 11월 15일

거래유형	품명	공급가액	부가세	거래처	전자세금
51.과세	원재료	2,000,000	200,000	01500.(주)인터코스	전자입력
분개유형	(차) 153.원재료	2,000,000원		(대) 251.외상매입금	2,200,000원
2.외상	135.부가세대급금	200,000원			

- 11월 27일

거래유형	품명	공급가액	부가세	거래처	전자세금
14.건별	개인공급	3,000,000	300,000		
분개유형	(차) 134.가지급금	2,800,000원		(대) 150.제품	2,500,000원
	(15002.이덕현)			(적요8.타계정으로 대체)	
3.혼합				255.부가세예수금	300,000원

2. [부가가치세신고서] 10월 1일 ~ 12월 31일(수정차수 1)

| 일반과세 | 사업장명세 | | 매출세 | 27,920,000 | 매입세 | 13,742,500 | 차감세 | 14,393,340 | 부가율 | 50.24 | > |

기 간 : 2025 년 10 월 01 일 ~ 2025 년 12 월 31 일 ?　신고구분: 2.수정신고 ▼　수정차수 1 ?　　　새로불러오기

	구 분		No	수정전 금액	세율	세액	No	수정후 금액	세율	세액
과세표준및매출세액	과세	세금계산서발급분	1	266,200,000	10/100	26,620,000	1	276,200,000	10/100	27,620,000
		매입자발행세금계산서	2		10/100		2		10/100	
		신용카드.현금영수증	3		10/100		3		10/100	
		기타	4		10/100		4	3,000,000	10/100	300,000
	영세	세금계산서발급분	5		0/100		5		0/100	
		기타	6		0/100		6		0/100	
	예정신고누락분		7				7			
	대손세액가감		8				8			
	합계		9	266,200,000	㉑	26,620,000	9	279,200,000	㉑	27,920,000
매입세액	세금계산수취부분	일반매입	10	135,425,000		13,542,500	10	137,425,000		13,742,500
		수출기업수입분납부유예	10-1				10-1			
		고정자산매입	11				11			
	예정신고누락분		12				12			
	매입자발행세금계산서		13				13			
	그밖의공제매입세액		14				14			
	합계 (10-(10-1)+11+12+13+14)		15	135,425,000		13,542,500	15	137,425,000		13,742,500
	공제받지못할매입세액		16				16			
	차감계 (15-16)		17	135,425,000	㉯	13,542,500	17	137,425,000	㉯	13,742,500
납부(환급)세액 (㉑매출세액-㉯매입세액)					㉰	13,077,500			㉰	14,177,500
경감공제세액	그밖의경감·공제세액		18				18			
	신용카드매출전표등발행공제계		19		[참고]		19		[참고]	
	합계		20		㉱		20		㉱	
소규모 개인사업자 부가가치세 감면세액			20-1		㉲		20-1		㉲	
예정신고미환급세액			21		㉳		21		㉳	
예정고지세액			22		㉴		22		㉴	
사업양수자가 대리납부한 세액			23		㉵		23		㉵	
매입자납부특례에따라납부한세액			24		㉶		24		㉶	
신용카드업자가 대리납부한 세액			25		㉷		25		㉷	
가산세액계			26		㉸		26		㉸	215,840
차가감납부할세액(환급받을세액) (㉯-㉱-㉲-㉳-㉴-㉵-㉶-㉷+㉸)			27	13,077,500			27			14,393,340
총괄납부사업자 납부할세액 (환급받을세액)										

3. [가산세명세]

(1) 세금계산서 미발급 가산세: 10,000,000원 × 2% = 200,000원

(2) 신고불성실 가산세: (1,000,000원 + 300,000원 − 200,000원) × 10% − 99,000원(90% 감면) = 11,000원
　　※ 법정신고기한 경과후 1개월 이내에 수정신고하는 경우 90% 감면 적용

(3) 납부지연 가산세: (1,000,000원 + 300,000원 − 200,000원) × 2.2/10,000 × 20일 = 4,840원

(4) 가산세 합계: 215,840원

수정후	구분	No	금액	세율	세액
	사업자미등록	61		1%	
	세금계산서지연발급등	62		1%	
	세금계산서지연수취	63		0.5%	
	세금계산서미발급등	64	10,000,000	뒤쪽참조	200,000
	전자세금계산서 지연전송	65		0.3%	
	전자세금계산서 미전송	66		0.5%	
25 가산세명세	세금계산서합계표불성실	67		뒤쪽참조	
	신고불성실	69	1,100,000	뒤쪽참조	11,000
	납부지연	73	1,100,000	뒤쪽참조	4,840
	영세율과세표준신고불성	74		0.5%	
	현금매출명세서미제출	75		1%	
	부동산임대명세서불성실	76		1%	
	매입자거래계좌미사용	77		뒤쪽참조	
	매입자거래계좌지연입금	78		뒤쪽참조	
	신용카드매출전표 등 수령명세서 미제출·과다기재	79		0.5%	
	합계	80			215,840

67.세금계산서합계표불성실		세율	세액
	미제출	0.5%	
	부실기재	0.5%	
	지연제출	0.3%	
	합계		

69.신고불성실		금액	세율	세액
	무신고(일반)		뒤쪽참조	
	무신고(부당)		뒤쪽참조	
	과소·초과환급신고(일반)	1,100,000	뒤쪽참조	11,000
	과소·초과환급신고(부당)		뒤쪽참조	
	합계	1,100,000		11,000

문제 3 결산

1 수동결산 및 자동결산

1. [일반전표입력] 12월 31일

(차) 981.매도가능증권평가익	20,000,000원	(대) 178.매도가능증권	40,000,000원
943.매도가능증권손상차손	20,000,000원		

2. [결산자료입력]
   - 원재료 14,000,000원, 제품 50,000,000원 입력 후 상단 툴바의 전표추가(F3) 를 클릭하여 결산분개 생성한다.

3. [이익잉여금처분계산서] 메뉴
   - 이익잉여금처분계산서에서 처분일을 입력한 후, 전표추가(F3) 를 클릭하여 손익대체 분개를 생성한다.

문제 4 원천징수관리

1 중도퇴사자의 정산

1. [사원등록]

20. 퇴 사 년 월 일	2025 년	11 월	30 일

2. [급여자료입력]
   - 급여 등을 입력하고 '중도퇴사자정산' 메뉴를 실행 → [반영Tab]클릭

귀속년월 2025 년 11 월 구분 2. 급여 + 상여 지급일 2025 년 11 월 25 일 ? 정렬 1. 코드순

□	코드	사원명	직급	감면율	급여항목	지급액	공제항목	공제액
□	1001	박주현			기본급	3,600,000	국민연금	162,000
□	1002	김민재			상여	2,000,000	건강보험	127,620
☑	1003	송민기(중도인			직책수당		고용보험	50,400
□	1004	전상수			근속수당		장기요양보험료	16,520
□							건강보험료정산	127,320
							장기요양보험료정산	14,050
							소득세	383,400
							지방소득세	38,380

3. [퇴직금산정]

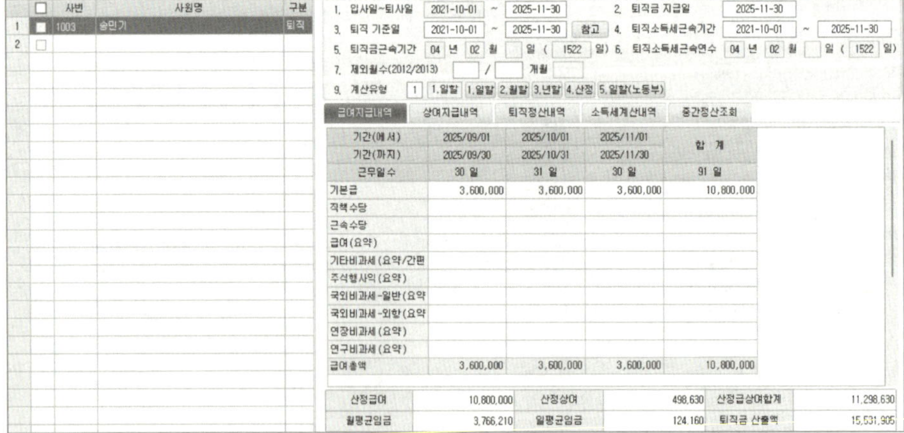

	□	사번	사원명	구분
1	□	1003	송민기	퇴직
2	□			

1. 입사일~퇴사일 2021-10-01 ~ 2025-11-30   2. 퇴직금 지급일 2025-11-30
3. 퇴직 기준일 2021-10-01 ~ 2025-11-30 참고 4. 퇴직소득세근속기간 2021-10-01 ~ 2025-11-30
5. 퇴직금근속기간 04 년 02 월 일 (1522 일) 6. 퇴직소득세근속연수 04 년 02 월 일 (1522 일)
7. 제외월수(2012/2013)   /   개월
9. 계산유형 1 1.일할 1.일할 2.월할 3.년할 4.산정 5.일할(노동부)

급여지급내역 | 상여지급내역 | 퇴직정산내역 | 소득세계산내역 | 중간정산조회

기간(에서)	2025/09/01	2025/10/01	2025/11/01	합 계
기간(까지)	2025/09/30	2025/10/31	2025/11/30	
근무일수	30 일	31 일	30 일	91 일
기본급	3,600,000	3,600,000	3,600,000	10,800,000
직책수당				
근속수당				
급여(요약)				
기타비과세(요약/간편				
주식행사익(요약)				
국외비과세-일반(요약				
국외비과세-외항(요약				
연장비과세(요약)				
연구비과세(요약)				
급여총액	3,600,000	3,600,000	3,600,000	10,800,000

산정급여	10,800,000	산정상여	498,630	산정급상여합계	11,298,630
월평균임금	3,766,210	일평균임금	124.160	퇴직금 산출액	15,531,905

4. [퇴직소득자료입력]

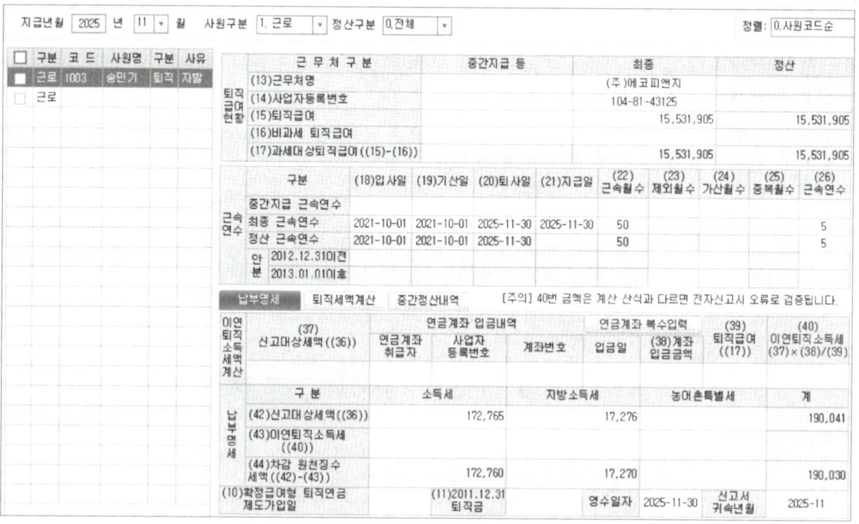

2 사업소득의 원천징수

1. [사업소득자입력]

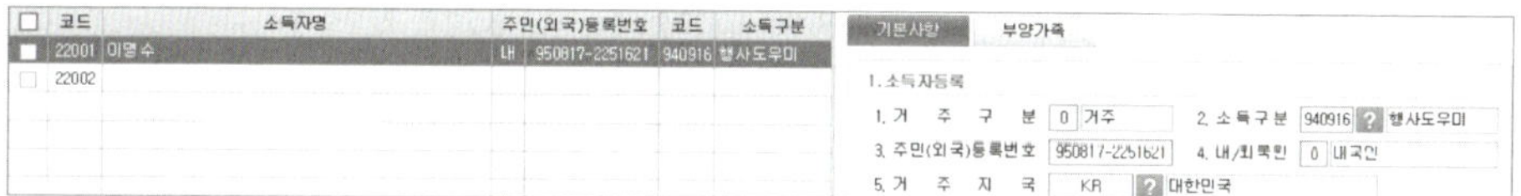

2. [사업소득자료입력]

◎ 소득 지급 내역

귀속년월	지급년월일	지급총액	세율(%)	소득세	지방소득세	세액계	차인지급액
2025-06	2025 07 05	2,000,000	3	60,000	6,000	66,000	1,934,000

3. [원천징수이행상황신고서]

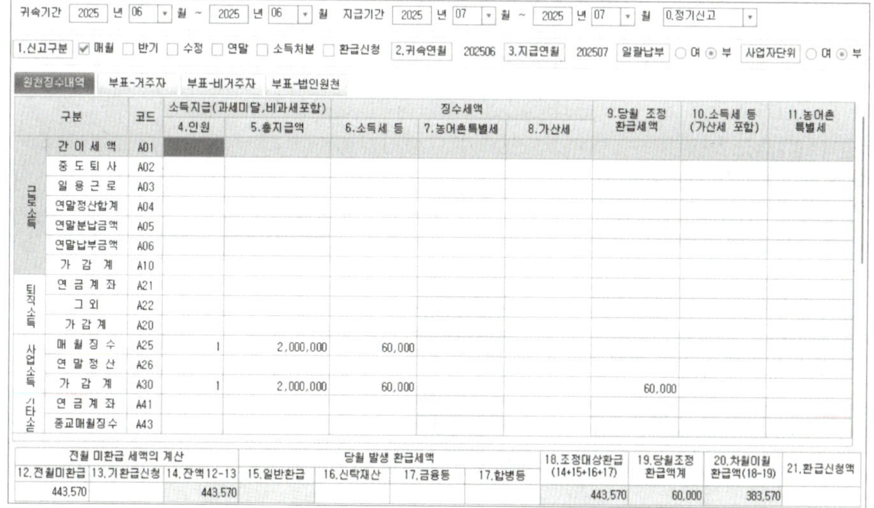

문제 5 법인세관리

1 수입금액조정명세서

1. [1.수입금액 조정계산]

	계정과목 ①항 목	②과 목	③결산서상 수입금액	조 정 ④가산	⑤차감	⑥조정후 수입금액 (③+④-⑤)
1	매 출	제품매출	1,159,467,170			1,159,467,170
2	매 출	상품매출	360,900,000			360,900,000
3	매 출	공사수입금	225,000,000			225,000,000

2. [2.수입금액 조정명세]

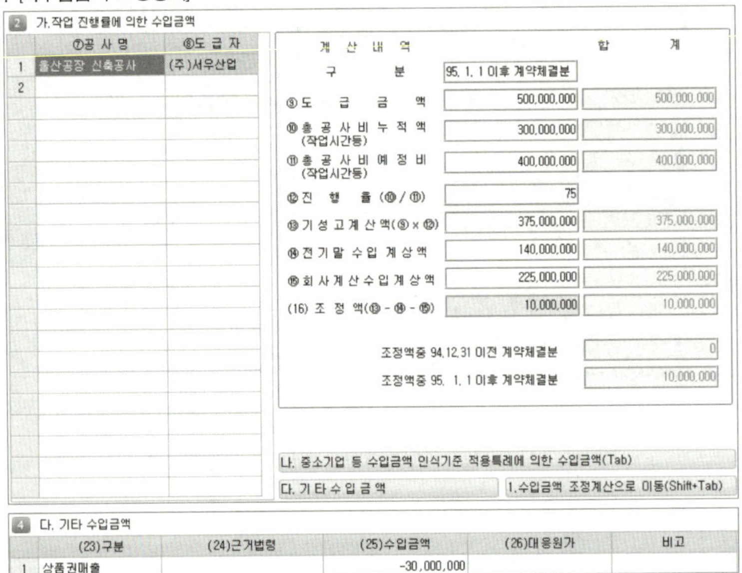

	(23)구분	(24)근거법령	(25)수입금액	(26)대응원가	비고
1	상품권매출		-30,000,000		

3. [1.수입금액 조정계산]에 조정사항 반영

	계정과목 ①항 목	②과 목	③결산서상 수입금액	조 정 ④가산	⑤차감	⑥조정후 수입금액 (③+④-⑤)
1	매 출	제품매출	1,159,467,170		30,000,000	1,129,467,170
2	매 출	상품매출	360,900,000			360,900,000
3	매 출	공사수입금	225,000,000	10,000,000		235,000,000

4. [소득금액조정합계표 작성]

익금산입	공사기성고차액	10,000,000원	유보발생
익금불산입	상품권매출	30,000,000원	유보발생

2 감가상각비조정명세서

1. [고정자산등록]

① 비품　　　　　　　　　　　　　　　② 기계장치

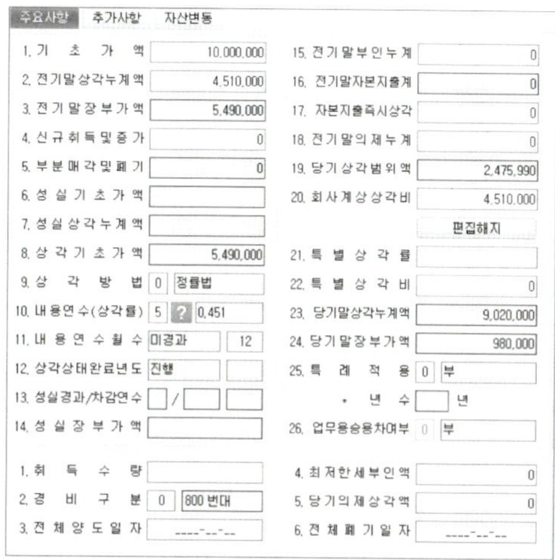

※ 기계장치(스마트포장기) 회사계상 상각비를 28,112,900원(25,112,900원 + 3,000,000원)으로 수정한다.

2. [미상각분 감가상각조정명세]

① 비품

	합계표 자산구분		3	기타자산
상각계산의기초가액	재무상태표 자산 가액	(5)기말현재액	10,000,000	110,000,000
		(6)감가상각누계액	9,020,000	79,232,900
		(7)미상각잔액(5 - 6)	980,000	30,767,100
	(8)회사계산감가상각비		4,510,000	32,622,900
	(9)자본적지출액			
	(10)전기말의제상각누계액			
	(11)전기말부인누계액			
	(12)가감계(7 + 8 + 9 - 10 + 11)		5,490,000	63,390,000
(13)일반상각률, 특별상각률			0.451	
상각범위액계산	당기산출상각액	(14)일반상각액	2,475,990	28,588,890
		(15)특별상각액		
		(16)계(14+15)	2,475,990	28,588,890
	취득가액	(17)전기말 현재 취득가액	10,000,000	110,000,000
		(18)당기회사계산증가액		
		(19)당기자본적지출액		
		(20) 계(17+18+19)	10,000,000	110,000,000
	(21)잔존가액((20) × 5 / 100)		500,000	5,500,000
	(22)당기상각시인범위액(16 단,(12-16)<21인경우 12)		2,475,990	28,588,890
(23)회사계산상각액(8+9)			4,510,000	32,622,900
(24)차감액 (23-22)			2,034,010	
(25)최저한세적용에따른특별상각부인액				
조정액	(26)상각부인액(24+25)		2,034,010	4,034,010
	(27)기왕부인액중당기손금추인액 (11,단11≤|△24|)			
(28)당기말부인액 누계(11+26-|27|)			2,034,010	4,034,010

② 기계장치

	합계표 자산구분		2	기계장치
상각계산의기초가액	재무상태표 자산 가액	(5)기말현재액	100,000,000	110,000,000
		(6)감가상각누계액	70,212,900	79,232,900
		(7)미상각잔액(5 - 6)	29,787,100	30,767,100
	(8)회사계산감가상각비		28,112,900	32,622,900
	(9)자본적지출액			
	(10)전기말의제상각누계액			
	(11)전기말부인누계액			
	(12)가감계(7 + 8 + 9 - 10 + 11)		57,900,000	63,390,000
(13)일반상각률, 특별상각률			0.451	
상각범위액계산	당기산출상각액	(14)일반상각액	26,112,900	28,588,890
		(15)특별상각액		
		(16)계(14+15)	26,112,900	28,588,890
	취득가액	(17)전기말 현재 취득가액	100,000,000	110,000,000
		(18)당기회사계산증가액		
		(19)당기자본적지출액		
		(20) 계(17+18+19)	100,000,000	110,000,000
	(21)잔존가액((20) × 5 / 100)		5,000,000	5,500,000
	(22)당기상각시인범위액(16 단,(12-16)<21인경우 12)		26,112,900	28,588,890
(23)회사계산상각액(8+9)			28,112,900	32,622,900
(24)차감액 (23-22)			2,000,000	
(25)최저한세적용에따른특별상각부인액				
조정액	(26)상각부인액(24+25)		2,000,000	4,034,010
	(27)기왕부인액중당기손금추인액 (11,단11≤|△24|)			
(28)당기말부인액 누계(11+26-|27|)			2,000,000	4,034,010

3. [감가상각비조정명세서합계표]

① 자산구분		② 합계액	유형자산			⑥ 무형자산
			③ 건축물	④ 기계장치	⑤ 기타자산	
재무상태표상액	(101)기말현재액	110,000,000		100,000,000	10,000,000	
	(102)감가상각누계액	79,232,900		70,212,900	9,020,000	
	(103)미상각잔액	30,767,100		29,787,100	980,000	
(104)상각범위액		28,588,890		26,112,900	2,475,990	
(105)회사손금계상액		32,622,900		28,112,900	4,510,000	
조정금액	(106)상각부인액 ((105) - (104))	4,034,010		2,000,000	2,034,010	
	(107)시인부족액 ((104)-(105))					
	(108)기왕부인액 중 당기손금추인액					
(109)신고조정손금계상액						

4. [소득금액조정합계표]

손금불산입	비품 감가상각비 상각부인액	2,034,010원	유보발생
손금산입	기계장치 감가상각비(전기오류수정손실)	3,000,000원	기타
손금불산입	기계장치 감가상각비 상각부인액	2,000,000원	유보발생

3 퇴직급여충당금조정명세서

1. [퇴직급여충당부채 계정별 잔액조회]

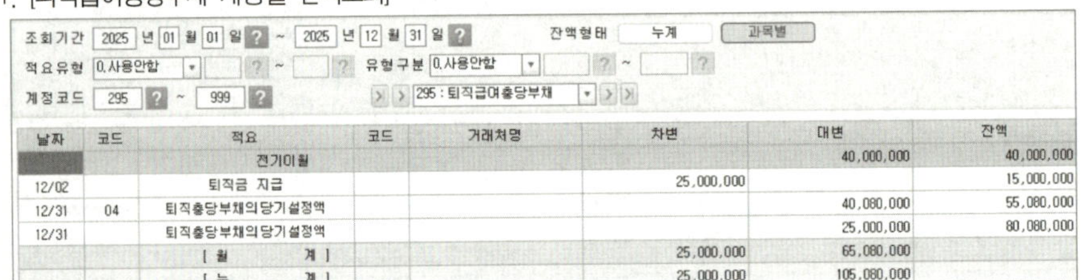

조회기간 2025 년 01 월 01 일 ~ 2025 년 12 월 31 일   잔액형태 누계   과목별
적요유형 0.사용안합 ~   유형구분 0.사용안합 ~
계정코드 295 ~ 999   > > 295 : 퇴직급여충당부채

날짜	코드	적요	코드	거래처명	차변	대변	잔액
		전기이월				40,000,000	40,000,000
12/02		퇴직금 지급			25,000,000		15,000,000
12/31	04	퇴직충당부채의당기설정액				40,080,000	55,080,000
12/31		퇴직충당부채의당기설정액				25,000,000	80,080,000
[월 계]					25,000,000	65,080,000	
[누 계]					25,000,000	105,080,000	

2. [퇴직급여충당금조정명세서]

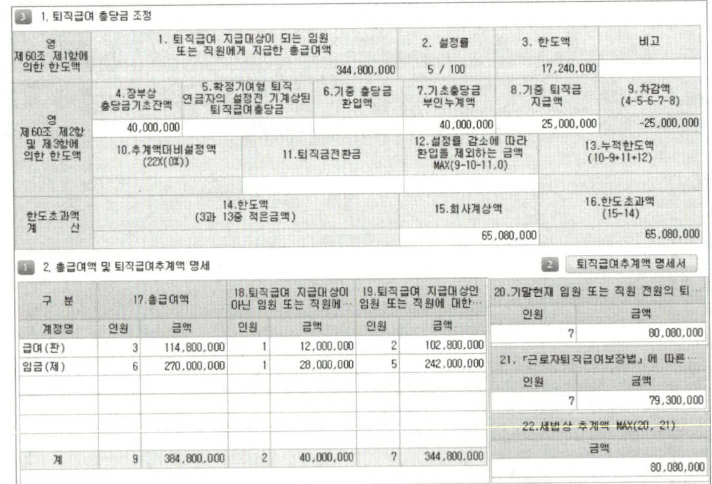

1. 퇴직급여 충당금 조정

영 제60조 제1항에 의한 한도액	1. 퇴직급여 지급대상이 되는 임원 또는 직원에게 지급한 총급여액		2. 설정률	3. 한도액	비고
	344,800,000		5 / 100	17,240,000	

영 제60조 제2항 및 제3항에 의한 한도액	4.장부상 충당금기초잔액	5.확정기여형 퇴직연금자의 설정전 기계상된 퇴직급여충당금	6.기중 충당금 환입액	7.기초충당금 부인누계액	8.기중 퇴직금 지급액	9.차감액 (4-5-6-7-8)
	40,000,000			40,000,000	25,000,000	-25,000,000
	10.추계액대비설정액 (22X(0%))	11.퇴직금전환금	12.설정률 감소에 따라 환입을 제외하는 금액 MAX(9-10-11,0)	13.누적한도액 (10-9+11+12)		

한도초과액 계산	14.한도액 (3과 13중 적은금액)		15.회사계상액	16.한도초과액 (15-14)
			65,080,000	65,080,000

2. 총급여액 및 퇴직급여추계액 명세

퇴직급여추계액 명세서

구 분	17.총급여액		18.퇴직급여 지급대상이 아닌 임원 또는 직원에…		19.퇴직급여 지급대상인 임원 또는 직원에 대한…	
계정명	인원	금액	인원	금액	인원	금액
급여(판)	3	114,800,000	1	12,000,000	2	102,800,000
임금(제)	6	270,000,000	1	28,000,000	5	242,000,000
계	9	384,800,000	2	40,000,000	7	344,800,000

20.기말현재 임원 또는 직원 전원의 퇴…	
인원	금액
7	80,080,000

21. 「근로자퇴직급여보장법」에 따른…	
인원	금액
7	79,300,000

22.세법상 추계액 MAX(20, 21)
금액
80,080,000

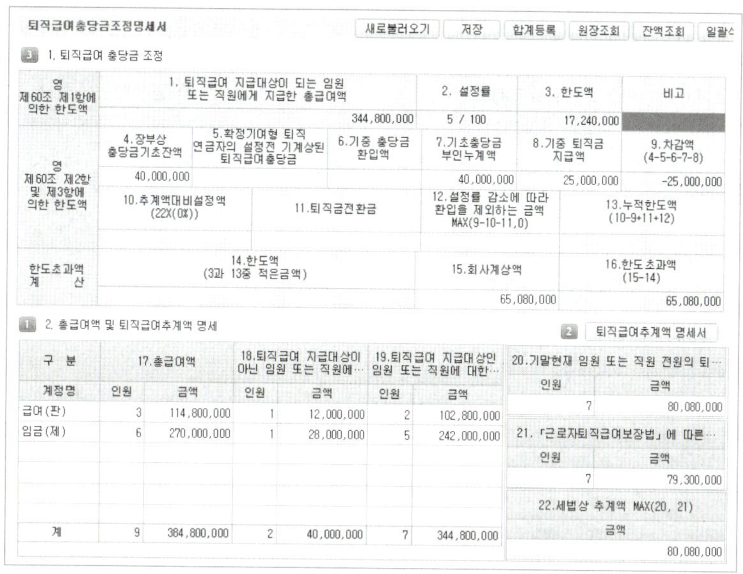

퇴직급여충당금조정명세서 [새로불러오기] [저장] [합계등록] [원장조회] [잔액조회] [일괄s]

3 1. 퇴직급여 충당금 조정

영 제60조 제1항에 의한 한도액	1. 퇴직급여 지급대상이 되는 임원 또는 직원에게 지급한 총급여액		2. 설정률	3. 한도액	비고
		344,800,000	5 / 100	17,240,000	

영 제60조 제2항 및 제3항에 의한 한도액	4.장부상 충당금기초잔액	5.확정기여형 퇴직연금자의 설정전 기계상된 퇴직급여충당금	6.기중 충당금 환입액	7.기초충당금 부인누계액	8.기중 퇴직금 지급액	9.차감액 (4-5-6-7-8)
	40,000,000			40,000,000	25,000,000	-25,000,000

	10.추계액대비설정액 (22X(0%))	11.퇴직금전환금	12.설정률 감소에 따라 환입을 제외하는 금액 MAX(9-10-11,0)	13.누적한도액 (10-9+11+12)

한도초과액 계산	14.한도액 (3과 13중 적은금액)	15.회사계상액	16.한도 초과액 (15-14)
		65,080,000	65,080,000

1 2. 총급여액 및 퇴직급여추계액 명세   **2 퇴직급여추계액 명세서**

구 분	17.총급여액		18.퇴직급여 지급대상이 아닌 임원 또는 직원에…		19.퇴직급여 지급대상인 임원 또는 직원에 대한…	
계정명	인원	금액	인원	금액	인원	금액
급여(판)	3	114,800,000	1	12,000,000	2	102,800,000
임금(제)	6	270,000,000	1	28,000,000	5	242,000,000
계	9	384,800,000	2	40,000,000	7	344,800,000

20.기말현재 임원 또는 직원 전원의 퇴…	
인원	금액
7	80,080,000

21. 「근로자퇴직급여보장법」에 따른…	
인원	금액
7	79,300,000

22.세법상 추계액 MAX(20, 21)
금액
80,080,000

※ 임원의 규정 초과 상여금은 손금인정이 되지 않으므로 [17.총급여액] 입력시 제외

3. [소득금액조정합계표]

손금불산입	규정초과 상여금	10,000,000원	상여
손금불산입	퇴직급여충당금한도초과액	65,080,000원	유보발생
손금산입	전기퇴직급여충당부채	25,000,000원	유보감소

4 세금과공과금 명세서

1. [계정별원장 불러오기]를 이용한 손금불산입 항목 표기
   - [계정별원장 불러오기]키를 이용하여 해당계정 데이터를 기장된 내역에서 불러온 후 [손금불산입만 별도 표기하기] 키를 클릭하여 화면우측의 비고란에서 손금불산입할 항목만 선택한다.

No	①과목	②일자	③적요	④지급처	⑤금액	비고
1	세금과공과금(제)	01-25	자동차세	춘천시청	800,000	
2	세금과공과금(판)	01-31	자동차분면허세납부		138,000	
3	세금과공과금(판)	01-31	자동차분면허세납부		156,000	
4	세금과공과금(판)	02-02	인지세		500,000	
5	세금과공과금(제)	02-25	공장사업소세 납부	춘천시청	900,000	
6	세금과공과금(판)	03-20	산재보험료 연체료	근로복지공단	95,000	
7	세금과공과금(제)	03-29	공장재산세 납부	춘천시청	2,500,000	
8	세금과공과금(판)	03-31	지급명세서 미제출 가산세	춘천세무서	120,000	손금불산입
9	세금과공과금(판)	06-30	대표이사 개인차량 주차위반 과태료	강남경찰서	60,000	손금불산입
10	세금과공과금(제)	07-25	자동차세	춘천시청	800,000	
11	세금과공과금(판)	07-25	사업과 관련없는 불공제매입세액	춘천세무서	300,000	손금불산입
12	세금과공과금(판)	07-31	본사건물 재산세	춘천시청	2,820,000	
13	세금과공과금(판)	07-31	건물재산세(주주 김민영 소유분)	춘천시청	1,500,000	손금불산입
14	세금과공과금(판)	08-05	주민세(사업소분)	춘천시청	1,760,000	
15	세금과공과금(판)	11-20	주식발행비		670,000	손금불산입
16	세금과공과금(판)	11-20	전기요금연체료	한국전력	6,000	
17	세금과공과금(판)	12-27	자동차세	춘천시청	320,000	

2. [소득금액조정합계표]

손금불산입	지급명세서 미제출 가산세	120,000원	기타사외유출
손금불산입	대표이사 개인차량 주차위반 과태료	60,000원	상여
손금불산입	사업과 관련없는 불공제매입세액	300,000원	기타사외유출
손금불산입	건물재산세(주주 김민영 소유분)	1,500,000원	배당
손금불산입	주식발행비	670,000원	기타

5 공제감면세액계산서(2) 및 최저한세조정계산서

1. 법인세과세표준 및 세액조정계산서

① 각사업연도소득계산	소득금액조정금액	101.결산서상당기순손익	01	135,929,900
		102.익 금 산 입	02	42,500,000
		103.손 금 산 입	03	1,860,000
	104.차가감소득금액(101 + 102 - 103)		04	176,569,900
	105.기 부 금 한 도 초 과 액		05	
	106.기부금한도초과이월액 손 금 산 입		54	
	107.각사업연도소득금액 (104+105-106)		06	176,569,900
② 과세표준계산	108.각 사 업 연 도 소득금액(108=107)			176,569,900
	109.이 월 결 손 금		07	
	110.비 과 세 소 득		08	
	111.소 득 공 제		09	
	112.과 세 표 준 (108-109-110-111)		10	176,569,900
	159.선 박 표 준 이 익		55	
③ 산출세액계산	113.과 세 표 준 (113=112+159)		56	176,569,900
	114.세 율		11	9%
	115.산 출 세 액		12	15,891,291
	116.지 점 유 보 소 득(법 제96조)		13	
	117.세 율		14	
	118.산 출 세 액		15	
	119.합 계(115+118)		16	15,891,291

2. 공제감면세액계산서(2)

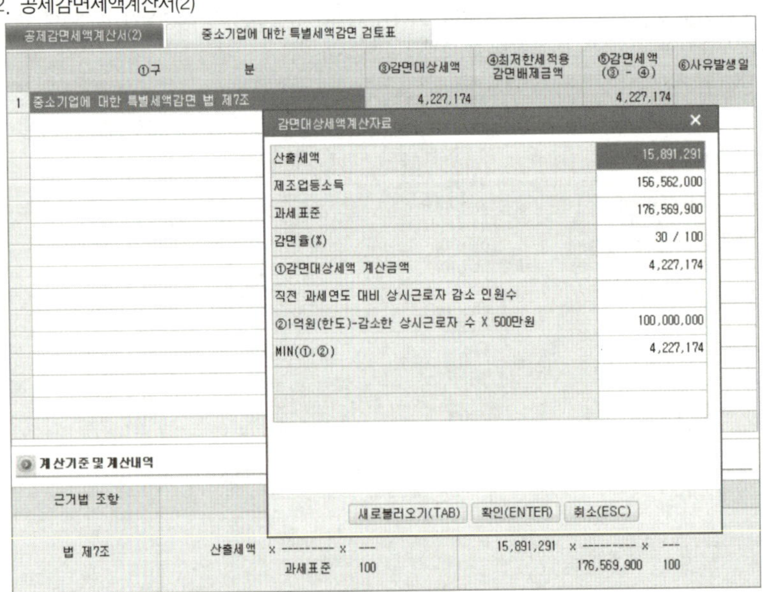

3. 최저한세조정계산서

① 구 분	②감면후세액	③최 저 한 세	④조 정 감	⑤조 정 후 세 액
(101) 결 산 서 상 당 기 순 이 익	135,929,900			
소 득 조정금액 (102)익 금 산 입	42,500,000			
(103)손 금 산 입	1,860,000			
(104) 조 정 후 소 득 금 액(101+102-103)	176,569,900	176,569,900		176,569,900
최저한세적용 대상특별비용 (105)준 비 금		0	0	0
(106)특별 / 특례상각		0	0	0
(107)특별비용손금산입전소득금액 (104+105+106)	176,569,900	176,569,900		176,569,900
(108) 기 부 금 한 도 초 과 액	0	0		0
(109) 기 부 금 한 도 초 과 이월액 손금 산입	0	0		0
(110) 각 사 업 년 도 소 득 금 액(107+108-109)	176,569,900	176,569,900		176,569,900
(111) 이 월 결 손 금	0	0		0
(112) 비 과 세 소 득	0	0		0
(113) 최 저 한 세 적 용 대 상 비 과 세 소 득		0	0	0
(114) 최저한세 적용대상 익금불산입.손금산입		0	0	0
(115) 차 가 감 소 금 액(110-111-112+113+114)	176,569,900	176,569,900		176,569,900
(116) 소 득 공 제	0	0		0
(117) 최 저 한 세 적 용 대 상 소 득 공 제		0	0	0
(118) 과 세 표 준 금 액 (115-116+117)	176,569,900	176,569,900		176,569,900
(119) 선 박 표 준 이 익	0	0		0
(120) 과 세 표 준 금 액 (118+119)	176,569,900	176,569,900		176,569,900
(121) 세 율	9%	7%		9%
(122) 산 출 세 액	15,891,291	12,359,893		15,891,291
(123) 감 면 세 액	4,227,174		695,776	3,531,398
(124) 세 액 공 제	0		0	0
(125) 차 감 세 액 (122-123-124)	11,664,117			12,359,893

4. 공제감면세액계산서(2)

- 최저한세적용감면배제금액란에 695,776원을 입력하여 감면세액 3,531,398원을 계산한다.

공제감면세액계산서(2) 중소기업에 대한 특별세액감면 검토표					
①구 분		③감면대상세액	④최저한세적용 감면배제금액	⑤감면세액 (③ - ④)	⑥사유발생일
1	중소기업에 대한 특별세액감면 법 제7조	4,227,174	695,776	3,531,398	2025-12-31

5. 공제감면세액 합계표(갑,을)

갑	을

2 최저한세 적용대상 공제감면세액				
① 구 분	② 근거법 조항	코드	③ 대상세액	④ 감면세액
(159)창업중소기업에 대한 세액감면 (최저한세 적용대상)	조특제법 제6조 제1~6항	111		
(160)창업벤처중소기업의 세액감면	조특제법 제6조 제2항	174		
(161)에너지신기술 중소기업 세액감면	조특제법 제6조 제4항	13E		
(162)중소기업에 대한 특별세액감면	조특제법 제7조	112	4,227,174	3,531,398
(163)연구개발특구 입주기업에 대한 세액감면 (최저한세 적용대상)	조특제법 제12조의2	179		

실무수행평가

11	12	13	14	15
1,000,000	4,717,940	1,281,960,100	14,699,250	1,980,594,000
16	17	18	19	20
②	②	13,742,500	27,920,000	215,840
21	22	23	24	25
383,400	190,041	498,630	383,570	1,725,367,170
26	27	28	29	30
10,000,000	30,000,000	2,000,000	2,034,010	3,000,000
31	32	33	34	35
25,000,000	10,000,000	65,080,000	670,000	60,000
36	37	38	39	
420,000	4,227,174	695,776	3,531,398	

최신 기출문제 제75회

[실무이론평가]

1	2	3	4	5	6	7	8	9	10
①	①	③	③	②	①	②	③	②	②

01 ①

- 기초상품재고액 = 150개 × 3,000원 = 450,000원
  순매입액 = 70개 × 4,000원 = 280,000원
  기말상품재고액 = (150개 + 70개 − 160개) × 4,000원 = 240,000원
  매출원가 = 450,000원 + 280,000원 − 240,000원 = 490,000원
  매출액 = 160개 × 7,000원 − 20,000원 = 1,100,000원
  매출총이익 = 1,100,000원 − 490,000원 = 610,000원

02 ①

- 결산정리 후 법인세비용차감전순이익
  = 반영전 법인세비용차감전순이익 + 선급비용 − 선수수익 + 미수이자 − 미지급이자
  = 1,000,000원 + 100,000원 − 10,000원 + 200,000원 − 50,000원 = 1,240,000원

03 ③

- 2025년도 결산 시 추가로 계상할 퇴직급여충당부채 금액:
  2025년도 퇴직급여충당부채 추계액 − (2024년도말 퇴직급여충당부채 잔액 − 2025년도 퇴직금지급액)
  − 60,000,000원 − (36,000,000원 − 4,500,000원) − 28,500,000원

04 ③

- 감가상각비 = 2,000,000원 ÷ 5년 × 6월/12월 = 200,000원
- 임대수익 = 300,000원 − 180,000원 = 120,000원
- 법인세비용차감전순이익 = 매출액 − 매출원가 − 급여 − 감가상각비 + 임대수익
  1,000,000원 − 400,000원 − 250,000원 − 200,000원 + 120,000원 = 270,000원

05 ②

- (가)는 목적적합성이다. 목적적합성의 하부개념에는 예측가치, 피드백가치, 적시성이 있다.

06 ①

- 건설업은 건설자재의 부담 여부와 관계없이 용역의 공급으로 본다.

07 ②

- 가. 금융소득이 2,000만원 이하이므로 분리과세한다.
  나. 공적연금 관련법에 따라 받는 유족연금은 비과세소득이다.
  다. 유실물 습득 보상금은 실제 필요경비만 인정하는 기타소득이나, 필요경비가 확인되지 아니하므로 기타소득금액은
     700만원이다. 기타소득금액이 300만원을 초과하므로 종합과세한다.
  라. 일시에 지급 받은 퇴직금은 종합과세하지 아니하고 분류과세한다.

08 ③

- 50,000,000원 + 3,000,000원 − 10,000,000원 − 2,000,000원 = 41,000,000원
- 교통사고벌과금은 필요경비에 산입하지 않는다.
  외국법인으로부터 받은 배당금은 배당소득에 해당한다.
  토지처분이익은 양도소득에 해당한다.
  사업과 관련된 자산수증이익은 총수입금액에 해당하므로 별도의 조정을 하지 않는다.

정답 및 해설

09 ②

- 사외유출된 소득이 법인(법인주주 포함)의 소득금액에 포함되어 있는 경우 기타사외유출로 처분한다.

10 ②

- 주차위반 과태료는 손금불산입 대상이다. 토지 취득에 따른 취득세는 손금불산입하여 토지의 취득가액에 가산하여야 한다.

[실무수행과제]

문제 1 거래자료입력

1 [일반전표입력] 2월 1일

(차) 103.보통예금	8,927,800원	(대) 291.사채	10,000,000원
(98001.하나은행)			
292.사채할인발행차금	1,072,200원		

※ 사채할인발행차금: (10,000,000원 − 9,227,800원) + 300,000원 = 1,072,200원

2 잉여금처분

1. [전기분이익잉여금처분계산서] 반영

| 결산 기준 | 제 6 기 | 결산 기준 시작일 | 2024-01-01 | 결산 기준 종료일 | 2024-12-31 | 처분 확정 일자 | 2025-03-10 |

과목	계정코드 및 과목명		금액	
Ⅰ. 미처분이익잉여금				82,400,000
1. 전기이월미처분이익잉여금			50,400,000	
2. 회계변경의 누적효과	369	회계변경의 누적효과		
3. 전기오류수정이익	370	전기오류수정이익		
4. 전기오류수정손실	371	전기오류수정손실		
5. 중간배당금	372	중간배당금		
6. 당기순이익			32,000,000	
Ⅱ. 임의적립금 등의 이입액				
1. 재무구조개선적립금	354	재무구조개선적립금		
2.				
합계				82,400,000
Ⅲ. 이익잉여금처분액				47,500,000
1. 이익준비금	351	이익준비금	2,500,000	
2. 기업합리화적립금	352	기업합리화적립금		
3. 배당금			35,000,000	
가. 현금배당	265	미지급배당금	25,000,000	
나. 주식배당	387	미교부주식배당금	10,000,000	
4. 사업확장적립금	356	사업확장적립금	10,000,000	
5. 감채 적립금	357	감채적립금		
6. 배당평균적립금	358	배당평균적립금		
Ⅳ. 차기이월 미처분이익잉여금				34,900,000

2. [일반전표입력] 3월 10일

(차) 375.이월이익잉여금	47,500,000원	(대) 351.이익준비금	2,500,000원
		265.미지급배당금	25,000,000원
		387.미교부주식배당금	10,000,000원
		356.사업확장적립금	10,000,000원

문제 2 부가가치세관리

1 수정전자세금계산서의 발행

1. [수정세금계산서 발급]
   ① [매입매출전표입력] 3월 31일 전표선택 ➜ 수정세금계산서 클릭 ➜ 수정사유(2.공급가액변동)를 선택 ➜ 확인(Tab) 을 클릭

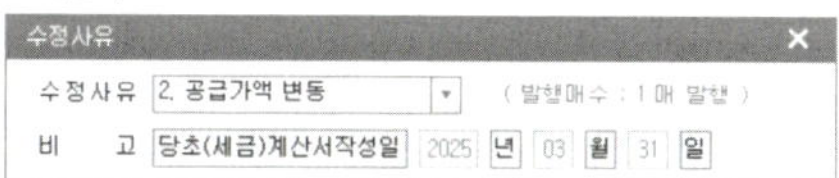

   ② [수정세금계산서(매출)] 화면에서 수정분 [작성일 4월 10일], [공급가액 600,000원]
      [부가세 60,000원] 입력 ➜ 확인(Tab) 클릭

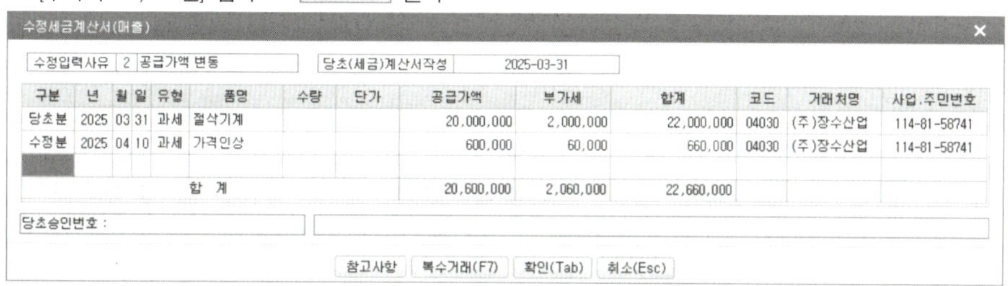

구분	년	월	일	유형	품명	수량	단가	공급가액	부가세	합계	코드	거래처명	사업.주민번호
당초분	2025	03	31	과세	절삭기계			20,000,000	2,000,000	22,000,000	04030	(주)장수산업	114-81-58741
수정분	2025	04	10	과세	가격인상			600,000	60,000	660,000	04030	(주)장수산업	114-81-58741
			합 계					20,600,000	2,060,000	22,660,000			

   ③ [매입매출전표입력] 4월 10일

거래유형	품명	공급가액	부가세	거래처	전자세금
11.과세	가격인상	600,000	60,000	04030.(주)장수산업	전자발행
분개유형	(차) 108.외상매출금		660,000원	(대) 404.제품매출	600,000원
2.외상 또는 3.혼합				255.부가세예수금	60,000원

2. [전자세금계산서 발행 및 내역관리]
   ① 전자세금계산서 발행 및 내역관리 를 클릭하면 수정 전표 1매가 미전송 상태로 나타난다.
   ② 해당내역을 클릭하여 전자세금계산서 발행 및 국세청 전송을 한다.

2 예정신고누락분의 확정신고 반영

1. [매입매출전표입력]
   ※ 전표입력 후 기능모음의 [예정누락]을 클릭하여 [예정신고누락분 신고대상월: 2025년 10월]을 입력한다.

- 8월 20일

거래유형	품명	공급가액	부가세	거래처	전자세금
11.과세	제품	10,000,000원	1,000,000원	00104.(주)아로하	전자입력
분개유형	(차) 108.외상매출금		11,000,000원	(대) 404.제품매출	10,000,000원
2.외상				255.부가세예수금	1,000,000원

- 8월 30일

거래유형	품명	공급가액	부가세	거래처	전자세금
12.영세	제품	10,000,000원	0	00108.(주)파로바	전자입력
분개유형	(차) 108.외상매출금		10,000,000원	(대) 404.제품매출	10,000,000원
2.외상					

- 9월 12일

거래유형	품명	공급가액	부가세	거래처	전자세금
17.카과	제품	2,000,000원	200,000원	04590.한진희	
분개유형	(차) 108.외상매출금	2,200,000원		(대) 404.제품매출	2,000,000원
4.카드 또는 3.혼합	(99600.현대카드)			255.부가세예수금	200,000원

- 9월 20일

거래유형	품명	공급가액	부가세	거래처	전자세금
57.카과	작업복	300,000원	30,000원	04560.(주)카렉스	
분개유형	(차) 511.복리후생비	300,000원		(대) 253.미지급금	330,000원
4.카드 또는 3.혼합	135.부가세대급금	30,000원		(99601.우리카드)	

2. [부가가치세신고서] 10월 1일 ~ 12월 31일

		구분		금액	세율	세액
예정신고누락분명세	과세	세금계산서	33	10,000,000	10/100	1,000,000
		기타	34	2,000,000	10/100	200,000
	영세율	세금계산서	35	10,000,000	0/100	
		기타	36		0/100	
매출	합계		37	22,000,000		1,200,000
매입	세금계산서		38			
	그 밖의 공제매입세액		39	300,000		30,000
	합계		40	300,000		30,000

3. 가산세명세

① 세금계산서지연발급가산세: 10,000,000원 × 1% = 100,000원

② 신고불성실가산세: (1,000,000원 + 200,000원 − 30,000원) × 10% − 87,750원(75% 감면) = 29,250원
　　※ 예정신고 누락분 확정신고시 3개월 이내 신고이므로 75% 감면 적용

③ 영세율과세표준신고불성실가산세: 10,000,000원 × 0.5% − 37,500원(75% 감면) = 12,500원

④ 납부지연가산세: (1,000,000원 + 200,000원 − 30,000원) × 2.2/10,000 × 92일 = 23,680원

⑤ 가산세 합계: 165,430원

	구분		금액	세율	세액
25. 가산세 명세	사업자미등록	61		1%	
	세금계산서지연발급등	62	10,000,000	1%	100,000
	세금계산서지연수취	63		0.5%	
	세금계산서미발급등	64		뒤쪽참조	
	전자세금계산서 지연전송	65		0.3%	
	전자세금계산서 미전송	66		0.5%	
	세금계산서합계표불성실	67		뒤쪽참조	
	신고불성실	69	1,170,000	뒤쪽참조	29,250
	납부지연	73	1,170,000	뒤쪽참조	23,680
	영세율과세표준신고불성	74	10,000,000	0.5%	12,500
	현금매출명세서미제출	75		1%	
	부동산임대명세서불성실	76		1%	
	매입자거래계좌미사용	77		뒤쪽참조	
	매입자거래계좌지연입금	78		뒤쪽참조	
	신용카드매출전표 등 수령 명세서 미제출·과다기재	79		0.5%	
	합계	80			165,430
67.세금 계산서 합계표 불성실	미제출			0.5%	
	부실기재			0.5%	
	지연제출			0.3%	
	합계				
69.신고 불성실	무신고(일반)			뒤쪽참조	
	무신고(부당)			뒤쪽참조	
	과소·초과환급신고(일반)		1,170,000	뒤쪽참조	29,250
	과소·초과환급신고(부당)			뒤쪽참조	
	합계		1,170,000		29,250

문제 3　결산

1　수동결산 및 자동결산

1. [결산자료입력]
   - [결산자료입력] 메뉴 퇴직급여(전입액)란 제조: 5,000,000원, 판매관리비: 7,000,000원 입력 후 상단 툴바의
     전표추가(F3) 를 클릭하여 결산분개 생성

2. [결산자료입력]
   - 원재료 6,000,000원, 제품 10,000,000원 입력 후 상단 툴바의 전표추가(F3) 를 클릭하여 결산분개 생성한다.

3. [이익잉여금처분계산서] 메뉴
   - 이익잉여금처분계산서에서 처분일을 입력한 후, 전표추가(F3) 를 클릭하여 손익대체 분개를 생성한다.

문제 4　원천징수관리

1　급여자료입력

1. [사원등록]

18. 생산직 등 여부 [1] 여　연장근로비과세 [0] 부

* 홍만섭(생산직) 사원의 직전 과세기간의 총급여액이 3천만원 초과이므로 '연장근로비과세-부'로 설정한다.

2. [수당 및 공제등록]

수당등록	공제등록	비과세/감면설정	사회보험

	코드	수당명	과세구분	근로소득유형		구분
1	101	기본급	과세	1.급여		매월
2	102	상여	과세	2.상여		부정기
3	200	식대	비과세	2.식대	P01	매월
4	201	자가운전보조금	과세	1.급여		매월
5	202	자격수당	과세	1.급여		매월
6	203	야간근로수당	비과세	1.연장근로	001	매월

3. [급여자료입력]

	코드	사원명	직급	감면율	급여항목	지급액	공제항목	공제액
	1900	홍만섭			기본급	3,550,000	국민연금	184,500
	2000	이수정			식대	200,000	건강보험	145,340
					자가운전보조금	300,000	고용보험	36,900
					자격수당	100,000	장기요양보험료	18,820
					야간근로수당	150,000	소득세	209,310
							지방소득세	20,930

	코드	사원명	직급	감면율	급여항목	지급액	공제항목	공제액
	1900	홍만섭			기본급	1,900,000	국민연금	85,500
	2000	이수정			식대	200,000	건강보험	67,350
					자가운전보조금		고용보험	17,100
					자격수당		장기요양보험료	8,720
					야간근로수당	100,000	소득세	17,180
							지방소득세	1,710

4. [원천징수이행상황신고서]

귀속기간 2025 년 03 월 ~ 2025 년 03 월 지급기간 2025 년 03 월 ~ 2025 년 03 월 0.정기신고

1.신고구분 ☑매월 □반기 □수정 □연말 □소득처분 □환급신청 2.귀속연월 202503 3.지급연월 202503 일괄납부 ○여 ◉부 사업자단위 ○여 ◉부

[원천징수내역] 부표-거주자 부표-비거주자 부표-법인원천

구분		코드	소득지급(과세미달,비과세포함)		징수세액			9.당월 조정 환급세액	10.소득세 등 (가산세 포함)	11.농어촌 특별세
			4.인원	5.총지급액	6.소득세 등	7.농어촌특별세	8.가산세			
근로소득	간이세액	A01	2	6,500,000	226,490					
	중도퇴사	A02								
	일용근로	A03								
	연말정산합계	A04								
	연말분납금액	A05								
	연말납부금액	A06								
	가 감 계	A10	2	6,500,000	226,490			30,000	196,490	
퇴직소득	연금계좌	A21								
	그 외	A22								
	가 감 계	A20								
사업소득	매월징수	A25								
	연말정산	A26								
	가 감 계	A30								
기타소득	연금계좌	A41								
	종교매월징수	A43								

전월 미환급 세액의 계산			당월 발생 환급세액					18.조정대상환급 (14+15+16+17)	19.당월조정 환급액계	20.차월이월 환급액(18-19)	21.환급신청액
12.전월미환급	13.기환급신청	14.잔액12-13	15.일반환급	16.신탁재산	17.금융등	17.합병등					
30,000		30,000						30,000	30,000		

2 기타소득의 원천징수

1. [기타소득자입력]

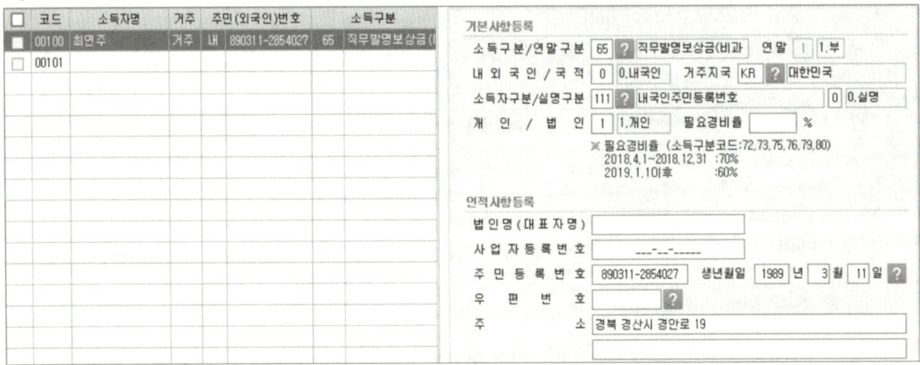

□	코드	소득자명	거주	주민(외국인)번호	소득구분	
□	00100	최연주	거주	내	890311-2854027	65 직무발명보상금(비
□	00101					

기본사항등록

소득구분/연말구분 65 [?] 직무발명보상금(비과) 연말 1 1.부
내외국인 / 국적 0 0.내국인 거주지국 KR [?] 대한민국
소득자구분/실명구분 111 [?] 내국인주민등록번호 0 0.실명
개 인 / 법 인 1 1.개인 필요경비율 [ ] %
※ 필요경비율 (소득구분코드:72,73,75,76,79,80)
　2018.4.1~2018.12.31 :70%
　2019.1.1이후 :60%

인적사항등록

법인명(대표자명) [ ]
사업자등록번호 [---_--_-----]
주민등록번호 [890311-2854027] 생년월일 1989 년 3 월 11 일 [?]
우 편 번 호 [ ] [?]
주 소 [경북 경산시 경안로 19]
[ ]

2. [기타소득자료입력]

- 직무발명보상금 10,000,000원 중 비과세 7,000,000원을 제외한 3,000,000원을 입력한다.
  (2024년부터 비과세 연 7,000,000원으로 한도 상향)

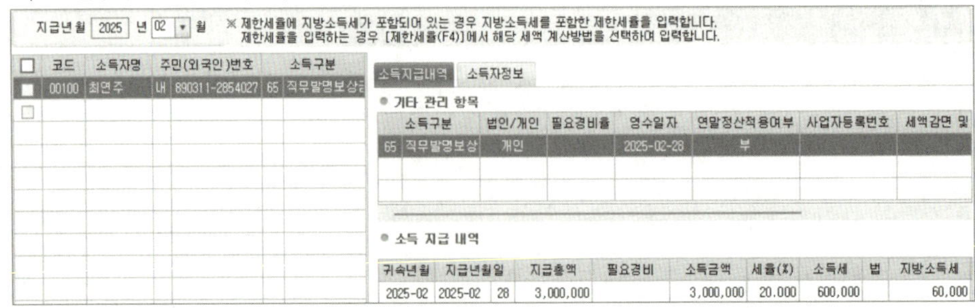

지급년월 2025 년 02 월 ※ 제한세율에 지방소득세가 포함되어 있는 경우 지방소득세를 포함한 제한세율을 입력합니다.
제한세율을 입력하는 경우 [제한세율(F4)]에서 해당 세액 계산방법을 선택하여 입력합니다.

□	코드	소득자명	주민(외국인)번호	소득구분	
□	00100	최연주	내 890311-2854027	65	직무발명보상금

[소득지급내역] 소득자정보

● 기타 관리 항목

소득구분		법인/개인	필요경비율	영수일자	연말정산적용여부	사업자등록번호	세액감면 및
65	직무발명보상	개인		2025-02-28	부		

● 소득 지급 내역

귀속년월	지급년월일		지급총액	필요경비	소득금액	세율(%)	소득세	법	지방소득세
2025-02	2025-02	28	3,000,000		3,000,000	20.000	600,000		60,000

문제 5 법인세관리

1 조정후 수입금액명세서

1. [업종별 수입금액 명세서]

업종별 수입금액 명세서

	①업태	②종목	코드	③기준(단순)경비율번호	수입금액 ④계(⑤+⑥+⑦)	내 수 ⑤국내생산품	내 수 ⑥수입상품	⑦수 출
1	제조업	빵류 제조업	01	154104	1,295,467,170	1,170,559,670		124,907,500
2	도매 및 소매업	빵류, 과자류,	02	512241	336,900,000	336,900,000		
3			03					
4			04					
5			05					
6			06					
7			07					
8			08					
9			09					
10			10					
11	기 타		11					
	합 계		99		1,632,367,170	1,507,459,670		124,907,500

2. [수입금액과의 차액내역]

부가가치세 과세표준 수입금액 차액검토 상세보기

부가가치세 과세 표준	⑧ 과세(일반)	1,460,259,670
	⑨ 과세(영세율)	124,907,500
	계	1,585,167,170
	⑩ 면 세 수 입 금 액	49,200,000
	⑪ 합 계(⑧+⑨+⑩)	1,634,367,170
	⑫ 수 입 금 액	1,632,367,170
	⑬ 차 액(⑪-⑫)	2,000,000

수입금액과의 차액내역 일괄작성

⑮코드	⑭구분(내용)	(16)금액	비고
23	개인적공급	2,000,000	
25	유형자산 및 무형자산매각액	10,000,000	
32	매출누락	-10,000,000	
50	차액계	2,000,000	

2 대손충당금 및 대손금조정명세서

1. [2.대손금조정]의 대손처리내역

	22.일자	23.계정과목	24.채권내역	25.대손사유	26.금액	대손충당금 27.계	대손충당금 28.시인액	대손충당금 29.부인액	당기손금 계상액 30.계	당기손금 계상액 31.시인액	당기손금 계상액 32.부인액
1	06-10	외상매출금	매출대금	파산	1,800,000	1,800,000	1,800,000				
2	09-05	받을어음	매출대금	부도	2,000,000	2,000,000		2,000,000			

① 6월 10일 대손처리내역

월	일	번호	구분	코드	계정과목	코드	거래처	적요	차변	대변
6	10	00001	대변	108	외상매출금	00201	(주)손해기업	파산으로 대손처리		1,800,000
6	10	00001	차변	109	대손충당금		(주)손해기업	파산으로 대손처리	1,800,000	

→ 파산으로 인한 대손요건을 갖추었으므로 시인액으로 처리한다.

② 9월 5일 대손처리내역

월	일	번호	구분	코드	계정과목	코드	거래처	적요	차변	대변
9	5	00001	차변	111	대손충당금		(주)결손기업	부도발생일 2025.9.5 대손처리	2,000,000	
9	5	00001	대변	110	받을어음	00202	(주)결손기업	부도발생일 2025.9.5 대손처리		2,000,000

→ 부도(부도발생일 2025.9.5.) 발생 후 6개월이 경과하지 않았으므로 손금불산입한다.

2. [1.대손충당금조정(채권잔액)]에 설정채권 입력

	16.계정과목	17.채권잔액의 장부가액	18.기말현재 대손금 부인 누계액	19.합계(17+18)	20.충당금 설정제외 채권	21.채권잔액(19 - 20)
1	외상매출금	1,030,692,214	3,000,000	1,033,692,214		1,033,692,214
2	받을어음	250,419,500	2,000,000	252,419,500		252,419,500
	계	1,281,111,714	5,000,000	1,286,111,714		1,286,111,714

→ 전기분 외상매출금이 당기에도 소멸시효 미완성으로 대손요건을 충족하지 못하였으로 부인액 3,000,000원을 설정 대상채권에 가산한다.

→ 부도(부도확정일 2025.9.5.) 발생 후 6개월이 경과하지 않았으므로 당기 대손금 부인액 2,000,000원을 설정대상채권에 가산한다.

3. [1.대손충당금조정(손금및익금산입조정)]에 대손충당금 조정입력

손금 산입액 조정	1. 채권잔액 (21의 금액)		2.설정률	3.한도액 (1 × 2)	회사계상액			7.한도초과액 (6-3)
					4.당기계상액	5.보충액	6.계	
	1,286,111,714		1 / 100	12,861,117	24,222,340	1,400,000	25,622,340	12,761,223
익금 산입액 조정	8.장부상 충당금 기초잔액	9.기중 충당금 환입액	10.충당금 부인 누계액	11.당기대손금 상계액 (27의 금액)	12.당기설정 충당금 보충액	13.환입할금액 (8-9-10-11-12)	14.회사 환입액	15.과소환입 과다환입 (△)(13-14)
	5,200,000		~ 1,000,000	3,800,000	1,400,000	-1,000,000		-1,000,000

4. [소득금액조정합계표]

손금불산입	대손금 부인액(받을어음)	2,000,000원	유보발생
손금산입	전기 대손충당금 손금추인	1,000,000원	유보감소
손금불산입	대손충당금 한도초과	12,761,223원	유보발생

3 가지급금등의 인정이자조정(갑,을)

1. [2.이자율별 차입금 잔액계산]

금융기관명 : 98008 국민은행(차입금)　　　새로불러오기(현재거래처)　계정설정　이자율적용

No	거래처명		No	□	일자		차입금	상환액	누적잔액	이자율(%)	잔액적수
1	국민은행(차입금)		1	□	2025	01-01	50,000,000		50,000,000	6	3,000,000
2			2	□	2025	08-31		10,000,000	40,000,000	6	2,400,000

금융기관명 : 98009 신한은행(차입금)　　　새로불러오기(현재거래처)　계정설정　이자율적용

No	거래처명		No	□	일자		차입금	상환액	누적잔액	이자율(%)	잔액적수
1	국민은행(차입금)		1	□	2025	01-19	160,000,000		160,000,000	4.5	7,200,000
2	신한은행(차입금)		2	□	2025	01-19					

2. [3.가지급금, 가수금적수계산]
　1) [가지급금(전체)]

선택 1　1.가지급금(전체)　2.가수금　3.당좌대출이자율　4.가중평균차입이자

No	직책	성명	G	TY
1	대표이사	김한공	0	
2				

계정별원장 데이터불러오기

No	월일	적요	차변	대변	잔액	일수	적수	발생일자
1	02-22	대여	98,000,000		98,000,000	179	17,542,000,000	2025-02-22
2	08-20	대여	20,000,000		118,000,000	56	6,608,000,000	2025-08-20
3	10-15	회수		23,000,000	95,000,000	78	7,410,000,000	2025-10-15

　2) [가수금]

선택 2　1.가지급금(전체)　2.가수금　3.당좌대출이자율　4.가중평균차입이자

No	직책	성명	G	TY
1	대표이사	김한공	0	
2				

계정별원장 데이터불러오기

No	월일	적요	차변	대변	잔액	일수	가수금적수
1	01-07	일시가수		5,000,000	5,000,000	31	155,000,000
2	02-07	가수반제	5,000,000			328	

　3) [4.가중평균차입이자]
　① [4.가중평균차입이자] TAB에서 [전체인명 불러오기]를 클릭하여 [1.가지급금(전체)] 자료를 반영한다.
　② 이자율에 커서를 두고 [F2]를 눌러 [적용(TAB)]을 하면 가중평균차입이자율이 자동 반영된다.

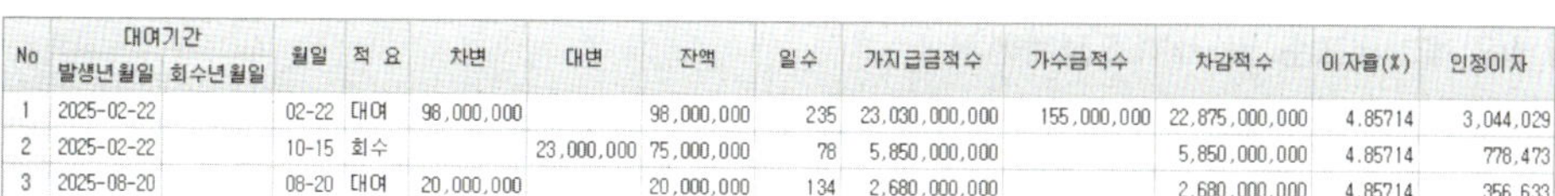

No	대여기간 발생년월일	회수년월일	월일	적 요	차변	대변	잔액	일수	가지급금적수	가수금적수	차감적수	이자율(%)	인정이자
1	2025-02-22		02-22	대여	98,000,000		98,000,000	235	23,030,000,000	155,000,000	22,875,000,000	4.85714	3,044,029
2	2025-02-22		10-15	회수		23,000,000	75,000,000	78	5,850,000,000		5,850,000,000	4.85714	778,473
3	2025-08-20		08-20	대여	20,000,000		20,000,000	134	2,680,000,000		2,680,000,000	4.85714	356,633

3. [4.인정이자계산]

당좌대출이자율에 의한 가지급금 등 인정이자 조정 / 가중평균차입이자율에 의한 가지급금등 인정이자 조정								
1.성명	2.가지급금적수	3.가수금적수	4.차감적수(2-3)	5.인정이자	6.회사계상액	시가인정범위 7.차액 (5-6)	8.비율(%) (7/5)*100	9.조정액(9=7) 7>=3억이거나 8>=5%인경우
김한공	31,560,000,000	155,000,000	31,405,000,000	4,179,135		4,179,135	100.00000	4,179,135

4. [소득금액조정합계표]

익금산입	가지급금인정이자(대표이사)	4,179,135원	상여

4 외화자산 등 평가차손익조정(갑,을)

1. [외화자산등 평가차손익조정명세서(을)]

① 외화자산 입력

구 분	1	1.외화자산	2.외화부채	3.통화선도	4.통화스왑	5.환변동보험

번호	②외화종류	③외화금액	④장부가액 ⑤적용환율	⑥원화금액	⑦평가금액 ⑧적용환율	⑨원화금액	⑩평가손익 (⑨-⑥)
1	US$	50,000	1,100	55,000,000	1,050	52,500,000	-2,500,000

② 외화부채 입력

구 분	2	1.외화자산	2.외화부채	3.통화선도	4.통화스왑	5.환변동보험

번호	②외화종류	③외화금액	④장부가액 ⑤적용환율	⑥원화금액	⑦평가금액 ⑧적용환율	⑨원화금액	⑩평가손익 (⑥-⑨)
1	US$	30,000	1,080	32,400,000	1,050	31,500,000	900,000

2. [외화자산등 평가차손익조정명세서(갑)]

①구 분	②당기손익금해당액	③회사손익금계상액	조정 ④차익 조정(③-②)	⑤차손 조정(②-③)	⑥손익조정금액 (②-③)
가. 화폐성 외화자산·부채평가손익	-1,600,000	-800,000			-800,000
나. 통화선도·통화스왑· 환변동보험 평가손익					
다. 환율조정계정손익 차익					
차손					
계	-1,600,000	-800,000			-800,000

3. [소득금액조정합계표]

익금산입	전기외화외상매입금	1,500,000원	유보감소
손금산입	외화평가손익(외상매출금)	2,000,000원	유보발생
익금산입	외화평가손익(외상매입금)	1,200,000원	유보발생
손금산입	전기외화외상매출금	600,000원	유보감소

5 법인세과세표준 및 세액조정계산서

1. [세액공제조정명세서(3)]
 - 2. 당기 공제 세액 및 이월액 계산

NO	코드	(105)구분	(106)사업년도	요 공제세액		당기 공제대상세액			
				(107)당기분	(108)이월분	(109)당기분	(110)1차년도	(111)2차년도	(112)3차년도
1	18S	통합고용세액공제	2025-12	13,000,000		13,000,000			
			2024-12		8,000,000		8,000,000		
			소계	13,000,000	8,000,000	13,000,000	8,000,000		
	16B	일반연구·인력개발비 세액공제(최	2025-12	12,000,000		12,000,000			

2. [공제감면세액 합계표(갑,을)]
 - 최저한세 적용제외: 일반연구·인력개발비세액공제

	갑	을			
세액공제	(151)국가전략기술 연구개발비세액공제 (최저한세 적용제외)	조특법 제10조 제1항제2호	100		
	(152)일반 연구·인력개발비세액공제 (최저한세 적용제외)	조특법 제10조 제1항제3호	16B	12,000,000	12,000,000
	(153)동업기업 세액공제 배분액(최저한세 적용제외)	조특법 제100조의18제4항	120		
	(154)성실신고 확인비용에 대한 세액공제	조특법 제126조의6	10A		
	(155)상가임대료를 인하한 임대사업자에 대한 세액공	조특법 제96조의3	10B		
	(156)용역제공자에 관한 과세자료의 제출에 대한 세액공제	조특법 제104조의32	10C		
			199		
	(157) 소 계		180	12,000,000	12,000,000

 - 최저한세 적용: 고용을 증대시킨 기업에 대한 세액공제

	갑	을				
공	(223)고용을 증대시킨 기업에 대한 세액공제	조특제법 제29조의7	18F			
	(224)통합고용세액공제	조특제법 제29조의8	18S	8,000,000	13,000,000	21,000,000
	(225)통합고용세액공제(정규직 전환)	조특제법 제29조의8	1B4			

3. [가산세액 계산서]
 - 지출증명서류 미수취 가산세: 5,000,000원 × 2% = 100,000원
 - 지급명세서미제출 가산세: 25,000,000원 × 0.25% = 62,500원
  (1개월을 초과하여 제출하였으므로 0.25% 적용)

(1) 구 분		(2) 계 산 기 준	(3) 기 준 금 액	(4) 가산세율	(5)코드	(6) 가 산 세 액
지출증명서류		미(허위)수취 금액	5,000,000	2/100	8	100,000
지급 명세서	미(누락)제출	미(누락)제출금액		10/1,000	9	
	불분명	불분명금액		1/100	10	
	상증법 §82①⑥	미(누락)제출금액		2/1,000	61	
		불분명금액		2/10,000	62	
	상증법 §82③④	미(누락)제출금액		2/10,000	67	
		불분명금액		2/10,000	68	
	「법인세법」 제75조의7제1항 (일용근로)	미제출금액	25,000,000	25/10,000	96	62,500
		불분명금액		25/10,000	97	
	「법인세법」 제75조의7제1항 (간이지급명세서)	미제출금액		25/10,000	102	
		불분명금액		25/10,000	103	
소 계			25,000,000		11	62,500

4. [법인세과세표준 및 세액조정계산서]

① [소득금액조정합계표]의 소득금액 반영

 - [새로불러오기]를 클릭하면 소득금액, 과세표준, 산출세액이 자동반영 된다.

② 공제·감면 세액 입력

 - 최저한세 적용대상 세액공제: 고용을 증대시킨 기업에 대한 세액공제 21,000,000원을 [121.최저한세 적용대상 공제 감면세액]란에 입력한다.

 - 최저한세 적용배제 세액공제: 연구·인력개발비세액공제액 12,000,000원을 [123.최저한세 적용제외 공제감면세액]란에 입력한다.

③ 가산세액 입력

 - 가산세액 162,500원을 입력한다.

④ 중간예납세액 및 원천납부세액 입력

 - 선납세금(136) 계정별 원장에서 중간예납세액 및 원천납부세액을 조회하여 중간예납세액 7,213,000원, 원천납부세액 280,000원을 입력한다.

⑤ 분납할 세액 입력

 - 분납할 세액 15,682,646원을 입력한다.

				금액						금액
① 각사업연도소득계산	101.결 산 서 상 당 기 순 손 익		01	417,699,342	④ 납 부 할 세 액 계 산	120.산 출 세 액(120=119)				71,858,293
	소득금액조정 금 액	102.익 금 산 입	02	77,365,358		121.최저한세 적용대상 공제감면세액		17		21,000,000
		103.손 금 산 입	03	11,600,000		122.차 감 세 액		18		50,858,293
	104.차가감소득금액(101 + 102 - 103)		04	483,464,700		123.최저한세 적용제외 공제감면세액		19		12,000,000
	105.기 부 금 한 도 초 과 액		05			124.가 산 세 액		20		162,500
	106.기부금한도초과이월액 손 금 산 입		54			125.가 감 계(122-123+124)		21		39,020,793
	107.각사업연도소득금액 (104+105-106)		06	483,464,700		기 납 부 세 액	기 한 내 납 부 세 액	126.중 간 예 납 세 액	22	7,213,000
② 과세표준계산	108.각 사 업 연 도 소득금액(108=107)			483,464,700				127.수 시 부 과 세 액	23	
	109.이 월 결 손 금		07					128.원 천 납 부 세 액	24	280,000
	110.비 과 세 소 득		08					129.간접회사등외국납부세액	25	
	111.소 득 공 제		09					130.소 계(126+127+128+129)	26	7,493,000
	112.과 세 표 준 (108-109-110-111)		10	483,464,700			131.신 고 납 부 전 가 산 세 액		27	
	159.선 박 표 준 이 익		55				132.합 계(130+131)		28	7,493,000
③ 산출세액계산	113.과 세 표 준 (113=112+159)		56	483,464,700		133.감 면 분 추 가 납 부 세 액		29		
	114.세 율		11	19%		134.차가감납부할 세액(125-132+133)		30		31,527,793
	115.산 출 세 액		12	71,858,293	토지등 양도소득에 대한 법인세 계산(TAB으로 이동)					
	116.지 점 유 보 소 득(법 제96조)		13		미환류소득법인세 계산(F3으로 이동)/ 중소기업제외					
	117.세 율		14		⑦ 세 액 계	151.차가감납부할세액계(134+150+166)		46		31,527,793
	118.산 출 세 액		15			152.사실과다른회계처리경정세액공제		57		
	119.합 계(115+118)		16	71,858,293		153.분 납 세 액 계 산 범 위 액		47		31,365,293
						154.분 납 할 세 액		48		15,682,646
						155.차 감 납 부 세 액		49		15,845,147

실무수행평가

11	12	13	14	15
110,000,000	40,260,000	26,897,520	2,500,000	①
16	17	18	19	20
5,000,000	2	1,200,000	30,000	165,430
21	22	23	24	25
200,000	300,000	196,490	600,000	1,170,559,670
26	27	28	29	30
336,900,000	2,000,000	12,761,223	5,000,000	1,000,000
31	32	33	34	35
31,560,000,000	155,000,000	4,179,135	1,500,000	2,000,000
36	37	38	39	
1,200,000	21,000,000	162,500	①	

최신 기출문제 제76회

[실무이론평가]

1	2	3	4	5	6	7	8	9	10
①	②	①	④	②	④	①	②	①	③

01 ①
- 상호: 저가법을 적용하는 경우에는 원칙적으로 항목별로 적용하는 것이 원칙이다.
  기영: 소매재고법은 일반기업회계기준에서 인정하고 있는 원가결정방법이다.

02 ②
- 유형자산손상차손 = 장부금액 − Max(순공정가치, 사용가치)
- 유형자산손상차손 = 취득원가 12,000,000원 − 감가상각누계액 4,800,000원
  − 사용가치 4,000,000원 = 3,200,000원

03 ①
- 2025. 12. 31. 매출채권: 600,000원 + 2,000,000원 − 1,600,000원 − 20,000원 = 980,000원
  2025. 12. 31. 결산분개 전 대손충당금: 30,000원 − 20,000원 = 10,000원
  2025년 대손상각비: (980,000원 − 900,000원) − 10,000원 = 70,000원

04 ④
- 사채가 할인발행되어 손익계산서 이자비용은 2026년이 2025년보다 크게 된다.

05 ②
- 다음 항목은 내부적으로 창출한 무형자산의 원가에 포함하지 아니한다.
  ① 자산이 계획된 성과를 달성하기 전에 발생한 비효율로 인한 손실과 초기 영업손실
  ③ 무형자산을 창출한 이후 이를 운용하는 직원의 교육훈련과 관련된 지출
  ④ 판매비, 관리비 및 일반경비 지출

06 ④
- 면세 대상 재화를 수출하는 경우 면세 포기가 가능하고 이때 영세율을 적용한다.

07 ①
- ② 이때 자산에는 토지를 제외한다.
  ③ 소득세법상 공적연금은 세액공제가 아니라 소득공제를 적용한다.
  ④ 소득세법상 간편장부대상자가 복식부기로 기장한 경우 기장세액공제를 받을 수 있다.

08 ②
- 총급여액
  급여(60,000,000원) + 상여금(30,000,000원) + 식대 과세분(1,200,000원) = 91,200,000원
  자녀 보육수당은 월 20만원까지 비과세한다.

09 ①
- 업무전용자동차보험에 가입하지 않은 경우 업무용승용차 관련비용은 전액 손금불산입하고 귀속자 등에 따라 상여 등으로 소득처분한다.

10 ③
- 각 사업연도 소득금액 = 당기순이익 + 기업업무추진비 한도초과액 + 대손충당금 한도초과액 + 법인세비용 + 일반기부금 한도초과액 − 전기 특례기부금한도초과 이월분 손금산입액 = 10,000,000원 + 500,000원 + 600,000원 + 900,000원 + 200,000원 − 100,000원 = 12,100,000원

[실무수행과제]

문제 1　거래자료입력

1. [일반전표입력] 2월 28일

(차) 375.이월이익잉여금	69,000,000원	(대) 265.미지급배당금	40,000,000원
357.감채적립금	10,000,000원	387.미교부주식배당금	25,000,000원
		351.이익준비금	4,000,000원
		356.사업확장적립금	10,000,000원

또는

(차) 357.감채적립금	10,000,000원	(대) 375.이월이익잉여금	10,000,000원
375.이월이익잉여금	79,000,000원	265.미지급배당금	40,000,000원
		387.미교부주식배당금	25,000,000원
		351.이익준비금	4,000,000원
		356.사업확장적립금	10,000,000원

2. [전기분 이익잉여금처분계산서]

결산 기준	제 6 기	결산 기준 시작일	2024-01-01	결산 기준 종료일	2024-12-31	처분 확정 일자	2025-02-28

과목	계정코드 및 과목명		금액
Ⅰ. 미처분이익잉여금			542,000,000
1. 전기이월미처분이익잉여금		340,000,000	
2. 회계변경의 누적효과	369	회 계 변 경 의 누 적 효 과	
3. 전기오류수정이익	370	전 기 오 류 수 정 이 익	
4. 전기오류수정손실	371	전 기 오 류 수 정 손 실	
5. 중간배당금	372	중 간 배 당 금	
6. 당기순이익			202,000,000	
Ⅱ. 임의적립금 등의 이입액			10,000,000
1. 감채적립금	357	감 채 적 립 금	10,000,000	
2.			
합 계			552,000,000
Ⅲ. 이익잉여금처분액			79,000,000
1. 이익준비금	351	이 익 준 비 금	4,000,000	
2. 기업합리화적립금	352	기 업 합 리 화 적 립 금	
3. 배당금			65,000,000	
가. 현금배당	265	미 지 급 배 당 금	40,000,000	
나. 주식배당	387	미 교 부 주 식 배 당 금	25,000,000	
4. 사업확장적립금	356	사 업 확 장 적 립 금	10,000,000	
5. 감채 적립금	357	감 채 적 립 금	
6. 배당평균적립금	358	배 당 평 균 적 립 금	
Ⅳ. 차기이월 미처분이익잉여금			473,000,000

2　[일반전표입력] 3월 10일

(차) 103.보통예금	12,500,000원	(대) 178.매도가능증권	13,500,000원
(98002.신한은행(보통))			
981.매도가능증권평가익	1,500,000원	922.매도가능증권처분이익	500,000원

문제 2　부가가치세관리

1　수정전자세금계산서의 발행

1. [매입매출전표입력]
① [매입매출전표입력] ➔ [4월 12일] 전표 선택 ➔ 수정세금계산서 클릭 ➔ [수정사유] 화면에서 [3.환입]을 입력 ➔
확인(Tab) 클릭
비고: 당초세금계산서작성일 2025년 4월 12일 자동반영

② 수정분 [작성일 4월 20일]입력, 수량, 단가를 입력하여 [공급가액 -300,000원],
   [세액 -30,000원] 자동반영 ➜ 확인(Tab) 클릭

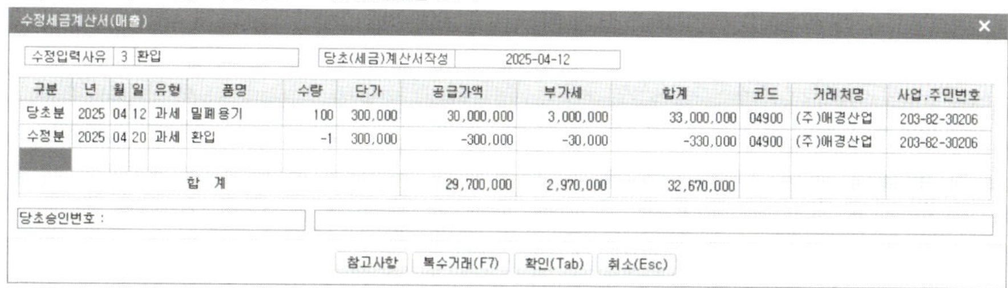

③ [매입매출전표입력] 4월 20일

거래유형	품명	공급가액	부가세	거래처	전자세금
11.과세	환입	-300,000	-30,000	04900.(주)애경산업	전자발행
분개유형	(차) 108.외상매출금	-330,000원		(대) 404.제품매출	-300,000원
2.외상				255.부가세예수금	-30,000원

2. [전자세금계산서 발행 및 내역관리]
   ① 전자세금계산서 발행 및 내역관리 를 클릭하면 수정 전표 1매가 미전송 상태로 조회된다.
   ② 해당내역을 클릭하여 전자세금계산서 발급(발행) 및 국세청 선송을 한나.
3. 교환품에 대한 회계처리는 하지 않는다.

2 기한후 신고

1. [매입매출전표입력]
 - 12월 12일

거래유형	품명	공급가액	부가세	거래처	전자세금
11.과세	제품	25,000,000	2,500,000	01500.(주)인터코스	전자입력
분개유형	(차) 108.외상매출금	27,500,000원		(대) 404.제품매출	25,000,000원
2.외상				255.부가세예수금	2,500,000원

 - 12월 15일

거래유형	품명	공급가액	부가세	거래처	전자세금
12.영세	제품	20,000,000	-	04510.(주)롬앤	전자입력
분개유형	(차) 108.외상매출금	20,000,000원		(대) 404.제품매출	20,000,000원
2.외상					

 - 12월 16일

거래유형	품명	공급가액	부가세	거래처	전자세금
51.과세	레이(998cc)	18,000,000	1,800,000	05300.(주)기아자동차	전자입력
분개유형	(차) 208.차량운반구	18,000,000원		(대) 253.미지급금	19,800,000원
3.혼합	135.부가세대급금	1,800,000원			

- 12월 20일

거래유형	품명	공급가액	부가세	거래처	전자세금
17.카과	제품	2,000,000	200,000	00134.강성원	
분개유형	(차) 108.외상매출금	2,200,000원	(대) 404.제품매출		2,000,000원
3.카드/혼합	(99700.국민카드)		255.부가세예수금		200,000원

2. [부가가치세신고서] 10월 1일 ~ 12월 31일
1) 2025년 제2기 기한 후 부가가치세신고서

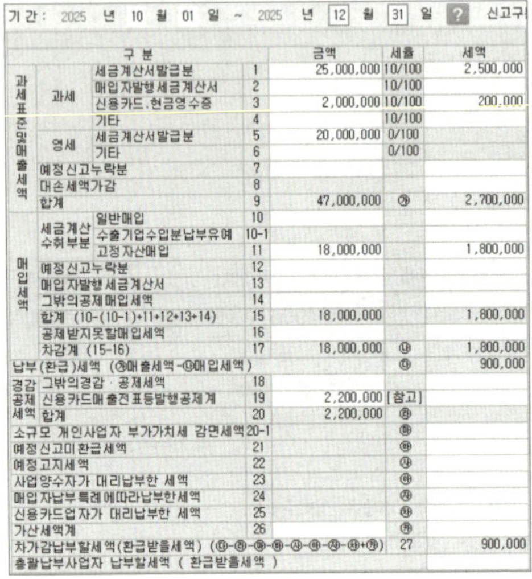

기 간: 2025 년 10 월 01 일 ~ 2025 년 12 월 31 일 [?] 신고구

	구 분			금액	세율	세액
과세표준및매출세액	과세	세금계산서발급분	1	25,000,000	10/100	2,500,000
		매입자발행세금계산서	2		10/100	
		신용카드.현금영수증	3	2,000,000	10/100	200,000
		기타	4		10/100	
	영세	세금계산서발급분	5	20,000,000	0/100	
		기타	6		0/100	
	예정신고누락분		7			
	대손세액가감		8			
	합계		9	47,000,000	㉮	2,700,000
매입세액	세금계산 수취부분	일반매입	10			
		수출기업수입분납부유예	10-1			
		고정자산매입	11	18,000,000		1,800,000
	예정신고누락분		12			
	매입자발행세금계산서		13			
	그밖의공제매입세액		14			
	합계 (10-(10-1)+11+12+13+14)		15	18,000,000		1,800,000
	공제받지못할매입세액		16			
	차감계 (15-16)		17	18,000,000	㉯	1,800,000
납부(환급)세액 (㉮매출세액-㉯매입세액)					㉰	900,000
경감 공제 세액	그밖의경감 · 공제세액		18			
	신용카드매출전표등발행공제계		19	2,200,000	[참고]	
	합계		20	2,200,000	㉱	
소규모 개인사업자 부가가치세 감면세액			20-1		㉲	
예정신고미환급세액			21		㉳	
예정고지세액			22		㉴	
사업양수자가 대리납부한 세액			23		㉵	
매입자납부특례에따라납부한세액			24		㉶	
신용카드업자가 대리납부한 세액			25		㉷	
가산세액계			26		㉸	
차가감납부할세액(환급받을세액) (㉰-㉱-㉲-㉳-㉴-㉵-㉶-㉷+㉸)			27			900,000
총괄납부사업자 납부할세액 (환급받을세액)						

2) 과세표준명세

화면상단의 [과표(F7)]를 클릭하여 '신고구분'에서 '4.기한후과세표준'을 선택하고, '신고년월일'에 '2026-02-10'을 기입 후 [확인]을 클릭하면 부가가치세신고서에 '기한후신고'가 표시된다.

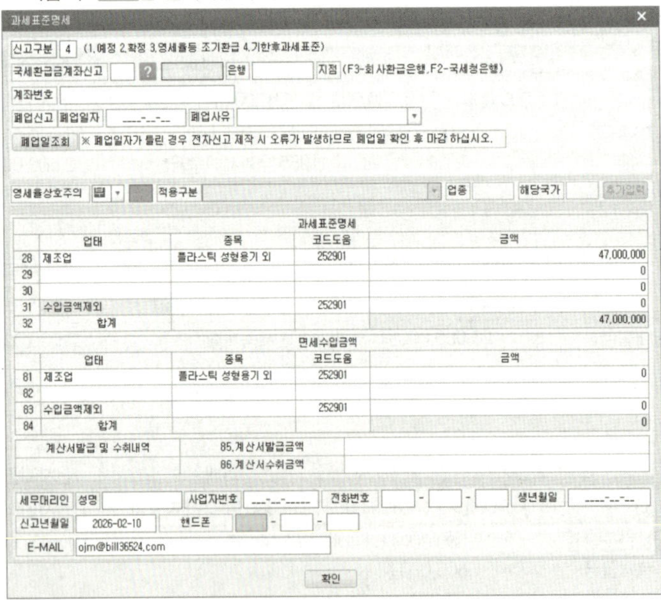

3) 가산세명세
① 세금계산서 지연발급 가산세
   45,000,000원 × 1% = 450,000원
② 신고불성실 가산세(무신고(일반))
   900,000원 × 20% × 50% 감면(1개월 이내) = 90,000원
③ 납부지연 가산세
   900,000원 × 2.2/10,000 × 16일 = 3,168원
④ 영세율과세표준신고불성실 가산세
   20,000,000원 × 0.5% × 50% 감면(1개월 이내) = 50,000원
⑤ 가산세 합계: 593,168원

가산세명세 ✕

	구분		금액	세율	세액
	사업자미등록	61		1%	
	세금계산서지연발급등	62	45,000,000	1%	450,000
	세금계산서지연수취	63		0.5%	
	세금계산서미발급등	64		뒤쪽참조	
	전자세금계산서 지연전송	65		0.3%	
	전자세금계산서 미전송	66		0.5%	
25.	세금계산서합계표불성실	**67**		뒤쪽참조	
가산세	신고불성실	**69**	900,000	뒤쪽참조	90,000
명세	납부지연	73	900,000	뒤쪽참조	3,168
	영세율과세표준신고불성	74	20,000,000	0.5%	50,000
	현금매출명세서미제출	75		1%	
	부동산임대명세서불성실	76		1%	
	매입자거래계좌미사용	77		뒤쪽참조	
	매입자거래계좌지연입금	78		뒤쪽참조	
	신용카드매출전표 등 수령 명세서 미제출·과다기재	79		0.5%	
	합계	**80**			593,168
67.세금	미제출			0.5%	
계산서	부실기재			0.5%	
합계표	지연제출			0.3%	
불성실	합계				
	무신고(일반)		900,000	뒤쪽참조	90,000
69.신고	무신고(부당)			뒤쪽참조	
불성실	과소·초과환급신고(일반)			뒤쪽참조	
	과소·초과환급신고(부당)			뒤쪽참조	
	합계		900,000		90,000

문제 3 결산

1 수동결산 및 자동결산

1. [일반전표입력] 12월 31일
   (차) 943.유형자산손상차손　　　30,000,000원　　(대) 222.손상차손누계액　　　30,000,000원
   ※ 손상차손 = 장부금액 − 회수가능액
   = 280,000,000원 − Max(사용가치 250,000,000원, 순공정가치 150,000,000원)
   = 30,000,000원

2. [결산자료입력]
   - 결산자료입력 메뉴에 기말원재료 15,000,000원 입력 후 상단 툴바의 전표추가(F3) 를 클릭하여 결산분개 생성한다.

3. [이익잉여금처분계산서] 메뉴
   - 이익잉여금처분계산서에서 처분일을 입력한 후, 전표추가(F3) 를 클릭하여 손익대체 분개를 생성한다.

문제 4 원천징수관리

1 중도퇴사자의 원천징수

1. [사원등록]

20. 퇴 사 년 월 일	2025 년	11 월	30 일	?

2. [급여자료입력]

- 급여 등을 입력하고 '중도퇴사자정산' 메뉴를 실행 ➜ [반영Tab]클릭

급여항목	지급액	공제항목	공제액
기본급	3,300,000	국민연금	148,500
직책수당	250,000	건강보험	116,980
성과수당	330,000	고용보험	34,920
		장기요양보험료	15,140
		건강보험료정산	47,080
		장기요양보험료정산	20,240
		고용보험료정산	32,000
		소득세	146,070
		지방소득세	14,620

3. [퇴직소득자료입력]

① 퇴직사유 '3.자발' 선택

② [최종]란의 [15.퇴직급여]란에 11,600,000원 입력하고, 이연퇴직소득세액계산 입력

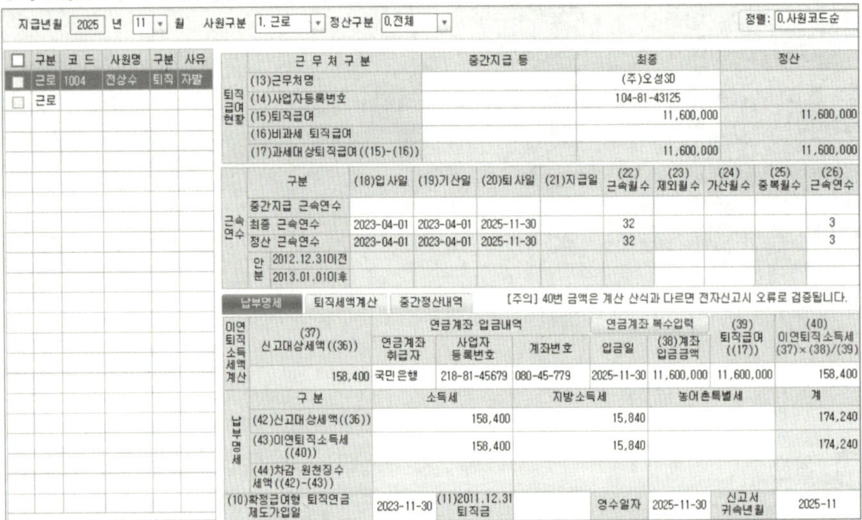

지급년월 2025 년 11 월 사원구분 1.근로 정산구분 0.전체 정렬: 0.사원코드순

□	구분	코드	사원명	구분	사유
■	근로	1004	전상수	퇴직	자발
□	근로				

퇴직급여현황

근 무 처 구 분	중간지급 등	최종	정산
(13)근무처명		(주)오성SD	
(14)사업자등록번호		104-81-43125	
(15)퇴직급여		11,600,000	11,600,000
(16)비과세 퇴직급여			
(17)과세대상퇴직급여((15)-(16))		11,600,000	11,600,000

근속연수

구분	(18)입사일	(19)기산일	(20)퇴사일	(21)지급일	(22)근속월수	(23)제외월수	(24)가산월수	(25)중복월수	(26)근속연수
중간지급 근속연수									
최종 근속연수	2023-04-01	2023-04-01	2025-11-30		32				3
정산 근속연수	2023-04-01	2023-04-01	2025-11-30		32				3
안분 2012.12.31이전									
분 2013.01.01이후									

[납부명세] 퇴직세액계산 중간정산내역   [주의] 40번 금액은 계산 산식과 다르면 전자신고시 오류로 검증됩니다.

이연퇴직소득세액계산

(37)신고대상세액((36))	연금계좌취급자	사업자등록번호	계좌번호	입금일	(38)계좌입금금액	(39)퇴직급여((17))	(40)이연퇴직소득세 (37)×(38)/(39)
158,400	국민은행	218-81-45679	080-45-779	2025-11-30	11,600,000	11,600,000	158,400

연금계좌 입금내역 / 연금계좌 복수입력

납부명세

구 분	소득세	지방소득세	농어촌특별세	계
(42)신고대상세액((36))	158,400	15,840		174,240
(43)이연퇴직소득세((40))	158,400	15,840		174,240
(44)차감 원천징수세액((42)-(43))				
(10)확정급여형 퇴직연금 제도가입일 2023-11-30	(11)2011.12.31 퇴직금		영수일자 2025-11-30	신고서 귀속년월 2025-11

4. [원천징수이행상황신고서 작성]

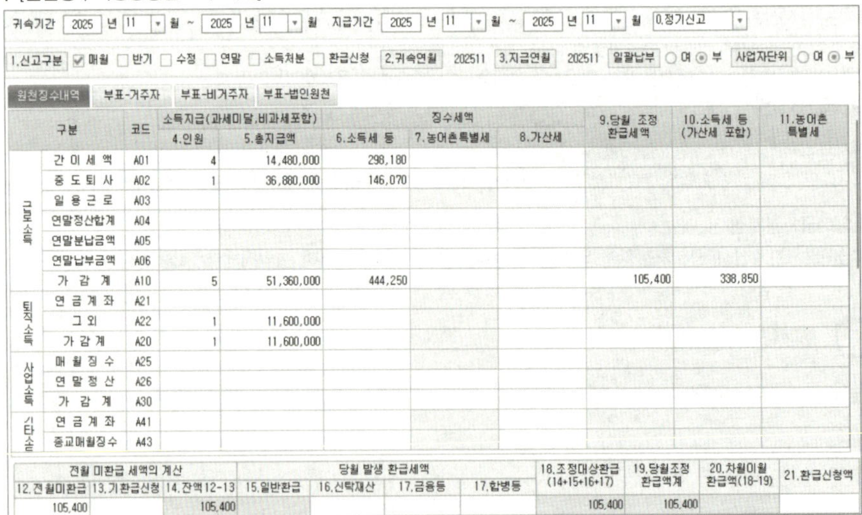

귀속기간 2025 년 11 월 ~ 2025 년 11 월 지급기간 2025 년 11 월 ~ 2025 년 11 월 0.정기신고

1.신고구분 ☑매월 □반기 □수정 □연말 □소득처분 □환급신청 2.귀속연월 202511 3.지급연월 202511 일괄납부 ○여 ⦿부 사업자단위 ○여 ⦿부

[원천징수내역] 부표-거주자 부표-비거주자 부표-법인원천

구분		코드	소득지급(과세미달,비과세포함)		징수세액			9.당월 조정 환급세액	10.소득세 등 (가산세 포함)	11.농어촌특별세
			4.인원	5.총지급액	6.소득세 등	7.농어촌특별세	8.가산세			
근로소득	간이세액	A01	4	14,480,000	298,180					
	중도퇴사	A02	1	36,880,000	146,070					
	일용근로	A03								
	연말정산합계	A04								
	연말분납금액	A05								
	연말납부금액	A06								
	가 감 계	A10	5	51,360,000	444,250			105,400	338,850	
퇴직소득	연금계좌	A21								
	그 외	A22	1	11,600,000						
	가 감 계	A20	1	11,600,000						
사업소득	매월징수	A25								
	연말정산	A26								
	가 감 계	A30								
기타소득	연금계좌	A41								
	종교매월징수	A43								

전월 미환급 세액의 계산			당월 발생 환급세액				18.조정대상환급 (14+15+16+17)	19.당월조정 환급액계	20.차월이월 환급액(18-19)	21.환급신청액
12.전월미환급	13.기환급신청	14.잔액12-13	15.일반환급	16.신탁재산	17.금융등	17.합병등				
105,400		105,400					105,400	105,400		

2 기타소득의 원천징수

1. [기타소득자등록]

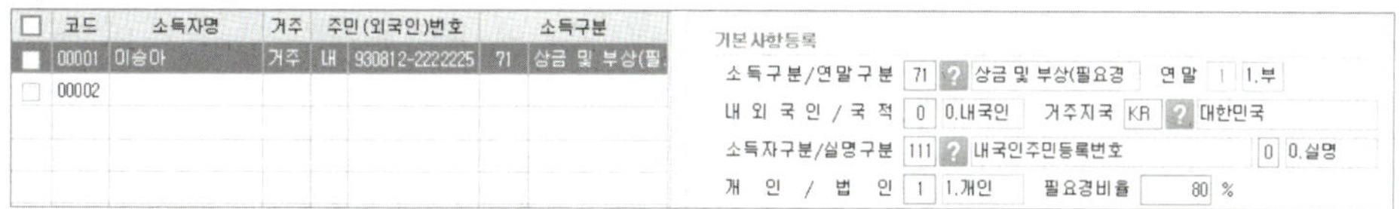

2. [기타소득자료입력]

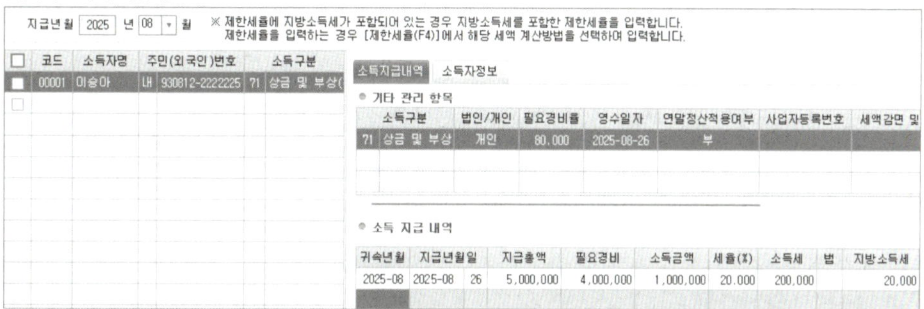

문제 5 법인세관리

1 수입금액조정명세서

1. [1. 수입금액 조정계산]

	계정과목		③결산서상 수입금액	조 정		⑥조정후 수입금액 (③+④-⑤)
	①항 목	②과 목		④가산	⑤차감	
1	매 출	제품매출	1,285,467,170			1,285,467,170
2	매 출	상품매출	336,900,000			336,900,000

2. [2. 수입금액 조정명세]
 다. 기타수입금액 반영
 - 상품권매출 수입금액 –2,000,000원(*)을 입력한다.
   (*) 당기말 현재 상품권 미회수액(2,000,000원) = 상품권 발행액(20,000,000원) – 회수금액(18,000,000원)

	(23)구분	(24)근거법령	(25)수입금액	(26)대응원가	비고
1	위탁판매누락분		20,000,000	16,000,000	
2	상품권매출		–2,000,000		

3. [1. 수입금액 조정계산]

	계정과목		③결산서상 수입금액	조 정		⑥조정후 수입금액 (③+④-⑤)
	①항 목	②과 목		④가산	⑤차감	
1	매 출	제품매출	1,285,467,170	20,000,000	500,000	1,304,967,170
2	매 출	상품매출	336,900,000		2,000,000	334,900,000

4. 소득금액조정합계표 작성

익금산입	위탁판매 누락분	20,000,000원	유보발생
손금산입	위탁판매 매출원가 누락분	16,000,000원	유보발생
익금불산입	상품권 매출	2,000,000원	유보발생

2 퇴직연금부담금조정명세서

1. [계정별원장]을 이용한 [퇴직연금운용자산]내역 조회

날짜	코드	적요	코드	거래처명	차변	대변	잔액
		전기이월			30,000,000		30,000,000
12/03		퇴직금지급	98005	삼성생명		20,000,000	10,000,000
12/20		퇴직연금불입	98005	삼성생명	42,000,000		52,000,000
		[월 계]			42,000,000	20,000,000	
		[누 계]			72,000,000	20,000,000	

2. [퇴직급여충당금조정명세서]의 퇴직급여충당금조정내역 조회

3 1. 퇴직급여 충당금 조정

영 제60조 제1항에 의한 한도액	1. 퇴직급여 지급대상이 되는 임원 또는 직원에게 지급한 총급여액		2. 설정률	3. 한도액	비고
		394,800,000	5 / 100	19,740,000	

영 제60조 제2항 및 제3항에 의한 한도액	4.장부상 충당금기초잔액	5.확정기여형 퇴직연금자의 설정전 기계상된 퇴직급여충당금	6.기중 충당금 환입액	7.기초충당금 부인누계액	8.기중 퇴직금 지급액	9.차감액 (4-5-6-7-8)
	50,000,000			30,000,000	17,000,000	3,000,000
	10.추계액대비설정액 (22X(0%))		11.퇴직금전환금	12.설정률 감소에 따라 환입을 제외하는 금액 MAX(9-10-11,0)		13.누적한도액 (10-9+11+12)
				3,000,000		

한도초과액 계 산	14.한도액 (3과 13중 적은금액)			15.회사계상액	16.한도초과액 (15-14)
				197,000,000	197,000,000

1 2. 총급여액 및 퇴직급여추계액 명세   **2 퇴직급여추계액 명세서**

구 분	17.총급여액		18.퇴직급여 지급대상이 아닌 임원 또는 직원에…		19.퇴직급여 지급대상인 임원 또는 직원에 대한…	
계정명	인원	금액	인원	금액	인원	금액
임금(제)	10	270,000,000			10	270,000,000
급여(판)	5	124,800,000			5	124,800,000

20.기말현재 임원 또는 직원 전원의 퇴…	
인원	금액
15	210,000,000
21. 「근로자퇴직급여보장법」에 따른…	
인원	금액
15	209,000,000
22.세법상 추계액 MAX(20, 21)	
금액	
210,000,000	

3. [퇴직연금부담금조정명세서]의 작성

3 1.퇴직연금 등의 부담금 조정

1.퇴직급여추계액	당기말현재 퇴직급여충당금				6.퇴직부담금 등 손금산입 누적 한도액(1-5)
	2.장부상 기말잔액	3.확정기여형 퇴직연금자의 퇴직연금 설정전 기계상된 퇴직급여 출당금	4.당기말 부인누계액	5.차감액 (2-3-4)	
210,000,000	210,000,000		207,000,000	3,000,000	207,000,000

7.이미 손금산입한 부담금 등 (17)	8.손금산입한도액 (6-7)	9.손금산입대상 부담금 등(18)	10.손금산입범위액 (8과9중 작은금액)	11.회사손금 계상액	12.조정금액 (10-11)
10,000,000	197,000,000	42,000,000	42,000,000		42,000,000

2. 이미 손금산입한 부담금 등의 계산

2 가. 손금산입대상 부담금 등 계산

13. 퇴직연금예치금등 계(22)	14.기초퇴직연금 출당금등 및 전기말 신고조정에의한 손금산입액	15.퇴직연금출당금 등 손금부인누계액	16.기중퇴직연금 등 수령 및 해약액	17.이미손금산입한 부담금등 (14-15-16)	18.손금산입대상 부담금등 (13-17)
52,000,000	30,000,000		20,000,000	10,000,000	42,000,000

1 나. 기말퇴직연금 예치금등의 계산

19.기초퇴직연금예치금 등	20.기중퇴직연금예치금등 수령 및 해약액	21.당기퇴직연금예치금등의 납입액	22.퇴직연금예치금 등 계 (19-20+21)
30,000,000	20,000,000	42,000,000	52,000,000

- 상단 툴바의 '새로불러오기'를 클릭하여 퇴직급여충당금조정명세서의 내용을 반영하며, [4.당기말부인누계액]란에 207,000,000원(30,000,000원 - 20,000,000원 + 197,000,000원)을 입력한다.

4. [소득금액조정합계표]

손금불산입	퇴직연금지급액	20,000,000원	유보감소
손금산입	퇴직연금불입액	42,000,000원	유보발생

3 업무무관지급이자조정명세서(갑,을)

1. [업무무관 지급이자조정명세서(을)]

① 업무무관 부동산의 적수

구 분 1 1.업무무관 부동산의 적수 2.업무무관 동산의 적수 3.가지급금 등의 적수 4.가수금 등의 적수 5.그밖의 적수 6.자기자본적수

□ 적요수정

	①월일	②적요	③차 변	④대 변	④잔 액	⑥일수	⑦적 수
1	01-01	전기이월	100,000,000		100,000,000	365	36,500,000,000

② 업무무관 동산의 적수

구 분 2 1.업무무관 부동산의 적수 2.업무무관 동산의 적수 3.가지급금 등의 적수 4.가수금 등의 적수 5.그밖의 적수 6.자기자본적수

□ 적요수정

	①월일	②적요	③차 변	④대 변	④잔 액	⑥일수	⑦적 수
1	01-01		50,000,000		50,000,000	365	18,250,000,000

③ 가지급금등의 적수

구 분 3 1.업무무관 부동산의 적수 2.업무무관 동산의 적수 3.가지급금 등의 적수 4.가수금 등의 적수 5.그밖의 적수 6.자기자본적수

□ 적요수정

	①월일	②적요	③차 변	④대 변	④잔 액	⑥일수	⑦적 수
1	02-22	지급	98,000,000		98,000,000	179	17,542,000,000
2	08-20	지급	20,000,000		118,000,000	56	6,608,000,000
3	10-15	회수		23,000,000	95,000,000	78	7,410,000,000

④ 가수금 등의 적수

구 분 4 1.업무무관 부동산의 적수 2.업무무관 동산의 적수 3.가지급금 등의 적수 4.가수금 등의 적수 5.그밖의 적수 6.자기자본적수

□ 적요수정

	①월일	②적요	③차 변	④대 변	④잔 액	⑥일수	⑦적 수
1	01-07	일시가수		5,000,000	5,000,000	31	155,000,000
2	02-07	가수반제	5,000,000			328	

2. [업무무관 지급이자조정명세서(갑)]

2 1. 업무무관 부동산등에 관련한 차입금 지급이자

① 지급이자	적 수				⑥ 차입금 (=19)	⑦ ⑤와 ⑥중 적은금액	⑧ 손금불산입 지급이자 (① × ⑦ ÷ ⑥)
	②업무무관 부동산	③업무무관 동산	④가지급금 등	⑤계(②+③+④)			
23,600,000	36,500,000,000	18,250,000,000	31,405,000,000	86,155,000,000	158,557,738,096	86,155,000,000	12,823,454

1 2. 지급이자 및 차입금 적수 계산 〈연이율 일수 -〉 현재: 365 가지급금: 365〉

	(9) 이자율	(10)지급이자	(11)차입금적수	(12)채권자불분명 사채이자		(15)건설자금이자 등		차 감	
				(13)지급이자	(14)차입금적수	(16)지급이자	(17)차입금적수	(18)지급이자 (10-13-16)	(19)차입금적수(11-14-17)
1	7.00000	9,200,000	47,971,428,571	3,000,000	15,642,857,142			6,200,000	32,328,571,429
2	6.00000	12,400,000	75,433,333,333			1,700,000	10,341,666,666	10,700,000	65,091,666,667
3	4.00000	6,700,000	61,137,500,000					6,700,000	61,137,500,000

3. 소득금액조정합계표 작성

손금불산입	채권자 불분명 사채이자 원천징수분	825,000원	기타사외유출
손금불산입	채권자 불분명 사채이자	2,175,000원	상여
손금불산입	건설자금이자	1,700,000원	유보발생
손금불산입	업무무관지급이자	12,823,454원	기타사외유출

4 소득금액조정합계표

[소득금액조정합계표]

손금산입	전기 재고자산(원재료)평가감	2,000,000원	유보감소
손금산입	전기 외상매출금	2,999,000원	유보감소
익금불산입	국세환급금 이자	520,000원	기타
익금산입	토지 재평가잉여금	30,000,000원	기타
익금불산입	토지	30,000,000원	유보발생
손금불산입	법인세 등	36,300,479원	기타사외유출

5 법인세과세표준 및 세액조정계산서

1. [소득금액조정합계표]의 소득금액 반영
 - 결산서상당기순이익 및 소득금액조정금액을 입력한다.

2. 일반기부금한도초과액 입력
 - 기부금한도초과액 8,200,000원을 입력한다.

3. 이월결손금 입력
 - 2021년 발생분 2,000,000원 + 2022년 발생분 13,000,000원 = 15,000,000원을 [109.이월결손금]란에 입력한다.

4. 공제·감면 세액 입력
 - 최저한세 적용대상 세액공제: 중소기업특별세액감면액 18,000,000원을 [121.최저한세 적용대상 공제감면세액]란에 입력한다.
   ※ 중소기업특별세액감면과 통합투자세액공제는 중복적용 할 수 없음, 세부담 최소화에 따라 중소기업특별세액감면을 적용
 - 최저한세 적용배제 세액공제: 연구·인력개발비세액공제액 5,200,000원을 [123.최저한세 적용제외 공제감면세액]란에 입력한다.

5. 가산세액
 - [124.가산세액]란에 60,000원 입력한다.
 - 3만원초과 지출증명서류 미수취 가산세: 3,000,000원 × 2% = 60,000원

6. 중간예납세액 및 원천납부세액 입력
 - 선납세금(136) 계정별 원장에서 중간예납세액 및 원천납부세액을 조회하여 중간예납세액 7,213,000원, 원천징수세액 280,000원을 입력한다.

7. 분납할 세액 입력
 - 분납할 세액 13,849,194원을 입력한다.

① 각사업연도소득계산	101.결 산 서 상 당 기 순 손 익	01	207,386,256
	소득금액조정금액 102.익 금 산 입	02	220,000,000
	소득금액조정금액 103.손 금 산 입	03	8,000,000
	104.차가감소득금액(101 + 102 - 103)	04	419,386,256
	105.기 부 금 한 도 초 과 액	05	8,200,000
	106.기부금한도초과이월액 손 금 산 입	54	
	107.각사업연도소득금액 (104+105-106)	06	427,586,256
② 과세표준계산	108.각 사 업 연 도 소득금액(108=107)		427,586,256
	109.이 월 결 손 금	07	15,000,000
	110.비 과 세 소 득	08	
	111.소 득 공 제	09	
	112.과 세 표 준 (108-109-110-111)	10	412,586,256
	159.선 박 표 준 이 익	55	
③ 산출세액계산	113.과 세 표 준 (113=112+159)	56	412,586,256
	114.세 율	11	19%
	115.산 출 세 액	12	58,391,388
	116.지 점 유 보 소 득(법 제96조)	13	
	117.세 율	14	
	118.산 출 세 액	15	
	119.합 계(115+118)	16	58,391,388
④ 납부할세액계산	120.산 출 세 액(120=119)		58,391,388
	121.최저한세 적용대상 공제감면세액	17	18,000,000
	122.차 감 세 액	18	40,391,388
	123.최저한세 적용제외 공제감면세액	19	5,200,000
	124.가 산 세 액	20	60,000
	125.가 감 계 (122-123+124)	21	35,251,388
	기납부세액 기한내납부세액 126.중 간 예 납 세 액	22	7,213,000
	기납부세액 기한내납부세액 127.수 시 부 과 세 액	23	
	기납부세액 기한내납부세액 128.원 천 납 부 세 액	24	280,000
	기납부세액 기한내납부세액 129.간접회사등외국납부세액	25	
	기납부세액 기한내납부세액 130.소 계 (126+127+128+129)	26	7,493,000
	기납부세액 131.신 고 납 부 전 가 산 세 액	27	
	기납부세액 132.합 계(130+131)	28	7,493,000
	133.감 면 분 추 가 납 부 세 액	29	
	134.차가감납부할 세액(125-132+133)	30	27,758,388
	토지등 양도소득에 대한 법인세 계산(TAB으로 이동)		
	미환류소득법인세 계산(F3으로 이동)/ 중소기업제외		
⑦ 세액계	151.차가감납부할세액계(134+150+166)	46	27,758,388
	152.사실과다른회계처리경정세액공제	57	
	153.분 납 세 액 계 산 범 위 액	47	27,698,388
	154.분 납 할 세 액	48	13,849,194
	155.차 감 납 부 세 액	49	13,909,194

11	12	13	14	15
6,000,000	15,000,000	1,500,000	473,000,000	2,500,000
16	17	18	19	20
④	3	47,000,000	1,800,000	593,168
21	22	23	24	25
3,304,450	158,400	338,850	220,000	1,639,867,170
26	27	28	29	30
16,000,000	2,000,000	207,000,000	20,000,000	42,000,000
31	32	33	34	35
23,600,000	2,175,000	13,648,454	4,999,000	30,000,000
36	37	38	39	
520,000	58,391,388	7,493,000	④	

최신 기출문제 제78회

[실무이론평가]

1	2	3	4	5	6	7	8	9	10
④	②	③	②	③	③	②	②	③	③

01 ④
- 기업실체의 이해관계자는 지속적으로 의사결정을 해야 하므로 적시성 있는 정보가 필요하게 된다. 이러한 정보수요를 충족시키기 위하여 도입된 재무제표의 기본가정이 기간별 보고이다.

02 ②
- 후입선출법은 최근에 싸게 사온 재고자산이 매출원가에 포함되므로 당기순이익이 가장 크게 나타난다. 반대로 선입선출법은 과거에 비싸게 사온 재고자산이 매출원가에 포함되므로 당기순이익이 가장 작게 나타난다. 총평균법은 비싸게 사온 재고자산과 싸게 사온 재고자산의 효과가 합해져서 평균수준으로 매출원가가 계산되므로, 그 중간이다. 따라서, 당기순이익이 크게 계상되는 재고자산 원가결정방법 순서는 후입선출법, 총평균법, 선입선출법 순이다.

03 ③
- 현금및현금성자산 = 250,000원 + 100,000원 + 50,000원 + 30,000원 = 430,000원

04 ②
- 결산정리후 법인세비용차감전순이익
  = 반영전 법인세비용차감전순이익 + 미수이자 + 선급비용 − 미지급이자 − 선수수익
  = 2,000,000원 + 400,000원 + 200,000원 − 300,000원 − 100,000원 = 2,200,000원

05 ③
- 매출원가에 포함될 재고자산감모손실과 재고자산평가손실의 합계액은 172,000원이다.
  재고자산감모손실 = (1,000개 − 920개) × 1,000원 = 80,000원
  재고자산평가손실 = 920개 × (1,000원 − 900원) = 92,000원

06 ③
- 과세표준: 2,000,000원 + 900,000원 = 2,900,000원
- 주택과 이에 부수되는 토지의 임대용역은 부가가치세가 면세된다.
  공급받은 자에게 도달하기 전에 파손된 재화의 가액은 공급가액에 포함하지 않는다.

07 ②
- 공적연금을 지급하는 원천징수의무자는 2025년 연금소득에 대하여 2026년 1월분 공적연금을 지급할 때 연말정산을 하여야 한다.

08 ②
- 10,000,000원 + 4,000,000원 + 2,000,000원 = 16,000,000원
- 복식부기의무자의 기계장치처분이익은 사업소득 총수입금액에 포함되나, 간편장부대상자의 기계장치처분이익은 사업소득 총수입금액에 포함되지 않는다. 배당금수익은 배당소득에 해당하고 나머지는 사업소득 총수입금액에 포함된다.

09 ③
- 5,000,000원 + 8,000,000원 + 2,000,000원 = 15,000,000원
- 공동행사비 한도초과액은 기타사외유출이고, 나머지 금액들은 상여로 소득처분한다.

10 ③
- ③ 익금불산입 △유보의 세무조정이 필요하다.

[실무수행과제]

문제 1 거래자료입력

1 [전표입력]

1. [매입매출전표입력] 4월 25일

거래유형	품명	공급가액	부가세	거래처	전자세금
51.과세	CNC선반	60,000,000	6,000,000	03100.(주)한화리스기계	전자입력
분개유형	(차) 206.기계장치　　　　60,000,000원		(대) 315.금융리스차입금　60,000,000원		
3.혼합	135.부가세대급금　　　　6,000,000원		103.보통예금　　　　　　6,000,000원 (98000.국민은행)		

2. [일반전표입력] 5월 25일

(차) 931.이자비용　　　　　　　　　250,000원　　(대) 103.보통예금　　　　　　　1,132,274원
　　　315.금융리스차입금　　　　　882,274원　　　　　(98000.국민은행)
　　　(03100.(주)한화리스기계)

2 [일반전표입력] 5월 1일

(차) 372.중간배당금　　　　　　　5,000,000원　　(대) 265.미지급배당금　　　　　5,000,000원

문제 2 부가가치세관리

1 수정전자세금계산서의 발급

1. [수정세금계산서 발급]
① [매입매출전표입력] 6월 21일 전표선택 ➡ 수정세금계산서 클릭 ➡ 수정사유(2.공급가액변동)를 선택 ➡ 확인(Tab) 을 클릭

② [수정세금계산서(매출)] 화면에서 수정분 [작성일 6월 27일], [공급가액 -125,000원]
[부가세 -12,500원] 입력 ➡ 확인(Tab) 클릭

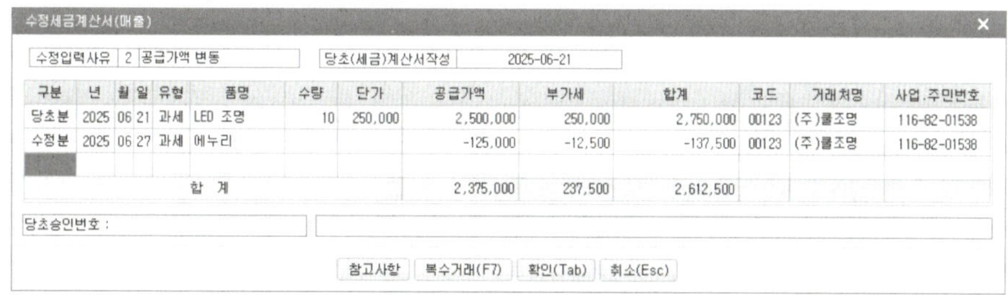

구분	년	월	일	유형	품명	수량	단가	공급가액	부가세	합계	코드	거래처명	사업.주민번호
당초분	2025	06	21	과세	LED 조명	10	250,000	2,500,000	250,000	2,750,000	00123	(주)룰조명	116-82-01538
수정분	2025	06	27	과세	에누리			-125,000	-12,500	-137,500	00123	(주)룰조명	116-82-01538
					합 계			2,375,000	237,500	2,612,500			

당초승인번호 :

참고사항　복수거래(F7)　확인(Tab)　취소(Esc)

③ [매입매출전표입력] 6월 27일

거래유형	품명	공급가액	부가세	거래처	전자세금
11.과세	에누리	-125,000	-12,500	00123.(주)쿨조명	전자발행
분개유형	(차) 108.외상매출금		-137,500원	(대) 404.제품매출	-125,000원
2.외상 또는 3.혼합				255.부가세예수금	-12,500원

2. [전자세금계산서 발행 및 내역관리]

① 전자세금계산서 발행 및 내역관리 를 클릭하면 수정 전표 1매가 미전송 상태로 나타난다.

② 해당내역을 클릭하여 전자세금계산서 발행 및 국세청 전송을 한다.

2 예정신고누락분의 확정신고 반영

1. [매입매출전표입력]

※ 전표입력 후 기능모음의 [예정누락]을 클릭하여 [예정신고누락분 신고대상월: 2025년 10월]을 입력한다.

- 8월 20일

거래유형	품명	공급가액	부가세	거래처	전자세금
12.영세	제품	10,000,000	-	00101.(주)이상조명	전자입력
분개유형	(차) 108.외상매출금		10,000,000원	(대) 404.제품매출	10,000,000원
2.외상					

- 9월 24일

거래유형	품명	공급가액	부가세	거래처	전자세금
11.과세	제품	20,000,000	2,000,000	00107.(주)빛샘조명	전자입력
분개유형	(차) 108.외상매출금		22,000,000원	(대) 404.제품매출	20,000,000원
2.외상				255.부가세예수금	2,000,000원

- 9월 30일

거래유형	품명	공급가액	부가세	거래처	전자세금
54.불공	제네시스 수리	1,500,000	150,000	00347.(주)현대카센타	전자입력
불공사유		3.비영업용 소형승용차 구입 및 유지			
분개유형	(차) 822.차량유지비(판)	1,650,000원		(대) 253.미지급금	1,650,000원
3.혼합					

2. [부가가치세신고서] 10월 1일 ~ 12월 31일

1) 예정신고누락분명세

		구분		금액	세율	세액
예정신고누락분명세	매출	과세	세금계산서	33	20,000,000	10/100	2,000,000
			기타	34		10/100	
		영세율	세금계산서	35	10,000,000	0/100	
			기타	36		0/100	
		합계		37	30,000,000		2,000,000
	매입	세금계산서		38	1,500,000		150,000
		그 밖의 공제매입세액		39			
		합계		40	1,500,000		150,000

2) 공제받지못할매입세액명세

16 공제받지 못할매입 세액명세	구분		금액	세액
	공제받지못할매입세액	50	1,500,000	150,000
	공통매입세액면세사업	51		
	대손처분받은세액	52		
	합계	53	1,500,000	150,000

3) 가산세명세

① 세금계산서 지연발급 가산세
   30,000,000원 × 1% = 300,000원
② 신고불성실 가산세(일반과소신고)
   2,000,000원 × 10% - 150,000원(75% 감면) = 50,000원
③ 납부지연 가산세
   2,000,000원 × 2.2/10,000 × 92일 = 40,480원
④ 영세율과세표준신고불성실 가산세
   10,000,000원 × 0.5% - 37,500원(75% 감면) = 12,500원
⑤ 가산세 합계: 402,980원

문제 3 결산

1 수동결산 및 자동결산

1. [일반전표입력] 12월 31일

(차) 935.외화환산손실	1,600,000원	(대) 293.장기차입금	1,600,000원
		(00102.ENVISFR)	

   ※ 외화환산손실: US$20,000 × (1,400원 - 1,320원) = 1,600,000원

2. [결산자료입력]
   - 기말 제품 95,000,000원 입력 후 상단 툴바의 전표추가(F3) 를 클릭하여 결산분개 생성한다.

3. [이익잉여금처분계산서]
   - 이익잉여금처분계산서에서 처분일을 입력한 후, 전표추가(F3) 를 클릭하여 손익대체 분개를 생성한다.

문제 4 원천징수관리

1 급여자료 입력

1. [사원등록]

   16. 국외근로적용여부 1 100만

   * 건설지원업무담당은 월 100만원 비과세 적용.

2. [급여자료입력의 수당등록]

	수당등록	공제등록	비과세/감면설정	사회보험	
	코드	수당명	과세구분	근로소득유형	
1	101	기본급	과세	1.급여	
2	102	상여	과세	2.상여	
3	200	근속수당	과세	1.급여	
4	201	식대	과세	1.급여	
5	202	자가운전보조금	비과세	3.자가운전	H03
6	203	국외근로수당	비과세	9.국외등근로(건설지원	M01

3. [급여자료입력] 지급일 2025년 2월 25일

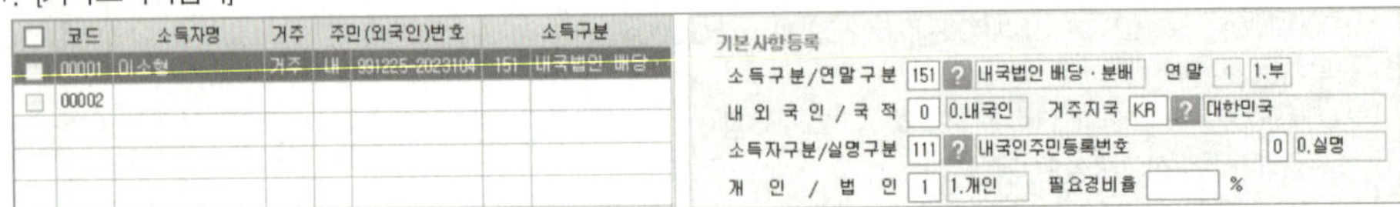

코드	사원명	직급	감면율	급여항목	지급액	공제항목	공제액
1900	홍만섭			기본급	3,000,000	국민연금	229,500
2000	이길동			상여	3,000,000	건강보험	180,790
				근속수당	200,000	고용보험	63,900
				식대	300,000	장기요양보험료	23,410
				자가운전보조금	300,000	소득세	264,220
				국외근로수당	1,500,000	지방소득세	26,420

2 배당소득의 원천징수

1. [기타소득자입력]

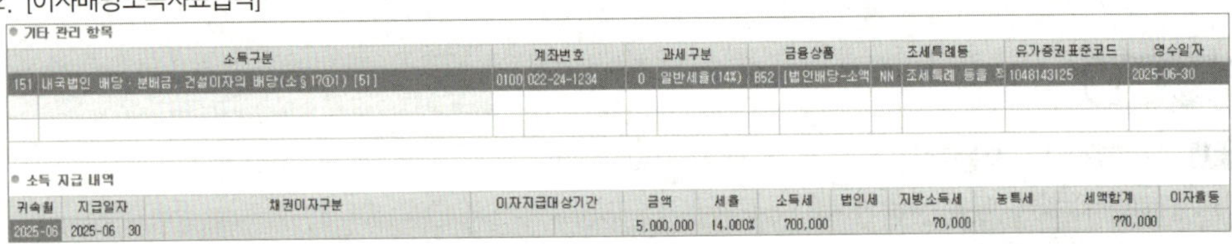

2. [이자배당소득자료입력]

소득구분	계좌번호	과세구분	금융상품	조세특례등	유가증권표준코드	영수일자
151 내국법인 배당·분배금, 건설이자의 배당(소§17①1) [51]	0100 022-24-1234	0 일반세율(14%)	B52 [법인배당-소액] NN 조세특례 등을 적		1048143125	2025-06-30

귀속월	지급일자	채권이자구분	이자지급대상기간	금액	세율	소득세	법인세	지방소득세	농특세	세액합계	이자율등
2025-06	2025-06 30			5,000,000	14.000%	700,000		70,000		770,000	

3. [원천징수이행상황신고서]

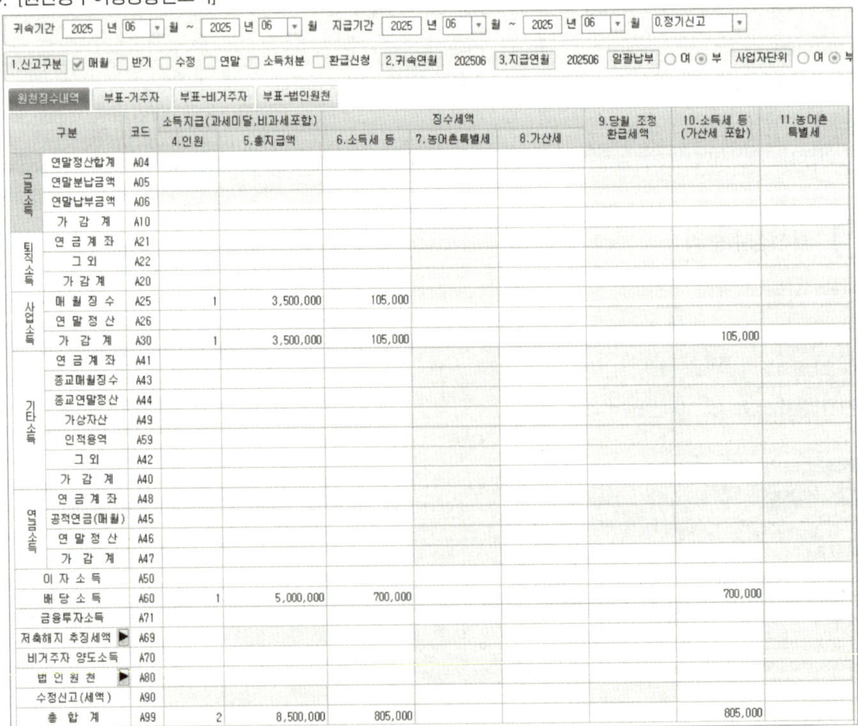

구분		코드	소득지급(과세미달,비과세포함)		징수세액			9.당월 조정 환급세액	10.소득세 등 (가산세 포함)	11.농어촌 특별세
			4.인원	5.총지급액	6.소득세 등	7.농어촌특별세	8.가산세			
근로소득	연말정산합계	A04								
	연말분납금액	A05								
	연말납부금액	A06								
	가 감 계	A10								
퇴직소득	연금계좌	A21								
	그 외	A22								
	가 감 계	A20								
사업소득	매 월 징 수	A25	1	3,500,000	105,000					
	연 말 정 산	A26								
	가 감 계	A30	1	3,500,000	105,000				105,000	
기타소득	연 금 계 좌	A41								
	종교매월징수	A43								
	종교연말정산	A44								
	가상자산	A49								
	인적용역	A59								
	그 외	A42								
	가 감 계	A40								
연금소득	연 금 계 좌	A48								
	공적연금(매월)	A45								
	연 말 정 산	A46								
	가 감 계	A47								
	이 자 소 득	A50								
	배 당 소 득	A60	1	5,000,000	700,000				700,000	
	금융투자소득	A71								
	저축해지 추징세액	A69								
	비거주자 양도소득	A70								
	법 인 원 천	A80								
	수정신고(세액)	A90								
	총 합 계	A99	2	8,500,000	805,000				805,000	

문제 5 법인세관리

1 감가상각비조정명세서

1. [고정자산등록]

① 건물

주요사항 추가사항 자산변동	
1. 기 초 가 액 180,000,000	15. 전기말부인누계 0
2. 전기말상각누계액 8,250,000	16. 전기말자본지출계 0
3. 전기말장부가액 171,750,000	17. 자본지출즉시상각 30,000,000
4. 신규취득및증가 0	18. 전기말의제누계 0
5. 부분매각및폐기 0	19. 당기상각범위액 0
6. 성실기초가액	20. 회사계상상각비 4,500,000
7. 성실상각누계액	편집해지
8. 상각기초가액 171,750,000	21. 특별상각률
9. 상각방법 1 정액법	22. 특별상각비 0
10. 내용연수(상각률) 40 ? 0.025	23. 당기말상각누계액 12,750,000
11. 내용연수월수 미경과 12	24. 당기말장부가액 167,250,000
12. 상각상태완료년도 진행	25. 특 례 적 용 0 부
13. 성실경과/차감연수 /	* 년 수 년
14. 성실장부가액	26. 업무용승용차여부 0 부
1. 취 득 수 량	4. 최저한세부인액 0
2. 경 비 구 분 1 500번대	5. 당기의제상각액 0
3. 전 체 양 도 일 자 ----.--.--	6. 전 체 폐 기 일 자 ----.--.--

② 기계장치

주요사항 추가사항 자산변동	
1. 기 초 가 액 80,000,000	15. 전기말부인누계 0
2. 전기말상각누계액 36,080,000	16. 전기말자본지출계 0
3. 전기말장부가액 43,920,000	17. 자본지출즉시상각 0
4. 신규취득및증가 0	18. 전기말의제누계 0
5. 부분매각및폐기 0	19. 당기상각범위액 19,807,920
6. 성실기초가액	20. 회사계상상각비 18,200,000
7. 성실상각누계액	편집해지
8. 상각기초가액 43,920,000	21. 특별상각률
9. 상각방법 0 정률법	22. 특별상각비 0
10. 내용연수(상각률) 5 ? 0.451	23. 당기말상각누계액 54,280,000
11. 내용연수월수 미경과 12	24. 당기말장부가액 25,720,000
12. 상각상태완료년도 진행	25. 특 례 적 용 0 부
13. 성실경과/차감연수 /	* 년 수 년
14. 성실장부가액	26. 업무용승용차여부 0 부
1. 취 득 수 량	4. 최저한세부인액 0
2. 경 비 구 분 1 500번대	5. 당기의제상각액 1,607,920
3. 전 체 양 도 일 자 ----.--.--	6. 전 체 폐 기 일 자 ----.--.--

※ 수선비로 처리한 자본적 지출액은 '17.자본지출즉시상각'에 '30,000,000원' 입력한다.

2. [미상각분 감가상각조정명세]

① 건물

합계표 자산구분			1	건축물
상각계산의기초가액	재무상태표 자산 가액	(5)기말현재액	180,000,000	180,000,000
		(6)감가상각누계액	12,750,000	12,750,000
		(7)미상각잔액(5-6)	167,250,000	167,250,000
	회사계산 상각비	(8)전기말누계	8,250,000	8,250,000
		(9)당기상각비	4,500,000	4,500,000
		(10)당기말누계액(8+9)	12,750,000	12,750,000
	자 본 적 지 출 액	(11)전기말누계		
		(12)당기지출액	30,000,000	30,000,000
		(13)합계(11+12)	30,000,000	30,000,000
(14)취득가액(7+10+13)			210,000,000	210,000,000
(15)일반상각률,특별상각률			0.025	
상각범위액계산	당기산출 상각액	(16)일반상각액	5,250,000	5,250,000
		(17)특별상각액		
		(18)계(16+17)	5,250,000	5,250,000
	(19)당기상각시인범위액(18,단18≤14-8-11+25-전기28)		5,250,000	5,250,000
(20)회사계산상각액(9+12)			34,500,000	34,500,000
(21)차감액(20-19)			29,250,000	29,250,000
(22)최저한세적용에 따른 특별상각부인액				
조 정 액		(23)상각부인액(21+22)	29,250,000	29,250,000
		(24)기왕부인액중당기손금추인액(25,단 25≤ㅣ△21ㅣ)		
부인액누계		(25)전기말부인액누계(전기26)		
		(26)당기말부인액누계(25+23-ㅣ24ㅣ)	29,250,000	29,250,000
당기말의제 상각액		(27)당기의제상각액(ㅣ△21ㅣ-ㅣ24ㅣ)		
		(28)의제상각액누계(전기28+27)		

② 기계장치

합계표 자산구분			2	기계장치
상각계산의기초가액	재무상태표 자산 가액	(5)기말현재액	80,000,000	80,000,000
		(6)감가상각누계액	54,280,000	54,280,000
		(7)미상각잔액(5 - 6)	25,720,000	25,720,000
	(8)회사계산감가상각비		18,200,000	18,200,000
	(9)자본적지출액			
	(10)전기말의제상각누계액			
	(11)전기말부인누계액			
	(12)가감계(7 + 8 + 9 - 10 + 11)		43,920,000	43,920,000
(13)일반상각률, 특별상각률			0.451	
상각범위액계산	당기산출 상각액	(14)일반상각액	19,807,920	19,807,920
		(15)특별상각액		
		(16)계(14+15)	19,807,920	19,807,920
	취 득 가 액	(17)전기말 현재 취득가액	80,000,000	80,000,000
		(18)당기회사계산증가액		
		(19)당기자본적지출액		
		(20) 계(17+18+19)	80,000,000	80,000,000
(21)잔존가액((20) × 5 / 100)			4,000,000	4,000,000
(22)당기상각시인범위액(16 단,(12-16)<21인경우 12)			19,807,920	19,807,920
(23)회사계산상각액(8+9)			18,200,000	18,200,000
(24)차감액(23-22)			-1,607,920	
(25)최저한세적용에따른특별상각부인액				
조 정 액		(26)상각부인액(24+25)		
		(27)기왕부인액중당기손금추인액(11,단11≤ㅣ△24ㅣ)		
(28)당기말부인액 누계(11+26-ㅣ27ㅣ)				
당기말의제 상각액		(29)당기의제상각액(ㅣ△24ㅣ-ㅣ27ㅣ)	1,607,920	1,607,920
		(30)의제상각누계(10+29)	1,607,920	1,607,920

3. [감가상각비조정명세서합계표]

① 자 산 구 분		② 합 계 액	유 형 자 산			⑥ 무 형 자 산
			③ 건 축 물	④ 기 계 장 치	⑤ 기 타 자 산	
재무상태표상액	(101)기 말 현 재 액	260,000,000	180,000,000	80,000,000		
	(102)감가상각누계액	67,030,000	12,750,000	54,280,000		
	(103)미 상 각 잔 액	192,970,000	167,250,000	25,720,000		
(104)상 각 범 위 액		25,057,920	5,250,000	19,807,920		
(105)회 사 손 금 계 상 액		52,700,000	34,500,000	18,200,000		
조정금액	(106)상 각 부 인 액 ((105) - (104))	29,250,000	29,250,000			
	(107)시 인 부 족 액 ((104)-(105))	1,607,920		1,607,920		
	(108)기왕부인액 중 당기손금추인액					
	(109)신고조정손금계상액					

4. [소득금액조정합계표]

손금불산입	건물 감가상각비	29,250,000원	유보발생
손금산입	기계장치 감가상각비	1,607,920원	유보발생

2 기업업무추진비 조정명세서(갑,을)

1. [경조사비 등 설정]

[경조사비등 설정]을 클릭하여 [2.문화기업업무추진비 설정]란에 적요번호를 입력한다.

코드	계정과목명	문화기업업무추진비(신용카드미사용)				문화기업업무추진비(신용카드사용)			
813	접대비 (기업업무추진비) (판)	현금적요	12	?	공연등 문화예술접대비(조정)	현금적요	8	?	문화접대비(기업업무추진비)
		대체적요	12	?	공연등 문화예술접대비(조정)	대체적요	8	?	문화접대비(기업업무추진비)

2. [기업업무추진비 조정명세서(을)]

① 수입금액 명세 합계란 1,281,386,010원, 특수관계인간 거래금액란 80,000,000원

② [6.기업업무추진비계상액 중 사적사용 경비]

400,000원 + 2,200,000원 = 2,600,000원

③ [16.기업업무추진비 중 기준금액 초과액]

54,100,000원 − 2,600,000원 = 51,500,000원

④ [15.신용카드 등 미사용금액]

1,400,000원 − 400,000원 + 1,000,000원 = 2,000,000원

을 / 갑

1. 수입금액 명세

구 분	1. 일반 수입 금액	2. 특수관계인간 거래금액	3. 합 계 (1+2)
금 액	1,201,386,010	80,000,000	1,281,386,010

2. 기업업무추진비등 해당금액   경조사비등 설정   금융기관의 수입금액

4. 계 정 과 목		합계	접대비(기업업무추…		
5. 계 정 금 액		54,100,000	54,100,000		
6. 기업업무추진비계상액중 사적사용 경비		2,600,000	2,600,000		
7. 기업업무추진비 해당금액 (5-6)		51,500,000	51,500,000		
8. 신용카드 등 미사용금액	경조사비 중 기준 금액 초과액	9.신용카드 등 미사용금액			
		10.총 초과금액			
	국외지역 지출액	11.신용카드 등 미사용금액			
		12.총 지출액			
	농어민 지출액	13.송금명세서 미제출금액			
		14.총 지출액			
	기업업무추진비 중 기준금액 초과액	15.신용카드 등 미사용금액	2,000,000	2,000,000	
		16.총 초과금액	51,500,000	51,500,000	
17.신용카드 등 미사용 부인 액 (9+11+13+15)		2,000,000	2,000,000		
18.기업업무추진비 부 인 액 (6+17)		4,600,000	4,600,000		
문화 사업 기업업무추진비		3,500,000	3,500,000		
전통 시장 기업업무추진비					

3. [기업업무추진비 조정명세서(갑)]

을 / 갑

2. 기업업무추진비 한도초과액 조정   중소기업   정부출자법인 여부선택 ◉ 일반 ○ 정부출자법인

구 분			금 액
1.기업업무추진비 해당 금액			51,500,000
2.기준금액 초과 기업업무추진비 중 신용카드 미사용으로 인한 손금불산입액			2,000,000
3.차감 기업업무추진비 해당 금액(1-2)			49,500,000
일반 기업업무추진비 한도	4. 12,000,000(36,000,000)×월수(12)/12		36,000,000
	총수입 금액 기준	100억원 이하의 금액 × 30/10,000	3,844,158
		100억원 초과 500억원 이하의 금액 × 20/10,000	
		500억원 초과 금액 × 3/10,000	
		5.소계	3,844,158
	일반 수입금액 기준	100억원 이하의 금액 × 30/10,000	3,604,158
		100억원 초과 500억원 이하의 금액 × 20/10,000	
		500억원 초과 금액 × 3/10,000	
		6.소계	3,604,158
	7.수입 금액기준	(5-6)×10/100	24,000

※ 문화기업업무추진비 소액 미술품 구입비용(100만원한도)
　9번 문화기업업무추진비 지출액에 포함되는 소액 미술품 구입비용 입력

■ 수입금액편집 사용 [여/부]

※ 현재 계산된 수입금액을 무시하고 수입금액을 직접 입력하는 경우 [여]를 선택하여 직접 금액을 입력합니다. (총수입금액기준 ~ 일반수입금액기준)
　수입금액편집 사용 [부]를 선택하여 수입금액을 자동계산합니다.

구분	구분	금액
8.일반기업업무추진비 한도액(4+6+7)		39,620,150
문화 기업업무 추진비 한도	9.문화기업업무추진비 지출액	3,500,000
	(소액 미술품 구입비용)	
	10.문화기업업무추진비 한도액 (9과(8×(20/100))중 작은 금액)	3,500,000
전통시장 기업업무 추진비 한도	11.전통시장기업업무추진비지출액	
	12.전통시장기업업무추진비한도액 (11과(8×(10/100)중 작은 금액)	
13.기업업무추진비 한도액 합계(8+10+12)		43,128,158
14.한도초과액(3-13)		6,371,842
15.손금산입한도 내 기업업무추진비지출액 (3과 13중 작은 금액)		43,128,158

■부동산임대 특정법인 기업업무추진비 한도액(법법 §25)

○ 부동산임대 특정법인 기업업무추진비 해당 여부　⦿ 부 ○ 여

다음 내용을 모두 충족하는 법인은
기업업무추진비한도액이 일반 법인의 50% 입니다.
해당 여부를 선택하시기 바랍니다.
①특수관계자 지분합계 50% 초과
②부동산임대업 주업 또는 임대, 배당.이자수입이
　매출액의 50% 이상
③상시근로자 5인미만
　(+최대주주 및 친족 관계 근로자, 근로계약기간
　1년 미만자 제외)

4. [소득금액조정합계표]

손금불산입	기업업무추진비 중 증빙 누락분	400,000원	상여
손금불산입	기업업무추진비 중 대표이사 개인사용분	2,200,000원	상여
손금불산입	기업업무추진비 중 신용카드 미사용액	2,000,000원	기타시외유출
손금불산입	기업업무추진비 한노초과액	6,371,842원	기타사외유출

3 가지급금 등의 인정이자 조정명세서(갑,을)

1. [3.가지급금,가수금적수계산]

1) [1.가지급금(전체)]

| 선택 1 | 1.가지급금(전체) | 2.가수금 | 3.당좌대출이자율 | 4.가중평균차입이자 |

			계정별원장 데이터불러오기
No	직책	성명	G	TV
1	대표이사	김지민	0	
2				

No	월일	적요	차변	대변	잔액	일수	적수	발생일자
1	05-17	대여	80,000,000		80,000,000	44	3,520,000,000	2025-05-17
2	06-30	회수		15,000,000	65,000,000	102	6,630,000,000	2025-06-30
3	10-10	대여	5,000,000		70,000,000	83	5,810,000,000	2025-10-10

2) [2.가수금]

| 선택 2 | 1.가지급금(전체) | 2.가수금 | 3.당좌대출이자율 | 4.가중평균차입이자 |

			계정별원장 데이터불러오기
No	직책	성명	G	TV
1	대표이사	김지민	0	
2				

No	월일	적요	차변	대변	잔액	일수	가수금적수
1	01-02	일시가수		20,000,000	20,000,000	77	1,540,000,000
2	03-20	가수반제	20,000,000			287	

3) [3.당좌대출이자율]

| 선택 3 | 1.가지급금(전체) | 2.가수금 | 3.당좌대출이자율 | 4.가중평균차입이자 |

작업순서 준수(1.가지급금(전체), 2.가수금->3.당좌대출이자율)   '을'지 서식 확인 인명별 불러오기 전체인명 불러오기

No	직책	성명	G	TV
1	대표이사	김지민	0	당
2				

No	대여기간 발생년월일	대여기간 회수년월일	월일	적요	차변	대변	잔액	일수	가지급금적수	가수금적수
1	2025-05-17		05-17	대여	80,000,000		80,000,000	44	3,520,000,000	
2	2025-05-17		06-30	회수		15,000,000	65,000,000	185	12,025,000,000	
3	2025-10-10		10-10	대여	5,000,000		5,000,000	83	415,000,000	

2. [4.인정이자계산]

| 당좌대출이자율에 의한 가지급금 등 인정이자 조정 | 가중평균차입이자율에 의한 가지급금등 인정이자 조정 |

10.성명	11.적용 이자율 선택방법	12.가지급금적수	13.가수금적수	14.차감적수 (12-13)	15. 이자율	16.인정이자 (14*15)	17.회사계상액	시가인정범위 18.차액 (16-17)	시가인정범위 19.비율(%) (18/16)*100	20.조정액 (20=18) 18>=3억이거나 19>=5%인경우
김지민	1	15,960,000,000	1,540,000,000	14,420,000,000	4.6	1,817,315		1,817,315	100.00000	1,817,315

3. [소득금액조정합계표]

익금산입	가지급금인정이자(대표이사)	1,817,315원	상여

4 기부금조정명세서

1. [기부금명세서]

	1.유형	코드	3.과 목	일자		5.적 요	6.법인명등	7.사업자번호	8.금액
1	특례	10	기부금	1	7	사립대학 연구비	대한대학교		2,000,000
2	특례	10	기부금	6	15	모금행사 기부	강원도청		3,000,000
3	특례	10	기부금	10	12	수재민돕기 성금지급	MBC		10,000,000
4	일반	40	기부금	11	12	장학재단기부금 지급	한국장학회		28,000,000
5	일반	40	기부금	12	22	종교단체기부금	서울천주교유지재단		8,000,000
6	기타	50	기부금	12	26	대표이사 종친회 회비	종친회		5,000,000

2. [소득금액조정합계표]

손금불산입	대표이사 종친회 회비	5,000,000원	상여

3. [기부금조정명세서]

① 소득금액 계산내역

소득금액 계산내역	✕
결산서상 당기순이익	220,570,971
세무조정 익금산입 +	87,520,000
손금산입 -	34,500,000
합병분할 등에 따른 자산양도차익 -	
합병분할 등에 따른 자산양도차손 +	
기부금 합계 금액 +	51,000,000
소 득 금 액 =	324,590,971

※ 익금산입: 82,520,000원 + 기부금 손금불산입 5,000,000원 = 87,520,000원

② 기부금조정명세서

1	기부금 명세서	?

3 1. 「법인세법」 제24조제2항제1호 특례기부금 손금산입액 한도액 계산(코드 10)　　　　소득금액 계산 내역 조회 및 수정

1.소득금액계	2.이월결손금 합계액	3.법인세법 제24조제2항 제1호 기부금	4.한도액 {[(1-2)>0]+50%}	5.이월잔액 중 손금산입액 MIN[4,23]	6.당해연도지출액 손금산입액 MIN[(4-5)>0,3]	7.한도초과액 [(3-6)>0]	8.소득금액 차감잔액 [(1-2-5-6)>0]
324,590,971	15,000,000	162,295,485	5,000,000	15,000,000			304,590,971

4 2. 「조세특례제한법」 제88조의4 우리사주조합에 지출하는 기부금 손금산입액 한도액 계산 (코드 42)

9. 「조세특례제한법」 제88조 의4제13항에 따른 우리사주 기부금 해당금	10.한도액 (8)×30%	11.손금산입액 MIN(9,10)	12.한도초과액 [(9-10)>0]
	91,377,291		

5 3. 「법인세법」 제24조제3항제1호에 따른 일반기부금 손금산입 한도액 계산(코드 40)

13. 「법인세법」 제24조제3항 제1호 기부금	14.한도액((8-11)×10%)	15.이월잔액 중 손금산입액 MIN(14,23)	16.당해연도지출액 손금산입액 MIN[(14-15)>0, 13]	17.한도초과액 [(13-16)>0]
36,000,000	30,459,097		30,459,097	5,540,903

6 4. 기부금 한도초과액 총액

18.기부금 합계액(3+9+13)	19.손금산입합계(6+11+16)	20.한도초과액합계 (18-19) = (7+12+17)
51,000,000	45,459,097	5,540,903

2 7 5. 기부금 이월액 명세서

사업 연도	기부금종류	21.한도초과 손금불산입액	22.기공제액	23.공제가능 잔액 (21-22)	24.해당사업 연도 손금추인액	25.차기이월액 (23-24)
2023	「법인세법」 제24조제2항제1호에 따른 특례기부금	12,000,000	7,000,000	5,000,000	5,000,000	

5 가산세액 계산서

1. 가산세액 계산서

(1) 구　　　　　분		(2) 계 산 기 준	(3) 기 준 금 액	(4) 가산세율	(5)코드	(6) 가 산 세 액
지출증명서류		미(허위)수취 금액	5,200,000	2/100	8	104,000
지급 명세서	미(누락)제출	미(누락)제출금액		10/1,000	9	
	불분명	불분명금액		1/100	10	
	상증법 §82①⑥	미(누락)제출금액		2/1,000	61	
		불분명금액		2/10,000	62	
	상증법 §82③④	미(누락)제출금액		2/10,000	67	
		불분명금액		2/10,000	68	
	「법인세법」 제75조의7제1항 (일용근로)	미제출금액		25/10,000	96	
		불분명금액		25/10,000	97	
	「법인세법」 제75조의7제1항 (간이지급명세서)	미제출금액	20,000,000	12.5/10,000	102	25,000
		불분명금액		25/10,000	103	
	소　계		20,000,000		11	25,000
주식 등 변동	미제출	액면(출자)가액	10,000,000	5/1,000	12	50,000
	누락제출	액면(출자)가액		10/1,000	13	
상황명세서	불분명	액면(출자)가액		1/100	14	
	소　계		10,000,000		15	50,000

① 지출증명서류 미수취 가산세 계산
　※ 가산세: 5,200,000원 × 2% = 104,000원

계정과목	금 액	참 고 사 항
세금과공과금(판)	128,000원	법정지출증명서류 수취제외 대상(가산세 제외)
외주가공비(제)	5,000,000원	가산세대상
교육훈련비(판)	2,500,000원	법정지출증명서류 수취제외 대상(가산세 제외)
소모품비(제)	200,000원	가산세대상

② 기타 가산세 계산

구 분	해 당 금 액	계 산 내 역
간이지급명세서(근로소득)	20,000,000원	20,000,000원 × 0.125% = 25,000원 (1개월 이내에 제출하였으므로 0.125% 적용)
주식등 변동상황명세서	10,000,000원	10,000,000원 × 0.5% = 50,000원 (1개월 이내에 제출하였으므로 0.5% 적용)

2. 법인세과세표준 및 세액조정계산서

124.가 산 세 액	20	179,000

실무수행평가

11	12	13	14	15
11,412,500	2,895,299,908	3,050,000	95,000,000	62,429,852

16	17	18	19	20
①	2	38,300,000	15,352,500	402,980

21	22	23	24	25
264,220	1,200,000	151	805,000	29,250,000

26	27	28	29	30
1,607,920	52,700,000	51,500,000	2,000,000	6,371,842

31	32	33	34	35
②	①	1,817,315	324,590,971	5,000,000

36	37	38	39	
5,540,903	104,000	25,000	179,000	

출제예상 모의고사 정답 및 해설

출제예상 모의고사 제1회

[실무이론평가]

1	2	3	4	5	6	7	8	9	10
②	②	③	④	③	②	②	①	④	①

01 ②
- 단기매매증권에 대한 미실현보유손익은 당기손익으로 처리한다.

02 ②
- 재고자산 평가를 위한 저가법은 항목별로 적용하고, 총액기준으로 적용할 수 없다.(현행대체원가는 일반적으로 원재료를 평가하는 경우에 사용된다)

종목	① 취득원가	② 순실현가능가치(판매가격 - 판매비용)	기말재고자산 Min[①, ②]
A제품	200,000원	210,000원 - 30,000원 = 180,000원	180,000원
B제품	250,000원	280,000원 - 20,000원 = 260,000원	250,000원
C제품	150,000원	160,000원 - 10,000원 = 150,000원	150,000원

- 재고자산평가손실은 A제품에서만 발생하고, 20,000원(200,000원 - 180,000원)이다.

03 ③
- 상품은 인도시점에 수익을 인식하므로 4월 12일이다.

04 ④
- 취득시 분개

  (차) 매도가능증권　　　　　　　3,500,000원　　　(대) 현금　　　　　　　　　　3,500,000원

- 2024년말 결산시 분개

  (차) 매도가능증권　　　　　　　1,000,000원　　　(대) 매도가능증권평가이익　　1,000,000원

- 처분시 분개

  (차) 현금　　　　　　　　　　　3,000,000원　　　(대) 매도가능증권　　　　　　4,500,000원
  　　　매도가능증권평가이익　　　1,000,000원
  　　　매도가능증권처분손실　　　　 500,000원

05 ③
- 사업자가 전자세금계산서를 발급한 때에는 전자세금계산서를 발급일의 다음 날까지 전자세금계산서 발급명세를 국세청장에게 전송해야 한다.

06 ②
- 매입세액: 11,000,000원(중고 기계장치 매입) + 15,000,000원(원재료 매입) + 2,000,000원(업무용 트럭 수선비) = 28,000,000원
- 접대비(기업업무추진비) 지출과 업무용승용차 매입은 매입세액불공제 대상이다.

07 ②
- 종업원의 수학중인 자녀가 사용자로부터 받는 학자금 과세대상 근로소득이다. 식사 등을 제공받지 아니하는 근로자가 받는 월 20만원 이하의 식사대는 비과세한다.

08 ①
- 기타소득금액: 2,000,000원 × (1 − 60%) + 500,000원 + 2,500,000원 × (1 − 60%) = 2,300,000원 (사내교육 강사료는 근로소득, 복권당첨금은 분리과세 대상 기타소득임)
- 기타소득금액이 300만원 이하이므로 분리과세를 선택할 수 있다. 김한공 씨가 적용받는 한계세율은 24%(근로소득에 대한 종합소득 과세표준이 6,000만원임)를 적용 받으므로 기타소득에 대하여 분리과세를 적용받는 것이 세부담 최소화 관점에서 유리하므로, 종합소득에 합산될 기타소득은 0원이다.

09 ④
- 수정신고 기한 내에 부당하게 사외유출된 매출누락을 회수하고 세무조정으로 익금에 산입하여 신고하는 경우 유보로 소득처분한다.

10 ①
- 손금불산입 총액 = 2,000,000원 + 1,500,000원 + (11,000,000원 − 8,000,000원) = 6,500,000원
- 나. 업무용토지에 대한 취득세는 자산항목을 비용처리하였으므로 손금불산입한다. 라. 외국의 법률에 의하여 국외에서 납부한 벌금은 손금불산입한다. 마. 업무용승용차 처분손실 중 업무용승용차별로 800만원 초과액을 손금불산입한다.

[실무수행과제]

문제 1 거래자료입력

1 **[일반전표입력] 1월 12일**

(차) 198.퇴직연금운용자산(98010.삼성생명)	34,650,000원	(대) 103.보통예금(98001.국민은행)	35,000,000원
531.수수료비용(제)	120,000원		
831.수수료비용(판)	230,000원		

2 **[매입매출전표입력] 2월 15일**

거래유형	품명	공급가액	부가세	거래처	전자세금
53.면세	기계장치	80,000,000		02100.(주)BY리스	전자입력
분개유형	(차) 206.기계장치	80,000,000원	(대) 274.금융리스차입금		80,000,000원
3.혼합					

[일반전표입력] 2월 20일

(차) 274.금융리스차입금(02100.(주)BY리스)	5,500,000원	(대) 103.보통예금(98000.하나은행)	6,000,000원
931.이자비용	500,000원		

문제 2 부가가치세관리

1 **수정전자세금계산서의 발행**

1. [수정세금계산서 발급]
   ① [매입매출전표입력] 3월 5일 전표 선택 ➡ 수정세금계산서 ➡ [수정사유] 화면에서 [1.기재사항 착오·정정]을 선택하고 비고란에 [2.작성년월일]을 선택하여 확인(Tab) 클릭
   ② [수정세금계산서(매출)]화면에서 [작성일 4월 5일], [수량 200], [단가 300,000원]을 입력한 후 확인(Tab) 클릭

③ 수정세금계산서 2건이 입력이 되는 것을 확인
➜ 3월 5일 당초에 발급한 세금계산서의 (-)세금계산서 발급분에 대한 회계처리

거래유형	품명	공급가액	부가세	거래처	전자세금
11.과세	캠핑테이블	−60,000,000원	−6,000,000원	02200.(주)마운틴세상	전자발행
분개유형	(차) 108.외상매출금	−66,000,000원		(대) 404.제품매출	−60,000,000원
2.외상				255.부가세예수금	−6,000,000원

➜ 4월 5일 수정분 세금계산서 발급분에 대한 회계처리

거래유형	품명	공급가액	부가세	거래처	전자세금
11.과세	캠핑테이블	60,000,000원	6,000,000원	02200.(주)마운틴세상	전자발행
분개유형	(차) 108.외상매출금	66,000,000원		(대) 404.제품매출	60,000,000원
2.외상				255.부가세예수금	6,000,000원

2. [전자세금계산서 발행 및 내역관리]
　① 전자세금계산서 발행 및 내역관리 를 클릭하면 수정 전표 2매가 미전송 상태로 나타난다.
　② 해당내역을 클릭하여 전자세금계산서 발행 및 국세청 전송을 한다.

2 확정신고 누락분의 수정신고서 작성

1. [거래자료 입력]
[매입매출전표입력] 11월 20일

거래유형	품명	공급가액	부가세	거래처	전자세금
11.과세	제품	18,000,000	1,800,000	02400.(주)양정산업	전자입력
분개유형	(차) 108.외상매출금	19,800,000원		(대) 404.제품매출	18,000,000원
2.외상				255.부가세예수금	1,800,000원

[매입매출전표입력] 10월 20일

거래유형	품명	공급가액	부가세	거래처	전자세금
51.과세	사무실 직원 간식대	800,000	80,000	02500.이마트	전자입력
분개유형	(차) 811.복리후생비	800,000원		(대) 253.미지급금	880,000원
3.혼합	135.부가세대급금	80,000원			

[매입매출전표입력] 10월 25일

거래유형	품명	공급가액	부가세	거래처	전자세금
14.건별	제품증여	500,000	50,000		
분개유형	(차) 813.접대비(기업업무추진비)	400,000원		(대) 150.제품	350,000원
3.혼합				(적요8.타계정으로 대체)	
				255.부가세예수금	50,000원

2. [부가가치세신고서] 10월 1일 ~ 12월 31일(수정차수 1)

	구분	No	수정전 금액	수정전 세율	수정전 세액	수정후 금액	수정후 세율	수정후 세액
과세표준및매출세액 / 과세	세금계산서발급분	1	543,200,000	10/100	54,320,000	561,200,000	10/100	56,120,000
	매입자발행세금계산서	2		10/100			10/100	
	신용카드·현금영수증	3		10/100			10/100	
	기타	4		10/100		500,000	10/100	50,000
영세	세금계산서발급분	5		0/100			0/100	
	기타	6		0/100			0/100	
	예정신고누락분	7						
	대손세액가감	8						
	합계	9	543,200,000	㉮	54,320,000	561,700,000	㉮	56,170,000
매입세액 / 세금계산수취부분	일반매입	10	195,800,000		19,580,000	196,600,000		19,660,000
	수출기업수입분납부유예	10-1						
	고정자산매입	11						
	예정신고누락분	12						
	매입자발행세금계산서	13						
	그밖의공제매입세액	14						
	합계 (10-(10-1)+11+12+13+14)	15	195,800,000		19,580,000	196,600,000		19,660,000
	공제받지못할매입세액	16						
	차감계 (15-16)	17	195,800,000	㉯	19,580,000	196,600,000	㉯	19,660,000
납부(환급)세액 (㉮매출세액-㉯매입세액)				㉰	34,740,000		㉰	36,510,000
경감·공제세액	그밖의경감·공제세액	18						
	신용카드매출전표등발행공제계	19		[참고]			[참고]	
	합계	20		㉱			㉱	
소규모 개인사업자 부가가치세 감면세액		20-1		㉲			㉲	
예정신고미환급세액		21		㉳			㉳	
예정고지세액		22		㉴			㉴	
사업양수자가 대리납부한 세액		23		㉵			㉵	
매입자납부특례에따라납부한세액		24		㉶			㉶	
신용카드업자가 대리납부한 세액		25		㉷			㉷	
가산세액계		26		㉸			㉸	24,709
차가감납부할세액(환급받을세액) (㉰-㉱-㉲-㉳-㉴-㉵-㉶-㉷+㉸)		27			34,740,000			36,534,709
총괄납부사업자 납부할세액 (환급받을세액)								

3. [가산세명세]

1) 신고불성실 가산세

(1,800,000원 + 50,000원 - 80,000원) × 10% - 159,300원(90% 감면, 1개월 이내) = 17,700원

2) 납부지연 가산세

(1,800,000원 + 50,000원 - 80,000원) × 2.2/10,000 × 18일 = 7,009원

3) 가산세 합계: 24,709원

수정전	구분		금액	세율	세액	수정후	구분		금액	세율	세액
25 가산세명세	사업자미등록	61		1%		25 가산세명세	사업자미등록	61		1%	
	세금계산서지연발급등	62		1%			세금계산서지연발급등	62		1%	
	세금계산서지연수취	63		0.5%			세금계산서지연수취	63		0.5%	
	세금계산서미발급등	64		뒤쪽참조			세금계산서미발급등	64		뒤쪽참조	
	전자세금계산서 지연전송	65		0.3%			전자세금계산서 지연전송	65		0.3%	
	전자세금계산서 미전송	66		0.5%			전자세금계산서 미전송	66		0.5%	
	세금계산서합계표불성실	67		뒤쪽참조			세금계산서합계표불성실	67		뒤쪽참조	
	신고불성실	69		뒤쪽참조			신고불성실	69	1,770,000	뒤쪽참조	17,700
	납부지연	73		뒤쪽참조			납부지연	73	1,770,000	뒤쪽참조	7,009
	영세율과세표준신고불성	74		0.5%			영세율과세표준신고불성	74		0.5%	
	현금매출명세서미제출	75		1%			현금매출명세서미제출	75		1%	
	부동산임대명세서불성실	76		1%			부동산임대명세서불성실	76		1%	
	매입자거래계좌미사용	77		뒤쪽참조			매입자거래계좌미사용	77		뒤쪽참조	
	매입자거래계좌지연입금	78		뒤쪽참조			매입자거래계좌지연입금	78		뒤쪽참조	
	신용카드매출전표 등 수령명세서 미제출·과다기재	79		0.5%			신용카드매출전표 등 수령명세서 미제출·과다기재	79		0.5%	
	합계	80					합계	80			24,709

67.세금계산서합계표불성실	미제출		0.5%		67.세금계산서합계표불성실	미제출		0.5%	
	부실기재		0.3%			부실기재		0.5%	
	지연제출		0.5%			지연제출		0.3%	
	합계					합계			

69.신고불성실	무신고(일반)		뒤쪽참조		69.신고불성실	무신고(일반)		뒤쪽참조	
	무신고(부당)		뒤쪽참조			무신고(부당)		뒤쪽참조	
	과소·초과환급신고(일반)		뒤쪽참조			과소·초과환급신고(일반)	1,770,000	뒤쪽참조	17,700
	과소·초과환급신고(부당)		뒤쪽참조			과소·초과환급신고(부당)		뒤쪽참조	
	합계					합계	1,770,000		17,700

문제 3　결산

1　수동결산 및 자동결산

[일반전표입력] 12월 31일

(차) 293.장기차입금(98101.국민은행(차입금))　35,000,000원　(대) 264.유동성장기부채(98101.국민은행(차입금)) 35,000,000원
　　 293.장기차입금(98104.농협은행(차입금))　20,000,000원　　　 264.유동성장기부채(98104.농협은행(차입금)) 20,000,000원

[결산자료입력]

- 기말 상품재고액 98,000,000원, 원재료 재고액 27,000,000원, 제품 재고액 32,000,000원을 입력하고 　전표추가(F3)　를 클릭하여 결산분개 생성

[이익잉여금처분계산서]

- 이익잉여금처분계산서에서 처분일을 입력한 후, 　전표추가(F3)　를 클릭하여 손익대체분개 생성

문제 4　원천징수관리

1　사업소득의 원천징수

● 소득 지급 내역

귀속년월	지급년월일	지급총액	세율(%)	소득세	지방소득세	세액계	차인지급액
2025-07	2025 07 27	2,000,000	3	60,000	6,000	66,000	1,934,000

2　이자/배당소득의 원천징수

● 기타 관리 항목

	소득구분	계좌번호	과세 구분	금융 상품	조세특례등	
151	내국법인 배당·분배금, 건설이자의 배당(소§17①1) [51]	0200 11-218-985630		B52 [법인배당-소액]		

● 소득 지급 내역

귀속월	지급일자	채권이자구분	이자지급대상기간	금액	세율	소득세	법인세	지방소득세	농특세	세액합계
2025-04	2025-04 29			7,000,000	14.000%	980,000		98,000		1,078,000

문제 5　법인세관리

1　기업업무추진비 조정명세서(갑, 을)

1. [경조사비 등 설정]
　- [경조사비등 설정]을 클릭하여 [2.문화기업업무추진비 설정]란에 적요번호를 입력한다.

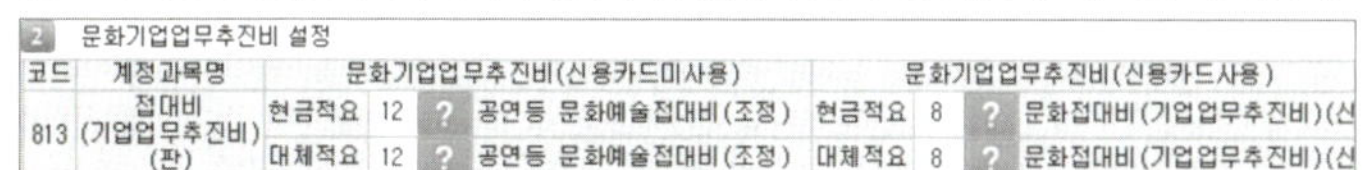

2. [기업업무추진비 조정명세서(을)]
　① [새로불러오기]를 클릭하여 수입금액을 반영한 후 특수관계인간 거래금액란에 85,000,000원 입력
　② [6.기업업무추진비 계상액 중 사적사용 경비]란에 1,800,000원 입력
　③ 접대비(기업업무추진비) 해당금액란에 광고선전비 15,000,000원 중 접대비(기업업무추진비) 3,000,000원 입력
　④ [15.신용카드 등 미사용금액]란에 2,800,000원 입력
　　 4,600,000원 − 1,800,000원 = 2,800,000원

⑤ [16.총 초과금액] 란에 61,764,500원과 광고선전비 3,000,000원 입력

63,564,500원 - 1,800,000원 = 61,764,500원

1. 수입금액 명세

구 분	1. 일반 수입 금액	2. 특수관계인간 거래금액	3. 합 계 (1+2)
금 액	1,966,426,000	85,000,000	2,051,426,000

2. 기업업무추진비등 해당금액

경조사비등 설정   금융기관의 수입금액

4. 계 정 과 목		합계	접대비(기업업무추	광고선전비		
5. 계 정 금 액		78,564,500	63,564,500	15,000,000		
6. 기업업무추진비계상액중 사적사용 경비		1,800,000	1,800,000			
7. 기업업무추진비 해당금액 (5-6)		64,764,500	61,764,500	3,000,000		
8. 신용카드등미사용금액	경조사비 중 기준 금액 초과액	9.신용카드 등 미사용금액					
		10. 총 초과금액					
	국외지역 지출액	11. 신용카드 등 미사용금액					
		12. 총 지출액					
	농어민 지출액	13. 송금명세서 미제출금액					
		14. 총 지출액					
	기업업무추진비 중 기준금액 초과액	15.신용카드 등 미사용금액	2,800,000	2,800,000			
		16. 총 초과금액	64,764,500	61,764,500	3,000,000		
17.신용카드 등 미사용 부인액 (9+11+13+15)		2,800,000	2,800,000			
18.기업업무추진비 부 인 액 (6+17)		4,600,000	4,600,000			
문화 사업 기업업무추진비		4,800,000	4,800,000			
전통 시장 기업업무추진비						

3. [기업업무추진비 조정명세서(갑)]

2. 기업업무추진비 한도초과액 조정   [중소기업]

정부출자법인 여부선택   ◉ 일반   ○ 정부출자법인

구 분			금 액
1.기업업무추진비 해당 금액			64,764,500
2.기준금액 초과 기업업무추진비 중 신용카드 미사용으로 인한 손금불산입액			2,800,000
3.차감 기업업무추진비 해당 금액(1-2)			61,964,500
일반 기업업무 추진비 한도	4. 12,000,000(36,000,000)×월수(12)/12		36,000,000
	총수입 금액 기준	100억원 이하의 금액 × 30/10,000	6,154,278
		100억원 초과 500억원 이하의 금액 × 20/10,000	
		500억원 초과 금액 × 3/10,000	
		5.소계	6,154,278
	일반 수입금액 기준	100억원 이하의 금액 × 30/10,000	5,899,278
		100억원 초과 500억원 이하의 금액 × 20/10,000	
		500억원 초과 금액 × 3/10,000	
		6.소계	5,899,278
	7.수입금액기준	(5-6)×10/100	25,500

※ 문화기업업무추진비 소액 미술품 구입비용(100만원한도)
9번 문화기업업무추진비 지출액에 포함되는 소액 미술품 구입비용 입력

■ 수입금액편집 사용 [여/부]

※ 현재 계산된 수입금액을 무시하고 수입금액을 직접 입력하는 경우 [여]를 선택하여 직접 금액을 입력합니다. (총수입금액기준 ~ 일반수입금액기준)
수입금액편집 사용 [부]를 선택하여 수입금액을 자동계산합니다.

구분	구분	금 액
	8.일반기업업무추진비 한도액(4+6+7)	41,924,778
문화 기업업무 추진비 한도	9.문화기업업무추진비 지출액	4,800,000
	(소액 미술품 구입비용)	
	10.문화기업업무추진비 한도액 (9과(8×(20/100))중 작은 금액	4,800,000
전통시장 기업업무 추진비 한도	11.전통시장기업업무추진비지출액	
	12.전통시장기업업무추진비한도액 (11과(8×(10/100)중 작은 금액)	
13.기업업무추진비 한도액 합계(8+10+12)		46,724,778
14.한도초과액(3-13)		15,239,722
15.손금산입한도 내 기업업무추진비지출액 (3과 13중 작은 금액)		46,724,778

■부동산임대 특정법인 기업업무추진비 한도액(법법 §25)

○ 부동산임대 특정법인 기업업무추진비 해당 여부   ◉부 ○여

다음 내용을 모두 충족하는 법인은 기업업무추진비한도액이 일반 법인의 50% 입니다. 해당 여부를 선택하시기 바랍니다.
①특수관계자 지분합계 50% 초과
②부동산임대업 주업 또는 임대, 배당.이자수입이 매출액의 50% 이상
③상시근로자 5인미만
(※최대주주 및 친족 관계 근로자, 근로계약기간 1년 미만자 제외)

4. [소득금액조정합계표]

손금불산입	기업업무추진비 중 대표이사 개인사용분	1,800,000원	상여
손금불산입	기업업무추진비 중 신용카드미사용분	2,800,000원	기타사외유출
손금불산입	기업업무추진비 한도초과	15,239,722원	기타사외유출

2 외화자산 등 평가차손익조정(갑, 을)

1. [외화자산등 평가차손익조정명세서(을)]

① 외화자산 입력

을	갑				
구 분 1	1.외화자산	2.외화부채	3.통화선도	4.통화스왑	5.환변동보험

번호	②외화종류	③외화금액	④장부가액		⑦평가금액		⑩평가손익 (⑨-⑥)
			⑤적용환율	⑥원화금액	⑧적용환율	⑨원화금액	
1	US$	30,000	1,050	31,500,000	1,050	31,500,000	
2	US$	7,000	1,150	8,050,000	1,050	7,350,000	-700,000

② 외화부채 입력

을	갑				
구 분 2	1.외화자산	2.외화부채	3.통화선도	4.통화스왑	5.환변동보험

번호	②외화종류	③외화금액	④장부가액		⑦평가금액		⑩평가손익 (⑥-⑨)
			⑤적용환율	⑥원화금액	⑧적용환율	⑨원화금액	
1	US$	22,000	1,130	24,860,000	1,050	23,100,000	1,760,000

2. [외화자산등 평가차손익조정명세서(갑)]

①구 분		②당기손익금해당액	③회사손익금계상액	조 정		⑥손익조정금액 (②-③)
				④차익 조정(③-②)	⑤차손 조정(②-③)	
가. 화폐성 외화자산·부채평가손익		1,060,000	310,000			750,000
나. 통화선도·통화스왑·환변동보험 평가손익						
다. 환율조정계정손익	차익					
	차손					
계		1,060,000	310,000			750,000

3. [소득금액조정합계표]

손금불산입	외화외상매출금 외화평가손실	1,500,000원	유보발생
손금불산입	외화장기대여금 외화평가손실	350,000원	유보발생
익금불산입	외화장기차입금 외화평가이익	1,100,000원	유보발생

3 퇴직연금부담금 조정명세서

1. [계정별원장]을 이용한 [퇴직연금운용자산]내역 조회

날짜	코드	적요	코드	거래처명	차변	대변	잔액
		전기이월			27,000,000		27,000,000
05/07		DB 퇴직금지급	04000	삼성연금화재		20,000,000	7,000,000
		[월 계]				20,000,000	
		[누 계]			27,000,000	20,000,000	
11/29		퇴직연금 불입액	04000	삼성연금화재	97,000,000		104,000,000
		[월 계]			97,000,000		
		[누 계]			124,000,000	20,000,000	

2. [퇴직급여충당금조정명세서]의 퇴직급여충당금조정내역 조회

1. 퇴직급여 충당금 조정

영 제60조 제1항에 의한 한도액	1. 퇴직급여 지급대상이 되는 임원 또는 직원에게 지급한 총급여액			2. 설정률	3. 한도액	비고
	998,500,000			5 / 100	49,925,000	

영 제60조 제2항 및 제3항에 의한 한도액	4.장부상 충당금기초잔액	5.확정기여형 퇴직 연금자의 설정전 기계상된 퇴직급여충당금	6.기중 충당금 환입액	7.기초충당금 부인누계액	8.기중 퇴직금 지급액	9.차감액 (4-5-6-7-8)
	295,212,500			72,000,000	35,000,000	188,212,500

	10.추계액대비설정액 (22X(0%))	11.퇴직금전환금		12.설정률 감소에 따라 환입을 제외하는 금액 MAX(9-10-11,0)	13.누적한도액 (10-9+11+12)
				188,212,500	

한도초과액 계 산	14.한도액 (3과 13중 적은금액)		15.회사계상액	16.한도초과액 (15-14)
			149,077,500	149,077,500

2. 총급여액 및 퇴직급여추계액 명세   **퇴직급여추계액 명세서**

구 분	17.총급여액		18.퇴직급여 지급대상이 아닌 임원 또는 직원에…		19.퇴직급여 지급대상인 임원 또는 직원에 대한…		20.기말현재 임원 또는 직원 전원의 퇴…	
계정명	인원	금액	인원	금액	인원	금액	인원	금액
							20	389,290,000
임금(제)	12	568,500,000			12	568,500,000		
직원급여(판)	8	430,000,000			8	430,000,000		

21. 「근로자퇴직급여보장법」에 따른…

인원	금액
20	385,600,000

22.세법상 추계액 MAX(20, 21)

금액
389,290,000

계	20	998,500,000			20	998,500,000

3. [퇴직연금부담금 조정명세서]의 작성

1.퇴직연금 등의 부담금 조정

1.퇴직급여추계액	당기말현재 퇴직급여충당금				6.퇴직부담금 등 손금산입 누적 한도액(1-5)
	2.장부상 기말잔액	3.확정기여형 퇴직 연금자의 퇴직연금 설정전 기계상된 퇴직급여 충당금	4.당기말 부인누계액	5.차감액 (2-3-4)	
389,290,000	389,290,000		201,077,500	188,212,500	201,077,500

7.이미 손금산입한 부담금 등 (17)	8.손금산입한도액 (6-7)	9.손금산입대상 부담금 등(18)	10.손금산입범위액 (8과9중 작은금액)	11.회사손금 계상액	12.조정금액 (10-11)
7,000,000	194,077,500	97,000,000	97,000,000		97,000,000

2. 이미 손금산입한 부담금 등의 계산

가. 손금산입대상 부담금 등 계산

13. 퇴직연금예치금등 계(22)	14.기초퇴직연금 충당금등 및 전기말 신고조정에의한 손금산입액	15.퇴직연금충당금 등 손금부인누계액	16.기중퇴직연금 등 수령 및 해약액	17.이미손금산입한 부담금등 (14-15-16)	18.손금산입대상 부담금등 (13-17)
104,000,000	27,000,000		20,000,000	7,000,000	97,000,000

나. 기말퇴직연금 예치금등의 계산

19.기초퇴직연금예치금 등	20.기중퇴직연금예치금등 수령 및 해약액	21.당기퇴직연금예치금등의 납입액	22.퇴직연금예치금 등 계 (19-20+21)
27,000,000	20,000,000	97,000,000	104,000,000

- 상단 툴바의 '새로불러오기'를 클릭하여 퇴직급여충당금조정명세서의 내용을 반영하며, [4.당기말부인누계액]란에 201,077,500원(72,000,000원 − 20,000,000원 + 149,077,500원)을 입력한다.

4. [소득금액조정합계표]

손금불산입	퇴직연금지급액	20,000,000원	유보감소
손금산입	퇴직연금불입액	97,000,000원	유보발생

4 건설자금이자조정명세서

1. [2. 특정차입금 건설자금이자 계산명세]
   - 공장신축과 관련된 730,000,000원이 건설자금이자 대상이다.
   - 건설자금이자 해당액 = 730,000,000원 × 3% × 214/365 = 12,840,000원

2. 특정차입금 건설자금이자 계산명세 / 전체화면보기

번호	⑤건설자산명	⑥대출기관명	⑦차입일	⑧차입금액	⑨이자율	⑩당기지급이자	⑪준공일 또는 준공예정일	⑫건설자금이자 계산대상일수	⑬건설자금이자 계산대상금액
1	기숙사 신축	한국은행	2025-06-01	730,000,000	3	12,840,000	2027-12-31	214	12,840,000
2									
합 계				730,000,000		12,840,000			12,840,000

2. [1. 건설자금이자 조정]

1.건설자금이자 조정

구　　　　분	①건설자금이자	②회사계상액	③상각대상자산분	④차감조정액
건설완료 자산분				
건설중인 자산분	12,840,000			12,840,000
계	12,840,000			12,840,000

3. [소득금액조정합계표]

손금불산입	건설자금이자	12,840,000원	유보발생

5 법인세과세표준 및 세액조정계산서

1. [세액공제조정명세서(3)]
   - 2. 당기 공제 세액 및 이월액 계산

2. 당기 공제 세액 및 이월액 계산 / 1.공제 세액 계산으로 이동(Tab)

NO	코드	(105)구분	(106) 사업년도	요 공제세액 (107)당기분	(108)이월분	당기 공제대상세액 (109)당기분	(110)1차년도	(111)2차년도	(112)3차년도
1	18S	통합고용세액공제	2025-12	18,000,000		18,000,000			
			2024-12		10,000,000		10,000,000		
		소계		18,000,000	10,000,000	18,000,000	10,000,000		
2	16B	일반연구·인력개발비 세액공제(최	2025-12	12,500,000		12,500,000			
합 계				30,500,000	10,000,000	30,500,000	10,000,000		

2. [공제감면세액 합계표(갑, 을)]
   - 최저한세 적용제외: 일반연구 · 인력개발비세액공제

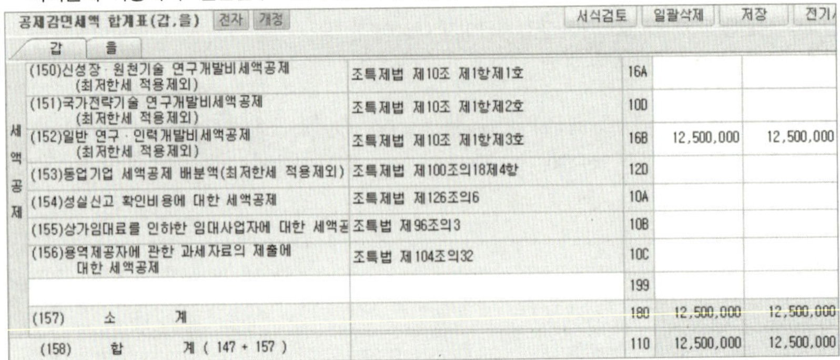

구분	항목	근거법조항	코드	갑	을
세액공제	(150)신성장 · 원천기술 연구개발비세액공제(최저한세 적용제외)	조특제법 제10조 제1항제1호	16A		
	(151)국가전략기술 연구개발비세액공제(최저한세 적용제외)	조특제법 제10조 제1항제2호	10D		
	(152)일반 연구 · 인력개발비세액공제(최저한세 적용제외)	조특제법 제10조 제1항제3호	16B	12,500,000	12,500,000
	(153)동업기업 세액공제 배분액(최저한세 적용제외)	조특제법 제100조의18제4항	120		
	(154)성실신고 확인비용에 대한 세액공제	조특제법 제126조의6	10A		
	(155)상가임대료를 인하한 임대사업자에 대한 세액공제	조특법 제96조의3	10B		
	(156)용역제공자에 관한 과세자료의 제출에 대한 세액공제	조특법 제104조의32	10C		
			199		
	(157) 소 계		180	12,500,000	12,500,000
	(158) 합 계 (147 + 157)		110	12,500,000	12,500,000

   - 최저한세 적용: 고용을 증대시킨 기업에 대한 세액공제

구분	항목	근거법조항	코드			
세액공제	(220)육아휴직 후 고용유지 기업에 대한 인건비 세액공제	조특제법 제29조의3제2항	18J			
	(221)근로소득을 증대시킨 기업에 대한 세액공제	조특제법 제29조의4	14Y			
	(222)청년고용을 증대시킨 기업에 대한 세액공제	조특제법 제29조의5	18A			
	(223)고용을 증대시킨 기업에 대한 세액공제	조특제법 제29조의7	18F			
	(224)통합고용세액공제	조특제법 제29조의8	18S	10,000,000	18,000,000	28,000,000
	(225)통합고용세액공제(정규직 전환)	조특제법 제29조의8	1B4			
	(226)통합고용세액공제(육아휴직 복귀)	조특제법 제29조의8	1B5			

3. [법인세과세표준 및 세액조정계산서]
   - 최저한세 적용대상 세액공제: 고용을 증대시킨 기업에 대한 세액공제 28,000,000원 입력
   - 최저한세 적용배제 세액공제: 연구 · 인력개발비세액공제액 12,500,000원 입력
   - 선납세금(136) 계정별 원장에서 중간예납세액 및 원천납부세액을 조회하여 중간예납세액 22,500,000원,
     원천징수세액 1,680,000원 입력

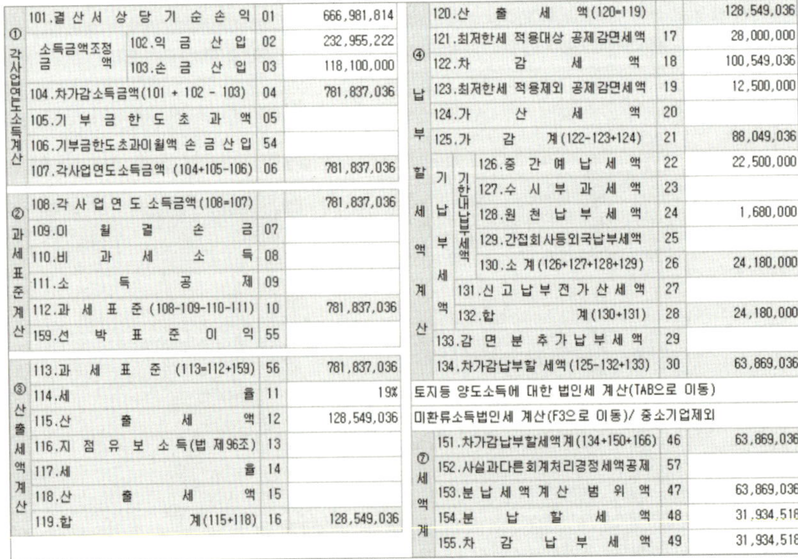

구분	항목	코드	금액		구분	항목	코드	금액
① 각사업연도소득계산	101.결산서 상 당기 순손익	01	666,981,814		④ 납부할 세액계산	120.산 출 세 액(120=119)		128,549,036
	소득금액조정금액 102.익 금 산 입	02	232,955,222			121.최저한세 적용대상 공제감면세액	17	28,000,000
	소득금액조정금액 103.손 금 산 입	03	118,100,000			122.차 감 세 액	18	100,549,036
	104.차가감소득금액(101 + 102 - 103)	04	781,837,036			123.최저한세 적용제외 공제감면세액	19	12,500,000
	105.기 부 금 한 도 초 과 액	05				124.가 산 세 액	20	
	106.기부금한도초과이월액 손 금 산 입	54				125.가 감 계(122-123+124)	21	88,049,036
	107.각사업연도소득금액 (104+105-106)	06	781,837,036		기한내납부세액	126.중 간 예 납 세 액	22	22,500,000
② 과세표준계산	108.각 사 업 연 도 소득금액(108=107)		781,837,036			127.수 시 부 과 세 액	23	
	109.이 월 결 손 금	07				128.원 천 납 부 세 액	24	1,680,000
	110.비 과 세 소 득	08				129.간접회사등외국납부세액	25	
	111.소 득 공 제	09				130.소 계(126+127+128+129)	26	24,180,000
	112.과 세 표 준 (108-109-110-111)	10	781,837,036			131.신 고 납 부 전 가 산 세 액	27	
	159.선 박 표 준 이 익	55				132.합 계(130+131)	28	24,180,000
						133.감 면 분 추 가 납 부 세 액	29	
③ 산출세액계산	113.과 세 표 준 (113=112+159)	56	781,837,036			134.차가감납부할 세액(125-132+133)	30	63,869,036
	114.세 율	11	19%		토지등 양도소득에 대한 법인세 계산(TAB으로 이동)			
	115.산 출 세 액	12	128,549,036		미환류소득법인세 계산(F3으로 이동)/ 중소기업제외			
	116.지 점 유 보 소 득(법 제96조)	13			⑦ 세액계	151.차가감납부할세액계(134+150+166)	46	63,869,036
	117.세 율	14				152.사실과다른회계처리경정세액공제	57	
	118.산 출 세 액	15				153.분 납 세 액 계 산 범 위 액	47	63,869,036
	119.합 계(115+118)	16	128,549,036			154.분 납 할 세 액	48	31,934,518
						155.차 감 납 부 세 액	49	31,934,518

11	12	13	14	15
74,500,000원	60,000,000원	4,486,274원	144,150,000원	③
16	17	18	19	20
1	56,120,000원	50,000원	19,660,000원	24,709원
21	22	23	24	25
60,000원	1,934,000원	980,000원	5,922,000원	1,966,426,000원
26	27	28	29	30
4,800,000원	15,239,722원	1,500,000원	350,000원	1,100,000원
31	32	33	34	35
201,077,500원	20,000,000원	97,000,000원	730,000,000원	12,840,000원
36	37	38	39	
1	28,000,000원	12,500,000원	①	

출제예상 모의고사 제2회

[실무이론평가]

1	2	3	4	5	6	7	8	9	10
③	③	①	②	③	③	③	④	②	③

01 ③
- 업무의 분장, 문서화, 승인/결재체계, 감독체계, 자산의 보호체계는 통제활동에 해당한다.

02 ③
- 매출원가 = 기초재고 + 당기매입액 − 기말재고 = 25,000원(50개) + 200,000원(200개) − 100,000원(100개 × 1,000원)
  = 125,000원(50개 × 500원 + 100개 × 1,000원)
- 매출총이익 = 매출액 − 매출원가 = 225,000원 − 125,000원 = 100,000원

03 ①
- 자산의 회수가능액이 장부금액에 중요하게 미달하는 경우 장부금액을 회수가능액으로 조정하고 그 차액을 손상차손으로 처리한다.

04 ②
- 2025년 2월 1일 외화매출채권 회수시 외화환산: $2,000 × (1,200원 − 1,000원) = 400,000원

(차) 현금	2,400,000원	(대) 외화매출채권	2,000,000원
		외환차익	400,000원

05 ③
- 외상매출액: 10,000,000원 − 500,000원(매출할인) = 9,500,000원
- 직수출액: 7,000,000원
- 비영업용 승용차 처분: 4,000,000원
- 건물처분: 20,000,000원
- 합   계: 40,500,000원

06 ③
- 면세사업자인 은행이 면세사업과 관련하여 사용하던 컴퓨터를 매각하는 경우 부수재화에 해당하여 부가가치세가 면세된다.

07 ③
- 100,000,000원(소득세차감전순이익) + 30,000,000원(대표자 급여) − 8,000,000원(정기예금이자수익) − 12,000,000원(토지처분이익) = 110,000,000원
- 김한공 씨의 급여는 근로소득에 해당하므로 사업소득금액 계산 시 가산함.
- 정기예금 이자수익은 이자소득에 해당하므로 사업소득금액 계산 시 차감함.
- 토지처분이익은 양도소득에 해당하므로 사업소득금액 계산 시 차감함.
- 복식부기의무자의 비품처분손실, 사업용 자산의 소실로 인한 보험차익은 사업소득의 범위에 해당하므로 별도 조정을 하지 않음.

08 ④
- 확정신고 자진납부할 세액이 2,000만원을 초과하는 때에는 그 세액의 50% 이하의 금액을 납부기한이 지난 후 2개월 이내에 분할납부할 수 있다.

09 ②
- 지방세의 과오납금의 환급금에 대한 이자도 익금에서 제외된다.

10 ③
- 과세표준: 600,000,000원 - 100,000,000원 = 500,000,000원
  산출세액: (500,000,000원 - 200,000,000원) × 19% + 18,000,000원 = 75,000,000원
  총부담세액: 75,000,000원 - 8,000,000원 + 2,000,000원 = 69,000,000원
  자진납부할 세액: 69,000,000원 - 6,000,000원 = 63,000,000원

[실무수행과제]

문제 1 거래자료입력

1 [일반전표입력] 1월 2일

(차) 103.보통예금(98000.우리은행)	19,114,300원	(대) 291.사채	20,000,000원
292.사채할인발행차금	1,850,000원	101.현금	964,300원

2 [전기분 이익잉여금처분계산서] 작성

과목	계정코드 및 과목명		금액	
Ⅰ. 미처분이익잉여금				550,000,000
1. 전기이월미처분이익잉여금			310,000,000	
2. 회계변경의 누적효과	369	회계변경의 누적효과		
3. 전기오류수정이익	370	전기오류수정이익		
4. 전기오류수정손실	371	전기오류수정손실		
5. 중간배당금	372	중간배당금		
6. 당기순이익			240,000,000	
Ⅱ. 임의적립금 등의 이입액				20,000,000
1. 감채적립금	357	감채적립금	20,000,000	
2.				
합 계				570,000,000
Ⅲ. 이익잉여금처분액				96,000,000
1. 이익준비금	351	이익준비금	6,000,000	
2. 기업합리화적립금	352	기업합리화적립금		
3. 배당금			80,000,000	
가. 현금배당	265	미지급배당금	60,000,000	
나. 주식배당	387	미교부주식배당금	20,000,000	
4. 사업확장적립금	356	사업확장적립금	10,000,000	
5. 감채 적립금	357	감채적립금		
6. 배당평균적립금	358	배당평균적립금		
Ⅳ. 차기이월 미처분이익잉여금				474,000,000

[일반전표입력] 2월 28일

(차) 357.감채적립금	20,000,000원	(대) 375.이월이익잉여금	20,000,000원
375.이월이익잉여금	96,000,000원	351.이익준비금	6,000,000원
		265.미지급배당금	60,000,000원
		387.미교부주식배당금	20,000,000원
		356.사업확장적립금	10,000,000원

※ 이익준비금 = 현금배당 60,000,000원 × 10% = 6,000,000원
자본금의 2분의 1에 달할 때까지 금전배당액의 최소 10분의 1을 이익준비금으로 적립하여야 한다.

문제 2   부가가치세관리

1 수정전자세금계산서의 발행

1. [수정세금계산서 발급]
   ① [매입매출전표 입력] 2월 3일 전표 선택 ➜ 수정세금계산서 클릭 ➜ [수정사유] 화면에서 [4. 계약의 해제, 당초(세금)계산서 작성일: 2025년 2월 3일] 선택후 확인(Tab) 을 클릭
   ② [수정세금계산서(매출)] 화면에서 수정분 [작성일 2월 20일], [공급가액 −10,000,000원], [세액 −1,000,000원] 자동 반영 후 확인(Tab) 클릭
   ③ [매입매출전표입력] 2월 20일

거래유형	품명	공급가액	부가세	거래처	전자세금
11.과세	계약금	−10,000,000	−1,000,000	02100.(주)웰빙스토어	전자발행

분개유형	(차) 101.현금	−11,000,000원	(대) 259.선수금	−10,000,000원
1.현금			255.부가세예수금	−1,000,000원

2. [전자세금계산서 발행 및 내역관리]
   ① 전자세금계산서 발행 및 내역관리 를 클릭하면 수정 전표 1매가 미전송 상태로 나타난다.
   ② 해당내역을 클릭하여 전자세금계산서 발행 및 국세청 전송을 한다.

2 예정신고 누락분의 확정신고 반영

1. [매입매출전표 입력]
   ※ 전표입력 후 기능모음의 [예정누락]을 클릭하여 [예정신고누락분 신고대상월: 2025년 10월]을 입력한다.
   − 9월 28일

거래유형	품명	공급가액	부가세	거래처	전자세금
11.과세	제품	12,000,000	1,200,000	02200.(주)웰모아	전자입력

분개유형	(차) 108.외상매출금	13,200,000원	(대) 404.제품매출	12,000,000원
2.외상			255.부가세예수금	1,200,000원

   − 9월 29일

거래유형	품명	공급가액	부가세	거래처	전자세금
51.과세	원재료	7,500,000	750,000	02300.(주)삼광산업	전자입력

분개유형	(차) 135.부가세대급금	750,000원	(대) 251.외상매입금	8,250,000원
2.외상	153.원재료	7,500,000원		

2. [일전표입력] 9월 25일

   (차) 813.접대비(기업업무추진비)   132,000원   (대) 253.미지급금(99600.삼성카드)   132,000원

3. [부가가치세신고서] 10월 1일 ~ 12월 31일
   1) 예정신고누락분명세

		구분		금액	세율	세액
예정신고누락분명세	매출	과세	세금계산서	33	12,000,000	10/100	1,200,000
			기타	34		10/100	
		영세율	세금계산서	35		0/100	
			기타	36		0/100	
		합계		37	12,000,000		1,200,000
	매입	세금계산서		38	7,500,000		750,000
		그 밖의 공제매입세액		39			
		합계		40	7,500,000		750,000

2) 가산세명세

　① 지연발급가산세: 12,000,000원 × 1% = 120,000원

　② 신고불성실가산세: (1,200,000원 − 750,000원) × 10% − 33,750원(75% 감면) = 11,250원

　　※ 예정신고 누락분 확정신고시 3개월 이내 신고이므로 75%(33,750원) 감면 적용

　③ 납부지연가산세: (1,200,000원 − 750,000원) × 2.2/10,000 × 92일 = 9,108원

　④ 가산세 합계: 140,358원

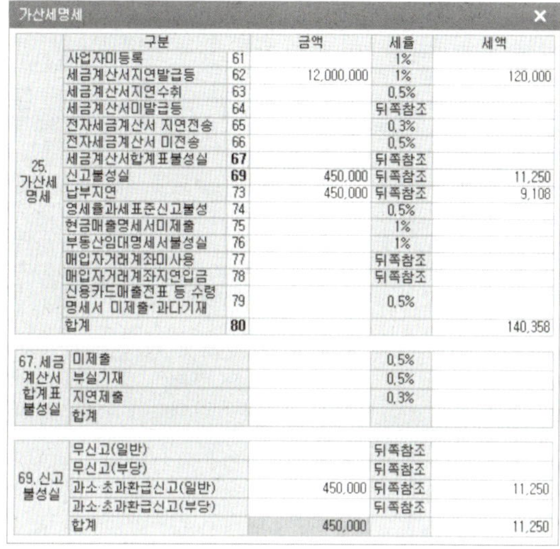

가산세명세　　　　　　　　　　　　　　✕

구분			금액	세율	세액
25. 가산세 명세	사업자미등록	61		1%	
	세금계산서지연발급등	62	12,000,000	1%	120,000
	세금계산서지연수취	63		0.5%	
	세금계산서미발급등	64		뒤쪽참조	
	전자세금계산서 지연전송	65		0.3%	
	전자세금계산서 미전송	66		0.5%	
	세금계산서합계표불성실	**67**		뒤쪽참조	
	신고불성실	**69**	450,000	뒤쪽참조	11,250
	납부지연	73	450,000	뒤쪽참조	9,108
	영세율과세표준신고불성	74		0.5%	
	현금매출명세서미제출	75		1%	
	부동산임대명세서불성실	76		1%	
	매입자거래계좌미사용	77		뒤쪽참조	
	매입자거래계좌지연입금	78		뒤쪽참조	
	신용카드매출전표 등 수령 명세서 미제출·과다기재	79		0.5%	
	합계	**80**			140,358
67.세금 계산서 합계표 불성실	미제출			0.5%	
	부실기재			0.5%	
	지연제출			0.3%	
	합계				
69.신고 불성실	무신고(일반)			뒤쪽참조	
	무신고(부당)			뒤쪽참조	
	과소·초과환급신고(일반)		450,000	뒤쪽참조	11,250
	과소·초과환급신고(부당)			뒤쪽참조	
	합계		450,000		11,250

문제 3 　결산

1 수동결산 및 자동결산

[일반전표입력] 12월 31일

(차) 806.퇴직급여　　　　　　　　　5,000,000원　　　(대) 253.미지급금　　　　　　　　　5,000,000원

[결산자료입력]

－ 기말 상품 재고액 120,000,000원, 원재료 재고액 50,000,000원, 제품 재고액 32,000,000원을 입력하고
　 전표추가(F3) 를 클릭하여 결산분개 생성

[이익잉여금처분계산서]

－ 이익잉여금처분계산서에서 처분일을 입력한 후, 전표추가(F3) 를 클릭하여 손익대체분개 생성

문제 4 원천징수관리

1 퇴직소득의 원천징수

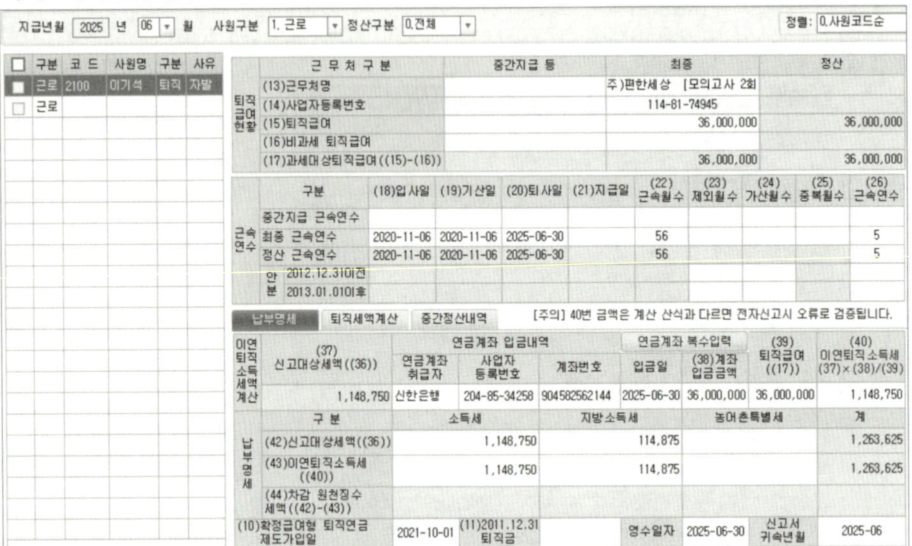

지급년월 2025 년 06 ▼ 월   사원구분 1.근로 ▼   정산구분 0.전체 ▼   정렬: 0.사원코드순

□	구분	코 드	사원명	구분	사유
■	근로	2100	이기석	퇴직	자발
□	근로				

퇴직급여현황	근 무 처 구 분	중간지급 등	최종	정산
(13)근무처명			주)편한세상 [모의고사 2회]	
(14)사업자등록번호			114-81-74945	
(15)퇴직급여			36,000,000	36,000,000
(16)비과세 퇴직급여				
(17)과세대상퇴직급여((15)-(16))			36,000,000	36,000,000

근속연수	구분	(18)입사일	(19)기산일	(20)퇴사일	(21)지급일	(22)근속월수	(23)제외월수	(24)가산월수	(25)중복월수	(26)근속연수
	중간지급 근속연수									
	최종 근속연수	2020-11-06	2020-11-06	2025-06-30		56				5
	정산 근속연수	2020-11-06	2020-11-06	2025-06-30		56				5
	안분 2012.12.31이전									
	분 2013.01.01이후									

납부명세 퇴직세액계산 중간정산내역   [주의] 40번 금액은 계산 산식과 다르면 전자신고시 오류로 검증됩니다.

이연퇴직소득세액계산	(37)신고대상세액((36))	연금계좌 입금내역				연금계좌 복수입력	(39)퇴직급여((17))	(40)이연퇴직소득세 (37)×(38)/(39)
		연금계좌취급자	사업자등록번호	계좌번호	입금일	(38)계좌입금금액		
	1,148,750	신한은행	204-85-34258	904582562144	2025-06-30	36,000,000	36,000,000	1,148,750

납부명세	구 분	소득세	지방소득세	농어촌특별세	계
	(42)신고대상세액((36))	1,148,750	114,875		1,263,625
	(43)이연퇴직소득세((40))	1,148,750	114,875		1,263,625
	(44)차감 원천징수세액((42)-(43))				
	(10)확정급여형 퇴직연금 제도가입일	2021-10-01 (11)2011.12.31 퇴직금	영수일자 2025-06-30	신고서 귀속년월	2025-06

2 기타소득의 원천징수

● 소득 지급 내역

귀속년월	지급년월일	지급총액	필요경비	소득금액	세율(%)	소득세	법인세	지방소득세	농특세	세액계	차인지급액
2025-07	2025-07 25	3,000,000	2,400,000	600,000	20.000	120,000		12,000		132,000	2,868,000

문제 5 법인세관리

1 조정후 수입금액명세서

1. [1.업종별 수입금액 명세서]

	①업태	②종목	코드	③기준(단순)경비율번호	수입금액			⑦수 출
					④계(⑤+⑥+⑦)	내 수		
						⑤국내생산품	⑥수입상품	
1	제조업	컴퓨터 제조업	01	300100	1,359,400,000	1,297,400,000		62,000,000
2	도매 및 소매업	컴퓨터 및 주변	02	515050	268,600,000	268,600,000		
3			03					
4			04					
5			05					
6			06					
7			07					
8			08					
9			09					
10			10					
11	기 타		11					
	합 계		99		1,628,000,000	1,566,000,000		62,000,000

2. [3.수입금액과의 차액내역]

부가가치세 과세 표준		금액		⑮코드	⑭구분(내용)	(16)금액	비고
	⑧ 과세(일반)	1,576,000,000		23	개인적공급	5,000,000	
	⑨ 과세(영세율)	62,000,000		25	유형자산 및 무형자산 매각	8,000,000	
	계	1,638,000,000		32	매출누락	-3,000,000	
	⑩ 면세수입금액						
	⑪ 합 계(⑧+⑨+⑩)	1,638,000,000					
	⑫ 수 입 금 액	1,628,000,000					
	⑬ 차 액(⑪-⑫)	10,000,000		50	차액계	10,000,000	

2 선급비용명세서

1. 선급비용명세서

① 임차료(제) 입력화면

No	구분	적요	거래처	선급비용	회사계상액	세무조정대상금액
1	선급 임차료	공장임차료	(주)우리빌딩	4,972,677		4,972,677
2	선급 보험료					
3						

선급비용 계산

	해당기간		지급액	선급비용	회사계상액	세무조정대상금액
2025 07 01 ~ 2026 07 01			10,000,000	4,972,677		4,972,677

② 보험료(판) 입력화면

No	구분	적요	거래처	선급비용	회사계상액	세무조정대상금액
1	선급 임차료	공장임차료	(주)우리빌딩	4,972,677		4,972,677
2	선급 보험료	자동차보험료	미래화재해상보험	797,049	700,000	97,049
3						

선급비용 계산

	해당기간		지급액	선급비용	회사계상액	세무조정대상금액
2025 08 09 ~ 2026 08 09			1,320,000	797,049	700,000	97,049

2. 소득금액조정합계표 작성

손금불산입	공장 임차료 선급비용	4,972,677원	유보발생
손금불산입	영업부 자동차보험료 선급비용	97,049원	유보발생
손금산입(주1)	전기분 보험료 선급비용	1,200,000원	유보감소

(주1) 선급기간이 2025.1.1.~2026.12.31.이므로 2,400,000원 × 12개월/24개월 만큼 유보를 추인한다.

3 업무무관 지급이자조정명세서(갑, 을)

1. [업무무관 지급이자조정명세서(을)]

① 업무무관 부동산의 적수

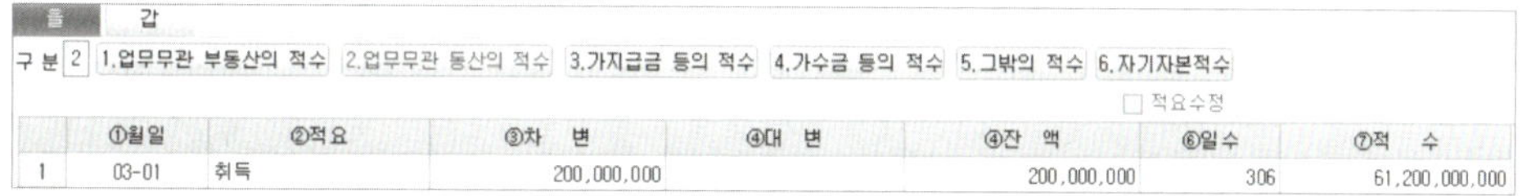

구분 2 1.업무무관 부동산의 적수 2.업무무관 동산의 적수 3.가지급금 등의 적수 4.가수금 등의 적수 5.그밖의 적수 6.자기자본적수

☐ 적요수정

	①월일	②적요	③차 변	④대 변	④잔 액	⑥일수	⑦적 수
1	03-01	취득	200,000,000		200,000,000	306	61,200,000,000

② 업무무관 동산의 적수

- 1천만원 이하의 미술품을 취득한 후 회사 사무실이나 복도에 전시하였으므로 제외됨.

③ 가지급금등의 적수

구 분 3	1.업무무관 부동산의 적수	2.업무무관 동산의 적수	3.가지급금 등의 적수	4.가수금 등의 적수	5.그밖의 적수	6.자기자본적수

☐ 적요수정

	①월일	②적요	③차 변	④대 변	④잔 액	⑤일수	⑦적 수
1	05-17	지급	60,000,000		60,000,000	44	2,640,000,000
2	06-30	회수		15,000,000	45,000,000	102	4,590,000,000
3	10-10	지급	5,000,000		50,000,000	83	4,150,000,000

2. [업무무관 지급이자조정명세서(갑)]

2 1. 업무무관 부동산등에 관련한 차입금 지급이자

① 지급이자	적 수				⑥ 차입금 (=19)	⑦ ⑤와 ⑥중 적은금액	⑧ 손금불산입 지급이자 (① × ⑦÷⑥)
	②업무무관 부동산	③업무무관 동산	④가지급금 등	⑤계(②+③+④)			
25,970,000		61,200,000,000	11,380,000,000	72,580,000,000	222,972,309,942	72,580,000,000	8,453,527

1 2. 지급이자 및 차입금 적수 계산   〈연이율 일수 -> 현재: 365 가지급금: 365〉

	(9)이자율	(10)지급이자	(11)차입금적수	(12)채권자불분명 사채이자		(15)건설자금이자 등		차 감	
				(13)지급이자	(14)차입금적수	(16)지급이자	(17)차입금적수	(18)지급이자 (10-13-16)	(19)차입금적수(11-14-17)
1	3.80000	11,400,000	109,500,000,000	3,150,000	30,256,578,947			8,250,000	79,243,421,053
2	4.50000	22,500,000	182,500,000,000			4,780,000	38,771,111,111	17,720,000	143,728,888,889

3. [소득금액조정합계표]

손금불산입	채권자 불분명 사채이자	3,150,000원	상여
손금불산입	건설자금이자	4,780,000원	유보발생
손금불산입	업무무관지급이자	8,453,527원	기타사외유출

4 기부금조정명세서

1. [기부금명세서]

	1.유형	코드	3.과 목	일자	5.적 요	6.법인명등	7.사업자번호	8.금액
1	특례	10	기부금	3 20	국방헌금	해군2함대 사령부(특례)		10,000,000
2	일반	40	기부금	4 10	사회복지법인 고유목적사	한국 사회복지법인(일반)		30,000,000
3	일반	40	기부금	5 22	제품(컴퓨터) 기부	한국교회(일반)		4,000,000
4	기타	50	기부금	8 10	대표이사 동창회 특별회비	한국대학 동창회		5,000,000
5	기타	50	기부금	11 20	불우이웃돕기 성금(어음기	사회복지공동모금회(특		8,000,000

※ 특수관계인이 아닌 자에게 기부한 현물 기부자산의 기부가액(일반기부금)은 장부가액으로 한다.
※ 대표이사 동창회 특별회비는 비지정기부금이므로 유형을 '기타'로 설정
※ 어음기부금의 귀속시기는 지출한 날(어음이 실제로 결제된 날)이므로 유형을 '기타'로 설정
  * 어음으로 지급하여 해당 사업연도에 동 어음이 결제되지 않았다면 실제 기부 받은 것이 아니므로 기부금명세서에서 제외하더라도 인정

2. [소득금액조정합계표] 작성

손금불산입	대표이사 동창회 특별회비	5,000,000원	상여
손금불산입	어음기부금	8,000,000원	유보발생

3. [기부금조정명세서]

1.소득금액계	2.이월결손금 합계액	3.법인세법 제24조제2항 제1호 기부금	4.한도액 {[(1-2)>0]*50%}	5.이월잔액 중 손금산입액 MIN[4,23]	6.당해연도지출액 손금산입액 MIN[(4-5)>0,3]	7.한도초과액 [(3-6)>0]	8.소득금액 차감잔액 [(1-2-5-6)>0]
253,956,544		10,000,000	126,978,272		10,000,000		243,956,544

9.「조세특례제한법」 제88조 의4제13항에 따른 우리사주 기부금 해당금	10.한도액 (8)*30%	11.손금산입액 MIN(9,10)	12.한도초과액 [(9-10)>0]
	73,186,963		

13.「법인세법」 제24조제3항 제1호 기부금	14.한도액((8-11)*10%)	15.이월잔액 중 손금산입액 MIN(14,23)	16.당해연도지출액 손금산입액 MIN[(14-15)>0, 13]	17.한도초과액 [(13-16)>0]
34,000,000	24,395,654		24,395,654	9,604,346

18.기부금 합계액(3+9+13)	19.손금산입합계(6+11+16)	20.한도초과액합계 (18-19) = (7+12+17)
44,000,000	34,395,654	9,604,346

소득금액 계산내역		✕
결산서상 당기순이익		135,929,900
세무조정　익금산입	+	77,226,644
손금산입	−	3,200,000
합병분할 등에 따른 자산양도차익	−	
합병분할 등에 따른 자산양도차손	+	
기부금　합계　금액	+	44,000,000
소　득　금　액	=	253,956,544

※ 익금산입 64,226,644원 + 기부금 손금불산입 13,000,000원 = 77,226,644원

5 공제감면세액계산서(2)

1. 법인세과세표준 및 세액조정계산서

① 각사업연도소득계산	101.결 산 서 상 당 기 순 손 익		01	135,929,900
	소득금액조정 금　　액	102.익 금 산 입	02	77,226,644
		103.손 금 산 입	03	3,200,000
	104.차가감소득금액(101 + 102 - 103)		04	209,956,544
	105.기 부 금 한 도 초 과 액		05	9,604,346
	106.기부금한도초과이월액 손 금 산 입		54	
	107.각사업연도소득금액 (104+105-106)		06	219,560,890
② 과세표준계산	108.각 사 업 연 도 소득금액(108=107)			219,560,890
	109.이 월 결 손 금		07	
	110.비 과 세 소 득		08	
	111.소 득 공 제		09	
	112.과 세 표 준 (108-109-110-111)		10	219,560,890
	159.선 박 표 준 이 익		55	
③ 산출세액계산	113.과 세 표 준 (113=112+159)		56	219,560,890
	114.세 율		11	19%
	115.산 출 세 액		12	21,716,569
	116.지 점 유 보 소 득(법 제96조)		13	
	117.세 율		14	
	118.산 출 세 액		15	
	119.합 계(115+118)		16	21,716,569

2. 공제감면세액계산서(2)

공제감면세액계산서(2)	중소기업에 대한 특별세액감면 검토표				
	①구　　분	③감면대상세액	④최저한세적용 감면배제금액	⑤감면세액 (③ - ④)	⑥사유발생일
1	창업벤처중소기업감면 법 제6조 2항	9,434,048		9,434,048	
2					

감면대상세액계산자료 ✕

산출세액	21,716,569
감면소득	190,762,000
과세표준	219,560,890
감면율(%)	50 / 100

3. 최저한세조정계산서

①　구　　　　　　분		②감면후세액	③최저한세	④조정감	⑤조정후세액
(101) 결 산 서 상　　당 기 순 이 익		135,929,900			
소 득 조정금액	(102)익 금 산 입	77,226,644			
	(103)손 금 산 입	3,200,000			
(104) 조 정 후 소 득 금 액(101+102-103)		209,956,544	209,956,544		209,956,544
최 저 한 세 적 용 대 상 특 별 비 용	(105)준 비 금		0	0	0
	(106)특별 / 특례상각		0	0	0
(107)특별비용손금산입전소득금액(104+105+106)		209,956,544	209,956,544		209,956,544
(108) 기 부 금 한 도 초 과 액		9,604,346	9,604,346		9,604,346
(109) 기 부 금 한 도 초 과 이월액 손금 산입		0	0		0
(110) 각 사 업 년 도 소 득 금액(107+108-109)		219,560,890	219,560,890		219,560,890
(111) 이 월 결 손 금		0	0		0
(112) 비 과 세 소 득		0	0		0
(113) 최 저 한 세 적 용 대 상 비 과 세 소 득			0	0	0
(114) 최저한세 적용대상 익금불산입.손금산입			0	0	0
(115) 차 가 감 소 금 액(110-111-112+113+114)		219,560,890	219,560,890		219,560,890
(116) 소 득 공 제		0	0		0
(117) 최 저 한 세 적 용 대 상　　소 득 공 제			0	0	0
(118) 과 세 표 준 금 액 (115-116+117)		219,560,890	219,560,890		219,560,890
(119) 선 박 표 준 이 익		0	0		0
(120) 과 세 표 준 금 액 (118+119)		219,560,890	219,560,890		219,560,890
(121) 세 율		19%	7%		19%
(122) 산 출 세 액		21,716,569	15,369,262		21,716,569
(123) 감 면 세 액		9,434,048		3,086,741	6,347,307
(124) 세 액 공 제		0		0	0
(125) 차 감 세 액 (122-123-124)		12,282,521			15,369,262

4. 공제감면세액계산서(2)
   - 최저한세적용감면배제금액란에 3,086,741원을 입력하여 감면세액 6,347,307원을 계산한다.

공제감면세액계산서(2)	중소기업에 대한 특별세액감면 검토표				
	①구　　분	③감면대상세액	④최저한세적용 감면배제금액	⑤감면세액 (③ - ④)	⑥사유발생일
1	창업벤처중소기업감면 법 제6조 2항	9,434,048	3,086,741	6,347,307	2025-12-31

5. 공제감면세액 합계표(갑, 을)

갑	을				
	①　구　　분	②　근거법 조항	코드	③ 대상세액	④ 감면세액
(159)창업 중소기업에 대한 세액감면 (최저한세 적용대상)		조특제법 제6조 제1-6항	111		
(160)창업벤처중소기업의 세액감면		조특제법 제6조 제2항	174	9,434,048	6,347,307
(161)에너지신기술 중소기업 세액감면		조특제법 제6조 제4항	13E		

6. 법인세과세표준 및 세액조정계산서

	120.산　　출　　세　　액(120=119)		21,716,569
④	121.최저한세 적용대상 공제감면세액	17	6,347,307
	122.차　　　감　　　세　　　액	18	15,369,262
납	123.최저한세 적용제외 공제감면세액	19	
	124.가　　산　　세　　액	20	
부	125.가　감　계(122-123+124)	21	15,369,262

실무수행평가

11	12	13	14	15
62,453,000원	8,300,000원	18,150,000원	474,000,000원	④
16	**17**	**18**	**19**	**20**
4	64,520,000원	750,000원	0원	140,358원
21	**22**	**23**	**24**	**25**
1,148,750원	56	132,000원	2,868,000원	1,297,400,000원
26	**27**	**28**	**29**	**30**
268,600,000원	10,000,000원	4,972,677원	97,049원	1,200,000원
31	**32**	**33**	**34**	**35**
3,150,000원	4,780,000원	8,453,527원	253,956,544원	13,000,000원
36	**37**	**38**	**39**	
9,604,346원	9,434,048원	21,716,569원	6,347,307원	

출제예상 모의고사 제3회

[실무이론평가]

1	2	3	4	5	6	7	8	9	10
③	③	①	②	④	②	③	③	①	③

01 ③
- ① 영업활동으로 인한 현금흐름은 직접법도 인정된다.
  ② 사용제한기간이 보고기간종료일로부터 1년을 초과하는 현금및현금성자산은 비유동자산으로 분류한다.
  ④ 현금흐름표도 재무제표에 해당한다.

02 ③
- 기초상품재고액 = 100개 × 5,000원 = 500,000원
  순매입액 = 70개 × 6,000원 = 420,000원
  기말상품재고액 = (100개 + 70개 − 120개) × 6,000원 = 300,000원
  매출원가 = 500,000원 + 420,000원 − 300,000원 = 620,000원
  매출액 = 120개 × 9,000원 − 50,000원 = 1,030,000원
  매출총이익 = 1,030,000원 − 620,000원 = 410,000원

03 ①
- 회수가능액이 장부금액에 미달하는 경우 장부금액과 회수가능액의 차이를 손상차손으로 처리한다.

일 자	감가상각비	감가상각누계액	장부금액	회수가능액	손상차손
2024. 12. 31.	1,000,000×4/10 = 400,000	400,000	600,000	650,000	−
2025. 12. 31.	1,000,000×3/10 = 300,000	700,000	300,000	180,000	120,000

04 ②
- 대손충당금 추정액: (400,000원 × 1%) + (300,000원 × 5%) + (100,000원 × 10%) = 29,000원
- 대손충당금 설정액: 대손추정액(29,000원) − 대손충당금 잔액(20,000원) = 9,000원
- 결산분개

  (차) 대손상각비　　　　9,000원　　　　　　　(대) 대손충당금　　　　　9,000원

05 ④
- 예정신고시에도 개인사업자는 신용카드매출전표 발행세액공제를 적용받을 수 있다.

06 ②
- 매입세액: 10,000,000원(중고 기계장치 매입) + 15,000,000원(원재료 매입)
  + 2,000,000원(업무용 트럭 수선비) = 27,000,000원
- 접대비(기업업무추진비) 지출과 업무용 소형승용차 매입은 매입세액불공제 대상이다.

07 ③
- ① 원천징수의무자가 매월분의 근로소득을 지급할 때에는 근로소득 간이세액표에 따라 소득세를 원천징수한다.
  ② 원천징수의무자는 해당 과세기간의 다음 연도 2월분의 급여 지급 시 연말정산을 한다.
  ④ 일용근로자의 근로소득은 분리과세되므로 연말정산의 절차를 거치지 않는다.

08 ③
- ① 비영업대금에 대한 이자소득의 원천징수세율은 25%이다.
  ② 슬롯머신 등을 이용하는 행위에 참가하여 받는 당첨금품은 무조건 분리과세되는 기타소득에 해당한다.
  ④ 공적연금소득만 있는 자는 확정신고 의무가 면제된다.

09 ①

- 손금불산입 총액 = 2,000,000원(나) + 1,500,000원(라) + 3,000,000원(마) = 6,500,000원
- 나. 업무용토지에 대한 취득세는 자산성 있는 손금항목을 비용처리하였으므로 손금불산입한다.

  라. 외국의 법률에 의하여 국외에서 납부한 벌금은 손금불산입한다.

  마. 업무용승용차 처분손실 중 업무용승용차별로 800만원(사업연도 12개월 기준) 초과액을 손금불산입한다.

10 ③

- (1) 외국납부세액: 6,000,000원

  (2) 한도액: 20,000,000원 × 50,000,000원/200,000,000원 = 5,000,000원

  (3) 외국납부세액 공제액: MIN[(1), (2)] = 5,000,000원

[실무수행과제]

문제 1 거래자료입력

1 [일반전표입력] 1월 5일

(차) 103.보통예금(98000.국민은행)　400,000,000원　　(대) 293.장기차입금(05010.중소기업진흥공단)　400,000,000원

[일반전표입력] 1월 7일

(차) 103.보통예금(98000.국민은행)　100,000,000원　　(대) 104.정부보조금　　100,000,000원

2 [일반전표입력] 2월 15일

(차) 806.퇴직급여　　6,220,000원　　(대) 103.보통예금(98000.국민은행)　　6,220,000원

문제 2 부가가치세관리

1 수정전자세금계산서의 발행

1. [수정세금계산서 발급]

   ① [매입매출전표 입력] 2월 28일 전표 선택 ➜ 수정세금계산서 클릭 ➜ [수정사유] 화면에서 [6.착오에 의한 이중발급 등] 선택 후 확인(Tab) 을 클릭

   ② 수정세금계산서(매출) 화면에서 수정분을 입력한 후 확인(Tab) 클릭

   ③ [매입매출전표입력] 2월 28일

거래유형	품명	공급가액	부가세	거래처	전자세금
11.과세	가죽소파	−16,000,000	−1,600,000	04030.(주)장수산업	전자발행
분개유형	(차) 108.외상매출금	−17,600,000원	(대) 404.제품매출		−16,000,000원
2.외상			255.부가세예수금		−1,600,000원

2. [전자세금계산서 발행 및 내역관리]

   ① 전자세금계산서 발행 및 내역관리 를 클릭하면 수정 전표 1매가 미전송 상태로 나타난다.

   ② 해당내역을 클릭하여 전자세금계산서 발행 및 국세청 전송을 한다.

2 기한 후 신고

1. [매입매출전표 입력]

- 12월 12일

거래유형	품명	공급가액	부가세	거래처	전자세금
11.과세	제품	15,000,000	1,500,000	00101.(주)삼호산업	전자입력
분개유형	(차) 108.외상매출금	16,500,000원	(대) 404.제품매출		15,000,000원
2.외상			255.부가세예수금		1,500,000원

- 12월 15일

거래유형	품명	공급가액	부가세	거래처	전자세금
12.영세	제품	20,000,000	–	00103.(주)대정산업	전자입력
분개유형	(차) 108.외상매출금	20,000,000원	(대) 404.제품매출		20,000,000원
2.외상					

- 12월 16일

거래유형	품명	공급가액	부가세	거래처	전자세금
54.불공	승용차	25,000,000	2,500,000	00347.(주)현대자동차	전자입력
불공제사유	3. 비영업용 소형승용차 구입 및 유지				
분개유형	(차) 208.차량운반구	27,500,000원	(대) 253.미지급금		27,500,000원
3.혼합					

2. [부가가치세신고서] 10월 1일 ~ 12월 31일

1) 2025년 제2기 기한후 부가가치세신고서

구 분			금액	세율	세액
과세표준및매출세액	과세	세금계산서발급분　①	15,000,000	10/100	1,500,000
		매입자발행세금계산서　②		10/100	
		신용카드·현금영수증　③		10/100	
		기타　④		10/100	
	영세	세금계산서발급분　⑤	20,000,000	0/100	
		기타　⑥		0/100	
	예정신고누락분　⑦				
	대손세액가감　⑧				
	합계　⑨		35,000,000	㉮	1,500,000
매입세액	세금계산서수취부분	일반매입　⑩			
		수출기업수입분납부유예　⑩-1			
		고정자산매입　⑪	25,000,000		2,500,000
	예정신고누락분　⑫				
	매입자발행세금계산서　⑬				
	그밖의공제매입세액　⑭				
	합계 (⑩-(⑩-1)+⑪+⑫+⑬+⑭)　⑮		25,000,000		2,500,000
	공제받지못할매입세액　⑯		25,000,000		2,500,000
	차감계 (⑮-⑯)　⑰			㉯	
납부(환급)세액 (㉮매출세액 -㉯매입세액)				㉰	1,500,000

2) 과세표준명세

　　화면상단의 과표(F7) 를 클릭하여 '신고구분'에서 '4.기한후과세표준'을 선택하고, '신고년월일'에 '2025-02-09'을 기입
후 확인 을 클릭하면 부가가치세신고서에 '기한후신고'가 표시된다.

3. 가산세명세

① 세금계산서 지연발급 가산세: 35,000,000원 × 1% = 350,000원
② 신고불성실 가산세(무신고(일반)): 1,500,000원 × 20% × 50% 감면(1개월 이내) = 150,000원
③ 영세율과세표준신고불성실 가산세: 20,000,000원 × 0.5% × 50% 감면(1개월 이내) = 50,000원
④ 납부지연 가산세: 1,500,000원 × 2.2/10,000 × 15일 = 4,950원
⑤ 가산세 합계: 554,950원

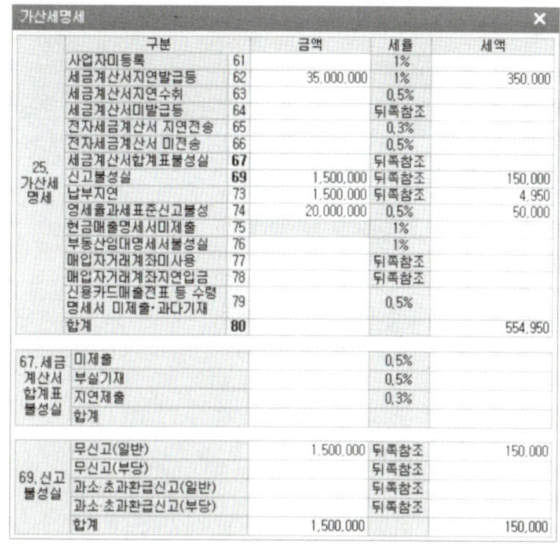

가산세명세

구분		금액	세율	세액
25. 가산세 명세	사업자미등록 61		1%	
	세금계산서지연발급등 62	35,000,000	1%	350,000
	세금계산서지연수취 63		0.5%	
	세금계산서미발급등 64		뒤쪽참조	
	전자세금계산서 지연전송 65		0.3%	
	전자세금계산서 미전송 66		0.5%	
	세금계산서합계표불성실 67		뒤쪽참조	
	신고불성실 69	1,500,000	뒤쪽참조	150,000
	납부지연 73	1,500,000	뒤쪽참조	4,950
	영세율과세표준신고불성 74	20,000,000	0.5%	50,000
	현금매출명세서미제출 75		1%	
	부동산임대명세서불성실 76		1%	
	매입자거래계좌미사용 77		뒤쪽참조	
	매입자거래계좌지연입금 78		뒤쪽참조	
	신용카드매출전표 등 수령 명세서 미제출·과다기재 79		0.5%	
	합계 80			554,950
67.세금 계산서 합계표 불성실	미제출		0.5%	
	부실기재		0.5%	
	지연제출		0.3%	
	합계			
69.신고 불성실	무신고(일반)	1,500,000	뒤쪽참조	150,000
	무신고(부당)		뒤쪽참조	
	과소·초과환급신고(일반)		뒤쪽참조	
	과소·초과환급신고(부당)		뒤쪽참조	
	합계	1,500,000		150,000

문제 3 결산

1 수동결산 및 자동결산

[일반전표입력] 12월 31일

(차) 939.재고자산감모손실   300,000원   (대) 153.원재료   300,000원

(적요: 8.타계정으로 대체액)

[결산자료입력]

– 기말 원재료 6,000,000원, 재공품 9,250,000원, 제품 37,620,000원 입력 후 상단 툴바의 전표추가(F3) 를 클릭하여 결산분개 생성

[이익잉여금처분계산서]

– 이익잉여금처분계산서에서 처분일을 입력한 후, 전표추가(F3) 를 클릭하여 손익대체분개 생성

문제 4 원천징수관리

1 기타소득의 원천징수

– 직무발명보상금 12,000,000원 중 비과세 7,000,000원을 제외한 5,000,000원을 입력한다.

소득 지급 내역

귀속년월	지급년월일	지급총액	필요경비	소득금액	세율(%)	소득세	법인세	지방소득세	농특세	세액계	차인지급액
2025-07	2025-07 25	5,000,000		5,000,000	20.000	1,000,000		100,000		1,100,000	3,900,000

2 원천징수이행상황신고서의 수정신고

1. 사업소득자료입력

소득 지급 내역

귀속년월	지급년월일	지급총액	세율(%)	소득세	지방소득세	세액계	차인지급액
2025-10	2025 10 15	3,500,000	3	105,000	10,500	115,500	3,384,500

2. [원천징수이행상황신고서]
   귀속기간, 지급기간: 2025년 10월~2025년 10월

원천징수내역	부표-거주자	부표-비거주자	부표-법인원천							
구분		코드	소득지급(과세미달,비과세포함)		징수세액				9.당월 조정 환급세액	10.소득세 등 (가산세 포함)	11.농어촌 특별세
			4.인원	5.총지급액	6.소득세 등	7.농어촌특별세	8.가산세			
사업소득	매월징수	A25	1	3,500,000	105,000		3,612			
	연말정산	A26								
	가 감 계	A30	1	3,500,000	105,000		3,612		108,612	

[가산세 계산]
105,000원 × 3% + 105,000원 × 20일 × 2.2/10,000 = 3,612원

문제 5   법인세관리

1 임대보증금 간주익금 조정명세서

1. [2. 임대보증금등의 적수계산]

	⑧일 자	⑨적 요	임대보증금 입금	임대보증금 반환	⑩임대보증금 누계	⑪일수	⑫적수(⑩X⑪)
1	01-01	전기이월	400,000,000		400,000,000	365	146,000,000,000
2							
				계		365	146,000,000,000

2. [3. 건설비 상당액 적수계산]

입력 을 클릭하여 건설비, 건물 연면적, 건물 임대면적을 입력하면 자동으로 일수와 적수가 계산된다.

가.건설비의 안분계산	⑬건설비 총액적수 ((20)의 합계)	⑭임대면적적수 ((24)의 합계)	⑮건물연면적적수 ((28)의 합계)	(16)건설비상당액적수 (⑬*⑭/⑮)
	107,900,000,000	438,000	730,000	64,740,000,000

나.임대면적등 적수계산	건설비 총액적수		일 자	건설비 총액	(18)건설비출액누계	(19)일 수	(20)적수 ((18)X(19))
		1	01-01	290,000,000	290,000,000	160	46,400,000,000
		2	06-10	10,000,000	300,000,000	205	61,500,000,000
		3					
			계			365	107,900,000,000

	건물 연면적 적수		일 자	건물연면적총계	(26)건물연면적누계	(27)일수	(28)적수 ((26)X(27))
		1	01-01	2,000	2,000	365	730,000
		2					
			계			365	730,000

	건물 임대 면적 적수		일 자	입실 면적	퇴실 면적	(22)임대면적 누계	(23)일수	(24)적수 ((22)X(23))
		1	01-01	1,200		1,200	365	438,000
		2						
			계				365	438,000

3. [4. 임대보증금등의 운용수입금액 명세서]

	(29)과 목	(30)계 정 금 액	(31)보증금운용수입금액	(32)기타수입금액	(33)비 고
1	이자수익	3,000,000	800,000	2,200,000	
2	배당금수익	1,100,000	300,000	800,000	
3	단기매매증권처분익	1,600,000	1,000,000	600,000	

4. [1. 임대보증금증의 간주익금 조정] 및 소득금액조정합계표 작성

①임대보증금등 적　　수	②건설비 상당액 적　　수	③보증금잔액 {(①-②)/ 365 }	④이자율 (%)	⑤(③*④) 익금상당액	⑥보증금운용 수　　입	⑦(⑤-⑥) 익금산입금액
146,000,000,000	64,740,000,000	222,630,136	3.1	6,901,534	2,100,000	4,801,534

- 소득금액조정합계표 작성

익금산입	임대보증금 간주익금	4,801,534원	기타사외유출

2 퇴직급여충당금조정명세서

1. [퇴직급여충당금 계정별 잔액조회]

날짜	코드	적요	코드	거래처명	차변	대변	잔액
		전기이월				223,000,000	223,000,000
12/02		퇴직금 지급			20,000,000		203,000,000
12/31		퇴직충당금 당기분전입액				40,000,000	243,000,000
		[월　　　계]			20,000,000	40,000,000	
		[누　　　계]			20,000,000	263,000,000	

2. [퇴직급여충당금조정명세서]

③ 1. 퇴직급여 충당금 조정

영 제60조 제1항에 의한 한도액	1. 퇴직급여 지급대상이 되는 임원 또는 직원에게 지급한 총급여액		2. 설정률	3. 한도액	비고
		460,000,000	5 / 100	23,000,000	

영 제60조 제2항 및 제3항에 의한 한도액	4.장부상 충당금기초잔액	5.확정기여형 퇴직 연금자의 설정전 기계상된 퇴직급여충당금	6.기중 충당금 환입액	7.기초충당금 부인누계액	8.기중 퇴직금 지급액	9. 차감액 (4-5-6-7-8)
	223,000,000			160,000,000		63,000,000
	10.추계액대비설정액 (22X(0%))		11.퇴직금전환금	12. 설정률 감소에 따라 환입을 제외하는 금액 MAX(9-10-11,0)		13.누적한도액 (10-9+11+12)
				63,000,000		

한도초과액 계　　산	14.한도액 (3과 13중 적은금액)		15.회사계상액	16.한도초과액 (15-14)
			40,000,000	40,000,000

① 2. 총급여액 및 퇴직급여추계액 명세　　**② 퇴직급여추계액 명세서**

구 분	17.총급여액		18.퇴직급여 지급대상이 아닌 임원 또는 직원에…		19.퇴직급여 지급대상인 임원 또는 직원에 대한…	
계정명	인원	금액	인원	금액	인원	금액
임금(제)	7	275,000,000			7	275,000,000
급여(판)	3	185,000,000			3	185,000,000
계	10	460,000,000			10	460,000,000

20.기말현재 임원 또는 직원 전원의 퇴…	
인원	금액
10	243,000,000

21. 「근로자퇴직급여보장법」 에 따른…	
인원	금액
10	241,000,000

22.세법상 추계액 MAX(20, 21)
금액
243,000,000

3. [소득금액조정합계표]

손금산입	퇴직급여충당금(퇴직연금지급분)	20,000,000원	유보감소
손금불산입	퇴직급여충당금 한도초과액	40,000,000원	유보발생

3 가지급금 등의 인정이자조정명세서(갑, 을)

1. [2.이자율별 차입금 잔액계산]

금융기관명 : 98001 대한은행 [새로불러오기(현재거래처)] [계정설정] [이자율적용]

No	거래처명		No		일자		차입금	상환액	누적잔액	이자율(%)	잔액적수
1	대한은행		1		2025	01-01	100,000,000		100,000,000	3	3,000,000
2	신한은행		2		2025	07-15		50,000,000	50,000,000	3	1,500,000

금융기관명 : 98004 신한은행 [새로불러오기(현재거래처)] [계정설정] [이자율적용]

No	거래처명		No		일자		차입금	상환액	누적잔액	이자율(%)	잔액적수
1	대한은행		1		2025	05-12	100,000,000		100,000,000	3.5	3,500,000
2	신한은행		2								

2. [3.가지급금, 가수금적수계산]

(1) [가지급금(전체)]

선택 1 [1.가지급금(전체)] [2.가수금] [3.당좌대출이자율] [4.가중평균차입이자]

계정별원장 데이터불러오기

No	직책	성명	G	TV	No	월일	적요	차변	대변	잔액	일수	적수	발생일자
1	대표이사	조정석	0		1	05-17	대여	60,000,000	.	60,000,000	44	2,640,000,000	2025-05-17
2					2	06-30	회수		15,000,000	45,000,000	102	4,590,000,000	2025-06-30
					3	10-10	대여	5,000,000		50,000,000	83	4,150,000,000	2025-10-10

(2) [4.가중평균차입이자]

① 4.가중평균차입이자 TAB에서 [전체인명 불러오기]를 클릭하여 1.가지급금 자료를 불러온다.

② 이자율에 커서를 두고 F2를 눌러 [적용]을 하면 가중평균차입이자율이 자동 반영된다.

구분 3 [1.이자율별 차입금적수 계산] [2.이자율별 차입금 잔액계산] [3.가지급금,가수금적수계산] [4.인정이자계산]

선택 4 [1.가지급금(전체)] [2.가수금] [3.당좌대출이자율] [4.가중평균차입이자]

작업순서 준수(1.가지급금(전체), 2.가수금->4.가중평균차입이자)

No	직책	성명	G	TV	No	대여기간 발생년월일	회수년월일	월일	적요	차변	대변	잔액	일수	가지급금적수	가수금적수	차감적수	이자율(%)	인정이자
1	대표이사	조정석	0	가	1	2025-05-17		05-17	대여	60,000,000		60,000,000	44	2,640,000,000		2,640,000,000	3.25	235,068
2					2	2025-05-17		06-30	회수		15,000,000	45,000,000	185	8,325,000,000		8,325,000,000	3.25	741,267
					3	2025-10-10		10-10	대여	5,000,000		5,000,000	83	415,000,000		415,000,000	3.33333	37,899

3. [4.인정이자계산]

구분 4 [1.이자율별 차입금적수 계산] [2.이자율별 차입금 잔액계산] [3.가지급금,가수금적수계산] [4.인정이자계산]

적용 이자율 선택 (√ 표시)

(11.적용이자율 선택방법
 :적용 이자율에서 선택한 이자율이 11.적용이자율란에 일괄 적용되며 일부 적용되는 이자율은 11.란에서 직접 수정하여 입력합니다.)

▶ 선택 사업연도 시작/ 종료 일자

2025-01-01 ~ 2025-12-31

※ 이자율 "1"을 선택한 경우 반드시 선택 사업 시작/종료 일자를 입력합니다.

☐ 1. 「법인세법 시행령」 제89조 제3항 제2호에 따른 당좌대출이자율
☑ 2. 원칙 : 가중평균차입이자율
☐ 3. 「법인세법 시행령」 제89조제3항제1호에 따라 해당 대여금 또는 차입금만 당좌대출이자율을 적용
☐ 4. 「법인세법 시행령」 제89조제3항제1호의2에 따라 해당 대여금 또는 차입금만 당좌대출이자율을 적용

[당좌대출이자율에 의한 가지급금 등 인정이자 조정] [가중평균차입이자율에 의한 가지급금등 인정이자 조정]

1.성명	2.가지급금적수	3.가수금적수	4.차감적수(2-3)	5.인정이자	6.회사계상액	시가인정범위 7.차액 (5-6)	시가인정범위 8.비율(%) (7/5)*100	9.조정액(9=7) 7>=3억이거나 8>=5%인경우
조정석	11,380,000,000		11,380,000,000	1,014,234	800,000	214,234	21.12273	214,234

4. [소득금액조정합계표]

익금산입	가지급금인정이자(대표이사)	214,234원	상여

4 소득금액조정합계표

손금산입	전기 기부금	3,000,000원	유보감소
익금불산입	단기매매증권평가이익	1,200,000원	유보발생
익금불산입	지방세환급가산금	82,000원	기타
익금불산입	미수이자	700,000원	유보발생
손금불산입	방역수칙 위반 과태료	3,000,000원	기타사외유출
익금산입	자기주식처분이익	7,000,000원	기타
손금불산입	법인세 등	16,731,000원	기타사외유출

5 연구 및 인력개발비 발생명세서

1. [연구 및 인력개발비 발생명세서]

1 해당연도의 연구 및 인력개발비 발생명세

계정과목	자체연구개발비						위탁및공동연구개발비		인력개발비		11.총계
	인건비및사회보험료		재료비 등		기 타		건수	금액	건수	금액	
	인원	금액	건수	금액	건수	금액					
1 경상연구개발	3	80,000,000	17	32,000,000	20	34,000,000					146,000,000
2											
합계(06~13)	3	80,000,000	17	32,000,000	20	34,000,000					146,000,000

2 연구 및 인력개발비의 증가발생액의 계산 **?**

직전 4년간 발생합계액		직전 1년간 발생액		증 가 발 생 액	
13. 계	303,000,000	계	103,000,000	21. (11 - 14)	43,000,000

연구 및 인력개발비의 증가발생액의 계산　✕

직전4년간발생합계액	해 당 기 간 ▶		2024 . 01 . 01 부터	2023 . 01 . 01 부터	2022 . 01 . 01 부터	2021 . 01 . 01 부터
	내 용	금액(14~16) ▼	2024 . 12 . 31 까지	2023 . 12 . 31 까지	2022 . 12 . 31 까지	2021 . 12 . 31 까지
	13. 계	303,000,000	103,000,000	78,000,000	64,000,000	58,000,000

직전1년간발생액	14. 계	103,000,000	조세특례제한법 제 10조 및 조세특례제한법 시행령 제9조 참조 ※ 전년도 계속사업자가 당해 사업연도 중간예납기간의 증가발생액을 계산 하는 경우는 당해년도 6개월 금액을 기준으로 전년도 증가발생액을 환산하여 계산합니다. 사업연도기간 변경의 경우에는 증가발생액을 직접 입력하셔야 합니다.
증가발생금액	21. (11 - 14)	43,000,000	(금액/비용발생연도수(1)) X (해당사업연도월수/12)
직전4년간연평균발생액	18. 계	75,750,000	조세특례제한법 제 10조 및 조세특례제한법 시행령 제9조 참조

※[직전1년의계]금액이 [직전4년간연평균발생액]보다 작을 경우 [증가발생금액]은 반드시 0으로 기입해야 합니다.(전자신고 검증사항)
　-> 메뉴에서 새로 입력하면 자동계산됨

3 공제세액

해당연도 총발생금액공제	중소기업	22. 대상금액(=11) 146,000,000	23. 공제율 25%			24. 공제세액 36,500,000	+ 공제율 (중소기업:50%, 중견기업:40%, 대기업:25,40%)
	중소기업 유예기간 종료이후5년내기업	25. 대상금액(=11)	26.유예기간 종료연도	25.유예기간 종료이후연차	28. 공제율(%)	29. 공제세액	
	중견 기업	30. 대상금액(=11)	31. 공제율 8%			32. 공제세액	
	일반 기업	33. 대상 금액(=11)	공제율 34. 기본율 0%	35. 추가	36. 계	37. 공제세액	
증가 발생 금액 공제		38. 대상 금액(=21) 43,000,000	39.공제율 50%		40.공제세액 21,500,000		
해당연도에 공제받을세액		중소기업 (24와 40 중 선택) 중소기업 유예기간종료이후 5년 내 기업(29과40중 선택) 중견기업(32와 40중 선택) 일반기업(37와 40중 선택)			36,500,000		

2. [세액공제조정명세서(3)]

　① [1.공제세액계산]

　　화면 상단의 '새로불러오기' 버튼을 클릭하면 연구인력개발비 발생명세서에서 계산된 공제대상금액이 연구
　　인력개발비 세액공제(최저한세 적용 제외)에 반영된다.

코드	(101)구　　　　　분	투자금액	(104)공제대상세액
131	중소기업등투자세액공제		
14M	대·중소기업 상생협력을 위한 기금출연 세액공제		
16A	신성장·원천기술 연구개발비세액공제(최저한세 적용제외)	툴바의 [계산내역-F4]를 선택	
10D	국가전략기술 연구개발비세액공제(최저한세 적용제외)	툴바의 [계산내역-F4]를 선택	
16B	일반연구·인력개발비 세액공제(최저한세 적용제외)	툴바의 [계산내역-F4]를 선택	36,500,000
13L	신성장·원천기술 연구개발비세액공제(최저한세 적용대상)	툴바의 [계산내역-F4]를 선택	

　② [2.당기공제세액 및 이월액 계산]

NO	코드	(105)구분	(106)사업년도	요 공제세액 (107)당기분	(108)이월분	당기 공제대상세액 (109)당기분	(110)1차년도	(111)2차년도	(112)3차년도
	16B	일반연구·인력개발비 세액공제(최	2025-12	36,500,000		36,500,000			

3. [공제감면세액 합계표(갑, 을)]

갑 / 을				100		
세액공제	(151)국가전략기술 연구개발비세액공제 (최저한세 적용제외)	조특제법 제10조 제1항제2호	100		
	(152)일반 연구·인력개발비세액공제 (최저한세 적용제외)	조특제법 제10조 제1항제3호	16B	36,500,000	36,500,000
	(153)동업기업 세액공제 배분액(최저한세 적용제외)	조특제법 제100조의18제4항	12O		
	(154)성실신고 확인비용에 대한 세액공제	조특제법 제126조의6	10A		
	(155)상가임대료를 인하한 임대사업자에 대한 세액공제	조특법 제96조의3	10B		
	(156)용역제공자에 관한 과세 자료의 제출에 대한 세액공제	조특법 제104조의32	10C		
			199		
	(157)　　소　　　계		180	36,500,000	36,500,000
	(158)　　합　　　계 (147 + 157)		110	36,500,000	36,500,000

4. [법인세과세표준 및 세액조정계산서]

④납부	120.산　출　세　액(120=119)		75,298,237
	121.최저한세 적용대상 공제감면세액	17	
	122.차　　감　　세　　액	18	75,298,237
	123.최저한세 적용제외 공제감면세액	19	36,500,000
	124.가　　산　　세　　액	20	
	125.가　감　계(122-123+124)	21	38,798,237

실무수행평가

11	12	13	14	15
2,929,937,000원	52,870,000원	20,000,000원	774,000,000원	①
16	17	18	19	20
6	1,500,000원	2,500,000원	1,500,000원	554,950원
21	22	23	24	25
1,000,000원	3,900,000원	105,000원	3,612원	64,740,000,000원
26	27	28	29	30
2,100,000원	4,801,534원	63,000,000원	20,000,000원	40,000,000원
31	32	33	34	35
11,380,000,000원	800,000원	214,234원	7,000,000원	1,900,000원
36	37	38	39	
19,731,000원	146,000,000원	43,000,000원	36,500,000원	

출제예상 모의고사 제4회

[실무이론평가]

1	2	3	4	5	6	7	8	9	10
②	①	③	④	④	②	①	②	②	②

01 ②
- 기업실체의 재무상태, 경영성과, 현금흐름 및 자본변동의 추세 분석과 기업실체 간의 상대적 평가를 위하여 회계정보는 기간별 비교가 가능해야 하고 기업실체 간의 비교가능성도 있어야 한다.

02 ①
- 재고자산을 저가법으로 평가하는 경우 재고자산의 시가는 순실현가능가치를 말한다.
  [순실현가능가치: 공정가치(판매하면 받을 수 있는 금액)에서 판매에 소용되는 비용을 차감한 금액]
- 기말재고 = 900개 × 800원 + 800개 × 700원 = 1,280,000원
  재고자산감모손실(원가성 없음)= (100개 × 900원 + 100개 × 700원) × 80% = 128,000원
  매출원가 = 기초재고 + 당기매입 − 재고자산감모손실 − 기말재고
  　　　　 = 1,500,000원 + 20,000,000원 − 128,000원 − 1,280,000원 = 20,092,000원

03 ③
- 유형자산의 장부금액이 재평가로 인하여 감소된 경우에는 당기손익으로, 증가된 경우에는 기타포괄손익누계액으로 인식한다.

(차) 재평가손실(당기손익)	500,000원	(대) 토지	500,000원
(차) 감가상각누계액	800,000원	(대) 기타포괄손익누계액	1,800,000원
건물	1,000,000원		

04 ④
- 퇴직연금운용사에서 지급한 금액은 대변에 퇴직연금운용자산으로 처리해야 한다.

(차) 퇴직급여충당부채	38,000,000원	(대) 보통예금	8,000,000원
		퇴직연금운용자산	30,000,000원

05 ④
- 부동산 임대업의 경우 그 부동산의 등기부상 소재지를 사업장으로 한다.

06 ②
- ① 영세율이 적용되는 재화 또는 용역 등 일정한 재화나 용역에 한하여 면세포기를 할 수 있다.
  ③ 부가가치세법상 면세포기를 한 이후에는 면세포기를 신고한 날부터 3년간은 면세를 적용받지 못한다.
  ④ 면세포기는 관할세무서장의 승인을 필요로 하지 아니하다.

07 ①
- 15,000,000원(비영업대금이익) + 20,000,000원(주식매수선택권 행사이익) = 35,000,000원
- 원천징수되지 않은 비영업대금의 이익은 무조건 종합과세에 해당한다.
  퇴직 전에 부여받은 주식매수선택권을 퇴직 후에 행사하여 얻은 이익은 기타소득에 해당한다. 비실명 배당소득과 복권 당첨소득은 무조건 분리과세에 해당한다.

08 ②
- 일용근로자의 근로소득에 대한 소득세 계산시 산출세액의 55%에 상당하는 근로소득세액공제를 적용한다.

09 ②
- ①, ③, ④는 소득금액조정합계표에 작성되는 항목이나, ② 일반기부금 한도초과액은 소득금액조정합계표에 작성하지 않고 바로 법인세과세표준 및 세액조정계산서에 기록되는 항목이다.

10 ②

- 환급세액: 전기 산출세액 - (전기 과세표준 - 결손금) × 법인세율
  = 40,000,000원 - (300,000,000원 - 150,000,000원) × 10% = 25,000,000원

  환급세액 한도액: 전기 산출세액 - (전기 세액감면 + 세액공제)
  = 40,000,000원 - (5,000,000원 + 15,000,000원) = 20,000,000원

  최대 환급세액: MIN[25,000,000원, 20,000,000원] = 20,000,000원

[실무수행과제]

문제 1 거래자료입력

1 [매입매출전표입력] 10월 26일

거래유형	품명	공급가액	부가세	거래처	전자세금
51.과세	생산자동화시스템	250,000,000	25,000,000	00132.(주)주영기계	전자입력
분개유형	(차) 206.기계장치　250,000,000원		(대) 103.보통예금		275,000,000원
3.혼합	135.부가세대급금　25,000,000원		(98001.신한은행)		

[일반전표입력] 10월 26일

(차) 104.정부보조금	200,000,000원	(대) 219.정부보조금	200,000,000원

2 [일반전표입력] 4월 30일

(차) 931.이자비용	449,243원	(대) 103.보통예금(98001.신한은행)	300,000원
		292.사채할인발행차금	149,243원

※ 액면이자: 10,000,000원 × 9% × 4/12 = 300,000원
유효이자: 8,984,860원 × 15% × 4/12 = 449,243원
사채할인발행차금상각액: 449,243원 - 300,000원 = 149,243원

문제 2 부가가치세관리

1 수정전자세금계산서의 발행

1. [수정세금계산서 발급]

① [매입매출전표입력] 10월 29일 전표선택 ➜ 수정세금계산서 클릭 ➜ 수정사유(5.내국신용장사후개설)를 선택
　➜ 내국신용장개설일(2025년 11월 15일), 신고년월(2025년 10월)을 입력하고 확인(Tab) 클릭

② 수정세금계산서(매출)화면에서 수량, 단가, 공급가액을 입력한 후 확인(Tab) 클릭

③ 수정세금계산서 2건에 대한 회계처리가 자동 반영된다.
　➜ 당초에 발급한 과세세금계산서의 (-)세금계산서 발급분에 대한 회계처리

거래유형	품명	공급가액	부가세	거래처	전자세금
11.과세	타이어 세트	-18,000,000	-1,800,000	00125.(주)영흠무역	
분개유형	(차) 108.외상매출금　-19,800,000원		(대) 404.제품매출		-18,000,000원
2.외상			255.부가세예수금		-1,800,000원

➔ 수정분 영세율세금계산서 발급분에 대한 회계처리

거래유형	품명	공급가액	부가세	거래처	전자세금
12.영세	타이어 세트	18,000,000		00125.(주)영흠무역	
분개유형	(차) 108.외상매출금	18,000,000원	(대) 404.제품매출		18,000,000원
2.외상					

2. [전자세금계산서 발행 및 내역관리]
 ① 전자세금계산서 발행 및 내역관리 를 클릭하면 수정 전표 2매가 미전송 상태로 나타난다.
 ② 해당내역을 클릭하여 전자세금계산서 발행 및 국세청 전송을 한다.

2 예정신고 누락분의 확정신고 반영

1. [거래자료 입력]
 ※ 전표입력 후 기능모음의 [예정누락]을 클릭하여 [예정신고누락분 신고대상월: 2025년 10월]을 입력한다.

[매입매출전표입력] 8월 1일

거래유형	품명	공급가액	부가세	거래처	전자세금
11.과세	제품	30,000,000	3,000,000	00137.(주)유림상사	전자입력
분개유형	(차) 108.외상매출금	33,000,000원	(대) 404.제품매출		30,000,000원
2.외상			255.부가세예수금		3,000,000원

[매입매출전표입력] 8월 10일

거래유형	품명	공급가액	부가세	거래처	전자세금
17.카과	제품	5,000,000	500,000	00537.(주)지원카센타	
분개유형	(차) 108.외상매출금	5,500,000원	(대) 404.제품매출		5,000,000원
4.카드	(99600.국민카드)		255.부가세예수금		500,000원

[매입매출전표입력] 8월 11일

거래유형	품명	공급가액	부가세	거래처	전자세금
57.카과	소모품	450,000	45,000	00160.(주)예지문구	
분개유형	(차) 172.소모품	450,000원	(대) 253.미지급금		495,000원
4.카드	135.부가세대급금	45,000원	(99601.우리카드)		

[매입매출전표입력] 8월 15일

거래유형	품명	공급가액	부가세	거래처	전자세금
14.건별	제품	80,000	8,000		
분개유형	(차) 101.현금	88,000원	(대) 404.제품매출		80,000원
1.현금			255.부가세예수금		8,000원

2. [부가가치세신고서] 10월 1일 ~ 12월 31일
 1) 예정신고누락분명세

		구분		금액	세율	세액
예정신고누락분명세	매출	과세	세금계산서	33	30,000,000	10/100	3,000,000
			기타	34	5,080,000	10/100	508,000
		영세율	세금계산서	35		0/100	
			기타	36		0/100	
		합계		37	35,080,000		3,508,000
	매입		세금계산서	38			
			그 밖의 공제매입세액	39	450,000		45,000
		합계		40	450,000		45,000

2) 가산세명세

 ① 지연발급 가산세: 30,000,000원 × 1% = 300,000원

 ② 신고불성실가산세: (3,508,000원 − 45,000원) × 10% − 259,725원(75% 감면) = 86,575원

 ③ 납부지연가산세: (3,508,000원 − 45,000원) × 2.2/10,000 × 92일 = 70,091원

 ④ 가산세 합계: 456,666원

가산세명세 ✕

구분		금액	세율	세액
25. 가산세 명세	사업자미등록	61		1%	
	세금계산서지연발급등	62	30,000,000	1%	300,000
	세금계산서지연수취	63		0.5%	
	세금계산서미발급등	64		뒤쪽참조	
	전자세금계산서 지연전송	65		0.3%	
	전자세금계산서 미전송	66		0.5%	
	세금계산서합계표불성실	67		뒤쪽참조	
	신고불성실	69	3,463,000	뒤쪽참조	86,575
	납부지연	73	3,463,000	뒤쪽참조	70,091
	영세율과세표준신고불성	74		0.5%	
	현금매출명세서미제출	75		1%	
	부동산임대명세서불성실	76		1%	
	매입자거래계좌미사용	77		뒤쪽참조	
	매입자거래계좌지연입금	78		뒤쪽참조	
	신용카드매출전표 등 수령명세서 미제출·과다기재	79		0.5%	
	합계	80			456,666
67. 세금계산서합계표불성실	미제출			0.5%	
	부실기재			0.5%	
	지연제출			0.3%	
	합계				
69. 신고불성실	무신고(일반)			뒤쪽참조	
	무신고(부당)			뒤쪽참조	
	과소·초과환급신고(일반)		3,463,000	뒤쪽참조	86,575
	과소·초과환급신고(부당)			뒤쪽참조	
	합계		3,463,000		86,575

문제 3   결산

1 수동결산 및 자동결산

[일반전표입력] 12월 31일

(차) 935.외화환산손실   241,200원   (대) 106.외화예금(98006.기업은행(외화예금))   241,200원

 ※ 외화환산손실: (1,116.60원 − 1,130원) × $18,000 = −241,200원

[결산자료입력]

– 기말 상품 재고액 130,000,000원, 원재료 재고액 80,000,000원, 제품 재고액 32,000,000원을 입력하고 전표추가(F3) 를 클릭하여 결산분개 생성

[이익잉여금처분계산서]

– 이익잉여금처분계산서에서 처분일을 입력한 후, 전표추가(F3) 를 클릭하여 손익대체분개 생성

문제 4   원천징수관리

1 이자/배당소득의 원천징수

◎ 소득 지급 내역

귀속월	지급일자	채권이자구분	이자지급대상기간	금액	세율	소득세	법인세	지방소득세	농특세	세액합계
2025-03	2025-04	10		7,000,000	14.000%	980,000		98,000		1,078,000

※ 귀속월은 2025년 3월(배당결의일)

정답 및 해설

2 퇴직소득의 원천징수

구분	코드	사원명	구분	사유
근로	3041	최상진	퇴직	자말
근로				

	근 무 처 구 분	중간지급 등	최종	정산
퇴직급여현황	(13)근무처명		주)한라타이어[모의고사 4회]	
	(14)사업자등록번호		125-86-74877	
	(15)퇴직급여		25,000,000	25,000,000
	(16)비과세 퇴직급여			
	(17)과세대상퇴직급여((15)-(16))		25,000,000	25,000,000

	구분	(18)입사일	(19)기산일	(20)퇴사일	(21)지급일	(22) 근속월수	(23) 제외월수	(24) 가산월수	(25) 중복월수	(26) 근속연수
근속연수	중간지급 근속연수									
	최종 근속연수	2022-01-01	2022-01-01	2025-02-25		38				4
	정산 근속연수	2022-01-01	2022-01-01	2025-02-25		38				4
안분	2012.12.31이전									
	2013.01.01이후									

납부명세 퇴직세액계산 중간정산내역   [주의] 40번 금액은 계산 산식과 다르면 전자신고시 오류로 검증됩니다.

이연퇴직소득세액계산	(37) 신고대상세액((36))	연금계좌 취급자	사업자 등록번호	계좌번호	입금일	(38)계좌 입금금액	(39) 퇴직급여 ((17))	(40) 이연퇴직소득세 (37)×(38)/(39)
	680,000	국민은행	110-81-75321	105-697805-1-2	2025-02-25	20,000,000	25,000,000	544,000

	구 분	소득세	지방소득세	농어촌특별세	계
납부명세	(42)신고대상세액((36))	680,000	68,000		748,000
	(43)이연퇴직소득세((40))	544,000	54,400		598,400
	(44)차감 원천징수세액((42)-(43))	136,000	13,600		149,600
	(10)확정급여형 퇴직연금 제도가입일 2024-01-01 (11)2011.12.31 퇴직금	영수일자	2025-02-25	신고서 귀속년월	2025-02

문제 5 법인세관리

1 조정후 수입금액명세서

1. [1.업종별 수입금액 명세서]

	①업태	②종목	코드	③기준 (단순)경 비율번호	④계(⑤+⑥+⑦)	⑤국내생산품	⑥수입상품	⑦수 출
						내 수		
1	제조업	남자용개인마출	01	181101	1,836,800,000	1,836,800,000		
2	도매 및 소매업	남녀용 겉옷 및	02	513121	368,000,000	256,000,000		112,000,000

2. [3.수입금액과의 차액내역]

2 부가가치세 과세표준 수입금액 차액검토 상세보기

부가가치세 과세표준		
⑧ 과세(일반)	2,080,800,000
⑨ 과세(영세율)	112,000,000
계	2,192,800,000
⑩ 면 세 수 입 금 액	28,000,000
⑪ 합 계(⑧+⑨+⑩)	2,220,800,000
⑫ 수 입 금 액	2,204,800,000
⑬ 차 액(⑪-⑫)	16,000,000

3 수입금액과의 차액내역 일괄작성

⑮코드	⑯구분(내용)	(16)금액	비고
25	유형자산 및 무형자산 매각	5,000,000	
30	거래 시가차이감액	8,000,000	
22	사업상증여	3,000,000	
50	차액계	16,000,000	

2 선급비용명세서

1. [계정별원장]을 이용한 [임차료] 내역 조회

날짜	코드	적요	코드	거래처명	차변	대변	잔액
07/01		2025.07.01-2026.6.30 공장임차료	00205	하나빌딩(주)	10,000,000		10,000,000
		[월 계]			10,000,000		
		[누 계]			10,000,000		

2. [선급비용명세서] 작성

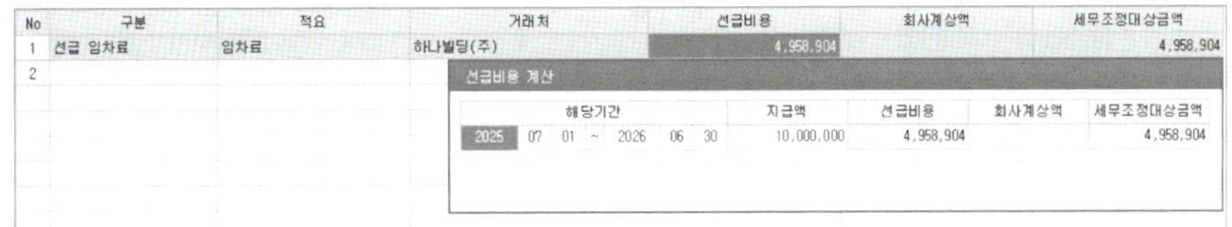

No	구분	적요	거래처	선급비용	회사계상액	세무조정대상금액
1	선급 임차료	임차료	하나빌딩(주)	4,958,904		4,958,904
2						

선급비용 계산

해당기간						지급액	선급비용	회사계상액	세무조정대상금액
2025	07	01	~	2026	06	30	10,000,000	4,958,904		4,958,904

3. 전기분 선급비용의 손금추인

2,000,000원 × 1년/2년 = 1,000,000원

4. 소득금액조정합계표 작성

손금산입	전기분 보험료 선급비용	1,000,000원	유보감소
손금불산입	(제)임차료 선급비용	4,958,904원	유보발생

3 대손충당금 및 대손금조정명세서

1. 자본금과 적립금 조정명세서(을) – 전기 세무조정
– 전기 대손충당금 한도초과액과 당기에 대손요건을 충족한 대손금 부인액도 모두 손금산입 한다.
(손금산입) 전기 대손충당금 한도 초과액 3,000,000원(유보감소)
(손금산입) 전기 대손금 부인액 8,000,000원(유보감소)

2. [2.대손금조정]의 대손처리내역

	22.일자	23.계정과목	24.채권내역	25.대손사유	26.금액	대손충당금			당기손금 계상액		
						27.계	28.시인액	29.부인액	30.계	31.시인액	32.부인액
1	06-16	외상매출금	매출채권	파산	6,000,000	4,000,000	4,000,000		2,000,000	2,000,000	
2	11-19	받을어음	매출채권	부도	7,700,000	5,000,000	5,000,000		2,700,000	2,699,000	1,000

① 6월 16일 대손처리내역
➡ 6월 16일 대손요건을 충족하므로 대손충당금 시인액 4,000,000원과 당기손금 계상액 2,000,000원으로 처리한다.

② 11월 19일 대손처리내역
➡ 부도(부도확정일 2025.5.18) 발생 후 6개월이 경과하였으므로 비망금액 1,000원을 제외한 금액을 대손충당금 시인액 5,000,000원과 당기손금 계상액 2,699,000원으로 처리한다.

3. [1.대손충당금 조정(채권잔액)]에 설정채권 입력

2. 대손충당금 조정 (채권잔액)   비고 사용   크게

	16.계정과목	17.채권잔액의 장부가액	18.기말현재 대손금 부인 누계액	19.합계 (17+18)	20.충당금 설정제외 채권	21.채권잔액 (19 - 20)
1	외상매출금	1,949,380,000		1,949,380,000		1,949,380,000
2	받을어음	160,000,000	1,000	160,001,000		160,001,000
	계	2,109,380,000	1,000	2,109,381,000		2,109,381,000

→ 받을어음 대손금 부인액 1,000원을 설정대상채권에 가산한다.

4. [1.대손충당금 조정(손금 및 익금산입 조정)]에 대손충당금 조정 입력
※ 잔액조회 원장에서 108.외상매출금 ~ 111.대손충당금까지를 조회하여 확인한 후 입력한다.

1. 대손충당금 조정 (손금 및 익금산입 조정)   설정률 수정

손금산입액 조정	1. 채권잔액 (21의 금액)	2.설정률	3.한도액 (1 × 2)	회사계상액			7.한도초과액 (6-3)
				4.당기계상액	5.보충액	6.계	
	2,109,381,000	1 / 100	21,093,810	26,093,800		26,093,800	4,999,990

익금산입액 조정	8.장부상 충당금 기초잔액	9.기중 충당금 환입액	10.충당금 부인 누계액	11.당기대손금 상계액 (27의 금액)	12.당기설정 충당금 보충액	13.환입할금액 (8-9-10-11-12)	14.회사 환입액	15.과소환입 과다환입 (△)(13-14)
	9,000,000		3,000,000	9,000,000		-3,000,000		-3,000,000

5. [소득금액조정합계표]

손금산입	전기 대손충당금 손금추인	3,000,000원	유보감소
손금산입	전기 대손금부인액 손금추인	8,000,000원	유보감소
손금불산입	대손금 부인액(받을어음)	1,000원	유보발생
손금불산입	대손충당금 한도초과	4,999,990원	유보발생

4 가지급금등의 인정이자조정명세서(갑, 을)

1. [2.이자율별 차입금 잔액계산]

금융기관명 : 98001 하나은행 　[새로불러오기(현재거래처)] [계정설정] [이자율적용]

No	거래처명		No	☐	일자		차입금	상환액	누적잔액	이자율(%)	잔액적수
1	하나은행		1	☐	2025	01-01	200,000,000		200,000,000	4	8,000,000
2	국민은행		2	☐	2025	09-10		20,000,000	180,000,000	4	7,200,000
3	대한은행		3	☐							

금융기관명 : 98003 국민은행 　[새로불러오기(현재거래처)] [계정설정] [이자율적용]

No	거래처명		No	☐	일자		차입금	상환액	누적잔액	이자율(%)	잔액적수
1	하나은행		1	☐	2025	03-02	100,000,000		100,000,000	5	5,000,000
2	국민은행		2	☐							
3	대한은행										

금융기관명 : 98002 대한은행 　[새로불러오기(현재거래처)] [계정설정] [이자율적용]

No	거래처명		No	☐	일자		차입금	상환액	누적잔액	이자율(%)	잔액적수
1	하나은행		1	☐	2025	04-10	200,000,000		200,000,000	4.5	9,000,000
2	국민은행		2	☐							
3	대한은행										

2. [3.가지급금, 가수금적수계산] 메뉴

(1) [가지급금(전체)]

선택 [1] [1.가지급금(전체)] [2.가수금] [3.당좌대출이자율] [4.가중평균차입이자]

No	직책	성명	G	TY
1	대표이사	김대표	0	
2	관계회사	(주)대한자	0	
3				

계정별원장 데이터불러오기

No	월일	적요	차변	대변	잔액	일수	적수	발생일자
1	07-02	대여	60,000,000		60,000,000	183	10,980,000,000	2025-07-02
2								

선택 [1] [1.가지급금(전체)] [2.가수금] [3.당좌대출이자율] [4.가중평균차입이자]

No	직책	성명	G	TY
1	대표이사	김대표	0	
2	관계회사	(주)대한자	0	
3				

계정별원장 데이터불러오기

No	월일	적요	차변	대변	잔액	일수	적수	발생일자
1	05-03	대여	50,000,000		50,000,000	243	12,150,000,000	2025-05-03
2								

(2) [4.가중평균차입이자]

① 4.가중평균차입이자 TAB에서 [인명별 불러오기]를 클릭하여 1.가지급금 자료를 불러온다.

② 이자율에 커서를 두고 [F2]를 눌러 [적용]을 하면 가중평균차입이자율이 자동 반영된다.

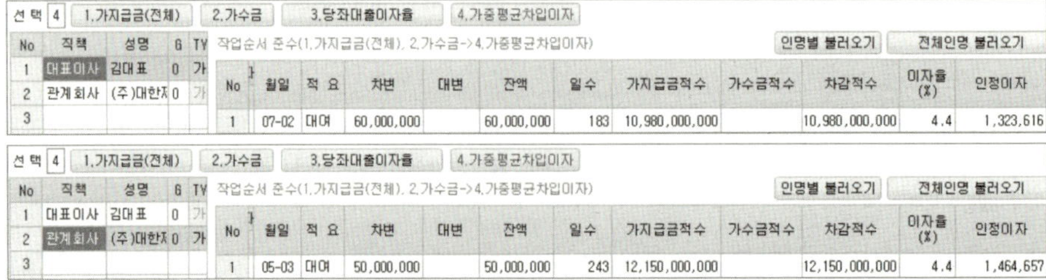

선택 [4] [1.가지급금(전체)] [2.가수금] [3.당좌대출이자율] [4.가중평균차입이자]

작업순서 준수(1.가지급금(전체), 2.가수금->4.가중평균차입이자) 　[인명별 불러오기] [전체인명 불러오기]

No	직책	성명	G	TY
1	대표이사	김대표	0	가
2	관계회사	(주)대한자	0	가
3				

No	월일	적요	차변	대변	잔액	일수	가지급금적수	가수금적수	차감적수	이자율(%)	인정이자
1	07-02	대여	60,000,000		60,000,000	183	10,980,000,000		10,980,000,000	4.4	1,323,616

선택 [4] [1.가지급금(전체)] [2.가수금] [3.당좌대출이자율] [4.가중평균차입이자]

작업순서 준수(1.가지급금(전체), 2.가수금->4.가중평균차입이자) 　[인명별 불러오기] [전체인명 불러오기]

No	직책	성명	G	TY
1	대표이사	김대표	0	가
2	관계회사	(주)대한자	0	가
3				

No	월일	적요	차변	대변	잔액	일수	가지급금적수	가수금적수	차감적수	이자율(%)	인정이자
1	05-03	대여	50,000,000		50,000,000	243	12,150,000,000		12,150,000,000	4.4	1,464,657

3. [4.인정이자계산] 메뉴

1.성명	2.가지급금적수	3.가수금적수	4.차감적수(2-3)	5.인정이자	6.회사계상액	시가인정범위		9.조정액(9=7) 7>=3억이거나 8>=5%인경우
						7.차액 (5-6)	8.비율(%) (7/5)+100	
김대표	10,980,000,000		10,980,000,000	1,323,616		1,323,616	100.00000	1,323,616
(주)대한제:	12,150,000,000		12,150,000,000	1,464,657		1,464,657	100.00000	1,464,657

4. 소득금액조정합계표 작성

익금산입	가지급금인정이자(김대표)	1,323,616원	상여
익금산입	가지급금인정이자((주)대한제국)	1,464,657원	기타사외유출

5 법인세과세표준 및 세액조정계산서

- 2008년 이전 발생한 결손금 5년
  2009년 ~ 2019년 발생한 결손금 10년
  2020년 이후 발생한 결손금 15년
  2005년 발생한 결손금은 공제 불가능하며, 2022년 발생한 이월결손금 15,000,000원 입력
- 중소기업에 대한 특별세액 감면액 11,000,000원 입력
- 연구ㆍ인력개발비공제액 7,000,000원 입력
- 3만원초과 지출증명서류 미수취 가산세: 3,000,000원 × 2% = 60,000원 입력
- 선납세금(136) 계정별 원장에서 중간예납세액 및 원천납부세액을 조회하여 중간예납세액 22,500,000원, 원천징수세액 1,680,000원 입력

① 각사업연도소득계산	101.결산서상당기순손익	01	764,465,300
	소득금액조정금액 102.익금산입	02	187,096,167
	소득금액조정금액 103.손금산입	03	12,000,000
	104.차가감소득금액(101 + 102 - 103)	04	939,561,467
	105.기부금한도초과액	05	
	106.기부금한도초과이월액 손금산입	54	
	107.각사업연도소득금액 (104+105-106)	06	939,561,467
② 과세표준계산	108.각 사 업 연 도 소득금액(108=107)		939,561,467
	109.이월결손금	07	15,000,000
	110.비과세소득	08	
	111.소득공제	09	
	112.과세표준 (108-109-110-111)	10	924,561,467
	159.선박표준이익	55	
③ 산출세액계산	113.과세표준 (113=112+159)	56	924,561,467
	114.세율	11	19%
	115.산출세액	12	155,666,678
	116.지점유보소득(법 제96조)	13	
	117.세율	14	
	118.산출세액	15	
	119.합계(115+118)	16	155,666,678

④ 납부할세액계산	120.산출세액(120=119)		155,666,678
	121.최저한세 적용대상 공제감면세액	17	11,000,000
	122.차감세액	18	144,666,678
	123.최저한세 적용제외 공제감면세액	19	7,000,000
	124.가산세액	20	60,000
	125.가감계(122-123+124)	21	137,726,678
	기납부세액 126.중간예납세액	22	22,500,000
	기납부세액 127.수시부과세액	23	
	기납부세액 128.원천납부세액	24	1,680,000
	기납부세액 129.간접회사등외국납부세액	25	
	130.소계(126+127+128+129)	26	24,180,000
	131.신고납부전가산세액	27	
	132.합계(130+131)	28	24,180,000
	133.감면분추가납부세액	29	
	134.차가감납부할 세액(125-132+133)	30	113,546,678

토지등 양도소득에 대한 법인세 계산(TAB으로 이동)

미환류소득법인세 계산(F3으로 이동)/ 중소기업제외

⑦ 세액계	151.차가감납부할세액계(134+150+166)	46	113,546,678
	152.사실과다른회계처리경정세액공제	57	
	153.분납세액계산범위액	47	113,486,678
	154.분납할세액	48	56,743,339
	155.차감납부세액	49	56,803,339

실무수행평가

11	12	13	14	15
690,443원	3,278,533,510원	20,098,800원	690,810,000원	9,134,103원
16	17	18	19	20
②	5	3,508,000원	45,000원	456,666원
21	22	23	24	25
14%	980,000원	544,000원	748,000원	1,836,800,000원
26	27	28	29	30
256,000,000원	16,000,000원	4,958,904원	1,000,000원	1,000,000원
31	32	33	34	35
4,999,990원	5,000,990원	11,000,000원	10,980,000,000원	1,323,616원
36	37	38	39	
1,464,657원	15,000,000원	①	24,180,000원	

출제예상 모의고사 제5회

[실무이론평가]

1	2	3	4	5	6	7	8	9	10
④	①	②	②	①	②	③	③	②	③

01 ④
- 적시성은 목적적합성의 하위속성이다. 따라서 정보를 적시에 제공하기 위하여 거래가 확정되기 전에 보고하는 경우, 목적적합성은 향상되나 신뢰성은 저하될 수 있다.

02 ①
- 보관중인 재고자산 200,000원 + 매입의사표시를 받지 않은 시송품 10,000원 = 210,000원

03 ②
- 차입금을 취소하고 자본금과 주식발행초과금을 증가시킨다.

04 ②
- 이종자산의 교환으로 유형자산을 취득하는 경우 유형자산의 취득원가는 교환을 위하여 제공한 자산의 공정가치에 현금지급액은 가산하고 현금수취액은 차감하여 계산한다.

- (주)한공이 제공한 자산의 공정가치는 500,000원이고 현금수취액이 80,000원이 있으므로 차량운반구의 취득원가는 420,000원이 된다. 따라서 (주)한공의 회계처리는 다음과 같다.

(차) 감가상각누계액	1,600,000원	(대) 기계장치	2,000,000원
차량운반구	420,000원	유형자산처분이익	100,000원
현금	80,000원		

05 ①
- ② 납세의무자가 재화의 수입에 대하여「관세법」에 따라 관세를 세관장에게 신고하고 납부하는 경우에는 재화의 수입에 대한 부가가치세를 함께 신고하고 납부하여야 한다.
- ③ 영세율을 적용받는 경우에는 조기환급을 받을 수 있다.
- ④ 사업자는 각 과세기간에 대한 과세표준과 세액을 그 과세기간이 끝난 후 25일 이내에 납세지 관할 세무서장에게 신고·납부하여야 한다.

06 ②
- 10,000,000원(외상판매액) + 15,000,000원(승용차 매각대금) + 6,000,000(부산물 매각대금) = 31,000,000원
- 하치장 반출은 재화의 공급에 해당하지 않는다.
  거래처에 자금을 대여하고 받은 이자는 재화의 공급에 해당하지 않는다.

07 ③
- 변호사업을 영위하는 사업자는 단순경비율 적용대상자에 포함되지 아니한다.

08 ③
- 50,000,000원 + 3,000,000원 - 10,000,000원 - 2,000,000원 = 41,000,000원
- 교통사고벌과금은 필요경비에 산입하지 않는다.
  외국법인으로부터 받은 배당금은 배당소득에 해당한다.
  토지처분이익은 양도소득에 해당한다.
  사업과 관련된 자산수증이익은 총수입금액에 해당하므로 별도의 조정을 하지 않는다.

09 ②
- ① 자산의 위탁매매는 수탁자가 그 위탁자산을 매매한 날이다.
  ③ 부동산의 판매는 대금청산일, 소유권이전등기일(등록일), 인도일 또는 사용수익일 중 빠른 날이다.
  ④ 법인세법에서 배당소득의 귀속시기는 소득세법의 수입시기를 따르며, 소득세법에서 잉여금의 처분에 따른 배당은 해당 법인의 잉여금처분결의일이 귀속시기이다.

10 ③
- 10,000,000원 + 3,000,000원 + 2,000,000원 = 15,000,000원
- 자기주식처분이익은 익금산입으로, 법인세비용은 손금불산입으로 세무조정을 하여 각사업연도소득금액을 계산한다.
- 익금항목인 재산세환급액이 수익으로 계상되었으므로 세무조정을 하지 않는다.

[실무수행과제]

문제 1 거래자료입력

1 [일반전표입력] 3월 31일

(차)	198.퇴직연금운용자산(98500.신한생명)	21,780,000원	(대)	103.보통예금(98300.국민은행)	22,000,000원
	531.수수료비용(제)	100,000원			
	831.수수료비용(판)	120,000원			

2 [일반전표입력] 1월 1일

(차)	206.기계장치	2,486,850원	(대)	315.금융리스미지급금(01144.대한리스(주))	2,486,850원

[일반전표입력] 12월 31일

(차)	315.금융리스미지급금(01144.대한리스(주))	751,315원	(대)	103.보통예금(98300.국민은행)	1,000,000원
	931.이자비용	248,685원			

문제 2 부가가치세관리

1 수정전자세금계산의 발행

1. [수정세금계산서 발급]
   ① [매입매출전표입력] 3월 2일 전표 선택 ➜ 수정세금계산서 ➜ [수정사유] 화면에서
   [1.기재사항 착오정정]을 선택 ➜ [기재사항착오항목] ➜ 1.공급가액 및 세액 입력 ➜ 확인(Tab) 클릭

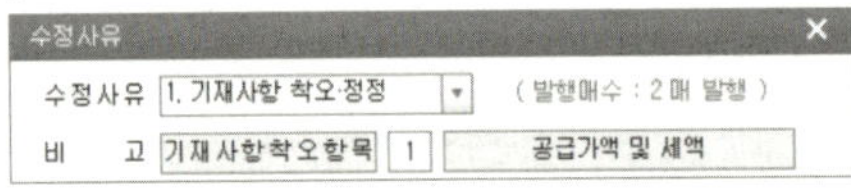

   ② [수정세금계산서(매출)]화면에서 [유형: 과세], [품명: 유리], [공급가액 30,000,000] 입력 후 확인(Tab) 클릭

③ 수정세금계산서 2건이 입력되는 것을 확인

거래유형	품명	공급가액	부가세	거래처	전자세금
12.영세	유리	−30,000,000		01501.(주)예빈건설	
분개유형 2.외상	(차) 108.외상매출금　−30,000,000원			(대) 404.제품매출　−30,000,000원	

거래유형	품명	공급가액	부가세	거래처	전자세금
11.과세	유리	30,000,000	3,000,000	01501.(주)예빈건설	
분개유형 2.외상	(차) 108.외상매출금　33,000,000원			(대) 404.제품매출　30,000,000원 255.부가세예수금　3,000,000원	

2. [전자세금계산서 발행 및 내역관리]

① 전자세금계산서 발행 및 내역관리 를 클릭하면 수정 전표 2매가 미전송 상태로 나타난다.

② 해당내역을 클릭하여 전자세금계산서 발행 및 국세청 전송을 한다.

2 확정신고 누락분의 수정신고서 작성

1. [매입매출전표입력]

– 5월 20일

거래유형	품명	공급가액	부가세	거래처	전자세금
12.영세	제품	42,500,000	0	01258.(주)은수산업	전자입력
분개유형 2.외상	(차) 108.외상매출금　42,500,000원			(대) 404.제품매출　42,500,000원	

– 6월 22일

거래유형	품명	공급가액	부가세	거래처	전자세금
11.과세	제품	25,000,000	2,500,000	01379.(주)동희인테리어	전자입력
분개유형 2.외상	(차) 108.외상매출금　27,500,000원			(대) 404.제품매출　25,000,000원 255.부가세예수금　2,500,000원	

– 6월 25일

거래유형	품명	공급가액	부가세	거래처	전자세금
51.과세	기계장치	20,000,000	2,000,000	01415.(주)나현기계	전자입력
분개유형 3.혼합	(차) 206.기계장치　20,000,000원 135.부가세대급금　2,000,000원			(대) 253.미지급금　22,000,000원	

– 6월 30일

거래유형	품명	공급가액	부가세	거래처	전자세금
17.카과	제품	2,000,000	200,000	03300.정해인	
분개유형 4.카드	(차) 108.외상매출금　2,200,000원 (99610.현대카드)			(대) 404.제품매출　2,000,000원 255.부가세예수금　200,000원	

2. [부가가치세신고서] 4월 1일 ~ 6월 30일(수정차수 1)

	구 분			수정전 금액	세율	세액	No	수정후 금액	세율	세액
과세표준및매출세액	과세	세금계산서발급분	1	50,000,000	10/100	5,000,000	1	75,000,000	10/100	7,500,000
		매입자발행세금계산서	2		10/100		2		10/100	
		신용카드.현금영수증	3		10/100		3	2,000,000	10/100	200,000
		기타	4		10/100		4		10/100	
	영세	세금계산서발급분	5		0/100		5	42,500,000	0/100	
		기타	6		0/100		6		0/100	
	예정신고누락분		7				7			
	대손세액가감		8				8			
	합계		9	50,000,000	㉑	5,000,000	9	119,500,000	㉑	7,700,000
매입세액	세금계산수취부분	일반매입	10	40,000,000		4,000,000	10	40,000,000		4,000,000
		수출기업수입분납부유예	10-1				10-1			
		고정자산매입	11				11	20,000,000		2,000,000
	예정신고누락분		12				12			
	매입자발행세금계산서		13				13			
	그밖의공제매입세액		14				14			
	합계 (10-(10-1)+11+12+13+14)		15	40,000,000		4,000,000	15	60,000,000		6,000,000
	공제받지못할매입세액		16				16			
	차감계 (15-16)		17	40,000,000	㉯	4,000,000	17	60,000,000	㉯	6,000,000
납부(환급)세액 (㉑매출세액 -㉯매입세액)					㉰	1,000,000			㉰	1,700,000
경감공제세액	그밖의경감·공제세액		18				18			
	신용카드매출전표등발행공제계		19		[참고]		19	2,200,000	[참고]	
	합계		20		㉱		20	2,200,000	㉱	
소규모 개인사업자 부가가치세 감면세액			20-1		㉲		20-1		㉲	
예정신고미환급세액			21		㉳		21		㉳	
예정고지세액			22		㉴		22		㉴	
사업양수자가 대리납부한 세액			23		㉵		23		㉵	
매입자납부특례에따라납부한세액			24		㉶		24		㉶	
신용카드업자가 대리납부한 세액			25		㉷		25		㉷	
가산세액계			26		㉸		26		㉸	454,636
차가감납부할세액(환급받을세액) (㉰-㉱-㉲-㉳-㉴-㉵-㉶-㉷+㉸)			27	1,000,000			27			2,154,636
총괄납부사업자 납부할세액 (환급받을세액)										

3. [가산세명세]

가산세명세

수정전	구분		금액	세율	세액	수정후 구분		금액	세율	세액
25 가산세명세	사업자미등록	61		1%		사업자미등록	61		1%	
	세금계산서지연발급등	62		1%		세금계산서지연발급등	62	42,500,000	1%	425,000
	세금계산서지연수취	63		0.5%		세금계산서지연수취	63		0.5%	
	세금계산서미발급등	64		뒤쪽참조		세금계산서미발급등	64		뒤쪽참조	
	전자세금계산서 지연전송	65		0.3%		전자세금계산서 지연전송	65		0.3%	
	전자세금계산서 미전송	66		0.5%		전자세금계산서 미전송	66		0.5%	
	세금계산서합계표불성실	67		뒤쪽참조		세금계산서합계표불성실	67		뒤쪽참조	
	신고불성실	69		뒤쪽참조		신고불성실	69	700,000	뒤쪽참조	7,000
	납부지연	73		뒤쪽참조		납부지연	73	700,000	뒤쪽참조	1,386
	영세율과세표준신고불성	74		0.5%		영세율과세표준신고불성	74	42,500,000	0.5%	21,250
	현금매출명세서미제출	75		1%		현금매출명세서미제출	75		1%	
	부동산임대명세서불성실	76		1%		부동산임대명세서불성실	76		1%	
	매입자거래계좌미사용	77		뒤쪽참조		매입자거래계좌미사용	77		뒤쪽참조	
	매입자거래계좌지연입금	78		뒤쪽참조		매입자거래계좌지연입금	78		뒤쪽참조	
	신용카드매출전표 등 수령 명세서 미제출·과다기재	79		0.5%		신용카드매출전표 등 수령 명세서 미제출·과다기재	79		0.5%	
	합계	80				합계	80			454,636

67. 세금계산서합계표불성실	미제출		0.5%		67. 세금계산서합계표불성실	미제출		0.5%	
	부실기재		0.3%			부실기재		0.5%	
	지연제출		0.5%			지연제출		0.3%	
	합계					합계			

69. 신고불성실	무신고(일반)		뒤쪽참조		69. 신고불성실	무신고(일반)		뒤쪽참조	
	무신고(부당)		뒤쪽참조			무신고(부당)		뒤쪽참조	
	과소·초과환급신고(일반)		뒤쪽참조			과소·초과환급신고(일반)	700,000	뒤쪽참조	7,000
	과소·초과환급신고(부당)		뒤쪽참조			과소·초과환급신고(부당)		뒤쪽참조	
	합계					합계	700,000		7,000

① 세금계산서 지연발급 가산세: 42,500,000원 × 1% = 425,000원

② 신고불성실 가산세(일반과소신고):

700,000원 × 10% − 63,000원(90% 감면, 1개월 이내) = 7,000원

③ 납부지연가산세: 700,000원 × 2.2/10,000 × 9일 = 1,386원

④ 영세율과세표준 신고불성실 가산세:

42,500,000원 × 0.5% = −191,250원(90% 감면, 1개월 이내) = 21,250원

⑤ 가산세 합계: 454,636원

문제 3 결산

1 수동결산 및 자동결산

[결산자료 입력]

1. 퇴직급여(전입액)란 제조: 4,000,000원, 판매관리비: 9,000,000원 입력
   ※ 추가설정액: 퇴직급여추계액 52,000,000원 − 퇴직급여충당부채 잔액 39,000,000원 = 13,000,000원
   　　생산부 추가설정액: 퇴직급여추계액 16,000,000원 − 퇴직급여충당부채 잔액 12,000,000원 = 4,000,000원
   　　관리부 추가설정액: 퇴직급여추계액 36,000,000원 − 퇴직급여충당부채 잔액 27,000,000원 = 9,000,000원

2. 기말 상품 재고액 54,500,000원, 원재료 재고액 41,000,000원, 제품 재고액 66,000,000원을 입력하고
   전표추가(F3) 를 클릭하여 결산분개 생성

[이익잉여금처분계산서]

　– 이익잉여금처분계산서에서 처분일을 입력한 후, 전표추가(F3) 를 클릭하여 손익대체분개 생성

문제 4 원천징수관리

1 사업소득

1. [사업소득자입력]

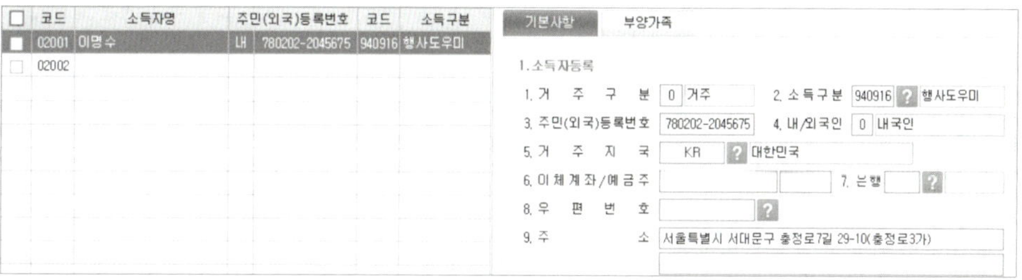

2. [사업소득자료입력]

◉ 소득 지급 내역

귀속년월	지급년월일	지급총액	세율(%)	소득세	지방소득세	세액계	차인지급액
2025-08	2025 08 20	3,000,000	3	90,000	9,000	99,000	2,901,000

2 원천징수이행상황신고서의 수정신고

1. [이자배당소득자료입력] 조회

◉ 소득 지급 내역

귀속월	지급일자	채권이자구분	이자지급대상기간	금액	세율	소득세	법인세	지방소득세
2025-09	2025-09 30	99 채권등의 이자등을 지급	2025-09-01 2025-09-30	2,000,000	25.000%		500,000	50,000

2. [원천징수이행상황신고서]
   [부표–법인원천 탭]

귀속기간	2025 년 09 월 ~ 2025 년 09 월	지급기간	2025 년 09 월 ~ 2025 년 09 월	1.정기수정신고	수정차수 1

	구분		코드	소득지급		징수세액			당월 조정 환급 세액	소득세 등 (가산세 포합)	농어촌 특별세
				인원	총지급액	소득세 등	농어촌특별세	가산세			
내국법인	이 자	14%	C71								
			C71								
	투자신탁의 이익	14%	C72								
			C72								
	신탁재산 분배	14%	C73								
			C73								
	신탁업자 징수분	14%	C74								
			C74								
	비영업대금의 이익(25%)		C75								
			C75		2,000,000	500,000		17,310		517,310	

- 총지급액, 소득세, 가산세를 입력한다.
- 원천징수납부지연가산세: (500,000원 × 3%) + (500,000원 × 21일 × 2.2/10,000) = 17,310원

[원천징수내역 탭]

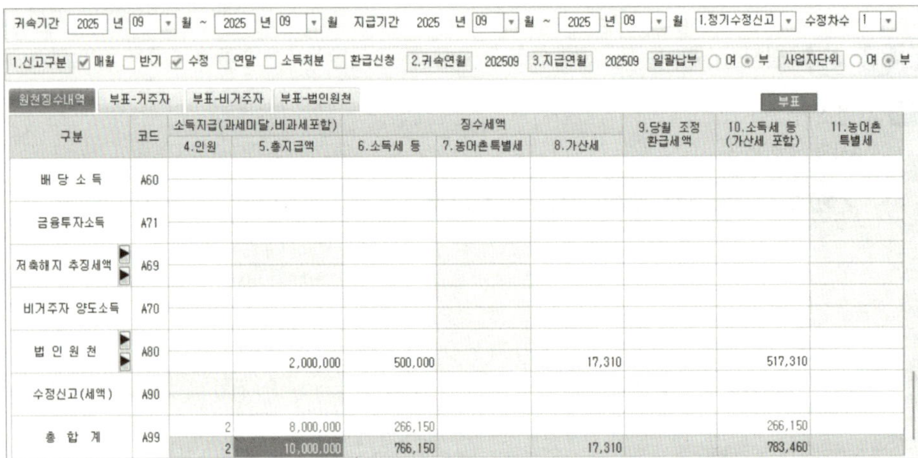

구분	코드	소득지급(과세미달,비과세포합)		징수세액			9.당월 조정 환급세액	10.소득세 등 (가산세 포함)	11.농어촌 특별세
		4.인원	5.총지급액	6.소득세 등	7.농어촌특별세	8.가산세			
배 당 소 득	A60								
금융투자소득	A71								
저축해지 추징세액	A69								
비거주자 양도소득	A70								
법 인 원 천	A80		2,000,000	500,000		17,310		517,310	
수정신고(세액)	A90								
총 합 계	A99	2	8,000,000	266,150				266,150	
		2	10,000,000	766,150		17,310		783,460	

문제 5 법인세관리

1 임대보증금 간주익금 조정명세서

1. [2. 임대보증금등의 적수계산]
   - 임대보증금에 대한 적수계산을 한다.

	⑧일 자	⑨적 요	임대보증금 입금	임대보증금 반환	⑩임대보증금 누계	⑪일수	⑫적수(⑩X⑪)
1	01-01	전기이월	600,000,000		600,000,000	365	219,000,000,000
2							
		계				365	219,000,000,000

2. [3. 건설비 상당액 적수계산]
   - ▢ 입력 ▢ 을 클릭하여 건설비, 건물 연면적, 건물 임대면적을 입력하면 자동으로 일수와 적수가 계산된다.

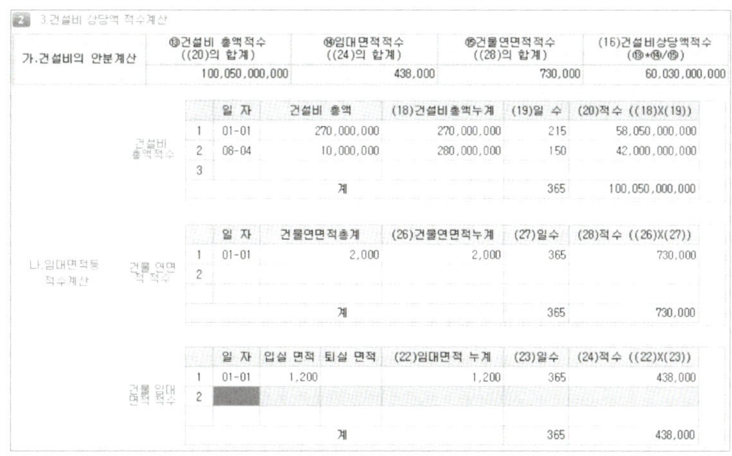

2. 3.건설비 상당액 적수계산						
가.건설비의 안분계산	⑬건설비 출액적수 ((20)의 합계)		⑭임대면적적수 ((24)의 합계)	⑮건물연면적적수 ((28)의 합계)	(16)건설비상당액적수 (⑬*⑭/⑮)	
	100,050,000,000		438,000	730,000	60,030,000,000	

		일 자	건설비 출액	(18)건설비출액누계	(19)일 수	(20)적수 ((18)X(19))
건설비 출액적수	1	01-01	270,000,000	270,000,000	215	58,050,000,000
	2	08-04	10,000,000	280,000,000	150	42,000,000,000
	3					
		계			365	100,050,000,000

		일 자	건물연면적총계	(26)건물연면적누계	(27)일수	(28)적수 ((26)X(27))
나.임대면적등 적수계산 / 건물연면적적수	1	01-01	2,000	2,000	365	730,000
	2					
		계			365	730,000

		일 자	입실 면적	퇴실 면적	(22)임대면적 누계	(23)일수	(24)적수 ((22)X(23))
건물임대면적적수	1	01-01	1,200		1,200	365	438,000
	2						
		계				365	438,000

3. [4. 임대보증금등의 운용수입금액 명세서]

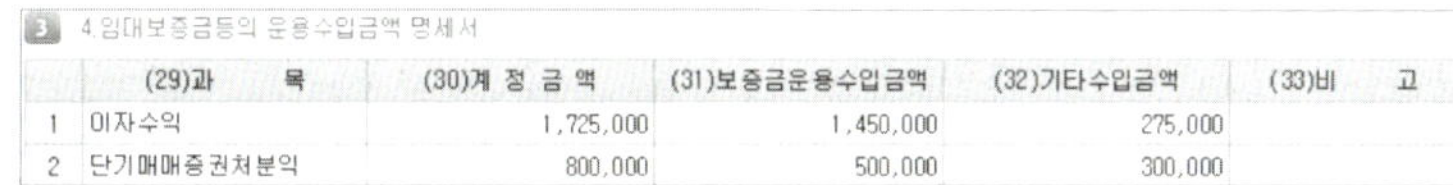

	(29)과　목	(30)계 정 금 액	(31)보증금운용수입금액	(32)기타수입금액	(33)비　고
1	이자수익	1,725,000	1,450,000	275,000	
2	단기매매증권처분익	800,000	500,000	300,000	

4. [1. 임대보증금증의 간주익금 조정] 및 소득금액조정합계표 작성

1.임대보증금등의 간주익금 조정　　보증금 잔액 재계산　　보증금적수계산 일수 수정

①임대보증금등 적　수	②건설비 상당액 적　수	③보증금잔액 {(①-②)/ 365 }	④이자율 (%)	⑤(③*④) 익금상당액	⑥보증금운용 수　입	⑦(⑤-⑥) 익금산입금액
219,000,000,000	60,030,000,000	435,534,246	3.1	13,501,561	1,950,000	11,551,561

– 소득금액조정합계표 작성

익금산입	임대보증금 간주익금	11,551,561원	기타사외유출

2 세금과공과금 명세서

1. [계정별원장 불러오기]를 이용한 손금불산입 항목 표기
   - [계정별원장 불러오기]키를 이용하여 해당계정 데이터를 기장된 내역에서 불러온 후 [손금불산입만 별도 표기하기] 키를 클릭하여 화면우측의 비고란에서 손금불산입할 항목만 선택한다.

No	①과목	②일자	③적요	④지급처	⑤금액	비고
1	세금과공과금(제)	01-10	자동차세	구청	215,000	
2	세금과공과금(판)	01-30	인지세	구청	50,000	
3	세금과공과금(판)	03-14	면허세	구청	124,500	
4	세금과공과금(판)	03-14	장애인전용주차지역위반과태료	경찰청	150,000	손금불산입
5	세금과공과금(판)	03-30	지방소득세(법인세분)	구청	3,200,000	손금불산입
6	세금과공과금(제)	06-30	재산세(공장토지)	구청	3,150,000	
7	세금과공과금(제)	06-30	재산세(공장건물)	구청	1,275,300	
8	세금과공과금(판)	06-30	재산세(본사건물)	구청	2,120,000	
9	세금과공과금(판)	06-30	재산세(본사토지)	구청	1,375,000	
10	세금과공과금(판)	07-02	주식유상증자비용(등록면허세)	구청	1,257,800	손금불산입
11	세금과공과금(제)	08-02	산재보험료 가산금	고용보험센터	125,000	손금불산입
12	세금과공과금(제)	08-02	산재보험료 연체금	고용보험센터	111,000	
13	세금과공과금(판)	11-30	건물재산세(대주주 김소영 소유분)	구청	348,900	손금불산입
14	세금과공과금(판)	12-31	자동차세	구청	132,700	
15						
			손 금 불 산 입 계		5,081,700	
			계		13,635,200	

2. [소득금액조정합계표]

손금불산입	장애인전용주차지역위반과태료	150,000원	기타사외유출
손금불산입	지방소득세(법인세분)	3,200,000원	기타사외유출
손금불산입	주식유상증자비용(등록면허세)	1,257,800원	기타
손금불산입	산재보험료 가산금	125,000원	기타사외유출
손금불산입	건물재산세(대주주 김소영 소유분)	348,900원	배당

3 퇴직연금부담금 조정명세서

1. [계정별원장]을 이용한 [퇴직연금운용자산]내역 조회

날짜	코드	적요	코드	거래처명	차변	대변	잔액
		전기이월			57,000,000		57,000,000
05/07		퇴직금 지급				30,000,000	27,000,000
		[월 계]				30,000,000	
		[누 계]			57,000,000	30,000,000	
12/31		퇴직연금 불입		삼성연금화재	87,500,000		114,500,000
		[월 계]			87,500,000		
		[누 계]			144,500,000	30,000,000	

2. [퇴직급여충당금조정명세서]의 퇴직급여충당금조정내역 조회

3 1. 퇴직급여 충당금 조정

영 제60조 제1항에 의한 한도액	1. 퇴직급여 지급대상이 되는 임원 또는 직원에게 지급한 총급여액		2. 설정률	3. 한도액	비고
		796,250,000	5 / 100	39,812,500	

영 제60조 제2항 및 제3항에 의한 한도액	4.장부상 충당금기초잔액	5.확정기여형 퇴직연금자의 설정전 기계상된 퇴직급여충당금	6.기중 충당금 환입액	7.기초충당금 부인누계액	8.기중 퇴직금 지급액	9.차감액 (4-5-6-7-8)
	395,212,500			184,435,650	5,000,000	205,776,850

	10.추계액대비설정액 (22X(0%))		11.퇴직금전환금	12.설정률 감소에 따라 환입을 제외하는 금액 MAX(9-10-11,0)	13.누적한도액 (10-9+11+12)
				205,776,850	

한도초과액 계 산	14.한도액 (3과 13중 적은금액)		15.회사계상액	16.한도초과액 (15-14)
			175,444,880	175,444,880

1 2. 총급여액 및 퇴직급여추계액 명세   **2 퇴직급여추계액 명세서**

구 분	17.총급여액		18.퇴직급여 지급대상이 아닌 임원 또는 직원에…		19.퇴직급여 지급대상인 임원 또는 직원에 대한…		20.기말현재 임원 또는 직원 전원의 퇴…	
계정명	인원	금액	인원	금액	인원	금액	인원	금액
임금(제)	11	526,400,000			11	526,400,000	15	535,657,300
직원급여(판)	4	269,850,000			4	269,850,000		
계	15	796,250,000			15	796,250,000		

21. 「근로자퇴직급여보장법」에 따른…

인원	금액
15	535,657,300

22.세법상 추계액 MAX(20, 21)

금액
535,657,300

3. [퇴직연금부담금 조정명세서]의 작성

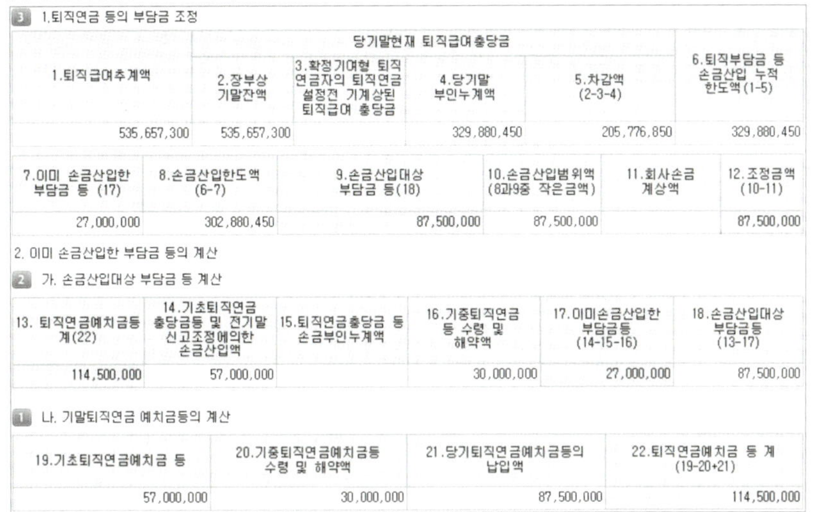

1. 퇴직연금 등의 부담금 조정

1.퇴직급여추계액	당기말현재 퇴직급여충당금				6.퇴직부담금 등 손금산입 누적 한도액(1-5)
	2.장부상 기말잔액	3.확정기여형 퇴직연금자의 퇴직연금 설정전 기계상된 퇴직급여 충당금	4.당기말 부인누계액	5.차감액 (2-3-4)	
535,657,300	535,657,300		329,880,450	205,776,850	329,880,450

7.이미 손금산입한 부담금 등 (17)	8.손금산입한도액 (6-7)	9.손금산입대상 부담금 등(18)	10.손금산입범위액 (8과9중 작은금액)	11.회사손금 계상액	12.조정금액 (10-11)
27,000,000	302,880,450	87,500,000	87,500,000		87,500,000

2. 이미 손금산입한 부담금 등의 계산

가. 손금산입대상 부담금 등 계산

13. 퇴직연금예치금등 계(22)	14.기초퇴직연금 충당금등 및 전기말 신고조정에의한 손금산입액	15.퇴직연금충당금 등 손금부인누계액	16.기중퇴직연금 등 수령 및 해약액	17.이미손금산입한 부담금등 (14-15-16)	18.손금산입대상 부담금등 (13-17)
114,500,000	57,000,000		30,000,000	27,000,000	87,500,000

나. 기말퇴직연금 예치금등의 계산

19.기초퇴직연금예치금 등	20.기중퇴직연금예치금등 수령 및 해약액	21.당기퇴직연금예치금등의 납입액	22.퇴직연금예치금 등 계 (19-20+21)
57,000,000	30,000,000	87,500,000	114,500,000

- 상단 툴바의 '새로불러오기'를 클릭하여 퇴직급여충당금조정명세서의 내용을 반영하며, [4.당기말부인누계액]란에 329,880,450원(184,435,650원 - 30,000,000원 + 175,444,800원)을 입력한다.

4. [소득금액조정합계표]

손금불산입	퇴직연금지급액	30,000,000원	유보감소
손금산입	퇴직연금불입액	87,500,000원	유부발생

4 소득금액조정합계표

[소득금액조정합계표]

손금산입	기계장치	1,200,000원	유보감소
손금산입	매도가능증권평가손실	3,000,000원	기타
익금산입	매도가능증권	3,000,000원	유보발생
익금산입	자기주식처분이익	5,000,000원	기타
손금불산입	토지 취득세	1,200,000원	유보발생

5 기부금 조정명세서

1. [기부금명세서]

1. 기부금 명세서　계정별 원장 데이터 불러오기　구분만 별도 입력하기　구분별 정렬　월별로 전환

	1.유형	코드	3.과 목	일자	5.적 요	6.법인명등	7.사업자번호	8.금액
1	기타	50	기부금	2 28	향우회비(대표자 개인적인	재경해남향우회		1,500,000
2	특례	10	기부금	4 30	(특례)국군장병 위로금	육군본부		6,000,000
3	특례	10	기부금	6 30	(특례)수재 민돕기	재난방지처		3,200,000
4	기타	50	기부금	8 31	종친회 기부금(대표자 개'	종친회		2,000,000
5	일반	40	기부금	10 31	(일반)불우이웃돕기성금	KBS		5,000,000
6	특례	10	기부금	12 29	(특례)사립대학교기부	한국대학교		10,000,000

2. 기타기부금의 [소득금액조정합계표] 반영

| 손금불산입 | 기타기부금(향우회 기부금) | 1,500,000원 | 상여 |
| 손금불산입 | 기타기부금(종친회 기부금) | 2,000,000원 | 상여 |

3. [기부금 조정명세서] 작성

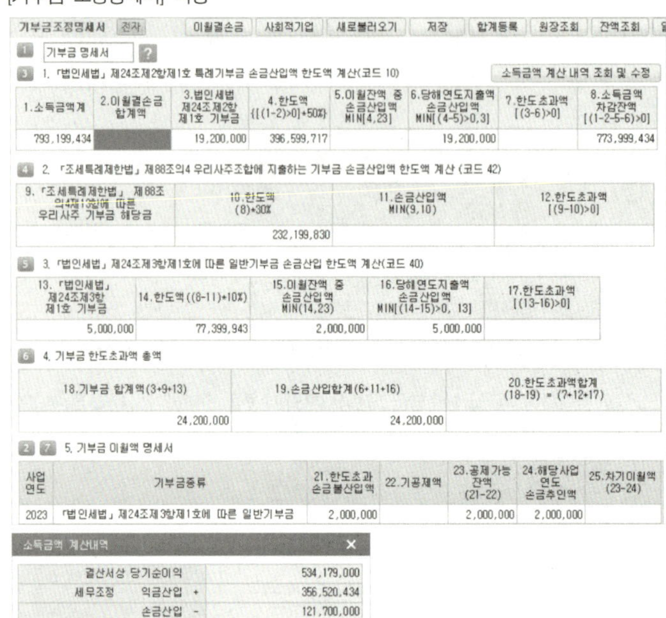

기부금조정명세서 전자 | 이월결손금 | 사회적기업 | 새로불러오기 | 저장 | 합계등록 | 원장조회 | 잔액조회

1 기부금 명세서 ?

3 1. 「법인세법」 제24조제2항제1호 특례기부금 손금산입액 한도액 계산(코드 10)   소득금액 계산 내역 조회 및 수정

1.소득금액계	2.이월결손금 합계액	3.법인세법 제24조제2항 제1호 기부금	4.한도액 {[(1-2)>0]+50%}	5.이월잔액 중 손금산입액 MIN[4,23]	6.당해연도지출액 손금산입액 MIN[(4-5)>0,3]	7.한도초과액 [(3-6)>0]	8.소득금액 차감잔액 [(1-2-5-6)>0]
793,199,434		19,200,000	396,599,717		19,200,000		773,999,434

4 2. 「조세특례제한법」 제88조의4 우리사주조합에 지출하는 기부금 손금산입액 한도액 계산 (코드 42)

9. 「조세특례제한법」 제88조 의4제13항에 따른 우리사주 기부금 해당금	10.한도액 (8)*30%	11.손금산입액 MIN(9,10)	12.한도초과액 [(9-10)>0]
	232,199,830		

5 3. 「법인세법」 제24조제3항제1호에 따른 일반기부금 손금산입 한도액 계산(코드 40)

13. 「법인세법」 제24조제3항 제1호 기부금	14.한도액 ((8-11)*10%)	15.이월잔액 중 손금산입액 MIN(14,23)	16.당해연도지출액 손금산입액 MIN[(14-15)>0, 13]	17.한도초과액 [(13-16)>0]
5,000,000	77,399,943	2,000,000	5,000,000	

6 4. 기부금 한도초과액 총액

18.기부금 합계액(3+9+13)	19.손금산입합계(6+11+16)	20.한도초과액합계 (18-19) = (7+12+17)
24,200,000	24,200,000	

2 7 5. 기부금 이월액 명세서

사업 연도	기부금종류	21.한도초과 손금불산입액	22.기공제액	23.공제가능 잔액 (21-22)	24.해당사업 연도 손금추인액	25.차기이월액 (23-24)
2023	「법인세법」 제24조제3항제1호에 따른 일반기부금	2,000,000		2,000,000	2,000,000	

소득금액 계산내역 ✕

결산서상 당기순이익		534,179,000
세무조정 익금산입	+	356,520,434
손금산입	-	121,700,000
합병분할 등에 따른 자산양도차익	-	
합병분할 등에 따른 자산양도차손	+	
기부금 합계 금액	+	24,200,000
소 득 금 액	=	793,199,434

4. [법인세과세표준 및 세액조정계산서]에 이월기부금 반영

① 각 사 업 연 도 소 득 계 산	101.결산서상당기순손익		01	534,179,000
	소득금액조정 금액	102.익금산입	02	356,520,434
		103.손금산입	03	121,700,000
	104.차가감소득금액(101 + 102 - 103)		04	768,999,434
	105.기부금한도초과액		05	
	106.기부금한도초과이월액 손금산입		54	2,000,000
	107.각사업연도소득금액 (104+105-106)		06	766,999,434

실무수행평가

11	12	13	14	15
1,735,535원	248,685원	646,296,850원	49,700,000원	③
16	**17**	**18**	**19**	**20**
1	200,000원	2,000,000원	1,700,000원	454,636원
21	**22**	**23**	**24**	**25**
940916	90,000원	10,000,000원	517,310원	219,600,000,000원
26	**27**	**28**	**29**	**30**
435,534,246원	11,551,561원	348,900원	1,257,800원	3,475,000원
31	**32**	**33**	**34**	**35**
329,880,450원	30,000,000원	87,500,000원	1,200,000원	5,000,000원
36	**37**	**38**	**39**	
3,000,000원	19,200,000원	3,500,000원	0원	

출제예상 모의고사 제6회

[실무이론평가]

1	2	3	4	5	6	7	8	9	10
②	④	③	③	④	②	②	③	①	②

01 ②
- 표현의 충실성을 확보하기 위해서는 회계처리대상이 되는 거래나 사건의 형식보다는 그 경제적 실질에 따라 회계처리하고 보고하여야 한다. 거래나 사건의 경제적 실질은 법적 형식 또는 외관상의 형식과 항상 일치하는 것은 아니다.

02 ④
- 재고자산평가손실 : 취득원가 − Min(취득원가, 순실현가능가치)
    - 냉장고 = 120,000원 − Min[120,000원, 85,000원] = 35,000원
    - 에어컨 = 150,000원 − Min[150,000원, 160,000원] = 0원
    - TV = 1,200,000원 − Min[1,200,000원, 1,150,000원] = 50,000원
- 재고자산평가손실의 합 : 35,000원 + 50,000원 = 85,000원

03 ③
- ① 사채의 장부금액은 사채발행금액(18,583,308원)이다
- ② 사채할인발행차금: 액면금액(20,000,000원) − 사채발행금액(18,583,308원) = 1,416,692원
- ③ 손익계산서상 이자비용: 장부금액(18,583,308원) × 유효이자율(13%) = 2,415,830원
- ④ 현금 지급 사채이자: 액면금액(20,000,000원) × 액면이자율(10%) = 2,000,000원

04 ③
- 비유동자산: 건물 100,000,000 + 영업권(40,000,000 − 2,000,000) = 138,000,000

05 ④
- ① 건설업을 영위하는 법인사업자의 경우 사업장은 해당법인의 등기부상 소재지로 한다.
- ② 폐업하는 경우의 과세기간은 폐업일이 속하는 과세기간의 개시일부터 폐업일까지로 한다.
- ③ 부동산임대업을 영위하는 사업자의 경우 사업장은 해당 부동산의 등기부상 소재지로 한다.

06 ②
- 매출세액 = (60,000,000원 × 10%) + (20,000,000원 × 0%) = 6,000,000원
  매입세액 = (30,000,000원 × 10%) + (5,000,000원 × 10%) = 3,500,000원
  납부세액 = 6,000,000원 − 3,500,000원 = 2,500,000원
- 대표이사 업무용 소형승용차(2,000cc) 매입세액은 공제받을 수 없다.

07 ②
- 1,000만원 − 1,000만원 × 60% = 400만원
  이 경우 기타소득금액이 300만원을 초과하므로 종합과세 대상이 된다.

08 ③

구 분	조건부 과세	무조건 종합과세	비 고
(1) 보통예금이자	9,000,000원		
(2) 집합투자기구이익	5,000,000원		
(3) 비영업대금이익	11,000,000원		
(4) 외국법인 배당		8,000,000원	
(5) 공익신탁의 이익			비과세
합 계	25,000,000원	8,000,000원	

- 조건부 과세대상과 무조건 종합과세대상의 합계액(25,000,000원 + 8,000,000원 = 33,000,000원)이 2천만원을 초과하므로
조건부 과세대상과 무조건 종합과세대상을 모두 종합과세한다.
따라서 종합과세 되는 금융소득금액은 33,000,000원이다.

09 ①
- ② 교통사고벌과금은 손금불산입항목이므로 손금불산입의 세무조정이 필요하다.
③ 직원에게 급여지급기준을 초과하여 지급한 상여금은 손금 인정되므로 세무조정이 필요없다.
④ 감가상각비를 세법상의 상각범위액보다 과대계상한 경우 손금불산입의 세무조정이 필요하다.

10 ②
- (1) 대손세액공제로 인한 부가가치세 납부세액의 감소액: 11,000,000원 × 10/110 = 1,000,000원
(2) 대손금의 손금산입으로 인한 법인세액 감소액: 10,000,000원* × 10% = 1,000,000원
    * 대손세액공제를 받은 금액 1,000,000원은 법인세법상 대손처리할 수 없다.
(3) 부가가치세와 법인세 세액에 미치는 영향(세액감소분): (1) + (2) = 2,000,000원

[실무수행과제]

문제 1 거래자료입력

1 [전기분 이익잉여금처분계산서] 작성

과목	계정코드 및 과목명		금액
Ⅰ. 미처분이익잉여금			295,000,000
1. 전기이월미처분이익잉여금			130,000,000
2. 회계변경의 누적효과	369	회 계 변 경 의 누 적 효 과	
3. 전기오류수정이익	370	전 기 오 류 수 정 이 익	
4. 전기오류수정손실	371	전 기 오 류 수 정 손 실	
5. 중간배당금	372	중 간 배 당 금	
6. 당기순이익			165,000,000
Ⅱ. 임의적립금 등의 이입액			10,000,000
1. 감채적립금	357	감 채 적 립 금	10,000,000
2.			
합 계			305,000,000
Ⅲ. 이익잉여금처분액			43,000,000
1. 이익준비금	351	이 익 준 비 금	2,000,000
2. 기업합리화적립금	352	기 업 합 리 화 적 립 금	
3. 배당금			35,000,000
가. 현금배당	265	미 지 급 배 당 금	20,000,000
나. 주식배당	387	미 교 부 주 식 배 당 금	15,000,000
4. 사업확장적립금	356	사 업 확 장 적 립 금	6,000,000
5. 감채 적립금	357	감 채 적 립 금	
6. 배당평균적립금	358	배 당 평 균 적 립 금	
Ⅳ. 차기이월 미처분이익잉여금			262,000,000

[일반전표입력] 2월 28일

(차) 357.감채적립금	10,000,000원	(대) 375.이월이익잉여금	10,000,000원
375.이월이익잉여금	43,000,000원	351.이익준비금	2,000,000원
		265.미지급배당금	20,000,000원
		387.미교부주식배당금	15,000,000원
		356.사업확장적립금	6,000,000원

2 [일반전표입력] 3월 31일

(차) 806.퇴직급여	5,850,000원	(대) 103.보통예금(98001.국민은행)	5,850,000원

문제 2 부가가치세관리

1 수정전자세금계산서 발급 및 전송

1. [수정세금계산서 발급]

① [매입매출전표입력] 3월 6일 전표 선택 → 수정세금계산서 → [수정사유] 화면에서 [2.공급가액 변동]을 선택한 후 확인(Tab) 클릭

② [수정세금계산서(매출)]화면에서 [작성일 3월 26일], [수량 1,500, 단가 −100원]을 입력한 후 확인(Tab) 클릭

③ 3월 26일 공급가액 감소분의 회계처리

거래유형	품명	공급가액	부가세	거래처	전자세금
11.과세	공급가액 인하	−150,000	−15,000	05000.(주)세정	
분개유형	(차) 108.외상매출금	−165,000원	(대) 404.제품매출		−150,000원
2.외상			255.부가세예수금		−15,000원

2. [전자세금계산서 발행 및 내역관리]

① 전자세금계산서 발행 및 내역관리 를 클릭하면 수정 전표가 미전송 상태로 나타난다.

② 해당내역을 클릭하여 전자세금계산서 발행 및 국세청 전송을 한다.

2 기한 후 신고

1. [매입매출전표입력]

– 5월 20일

거래유형	품명	공급가액	부가세	거래처	전자세금
11.과세	제품	30,000,000	3,000,000	00104.(주)한공산업	전자입력
분개유형	(차) 108.외상매출금	33,000,000원	(대) 255.부가세예수금		3,000,000원
2.외상			404.제품매출		30,000,000원

– 6월 10일

거래유형	품명	공급가액	부가세	거래처	전자세금
12.영세	제품	10,000,000	–	00103.(주)한공무역	전자입력
분개유형	(차) 108.외상매출금	10,000,000원	(대) 404.제품매출		10,000,000원
2.외상					

– 5월 12일

거래유형	품명	공급가액	부가세	거래처	전자세금
51.과세	원재료	20,000,000	2,000,000	00105.(주)한공테크	전자입력
분개유형	(차) 135.부가세대급금	2,000,000원	(대) 251.외상매입금		22,000,000원
2.외상	153.원재료	20,000,000원			

– 4월 20일

거래유형	품명	공급가액	부가세	거래처	전자세금
61.현과	관리부 회식비	300,000	30,000	00102.황우정	
분개유형	(차) 135.부가세대급금	30,000원	(대) 101.현금		330,000원
1.현금	811.복리후생비	300,000원			

2. [부가가치세신고서] 4월 1일 ~ 6월 30일
   1) 가산세 명세
      ① 신고불성실 가산세(무신고)
         (3,000,000원 − 2,000,000원 − 30,000원) × 20% × 50% 감면 = 97,000원
      ② 납부지연가산세
         (3,000,000원 − 2,000,000원 − 30,000원) × 2.2/10,000 × 11일 = 2,347원
      ③ 영세율과세표준 신고불성실 가산세
         10,000,000원 × 0.5% × 50% 감면 = 25,000원
      ④ 가산세 합계: 124,347원

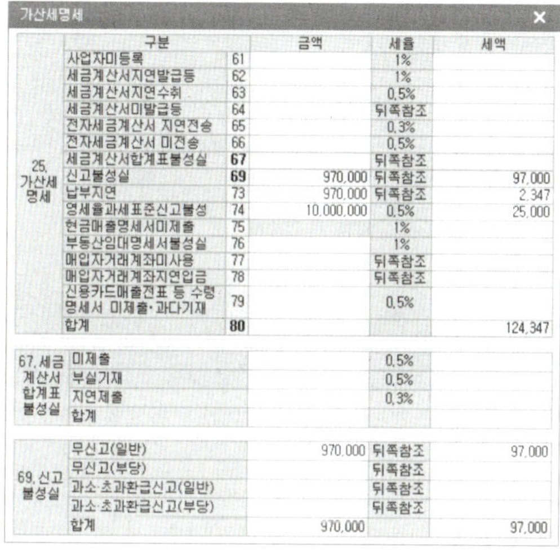

가산세명세

	구분		금액	세율	세액
25. 가산세 명세	사업자미등록	61		1%	
	세금계산서지연발급등	62		1%	
	세금계산서지연수취	63		0.5%	
	세금계산서미발급등	64		뒤쪽참조	
	전자세금계산서 지연전송	65		0.3%	
	전자세금계산서 미전송	66		0.5%	
	세금계산서합계표불성실	67		뒤쪽참조	
	신고불성실	69	970,000	뒤쪽참조	97,000
	납부지연	73	970,000	뒤쪽참조	2,347
	영세율과세표준신고불성	74	10,000,000	0.5%	25,000
	현금매출명세서미제출	75		1%	
	부동산임대명세서불성실	76		1%	
	매입자거래계좌미사용	77		뒤쪽참조	
	매입자거래계좌지연입금	78		뒤쪽참조	
	신용카드매출전표 등 수령 명세서 미제출·과다기재	79		0.5%	
	합계	80			124,347
67.세금 계산서 합계표 불성실	미제출			0.5%	
	부실기재			0.5%	
	지연제출			0.3%	
	합계				
69.신고 불성실	무신고(일반)		970,000	뒤쪽참조	97,000
	무신고(부당)			뒤쪽참조	
	과소·초과환급신고(일반)			뒤쪽참조	
	과소·초과환급신고(부당)			뒤쪽참조	
	합계		970,000		97,000

   2) 과세표준명세

      화면상단의 과표(F7) 를 클릭하여 '신고구분'에서 '4.기한후과세표준'을 선택하고, '신고년월일'에 '2025-8-5'을 기입 후 클릭하면 부가가치세신고서에 '기한후신고'가 표시된다.

문제 3 결산

1 수동결산 및 자동결산

[일반전표입력] 12월 31일
   (차) 241.정부보조금 1,000,000원 (대) 840.무형고정자산상각 1,000,000원
      ※ 정액법 무형자산상각비 = (취득가액 − 잔존가치) / 내용연수 × 6/12
         = (40,000,000원 − 0원) / 5년 × 6/12 = 4,000,000원
         정부보조금 상계액 = 무형자산상각비 × 정부보조금/취득가액
         = 4,000,000원 × 10,000,000원/40,000,000원 = 1,000,000

[결산자료입력]

1. [월별감가상각비계상]메뉴에서 12월을 선택하여 당기상각비를 [저장]하고, 결산자료입력메뉴 상단부 [감가상각반영]에서 [결산반영]하여 소프트웨어 4,000,000원 입력
2. 기말 상품 재고액 123,000,000원, 원재료 재고액 38,000,000원, 제품 재고액 71,000,000원을 입력하고 전표추가(F3) 를 클릭하여 결산분개 생성

[이익잉여금처분계산서]

– 이익잉여금처분계산서에서 처분일을 입력한 후, 전표추가(F3) 를 클릭하여 손익대체분개 생성

문제 4 원천징수관리

1 이자소득

1. [기타소득자입력]

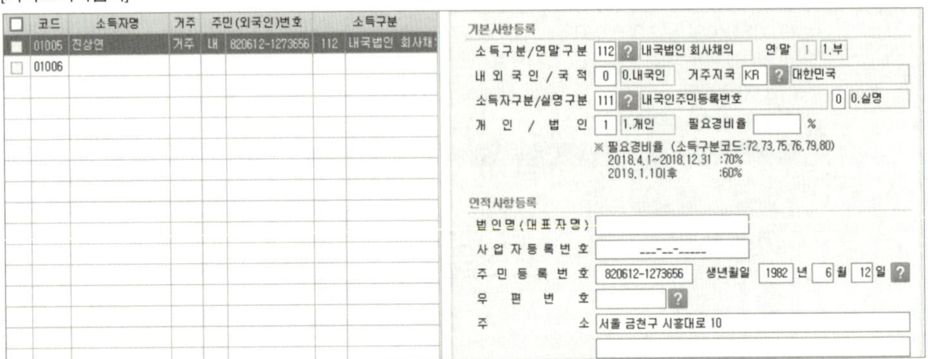

2. [이자배당소득자료입력]

● 기타 관리 항목

소득구분	계좌번호	과세구분	금융상품	조세특례등	유가증권코
112 내국법인 회사채의 이자와 할인액(소 §16①②) [12]		0 일반세율(14%)			

● 소득 지급 내역

귀속월	지급일자	채권이자구분	이자지급대상기간	금액	세율	소득세	법인세	지방소득세
2025-10	2025-10-31	66 채권등의 이자등을 지급받는 경우 이자등 지급총액	2025-05-01 2025-10-31	3,120,000	14.000%	436,800		43,680

2 원천징수이행상황신고서의 수정신고

1. [급여자료입력]

변경전

급여항목	지급액	공제항목	공제액
기본급	3,500,000	국민연금	157,500
식대	100,000	건강보험	124,070
직책수당	200,000	고용보험	34,200
자가운전보조금	200,000	장기요양보험료	15,890
자격수당		건강보험료정산	
연장근로수당	100,000	장기요양보험료정산	
		소득세	169,260
		지방소득세	16,920

변경후

급여항목	지급액	공제항목	공제액
기본급	4,500,000	국민연금	202,500
식대	100,000	건강보험	159,520
직책수당	200,000	고용보험	43,200
자가운전보조금	200,000	장기요양보험료	20,650
자격수당		건강보험료정산	
연장근로수당	100,000	장기요양보험료정산	
		소득세	307,420
		지방소득세	30,740

2. [원천징수이행상황신고서]

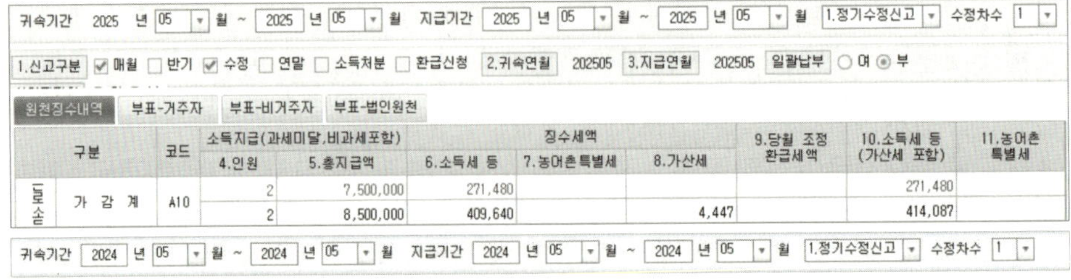

귀속기간 2025 년 05 월 ~ 2025 년 05 월 지급기간 2025 년 05 월 ~ 2025 년 05 월 1.정기수정신고 수정차수 1

1.신고구분 ☑매월 ☐반기 ☑수정 ☐연말 ☐소득처분 ☐환급신청 2.귀속연월 202505 3.지급연월 202505 일괄납부 ○여 ◉부

원천징수내역 부표-거주자 부표-비거주자 부표-법인원천

구분		코드	소득지급(과세미달,비과세포함)		징수세액			9.당월 조정 환급세액	10.소득세 등 (가산세 포함)	11.농어촌 특별세
			4.인원	5.총지급액	6.소득세 등	7.농어촌특별세	8.가산세			
근로소득	가 감 계	A10	2	7,500,000	271,480				271,480	
			2	8,500,000	409,640		4,447		414,087	

귀속기간 2024 년 05 월 ~ 2024 년 05 월 지급기간 2024 년 05 월 ~ 2024 년 05 월 1.정기수정신고 수정차수 1

– 원천징수납부지연가산세: 138,160원 × 3% + 138,160원 × 10일 × 2.2/10,000 = 4,447원

문제 5 법인세관리

1 수입금액 조정명세서

1. [1.수입금액 조정계산]
   - 상단부의 [매출조회]를 클릭하여 결산서상 수입금액을 반영한다.

	계정과목		③결산서상 수입금액	조 정		⑥조정후 수입금액 (③+④-⑤)
	①항 목	②과 목		④가산	⑤차감	
1	매 출	제품매출	1,451,800,000			1,451,800,000
2	매 출	상품매출	243,000,000			243,000,000

2. [2.수입금액 조정명세]
   다. 기타수입금액 반영
   - 전기제품매출 수입금액 -20,000,000원, 대응원가 -14,000,000원을 입력한다.
   - 상품권매출 수입금액 -7,000,000원(*)을 입력한다.
     (*) 전기말 현재 상품권 미회수액(7,000,000원) = 상품권 발행액(15,000,000원) - 회수금액(8,000,000원)

	(23)구분	(24)근거법령	(25)수입금액	(26)대응원가	비고
1	전기제품매출		-20,000,000	-14,000,000	
2	상품권매출		-7,000,000		

3. [1.수입금액 조정계산]에 조정사항 반영
   - 제품매출 ⑤차감란에 20,000,000원, 상품매출 ⑤차감란에 7,000,000원을 입력한다.

	계정과목		③결산서상 수입금액	조 정		⑥조정후 수입금액 (③+④-⑤)
	①항 목	②과 목		④가산	⑤차감	
1	매 출	제품매출	1,451,800,000		20,000,000	1,431,800,000
2	매 출	상품매출	243,000,000		7,000,000	236,000,000

4. [소득금액조정합계표]

손금불산입	전기 제품매출원가	14,000,000원	유보감소
익금불산입	전기 제품매출	20,000,000원	유보감소
익금불산입	상품권 매출	7,000,000원	유보발생

2 감가상각비 조정명세서

1. [고정자산등록]

① 공장건물

1. 기 초 가 액	900,000,000	15. 전기말부인누계	0
2. 전기말상각누계액	33,750,000	16. 전기말자본지출계	0
3. 전기말장부가액	866,250,000	17. 자본지출즉시상각	50,000,000
4. 신규취득및증가	0	18. 전기말의제누계	
5. 부분매각및폐기	0	19. 당기상각범위액	0
6. 성실기초가액		20. 회사계상상각비	22,500,000
7. 성실상각누계액			편집해지
8. 상각기초가액	866,250,000	21. 특별상각률	
9. 상각방법	1 정액법	22. 특별상각비	0
10. 내용연수(상각률)	40 [?] 0.025	23. 당기말상각누계액	56,250,000
11. 내용연수월수	미경과 12	24. 당기말장부가액	843,750,000
12. 상각상태완료년도	진행	25. 특례적용	0 부
13. 성실경과/차감연수	/	· 년 수	년
14. 성실장부가액		26. 업무용승용차여부	0 부
1. 취득수량		4. 최저한세부인액	0
2. 경비구분	1 500번대	5. 당기의제상각액	0
3. 전체양도일자	----.--.--	6. 전체폐기일자	----.--.--

② 차량운반구

1. 기 초 가 액	60,000,000	15. 전기말부인누계	2,000,000
2. 전기말상각누계액	15,530,000	16. 전기말자본지출계	0
3. 전기말장부가액	44,470,000	17. 자본지출즉시상각	0
4. 신규취득및증가	0	18. 전기말의제누계	0
5. 부분매각및폐기	0	19. 당기상각범위액	20,957,970
6. 성실기초가액		20. 회사계상상각비	14,530,000
7. 성실상각누계액			편집해지
8. 상각기초가액	44,470,000	21. 특별상각률	
9. 상각방법	0 정률법	22. 특별상각비	0
10. 내용연수(상각률)	5 [?] 0.451	23. 당기말상각누계액	30,060,000
11. 내용연수월수	미경과 12	24. 당기말장부가액	29,940,000
12. 상각상태완료년도	진행	25. 특례적용	0 부
13. 성실경과/차감연수	/	· 년 수	년
14. 성실장부가액		26. 업무용승용차여부	0 부
1. 취득수량		4. 최저한세부인액	0
2. 경비구분	0 800번대	5. 당기의제상각액	0
3. 전체양도일자	----.--.--	6. 전체폐기일자	----.--.--

③ 특허권

1. 기 초 가 액	13,750,000
2. 전기말상각누계액	1,250,000
3. 전 기 말 장 부 가 액	13,750,000
4. 신 규 취 득 및 증 가	0
5. 부 분 매 각 및 폐 기	0
6. 성 실 기 초 가 액	
7. 성 실 상 각 누 계 액	
8. 상 각 기 초 가 액	13,750,000
9. 상 각 방 법	1 정액법
10. 내용연수(상각률)	5 ? 0.200
11. 내 용 연 수 월 수	미경과 12
12. 상각상태완료년도	진행
13. 성실경과/차감연수	/
14. 성 실 장 부 가 액	
15. 전 기 말 부 인 누 계	0
16. 전기말자본지출계	0
17. 자본지출즉시상각	0
18. 전 기 말 의 제 누 계	0
19. 당 기 상 각 범 위 액	3,000,000
20. 회 사 계 상 상 각 비	3,000,000
	사용자수정
21. 특 별 상 각 률	
22. 특 별 상 각 비	0
23. 당기말상각누계액	3,000,000
24. 당 기 말 장 부 가 액	10,750,000
25. 특 례 적 용	0 부
· 년 수	년
26. 업무용승용차여부	0 부

1. 취 득 수 량	
2. 경 비 구 분	0 800 번대
3. 전 체 양 도 일 자	----.--.--
4. 최 저 한 세 부 인 액	0
5. 당 기 의 제 상 각 액	0
6. 전 체 폐 기 일 자	----.--.--

2. [미상각분 감가상각조정명세]

① 공장건물

합계표 자산구분			1 건
상각계산의기초가액	재무상태표 자산 가액	(5)기말현재액	900,000,000
		(6)감가상각누계액	56,250,000
		(7)미상각잔액(5-6)	843,750,000
	회사계산 상각비	(8)전기말누계	33,750,000
		(9)당기상각비	22,500,000
		(10)당기말누계액(8+9)	56,250,000
	자본적 지출액	(11)전기말누계	
		(12)당기지출액	50,000,000
		(13)합계(11+12)	50,000,000
(14)취득가액(7+10+13)			950,000,000
(15)일반상각률,특별상각률			0.025
상각범위액계산	당기산출 상각액	(16)일반상각액	23,750,000
		(17)특별상각액	
		(18)계(16+17)	23,750,000
(19)당기상각시인범위액(18, 단18≤14-8-11+25-전기28)			23,750,000
(20)회사계산상각액(9+12)			72,500,000
(21)차감액(20-19)			48,750,000
(22)최저한세적용에 따른 특별상각부인액			
조정액		(23)상각부인액(21+22)	48,750,000
		(24)기왕부인액중당기손금추인액 (25,단 25≤ ㅣ△21ㅣ)	
부인액누계		(25)전기말부인액누계(전기26)	
		(26)당기말부인액누계(25+23-ㅣ24ㅣ)	48,750,000

② 차량운반구

합계표 자산구분			3 기
상각계산의기초가액	재무상태표 자산 가액	(5)기말현재액	60,000,000
		(6)감가상각누계액	30,060,000
		(7)미상각잔액(5 - 6)	29,940,000
(8)회사계산감가상각비			14,530,000
(9)자본적지출액			
(10)전기말의제상각누계액			
(11)전기말부인누계액			2,000,000
(12)가감계(7 + 8 + 9 - 10 + 11)			46,470,000
(13)일반상각률, 특별상각률			0.451
상각범위액계산	당기산출 상각액	(14)일반상각액	20,957,970
		(15)특별상각액	
		(16)계(14+15)	20,957,970
	취득가액	(17)전기말 현재 취득가액	60,000,000
		(18)당기회사계산증가액	
		(19)당기자본적지출액	
		(20) 계(17+18+19)	60,000,000
(21)잔존가액((20) × 5 / 100)			3,000,000
(22)당기상각시인범위액(16 단,(12-16)<21인경우 12)			20,957,970
(23)회사계산상각액(8+9)			14,530,000
(24)차감액(23-22)			-6,427,970
(25)최저한세적용에따른특별상각부인액			
조정액		(26)상각부인액(24+25)	
		(27)기왕부인액중당기손금추인액 (11,단11≤ㅣ△24ㅣ)	2,000,000
(28)당기말부인액 누계(11+26-ㅣ27ㅣ)			

③ 특허권

합계표 자산구분			4 무형자산
상각계산의기초가액	재무상태표 자산 가액	(5)기말현재액	10,750,000
		(6)감가상각누계액	
		(7)미상각잔액(5-6)	10,750,000
	회사계산 상각비	(8)전기말누계	1,250,000
		(9)당기상각비	3,000,000
		(10)당기말누계액(8+9)	4,250,000
	자본적 지출액	(11)전기말누계	
		(12)당기지출액	
		(13)합계(11+12)	
(14)취득가액(7+10+13)			15,000,000
(15)일반상각률,특별상각률			0.2
상각범위액계산	당기산출 상각액	(16)일반상각액	3,000,000
		(17)특별상각액	
		(18)계(16+17)	3,000,000
(19)당기상각시인범위액(18, 단18≤14-8-11+25-전기28)			3,000,000
(20)회사계산상각액(9+12)			3,000,000
(21)차감액(20-19)			
(22)최저한세적용에 따른 특별상각부인액			
조정액		(23)상각부인액(21+22)	
		(24)기왕부인액중당기손금추인액 (25,단 25≤ ㅣ△21ㅣ)	
부인액누계		(25)전기말부인액누계(전기26)	
		(26)당기말부인액누계(25+23-ㅣ24ㅣ)	

3. [감가상각비조정명세서합계표]

①자산구분		②합계액	유 형 자 산			⑥무형자산
			③건축물	④기계장치	⑤기타자산	
재무상태표상액	(101)기말현재액	970,750,000	900,000,000		60,000,000	10,750,000
	(102)감가상각누계액	86,310,000	56,250,000		30,060,000	
	(103)미상각잔액	884,440,000	843,750,000		29,940,000	10,750,000
(104)상각범위액		47,707,970	23,750,000		20,957,970	3,000,000
(105)회사손금계상액		90,030,000	72,500,000		14,530,000	3,000,000
조정금액	(106)상각부인액 ((105) - (104))	48,750,000	48,750,000			
	(107)시인부족액 ((104)-(105))	6,427,970			6,427,970	
	(108)기왕부인액 중 당기손금추인액	2,000,000			2,000,000	
(109)신고조정손금계상액						

4. [소득금액조정합계표]

손금불산입	건물 감가상각비 상각부인액	48,750,000원	유보발생
손금산입	차량운반구 감가상각비 손금추인액	2,000,000원	유보감소

3 가지급금 등의 인정이자 조정명세서(갑, 을)

1. [1.가지급금(전체)]

선택 1	1.가지급금(전체)	2.가수금	3.당좌대출이자율	4.가중평균차입이자

No	직책	성명	G	TY
1	대표이사	정진학	0	
2				

계정별원장 데이터불러오기

No	월일	적요	차변	대변	잔액	일수	적수	발생일자
1	03-01	대여	15,000,000		15,000,000	98	1,470,000,000	2025-03-01
2	06-07	대여	20,000,000		35,000,000	177	6,195,000,000	2025-06-07
3	12-01	대여	25,000,000		60,000,000	31	1,860,000,000	2025-12-01

※ 사용인에 대한 학자금 대여액은 가지급금 인정이자 계산시 제외된다.

2. [3.당좌대출이자율]

선택 3	1.가지급금(전체)	2.가수금	3.당좌대출이자율	4.가중평균차입이자

No	직책	성명	G	TY
1	대표이사	정진학	0	당
2				

작업순서 준수(1.가지급금(전체), 2.가수금->3.당좌대출이자율)

No	대여기간 발생년월일	대여기간 회수년월일	월일	적요	차변	대변	잔액	일수	가지급금적수	가수금적수	차감적수
1	2025-03-01		03-01	대여	15,000,000		15,000,000	306	4,590,000,000		
2	2025-06-07		06-07	대여	20,000,000		20,000,000	208	4,160,000,000		
3	2025-12-01		12-01	대여	25,000,000		25,000,000	31	775,000,000		

3. [4.인정이자계산]

당좌대출이자율에 의한 가지급금 등 인정이자 조정								가중평균차입이자율에 의한 가지급금등 인정이자 조정			

10.성명	11.적용이자율 선택방법	12.가지급금적수	13.가수금적수	14.차감적수 (12-13)	15.이자율	16.인정이자 (14×15)	17.회사계상액	시가인정범위 18.차액 (16-17)	시가인정범위 19.비율(%) (18/16)×100	20.조정액 (20=18) 18>=3억이거나 19>=5%인경우
정진학	1	9,525,000,000		9,525,000,000	4.6	1,200,410		1,200,410	100.00000	1,200,410

4. [소득금액조정합계표]

익금산입	가지급금인정이자(대표자)	1,200,410원	상여

4 건설자금이자 조정명세서

1. [2. 특정차입금 건설자금이자 계산명세]
   - 특정차입금 1,095,000,000원 중 운영자금으로 전용된 365,000,000원을 제외한 공사비 지급분 730,000,000원만 건설자금이자 대상이다.
   - 건설자금이자 해당액 = 730,000,000원 × 6% × 122/365 = 14,640,000원

번호	⑤건설자산명	⑥대출기관명	⑦차입일	⑧차입금액	⑨이자율	⑩당기지급이자	⑪준공일 또는 준공예정일	⑫건설자금이자 계산대상일수	⑬건설자금이자 계산대상금액
1	공장신축	농협은행	2025-09-01	730,000,000	6	14,640,000	2026-06-30	122	14,640,000
2									
	합 계			730,000,000		14,640,000			14,640,000

2. [1.건설자금이자 조정]

구　　　　분	①건설자금이자	②회사계상액	③상각대상자산분	④차감조정액
건설완료 자산분				
건설중인 자산분	14,640,000			14,640,000
계	14,640,000			14,640,000

3. [소득금액조정합계표]

손금불산입	건설자금이자	14,640,000원	유보발생

5 연구 및 인력개발비 발생명세서

1. [연구 및 인력개발비 발생명세서]

계정과목	자체연구개발비						위탁및공동연구개발비		인력개발비		11.총계
	인건비및사회보험료		재료비 등		기　타		건수	금액	건수	금액	
	인원	금액	건수	금액	건수	금액					
1 경상연구개발	10	50,000,000					1	40,000,000		25,000,000	115,000,000
2											
합계 (06~13)	10	50,000,000					1	40,000,000		25,000,000	115,000,000

연구 및 인력개발비의 증가발생액의 계산　　　×

직전 4년간 발생 합계액	해 당 기 간 ▶		2024 . 01 . 01 부터	2023 . 01 . 01 부터	2022 . 01 . 01 부터	2021 . 01 . 01 부터
	내 용	금 액(14~16) ▼	2024 . 12 . 31 까지	2023 . 12 . 31 까지	2022 . 12 . 31 까지	2021 . 12 . 31 까지
	13. 계	354,000,000	98,000,000	88,000,000	85,000,000	83,000,000

직전 1년간 발생액	14. 계	98,000,000	조세특례제한법 제 10조 및 조세특례제한법 시행령 제9조 참조 ※ 전년도 계속사업자가 당해 사업연도 중간예납기간의 증가발생액을 계산 하는 경우는 당해년도 6개월 금액을 기준으로 전년도 증가발생액을 환산하여 계산합니다. 사업연도기간 변경의 경우에는 증가발생액을 직접 입력하셔야 합니다.
증가 발생 금액	21. (11 - 14)	17,000,000	(금액/비용발생연도수(1)) X (해당사업연도월수/12)
직전 4년간 연평균 발생액	18. 계	88,500,000	조세특례제한법 제 10조 및 조세특례제한법 시행령 제9조 참조

※[직전1년의계]금액이 [직전4년간연평균발생액]보다 작을 경우 [증가발생금액]은 반드시 0으로 기입해야 합니다.(전자신고 검증사항)
　-> 메뉴에서 새로 입력하면 자동계산됨

해당연도 총발생 금액공제	중소기업	22. 대상금액(=11) 115,000,000	23. 공제율 25%			24. 공제세액 28,750,000
	중소기업유예기간 종료이후5년내기업	25. 대상금액(=11)	26.유예기간 종료연도	25.유예기간 종료이후연차	28. 공제율(%)	29. 공제세액
	중견 기업	30. 대상금액(=11)	31. 공제율 8%			32. 공제세액
	일반 기업	33. 대상 금액(=11)	공제율 34. 기본율 0%	35. 추가	36. 계	37. 공제세액
증 가 발 생 금 액 공 제		38. 대상 금액(=21) 17,000,000	39.공제율 50%		40.공제세액 8,500,000	* 공제율 (중소기업:50%, 중견기업:40%, 대기업:25,40%)
해당연도에 공제받을세액		중소기업 (24와 40 중 선택) 중소기업 유예기간종료이후 5년 내 기업(29과40중 선택) 중견기업(32와 40중 선택) 일반기업(37와 40중 선택)			28,750,000	

2. [세액공제조정명세서(3)] 메뉴의 [1.공제세액계산]
   - 화면 상단의 '새로불러오기' 버튼을 클릭하면 연구인력개발비 발생명세서에서 계산된 공제대상금액이 연구인력 개발비 세액공제(최저한세 적용 제외)에 반영된다.

코드	(101)구 분	투자금액	(104)공제대상세액
131	중소기업등투자세액공제		
14M	대·중소기업 상생협력을 위한 기금출연 세액공제		
16A	신성장·원천기술 연구개발비세액공제(최저한세 적용제외)	툴바의 [계산내역-F4]를 선택	
10D	국가전략기술 연구개발비세액공제(최저한세 적용제외)	툴바의 [계산내역-F4]를 선택	
16B	일반연구·인력개발비 세액공제(최저한세 적용제외)	툴바의 [계산내역-F4]를 선택	28,750,000
13L	신성장·원천기술 연구개발비세액공제(최저한세 적용대상)	툴바의 [계산내역-F4]를 선택	
10E	국가전략기술 연구개발비세액공제(최저한세 적용대상)	툴바의 [계산내역-F4]를 선택	

3. [세액공제조정명세서(3)] 메뉴의 [2.당기공제세액 및 이월액 계산]

NO	코드	(105)구분	(106)사업년도	요 공제세액		당기 공제대상세액			
				(107)당기분	(108)이월분	(109)당기분	(110)1차년도	(111)2차년도	(112)3차년도
	16B	일반연구·인력개발비 세액공제(최	2025-12	28,750,000		28,750,000			

4. [공제감면세액합계표(갑, 을)]

갑	을

				갑	을
세액공제	(148)외국납부세액공제	법인세법 제57조	101		
	(149)재해손실세액공제	법인세법 제58조	102		
	(150)신성장·원천기술 연구개발비세액공제 (최저한세 적용제외)	조특제법 제10조 제1항제1호	16A		
	(151)국가전략기술 연구개발비세액공제 (최저한세 적용제외)	조특제법 제10조 제1항제2호	10D		
	(152)일반 연구·인력개발비세액공제 (최저한세 적용제외)	조특제법 제10조 제1항제3호	16B	28,750,000	28,750,000
	(153)동업기업 세액공제 배분액(최저한세 적용제외)	조특제법 제100조의18제4항	120		
	(154)성실신고 확인비용에 대한 세액공제	조특제법 제126조의6	10A		
	(155)상가임대료를 인하한 임대사업자에 대한 세액공	조특법 제96조의3	10B		
	(156)용역제공자에 관한 과세자료의 제출에 대한 세액공제	조특법 제104조의32	10C		
			199		
	(157) 소 계		180	28,750,000	28,750,000
	(158) 합 계 (147 + 157)		110	28,750,000	28,750,000

실무수행평가

11	12	13	14	15
918,929,360원	5,850,000원	262,000,000원	27,000,000원	④
16	17	18	19	20
2	10,000,000원	2,000,000원	30,000원	124,347원
21	22	23	24	25
14%	436,800원	409,640원	4,447원	20,000,000원
26	27	28	29	30
7,000,000원	1,667,800,000원	48,750,000원	2,000,000원	3,000,000원
31	32	33	34	35
9,525,000,000원	0원	1,200,410원	730,000,000원	122일
36	37	38	39	
14,640,000원	115,000,000원	354,000,000원	28,750,000원	

출제예상 모의고사 제7회

[실무이론평가]

1	2	3	4	5	6	7	8	9	10
①	②	③	④	①	①	①	②	③	①

01 ①
- (가)는 목적적합성이다. 목적적합성의 하부개념에는 예측가치, 피드백가치, 적시성이 있다.

02 ②
- 매출원가 = 기초재고 + 당기매입액 − 기말재고
  = 15,000원(10개) + 100,000원(100개) − 20,000원(20개) = 95,000원(90개)
- 매출액 = 매출총이익 + 매출원가 = 20,000원 + 95,000원 = 115,000원

03 ③
- ① 임대료수익: 80,000원 − 20,000원 = 60,000원
  ② 소모품비: 30,000원 − 5,000원 = 25,000원
  ④ 선수임대료(임대료 미경과액): 20,000원

04 ④

		수정 전 당기순이익				1,000,000원
(차)	선급비용 20,000원	(대)	보험료 20,000원			20,000원
(차)	수입수수료 50,000원	(대)	선수수익 50,000원			(50,000원)
(차)	미수수익 30,000원	(대)	이자수익 30,000원			30,000원
		수정 후 당기순이익				1,000,000원

05 ①

- 외상매출액: 10,000,000원 − 500,000원(매출할인) = 9,500,000원
  직수출액: 7,000,000원
  비영업용 승용차 처분: 4,000,000원
  건물처분: 7,000,000원
  합　계 27,500,000원

06 ①
- ② 간이과세자는 대손세액공제를 적용받을 수 없다.
  ③ 매입처별세금계산서 합계표를 제출할 경우, 해당업종의 부가가치율을 곱한 금액을 납부세액에서 공제한다.
  ④ 과세기간의 공급대가가 4,800만원 미만인 경우 해당 과세기간의 납부의무를 면제한다.

07 ①
- 종합소득금액 = 45,000,000원(총급여액) − 12,000,000원(근로소득공제) = 33,000,000원
- 발명진흥법에 따른 직무발명보상금은 연 700만원까지는 비과세한다.
  직장공제회 초과반환금은 무조건 분리과세 대상이므로, 종합소득에 포함하지 않는다.
  공적연금관련법에 따라 받는 유족연금은 비과세 한다.

08 ②
- 과세이연된 퇴직금을 일시금 형태로 수령한 경우에는 퇴직소득으로 원천징수한다.

09 ③

- 국내소재 자회사의 잉여금 처분에 따른 배당금은 해당 회사의 잉여금 처분결의일이 속하는 사업연도의 익금으로 한다.

10 ①
- ① 수선비 50,000,000원: 수선비 지출금액이 600만원 이상이고 전기말 장부가액의 5% 이상이므로 즉시상각의제에 해당한다.
- ② 수선비 40,000,000원: 3년 미만의 기간마다 주기적인 수선을 위하여 지출하는 금액이므로 즉시상각의제에 해당하지 않는다.
- ③ 소모품비 1,500,000원: 개인용 컴퓨터(노트북)의 취득가액을 비용으로 계상하면 즉시상각의제에 해당하지 않는다.
- ④ 소모품비 1,200,000원: 취득가액이 1,000,000만원을 초과하는 감가상각자산을 비용계상하는 경우 즉시상각의제에 해당한다.

[실무수행과제]

문제 1 거래자료입력

1 [매입매출전표입력] 1월 3일

거래유형	품명	공급가액	부가세	거래처	전자세금
51.과세	특수선반	60,000,000	6,000,000	00133.서울기계(주)	전자입력
분개유형	(차) 206.기계장치　　60,000,000원			(대) 274.금융리스차입금	66,000,000원
3.혼합	135.부가세대급금　　6,000,000원			(00144.(주)프라임리스)	

[일반전표입력] 1월 3일

(차) 274.금융리스차입금(00144.(주)프라임리스)　5,400,000원　　(대) 103.보통예금(98000.농협은행)　6,000,000원
　　931.이자비용　　600,000원

2 [일반전표입력] 12월 31일

이자지급 분개

(차) 931.이자비용　　4,800,000원　　(대) 103.보통예금(98001.국민은행)　4,000,000원
　　　　292.사채할인발행차금　800,000원

　※ 액면이자: 100,000,000원 × 8% × 6/12 = 4,000,000원
　　유효이자: 96,000,000원 × 10% × 6/12 = 4,800,000원
　　사채할인발행차금상각액: 4,800,000원 − 4,000,000원 = 800,000원

문제 2 부가가치세관리

1 수정전자세금계산서 발급 및 전송

1. [수정세금계산서 발급]
   ① [매입매출전표입력]에서 3월 3일 전표선택 → 툴바의 [수정세금계산서] 을 클릭 → 수정사유(5.내국신용장 사후개설) 선택하고 비고란에 [내국신용장 개설일: 2025년 3월 15일]과 [신고년월: 2025년 3월] 입력 → [확인(Tab)] 클릭
   ② 수정세금계산서(매출)화면에서 수량, 단가 입력 → 공급가액 [300,000,000] 확인 후 → [확인(Tab)] 클릭
   ③ 수정세금계산서 2건에 대한 회계처리가 자동 반영된다.

➜ 당초에 발급한 과세세금계산서의 (-)세금계산서 발급분에 대한 회계처리

거래유형	품명	공급가액	부가세	거래처	전자세금
11.과세	여성시계	− 300,000,000	− 30,000,000	00102.(주)유공상사	
분개유형	(차) 108.외상매출금	− 330,000,000원	(대) 404.제품매출		− 300,000,000원
2.외상			255.부가세예수금		− 30,000,000원

➜ 수정세금계산서 발급분에 대한 회계처리

거래유형	품명	공급가액	부가세	거래처	전자세금
12.영세	여성시계	300,000,000		00102.(주)유공상사	
분개유형	(차) 108.외상매출금	300,000,000원	(대) 404.제품매출		300,000,000원
2.외상					

2. [전자세금계산서 발행 및 내역관리]

① 전자세금계산서 발행 및 내역관리 를 클릭하면 수정 전표 2매가 미전송 상태로 조회된다.

② 해당내역을 클릭하여 전자세금계산서 발급(발행) 및 국세청 전송을 한다.

2 확정신고누락분의 수정신고서 반영

1. [매입매출전표 입력]

[5월 5일]

거래유형	품명	공급가액	부가세	거래처	전자세금
11.과세	제품	15,000,000	1,500,000	00250.(주)서울상사	전자입력
분개유형	(자) 108.외상매출금	16,500,000원	(대) 255.부가세예수금		1,500,000원
2.외상			404.제품매출		15,000,000원

[6월 10일]

거래유형	품명	공급가액	부가세	거래처	전자세금
54.불공	거래처접대품	1,000,000	100,000	00256.농민마켓	전자입력
불공사유	9. 접대비관련매입세액				
분개유형	(차) 813.접대비(기업업무추진비) 1,100,000원		(대) 253.미지급금		1,100,000원
3.혼합					

[6월 16일]

거래유형	품명	공급가액	부가세	거래처	전자세금
22.현과	남성시계	200,000	20,000	00124.정영미	
분개유형	(차) 101.현금	220,000원	(대) 404.제품매출		200,000원
1.현금			255.부가세예수금		20,000원

2. [부가가치세신고서] 4월 1일 ~ 6월 30일(수정차수 1)

3. [가산세명세]

① 세금계산서 미발급 가산세: 15,000,000원 × 2% = 300,000원

② 신고불성실 가산세: (1,500,000원 + 20,000원) × 10% − 136,800원(90% 감면, 1개월 이내) = 15,200원

③ 납부지연가산세: (1,500,000원 + 20,000원) × 2.2/10,000 × 16일 = 5,350원

④ 가산세 합계: 320,550원

[수정전]

	구분		금액	세율	세액
과세표준및매출세액	과세	세금계산서발급분 1	80,000,000	10/100	8,000,000
		매입자발행세금계산서 2		10/100	
		신용카드·현금영수증 3		10/100	
		기타 4		10/100	
	영세	세금계산서발급분 5		0/100	
		기타 6		0/100	
	예정신고누락분 7				
	대손세액가감 8				
	합계 9		80,000,000	㉮	8,000,000
매입세액	세금계산서수취부분	일반매입 10			
		수출기업수입분납부유예 10-1			
		고정자산매입 11			
	예정신고누락분 12				
	매입자발행세금계산서 13				
	그밖의공제매입세액 14				
	합계 (10-(10-1)+11+12+13+14) 15				
	공제받지못할매입세액 16				
	차감계 (15-16) 17			㉯	
납부(환급)세액 (㉮매출세액-㉯매입세액)				㉰	8,000,000
경감공제세액	그밖의경감·공제세액 18				
	신용카드매출전표등발행공제계 19			[참고]	
	합계 20				
소규모 개인사업자 부가가치세 감면세액 20-1				㉱	
예정신고미환급세액 21				㉲	
예정고지세액 22				㉳	
사업양수자의 대리납부 기납부세액 23				㉴	
매입자 납부특례 기납부세액 24				㉵	
신용카드업자의 대리납부 기납부세액 25				㉶	
가산세액계 26				㉷	
차가감납부할세액(환급받을세액) (㉰-㉱-㉲-㉳-㉴-㉵-㉶-㉷+㉸) 27					8,000,000
총괄납부사업자 납부할세액 (환급받을세액)					

[수정후]

No	금액	세율	세액
1	95,000,000	10/100	9,500,000
2		10/100	
3	200,000	10/100	20,000
4		10/100	
5		0/100	
6		0/100	
7			
8			
9	95,200,000	㉮	9,520,000
10	1,000,000		100,000
10-1			
11			
12			
13			
14			
15	1,000,000		100,000
16	1,000,000		100,000
17		㉯	
		㉰	9,520,000
18			
19	220,000	[참고]	
20	220,000	㉱	
20-1		㉲	
21		㉳	
22		㉴	
23		㉵	
24		㉶	
25		㉷	
26		㉸	
27			9,520,000

가산세명세

[수정전]

25 가산세명세	구분		금액	세율	세액
	사업자미등록	61		1%	
	세금계산서지연발급등	62		1%	
	세금계산서지연수취	63		0.5%	
	세금계산서미발급등	64		뒤쪽참조	
	전자세금계산서 지연전송	65		0.3%	
	전자세금계산서 미전송	66		0.5%	
	세금계산서합계표불성실	67		뒤쪽참조	
	신고불성실	69		뒤쪽참조	
	납부지연	73		뒤쪽참조	
	영세율과세표준신고불성	74		0.5%	
	현금매출명세서미제출	75		1%	
	부동산임대명세서불성실	76		1%	
	매입자거래계좌미사용	77		뒤쪽참조	
	매입자거래계좌지연입금	78		뒤쪽참조	
	신용카드매출전표 등 수령 명세서 미제출·과다기재	79		0.5%	
	합계	80			

67.세금계산서합계표불성실		금액	세율	세액
	미제출		0.5%	
	부실기재		0.3%	
	지연제출		0.5%	
	합계			

69.신고불성실		금액	세율	세액
	무신고(일반)		뒤쪽참조	
	무신고(부당)		뒤쪽참조	
	과소·초과환급신고(일반)		뒤쪽참조	
	과소·초과환급신고(부당)		뒤쪽참조	

[수정후]

25 가산세명세	구분		금액	세율	세액
	사업자미등록	61		1%	
	세금계산서지연발급등	62		1%	
	세금계산서지연수취	63		0.5%	
	세금계산서미발급등	64	15,000,000	뒤쪽참조	300,000
	전자세금계산서 지연전송	65		0.3%	
	전자세금계산서 미전송	66		0.5%	
	세금계산서합계표불성실	67		뒤쪽참조	
	신고불성실	69	1,520,000	뒤쪽참조	15,200
	납부지연	73	1,520,000	뒤쪽참조	5,350
	영세율과세표준신고불성	74		0.5%	
	현금매출명세서미제출	75		1%	
	부동산임대명세서불성실	76		1%	
	매입자거래계좌미사용	77		뒤쪽참조	
	매입자거래계좌지연입금	78		뒤쪽참조	
	신용카드매출전표 등 수령 명세서 미제출·과다기재	79		0.5%	
	합계	80			320,550

67.세금계산서합계표불성실		금액	세율	세액
	미제출		0.5%	
	부실기재		0.5%	
	지연제출		0.3%	
	합계			

69.신고불성실		금액	세율	세액
	무신고(일반)		뒤쪽참조	
	무신고(부당)		뒤쪽참조	
	과소·초과환급신고(일반)	1,520,000	뒤쪽참조	15,200
	과소·초과환급신고(부당)		뒤쪽참조	
	합계	1,520,000		15,200

문제 3 결산

1 [수동결산 및 자동결산]

[결산자료입력]

1. [월별감가상각비계상] 메뉴에서 12월을 선택하여 당기상각비를 [저장]하고, 결산자료입력메뉴 상단부 [감가상각반영]에서 [결산반영]하여 차량운반구 5,500,000원을 자동 입력

2. 기말 상품 재고액 145,000,000원, 원재료 재고액 35,000,000원, 제품 재고액 23,000,000원을 입력하고 전표추가(F3) 를 클릭하여 결산분개 생성

[이익잉여금처분계산서]

- 이익잉여금처분계산서에서 처분일을 입력한 후, 전표추가(F3) 를 클릭하여 손익대체분개 생성

문제 4 원천징수관리

1 퇴직소득 원천징수

1. [사원등록] 퇴사년월일: 2025년 6월 30일 입력
2. [퇴직소득자료입력]

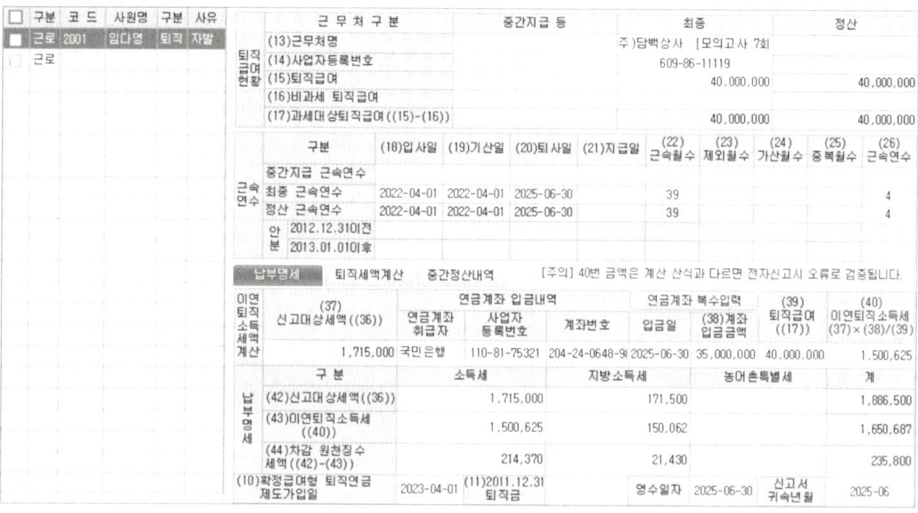

2 사업소득의 원천징수

1. [사업소득자입력]

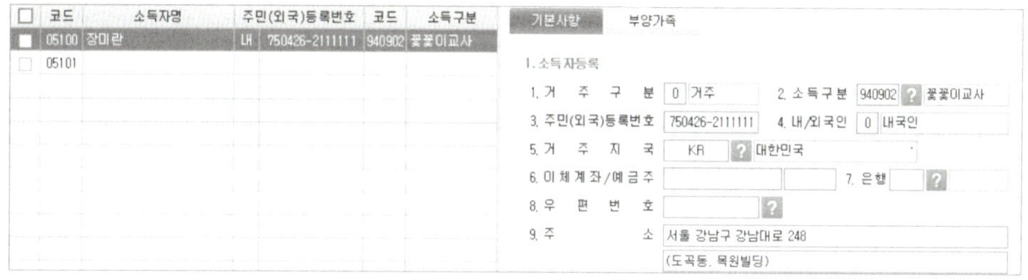

2. [사업소득자료입력]

● 소득 지급 내역

귀속년월	지급년월일	지급총액	세율(%)	소득세	지방소득세	세액계	차인지급액
2025-07	2025 07 25	600,000	3	18,000	1,800	19,800	580,200

문제 5 법인세관리

1 기업업무추진비 조정명세서(갑, 을)

1. [경조사비 등 설정]
   [경조사비등 설정]을 클릭하여 [1.경조사비 설정]란에 적요번호를 입력한다.

코드	계정과목명	경조사비 지출액(신용카드미사용)			경조사비(신용카드사용)	
813	접대비(기업업무추진비)(판)	현금적요 10 ? 거래처 경조사비 지급(조정)		현금적요 ?		
		대체적요 10 ? 거래처 경조사비 지급(조정)		대체적요 ?		

2. [기업업무추진비 조정명세서(을)]
　① 수입금액 명세 합계란에 2,051,426,000원, 특수관계인간 거래금액란에 85,000,000원 입력
　② 기업업무추진비 해당금액란에 여비교통비 12,000,000원 중 기업업무추진비 5,000,000원 입력
　③ [16.총 초과금액] 란에 30,684,500원과 여비교통비 5,000,000원 입력
　　32,184,500원 − 1,500,000원 = 30,684,500원

을	갑			

① 1. 수입금액 명세

구 분	1. 일반 수입 금액	2. 특수관계인간 거래금액	3. 합 계 (1+2)
금 액	1,966,426,000	85,000,000	2,051,426,000

② 2. 기업업무추진비등 해당금액　[경조사비등 설정]　[금융기관의 수입금액]

4. 계 정 과 목		합계	접대비(기업업무추진비)	여비교통비	
5. 계 정 금 액		44,184,500	32,184,500	12,000,000	
6. 기업업무추진비계상액중 사적사용 경비					
7. 기업업무추진비 해당금액 (5-6)		37,184,500	32,184,500	5,000,000	
8. 신용카드등 미사용금액	경조사비 중 기준금액 초과액	9.신용카드 등 미사용금액	1,500,000	1,500,000	
		10. 총 초과금액	1,500,000	1,500,000	
	국외지역 지출액	11.신용카드 등 미사용금액			
		12. 총 지출액			
	농어민 지출액	13.송금명세서 미제출금액			
		14. 총 지출액			
	기업업무추진비 중 기준금액 초과액	15.신용카드 등 미사용금액	649,500	649,500	
		16. 총 초과금액	35,684,500	30,684,500	5,000,000
17.신용카드 등 미사용 부인액 (9+11+13+15)		2,149,500	2,149,500		
18.기업업무추진비 부 인 액 (6+17)		2,149,500	2,149,500		
문화 사업 기업업무추진비					
전통 시장 기업업무추진비					

3. [기업업무추진비 조정명세서(갑)]

을	갑

③ 2. 기업업무추진비 한도초과액 조정　[중소기업]　　정부출자법인 여부선택　● 일반　○ 정부출자법인

구 분			금 액
1.기업업무추진비 해당 금액			37,184,500
2.기준금액 초과 기업업무추진비 중 신용카드 미사용으로 인한 손금불산입액			2,149,500
3.차감 기업업무추진비 해당 금액 (1-2)			35,035,000
일반기업업무추진비 한도		4. 12,000,000(36,000,000)×월수(12)/12	36,000,000
	총수입금액기준	100억원 이하의 금액 x 30/10,000	6,154,278
		100억원 초과 500억원 이하의 금액 x 20/10,000	
		500억원 초과 금액 x 3/10,000	
		5.소계	6,154,278
	일반수입금액기준	100억원 이하의 금액 x 30/10,000	5,899,278
		100억원 초과 500억원 이하의 금액 x 20/10,000	
		500억원 초과 금액 x 3/10,000	
		6.소계	5,899,278
	7.수입금액기준	(5-6)×10/100	25,500

※ 문화기업업무추진비 소액 미술품 구입비용(100만원한도)
9번 문화기업업무추진비 지출액에 포함되는 소액 미술품 구입비용 입력

■ 수입금액편집 사용 [여/부]
※ 현재 계산된 수입금액을 무시하고 수입금액을 직접 입력하는 경우 [여]를
선택하여 직접 금액을 입력합니다. (총수입금액기준 ~ 일반수입금액기준)
수입금액편집 사용 [부]를 선택하여 수입금액을 자동계산합니다.

구분	구분	금액
	8.일반기업업무추진비 한도액(4+6+7)	41,924,778
문화기업업무추진비 한도	9.문화기업업무추진비 지출액 (소액 미술품 구입비용)	
	10.문화기업업무추진비 한도액 (9과(8×(20/100))중 작은 금액	
전통시장기업업무추진비 한도	11.전통시장기업업무추진비지출액	
	12.전통시장기업업무추진비한도액 (11과(8×(10/100)중 작은 금액)	
	13.기업업무추진비 한도액 합계(8+10+12)	41,924,778
	14.한도초과액(3-13)	
	15.손금산입한도 내 기업업무추진비지출액 (3과 13중 작은 금액)	35,035,000

■부동산임대 특정법인 기업업무추진비 한도액(법법 §25)
○ 부동산임대 특정법인 기업업무추진비 해당 여부　● 부 ○ 여
다음 내용을 모두 충족하는 법인은
기업업무추진비한도액이 일반 법인의 50% 입니다.
해당 여부를 선택하시기 바랍니다.
①특수관계자 지분합계 50% 초과
②부동산임대업 주업 또는 임대, 배당.이자수입이
　매출액의 50% 이상
③상시근로자 5인미만
　(+최대주주 및 친족 관계 근로자, 근로계약기간
　1년 미만자 제외)

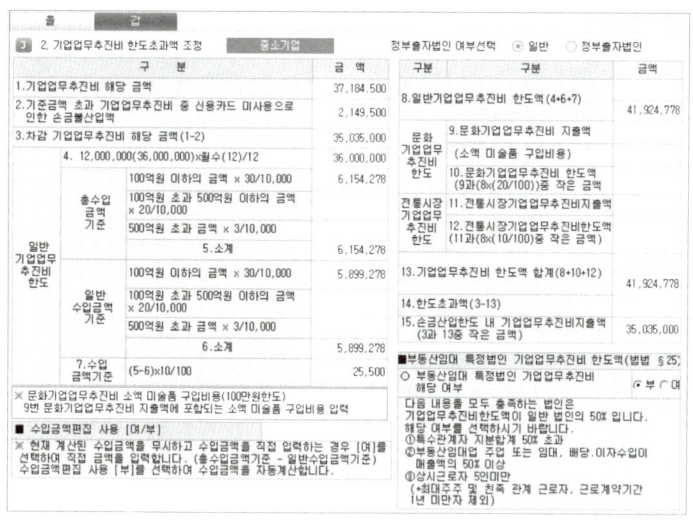

4. [소득금액조정합계표]

손금불산입	기업업무추진비 중 신용카드 미사용액	2,149,500원	기타사외유출

2 외화자산등평가차손익조정명세서

I. [외화자산등 평가차손익조정명세서(을)]

① 외화자산 입력

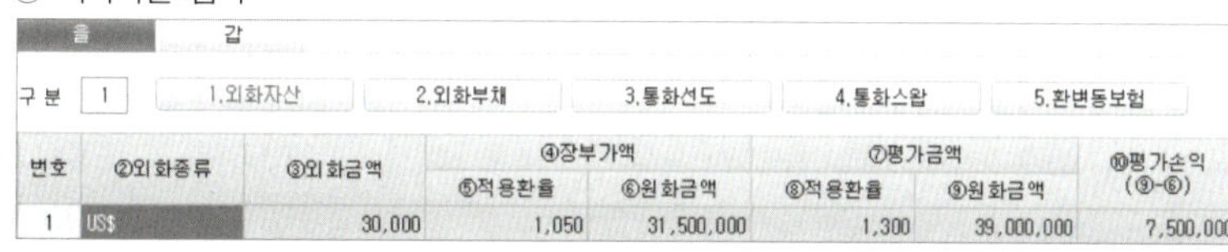

② 외화부채 입력

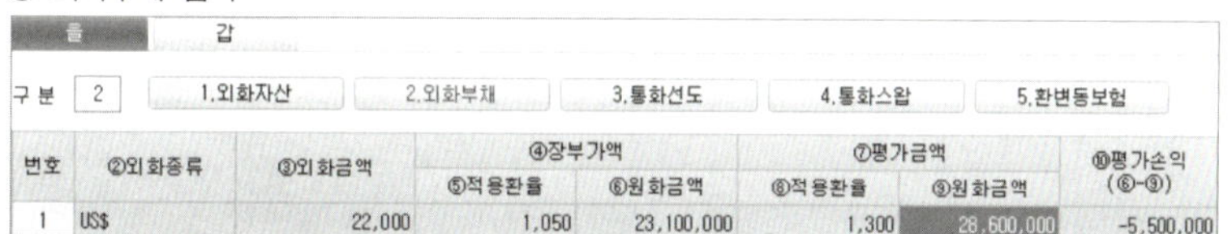

2. [외화자산등 평가차손익조정명세서(갑)]

①구 분		②당기손익 금해당액	③회 사손익 금계상액	조 정		⑥손익 조정금액 (②-③)
				④차익 조정(③-②)	⑤차손 조정(②-③)	
가. 화폐성 외화자산·부채평가손익		2,000,000	3,400,000			-1,400,000
나. 통화선도·통화스왑· 환변동보험 평가손익						
다. 환율조정계정손익	차익					
	차손					
계		2,000,000	3,400,000			-1,400,000

3. [소득금액조정합계표]

익금산입	전기 외화외상매출금	2,000,000	유보감소
손금산입	전기 외화장기차입금	1,600,000	유보감소
익금산입	외화평가손익(외화외상매출금)	3,000,000	유보발생
손금산입	외화평가손익(외화장기차입금)	4,400,000	유보발생

3 선급비용명세서

1. 선급비용명세서

No	구분	적요	거래처	선급비용	회사계상액	세무조정대상금액
1	선급 보험료	공장건물보험료	희망화재해상보험	1,370,491	800,000	570,491
2						

선급비용 계산

	해당기간					지급액	선급비용	회사계상액	세무조정대상금액
2025	06	01	~	2026	06	01	3,300,000	1,370,491	800,000	570,491

No	구분	적요	거래처	선급비용	회사계상액	세무조정대상금액
1	선급 보험료	공장건물보험료	희망화재해상보험	1,370,491	800,000	570,491
2	선급 보험료	자동차보험료	희망화재해상보험			

선급비용 계산

	해당기간					지급액	선급비용	회사계상액	세무조정대상금액
2025	09	01	~	2026	09	01	1,450,000	966,666		966,666

2. [소득금액조정합계표]

손금불산입	공장건물 보험료 선급비용	570,491원	유보발생
손금불산입	자동차 보험료 선급비용	966,666원	유보발생
손금산입	전기분 보험료 선급비용	2,150,000원	유보감소

4 업무무관지급이자 조정명세서

1. [업무무관 지급이자조정명세서(을)]

① 업무무관 부동산의 적수

구 분 1 | 1.업무무관 부동산의 적수 | 2.업무무관 동산의 적수 | 3.가지급금 등의 적수 | 4.가수금 등의 적수 | 5.그밖의 적수 | 6.자기자본적수

☐ 적요수정

	①월일	②적요	③차 변	④대 변	④잔 액	⑥일수	⑦적 수
1	05-01	취득	100,000,000		100,000,000	245	24,500,000,000

② 업무무관 동산의 적수

구 분 2 | 1.업무무관 부동산의 적수 | 2.업무무관 동산의 적수 | 3.가지급금 등의 적수 | 4.가수금 등의 적수 | 5.그밖의 적수 | 6.자기자본적수

☐ 적요수정

	①월일	②적요	③차 변	④대 변	④잔 액	⑥일수	⑦적 수
1	01-01	전기이월	70,000,000		70,000,000	365	25,550,000,000

③ 가지급금등의 적수

구 분 [3] 1.업무무관 부동산의 적수 2.업무무관 동산의 적수 3.가지급금 등의 적수 4.가수금 등의 적수 5.그밖의 적수 6.자기자본적수

☐ 적요수정

	①월일	②적요	③차 변	④대 변	④잔 액	⑥일수	⑦적 수
1	01-01	전기이월	20,000,000		20,000,000	126	2,520,000,000
2	05-07	지급	30,000,000		50,000,000	239	11,950,000,000

2. [업무무관 지급이자조정명세서(갑)]

1. 업무무관 부동산등에 관련한 차입금 지급이자

① 지급이자	적 수				⑥ 차입금 (=19)	⑦ ⑤와 ⑥중 적은금액	⑧ 손금불산입 지급이자 (① × ⑦÷⑥)
	②업무무관 부동산	③업무무관 동산	④가지급금 등	⑤계(②+③+④)			
19,200,000	24,500,000,000	25,550,000,000	14,470,000,000	64,520,000,000	125,925,000,000	64,520,000,000	9,837,474

2. 지급이자 및 차입금 적수 계산   〈연이율 일수 -> 현재: 365 가지급금: 365〉

	(9)이자율	(10)지급이자	(11)차입금적수	(12)채권자불분명 사채이자		(15)건설자금이자 등		차 감	
				(13)지급이자	(14)차입금적수	(16)지급이자	(17)차입금적수	(18)지급이자 (10-13-16)	(19)차입금적수(11-14-17)
1	10.00000	8,000,000	29,200,000,000	4,000,000	14,600,000,000			4,000,000	14,600,000,000
2	6.00000	11,200,000	68,133,333,333			2,200,000	13,383,333,333	9,000,000	54,750,000,000
	4.00000	6,200,000	56,575,000,000					6,200,000	56,575,000,000

3. [소득금액조정합계표]

손금불산입	채권자 불분명 사채이자 원천징수분	1,100,000원	기타사외유출
손금불산입	채권자 불분명 사채이자	2,900,000원	상여
손금불산입	건설자금이자	2,200,000원	유보발생
손금불산입	업무무관지급이자	9,837,474원	기타사외유출

5 세액공제조정명세서(3) 및 최저한세조정명세서

1. 세액공제조정명세서(3)

   [1. 공제세액 계산]

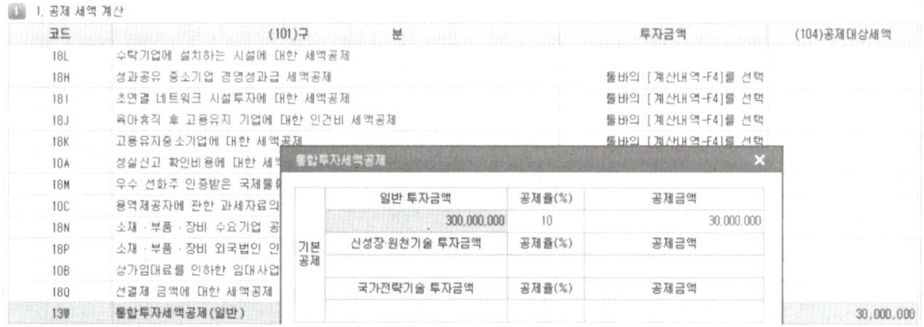

코드	(101)구 분	투자금액	(104)공제대상세액
18L	수탁기업에 설치하는 시설에 대한 세액공제		
18H	성과공유 중소기업 경영성과급 세액공제	툴바의 [계산내역-F4]를 선택	
18I	초연결 네트워크 시설투자에 대한 세액공제	툴바의 [계산내역-F4]를 선택	
18J	육아휴직 후 고용유지 기업에 대한 인건비 세액공제	툴바의 [계산내역-F4]를 선택	
18K	고용유지중소기업에 대한 세액공제	툴바의 [계산내역-F4]를 선택	
10A	성실신고 확인비용에 대한 세액		
18M	우수 선화주 인증받은 국제물류		
10C	용역제공자에 관한 과세자료의		
18N	소재·부품·장비 수요기업 공		
18P	소재·부품·장비 외국법인 인		
10B	상가임대료를 인하한 임대사업		
18O	선결제 금액에 대한 세액공제		
13₩	통합투자세액공제(일반)		30,000,000

   [2. 당기 공제 세액 및 이월액 계산]

2. 당기 공제 세액 및 이월액 계산   1.공제 세액 계산으로 이동(Tab)

NO	코드	(105)구분	(106)사업년도	요 공제세액		당기 공제대상세액				
				(107)당기분	(108)이월분	(109)당기분	(110)1차년도	(111)2차년도	(112)3차년도	
	13₩	통합투자세액공제(일반)	2024-12	30,000,000		30,000,000				

2. 최저한세조정계산서
   - 법인세과세표준 및 세액조정계산서에서 [새로불러오기]를 클릭하여 소득금액, 과세표준, 산출세액을
   자동 반영하여 저장한 후 최저한세조정계산서를 작성한다.

① 구 분		②감면후세액	③최 저 한 세	④조 정 감	⑤조 정 후 세 액
(101) 결 산 서 상 당 기 순 이 익		324,990,700			
소 득 조정금액	(102)익 금 산 입	55,880,085			
	(103)손 금 산 입	8,150,000			
(104) 조 정 후 소 득 금 액(101+102-103)		372,720,785	372,720,785		372,720,785
최 저 한 세 적 용 대 상 특 별 비 용	(105)준 비 금		0	0	0
	(106)특별 / 특례상각		0	0	0
(107)특별비용손금산입전소득금액(104+105+106)		372,720,785	372,720,785		372,720,785
(108) 기 부 금 한 도 초 과 액		0	0		0
(109) 기 부 금 한 도 초 과 이월액 손금 산입		0	0		0
(110) 각 사 업 년 도 소 득 금액(107+108-109)		372,720,785	372,720,785		372,720,785
(111) 이 월 결 손 금		0	0		0
(112) 비 과 세 소 득		0	0		0
(113) 최 저 한 세 적 용 대 상 비 과 세 소 득			0	0	0
(114) 최저한세 적용대상 익금불산입.손금산입			0	0	0
(115) 차 가 감 소 금 액(110-111-112+113+114)		372,720,785	372,720,785		372,720,785
(116) 소 득 공 제		0	0		0
(117) 최 저 한 세 적 용 대 상 소 득 공 제			0	0	0
(118) 과 세 표 준 금 액 (115-116+117)		372,720,785	372,720,785		372,720,785
(119) 선 박 표 준 이 익		0	0		0
(120) 과 세 표 준 금 액 (118+119)		372,720,785	372,720,785		372,720,785
(121) 세 율		19%	7%		19%
(122) 산 출 세 액		50,816,949	26,090,454		50,816,949
(123) 감 면 세 액		0		0	0
(124) 세 액 공 제		30,000,000		5,273,505	24,726,495
(125) 차 감 세 액 (122-123-124)		20,816,949			26,090,454

3. 세액공제조정명세서(3) [2. 당기 공제 세액 및 이월액 계산]
   - 최저한세적용에 따른 미공제세액 5,273,505원을 입력하여, (123)공제세액에 24,726,495원을 반영한다.

2. 당기 공제 세액 및 이월액 계산					1.공제 세액 계산으로 이동(Tab)			
NO	코드	(105)구분	(106) 사업년도	당기 공제대상세액 (120)계	(121)최저한세적용 에따른미공제세액	(122)그 밖 의 사유로…	(123)공제세액 (120-121-122)	(124) 소멸	(125)이월액 (107+…
	13₩	통합투자세액공제 (일반)	2024-12	30,000,000	5,273,505		24,726,495		5,273,505

■ 실무수행평가 ■

11	12	13	14	15
5,400,000원	166,500,000원	60,600,000원	416,584,860원	④
16	17	18	19	20
5	9,500,000원	20,000원	100,000원	320,550원
21	22	23	24	25
1,500,625원	1,886,500원	940902	18,000원	37,184,500원
26	27	28	29	30
2,149,500원	41,924,778원	2,000,000원	4,400,000원	-1,400,000원
31	32	33	34	35
570,491원	966,666원	2,150,000원	64,520,000,000원	2,200,000원
36	37	38	39	
2,900,000원	13w	30,000,000원	5,273,505원	

<h1 style="text-align:center">I CAN TAT 세무실무 1급</h1>

발　　　행	▌	2014년 2월 20일 초판
	▌	2025년 6월　9일 개정 12판
저　　　자	▌	삼일피더블유씨솔루션
발　행　인	▌	이 희 태
발　행　처	▌	**삼일피더블유씨솔루션**
주　　　소	▌	서울특별시 한강대로 273 용산빌딩 4층
등　　　록	▌	1995. 6. 26 제3-633호
전　　　화	▌	(02) 3489-3100
팩　　　스	▌	(02) 3489-3141
정　　　가	▌	33,000원
I S B N	▌	979-11-6784-419-4 13320

저자와의
협의하에
인지생략